Ami lecteur

C'est en 1898 que je suis né. Voici donc cent ans que, sous le nom de Bibendum, je vous accompagne sur toutes les routes du monde, soucieux du confort de votre conduite, de la sécurité de votre déplacement, de l'agrément de vos étapes.

L'expérience et le savoir-faire que j'ai acquis, c'est au Guide Camping que je les confie chaque année. L'indépendance de sa sélection d'adresses, la rigueur de ses inspecteurs, l'actualité de son information constituent ainsi pour vous les meilleures garanties d'un voyage réussi.

N'hésitez pas à m'écrire…

Je reste à votre service pour un nouveau siècle de découvertes.

En toute confiance,

Bibendum

Sommaire

Comment utiliser ce guide

3 choix possibles

Par départements page 45

*Le tableau des **localités classées par départements** vous permettra dans une région donnée, de choisir, parmi tous les terrains que nous recommandons, ceux qui disposent d'aménagements particuliers (✂ ⛱ 🚐), les camps ouverts en permanence (P), ceux qui proposent des locations (caravanes, mobile homes, bungalows, chalets) ou une possibilité de restauration, ou bien encore ceux qui bénéficient d'un environnement particulièrement calme (🐌).*

Par l'atlas page 66

*L'**atlas** en repèrant les localités possédant au moins un terrain sélectionné vous permettra d'établir rapidement un itinéraire. Cet atlas signale aussi les villes possédant un camping ouvert à l'année ou des terrains que nous trouvons particulièrement agréables dans leurs catégories (voir légende page 67).*

Par localités page 83

*La **nomenclature alphabétique** vous permet de vous reporter à la localité de votre choix, aux terrains que nous y avons sélectionnés et au détail de leurs installations.*

Signes conventionnels

Abréviations principales

Localités

P SP	*Préfecture – Sous-Préfecture*
23700	*Numéro de code postal*
12 73 ②	*Numéro de page d'atlas (p. 66 à 82) – N° de la carte Michelin et du pli*
G. Bretagne	*Localité décrite dans le guide vert Michelin Bretagne*
Bourges 47	*Distance en kilomètres*
1 050 h.	*Population*
alt. 675	*Altitude de la localité*
	Station thermale
✉ 05000 Gap	*Code postal et nom de la commune de destination*
	Indicatif téléphonique
1 200/1 900 m	*Altitude de la station et altitude maximum atteinte par les remontées mécaniques*
2	*Nombre de téléphériques ou télécabines*
14	*Nombre de remonte-pentes et télésièges*
	Ski de fond
	Transports maritimes
	Information touristique

Terrains

Catégories

	Terrain très confortable, parfaitement aménagé
	Terrain confortable, très bien aménagé
	Terrain bien aménagé, de bon confort
	Terrain assez bien aménagé
	Terrain simple mais convenable

Sélections particulières

M	*Terrain d'équipement moderne*
	Caravaneige sélectionné

Agrément et tranquillité

...	*Terrains agréables dans leur ensemble*
	Terrain très tranquille, isolé – Tranquille surtout la nuit
	Vue exceptionnelle – Vue intéressante ou étendue
« »	*Elément particulièrement agréable*

Situation et accès

Fax ✉	*Téléphone – Transmission de documents par télécopie – Adresse postale du camp (si différente de la localité)*
N – S – E – O	*Direction : Nord – Sud – Est – Ouest (indiquée par rapport au centre de la localité)*
	Parking obligatoire pour les voitures en dehors des emplacements
	Accès interdit aux chiens

Caractéristiques générales

3 ha	*Superficie (en hectares) du camping*
60 ha/3 campables	*Superficie totale (d'un domaine) et superficie du camp proprement dit*
(90 empl.)	*Capacité d'accueil : en nombre d'emplacements*
	Camp gardé : en permanence – le jour seulement
	Emplacements nettement délimités
	Ombrage léger – Ombrage moyen – Ombrage fort (sous-bois)

Équipement

Sanitaires - Emplacements

Installations avec eau chaude : Douches – Lavabos

Salle de bains pour bébés

Eviers ou lavoirs avec eau chaude – Postes distributeurs d'eau chaude

Lavabos en cabines individuelles (avec ou sans eau chaude)

Installations sanitaires spéciales pour handicapés physiques

Installations chauffées

Aire de services pour camping-cars

Branchements individuels pour caravanes : Electricité – Eau – Evacuation

Ravitaillement - Restauration - Services divers

Super-marché, centre commercial – Magasin d'alimentation

Bar (licence III ou IV) – Restauration (restaurant, snack-bar)

Plats cuisinés à emporter

Lave-linge, laverie

Loisirs - Distractions

Salle de réunion, de séjour, de jeux...

Salle de remise en forme – Sauna

Location de vélos

Tir à l'arc

Tennis : de plein air – couvert

Golf miniature

Jeux pour enfants – Club pour enfants

Piscine : couverte – de plein air

Bains autorisés ou baignade surveillée

Voile (école ou centre nautique)

Promenades à cheval ou équitation

Locations

Location de caravanes – mobile homes

Location de bungalows – de chalets

Location de chambres

Réservations - Prix - Cartes de crédit

R	*Réservations acceptées – Pas de réservation*
8	*Redevances journalières : par personne*
5	*pour le véhicule*
10/12	*pour l'emplacement (tente/caravane)*
7 (4A)	*pour l'électricité (nombre d'ampères)*
CB	*Carte Bancaire (Eurocard, MasterCard, Visa)*
CV	*Chèque-vacances*

Légende des schémas

Ressources camping

Localité possédant au moins un terrain sélectionné
Terrain de camping situé

Voirie

Autoroute
Double chaussée de type autoroutier
Echangeurs numérotés : complet, partiel
Route principale
Itinéraire régional ou de dégagement
Autre route
Sens unique – Barrière de péage
Piste cyclable – Chemin d'exploitation, sentier
Pentes (Montée dans le sens de la flèche) 5 à 9 % – 9 à 13 % – 13 % et plus
Col – Bac – Pont mobile
Voie ferrée, gare – Voie ferrée touristique
Limite de charge (indiquée au-dessous de 5 tonnes)
Hauteur limitée (indiquée au-dessous de 3 m)

Curiosités

Eglise, chapelle – Château
Phare – Monument mégalithique – Grotte
Ruines – Curiosités diverses
Table d'orientation, panorama – Point de vue

Repères

Localité possédant un plan dans le Guide Rouge Michelin
Information touristique – Bureau de poste principal
Eglise, chapelle – Château
Ruines – Monument – Château d'eau
Hôpital – Usine
Fort – Barrage – Phare
Calvaire – Cimetière
Aéroport – Aérodrome – Vol à voile
Stade – Golf – Hippodrome
Centre équestre – Zoo – Patinoire
Téléphérique ou télésiège – Forêt ou bois
Piscine de plein air, couverte – Baignade
Base de loisirs – Centre de voile – Tennis

Précisions complémentaires

Sélection

*Le nom des camps est inscrit en **caractères gras** lorsque tous les renseignements demandés, et notamment les prix, nous ont été communiqués par les propriétaires au moment de la réédition.*
*Toutes les insertions dans ce guide sont entièrement **gratuites** et ne peuvent en aucun cas être dues à une prime ou à une faveur.*
Les terrains sont cités par ordre de préférence dans chaque localité.

Classe

***La classe** (⛺⛺⛺⛺ ... ⛺) que nous attribuons à chaque terrain est indiquée par un nombre de tentes correspondant à la nature et au confort de ses aménagements. Cette classification est indépendante du classement officiel établi en étoiles et décerné par les préfectures.*

***Terrains agréables** (⛺⛺⛺⛺ ... ⛺) – Ces camps, signalés dans le texte par des « tentes rouges », sont particulièrement agréables dans leur ensemble et leur catégorie. Ils sortent de l'ordinaire par leur situation, leur cadre, leur tranquillité ou le style de leurs aménagements.*
▸ *Voir atlas pages 66 à 82.*

Sélections particulières

***Caravaneiges** (❄) – Ces camps sont équipés spécialement pour les séjours d'hiver en montagne (chauffage, branchements électriques de forte puissance, salle de séchage etc.).*

***Location longue durée** – Places disponibles (ou limitées) pour le passage : Nous signalons ainsi les camps à vocation résidentielle qui, bien que fréquentés en majorité par une clientèle d'habitués occupant des installations sédentaires, réservent néanmoins des emplacements pour accueillir la clientèle de passage.*

***Aires naturelles** – Ces terrains sont généralement aménagés avec simplicité mais se distinguent par l'agrément de leur situation dans un cadre naturel et offrent des emplacements de grande superficie.*

Prestations

Admission des chiens – En l'absence du signe , les chiens sont admis sur le camp mais doivent obligatoirement être tenus en laisse. En outre, leur admission peut être soumise à une redevance particulière et très souvent à la présentation d'un carnet de vaccination à jour.

Le gardiennage permanent* () *implique qu'un responsable, logeant généralement sur le camp, peut être contacté en cas de besoin en dehors des heures de présence à l'accueil, mais ne signifie pas nécessairement une surveillance effective 24 h sur 24.

Le gardiennage de jour *() suppose la présence d'un responsable à l'accueil ou sur le camp au moins 8 h par jour.*

Sanitaire *– Nous ne mentionnons que les installations avec eau chaude ().*

Branchements électriques pour caravanes *() – Le courant fourni est en 220 V. Avec les prix, nous indiquons l'ampérage disponible quand cette précision nous est donnée.*

Commodités – Loisirs *– La plupart des ressources ou services mentionnés dans le texte, particulièrement en ce qui concerne le ravitaillement (), la restauration () et certains loisirs de plein air (), ne sont généralement accessibles qu'en saison en fonction de la fréquentation du terrain et indépendamment de ses dates d'ouverture.*

Mention « A proximité » *– Nous n'indiquons que les aménagements ou installations qui se trouvent dans les environs immédiats du camping (généralement moins de 500 m) et aisément accessibles pour un campeur se déplaçant à pied.*

Locations *pages 43 à 65*

▸ *Les localités possédant un ou plusieurs terrains pratiquant la location de* ***caravanes, bungalows*** *aménagés etc... La nature de ces locations est précisée au texte de chaque terrain par les signes appropriés () ou les mentions littérales : studios, appartements. S'adresser au propriétaire pour tous renseignements et réservation.*

Ouvertures

Ouvertures *– Les périodes de fonctionnement sont indiquées d'après les dates les plus récentes communiquées par les propriétaires.*
Ex. : juin-sept. *(début juin à fin septembre).*
Les dates de fonctionnement des locations sont précisées lorsqu'elles diffèrent de celles du camping.
Ex. : **(avril-sept.)** *: bungalows.*
Faute de précisions, le mot saison *signifie ouverture probable en saison.*
Le mot Permanent *signale les terrains ouverts toute l'année.* *Voir p. 66 à 82.*

Réservations

Réservation d'emplacements (**R**). – *Dans tous les cas où vous désirez réserver un emplacement, écrivez directement au propriétaire du terrain choisi (joindre une enveloppe timbrée pour la réponse) et demandez toutes précisions utiles sur les modalités de réservation, les tarifs, les arrhes, les conditions de séjour et la nature des prestations offertes afin d'éviter toute surprise à l'arrivée.*
Des frais de réservation sont perçus par certains propriétaires sous forme d'une somme forfaitaire non remboursable.

Les prix

Les prix que nous mentionnons sont ceux qui nous ont été communiqués par les propriétaires en fin d'année 1997 (à défaut, nous indiquons les tarifs de l'année précédente).

Dans tous les cas, ils sont donnés à titre indicatif et susceptibles d'être modifiés si le coût de la vie subit des variations importantes.

Sauf cas particuliers (location et forfaits longue durée, « garage mort »...), les redevances sont généralement calculées par journées de présence effective, décomptées de midi à midi, chaque journée entamée étant facturée intégralement. Les enfants peuvent bénéficier de tarifs spéciaux, se renseigner auprès des propriétaires.

Nous n'indiquons que les prix de base (tarifs forfaitaires par emplacement ou redevances par personne, pour le véhicule et pour l'emplacement) ainsi que les prix des branchements électriques pour caravanes et de l'eau chaude. Il est à noter que, dans la très grande majorité des camps que nous sélectionnons, l'eau chaude (douches, éviers, lavabos) est en général comprise dans les redevances par personne ou par emplacement.

Certaines prestations peuvent être facturées en sus (piscine, tennis) – les visiteurs, les chiens, certaines taxes (séjour, enlèvement des ordures ménagères, etc.) peuvent également donner lieu à une redevance complémentaire.

Les tarifs en vigueur doivent obligatoirement être affichés à l'entrée du camp (ainsi que son classement officiel en étoiles, sa capacité d'accueil et son règlement intérieur) et il est vivement conseillé d'en prendre connaissance avant de s'installer.

En cas de contestation ou de différend, lors d'un séjour sur un terrain de camping, au sujet des prix, des conditions de réservation, de l'hygiène ou des prestations, efforcez-vous de résoudre le problème directement sur place avec le propriétaire du terrain ou son représentant.

Faute de parvenir à un arrangement amiable, et si vous êtes certain de votre bon droit, adressez-vous aux Services compétents de la Préfecture du département concerné.

En ce qui nous concerne, nous examinons attentivement toutes les observations qui nous sont adressées afin de modifier, le cas échéant, les mentions ou appréciations consacrées aux camps recommandés dans notre guide, mais nous ne possédons ni l'organisation, ni la compétence ou l'autorité nécessaires pour arbitrer et régler les litiges entre propriétaires et usagers.

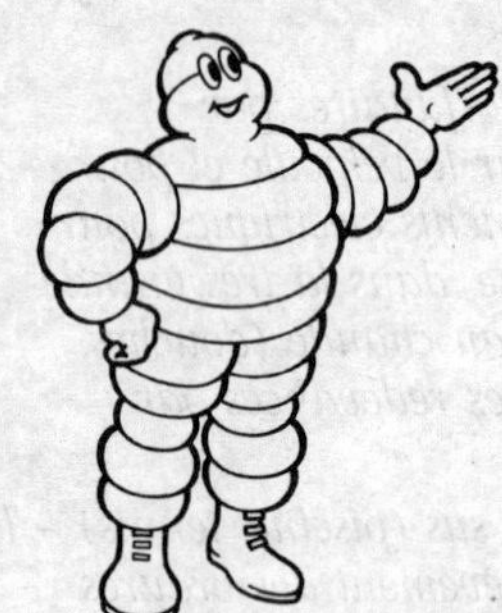

Dear reader

I was born in 1898.
During my hundred years as Bibendum
I have accompanied you all over the world,
attentive to your safety while travelling
and your comfort and enjoyment
on and off the road.

The knowledge and experience
I acquire each year is summarised
for you in the Camping Guide.
The thoroughness of my inspectors,
their impartial selection of camp sites
and the up-to-date information they collect
are your best guarantee
of a successful trip.

I look forward to receiving
your comments...

I remain at your service
for a new century of discoveries.

Bibendum

Contents

How to use this guide

Choose in three ways

By "département" p. 45

The table of ***localities, classified by "département"*** *(administrative district), lists all the camping sites that we recommend in a given area, and shows those which have particular facilities (✂ ⛱ 🚐), those which are open throughout the year (P), those which hire out caravans, mobile homes, bungalows or chalets, those with eating places, and also those which are in particularly quiet surroundings (🦎).*

From the maps p. 66

The ***maps*** *mark the places with at least one selected site and makes it easy to work out a route. The maps also shows the towns with sites that are open throughout the year or which we consider above average within a given category (see key p. 67).*

By place name p. 83

Under the name of a given place in the ***alphabetical section*** *are listed the sites we have selected and the facilities available.*

Conventional signs

Abbreviations

Localities

P SP	*Prefecture – Sub-prefecture*
23700	*Postal code number*
12 73 ②	*Maps page number (pp 66 to 82) – Michelin map number and fold*
G. Bretagne	*Place described in the Michelin Green Guide Brittany*
Bourges 47	*Distance in kilometres*
1 050 h.	*Population*
alt. 675	*Altitude (in metres)*
	Spa
✉ 05000 Gap	*Postal number and name of the postal area*
	Telephone dialling code
1 200/1 900 m	*Altitude (in metres) of resort and highest point reached by lifts*
2	*Number of cable-cars*
14	*Number of ski and chair-lifts*
	Cross country skiing
	Maritime services
	Tourist Information Centre

Camping sites

Categories

	Very comfortable, ideally equipped
	Comfortable, very well equipped
	Well equipped, good comfort
	Reasonably comfortable
	Quite comfortable

Special features

M	*Sites with modern facilities*
❄	*Selected winter caravan sites*

Peaceful atmosphere and setting

...	*Pleasant site*
	Quiet isolated site – Quiet site, especially at night
	Exceptional view – Interesting or extensive view
« »	*Particularly attractive feature*

Location and access

Fax ✉	*Telephone – Telephone document transmission – Postal address of camp (if different from name of locality)*
N - S - E - O	*Direction from nearest listed locality : North – South – East – West*
P	*Cars must be parked away from pitches*
	No dogs allowed

General characteristics

3 ha — *Area available (in hectares; 1ha = 2.47 acres)*
60 ha/3 campables — *Total area of the property and area used for camping*
(90 empl.) — *Capacity (number of spaces)*
Camp guarded: day and night – day only
Marked off pitches
Shade – Fair amount of shade – Well shaded

Facilities

Sanitary installations – Pitch fitments

Sites with running hot water: showers – wash basins
Baby changing facilities
Laundry or dish washing facilities – Running water
Individual wash rooms or wash basins with or without hot water
Sanitary installations for the physically handicapped
Heating installations
Service bay for camper vans
Each caravan bay is equipped with electricity – water – drainage

Food shops – Restaurants – Other facilities

Supermarket; shopping centre – Food shop
Bar (serving alcohol) – Eating places (restaurant, snack-bar)
Take away meals
Washing machines, laundry

Recreational facilities

Common room – Games room
Exercice room – Sauna
Cycle hire
Archery
Tennis courts : open air – covered
Mini golf
Playground
Children's club
Swimming pool: covered – open air
Bathing allowed or supervised bathing
Sailing (school or centre)
Pony trekking, riding

Renting

Caravans – Mobile homes
Bungalows – Chalets
Rooms

Reservation – Prices – Credit Cards

R — *Reservations: accepted – not accepted*
8 — *Daily charge: per person*
5 — *per vehicle*
10/12 — *per pitch (tent/caravan)*
7 (4A) — *for electricity (by n° of amperes)*
GB — *Carte Bancaire (Eurocard, MasterCard, Visa)*
Chèque-vacances

Key to the local maps

Camping

Locality with at least one camping site selected in the guide
Location of camping site

Roads

Motorway
Dual carriageway with motorway characteristics
Numbered junctions: complete, limited
Major road
Secondary road network
Other road
One-way road – Toll barrier
Cycle track – Cart track, footpath
Gradient (ascent in the direction of the arrow) 1:20 to 1:12; 1:11 to 1:8; + 1:7
Pass – Ferry – Drawbridge or swing bridge
Railway, station – Steam railways
Load limit (given when less than 5tons)
Headroom (given when less than 3m)

Sights of interest

Church, chapel – Castle, château
Lighthouse – Megalithic monument – Cave
Ruins – Miscellaneous sights
Viewing table, panoramic view – Viewpoint

Landmarks

Towns having a plan in the Michelin Red Guide
Tourist Information Centre – General Post Office
Church, chapel – Castle, château
Ruins – Statue or building – Water tower
Hospital – Factory or power station
Fort – Dam – Lighthouse
Wayside cross – Cemetery
Airport – Airfield – Gliding airfield
Stadium – Golf course – Racecourse
Horse riding – Zoo – Skating rink
Cable-car or chairlift – Forest or wood
Outdoor or indoor, Swimming pool – Bathing spot
Outdoor leisure park/centre – Sailing – Tennis courts

Additional information

Selection

The names of sites are in **bold type** *when the owners have supplied us with all requested details, in particular prices, at the time of revision. Inclusion in the Michelin Guide is* ***free*** *and cannot be achieved by pulling strings or bribery. In each town sites are listed in order of merit.*

Classification

The classification *(⛺⛺⛺ ... ⛺) we give each camping site is indicated by a number of tents corresponding to the nature and comfort of its facilities. This is totally independent from the official classification awarded by the local "préfecture", which is denoted by stars.*

Pleasant sites *(⛺⛺⛺ ... ⛺) – These grounds, indicated in the text by red tents, are particularly pleasant as a whole and within their own class. They may be outstanding in situation, setting, quietness or the style of their amenities.*

▸ *See the maps pp 66 to 82.*

Special features

Winter caravan sites *(❄) – These sites are specially equipped for a winter holiday in the mountains. Facilities generally include central heating, high power electric points and drying rooms for clothes and equipment.*

Location longue durée *– Places disponibles (ou limitées) pour le passage : This mention indicates camping sites which cater essentially for regular campers using static pitches but nevertheless leave some touring pitches available.*

Aires naturelles *– Camping sites in a rural setting offering minimal facilities. Their main attraction is their pleasant situation in natural surroundings. They generally offer spacious pitches.*

Services and amenities

Dogs – Unless this symbol ⊗ *is indicated, dogs are allowed on the camping site but must be on a leash. Furthermore some sites may charge for dogs. Very often an up-to-date vaccination card is required.*

Camping site guarded day and night *(⊶) – This implies that a warden usually living on the site can be contacted, if necessary outside of the normal reception hours. However, this does not mean round-the-clock surveillance.*

Camping site guarded by day *(⊶) – This indicates the presence of someone responsible, on the premises, for at least 8 hours a day.*

Sanitary installations *– In the text we only mention installations with running hot water (⊡ ⊡ ⊡ ⊡ ⊡).*

Caravan electricity supply points *(⊛) – The electric current is 220 volts. When the information is provided by the proprietor, the power available in amperes is indicated in brackets after the mains electricity supply point rental charge.*

Food shops – Recreational facilities *– Most of the facilities and services indicated in the text, particularly those services concerned with food shops (⊡ ⊡), eating places (✕ ⊡) and certain outdoor activities (⊡ ⊡), are only available in season and even then it may depend on the demand and not the date the camping site opens.*

*« **A proximité** » : this mention indicates facilities in the immediate proximity of the camping site (generally less than 500m) and easily accessible to campers on foot.*

Renting *p. 43 to 65*

▸ *The localities with at least one or more sites which rent **caravans** or **bungalows**. Detailed information of what exactly is available in each case will be found under the relevant site indicated by the appropriate symbol (⊡ ⊡ ⊡ ⊡) or by the French terms studios, appartements (meaning studios or flats).*
Enquire directly of the proprietor.

Opening periods

Opening periods *– The periods of opening are the most recent dates supplied by the owner.*
The mention, juin-sept, *is inclusive (i.e. beginning June to end of September).*
Opening dates for rented accommodation are given where these are different to the camping site opening dates:
Eg: (avril-sept.): *bungalows.*

Season *– If no information is supplied, the word* "saison" *(season) is used to indicate that the site will probably be open during the season.*

Permanent *– This indicates that the site is open all year round. See p. 66 to 82.*

Pitch reservations

***Pitch reservations* (R)** *- Whenever you wish to book a site in advance, write directly to the owner and include an international reply paid stamp coupon and self-addressed envelope. Ask for all details concerning the booking regulations, the prices, the deposits, any special conditions pertaining to the stay and the facilities offered by the site in question, to avoid any unpleasant surprises.*
Booking fees, charged by some owners, are non refundable.

Charges

We give the prices which were supplied to us by the owners at the end of 1997. (If this information was not available, we give those from the previous year.)

In any event they should be regarded as basic charges and may alter due to fluctuations in the cost of living.

The charges are generally calculated on the actual number of days calculated from midday to midday with each partial day being counted as a full day. Exceptions to the above mentioned are: renting long stay and residential rates. Special rates may apply for children, ask owner for details.

We indicate basic charges or an all inclusive charge per pitch, or fee charged per person, per vehicle and per pitch. We indicate for caravans, the rental charge for connection to mains electricity supply and the charge for hot water. It should, however, be noted that for the great majority of camping sites which we select, the charge for running hot water (showers, wash basins and laundry or dish washing facilities) is included in the basic charge per person or per pitch.

Supplementary fees may be charged for certain facilities (swimming pool, hot water), visitors, dogs and taxes (tourist tax, refuse collection tax etc.).

Without exception the following information should be displayed at the site entrance: the camp's regulations, its official classification (indicated by stars), its capacity and current charges. It is advisable to study them well before settling in.

If during your stay in a camping site you have grounds for complaint concerning your reservation, the prices, standards of hygiene or facilities offered, try in the first place to resolve the problem with the proprietor or the person responsible.

If the disagreement cannot be solved in this way, and if you are sure that you are within your rights, it is possible to take the matter up with the Prefecture of the "département" in question.

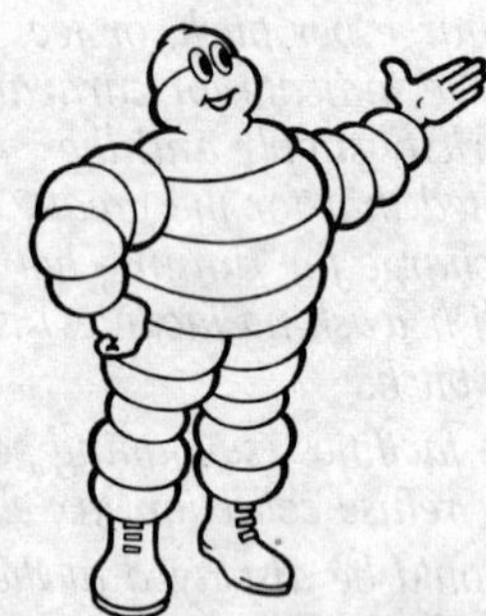

We welcome all suggestions and comments, be it criticism or praise, relating to camping sites recommended in our guide. We do, however, stress the fact that we have neither facilities, nor the authority to deal with matters of complaint between campers and proprietors.

Lieber Leser

*Im Jahre 1898 habe ich
das Licht der Welt erblickt.
So bin ich schon seit hundert Jahren
als Bibendum Ihr treuer Wegbegleiter
auf all Ihren Reisen und sorge
für Ihre Sicherheit während der Fahrt
und Ihre Bequemlichkeit
bei Ihren Aufenthalten.*

*Es sind meine Erfahrungen
und mein Know how, die alljährlich
in den Camping führer einfliessen,
der dank seiner unabhängigen
Adressenauswahl,
der Sorgfalt seiner Inspektoren
und der Aktualität seiner Informationen
die beste Garantie für eine gelungene
Reise darstellt.*

*Ihre Kommentare sind uns
jederzeit herzlich willkommen.*

*Stets zu Diensten im Hinblick auf
ein neues Jahrhundert voller Entdeckungen.*

Mit freundlichen Grüssen

Bibendum

Inhalt

Benutzung des Führers

Drei Möglichkeiten

Auswahl nach Departements ab Seite 45

*Das nach **Departements geordnete Ortsregister** ermöglicht Ihnen, in einer bestimmten Gegend unter den empfohlenen Plätzen eine Wahl zu treffen nach den Einrichtungen (✂ ⛱ 🚐), der Öffnungszeit (P), der Möglichkeit, eine Unterkunft zu mieten (Wohnwagen, Wohnanhänger, Bungalows, Chalets), ein Restaurant vorzufinden, oder wegen der besonders ruhigen Lage (🐴).*

Auswahl nach Übersichtskarten ab Seite 66

*Anhand der **Übersichtskarten** können Sie rasch eine Route zusammenstellen, indem Sie die Orte heraussuchen, welche mindestens einen empfohlenen Campingplatz besitzen. Diese Übersichtskarten enthalten auch Hinweise auf ganzjährig geöffnete oder innerhalb ihrer Kategorie besonders angenehme Plätze (s. Zeichenerklärung S. 67).*

Auswahl nach Orten ab Seite 83

*Mit Hilfe des **alphabetischen Verzeichnisses** können Sie direkt auf den von Ihnen gewählten Ort zurückgreifen und finden dort die von uns ausgewählten Plätze sowie nähere Angaben zu deren Ausstattungen.*

Zeichenerklärung

Abkürzungen

Orte

P SP	*Präfektur – Unterpräfektur*
23700	*Postleitzahl*
12 73 ②	*Seitenangabe der Übersichtskarte (S. 66-82) – Nr. der Michelin-Karte und Faltseite*
G. Bretagne	*Im Grünen Michelin-Reiseführer « Bretagne » beschriebener Ort*
Bourges 47	*Entfernung in Kilometer*
1 050 h.	*Einwohnerzahl*
alt. 675	*Höhe*
	Heilbad
05000 Gap	*Postleitzahl und Name des Verteilerpostamtes*
	Ortsnetzkennzahl
1 200-1 900 m	*Höhe des Wintersportgeländes und Maximal-Höhe, die mit Kabinenbahn oder Lift erreicht werden kann*
2	*Anzahl der Kabinenbahnen*
14	*Anzahl der Schlepp-oder Sessellifte*
	Langlaufloipen
	Schiffsverbindungen
	Informationsstelle

Campingplätze

Kategorie

Sehr komfortabler Campingplatz, ausgezeichnet ausgestattet

Komfortabler Campingplatz, sehr gut ausgestattet

Gut ausgestatteter Campingplatz mit gutem Komfort

Ausreichend ausgestatteter Campingplatz

Einfacher, aber ordentlicher Campingplatz

Spezielle Einrichtungen

M *Campingplatz mit moderner Ausstattung*

Wintercamping

Annehmlichkeiten

... *Angenehme Campingplätze*

Sehr ruhiger, abgelegener Campingplatz – Ruhiger Campingplatz, besonders nachts

Eindrucksvolle Aussicht – Interessante oder weite Sicht

« » *Hervorhebung einer Annehmlichkeit*

Lage und Zufahrt

Fax *Telefon – Telefonische Dokumentenübermittlung – Postanschrift des Campingplatzes (sofern das zuständige Postamt in einem anderen Ort ist)*

N – S – E – O *Richtung: Norden – Süden – Osten – Westen (Angabe ab Ortszentrum)*

P *Parken nur auf vorgeschriebenen Parkplätzen außerhalb der Standplätze*

Hunde unerwünscht

Allgemeine Beschreibung

3 ha *Nutzfläche (in Hektar) des Campingplatzes*

60 ha/3 campables *Gesamtfläche (eines Geländes) und Nutzfläche für Camping*

(90 empl.) *Fassungsvermögen: Anzahl der Stellplätze*

Bewachter Campingplatz: ständig – nur tagsüber

Abgegrenzte Standplätze

Leicht schattig – ziemlich schattig – sehr schattig

Ausstattung

Sanitäre Einrichtungen

Einrichtungen mit warmem Wasser: Duschen – Waschbecken

Wickerlraum

Waschgelegenheit (Geschirr oder Wäsche) – Wasserstelle

Individuelle Waschräume (mit oder ohne warmem Wasser)

Sanitäre Einrichtungen für Körperbehinderte

Beheizte Anlagen

Wartungsmöglichkeit für Wohnmobile (Stromanschluß, Ölwechsel)

Individuelle Anschlüsse für Wohnwagen: Strom – Wasser – Abwasser

Verpflegung – Verschiedene Einrichtungen

Supermarkt, Einkaufszentrum – Lebensmittelgeschäft

Bar mit Alkoholausschank – Restaurant, Snack-Bar

Fertiggerichte zum Mitnehmen

Waschmaschinen, Waschanlage

Freizeitgestaltung

Gemeinschaftraum, Aufenthaltsraum, Spielhalle ...

Fitneß-Center – Sauna

Fahrradverleih

Bogenschießen

Tennisplatz – Hallentennisplatz

Minigolfplatz

Kinderspielplatz

Kinderspielraum

Hallenbad – Freibad

Baden erlaubt, teilweise mit Badeaufsicht

Segeln (Segelschule oder Segelclub)

Reiten

Vermietung

Wohnwagen – besonders große Wohnanhänger

eingerichtete Bungalows – eingerichtete Chalets

Zimmer

Platzreservierung – Preise – Kreditkarten

R *Reservierung möglich – keine Reservierung möglich*

8 *Tagespreise: pro Person*

5 *für das Auto*

10/12 *Platzgebühr (Zelt/Wohnwagen)*

7 (4A) *Stromverbrauch (Anzahl der Ampere)*

CB *Carte Bancaire (Eurocard, MasterCard, Visa)*

CV *Chèque-vacances*

Kartenskizzen

Campingplätze

Ort mit mindestens einem ausgewählten Campingplatz

Campingplatz, der Lage entsprechend vermerkt

Straßen

Autobahn

Schnellstraße (kreuzungsfrei)

Numerierte Anschlußstelle: Autobahneinfahrt- und/oder -ausfahrt

Hauptverkehrsstraße

Regionale Verbindungsstraße oder Entlastungsstrecke

Andere Straße

Einbahnstraße – Gebührenstelle

Radweg – Wirtschaftsweg, Pfad

Steigungen, Gefälle (Steigung in Pfeilrichtung 5-9 %, 9-13 %, 13 % und mehr)

Paß – Fähre – Bewegliche Brücke

Bahnlinie und Bahnhof – Museumseisenbahn-Linie

Höchstbelastung (angegeben bis 5t)

Zulässige Gesamthöhe (angegeben bis 3m)

Sehenswürdigkeiten

Kirche, Kapelle – Schloß, Burg

Leuchtturm – Menhir, Megalithgrab – Höhle

Ruine – Sonstige Sehenswürdigkeit

Orientierungstafel, Rundblick – Aussichtspunkt

Orientierungspunkte

Ort mit Stadtplan im Roten Michelin-Führer

Informationsstelle – Hauptpost

Kirche, Kapelle – Schloß, Burg

Ruine – Denkmal – Wasserturm

Krankenhaus – Fabrik, Kraftwerk

Festung – Staudamm – Leuchtturm

Bildstock – Friedhof

Flughafen – Flugplatz – Segelflugplatz

Stadion – Golfplatz – Pferderennbahn

Reitanlage – Zoo – Schlittschuhbahn

Seilschwebebahn oder Sessellift – Wald oder Gehölz

Freibad – Hallenbad – Strandbad

Freiziteinrichtungen – Segelzentrum – Tennisplatz

Zusätzliche Hinweise

Auswahl

Hat uns der Campingplatzbesitzer Preise und Auskünfte über die Einrichtungen mitgeteilt, so erscheint der Name des Platzes in ***Fettdruck****. Die Aufnahme in diesen Führer ist* ***kostenlos*** *und wird auf keinen Fall gegen Entgelt oder eine andere Vergünstigung gewährt. Die Reihenfolge der empfohlenen Campingplätze entspricht einer Rangfolge innerhalb des genannten Ortes.*

Klassifizierung

Unsere Klassifizierung *(⛺⛺⛺ ··· ⛺) der Campingplätze wird durch Zelte ausgedrückt, deren Anzahl den Annehmlichkeiten und der Ausstattung entspricht. Diese Bewertung ist unabhängig von der offiziellen Klassifizierung durch Sterne, die von den Präfekturen vorgenommen wird.*

Angenehme Campingplätze *(⛺⛺⛺ ··· ⛺) – Diese im Führer durch "rote Zelte" gekennzeichneten Plätze sind ihrer Einstufung entsprechend besonders angenehm. Sie unterscheiden sich von den anderen Campingplätzen durch eine schönere Lage oder Umgebung, die Ruhe oder im Stil ihrer Einrichtung.*

▸ *Siehe Kartenteil S. 66-82.*

Spezielle Einrichtungen

Wintercamping *(❄) – Diese Gelände sind speziell für Wintercamping in den Bergen ausgestattet (Heizung, Starkstromanschlüsse, Trockenräume usw.).*

Location longue durée *– Places disponibles (ou limitées) pour le passage : Damit weisen wir auf Plätze hin, die zwar größtenteils von Dauercampern legt sind, aber auch Standplätze für einen kurzen Aufenthalt freihalten.*

Aires naturelles *– Diese Campingplätze zeichnen sich durch ihre reizvolle ländliche Umgebung aus. Sie sind im allgemeinen einfach ausgestattet, besitzen aber besonders große Standplätze.*

Ausstattung und dienstleistungen

Mitführen von Hunden – Ist das Zeichen nicht angegeben, sind Hunde auf dem Campingplatz zugelassen, müssen jedoch an der Leine geführt werden. Außerdem können eine zusätzliche Gebühr und eine Impfbescheinigung verlangt werden.

Campingplatz ständig bewacht *() bedeutet, daß eine meist auf dem Campingplatz wohnende Aufsichtsperson im Bedarfsfall auch außerhalb der Dienstzeit erreicht werden kann, besagt jedoch nicht, daß der Campingplatz Tag und Nacht bewacht ist.*

Campingplatz tagsüber bewacht *() bedeutet, daß sich eine Aufsichtsperson mindestens 8 Stunden am Tag am Empfang oder auf dem Platz befindet.*

Sanitäre Einrichtung *– Wir geben im Text nur die Einrichtungen mit warmem Wasser () an.*

Stromanschluß für Wohnwagen *() – Die Stromspannung beträgt 220 V. Die vorhandene Leistung ist nur dann mit dem Strompreis angegeben, wenn sie uns vom Campingplatzinhaber mitgeteilt wurde.*

Annehmlichkeiten – Freizeitgestaltung *– Die meisten im Text genannten Einrichtungen, insbesondere die für die Verpflegung () und die Restaurants (), sind im allgemeinen nur während der Saison und nur bei entsprechender Belegung des Platzes in Betrieb. Ihre Öffnungszeiten sind daher nicht unbedingt mit denen des Platzes identisch. Das gleiche gilt für bestimmte Sportanlagen ().*

*« **A proximité** » : in unmittelbarer Nähe des Campingplatzes (meist in einem Umkreis von weniger als 500 m) gelegene Einrichtungen, die leicht zu Fuß erreicht werden können.*

Vermietungen *ab Seite 43-65*

▸ *Die Orte sind vermerkt, die einen oder mehrere Plätze besitzen, auf denen* **Wohnwagen** *oder eingerichtete* **Bungalows** *vermietet werden. Nähere Angaben über die Einrichtung finden Sie in der Beschreibung jedes Campingplatzes in Gestalt der Zeichen () oder des Vermerks: Studios (Einzimmerwohnungen), Appartements.*
Nähere Auskünfte, auch über eine notwendige Reservierung, erhalten Sie beim Campingplatzbesitzer.

Öffnungszeiten

Öffnungszeiten *– Die Öffnungszeiten entsprechen den neusten vom Platzbesitzer mitgeteilten Daten.*
Beispiel : juin-sept. *= Anfang Juni bis Ende September.*
Vermietungszeit ist extra angegeben, wenn sie sich von der Offnungszeit des Campingplatzes unterscheidet.
Beispiel : (avril-sept.) *: bungalows.*
Das Wort saison *bedeutet, daß der Platzbesitzer nur unvollständig, der Platz ist jedoch voraussichtlich während der Ferienzeit geöffnet.*
Das Wort Permanent *weist auf ganzjährig geöffnete Campingplätze hin.* *Siehe Seite 66-82.*

Platzreservierung

Platzreservierung (R) *– Wenn Sie einen Platz reservieren wollen, schreiben Sie bitte direkt an den Besitzer des Campingplatzes und fügen einen internationalen Antwortschein bei. Erkundigen Sie sich im voraus nach allen Bedingungen wie Reservierung, Preise, Anzahlung, Aufenthaltsbedingungen, gebotene Leistungen usw. Sie ersparen sich so unliebsame Überraschungen bei der Ankunft.*
Bearbeitungsgebühren können für die Reservierung pauschal in Rechnung gestellt werden. Sie werden nicht zurückerstattet.

Die Preise

Die angegebenen Preise wurden uns Ende des Jahres 1997 von den Platzbesitzern mitgeteilt (falls nicht, sind die Tarife des Vorjahres angegeben).

Die Preise sind immer nur als Richtpreise zu betrachten. Sie können sich bei stark schwankenden Lebenshaltungskosten ändern.

Außer in Sonderfällen (Vermietung, langfristige Miete, « Garage mort », d. h. Miete eines Abstellplatzes) werden die Gebühren nach der Zahl der auf dem Platz verbrachten Tage von 12 Uhr bis 12 Uhr des nächsten Tages berechnet. Jeder angebrochene Tag wird voll in Rechnung gestellt. Über spezielle Kindertarife, erkundigen Sie sich bitte beim Besitzer.

Wir geben nur Grundpreise an (Pauschalen pro Stellplatz oder Person, für das Fahrzeug und den Stellplatz); außerdem vermerken wir die Preise für den Strom- und Warmwasseranschluß der Wohnwagen, wenn sie uns genannt wurden. Hierzu sei jedoch gesagt, daß bei der großen Mehrheit der Plätze die Gebühren für Strom und warmes Wasser (Duschen, Waschgelegenheiten) in den Grundpreisen pro Person oder Stellplatz inbegriffen sind.

Bestimmte Leistungen (Benutzung von Schwimmbad, Tennisplatz u. a. Freizeiteinrichtungen) können zusätzlich in Rechnung gestellt werden. Manchmal werden außerdem Gebühren (für Besucher, Hunde, Müllabfuhr) und Steuern (Kurtaxe) erhoben.

Auf jeden Fall müssen die Gebührensätze am Eingang jedes Campingplatzes angeschlagen sein (ebenso wie die Kategorie nach den offiziellen Normen, das Fassungsvermögen sowie die Platzordnung). Es ist empfehlenswert, sie vor Aufstellen des Zelts oder Wohnwagens anzusehen.

Falls Sie bei Ihrem Aufenthalt auf dem Campingplatz Schwierigkeiten bezüglich der Preise, Reservierung, Hygiene o. ä. antreffen, sollten Sie versuchen, diese direkt an Ort und Stelle mit dem Campingplatzbesitzer oder seinem Vertreter zu regeln.

Wenn Sie von Ihrem Recht überzeugt sind, es Ihnen jedoch nicht gelingt, zu einer allseits befriedigenden. Lösung zukommen, Können Sie sich an die entsprechende Stelle bei der Zuständigen Präfektur wenden.

Unsererseits überprüfen wir sorgfältig alle bei uns eingehenden Leserbriefe und ändern gegebenenfalls die Platzbewertung im Führer. Wir besitzen jedoch weder die rechtlichen Möglichkeiten noch die nötige Autorität, um Rechtsstreitigkeiten zwischen Platzeigentümern und Platzbenutzern zu schlichten.

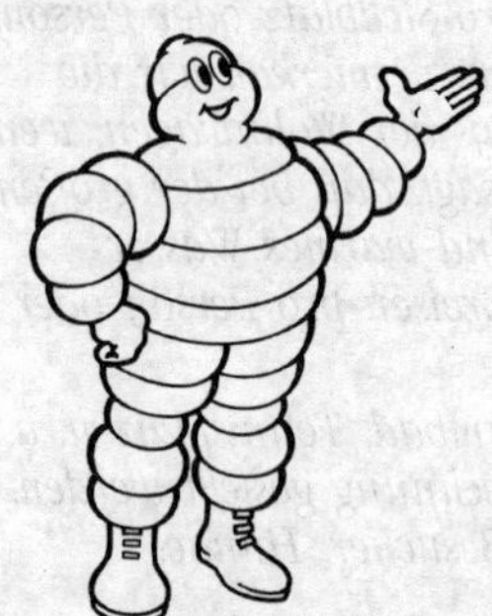

Beste Lezer

Ik ben Bibendum,
het Michelinmannetje,
en ik vier dit jaar mijn honderdste verjaardag.
Sinds 1898 vergezel ik jullie over de hele wereld en bekommer ik me om jullie rij- en reiscomfort.
Veilige verplaatsingen en aangename verblijven zijn mijn grootste zorg.

Daarom vertrouw ik mijn ervaring en kennis elk jaar toe aan de Camping Gids.
De onafhankelijke selectie van campings, de strengheid van de inspecteurs en het actualiseren van de informatie bieden zo de beste waarborg voor een geslaagde reis.

En aarzel niet mij te schrijven, want ook de volgende honderd jaar blijf ik jullie verwennen.

Goede reis !

Bibendum,
het Michelinmannetje

Inhoud

3 Opzoekmethoden

Per departement blz. 45

*De lijst van de **plaatsen gerangschikt per departement** zal u in staat stellen in de betreffende streek uw keuze te maken uit alle terreinen die wij aanbevelen : terreinen die beschikken over een speciale accomodatie (✂ ⛱ 🚐), kampeerterreinen die het gehele jaar open zijn (P), terreinen waar men caravans, stacaravans, bungalows en chalets kan huren of die over een eetgelegenheid beschikken, of terreinen in een bijzonder rustige omgeving (🐎).*

Met de Kaarten blz. 66

*Op de **kaarten** zijn de plaatsen aangegeven met tenminste één geselecteerd kampeerterrein, zodat u snel uw reisroute kunt uitstippelen. Op deze kaarten zijn ook de plaatsen aangegeven die over een kampeerterrein beschikken dat het gehele jaar geopend is of kampeerterreinen die wij in hun categorie bijzonder fraai vinden (zie verklaring blz. 67).*

Per plaats blz. 83

*De plaats van uw keuze kunt u terugvinden in de **alfabetische plaatsnamenlijst** met de terreinen die wij er geselecteerd hebben en de details van hun accomodatie.*

Tekens

en afkortingen

Plaatsen

P ‹SP›	*Prefectuur – Onderprefectuur*
23700	*Postcodenummer*
12 73 ②	*Bladzijdenummer kaart (blz. 66 t/m 82) – Nummer Michelinkaart en vouwbladnummer*
G. Bretagne	*Zie de Groene Michelingids Bretagne*
Bourges 47	*Afstanden in Kilometers*
1 050 h.	*Aantal inwoners*
alt. 675	*Hoogte*
	Badplaats met warme bronnen
✉ 05000 Gap	*Postcode en plaatsnaam bestemming*
	Netnummer telefoondistrict
1 200/1 900 m	*Hoogte van het station en maximale hoogte van de mechanische skiliften*
2	*Aantal kabelbanen*
14	*Aantal skiliften en stoeltjesliften*
	Langlaufen
	Bootverbinding
	Informatie voor toeristen

Terreinen

Categorie

	Buitengewoon comfortabel terrein, uitstekende inrichting
	Comfortabel terrein, zeer goede inrichting
	Goed ingericht terrein, geriefelijk
	Behoorlijk ingericht terrein
	Eenvoudig maar behoorlijk terrein

Bijzondere kenmerken

M	*Terrein met moderne uitrusting*
	Geselecteerd caravaneige terrein

Aangenaam en rustig verblijf

...	*Fraaie terreinen (in het geheel)*
	Zeer rustig, afgelegen terrein – Rustig, vooral 's nachts
	Zeldzaam mooi uitzicht – Interessant uitzicht of vergezicht
« »	*Bijzonder aangenaam gegeven*

Ligging en toegang

Fax ✉	*Telefoon – Telefonische doorgave van documenten – Postadres van het kampeerterrein (indien dit niet hetzelfde is als de plaatsnaam)*
N – S – E – O	*Richting : Noord – Zuid – Oost – West (gezien vanuit het centrum van de plaats)*
P	*Verplichte parkeerplaats voor auto's buiten de staanplaatsen*
	Verboden toegang voor honden

Algemene kenmerken

3 ha	*Oppervlakte (in hectaren) van het kampeerterrein*
60 ha/3 campables	*Totale oppervlakte (van een landgoed) en oppervlakte van het eigenlijke kampeerterrein*
(90 empl.)	*Maximaal aantal staanplaatsen*
	Bewaakt terrein : dag en nacht – alleen overdag bewaakt
	Duidelijk begrensde staanplaatsen
	Weinig tot zeer schaduwrijk

Uitrusting

Sanitair – Staanplaatsen

	Installaties met warm water : Douches – Wastafels
	Wasplaats voor baby's
	Afwas- of waslokalen – Stromend water
	Individuele wasgelegenheid of wastafels (met of zonder warm water)
	Sanitaire installaties voor lichamelijk gehandicapten
	Verwarmde installaties
	Serviceplaats voor campingcars
	Individuele aansluitingen voor caravans : Elektriciteit – Watertoe- en afvoer

Proviandering – Eetgelegenheden – Diverse diensten

	Supermarkt, winkelcentrum – Kampwinkel
	Bar (met vergunning) – Eetgelegenheid (restaurant, snackbar)
	Dagschotels om mee te nemen
	Wasmachines, waslokaal

Vrije tijd – Ontspanning

	Zaal voor bijeenkomsten, dagverblijf of speelzaal
	Fitness – Sauna
	Verhuur van fietsen
	Boogschieten
	Tennis : overdekt – openlucht
	Mini-golf
	Kinderspelen
	Kinderopvang
	Zwembad : overdekt – openlucht
	Vrije zwemplaats of zwemplaats met toezicht
	Zeilsport (school of watersportcentrum)
	Tochten te paard, paardrijden

Verhuur

	Verhuur van caravans – van stacaravans
	Van ingerichte bungalows – van ingerichte chalets
	Verhuur van kamers

Reserveringen – Prijzen – Creditcards

R	*Reservering mogelijk – Reservering niet mogelijk*
8	*Dagtarieven : per persoon*
5	*voor het voertuig*
10/12	*voor de staanplaats (tent, caravan)*
7 (4A)	*voor elektriciteit (aantal ampères)*
CB	*Carte Bancaire (Eurocard, MasterCard, Visa)*
CV	*Chèque-vacances*

Verklaring tekens op schema's

Kampeerterreinen

Plaats met minstens één geselecteerd terrein in de gids
Ligging kampeerterrein

Wegen en spoorwegen

Autosnelweg
Dubbele rijbaan van het type autosnelweg
Genummerde knooppunten : volledig, gedeeltelijk
Hoofdweg
Regionale of alternatieve route
Andere weg
Eenrichtingsverkeer – Tol
Fietspad – Bedrijfsweg, voetpad
Hellingen (pijlen in de richting van de helling) 5 tot 9 %, 9 tot 13 %, 13 % of meer
Pas – Veerpont – Beweegbare brug
Spoorweg, station – Spoorweg toeristentrein
Maximum draagvermogen (aangegeven onder 5 ton)
Vrije hoogte (aangegeven onder 3 m)

Bezienswaardigheden

Kerk, kapel – Kasteel
Vuurtoren – Hunebed – Grot
Ruïnes – Andere bezienwaardigheden
Oriëntatietafel, panorama – Uitzichtpunt

Ter oriëntatie

Plaats met een plattegrond in de Rode Michelingids
Informatie voor toeristen – Hoofdpostkantoor
Kerk, kapel – Kasteel
Ruïnes – Monument – Watertoren
Ziekenhuis – Fabriek
Fort – Stuwdam – Vuurtoren
Calvarie – Begraafplaats
Luchthaven – Vliegveld – Zweefvliegen
Stadion – Golf – Renbaan
Manege – Dierentuin – Schaatsbaan
Kabelbaan of stoeltjeslift – Bos
Zwembad : openlucht overdekt – Zwemgelegenheid
Recreatieoord – Zeilvereniging – Tennisbaan

Details

Selectie

*De naam van het kampeerterrein is **vet** gedrukt wanneer de eigenaar ons de gevraagde inlichtingen, en vooral de prijzen, op het moment van de herdruk heeft opgegeven.*
*Vermelding in deze gids is **kosteloos** en in geen geval te danken aan steekpenningen of gunsten. De terreinen worden per plaats in volgorde van voorkeur opgegeven.*

Classe

*De **categorie** (...) die wij aan een terrein toekennen, wordt aangegeven door een aantal tenttekens dat overeenkomt met aard en comfort van de inrichting. Deze rangschikking staat geheel los van de door de officiële instanties gebruikte classificatie met sterren.*

Fraaie terreinen *(...) – Deze in de tekst met "rode tenttekens" aangegeven kampeerterreinen, zijn over het geheel en in hun categorie bijzonder fraai. Zij vallen op door hun ligging, omgeving, rust of door hun wijze van inrichting.*
▸ *Zie de kaarten blz. 66 t/m 82.*

Bijzondere kenmerken

Caravaneiges *(❄) – Deze terreinen zijn speciaal ingericht voor winterverblijf in de bergen (verwarming, elektriciteitsaansluiting met hoog vermogen, droogkamer, enz.).*

Location longue durée *– Places disponibles (ou limitées) pour le passage : Zo geven wij de terreinen aan die voornamelijk plaatsen voor langere tijd verhuren, maar die ondanks de aanwezigheid van een meerderheid van regelmatig terugkomende klanten met een vaste plaats, plaatsen reserveren voor kampeerders op doorreis.*

Aires naturelles *– Deze terreinen zijn meestal eenvoudig ingericht. Zij zijn vooral aantrekkelijk wegens hun ligging in een natuurlijke omgeving ; de staanplaatsen zijn ruim.*

Dienstverlening

Honden – *Als het teken* 🐕 *ontbreekt, worden honden op het terrein toegelaten; u bent echter verplicht uw hond aan de lijn te houden. Bovendien geldt op sommige terreinen een tarief voor honden en meestal moet een geldig bewijs van inenting getoond worden.*

Dag en nacht bewaakt kamp *(⊶) – Dit betekent dat de beheerder, die meestal op het terrein woont, indien nodig buiten de openingsuren bereikt kan worden; maar dit wil niet altijd zeggen dat er dag en nacht daadwerkelijk toezicht wordt gehouden.*

Overdag bewaakt kamp *(⊶) – Dit houdt in dat de beheerder minstens 8 uur per dag op het terrein aanwezig is.*

Sanitair *– In de tekst vermelden wij slechts de installaties met warm water ( ).*

Elektriciteitsaansluiting voor caravans *( ) – Het voltage bedraagt 220 V. Als de eigenaar ons dit heeft opgegeven, vermelden wij het aantal ampères bij de prijzen.*

Voorzieningen – Ontspanning *– De meeste in de tekst vermelde inrichtingen of diensten, vooral wat betreft proviandering ( ), eetgelegenheden ( ) en bepaalde recreatieve activiteiten in de open lucht ( ), zijn over het algemeen alleen in het seizoen van toepassing, naar gelang de drukte op het terrein en onafhankelijk van de openingstijden.*

*Vermelding « **A proximité** » (In de omgeving) : Wij geven alleen die voorzieningen of installaties aan die zich vlak bij het kampeerterrein bevinden (meestal op minder dan 500 m afstand) en die gemakkelijk te voet bereikbaar zijn.*

Verhuur *(43 blz. t/m 65)*

▸ *De plaatsen met één of meer terreinen die **caravans** of ingerichte **bungalows** verhuren. De mogelijkheden worden in de tekst over het terrein aangegeven door middel van de bijbehorende tekens ( ) of door vermelding voluit : studios (eenkamerwoningen), appartements.*
Richt u tot de eigenaar voor volledige inlichtingen en reserveringen.

Openingstijden

Openingstijden – De aangegeven perioden komen overeen met de laatste door de eigenaar opgegeven data.
Bijv. juin-sept. *(van begin juni tot eind september).*
Wanneer de data voor het verhuur verschillen van die van het Kampeerterrein, dan worden zij gepreciseerd.
Bijv. (avril-sept.) *: bungalows.*
Wanneer wij niet over voldoende gegevens beschikken, betekent het woord saison *(seizoen) : waarschijnlijk geopend in het hoogseizoen.*
Het woord Permanent *duidt de terreinen aan die het hele jaar open zijn.*
Zie blz 66 t/m 82.

Reserveringen

Reservering van een staanplaats (**R**) *- De inlichtingen die wij geven over reserveringsmogelijkheden zijn uitsluitend gebaseerd op de gegevens die de kamphouders ons verstrekken. Schrijf, wanneer u een plaats wilt reserveren, rechtstreeks aan de eigenaar van het betreffende terrein (sluit een enveloppe met postzegel in voor het antwoord) en vraag alle nodige gegevens over de manier van reserveren, de tarieven, de aanbetaling, de verblijfsvoorwaarden en wat het terrein biedt, om onaangename verrassingen bij aankomst te voorkomen.*
Sommige eigenaren brengen reserveringskosten in rekening ; deze worden niet terugbetaald.

De prijzen

De tarieven die wij vermelden, werden ons eind 1997 door de eigenaren opgegeven (indien deze gegevens ontbreken, geven wij het tarief van het afgelopen jaar aan).
In ieder geval zijn de prijzen slechts richtlijnen ; zij zijn onderhevig aan prijsschommelingen en kunnen veranderd zijn sinds de gids verschenen is.
Behalve in bijzondere gevallen (lang verblijf-tarieven, zgn. "garage mort"-installaties) worden de tarieven meestal berekend naar het aantal dagen dat men aanwezig is (iedere aangebroken dag wordt als een volle dag berekend). Deze tarieven zijn van toepassing tijdens het hoogseizoen.
Wij vermelden slechts basistarieven (forfaitaire tarieven per staanplaats of tarieven per persoon, voor het voertuig en voor de staanplaats) en verder de prijs van elektriciteitsaansluitingen voor caravans en van warm water (indien bekend). Overigens geldt voor de meeste door ons geselecteerde terreinen dat het gebruik van warm water (douche, gootsteen, wasgelegenheid) meestal inbegrepen is in de tarieven per persoon of per staanplaats.
Sommige voorzieningen kunnen extra kosten met zich meebrengen (zwembad, tennisbanen, diverse inrichtingen). Voor bezoekers, honden, en diverse belastingen (verblijfsbelasting, belasting voor het weghalen van huisvuil, enz.) kan een extra vergoeding berekend worden.
In ieder geval is de eigenaar verplicht zijn tarieven bij de ingang van het terrein aan te geven (evenals de officiële classificatie (sterren), het maximale aantal kampeerders en het kampreglement) en het is aan te raden er kennis van te nemen voor men zich installeert.

Indien er tijdens uw verblijf op een kampeerterrein een meningsverschil zou ontstaan over prijzen, reserveringsvoorwaarden, hygiëne of dienstverlening, tracht dan ter plaatse met de eigenaar van het terrein of met zijn vervanger een oplossing te vinden.

Mocht u op deze wijze niet tot overeenstemming komen, terwijl u overtuigd bent van uw goed recht, dan kunt u zich wenden tot de prefectuur van het betreffende departement.

Van onze kant bestuderen wij zorgvuldig alle opmerkingen die wij ontvangen, om zo nodig wijzigingen aan te brengen in de omschrijving en waardering van door onze gids aanbevolen terreinen. Onze mogelijkheden zijn echter beperkt en ons personeel is niet bevoegd om als scheidsrechter op te treden of geschillen te regelen tussen eigenaren en kampeerders.

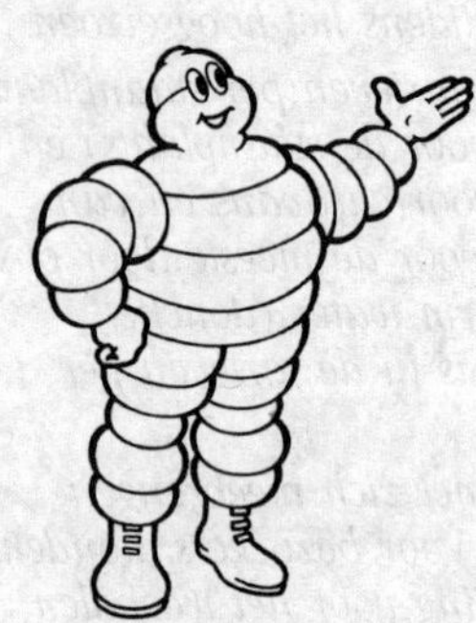

Tableau des localités

Classement départemental

Vous trouverez dans le tableau des pages suivantes un classement par départements de toutes les localités citées dans la nomenclature.

Légende

01 – AIN	*Numéro et nom du département*
1 à 17	*Pages d'atlas situant les localités citées*
⚲, ⛷	*Nature de la station (thermale, de sports d'hiver)*
◰	*Localité représentée par un schéma dans le guide*
Le Havre	*(Localité en rouge) Localité possédant au moins un terrain agréable sélectionné (▲ ... ▲▲▲▲▲)*
P	*(Permanent) Localité possédant un terrain ouvert toute l'année*
🐸	*Localité possédant au moins un terrain très tranquille*
Restauration	*Localité possédant au moins un terrain proposant une possibilité de restauration*
Loc.	*Localité dont un terrain au moins propose des locations*
🎾 ▣	*Localité possédant au moins un terrain avec tennis (de plein air, couvert)*
🏊, ▣	*Localité possédant au moins un terrain avec piscine (de plein air, couverte)*
🚐	*Localité possédant au moins un terrain avec une aire de services pour camping-cars*

*Se reporter à la nomenclature (classement alphabétique général des localités pour la description complète des camps sélectionnés et utiliser les cartes détaillées à 1/200 000 pour situer avec précision les localités possédant au moins un terrain sélectionné (**O**).*

Table of localities

Classified by "départements"

You will find in the following pages a classification by "département" of all the localities listed in the main body of the guide.

Key

01 – AIN	*Number and name of a « département »*
1 to 17	*Pages of the maps showing the « département » boundaries and listed localities*
⚲, ⛷	*Classification of the town (health resort, winter sports resort)*
◰	*Locality with a local map in the guide*
Le Havre	*(Name of the locality printed in red) Locality with at least one selected pleasant site (▲ ... ▲▲▲▲▲)*
P	*(Permanent) Locality with one selected site open all year*
🐸	*Locality with at least one selected very quiet, isolated site*
Restauration	*Locality with at least one selected site offering some form of on-site eating place*
Loc.	*Locality with at least one selected site offering renting*
🎾 ▣	*Locality with at least one selected site with tennis courts (open air, indoor)*
🏊, ▣	*Locality with at least one selected site with a swimming pool (open air, indoor)*
🚐	*Locality with at least one selected site with a service bay for camper vans*

*Refer to the body of the guide where localities appear in alphabetical order, for a complete description of the selected camping sites. To locate a locality (**O**) with at least one selected camping site, use the detailed maps at a scale of 1 : 200 000.*

Ortstabelle

Nach Departements geordnet

Auf der Tabelle der folgenden Seiten erscheinen alle im Führer erwähnten Orte nach Departements geordnet.

Zeichenerklärung

01 – AIN	*Nummer und Name des Departements*
1 bis 17	*Seite des Kartenteils, auf welcher der erwähnte Ort zu finden ist*
	Art des Ortes (Heilbad, Wintersportort)
	Ort mit Kartenskizze im Campingführer
Le Havre	*(Ortsname in Rotdruck) Ort mit mindestens einem besonders angenehmen Campingplatz (...)*
P	*(Permanent) Ort mit mindestens einem das ganze Jahr über geöffneten Campingplatz*
	Ort mit mindestens einem sehr ruhigen Campingplatz
Restauration	*Mindestens ein Campingplatz am Ort mit Imbiß*
Loc.	*Ort mit mindestens einem Campingplatz mit Vermietung*
	Ort mit mindestens einem Campingplatz mit Frei- oder Hallentennisplatz
	Ort mit mindestens einem Campingplatz mit Frei- oder Hallenbad
	Ort mit mindestens einem Campingplatz mit Wartungsmöglichkeit für Wohnmobile.

Die vollständige Beschreibung der ausgewählten Plätze finden Sie im alphabetisch geordneten Hauptteil des Führers. Benutzen Sie zur Auffindung eines Ortes mit mindestens einem ausgewählten Campingplatz (O) die Abschnittskarten im Maßstab 1 : 200 000.

Lijst van plaatsnamen

Indeling per departement

In deze lijst vindt u alle in de gids vermelde plaatsnamen, ingedeeld per departement.

Verklaring van de tekens

01 – AIN	*Nummer en naam van het departement*
1 bis 17	*Bladzijden van de kaarten waarop de betreffende plaatsen te vinden zijn*
	Soort plaats (badplaats, wintersportplaats)
	Plaats waarvan een schema in de gids staat
Le Havre	*(Plaatsnaam rood gedrukt) Plaats met minstens één geselecteerd fraai terrein (...)*
P	*(Permanent) Plaats met een terrein dat het hele jaar open is*
	Plaats met minstens één zeer rustig terrein
Restauration	*Plaats met minstens één kampeerterrein dat over een eetgelegenheid beschikt*
Loc.	*Plaats met minstens één terrein met huurmogelijkheden*
	Plaats met minstens één terrein met tennisbanen (openlucht, overdekt)
	Plaats met minstens één terrein met zwembad (openlucht, overdekt)
	Plaats met minstens één terrein met serviceplaats voor campingcars.

Raadpleeg voor een volledige beschrijving van de geselecteerde terreinen de algemene alfabetische opgave van plaatsen en gebruik de deelkaarten schaal 1 : 200 000 om een plaats met minstens één geselecteerd terrein (O) te lokaliseren.

	Permanent	[équitation]	Restauration	Loc. [caravane] ou [mobile home]	Loc. [chalet] ou [bungalow] et autres	[tennis] ou [tennis couvert]	[piscine] ou [piscine couverte]	[aire de service camping-car]

PRINCIPAUTÉ-D'ANDORRE 14

Canillo [camping]	—	—	—	—	—	[tennis]	[piscine couverte]	—
La Massana	P	—	•	•	—	—	[piscine]	—

01 - AIN 11 12

Ambérieux-en-Dombes	—	—	—	—	—	[tennis]	—	—
Ars-sur-Formans	—	—	—	—	—	[tennis]	—	—
Artemare	—	—	—	—	—	—	[piscine]	—
Bourg-en-Bresse	—	—	—	—	—	—	[piscine]	—
Champdor	P	—	—	—	•	[tennis]	—	—
Champfromier	—	—	—	—	—	—	—	—
Châtillon-sur-Chalaronne	—	—	•	—	—	[tennis]	[piscine]	—
Chavannes-sur-Suran	—	—	—	—	—	—	—	—
Cormoranche-sur-Saône	—	—	—	—	•	—	—	—
Culoz	—	—	•	—	—	[tennis couvert]	—	—
Divonne-les-Bains	—	—	—	•	—	[tennis]	[piscine]	—
Dompierre-sur-Veyle	—	—	—	—	—	[tennis]	—	—
Gex	—	—	—	—	—	[tennis]	[piscine]	—
Hautecourt-Romanèche	—	—	—	—	—	—	—	—
Mantenay-Montlin	—	—	—	—	—	[tennis]	—	—
Massignieu-de-Rives	—	—	—	—	—	[tennis]	—	—
Messimy-sur-Saône	—	[équitation]	—	—	—	—	—	—
Montrevel-en-Bresse	—	—	•	—	•	[tennis]	[piscine couverte]	[aire de service camping-car]
Murs-et-Gelignieux	—	—	—	—	•	—	[piscine]	—
Niévroz	—	—	—	—	—	—	[piscine]	—
Poncin	—	—	—	—	—	[tennis]	—	—
St-Paul-de-Varax	—	—	—	—	•	[tennis]	—	[aire de service camping-car]
Serrières-de-Briord	—	—	•	—	—	[tennis]	—	—
Seyssel	—	—	•	—	—	—	[piscine]	—
Villars-les-Dombes	—	—	•	—	—	[tennis couvert]	[piscine]	—
Virieu-le-Grand	—	—	—	—	—	—	—	—

02 - AISNE 2 6 7

Berny-Rivière	P	—	•	—	—	[tennis]	[piscine]	—
Chamouille	—	—	—	—	—	[tennis]	—	[aire de service camping-car]
Charly	—	—	—	—	—	[tennis]	—	—
Chauny	—	—	—	—	—	—	—	—
La Fère	—	—	—	—	—	[tennis]	—	—
Guignicourt	—	—	—	—	—	[tennis]	—	—
Laon [camping]	—	—	—	—	—	—	—	—
Le Nouvion-en-Thiérache	P	—	—	—	—	—	[piscine]	—
Ressons-le-Long	P	—	—	—	—	—	[piscine]	—
Seraucourt-le-Grand	—	—	—	—	—	—	—	[aire de service camping-car]
Soissons	P	—	—	—	—	[tennis couvert]	[piscine couverte]	—

03 - ALLIER 10 11

Arfeuilles	—	—	—	—	—	[tennis]	—	—
Bourbon-l'Archamb. [station thermale]	—	—	—	—	—	[tennis]	[piscine]	—
Braize	—	[équitation]	•	•	—	—	—	—
Châtel-de-Neuvre	—	—	•	—	—	—	—	—
Chouvigny	—	[équitation]	—	—	—	—	—	—
Couleuvre	—	—	—	—	—	[tennis]	—	—
Dompierre-sur-Besbre	—	—	—	—	—	[tennis]	[piscine]	—
Le Donjon	—	—	—	—	—	—	—	—
Ferrières-sur-Sichon	—	—	—	—	—	[tennis]	—	—
Isle-et-Bardais	—	—	—	—	•	[tennis]	—	—
Jenzat	—	—	—	—	—	—	—	—
Lapalisse	—	—	—	—	—	[tennis]	—	—
Louroux-de-Bouble	—	—	—	—	—	—	—	—
Mariol	—	—	—	•	—	[tennis]	[piscine]	—
Le Mayet-de-Montagne	—	—	—	—	•	[tennis]	—	—
Néris-les-Bains	—	—	•	—	•	[tennis]	[piscine couverte]	—
Paray-sous-Briailles	—	—	—	—	—	[tennis]	—	—
St-Bonnet-Tronçais	—	—	—	—	•	[tennis]	—	—
St-Pourçain-sur-Sioule	—	—	—	—	—	—	—	[aire de service camping-car]
St-Yorre	—	—	—	—	—	[tennis]	[piscine]	—
Sazeret	—	—	—	—	—	—	—	—
Treignat	—	—	—	—	•	—	—	—
Vallon-en-Sully	—	—	•	—	—	—	—	—
Varennes-sur-Allier	—	—	—	—	—	—	[piscine]	[aire de service camping-car]
Vichy [station thermale]	—	—	•	•	—	[tennis]	[piscine couverte]	[aire de service camping-car]
Vieure	—	—	•	—	•	[tennis]	—	—

04 - ALPES-DE-HAUTE-PROVENCE 16 17

Barcelonnette [station de sports d'hiver]	P	—	•	•	•	[tennis]	[piscine]	[aire de service camping-car]
Barrême	—	—	—	—	—	—	—	—
Castellane [camping]	—	—	•	•	•	[tennis]	[piscine]	[aire de service camping-car]
Château-Arnoux-St-Auban	P	—	•	—	—	—	[piscine]	[aire de service camping-car]
Digne-les-Bains [station thermale]	—	—	—	•	—	[tennis]	—	—
Esparron-de-Verdon	—	—	•	—	—	—	—	—
Forcalquier	—	—	—	—	—	[tennis]	[piscine]	—
Gréoux-les-Bains [station thermale]	—	—	—	•	—	[tennis]	[piscine]	—
Larche	—	[équitation]	•	—	—	—	—	—
Manosque	—	—	—	—	—	—	—	—
Les Mées	—	—	—	—	—	[tennis]	[piscine]	—
Mézel	—	—	—	•	—	—	—	—
Montpezat	—	—	•	•	—	[tennis]	[piscine]	—
Moriez	—	—	—	—	—	—	—	—
Moustiers-Ste-Marie	—	—	•	—	—	—	—	[aire de service camping-car]
Niozelles	—	—	•	—	•	—	[piscine]	—
Peyruis	P	—	—	—	—	[tennis]	[piscine]	—
Puimichel	—	[équitation]	—	—	—	—	—	—
St-André-les-Alpes	—	—	—	—	—	[tennis]	—	—
St-Jean (Col) [station de sports d'hiver]	—	—	•	—	•	[tennis]	[piscine]	—
St-Julien-du-Verdon	—	—	—	—	—	—	—	—
St-Laurent-du-Verdon	—	[équitation]	•	—	•	[tennis]	[piscine]	—
St-Paul	—	—	•	—	—	[tennis]	—	—
St-Vincent-les-Forts	—	—	•	—	—	[tennis]	—	—
Ste-Croix-de-Verdon	—	—	—	—	—	—	—	—
Ste-Tulle	—	—	—	—	—	[tennis]	[piscine]	—
Seyne	—	—	—	•	—	[tennis]	[piscine couverte]	—
Sisteron	—	—	—	—	—	[tennis]	[piscine]	—
Le Vernet	P	—	•	—	—	—	[piscine]	—
Villars-Colmars	—	—	—	—	—	[tennis]	[piscine]	—
Volonne	—	—	•	•	•	[tennis]	[piscine]	[aire de service camping-car]
Volx	—	—	—	—	—	—	—	—

05 - HAUTES-ALPES 12 16 17

Abriès [station de sports d'hiver]	P	—	•	—	—	[tennis]	—	—
Ancelle [station de sports d'hiver]	P	[équitation]	—	—	•	—	[piscine]	—
L'Argentière-la-Bessée	—	—	—	—	—	—	—	—
Barret-le-Bas	—	[équitation]	—	•	•	—	[piscine]	—
Briançon [station de sports d'hiver]	—	—	•	—	—	[tennis]	[piscine]	[aire de service camping-car]
Ceillac [station de sports d'hiver]	—	—	—	—	—	—	—	—
Château-Queyras	—	—	—	—	—	[tennis]	—	—
Chorges [station de sports d'hiver]	P	—	—	•	—	—	[piscine]	—
Embrun	P	[équitation]	•	—	•	[tennis]	[piscine couverte]	—
Espinasses	—	—	•	•	—	—	[piscine]	—
Freissinières	—	[équitation]	•	—	—	[tennis]	—	—
Gap	P	—	•	•	•	—	[piscine]	[aire de service camping-car]
La Grave [station de sports d'hiver]	—	—	—	—	—	—	—	—
Guillestre	P	—	•	•	•	[tennis]	[piscine]	—
Névache [station de sports d'hiver]	—	[équitation]	•	—	—	—	—	—
Orcières [station de sports d'hiver]	—	—	•	—	•	—	—	—
Orpierre	—	—	—	•	•	[tennis]	[piscine]	—

	Permanent	(cheval)	Restauration	Loc. (caravane) ou (mobil-home)	Loc. (bungalow) (chalet) et autres	(tennis couvert) ou (tennis)	(piscine couverte) ou (piscine)	(camping-car)
Poligny	—	—	—	—	—	tennis	—	—
Puy-St-Vincent	—	cheval	—	—	—	—	—	—
Réallon	—	—	—	—	—	tennis	—	—
Réotier	—	—	—	—	—	—	—	—
La Roche-de-Rame	P	—	•	•	—	—	—	—
La Roche-des-Arnauds	P	—	•	—	—	tennis	piscine	—
St-Apollinaire	—	—	•	—	—	—	—	—
St-Bonnet-en-Champsaur	—	—	•	—	—	tennis	piscine	—
St-Clément-sur-Durance	—	—	—	—	—	—	piscine	—
St-Étienne-en-Dévoluy	P	—	—	—	—	tennis	—	—
St Firmin	—	—	—	—	—	tennis	piscine	—
St-Jean-St-Nicolas	—	—	—	•	—	tennis	—	—
St-Maurice-en-Valgaudemar	—	—	—	—	—	—	—	—
Savines-le-Lac	—	—	—	—	—	—	piscine	—
Serres	—	cheval	•	•	—	—	piscine	—
Vallouise	—	—	—	—	—	tennis	—	—
Veynes	—	cheval	—	•	—	—	—	—
Villar-Loubière	—	—	—	—	—	tennis	—	—

06 - ALPES-MARITIMES 17

	Permanent	(cheval)	Restauration	Loc. (caravane) ou (mobil-home)	Loc. (bungalow) (chalet) et autres	(tennis couvert) ou (tennis)	(piscine couverte) ou (piscine)	(camping-car)
Antibes [A]	P	—	•	•	•	tennis	piscine	camping-car
Auribeau-sur-Siagne	—	—	•	•	—	—	piscine	—
Le Bar-sur-Loup	—	cheval	•	—	—	—	piscine	—
Breil-sur-Roya	P	—	•	—	•	—	piscine	—
Cagnes-sur-Mer [A]	P	—	•	•	•	tennis	piscine	camping-car
Cannes	—	—	•	•	•	tennis	piscine	—
La Colle-sur-Loup	—	—	•	•	•	—	piscine	camping-car
Entraunes	—	—	—	—	—	—	—	—
Gilette	—	—	•	—	—	tennis	piscine	—
Guillaumes	—	—	—	—	—	—	—	—
Lantosque	—	—	•	—	—	—	—	camping-car
Mandelieu-la-Napoule	—	—	—	—	•	—	—	—
Pégomas	—	—	•	—	—	tennis	piscine	—
Puget-Théniers	—	—	—	—	—	tennis	piscine	—
Roquebillière	—	—	—	•	—	tennis	—	—
St-Martin-d'Entraunes	—	cheval	•	—	•	—	—	—
St-Sauveur-sur-Tinée	—	—	—	—	—	tennis	—	—
Sospel	—	—	—	•	•	—	piscine	—
Vence	—	cheval	•	—	—	tennis	piscine	—
Villeneuve-Loubet [A]	—	—	•	—	•	—	—	camping-car

07 - ARDÈCHE 11 12 16

	Permanent	(cheval)	Restauration	Loc. (caravane) ou (mobil-home)	Loc. (bungalow) (chalet) et autres	(tennis couvert) ou (tennis)	(piscine couverte) ou (piscine)	(camping-car)
Andance	—	—	•	•	—	—	piscine	—
Annonay	—	—	—	—	—	—	piscine couverte	—
ARDÈCHE (Gorges de l')	—	—	—	—	—	—	—	—
Balazuc	—	—	—	•	—	—	—	—
Chauzon	—	cheval	•	•	•	tennis	piscine	—
Lagorce	—	—	•	—	•	—	piscine	—
Montréal	—	—	•	•	•	—	piscine	—
Orgnac-l'Aven	—	—	—	•	—	tennis	piscine	—
Pradons	—	—	—	•	•	tennis	piscine	—
Ruoms	P	cheval	•	•	•	tennis	piscine	camping-car
St-Alban-Auriolles	—	—	•	•	•	tennis	piscine	—
St-Martin-d'Ardèche	—	—	•	•	—	tennis	piscine	camping-car
St-Maurice-d'Ardèche	—	cheval	•	•	•	—	piscine	—
St-Maurice-d'Ibie	—	—	•	•	—	—	piscine	—
St-Remèze	—	—	•	•	•	—	piscine	—
Vagnas	—	cheval	—	—	—	—	piscine	—
Vallon-Pont-d'Arc	—	cheval	•	•	•	tennis	piscine	camping-car
Asperjoc	—	cheval	•	•	•	—	piscine	—
Aubenas	—	—	•	•	•	tennis	piscine	—
Beauchastel	P	—	—	—	—	tennis	piscine couverte	—
Berrias-et-Casteljau	—	—	•	•	•	tennis	piscine	—
Bessas	—	cheval	—	—	•	—	piscine	—
Bourg-st-Andéol	—	—	•	•	—	—	piscine	—
Casteljau	—	—	•	•	•	tennis	piscine	—
Chassiers	—	—	•	•	•	tennis	piscine	—
Le Cheylard	—	—	—	—	—	—	—	—
Cruas	P	—	—	•	—	tennis	piscine	—
Darbres	—	—	•	—	•	—	piscine	—
Eclassan	—	cheval	•	•	—	—	piscine	—
Félines	—	—	—	•	—	—	piscine	—
Grospierres	—	cheval	—	—	—	—	piscine	—
Issarlès (Lac d')	—	—	—	—	—	—	—	—
Joannas	—	cheval	•	—	•	tennis	piscine	—
Joyeuse	—	—	•	•	•	tennis	piscine	—
Lablachère	—	—	—	•	—	tennis	piscine	—
Lalouvesc	—	—	—	—	•	tennis	—	—
Lavillatte	—	—	—	—	—	—	—	—
Maison-Neuve	—	—	—	•	•	tennis	piscine	—
Malarce-sur-la-Thines	—	—	•	•	—	—	—	—
Malbosc	—	—	•	—	—	—	—	—
Marcols-les-Eaux	—	—	—	—	—	tennis	—	—
Meyras	—	—	•	•	•	—	—	—
Montpezat-sous-Bauzon	—	—	—	—	•	tennis	—	—
Les Ollières-sur-Eyrieux	—	—	•	•	•	—	piscine	—
Payzac	—	—	—	•	—	—	—	—
Privas	—	—	—	—	—	tennis	piscine couverte	camping-car
Ribes	—	—	—	•	—	tennis	—	—
Rosières	—	cheval	•	•	•	tennis	piscine	—
Sablières	P	cheval	•	•	—	tennis	piscine	—
St-Agrève	—	cheval	—	•	—	—	—	—
St-Cirgues-en-Montagne	—	—	•	•	—	tennis	—	—
St-Etienne-de-Lugdarès	—	—	—	—	—	—	—	—
St-Fortunat-sur-Eyrieux	—	—	—	—	—	tennis	—	—
St-Jean-de-Muzols	—	—	—	—	—	—	—	—
St-Julien-en-St-Alban	—	—	•	—	—	—	piscine	—
St-Lager-Bressac	—	—	—	—	—	tennis	piscine	—
St-Laurent-du-Pape	—	—	•	—	—	tennis	piscine	—
St-Sauveur-de-Cruzières	—	—	—	•	—	—	piscine	—
St-Sauveur-de-Montagut	—	—	•	•	•	—	piscine	—
St-Thomé	—	—	•	•	•	—	—	—
St-Vincent-de-Barrès	—	—	•	—	—	tennis	piscine	—
Satillieu	—	—	•	•	—	—	—	—
Tournon-sur-Rhône	—	—	•	•	—	—	piscine	—
Ucel	—	cheval	•	•	—	tennis	piscine	—
Les Vans	P	cheval	•	•	—	—	piscine	—
Vernoux-en-Vivarais	—	—	—	•	—	tennis	piscine couverte	—
Vion	—	—	—	•	•	—	piscine	—
Viviers	—	—	—	•	—	tennis	piscine	—
Vogüé	—	—	•	•	•	tennis	piscine	—

08 - ARDENNES 2 7

	Permanent	(cheval)	Restauration	Loc. (caravane) ou (mobil-home)	Loc. (bungalow) (chalet) et autres	(tennis couvert) ou (tennis)	(piscine couverte) ou (piscine)	(camping-car)
Attigny	—	—	—	—	—	tennis	—	—
Bourg-Fidèle	—	—	—	—	—	—	—	—
Le Chesne	P	—	—	—	—	tennis	—	—
Haulmé	P	—	—	—	—	tennis	—	—
Juniville	—	—	•	—	—	—	—	—
Les Mazures	P	—	—	—	•	tennis	—	—
Mouzon	—	—	—	—	—	tennis couvert	piscine	—
Sedan	—	—	—	—	—	—	—	—
Signy-l'Abbaye	—	—	—	—	—	tennis	—	—

09 - ARIÈGE 14 15

	Permanent	(cheval)	Restauration	Loc. (caravane) ou (mobil-home)	Loc. (bungalow) (chalet) et autres	(tennis couvert) ou (tennis)	(piscine couverte) ou (piscine)	(camping-car)
Aigues-Vives	P	cheval	—	•	•	—	piscine	camping-car
Albiès	P	—	—	—	—	—	—	—
Artigat	—	—	—	—	—	—	piscine	—
Aston	—	—	—	—	•	tennis	—	—
Augirein	—	—	—	—	—	—	—	—

	Permanent	🎠	Restauration	Loc. 🚃 ou	🏠 et autres	🎾 ou [🎾]	🏊 ou [🏊]	🚐
Aulus-les-Bains	—	—	•	•	—	🎾	—	—
Ax-les-Thermes ♨ ⛷	P	—	—	—	—	—	—	—
La Bastide-de-Sérou	—	—	•	—	•	—	🏊	—
Cos	P	—	—	—	—	🎾	🏊	—
Durfort	P	—	•	•	—	—	🏊	—
Lavelanet	—	—	—	—	•	—	🏊	—
Léran	—	—	•	—	•	—	—	—
Mauvezin-de-Prat	—	—	—	—	—	—	—	—
Mazères	—	—	—	—	•	🎾	🏊	🚐
Mérens-les-Vals	—	—	—	—	—	—	—	—
Ornolac-Ussat-les-Bains	P	—	•	•	—	—	—	—
Oust	P	—	—	•	—	🎾	🏊	—
Pamiers	P	—	—	•	—	—	—	—
Le Pla	P	—	—	—	—	🎾	[🏊]	🚐
Rieux-de-Pelleport	—	—	—	•	—	—	🏊	—
St-Girons	—	—	—	—	•	🎾	🏊	—
Seix	—	—	—	•	—	—	—	—
Sorgeat	P	🎠	—	—	•	—	—	—
Tarascon-sur-Ariège	—	—	•	•	•	—	🏊	🚐
Le Trein-d'Ustou	P	—	—	—	—	🎾	—	—
Verdun	—	—	—	—	—	—	—	—
Vicdessos	P	—	—	—	•	—	🏊	—

10 - AUBE 6 7

	Permanent	🎠	Restauration	Loc. 🚃 ou	🏠 et autres	🎾 ou [🎾]	🏊 ou [🏊]	🚐
Arcis-sur-Aube	—	—	—	—	—	—	—	—
Bar-sur-Aube	—	—	—	—	—	—	—	—
Dienville	—	—	•	—	•	🎾	—	🚐
Ervy-le-Châtel	—	—	—	—	—	—	—	—
Géraudot	—	—	—	—	—	—	—	—
Radonvilliers	—	—	—	—	—	🎾	—	—
St-Hilaire-sous-Romilly	P	🎠	•	—	•	🎾	—	—
Soulaines-Dhuys	—	—	—	—	—	🎾	—	—
Troyes	—	—	—	—	—	—	—	🚐

11 - AUDE 15

	Permanent	🎠	Restauration	Loc. 🚃 ou	🏠 et autres	🎾 ou [🎾]	🏊 ou [🏊]	🚐
Axat	P	🎠	•	•	•	—	🏊	🚐
Belcaire	—	—	—	—	—	🎾	—	—
Belflou	—	🎠	•	•	—	—	—	—
Brousses-et-Villaret	—	🎠	•	•	—	—	🏊	—
Cahuzac	—	🎠	•	•	—	—	—	—
Campagne-sur-Aude	P	—	•	•	—	—	🏊	—
Camurac	P	🎠	•	•	•	—	🏊	—
Carcassonne [▲]	—	—	•	•	•	🎾	🏊	🚐
Lagrasse	—	—	—	—	—	—	—	—
Lézignan-Corbières	—	—	•	—	—	🎾	🏊	—
Mas-Cabardès	—	—	—	•	—	🎾	—	🚐
Mirepeisset	—	—	•	•	•	🎾	🏊	—
Montclar	—	🎠	•	•	•	—	🏊	—
Narbonne	—	—	•	•	•	🎾	🏊	🚐
Nébias	—	🎠	•	•	—	—	🏊	—
Puivert	—	—	—	—	—	🎾	—	—
Quillan	—	—	—	—	—	—	🏊	—
Rennes-les-Bains ♨	—	—	—	—	—	🎾	—	—
Saissac	—	—	—	—	—	🎾	🏊	—
Sallèles-d'Aude	—	—	—	—	—	🎾	—	—
Sigean	P	—	•	•	•	—	—	—
Trèbes	—	—	•	—	—	🎾	🏊	—
Villefort	—	🎠	•	—	•	🎾	🏊	—
Villepinte	—	—	—	—	—	🎾	—	—

12 - AVEYRON 15

	Permanent	🎠	Restauration	Loc. 🚃 ou	🏠 et autres	🎾 ou [🎾]	🏊 ou [🏊]	🚐
Alrance	—	—	—	—	—	—	—	—
Arvieu	—	—	—	•	—	🎾	—	—
Aubin	—	—	—	—	—	🎾	🏊	—
Belmont-sur-Rance	—	—	•	—	—	🎾	🏊	—
Brusque	—	—	•	—	—	🎾	—	—
Canet-de-Salars	P	—	•	•	•	🎾	🏊	—
Capdenac-Gare	—	—	•	•	•	🎾	—	—
Conques	—	—	•	—	—	—	—	—
Decazeville	—	—	•	—	—	🎾	—	—
Entraygues-sur-Truyère	—	—	—	—	—	🎾	🏊	—
Le Fel	—	—	•	—	—	🎾	—	—
Golinhac	—	🎠	—	—	•	—	—	—
Laguiole ⛷	—	—	—	—	—	🎾	—	—
Marcillac-Vallon	—	—	—	—	—	🎾	—	—
Millau	—	—	•	•	—	[🎾]	🏊	🚐
Mostuéjouls	—	—	—	—	—	—	—	—
Najac	—	—	•	—	•	🎾	🏊	—
Nant	—	🎠	•	•	•	🎾	🏊	🚐
Naucelle	—	—	•	•	—	—	—	—
Le Nayrac	—	—	•	—	—	🎾	—	—
Pons	—	—	—	—	•	🎾	—	—
Pont-de-Salars	—	—	•	•	•	—	🏊	—
Recoules-Prévinquières	—	—	—	—	•	🎾	—	—
Rignac	—	—	—	—	—	🎾	🏊	—
Rivière-sur-Tarn	—	—	•	•	•	🎾	🏊	🚐
Rodez [▲]	—	—	—	—	—	—	—	—
St-Amans-des-Cots	—	—	•	•	—	—	—	—
St-Geniez-d'Olt	—	—	•	—	—	🎾	🏊	—
St-Rome-de-Tarn	—	—	•	•	•	[🎾]	🏊	—
St-Symphorien-de-Th.	—	—	—	—	—	🎾	—	—
Salles-Curan	—	—	•	•	•	—	🏊	—
Sénergues	—	—	—	—	•	—	—	—
Sévérac-l'Église	—	—	•	—	•	🎾	🏊	—
Thérondels	—	—	•	—	•	🎾	🏊	—
Le Truel	—	—	—	—	—	🎾	🏊	—
Villefranche-de-Rouergue	—	—	—	—	—	—	🏊	—

13 - BOUCHES-DU-RHÔNE 16

	Permanent	🎠	Restauration	Loc. 🚃 ou	🏠 et autres	🎾 ou [🎾]	🏊 ou [🏊]	🚐
Aix-en-Provence	P	—	•	•	—	—	🏊	🚐
Arles	—	—	•	•	—	🎾	🏊	—
Ceyreste	—	—	—	•	—	—	—	🚐
Châteaurenard	—	—	—	—	—	—	🏊	—
La Ciotat	—	—	•	—	•	—	—	—
La Couronne	P	—	—	•	—	🎾	—	—
Fontvieille	—	—	—	—	—	—	🏊	—
Gémenos	—	—	•	—	—	🎾	🏊	—
Graveson	—	—	—	—	—	—	—	—
Maussane-les-Alpilles	—	—	—	—	—	🎾	🏊	—
Mouriès	—	🎠	—	—	—	—	🏊	—
Peynier	—	—	—	—	—	🎾	—	—
La Roque-d'Anthéron	P	—	•	—	•	🎾	🏊	—
St-Étienne-du-Grès	—	—	—	—	—	—	—	—
St-Rémy-de-Provence	—	—	•	•	—	🎾	🏊	🚐
Stes-Maries-de-la-Mer	P	—	•	•	—	🎾	🏊	🚐
Tarascon	—	—	—	—	—	—	—	—

14 - CALVADOS 4 5

	Permanent	🎠	Restauration	Loc. 🚃 ou	🏠 et autres	🎾 ou [🎾]	🏊 ou [🏊]	🚐
Arromanches-les-Bains	—	—	—	—	—	[🎾]	—	—
Bayeux	—	—	•	—	—	—	[🏊]	—
Bénouville	—	—	—	—	—	🎾	🏊	—
Bernières-sur-Mer	—	—	•	—	—	🎾	🏊	—
Blangy-le-Château	—	—	•	—	—	🎾	🏊	—
Colleville-sur-Mer	—	—	—	—	—	—	—	—
Condé-sur-Noireau	—	—	—	—	—	[🎾]	—	—
Courseulles-sur-Mer	—	—	—	—	•	—	🏊	🚐
Creully	—	—	—	—	—	🎾	—	—
Deauville	—	—	•	•	•	—	🏊	—

		Permanent	[équitation]	Restauration	Loc. [caravane] ou [mobil-home]	Loc. [bungalow] [chalet] et autres	[tennis] ou [tennis couvert]	[piscine] ou [piscine couverte]	[camping-car]
Dives-sur-Mer		—	—	—	—	—	—	—	—
Étréham		—	[équitation]	•	•	•	—	[piscine]	—
Falaise		—	—	—	—	—	[tennis]	[piscine]	—
Grandcamp-Maisy		—	—	—	—	—	—	—	[camping-car]
Honfleur		—	—	•	—	•	[tennis]	[piscine]	[camping-car]
Houlgate		—	—	•	—	—	[tennis]	[piscine]	[camping-car]
Isigny-sur-Mer		—	—	—	•	•	[tennis]	—	[camping-car]
Luc-sur-Mer		—	—	—	—	•	[tennis]	[piscine]	[camping-car]
Martragny		—	[équitation]	•	—	—	—	[piscine]	—
Merville-Franceville-P.		—	—	—	•	•	—	—	—
Moyaux		—	[équitation]	•	—	—	[tennis]	[piscine]	[camping-car]
Orbec		—	—	—	—	—	[tennis couvert]	—	—
Ouistreham		—	—	—	—	—	[tennis]	—	[camping-car]
Pont-l'Évêque		—	—	—	—	—	[tennis]	—	—
St-Aubin-sur-Mer		—	—	•	•	—	[tennis]	[piscine]	[camping-car]
Thury-Harcourt		—	—	—	—	—	[tennis]	[piscine couverte]	[camping-car]
Trévières		—	—	—	—	—	—	—	—
Vierville-sur-Mer		—	—	•	—	—	—	—	[camping-car]

15 - CANTAL 10 11 15

		Permanent	[équitation]	Restauration	Loc. [caravane] ou [mobil-home]	Loc. [bungalow] [chalet] et autres	[tennis] ou [tennis couvert]	[piscine] ou [piscine couverte]	[camping-car]
Arnac		P	[équitation]	•	•	•	[tennis]	[piscine]	—
Arpajon-sur-Cère		—	—	—	—	—	[tennis]	—	—
Aurillac		—	—	—	—	—	—	—	—
Cassaniouze		—	—	—	—	•	—	—	—
Champs-sur-Tarentaine		—	—	—	•	—	[tennis]	[piscine]	—
Chaudes-Aigues	♆	—	—	—	—	—	[tennis]	—	—
Faverolles		—	—	—	—	—	[tennis]	—	—
Ferrières-St-Mary		—	—	—	—	—	[tennis]	—	—
Fontanges		—	—	—	—	—	[tennis]	—	—
Jaleyrac		—	—	•	—	•	[tennis]	—	—
Jou-sous-Monjou		—	[équitation]	—	•	—	—	—	—
Jussac		—	—	—	—	—	[tennis]	—	—
Lacapelle-Viescamp		—	—	•	—	•	[tennis]	—	—
Lanobre		—	—	—	—	•	—	—	—
Madic		—	—	—	—	—	—	—	—
Massiac		—	—	•	—	—	[tennis]	[piscine]	—
Mauriac		—	—	•	•	•	—	—	—
Maurs		—	—	—	—	—	[tennis]	[piscine]	—
Montsalvy		—	—	—	—	—	[tennis]	[piscine]	—
Neuvéglise		—	—	•	•	•	[tennis]	[piscine]	—
Pers		—	—	—	—	—	—	—	—
Pleaux		—	—	•	—	•	[tennis]	[piscine]	—
Riom-ès-Montagnes		—	—	—	—	•	—	—	—
Saignes		—	—	—	—	—	[tennis couvert]	[piscine]	—
St-Amandin		—	—	•	—	•	[tennis]	[piscine couverte]	—
St-Constant		—	—	•	•	—	—	—	—
St-Flour		—	—	—	—	—	[tennis]	—	—
St-Gérons		—	—	•	•	—	[tennis]	—	—
St-Jacques-des-Blats		—	—	—	—	—	[tennis]	—	—
St-Just		—	—	—	—	•	[tennis]	[piscine]	—
St-Mamet-la-Salvetat		—	—	—	—	•	[tennis couvert]	[piscine]	—
St-Martin-Cantalès		—	[équitation]	—	—	—	—	—	—
St-Martin-Valmeroux		—	—	—	—	—	[tennis]	[piscine]	—
Salers		—	—	—	—	—	[tennis]	—	—
Thiézac		—	—	—	—	—	[tennis]	—	—
Trizac		—	—	—	—	•	—	—	—
Vic-sur-Cère		—	—	•	•	•	[tennis]	[piscine]	—

16 - CHARENTE 9 10

		Permanent	[équitation]	Restauration	Loc. [caravane] ou [mobil-home]	Loc. [bungalow] [chalet] et autres	[tennis] ou [tennis couvert]	[piscine] ou [piscine couverte]	[camping-car]
Angoulême		—	—	—	—	—	[tennis]	[piscine]	—
Aunac		—	[équitation]	—	—	—	—	—	—
Cognac		—	—	•	—	—	—	[piscine]	[camping-car]
Le Lindois		P	[équitation]	•	—	—	—	—	—
Mansle		—	—	—	—	—	—	—	[camping-car]
Montbron		—	[équitation]	•	—	—	[tennis]	[piscine]	—
Sireuil		—	—	•	•	—	—	[piscine]	—

17 - CHARENTE-MARITIME 9

		Permanent	[équitation]	Restauration	Loc. [caravane] ou [mobil-home]	Loc. [bungalow] [chalet] et autres	[tennis] ou [tennis couvert]	[piscine] ou [piscine couverte]	[camping-car]
Andilly		—	—	—	—	—	—	—	—
Arces		—	—	—	•	—	[tennis]	[piscine]	—
Archiac		—	—	—	—	—	[tennis]	[piscine]	—
Arvert		—	—	—	•	—	[tennis]	—	—
Benon		—	—	—	—	—	[tennis]	—	—
Bourcefranc-le-Chapus		—	—	•	—	—	—	—	—
Breuillet		—	—	—	—	—	—	[piscine]	—
Cadeuil		—	—	—	•	•	—	—	—
Charron		—	—	—	—	—	[tennis]	—	—
Châtelaillon-Plage		—	—	—	—	—	—	—	—
Chevanceaux		—	—	—	—	—	—	[piscine]	—
Cozes		—	—	—	—	—	[tennis]	[piscine]	—
Dampierre-sur-Boutonne		—	—	—	—	—	—	—	—
Dompierre-sur-Charente		—	—	—	—	—	[tennis]	—	—
Fouras		P	—	•	•	—	[tennis]	[piscine]	—
Gémozac		—	—	—	—	—	[tennis couvert]	[piscine]	—
Genouillé		—	—	—	—	—	—	—	—
Jonzac	♆	—	—	—	—	—	—	[piscine]	—
Marans		—	—	—	—	—	[tennis]	[piscine]	—
Les Mathes [△]		—	—	•	•	•	[tennis]	[piscine]	[camping-car]
Médis		—	[équitation]	•	•	•	—	[piscine]	—
Meschers-sur-Gironde		—	—	•	•	—	[tennis]	[piscine]	—
Mosnac		—	—	—	—	—	—	—	—
OLÉRON (Île d')		—	—	—	—	—	—	—	—
La Brée-les-Bains [△]		—	—	•	•	—	[tennis]	—	—
Le Château-d'Oléron		—	[équitation]	•	•	•	[tennis]	[piscine]	—
La Cotinière		—	—	•	•	—	—	[piscine]	—
Dolus-d'Oléron		—	—	•	•	—	—	—	—
Le Grand-Village-Plage		—	—	—	—	—	—	—	—
St-Denis-d'Oléron		—	—	•	•	—	[tennis]	—	—
St-Georges-d'Oléron		—	—	•	•	•	[tennis]	[piscine]	[camping-car]
St-Pierre-d'Oléron		P	—	•	•	—	[tennis]	[piscine]	—
St-Trojan-les-Bains		—	—	•	—	•	[tennis]	—	—
Pons		—	—	—	—	—	—	[piscine]	—
Pont-l'Abbé-d'Arnoult		—	—	—	—	—	[tennis]	[piscine]	—
RÉ (Île de)		—	—	—	—	—	—	—	—
Ars-en-Ré [△]		—	—	•	•	—	[tennis]	[piscine]	[camping-car]
Le Bois-Plage-en-Ré		P	—	•	•	—	[tennis]	[piscine]	[camping-car]
La Couarde-sur-Mer		—	—	•	•	•	[tennis]	[piscine]	[camping-car]
La Flotte		—	—	•	•	—	[tennis]	[piscine couverte]	—
Loix-en-Ré		P	—	•	•	•	[tennis]	[piscine]	—
Les Portes-en-Ré		—	—	•	•	—	[tennis]	—	—
St-Clément-des-B.		—	—	—	•	—	—	—	[camping-car]
St-Martin-de-Ré		—	—	•	—	—	—	—	—
Rochefort	♆	P	—	—	•	—	[tennis]	—	—
La Rochelle		—	—	•	•	•	[tennis]	[piscine]	[camping-car]
Ronce-les-Bains		—	—	•	•	—	[tennis]	[piscine]	—
La Ronde		—	—	—	—	—	—	[piscine]	—
Royan [△]		—	—	•	•	—	[tennis couvert]	[piscine]	—
St-Augustin-sur-Mer		—	—	•	•	•	[tennis]	[piscine]	[camping-car]
St-Fort-sur-Gironde		—	—	—	—	—	—	—	—
St-Georges-de-Didonne		P	—	•	•	•	[tennis]	—	—
St-Jean-d'Angély		—	—	—	—	—	—	—	—
St-Laurent-de-la-Prée		—	—	—	•	—	—	[piscine]	—
St-Nazaire-sur-Charente		—	—	•	•	—	—	[piscine]	[camping-car]
St-Palais-sur-Mer		—	—	•	•	—	[tennis]	[piscine]	—
St-Romain-de-Benet		—	—	—	—	—	—	—	—
St-Savinien		—	—	—	—	—	[tennis]	[piscine]	—
St-Seurin d'Uzet		—	—	—	—	—	—	—	—
St-Sornin		—	—	—	—	—	—	—	—
Saintes		—	—	•	—	—	—	[piscine]	—

	Permanent	Jeux	Restauration	Loc. caravanes ou mobile homes	Loc. bungalows, chalets et autres	Tennis couvert ou tennis	Piscine couverte ou piscine	Aire de service
Semussac	—	jeux	—	—	—	—	—	—
Vergeroux	—	—	—	—	—	tennis	—	—

18 - CHER 6 10 11

	Permanent	Jeux	Restauration	Loc. caravanes ou mobile homes	Loc. bungalows, chalets et autres	Tennis couvert ou tennis	Piscine couverte ou piscine	Aire de service
Aubigny-sur-Nère	—	—	—	—	—	tennis	piscine	—
Bourges	—	—	—	—	—	tennis	piscine	—
La Chapelle-d'Angillon	—	—	—	—	—	tennis	—	—
Châteaumeillant	—	—	—	—	—	tennis	—	—
La Guerche-sur-l'Aubois	—	—	—	—	•	—	—	—
Henrichemont	—	—	—	—	—	—	—	—
Jars	—	—	—	—	•	tennis	—	—
Ménétréol-sur-Sauldre	—	—	—	—	—	—	—	—
Nançay	P	—	—	—	—	tennis	—	—
Oizon	—	jeux	•	—	—	tennis	—	—
St-Amand-Montrond	—	—	—	—	—	tennis	—	—
Ste-Montaine	—	—	—	—	—	tennis	—	—
Vierzon	—	—	—	—	—	—	—	—

19 - CORRÈZE 10 13

	Permanent	Jeux	Restauration	Loc. caravanes ou mobile homes	Loc. bungalows, chalets et autres	Tennis couvert ou tennis	Piscine couverte ou piscine	Aire de service
Argentat	—	—	•	•	•	tennis	piscine	—
Aubazine	—	—	•	—	—	tennis	—	service
Auriac	—	—	—	—	—	tennis	—	—
Beaulieu-sur-Dordogne	—	—	—	—	—	tennis	piscine	—
Beynat	—	—	•	—	•	tennis	—	—
Bort-les-Orgues	—	jeux	•	—	—	tennis	—	—
Camps	—	—	•	—	•	tennis	—	—
Chamberet	—	—	—	—	—	—	—	—
Chauffour-sur-Vell	—	jeux	—	—	—	—	piscine	—
Corrèze	—	—	—	—	—	—	—	—
Donzenac	—	—	—	—	—	tennis	piscine	—
Lissac-sur-Couze	—	—	—	—	•	tennis	—	—
Marcillac-la-Croisille	—	—	—	—	•	tennis	—	—
Masseret	—	—	—	—	•	tennis	—	—
Meymac	—	—	—	—	•	—	—	—
Meyssac	—	—	—	—	•	tennis	piscine	—
Neuvic	—	—	•	—	•	tennis	—	—
St-Pantaléon-de-Lapleau	P	—	•	—	—	tennis	—	—
St-Pardoux-Corbier	—	—	—	—	—	tennis	—	—
St-Salvadour	—	—	—	—	—	—	—	—
St-Sornin-Lavolps	—	—	—	—	•	tennis	—	—
Seilhac	—	—	•	—	—	tennis	—	—
Soursac	—	—	•	—	•	—	—	—
Tarnac	—	—	—	—	—	tennis	—	—
Treignac	—	—	•	—	—	—	—	—
Tulle	—	jeux	—	—	—	tennis	piscine	—
Ussel	—	—	•	—	•	tennis	—	—
Uzerche	—	—	—	—	•	tennis	—	—
Viam	—	—	—	—	—	—	—	—
Vigeois	—	jeux	—	—	—	—	—	—

2A - CORSE-DU-SUD 17

	Permanent	Jeux	Restauration	Loc. caravanes ou mobile homes	Loc. bungalows, chalets et autres	Tennis couvert ou tennis	Piscine couverte ou piscine	Aire de service
Ajaccio	—	—	•	•	—	—	—	—
Bonifacio	—	jeux	•	•	•	tennis	piscine	service
Cargèse	—	—	•	—	•	tennis	—	—
Évisa	—	—	•	—	—	—	—	—
Favone	—	—	•	—	—	—	—	—
La Liscia (Golfe de)	—	—	•	—	—	—	—	—
Olmeto	—	—	•	•	•	—	—	—
Osani	—	jeux	•	—	—	—	—	—
Piana	—	—	—	—	—	—	—	—
Pinarellu	—	jeux	•	—	—	tennis	piscine	service
Porticcio	—	—	•	•	•	tennis	piscine	service
Portigliolo	—	jeux	•	—	•	tennis	—	—
Porto	—	—	•	—	•	—	—	—
Porto-Vecchio ⛺	—	—	•	•	•	—	piscine	—
Ruppione (plage de)	—	—	•	—	•	—	—	—
Ste-Lucie-de-Porto-V.	—	—	•	—	•	—	piscine	service
Serra-di-Ferro	—	—	•	—	—	—	—	—
Sotta	—	—	—	•	—	—	—	—
Tiuccia	P	jeux	•	•	•	—	—	—

2B - HAUTE-CORSE 17

	Permanent	Jeux	Restauration	Loc. caravanes ou mobile homes	Loc. bungalows, chalets et autres	Tennis couvert ou tennis	Piscine couverte ou piscine	Aire de service
Aléria	—	—	•	—	•	tennis	—	service
Algajola	—	—	—	—	•	tennis	—	—
Bastia	—	—	•	—	—	tennis	—	—
Calvi	—	jeux	•	•	•	tennis	piscine	service
Farinole (Marine de)	—	—	•	—	—	—	—	—
Figareto	—	—	—	—	—	—	—	—
Galéria	—	—	•	—	•	—	—	—
Ghisonaccia	—	—	•	•	•	tennis	piscine	service
L'Île-Rousse	—	—	•	—	•	—	—	—
Lozari	—	—	•	•	•	tennis	piscine	—
Moriani-Plage	—	—	•	—	•	—	—	—
Pietracorbara	—	—	—	—	—	tennis	—	—
St-Florent	—	—	•	•	•	—	piscine	service
Vivario	—	—	—	—	—	—	—	—

21 - CÔTE-D'OR 7 11 12

	Permanent	Jeux	Restauration	Loc. caravanes ou mobile homes	Loc. bungalows, chalets et autres	Tennis couvert ou tennis	Piscine couverte ou piscine	Aire de service
Arnay-le-Duc	P	—	—	—	—	tennis	—	—
Beaune	P	—	•	—	—	tennis	—	—
Châtillon-sur-Seine	—	—	•	—	—	—	piscine couverte	—
Marcenay	—	—	•	—	—	—	—	—
Meursault	—	—	•	—	—	tennis	piscine	—
Montbard	—	—	—	—	•	tennis	piscine couverte	—
Nolay	—	—	—	—	—	tennis	—	—
Pouilly-en-Auxois	—	—	—	—	—	—	—	—
Précy-sous-Thil	—	—	—	—	•	tennis	—	—
Premeaux-Prissey	—	—	—	—	—	—	—	—
Riel-les-Eaux	—	—	—	—	—	—	—	—
St-Martin-de-la-Mer	—	—	—	—	—	—	—	—
Santenay	—	—	•	—	—	tennis	piscine	service
Saulieu	—	—	—	—	•	tennis	piscine	—
Selongey	—	—	—	—	—	tennis	—	—
Semur-en-Auxois	—	—	•	—	—	tennis	—	—
Vandenesse-en-Auxois	—	—	•	•	—	—	piscine	—
Venarey-les-Laumes	P	—	—	—	—	tennis	—	—

22 - CÔTES-D'ARMOR 3 4

	Permanent	Jeux	Restauration	Loc. caravanes ou mobile homes	Loc. bungalows, chalets et autres	Tennis couvert ou tennis	Piscine couverte ou piscine	Aire de service
Allineuc	—	—	•	—	—	—	—	—
Binic ⛺	—	—	•	•	—	—	piscine	—
Broons	—	—	—	—	—	tennis couvert	piscine	—
Callac	—	—	—	—	—	tennis	—	—
Caurel	—	—	•	—	—	tennis	piscine	service
Châtelaudren	—	—	—	—	—	—	—	—
Collinée	—	—	—	—	—	—	—	—
Dinan ⛺	—	jeux	•	—	—	tennis	piscine	service
Erquy ⛺	—	jeux	•	•	•	tennis	piscine	service
Étables-sur-Mer	—	—	•	•	—	—	piscine	service
Jugon-les-Lacs	—	—	—	•	•	tennis	piscine	—
Lancieux	—	—	—	—	—	tennis	—	—
Lanloup	—	—	—	•	—	tennis	piscine	—
Lannion	—	—	—	•	—	—	—	service
Lantic	—	—	—	—	•	—	piscine	—
Louargat	—	jeux	•	•	—	tennis	piscine	—
Matignon	—	—	—	—	—	tennis couvert	—	service
Merdrignac	—	—	—	—	•	tennis couvert	piscine	service

	Permanent	[jeux]	Restauration	Loc. [caravane] ou [mobile-home]	Loc. [bungalow] et autres	[tennis] ou [tennis couvert]	[piscine] ou [piscine couverte]	[service camping-car]
Mur-de-Bretagne	–	–	•	–	–	–	–	–
Paimpol	–	–	•	–	–	–	–	–
Perros-Guirec [A]	–	–	•	•	–	[tennis couvert]	[piscine couverte]	[service]
Plancoët	–	–	–	–	–	–	–	–
Planguenoual	–	–	–	–	–	–	–	–
Pléhédel	–	–	–	–	–	[tennis]	–	–
Plélo	–	–	–	•	•	[tennis]	[piscine]	–
Pléneuf-Val-André	–	–	•	•	•	[tennis]	[piscine couverte]	–
Plestin-les-Grèves	–	–	–	•	•	–	–	[service]
Pleubian	–	[jeux]	•	–	–	–	–	–
Pleumeur-Bodou	–	[jeux]	•	•	•	–	–	[service]
Pléven	–	–	–	–	–	[tennis]	–	–
Ploubazlanec	P	[jeux]	–	•	–	–	–	–
Plouézec	–	[jeux]	–	•	–	–	[piscine]	[service]
Plougrescant	P	–	•	•	•	–	–	[service]
Plouguernével	–	[jeux]	–	–	•	–	–	–
Plouha	–	–	•	•	–	[tennis]	[piscine]	[service]
Plufur	–	–	–	–	–	–	–	–
Plurien	–	–	–	–	–	–	–	[service]
Pontrieux	P	–	–	–	–	–	–	–
Pordic	–	[jeux]	•	•	–	–	–	–
Rostrenen	–	–	•	–	–	–	[piscine]	–
St-Alban	–	–	–	–	–	[tennis]	–	–
St-Brieuc	–	–	•	•	•	[tennis couvert]	[piscine]	[service]
St-Cast-le-Guildo	–	[jeux]	•	•	•	[tennis couvert]	[piscine couverte]	[service]
St-Jacut-de-la-Mer	–	–	–	–	–	[tennis]	–	–
St-Michel-en-Grève	–	–	•	–	•	[tennis]	[piscine]	–
Trébeurden [A]	–	–	–	•	–	–	–	–
Trégastel	–	–	•	•	–	[tennis]	–	[service]
Trélévern	–	–	•	•	–	–	[piscine]	[service]
Trévou-Tréguignec	–	–	•	–	–	–	–	–

23 - CREUSE 10

	Permanent	[jeux]	Restauration	Loc. [caravane] ou [mobile-home]	Loc. [bungalow] et autres	[tennis] ou [tennis couvert]	[piscine] ou [piscine couverte]	[service camping-car]
Anzême	–	[jeux]	–	–	–	[tennis]	–	–
Bourganeuf	–	–	–	–	–	–	–	–
Le Bourg-d'Hem	–	–	•	–	–	–	–	–
Boussac-Bourg	–	–	•	•	–	–	[piscine]	[service]
Bussière-Dunoise	–	–	–	–	–	–	–	–
La Celle-Dunoise	–	–	–	–	–	[tennis]	–	–
Chambon-sur-Voueize	–	–	–	–	–	[tennis]	–	–
Châtelus-Malvaleix	–	–	–	–	–	[tennis]	–	–
Chénérailles	–	–	–	–	–	–	–	–
Crozant	–	–	–	–	–	–	–	–
Dun-le-Palestel	–	–	–	–	–	–	–	–
Évaux-les-Bains [station thermale]	–	–	–	–	•	[tennis]	[piscine couverte]	–
Felletin	–	[jeux]	–	–	–	–	[piscine]	–
Guéret	–	–	–	–	–	–	–	[service]
Royère-de-Vassivière	–	–	•	–	•	[tennis]	[piscine]	–
St-Vaury	–	–	–	–	–	–	–	–
La Souterraine	P	–	•	–	–	–	–	[service]

24 - DORDOGNE 9 10 13 14

	Permanent	[jeux]	Restauration	Loc. [caravane] ou [mobile-home]	Loc. [bungalow] et autres	[tennis] ou [tennis couvert]	[piscine] ou [piscine couverte]	[service camping-car]
Abjat-sur-Bandiat	–	[jeux]	•	•	•	[tennis]	[piscine]	–
Alles-sur-Dordogne	–	–	–	–	–	–	[piscine]	[service]
Angoisse	–	–	•	–	–	[tennis]	–	–
Badefols-sur-Dordogne	–	–	•	•	•	[tennis]	[piscine]	–
Belvès	–	[jeux]	•	•	•	[tennis]	[piscine couverte]	–
Bergerac	P	–	–	–	–	–	–	[service]
Beynac-et-Cazenac	–	–	•	–	–	[tennis]	[piscine]	[service]
Biron	–	–	•	•	•	[tennis]	[piscine]	–
Brantôme	–	–	–	–	–	[tennis]	–	–
Le Bugue	–	[jeux]	–	–	•	–	[piscine]	[service]
Le Buisson-Cussac	–	[jeux]	–	•	–	[tennis]	[piscine]	–
Cadouin	–	–	–	–	–	–	–	–
Campagne	–	–	–	–	–	–	–	–
Carsac-Aillac	–	–	–	–	–	–	[piscine]	–
Castelnaud-la-Chapelle	–	–	•	–	•	–	[piscine]	–
Cazoulès	–	–	–	–	–	–	[piscine]	–
Cénac-et-St-Julien	–	–	–	•	–	–	[piscine]	–
Le Change	–	–	–	•	•	[tennis]	[piscine]	–
La Chapelle-Aubareil	–	[jeux]	•	•	–	–	[piscine]	–
Coly	–	–	–	•	–	[tennis]	[piscine]	–
Coux-et-Bigaroque	–	–	•	–	•	–	[piscine]	–
Couze-et-St-Front	–	–	–	–	–	[tennis]	–	–
Daglan	P	[jeux]	•	•	–	[tennis]	[piscine]	–
Eymet	–	–	–	–	–	–	–	–
Les Eyzies-de-Tayac	–	[jeux]	•	•	•	[tennis]	[piscine]	–
Fossemagne	–	–	–	–	–	[tennis]	–	–
Groléjac	–	–	•	•	•	–	[piscine]	–
Hautefort	–	–	•	•	–	–	[piscine]	–
Lalinde	–	–	–	–	–	[tennis]	[piscine]	–
Limeuil	–	–	–	–	–	–	[piscine]	[service]
Maison-Jeannette	–	–	•	–	–	–	[piscine]	–
Marcillac-St-Quentin	–	[jeux]	•	•	–	–	[piscine]	–
Mareuil	–	[jeux]	–	–	–	[tennis]	[piscine]	–
Ménesplet	–	–	–	•	–	–	–	–
Molières	–	[jeux]	•	•	–	–	[piscine]	–
Monfaucon	–	[jeux]	•	•	–	–	[piscine]	–
Monpazier	–	[jeux]	•	•	–	–	[piscine]	–
Monplaisant	–	–	–	–	–	–	–	–
Montpon-Ménestérol	–	–	•	–	–	–	–	–
Mouleydier	–	–	–	–	–	[tennis]	–	–
Nabirat	–	–	–	•	•	–	[piscine]	–
Neuvic	–	–	–	–	–	[tennis]	[piscine]	–
Nontron	–	–	–	–	–	–	[piscine]	–
Parcoul	–	–	–	•	–	[tennis]	[piscine]	–
Périgueux	P	–	•	•	•	[tennis]	[piscine]	–
Peyrignac	–	[jeux]	–	–	–	[tennis]	–	–
Peyrillac-et-Millac	–	[jeux]	–	•	–	–	[piscine]	–
Plazac	–	–	•	•	–	[tennis]	[piscine]	–
Pont-St-Mamet	–	–	–	–	–	–	[piscine]	–
Ribérac	–	–	–	–	–	–	[piscine]	–
La Roche-Chalais	–	–	–	–	–	–	–	–
La Roque-Gageac [A]	P	–	•	•	–	[tennis]	[piscine]	–
Rouffignac	–	–	•	•	•	[tennis]	[piscine]	–
St-Antoine-de-Breuilh	–	–	–	–	•	[tennis]	–	–
St-Astier	–	–	–	–	•	–	–	–
St-Aulaye	–	–	–	–	•	[tennis]	–	–
St-Avit-de-Vialard	–	[jeux]	•	•	•	[tennis]	[piscine]	[service]
St-Cirq	–	[jeux]	•	•	•	[tennis]	[piscine]	–
St-Crépin-et-Carlucet	–	–	•	•	•	[tennis]	[piscine]	–
St-Cybranet	–	–	•	•	•	–	[piscine]	–
St-Cyprien	–	–	•	–	–	–	–	–
St-Geniès	–	–	•	•	–	[tennis]	[piscine]	–
St-Jory-de-Chalais	–	–	–	–	–	–	[piscine]	–
St-Julien-de-Lampon	–	–	–	–	–	–	[piscine]	–
St-Léon-sur-Vézère	–	–	•	•	–	[tennis]	[piscine]	[service]
St-Martial-de-Nabirat	–	–	•	•	–	[tennis]	[piscine couverte]	–
St-Rémy	–	–	•	•	–	[tennis]	[piscine]	–
St-Saud-Lacoussière	–	–	•	•	–	[tennis]	[piscine]	–
St-Seurin-de-Prats	–	–	•	•	•	–	[piscine]	–
St-Vincent-de-Cosse	–	–	–	–	–	–	[piscine]	–
Salignac-Eyvigues	–	–	–	•	–	–	[piscine]	–
Sarlat-la-Canéda [A]	–	[jeux]	•	•	•	[tennis]	[piscine couverte]	[service]
Sigoulès	–	–	–	•	–	[tennis]	–	[service]
Siorac-en-Périgord	–	–	•	–	–	[tennis]	–	–
Tamniès	–	–	•	•	–	[tennis]	[piscine]	–
Terrasson-la-Villedieu	–	–	–	–	–	–	[piscine]	–
Thenon	–	–	–	–	•	–	[piscine]	–
Thiviers	–	–	–	–	–	–	–	–
Thonac	–	–	•	–	–	–	[piscine]	–

	Permanent	Jeux (pictogramme)	Restauration	Loc. caravanes ou mobile homes	Loc. bungalows et autres	Tennis ou tennis couvert	Piscine ou piscine couverte	Aire camping-car
Tocane-St-Apre	–	–	–	–	•	tennis	–	–
Tourtoirac	–	–	•	•	–	–	piscine	camping-car
Valeuil	–	jeux	–	–	–	–	piscine	–
Verteillac	–	–	–	–	–	tennis	piscine	–
Veyrines-de-Domme	–	jeux	–	–	–	–	–	–
Vézac	P	jeux	•	•	•	tennis	piscine	–
Villamblard	–	–	–	–	–	–	–	–
Villefranche-de-Lonchat	–	–	•	–	•	tennis	–	–
Vitrac	–	–	•	•	•	tennis	piscine	camping-car

25 - DOUBS 7 8 12

	Permanent	Jeux (pictogramme)	Restauration	Loc. caravanes ou mobile homes	Loc. bungalows et autres	Tennis ou tennis couvert	Piscine ou piscine couverte	Aire camping-car
Arc-et-Senans	–	–	–	–	–	–	–	–
Glère	–	jeux	–	–	•	–	–	–
Les Hôpitaux-Neufs (ski)	–	–	–	–	–	tennis	–	–
Huanne-Montmartin	–	–	•	•	–	–	piscine	–
L'Isle-sur-le-Doubs	–	–	–	–	–	tennis	–	–
Labergement-Ste-Marie	–	–	•	–	–	tennis	–	–
Levier	–	jeux	–	–	–	–	piscine	–
Longevilles-Mont-d'Or	P	–	–	–	–	–	–	–
Maiche	P	–	–	–	•	–	–	–
Malbuisson	–	–	•	•	–	–	–	camping-car
Mandeure	–	–	–	–	–	–	–	–
Montagney	–	–	–	–	–	–	–	–
Morteau	–	–	–	–	–	tennis	–	–
Ornans	–	–	–	•	•	tennis	piscine	–
Pontarlier	–	–	–	–	•	–	–	camping-car
Rougemont	–	–	•	–	–	–	piscine	–
Le Russey	P	–	–	–	–	tennis	–	–
St-Hippolyte	–	–	–	–	•	–	–	–
St-Point-Lac	–	–	–	–	–	–	–	–
Vuillafans	–	–	–	–	•	tennis	–	–

26 - DRÔME 12 16

	Permanent	Jeux (pictogramme)	Restauration	Loc. caravanes ou mobile homes	Loc. bungalows et autres	Tennis ou tennis couvert	Piscine ou piscine couverte	Aire camping-car
Albon	–	–	•	•	–	tennis	piscine	camping-car
Bourdeaux	–	–	•	•	•	tennis	piscine	–
Bourg-de-Péage	–	–	•	•	–	–	piscine	–
Buis-les-Baronnies	–	jeux	•	•	•	tennis	piscine	–
Chabeuil	–	jeux	•	•	•	tennis	piscine	–
Charmes-sur-L'herbasse	–	–	–	–	–	–	–	–
Châteauneuf-de-Galaure	–	–	–	•	–	tennis	piscine	–
Châteauneuf-du-Rhône	–	–	–	–	–	tennis	piscine	–
Die	–	–	•	•	–	tennis	piscine	–
Dieulefit	–	–	•	•	–	tennis	piscine	–
Eymeux	–	–	–	–	–	tennis	–	–
Grignan	–	–	–	•	–	–	piscine	camping-car
Lachau	–	–	–	–	–	–	–	–
Lens-Lestang	–	–	–	–	–	tennis	–	–
Lus-la-Croix-Haute	–	–	–	•	–	–	piscine	–
Menglon	–	–	•	•	–	–	piscine	–
Mirabel-et-Blacons	–	–	•	–	–	–	–	–
Miscon	–	jeux	–	–	–	–	–	–
Montrigaud	–	–	•	–	–	–	piscine	–
La Motte-Chalancon	–	–	–	–	–	–	–	–
Nyons	–	–	–	–	–	–	–	–
Pierrelongue	–	–	–	•	–	–	piscine	–
Le Poët-Laval	–	–	–	–	–	tennis	–	–
Recoubeau-Jansac	–	–	•	–	–	–	piscine	–
Romans-sur-Isère	–	–	•	–	–	tennis couvert	–	–
Sahune	–	–	•	–	–	–	piscine	–
St-Donat-sur-l'Herbasse	–	–	–	–	–	–	piscine	–
St-Ferréol-Trente-Pas	–	–	–	•	–	tennis	piscine	–
St-Jean-en-Royans	–	–	–	–	–	tennis	piscine	camping-car
St-Martin-en-Vercors	–	–	–	–	–	–	–	–
St-Nazaire-en-Royans	–	–	–	–	–	–	–	–
St-Nazaire-le-Désert	–	–	•	–	–	–	piscine	–
St-Paul-Trois-Châteaux	–	–	–	–	–	–	–	–
St-Vallier	–	–	–	–	–	tennis	–	–
Tain-l'Hermitage	–	–	–	–	–	tennis	piscine	camping-car
Tulette	–	jeux	•	•	–	–	piscine	–
Vassieux-en-Vercors	–	jeux	–	–	–	–	–	–
Vercheny	–	–	–	•	–	–	piscine	–
Vinsobres	P	–	•	•	–	tennis	piscine	–

27 - EURE 5 6

	Permanent	Jeux (pictogramme)	Restauration	Loc. caravanes ou mobile homes	Loc. bungalows et autres	Tennis ou tennis couvert	Piscine ou piscine couverte	Aire camping-car
Les Andelys	–	jeux	–	–	–	tennis	piscine	–
Le Bec-Hellouin	–	jeux	–	–	–	tennis	–	–
Bernay	–	–	–	–	–	tennis	piscine couverte	–
Bourg-Achard	–	–	–	–	–	–	–	–
Le Gros-Theil	P	jeux	•	–	–	tennis couvert	piscine couverte	–
Louviers	–	–	–	•	–	–	piscine	–
Lyons-la-Forêt	P	–	–	–	–	tennis	–	–
Pont-Authou	P	–	–	–	–	tennis	–	–
Poses	–	–	–	–	–	tennis couvert	–	–
St-Georges-du-Vièvre	–	–	–	–	–	tennis	piscine	camping-car
St-Pierre-du-Vauvray	P	–	–	–	–	–	–	–
Toutainville	–	–	–	–	–	–	–	–
Verneuil-sur-Avre	P	–	–	•	–	–	–	–

28 - EURE-ET-LOIR 5 6

	Permanent	Jeux (pictogramme)	Restauration	Loc. caravanes ou mobile homes	Loc. bungalows et autres	Tennis ou tennis couvert	Piscine ou piscine couverte	Aire camping-car
Alluyes	–	–	–	–	–	tennis	–	–
Arrou	–	–	–	–	–	tennis	–	–
La Bazoche-Gouet	–	–	–	–	–	–	–	–
Bonneval	–	–	–	–	–	–	piscine couverte	–
Brou	–	–	–	–	–	tennis	piscine	–
Brunelles	–	–	–	–	–	–	–	–
Chartres	–	–	–	–	–	–	–	–
Cloyes-sur-le-Loir	–	–	•	–	–	tennis	–	–
Fontaine-Simon	–	–	–	–	–	–	piscine couverte	–
Illiers-Combray	–	–	–	–	•	–	piscine	–
Maintenon	–	jeux	–	–	–	tennis	–	–
Nogent-le-Rotrou	–	–	–	–	–	–	piscine	–
St-Rémy-sur-Avre	–	–	–	–	–	tennis	–	–
Senonches	–	–	–	–	–	tennis	piscine	–

29 - FINISTÈRE 3

	Permanent	Jeux (pictogramme)	Restauration	Loc. caravanes ou mobile homes	Loc. bungalows et autres	Tennis ou tennis couvert	Piscine ou piscine couverte	Aire camping-car
Arzano	–	jeux	•	•	•	tennis	piscine	–
Bénodet (camp)	–	jeux	•	•	•	tennis	piscine	camping-car
Brest	P	–	–	•	–	–	–	–
Brignogan-Plages	–	–	–	•	–	–	–	–
Camaret-sur-Mer	–	jeux	•	•	•	–	piscine	camping-car
Carantec	–	–	•	•	–	–	piscine	camping-car
Carhaix-Plouguer	–	jeux	–	–	–	–	–	–
Châteaulin	–	–	–	–	–	tennis couvert	piscine couverte	–
Cléden-Cap-Sizun	P	–	•	–	–	–	–	–
Cléder	–	–	•	–	•	tennis	piscine	–
Combrit	–	–	–	•	•	–	–	–
Concarneau	–	jeux	–	•	–	–	piscine	–
Le Conquet	–	–	–	–	–	tennis	–	–
Crozon (camp)	P	jeux	•	•	–	–	–	–
Douarnenez	–	jeux	•	•	•	tennis	piscine	camping-car
Elliant	–	–	–	–	–	tennis	–	–
La Forêt-Fouesnant (camp)	P	–	•	•	•	tennis	piscine	–
Fouesnant (camp)	–	jeux	•	•	•	tennis	piscine	camping-car
Guilvinec	–	–	•	•	•	tennis	piscine	–
Guimaëc	–	–	–	–	–	tennis	–	camping-car
Hanvec	–	–	–	–	–	–	–	–
Henvic	–	–	–	–	–	tennis couvert	–	–

Commune	Permanent	[jeux]	Restauration	Loc. [caravane] ou [mobile home]	Loc. [bungalow] et autres	[tennis] ou [tennis couvert]	[piscine] ou [piscine couverte]	[camping-car]
Huelgoat	—	—	•	—	—	[tennis]	[piscine]	—
Lampaul-Ploudalmézeau	—	—	—	—	—	—	—	—
Landéda	—	—	•	•	—	—	—	[camping-car]
Landerneau	—	—	—	—	—	[tennis]	[piscine couverte]	—
Landudec	—	[jeux]	•	•	•	[tennis]	[piscine]	—
Lanildut	—	[jeux]	—	—	—	[tennis]	—	—
Lesconil	—	—	—	•	—	—	—	—
Locmaria-Plouzané	—	—	—	—	—	—	—	—
Locronan	—	—	—	—	—	—	—	—
Loctudy	—	—	—	—	—	[tennis couvert]	—	—
Logonna-Daoulas	—	—	—	—	—	—	—	[camping-car]
Moëlan-sur-Mer	—	[jeux]	•	•	—	—	[piscine]	—
Névez	—	[jeux]	—	—	—	—	—	—
Penmarch	—	—	—	—	—	—	—	—
Pentrez-Plage	—	—	—	•	—	[tennis]	—	—
Plobannalec	—	—	—	•	•	[tennis]	[piscine]	[camping-car]
Ploéven	—	—	—	—	—	—	—	—
Plomelin	—	—	—	—	—	—	—	—
Plomeur	—	[jeux]	•	•	•	—	[piscine]	[camping-car]
Plomodiern [▲]	—	—	•	•	•	—	[piscine]	[camping-car]
Plonéour-Lanvern	—	—	—	—	—	[tennis]	—	—
Plonévez-Porzay	—	—	•	•	•	[tennis]	[piscine]	[camping-car]
Plouarzel	—	—	—	—	—	—	—	—
Ploudalmézeau	—	—	—	—	—	—	—	—
Plouescat	—	—	•	•	—	[tennis]	—	—
Plouézoch	—	—	•	•	—	—	[piscine]	—
Plougasnou	—	—	•	•	—	[tennis]	—	—
Plougastel-Daoulas	P	—	—	•	•	—	[piscine couverte]	[camping-car]
Plougoulm	—	—	—	—	—	—	—	—
Plouhinec	—	—	—	—	—	[tennis]	—	—
Plouigneau	—	[jeux]	—	•	—	—	—	—
Plounévez-Lochrist	—	—	—	—	—	—	—	—
Plozévet	—	—	—	•	•	—	[piscine]	[camping-car]
Port-Manech	—	—	—	—	—	—	—	—
Le Pouldu	—	—	—	•	•	[tennis]	[piscine]	[camping-car]
Primelin	P	—	—	•	—	[tennis]	—	—
Quimper	—	[jeux]	•	—	•	[tennis]	[piscine]	[camping-car]
Raguenès-Plage [▲]	—	—	•	•	•	[tennis]	[piscine]	[camping-car]
Roscanvel	—	[jeux]	—	—	—	—	—	—
Rosporden	—	—	—	—	—	[tennis couvert]	[piscine couverte]	—
St-Jean-du-Doigt	—	—	—	—	—	—	—	—
St-Pol-de-Léon	—	—	—	•	•	[tennis]	[piscine]	[camping-car]
St-Renan	—	—	—	—	—	[tennis couvert]	—	—
St-Yvi	P	[jeux]	—	•	—	[tennis]	[piscine]	—
Santec	—	[jeux]	—	—	—	—	—	—
Scaër	—	—	—	—	—	[tennis]	[piscine]	—
Sizun	—	—	—	—	—	[tennis]	[piscine]	—
Telgruc-sur-Mer	—	—	•	•	•	[tennis]	[piscine]	[camping-car]
Treffiagat	—	[jeux]	—	•	—	[tennis]	—	—
Trégarvan	P	—	•	•	—	[tennis]	[piscine]	—
Trégourez	—	—	—	—	—	[tennis]	—	—
Tréguennec	—	—	•	•	—	—	[piscine]	[camping-car]
Trégunc	—	—	•	•	•	—	[piscine]	[camping-car]

30 - GARD 15 16

Commune	Permanent	[jeux]	Restauration	Loc. [caravane] ou [mobile home]	Loc. [bungalow] et autres	[tennis] ou [tennis couvert]	[piscine] ou [piscine couverte]	[camping-car]
Aigues-Mortes	—	—	•	•	—	[tennis]	[piscine]	—
Alès	—	—	•	•	•	[tennis]	[piscine couverte]	—
Anduze [▲]	—	[jeux]	•	•	•	[tennis]	[piscine]	[camping-car]
Aiguèze (Ardèche Gorges de) [▲]	—	—	—	—	—	—	[piscine]	[camping-car]
Barjac (Ardèche Gorges de)	—	[jeux]	—	•	—	[tennis]	[piscine]	—
Bagnols-sur-Cèze	—	—	•	•	—	—	[piscine]	—
Beaucaire	—	—	—	—	—	[tennis]	[piscine]	—
Bessèges	—	—	•	—	•	—	—	—
Boisson	—	—	•	•	•	[tennis]	[piscine couverte]	—
Chambon	—	[jeux]	—	—	•	—	—	—
Chamborigaud	—	—	—	—	—	—	—	—
Collias	—	—	•	—	—	—	[piscine]	—
Connaux	—	—	•	•	—	[tennis]	[piscine]	—
Crespian	—	—	—	—	—	—	[piscine]	—
Domazan	P	—	•	•	—	—	[piscine]	—
Les Fumades	—	—	•	•	•	[tennis]	[piscine]	—
Gallargues-le-Montueux	—	—	•	•	—	[tennis]	[piscine]	—
Génolhac	—	—	—	—	—	[tennis]	—	—
Goudargues	—	[jeux]	•	•	—	[tennis]	[piscine]	—
Le Grau-du-Roi [▲]	—	—	•	•	•	[tennis]	[piscine couverte]	[camping-car]
Junas	—	—	—	—	—	[tennis]	[piscine]	—
Lanuéjols	—	[jeux]	•	•	•	[tennis]	[piscine]	—
Pont-du-Gard	—	—	•	•	—	—	[piscine]	[camping-car]
Pont-St-Esprit	—	[jeux]	—	—	—	—	—	—
Remoulins	—	—	•	•	•	[tennis]	[piscine]	[camping-car]
St-Ambroix	—	[jeux]	—	•	—	[tennis]	[piscine]	—
St-André-de-Roquep.	—	—	•	•	—	—	—	—
St-Hippolyte-du-Fort	—	—	—	•	—	—	[piscine]	—
St-Jean-de-Ceyrargues	—	[jeux]	—	•	—	—	[piscine]	—
St-Jean-de-Maruéjols	—	—	—	—	—	—	—	—
St-Jean-du-Gard	—	[jeux]	•	—	•	[tennis]	[piscine]	[camping-car]
St-Laurent-d'Aigouze	—	—	•	•	—	—	[piscine]	—
St-Victor-de-Malcap	—	—	•	•	—	[tennis]	[piscine]	—
Sauve	—	—	•	—	•	[tennis]	[piscine]	—
Souvignargues	—	—	•	•	—	—	[piscine]	—
Uzès	—	[jeux]	•	•	•	[tennis]	[piscine]	—
Vallabrègues	—	—	—	—	—	[tennis]	[piscine]	—
Valleraugue	—	—	—	—	•	—	[piscine]	—
Vauvert	P	—	•	•	—	[tennis]	[piscine]	—
Le Vigan	—	—	•	—	•	—	[piscine]	—
Villeneuve-lès-Avignon	—	[jeux]	•	—	•	[tennis]	[piscine couverte]	—

31 - HAUTE-GARONNE 14 15

Commune	Permanent	[jeux]	Restauration	Loc. [caravane] ou [mobile home]	Loc. [bungalow] et autres	[tennis] ou [tennis couvert]	[piscine] ou [piscine couverte]	[camping-car]
Aspet	—	—	—	—	—	[tennis]	[piscine]	—
Aurignac	—	—	—	—	—	[tennis]	[piscine]	—
Avignonet-Lauragais	—	—	—	—	—	—	—	—
Bagnères-de-Luchon [station thermale] [ski]	P	—	•	•	•	[tennis]	[piscine]	[camping-car]
Boulogne-sur-Gesse	—	—	•	•	•	[tennis]	[piscine]	—
Caraman	—	—	—	—	—	[tennis]	—	—
Cazères	—	—	—	—	—	—	[piscine]	—
Mane	—	—	—	—	•	[tennis]	[piscine]	—
Martres-Tolosane	—	—	—	•	—	[tennis]	[piscine]	—
Nailloux	—	—	•	—	•	[tennis]	—	—
Revel	—	—	—	—	—	[tennis couvert]	[piscine]	—
St-Bertrand-de-Comminges	—	—	—	—	—	—	—	—
St-Ferréol	—	—	—	•	—	[tennis]	—	—
St-Martory	—	—	—	—	—	[tennis]	—	—

32 - GERS 13 14

Commune	Permanent	[jeux]	Restauration	Loc. [caravane] ou [mobile home]	Loc. [bungalow] et autres	[tennis] ou [tennis couvert]	[piscine] ou [piscine couverte]	[camping-car]
Barcelonne-du-Gers	—	—	—	—	—	—	—	—
Cazaubon [station thermale]	—	—	—	—	—	[tennis]	—	—
Cézan	—	[jeux]	•	—	•	—	[piscine]	—
Condom	—	—	•	—	•	[tennis]	[piscine]	—
Estang	—	—	•	•	•	—	—	[camping-car]
Lectoure	—	—	•	—	•	[tennis]	[piscine]	[camping-car]
Masseube	—	—	—	—	—	[tennis]	[piscine]	—
Miélan	P	—	•	—	•	[tennis]	[piscine]	[camping-car]
Mirande	—	—	—	—	•	—	[piscine]	—
Mirepoix	—	[jeux]	—	—	•	—	[piscine]	—
Monfort	—	—	—	—	—	—	—	—
Montesquiou	—	[jeux]	•	•	•	—	[piscine]	—

	Permanent	[équitation]	Restauration	Loc. [caravane] ou [bungalow]	Loc. [chalet] et autres	[tennis couvert] ou [tennis]	[piscine couverte] ou [piscine]	[camping-car]
Pouylebon	–	[équitation]	–	–	–	–	[piscine]	–
Riscle	–	–	–	•	–	[tennis]	[piscine]	–
Thoux	–	–	•	•	•	[tennis]	–	–

33 - GIRONDE 9 13 14

	Permanent	[équitation]	Restauration	Loc. [caravane] ou [bungalow]	Loc. [chalet] et autres	[tennis couvert] ou [tennis]	[piscine couverte] ou [piscine]	[camping-car]
Abzac	P	–	•	•	–	–	–	[camping-car]
ARCACHON (Bassin)	–	–	–	–	–	–	–	–
Andernos-les-Bains [A]	–	–	•	•	–	[tennis]	[piscine]	[camping-car]
Arcachon	P	–	–	–	–	–	[piscine]	–
Arès	–	–	•	•	•	–	[piscine]	[camping-car]
Claouey	P	–	•	•	–	[tennis couvert]	–	–
Gujan-Mestras	–	–	–	–	–	–	–	–
Lanton	P	–	•	•	•	[tennis]	–	–
Lège-Cap-Ferret	P	–	–	–	–	–	–	–
Mios	P	–	–	–	–	[tennis]	–	–
Pyla-sur-Mer	–	–	•	•	–	[tennis]	[piscine]	[camping-car]
Le Teich	–	–	•	•	•	–	[piscine]	–
La Teste-de-Buch	–	–	•	–	•	–	[piscine]	–
Bayas	–	–	–	•	–	–	–	–
Carcans	P	–	•	•	–	[tennis couvert]	[piscine]	[camping-car]
Castillon-la-Bataille	–	–	–	–	•	–	–	–
Cazaux	–	–	•	–	–	–	–	–
Grayan-et-l'Hôpital	P	–	•	–	–	[tennis]	–	–
Hourtin	P	–	•	•	–	[tennis couvert]	[piscine]	–
Hourtin-Plage	–	–	•	•	–	[tennis]	–	[camping-car]
Lacanau (Étang de)	–	–	•	–	–	[tennis]	[piscine]	[camping-car]
Lacanau-Océan	–	–	•	•	•	[tennis]	[piscine]	[camping-car]
Lacanau-de-Mios	P	–	–	–	–	[tennis]	–	–
Laruscade	–	–	–	–	•	–	[piscine]	–
Montalivet-les-Bains	–	–	•	–	–	[tennis]	–	[camping-car]
Pauillac	–	–	–	–	–	–	–	[camping-car]
Petit-Palais-et-Cornemps	–	–	•	–	•	–	[piscine]	–
Le Porge	–	–	•	–	–	[tennis]	–	–
La Réole	–	–	–	–	–	–	–	–
St-Christoly-de-Blaye	P	–	–	•	•	–	[piscine]	–
St-Christophe-de-Double	–	–	•	–	–	[tennis]	–	–
St-Émilion	–	–	•	–	–	[tennis]	[piscine]	–
Salles	P	[équitation]	–	•	–	–	[piscine]	–
Sauveterre-de-Guyenne	–	–	–	–	–	–	[piscine]	[camping-car]
Soulac-sur-Mer [A]	–	–	•	•	•	[tennis]	[piscine]	–
Vendays-Montalivet	–	–	–	–	–	–	–	–
Vensac	–	–	•	•	–	–	[piscine]	–
Le Verdon-sur-Mer	P	–	–	•	–	–	–	–

34 - HÉRAULT 15 16

	Permanent	[équitation]	Restauration	Loc. [caravane] ou [bungalow]	Loc. [chalet] et autres	[tennis couvert] ou [tennis]	[piscine couverte] ou [piscine]	[camping-car]
Adissan	P	–	•	•	•	–	[piscine]	–
Agde [A]	–	–	•	•	•	[tennis]	[piscine]	[camping-car]
Balaruc-les-Bains [station thermale]	–	–	•	–	–	–	[piscine]	–
Bouzigues	–	–	–	–	–	[tennis]	–	–
Brissac	–	–	•	•	–	–	–	–
Canet	–	–	•	•	–	[tennis]	[piscine]	–
Carnon-Plage	–	–	–	–	–	–	–	–
Clermont-L'Hérault	P	–	•	–	•	–	–	–
Creissan	–	–	–	–	•	[tennis]	[piscine]	–
Frontignan [A]	–	–	•	•	–	–	[piscine]	[camping-car]
Ganges	–	–	–	–	–	–	–	–
Gigean	–	–	–	–	–	[tennis]	–	–
Gignac	–	[équitation]	•	–	–	[tennis]	–	[camping-car]
La Grande-Motte [A]	–	–	•	•	•	–	[piscine]	–
Lamalou-les-Bains [station thermale]	–	–	•	–	•	–	–	–
Laurens	P	–	•	•	–	[tennis]	[piscine]	–
Lodève	P	[équitation]	•	•	•	[tennis]	[piscine]	–
Loupian	–	–	–	–	–	[tennis]	–	–
Lunel	–	–	–	–	–	–	–	–
Marseillan	–	–	•	•	–	–	[piscine]	–
Mèze	–	–	–	•	–	–	[piscine]	–
Montpellier	P	–	•	•	•	[tennis]	[piscine]	–
Palavas-les-Flots	–	–	•	•	•	[tennis]	[piscine]	–
Pézenas	–	–	–	–	•	[tennis]	[piscine]	–
Portiragnes	–	–	•	•	•	[tennis]	[piscine]	–
Le Pouget	–	–	–	–	•	[tennis]	–	–
St-André-de-Sangonis	–	–	–	•	–	–	[piscine]	–
St-Martin-de-Londres	–	[équitation]	•	•	–	–	[piscine]	–
St-Pons-de-Thomières	–	[équitation]	–	–	•	–	[piscine]	–
La Salvetat-sur-Agout	–	–	–	–	–	[tennis]	–	–
Sauvian	–	–	–	–	–	[tennis]	[piscine]	–
Sérignan	P	–	•	•	•	[tennis]	[piscine]	–
Sète	–	–	•	•	–	[tennis]	[piscine]	[camping-car]
Valras-Plage [A]	–	–	•	•	•	[tennis]	[piscine]	[camping-car]
Vias [A]	P	–	•	•	•	[tennis]	[piscine]	[camping-car]
Vic-la-Gardiole	–	–	•	•	•	–	[piscine]	–
Villeneuve-les-Béziers	–	–	•	•	–	–	[piscine]	–

35 - ILLE-ET-VILAINE 4

	Permanent	[équitation]	Restauration	Loc. [caravane] ou [bungalow]	Loc. [chalet] et autres	[tennis couvert] ou [tennis]	[piscine couverte] ou [piscine]	[camping-car]
Antrain	–	–	–	–	–	–	–	–
Bourg-des-Comptes	–	–	–	–	–	–	–	–
Cancale	–	–	–	•	–	–	[piscine]	[camping-car]
La Chapelle-aux-Filtzm.	P	[équitation]	•	•	–	–	[piscine]	–
Châteaugiron	–	–	–	–	–	–	–	–
Châtillon-en-Vendelais	–	–	•	–	–	[tennis]	–	–
Cherrueix	–	–	–	–	•	–	–	–
Dol-de-Bretagne	–	–	•	•	•	[tennis]	[piscine]	[camping-car]
Marcillé-Robert	–	–	–	–	–	–	–	–
Martigné-Ferchaud	–	–	–	–	–	–	–	[camping-car]
Rennes	–	–	–	–	–	[tennis couvert]	[piscine couverte]	–
St-Aubin-du-Cormier	–	–	–	–	–	–	–	–
St-Benoît-des-Ondes	–	–	–	–	–	–	–	[camping-car]
St-Briac-sur-Mer	–	–	•	–	–	[tennis couvert]	–	[camping-car]
St-Coulomb	–	[équitation]	–	–	–	–	–	–
St-Guinoux	–	–	–	–	–	–	–	–
St-Lunaire	–	–	•	•	•	–	–	–
St-Malo	–	–	•	•	•	[tennis]	[piscine]	[camping-car]
St-Marcan	–	[équitation]	–	–	–	–	–	–
St-Père	–	–	–	•	–	–	[piscine]	–
La Selle-Guerchaise	P	–	–	–	–	[tennis]	–	–
Sens-de-Bretagne	–	–	–	–	–	[tennis]	–	–
Tinténiac	–	–	•	•	–	[tennis]	[piscine]	–

36 - INDRE 10

	Permanent	[équitation]	Restauration	Loc. [caravane] ou [bungalow]	Loc. [chalet] et autres	[tennis couvert] ou [tennis]	[piscine couverte] ou [piscine]	[camping-car]
Argenton-sur-Creuse	–	–	–	–	–	–	–	–
Arpheuilles	–	–	–	–	•	–	–	–
Le Blanc	–	–	–	–	–	–	[piscine]	–
Buzançais	–	–	–	–	–	[tennis]	[piscine]	–
Chaillac	P	–	–	–	–	[tennis]	–	–
Châteauroux	–	–	•	–	–	[tennis]	[piscine couverte]	[camping-car]
Châtillon-sur-Indre	–	–	–	–	–	–	[piscine couverte]	–
La Châtre	–	–	–	–	–	–	–	[camping-car]
Éguzon	P	–	–	–	•	–	–	–
Fougères	–	–	–	•	–	[tennis]	–	–
Issoudun	–	–	–	–	–	–	–	–
Luçay-le-Mâle	–	–	•	–	–	[tennis]	–	–
Mézières-en-Brenne	–	–	–	–	–	–	–	–
Migné	–	–	–	–	–	–	–	–
La Motte-Feuilly	–	–	–	–	–	–	–	–
Le Pont-Chrétien-Ch.	–	–	–	–	–	–	–	–
Rosnay	P	–	–	–	–	[tennis]	–	–
Ruffec	–	–	–	–	–	[tennis]	–	–
St-Gaultier	–	–	•	–	•	–	[piscine]	–

Localité		Permanent	Jeux	Restauration	Loc. caravanes ou tentes	Loc. bungalows et autres	Tennis ou tennis couvert	Piscine ou piscine couverte	Camping-car
Valençay		—	—	—	—	—	Tennis	Piscine	—
Vendoeuvres		—	—	•	—	•	—	—	—

37 - INDRE-ET-LOIRE 5 9 10

Localité		Permanent	Jeux	Restauration	Loc. caravanes ou tentes	Loc. bungalows et autres	Tennis ou tennis couvert	Piscine ou piscine couverte	Camping-car
Abilly		—	—	—	—	—	Tennis	—	—
Azay-le-Rideau		—	—	—	—	—	Tennis	Piscine	Camping-car
Ballan-Miré		—	—	•	•	•	Tennis	Piscine	—
Barrou		—	—	—	—	—	—	—	—
Bléré		—	—	—	—	—	Tennis	Piscine	—
Bourgueil		—	—	—	—	—	Tennis	—	Camping-car
Château-Renault		—	—	—	—	—	Tennis	Piscine	—
Chemillé-sur-Indrois		—	—	•	—	—	Tennis	—	—
Chenonceaux		—	—	•	—	—	—	Piscine	—
Chinon		—	—	—	—	—	Tennis	Piscine couverte	Camping-car
Chisseaux		—	—	—	—	—	Tennis	—	Camping-car
Civray-de-Touraine		—	—	—	—	—	Tennis	—	—
Descartes		—	—	—	—	•	Tennis	Piscine	—
L'Île-Bouchard		—	—	—	—	•	—	—	—
Limeray		—	—	•	—	—	—	—	—
Loches		—	—	—	—	—	Tennis	Piscine couverte	—
Luynes		—	—	—	—	—	Tennis	—	—
Marcilly-sur-Vienne		—	—	—	—	—	—	—	—
Montbazon		—	—	•	•	—	Tennis	—	—
Montlouis-sur-Loire		—	—	•	—	—	Tennis	Piscine	—
Nazelles-Négron		—	—	—	—	—	—	—	—
Preuilly-sur-Claise		—	—	—	—	—	Tennis	Piscine	—
Richelieu		—	—	—	—	—	Tennis	Piscine	—
St-Martin-le-Beau		—	—	—	—	—	—	—	—
Ste-Catherine-de-F.		—	—	•	•	•	Tennis	Piscine	—
Ste-Maure-de-Touraine		—	—	—	—	—	Tennis	—	—
Tours		—	—	—	—	—	Tennis couvert	—	—
Trogues		—	—	•	•	—	—	Piscine	Camping-car
Veigne		—	—	•	•	•	—	Piscine	—
Véretz		—	—	—	—	—	—	—	—
Vouvray		—	—	—	—	—	Tennis	Piscine	—
Yzeures-sur-Creuse		—	—	—	—	—	Tennis	Piscine	—

38 - ISÈRE 11 12 16 17

Localité		Permanent	Jeux	Restauration	Loc. caravanes ou tentes	Loc. bungalows et autres	Tennis ou tennis couvert	Piscine ou piscine couverte	Camping-car
Les Abrets		—	Jeux	•	—	—	—	Piscine	—
Allemont		P	—	•	•	—	Tennis	Piscine	—
Allevard	Thermal	—	Jeux	—	—	—	Tennis	Piscine	—
Autrans	Ski	—	—	—	•	—	—	Piscine	Camping-car
Les Avenières		—	—	—	—	—	Tennis couvert	Piscine	—
Le Bourg-d'Arud		—	—	•	—	•	Tennis	Piscine	—
Le Bourg-d'Oisans	Ski	—	—	•	•	•	Tennis	Piscine	—
Chanas		—	—	—	—	—	Tennis	Piscine	—
Choranche		—	—	—	—	—	—	—	—
Clonas-sur-Varèze		P	—	•	—	•	—	Piscine	—
Les Deux-Alpes	Ski	—	—	•	•	—	Tennis	—	—
Entre-Deux-Guiers		—	—	—	•	—	Tennis	Piscine	Camping-car
Faramans		—	—	—	—	—	Tennis	—	—
Le Freney-d'Oisans		—	—	—	—	—	—	—	—
Gresse-en-Vercors	Ski	—	Jeux	•	—	—	Tennis	Piscine	—
Lalley		—	—	•	—	—	Tennis	Piscine	Camping-car
Lans en Vercors	Ski	P	—	—	—	—	—	—	—
Malleval		—	Jeux	•	—	—	—	—	—
Méaudre	Ski	P	—	•	•	—	Tennis	Piscine	—
Meyrieu-les-Étangs		—	—	•	—	—	—	—	—
Monestier-de-Clermont		—	—	—	—	—	Tennis	Piscine	—
Montalieu-Vercieu		—	—	•	—	—	Tennis	Piscine	—
Petichet		—	—	—	—	—	—	—	—
Roybon		—	—	—	—	—	—	—	—
St-Christophe-en-Oisans		—	Jeux	—	—	—	—	—	—
St-Clair-du-Rhône		—	—	•	—	—	—	Piscine	Camping-car
St-Étienne-de-Crossey		—	—	—	—	—	Tennis	—	—
St-Laurent-du-Pont		—	—	—	—	—	Tennis	Piscine	—
St-Laurent-en-Beaumont		—	—	•	—	—	—	—	—
St-Martin-de-Clelles		—	—	—	—	—	—	—	—
St-Martin-d'Uriage		—	—	—	—	—	Tennis	Piscine	—
St-Pierre-de-Chartreuse	Ski	—	—	•	—	—	—	Piscine	—
St-Prim		—	Jeux	•	—	—	—	Piscine	—
St-Théoffrey		—	—	—	—	—	—	—	—
La Salle-en-Beaumont		—	Jeux	•	•	•	—	Piscine	—
Theys		—	Jeux	—	—	—	—	Piscine	—
Trept		—	—	•	—	•	Tennis	—	—
Vernioz		—	Jeux	•	—	—	Tennis	Piscine	Camping-car
Villard-de-Lans	Ski	—	—	—	—	—	—	Piscine couverte	Camping-car
Vizille		—	—	—	—	—	—	—	—

39 - JURA 12

Localité		Permanent	Jeux	Restauration	Loc. caravanes ou tentes	Loc. bungalows et autres	Tennis ou tennis couvert	Piscine ou piscine couverte	Camping-car
Arbois		—	—	—	—	—	—	Piscine	—
Blye		—	—	—	—	—	—	—	—
Bonlieu		—	—	•	—	—	—	—	—
Champagnole		—	—	•	—	—	Tennis couvert	Piscine	—
Chancia		—	—	—	—	—	—	—	—
Chaux-des-Crotenay		—	—	—	—	—	Tennis	Piscine	—
Clairvaux-les-Lacs		—	—	•	—	—	—	Piscine	—
Dole		—	—	•	•	•	Tennis	Piscine	Camping-car
Doucier		—	—	•	—	•	Tennis	—	Camping-car
Foncine-le-Haut		—	—	—	—	—	Tennis	—	—
Le Lac-des-Rouges-Truites		—	—	—	—	—	Tennis	—	—
Lons-le-Saunier	Thermal	—	—	—	—	—	Tennis	Piscine couverte	Camping-car
Maisod		—	—	—	—	—	—	—	—
Marigny		—	—	•	•	—	—	Piscine	—
Monnet-la-Ville		—	—	—	•	—	—	—	—
Ounans		—	—	•	—	—	—	—	—
Pont-de-Poitte		—	—	—	—	—	—	Piscine	—
Pont-du-Navoy		—	—	•	—	—	—	—	—
St-Claude		—	—	•	—	—	Tennis couvert	Piscine	—
St-Laurent-en-Grandvaux		—	—	—	—	—	—	—	—
Salins-les-Bains	Thermal	—	—	—	—	—	—	—	—
La Tour-du-Meix		—	—	•	—	—	—	—	—

40 - LANDES 13 14

Localité		Permanent	Jeux	Restauration	Loc. caravanes ou tentes	Loc. bungalows et autres	Tennis ou tennis couvert	Piscine ou piscine couverte	Camping-car
Aire-sur-l'Adour		—	—	—	—	—	—	—	—
Amou		—	—	—	—	—	—	Piscine	—
Aureilhan		—	—	•	•	—	Tennis	Piscine	Camping-car
Azur		—	—	•	•	—	Tennis	Piscine	Camping-car
Bélus		—	—	•	•	—	Tennis	Piscine	—
Bias		—	—	•	—	—	Tennis	Piscine	—
Biscarrosse		—	—	•	•	•	Tennis	Piscine	Camping-car
Capbreton		P	—	•	—	—	Tennis	—	Camping-car
Contis-Plage		—	—	•	•	—	Tennis	Piscine	Camping-car
Dax	Thermal	P	Jeux	•	•	•	Tennis	Piscine	Camping-car
Gabarret		—	—	—	—	•	—	Piscine	—
Gastes		—	—	•	•	—	Tennis	Piscine couverte	—
Habas		—	Jeux	—	—	•	Tennis	—	—
Hagetmau		—	—	•	—	—	Tennis	Piscine	—
Hossegor		—	—	—	—	—	Tennis couvert	—	—
Labenne		P	—	•	•	•	Tennis	Piscine	Camping-car
Labrit		—	—	—	—	—	—	—	—
Léon		—	—	•	•	—	Tennis	Piscine	—
Lesperon		—	Jeux	—	•	—	—	Piscine	—
Linxe		—	—	—	—	—	—	—	—
Lit-et-Mixe		—	—	•	•	•	Tennis	Piscine	Camping-car
Louer		—	—	—	—	—	—	—	—
Messanges		—	—	•	•	•	Tennis	Piscine couverte	Camping-car

	Permanent	Équitation	Restauration	Loc. caravanes ou mobile homes	Loc. bungalows et autres	Tennis ou tennis couvert	Piscine ou piscine couverte	Aire de service
Mézos	—	—	•	•	•	tennis	piscine couverte	—
Mimizan	—	—	•	•	•	tennis	piscine	—
Moliets-et-Maa	—	—	•	•	•	tennis	piscine	—
Ondres	—	—	•	•	•	tennis	—	—
Onesse-et-Laharie	—	—	—	—	—	—	—	—
Parentis-en-Born	P	—	•	—	—	—	piscine	—
Pissos	—	—	—	—	•	tennis	piscine	—
Pontenx-les-Forges	—	—	—	—	—	—	—	—
Roquefort	—	—	—	—	—	tennis	—	—
St-André-de-Seignanx	P	—	—	—	—	—	—	—
St-Julien-en-Born	—	—	•	—	—	tennis	piscine	—
St-Justin	—	—	•	•	—	—	piscine	—
St-Martin-de-Seignanx	—	—	—	•	•	—	piscine	—
St-Michel-Escalus	—	—	•	•	—	tennis	—	—
St-Paul-en-Born	—	équitation	—	•	—	—	—	—
St-Sever	—	—	—	—	—	tennis	piscine	—
Ste-Eulalie-en-Born	—	équitation	•	•	•	tennis	piscine	—
Sanguinet	P	—	•	•	•	tennis	piscine	aire
Sarbazan	—	—	—	—	—	tennis	—	—
Seignosse	—	—	•	•	—	tennis	piscine	aire
Sorde-L'Abbaye	—	—	—	—	—	—	—	—
Sore	—	—	—	—	•	tennis	piscine	—
Soustons	—	—	—	—	—	tennis	piscine	—
Vielle-St-Girons	—	—	•	•	•	tennis	piscine couverte	aire
Vieux-Boucau-les-Bains	—	—	—	—	—	tennis	—	—

41 - LOIR-ET-CHER 5 6

	Permanent	Équitation	Restauration	Loc. caravanes ou mobile homes	Loc. bungalows et autres	Tennis ou tennis couvert	Piscine ou piscine couverte	Aire de service
Candé-sur-Beuvron	—	—	•	•	•	—	—	—
Cellettes	—	—	—	—	—	tennis	—	—
Châtres-sur-Cher	—	—	—	—	—	tennis	—	—
Chaumont-sur-Loire	—	—	—	—	—	—	—	—
Chémery	—	—	—	—	—	—	—	—
Cheverny	—	—	•	•	—	—	piscine	aire
Crouy-sur-Cosson	—	—	—	—	—	tennis	—	—
Fréteval	P	—	—	•	—	—	piscine	—
Lunay	—	—	—	—	—	tennis	—	—
Mareuil-sur-Cher	—	—	—	—	—	tennis	—	—
Mennetou-sur-Cher	—	—	—	—	—	tennis	piscine	—
Mesland	—	—	•	—	—	tennis	piscine	aire
Les Montils	—	—	—	—	—	tennis	—	—
Montoire-sur-le-Loir	—	—	—	—	—	—	piscine couverte	—
Muides-sur-Loire	—	—	•	•	—	tennis	piscine	aire
Neung-sur-Beuvron	—	—	—	—	—	tennis	—	—
Nouan-le-Fuzelier	—	—	•	—	—	tennis	piscine	—
Onzain	P	—	•	•	—	tennis	piscine	—
Pierrefitte-sur-Sauldre	—	équitation	•	—	•	tennis	piscine	aire
Pruniers-en-Sologne	—	—	—	—	—	—	—	—
Romorantin-Lanthenay	—	—	—	—	—	tennis	piscine	—
St-Aignan	—	—	—	—	—	—	—	—
Salbris	—	—	—	•	—	tennis couvert	piscine couverte	—
Soings-en-Sologne	—	—	—	—	—	tennis	—	—
Suèvres	—	—	•	—	—	tennis	piscine	aire
Thoré-la-Rochette	—	—	—	—	—	tennis	—	—
Vendôme	—	—	—	—	—	tennis	piscine	—
Vernou-en-Sologne	—	—	—	—	—	tennis	—	—

42 - LOIRE 11

	Permanent	Équitation	Restauration	Loc. caravanes ou mobile homes	Loc. bungalows et autres	Tennis ou tennis couvert	Piscine ou piscine couverte	Aire de service
Balbigny	—	—	—	—	—	—	piscine	—
Belmont-de-la-Loire	—	—	—	—	•	tennis	—	—
Bourg-Argental	P	—	—	—	•	tennis	piscine	—
Chalmazel (ski)	P	équitation	•	—	—	tennis	—	—
Charlieu	—	—	—	—	—	tennis	piscine	—
Cordelle	—	équitation	—	—	—	—	piscine	—
Feurs	—	—	—	—	—	tennis	piscine	—
Montbrison	—	—	—	—	—	tennis	piscine	aire
Noirétable	—	—	—	—	—	tennis	—	—
La Pacaudière	—	—	—	—	—	tennis	piscine	—
Pélussin	—	—	—	—	—	—	piscine	—
Pouilly-sous-Charlieu	—	—	—	—	—	tennis	—	—
St-Galmier	—	—	—	—	•	—	piscine	—
St-Genest-Malifaux	—	—	—	—	•	tennis	—	—
St-Jodard	—	—	—	—	—	tennis	piscine	—
St-Paul-de-Vézelin	—	équitation	—	—	—	—	piscine	—
St-Pierre-de-Boeuf	—	—	—	—	—	tennis	—	—
St-Sauveur-en-Rue	—	—	—	—	—	—	—	—

43 - HAUTE-LOIRE 11 16

	Permanent	Équitation	Restauration	Loc. caravanes ou mobile homes	Loc. bungalows et autres	Tennis ou tennis couvert	Piscine ou piscine couverte	Aire de service
Alleyras	—	—	—	—	•	tennis	—	—
Aurec-sur-Loire	—	—	—	—	—	—	—	—
Auzon	—	—	—	—	—	tennis	—	—
Brioude	—	—	—	—	•	—	—	—
Céaux-d'Allégre	—	—	—	—	—	tennis	—	—
La Chaise-Dieu	—	—	—	—	•	tennis	—	—
Le Chambon-sur-Lignon	—	—	•	•	•	tennis	—	—
Champagnac-le-Vieux	—	—	—	—	•	—	—	—
Langeac	—	—	—	—	•	—	—	—
Mazet-St-Voy	—	—	—	—	—	tennis	—	—
Le Monastier-sur-Gazeille	—	—	•	—	—	tennis	piscine	—
Monistrol-d'Allier	—	—	—	—	—	tennis	—	—
Monistrol-sur-Loire	—	—	—	—	—	tennis	piscine couverte	—
Pinols	—	—	—	—	•	tennis	—	—
Le Puy-en-Velay	—	—	•	•	•	tennis	piscine	—
St-Didier-en-Velay	—	—	—	—	—	tennis	piscine	—
St-Julien-Chapteuil	P	—	—	—	—	tennis	piscine	—
St-Pal-de-Chalencon	—	—	—	—	—	—	piscine	—
St-Paulien	—	—	•	•	•	tennis	piscine	aire
St-Privat-d'Allier	—	—	—	—	—	tennis	—	—
Ste-Sigolène	—	—	—	—	•	—	piscine	—
Saugues	—	—	—	—	•	tennis	piscine couverte	—
Sembadel-Gare	—	—	•	—	—	tennis	—	aire
Vorey	—	—	—	—	—	—	piscine	—

44 - LOIRE-ATLANTIQUE 4 9

	Permanent	Équitation	Restauration	Loc. caravanes ou mobile homes	Loc. bungalows et autres	Tennis ou tennis couvert	Piscine ou piscine couverte	Aire de service
Ancenis	—	—	—	—	—	tennis	piscine	aire
Arthon-en-Retz	—	équitation	•	—	—	—	piscine	—
Assérac	—	—	—	•	—	—	—	—
Batz-sur-Mer	—	—	—	—	•	—	—	—
La Baule △	—	—	•	•	•	tennis	piscine	—
La Bernerie-en-Retz	—	—	•	—	•	tennis	piscine	—
Beslé	—	—	—	—	—	—	—	—
Blain	—	—	—	—	—	—	—	—
Clisson	—	—	—	—	—	—	—	—
Le Croisic	P	—	•	•	—	tennis	piscine	—
Le Gâvre	—	—	—	—	—	tennis	—	—
Guémené-Penfao	—	—	—	—	•	tennis	—	—
Guérande	—	—	•	•	—	tennis couvert	piscine	aire
Héric	P	—	•	•	—	—	piscine	aire
Machecoul	—	—	—	—	—	tennis	piscine couverte	—
Marsac-sur-Don	—	équitation	—	—	•	—	—	—
Mesquer	—	—	•	•	—	—	piscine	—
Missillac	—	—	—	—	—	tennis	—	—
Les Moutiers-en-Retz	—	—	•	•	•	tennis	piscine	—
Nantes △	P	—	•	—	—	tennis	piscine couverte	—
Nort-sur-Erdre	—	équitation	—	—	—	tennis	—	—
Nozay	—	—	—	—	—	—	—	—
Piriac-sur-Mer	—	—	•	•	•	tennis	piscine	—
La Plaine-sur-Mer	P	—	•	•	•	tennis	piscine	—
Pontchâteau	—	—	—	—	—	—	—	—

	Permanent	🐴	Restauration	Loc. 🚃 ou ⛺	Loc. 🏠 et autres	🎾 ou [🎾]	🏊 ou [🏊]	🚐
Pornic	P	–	•	•	–	–	🏊	–
St-André-des-Eaux	–	–	–	–	–	[🎾]	[🏊]	–
St-Brévin-les-Pins	P	–	•	•	•	🎾	[🏊]	–
St-Étienne-de-Montluc	P	–	–	–	–	–	–	–
St-Julien-de-Concelles	–	–	–	–	–	🎾	–	–
St-Michel-Chef-Chef	–	–	–	–	–	–	–	–
St-Père-en-Retz	–	–	–	–	–	🎾	–	–
Ste-Reine-de-Bretagne	–	🐴	•	•	•	🎾	🏊	🚐
Savenay	–	–	•	–	–	🎾	🏊	–
La Turballe	–	–	•	–	–	–	🏊	–
Vallet	–	–	–	–	–	🎾	–	–

45 - LOIRET 5 6

	Permanent	🐴	Restauration	Loc. 🚃 ou ⛺	Loc. 🏠 et autres	🎾 ou [🎾]	🏊 ou [🏊]	🚐
Beaulieu-sur-Loire	–	–	–	–	–	–	–	–
Châtenoy	P	–	•	–	–	–	–	–
Châtillon-Coligny	–	–	–	–	–	–	–	–
Coullons	–	–	–	–	–	🎾	–	–
Dordives	–	–	–	–	–	–	🏊	–
Gien	–	–	•	•	•	🎾	🏊	🚐
Lorris	–	–	–	–	–	–	–	–
Malesherbes	P	–	–	–	–	–	–	–
Nibelle	–	–	•	–	•	🎾	[🏊]	–
Orléans	–	–	–	–	–	–	–	–
St-Père-sur-Loire	–	–	–	–	–	🎾	–	–
Vitry-aux-Loges	–	–	•	–	–	–	–	–

46 - LOT 10 13 14 15

	Permanent	🐴	Restauration	Loc. 🚃 ou ⛺	Loc. 🏠 et autres	🎾 ou [🎾]	🏊 ou [🏊]	🚐
Alvignac	–	🐴	•	–	–	🎾	🏊	–
Anglars-Juillac	–	–	–	–	–	–	–	–
Bagnac-sur-Célé	–	–	–	–	–	🎾	🏊	–
Brengues	–	–	•	•	–	–	🏊	–
Bretenoux	–	–	–	–	–	🎾	🏊	🚐
Cahors	–	–	–	–	–	–	🏊	🚐
Cajarc	–	–	–	–	–	🎾	🏊	–
Calviac	–	🐴	•	–	–	–	🏊	–
Carlucet	–	🐴	•	•	–	🎾	🏊	–
Cassagnes	–	–	–	–	–	–	🏊	–
Castelnau-Montratier	–	–	–	–	–	🎾	🏊	–
Cazals	–	–	–	–	–	🎾	–	–
Comiac	–	🐴	–	–	–	🎾	–	–
Concorès	–	–	–	•	–	–	🏊	–
Crayssac	–	–	•	•	•	🎾	🏊	–
Creysse	–	–	–	–	–	–	🏊	–
Figeac	–	–	•	•	•	–	🏊	–
Frayssinet	–	–	•	•	•	🎾	🏊	–
Girac	–	–	•	–	•	–	🏊	–
Goujounac	–	–	–	–	–	🎾	🏊	–
Gourdon	–	–	–	–	•	🎾	🏊	–
Gramat	–	–	–	–	•	🎾	🏊	–
Issendolus	P	–	•	•	•	–	🏊	–
Lacapelle-Marival	–	–	–	•	•	🎾	🏊	–
Lacave	–	–	•	•	–	–	🏊	–
Lalbenque	–	–	–	–	–	🎾	🏊	–
Larnagol	–	–	–	•	–	–	🏊	–
Leyme	–	–	–	–	•	🎾	[🏊]	–
Limogne-en-Quercy	–	–	–	–	–	🎾	🏊	–
Loubressac	–	–	–	•	–	🎾	🏊	–
Loupiac	–	–	•	•	–	–	🏊	–
Marcilhac-sur-Célé	–	–	–	–	–	🎾	–	–
Martel	–	–	•	–	–	–	–	–
Miers	–	–	–	•	–	–	🏊	–
Montbrun	–	–	–	–	–	–	–	–
Montcabrier	–	–	•	–	–	–	🏊	–
Padirac	–	–	•	–	•	–	🏊	🚐
Payrac	–	–	•	•	–	🎾	🏊	🚐
Puybrun	–	–	–	•	•	–	🏊	–
Puy-l'Évêque	–	–	•	–	•	🎾	🏊	–
Les Quatre-Routes-du-Lot	–	–	–	–	–	–	–	–
Rocamadour	–	–	•	•	•	–	🏊	🚐
St-Céré	–	–	–	–	•	🎾	🏊	–
St-Cirq-Lapopie	P	🐴	•	•	–	–	🏊	🚐
St-Germain-du-Bel-Air	–	–	–	–	–	🎾	🏊	–
St-Pantaléon	–	–	•	–	–	–	🏊	–
St-Pierre-Lafeuille	–	–	•	–	–	🎾	🏊	–
St-Sulpice	–	–	–	–	–	🎾	🏊	–
Sénaillac-Latronquière	–	–	–	–	–	–	–	–
Souillac	–	🐴	•	•	•	🎾	🏊	–
Tauriac	–	–	•	–	–	–	–	–
Thégra	–	–	–	•	–	–	🏊	–
Touzac	–	–	–	•	•	🎾	🏊	–
Vayrac	–	–	–	–	•	–	–	–
Vers	–	–	•	–	•	🎾	🏊	–
Le Vigan	–	🐴	–	–	•	–	🏊	–

47 - LOT-ET-GARONNE 14

	Permanent	🐴	Restauration	Loc. 🚃 ou ⛺	Loc. 🏠 et autres	🎾 ou [🎾]	🏊 ou [🏊]	🚐
Agen	–	–	–	–	–	🎾	🏊	–
Beauville	–	–	–	•	•	🎾	–	–
Casteljaloux	–	–	•	–	•	🎾	🏊	–
Castillonnès	–	–	–	–	–	🎾	🏊	–
Courbiac	–	–	–	–	–	–	🏊	–
Cuzorn	–	–	–	–	–	🎾	–	–
Damazan	–	–	–	–	•	🎾	–	–
Fumel	P	–	–	–	–	–	–	–
Lougratte	–	–	–	–	–	🎾	–	–
Miramont-de-Guyenne	–	–	•	–	•	🎾	🏊	–
Parranquet	–	–	–	–	–	🎾	🏊	–
Penne-d'Agenais	–	–	•	–	•	🎾	–	–
Puymirol	–	–	–	–	–	🎾	–	–
St-Sernin	–	–	•	–	–	–	–	–
St-Sylvestre-sur-Lot	P	–	–	–	–	–	🏊	–
Salles	–	–	•	–	–	–	🏊	–
Sauveterre-la-Lémance	–	–	•	–	–	–	🏊	🚐
Sérignac-Péboudou	–	🐴	•	•	–	–	🏊	–
Tonneins	–	–	–	–	–	–	–	–
Tournon-d'Agenais	–	–	•	–	•	🎾	–	–
Villefranche-du-Queyran	–	–	•	–	–	–	🏊	–
Villeréal	–	🐴	•	•	•	🎾	🏊	–

48 - LOZÈRE 11 15 16

	Permanent	🐴	Restauration	Loc. 🚃 ou ⛺	Loc. 🏠 et autres	🎾 ou [🎾]	🏊 ou [🏊]	🚐
Bédouès	–	–	–	•	–	–	–	–
Canilhac	–	–	–	–	–	🎾	–	–
Chastanier	–	–	•	–	–	–	–	–
Florac	–	–	–	•	–	🎾	🏊	🚐
Grandrieu	–	🐴	–	•	–	🎾	–	–
Ispagnac	–	–	–	–	–	🎾	🏊	🚐
Laubert ⛷	P	–	•	–	•	–	–	–
Marvejols	–	–	–	–	–	🎾	–	–
Mende	P	–	–	•	–	[🎾]	🏊	–
Meyrueis	–	–	–	•	•	🎾	🏊	🚐
Nasbinals	–	–	–	–	–	–	–	–
Naussac	P	–	•	–	–	🎾	🏊	–
Le Pont-de-Montvert	–	–	–	–	–	–	–	–
Rocles	–	–	•	•	•	–	🏊	–
Le Rozier	–	–	•	–	•	🎾	🏊	🚐
St-Alban-sur-Limagnole	–	–	–	•	–	🎾	🏊	–
St-Bauzile	–	–	–	–	–	🎾	–	–
St-Germain-du-Teil	–	–	•	•	•	–	🏊	–
Ste-Énimie	–	–	–	–	–	–	🏊	–

	Permanent	[équitation]	Restauration	Loc. [caravane] ou [mobile home]	Loc. [chalet] et autres	[tennis couvert] ou [tennis]	[piscine couverte] ou [piscine]	[aire de service camping-car]
Serverette	—	—	—	—	—	—	—	—
Les Vignes	—	—	—	•	•	—	[piscine]	—
Villefort	—	—	•	•	•	—	[piscine]	—

49 - MAINE-ET-LOIRE 4 5 9

	Permanent	[équitation]	Restauration	Loc. [caravane] ou [mobile home]	Loc. [chalet] et autres	[tennis couvert] ou [tennis]	[piscine couverte] ou [piscine]	[aire de service camping-car]
Allonnes	—	—	•	•	—	—	[piscine]	—
Angers [⛺]	—	—	•	—	—	[tennis]	[piscine]	—
Baugé	—	—	—	—	—	[tennis couvert]	[piscine]	—
Bouchemaine	—	—	—	—	—	[tennis]	[piscine]	—
Brain-sur-l'Authion	—	—	—	—	—	[tennis]	—	—
Brissac-Quincé	—	—	—	•	—	—	—	—
Challain-la-Potherie	—	—	—	—	—	—	—	—
Chalonnes-sur-Loire	—	—	—	—	—	[tennis]	[piscine]	—
Châteauneuf-sur-Sarthe	—	—	—	—	—	—	—	—
Chaumont d'Anjou	—	—	—	—	—	—	—	—
Cheffes	—	—	—	—	—	—	—	—
Cholet	—	—	•	•	•	[tennis]	[piscine]	—
Coutures	—	—	•	•	•	[tennis]	[piscine]	—
Doué-la-Fontaine	—	—	—	—	—	[tennis]	[piscine]	—
Durtal	—	—	—	—	—	—	[piscine]	—
Gesté	—	—	—	—	—	—	—	—
Grez-Neuville	—	—	—	—	—	[tennis]	—	—
La Jaille-Yvon	—	[équitation]	—	—	—	—	—	—
Le Lion-d'Angers	—	—	—	—	—	—	—	—
Montreuil-Bellay	—	—	•	•	—	—	[piscine]	[aire de service camping-car]
Montsoreau	—	—	—	—	—	[tennis]	—	—
Morannes	—	—	—	—	—	—	[piscine]	—
Nueil-sur-Layon	—	—	—	—	—	[tennis]	—	—
La Possonnière	—	—	—	—	—	—	—	[aire de service camping-car]
Pouancé	—	—	—	—	—	—	—	—
Pruillé	—	—	—	—	—	—	—	—
Les Rosiers-sur-Loire	—	—	—	•	•	[tennis]	[piscine]	—
St-Lambert-du-Lattay	—	—	—	—	—	—	—	—
St-Martin-de-la-Place	—	—	—	—	—	—	—	—
Saumur	—	[équitation]	•	•	•	[tennis]	[piscine couverte]	[aire de service camping-car]
Seiches-sur-le-Loir	—	—	—	—	—	—	—	—
La Tessoualle	—	—	•	—	—	—	—	—
Thouarcé	—	—	—	—	—	[tennis]	—	—
La Varenne	—	—	—	—	—	[tennis]	—	—
Varennes-sur-Loire	—	—	•	—	—	[tennis]	[piscine]	—
Vihiers	—	—	—	—	—	—	—	—

50 - MANCHE 4

	Permanent	[équitation]	Restauration	Loc. [caravane] ou [mobile home]	Loc. [chalet] et autres	[tennis couvert] ou [tennis]	[piscine couverte] ou [piscine]	[aire de service camping-car]
Agon-Coutainville	—	—	—	—	—	[tennis]	—	[aire de service camping-car]
Annoville	—	[équitation]	—	—	—	—	—	—
Barfleur	P	—	—	—	—	—	—	[aire de service camping-car]
Barneville-Carteret [⛺]	—	—	•	•	—	[tennis]	[piscine]	—
Beauvoir	—	—	—	—	•	—	—	—
Blainville-sur-Mer	—	—	•	—	—	[tennis]	[piscine]	—
Brécey	—	—	—	—	—	[tennis]	[piscine]	—
Carentan	P	—	—	—	—	—	[piscine]	—
Courtils	—	—	•	•	—	—	[piscine]	—
Coutances	P	—	•	—	—	[tennis couvert]	[piscine couverte]	—
Denneville	—	—	•	•	—	[tennis]	—	—
Ducey	—	—	—	—	—	[tennis]	—	—
Gatteville-le-Phare	P	—	—	•	—	—	—	—
Genêts	—	—	•	•	—	—	[piscine]	—
Granville	—	—	•	•	•	[tennis]	[piscine]	[aire de service camping-car]
Jullouville [⛺]	—	—	—	—	—	—	—	[aire de service camping-car]
Maupertus-sur-Mer	—	—	•	•	—	[tennis]	[piscine]	—
Montfarville	—	—	—	—	—	—	—	—
Montmartin-sur-Mer	—	—	—	—	•	[tennis]	—	—
Montviron	—	—	—	—	—	—	—	—
Les Pieux	—	—	•	•	—	[tennis]	[piscine]	[aire de service camping-car]
Pontorson	—	—	—	—	—	—	—	—
Portbail	—	—	•	—	—	—	—	—
Quettehou	—	—	—	•	—	—	—	—
Ravenoville	—	—	•	•	—	[tennis]	[piscine]	[aire de service camping-car]
St-Georges-de-la-Rivière	—	—	•	•	—	—	—	—
St-Germain-sur-Ay	—	—	•	•	•	[tennis]	[piscine]	—
St-Hilaire-du-Harcouët	—	—	•	—	—	—	—	—
St-Jean-le-Thomas	—	—	—	—	—	—	—	—
St-Lô-d'Ourville	—	—	—	•	—	—	—	—
St-Martin-d'Aubigny	—	—	—	—	—	[tennis]	—	—
St-Pair-sur-Mer	—	—	•	•	•	—	[piscine]	[aire de service camping-car]
St-Sauveur-le-Vicomte	—	—	—	—	—	—	—	—
St-Symphorien-le-Valois	—	—	•	•	—	—	—	[aire de service camping-car]
St-Vaast-la-Hougue	—	—	•	•	—	—	—	—
Ste-Marie-du-Mont	—	—	•	•	—	[tennis]	—	[aire de service camping-car]
Ste-Mère-Église	—	—	—	—	—	[tennis couvert]	—	—
Servon	—	—	—	—	—	—	—	—
Surtainville	P	—	—	—	•	[tennis]	—	—
Torigni-sur-Vire	—	—	—	—	—	[tennis couvert]	—	—
Tourlaville	—	—	•	—	—	—	[piscine couverte]	—
Villedieu-les-Poêles	—	—	—	—	—	[tennis]	[piscine couverte]	—

51 - MARNE 6 7

	Permanent	[équitation]	Restauration	Loc. [caravane] ou [mobile home]	Loc. [chalet] et autres	[tennis couvert] ou [tennis]	[piscine couverte] ou [piscine]	[aire de service camping-car]
Châlons-en-Champagne	—	—	—	—	—	[tennis]	—	—
Fismes	—	—	—	—	—	—	—	—
Le Meix-St-Epoing	P	—	—	—	•	—	—	—
Sézanne	—	—	—	—	—	[tennis]	[piscine]	—

52 - HAUTE-MARNE 7

	Permanent	[équitation]	Restauration	Loc. [caravane] ou [mobile home]	Loc. [chalet] et autres	[tennis couvert] ou [tennis]	[piscine couverte] ou [piscine]	[aire de service camping-car]
Andelot	—	—	—	—	—	—	—	—
Bannes	P	—	—	—	—	—	—	—
Bourbonne-les-Bains [station thermale]	—	—	—	•	—	[tennis]	[piscine couverte]	[aire de service camping-car]
Bourg	—	—	•	—	—	—	[piscine]	—
Braucourt	—	—	—	—	—	[tennis]	—	—
Froncles-Buxières	—	—	—	—	—	[tennis]	—	—
Louvemont	—	—	—	—	—	—	—	—
Montigny-le-Roi	—	—	—	—	—	[tennis]	—	—
Thonnance-les-Moulins	—	—	•	—	•	—	[piscine couverte]	—

53 - MAYENNE 4 5

	Permanent	[équitation]	Restauration	Loc. [caravane] ou [mobile home]	Loc. [chalet] et autres	[tennis couvert] ou [tennis]	[piscine couverte] ou [piscine]	[aire de service camping-car]
Ambrières-les-Vallées	—	—	—	•	—	[tennis]	[piscine]	—
Andouillé	—	—	—	—	•	—	—	—
Bais	—	—	—	—	—	[tennis]	[piscine]	—
Château-Gontier	—	—	—	—	—	[tennis]	[piscine]	[aire de service camping-car]
Daon	—	—	—	•	—	—	—	—
Évron	P	—	—	—	•	[tennis couvert]	[piscine couverte]	—
Laval	—	—	—	—	—	—	—	—
Mayenne	—	—	—	—	—	—	[piscine]	—
Ménil	—	—	—	—	—	—	—	—
Meslay-du-Maine	—	—	—	—	•	—	—	—
La selle-Craonnaise	P	—	—	—	•	—	—	[aire de service camping-car]
Villiers-Charlemagne	—	—	—	—	•	[tennis couvert]	—	[aire de service camping-car]

54 - MEURTHE-ET-MOSELLE 7 8

	Permanent	[équitation]	Restauration	Loc. [caravane] ou [mobile home]	Loc. [chalet] et autres	[tennis couvert] ou [tennis]	[piscine couverte] ou [piscine]	[aire de service camping-car]
Baccarat	—	—	—	—	—	[tennis couvert]	[piscine couverte]	—
Jaulny	—	—	•	•	—	—	—	—
Magnières	—	—	•	—	—	—	—	—
Nancy	—	—	—	—	—	—	—	[aire de service camping-car]
Tonnoy	—	—	—	—	—	—	—	—

Utilisez le guide de l'année.

55 - MEUSE 7

	Permanent	Équitation	Restauration	Loc. caravanes ou mobile homes	Loc. bungalows ou chalets et autres	Tennis couvert ou tennis	Piscine couverte ou piscine	Borne camping-car
Revigny-sur-Ornain	—	—	—	—	—	tennis couvert	—	—
Verdun	—	—	•	—	—	—	piscine	camping-car

56 - MORBIHAN 3 4

	Permanent	Équitation	Restauration	Loc. caravanes ou mobile homes	Loc. bungalows ou chalets et autres	Tennis couvert ou tennis	Piscine couverte ou piscine	Borne camping-car
Ambon	—	équitation	•	•	•	—	piscine	—
Arradon	—	—	•	•	•	—	piscine	camping-car
Arzon	—	—	—	—	—	—	—	camping-car
Baden	—	—	•	•	•	—	piscine	camping-car
Baud	—	—	—	—	•	—	—	camping-car
BELLE-ÎLE-EN-MER	—	—	—	—	—	—	—	—
Bangor	—	équitation	—	•	—	tennis	—	—
Locmaria △	—	—	—	—	—	—	—	—
Le Palais	—	équitation	•	•	•	tennis	piscine	camping-car
Le Bono	—	—	—	—	—	—	—	—
Camors	—	—	—	—	—	—	—	camping-car
Carnac △	—	équitation	•	•	—	tennis	piscine	camping-car
Caudan	—	—	—	—	—	tennis	—	camping-car
Crach	P	—	•	•	•	—	piscine	—
Damgan	—	—	•	•	—	—	—	camping-car
Erdeven	—	—	•	•	•	—	piscine	camping-car
Le Faouët	—	—	—	—	•	—	—	—
La Gacilly	—	—	—	—	—	—	—	—
Guémené-sur-Scorff	—	—	—	—	—	—	—	—
Le Guerno	—	—	—	—	—	—	—	camping-car
Guidel	—	—	—	•	—	tennis	—	—
Île-aux-Moines	—	—	—	—	—	tennis couvert	—	—
Île-d'Arz	—	—	—	—	—	—	—	—
Josselin	—	—	—	—	—	—	—	camping-car
Larmor-Plage	—	—	—	—	—	tennis couvert	—	camping-car
Locmariaquer	—	—	—	•	—	tennis	—	—
Locmiquélic	—	—	—	—	—	—	—	—
Loyat	—	—	•	—	—	tennis	—	camping-car
Melrand	—	—	—	—	—	—	—	—
Muzillac	—	—	—	•	•	tennis	piscine	—
Pénestin	—	équitation	•	•	•	tennis	piscine	camping-car
Ploemel	P	—	•	—	—	—	piscine	—
Ploërmel	—	—	—	—	—	tennis	—	—
Plougoumelen	—	équitation	—	•	—	tennis	—	—
Plouharnel	—	—	•	•	—	—	piscine	camping-car
Plouhinec	—	—	•	•	•	tennis	piscine	—
Pont-Scorff	P	—	—	—	—	—	—	—
Questembert	—	—	—	—	—	—	—	camping-car
QUIBERON	—	—	—	—	—	—	—	—
Quiberon △	—	—	•	•	—	tennis	piscine	camping-car
St-Julien	—	—	•	•	—	—	—	camping-car
St-Pierre-Quiberon	—	—	—	•	—	—	—	—
Réguiny	—	—	—	—	—	tennis	piscine	—
La Roche-Bernard	—	—	—	—	—	—	—	—
Rohan	—	—	•	—	—	tennis	—	—
St-Congard	—	—	—	—	—	—	—	—
St-Gildas-de-Rhuys	—	—	•	•	—	tennis	piscine	camping-car
St-Jacut-les-Pins	—	équitation	—	—	—	—	—	—
St-Malo-de-Beignon	—	—	•	—	—	—	—	—
St-Philibert	—	—	—	•	—	tennis	piscine	camping-car
St-Vincent-sur-Oust	—	équitation	—	—	—	—	—	—
Ste-Anne-d'Auray	—	—	—	—	—	tennis	—	—
Sarzeau △	—	—	•	•	—	tennis	piscine	camping-car
Sérent	P	—	—	—	—	tennis	piscine	camping-car
Surzur	—	—	—	—	—	tennis	—	—
Taupont	—	—	—	•	—	—	piscine	camping-car
Theix	—	équitation	•	•	—	—	piscine	camping-car
Trédion	—	—	—	—	—	tennis	—	—
La Trinité-Porhoët	—	—	—	—	—	—	—	—
La Trinité-sur-Mer	—	—	•	•	—	tennis	piscine	camping-car
Vannes	—	—	•	•	—	—	—	camping-car

57 - MOSELLE 7 8

	Permanent	Équitation	Restauration	Loc. caravanes ou mobile homes	Loc. bungalows ou chalets et autres	Tennis couvert ou tennis	Piscine couverte ou piscine	Borne camping-car
Corny-sur-Moselle	—	—	—	—	—	tennis	—	—
Dabo	—	—	—	—	•	—	—	—
Metz	—	—	—	—	—	—	piscine couverte	—
Morhange	—	—	•	—	•	—	piscine	—
St-Avold	P	—	—	•	—	—	—	—

58 - NIÈVRE 6 11

	Permanent	Équitation	Restauration	Loc. caravanes ou mobile homes	Loc. bungalows ou chalets et autres	Tennis couvert ou tennis	Piscine couverte ou piscine	Borne camping-car
Bazolles	—	—	—	—	—	—	—	—
Château-Chinon	—	équitation	—	—	—	—	—	—
Clamecy △	—	—	—	—	—	—	—	—
Corancy	—	—	—	—	—	—	—	—
Crux-la-Ville	—	—	—	—	—	—	—	—
Dornes	—	—	—	—	—	—	—	—
Luzy	—	équitation	•	•	•	—	piscine	—
Montigny-en-Morvan	—	—	—	—	—	—	—	—
Moulins-Engilbert	—	—	—	—	—	tennis	piscine	—
La Nocle-Maulaix	—	—	—	—	—	—	—	—
Pougues-les-Eaux	—	—	—	—	—	tennis	piscine	—
Prémery	—	—	—	—	—	tennis	—	—
St-Honoré-les-Bains ♨	—	—	—	—	—	—	—	—
St-Péreuse	—	—	•	•	—	—	piscine	—
Les Settons	—	—	•	—	—	tennis	—	—
Varzy	—	—	—	—	—	tennis	—	—

59 - NORD 1 2

	Permanent	Équitation	Restauration	Loc. caravanes ou mobile homes	Loc. bungalows ou chalets et autres	Tennis couvert ou tennis	Piscine couverte ou piscine	Borne camping-car
Aubencheul-au-Bac	—	—	—	—	—	—	—	—
Avesnes-sur-Helpe	—	—	—	—	—	tennis	—	—
Bavay	—	—	•	—	—	—	—	—
Bray-Dunes	—	—	•	—	—	tennis	—	—
Coudekerque	P	—	—	—	—	—	—	—
Felleries	—	—	—	—	—	—	—	—
Ghyvelde	P	—	—	—	—	—	—	—
Grand-Fort-Philippe	—	—	—	—	—	—	—	—
Leffrinckoucke	—	—	—	—	—	tennis couvert	—	—
Maubeuge	P	—	—	—	—	—	—	—
Prisches	P	—	—	—	—	—	—	—
St-Amand-les-Eaux ♨	—	—	—	—	—	—	—	—
Solesmes	—	—	—	—	—	—	—	—
Warhem	P	—	—	—	—	—	—	—
Watten	—	—	—	—	—	—	—	—

60 - OISE 6

	Permanent	Équitation	Restauration	Loc. caravanes ou mobile homes	Loc. bungalows ou chalets et autres	Tennis couvert ou tennis	Piscine couverte ou piscine	Borne camping-car
Beauvais △	—	—	—	—	—	tennis	piscine couverte	—
Liancourt	P	—	—	—	—	—	—	—
Pierrefonds	—	—	—	—	—	—	—	—
St-Leu-d'Esserent	—	—	—	—	—	—	—	camping-car

61 - ORNE 4 5

	Permanent	Équitation	Restauration	Loc. caravanes ou mobile homes	Loc. bungalows ou chalets et autres	Tennis couvert ou tennis	Piscine couverte ou piscine	Borne camping-car
Alençon	—	—	—	—	—	tennis	—	camping-car
Argentan	—	—	—	—	—	tennis	piscine couverte	—
Bagnoles-de-l'O. ♨	—	—	•	•	—	—	—	camping-car
Bretoncelles	—	équitation	—	—	—	—	—	—

		Permanent	Équitation	Restauration	Loc. (caravane ou mobile-home)	Loc. (chalet ou bungalow et autres)	Tennis couvert ou Tennis	Piscine couverte ou Piscine	Camping-car
Carrouges		–	–	–	–	–	–	–	–
Ceaucé		–	–	–	–	–	–	–	–
La Chapelle-Montligeon		–	–	–	–	•	–	–	–
Domfront		–	–	–	–	–	Tennis	–	–
Essay		–	–	–	–	–	–	–	–
La Ferrière-aux-Étangs		–	–	•	–	–	Tennis	–	Camping-car
La Ferté-Macé		–	–	–	–	–	Tennis	Piscine	–
Flers		–	–	–	–	–	–	–	–
Gacé		–	–	–	–	–	Tennis couvert	Piscine	–
Larchamp		–	–	–	–	–	–	–	–
Marchainville		–	–	–	–	–	Tennis	–	–
Radon		–	–	•	•	•	–	–	Camping-car
Rânes		–	–	–	–	–	Tennis	–	–
St-Evroult-N.-D.-du-Bois		–	–	–	–	–	Tennis	–	–
Vimoutiers		P	–	–	–	–	Tennis	–	–

62 - PAS-DE-CALAIS 1 2

		Permanent	Équitation	Restauration	Loc. (caravane ou mobile-home)	Loc. (chalet ou bungalow et autres)	Tennis couvert ou Tennis	Piscine couverte ou Piscine	Camping-car
Amplier		–	–	•	–	–	–	–	–
Ardres		–	–	–	–	–	–	–	Camping-car
Arques		–	–	–	–	–	–	–	–
Audruicq		–	–	–	–	–	–	–	–
Auxi-le-Château		–	–	–	–	–	–	–	–
Beaurainville		P	–	–	–	–	–	–	–
Berck-sur-Mer		–	–	•	–	•	Tennis	–	Camping-car
Boulogne-sur-Mer		–	–	–	–	–	Tennis	–	–
Condette		–	–	–	–	–	–	–	–
Croix-en-Ternois		–	–	–	–	–	–	–	–
Escalles		–	–	•	•	–	–	–	–
Fillièvres		–	–	–	–	–	–	–	–
Frévent		–	–	–	–	–	Tennis	Piscine couverte	–
Guînes		–	–	•	•	–	Tennis	Piscine	–
Landrethun-les-Ardres		–	–	–	–	–	–	–	–
Leubringhen		–	–	–	–	–	–	–	–
Licques		–	–	–	–	–	–	–	–
Montreuil		P	–	–	–	–	–	–	–
Oye-Plage		–	–	–	–	–	Tennis	–	–
Rebecques		–	–	–	–	–	–	–	–
St-Omer		–	–	•	–	–	Tennis	Piscine	–
Tortequesne		–	–	•	–	–	Tennis	–	–
Tournehem-sur-la-Hem		P	–	•	•	–	Tennis	–	–
Villers-Brûlin		–	–	•	•	–	–	–	–
Warlincourt-lès-Pas		–	–	–	–	–	–	Piscine	–

63 - PUY-DE-DÔME 10 11

		Permanent	Équitation	Restauration	Loc. (caravane ou mobile-home)	Loc. (chalet ou bungalow et autres)	Tennis couvert ou Tennis	Piscine couverte ou Piscine	Camping-car
Ambert		–	–	–	–	–	–	Piscine couverte	–
Les Ancizes-Comps		–	–	•	•	–	–	–	–
Aydat (Lac d')		–	Équitation	•	–	–	–	–	–
Bagnols		P	–	–	–	•	Tennis	–	–
Billom		–	–	–	•	–	Tennis couvert	Piscine couverte	–
Blot-l'Église		–	–	–	–	–	Tennis	–	–
La Bourboule	Station thermale	P	–	•	•	•	Tennis	Piscine couverte	–
Bromont-Lamothe		–	–	–	–	–	Tennis	–	–
Ceyrat		P	–	•	–	•	–	–	–
Chambon (Lac) [A]	Sports d'hiver	–	–	•	•	–	Tennis	Piscine couverte	–
Châteauneuf-les-Bains		–	–	–	–	–	Tennis	–	–
Châtelguyon	Station thermale	–	–	•	•	–	–	Piscine	–
Clémensat		–	–	–	–	–	–	–	–
Cournon-d'Auvergne		P	–	–	–	•	Tennis	Piscine	–
Courpière		–	–	–	–	–	–	Piscine	–
Issoire		–	–	•	•	–	Tennis	Piscine couverte	–
Labessette		–	Équitation	–	–	–	–	–	–
Lapeyrouse		–	–	–	–	–	Tennis	–	–
Loubeyrat		–	–	•	–	•	–	Piscine	–
Les Martres-de-Veyre		–	–	–	–	•	Tennis	–	–
Miremont		–	–	•	–	–	Tennis	–	–
Montaigut-le-Blanc		–	–	–	–	–	Tennis	Piscine	–
Le Mont-Dore	Station thermale, Sports d'hiver	–	–	–	–	–	–	–	–
Murol		–	–	•	•	•	Tennis	Piscine	–
Nébouzat		–	–	–	•	–	–	Piscine couverte	Camping-car
Nonette		–	–	–	•	–	–	Piscine	–
Orcet		P	–	–	–	–	Tennis	Piscine	Camping-car
Orcival		–	Équitation	•	•	–	–	–	–
Perpezat		–	Équitation	–	–	–	–	–	–
Picherande		–	–	–	–	–	Tennis	–	–
Pontaumur		–	–	–	–	–	Tennis	–	–
Pont-de-Menat [A]		–	–	–	–	•	Tennis	–	–
Pontgibaud		–	–	•	–	–	–	–	–
Rochefort-Montagne		–	–	–	–	–	Tennis	–	–
Royat	Station thermale	–	–	–	–	•	Tennis	–	Camping-car
St-Amant-Roche-Savine		–	–	–	•	–	Tennis	–	–
St-Anthème		P	–	–	–	–	Tennis	–	Camping-car
St-Clément-de-Valorgue		–	Équitation	–	•	–	–	–	–
St-Donat		–	–	–	–	–	–	–	–
St-Éloy-les-Mines		–	–	•	–	–	–	–	–
St-Gal-sur-Sioule		–	–	•	•	–	–	–	–
St-Georges-de-Mons		–	–	–	–	•	–	Piscine couverte	–
St-Germain-l'Herm		–	–	–	–	•	–	Piscine	–
St-Gervais-d'Auvergne		–	–	–	–	–	Tennis	–	–
St-Nectaire	Station thermale	–	Équitation	–	–	•	–	–	–
St-Priest-des-Champs		–	–	–	–	–	–	–	–
St-Rémy-sur-Durolle		–	–	•	–	–	Tennis couvert	Piscine	–
Sauvessanges		–	–	–	–	–	–	–	–
Sauxillanges		–	–	–	–	–	Tennis	Piscine	–
Singles		–	–	•	–	–	Tennis	Piscine	–
Tauves		–	–	–	–	•	Tennis	Piscine	–
Thiers		–	–	•	•	–	Tennis	Piscine	–
La Tour-d'Auvergne	Sports d'hiver	–	–	–	–	–	–	–	–
Viverols		–	–	–	–	–	Tennis	–	–

64 - PYRÉNÉES-ATLANTIQUES 13 14

		Permanent	Équitation	Restauration	Loc. (caravane ou mobile-home)	Loc. (chalet ou bungalow et autres)	Tennis couvert ou Tennis	Piscine couverte ou Piscine	Camping-car
Ainhoa		P	Équitation	•	•	–	–	–	Camping-car
Arette		P	–	–	–	–	Tennis	–	–
Arthez-de-Béarn		P	–	–	–	–	Tennis	Piscine	–
Ascain		–	–	•	–	•	–	Piscine	–
Bayonne		–	–	•	–	•	Tennis	Piscine	–
Bedous		–	–	–	–	–	–	–	–
Biarritz [A]		–	–	•	•	•	Tennis	Piscine couverte	Camping-car
Bruges		–	–	–	–	•	–	–	–
Bunus		–	–	–	–	–	–	–	–
Cambo-les-Bains	Station thermale	–	–	–	–	–	Tennis	Piscine	–
Gourette	Sports d'hiver	–	–	•	–	–	–	–	–
Gurmençon		P	–	•	–	–	–	–	–
Hasparren		–	–	–	–	•	Tennis	Piscine	–
Helette		–	Équitation	–	–	–	–	–	–
Hendaye [A]		–	Équitation	•	•	•	Tennis	Piscine	–
Iholdy		–	–	–	–	–	–	–	–
Itxassou		–	–	–	–	–	–	Piscine	Camping-car
Izeste		–	–	–	–	–	–	–	–
Laruns		P	–	–	•	•	–	–	–
Lasseube		–	–	–	–	–	–	–	–
Lescun		–	–	–	–	•	–	–	–
Louvie-Juzon		–	–	–	–	•	–	–	–
Mauléon-Licharre		–	Équitation	–	–	•	–	–	–
Navarrenx		–	–	–	–	–	Tennis	Piscine	–
Oloron-Ste-Marie		–	–	–	–	•	Tennis	Piscine couverte	–
Orthez		–	–	–	–	–	Tennis	–	–
Ossès		–	Équitation	–	–	–	–	–	–
Pau		P	–	•	•	–	Tennis	Piscine	Camping-car

		Permanent	[jeux]	Restauration	Loc. [caravane] ou [mobil-home]	Loc. [chalet] ou [bungalow] et autres	[tennis] ou [tennis couvert]	[piscine] ou [piscine couverte]	[caravane]
St-Étienne-de-Baigorry		P	—	•	—	—	[tennis]	[piscine]	—
St-Jean-de-Luz [△]		P	—	•	•	•	[tennis]	[piscine]	—
St-Jean-Pied-de-Port		—	—	•	—	—	—	[piscine]	—
St-Pée-sur-Nivelle		—	[jeux]	•	—	—	—	[piscine]	—
Salies-de-Béarn	[thermal]	—	—	—	—	—	[tennis]	[piscine]	—
Sare		—	—	•	—	•	[tennis]	—	—
Sauveterre-de-Béarn		—	—	—	—	—	—	—	—
Souraïde		—	—	—	•	—	[tennis]	[piscine]	—
Urdos		—	—	—	—	—	[tennis]	—	—
Urrugne		—	—	•	—	—	[tennis]	[piscine]	—

65 - HAUTES-PYRÉNÉES [13] [14]

		Permanent	[jeux]	Restauration	Loc. [caravane] ou [mobil-home]	Loc. [chalet] ou [bungalow] et autres	[tennis] ou [tennis couvert]	[piscine] ou [piscine couverte]	[caravane]
Aragnouet		—	—	—	—	—	[tennis]	—	—
Argelès-Gazost [△]	[thermal]	P	[jeux]	—	•	•	—	[piscine]	—
Arrens-Marsous		P	[jeux]	—	—	—	[tennis]	[piscine]	[caravane]
Bagnères-de-B.	[thermal]	P	—	—	•	—	[tennis]	[piscine couverte]	—
Bourisp		P	—	•	•	—	[tennis]	[piscine]	—
Capvern-les-Bains	[thermal]	—	—	—	—	—	—	—	[caravane]
Cauterets	[thermal] [ski]	—	—	—	—	—	—	—	[caravane]
Estaing		P	—	—	—	—	—	—	—
Gavarnie	[ski]	—	—	—	—	—	—	—	—
Gèdre		P	—	•	•	•	[tennis]	[piscine]	—
Gouaux		P	—	—	—	—	—	—	—
Hèches		P	—	—	—	—	—	—	[caravane]
Loudenvielle		P	—	—	—	—	[tennis]	[piscine]	—
Lourdes [△]		P	—	—	•	•	—	[piscine]	[caravane]
Luz-St-Sauveur [△]	[thermal] [ski]	P	[jeux]	•	•	—	—	[piscine couverte]	—
Orincles		—	—	—	—	—	—	—	—
St-Lary-Soulan	[ski]	—	—	—	•	—	[tennis]	[piscine]	—
Ste-Marie-de-Campan		P	—	•	•	—	—	[piscine]	[caravane]
Vielle-Aure		P	—	—	•	—	[tennis]	—	—
Vignec		P	—	—	—	—	—	—	—

66 - PYRÉNÉES-ORIENTALES [15]

		Permanent	[jeux]	Restauration	Loc. [caravane] ou [mobil-home]	Loc. [chalet] ou [bungalow] et autres	[tennis] ou [tennis couvert]	[piscine] ou [piscine couverte]	[caravane]
Amélie-les-Bains-Palalda	[thermal]	—	—	—	•	•	—	[piscine]	—
Argelès-sur-Mer [△]		—	[jeux]	•	•	•	[tennis]	[piscine]	[caravane]
Arles-sur-Tech		—	—	•	•	•	[tennis]	[piscine]	[caravane]
Le Barcarès		P	—	•	•	•	[tennis]	[piscine]	[caravane]
Le Boulou	[thermal]	P	—	—	•	—	—	[piscine]	—
Bourg-Madame		P	—	—	•	—	—	—	—
Canet-Plage [△]		—	—	•	•	•	[tennis]	[piscine]	[caravane]
Céret		P	[jeux]	—	—	—	—	—	—
Collioure		—	—	—	—	—	—	—	—
Egat		P	—	—	—	—	—	—	—
Elne		—	—	—	•	—	[tennis]	—	—
Err	[ski]	P	—	—	—	—	—	—	—
Fuilla		—	—	•	•	—	[tennis]	—	—
Laroque-des-Albères		—	[jeux]	•	•	•	[tennis]	[piscine]	—
Matemale		—	—	•	—	—	—	[piscine]	[caravane]
Maureillas-las-Illas		—	—	—	•	—	—	[piscine]	—
Molitg-les-Bains	[thermal]	—	—	—	—	—	[tennis]	—	—
Néfiach		P	—	•	•	—	—	[piscine]	—
Palau-del-Vidre		P	—	•	•	—	—	[piscine]	—
Prades		—	—	—	—	•	[tennis]	[piscine]	—
Ria-Sirach		—	—	—	—	—	—	—	—
Rivesaltes		—	—	—	—	—	[tennis]	—	—
Saillagouse		—	—	•	•	•	[tennis]	[piscine]	[caravane]
St-Cyprien		—	—	•	•	—	[tennis]	[piscine]	[caravane]
St-Genis-des-Fontaines		—	—	—	•	—	—	—	—
St-Jean-Pla-de-Corts		P	—	•	•	—	[tennis]	[piscine]	—
St-Laurent-de-Cerdans		—	—	—	—	—	—	[piscine]	—
Ste-Marie		—	—	•	•	•	[tennis]	[piscine]	[caravane]
Sorède		—	—	•	•	—	—	[piscine]	—
Sournia		—	—	—	—	—	[tennis]	—	—
Tautavel		—	—	—	—	—	—	[piscine]	—
Torreilles		—	—	•	•	•	[tennis]	[piscine]	—
Vernet-les-Bains	[thermal]	—	[jeux]	•	•	•	[tennis]	[piscine]	—
Villelongue-dels-Monts		—	—	—	—	—	[tennis]	—	—
Villeneuve-de-la-Raho		—	—	•	•	—	—	—	—
Villeneuve-des-Escaldes		P	—	—	—	—	—	—	—

67 - BAS-RHIN [8]

		Permanent	[jeux]	Restauration	Loc. [caravane] ou [mobil-home]	Loc. [chalet] ou [bungalow] et autres	[tennis] ou [tennis couvert]	[piscine] ou [piscine couverte]	[caravane]
Bassemberg		—	—	—	—	•	[tennis couvert]	[piscine couverte]	[caravane]
Dambach-la-Ville		—	—	—	—	—	[tennis]	—	—
Erstein		—	—	—	—	—	[tennis couvert]	[piscine couverte]	[caravane]
Gerstheim		—	—	—	—	—	—	—	—
Le Hohwald	[ski]	P	—	—	—	—	—	—	—
Keskastel		P	—	—	—	—	[tennis]	—	—
Lauterbourg		—	—	—	—	—	—	—	—
Niederbronn-les-B.	[thermal]	P	[jeux]	—	—	—	[tennis]	[piscine couverte]	—
Oberbronn		—	—	—	—	•	[tennis]	[piscine]	—
Rhinau		—	—	—	—	—	[tennis]	[piscine]	—
Rothau		—	—	—	—	—	—	—	—
St-Pierre		—	—	—	—	—	[tennis]	—	—
Saverne		—	—	—	—	—	[tennis]	—	—
Sélestat [△]		—	—	—	—	—	[tennis couvert]	[piscine]	[caravane]
Strasbourg		P	—	—	—	—	—	—	—
Wasselonne		—	—	•	—	—	[tennis couvert]	[piscine couverte]	[caravane]

68 - HAUT-RHIN [8]

		Permanent	[jeux]	Restauration	Loc. [caravane] ou [mobil-home]	Loc. [chalet] ou [bungalow] et autres	[tennis] ou [tennis couvert]	[piscine] ou [piscine couverte]	[caravane]
Aubure		—	—	—	—	—	—	—	—
Burnhaupt-le-Haut		—	—	—	—	—	—	—	—
Cernay		—	—	—	—	—	[tennis couvert]	[piscine couverte]	—
Colmar		—	—	•	—	—	—	—	—
Courtavon		—	—	—	—	—	—	—	—
Éguisheim		—	—	—	—	—	—	—	[caravane]
Fréland		—	—	—	—	—	—	—	—
Guewenheim		—	—	—	—	—	[tennis]	[piscine]	—
Heimsbrunn		P	—	—	—	—	—	—	—
Kaysersberg		—	—	—	—	—	[tennis]	—	—
Kruth		—	—	—	—	—	—	—	—
Labaroche		—	[jeux]	—	—	—	—	—	—
Lautenbach-Zell		P	—	—	•	—	[tennis]	—	—
Masevaux		—	—	—	—	—	[tennis]	[piscine couverte]	—
Mittlach		—	[jeux]	—	—	—	—	—	—
Moosch		—	[jeux]	—	—	—	—	—	—
Mulhouse		—	—	—	—	—	[tennis]	[piscine couverte]	[caravane]
Munster		—	—	—	—	—	—	[piscine]	—
Orbey		P	—	•	—	—	[tennis]	—	—
Ranspach		—	—	—	—	—	—	[piscine]	—
Ribeauvillé		—	—	—	—	—	[tennis]	[piscine couverte]	—
Riquewihr		—	—	—	—	—	[tennis]	—	[caravane]
Rombach-le-Franc		—	—	—	—	—	—	—	—
Rouffach		—	—	—	—	—	[tennis]	[piscine]	—
Ste-Croix-en-Plaine		—	—	—	—	—	—	—	—
Ste-Marie-aux-Mines		P	—	•	•	—	—	—	—
Seppois-le-Bas		—	—	—	—	—	[tennis]	[piscine]	—
Turckheim		—	—	—	—	—	[tennis]	—	[caravane]
Wattwiller		—	—	•	•	—	[tennis]	[piscine couverte]	—

Ce guide n'est pas un répertoire de tous les terrains de camping mais une sélection des meilleurs camps dans chaque catégorie.

69 - RHÔNE 11 12

Localité		Permanent	[cheval]	Restauration	Loc. [caravane] ou	Loc. [bungalow] et autres	[raquettes] ou [raquettes encadrées]	[baigneur] ou [baigneur encadré]	[camping-car]
Anse		–	–	•	–	•	–	[baigneur]	[camping-car]
Bessenay		–	–	–	–	–	–	[baigneur]	–
Condrieu		–	–	•	–	–	[raquettes]	[baigneur]	–
Cublize		–	–	–	–	•	[raquettes]	–	–
Fleurie		–	–	–	–	–	[raquettes]	–	–
Lyon		P	–	•	•	–	–	[baigneur]	–
Mornant		–	–	–	–	–	[raquettes]	[baigneur]	–
Poule-les-Echarmeaux		–	–	–	–	–	[raquettes]	–	–
Propières		–	–	–	–	•	–	–	–
St-Symphorien-sur-Coise		–	–	–	–	–	[raquettes]	[baigneur encadré]	–
Ste-Catherine		–	[cheval]	–	–	–	–	–	–
Villefranche-sur-Saône		–	–	–	–	–	–	–	–

70 - HAUTE-SAÔNE 7 8

Localité		Permanent	[cheval]	Restauration	Loc. [caravane] ou	Loc. [bungalow] et autres	[raquettes] ou [raquettes encadrées]	[baigneur] ou [baigneur encadré]	[camping-car]
Champagney		P	–	–	–	–	–	–	–
Cromary		–	–	–	–	–	–	–	–
Fresse		–	–	–	–	–	–	–	–
Lure		–	–	–	–	–	–	–	–
Mélisey		–	–	–	–	–	–	–	–
Preigney		–	–	–	–	–	–	–	–
Renaucourt		–	–	–	–	–	–	[baigneur]	–
Vesoul		–	–	–	–	–	[raquettes]	–	–
Villersexel		–	–	–	•	–	–	–	–

71 - SAÔNE-ET-LOIRE 11 12

Localité		Permanent	[cheval]	Restauration	Loc. [caravane] ou	Loc. [bungalow] et autres	[raquettes] ou [raquettes encadrées]	[baigneur] ou [baigneur encadré]	[camping-car]
Anost		–	–	–	–	–	[raquettes]	–	–
Autun		–	–	•	–	–	–	–	–
Bourbon-Lancy	[fontaine]	–	–	•	•	–	[raquettes]	[baigneur]	[camping-car]
Chagny		–	–	•	–	–	[raquettes]	[baigneur]	–
Chambilly		–	–	–	–	–	–	–	–
Charolles		–	–	–	–	–	–	[baigneur]	–
Chauffailles		–	–	–	–	•	[raquettes]	[baigneur]	–
La Clayette		P	–	–	–	•	[raquettes]	[baigneur]	–
Cluny		–	–	–	–	–	[raquettes encadrées]	[baigneur]	–
Couches		–	–	–	–	–	–	–	–
Crêches-sur-Saône		–	–	•	–	–	–	–	–
Digoin		–	–	–	–	–	–	[baigneur]	–
Dompierre-les-Ormes		–	–	–	–	•	[raquettes]	[baigneur]	[camping-car]
Épinac		–	–	–	–	•	–	–	–
Gergy		–	–	•	–	–	–	–	–
Gibles		–	[cheval]	–	–	–	–	[baigneur]	–
Gigny-sur-Saône		–	[cheval]	•	–	•	[raquettes]	[baigneur]	–
Gueugnon		–	–	–	–	–	–	–	–
Issy-l'Evêque		–	–	–	–	–	–	[baigneur]	–
Laives		–	–	•	–	–	–	–	–
Louhans		–	–	–	–	–	[raquettes]	[baigneur]	–
Mâcon		–	–	•	–	–	–	–	[camping-car]
Matour		–	–	–	–	–	[raquettes]	[baigneur]	–
Mervans		–	–	–	–	–	[raquettes]	–	–
Paray-le-Monial		–	–	–	–	•	–	[baigneur]	–
St-Bonnet-de-Joux		–	–	–	–	–	[raquettes]	–	–
St-Germain-du-Bois		–	–	–	–	–	[raquettes]	[baigneur encadré]	–
Salornay-sur-Guye		–	–	–	–	–	[raquettes]	–	–
Toulon-sur-Arroux		–	–	–	–	–	–	–	–
Tournus		–	–	–	–	–	[raquettes]	[baigneur]	–
Volesvres		–	–	–	–	–	[raquettes]	–	–

La courtoisie et la propreté sont les deux qualités principales d'un bon campeur.

72 - SARTHE 5

Localité		Permanent	[cheval]	Restauration	Loc. [caravane] ou	Loc. [bungalow] et autres	[raquettes] ou [raquettes encadrées]	[baigneur] ou [baigneur encadré]	[camping-car]
Avoise		–	–	–	–	–	–	–	–
Bessé-sur-Braye		–	–	–	–	–	[raquettes]	[baigneur]	–
Bouloire		–	–	–	–	–	–	–	–
Brûlon		–	–	–	–	–	[raquettes]	[baigneur]	–
Chartre-sur-le-Loir		–	–	–	–	–	–	[baigneur]	–
Conlie		–	–	–	–	–	–	–	–
Connerré		–	–	–	–	–	[raquettes]	–	–
Courdemanche		–	–	–	–	–	–	–	–
Écommoy		–	–	–	–	–	[raquettes]	–	–
La Ferté-Bernard		–	–	–	–	–	–	–	[camping-car]
La Flèche		–	–	–	–	–	[raquettes]	[baigneur]	[camping-car]
Fresnay-sur-Sarthe		–	–	–	–	–	[raquettes]	[baigneur]	–
Lavaré		–	–	–	–	–	[raquettes]	–	–
Luché-Pringé		–	–	–	–	•	[raquettes]	[baigneur]	–
Le Lude		–	–	–	–	•	[raquettes]	[baigneur encadré]	–
Mamers		–	–	–	–	–	[raquettes]	[baigneur encadré]	–
Mansigné		–	–	–	–	•	[raquettes]	[baigneur]	–
Marçon		–	–	•	–	•	[raquettes]	–	–
Mayet		–	–	–	–	–	–	–	–
Neuville-sur-Sarthe		–	–	•	–	–	[raquettes]	–	[camping-car]
Précigné		–	–	–	–	–	[raquettes]	[baigneur]	–
Roézé-sur-Sarthe		–	–	–	–	–	–	–	–
Ruillé-sur-Loir		–	–	–	–	–	–	–	–
Sablé-sur-Sarthe		–	–	–	–	–	[raquettes]	[baigneur]	–
St-Calais		–	–	–	–	–	[raquettes]	[baigneur]	–
Sillé-le-Guillaume		–	–	–	•	–	–	–	–
Sillé-le-Philippe		–	[cheval]	•	•	–	[raquettes]	[baigneur]	–
Tennie		–	–	•	–	–	[raquettes]	[baigneur]	[camping-car]

73 - SAVOIE 12

Localité		Permanent	[cheval]	Restauration	Loc. [caravane] ou	Loc. [bungalow] et autres	[raquettes] ou [raquettes encadrées]	[baigneur] ou [baigneur encadré]	[camping-car]
AIGUEBELETTE (Lac d')		–	–	–	–	–	–	–	–
Lépin-le-Lac		–	–	–	–	–	[raquettes]	–	–
Novalaise-Lac [symbole encadré]		–	–	–	–	–	–	[baigneur]	–
Aillon-le-Jeune	[skieur]	P	–	–	–	–	[raquettes]	–	–
Aime		–	–	–	–	–	–	–	–
Aix-les-Bains	[fontaine]	–	–	–	•	–	[raquettes]	[baigneur encadré]	–
Albens		–	–	–	–	–	–	–	–
Albertville		–	–	–	–	–	–	–	–
Les Allues		–	–	•	–	–	–	–	–
Aussois	[skieur]	P	[cheval]	–	–	–	[raquettes]	–	–
La Bâthie		P	–	–	–	–	–	–	–
Beaufort		–	–	–	–	–	–	–	–
Bourg-St-Maurice	[skieur]	–	–	–	–	–	[raquettes]	[baigneur encadré]	[camping-car]
Challes-les-Eaux	[fontaine]	–	–	–	–	–	[raquettes]	–	–
Chanaz		–	–	•	–	–	[raquettes]	–	–
Le Châtelard		–	–	–	–	–	–	–	–
Chindrieux		–	–	–	–	–	[raquettes]	–	–
Entremont-le-Vieux		P	–	•	–	–	[raquettes]	–	–
Landry		–	–	–	–	–	–	[baigneur]	–
Lanslebourg-Mont-Cenis	[skieur]	–	–	–	–	–	–	–	–
Lanslevillard	[skieur]	–	–	•	–	–	[raquettes]	–	–
Lescheraines		–	–	–	–	–	[raquettes]	–	–
Les Marches		–	–	–	•	–	–	–	–
Marthod		–	–	–	–	–	[raquettes]	–	–
Modane	[skieur]	–	–	–	–	–	[raquettes]	–	–
Montmélian		–	–	–	–	–	–	–	–
Peisey-Nancroix	[skieur]	–	–	•	•	–	[raquettes]	–	–
Pralognan-la-V.	[skieur]	–	–	•	•	–	[raquettes]	[baigneur]	[camping-car]
Queige		–	–	–	–	–	[raquettes]	–	–
La Rochette		–	–	–	–	–	–	–	–
La Rosière 1850	[skieur]	–	–	•	–	–	[raquettes]	–	–
Ruffieux		–	–	–	–	–	[raquettes]	[baigneur]	–

		Permanent	[jeux]	Restauration	Loc. [caravane] ou [mobile home]	Loc. [bungalow] ou [chalet] et autres	[tennis couvert] ou [tennis]	[piscine couverte] ou [piscine]	[camping-car]
St-Jean-de-Couz		—	[jeux]	•	—	—	—	—	—
St-Pierre-d'Albigny		—	—	—	—	—	—	—	—
Séez		P	—	—	—	—	—	—	—
Sollières-Sardières		—	—	—	—	—	—	—	—
Termignon		—	—	—	—	—	[tennis]	—	—
Val-d'Isère	[ski]	—	—	•	—	—	[tennis]	—	—
Valloire	[ski]	—	—	—	—	—	[tennis]	[piscine]	[camping-car]
Villarembert		—	—	—	—	—	—	—	—

74 - HAUTE-SAVOIE 12

		Permanent	[jeux]	Restauration	Loc. [caravane] ou [mobile home]	Loc. [bungalow] ou [chalet] et autres	[tennis couvert] ou [tennis]	[piscine couverte] ou [piscine]	[camping-car]
Amphion-les-Bains		—	—	—	—	•	[tennis]	—	[camping-car]
ANNECY (Lac d')		—	—	—	—	—	—	—	—
Alex [△]		—	—	—	—	—	—	—	—
Bout-du-Lac		—	—	•	•	•	[tennis]	[piscine]	—
Doussard		—	—	•	•	•	[tennis]	[piscine]	—
Duingt		—	—	—	•	—	—	—	[camping-car]
Lathuile		—	—	•	•	—	—	[piscine]	—
Menthon-St-Bernard		—	—	—	—	—	—	—	—
St-Jorioz		—	—	•	•	—	—	[piscine]	—
Sévrier		—	—	•	—	•	[tennis]	—	[camping-car]
Talloires		—	—	•	—	—	—	—	—
Argentière	[ski]	—	—	—	—	—	—	—	—
La Balme-de-Sillingy		—	—	—	—	—	—	—	—
La Baume		—	—	—	—	—	—	—	—
Chamonix [△]	[ski]	—	—	•	•	—	—	—	[camping-car]
Champanges		P	—	—	—	—	—	—	—
Châtel	[ski]	—	—	•	—	—	[tennis]	[piscine couverte]	[camping-car]
Chêne-en-Semine		—	—	•	—	—	[tennis]	[piscine]	—
Choisy		—	[jeux]	—	—	—	—	—	—
La Clusaz	[ski]	—	—	—	—	•	—	[piscine couverte]	[camping-car]
Contamine-Sarzin		—	—	—	—	—	—	[piscine]	—
Les Contamines-Montjoie	[ski]	—	—	•	—	•	[tennis]	—	—
Cusy		—	[jeux]	•	—	—	—	—	—
Excenevex		—	—	•	—	—	[tennis]	—	[camping-car]
Les Gets	[ski]	—	—	—	—	—	—	—	—
Le Grand-Bornand	[ski]	—	—	—	•	•	[tennis]	[piscine]	[camping-car]
Lugrin		—	—	—	•	—	—	[piscine]	—
Maxilly-sur-Léman		—	—	—	•	•	—	—	—
Megève	[ski]	—	—	•	—	—	—	[piscine]	[camping-car]
Morzine	[ski]	—	—	—	—	—	—	—	—
Neydens		—	—	•	•	—	—	[piscine]	[camping-car]
Le Petit-Bornand-les-G.	[ski]	—	—	—	—	—	[tennis]	—	—
Praz-sur-Arly	[ski]	P	—	—	—	•	—	—	—
Présilly		—	—	—	—	—	—	—	—
Le Reposoir		—	—	—	—	—	—	—	—
Rumilly		—	—	—	•	•	—	[piscine]	[camping-car]
St-Ferréol		—	—	—	—	—	—	—	—
St-Gervais-les-Bains	[thermes] [ski]	—	—	•	—	—	—	—	—
St-Jean-d'Aulps		P	—	—	—	—	[tennis]	—	—
Sallanches [△]		—	—	•	—	•	—	—	—
Samoëns	[ski]	P	—	—	—	•	[tennis]	[piscine]	—
Sciez		—	—	•	•	—	—	—	—
Servoz		—	—	—	•	—	[tennis]	—	—
Seyssel		—	—	—	—	—	—	—	—
Sixt-Fer-à-Cheval		—	[jeux]	—	—	—	—	—	—
Taninges		P	—	—	—	—	[tennis]	—	—
Thônes		—	[jeux]	—	—	—	—	—	—
Vallorcine	[ski]	—	—	—	—	—	[tennis]	—	—
Verchaix		P	—	—	—	—	[tennis]	—	—

Utilisez le guide de l'année.

76 - SEINE-MARITIME 1 5 6

	Permanent	[jeux]	Restauration	Loc. [caravane] ou [mobile home]	Loc. [bungalow] ou [chalet] et autres	[tennis couvert] ou [tennis]	[piscine couverte] ou [piscine]	[camping-car]
Aumale	—	—	—	—	—	—	—	[camping-car]
Bazinval	—	—	—	—	—	—	—	—
Blangy-sur-Bresle	—	—	—	—	—	[tennis]	—	—
Bourg-Dun	—	—	—	—	—	[tennis]	—	—
Dieppe	P	—	•	—	—	[tennis couvert]	[piscine couverte]	[camping-car]
Étretat	—	—	—	—	—	[tennis couvert]	—	—
Le Havre	—	—	—	—	—	—	—	—
Incheville	—	—	—	—	—	—	—	—
Jumièges	—	—	—	•	—	—	—	[camping-car]
Les Loges	—	—	—	—	—	[tennis]	—	—
Martigny	—	—	—	—	—	—	[piscine couverte]	—
Offranville	—	—	•	—	•	[tennis couvert]	—	—
Rouen	P	—	—	—	—	—	—	—
St-Aubin-sur-Mer	—	—	•	—	—	—	—	[camping-car]
St-Martin-en-Campagne	—	—	—	—	—	[tennis]	—	—
St-Valéry-en-Caux	P	—	—	—	•	[tennis]	[piscine couverte]	—
Touffreville-sur-Eu	—	—	—	—	—	—	—	—
Toussaint	—	—	—	—	—	[tennis]	—	—
Le Tréport	—	—	—	—	—	[tennis]	—	—
Veules-les-Roses	—	—	—	—	—	—	—	—
Vittefleur	—	—	—	—	—	—	—	—
Yport	—	—	—	—	—	[tennis]	—	—

77 - SEINE-ET-MARNE 6

	Permanent	[jeux]	Restauration	Loc. [caravane] ou [mobile home]	Loc. [bungalow] ou [chalet] et autres	[tennis couvert] ou [tennis]	[piscine couverte] ou [piscine]	[camping-car]
Bagneaux-sur-Loing	—	—	—	—	—	[tennis]	—	—
Blandy	—	—	—	—	—	—	—	—
Boulancourt	P	[jeux]	—	—	—	[tennis]	—	—
Changis-sur-Marne	—	—	—	—	—	—	—	—
La Ferté-Gaucher	—	—	—	—	—	[tennis]	[piscine]	[camping-car]
La Ferté-sous-Jouarre	P	[jeux]	—	•	—	[tennis]	—	—
Hermé	P	[jeux]	•	—	—	[tennis]	—	—
Jablines	—	—	•	—	—	[tennis]	—	[camping-car]
Marne-la-Vallée	P	—	•	—	•	[tennis couvert]	[piscine couverte]	—
Melun	—	—	—	—	—	[tennis couvert]	[piscine couverte]	[camping-car]
Touquin	—	[jeux]	—	—	—	—	[piscine]	—
Veneux-les-Sablons	—	—	—	—	—	—	[piscine]	—
Verdelot	—	—	—	—	—	[tennis]	—	—

78 - YVELINES 5 6

	Permanent	[jeux]	Restauration	Loc. [caravane] ou [mobile home]	Loc. [bungalow] ou [chalet] et autres	[tennis couvert] ou [tennis]	[piscine couverte] ou [piscine]	[camping-car]
Rambouillet	P	—	•	—	—	—	—	[camping-car]
St-Illiers-la-Ville	—	[jeux]	—	—	—	—	[piscine]	—

79 - DEUX-SÈVRES 9

	Permanent	[jeux]	Restauration	Loc. [caravane] ou [mobile home]	Loc. [bungalow] ou [chalet] et autres	[tennis couvert] ou [tennis]	[piscine couverte] ou [piscine]	[camping-car]
Airvault	—	—	—	—	—	—	[piscine]	—
Argenton-Château	—	—	—	—	—	[tennis]	[piscine]	—
Azay-sur-Thouet	—	—	—	—	—	[tennis]	—	—
Le Beugnon	—	—	—	—	—	—	—	—
Coulon	—	—	—	—	•	[tennis]	—	—
Mauzé-sur-le-Mignon	—	—	—	—	—	—	—	—
Melle	—	—	—	—	—	—	—	—
Niort	—	—	—	—	—	—	—	—
Parthenay	—	—	•	—	—	[tennis]	[piscine]	—
Prailles	—	—	•	—	•	[tennis]	—	—
Puy-Hardy	—	[jeux]	—	—	—	—	—	—
St-Christophe-sur-Roc	—	—	•	—	—	[tennis]	—	—
St-Varent	—	—	—	—	—	[tennis]	[piscine couverte]	—
Secondigny	—	—	•	—	—	[tennis]	[piscine]	—
Le Vert	—	—	—	—	—	—	—	—

	Permanent	Jeux enfants	Restauration	Loc. caravanes ou mobile homes	Loc. bungalows, chalets et autres	Tennis couvert ou tennis	Piscine couverte ou piscine	Camping-car

80 - SOMME 1 2

	Permanent	Jeux enfants	Restauration	Loc. caravanes ou mobile homes	Loc. bungalows, chalets et autres	Tennis couvert ou tennis	Piscine couverte ou piscine	Camping-car
Bertangles	—	—	—	—	—	—	—	—
Cappy	—	—	—	—	—	—	—	—
Cayeux-sur-Mer	P	—	—	—	—	—	—	—
Le Crotoy	—	—	—	—	—	—	—	—
Fort-Mahon-Plage	—	—	—	—	—	—	Piscine	—
Friaucourt	—	—	—	—	•	Tennis	—	—
Montdidier	—	—	—	•	—	—	—	—
Moyenneville	—	—	—	—	—	—	Piscine	—
Nampont-St-Martin	—	—	—	—	—	—	—	—
Pendé	—	—	—	—	—	—	—	—
Péronne	P	—	—	—	—	—	—	—
Port-le-Grand	—	—	—	—	—	Tennis	—	—
Proyart	—	—	—	—	—	—	—	—
Quend	—	Jeux enfants	—	—	—	—	Piscine	—
Rue	—	—	—	—	—	—	—	—
St-Quentin-en-Tourmont	—	—	—	—	—	—	—	—
St-Valery-sur-Somme	—	—	•	—	—	Tennis	Piscine	—
Villers-sur-Authie	—	—	—	—	—	—	—	—
Vironchaux	—	—	—	—	—	—	—	—

81 - TARN 15

	Permanent	Jeux enfants	Restauration	Loc. caravanes ou mobile homes	Loc. bungalows, chalets et autres	Tennis couvert ou tennis	Piscine couverte ou piscine	Camping-car
Albine	—	Jeux enfants	—	—	—	Tennis	—	—
Anglès	—	—	•	•	•	Tennis	Piscine	—
Le Bez	—	Jeux enfants	—	—	—	—	—	—
Brassac	—	—	—	—	—	—	—	—
Cahuzac-sur-Vère	—	—	—	—	—	Tennis	Piscine	—
Castelnau-de-Montmiral	—	—	—	—	•	Tennis	Piscine	—
Castres	—	—	•	—	•	—	Piscine couverte	—
Cordes-sur-Ciel	—	—	—	•	•	—	Piscine	—
Damiatte	—	—	•	•	•	—	—	—
Gaillac	—	—	—	—	—	—	Piscine	—
Giroussens	—	Jeux enfants	—	—	—	—	—	—
Labastide-Rouairoux	—	—	—	—	•	—	—	—
Mazamet	—	—	—	—	—	—	Piscine couverte	Camping-car
Mirandol-Bourgnounac	—	Jeux enfants	—	•	—	—	Piscine	—
Nages	—	—	•	•	•	Tennis	Piscine	—
Pampelonne	—	—	—	—	—	—	—	—
Rabastens	—	—	—	—	—	—	Piscine couverte	—
Réalmont	—	—	—	—	—	—	—	—
Rivières	—	—	•	—	•	Tennis	Piscine	—
Roquecourbe	—	—	—	—	—	Tennis	—	—
Rouquié	—	—	—	—	•	—	—	—
St-Pierre-de-Trivisy	—	—	—	—	•	Tennis	Piscine	—
Serviès	—	Jeux enfants	•	•	•	—	Piscine	—
Sorèze	—	—	—	—	—	Tennis	—	—
Teillet	P	—	•	•	•	—	Piscine	—

82 - TARN-ET-GARONNE 14

	Permanent	Jeux enfants	Restauration	Loc. caravanes ou mobile homes	Loc. bungalows, chalets et autres	Tennis couvert ou tennis	Piscine couverte ou piscine	Camping-car
Beaumont-de-Lomagne	—	—	—	—	•	Tennis	—	—
Caussade	—	—	—	—	—	Tennis	Piscine	Camping-car
Caylus	—	—	—	—	—	—	—	—
Cayriech	P	—	—	—	—	—	Piscine	—
Lafrançaise	—	—	•	—	—	Tennis	Piscine	—
Laguépie	—	—	—	—	•	Tennis	—	—
Lavit-de-Lomagne	—	—	—	—	—	—	—	—
Montpezat-de-Quercy	P	—	—	—	•	Tennis	Piscine	—
Nègrepelisse	—	—	—	—	—	—	Piscine	—
St-Antonin-Noble-Val	—	—	—	•	—	Tennis	Piscine	—
St-Nicolas-de-la-Grave	—	—	—	—	—	Tennis	Piscine	—
St-Sardos	—	—	•	—	—	Tennis	Piscine	—
Touffailles	—	—	—	—	—	Tennis	—	—

83 - VAR 17

	Permanent	Jeux enfants	Restauration	Loc. caravanes ou mobile homes	Loc. bungalows, chalets et autres	Tennis couvert ou tennis	Piscine couverte ou piscine	Camping-car
Les Adrets-de-l'Esterel	—	—	•	•	—	—	Piscine	—
Agay	—	Jeux enfants	•	•	•	Tennis	Piscine	Camping-car
Artignosc-sur-Verdon	—	Jeux enfants	—	—	—	—	Piscine	—
Aups	—	—	•	•	—	Tennis	Piscine	—
Bandol	—	—	—	—	—	—	Piscine	—
Belgentier	—	—	•	•	—	Tennis	Piscine	—
Bormes-les-Mimosas	P	—	—	•	—	—	Piscine	Camping-car
La Cadière-d'Azur	—	—	•	•	•	Tennis	Piscine	—
Callas	—	—	•	—	—	—	Piscine	—
Le Camp-du-Castellet	—	—	•	•	•	Tennis	Piscine	—
Carqueiranne	—	—	•	—	•	Tennis	Piscine	—
Cavalaire-sur-Mer	—	—	•	•	•	Tennis	Piscine	Camping-car
Comps-sur-Artuby	—	—	•	—	—	—	—	—
La Croix-Valmer	—	—	•	•	•	Tennis	Piscine	Camping-car
Fayence	—	—	•	•	—	Tennis	Piscine	—
Fréjus [Δ]	—	—	•	•	•	Tennis	Piscine	Camping-car
Giens	—	—	•	•	—	—	—	—
Grimaud [Δ]	P	—	•	•	—	—	Piscine	—
Hyères [Δ]	P	—	•	—	•	Tennis	—	—
Le Lavandou [Δ]	—	—	•	•	•	Tennis	—	Camping-car
La Londe-les-Maures [Δ]	—	—	•	•	—	Tennis	—	—
Le Muy	P	—	•	—	•	Tennis	Piscine	—
Nans-les-Pins	P	Jeux enfants	•	•	•	Tennis	Piscine	—
Le Pradet [Δ]	—	—	•	•	—	—	—	—
Puget-sur-Argens	—	—	•	•	•	Tennis	Piscine	—
Ramatuelle	—	—	•	•	•	Tennis	Piscine	—
Régusse	—	—	•	•	—	Tennis	Piscine	—
Roquebrune-sur-Argens	—	Jeux enfants	•	•	•	Tennis	Piscine	Camping-car
St-Aygulf	—	—	•	•	—	Tennis	Piscine	Camping-car
St-Cyr-sur-Mer	—	—	•	•	•	Tennis	Piscine	—
St-Mandrier-sur-Mer	—	—	•	—	—	Tennis	—	—
St-Maximin-la-Ste-B.	—	—	•	•	—	—	Piscine	Camping-car
St-Paul-en-Forêt	—	Jeux enfants	•	—	•	Tennis	Piscine	—
St-Raphaël	—	—	•	•	—	Tennis	Piscine	—
Salernes	—	—	—	—	•	—	—	Camping-car
Les Salles-sur-Verdon	—	—	—	—	—	—	—	Camping-car
Sanary-sur-Mer	—	—	•	•	•	Tennis	Piscine	Camping-car
La Seyne-sur-Mer	—	—	•	•	•	—	Piscine	—
Signes	P	—	•	•	—	—	Piscine	—
Sillans-la-Cascade	P	—	•	•	•	—	Piscine couverte	—
Six-Fours-les-Plages [Δ]	—	—	—	—	—	—	—	—
Vidauban	—	—	—	—	—	—	—	—
Villecroze	P	—	•	•	•	Tennis	Piscine	—
Vinon-sur-Verdon	—	—	—	—	—	Tennis	—	—

84 - VAUCLUSE 16

	Permanent	Jeux enfants	Restauration	Loc. caravanes ou mobile homes	Loc. bungalows, chalets et autres	Tennis couvert ou tennis	Piscine couverte ou piscine	Camping-car
Apt	—	Jeux enfants	•	•	—	—	Piscine	Camping-car
Aubignan	—	—	—	—	—	Tennis	—	Camping-car
Avignon	P	—	•	•	•	Tennis	Piscine	Camping-car
Beaumes-de-Venise	—	—	—	—	—	Tennis	—	—
Beaumont-du-Ventoux	—	Jeux enfants	—	—	—	—	—	—
Bédoin	—	—	—	—	—	Tennis	Piscine	—
Bollène	P	Jeux enfants	•	•	•	—	Piscine	—
Bonnieux	—	—	—	—	—	—	—	—
Cadenet	—	—	•	•	•	—	—	—
Caromb	—	—	—	—	—	—	—	—
Carpentras	—	—	—	—	—	Tennis	Piscine	Camping-car
Cucuron	—	Jeux enfants	•	•	—	—	—	—
L'Isle-sur-la-Sorgue	—	—	—	•	•	—	—	Camping-car
Jonquières	—	—	—	—	—	Tennis	Piscine	—
Malemort-du-Comtat	—	—	•	•	—	Tennis	Piscine	—
Mazan	P	—	•	—	—	—	Piscine	—
Mondragon	P	—	—	—	—	—	—	—

	Permanent	🎠	Restauration	Loc. 🚃 ou 🏠	Loc. 🏢 et autres	[🎾] ou 🎾	[🏊] ou 🏊	🚐
Monteux	—	—	—	—	—	—	—	—
Mornas	P	🎠	•	•	•	🎾	🏊	🚐
Murs	—	🎠	—	—	—	—	—	—
Orange	—	—	—	•	•	🎾	—	🚐
Roussillon	—	🎠	—	•	—	—	—	—
Sault	—	—	—	—	—	🎾	🏊	—
Le Thor	—	—	•	•	—	—	🏊	🚐
La Tour-d'Aigues	—	—	—	—	—	🎾	—	—
Vaison-la-Romaine	—	🎠	—	•	•	🎾	🏊	🚐
Valréas	—	—	—	•	—	—	🏊	—
Vedène	—	—	•	—	—	—	🏊	—
Villes-sur-Auzon	—	—	•	—	—	🎾	🏊	—
Violès	—	—	—	—	—	—	🏊	—
Visan	—	—	—	•	—	—	🏊	—

85 - VENDÉE 9

	Permanent	🎠	Restauration	Loc. 🚃 ou 🏠	Loc. 🏢 et autres	[🎾] ou 🎾	[🏊] ou 🏊	🚐
L'Aiguillon-sur-Mer	—	—	•	•	•	🎾	🏊	🚐
Aizenay	—	—	—	—	—	🎾	—	—
Angles	—	—	•	•	•	🎾	🏊	—
Apremont	—	—	•	•	—	—	🏊	—
Avrillé	—	—	—	•	•	—	🏊	—
La Barre-de-Monts	—	—	•	•	•	—	🏊	—
La Boissière-de-Montaigu	—	🎠	•	•	—	🎾	🏊	—
Bournezeau	—	—	—	—	—	—	—	—
Brem-sur-Mer	—	—	•	•	—	🎾	🏊	—
Brétignolles-sur-Mer	—	—	•	•	—	🎾	[🏊]	—
La Chapelle-Hermier	—	🎠	—	•	—	—	🏊	—
Commequiers	—	—	—	—	—	—	—	—
Les Essarts	—	—	—	—	—	🎾	[🏊]	—
La Faute-sur-Mer	—	—	—	•	—	—	🏊	—
Fontenay-le-Comte	—	—	—	—	—	—	—	—
Le Givre	—	🎠	—	—	—	—	—	—
Grand'Landes	P	—	—	—	—	—	🏊	—
Grosbreuil	—	—	—	—	—	—	🏊	—
Jard-sur-Mer [⛺]	—	—	•	•	•	🎾	[🏊]	—
Landevieille	—	🎠	•	•	•	🎾	🏊	—
Longeville-sur-Mer [⛺]	—	🎠	•	•	•	🎾	🏊	—
Luçon	—	—	•	•	•	🎾	—	—
Les Lucs-sur-Boulogne	—	—	•	—	—	—	—	—
Maillé	—	—	—	—	—	—	—	—
Maillezais	—	—	—	—	—	🎾	—	—
Mareuil-sur-Lay-Dissais	—	—	—	—	—	🎾	🏊	—
Le Mazeau	—	—	—	—	—	—	—	—
Mervent	P	—	•	—	•	—	🏊	—
Montaigu	—	—	•	—	—	—	—	—
La Mothe-Achard	—	—	—	•	—	—	🏊	—
Mouchamps	—	—	—	—	—	—	—	—
Nalliers	—	—	—	—	—	🎾	—	—
Nieul-sur-l'Autise	—	—	—	—	—	🎾	—	—
NOIRMOUTIER (Île de)	—	—	—	—	—	—	—	—
Barbâtre	—	—	—	•	—	🎾	🏊	—
La Guérinière	—	—	—	•	—	—	🏊	—
Noirmoutier-en-l'Île	—	—	—	—	—	—	—	—
Notre-Dame-de-Monts [⛺]	—	—	•	•	•	—	—	—
Le Perrier	—	—	—	•	—	🎾	—	—
La Pommeraie-sur-Sèvre	—	—	—	—	—	🎾	—	—
Pouzauges	—	—	—	—	—	—	—	—
Les Sables-d'Olonne [⛺]	—	—	•	•	•	🎾	[🏊]	🚐
St-Denis-du-Payré	—	—	—	—	—	—	—	—
St-Étienne-du-Bois	P	—	—	—	—	🎾	—	—
St-Gilles-Croix-de-Vie	—	🎠	•	•	•	🎾	🏊	—
St-Hilaire-de-Riez [⛺]	P	🎠	•	•	•	🎾	[🏊]	🚐
St-Hilaire-la-Forêt	—	—	•	•	•	🎾	🏊	—
St-Jean-de-Monts [⛺]	—	🎠	•	•	•	🎾	[🏊]	🚐
St-Julien-des-Landes	—	🎠	•	—	—	🎾	🏊	—
St-Malô-du-Bois	—	—	•	—	—	—	—	—
St-Michel-en-l'Herm	—	—	—	—	—	—	—	—
St-Révérend	—	—	—	—	—	—	🏊	—
St-Vincent-sur-Jard	—	—	•	•	•	🎾	[🏊]	—
Sallertaine	—	—	—	—	—	—	—	—
Soullans	—	—	—	—	—	🎾	—	—
Talmont-St-Hilaire	—	—	•	•	—	🎾	[🏊]	—
La Tranche-sur-Mer [⛺]	—	🎠	•	•	•	🎾	[🏊]	—
Triaize	—	—	—	•	—	🎾	—	—
Vairé	—	—	—	—	—	—	—	—
Vix	—	—	—	—	—	—	—	—

86 - VIENNE 9 10

	Permanent	🎠	Restauration	Loc. 🚃 ou 🏠	Loc. 🏢 et autres	[🎾] ou 🎾	[🏊] ou 🏊	🚐
Availles-Limouzine	—	—	—	—	—	🎾	🏊	🚐
Bonnes	—	—	—	—	—	🎾	—	—
Châtellerault	—	—	•	—	—	—	🏊	—
Couhé	—	—	•	—	—	—	🏊	—
Dangé-St-Romain	—	—	—	—	—	—	—	—
Ingrandes	—	—	•	—	—	—	🏊	—
Latillé	—	—	—	—	—	—	—	—
Montmorillon	P	—	—	—	—	—	🏊	—
Poitiers [⛺]	P	—	•	•	•	🎾	🏊	🚐
La Roche-Posay ♨	—	—	—	—	—	—	—	—
St-Pierre-de-Maillé	—	—	—	—	—	—	—	—
St-Savin	—	—	—	•	—	—	🏊	🚐
Sanxay	—	—	—	—	—	—	🏊	—
Vouillé	—	—	—	—	—	🎾	🏊	—
Vouneuil-sur-Vienne	—	—	•	—	•	—	🏊	—

87 - HAUTE-VIENNE 10

	Permanent	🎠	Restauration	Loc. 🚃 ou 🏠	Loc. 🏢 et autres	[🎾] ou 🎾	[🏊] ou 🏊	🚐
Aixe-sur-Vienne	—	—	—	—	—	—	[🏊]	—
Beaumont-du-Lac	—	—	—	—	—	—	—	—
Bellac	P	—	—	—	—	🎾	🏊	—
Bessines-sur-Gartempe	—	—	—	—	—	—	—	—
Bujaleuf	—	—	•	—	—	—	—	—
Bussière-Galant	—	—	—	—	—	🎾	—	—
Châteauneuf-la-Forêt	—	—	—	—	—	🎾	—	—
Châteauponsac	—	—	•	—	•	—	🏊	—
Cognac-la-Forêt	—	—	—	•	—	🎾	—	—
Compreignac	—	—	—	—	—	—	—	—
Coussac-Bonneval	—	—	—	—	—	🎾	—	—
Eymoutiers	—	🎠	—	—	—	—	—	—
Laurière	—	—	—	—	•	—	—	—
Limoges	P	—	—	—	—	🎾	—	—
Magnac-Bourg	—	—	—	—	—	—	—	—
Meuzac	—	—	—	—	—	—	—	—
Morterolles-sur-Semme	P	—	—	—	—	—	—	—
Nexon	—	—	—	•	•	—	—	—
Peyrat-le-Château	—	—	•	—	—	🎾	—	—
Razès	—	—	•	•	•	🎾	—	—
St-Germain-les-Belles	—	—	—	—	—	🎾	—	—
St-Hilaire-les-Places	—	—	—	—	•	🎾	—	—
St-Laurent-les-Églises	—	—	•	—	•	🎾	🏊	—
St-Léonard-de-Noblat	—	—	—	—	—	—	—	—
St-Martin-Terressus	—	—	•	—	—	—	—	—
St-Pardoux	—	—	—	•	•	🎾	🏊	—
St-Sulpice-les-Feuilles	—	—	—	—	—	[🎾]	—	—
St-Yrieix-la-Perche	—	—	•	—	—	—	—	—

L'accueil et la bonne tenue sont les deux critères essentiels d'un bon terrain.

		Permanent	[équitation]	Restauration	Loc. [caravane] ou [mobile home]	Loc. [chalet] et autres	[tennis] ou [tennis couvert]	[piscine] ou [piscine couverte]	[camping-car]

88 - VOSGES 7 8

		Permanent	[équitation]	Restauration	Loc. [caravane] ou [mobile home]	Loc. [chalet] et autres	[tennis] ou [tennis couvert]	[piscine] ou [piscine couverte]	[camping-car]
Anould		P	–	–	–	–	–	–	–
La Bresse	[ski]	P	–	•	•	–	[tennis]	–	[camping-car]
Bulgnéville		–	–	–	–	–	–	–	–
Bussang		P	–	–	–	–	[tennis]	[piscine]	–
Celles-sur-Plaine		–	–	–	–	•	[tennis]	[piscine]	–
La Chapelle-Devant-B.		–	–	–	–	•	[tennis]	[piscine]	–
Contrexéville	[station thermale]	–	–	–	–	–	–	–	–
Corcieux		–	–	•	•	•	[tennis]	[piscine couverte]	–
Épinal		P	–	•	•	–	–	[piscine]	–
Fontenoy-le-Château		–	–	–	–	–	[tennis]	–	–
Gemaingoutte		–	–	–	–	–	–	–	–
Gérardmer [A]	[ski]	–	–	–	–	–	[tennis]	–	–
Granges-sur-Vologne		P	–	–	–	•	[tennis]	[piscine]	–
Herpelmont		–	–	•	–	–	–	–	–
Plombières-les-Bains	[station thermale]	–	–	–	–	–	–	–	–
St-Dié		P	–	–	–	–	–	–	–
St-Maurice-sur-Moselle	[ski]	–	–	–	–	•	[tennis]	[piscine]	[camping-car]
Saulxures-sur-Moselotte		P	–	–	–	•	–	–	–
Senones		–	–	–	–	–	–	–	–
Le Thillot		–	–	–	–	–	[tennis]	[piscine couverte]	–
Le Tholy		–	–	–	–	•	[tennis]	[piscine]	–
Vagney		–	–	–	–	–	–	–	–
Val-d'Ajol		–	–	–	–	–	[tennis]	[piscine couverte]	–
Xonrupt-Long. [A]	[ski]	–	–	•	–	–	–	–	–

89 - YONNE 6 7

		Permanent	[équitation]	Restauration	Loc. [caravane] ou [mobile home]	Loc. [chalet] et autres	[tennis] ou [tennis couvert]	[piscine] ou [piscine couverte]	[camping-car]
Ancy-le-Franc		–	–	–	–	–	–	–	–
Andryes		–	[équitation]	•	–	–	–	[piscine]	–
Auxerre		–	–	–	–	–	[tennis]	[piscine couverte]	[camping-car]
Bléneau		–	–	–	–	–	[tennis]	[piscine]	–
Brienon-sur-Armançon		–	–	–	–	–	[tennis]	–	–
Cézy		–	–	–	–	–	[tennis]	–	–
L'Isle-sur-Serein		–	–	–	–	–	[tennis]	–	–
Ligny-le-Châtel		–	–	–	–	–	[tennis]	–	–
St-Fargeau		–	–	–	–	–	–	–	–
Vermenton		–	–	–	–	–	[tennis]	–	[camping-car]
Villeneuve-les-Genêts		P	[équitation]	•	•	•	[tennis]	[piscine]	–

91 - ESSONNE 6

		Permanent	[équitation]	Restauration	Loc. [caravane] ou [mobile home]	Loc. [chalet] et autres	[tennis] ou [tennis couvert]	[piscine] ou [piscine couverte]	[camping-car]
Étampes		–	–	–	–	–	[tennis]	–	–
Milly-la-Forêt		–	[équitation]	–	–	–	–	[piscine]	–
Monnerville		–	[équitation]	–	–	–	–	[piscine]	–
St-Chéron		–	[équitation]	•	–	–	[tennis]	[piscine]	–

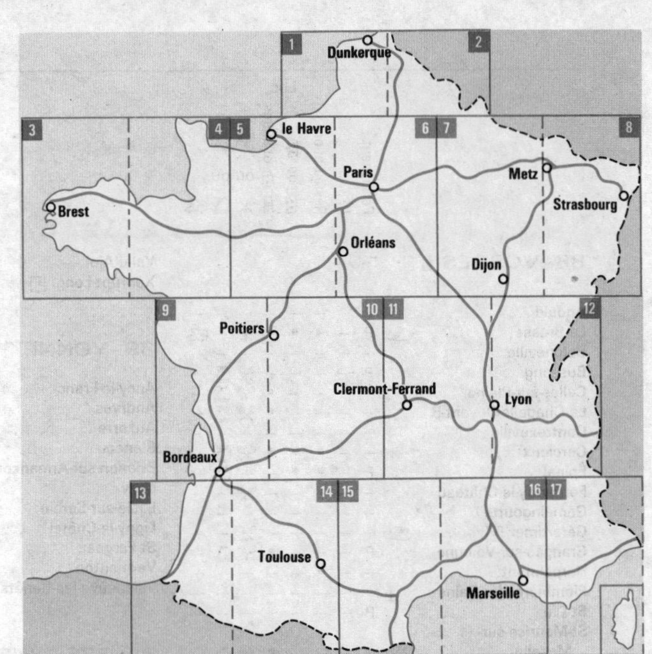

TABLEAU D'ASSEMBLAGE
ATLAS KEY MAP
SEITENEINTEILUNG
OVERZICHTSKAART

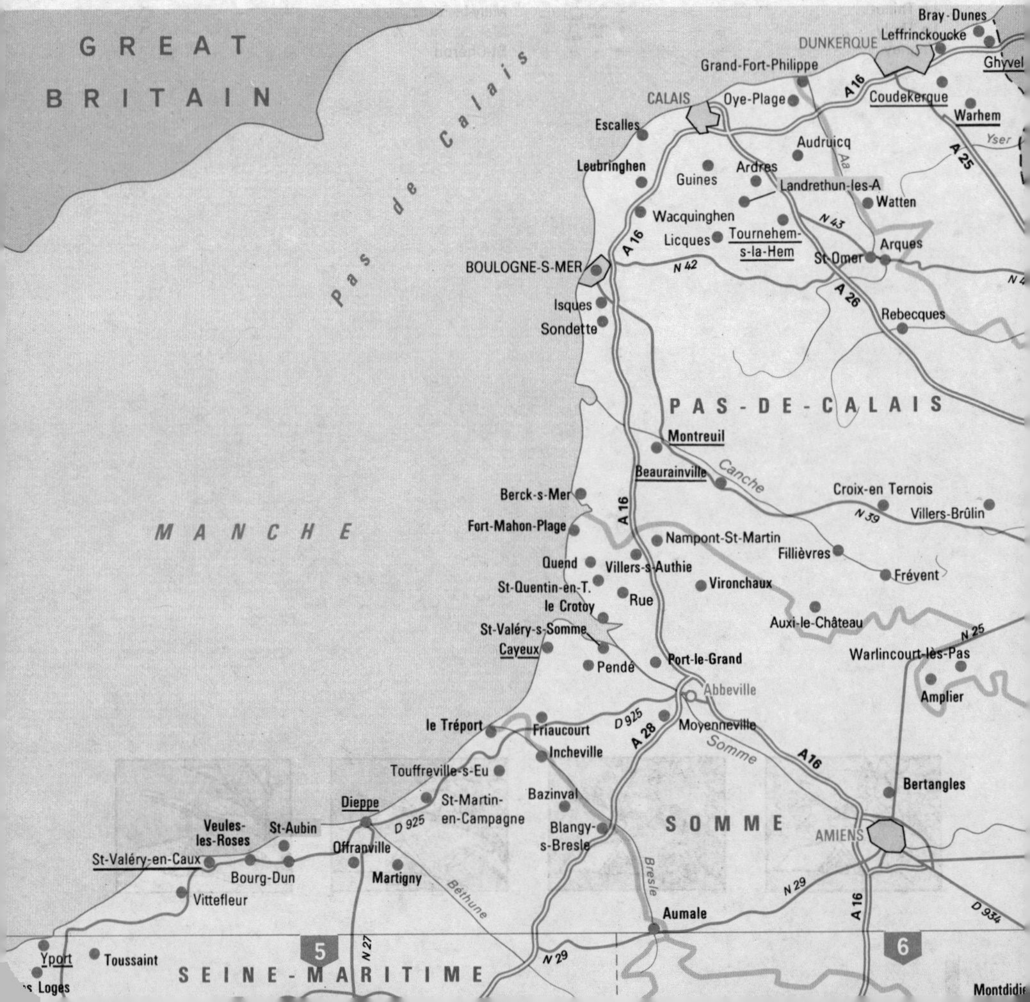

GREAT BRITAIN

Pas de Calais

MANCHE

Bray-Dunes
DUNKERQUE
Leffrinckoucke
Ghyvel
Grand-Fort-Philippe
CALAIS
Oye-Plage
A 16
Coudekerque
Warhem
Yser
Escalles
Audruicq
Aa
A 25
Leubringhen
Guines
Ardres
Landrethun-les-A
Watten
Wacquinghen
N 43
A 16
Licques
Tournehem-s-la-Hem
Arques
St-Omer
BOULOGNE-S-MER
N 42
A 26
N 4
Isques
Sondette
Rebecques
PAS-DE-CALAIS
Montreuil
Beaurainville
Canche
Berck-s-Mer
Croix-en Ternois
A 16
N 39
Villers-Brûlin
Fort-Mahon-Plage
Nampont-St-Martin
Fillièvres
Quend
Villers-s-Authie
Frévent
St-Quentin-en-T.
Vironchaux
Rue
le Crotoy
Auxi-le-Château
St-Valéry-s-Somme
N 25
Cayeux
Pendé
Port-le-Grand
Warlincourt-lès-Pas
Abbeville
Amplier
D 925
Moyenneville
le Tréport
Friaucourt
A 28
Somme
A 16
Incheville
Touffreville-s-Eu
Bertangles
Bazinval
Dieppe
St-Martin-en-Campagne
SOMME
D 925
Veules-les-Roses
St-Aubin
Blangy-s-Bresle
AMIENS
Offranville
St-Valéry-en-Caux
Bourg-Dun
Martigny
Bresle
N 29
Vittefleur
Béthune
A 16
D 934
Aumale
N 27
5
6
Yport
Toussaint
N 29
Les Loges
SEINE-MARITIME
Montdidie

LÉGENDE		LEGEND
Localité possédant au moins un terrain de camping sélectionné	● Apt	Town with at least one selected camping site
Localité possédant un schéma dans le guide	■ Carnac	Town with a plan in the guide
Région possédant un schéma dans le guide	*Ile de Ré*	Region with a local map in the guide
Localité possédant au moins un terrain agréable sélectionné	Moyaux	Town with at least one selected camping site classified as pleasant
Localité possédant au moins un terrain sélectionné ouvert toute l'année	Lourdes	Town with at least one selected camping site open all the year round
Localité repère	LILLE	Town appearing as reference point only

ZEICHENERKLÄRUNG		VERKLARING
Ort mit mindestens einem ausgewählten Campingplatz	● Apt	Plaats met tenminste één geselekteerd kampeerterrein
Ort mit Stadtplan oder Übersichtskarte im Führer	■ Carnac	Plaats met schema in de gids
Gebiet mit Übersichtskarte im Führer	*Ile de Ré*	Gebied met schema in de gids
Ort mit mindestens einem ausgewählten und besonders angenehmen Campingplatz	Moyaux	Plaats met tenminste één fraai geselekteerd kampeerterrein
Ort mit mindestens einem ganzjährig geöffneten Campingplatz	Lourdes	Plaats met tenminste één gedurende het gehele jaar geopend kampeerterrein
Orientierungspunkt	LILLE	Plaats ter oriëntering

3

M A N C H E

Perros Guirec
Trégastel
Plougrescant
Pleubian
Trébeurden
Trévou-Tréguignec
Ploubazlanec
Trélévern
Paimpol
Pleumeur-Bodou
St-Pol-de-Léon
St-Jean-du-Doigt
D 786
Brignogan-Plages
Santec
Plougasnou
Lannion
Pontrieux
Plouézec
Cléder
Plouescat
Plougoulm
Carantec
St-Michel-en-Grève
Lanloup
Landéda
Plounévez-Lochrist
Guimaëc
Henvic
Plouézoch
Plestin
Pléhédel
Ploudalmézeau
Lampaul-Ploudalmézeau
Plufur
Ile d'Ouessant
Morlaix
Louargat
Etables
Lanildut
N12
Plouigneau
Guingamp
Lantic
Elorn
N 12
Plélo
Plouarzel
St-Renan
F I N I S T È R E
Châtelaudren
Locmaria-Plouzane
BREST
Landerneau
Trieux
le Conquet
N 165
Sizun
Plougastel-Daoulas
Logonna-Daoulas
Huelgoat
Callac
Roscanvel
Hanvec
Camaret-s-Mer
C Ô T E S
Trégarvan
Crozon
Carhaix-Plouguer
Allineuc
Telgruc-s-Mer
Aulne
Châteaulin
N 164
Plouguernével
Pentrez-Plage
Rostrenen
Caurel
Ploéven
Plomodiern
Plonévez-Porzay
Mur-de-Bretagne
Ile de Sein
Cléden-Cap-Sizun
Douarnenez
Locronan
Trégourez
D 768
Primelin
Plouhinec
Odet
Guémené-s-Scorff
Quimper
Elliant
Scaër
Plozévet
Landudec
St-Yvi
le Faouët
M O R B I H A N
Plomelin
Rosporden
N 165
la Forêt-Fouesnant
Melrand
Plonéour-Lanvern
Combrit
Tréguennec
Bénodet
Fouesnant
D 785
Concarneau
Arzano
Plomeur
Plobannalec
Blavet
Trégunc
Penmarch
Loctudy
Névez
N24
Baud
Guilvinec
Lesconil
Guidel
Pont-Scorff
Treffiagat
Raguenès-Plage
Moëlan-s-Mer
Caudan
Camors
Port-Manech
le Pouldu
LORIENT
N 165
Larmor-Plage
Locmiquélic
Ste-Anne-d'Auray
Plouhinec
Ploemel
Ile de Groix
Crach
Bono
Plougoumelen
Erdeven
Carnac
Arradon
Plouharnel
Baden
la Trinité
Ile aux Moines
St-Philibert
Locmariaquer
Arzon
O C É A N A T L A N T I Q U E
Presqu'île de Quiberon
St-Gildas-de-Rhuys
Belle-Ile-en-Mer

4
5
9
GUERNSEY
JERSEY
Gatteville-le-Phare
Barfleur
Maupertus-s-Mer
Montfarville
Tourlaville
St-Vaast-la-Hougue
Quettehou
N 13
les Pieux
Surtainville
D 2
Ravenoville
Barneville-Carteret
St-Sauveur-le-Vicomte
Ste-Mère-Eglise
Ste-Marie-du-Mont
Grandcamp-Maisy
St-Georges-de-la-Rivière
Portbail
St-Lô-d'Ourville
Vierville-s-Mer
Arromanches-les-B.
Isigny-s-Mer
Colleville-s-Mer
Denneville
St-Symphorien-le-Valois
Carentan
Trévières
Etréham
Courseulles
St-Germain-s-Ay
Bayeux
Creully
N 174
St-Martin-d'Aubigny
Martragny
MANCHE
CALVADOS
St-Lô
N 175
Blainville-s-Mer
Agon-Coutainville
Coutances
Torigni-sur-Vire
A 84
Montmartin-s-Mer
Annoville
D 971
D 999
Thury Harcourt
Vire
I. Chausey
Granville
Villedieu-les-Poêles
St-Pair-s-Mer
D 924
Jullouville
Condé-s-Noireau
Montviron
Brécey
St-Coulomb
St-Jean-le-Thomas
D 973
N 175
D 924
St-Briac
St-Cast
St-Lunaire
Cancale
Genêts
Flers
Erquy
Plurien
St-Malo
St-Benoît-des-Ondes
Sée
Larchamp
Pléneuf-Val André
Matignon
St-Père
Cherrueix
Courtils
Ducey
la Ferrière-aux-Etangs
Lancieux
St-Alban
St-Jacut-de-la-Mer
St-Marcan
Beauvoir
Servon
St-Hilaire-du-Harcouët
Domfront
Plancoët
St-Guinoux
N 176
N 175
Planguenoual
Dol-de-Bretagne
Sélune
N 176
Pléven
Pontorson
Bagnoles-de-l'Orne
Ceaucé
N 176
Dinan
Antrain
ARMOR
Jugon-les-Lacs
la Chapelle-aux-Filtzméens
Rance
D 766
N 175
Collinée
Ambrières-les-Vallées
Broons
Sens-de-Bretagne
Tinténiac
Mayenne
Couesnon
Merdrignac
N 164
N 137
Ille
St-Aubin-du-Cormier
MAYENNE
N 12
Châtillon-en-Vendelais
N 12
la Trinité-Porhoët
ILLE-
Vilaine
Andouillé
RENNES
Evron
N 157
A 81
Loyat
Châteaugiron
Laval
St-Malo-de-Beignon
D 766
Taupont
N 24
Josselin
Ploërmel
ET-VILAINE
MORBIHAN
Bourg-des-Comptes
Marcillé-Robert
la Selle-Guerchaise
N 171
Mayenne
Meslay-du-Maine
N 137
Villiers-Charlemagne
Sérent
Martigné-Ferchaud
la Selle-Craonnaise
St-Congard
Château-Gontier
N 162
Sablé-s-Sarthe
la Gacilly
Ménil
Questembert
St-Vincent-s-Oust
Daon
Précigné
Vilaine
Pouancé
St-Jacut-les-Pins
Beslé
N 171
la Jaille-Yvon
Morannes
Noyal-Muzillac
Guémené-Penfao
Châteauneuf
Surzur
le Guerno
MAINE
ET
LOIRE
Muzillac
Marsac-s-Don
Challain-la-Potherie
le Lion-d'Angers
Cheffes
Damgan
Grez-Neuville
la Roche-Bernard
Nozay
Missillac
Pruillé
Pénestin
le Gâvre
Loir
Ste-Reine-de-Bretagne
LOIRE-ATLANTIQUE
Assérac
Blain
Pontchâteau
Nort-s-Erdre
ANGERS
Mesquer
Héric
A 11
N 147
N 171
Bouchemaine
Guérande
Savenay
Ancenis
la Possonnière
St-André-des-Eaux
N 137
LOIRE
Coutures
N 165
la Baule
St-Étienne-de-Montluc
Chalonnes-sur-L.
Brissac-Quincé
Batz-s-Mer
la Varenne
St-Lambert-du-Lattay
St-Brévin-les-Pins

5
Etretat
Yport
les Loges
Toussaint
SEINE-MARITIME
1
N 29
D 925
A 29
LE HAVRE
A 131
Honfleur
N 182
Jumièges
A 28
ROUEN
N 31
Arromanches-les-Bs
Bernières-s-M.
St-Aubin
Courseulles
Creully
Luc-s-M.
Deauville
Toutainville
A 13
Lyons-la-Forêt
Bourg-Achard
Andelle
Martragny
Ouistreham
Merville-Franceville
Dives-s-Mer
Houlgate
Pont-l'Évêque
N 138
Poses
St Pierre-de-Vauvray
N 13
Blangy-le-Château
Pont-Authou
le Bec-Hellouin
les Andelys
Bénouville
A 13
St-Georges-du-Vievre
le Gros-Theil
Louviers
CALVADOS
Touques
Moyaux
A 13
N 175
CAEN
N 13
Bernay
Epte
Eure
N 13
EURE
Orbec
Evreux
Thury Harcourt
St-Illiers-la-Ville
N 138
Vimoutiers
Falaise
Dives
N 154
Condé-s-Noireau
Iton
Orne
N 158
Gacé
St-Evroult-N-D-du-Bois
D 924
Flers
Argentan
N 12
Verneuil-s-Avre
St-Rémy-s-Avre
N 26
Larchamp
la Ferrière-aux-Etangs
Avre
Rânes
ORNE
EURE-
Eure
Domfront
la Ferté-Macé
Sarthe
Maintenon
Carrouges
Senonches
Bagnoles-de-l'Orne
ET-
Ceaucé
Essay
Marchainville
Radon
la Chapelle-Montligeon
Fontaine-Simon
4
N 12
LOIR
Bretoncelles
Chartres
Alençon
N 154
N 138
Mamers
Nogent-le-Rotrou
Brunelles
Illiers-Combray
MAYENNE
Fresnay-s-Sarthe
Huisne
Loir
Bais
N 10
A 11
Brou
Sillé-le-Guillaume
SARTHE
Alluyes
Evron
Bonneval
Sillé-le-Philippe
La Ferté-Bernard
la Bazoche-Gouet
Conlie
Tennie
Arrou
Neuville-s-Sarthe
Connerré
Lavaré
A 81
Meslay-du-Maine
Brûlon
LE MANS
Bouloire
Cloyes-sur-le-Loir
Villiers-Charlemagne
Roézé-s-S.
A 11
N 157
St-Calais
N 157
Avoise
Sarthe
Fréteval
Sablé-s-Sarthe
N 23
Ecommoy
Bessé-s-Braye
Vendôme
Lunay
Daon
Précigné
Mayet
Montoire-sur-le-Loir
Mansigné
Thoré-la-Rochette
Morannes
Courdemanche
Ruillé-s-Loir
Châteauneuf-s-S.
Luché-Pringé
Marçon
LOIR-ET-CHER
ET
LOIRE
la Flèche
la Chartre-sur-le-Loir
Loir
Cheffes
Durtal
Suèvres
le Lude
A 10
N 10
Muides-s
Pruillé
Seiches-s-le-Loir
Château-Renault
Loir
LOIRE
Chaumont-d'Anjou
Baugé
Candé-s-Beuvron
Cellettes
Beuv
MAINE-ET-LOIRE
N 138
Mesland
Onzain
ERS
N 147
les Montils
Cheverny
INDRE ET LOIRE
Brain-s-l'Authion
Nazelles-Négron
Vouvray
Limeray
Chaumont-s-L.
A 85
Luynes
Coutures
les Rosiers
Montlouis-s-L.
Civray-de-T.
Soings-en-Sologne
Brissac-Quincé
N 152
TOURS
St. Martin-le-Beau
Chenonceaux
St-Lambert-du-Lattay
St-Martin-de-la-Place
Allonnes
Cher
Chémery
Bourgueil
Azay-le-Rideau
Ballan-Miré
Véretz
Bléré
Chisseaux
N 76
9
10
Thouarcé
Saumur
Montbazon
Varennes-s-L.
Veigné
Mareuil-s-Cher
St Aignan

1
Montdidier
2
la Fère
AISNE
6
Chauny
Laon
A 26
Beauvais
OISE
Compiègne
Berny-Rivière
Chamouille
Guignicourt
N 31
Soissons
Aisne
A 16
Liancourt
Oise
Pierrefonds
Ressons-le-Long
Thérain
Fismes
N 31
Vesle
REIMS
St-Leu-d'Esserent
A 1
N 2
Ourcq
A 4
VAL-
D'OISE
N 1
Marne
Oise
SEINE
Charly
MARNE
Changis-s-M.
Jablines
la Ferté-s/s-Jouarre
YVELINES
Marne
Marne-la-Vallée
PARIS
Petit Morin
A 4
Verdelot
Grand Morin
N 12
Versailles
SEINE
la Ferté-Gaucher
Touquin
N 4
Sézanne
le Meix-St-Epoing
N 19
7
Rambouillet
A 10
ET
Aube
Blandy
St-Chéron
Melun
MARNE
ESSONNE
Hermé
St-Hilaire-sous-Romilly
N 19
Seine
Fontainebleau
Etampes
Milly-la-Forêt
Monnerville
Veneux-les-Sablons
Essonne
Yonne
TROYES
A 5
Malesherbes
Boulancourt
AUBE
Sens
N 60
A 6
Bagneaux-s-Loing
A 10
Dordives
N 77
Ervy-le-Châtel
LOIRET
Nibelle
Brienon-s-Armançon
Vitry-aux-Loges
N 60
N 60
Cézy
ORLÉANS
Châtenoy
Lorris
Ligny-le-Châtel
Loing
LOIRE
Châtillon-Coligny
St-Père-s-Loire
N 7
Auxerre
A 71
D 952
YONNE
Villeneuve-les-Genêts
Serein
Bléneau
Vermenton
Gien
Coullons
St-Fargeau
A 6
Sauldre
Meung-sur-Beuvron
Nouan-le-Fuzelier
Pierrefitte-s-Sauldre
Andryes
N 7
Ste-Montaine
Aubigny-s-Nère
Beaulieu-s-Loire
Oizon
Clamecy
Cousin
CHER
Ménétréol-s-Sauldre
Romorantin-Lantenay
Salbris
D 940
la Chapelle-d'Angillon
Jars
Cure
10
Nançay
11
Varzy
Henrichemont
Yonne
Châtres-s-Cher
LOIRE
NIÈVRE

AISNE
7
ARDENNES
2
Signy-l'Abbaye
Sedan
N 43
Semois
Mouzon
le Chesne
A 26
N 51
Guignicourt
Chamouille
Attigny
Juniville
Aisne
Vesle
N 31
REIMS
A 4
Meuse
N 43
N 18
N 52
N 3
Verdun
A 4
Marne
A 4
Aisne
MEUSE
Jaulny
MARNE
CHÂLONS-EN CHAMPAGNE
Aire
N 44
Revigny-s-Ornain
Bar-le-Duc
N 35
N 4
N 4
N 4
Sézanne
A 26
Lac du Der-Chantecoq
Louvemont
Braucourt
Aube
Arcis-sur-Aube
N 67
Marne
St-Hilaire-sous-Romilly
N 19
Seine
Thonnance-les-Moulins
Soulaines-Dhuys
Radonvilliers
Dienville
HAUTE-
Géraudot
TROYES
Froncles
A 5
Lac de la Ft d'Orient
Andelot
N 74
Meuse
Bulgnéville
AUBE
Bar-sur-Aube
A 31
Contrexéville
6
A 5
Chaumont
MARNE
N 77
Ervy-le-Château
N 71
Montigny-le-Roi
Bourbonne-les-Bains
Riel-les-Eaux
Bannes
Ligny-le-Châtel
Marcenay
Aube
Châtillon-s-Seine
Ourse
Bourg
N 19
Preigney
Auxerre
YONNE
Ancy-le-Franc
Serein
Vermenton
Seine
Montbard
Renaucourt
N 71
Selongey
L'Isle-sur-Serein
A 31
A 6
Armançon
Venarey-les-Laumes
Saône
CÔTE
D'OR
Semur-en-Auxois
Cousin
Cure
Précy-s/s-Thil
DIJON
11
Saulieu
A 38
Ognon
Yonne
12
A 39
A 6
NIÈVRE
St-Martin-de-la-Mer
Pouilly-en-Auxois
A 36

8
LUXEMBOURG
DEUTSCHLAND
Moselle
30
A 4
A 32
METZ
St-Avold
Sarre
Corny-sur-Moselle
MOSELLE
A 31
Keskastel
Lauterbourg
Niederbronn-les-Bains
Oberbronn
Morhange
BAS-RHIN
A 4
Seille
Saverne
RHIN
NANCY
N 4
Dabo
Wasselonne
MEURTHE-ET-MOSELLE
STRASBOURG
Tonnoy
N 59
Meurthe
Baccarat
Magnieres
Celles-sur-Plaine
Rothau
St-Pierre
Erstein
le Howald
Gerstheim
Senones
Dambach-la-Ville
Bassemberg
N 83
Rhinau
N 57
Moselle
Madon
Rombach-le-Franc
St-Dié
N 59
Gemaingoutte
Ste-Marie-aux-Mines
Sélestat
N 415
Aubure
Ribeauvillé
la Chapelle-devant-Bruyères
Corcieux
Anould
Fréland
Riquewihr
Épinal
Herpelmont
Kaysersberg
Granges-s-V.
Orbey
Labaroche
VOSGES
Xonrupt-Longemer
COLMAR
le Tholy
Turckheim
D 417
Gérardmer
Ste-Croix-en-Plaine
Munster
Eguisheim
Fontenoy-le-Château
Vagney
la Bresse
Mittlach
Lautenbachzell
Rouffach
Plombières-les-Bains
Saulxures-s-Moselotte
Kruth
HAUT-RHIN
N 83
le Val-d'Ajol
N 66
Bussang
Ranspach
A 35
le Thillot
Moosch
Wattwiller
HAUTE
St-Maurice-s-Moselle
Cernay
RHIN
Masevaux
Guewenheim
MULHOUSE
Fresse
Mélissey
Burnhaupt-le-Haut
Heimsbrunn
N 57
Champagney
A 35
Lure
N 19
A 36
SAÔNE
Vesoul
BELFORT
BASEL
Villersexel
Seppois-le-Bas
Courtavon
Montagney
Rougemont
l'Isle-s le-Doubs
Mandeure
Huanne-Montmartin
A 36
Romary
St-Hippolyte
Glère
SUISSE
12
Doubs
BESANÇON
Maîche
Doubs
DOUBS

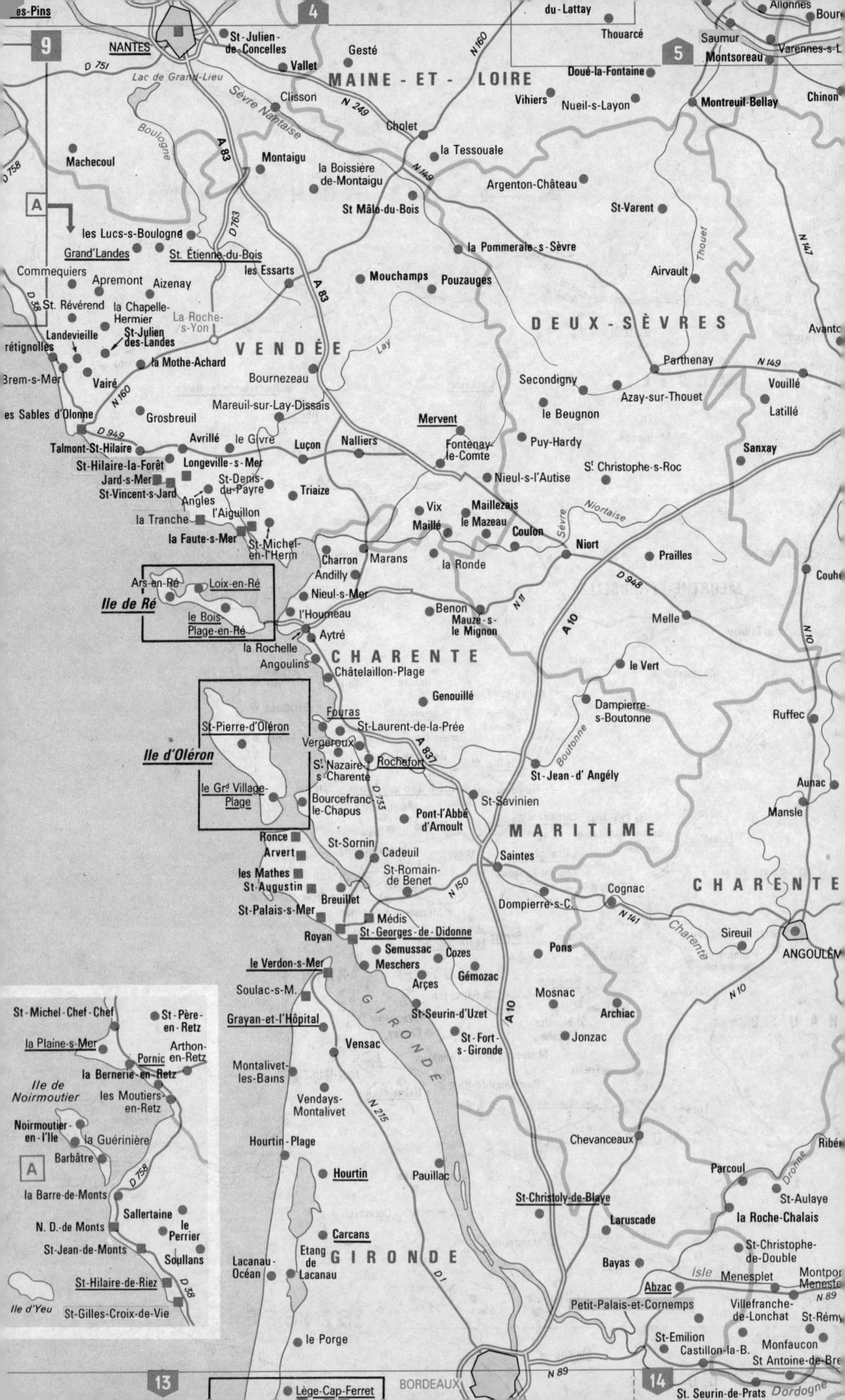

es-Pins
4
du-Lattay
Allonnes
Bourg
9
NANTES
St-Julien-de-Concelles
Thouarcé
Saumur
Varennes-s-L
5
Montsoreau
D 751
Lac de Grand-Lieu
Vallet
Gesté
N 160
MAINE - ET - LOIRE
Doué-la-Fontaine
Sèvre Nantaise
Clisson
N 249
Vihiers
Nueil-s-Layon
Montreuil-Bellay
Chinon
Boulogne
Cholet
A 83
la Tessoualle
Machecoul
Montaigu
la Boissière de-Montaigu
N 149
Argenton-Château
D 758
A
St Mâlo-du-Bois
St-Varent
D 763
les Lucs-s-Boulogne
Grand'Landes
St. Étienne-du-Bois
la Pommeraie-s-Sèvre
N 147
Thouet
les Essarts
Commequiers
Apremont
Aizenay
Mouchamps
Pouzauges
Airvault
A 83
D 38
St. Révérend
la Chapelle-Hermier
La Roche-s-Yon
DEUX-SÈVRES
Avanton
Landevieille
St-Julien des-Landes
Lay
VENDÉE
Parthenay
rétignolles
la Mothe-Achard
N 149
Brem-s-Mer
Vairé
Bournezeau
Secondigny
Vouillé
N 160
Azay-sur-Thouet
Mareuil-sur-Lay-Dissais
Mervent
Latillé
es Sables d'Olonne
Grosbreuil
le Beugnon
D 949
Avrillé
le Givre
Luçon
Nalliers
Fontenay-le-Comte
Puy-Hardy
Talmont-St-Hilaire
Sanxay
St-Hilaire-la-Forêt
Longeville-s-Mer
St Christophe-s-Roc
Jard-s-Mer
St-Denis-du-Payre
Nieul-s-l'Autise
St-Vincent-s-Jard
Triaize
Angles
Vix
Maillezais
Niortaise
la Tranche
l'Aiguillon
Maillé
le Mazeau
Sèvre
Coulon
la Faute-s-Mer
St-Michel-en-l'Herm
Niort
Prailles
Charron
Marans
la Ronde
Couhé
Ars-en-Ré
Loix-en-Ré
Andilly
D 948
Ile de Ré
Nieul-s-Mer
N 11
le Bois Plage-en-Ré
l'Houmeau
Benon
Mauzé-s-le Mignon
Melle
A 10
Aytré
N 10
la Rochelle
CHARENTE
Angoulins
le Vert
Châtelaillon-Plage
Genouillé
Dampierre-s-Boutonne
Fouras
Ruffec
St-Pierre-d'Oléron
St-Laurent-de-la-Prée
Vergeroux
A 837
Boutonne
Ile d'Oléron
St Nazaire-s-Charente
Rochefort
St-Jean-d'Angély
Aunac
le Grd Village-Plage
D 733
St-Savinien
Bourcefranc-le-Chapus
Pont-l'Abbé d'Arnoult
Mansle
MARITIME
Ronce
St-Sornin
Arvert
Cadeuil
Saintes
les Mathes
St-Romain-de Benet
St-Augustin
N 150
Cognac
CHARENTE
Breuillet
Dompierre-s-C.
N 141
St-Palais-s-Mer
Médis
Charente
Sireuil
Royan
St-Georges-de-Didonne
ANGOULÊM
Semussac
Cozes
Pons
le Verdon-s-Mer
Meschers
Gémozac
N 10
Arçes
Soulac-s-M.
Mosnac
GIRONDE
St-Michel-Chef-Chef
St-Père-en-Retz
St-Seurin-d'Uzet
A 10
Archiac
Grayan-et-l'Hôpital
la Plaine-s-Mer
Arthon-en-Retz
St-Fort-s-Gironde
Jonzac
Vensac
Pornic
la Bernerie-en-Retz
Ile de Noirmoutier
Montalivet-les-Bains
les Moutiers-en-Retz
Vendays-Montalivet
N 215
Noirmoutier-en-l'Ile
la Guérinière
Chevanceaux
Hourtin-Plage
Ribér
Barbâtre
A
D 758
Hourtin
Pauillac
Parcoul
Dronne
la Barre-de-Monts
Sallertaine
St-Christoly-de-Blaye
St-Aulaye
le Perrier
La Roche-Chalais
N. D.-de Monts
Laruscade
Carcans
St-Jean-de-Monts
Soullans
St-Christophe-de-Double
Etang de Lacanau
GIRONDE
Lacanau-Océan
Bayas
St-Hilaire-de-Riez
Isle
Menesplet
Montpon Meneste
D 38
D1
Abzac
N 89
Ile d'Yeu
St-Gilles-Croix-de-Vie
Petit-Palais-et-Cornemps
Villefranche-de-Lonchat
St-Rémy
St-Emilion
Monfaucon
le Porge
Castillon-la-B.
St Antoine-de-Bre
13
BORDEAUX
N 89
14
Lège-Cap-Ferret
St. Seurin-de-Prats
Dordogne

Azay-le-Rideau
Ballan-Miré
Véretz
Bléré
Chisseaux
Chémery
Pruniers-en-Sologne
Henrichemont
Montbazon
Veigné
Indre
N 143
5
N 76
Mareuil-s-Cher
St Aignan
Mennetou
Châtres-s-Cher
6
10
Vienne
Trogues
Ste-Catherine-de-Fierbois
Loches
Chemillé-s-Indrois
Valençay
Vierzon
CHER
l'Ile-Bouchard
INDRE-ET-LOIRE
Luçay-le-Mâle
Auron
Ste-Maure-de-Touraine
BOURGES
Marcilly-s-Vienne
Richelieu
Châtillon-s-Indre
Descartes
A 20
N 76
Abilly
Issoudun
Dangé-St-Romain
Arpheuilles
INDRE
Barrou
N 143
N 151
Cher
Ingrandes
Preuilly-s-Claise
Buzançais
Châtellerault
Arnon
la Roche-Posay
Yzeures-s-Creuse
Mézières-en-Brenne
Vendœuvres
Châteauroux
Vouneuil-s-Vienne
Rosnay
Migné
N 151
St-Amand-Montrond
St-Pierre-de-Maillé
St Gaultier
Ruffec
Bonnes
le Blanc
le Pont-Chrétien-Chabenet
Indre
POITIERS
Creuse
la Châtre
Châteaumeillant
N 151
St-Savin
Argenton-s-Creuse
la Motte-Feuilly
Chaillac
Eguzon
N 20
VIENNE
Montmorillon
Fougères
Crozant
Boussac-Bourg
Treignat
Montluçon
N 147
St-Sulpice-les-Feuilles
la Celle-Dunoise
Châtelus-Malvaleix
Dun-le-Palestel
Clain
le Bourg-d'Hem
A 20
la Souterraine
Anzême
Gartempe
Bussière-Dunoise
N 145
Chambon-s-Voueize
N 145
St-Vaury
Morterolles-s-Semme
Guéret
Evaux-les-Bains
Availles-Limouzine
Bellac
Châteauponsac
Bessines-s-Gartempe
Chénérailles
HAUTE-VIENNE
CREUSE
Laurière
St-Pardoux
Razès
D 948
Compreignac
A 20
Taurion
N 141
St. Laurent-les-Églises
Bourganeuf
N 141
St-Martin-Terressus
Felletin
Cognac la-Forêt
Vienne
St-Léonard-de-Noblat
Royère-de-Vassivière
LIMOGES
Peyrat-le-Chau
Bujaleuf
Aixe-s-Vienne
11
le Lindois
Beaumont-du-Lac
N 20
Châteauneuf-la-Forêt
Vienne
Eymoutiers
Montbron
N 21
Nexon
Tarnac
Magnac-Bourg
St-Hilaire-les-Places
St-Germain-les-Belles
Bussière-Galant
A 20
Viam
Abjat-s-Bandiat
Meuzac
Chamberet
Singles
Nontron
St-Yrieix-la-Perche
Meymac
Ussel
St-Saud-Lacoussière
Coussac-Bonneval
Masseret
Treignac
Vézère
Mareuil
St. Jory-de-Chalais
Corrèze
N 89
Labessette
Saint Pardoux Corbier
Dronne
D 939
Thiviers
Angoisse
Uzerche
CORRÈZE
Verteillac
Isle
Auvézère
Bort-les-Orgues
Brantôme
St-Salvadour
Neuvic
St-Sornin-Lavolps
Vigeois
Seilhac
Corrèze
Valeuil
Madic
N 20
St-Pantaléon-de-Lapleau
Saignes
Tourtoirac
Hautefort
D 922
Jaleyrac
Tocane-St-Apre
Antonne-et-Trigonant
Tulle
Soursac
Marcillac-la-Croisille
Trizac
Donzenac
le Change
Peyrignac
Mauriac
St-Astier
Périgueux
A 20
Terrasson-la-Villedieu
Auriac
Thenon
Aubazine
Salers
Neuvic
N 89
Brive-la-Gaillarde
St-Martin-Valmeroux
N 21
Fossemagne
Dordogne
Beynat
Pleaux
Coly
Maison-Jeannette
Lissac-s-Couze
Argentat
Fontanges
DORDOGNE
B
St-Martin-Cantalès
Villambard
Camps
N 120
Arnac
Beaulieu
Jussac
Pont-St-Mamet
Vézère
Girac
St-Gérons
Comiac
Lapacelle-Viescamp
Aurillac
Puybrun
N 20
Sarlat-la-Canéda
14
Tauriac
Bretenoux
Calviac
Bergerac
Lalinde
Dordogne
Pers
Arpajon-s-Cère
Mouleydier
13
Loubressac
St-Céré
15
Couze-et-St-Front

11
6
7
10
15
16
NIÈVRE
CHER
ALLIER
CÔTE-
SAÔNE-ET-LOIRE
RHÔNE
PUY-DE-DÔME
LOIRE
CANTAL
HAUTE LOIRE
ARDÈCH
LOIRE
Saulieu
St-Martin-de-la-Mer
Pouilly-en-Auxois
Vandenesse-en-Auxois
A 38
A 6
Prémery
Crux-la-Ville
Bazolles
Montigny-en-Morvan
les Settons
Corancy
Anost
Arnay-le-Duc
N 151
Pougues-les-Eaux
Château-Chinon
St. Péreuse
Nevers
D 978
Moulins-Engilbert
N 81
Epinac
Beaune
Meursault
Nolay
Santenay
Chagny
Autun
N 80
la Guerche-s-l'Aubois
St-Honoré-les-Bains
Couches
N 76
la Nocle-Maulaix
Luzy
Arroux
N 80
Dornes
Loire
Issy-l'Eveque
Toulon-s-Arroux
N 7
Isle-et-Bardais
Braize
Couleuvre
St Bonnet-Tronçais
Bourbon-Lancy
Gueugnon
Laives
Allier
Moulins
Salornay-s-Guye
N 70
Vallon-en-Sully
Bourbon-l' Archambault
Dompierre-s-Besbre
N 79
Pierrefitte-s-Loire
Digoin
Paray-le-Monial
Volesvres
St-Bonnet-de-Joux
Cluny
Grosne
Vieure
Charolles
N 79
Châtel-de-Neuvre
Dompierre-les-Ormes
Gibles
Matour
Sazeret
le Donjon
N 145
St-Pourçain-s-Sioule
Varennes-s-Allier
A 71
la Clayette
Chambilly
Paray-s/s-Briailles
Néris-les Bains
N 9
Lapeyrouse
Lapalisse
Loire
Crêches-s-Saône
Chauffailles
Propières
Sioule
Besbre
la Pacaudière
Charlieu
Louroux-de-Bouble
N 144
Jenzat
Belmont-de-la-Loire
Fleurie
St-Eloy-les-Mines
Vichy
Arfeuilles
Pouilly-s/s-Charlieu
Poule-les-Echarmeaux
Chouvigny
Pont de Menat
St-Gal-s-Sioule
St-Yorre
le Mayet-de-Montagne
Roanne
Messimy-s-Saône
Blot-l'Eglise
Ferrières-s-Sichon
Cublize
St-Gervais-d'A
Mariol
Châteauneuf-les-Bains
N 7
Villefranche-s-Saône
St-Priest-des-Champs
Loubeyrat
Anse
St-Rémy-s-Durolle
Cordelle
les Ancizes-Comps
St-Georges-de-Mons
Châtelguyon
St-Paul-de-Vézelin
Miremont
St-Jodard
St-Jacques-d'Ambur
Pontaumur
Thiers
A 89
Balbigny
Bromont-Lamothe
Pontgibaud
CLERMONT-FERRAND
A 72
Noirétable
Bessenay
N 82
D 941B
Royat
Cournon-d'Auvergne
A 72
N 7
Courpière
Feurs
Nebouzat
Rochefort-Montagne
Ceyrat
Billom
Orcival
Orcet
Chalmazel
St-Symphorien-s-Coise
Perpezat
Mornant
Lac d'Aydat
les Martres-de-Veyre
Montaigut-le-Blanc
Montbrison
Ste-Catherine
la Bourboule
St-Nectaire
St-Amant-Roche-Savine
St-Galmier
Tauves
Murol
Dore
Ambert
le Mont-Dore
Clémensat
St. Anthème
Bagnols
Lac Chambon
Sauxillanges
A 47
la Tour-d'Auvergne
Issoire
St-Clément-de-Valorgue
Loire
Condrieu
D 906
St-Donat
Viverols
St Clair-du-Rhô
Picherande
St-Germain-l'Herm
Sauvessanges
ST-ETIENNE
Pélussin
Lanobre
A 75
Champs-s-Tarentaine
St-Genest-Malifaux
St-Pierre-de-Boeuf
St-Amandin
Auzon
Aurec-s-Loire
Félines
Champagnac-le-Vieux
St-Pal-de-Chalencon
St-Didier-en-Velay
Bourg-Argental
la Chaise-Dieu
Andan
Riom-ès-Montagnes
Monistrol-s-Loire
St-Sauveur-en-Rue
Brioude
Sembadel-Gare
Annonay
Massiac
Ste-Sigolène
N 88
N 122
N 102
Vorey
Eclassa
Satillieu
Ferrières-St-Mary
Alagnon
Céaux-d'Allègre
Allier
St-Paulien
Lalouvesc
Langeac
le Chambon-s-Lignon
St-Jacques-des-Blats
A 75
Pinols
le Puy-en-Velay
Thiézac
St-Flour
St-Privat-d'Allier
St-Julien-Chapteuil
Mazet-St-Voy
St-Agrève
Vic-s-Cère
Monistrol-d'Allier
Vernoux-en-Vivarais
Jou-sous-Monjou
Neuvéglise
Truyère
le Monastier-s-Gazeille
Faverolles
Saugues
Alleyras
N 88
Eyrieux
le Cheylard
Cère
St-Just
St-Laurent-du-Pa
Thérondels
Chaudes-Aigues
Loire
Issarlès (lac d')
Marcols-
St-Sauveur-

Dijon
Besançon
Doubs
DOUBS
7
8
12
Maîche
A 39
A 36
le Russey
N 57
D'OR
Saône
Nenon
Ornans
Morteau
D 437
A 31
Dole
N 83
Vuillafans
Prémeaux-Prissey
Parcey
Arc-et-Senans
Loue
Ounans
Levier
Doubs
Arbois
Salins-les-Bains
Pontarlier
Lac de Neuchâtel
St-Point-Lac
N 73
Mervans
Labergement-Ste-Marie
Malbuisson
Châlon-s-Saône
JURA
Longevilles-Mont-d'Or
les Hôpitaux-Neufs
D 978
St-Germain-du-Bois
Pont-du-Navoy
Champagnole
Monnet-la-Ville
Marigny
Chaux-des-Crotenay
Gigny-s-Saône
Lons-le-Saunier
N 78
Blye
Doucier
Foncine-le-Haut
Seille
Louhans
Bonlieu
Lac des-Rouges-Truites
SUISSE
Pont-de-Poitte
Tournus
A 39
Clairvaux-les-Lacs
St-Laurent-en-Grandvaux
N 83
la Tour-du-Meix
Maisod
Lac Léman
Amphion-les-B.
Lugrin
Mantenay-Montlin
St-Claude
Maxilly-s-Léman
Divonne-les-Bains
Excenevex
Champanges
Saône
Chancia
Gex
Sciez
Montrevel-en-Bresse
Valserine
la Baume
Rhône
Ain
N 5
Mâcon
A 40
St-Jean-d'Aulps
Châtel
Cormoranche-s-Saône
Chavannes-s-Suran
Morzine
Champfromier
Genève
HTE-SAVOIE
les Gets
Bourg-en-Bresse
Hautecourt
Châtillon-s-Chalaronne
A 40
Arve
Taninges
Verchaix
Samoëns
A 40
Neydens
St-Paul-de-Varax
Poncin
Présilly
A 40
Sixt-Fer-à-Cheval
Vallorcine
Ars-Formans
Dompierre-s-Veyle
Contamine-Sarzin
le Petit-Bornand-les-Glières
Chêne-en-Semine
AIN
le Reposoir
Argentière
Choisy
Champdor
Seyssel
le Grand-Bornand
Servoz
Ambérieux-en-Dombes
Villars-les-Dombes
la Balme-de-Sillingy
Chamonix
Ain
N 504
Sallanches
Fier
la Clusaz
Artemare
Megève
St-Gervais-les-Bains
Culoz
Rumilly
Thônes
N 83
A 46
A 42
Virieu-le-Grand
Lac d'Annecy
Praz-s-Arly
Ruffieux
Chindrieux
A 41
les Contamines-Montjoie
Nièvroz
Chanaz
Serrières-de-Briord
Albens
St-Ferréol
Cusy
Montalieu-Vercieu
Massignieu-de-Rives
Queige
Lyon
Rhône
Beaufort
Marthod
Grésy-s-Aix
Lescheraines
Albertville
la Rosière de Montvalezan
Trept
N 75
Aix-les-Bains
le Châtelard
Bourg-St-Maurice
Séez
A 43
Murs-et-Gélignieux
Aillon-le-Jeune
les Avenières
la Bâthie
A 46
Lac d'Aiguebelette
Chambéry
St-Pierre d'Albigny
Landry
N 90
Aime
A 43
Isère
Vienne
Challes-les-Eaux
Peisey-Nancroix
Meyrieu-les-Etangs
les Abrets
Montmélian
A 43
les Marches
Arc
Val d'Isère
A 48
la Rochette
les Allues
St-Jean-de-C.
Prim
Entre Deux-Guiers
Entremont-le-Vieux
Pralognan-la-Vanoise
St Laurent-du-Pont
Vernioz
Allevard
SAVOIE
Faramans
St-Etienne-de-Crossey
Termignon
Lanslebourg-Mont-Cenis
ISÈRE
Sollières-Sardières
Lanslevillard
St-Pierre-de-Chartreuse
Chanas
Theys
Lens-Lestang
N 6
Albon
Roybon
Isère
Aussois
Châteauneuf-de-Galaure
Villarembert
N 6
Modane
A 49
A 41
St-Vallier
Grenoble
St-Martin-d'Uriage
Charmes-s-l'Herbasse
Montrigaud
Autrans
St-Donat-s-Herbasse
Malleval
Allemont
Valloire
Méaudre
Lans-en-Vercors
ITALIA
Romanche
A 7
Vizille
Romans-s-Isère
Eymeux
Choranche
le Freney-d'Oisans
la Grave
Tain-l'Hermitage
Villard-de-Lans
le Bourg-d'Oisans
Bourg-de-Péage
St-Nazaire-en-Royans
St-Théoffrey
Névache
St-Jean-en-Royans
St-Martin-en-Vercors
les Deux-Alpes
Muzols
Petichet
le Bourg-d'Arud
Monestier-de-Clermont
N 85
Barbières
la Salle-en-Beaumont
St-Christophe-en-Oisans
Vassieux-en-Vercors
St-Laurent-en-Beaumont
Vallouise
Briançon
Chabeuil
Gresse-en-V.
St-Maurice-en-Valgaudemar
Puy-St-Vincent
DRÔME
16
St-Martin-de-Clelles
Drac
Villar-Loubière
17
l'Argentière-la-Bessée
Abriès
Vauchastel

13
9
Lège-Cap-Ferret
Claouey
Bassin d'Arcachon
Arcachon
Lanton
Lacanau-Mios
Le Teich
A 63
A 62
GARONNE
Cazaux
Salles
GIRONDE
Sanguinet
Biscarrosse
Parentis-en-Born
Gastes
Pissos
Sore
Ste-Eulalie-en-Born
Pontenx-les-Forges
Aureilhan
St-Paul-en-Born
Mimizan
Bias
Eyre
Contis-Plage
Mézos
Onesse-et-Laharie
Labrit
St-Julien-en-Born
Lit-et-Mixe
Roquefort
Lesperon
N 10
N 134
Douze
Sarbazan
Linxe
Vielle
St-Michel-Escalus
LANDES
St-Just
Mont-de-Marsan
Midou
Léon
Moliets-Plage
Midouze
Messanges
Azur
Vieux-Boucau-les-Bains
N 124
Soustons
Louer
Adour
Golfe de Gascogne
Seignosse
St-Sever
Aire-s-l'Adour
Hossegor
Dax
Capbreton
Rivière-Saas-et-Gourby
Barcelonne-du-G
Labenne-Océan
A 63
Bélus
Hagetmau
St-André-de-Seignanx
Ondres
Amou
Sorde-l'Abbaye
Habas
Bayonne
St Martin-de-Seignanx
Biarritz
Adour
Orthez
Bidart
Arthez-de-Béarn
Salies-de-Béarn
St-Jean-de-Luz
Nive
Sauveterre-de-Béarn
A 64
Urrugne
St-Pée-s-Nivelle
Hasparren
Hendaye
Ascain
Cambo-les-Bains
Gave d'Oloron
Gave de Pau
Souraïde
Hélette
Navarrenx
DONOSTIA / S. SEBASTIAN
Sare
Itxassou
Ainhoa
Rio Bidasoa
Ossès
Iholdy
PAU
PYRÉNÉES
Mauléon-Licharre
Lasseube
St-Etienne-de-Baigorry
Bunus
N 134
St-Jean-Pied-de-Port
Oloron-Ste-Marie
ATLANTIQUES
Gurmençon
Gave d'Ossau
Bruges
Arette
Izeste
Louvie-Juzon
Gave d'Aspe
Bedous
Laruns
Arrens Mars
Gourette
Lescun
Estaing
N 134
Urdos
Rouffignac
Thonac
Meyssac
Plazac
Vézère
la Chapelle-Aubareil
Chauffour-s-Vell
St-Léon-s-Vézère
St-Geniès
Tamniès
Salignac-Eyvigues
les Quatre-Routes
St Avit-de-Vialard
St-Crépin-et-Carlucet
St Cirq
les Eyzies
Marcillac-St-Quentin
N 20
N 140
Martel
Vayrac
le Bugue
Campagne
Sarlat-la-Canéda
Peyrillac
Souillac
Dordogne
Limeuil
St-Cyprien
Cazoulès
Creysse
Miers
Alles S.D.
Coux-et-Bigaroque
La Roque-Gageac
Padirac
Badefols-s-D.
Beynac
Vézac
Carsac
Thégra
le Buisson
St-Vincent-de-C.
St-Julien-de-Lampon
Lacave
Molières
Siorac
Vitrac
Cénac
Rocamadour
Alvignac
Cadouin
Monplaisant
Castelnaud-la-C.
Groléjac
Loupiac
Payrac
Belvès
St-Martial-de-N.
Carlucet
Gramat
Veyrines-de-D.
St Cybranet
Nabirat
le Vigan
Daglan
DORDOGNE
Gourdon
LOT
Monpazier
Concorès
Frayssinet
B

9
10
13
14
15
B
LOT-ET-GARONNE
TARN - ET - GARONNE
LOT
GERS
TARN
HAUTE-GARONNE
HAUTES-PYRÉNÉES
ARIÈGE
ESPAÑA
Principauté d'Andorre
St. Seurin-de-Prats
Sauveterre-de-Guyenne
la Réole
St-Sernin
Sigoulès
Eymet
Miramont-de-Guyenne
Sérignac-Péboudou
Mouleydier
Couze-et-St-Front
Castillonnès
Villeréal
Parranquet
Lougratte
Sauveterre-la-Lémance
Biron
Cuzorn
Salles
Fumel
Cazals
Goujounac
Cassagnes
Montcabrier
St-Germain-du-Bel-Air
St-Pierre-Lafeuille
Loubressac
Leyme
Issendolus
Figeac
St-Sulpice
Brengues
Marcilhac-s-Célé
Montbrun
Vers
Larnagol
Cajarc
St-Cirq-Lapopie
Limogne-en-Quercy
Villefra
Touzac
Puy-l'Evêque
Crayssac
Anglars Juillac
Cahors
Tournon-d'Agenais
Courbiac
St-Sylvestre-s-Lot
Tonneins
Villefranche-du-Queyran
Casteljaloux
Damazan
Penne-d'Agenais
St Pantaléon
Beauville
Touffailles
Castelnau-Montratier
Lalbenque
Montpezat-de-Quercy
Cayriech
Caylus
Najac
Agen
Puymirol
Lafrançaise
Caussade
St-Antonin-Noble-Val
Laguépi
Gabarret
St-Nicolas-de-la-Grave
Nègrepelisse
Cordes
Condom
Lectoure
Lavit
Cahuzac-s-Vè
Castelnau-de-M Rivières
Cazaubon
Estang
St Sardos
Gaillac
Beaumont-de-Lomagne
Rabastens
Cézan
Montfort
Mirepoix
Giroussens
Thoux
Riscle
Montesquiou
TOULOUSE
Damiatte
Pouylebon
Mirande
Caraman
Miélan
Masseube
Revel
St-Ferréo
Nailloux
Avignonet-Lauragais
Belflou
TARBES
Boulogne-s-Gesse
Mazères
Aurignac
Cazères
Cahuzac
Orincles
Lourdes
Capvern-les-Bs
St-Martory
Martres-Tolosane
Durfort
Pamiers
Artigat
Bagnères-de-Bigorre
Mane
St Bertrand-de-C.
Rieux-de-Pelleport
Argelès-Gazost
Hèches
Mauvezin-de-Prat
la Bastide-de-Sérou
Aspet
St-Girons
Aigues-Vives
Léran
Ste-Marie-de-Campan
Cos
Foix
Augirein
Villefort
Luz-St-Sauveur
Lavelanet
Oust
Vielle-Aure
Gouaux
Vignec
Bourisp
Seix
Ornolac
Tarascon-s-Ariège
Ussat-les-Bains
Verdun
Aragnouet
St-Lary-Soulan
Loudenvielle
Bagnères-de-Luchon
le Trein-d'Ustou
Aston
Albiès
Belca
Gèdre
Camura
Gavarnie
Aulus-les-Bains
Vicdessos
Sorgeat
Ax-les-Thermes
Merens-les-Vals
la Massana
Villeneuve-des-Escaldes
Bourg-Madame
Dordogne
Garonne
Lot
Gers
Baïse
Douze
Midou
Adour
Save
Baïse Darré
Neste
Gave de Pau
Ariège
Tarn
Aveyron
Agout
D 936
N 21
N 140
D 911
N 20
D 933
A 62
D 926
A 20
A 68
N 124
N 126
A 64
A 61
D 935
D 117

15
10
11
14
CANTAL
LOT
LOZÈRE
AVEYRON
TARN
GARONNE
HÉRAULT
AUDE
ARIÈGE
PYRÉNÉES
ORIENTALES
Principauté
d'Andorre
Golfe
Leyme
Senaillac-
Latronquière
St-Mamet-
la-Salvetat
Chaudes-Aigues
Grandrieu
St-Alban-s-Limagnole
St-Symphorien-de-Thénières
Issendolus
Lacapelle-Marival
Maurs
Cassaniouze
Montsalvy
Pons
Laguiole
Nasbinals
Serverette
Bagnac-s-Célé
le Fel
St-Constant
St-Amans-des-Cots
Laubert
St-Sulpice
Figeac
Conques
Entraygues-s-Truyère
le Nayrac
Marvejols
arcilhac-s-Célé
Brengues
Decazeville
Sénergues
Golinhac
Mende
Montbrun
Capdenac-Gare
St-Geniez-
d'Olt
St-Germain-
du-Teil
St-Bauzile
Vers
Larnagol
Cajarc
Aubin
Marcillac-Vallon
St-Cirq-Lapopie
Rignac
Canilhac
Ste-Enimie
Ispagnac
Limogne-en-Quercy
Villefranche-de-Rouergue
Rodez
Séverac-
l'Eglise
Florac
Lalbenque
Pont-
de-Salars
Recoules-
Prévinquières
les Vignes
ntpezat-de-Quercy
Canet-de-Salars
Cayriech
Caylus
Najac
Naucelle
Mostuéjouls
le Rozier
Meyrueis
St-Antonin-Noble-Val
Mirandol-
Bourgnounac
Arvieu
Rivière-s-Tarn
Laguépie
Salles-
Curan
Les Plantiers
Pampelonne
Alrance
Millau
Lanuéjols
grepelisse
Cordes
le Truel
Valleraugue
St-Rome-de-Tarn
Nant
Cahuzac-s-Vère
le Vigan
Castelnau-de-Montmiral
Rivières
Ganges
Gaillac
ALBI
Rabastens
Teillet
Belmont-s-Rance
Brissac
St-Martin-
de-Londres
Réalmont
Brusque
Giroussens
St Pierre-de-Trivisy
Lodève
Nages
St-André-
de-Sangonis
Servies
Roquecourbe
Gignac
Damiatte
Brassac
Castres
Rouquié
Lamalou-
les-Bains
Clermont-l'Hérault
Canet
le Bez
la Salvetat
s-Agout
le Pouget
Anglès
Caraman
Laurens
Adissan
Mazamet
Labastide-
Rouairoux
Revel
Sorèze
Albine
Pézenas
Bouzigues
St-Ferréol
St. Pons-
de-Thomières
Loupian
Mèze
Balaruc
Mas-Cabardès
Avignonet-
Lauragais
Saissac
Creissan
Villeneuve-les-B.
BÉZIERS
Marseillan
Plage
Brousses-et-Villaret
Vias
Agde
Belflou
Villepinte
Mirepeisset
Sauvian
Sérignan
Portiragnes-Plage
Villemoustaussou
Sallèles-d'Aude
Mazères
Pennautier
Lézignan-
Corbières
Valras-Plage
Cahuzac
Carcassonne
Trèbes
Narbonne
Montclar
Pamiers
Lagrasse
Aigues-Vives
Léran
Sigean
Foix
Villefort
Puivert
Rennes-les-Bains
Lavelanet
Nébias
Campagne-s-Aude
Ornolac
Ussat-les-Bains
Quillan
Tautavel
Verdun
Belcaire
Aston
Albiès
Camurac
Axat
le Barcarès
Rivesaltes
Sorgeat
Torreilles-Plage
Sournia
dessos
Ax-les-Thermes
Néfiach
PERPIGNAN
Ste-Marie
le Pla
Canet-Plage
Merens-les-Vals
Molitg-les-Bains
Ria-Sirach
Villeneuve-de-la-Raho
St-Cyprien
Elne
Prades
Palau-
del-Vidre
Argelès-s-Mer
Matemale
St-Genis-
des-Fontaines
Villeneuve-
des-Escaldes
Vernet-les-Bains
Collioure
Egat
Fuilla
le Boulou
Sorède
St-Jean-Pla-de-Corts
Céret
Laroque-des-Albères
Amélie-
les-Bains-Palalda
Villelongue
Saillagouse
Maureillas-
las-Illas
Bourg-Madame
Err
Arles-s-Tech
St-Laurent-de-Cerdans
N 140
N 122
D 922
D 911
D 926
N 88
N 112
N 126
N 9
N 106
N 20
A 75
A 68
A 61
A 9
D 117
Lot
Truyère
Aveyron
Viaur
Tarn
Agout
Orb
Hérault
Ariège
Aude
Agly
Têt
Tech

11
12
16
17
DRÔME
ARDÈCHE
GARD
VAUCLUSE
BOUCHES-DU-RHÔNE
HTES ALPES
C
Issarlès
Marcols-les-Eaux
St-Sauveur-de-M.
les Ollières-s-Eyrieux
St-Fortunat-s-Eyrieux
St-Martin-de-Clelles
Lalley
Vercheny
Die
Menglon
Mirabel-et-Blacons
Recoubeau-Jansac
Miscon
St-Etienne-en-Dévoluy
Lus-la-Croix-Haute
Naussac
Rocles
Aubenas
Bourdeaux
le Poët-Laval
St-Nazaire-le-Désert
la Motte-Chalancon
Veynes
Dieulefit
Grignan
St-Férréol-Trente-Pas
Sahune
Serres
Valréas
Nyons
Visan
Vinsobres
Eygues
Pont-de-Montvert
Tulette
Orpierre
Buis-les-Baronnies
Barret-le-Bas
Pierrelongue
Vaison-la-Romaine
Lachau
Sisteron
Violès
Beaumont-du-Ventoux
les Fumades
Bagnols-s-Cèze
Orange
Beaumes-de-Venise
Alès
Connaux
Jonquières
Bédoin
Sault
Aubignan
Carpentras
Caromb
Mazan
Villes-s-Auzon
Anduze
St-Jean-de-Ceyrargues
Uzès
Monteux
Malemort-du-Comtat
Forcalquier
Remoulins
Villeneuve-les-A.
Vedène
St-Hippolyte-du-Fort
Collias
Domazan
Avignon
le Thor
Murs
Niozelles
Sauve
Pont-du-Gard
Roussillon
L'Isle-s-la Sorgue
Crespian
Châteaurenard
Apt
Volx
Manosque
Souvignargues
Vallabrègues
Graveson
NÎMES
Bonnieux
Ste-Tulle
Tarascon
St-Rémy-de-Provence
Cucuron
Beaucaire
Junas
St-Etienne-du Grès
Cadenet
la Tour d'Aigues
Gréoux-les-Bains
Ballargues-le-M.
Maussane-les-Alpilles
Lunel
Vauvert
Fontvieille
Mouriès
la Roque-d'Anthéron
Durance
St-Laurent-d'Aigouze
Arles
MONTPELLIER
Carnon-Plage
la Grande-Motte
Aigues Mortes
Palavas
le Grau-du-Roi
Aix-en-Provence
Vic-la-Gardiole
Peynier
St-Maximin-la-Ste-Baume
Frontignan-Plage
Stes-Maries-de-la-Mer
Nans-les-Pins
Lion
la Couronne
MARSEILLE
Gémenos
le Camp-du-Castellet
Ceyreste
la Ciotat
St-Cyr-s-Mer
Bandol
Sanary
la Seyne-s-Mer
Six-Fours-les-Plages
Château-Arnoux
Saint-Auban
Peyruis
RHÔNE
St-Cirgues-en-Montagne
Privas
St-Julien-en-St-Alban
Lavillatte
Montpezat-s/s-Bauzon
Asperjoc
Meyras
Darbres
St-Lager-Bressac
Cruas
Ucel
St. Étienne-de-Lugdarès
St-Vincent-de-Barrès
Joannas
Vogüé
Chassiers
Sablières
St-Thomé
Châteauneuf-du-Rhône
St-Maurice-d'Ardèche
Viviers
Vallée de l'Ardèche
Malarce-s-la-Thines
Joyeuse
Lablachère
Rosieres
Labeaume
Payzac
Villefort
Casteljau
Grospierres
Les Mazes
Bourg-St-Andéol
Les Vans
Maison-Neuve
Berrias et Casteljau
St-Paul-Trois-Châteaux
Génolhac
Malbosc
Bessas
St-Sauveur-de-Cruzières
Chambon
Bessèges
Chamborigaud
St-Ambroix
St-Jean-de-Maruéjols
St-André-de-Roquepertuis
Bollène
le Martinet
Mondragon
St Victor-de-Malcap
Pont-St-Esprit
Boisson
Goudargues
Mornas

ITALIA
HTES ALPES
ALPES-DE-HTE-PROVENCE
ALPES MMES
VAR
HAUTE-CORSE
CORSE DU SUD
17
12
16
Lalley
St-Firmin
Freissinières
la Bessée
Château-Queyras
la Roche-de-Rame
Ceillac
St-Bonnet-en-Champsaur
St-Etienne-en-Dévoluy
Lus-la-Croix-Haute
Poligny
Orcières
Réotier
Guillestre
St-Jean-St-Nicolas
St-Clément-s-Durance
Réallon
Ancelle
St-Apollinaire
Embrun
St-Paul
la Roche-des-Arnauds
Gap
Chorges
Savines-le-Lac
Veynes
Espinasses
Larche
St-Vincent-les-Forts
Serres
Col St-Jean
Barcelonnette
Seyne
le Vernet
Orpierre
Barret-le-Bas
Lachau
Villars-Colmars
Entraunes
Sisteron
St-Martin-d'Entraunes
St-Sauveur-s-Tinée
Volonne
Guillaumes
Château-Arnoux
Digne-les-Bains
Saint-Auban
Roquebillière
Peyruis
St-André-les-Alpes
Lantosque
les Mées
Mézel
Puget-Théniers
Breil-s-Roya
Forcalquier
Puimichel
Barrême
Moriez
Niozelles
Sospel
St-Julien-du-V.
Gilette
Moustiers-Ste-Marie
Castellane
Manosque
Volx
Ste-Croix-de-Verdon
Ste-Tulle
Esparron-de-Verdon
Vence
les Salles
Montpezat
Gréoux-les-Bains
le Bar-s-L.
Vinon-s-Verdon
St-Laurent-du-Verdon
la Colle-s-Loup
Artignosc-s-Verdon
NICE
Comps-s-Artuby
Cagnes-s-Mer
Villeneuve-Loubet
Régusse
Auribeau-s-S
Fayence
Aups
Antibes
Pégomas
Callas
Mandelieu-la-Napoule
Sillans-la-Cascade
Villecroze
Salernes
St-Paul-en-Forêt
CANNES
les Adrets-de-l'Esterel
Provence
le Muy
Fréjus
Agay
St-Maximin-la-Ste-Baume
Roquebrune-s-Argens
Vidauban
St-Raphaël
Puget-s-Argens
St-Aygulf
Nans-les-Pins
Gémenos
Grimaud
Signes
le Camp-du-Castellet
Belgentier
la Croix-Valmer
Ramatuelle
Cavalaire-s-M.
la Cadière-d'Azur
Bormes-les-Mimosas
St-Cyr-s-Mer
Bandol
TOULON
Hyères
le Lavandou
Sanary
le Pradet
la Londe-les-Maures
la Seyne-s-Mer
Carqueiranne
Six-Fours-les-Plages
St-Mandrier-s-Mer
Giens
Iles d'Hyères
Durance
Ubaye
Bléone
Verdon
Var
Tinée
Loup
Siagne
Argens
N 75
N 85
N 94
N 207
N 204
N 98
A 51
A 8
A 52
A 57
Pietracorbara
Marine de Farinole
Bastia
St-Florent
l'Ile-Rousse
Lozari
Calvi
Algajola
Figareto
Galéria
Moriani-Plage
Osani
Porto
Piana
Evisa
Vivario
Cargèse
Aléria
Tiuccia
Golfe-de-la-Liscia
Ghisonaccia
Ajaccio
Porticcio
Ruppione-Plage
Favone
Olmeto
Serra-di-Ferro
Ste-Lucie-de-Porto-Vecchio
Pinarellu
Portigliolo
Porto-Vecchio
Sotta
Bonifacio
N 193
N 198
0
50 km

Renseignements

sur les terrains sélectionnés

Particulars

of selected camping sites

Beschreibung

der ausgewählten Campingplätze

Gegevens

over de geselekteerde terreinen

ABILLY

10 - 68 ⑤

Paris 296 - Châtellerault 30 - Descartes 5 - Loches 37 - La Roche-Posay 23 - Tours 63

37160 I.-et-L. - 1 145 h. alt. 55

Municipal, au bourg, par sortie Sud, rte de Leugny, dans une île de la Claise
1 ha (33 empl.) plat, herbeux - A l'entrée :
15 mai-15 sept. - **R** *juil.-août*

ABJAT-SUR-BANDIAT

10 - 72 ⑮ ⑯

Paris 446 - Angoulême 56 - Châlus 24 - Limoges 56 - Nontron 11 - Périgueux 60

24300 Dordogne - 693 h. alt. 300

Le Moulin de Masfrolet « Cadre pittoresque », 05 53 56 82 70, à 2,4 km au Nord du bourg, bord du Bandiat et d'un étang
12 ha/6 campables (200 empl.) plat, incliné, en terrasses, herbeux - snack, pizzeria - discothèque - Location :
juin-sept. - **R** *conseillée* - - *30 piscine et tennis compris* *38* *20 (6A)*

La Ripole, 05 53 56 86 85, S : 0,8 km par D 96, rte de St-Saud-Lacousière puis à droite 2 km par rte de Chabanas
1,35 ha (34 empl.) peu incliné et plat, terrasse, herbeux, étang -
15 juin-15 sept. - **R** *conseillée 15 juil.-15 août* - - *15* *20* *12*

Les ABRETS

12 - 74 ⑭

Paris 516 - Aix-les-Bains 43 - Belley 33 - Chambéry 37 - Grenoble 50 - La Tour-du-Pin 13 - Voiron 22

38490 Isère - 2 804 h. alt. 398

Le Coin Tranquille, 04 76 32 13 48, Fax 04 76 37 40 67, E : 2,3 km par N 6, rte du Pont-de-Beauvoisin et rte à gauche
4 ha (180 empl.) plat, herbeux - -
avril-oct. - **R** *conseillée 10 juil.-15 août* - GB - - *piscine comprise 2 pers. 119, pers. suppl. 32* *8 (2A) 12 (3A) 19 (6A)*

ABRIÈS

17 - 77 ⑲ G. Alpes du Sud

Paris 728 - Briançon 48 - Gap 92 - Guillestre 30 - St-Véran 20

05460 H.-Alpes - 297 h. alt. 1 547
- Sports d'hiver : 1 550/2 450m 5 .
Office de Tourisme
04 92 46 72 26, Fax 04 92 46 80 64

Queyras-Caravaneige, 04 92 46 71 22, sortie Sud, rte de Ristolas, bord du Guil
1,5 ha (65 empl.) non clos, plat, pierreux, herbeux - - A proximité :
Permanent - **R** *été, indispensable hiver* - GB - - *22,20* *11,10* *22,20 - hiver :* *2 à 6 pers. 84,70 à 123* *10 (3A) 27 (6A) 39 (10A)*

ABZAC

9 - 75 ②

Paris 533 - Bergerac 63 - Blaye 50 - Bordeaux 47 - Coutras 3 - Mussidan 40

33230 Gironde - 1 472 h. alt. 30

Le Paradis, 05 57 49 05 10, Fax 05 57 49 18 88, SE : 1,5 km par D 247, à 300 m de la N 89, bord de l'Isle et d'un lac
5 ha (60 empl.) plat, herbeux (2 ha) - - (plage) - Location :
Permanent - **R** *conseillée été* - GB - - *18* *28* *17 (6A)*

ADISSAN

15 - 83 ⑤ ⑮

Paris 730 - Bédarieux 35 - Béziers 35 - Clermont-l'Hérault 12 - Gignac 19 - Montpellier 48 - Sète 41

34230 Hérault - 706 h. alt. 76

Les Clairettes, 04 67 25 01 31 34320 Fontès, NO : 1,4 km par D 128, rte de Péret
1,3 ha (94 empl.) plat, pierreux, herbeux - snack - - Location : , bungalows toilés
Permanent - **R** *juil.-août* - - *piscine comprise 2 pers. 75 (90 avec élect. 6A)*

Les ADRETS-DE-L'ESTEREL

17 - 84 ⑧

Paris 883 - Cannes 24 - Draguignan 44 - Fréjus 17 - Grasse 29 - Mandelieu-la-Napoule 15 - St-Raphaël 18

83600 Var - 1 474 h. alt. 295.
Office de Tourisme, pl. de la Mairie
04 94 40 93 57

Les Philippons « Cadre et site agréables », 04 94 40 90 67, Fax 04 94 19 35 92, E : 3 km par D 237, rte de l'Eglise d'Adrets
5 ha (150 empl.) en terrasses, plat, peu incliné, accidenté, herbeux - snack, pizzeria - - Location :
avril-oct. - **R** *conseillée juil.-août* - GB - - *26 piscine comprise* *21/22* *13 (3A) 18 (6A) 25 (10A)*

▶ ***Die im MICHELIN-Führer*** *verwendeten Zeichen und Symbole haben - **fett** oder dünn gedruckt, in Rot oder* Schwarz *- jeweils eine andere Bedeutung.*
Lesen Sie daher die Erklärungen aufmerksam durch.

AGAY

17 – 84 ⑧ G. Côte d'Azur

Paris 883 – Cannes 31 – Draguignan 44 – Fréjus 12 – Nice 63 – St-Raphaël 9

83 Var – 83700 St-Raphaël.

Office de Tourisme, bd de la Plage, N 98 04 94 82 01 85, Fax 04 94 82 74 20

Esterel Caravaning, réservé aux caravanes « Massif de l'Esterel « Site et cadre agréables », 04 94 82 03 28, Fax 04 94 82 87 37, NO : 4 km
12,5 ha (495 empl.) en terrasses, peu incliné, pierreux – 18 empl. avec sanitaires individuels (wc) pizzeria – squash – Location :
28 mars-3 oct. – **R** *conseillée Pâques, juil.-août – élect. (5A), piscine et tennis compris 2 pers. 160*

Vallée du Paradis « « Belle entrée fleurie », 04 94 82 16 00, Fax 04 94 82 72 21, NO : 1 km, bord de l'Agay
3 ha (213 empl.) plat, herbeux pizzeria – – Location :
15 mars-15 oct. – **R** *indispensable juil.-août – – Tarif 97 : 1 à 3 pers. 90, 4 pers. 130 20 (10A)*

Les Rives de l'Agay « Entrée fleurie », 04 94 82 02 74, Fax 04 94 82 74 14, NO : 0,7 km, bord de l'Agay et à 500 m de la plage
1,4 ha (96 empl.) plat, herbeux, sablonneux – – Location : , studios
15 fév.-début nov. – **R** *conseillée – GB – Tarif 97 : piscine comprise 4 pers. 144 16 (6A)*

Azur Rivage, 04 94 44 83 12, Fax 04 94 44 84 39, à **Anthéor-Plage**, E : 5 km, près de la plage
1 ha (66 empl.) plat, en terrasses, peu incliné, pierreux – – A l'entrée : – Location :
Pâques-sept. – **R** *conseillée juil.-août – – Tarif 97 : piscine comprise 3 pers. 153, 4 pers. 188, pers. suppl. 32 22 (6A)*

Agay-Soleil « « Entrée fleurie », 04 94 82 00 79, E : 0,7 km, bord de plage – juil.-août
0,7 ha (53 empl.) plat, peu incliné, sablonneux – pizzeria – – A proximité :
15 mars-15 nov. – **R** *conseillée juil.-août – 2 pers. 96, 4 pers. 168*

Le Mas du Rastel, 04 94 82 70 97, Fax 04 94 82 70 96, NO : 1,5 km
1 ha (78 empl.) plat et terrasses, pierreux – snack – (bassin) – Location :
avril-sept. – **R** *conseillée – – 1 ou 2 pers. 120, 3 ou 4 pers. 135 20 (10A)*

Royal-Camping, 04 94 82 00 20, S : 1,5 km, bord de plage
0,6 ha (45 empl.) plat, herbeux, gravier – – – A proximité :

Le Viaduc, 04 94 44 82 31, à **Anthéor-Plage**, E : 5 km, à 100 m de la plage
1,1 ha (69 empl.) plat, en terrasses, peu incliné, herbeux, pierreux – – A proximité :
Pâques-fin sept. – **R** *conseillée – 3 pers. 138 22 (6A)*

AGDE

15 – 83 ⑮ ⑯ G. Gorges du Tarn

Paris 759 – Béziers 24 – Lodève 59 – Millau 118 – Montpellier 53 – Sète 24

34300 Hérault – 17 583 h. alt. 5.

Office de Tourisme, 1, place Molière 04 67 94 29 68, Fax 04 67 94 03 50

International de l'Hérault, 04 67 94 12 83, Fax 04 67 94 42 84, S : 1,5 km, à 80 m de l'Hérault
11 ha (417 empl.) plat, herbeux – snack – salle d'animation toboggan aquatique – Location : , bungalows toilés
11 avril-26 sept. – **R** *conseillée – GB – – élect. et piscine comprises 2 pers. 128, pers. suppl. 24*

La Pinède « « Sur le versant nord du M[t] St Loup », 04 67 21 25 00, Fax 04 67 94 32 44, SE : 2,5 km par D 32^{E10}, rte du Cap d'Agde, faire demi-tour au 3e rond-point après Intermarché et 0,6 km par chemin à droite (hors schéma) – accès conseillé par N 112 – dans locations
5 ha (247 empl.) en terrasses et incliné, pierreux, herbeux – – – Location :
Pâques-20 sept. – **R** *conseillée – GB – – piscine comprise 2 pers. 110/130 avec élect. (4A)*

Mer et Soleil, 04 67 94 21 14, Fax 04 67 94 81 94, S : rte de Rochelongue
6,5 ha (437 empl.) plat, herbeux, sablonneux – snack – – A proximité : golf – Location :
15 mars-3 nov. – **R** *conseillée – GB – – piscine comprise 2 pers. 85 ou 95, pers. suppl. 25 22 (5A)*

Neptune « Cadre fleuri », 04 67 94 23 94, Fax 04 67 94 48 77 34309 Agde Cedex, S : 2 km, près de l'Hérault
2,1 ha (165 empl.) plat, herbeux – pizzeria – – A proximité : – Location :
Pâques-sept. – **R** *conseillée – GB – – piscine comprise 2 pers. 110 19 (6A) 39 (10A)*

Municipal la Clape, 04 67 26 41 32, Fax 04 67 26 45 25, SE : par D 32^{E10}, au Cap d'Agde, près de la mer (hors schéma)
6 ha (450 empl.) plat, herbeux, pierreux – snack – – A proximité : – Location :
avril-15 sept. – **R** *conseillée juil.-août – GB – – piscine comprise 2 pers. 125 17 (6A)*

Le Rochelongue, ✆ 04 67 21 25 51, Fax 04 67 94 04 23, S : 4 km, à Rochelongue
2 ha (70 empl.) plat, herbeux – Location :
Pâques-fin sept. – **R** *juil.-août* – GB – *piscine comprise 2 pers. 95, pers. suppl. 25* *20 (3A)*

Les Sablettes, ✆ 04 67 94 36 65, S : 3,5 km
2,6 ha (218 empl.) plat, sablonneux, herbeux – snack – Location :
avril-sept. – **R** *conseillée juil.-août* – *piscine comprise 2 pers. 109* *22 (5A)*

La Mer, ✆ 04 67 94 72 21, S : 4 km, rte de Rochelongue, à 200 m de la mer
2 ha (65 empl.) plat, herbeux – – Location :
15 avril-25 sept. – **R** *indispensable juil.-août* – *2 pers. 83, pers. suppl. 16* *17 (6A)*

Les Romarins, ✆ 04 67 94 18 59 ✉ 34309 Agde Cedex, S : 3 km, près de l'Hérault
1,8 ha (120 empl.) plat, herbeux – –
15 mai-15 sept. – **R** *conseillée juil.-août* – *2 pers. 74, pers. suppl. 20* *16 (6A)*

La Pépinière, ✆ 04 67 94 10 94 ✉ 34309 Agde Cedex, S : 2,5 km, à 200 m de l'Hérault
1,9 ha (100 empl.) plat, herbeux, sablonneux – – – Location :
juin-15 sept. – **R** *conseillée* – *piscine comprise 2 pers. 75* *15 (6A)*

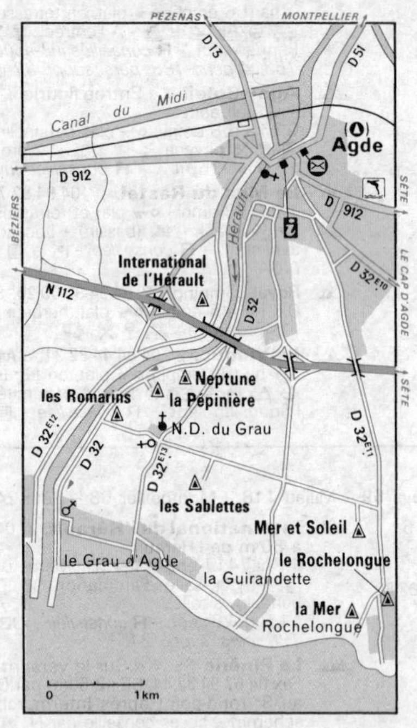

AGEN

14 – 79 ⑮ G. Pyrénées Aquitaine

Paris 626 – Auch 74 – Bordeaux 141 – Pau 162 – Périgueux 139 – Toulouse 119

47000 L.-et-G. – 30 553 h. alt. 50.
Office de Tourisme, 107, bd Carnot
✆ 05 53 47 36 09, Fax 05 53 47 29 98

Château Lamothe-d'Allot, ✆ 05 53 68 33 11, Fax 05 53 68 33 05 ✉ 47550 Boé, SE : 6,5 km par D 305, rte d'Auch et D 443, rte de St-Pierre-de-Gaubert, bord de la Garonne et d'un plan d'eau
12 ha/1,5 campable (90 empl.) plat, herbeux – – toboggan aquatique

AGON-COUTAINVILLE

4 – 54 ⑫

Paris 336 – Barneville-Carteret 48 – Carentan 43 – Cherbourg 78 – Coutances 13 – St-Lô 42

50230 Manche – 2 510 h. alt. 36.
Office de Tourisme pl. 28-Juillet 1944
✆ 02 33 47 01 46, Fax 02 33 45 47 68

Municipal le Marais, ✆ 02 33 47 25 72, sortie Nord-Est, près de l'hippodrome
2 ha (148 empl.) plat, herbeux – – A proximité :
juil.-août – **R** – *Tarif 97 :* *18* *8* *20* *13 (5A)*

Municipal le Martinet, ✆ 02 33 47 05 20, sortie Nord-Est, près de l'hippodrome
1 ha (122 empl.) plat, herbeux – – A proximité :
avril-1er nov. – **R** *saison* – *Tarif 97 :* *17* *8* *18* *13 (5A)*

AGOS-VIDALOS **65** H.-Pyr. – 85 ⑰ ⑱ – rattaché à Argelès-Gazost

AIGUEBELETTE (Lac d')

73 Savoie

12 – 74 ⑮ G. Alpes du Nord

Lépin-le-Lac – 255 h. alt. 400 – ✉ 73610 Lépin-le-Lac.
Paris 556 – Belley 38 – Chambéry 23 – Les Échelles 18 – Le Pont-de-Beauvoisin 12 – Voiron 34

Le Curtelet ≤, ☎ 04 79 44 11 22, NO : 1,4 km, bord du lac
1,3 ha (94 empl.) (juil.-août) peu incliné, herbeux – A proximité :
mai-sept. – **R** *conseillée juil.-15 août* – *18,50 8 15 13 (2A) 15 (4A)*

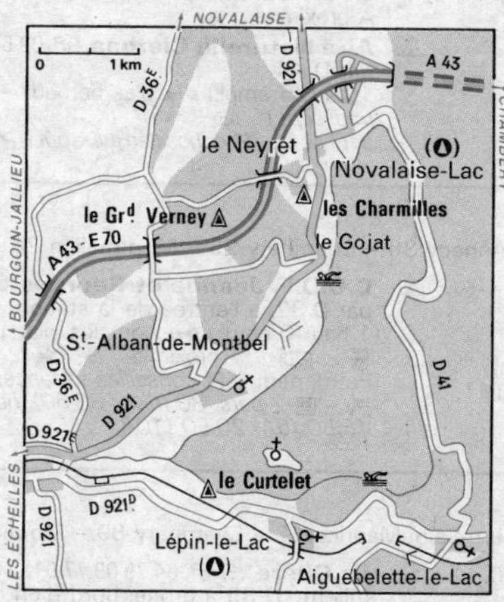

Novalaise-Lac – 1 234 h. alt. 427 – ✉ 73470 Novalaise.
Paris 529 – Belley 26 – Chambéry 21 – Les Échelles 24 – Le Pont-de-Beauvoisin 16 – Voiron 40

Les Charmilles ≤, ☎ 04 79 36 04 67, à 150 m du lac
2,3 ha (100 empl.) en terrasses, gravillons, herbeux – – A proximité :
25 juin-août – **R** *conseillée* – – *2 pers. 76, pers. suppl. 21 17 (3A) 21 (6A)*

Le Grand Verney ≤, ☎ 04 79 36 02 54, Fax 04 79 36 06 60, SO : 1,2 km, au lieu-dit le Neyret
2,5 ha (112 empl.) plat, peu incliné et en terrasses, herbeux –
avril-1er nov. – **Location longue durée** – *Places limitées pour le passage* – **R** *conseillée juil.-août* – – *piscine comprise 2 pers. 77, pers. suppl. 21 12 (2A) 14 (3A) 16 (4A)*

AIGUES-MORTES

16 – 83 ⑧ G. Provence

Paris 746 – Arles 48 – Montpellier 32 – Nîmes 42 – Sète 54

30220 Gard – 4 999 h. alt. 3.
Office de Tourisme porte de la Gardette ☎ 04 66 53 73 00, Fax 04 66 53 65 94

La Petite Camargue « Entrée fleurie », ☎ 04 66 53 84 77, Fax 04 66 53 83 48, O : 3,5 km par D 62, rte de Montpellier, accès à la plage par navettes gratuites – dans locations
42 ha/10 campables (611 empl.) plat, herbeux, sablonneux (5 ha) – – discothèque – Location :
25 avril-20 sept. – **R** *conseillée juil.-août* – GB – – *piscine comprise 1 ou 2 pers. 73 ou 138 (90 ou 160 avec élect. 5A), pers. suppl. 26 ou 33*

AIGUES VIVES

14 – 86 ⑤

Paris 784 – Carcassonne 63 – Castelnaudary 45 – Foix 34 – Lavelanet 8 – Pamiers 34 – Quillan 40

09600 Ariège – 462 h. alt. 425

La Serre ≤, ☎ 05 61 03 06 16, Fax 05 61 01 83 81, à l'Ouest du bourg
5 ha (40 empl.) en terrasses, peu incliné à incliné, accidenté, herbeux – – Location :
Permanent – **R** *conseillée 10 juil.-15 août* – – *piscine comprise 1 pers. 35, 2 pers. 70, pers. suppl. 30 15 (5A)*

AIGUÈZE **30** Gard – 80 ⑨ – voir à Ardèche (Gorges de l')

L'AIGUILLON-SUR-MER

9 - 71 ⑪ G. Poitou Vendée Charentes

Paris 455 - Luçon 20 - Niort 81 - La Rochelle 48 - La Roche-sur-Yon 47 - Les Sables-d'Olonne 50

85460 Vendée - 2 175 h. alt. 4
Schéma à la Tranche-sur-Mer

Bel Air, ✆ 02 51 56 44 05, Fax 02 51 97 15 58, NO : 1,5 km par D 44 et rte à gauche
7 ha (350 empl.) plat, herbeux, sablonneux (4 ha) - (couverte hors-saison) toboggan aquatique - A proximité : - Location : bungalows toilés
Pâques-15 sept. - **R** *indispensable* - GB - *piscine comprise 2 pers. 110* *20 (3A) 24 (6A) 28 (10A)*

Le Pré des Sables, ✆ 02 51 27 13 88, Fax 02 51 97 11 65, au nord de la ville
1,6 ha (130 empl.) plat, herbeux - Location :

Municipal de la Baie, ✆ 02 51 56 40 70, au Sud-Est du bourg, rte de Luçon
3 ha (192 empl.) plat, herbeux - A proximité :

Aire Naturelle Cléroca, ✆ 02 51 27 19 92, Fax 02 51 97 09 84, NO : 2,5 km par D 44
1 ha (25 empl.) plat, herbeux - - Location (*mai-sept.*) :
avril-sept. - **R** *conseillée juil.-août* - *2 pers. 50, pers. suppl. 17* *12 (5A)*

AILLON-LE-JEUNE

12 - 74 ⑯ G. Alpes du Nord

Paris 569 - Aix-les-Bains 36 - Annecy 36 - Chambéry 25 - Montmélian 26 - Rumilly 37

73340 Savoie - 261 h. alt. 900 - Sports d'hiver : 960/1 840 m 24.
Office de Tourisme (Les Aillons)
✆ 04 79 54 63 65, Fax 04 79 54 61 11

C.C.D.F. Jeanne et Georges Cher ✆ 04 79 54 60 32, SE : 1,8 km par D 32, à l'entrée de la station, à 50 m d'une rivière
1 ha (40 empl.) non clos, plat, pierreux, herbeux - - A proximité :
Permanent - **R** *conseillée vacances de fév., juil.-août - Adhésion obligatoire* - *2 pers. 33 (hiver 53,50), pers. suppl. 8,25 (hiver 13,35)* *10,30 (3A) 15,50 (6A) 20,50 (10A)*

AIME

12 - 74 ⑱ G. Alpes du Nord

Paris 625 - Albertville 42 - Bourg-Saint-Maurice 12 - Chambéry 89 - Moutiers 15

73210 Savoie - 2 963 h. alt. 690.
Office de Tourisme, av. Tarentaise
✆ 04 79 55 67 00

La Glière ✆ 04 79 09 77 61, SO : 3,5 km par N 90 rte de Moutiers et à Villette, D 85 à droite, bord d'un ruisseau
1,5 ha (50 empl.) en terrasses, pierreux, herbeux
juin-15 sept. - **R** *conseillée juil.-août* - *3 pers. 75, pers. suppl. 19* *15 (5A) 21 (10A)*

à ***Centron*** SO : 5 km par N 90, rte de Moutiers - ✉ 73210 Aime :

Le Tuff ✆ 04 79 55 67 32, S : 0,7 km, bord de l'Isère et d'un petit plan d'eau
2,8 ha (150 empl.) plat, herbeux, gravier -

AINHOA

13 - 85 ② G. Pyrénées Aquitaine

Paris 795 - Bayonne 27 - Biarritz 28 - Cambo-les-Bains 11 - Pau 127 - St-Jean-de-Luz 24

64250 Pyr.-Atl. - 539 h. alt. 130

Xokoan ✆ 05 59 29 90 26, Fax 05 59 29 73 82, **à Dancharia,** SO : 2,5 km, puis à gauche avant la douane, bord d'un ruisseau (frontière)
0,6 ha (30 empl.) plat, peu incliné, herbeux - - Location : (hôtel)
Permanent - **R** *conseillée* - *16* *9* *17/19* *15 (10A)*

Aire Naturelle Harazpy ✆ 05 59 29 89 38, Fax 05 59 29 73 82, au Nord-Ouest du bourg, accès par place de l'église
1 ha (25 empl.) peu incliné, terrasses, herbeux -
15 juin-sept. - *16* *9* *17/19* *15 (10A)*

LES AIRES **34** Hérault - 83 ④ - rattaché à Lamalou-les-Bains

AIRE-SUR-L'ADOUR

13 - 82 ② G. Pyrénées Aquitaine

Paris 724 - Auch 83 - Condom 68 - Dax 77 - Mont-de-Marsan 32 - Orthez 58 - Pau 53 - Tarbes 71

40800 Landes - 6 205 h. alt. 80.
Office de Tourisme
✆ 05 58 71 64 70, Fax 05 58 71 64 70

S.I. les Ombrages de l'Adour, ✆ 05 58 71 75 10, près du pont, derrière les arènes, bord de l'Adour
2 ha (100 empl.) plat, herbeux
mai-sept. - **R** - *15,50* *16* *12 (10A)*

AIRVAULT

9 - 67 ⑱ G. Poitou Vendée Charentes

Paris 343 - Bressuire 30 - Loudun 31 - Mirebeau 28 - Parthenay 25 - Thouars 23

79600 Deux Sèvres - 3 234 h. alt. 119.
Syndicat d'Initiative (saison)
✆ 05 49 70 84 03 Mairie
✆ 05 49 64 70 13

Courte Vallée, ✆ 05 49 64 70 65, NO : 1,5 km par D 121, rte de St-Généroux et chemin à gauche, près du Thouet - accès conseillé par D 725 et le pont de Soulieures
3,5 ha (41 empl.) plat, peu incliné, herbeux - - A proximité :
mai-sept. - **R** *conseillée 20 juil.-20 août* - *20 piscine comprise* *38* *16 (8A)*

AIX-EN-PROVENCE

16 - 84 ③ G. Provence

Paris 755 - Aubagne 38 - Avignon 82 - Manosque 55 - Marseille 31 - Salon-de-Provence 37 - Toulon 83

13100 B.-du-R. - 123 842 h. alt. 206.
Office de Tourisme pl. Gén.-de-Gaulle
04 42 16 11 61, Fax 04 42 16 11 62

Chantecler, 04 42 26 12 98, Fax 04 42 27 33 53, Par centre ville : SE : 2,5 km, accès par cours Gambetta, avenue du Val St-André
8 ha (240 empl.) plat à peu incliné et en terrasses, pierreux, herbeux - snack - - Location :
Permanent - **R** *conseillée* - GB - - *29 piscine comprise* *34* *21 (5A)*

AIXE-SUR-VIENNE

10 - 72 ⑰ G. Berry Limousin

Paris 401 - Châlus 20 - Confolens 52 - Limoges 12 - Nontron 53 - Rochechouart 29 - St-Yrieix-la-Perche 39

87700 H.-Vienne - 5 566 h. alt. 204.
Office de Tourisme 46, av. du Prés.-Wilson
05 55 70 19 71 (hors saison) Mairie
05 55 70 77 00

Municipal les Grèves, 05 55 70 12 98, av. des Grèves, bord de la Vienne
3 ha (80 empl.) plat et peu incliné, herbeux (2 ha) - - A proximité : (découverte l'été)
15 juin-15 sept. - **R** *conseillée* - - *2 pers. 50, pers. suppl. 15* *15 (5 à 15A)*

AIX-LES-BAINS

12 - 74 ⑮ G. Alpes du Nord

Paris 540 - Annecy 33 - Bourg-en-Bresse 111 - Chambéry 18 - Lyon 108

73100 Savoie - 24 683 h. alt. 200 - (12 janv.-mi-déc.) et Marlioz.
Office de Tourisme, pl. M.-Mollard
04 79 35 05 92, Fax 04 79 88 88 01

Alp'Aix, 04 79 88 97 65, NO : 2,5 km, 20 bd du Port-aux-Filles, à 150 m du lac - dans locations
1,2 ha (90 empl.) plat, herbeux, pierreux - - A proximité : - Location :
5 avril-sept. - **R** *conseillée saison* - *2 pers. 67, pers. suppl. 17* *12 (6A) 17 (10A)*

à Brison-St-Innocent N : 4 km par D 991 - 1 445 h. alt. 288
73100 Brison-St-Innocent :

Le Lac des Berthets <, 04 79 54 36 66, chemin des Berthets
1,6 ha (100 empl.) incliné à peu incliné, herbeux -
mai-sept. - **R** *conseillée* - - *2 pers. 61, pers. suppl. 16,50* *12 (4A)*

La Rolande <, 04 79 54 36 85, chemin des Berthets
1,5 ha (100 empl.) peu incliné, herbeux - -
mai-sept. - **R** *conseillée juil.-août* - - *2 pers. 62,50*

à Grésy-sur-Aix NE : 4 km par N 201 et D 911 - 2 374 h. alt. 350
73100 Grésy-sur-Aix :

Municipal Roger Milesi <, 04 79 88 28 21, O : 2 km, accès par N 201, rte d'Annecy et chemin à gauche, au lieu-dit Antoger
0,5 ha (40 empl.) plat, herbeux, pierreux - -
juin-sept. - **R** - - *12* *8* *14* *18 (10A)*

AIZENAY

9 - 67 ⑬

Paris 440 - Challans 25 - Nantes 59 - La Roche-sur-Yon 18 - Les Sables-d'Olonne 33

85190 Vendée - 5 344 h. alt. 62.
Office de Tourisme (saison) av. de la Gare 02 51 94 62 72

Municipal la Forêt, 02 51 34 78 12, SE : 1,5 km par D 948, rte de la Roche-sur-Yon et chemin à gauche
1 ha (70 empl.) plat, herbeux, bois attenant - - - A proximité : piste de bi-cross
juin-sept. - **R** - - *13* *10* *12* *15 (6A)*

AJACCIO 2A Corse-du-Sud - 90 ⑰ - voir à Corse

ALBENS

12 - 74 ⑮

Paris 542 - Aix-les-Bains 11 - Annecy 22 - Belley 36 - Chambéry 30 - Rumilly 10

73410 Savoie - 2 439 h. alt. 365

Beauséjour <, 04 79 54 15 20, sortie Sud-Ouest par rte de la Chambotte
2 ha (100 empl.) plat et peu incliné, herbeux -
5 juin-15 sept. - **R** - - *8,50* *10* *10* *13 (6A)*

ALBERTVILLE

12 - 74 ⑰ G. Alpes du Nord

Paris 583 - Annecy 45 - Chambéry 50 - Chamonix-Mont-Blanc 67 - Grenoble 81

73200 Savoie - 17 411 h. alt. 344.
Office de Tourisme, 11, r. Pargoud
04 79 32 04 22, Fax 04 79 32 87 09

à Venthon NE : 3 km par D 925, rte de Beaufort - 587 h. alt. 520
73200 Venthon :

Les Marmottes <, 04 79 32 57 40, au bourg
1,6 ha (80 empl.) plat et peu incliné, herbeux - -
Pâques-1er oct. - **R** - *18* *15* *16*

ALBIÈS

14 - 86 ⑤

Paris 803 - Andorra-la-Vella 74 - Ax-les-Thermes 14 - Foix 28 - Lavelanet 43

09310 Ariège - 141 h. alt. 560

Municipal la Coume <, 05 61 64 98 99, au bourg, à 100 m de l'Ariège
1 ha (53 empl.) peu incliné, en terrasses, herbeux - -
Permanent - **R** - - *15* *9* *16/22* *20 (5A) 30 (10A)*

ALBINE 15 - 83 ⑫

Paris 761 - Albi 75 - Béziers 75 - Carcassonne 64 - Castres 33 - Mazamet 15

81240 Tarn - 566 h. alt. 320

L'Estap <, ✆ 05 63 98 34 74, sortie Ouest : 1,8 km par rte du lac à gauche et chemin empierré à droite, bord d'un plan d'eau
4 ha/2 campables (42 empl.) (juil.-août) en terrasses, plat, herbeux, forêt
juin-sept. - **R** *conseillée* - GB - *tennis compris 2 pers. 55 20 (10A)*

ALBON 12 - 77 ① ② G. Vallée du Rhône

Paris 522 - Annonay 18 - Beaurepaire 22 - Romans-sur-Isère 42 - Tournon-sur-Rhône 25 - Valence 43

26140 Drôme - 1 543 h. alt. 174

Senaud « Cadre agréable », ✆ 04 75 03 11 31, Fax 04 75 03 08 06, S : 1 km par D 122, au château
30 ha/3 campables (140 empl.) (saison) plat et peu incliné, herbeux, pierreux toboggan aquatique, half-court, golf - Location *(mai-15 sept.)* : - Garage pour caravanes
mars-oct. - Location longue durée - *Places disponibles pour le passage* - **R** *indispensable saison* - *25 35 18 (6A) 20 (10A)*

ALENÇON P 5 - 60 ③ G. Normandie Cotentin

Paris 193 - Chartres 118 - Évreux 118 - Laval 92 - Le Mans 50 - Rouen 147

61000 Orne - 29 988 h. alt. 135.
Office de Tourisme, Maison d'Ozé
✆ 02 33 26 11 36, Fax 02 33 32 10 53

Municipal de Guéramé « Cadre agréable », ✆ 02 33 26 34 95, au Sud-Ouest de la ville, par bd périphérique, rte de Guéramé, bord de la Sarthe
1,5 ha (60 empl.) plat et en terrasses, herbeux
mai-sept. - **R** - *Tarif 97 : 11 12 12 10 à 27 (4 à 15A)*

ALÉRIA 2B H.-Corse - 90 ⑥ - voir à Corse

ALÈS 16 - 80 ⑱ G. Gorges du Tarn

Paris 706 - Albi 228 - Avignon 72 - Montpellier 78 - Nîmes 46 - Valence 148

30100 Gard - 41 037 h. alt. 136.
Office de Tourisme, pl. Gabriel-Péri
✆ 04 66 52 32 15, Fax 04 66 52 57 09

Municipal les Châtaigniers, ✆ 04 66 52 53 57, Sud par av. Jules-Guesde et chemin des Sports, face au stade
1 ha (75 empl.) plat, herbeux - A proximité :
juin-15 sept. - **R** - *18 10 10 15 (10A)*

à Cendras NO : 5 km par D 916 - 2 022 h. alt. 155
30480 Cendras :

La Croix Clémentine < « Cadre agréable », ✆ 04 66 86 52 69, Fax 04 66 86 54 84, NO : 2 km par D 916 et D 32 à gauche
12 ha/6 campables (250 empl.) plat et en terrasses, pierreux, herbeux discothèque - Location : - Garage pour caravanes
avril-25 sept. - **R** *conseillée* - GB - *piscine comprise 2 pers. 106, pers. suppl. 38 14 (6A) 20 (20A)*

ALEX 74 H.-Savoie - 74 ⑥ - voir à Annecy (Lac d')

ALGAJOLA 2B H.-Corse - 90 ⑬ - voir à Corse

ALLEMONT 12 - 77 ⑥ G. Alpes du Nord

Paris 612 - Le Bourg-d'Oisans 11 - Grenoble 47 - St-Jean-de-Maurienne 62 - Vizille 29

38114 Isère - 600 h. alt. 830

Municipal le Plan <, ✆ 04 76 80 76 88, au pied du barrage du Verney, près de l'Eau d'Olle - alt. 730
1,5 ha (101 empl.) plat, gravier, pierreux, herbeux - A proximité :
Permanent - **R** *conseillée été* - *Tarif 97 : 2 pers. 33,50/43, pers. suppl. 11,80 8,90 (16A)*

Le Grand Calme <, ✆ 04 76 80 70 03, au Sud du bourg, sur D 526, près de l'Eau d'Olle - alt. 720
3 ha (130 empl.) (été) plat, herbeux (1 ha) - A proximité : - Location : (hôtel)
Permanent - **R** *conseillée juil.-août* - GB - *2 pers. 51 18 (5A) 33 (10A)*

Les Grandes Rousses <, ✆ 04 76 80 78 52, sortie Sud-Ouest par D 526, près du pont sur l'Eau d'Olle - alt. 710
0,6 ha (34 empl.) plat, herbeux, pierreux
25 juin-15 sept. - **R** *conseillée* - *2 pers. 60 15 (5 ou 10A)*

ALLEREY 21 Côte-d'Or - 65 ⑰ ⑱ - rattaché à Semur-en-Auxois

ALLES-SUR-DORDOGNE

13 - 75 ⑯

Paris 532 - Bergerac 39 - Le Bugue 9 - Les Eyzies-de-Tayac 20 - Périgueux 51 - Sarlat-la-Canéda 42

24480 Dordogne - 302 h. alt. 70

Port de Limeuil « Cadre agréable », 05 53 63 29 76, Fax 05 53 63 04 19, NE : 3 km sur D 51^{E}, près du pont de Limeuil, au confluent de la Dordogne et de la Vézère
7 ha/4 campables (90 empl.) plat, herbeux, sablonneux - (plage)
avril-15 oct. - **R** *conseillée 10 juil.-20 août* - GB - - *piscine comprise 2 pers. 98, pers. suppl. 25 20 (5A)*

ALLEVARD

12 - 74 ⑯ G. Alpes du Nord

Paris 596 - Albertville 50 - Chambéry 34 - Grenoble 41 - St-Jean-de-Maurienne 68

38580 Isère - 2 558 h. alt. 470 -

Office de Tourisme, pl. Résistance 04 76 45 10 11, Fax 04 76 45 01 88

Clair Matin « Décoration florale », 04 76 97 55 19, Fax 04 76 45 87 15, sortie Sud-Ouest par D 525, rte de Grenoble à droite
3,5 ha (150 empl.) incliné et en terrasses, herbeux - - A proximité :
mai-sept. - **R** *conseillée juil.-août* - GB - - *piscine comprise 2 pers. 93,50, pers. suppl. 15,50 12 (2A) 14,50 (4A) 20 (6A)*

Idéal Camping, 04 76 97 50 23, sortie Nord par D 525, rte de Chambéry, à 100 m du Bréda
1,9 ha (86 empl.) plat, peu incliné, herbeux verger - - A proximité :
4 mai-10 oct. - **R** *conseillée juil.-août* - GB - - *1 pers. 48, pers. suppl. 14 10 (2A) 12 (4A) 14 (6A)*

à la Ferrière Sud : 12 km par D 525^{A} - 191 h. alt. 926
38580 La Ferrière :

Neige et Nature, 04 76 45 19 84, à l'Ouest du bourg, bord du Bréda - alt. 900
1,2 ha (45 empl.) plat, peu incliné, herbeux - -
fév.-mars, juin-sept. - **R** *conseillée* - *1 pers. 35, 2 pers. 65 10A : 15 (hiver 18)*

ALLEYRAS

11 - 76 ⑯

Paris 555 - Brioude 71 - Langogne 43 - Le Puy-en-Velay 32 - St-Chély-d'Apcher 60

43580 H.-Loire - 232 h. alt. 779

Municipal, NO : 2,5 km, à Pont-d'Alleyras, accès direct à l'Allier - alt. 660
0,9 ha (60 empl.) (juil.-août) plat et peu incliné, terrasse, herbeux - - A proximité : - Location : huttes
mai-sept. - **R** *juil.-août* - - *2 pers. 37 12 (6A)*

ALLINEUC

3 - 59 ⑬

Paris 457 - Lamballe 42 - Loudéac 21 - Pontivy 35 - Rostrenen 41 - St-Brieuc 26

22460 C.-d'Armor - 545 h. alt. 190

Municipal de Bosméléac, 02 96 28 87 88, SO : 3 km par D 41, rte d'Uzel et à droite rte du barrage, accès direct à l'Oust
1 ha (49 empl.) plat, peu incliné, herbeux, pierreux - crêperie -
15 juin-15 sept. - **R**

ALLONNES

5 - 64 ⑫

Paris 294 - Angers 63 - Azay-le-Rideau 43 - Chinon 28 - Noyant 32 - Saumur 11

49650 M.-et-L. - 2 498 h. alt. 28

Le Pô Doré, 02 41 38 78 80, Fax 02 41 38 78 81, NO : 3,2 km par D 10, rte de Saumur et chemin à gauche
2 ha (90 empl.) plat, herbeux, sablonneux - crêperie - - Location :
avril-sept. - **R** - GB - - *piscine comprise 2 pers. 80, pers. suppl. 18 17 (6A) 27 (10A)*

Les ALLUES

12 - 74 ⑰

Paris 618 - Albertville 35 - Annecy 81 - Bourg-St-Maurice 36 - Méribel-les-Allues 7 - Moûtiers 8

73550 Savoie - 1 570 h. alt. 1 125

Le Martagon réservé caravanes et camping-cars, 04 79 00 56 29, S : 3,3 km par D 90, rte de Méribel, **au Raffort**, près du Doron, à 100 m des télécabines - alt. 1 310
0,5 ha (15 empl.) plat, terrasse, pierreux - -
15 déc.-avril, juil.-août - **R** *indispensable vacances scolaires* - GB - *élect. (10A) comprise 3 pers. 120 (hiver : 3 pers. 150, pers. suppl. 30 10A : 30)*

ALLUYES

5 - 60 ⑰

Paris 115 - Ablis 59 - Bonneval 8 - Chartres 29 - Châteaudun 21 - Nogent-le-Rotrou 50

28800 E.-et-L. - 577 h. alt. 120

Municipal, 02 37 47 29 46, sortie Nord-Ouest par D 28^{1}, rte d'Illiers Combray, attenant au stade et près du Loir
0,5 ha (33 empl.) plat, herbeux - - A proximité :

ALRANCE
11 - 80 ⑫ ⑬

Paris 676 - Albi 63 - Millau 54 - Rodez 38 - St-Affrique 44

12430 Aveyron - 468 h. alt. 750

Les Cantarelles <, 05 65 46 40 35, S : 3 km sur D 25, bord du lac de Villefranche-de-Panat
2,5 ha (165 empl.) plat, peu incliné, herbeux (1 ha) -
mai-sept. - **R** *conseillée* - *Tarif 97 : 2 pers. 75 18 (6A)*

ALVIGNAC
13 - 75 ⑲

Paris 530 - Brive-la-Gaillarde 50 - Cahors 63 - Figeac 41 - Gourdon 38 - Rocamadour 9 - Tulle 65

46500 Lot - 473 h. alt. 400

Municipal le Samayou, sortie Est, rte de Padirac
0,6 ha (35 empl.) peu incliné et en terrasses, herbeux - - A proximité :
15 juin-15 sept. - **R** *5 au 20 août* - *10 16 8*

Aire Naturelle la Chataigneraie , 05 65 33 72 11 46500 Rocamadour, SO : 1,6 km par D 20, rte de Rignac et chemin de Varagnes à droite
3 ha (25 empl.) peu incliné, herbeux -

AMBÉRIEUX-EN-DOMBES
12 - 74 ① ②

Paris 432 - Bourg-en-Bresse 42 - Lyon 35 - Mâcon 42 - Villefranche-sur-Saône 16

01330 Ain - 1 156 h. alt. 296

Municipal le Cerisier <, 04 74 00 83 40, S : 0,8 km par D 66, rte de Lyon et à gauche, près d'un étang
2 ha (72 empl.) plat, herbeux - - A proximité :
15 avril-15 oct. - **Location longue durée** - *Places disponibles pour le passage* - **R** *conseillée* - *14 7 13 13 (6A)*

AMBERT
11 - 73 ⑯ G. Auvergne

Paris 498 - Brioude 59 - Clermont-Ferrand 77 - Montbrison 46 - Le Puy-en-Velay 71 - Thiers 56

63600 P.-de-D. - 7 420 h. alt. 535.
Office de Tourisme, 4, pl. Hôtel de Ville 04 73 82 61 90, Fax 04 73 82 44 00 et (saison) pl. G.-Courtial 04 73 82 14 15

Municipal les Trois Chênes <, 04 73 82 34 68, S : 1,5 km par D 906, rte de la Chaise-Dieu, bord de la Dore (rive gauche)
3 ha (120 empl.) plat, herbeux (1 ha) - - toboggan aquatique - A proximité :
21 mai-12 sept. - **R** *conseillée 14 juil.-15 août* - *Tarif 97 : 15 10 12 16 (10A)*

AMBON
4 - 63 ⑬

Paris 469 - Muzillac 7 - Redon 43 - La Roche-Bernard 22 - Sarzeau 19 - Vannes 22

56190 Morbihan - 1 006 h. alt. 30

Les Peupliers, 02 97 41 12 51, sortie par D 140, rte de Damgan puis Ouest 0,8 km par chemin à droite
2,8 ha (100 empl.) plat, herbeux - - toboggan aquatique - Location :
avril-15 oct. - **R** *conseillée 15 juil.-15 août* - *Tarif 97 : 19 piscine comprise 13,50 13,50 14 (10A)*

Le Silence , 02 97 41 16 69, O : 1,5 km par D 20, rte de Surzur et à gauche, rte de la Chapelle-Brouel -
4 ha (140 empl.) plat, peu incliné, herbeux pinède (1,5 ha) - - - Location :
avril-sept. - **R** *conseillée 15 juil.-15 août* - *14 piscine comprise 24 13 (4A) 14 (6A)*

Bédume, 02 97 41 68 13, Fax 02 97 41 56 79, SE : 6 km par rte de Bétahon, près de la plage (accès direct)
4,5 ha (200 empl.) plat, herbeux - -
avril-15 oct. - **R** *conseillée 14 juil.-15 août* - *17,80 29,80 15,50 (5A)*

Le Kermadec , 02 97 41 15 90, SO : 2,5 km par D 140, rte de Damgan et rte à droite
1,2 ha (35 empl.) plat, herbeux - - - Location :
juin-15 sept. - **R** *conseillée 1er au 15 août* - - *piscine comprise 2 pers. 43 ou 55, pers. suppl. 10 ou 12 8 ou 10 (10A)*

AMBRIÈRES-LES-VALLÉES
4 - 59 ⑳

Paris 251 - Alençon 60 - Domfront 22 - Fougères 47 - Laval 45 - Mayenne 12 - Mortain 70

53300 Mayenne - 2 841 h. alt. 144

Municipal de Vaux « Situation agréable », 02 43 04 00 67, SE : 2 km par D 23, rte de Mayenne et à gauche, à la piscine, bord de la Varenne (plan d'eau)
0,75 ha (61 empl.) plat et en terrasses, herbeux, gravillons - - - A l'entrée : - Location :
avril-27 sept. - **R** *conseillée* - *Tarif 97 : piscine comprise 2 pers. 58, pers. suppl. 14 13 (10A)*

AMÉLIE-LES-BAINS-PALALDA

15 - 86 ⑱ G. Pyrénées Roussillon

Paris 889 – Céret 9 – La Jonquera 33 – Perpignan 38 – Prats-de-Mollo-la-Preste 23 – Quillan 106

66110 Pyr.-Or. – 3 239 h. alt. 230 – (fin fév.-mi-déc.).
Office du Tourisme et du Thermalisme, quai du 8-Mai-1945
04 68 39 01 98, Fax 04 68 39 20 20

Hollywood Camping 04 68 39 08 61, sortie Nord-Est par rte de Céret et, à la Forge, chemin à droite – juil.-août dans locations
1,5 ha (80 empl.) en terrasses, gravillons, herbeux – Location : appartements
15 mars-15 nov. – **R** *conseillée juil.-août* – *piscine comprise 2 pers. 74, pers. suppl. 25 18 (4A) 20 (6A)*

L'AMÉLIE-SUR-MER

33 Gironde – 71 ⑯ – rattaché à Soulac-sur-Mer

AMOU

13 - 78 ⑦

Paris 756 – Aire-sur-l'Adour 52 – Dax 31 – Hagetmau 18 – Mont-de-Marsan 47 – Orthez 14 – Pau 49

40330 Landes – 1 481 h. alt. 44

Municipal la Digue, au Sud du centre bourg par D 346, rte de Bonnegarde et chemin à droite devant la piscine, au stade, bord du Luy
0,6 ha (33 empl.) plat, peu incliné, herbeux (0,4 ha) – parcours sportif – A proximité :
avril-oct. – **R** – *8* *7* *15 ou 22/22 avec élect.*

AMPHION-LES-BAINS

12 - 70 ⑰ G. Alpes du Nord

Paris 575 – Annecy 80 – Évian-les-Bains 4 – Genève 40 – Thonon-les-Bains 6

74 H.-Savoie – 74500 Évian-les-Bains.
Office de Tourisme, r. du Port
04 50 70 00 63

La Plage, 04 50 70 00 46, à 200 m du lac Léman
1,5 ha (83 empl.) plat, herbeux – salle de musculation (bassin couvert, découvert l'été) – A proximité : parcours sportif – Location *(permanent)* :
avril-2 nov. – **R** *conseillée juil.-août* – *2 pers. 110 10 (2A) 20 (5A) 30 (10A)*

AMPLIER

1 - 52 ⑧

Paris 174 – Abbeville 46 – Amiens 33 – Arras 36 – Doullens 7

62760 P.-de-C. – 271 h. alt. 66

Le Val d'Authie, 03 21 48 57 07, Fax 03 21 58 08 60, au Sud du bourg par D 24, 93 r. des Marais, bord de l'Authie et d'un petit étang
2,4 ha (75 empl.) plat, herbeux –
fév.-15 déc. – **R** – GB – – *17* *20* *15 (3A)*

ANCELLE

17 - 77 ⑯

Paris 669 – Gap 19 – Grenoble 104 – Orcières 18 – Savines-le-Lac 28

05260 H.-Alpes – 600 h. alt. 1 340 – Sports d'hiver : 1 330/1 807 m 13.
Office de Tourisme Mairie
04 92 50 83 05, Fax 04 92 50 89 89

Les Auches 04 92 50 80 28, Fax 04 92 50 84 58, sortie Nord par rte de Pont du Fossé et à droite – dans locations
1,8 ha (90 empl.) peu incliné, terrasses, herbeux – – Location : studios
Permanent – **Location longue durée** – *Places disponibles pour le passage* – **R** *conseillée* – GB – – *piscine comprise 2 pers. 79, pers. suppl. 23 16 (2A)*

ANCENIS

4 - 63 ⑱ G. Châteaux de la Loire

Paris 346 – Angers 53 – Châteaubriant 44 – Cholet 48 – Laval 93 – Nantes 38 – La Roche-sur-Yon 103

44150 Loire-Atl. – 6 896 h. alt. 13.
Office de Tourisme, pl. Millénaire
et Fax 02 40 83 07 44

L'Ile Mouchet, 02 40 83 08 43, sortie Ouest par bd Joubert et à gauche avant le stade, accès direct à la Loire
3 ha (150 empl.) (juil.-août) plat, herbeux –
A proximité : parcours sportif
avril-sept. – **R** *conseillée* – – *élect. comprise 1 pers. 47*

Les ANCIZES-COMPS

11 - 73 ③ G. Auvergne

Paris 395 – Clermont-Ferrand 35 – Pontaumur 17 – Pontgibaud 19 – Riom 32 – St-Gervais-d'Auvergne 17

63770 P.-de-D. – 1 910 h. alt. 710

Comps-les-Fades, 04 73 86 81 64, N : 1,8 km par D 62 et rte de Comps à gauche
4,3 ha (90 empl.) (juil.-août) peu incliné, herbeux – snack – – Location :
avril-20 oct. – **R** *conseillée* – – *11* *15* *13 (10A)*

ANCY-LE-FRANC

7 - 65 ⑦ G. Bourgogne

Paris 215 – Auxerre 55 – Châtillon-sur-Seine 37 – Montbard 29 – Tonnerre 18

89160 Yonne – 1 174 h. alt. 180

Municipal, sortie Sud par D 905, rte de Montbard, face au château, bord d'un ruisseau et près d'un étang
0,5 ha (30 empl.) plat, herbeux –
juin-15 sept. – **R** – *12* *6* *6/12* *12 (3A)*

ANDANCE
11 - 76 ⑩

Paris 524 - Annonay 14 - Beaurepaire 29 - Condrieu 29 - Privas 78 - Tournon-sur-Rhône 22

07340 Ardèche - 1 009 h. alt. 135

Les Sauzets <, 04 75 34 20 20, N : 2 km par N 86, rte de Serrières et à droite, bord du Rhône et d'un plan d'eau
14 ha/9 campables (60 empl.) plat, gravier, pierreux, herbeux - pizzeria - - Location :
avril-oct. - Location longue durée - *Places disponibles pour le passage* - **R** *conseillée* - GB - - *20 piscine comprise* *15* *20* *15 (4 ou 6A)*

ANDELOT
7 - 62 ⑫

Paris 286 - Bologne 13 - Chaumont 23 - Joinville 33 - Langres 57 - Neufchâteau 34

52700 H.-Marne - 1 024 h. alt. 286

Municipal du Moulin, N : 1 km par D 147, rte de Vignes-la-Côte, bord du Rognon
1,92 ha (56 empl.) plat, herbeux -
juin-15 sept. - - *16* *12/20* *14*

▶ *Sie suchen in einem bestimmten Gebiet*
- *einen besonders angenehmen Campingplatz (...)*
- *einen das ganze Jahr über geöffneten Platz*
- *einfach einen Platz für einen mehr oder weniger langen Aufenthalt ...*

In diesem Fall ist die nach Departements geordnete Ortstabelle im Kapitel « Erläuterungen » ein praktisches Hilfsmittel.

Les ANDELYS
5 - 55 ⑰ G. Normandie Vallée de la Seine

Paris 104 - Beauvais 62 - Évreux 37 - Gisors 29 - Mantes-la-Jolie 52 - Rouen 38

27700 Eure - 8 455 h. alt. 28.
Office de Tourisme
24, r. Philippe-Auguste
02 32 54 41 93

à ***Bernières-sur-Seine*** SO : 6 km par D 135 - 234 h. alt. 15
27700 Bernières-sur-Seine :

Château-Gaillard, 02 32 54 18 20, Fax 02 32 54 32 66, SO : 0,8 km rte de la Mare, à 200 m de la Seine
22 ha/13 campables (223 empl.) plat et peu incliné, herbeux, pierreux, sablonneux -
A proximité :
fermé janv. - Location longue durée - *Places limitées pour le passage* - **R** *conseillée juil.-août* - GB - - *27 piscine comprise* *25/53 avec élect.*

à ***Bouafles*** S : 4 km par D 313 - 682 h. alt. 19 - 27700 Bouafles :

Château de Bouafles, réservé aux caravanes « Cadre agréable », 02 32 54 03 15, sortie Nord par D 313, bord de la Seine
9 ha (191 empl.) plat, herbeux, gravier - - A proximité :
fermé fév. - Location longue durée - *Places limitées pour le passage* - **R** - - *Tarif 97 :* *21* *28* *15,50*

ANDERNOS-LES-BAINS **33** Gironde - 71 ⑲ - voir à Arcachon (Bassin d')

ANDILLY
9 - 71 ⑫

Paris 464 - Fontenay-le-Comte 33 - Mauzé-sur-le-Mignon 34 - La Rochelle 17 - Les Sables-d'Olonne 84

17230 Char.-Mar. - 1 481 h. alt. 10

Aire Naturelle Municipale, 05 46 01 40 08, à 3,8 km au Nord-Ouest du bourg, bord du canal du Curé et près du canal de Marans-la-Rochelle - itinéraire par Villedoux vivement conseillé (chemin d'accès à droite dangereux après le pont) - croisement difficile pour caravanes
1 ha (24 empl.) plat, herbeux -
mai-sept. - - *8* *13* *10 (6A)*

ANDORRE (Principauté d')
10 - 86 ⑭ ⑮ G. Pyrénées Roussillon

- 61 599 h. alt. 1 241.
Syndicat d'Initiative
à Andorre-la-Vieille, r. du Dr-Vilanova
(00-376) 82 02 14,
Fax (00-376) 82 58 23

Canillo
Andorra la Vella 12

Jan-Ramon <, (00-376) 85 14 54, NE : 0,4 km par rte de Port d'Envalira, bord du Valira del Orient (rive gauche)
0,6 ha plat, herbeux - - - A proximité :
15 juin-sept. - **R** - *14,50* *14,50* *14,50 avec élect. (3A)*

Santa-Creu <, (00-376) 85 14 62, au bourg, bord du Valira del Orient (rive gauche)
0,5 ha peu incliné et terrasse, herbeux - - A proximité :
15 juin-sept. - **R** - *14,50* *14,50* *14,50 avec élect. (3A)*

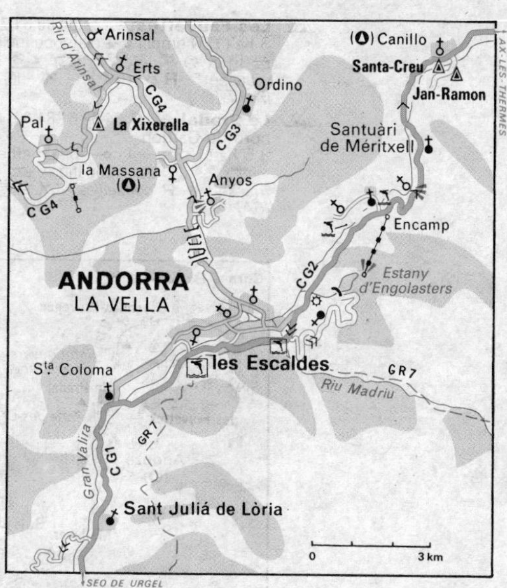

La Massana
Andorra la Vella 4

La Xixerella ≤, ✆ (00-376) 36 6 13, NO : 3,5 km par rte de Pal, bord d'un ruisseau – alt. 1 450
5 ha plat, peu incliné, en terrasses, pierreux, herbeux – snack – discothèque – A proximité : – Location :
Permanent – **R** *conseillée* – GB – *20 piscine comprise* 20 20 20 *(3A) 25 (6A)*

ANDOUILLÉ

4 – 59 ⑳

Paris 284 – Fougères 41 – Laval 14 – Mayenne 23 – Rennes 83 – Vitré 47

53240 Mayenne – 1 926 h. alt. 103

Municipal le Pont, ✆ 02 43 01 18 10, par D 104, rte de St-Germain-le-Fouilloux, attenant au jardin public, bord de l'Ernée
0,8 ha (31 empl.) plat, herbeux – A proximité : parcours de santé – Location *(permanent)* :
mars-oct. – *Tarif 97 :* *6,20* *3,10* *3,20* *5,10*

ANDRYES

6 – 65 ⑮

Paris 203 – Auxerre 38 – Avallon 41 – Clamecy 10 – Cosne-sur-Loire 49

89480 Yonne – 406 h. alt. 162

Au Bois Joli , ✆ 03 86 81 70 48, SO : 0,8 km par rte de Villeprenoy
5 ha (65 empl.) incliné, terrasses, pierreux, herbeux –
avril-oct. – **R** *conseillée* – – *piscine comprise 2 pers. 85,50* *16,80 (3A)*

ANDUZE

16 – 80 ⑰ **G. Gorges du Tarn**

Paris 718 – Alès 14 – Florac 67 – Lodève 83 – Montpellier 60 – Nîmes 46 – Le Vigan 50

30140 Gard – 2 913 h. alt. 135.
Office de Tourisme, plan de Brie
✆ 04 66 61 98 17, Fax 04 66 61 79 77

L'Arche ≤, ✆ 04 66 61 74 08, Fax 04 66 61 88 94, NO : 2 km, bord du Gardon – dans locations
5 ha (250 empl.) plat, peu incliné et terrasses, herbeux – snack, pizzeria – half-court – Location :
avril-sept. – **R** *conseillée juil.-août* – – *2 pers. 85 (101 avec élect. 6A), pers. suppl. 19*

Le Malhiver, ✆ 04 66 61 76 04, SE : 2,5 km, accès direct au Gardon – dans locations
2,26 ha (97 empl.) plat, herbeux – – Location :
mai-15 sept. – **R** *conseillée juil.-août* – – *Tarif 97 :* *élect. (6A) et piscine comprises 3 pers. 130, pers. suppl. 20*

Les Fauvettes ⩽, ✆ 04 66 61 72 23, NO : 1,7 km
3 ha (120 empl.) plat, peu incliné et en terrasses, herbeux - toboggan aquatique
mai-sept. - **R** *conseillée* - - *piscine comprise 2 pers. 85, pers. suppl. 18* *17 (6A)*

Le Pradal ⩽, ✆ 04 66 61 81 60, N : 0,8 km par D 129, rte de Générargues, bord du Gardon
3,5 ha (133 empl.) plat, herbeux - - Location :
mai-sept. - **R** *conseillée* - - *piscine comprise 2 pers. 88* *19 (6A)*

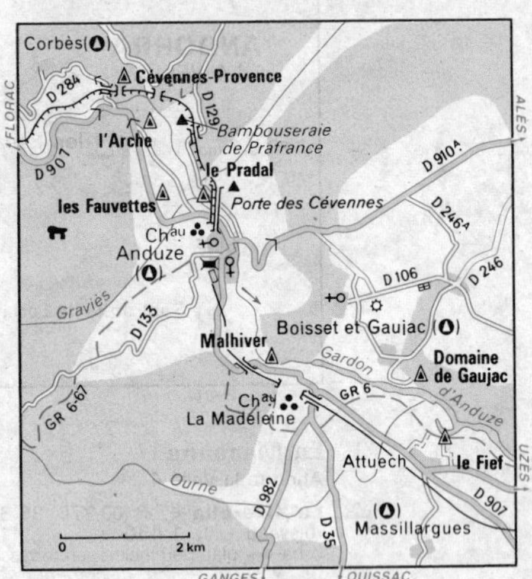

*à **Boisset-et-Gaujac*** SE : 4 km - 1 548 h. alt. 140
✉ 30140 Boisset-et-Gaujac

Domaine de Gaujac « Agréable cadre boisé », ✆ 04 66 61 80 65, Fax 04 66 60 53 90, SE : 2 km, à 50 m du Gardon-d'Anduze
10 ha (275 empl.) plat et en terrasses, herbeux, pierreux - pizzeria, crêperie - - A proximité : - Location :
avril-sept. - **R** *conseillée juil.-août* - GB - - *piscine comprise 2 pers. 82, pers. suppl. 21* *15 (4A) 20 (6A)*

*à **Corbès*** : NO : 5 km - 113 h. alt. 200 - ✉ 30140 Corbès :

Cévennes-Provence ⩽ « Cadre et site agréables », ✆ 04 66 61 73 10, Fax 04 66 61 60 74, au Mas-du-Pont, bord du Gardon de Mialet et près du Gardon de St-Jean
30 ha/10 campables (230 empl.) plat, accidenté et en terrasses, herbeux - - Location :
avril-oct. - **R** *conseillée juil.-août* - - *2 pers. 82, pers. suppl. 20* *13 (3A) 16 (6A) 20 (10A)*

*à **Massillargues-Attuech*** SE : 7,5 km - 419 h. alt. 156
✉ 30140 Massillargues :

Le Fief , ✆ 04 66 61 81 71, N : 1,5 km, à Attuech, près d'un petit lac (accès direct)
5 ha (80 empl.) plat, herbeux - pizzeria - - A proximité : - Location :
Pâques-sept. - **R** *conseillée 15 juil.-15 août* - GB - - *piscine comprise 2 pers. 80, pers. suppl. 18* *15 (6A)*

▶ *Demandez à votre libraire le catalogue des publications MICHELIN.*

ANGERS P

4 - 63 ⑳ **G. Châteaux de la Loire**

Paris 294 - Caen 247 - Laval 78 - Le Mans 96 - Nantes 91 - Saumur 50 - Tours 109

49000 M.-et-L. - 141 404 h. alt. 41.
Office de Tourisme
pl. du Prés.-Kennedy
✆ 02 41 23 51 11, Fax 02 41 23 51 66, (en oct. 98)
13 Prom. du Bout du Monde
✆ 02 41 25 54 54, Fax 02 41 25 54 55

Lac de Maine ⩽, ✆ 02 41 73 05 03, Fax 02 41 73 02 20, SO : 4 km par D 111, rte de Pruniers, près du lac (accès direct) et à proximité de la Base de Loisirs
4 ha (163 empl.) plat, herbeux, gravillons - snack - - A proximité :
25 mars-10 oct. - **R** *conseillée 15 juil.-15 août* - GB - - *Tarif 97 :* *piscine comprise 2 pers. 72, pers. suppl. 11,30* *17,30 (6A) 29 (10A)*

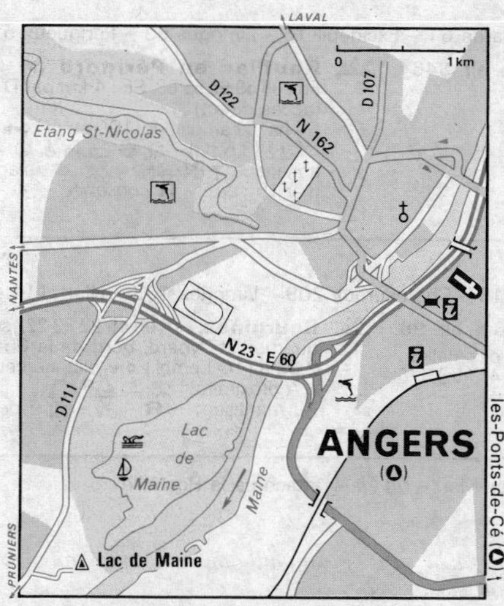

aux Ponts-de-Cé S : 6,5 km (hors schéma) – 11 032 h. alt. 25
✉ 49130 les Ponts-de-Cé :

Ile du Château, ☏ 02 41 44 62 05, dans l'île du château, près de la Loire
2,3 ha (138 empl.) plat, herbeux, jardin public attenant – A proximité : toboggan aquatique

ANGLARS-JUILLAC

14 – 79 ⑦

Paris 583 – Cahors 24 – Gourdon 40 – Sarlat-la-Canéda 55 – Villeneuve-sur-Lot 50

46140 Lot – 329 h. alt. 98

Base Nautique Floiras, ☏ 05 65 36 27 39, Fax 05 65 21 41 00, à Juillac, bord du Lot
1 ha (25 empl.) plat, herbeux – –
avril-15 oct. – **R** – GB – *19* *30* *14 (16A)*

ANGLÈS

15 – 83 ②

Paris 740 – Béziers 78 – Carcassonne 73 – Castres 34 – Lodève 98 – Narbonne 77

81260 Tarn – 588 h. alt. 750

Le Manoir de Boutaric, ☏ 05 63 70 96 06, au Sud du bourg, rte de Lacabarède
3,3 ha (178 empl.) (saison) plat et peu incliné, terrasse, herbeux – – discothèque – A proximité : – Location : (hôtel)
Pâques-15 oct. – **R** *conseillée* – – *élect. et piscine comprises 2 pers. 120, pers. suppl. 20*

ANGLES

9 – 71 ⑪ **G. Poitou Vendée Charentes**

Paris 447 – Luçon 22 – La Mothe-Achard 38 – Niort 83 – La Rochelle 55 – La Roche-sur-Yon 32 – Les Sables-d'Olonne 38

85750 Vendée – 1 314 h. alt. 10

Moncalm - l'Atlantique, ☏ 02 51 97 55 50, Fax 02 51 28 91 09, au bourg, sortie vers la Tranche-sur-Mer et rue à gauche – (en 2 parties)
11 ha (510 empl.) plat, herbeux, pierreux – – toboggan aquatique, half-court – Location : , tentes
Pâques-sept. – **R** *conseillée juil.-août* – GB – – *piscine comprise 2 pers. 105* *15 (3A) 20 (6A) 25 (10A)*

Le Clos Cottet, ☏ 02 51 28 90 72, Fax 02 51 28 90 50, S : 2,3 km près du D 747, rte de la Tranche-sur-Mer
4,5 ha (196 empl.) (saison) plat, herbeux – – – Location : , bungalows toilés
Pâques-sept. – **R** *conseillée juil.-août* – GB – – *piscine comprise 2 pers. 87* *15 (5A) 22 (10A)*

Le Troussepoil, ☏ 02 51 97 51 50 ✉ 85560 Longeville-sur-Mer, O : 1,3 km par D 70, rte de Longeville-sur-Mer
0,6 ha (40 empl.) plat, herbeux – – – A proximité : – Location :
15 juin-15 sept. – **R** – – *piscine comprise 2 pers. 62* *10 (3A) 15 (10A)*

ANGOISSE

10 - 75 ⑦

Paris 443 - Brive-la-Gaillarde 61 - Excideuil 16 - Limoges 53 - Périgueux 51 - Thiviers 22

24270 Dordogne - 559 h. alt. 345

Rouffiac en Périgord « Site agréable », 05 53 52 68 79, Fax 05 53 62 55 83, SE : 4 km par D 80, rte de Payzac, à 150 m d'un plan d'eau (accès direct)
54 ha/6 campables (100 empl.) (juil.-août) en terrasses et peu incliné, herbeux (3,5 ha) - - A proximité : toboggan aquatique (plage)
mai-15 sept. - **R** *conseillée* - - *23* *25/40 avec élect.*

ANGOULÊME P

9 - 72 ③ ⑭ G. Poitou Vendée Charentes

Paris 447 - Bordeaux 118 - Châteauroux 209 - Limoges 103 - Niort 114 - Périgueux 85 - Royan 108

16000 Charente - 42 876 h. alt. 98.
Office de Tourisme, pl. des Halles
05 45 95 16 84, Fax 05 45 95 91 76

Bourgines, 05 45 92 83 22, sortie Nord-Ouest vers rte de la Rochelle, quartier St-Cybard, bord de la Charente
2,3 ha (160 empl.) plat, herbeux - - - A proximité :
29 mars-sept. - **R** - - *2 pers. 56, pers. suppl. 16*

ANGOULINS 17 Char.-Mar. - 71 ⑬ - rattaché à la Rochelle

▶ *Si vous recherchez :*
un terrain agréable ou très tranquille, ouvert toute l'année,
avec tennis ou piscine,

Consultez le tableau des localités citées, classées par départements.

ANNECY (Lac d')

12 - 74 ⑥ ⑯ G. Alpes du Nord

74 H.-Savoie
Office de Tourisme, Clos Bonlieu, 1 r. Jean-Jaurès 04 50 45 00 33, Fax 04 50 51 87 20

Alex - 574 h. alt. 589 - 74290 Alex.

Paris 546 - Albertville 42 - Annecy 13 - La Clusaz 19 - Genève 52

La Ferme des Ferrières , 04 50 02 87 09, O : 1,5 km par D 909, rte d'Annecy et chemin à droite
5 ha (200 empl.) peu incliné à incliné, herbeux - -
juin-sept. - **R** *conseillée* - - *Tarif 97 :* *2 pers. 48* *12 (5A)*

Bout-du-Lac - 74210 Faverges.

Paris 555 - Albertville 28 - Annecy 18 - Megève 43

International du Lac Bleu , 04 50 44 30 18, Fax 04 50 44 84 35, rte d'Albertville, bord du lac (plage) - 25 juin-15 août
3,3 ha (234 empl.) (saison) plat, herbeux, pierreux - snack - - A proximité : - Location : , studios et appartements
9 avril-27 sept. - **R** - GB - - *Tarif 97 :* *piscine comprise 2 pers. 112* *19 (6A)*

Doussard - 2 070 h. alt. 456 - 74210 Doussard.

Paris 558 - Albertville 27 - Annecy 20 - La Clusaz 36 - Megève 43

La Serraz , 04 50 44 30 68, Fax 04 50 44 81 07, au bourg, sortie Est, près de la poste - dans locations
3,5 ha (181 empl.) plat, herbeux - - - Location :
15 mai-sept. - **R** *conseillée* - - *piscine comprise 2 pers. 109, pers. suppl. 25* *18 (3A) 23 (6A) 32 (10A)*

La Nublière , 04 50 44 33 44, Fax 04 50 44 31 78, N : 1,8 km, bord du lac (plage)
9 ha (440 empl.) (saison) plat, herbeux, pierreux - - - A l'entrée : - A proximité : - Location *(permanent)* :
mai-sept. - **R** *conseillée juil.-15 août* - GB - - *2 pers. 70 (90 avec élect. 4A)*

Simon de Verthier , 04 50 44 36 57, NE : 1,6 km, à Verthier, près de l'Eau Morte
0,5 ha (26 empl.) plat, herbeux -
mai-sept. - **R** *conseillée* - *2 pers. 60, pers. suppl. 10* *10 (4A)*

Duingt - 635 h. alt. 450 - 74410 Duingt.

Paris 550 - Albertville 33 - Annecy 12 - Megève 49 - St-Jorioz 3

Municipal les Champs Fleuris , 04 50 68 57 31, O : 1 km
1,3 ha (112 empl.) plat et terrasses, herbeux -
6 juin-5 sept. - - *3 pers. 75, pers. suppl. 22,50* *10 (3A) 14,50 (6A)*

Le Familial , 04 50 68 69 91, SO : 1,5 km
0,5 ha (40 empl.) plat, herbeux - - Location :
avril-oct. - **R** *conseillée* - *2 pers. 63* *12 (3A) 14 (5A)*

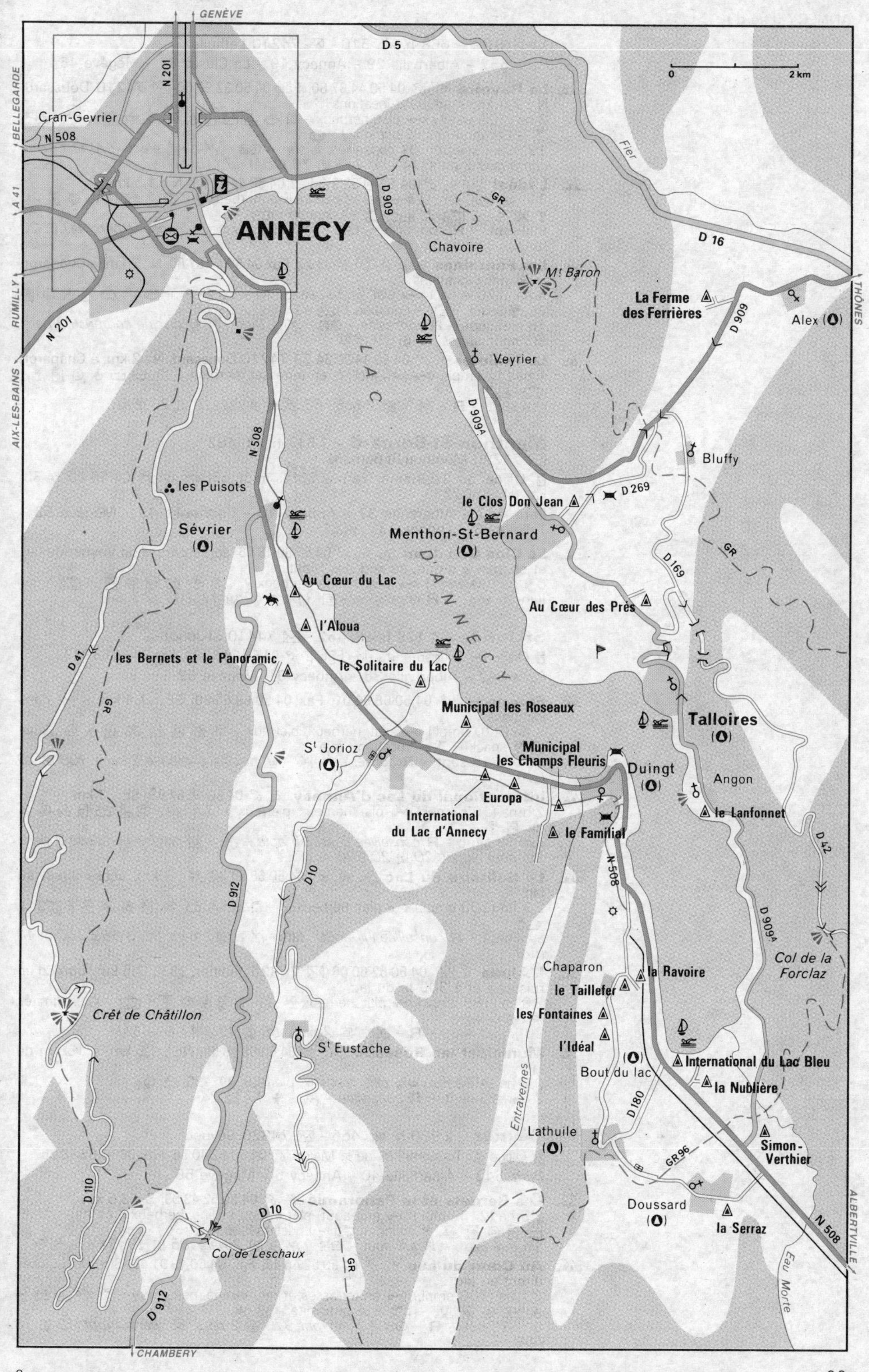
GENÈVE
D 5
0
2 km
N 201
BELLEGARDE
Cran-Gevrier
N 508
A 41
ANNECY
Fier
D 909
GR
Chavoire
D 16
RUMILLY
N 201
Mt Baron
La Ferme des Ferrières
D 909
Alex
THÔNES
Veyrier
LAC D'ANNECY
AIX-LES-BAINS
D 909^A
N 508
Bluffy
les Puisots
le Clos Don Jean
D 269
Sévrier
Menthon-St-Bernard
D 169
GR
Au Cœur du Lac
Au Cœur des Prés
l'Aloua
les Bernets et le Panoramic
le Solitaire du Lac
D 41
GR
Municipal les Roseaux
Talloires
St Jorioz
Municipal les Champs Fleuris
Duingt
Angon
Europa
International du Lac d'Annecy
le Lanfonnet
le Familial
D 42
D 10
N 508
D 912
D 909^A
Col de la Forclaz
Chaparon
la Ravoire
le Taillefer
Crêt de Châtillon
les Fontaines
l'Idéal
St Eustache
International du Lac Bleu
Bout du lac
la Nublière
Entraverne
D 180
Lathuile
Simon-Verthier
GR 96
Doussard
D 110
D 10
la Serraz
ALBERTVILLE
N 508
Col de Leschaux
GR
Eau Morte
D 912
CHAMBERY

3

Lathuile - 668 h. alt. 510 - ✉ 74210 Lathuile.

Paris 557 - Albertville 29 - Annecy 19 - La Clusaz 38 - Megève 45

La Ravoire ←, ☏ 04 50 44 37 80, Fax 04 50 32 90 60 ✉ 74210 Doussard, N : 2,5 km - dans locations
2 ha (103 empl.) plat, herbeux - - Location *(fermé oct.-nov.)* :
15 mai-15 sept. - **R** *conseillée saison* - GB - - *élect. (5A) et piscine comprises 2 pers. 145 ou 165* *10 (10A) 17 (15A)*

L'Idéal ←, ☏ 04 50 44 32 97, Fax 04 50 44 36 59, N : 1,5 km
3,2 ha (300 empl.) plat et peu incliné, herbeux - - Location :
mai-sept. - **R** *conseillée* - GB - - *piscine comprise 2 pers. 80* *20 (6A)*

Les Fontaines ←, ☏ 04 50 44 31 22, Fax 04 50 44 87 80, N : 2 km, à Chaparon - dans locations
3 ha (170 empl.) plat, en terrasses, herbeux - snack - - Location :
15 mai-sept. - **R** *conseillée* - GB - - *Tarif 97 :* *piscine comprise 2 pers. 80, pers. suppl. 19* *20 (6A)*

Le Taillefer ←, ☏ 04 50 44 30 34 ✉ 74210 Doussard, N : 2 km, à Chaparon
1 ha (32 empl.) peu incliné, en terrasses, herbeux - -
mai-sept. - **R** - - *2 pers. 65, pers. suppl. 18* *20 (6A)*

Menthon-St-Bernard - 1 517 h. alt. 482
✉ 74290 Menthon-St-Bernard.

Office de Tourisme (fermé après-midi oct.-mai) ☏ 04 50 60 14 30, Fax 04 50 60 22 19

Paris 547 - Albertville 37 - Annecy 10 - Bonneville 43 - Megève 52 - Talloires 3 - Thônes 13

Le Clos Don Jean ←, ☏ 04 50 60 18 66, sortie par rte de Veyrier-du-Lac et chemin à droite, au sud des Moulins
0,9 ha (90 empl.) peu incliné, herbeux - -
juin-15 sept. - **R** *conseillée* - *3 pers. 62* *11 à 17 (2 à 6A)*

St-Jorioz - 4 178 h. alt. 452 - ✉ 74410 St-Jorioz.

Office de Tourisme, rte de l'Eglise ☏ 04 50 68 61 82, Fax 04 50 68 96 11

Paris 547 - Albertville 36 - Annecy 9 - Megève 52

Europa ←, ☏ 04 50 68 51 01, Fax 04 50 68 55 20, SE : 1,4 km - dans locations
3 ha (210 empl.) plat, herbeux, pierreux - snack - - Location :
15 mai-15 sept. - **R** *conseillée* - - *piscine comprise 2 pers. 108* *20 (6A)*

International du Lac d'Annecy ←, ☏ 04 50 68 67 93, SE : 1 km
2,5 ha (163 empl.) plat, herbeux, pierreux (1,5 ha) - -
juin-15 sept. - **R** *conseillée 5 juil.-15 août* - - *piscine comprise 2 pers. 99, pers. suppl. 20* *20 (6A)*

Le Solitaire du Lac ←, ☏ 04 50 68 59 30, N : 1 km, accès direct au lac
2,2 ha (200 empl.) plat, herbeux - -
avril-sept. - **R** *conseillée juil.-août* - GB - - *2 pers. 86, 3 pers. 100* *18 (5A)*

L'Aloua ←, ☏ 04 50 52 60 06 ✉ 74320 Sévrier, NO : 1,5 km, bord d'un ruisseau et à 300 m du lac
2,3 ha (185 empl.) plat, herbeux - - - A proximité :
20 juin-6 sept. - **R** - - *2 pers. 68* *12 à 17 (2 à 6A)*

Municipal les Roseaux , ☏ 04 50 68 66 59, NE : 1,5 km, à 150 m du lac
0,6 ha (49 empl.) plat, herbeux, pierreux -
7 juin-15 sept. - **R** *conseillée* - - *17* *24*

Sévrier - 2 980 h. alt. 456 - ✉ 74320 Sévrier.

Office de Tourisme, pl. de la Mairie ☏ 04 50 52 40 56, Fax 04 50 52 48 66

Paris 543 - Albertville 40 - Annecy 5 - Megève 56

Les Bernets et le Panoramic ←, ☏ 04 50 52 43 09, S : 3,5 km
2,5 ha (218 empl.) (juil.-août) plat et peu incliné, herbeux (1 ha) - snack - - Location :
15 mai-sept. - **R** *juil.-août* - GB - - *2 pers. 86* *19 (3A)*

Au Cœur du Lac ←, ☏ 04 50 52 46 45, Fax 04 50 19 01 45, S : 1 km, accès direct au lac
1,7 ha (100 empl.) en terrasses et peu incliné, herbeux - - - A proximité :
avril-1er oct. - **R** - GB - - *Tarif 97 :* *2 pers. 88, pers. suppl. 19* *18 (4A)*

Talloires - 1 287 h. alt. 470 - ✉ 74290 Talloires.
Office de Tourisme, pl. de la Mairie ☎ 04 50 60 70 64, Fax 04 50 60 76 59
Paris 550 - Albertville 34 - Annecy 13 - Megève 49

Le Lanfonnet, ☎ 04 50 60 72 12, SE : 1,5 km, près du lac
1,9 ha (170 empl.) plat, peu incliné, herbeux (0,5 ha) - snack
mai-29 sept. - R *conseillée - Tarif 97 : 2 pers. 99 18,50 (3A) 19,50 (6A)*

Au Cœur des Prés, ☎ 04 50 60 71 87, N : 2 km
1,2 ha (100 empl.) peu incliné, plat, herbeux -
juin-15 sept. - R *conseillée juil.-août - Tarif 97 : 2 pers. 55, pers. suppl. 11 15 (4A)*

ANNONAY

11 - 77 ① G. Vallée du Rhône

Paris 532 - Grenoble 104 - St-Étienne 42 - Tournon-sur-Rhône 35 - Valence 53 - Vienne 44 - Yssingeaux 57

07100 Ardèche - 18 525 h. alt. 350.
Office de Tourisme pl. des Cordeliers ☎ 04 75 33 24 51, Fax 04 75 32 47 79

Municipal de Vaure, ☎ 04 75 32 47 49, sortie Nord, rte de St-Étienne, attenant à la piscine et près d'un parc
2,5 ha (78 empl.) plat et peu incliné, herbeux - A l'entrée : - A proximité :
avril-oct. - R *conseillée juil.-août - 12 5,50 11/16 10 (6A) 16,50 (10A)*

ANNOVILLE

4 - 54 ⑫

Paris 336 - Barneville-Carteret 58 - Carentan 48 - Coutances 13 - Granville 19 - St-Lô 43

50660 Manche - 474 h. alt. 28

Municipal les Peupliers, ☎ 02 33 47 67 73, SO : 3 km par D 20 et chemin à droite, à 500 m de la plage
2 ha (100 empl.) plat, sablonneux, herbeux -
15 juin-15 sept. - R - *11,50 13,80 11,30 (6A)*

ANOST

11 - 69 ⑦ G. Bourgogne

Paris 271 - Autun 24 - Château-Chinon 20 - Luzy 46 - Saulieu 33

71550 S.-et-L. - 746 h. alt. 454

Municipal Pont de Bussy, ☎ 03 85 82 79 07, O : 0,5 km par D 88, rte d'Arleuf, bord d'un ruisseau et près d'un petit plan d'eau
1,5 ha (45 empl.) plat et peu incliné, herbeux - - A l'entrée : half-court, terrain omnisports
juin-sept. - R *conseillée 14 juil.-25 août - Tarif 97 : 13 8 12 12*

ANOULD

8 - 62 ⑰

Paris 431 - Colmar 44 - Épinal 47 - Gérardmer 17 - St-Dié 11

88650 Vosges - 2 960 h. alt. 457

Les Acacias, ☎ 03 29 57 11 06, sortie Ouest par N 415, rte de Colmar et chemin à droite
0,8 ha (60 empl.) (juil.-août) plat, herbeux - (bassin)
Permanent - R - *18 10 10 14 (3A) 19 (6A) 32 (10A)*

ANSE

11 - 74 ①

Paris 436 - L'Arbresle 19 - Bourg-en-Bresse 58 - Lyon 27 - Mâcon 49 - Villefranche-sur-Saône 6

69480 Rhône - 4 458 h. alt. 170.
Office de Tourisme pl. du 8-Mai-1945, en face du Château ☎ 04 74 60 26 16, Fax 04 74 67 29 74

Les Portes du Beaujolais, ☎ 04 74 67 12 87, Fax 04 74 09 90 97, sortie Sud-Est, rte de Lyon et 0,6 km par chemin à gauche avant le pont, au confluent de l'Azergues et de la Saône
7,5 ha (198 empl.) plat, herbeux (tentes) - snack - - Location *(permanent)* :
mars-nov. - R *conseillée* - GB - *Tarif 97 : élect. (6A) et piscine comprises 2 pers. 109 ou 119, pers. suppl. 26 16 (10A)*

ANTIBES

17 - 84 ⑨ G. Côte d'Azur

Paris 911 - Aix-en-Provence 159 - Cannes 10 - Nice 23

06600 Alpes-Mar. - 70 005 h. alt. 2.
Office de Tourisme 11, pl. Gén.-de-Gaulle ☎ 04 92 90 53 00, Fax 04 92 90 53 01

Antipolis, ☎ 04 93 33 93 99, Fax 04 92 91 02 00, N : 5 km par N 7 et chemin à gauche, bord de la Brague -
4,5 ha (260 empl.) plat, herbeux - snack, pizzeria - - Location :
Pâques-sept. - R *conseillée juil.-août* - GB - - *élect. (10A) et piscine comprises 3 pers. 160*

Le Pylone, ☎ 04 93 33 52 86, Fax 04 93 33 30 54, N : 4,5 km par N 7, à 300 m de la plage et au bord de la Brague - juil.-août
10 ha (800 empl.) plat, herbeux, gravillons, gravier - -
Permanent - Location longue durée - *Places disponibles pour le passage -* R *juil.-août - 35 25 25 avec élect. (10A)*

Le Rossignol, ✆ 04 93 33 56 98, Fax 04 92 91 98 99, N : 3 km par N 7 et av. Jules-Grec à gauche – juil.-août dans locations
1,3 ha (111 empl.) plat et en terrasses, herbeux, gravier – Location :
29 mars-25 sept. – **R** *conseillée juil.-août* – GB – *piscine comprise 2 pers. 98/104, pers. suppl. 25 14 (3A) 17 (6A) 24 (10A)*

Les Frênes, ✆ 04 93 74 66 00, N : 4,9 km par N 7 et chemin à gauche
2,5 ha (110 empl.) plat, herbeux – snack – Location :
15 juin-15 sept. – **R** – GB – *élect. comprise 2 pers. 132, 3 pers. 152, 4 pers. 184*

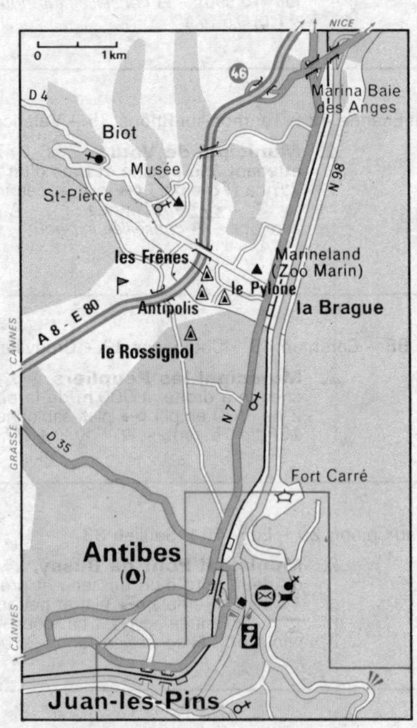

ANTONNE-ET-TRIGONANT 24 Dordogne – 75 ⑥ – rattaché à Périgueux

ANTRAIN

4 – 59 ⑰ G. Bretagne

Paris 349 – Avranches 31 – Dol-de-Bretagne 26 – Fougères 28 – Rennes 50

35560 I.-et-V. – 1 489 h. alt. 40

Municipal ≤, à l'Ouest du centre ville, 4 rue des Pungeoirs
0,4 ha (25 empl.) incliné, herbeux – A proximité :
15 mai-sept. – **R** *conseillée – Tarif 97 : 16 8 8 20 (16A)*

ANZÊME

10 – 72 ⑨

Paris 346 – Aigurande 27 – Le Grand-Bourg 32 – Guéret 12 – La Souterraine 40

23000 Creuse – 519 h. alt. 325

Municipal de Péchadoire ≤ « Situation agréable », ✆ 05 55 51 01 49, SE : 2 km par rte de Péchadoire puis 0,7 km par chemin à gauche, à 150 m de la Creuse (plan d'eau)
1 ha (30 empl.) plat et peu incliné, en terrasses, herbeux (0,2 ha) – A proximité : (plage)
mai-sept. – **R** – *15 20 15*

APREMONT

9 – 67 ⑫ G. Poitou Vendée Charentes

Paris 444 – Challans 17 – Nantes 62 – La Roche-sur-Yon 28 – Les Sables-d'Olonne 32 – St-Gilles-Croix-de-Vie 18

85220 Vendée – 1 152 h. alt. 19

Les Prairies « Entrée fleurie », ✆ 02 51 55 70 58, Fax 02 51 55 76 04, NE : 2 km, sur D 40, rte de Maché
2 ha (90 empl.) plat, herbeux (2 ha) – grill – – Location :
avril-23 sept. – **R** *conseillée juil.-août* – GB – *21 piscine comprise 8 18 15 (4A) 18 (6A) 21 (10A)*

APT

16 - 81 ⑭ G. Provence

Paris 728 - Aix-en-Provence 50 - Avignon 53 - Carpentras 49 - Cavaillon 32 - Digne-les-Bains 92

84400 Vaucluse - 11 506 h. alt. 250.

Office de Tourisme av. Ph.-de-Girard
04 90 74 03 18, Fax 04 90 04 64 30

Les Chênes Blancs, 04 90 74 09 20, Fax 04 90 74 26 98 84490 St-Saturnin-d'Apt, NO : 8 km par N 100 rte d'Avignon et D 101 à droite, par Gargas
3,2 ha (190 empl.) plat, pierreux - snack - - Location :
15 mars-oct. - **R** *indispensable juil.-août* - GB - - *Tarif 97 : 20 piscine comprise 26 15 (3A) 20 (6A)*

Le Lubéron, 04 90 04 85 40, Fax 04 90 74 12 19, SE : 2 km par D 48 rte de Saignon - dans locations
5 ha (110 empl.) plat et peu incliné, terrasses, herbeux - snack - - Location *(15 mai-15 sept.)* :
Pâques-sept. - **R** *conseillée juil.-août* - - *Tarif 97 : 2 pers. 69 20 jusqu'à (8A)*

Aire Naturelle la Clé des Champs, 04 90 74 41 41, N : 3 km, accès par rte de la Cucuronne (près de la poste) et quartier St-Michel
1 ha (25 empl.) plat, herbeux, pierreux verger -
avril-sept. - **R** *conseillée* - - *16 10 12/18 14 (4A) 17 (6A) 20 (10A)*

▶ *LES GUIDES VERTS MICHELIN*

Paysages, monuments
Routes touristiques
Géographie
Histoire, Art
Itinéraire de visite
Plans de villes et de monuments

ARAGNOUET

14 - 85 ⑲ G. Pyrénées Aquitaine

Paris 861 - Arreau 23 - Bagnères-de-Luchon 56 - Lannemezan 50 - La Mongie 61

65170 H.-Pyr. - 336 h. alt. 1 100

Municipal du Pont du Moudang « Situation agréable », 05 62 39 62 84, NE : 2 km par D 929 rte de St-Lary-Soulan, au confluent de deux torrents
1,5 ha (100 empl.) plat, peu incliné et en terrasses, pierreux, herbeux et goudronné (0,7 ha) - (sauf été) - - A proximité :

ARBOIS

12 - 70 ④ G. Jura

Paris 393 - Besançon 48 - Dole 34 - Lons-le-Saunier 39 - Salins-les-Bains 12

39600 Jura - 3 900 h. alt. 350.

Office de Tourisme r. de l'Hôtel de ville
03 84 37 47 37, Fax 03 84 66 25 50

Municipal les Vignes, 03 84 66 14 12, sortie Est par D 107, rte de Mesnay, près du stade et de la piscine
2,3 ha (139 empl.) en terrasses et peu incliné, herbeux, gravillons, gravier - - - A proximité :
avril-sept. - **R** *conseillée* - - *Tarif 97 : 19 19 ou 27,50 16,50 (10A)*

ARCACHON (Bassin d')

13 - 71 ⑲ ⑳ G. Pyrénées Aquitaine

33 Gironde

Andernos-les-Bains - 7 176 h. alt. 4

33510 Andernos-les-Bains.

Office de Tourisme, esplanade du Broustic 05 56 82 02 95, Fax 05 56 82 14 29

Paris 628 - Arcachon 41 - Bordeaux 46 - Castelnau-de-Médoc 51

Fontaine-Vieille, 05 56 82 01 67, Fax 05 56 82 09 81, SE : 2,5 km, au Mauret, bord du Bassin
13 ha (840 empl.) plat, sablonneux, herbeux - cases réfrigérées - - A proximité : - Location :
mai-20 sept. - **R** - GB - - *2 pers. 85 20 (5A)*

Arcachon - 11 770 h. alt. 5 - 33120 Arcachon.

Office de Tourisme, esplanade G.-Pompidou 05 56 83 01 69, Fax 05 57 52 22 10

Paris 651 - Agen 196 - Bayonne 183 - Bordeaux 74 - Dax 145 - Royan 191

Camping Club d'Arcachon « Cadre agréable », 05 56 83 24 15, Fax 05 57 52 28 51, au Sud de la ville, allée de la Galaxie, quartier des Abatilles
5,2 ha (250 empl.) vallonné, sablonneux - - - A proximité :
Permanent - **R** *conseillée* - GB - - *Tarif 97 : piscine comprise 1 à 3 pers. 110/120, pers. suppl. 25 25 (6 à 10A)*

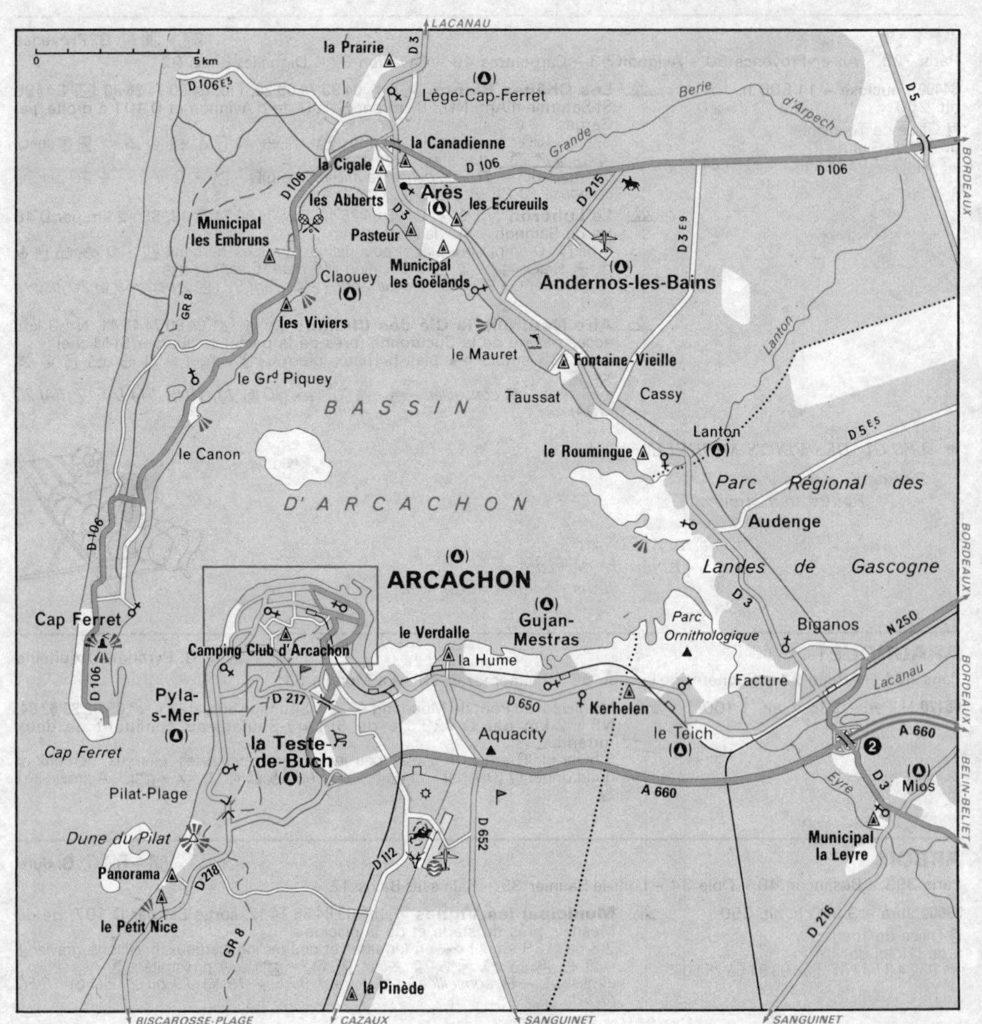

Arès - 3 911 h. alt. 6 - ✉ 33740 Arès.

ℹ Office de Tourisme, esplanade G.-Dartiquelongue ✆ 05 56 60 18 07, Fax 05 56 60 39 41

Paris 629 - Arcachon 46 - Bordeaux 47

Municipal les Goëlands, ✆ 05 56 82 55 64, SE : 1,7 km, près d'étangs et à 500 m du Bassin
10 ha (400 empl.) plat et vallonné, sablonneux - A proximité : (étang)
avril-sept. - **R** *conseillée* - GB - *Tarif 97 : 2 pers. 90 17 (6A)*

La Canadienne « Cadre boisé », ✆ 05 56 60 24 91, Fax 05 57 70 40 85, N : 1 km
2 ha (114 empl.) plat, herbeux - Location :
avril-20 oct. - **R** *conseillée juil.-août* - GB - *piscine comprise 2 pers. 115 20 (6A)*

Les Abberts « Entrée fleurie », ✆ 05 56 60 26 80, sortie Nord puis r. des Abberts à gauche
2 ha (125 empl.) plat, sablonneux, herbeux snack (bassin)
mai-sept. - **R** - *2 pers. 95, pers. suppl. 25 24 (6A)*

La Cigale, ✆ 05 56 60 22 59, Fax 05 57 70 41 66, sortie Nord
2,4 ha (95 empl.) plat, herbeux, sablonneux - A l'entrée : pizzeria
avril-10 oct. - **R** *indispensable juil.-août* - GB - *piscine comprise 2 pers. 100, pers. suppl. 22 22 (4 ou 6A)*

Pasteur, 05 56 60 33 33, Fax 05 56 60 05 05, par sortie Sud-Est, à 300 m du bassin
1 ha (50 empl.) plat, herbeux, sablonneux - (bassin) - Location :
Pâques-sept. - **R** *conseillée* - GB - - *2 pers. 86*

Les Écureuils, 05 56 26 09 47, SE : 1,5 km
0,8 ha (43 empl.) plat, sablonneux, herbeux - - Location :
30 mai-27 sept. - **R** *conseillée 12 juil.-23 août* - - *piscine comprise 2 pers. 76 16 (6A)*

Claouey - 33950 Lège-Cap-Ferret.

Paris 636 - Arcachon 69 - Belin-Béliet 61 - Bordeaux 54 - Cap-Ferret 13

Les Viviers « Agréable situation au bord des viviers, îles », 05 56 60 70 04, Fax 05 56 60 76 14, SO : 1,5 km, près du Bassin
33 ha (980 empl.) plat, sablonneux pinède - grill - - Location :
mai-sept. - **R** *indispensable 4 juil.-août* - GB - - *3 pers. 160, pers. suppl. 27 23 (6A)*

Municipal les Embruns « Cadre agréable », 05 56 60 70 76, O : 0,7 km
18 ha (800 empl.) plat, accidenté, incliné, sablonneux pinède - - A proximité :
Permanent - **R** *conseillée* - - *Tarif 97 : élect. comprise 2 pers. 70,50, 3 pers. 84*

Gujan-Mestras - 11 433 h. alt. 5 - 33470 Gujan-Mestras.

Paris 639 - Andernos-les-Bains 26 - Arcachon 16 - Bordeaux 62

à La Hume O : 3,8 km - 33470 Gujan-Mestras :

Verdalle, 05 56 66 12 62, au Nord de la localité, par av. de la Plage et chemin à droite, près du bassin, accès direct à la plage
1,5 ha (108 empl.) plat, sablonneux, pierreux -

Lanton - 3 734 h. alt. 2 - 33138 Lanton.

Office de Tourisme 05 56 26 18 63, Fax 05 56 26 19 91

Paris 628 - Arcachon 34 - Belin-Béliet 39 - Bordeaux 44

Le Roumingue, 05 56 82 97 48, Fax 05 56 82 96 09, NO : 1 km, bord du Bassin
33 ha/10 campables (300 empl.) plat, herbeux, sablonneux - - (plan d'eau) - Location :
Permanent - **R** *conseillée* - GB - - *2 pers. 95, pers. suppl. 22 22 (4A) 30 (6A)*

Lège-Cap-Ferret - 5 564 h. alt. 9 - 33950 Lège-Cap-Ferret.

Office de Tourisme, le Canon 05 56 60 86 43, Fax 05 56 60 94 54

Paris 631 - Arcachon 64 - Belin-Beliet 56 - Bordeaux 49 - Cap-Ferret 20

La Prairie, 05 56 60 09 75, NE : 1 km par D 3, rte du Porge
1,5 ha (70 empl.) plat, herbeux - -
Permanent - **R** *conseillée 20 juil.-20 août* - - *2 pers. 60 16 (10A)*

Mios - 3 786 h. alt. 13 - 33380 Mios.

Paris 626 - Arcachon 26 - Belin-Béliet 26 - Bordeaux 49

Municipal la Leyre, 05 56 26 42 04, au Sud-Ouest du bourg, bord de rivière
2 ha (100 empl.) plat, peu incliné, herbeux, sablonneux (1 ha) - - A proximité : parcours de santé, halte nautique
Permanent - **R** - - *2 pers. 69 19 (6A)*

Pyla-sur-Mer - 33115 Pyla-sur-Mer.

Office de Tourisme, rond-point du Figuier 05 56 54 02 22, Fax 05 56 22 58 84 et (juin-sept.) Grande Dune de Pyla 05 56 22 12 85

Paris 650 - Arcachon 8 - Biscarrosse 34 - Bordeaux 72

Panorama , 05 56 22 10 44, Fax 05 56 22 10 12, S : 7 km par D 218, rte de Biscarrosse - accès piétons à la plage par escalier abrupt et chemin
15 ha/10 campables (450 empl.) accidenté et en terrasses, plat, sablonneux pinède - - - Location :
mai-sept. - **R** - - *28 piscine comprise 89 20 (3A) 30 (6 ou 10A)*

Le Petit Nice , 05 56 22 74 03, Fax 05 56 22 14 31, S : 7,2 km par D 218 rte de Biscarrosse - accès piétons à la plage par escalier abrupt
5 ha (225 empl.) accidenté et en terrasses, sablonneux pinède - - - Location :
31 mars-oct. - **R** *conseillée* - *28 piscine comprise 70 25 (10A)*

Le Teich – 3 607 h. alt. 5 – ✉ 33470 Le Teich.
Syndicat d'Initiative (saison) ✆ 05 56 22 80 46, Fax 05 56 22 89 65
Paris 634 – Arcachon 20 – Belin-Béliet 34 – Bordeaux 57

Ker Helen, ✆ 05 56 66 03 79, Fax 05 56 66 51 59, O : 2 km par D 650 rte de Gujan-Mestras
4 ha (140 empl.) plat, herbeux snack – Location :
mars-nov. – **R** *conseillée juil.-août* – – *26 piscine comprise* *50* *20 (6A)*

La Teste-de-Buch – 20 331 h. alt. 5 – ✉ 33260 La Teste-de-Buch.
Office de Tourisme, pl. J.-Hameau ✆ 05 56 66 45 59, Fax 05 56 54 45 94 et (saison) pl. Marché
Paris 644 – Andernos-les-Bains 35 – Arcachon 4 – Belin-Béliet 44 – Biscarrosse 33 – Bordeaux 66

La Pinède « Cadre agréable », ✆ 05 56 22 23 24, bord du canal des Landes
5 ha (200 empl.) plat, sablonneux, herbeux pinède – snack – – Location :
avril-sept. – **R** *conseillée* – GB – – *piscine comprise 2 pers. 95, pers. suppl. 25* *20 (2 ou 5A)*

ARCES

9 – 71 ⑮

Paris 498 – Marennes 44 – Mirambeau 37 – Pons 28 – Royan 21 – Saintes 30

17120 Char.-Mar. – 485 h. alt. 30

La Ferme de chez Filleux, ✆ 05 46 90 84 33, Fax 05 46 06 92 84, NO : 3,5 km, sur D 244, rte de Semussac
1,5 ha (150 empl.) (juil.-août) peu incliné, herbeux, étang – – – Location :
avril-15 sept. – **R** *conseillée* – GB – – *piscine comprise 3 pers. 65* *20 (5A)*

ARC-ET-SENANS

12 – 70 ④ G. Jura

Paris 392 – Besançon 36 – Pontarlier 61 – Salins-les-Bains 16

25610 Doubs – 1 277 h. alt. 231

Bords de la Loue, à 1 km au Nord-Est du centre bourg, près d'un ruisseau et à 150 m de la Loue
0,5 ha (30 empl.) plat, herbeux –
mai-sept. – **R** *conseillée juil.-août* – – *16* *18/20* *14 (16A)*

ARCHIAC

9 – 72 ⑫

Paris 515 – Angoulême 46 – Barbezieux 14 – Cognac 22 – Jonzac 15 – Pons 21

17520 Char.-Mar. – 837 h. alt. 111

Municipal, ✆ 05 46 49 10 46, près de la piscine
1 ha (44 empl.) plat, en terrasses, herbeux, pierreux – – – A proximité :
juin-15 sept. – **R** – GB – – *10* *6,50* *6,50* *14 (5A)*

ARCIS-SUR-AUBE

7 – 61 ⑦ G. Champagne

Paris 159 – Châlons-en-Champagne 49 – Fère-Champenoise 32 – Romilly-sur-Seine 34 – Troyes 27 – Vitry-le-François 54

10700 Aube – 2 855 h. alt. 98

L'Île « Cadre agréable dans une île », ✆ 03 25 37 98 79, sortie Nord rte de Châlons-en-Champagne, bord de l'Aube
1,3 ha (80 empl.) (saison) plat, herbeux, gravillons –
15 avril-sept. – **R** *conseillée juil.-août* – *14* *17* *13 (5A)*

ARCIZANS-AVANT **65** H.-Pyr. – 85 ⑰ – rattaché à Argelès-Gazost

ARDÈCHE (Gorges de l')

16 – 80 ⑧ ⑨ G. Provence

07 Ardèche

Aiguèze Gard – 215 h. alt. 91 – ✉ 30760 Aiguèze – schéma C.
Paris 644 – Alès 58 – Aubenas 69 – Bagnols-sur-Cèze 21 – Bourg-St-Andéol 15 – Pont-St-Esprit 10

Les Cigales, ✆ 04 66 82 18 52, au Sud-Est du bourg, sur D 141, avant le pont de St-Martin
0,5 ha (36 empl.) plat et terrasse, herbeux – – (couverte hors saison)
15 mars-15 oct. – **R** *conseillée saison* – GB – – *piscine comprise 1 ou 2 pers. 70* *16 (4A) 27 (6A)*

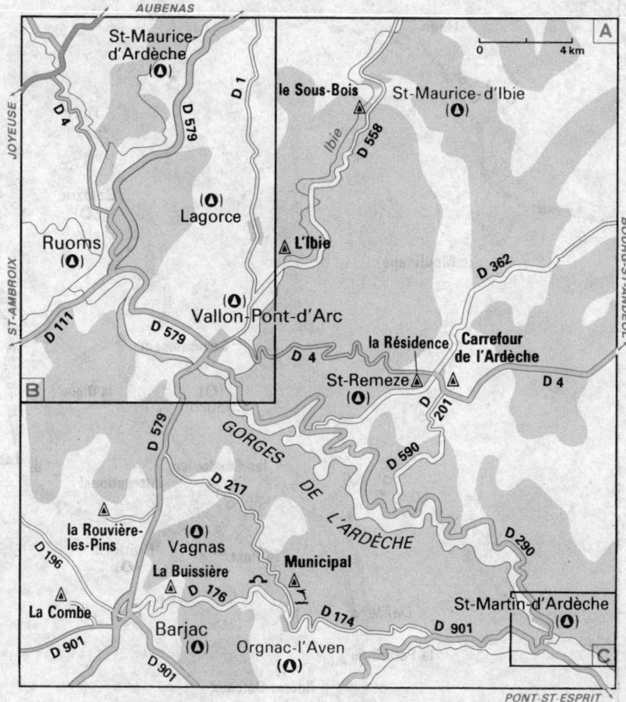

Balazuc Ardèche – 277 h. alt. 170 – ✉ 07120 Balazuc – schéma B.

Paris 645 – Aubenas 16 – Largentière 10 – Privas 46 – Vallon-Pont-d'Arc 20 – Viviers 41

Le Retourtier <, ✆ 04 75 37 77 67, E : 1 km – (tentes)
1,2 ha (70 empl.) en terrasses, plat, peu incliné, accidenté, herbeux, pierreux – (bassin) – Location :
15 avril-15 sept. – **R** *conseillée* – – *2 pers. 65, pers. suppl. 17,50* *15 (3A)*

Barjac Gard – 1 361 h. alt. 171 – ✉ 30430 Barjac – schéma A.

Paris 667 – Alès 34 – Aunbenas 48 – Pont-St-Esprit 33 – Vallon-Pont-d'Arc 13

La Buissière « Cadre sauvage », ✆ 04 66 24 54 52, NE : 2,5 km, sur D 176, rte d'Orgnac-l'Aven
1,1 ha (70 empl.) plat et peu accidenté, pierreux – – – Location :
15 mars-15 oct. – **R** *conseillée juil.-août* – – *piscine comprise 2 pers. 84, pers. suppl. 17* *12,50 à 28 (2 à 10A)*

La Combe , ✆ 04 66 24 51 21, O : 3 km par D 901, rte des Vans et D 384 à droite, rte de Mas Reboul
2,5 ha (100 empl.) plat et peu incliné, herbeux (1 ha) – – – Location :
avril-sept. – **R** *conseillée* – – *piscine comprise 2 pers. 75* *15 (6A)*

Chauzon Ardèche – 224 h. alt. 128 – ✉ 07120 Chauzon – schéma B.

Paris 650 – Aubenas 19 – Largentière 13 – Privas 49 – Ruoms 5 – Vallon-Pont-d'Arc 15

La Digue , ✆ 04 75 39 63 57, Fax 04 75 39 75 17, à 1 km à l'Est du bourg, à 100 m de l'Ardèche (accès direct) – Accès et croisement difficiles pour caravanes – juil.-août dans locations
2 ha (100 empl.) (saison) plat et en terrasses, herbeux – snack – – A proximité : – Location :
20 mars-sept. – **R** *conseillée juil.-août* – GB – – *piscine comprise 2 pers. 93, pers. suppl. 24* *18 (3 à 10A)*

Beaussement , ✆ 04 75 39 72 06, Fax 04 75 39 71 97, à 0,7 km au Nord du bourg, bord de l'Ardèche – Accès et croisement difficiles pour caravanes
2,3 ha (83 empl.) (juil.-août) plat et terrasses, peu incliné, pierreux, herbeux (1ha) – –
20 mars-15 sept. – **R** *conseillée juil.-août* – GB – – *2 pers. 68* *15 (6A)*

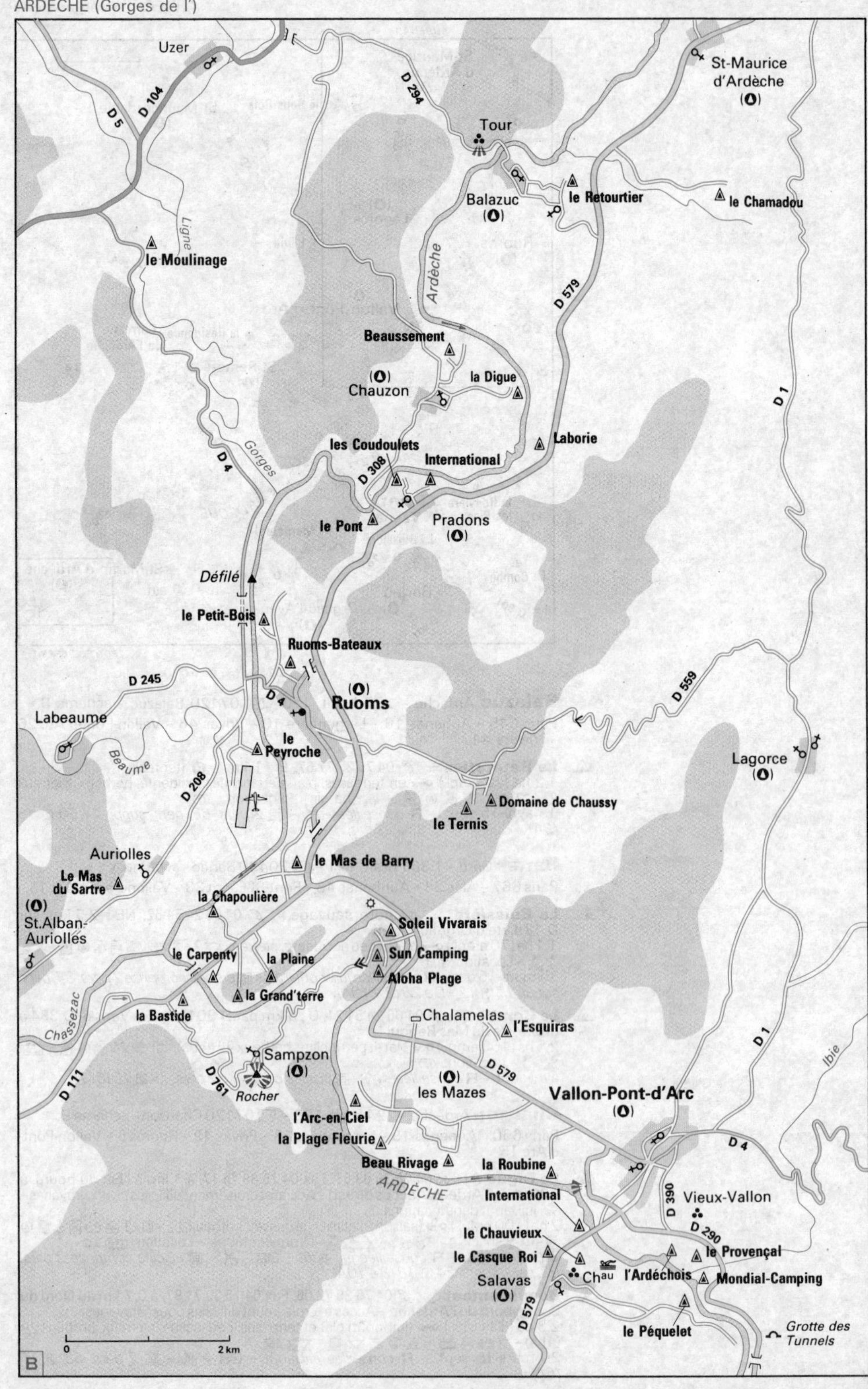
Uzer
D 104
D 5
D 294
St-Maurice
d'Ardèche
Tour
Balazuc
le Retourtier
le Chamadou
Ligne
le Moulinage
Ardèche
D 579
Beaussement
Chauzon
la Digue
Laborie
D 1
Gorges
D 4
les Coudoulets
International
D 308
Pradons
le Pont
Défilé
le Petit-Bois
Ruoms-Bateaux
D 245
Ruoms
D 4
D 559
Labeaume
le Peyroche
Beaume
D 208
Lagorce
Domaine de Chaussy
le Ternis
Auriolles
le Mas de Barry
Le Mas
du Sartre
St.Alban-
Auriolles
la Chapoulière
Soleil Vivarais
le Carpenty
la Plaine
Sun Camping
Aloha Plage
la Grand'terre
la Bastide
Chalamelas
l'Esquiras
Chassezac
D 1
Ibie
Sampzon
D 761
D 579
Rocher
D 111
les Mazes
Vallon-Pont-d'Arc
l'Arc-en-Ciel
la Plage Fleurie
D 4
Beau Rivage
la Roubine
ARDÈCHE
International
D 390
Vieux-Vallon
D 290
le Chauvieux
le Casque Roi
le Provençal
Chau
l'Ardéchois
Mondial-Camping
Salavas
D 579
le Péquelet
Grotte des
Tunnels
0
2 km
B

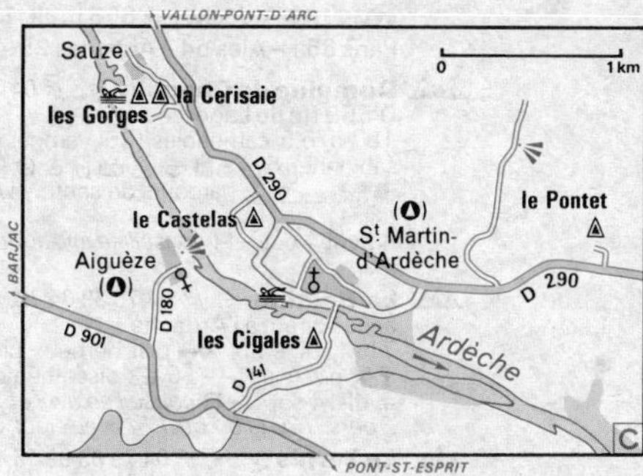

Lagorce Ardèche – 706 h. alt. 120 – ✉ 07150 Lagorce – schéma B.

Paris 649 – Aubenas 23 – Bourg-St-Andéol 34 – Privas 53 – Vallon-Pont-d'Arc 6 – Viviers 45

L'Ibie « Cadre agréable », ✆ 04 75 88 01 26, Fax 04 75 88 06 58, SE : 3 km par D 1, rte de Vallon-Pont-d'Arc, puis 2 km à gauche par D 558, rte de la Vallée de l'Ibie et chemin à gauche avant le pont, près de la rivière
3 ha (34 empl.) plat et en terrasses, pierreux, herbeux – snack – – Location *(mars-fin nov.)* :
Pâques-15 sept. – **R** *conseillée* – GB – – *piscine comprise 2 pers. 86, pers. suppl. 22* *13 (3A) 15 (5A)*

Montréal – 381 h. alt. 180 – ✉ 07110 Montréal – schéma B.

Paris 648 – Aubenas 20 – Largentière 4 – Privas 50 – Vallon-Pont-d'Arc 22

Le Moulinage , ✆ 04 75 36 86 20, Fax 04 75 36 98 46, SE : 5,5 km par D 5, D 104 et D 4 rte de Ruoms, bord de la Ligne
4 ha (90 empl.) peu incliné, terrasses, herbeux, pierreux (0,8 ha) – snack – – Location : , bungalows toilés
avril-sept. – **R** *conseillée* – GB – – *piscine comprise 2 pers. 98, pers. suppl. 22* *18 (6A)*

Orgnac-l'Aven Ardèche – 327 h. alt. 190 – ✉ 07150 Orgnac-l'Aven – schéma A.

Paris 656 – Alès 44 – Aubenas 52 – Pont-St-Esprit 22 – Privas 83 – Vallon-Pont-d'Arc 18

Municipal, ✆ 04 75 38 63 68, au Nord du bourg par D 217, rte de Vallon-Pont-d'Arc
2,6 ha (150 empl.) plat, pierreux chênaie – – A proximité : – Location :
15 juin-août – **R** *conseillée juil.-août* – – *Tarif 97 :* *piscine comprise 2 pers. 68, pers. suppl. 16* *21 (6A)*

Pradons Ardèche – 220 h. alt. 124 – ✉ 07120 Pradons – schéma B.

Paris 648 – Aubenas 22 – Largentière 15 – Privas 52 – Ruoms 3 – Vallon-Pont-d'Arc 13

Les Coudoulets , ✆ 04 75 93 94 95, Fax 04 75 39 65 89, au Nord-Ouest du bourg, accès direct à l'Ardèche
1,5 ha (94 empl.) plat et peu incliné, pierreux, herbeux – – A proximité : – Location *(permanent)* : , gîtes
15 avril-15 sept. – **R** *conseillée juil.-août* – GB – – *piscine comprise 2 pers. 82*

International, ✆ 04 75 39 66 07, Fax 04 75 39 79 08, Nord-Est sur D 579, rte d'Aubenas, accès direct à l'Ardèche (escalier)
1,5 ha (45 empl.) peu incliné, plat, herbeux – – Location :
avril-sept. – **R** *conseillée* – GB – – *piscine et tennis compris 2 pers. 98* *20 (4A)*

Laborie, ✆ 04 75 39 72 26, NE : 1,8 km par rte d'Aubenas, bord de l'Ardèche
3 ha (100 empl.) (juil.-août) plat, herbeux (2 ha) – –
avril-sept. – **R** *conseillée* – – *2 pers. 67, pers. suppl. 14* *14 (5A)*

Le Pont, ✆ 04 75 93 93 98, O : 0,3 km par D 308 rte de Chauzon, accès direct à l'Ardèche (escalier)
1,2 ha (57 empl.) (juil.-août) plat, herbeux, pierreux – – – Location :
avril-29 sept. – **R** *conseillée juil.-août* – – *2 pers. 73* *14,50 (6A)*

Ruoms Ardèche – 1 858 h. alt. 121 – ✉ 07120 Ruoms – schéma B.
Paris 651 – Alès 54 – Aubenas 25 – Pont-St-Esprit 47

Domaine de Chaussy, ✆ 04 75 93 99 66, Fax 04 75 93 90 56, E : 2,3 km par D 559 rte de Lagorce
18 ha/5,5 campables (250 empl.) plat et peu accidenté, herbeux, pierreux, sablonneux – pizzeria – discothèque parcours de santé – Location : (hôtel), pavillons, bungalows toilés
4 avril-4 oct. – **R** *conseillée juil.-août – – piscine comprise 2 pers. 136 21 (5A)*

La Bastide, ✆ 04 75 39 64 72, Fax 04 75 39 73 28, SO : 4 km, à Labastide, accès direct à l'Ardèche
7 ha (300 empl.) plat, herbeux, pierreux – pizzeria – discothèque – Location :
avril-14 sept. – **R** *conseillée avril et juil.-août – – Tarif 97 : piscine comprise 2 pers. 130 (154 ou 174 avec élect. 3 ou 5A), pers. suppl. 28*

Le Ternis, ✆ 04 75 93 93 15, Fax 04 75 93 90 90, E : 2 km par D 559, rte de Lagorce puis chemin à droite
6 ha (170 empl.) peu incliné et en terrasses, pierreux – snack – – Location :
Pâques-20 sept. – **R** *conseillée juil.-août – – Tarif 97 : piscine comprise 2 pers. 98, pers. suppl. 25 18 (6A)*

La Plaine, ✆ 04 75 39 65 83, Fax 04 75 39 74 38, S : 3,5 km, bord de l'Ardèche
4,5 ha (217 empl.) plat, peu incliné, sablonneux, herbeux (2 ha) –
avril-sept. – **R** *conseillée – GB – – 2 pers. 85 20 (5 ou 10A)*

Ruoms-Bateaux, ✆ 04 75 39 62 05, N : 0,6 km par D 579 rte de Pradons et chemin à gauche
1 ha (45 empl.) plat, herbeux – – – Location : , bungalows toilés
avril-sept. – **R** *conseillée – – Tarif 97 : piscine comprise 2 pers. 125, pers. suppl. 30 18 (10A)*

La Grand'Terre, ✆ 04 75 39 64 94, Fax 04 75 39 78 62, S : 3,5 km, accès direct à l'Ardèche
10 ha (300 empl.) plat, sablonneux, herbeux – pizzeria –
Pâques-15 sept. – **R** *conseillée – GB – – 2 pers. 88 18 (6 à 10A)*

Le Petit Bois, ✆ 04 75 39 60 72, Fax 04 75 93 95 50, à 0,8 km au Nord du bourg, à 80 m de l'Ardèche - Accès piétons à la rivière par rampe abrupte –
2,5 ha (84 empl.) peu incliné et plat, en terrasses, pierreux, rochers, herbeux – – – Location :
15 mars-oct. – **R** *conseillée – – piscine comprise 2 pers. 82 19 (3 ou 6A)*

Le Mas de Barry, ✆ 04 75 39 67 61, S : 2 km
1,5 ha (80 empl.) plat, peu incliné, herbeux – snack –
Permanent – **R** *conseillée – GB – – piscine comprise 2 pers. 85, pers. suppl. 16 16 (3A) 20 (6A)*

La Chapoulière, ✆ 04 75 39 64 98, S : 3,5 km, bord de l'Ardèche
2,5 ha (100 empl.) plat et peu incliné, herbeux – –
Pâques-oct. – **R** *conseillée – – Tarif 97 : 2 pers. 85, pers. suppl. 20 20*

Le Carpenty, ✆ 04 75 39 74 29, S : 3,6 km, accès direct à l'Ardèche
0,7 ha (45 empl.) plat, pierreux, herbeux – –
15 juin-août – **R** *conseillée – – 2 pers. 68 17 (5 ou 10A)*

à Labeaume O : 4,2 km par D 208 – 455 h. alt. 116 – ✉ 07120 Labeaume

Le Peyroche, ✆ 04 75 39 79 39, Fax 04 75 39 79 40, E : 4 km, bord de l'Ardèche – dans locations
8 ha/5 campables (160 empl.) plat, herbeux, sablonneux – – – Location : bungalows toilés
avril-13 sept. – **R** *conseillée juil.-août – GB – – 2 pers. 72 15 (5A) 28 (10A)*

à Sampzon S : 6 km – 163 h. alt. 120 – ✉ 07120 Sampzon

Soleil Vivarais, ✆ 04 75 39 67 56, Fax 04 75 93 97 10, bord de l'Ardèche
6 ha (200 empl.) plat, herbeux, pierreux – pizzeria – discothèque – Location : , bungalows toilés
avril-sept. – **R** *conseillée – GB – – élect. (10A) et piscine comprises 2 pers. 174*

Aloha Plage, ✆ 04 75 39 67 62, bord de l'Ardèche (accès direct)
1,5 ha (120 empl.) plat, terrasses, peu incliné, herbeux – – – Location : , bungalows toilés
avril-sept. – **R** *conseillée juil.-août – GB – – piscine comprise 2 pers. 100 20 (6A)*

Sun Camping, ✆ 04 75 39 76 12, à 200 m de l'Ardèche
1,2 ha (70 empl.) plat, terrasses, herbeux – – – A proximité : – Location :
Pâques-15 sept. – **R** *conseillée juil.-août – – 2 pers. 85 20 (6 ou 10A)*

St-Alban-Auriolles Ardèche – 584 h. alt. 108
07120 St-Alban-Auriolles – schéma B.

Paris 656 – Alès 49 – Aubenas 27 – Pont-St-Esprit 52 – Ruoms 6 – Vallon-Pont-d'Arc 15

Le Ranc Davaine, 04 75 39 60 55, Fax 04 75 39 38 50, SO : 2,3 km par D 208 rte de Chandolas, près du Chassezac (hors schéma)
10 ha (356 empl.) plat et peu incliné, rocailleux, herbeux – pizzeria – Location :
avril-15 sept. – **R** *conseillée* – GB – *Tarif 97 : piscine comprise 2 pers. 138, pers. suppl. 32 22 (3 à 10A)*

Le Mas du Sartre, 04 75 39 71 74, à **Auriolles**, NO : 1,8 km
1 ha (25 empl.) plat et peu incliné, en terrasses, pierreux, herbeux – – Location :
30 mars-15 sept. – **R** *conseillée* – – *piscine comprise 2 pers. 74 12 (3A)*

St-Martin-d'Ardèche Ardèche – 537 h. alt. 46
07700 St-Martin-d'Ardèche – schéma C.

Paris 643 – Bagnols-sur-Cèze 21 – Barjac 27 – Bourg-St-Andéol 14 – Pont-St-Esprit 10 – Vallon-Pont-d'Arc 33

Le Pontet, 04 75 04 63 07, E : 1,5 km par D 290 rte de St-Just et chemin à gauche
1,8 ha (100 empl.) plat et terrasse, herbeux – – Location :
2 avril-sept. – **R** *conseillée juil.-août* – – *Tarif 97 : piscine comprise 2 pers. 86, pers. suppl. 16 15 (6A)*

Les Gorges, 04 75 04 61 09, NO : 1,5 km, au lieu-dit Sauze, près de l'Ardèche
1,2 ha (92 empl.) plat, terrasses, herbeux, pierreux –
avril-sept. – **R** *conseillée* – *Tarif 97 : 2 pers. 93, pers. suppl. 20 18 (5A)*

Le Castelas, 04 75 04 66 55, sortie Nord-Ouest par D 290 et chemin à gauche, à 250 m de l'Ardèche
1,1 ha (65 empl.) peu incliné, herbeux – – –
A proximité :
avril-sept. – **R** *conseillée* – – *2 pers. 58 11 (3A) 12 (4A)*

La Cerisaie, 04 75 04 61 80, NO : 1,5 km, au lieu-dit Sauze, à 150 m de l'Ardèche (accès direct)
0,8 ha (45 empl.) plat, en terrasses, herbeux, pierreux – –
A proximité :
avril-sept. – – *Tarif 97 : 2 pers. 78 13 (2A) 16 (4A) 18 (6A)*

St-Maurice-d'Ardèche Ardèche – 214 h. alt. 140
07200 St-Maurice-d'Ardèche – schéma B.

Paris 640 – Aubenas 14 – Largentière 15 – Privas 44 – Vallon-Pont-d'Arc 21 – Viviers 36

Le Chamadou, 04 75 37 00 56, Fax 04 75 37 70 61 07120 Balazuc, SE : 3,2 km par D 579, rte de Ruoms et chemin à gauche, à 500 m d'un étang
1 ha (40 empl.) peu incliné, plat, herbeux – pizzeria – – Location *(28 mars-fin oct.)* :
28 mars-26 sept. – **R** *indispensable juil.-août* – – *piscine comprise 2 pers. 76 16 (5A)*

St-Maurice-d'Ibie Ardèche – 163 h. alt. 220
07170 St-Maurice-d'Ibie – schéma A.

Paris 636 – Alès 63 – Aubenas 23 – Pont-St-Esprit 61 – Ruoms 25 – Vallon-Pont-d'Arc 16

Le Sous-Bois, 04 75 94 86 95, S : 2 km par D 558 rte de Vallon-Pont-d'Arc, puis chemin empierré à droite, bord de l'Ibie
2 ha (50 empl.) plat, herbeux, pierreux – pizzeria – – Location :
15 juin-15 sept. – **R** *conseillée 15 juil.-15 août* – – *Tarif 97 : piscine comprise 2 pers. 72, pers. suppl. 15 15 (3A) 18 (10A)*

St-Remèze Ardèche – 454 h. alt. 365 – 07700 St-Remèze – schéma A.

Paris 642 – Barjac 27 – Bourg-St-Andéol 16 – Pont-St-Esprit 24 – Privas 64 – Vallon-Pont-d'Arc 14

Carrefour de l'Ardèche, 04 75 04 15 75, Fax 04 75 04 35 05, sortie Est, par D 4, rte de Bourg-St-Andéol
1,7 ha (90 empl.) plat, peu incliné, herbeux, pierreux – – – Location :
mai-sept. – **R** *conseillée juil.-août* – GB – – *piscine comprise 2 pers. 75, pers. suppl. 20 18 (6A) 20 (10A)*

La Résidence, 04 75 04 26 87, Fax 04 75 04 35 90, au bourg vers sortie Est, rte de Bourg-St-Andéol
1,6 ha (60 empl.) peu incliné à incliné, en terrasses, herbeux, pierreux, verger – snack – – Location :
Pâques-fin oct. – **R** *conseillée juil.-août* – GB – – *piscine comprise 1 pers. 35 17 (4A)*

Vagnas Ardèche – 383 h. alt. 200 – ✉ 07150 Vagnas – schéma A.

Paris 671 – Aubenas 43 – Barjac 5 – St-Ambroix 20 – Vallon-Pont-d'Arc 9 – Les Vans 30

La Rouvière-Les Pins, ✆ 04 75 38 61 41, sortie Sud par rte de Barjac puis 1,5 km par chemin à droite
2 ha (100 empl.) plat et peu incliné, terrasses, herbeux
Pâques-15 sept. – **R** *conseillée – Tarif 97 : piscine comprise 2 pers. 93, pers. suppl. 23 23 (3A)*

Vallon-Pont-d'Arc Ardèche – 1 914 h. alt. 117
✉ 07150 Vallon-Pont-d'Arc – schéma B.

Paris 656 – Alès 47 – Aubenas 35 – Avignon 80 – Carpentras 89 – Montélimar 48

L'Ardéchois, ✆ 04 75 88 06 63, Fax 04 75 37 14 97, SE : 1,5 km, accès direct à l'Ardèche
5 ha (244 empl.) plat, herbeux
snack – A proximité : – Location :
avril-20 sept. – **R** *conseillée juil.-août* – GB – *piscine comprise 2 pers. 140 ou 179, pers. suppl. 33 21 (6A)*

Mondial-Camping, ✆ 04 75 88 00 44, Fax 04 75 37 13 73, SE : 1,5 km, accès direct à l'Ardèche – dans locations
4 ha (240 empl.) plat, herbeux
snack – A proximité : – Location *(avril-6 sept.)* :
15 mars-sept. – **R** *conseillée juil.-20 août* – GB – *piscine comprise 2 pers. 139 21 (6 à 10A)*

Le Provençal, ✆ 04 75 88 00 48, Fax 04 75 37 18 69, SE : 1,5 km, accès direct à l'Ardèche
3,5 ha (200 empl.) plat, herbeux
– A proximité :
avril-sept. – **R** *conseillée juil.-25 août* – GB – *Tarif 97 : piscine comprise 2 pers. 130, pers. suppl. 30 19 (6A)*

La Roubine, ✆ 04 75 88 04 56, O : 1,5 km, bord de l'Ardèche (plan d'eau)
7 ha (135 empl.) plat, herbeux, sablonneux
snack, pizzeria – half-court – Location :
mai-15 sept. – **R** *conseillée juil.-août – Tarif 97 : 2 pers. 112, pers. suppl. 23 20 (6A)*

International, ✆ 04 75 88 00 99, Fax 04 75 88 07 81, SO : 1 km, bord de l'Ardèche
2,7 ha (130 empl.) plat, peu incliné, herbeux, sablonneux
snack –
avril-sept. – **R** *conseillée juil.-août* – GB – *2 pers. 100 20 (6A)*

Le Chauvieux, ✆ 04 75 88 05 37, SO : 1 km, à 100 m de l'Ardèche
1,8 ha (100 empl.) plat et peu incliné, herbeux, sablonneux
pizzeria – – A proximité :
Pâques-20 sept. – **R** *conseillée juil.-août* – GB – *2 pers. 90 18 (4A) 20 (6A)*

Le Midi, ✆ 04 75 88 06 78, SE : 6,5 km par D 290, rte des Gorges, à Chames, accès direct à l'Ardèche (hors schéma)
1,6 ha (52 empl.) en terrasses, peu incliné, herbeux, sablonneux
avril-sept. – **R** – *Tarif 97 : 2 pers. 90, pers. suppl. 20 18*

L'Esquiras, ✆ 04 75 88 04 16, NO : 2,8 km par D 579, rte de Ruoms et chemin à droite après la station-service Intermarché
0,5 ha (34 empl.) (juil.-août) plat, peu incliné, herbeux, pierreux
Pâques-sept. – **R** – *Tarif 97 : piscine comprise 2 pers. 92, pers. suppl. 20 18 (10A)*

aux Mazes O : 3,5 km – ✉ 07150 Vallon-Pont-d'Arc

La Plage Fleurie, ✆ 04 75 88 01 15, Fax 04 75 88 11 31, O : 3,5 km, bord de l'Ardèche
12 ha/6 campables (300 empl.) plat et peu incliné, terrasses, herbeux
snack, pizzeria – (plage) – Location :
avril-sept. – **R** *conseillée juil.-août – 2 pers. 99 18 (4A)*

Arc-en-Ciel, ✆ 04 75 88 04 65, Fax 04 75 39 92 92, bord de l'Ardèche (plan d'eau)
5 ha (240 empl.) plat et peu incliné, herbeux, pierreux
pizzeria – – Location :
mai-sept. – **R** *conseillée* – GB – *2 pers. 98 19 (6A)*

Beau Rivage « Entrée fleurie », ✆ 04 75 88 03 54, bord de l'Ardèche (plan d'eau)
2 ha (100 empl.) plat et terrasse, herbeux pizzeria
mai-15 sept. – **R** *conseillée juil.-août – Tarif 97 : 2 pers. 98, pers. suppl. 23 16 (6A)*

à Salavas SO : 2 km – 402 h. alt. 96 – ✉ 07150 Salavas

Le Péquelet, ✆ 04 75 88 04 49, sortie Sud par D 579, rte de Barjac et 2 km par rte à gauche, accès direct à l'Ardèche
2 ha (60 empl.) plat, herbeux –
Location :
Pâques-sept. – **R** *conseillée* – GB – *2 pers. 84, pers. suppl. 18* *18 (3 à 10A)*

Le Casque Roi, ✆ 04 75 88 04 23, Fax 04 75 37 18 64, à la sortie Nord du bourg, rte de Vallon-Pont-d'Arc
0,4 ha (29 empl.) plat, herbeux –
Location :
mars-15 nov. – **R** *indispensable juil.-août* – GB – *piscine comprise 2 pers. 100, pers. suppl. 21* *19 (10A)*

ARDRES

1 – 51 ② G. Flandres Artois Picardie

Paris 275 – Arras 95 – Boulogne-sur-Mer 37 – Calais 16 – Dunkerque 44 – Lille 90 – St-Omer 25

62610 P.-de-C. – 3 936 h. alt. 11

St-Louis, ✆ 03 21 35 46 83, **à Autingues,** S : 2 km par D 224, rte de Licques et D 227 à gauche
1,5 ha (84 empl.) plat, herbeux –
mars-1er nov. – **Location longue durée** – *Places disponibles pour le passage* – **R** *conseillée juil.-août* – – *13* *20* *10 (4A)*

ARÈS **33** Gironde – 71 ⑲ – voir à Arcachon (Bassin d')

ARETTE

13 – 85 ⑤ ⑮ G. Pyrénées Aquitaine

Paris 831 – Accous 27 – Aramits 4 – Oloron-Ste-Marie 18 – Pau 52 – Tardets-Sorholus 15

64570 Pyr.-Atl. – 1 137 h. alt. 320

Municipal Pont de l'Aroue, sortie Nord-Ouest par D 918 rte de Lanne, bord du Vert d'Arette
0,5 ha (35 empl.) plat, herbeux – – A proximité :
Permanent – **R** *conseillée fév. et juil.-août* – – *1 à 4 pers. 21 à 38* *10 (hiver 20)*

ARFEUILLES

11 – 73 ⑥

Paris 355 – Clermont-Ferrand 85 – Lapalisse 15 – Moulins 64 – Roanne 37 – Thiers 58 – Vichy 32

03640 Allier – 843 h. alt. 425

Municipal, sortie Nord-Est par rte de St-Pierre-Laval et chemin à droite, bord d'un étang
1,5 ha (66 empl.) incliné à peu incliné, terrasses, herbeux –
– A proximité :
mai-1er oct. – – *12* *7* *7* *12 (jusqu'à 6A) 14 (jusqu'à 10A)*

ARGELÈS-GAZOST

14 – 85 ⑰ G. Pyrénées Aquitaine

Paris 825 – Lourdes 12 – Pau 53 – Tarbes 30

65400 H.-Pyr. – 3 229 h. alt. 462 – (mai- oct.).

Office de Tourisme, Grande Terrasse ✆ 05 62 97 00 25, Fax 05 62 97 50 60

Les Trois Vallées, ✆ 05 62 90 35 47, Fax 05 62 97 53 64, sortie Nord
7 ha (268 empl.) plat, herbeux (3 ha) –
toboggans aquatiques – A proximité :
Pâques-fin sept. – **R** *conseillée juil.-août* – – *25 piscine comprise* *25* *15 (3A) 30 (6A)*

Deth Potz, ✆ 05 62 90 37 23, NE : 2 km par D 100, rte de Beaucens et à gauche, rte de Boo-Silhen (D 100^A)
2 ha (100 empl.) (juil.-août) peu incliné à incliné, herbeux –
–
Permanent – – – *13* *13* *10,50 (2A) 26,50 (6A)*

à Agos-Vidalos NE : 5 km par N 21, rte de Lourdes – 270 h. alt. 450 ✉ 65400 Agos-Vidalos :

La Tour, ✆ 05 62 97 55 59, sur la N 21, à Vidalos
2 ha (130 empl.) plat, herbeux –
avril-sept. – **R** *conseillée juil.-août* – GB – – *26 piscine comprise* *26* *10 (2A) 15 (3A) 25 (5A)*

Le Soleil du Pibeste, ✆ 05 62 97 53 23, sortie Sud, sur la N 21
1,5 ha (90 empl.) plat et peu incliné, terrasses, herbeux, pierreux –
– – Location :
Permanent – **R** *conseillée* – – *24 piscine comprise* *24* *15 (3A)*

La Châtaigneraie, ✆ 05 62 97 07 40, sur N 21, **à Vidalos**
1,5 ha (100 empl.) plat, peu incliné, terrasses, herbeux –
– – Location : studios
Permanent – **R** *conseillée juil.-août* – – *22 piscine comprise* *22* *10 à 30 (2 à 10A)*

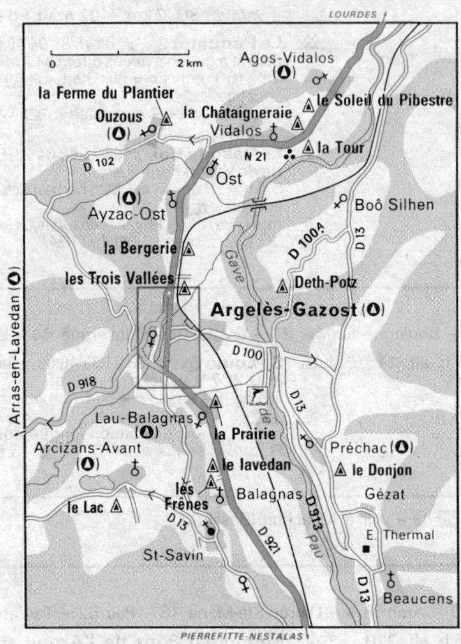

à ***Arcizans-Avant*** S : 5 km par St-Savin – 258 h. alt. 640
✉ 65400 Arcizans-Avant :

Le Lac ⋞ « Site agréable », ☏ 05 62 97 01 88, sortie Ouest, à proximité du lac
2 ha (70 empl.) peu incliné, herbeux –
juin-sept. – **R** *conseillée* – *Tarif 97 :* *24* *26* *15 (3A)*

à ***Ayzac-Ost*** N : 2 km par N 21, rte de Lourdes – 369 h. alt. 430
✉ 65400 Ayzac-Ost :

La Bergerie ⋞, ☏ 05 62 97 59 99, sortie Sud par N 21 et chemin à gauche
2 ha (50 empl.) plat, herbeux –
mai-sept. – **R** *conseillée juil.-août* – – *17 piscine comprise* *20* *10 (2A) 15 (3A) 20 (4A)*

à ***Lau-Balagnas*** SE : 1 km par D 921, rte de Pierrefitte-Nestalas – 519 h. alt. 430 – ✉ 65400 Lau-Balagnas :

Le Lavedan ⋞, ☏ 05 62 97 18 84, Fax 05 62 97 55 56, SE : 1 km
1,6 ha (138 empl.) plat, herbeux (1 ha) – (couverte hors saison estivale) – Location :
Permanent – **R** *conseillée* – – *piscine comprise 1 à 3 pers. 100 (hiver : 22* *22)* *12 (2A) 36 (6A) 60 (10A)*

Les Frênes ⋞, ☏ 05 62 97 25 12, Fax 05 62 97 01 41, SE : 1,2 km
3 ha (165 empl.) plat et terrasses, herbeux (1 ha) –
15 déc.-15 oct. – **R** *conseillée juil.-août* – – *22,50 piscine comprise* *24* *5,50 par ampère (2 à 15A)*

La Prairie ⋞ montagnes, ☏ 05 62 97 11 87, au bourg
1 ha (80 empl.) plat, herbeux –
juil.-août – – – *Tarif 97 :* *15* *15* *11 à 33 (2 à 6A)*

à ***Ouzous*** N : 4,4 km par N 21, rte de Lourdes et D 102 à gauche – 128 h. alt. 550 – ✉ 65400 Ouzous :

Aire Naturelle la Ferme du Plantier ⋞ montagnes, ☏ 05 62 97 58 01, au bourg
0,6 ha (15 empl.) incliné, plat, terrasse, herbeux – – Location :
juin-sept. – – – *12* *12* *12/14* *12 (3A)*

à ***Préchac*** SE : 3 km par D 100 et nouvelle route à droite – 209 h. alt. 448
✉ 65400 Préchac :

Le Donjon ⋞, ☏ 05 62 90 31 82, sortie Sud-Est par D 13, rte de Beaucens
0,5 ha (35 empl.) plat, herbeux –
fermé sept. – **R** – *14* *14* *14 (2A) 22 (6A)*

ARGELÈS-SUR-MER

15 - 86 ⑳ G. Pyrénées Roussillon

Paris 880 - Céret 28 - Perpignan 22 - Port-Vendres 11 - Prades 63

66700 Pyr.-Or. - 7 188 h. alt. 19.

Office de Tourisme, pl. de l'Europe ☎ 04 68 81 15 85, Fax 04 68 81 16 01
Annexe (saison) face à l'Hôtel de Ville ☎ 04 68 95 81 55

Centre :

Pujol, ☎ 04 68 81 00 25, Fax 04 68 81 21 21 ✉ 66702 Argelès-sur-Mer cedex
4,1 ha (249 empl.) plat, herbeux, sablonneux - snack -
juin-sept. - **R** *conseillée juil.-août* - - *piscine comprise 2 pers. 110 (130 avec élect. 6A)*

Les Ombrages, ☎ 04 68 81 29 83, à 400 m de la plage
4,1 ha (270 empl.) plat, herbeux - - half-court
juin-sept. - **R** *conseillée* - GB - - *2 pers. 98* *20 (6A)*

La Massane « Cadre agréable », ☎ 04 68 81 06 85, Fax 04 68 81 59 18
2,7 ha (184 empl.) plat, herbeux (1,6 ha) - - - A proximité :
15 mars-15 oct. - **R** *conseillée juil.-août* - GB - - *piscine comprise 2 pers. 110 (130 avec élect.), pers. suppl. 25*

Paris-Roussillon, ☎ 04 68 81 19 71, Fax 04 68 81 68 77 ✉ 66702 Argelès-sur-Mer Cedex
3,5 ha (200 empl.) plat, herbeux - snack - - Location :
30 avril-sept. - **R** *indispensable juil.-16 août* - - *piscine comprise 2 pers. 102, pers. suppl. 24* *20 (4A)*

Le Stade, ☎ 04 68 81 04 40, Fax 04 68 95 84 55, rte de la plage - dans locations
2,4 ha (185 empl.) plat, herbeux - pizzeria - - A proximité : - Location :
avril-sept. - **R** *conseillée juil.-août* - GB - - *2 pers. 98, pers. suppl. 26* *16 (6A)*

Le Comangès, ☎ 04 68 81 15 62, Fax 04 68 95 87 74, à 300 m de la plage
1,2 ha (90 empl.) plat, herbeux -
15 mai-sept. - **R** *conseillée 10 juil.-20 août* - GB - - *2 pers. 100, pers. suppl. 26* *20 (3 à 10A)*

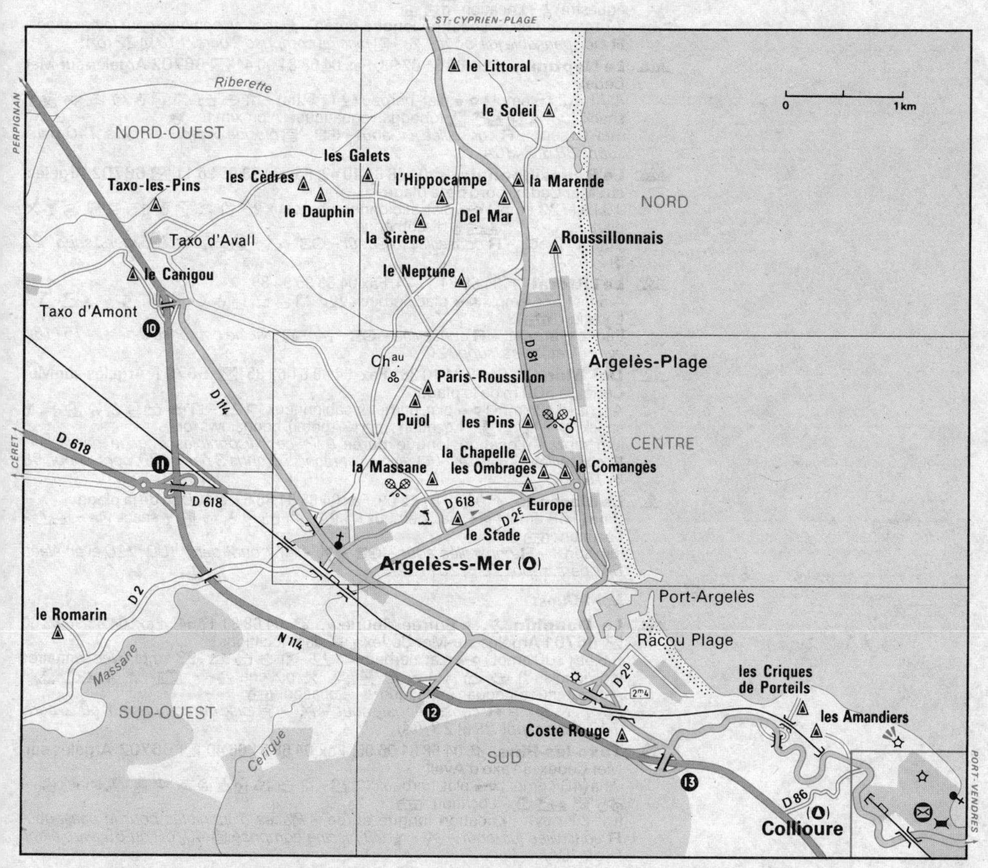

Les Pins, 04 68 81 10 46 66703 Argelès-sur-Mer Cedex, av. du Tech, à 500 m de la plage
4,5 ha (326 empl.) plat, herbeux, sablonneux – – A proximité :
15 mai-20 sept. – **R** *conseillée* – GB – – *élect. (6A) comprise 2 pers. 119*

Europe, 04 68 81 08 10, Fax 04 68 95 71 84 66701 Argelès-sur-Mer Cedex, à 500 m de la plage
1,2 ha (91 empl.) plat, herbeux – – Location :
avril-15 oct. – **R** *conseillée juil.-août* – GB – – *2 pers. 93 18 (3A) 20 (6A) 22 (10A)*

La Chapelle, 04 68 81 28 14, Fax 04 68 95 83 82 66701 Argelès-sur-Mer Cedex, av. du Tech, à 300 m de la plage
5 ha (365 empl.) (saison) plat, herbeux – – A proximité :
mi-mai-fin sept. – **R** *conseillée juil.-août* – – *2 pers. 98, pers. suppl. 25 16 (3 ou 4A) 20 (6A)*

Nord :

La Sirène et l'Hippocampe « Cadre agréable, parc aquatique », 04 68 81 04 61, Fax 04 68 81 69 74 66702 Argelès-sur-Mer Cedex, en deux camps distincts
21 ha (903 empl.) plat, herbeux (13 ha) – – discothèque toboggan aquatique – Location :
4 avril-26 sept. – **R** *indispensable juil.-août* – – *piscine et tennis compris 3 pers. 205, pers. suppl. 45 20 (6 à 10A)*

Le Soleil « Cadre agréable », 04 68 81 14 48, Fax 04 68 81 44 34 66702 Argelès-sur-Mer Cedex, bord de la plage et de la Riberette –
15 ha (823 empl.) plat, herbeux, sablonneux – – discothèque – Location : – Garage pour caravanes à proximité
15 mai-sept. – **R** *conseillée* – GB – – *40 piscine comprise 56 16 (6A)*

Les Galets, 04 68 81 08 12, Fax 04 68 81 68 76
5 ha (232 empl.) plat, herbeux (1 ha) – salle d'animation – – A proximité : toboggan aquatique, poneys, (centre équestre) – Location :
21 mars-8 nov. – **Location longue durée** – *Places disponibles pour le passage* – **R** *indispensable juil.-août* – – *piscine comprise 2 pers. 113 22 (6A)*

Le Neptune, 04 68 81 02 98, Fax 04 68 81 00 41 66702 Argelès-sur-Mer Cedex
4,7 ha (215 empl.) plat, herbeux (1,5 ha) – snack – toboggan aquatique – A proximité :
mai-15 sept. – **R** *conseillée juil.-août* – GB – *piscine comprise 2 pers. 140, pers. suppl. 38 24 (6A)*

Le Roussillonnais, 04 68 81 10 42, Fax 04 68 95 96 11 66702 Argelès-sur-Mer Cedex, bord de la plage
10 ha (723 empl.) plat, sablonneux, herbeux – pizzeria – discothèque
20 avril-3 oct. – **R** *conseillée juil.-août* – GB – – *2 pers. 105, pers. suppl. 27 20 (5A)*

Le Littoral, 04 68 81 17 74, Fax 04 68 95 94 89
4,5 ha (274 empl.) plat, herbeux – – – Location :
Pâques-fin sept. – **R** *conseillée* – GB – – *piscine comprise 2 pers. 115 (130 avec élect.), pers. suppl. 26*

Del Mar, 04 68 81 10 38, Fax 04 68 81 63 85 66701 Argelès-sur-Mer Cedex, à 500 m de la plage
4,5 ha (273 empl.) plat, herbeux, sablonneux – snack – – Location : (hôtel), bungalows toilés
juin-sept. – **Location longue durée** – *Places disponibles pour le passage* – **R** *conseillée* – GB – – *piscine et tennis compris 3 pers. 170, pers. suppl. 38 19 (3A)*

La Marende, 04 68 81 12 09, Fax 04 68 81 88 52, à 400 m de la plage
3 ha (168 empl.) plat, herbeux – snack – – Location :
juin-sept. – **R** *conseillée août* – GB – – *1 ou 2 pers. 100 (120 avec élect. 6A), pers. suppl. 25 25 (10A)*

Nord-Ouest :

Le Dauphin « Entrée fleurie », 04 68 81 17 54, Fax 04 68 95 82 60 66701 Argelès-sur-Mer Cedex – dans locations
5,5 ha (300 empl.) plat, herbeux – - 93 empl. avec sanitaires individuels (wc) pizzeria – – A proximité : toboggan aquatique – Location :
25 mai-sept. – **R** *conseillée juil.-août* – – *piscine comprise 1 ou 2 pers. 140, pers. suppl. 29 23 (5A)*

Taxo-les-Pins, 04 68 81 06 05, Fax 04 68 81 06 40 66702 Argelès-sur-Mer Cedex, à Taxo d'Avall
7 ha (406 empl.) plat, herbeux – snack – – Location :
fév.-21 nov. – **Location longue durée** – *Places disponibles pour le passage* – **R** *conseillée juil.-août* – – *29 piscine comprise 40/60 ou 65 avec élect. (3 ou 10A)*

Le Canigou, ✆ 04 68 81 02 55 ✉ 66701 Argelès-sur-Mer Cedex, à Taxo d'Amont
1,2 ha (110 empl.) plat, herbeux – Location :
avril-sept. – **R** *conseillée juil.-août* – *piscine comprise 2 pers. 74* *17 (3A) 25 (10A)*

Les Cèdres, ✆ 04 68 81 03 82
3 ha (170 empl.) plat, herbeux – – A proximité : toboggan aquatique
juin-sept. – **R** *conseillée juil.-août* – *2 pers. 82* *19 (5A)*

Sud :

Les Criques de Porteils « Situation dominante ≤ mer et Argelès », ✆ 04 68 81 12 73, Fax 04 68 95 85 76, SE : 5 km
5 ha (230 empl.) en terrasses et peu incliné, pierreux – cases réfrigérées –
avril-sept. – **R** *conseillée* – GB – *2 pers. 130 (148 avec élect.), pers. suppl. 25*

Coste Rouge, ✆ 04 68 81 08 94, Fax 04 68 95 94 17, SE : 3 km
3 ha (92 empl.) plat, peu incliné, terrasses, herbeux, gravillons snack – – Location *(permanent)* : , studios
avril-oct. – **R** *conseillée juil.-août* – GB – *piscine comprise 2 pers. 102 (122 avec élect. 6A)*

Sud-Ouest :

Le Romarin, ✆ 04 68 81 02 63, Fax 04 68 56 62 33, SO : 2,8 km
2,5 ha (143 empl.) plat, herbeux, sablonneux, pierreux – – Location :
15 mai-sept. – **R** *conseillée* – GB – *26 piscine comprise* *10* *25* *16 (10A)*

Voir aussi à *Collioure*

ARGENTAN

5 – 60 ③ G. Normandie Cotentin

Paris 194 – Alençon 45 – Caen 58 – Dreux 115 – Évreux 111 – Flers 42 – Lisieux 57

61200 Orne – 16 413 h. alt. 160.
Office de Tourisme, pl. du Marché
✆ 02 33 67 12 48, Fax 02 33 39 96 61

Municipal du Parc de la Noë « Situation agréable près d'un parc et d'un plan d'eau », ✆ 02 33 36 05 69, au Sud de la ville, r. de la Noë, à proximité de l'Orne – accès par centre ville
0,3 ha (23 empl.) plat, herbeux – – A proximité :
avril-sept. – **R** *10,80* *9,50* *11,50* *12,20*

ARGENTAT

10 – 75 ⑩ G. Berry Limousin

Paris 505 – Aurillac 54 – Brive-la-Gaillarde 52 – Mauriac 50 – St-Céré 42 – Tulle 29

19400 Corrèze – 3 189 h. alt. 183.
Office de Tourisme
(15 juin-15 sept.) 30 av. Pasteur
✆ 05 55 28 16 05 et (hors saison)
Mairie ✆ 05 55 28 10 91

Le Gibanel ≤ « Situation agréable au bord de la Dordogne et près d'un château », ✆ 05 55 28 10 11, Fax 05 55 28 23 03, NE : 4,5 km par D 18 rte d'Egletons puis chemin à droite
60 ha/6 campables (250 empl.) plat, terrasses, herbeux – – – Location :
juin-15 sept. – **R** *conseillée 10 juil.-15 août* – GB – *Tarif 97 :* *26,50 piscine comprise* *29* *16 (6A)*

Saulou ≤ « Cadre agréable », ✆ 05 55 28 12 33, Fax 05 55 28 80 67 ✉ 19400 Monceaux-sur-Dordogne, sortie Sud rte d'Aurillac puis 6 km par D 116 à droite, à Vergnolles, bord de la Dordogne – dans locations
5,5 ha (150 empl.) plat, herbeux, sablonneux – – Location :
15 avril-5 sept. – **R** *conseillée* – GB – *piscine comprise 2 pers. 92 ou 98, pers. suppl. 28* *12 (2A) 16 (5A) 19 (10A)*

Le Vaurette ≤, ✆ 05 55 28 09 67, Fax 05 55 28 81 14 ✉ 19400 Monceaux-sur-Dordogne, SO : 9 km par D 12 rte de Beaulieu, bord de la Dordogne
4 ha (120 empl.) plat et peu incliné, herbeux (2 ha) – –
mai-21 sept. – **R** *conseillée juil.-20 août* – GB – *27 piscine comprise* *33* *16 (6A)*

Au Soleil d'Oc ≤ « Cadre agréable », ✆ 05 55 28 84 84, Fax 05 55 28 12 12 ✉ 19400 Monceaux-sur-Dordogne, SO : 4,5 km par D 12, rte de Beaulieu puis D 12^E, rte de Vergnolles et chemin à gauche après le pont, bord de la Dordogne
4 ha (70 empl.) plat, terrasse, herbeux – –
avril-15 nov. – **R** *conseillée juil.-août* – GB – *23 piscine comprise* *10* *16* *14 (5A)*

L'Echo du Malpas, ✆ 05 55 28 10 92, SO : 2,1 km par D 12 rte de Beaulieu, bord de la Dordogne
5 ha (100 empl.) (juil.-août) plat, herbeux (3 ha) – – – Location : bungalows toilés

Municipal le Longour, ✆ 05 55 28 13 84, N : 1 km par D 18 rte d'Egletons, près de la Dordogne
1,8 ha (92 empl.) plat, herbeux - A proximité :

Aire Naturelle le Vieux Port, ✆ 05 55 28 19 55 ✉ 19400 Monceaux-sur-Dordogne, SO : 4,3 km par D 12 rte de Beaulieu puis D 12E, rte de Vergnolles et chemin à gauche après le pont
1 ha (25 empl.) plat et terrasse, herbeux (0,5 ha) -
juil.-août - **R** - *11* *12* *11 (5A)*

ARGENTIÈRE

12 - 74 ⑨ G. Alpes du Nord

Paris 620 - Annecy 103 - Chamonix-Mont-Blanc 9 - Vallorcine 9

74 H.-Savoie - Sports d'hiver : voir Chamonix
✉ 74400 Chamonix-Mont-Blanc

Le Glacier d'Argentière ≤, ✆ 04 50 54 17 36, S : 1 km par rte de Chamonix, aux Chosalets, à 200 m de l'Arve
1 ha (80 empl.) incliné, herbeux -
15 mai-sept. - **R** - *23* *8* *12/18* *14 (2A) 18 (4A) 22 (6A)*

L'ARGENTIÈRE-LA-BESSÉE

17 - 77 ⑱ G. Alpes du Sud

Paris 696 - Briançon 16 - Gap 74 - Embrun 34 - Mont-Dauphin 17 - Savines-le-Lac 45

05120 H.-Alpes - 2 191 h. alt. 1 024

Municipal les Ecrins ≤, ✆ 04 92 23 03 38, S : 2,3 km par N 94 rte de Gap, et D 104 à droite, près de la Durance et d'un petit plan d'eau
3 ha/1 campable (60 empl.) non clos, plat, herbeux, pierreux - - A proximité :
juin-15 sept. - **R** *conseillée juil.-août* - GB - - *2 pers. 69* *18 (10A)*

ARGENTON-CHÂTEAU

9 - 68 ① G. Poitou Vendée Charentes

Paris 355 - Bressuire 18 - Doué-la-Fontaine 30 - Mauléon 26 - Niort 81 - Thouars 20

79150 Deux-Sèvres - 1 078 h. alt. 123

Municipal du lac d'Hautibus ≤, ✆ 05 49 65 95 08, au Nord-Ouest du bourg, rue de la Sablière, à 150 m du Ouère (accès direct)
0,7 ha (70 empl.) peu incliné à incliné, herbeux - - A proximité :
juin-sept. - **R** - - *10* *9* *10* *9 (6A)*

ARGENTON-SUR-CREUSE

10 - 68 ⑰ ⑱ G. Berry Limousin

Paris 298 - Châteauroux 31 - Guéret 67 - Limoges 93 - Montluçon 103 - Poitiers 100 - Tours 129

36200 Indre - 5 193 h. alt. 100.
Office de Tourisme, 13 pl. de la République ✆ 02 54 24 05 30, Fax 02 54 24 28 13

Les Chambons, ✆ 02 54 24 15 26, sortie Nord-Ouest par D 927, rte du Blanc et à gauche, 37 rue des Chambons, à St-Marcel, bord de la Creuse
1,5 ha (60 empl.) plat, herbeux -
15 mai-15 sept. - **R** - - *2 pers. 62* *15,50 (5A)*

ARLES

16 - 83 ⑩ G. Provence

Paris 719 - Aix-en-Provence 79 - Avignon 36 - Cavaillon 43 - Marseille 95 - Montpellier 78 - Nîmes 31 - Salon-de-Provence 44

13200 B.-du-R. - 52 058 h. alt. 13.
Office de Tourisme, 35 pl. de la République ✆ 04 90 18 41 20, Fax 04 90 93 17 17 accueil gare SNCF ✆ 04 90 49 36 90 et esplanade des Lices

O : 14 km par N 572 rte de St-Gilles et D 37 à gauche
✉ 13123 Albaron :

Crin Blanc, ✆ 04 66 87 48 78, Fax 04 66 87 18 66, au Sud-Ouest de Saliers par D 37
4,5 ha (126 empl.) plat, herbeux - snack -
half-court - Location *(permanent)* :
avril-sept. - **R** *conseillée* - - *élect. (10A), piscine et tennis compris 2 pers. 98*

ARLES-SUR-TECH

15 - 86 ⑱ G. Pyrénées Roussillon

Paris 893 - Amélie-les-Bains-Palalda 4 - Perpignan 42 - Prats-de-Mollo-la-Preste 19

66150 Pyr.-Or. - 2 837 h. alt. 280

Le Vallespir-La Rive ≤, ✆ 04 68 39 90 00, Fax 04 68 39 90 09, NE : 2 km rte d'Amélie-les-Bains-Palalda, bord du Tech
4 ha (230 empl.) plat et peu incliné, herbeux -
snack - - Location :
avril-oct. - **R** *conseillée* - GB - - *24 piscine comprise* *26 (43 à 48,50 avec élect. 4 à 10A)*

ARNAC

10 - 76 ①

Paris 542 - Argentat 37 - Aurillac 35 - Mauriac 39 - Égletons 63

15150 Cantal - 203 h. alt. 620

La Gineste ≤, ✆ 04 71 62 91 90, NO : 3 km par D 61 rte de Pleaux puis 1,2 km par chemin à droite, à la Gineste, bord du lac d'Enchanet
3 ha (74 empl.) en terrasses, herbeux -
- (plage aménagée) - Location :
Permanent - **R** *conseillée* - - *élect. (6A) et piscine comprises 78, 4 pers. 130, pers. suppl. 30* *15 (12A)*

ARNAY-LE-DUC

65 ⑱ G. Bourgogne

Paris 285 – Autun 27 – Beaune 35 – Chagny 40 – Dijon 58 – Montbard 74 – Saulieu 28

21230 Côte-d'Or – 2 040 h. alt. 375

Municipal de l'Étang de Fouché ≤ « Cadre et situation agréables », 03 80 90 02 23, Fax 03 80 90 11 91, E : 0,7 km par D 17C, rte de Longecourt, bord de l'étang
5 ha (190 empl.) plat, peu incliné, herbeux (1 ha) – A proximité : (plage)
Permanent – **R** *conseillée – – 11 5,50 7,50 12 (10A)*

ARPAJON-SUR-CÈRE

10 – 76 ⑫

Paris 575 – Argentat 55 – Aurillac 4 – Maurs 45 – Sousceyrac 50

15130 Cantal – 5 296 h. alt. 613

Municipal de la Cère, 04 71 64 55 07, au Sud de la ville, accès par D 920, face à la station Esso, bord de la rivière
2 ha (106 empl.) plat, herbeux – – A proximité :
juin-sept. – **R** *conseillée juil.-août – – Tarif 97 : 1 à 3 pers. 50 13,50 (6A) 20 (10A)*

ARPHEUILLES

10 – 68 ⑦

Paris 300 – Le Blanc 39 – Buzançais 14 – Châteauroux 38 – La Roche-Posay 48

36700 Indre – 273 h. alt. 100

Aire Naturelle Municipale , au bourg, derrière l'église, bord d'un étang et du Rideau
0,6 ha (8 empl.) peu incliné, herbeux – – Location : gîte d'étape
Pâques-Toussaint – **R** *conseillée août – pers., véh. et empl. gratuits*

ARQUES

1 – 51 ③ G. Flandres Artois Picardie

Paris 249 – Aire-sur-la-Lys 14 – Arras 69 – Boulogne-sur-Mer 53 – Hesdin 51 – St-Omer 2

62510 P.-de-C. – 9 014 h. alt. 10

Municipal le Beauséjour, 03 21 88 53 66, sortie Est rte de Cassel puis 1,5 km par D 10, rte de Clairmarais et rue à gauche près d'étangs et d'un parc public
10 ha/2 campables (150 empl.) plat, herbeux – –
avril-1er oct. – **Location longue durée** – *Places disponibles pour le passage –* **R** *conseillée – – Tarif 97 : 13,10 22 16,20 (6A)*

ARRADON

8 – 63 ③

Paris 467 – Auray 17 – Lorient 55 – Quiberon 43 – Vannes 7

56610 Morbihan – 4 317 h. alt. 40.
Syndicat d'Initiative, 2 pl. de l'Eglise 02 97 44 77 44

Penboch , 02 97 44 71 29, Fax 02 97 44 79 10, SE : 2 km par rte de Roguedas, à 200 m de la plage – juil.-août dans locations
3,5 ha (175 empl.) plat, herbeux – – toboggan aquatique – Location :
4 avril-20 sept. – **R** *conseillée juil.-août* – GB – – *24 piscine comprise 82 16 (6A) 20 (10A)*

L'Allée « Verger », 02 97 44 01 98, Fax 02 97 44 73 74, O : 1,5 km par rte du Moustoir et à gauche
2 ha (100 empl.) plat et peu incliné, herbeux – –
avril-sept. – **R** *conseillée 15 juil.-15 août – – Tarif 97 : 19 30 14 (6A) 18,50 (10A)*

ARRENS-MARSOUS

13 – 85 ⑰ G. Pyrénées Aquitaine

Paris 837 – Argelès-Gazost 13 – Cauterets 28 – Laruns 37 – Lourdes 24 – Taches 43

65400 H.-Pyr. – 721 h. alt. 885.
Office de Tourisme 05 62 97 49 49, Fax 05 62 97 49 45

La Hèche ≤ « Situation agréable », 05 62 97 02 64, E : 0,8 km par D 918 rte d'Argelès-Gazost et chemin à droite, bord du Gave d'Arrens
5 ha (166 empl.) plat, herbeux (1 ha) – – A proximité : toboggan aquatique
Permanent – – – *13 12 12 (3A) – hiver : 20 (6A)*

Le Moulian ≤, 05 62 97 41 18, à Marsous, à 0,5 km au Sud-Est du bourg, bord du Gave d'Azun
4 ha (100 empl.) plat, herbeux – –
juin-15 sept. – **R** – – *16 17 12 (3A) 15 (4A) 24 (6A)*

Municipal le Tech ≤ lac et montagnes « Site agréable », SO : 7 km par D 105 rte d'Aste, à 50 m du lac du Tech et bord d'un torrent – alt. 1 230 – Croisement peu facile pour caravanes
1,2 ha (33 empl.) accidenté et en terrasses, pierreux, herbeux –
juil.-août – **R** – – *Tarif 97 : 13 5 12*

Le Gerrit ≤, 05 62 97 25 85, à Marsous, à l'Est du bourg
1 ha (30 empl.) plat, herbeux – –
27 juin-23 août – **R** *conseillée – – 11 11 10 (2A)*

► *Pas de publicité payée dans ce guide.*

ARROMANCHES-LES-BAINS

4 – 54 ⑮ G. Normandie Cotentin

Paris 261 – Bayeux 10 – Caen 28 – St-Lô 48

14117 Calvados – 409 h. alt. 15

Municipal, ✆ 02 31 22 36 78, au bourg, av. de Verdun, à 300 m de la plage
1 ha (97 empl.) (juil.-août) plat, peu incliné, terrasses, herbeux – A proximité :

ARROU

5 – 60 ⑯

Paris 142 – Brou 14 – Chartres 52 – Châteaudun 20 – Cloyes-sur-le-Loir 16

28290 E.-et-L. – 1 777 h. alt. 160

Municipal le Pont de Pierre, sortie Ouest par D 111 rte du Gault-Perche, près de l'Yerre et d'un plan d'eau (accès direct)
1,4 ha (75 empl.) plat, peu incliné, herbeux –
mai-sept. – **R** *conseillée juil.-août – Tarif 97 : 8 10 11 (6A) 17 (10A)*

ARS-EN-RÉ

17 Char.-Mar. – 71 ⑫ – voir à Ré (Ile de)

ARS-SUR-FORMANS

12 – 74 ① G. Vallée du Rhône

Paris 437 – Bourg-en-Bresse 45 – Lyon 39 – Mâcon 39 – Villefranche-sur-Saône 10

01480 Ain – 851 h. alt. 248

Municipal le Bois de la Dame, ✆ 04 74 00 77 23, à 0,5 km à l'Ouest du centre bourg, près d'un étang
1 ha (103 empl.) peu incliné et terrasse, herbeux, pierreux – – A l'entrée :
mai-sept. – **R** *conseillée* – – *2 pers. 40 10 (6A)*

ARTEMARE

12 – 74 ④

Paris 506 – Aix-les-Bains 33 – Ambérieu-en-Bugey 47 – Belley 16 – Bourg-en-Bresse 77 – Nantua 50

01510 Ain – 961 h. alt. 245

Municipal au Vaugrais <, ✆ 04 79 87 37 34, O : 0,7 km par D 69^{D} rte de Belmont, à Cerveyrieu, bord du Séran
1 ha (33 empl.) plat, herbeux – – A proximité :
15 juin-15 sept. – **R** *conseillée – 10 8 10 12 (5A)*

ARTHEZ-DE-BÉARN

13 – 85 ⑥

Paris 764 – Arzacq-Arraziguet 22 – Lacq 8 – Orthez 16 – Pau 39

64370 Pyr.-Atl. – 1 640 h. alt. 205

Municipal du Lac, ✆ 05 59 67 76 56, à 0,6 km au Sud du bourg, bord d'un petit étang et à 100 m du complexe sportif – Pour caravanes : S : 2,5 km par D 31, rte de Lacq et chemin à gauche
0,6 ha (50 empl.) plat et terrasse, herbeux – – A proximité :
Permanent – **R** – *10 piscine et tennis compris 7,50 8/11 11*

ARTHON-EN-RETZ

9 – 67 ②

Paris 421 – Challans 40 – Nantes 36 – Pornic 12 – St-Nazaire 41

44320 Loire-Atl. – 2 321 h. alt. 10

Retz-Jade, ✆ 02 40 64 85 25, NO : 3 km par D 5, rte de Chauvé et à droite après le canal de Haute-Perche
1,3 ha (50 empl.) plat, herbeux – –
15 juin-10 sept. – **R** *conseillée 15 juil.-20 août* – – *piscine comprise 2 pers. 89, pers. suppl. 17 12 (5A)*

ARTIGAT

14 – 86 ④

Paris 751 – Foix 30 – Lézat-sur-Lèze 17 – Pamiers 22 – St-Girons 42 – Toulouse 59

09130 Ariège – 416 h. alt. 264

Municipal les Eychecadous, ✆ 05 61 68 98 24, NE : 0,5 km par D 9 rte de Toulouse et chemin à droite, bord de la Lèze
0,4 ha (39 empl.) plat, herbeux – –
juil.-août – **R** – *13 piscine comprise 13 14 (10A)*

ARTIGNOSC-SUR-VERDON

17 – 84 ⑤

Paris 815 – Aups 17 – Draguignan 46 – Gréoux-les-Bains 32 – Riez 26 – St-Maximin-la-Ste-Baume 48

83630 Var – 201 h. alt. 504

L'Avelanède, ✆ 04 94 80 71 57, SE : 3 km, à l'intersection de la D 471 et de la D 71
14 ha (80 empl.) plat et peu incliné, terrasses, pierreux, herbeux (2 ha) – –
15 mai-15 sept. – **R** – – *26 piscine comprise 30 18 (6A)*

ARVERT

9 - 71 ⑭

Paris 511 - Marennes 14 - Rochefort 35 - La Rochelle 73 - Royan 19 - Saintes 45

17530 Char.-Mar. - 2 734 h. alt. 20

Schéma aux Mathes

Le Petit Pont, ✆ 05 46 36 07 20, NO : 2,5 km, sur D 14
0,6 ha (33 empl.) plat, herbeux, pierreux - Location : - Garage pour caravanes et bateaux
Pâques-8 sept. - **R** *conseillée Pâques* - *2 pers. 55* *13 (4A) 17 (6A)*

Municipal du Bois Vollet, ✆ 05 46 36 81 76, au Nord du bourg, à 150 m de la D 14
0,8 ha (66 empl.) plat, herbeux, sablonneux - A proximité :
15 juin-15 sept. - **R** - *3 pers. 41, pers. suppl. 14* *17 (5 ou 6A)*

ARVIEU

15 - 80 ②

Paris 666 - Albi 66 - Millau 61 - Rodez 31

12120 Aveyron - 925 h. alt. 730.

Syndicat d'Initiative (juil.-août) à la plage ✆ 05 65 46 00 07 et (hors saison) à la Mairie ✆ 05 65 46 71 06

Doumergal, ✆ 05 65 74 24 92, à l'Ouest du bourg
2 ha (25 empl.) plat, peu incliné, herbeux - - A proximité : - Location :
juil.-8 sept. - **R** - - *2 pers. 60, pers. suppl. 10* *12 (5A)*

ARZANO

3 - 58 ⑰

Paris 506 - Carhaix-Plouguer 53 - Lorient 22 - Pontivy 45 - Quimperlé 9

29300 Finistère - 1 224 h. alt. 91

Ty-Nadan « Cadre et site agréables », ✆ 02 98 71 75 47, Fax 02 98 71 77 31 ✉ 29310 Locunolé, O : 3 km par rte de Locunolé, bord de l'Ellé
12 ha/3 campables (220 empl.) plat et peu incliné, herbeux - crêperie, pizzeria garderie - discothèque (plage) toboggan aquatique, piste de bi-cross - Location *(permanent)* : , gîte d'étape, tentes
8 mai-5 sept. - **R** *conseillée juil.-août* - GB - - *28 piscine comprise* *60* *20 (10A)*

ARZON

3 - 63 ⑫ **G. Bretagne**

Paris 489 - Auray 51 - Lorient 91 - Quiberon 78 - La Trinité-sur-Mer 63 - Vannes 32

56640 Morbihan - 1 754 h. alt. 9

Schéma à Sarzeau

Municipal du Tindio ≤, ✆ 02 97 53 75 59, NE : 0,8 km, à Kerners, bord de mer
5 ha (220 empl.) plat et peu incliné, herbeux - -

ASCAIN

13 - 78 ⑪ ⑱ **G. Pyrénées Aquitaine**

Paris 795 - Biarritz 21 - Cambo-les-Bains 26 - Hendaye 19 - Pau 137 - St-Jean-de-Luz 7

64310 Pyr.-Atl. - 2 653 h. alt. 24.

Office de Tourisme ✆ 05 59 54 00 84

Zélaïa « Cadre agréable », ✆ 05 59 54 02 36, O : 2,5 km sur D 4 rte d'Ibardin
2,4 ha (177 empl.) plat, herbeux - - - Location : , bungalows toilés
15 juin-15 sept. - **R** *conseillée* - GB - - *piscine comprise 2 pers. 89 ou 98* *19 (6A)*

La Nivelle, ✆ 05 59 54 01 94, NE : 1,7 km par D 918 rte de St-Pée, bord de la Nivelle
3 ha (168 empl.) plat, herbeux - - - A proximité : - Location : huttes
15 juin-15 sept. - **R** *conseillée août* - GB - - *18,50* *30* *17 (5 à 15A)*

Les Truites ≤, ✆ 05 59 54 01 19, NO : 2 km par la vieille route de Ciboure et à droite, bord de la Nivelle
1,2 ha (93 empl.) plat, herbeux - -
15 juin-sept. - **R** - - *23* *31* *18 (6A)*

ASPERJOC

16 - 76 ⑲ **G. Vallée du Rhône**

Paris 638 - Antraigues-sur-Volane 11 - Aubenas 13 - Privas 41 - Vals-les-Bains 8

07600 Ardèche - 370 h. alt. 430

Vernadel ≤ vallée et montagnes « Belle situation dominante », ✆ 04 75 37 55 13, N : 3,7 km par D 243 et D 543 à droite, rte de Thieuré - alt. 500 - accès par D 543 par pente assez forte, difficile pour caravanes
4 ha/2 campables (22 empl.) en terrasses, peu incliné, herbeux, pierreux - snack - - Location :
31 mars-oct. - **R** *conseillée* - - *piscine comprise 2 pers. 102* *15 (6A)*

ASPET

14 - 86 ②

Paris 786 - Lannemezan 48 - St-Béat 31 - St-Gaudens 16 - St-Girons 41

31160 H.-Gar. - 986 h. alt. 472

Municipal le Cagire, ✆ 05 61 88 51 55, sortie Sud par rte du col de Portet-d'Aspet et chemin à droite, bord du Ger
1,5 ha (42 empl.) plat, herbeux - - - A proximité :
avril-sept. - **R** *conseillée 14 juil.-15 août* - *10* *10* *8 (5A) 26 (10A)*

ASSÉRAC

4 - 63 ⑭ G. Bretagne

Paris 455 - La Baule 20 - Pontchâteau 25 - La Roche-Bernard 15 - St-Nazaire 34

44410 Loire-Atl. - 1 239 h. alt. 12

La Baie, 02 40 01 71 16, Fax 02 40 01 79 23, O : 6 km rte de la pointe de Pen-Bé, à Keravélo, à proximité de la mer
2 ha (68 empl.) plat, herbeux - - Location :
Pâques, week-ends de mai, 15 juin-15 sept. - **R** *conseillée* - GB - *Tarif 97 : 2 pers. 65, pers. suppl. 15 15 (5A)*

Le Traverno, 02 40 01 73 35, sortie Ouest par D 82 puis chemin à droite
2 ha (50 empl.) plat et peu incliné, herbeux - (juil.-août)
juin-sept. - **R** - - *14,50 6,30 10,50 12 (3A) 16 (5A)*

ASTON

14 - 86 ⑤

Paris 803 - Andorra-la-Vella 78 - Ax-les-Thermes 18 - Foix 61 - Lavelanet 43 - St-Girons 71

09310 Ariège - 231 h. alt. 563

Le Pas de l'Ours M, 05 61 64 90 33, Fax 05 61 64 90 32, au Sud du bourg, près du torrent
3,5 ha (50 empl.) plat et peu incliné, herbeux - - salle d'animation - Location *(fermé du 1er au 20 oct.)* : gîtes
juin-sept. - **R** *conseillée* - - *2 pers. 67 17 (6A) 24 (10A)*

ATTIGNY

7 - 56 ⑧

Paris 202 - Charleville-Mézières 36 - Reims 56 - Rethel 19

08130 Ardennes - 1 216 h. alt. 83

Municipal le Vallage, 03 24 71 23 06, sortie Nord, rte de Charleville-Mézières et rue à gauche après le pont sur l'Aisne, près d'un étang
1,2 ha (68 empl.) plat, herbeux, gravillons - - A proximité :
Pâques-fin sept. - Location longue durée - *Places disponibles pour le passage* - - - *7,80 ou 10,40 4,90 ou 6,30 4,90 ou 6,30 15,60 (10A)*

ATUR

24 Dordogne - 75 ⑤ - rattaché à Périgueux

AUBAZINE

10 - 75 ⑨ G. Périgord Quercy

Paris 487 - Aurillac 86 - Brive-la-Gaillarde 14 - St-Céré 54 - Tulle 18

19190 Corrèze - 788 h. alt. 345

Centre Touristique du Coiroux, 05 55 27 21 96, E : 5 km par D 48, rte du Chastang, à proximité d'un plan d'eau et d'un Parc de Loisirs
165 ha/6 campables (143 empl.) peu incliné, herbeux, bois attenants (1 ha) - - - A proximité : golf (plage)
juin-sept. - **R** *conseillée* - GB - - *élect. (5 ou 10A) comprise 2 pers. 85 ou 90*

AUBENAS

16 - 76 ⑲ G. Vallée du Rhône

Paris 629 - Alès 75 - Mende 113 - Montélimar 41 - Privas 31 - Le Puy-en-Velay 91

07200 Ardèche - 11 105 h. alt. 330.

Office de Tourisme, 4 bd Gambetta 04 75 89 02 03, Fax 04 75 89 02 04

La Chareyrasse, 04 75 35 14 59, Fax 04 75 35 00 06, SE : 3,5 km par rte à partir de la gare, à St-Pierre-sous-Aubenas, bord de l'Ardèche
2,3 ha (90 empl.) plat, herbeux, pierreux - pizzeria - A proximité : - Location : bungalows toilés
avril-sept. - **R** *conseillée juil.-août* - GB - - *piscine comprise 2 pers. 98 20 (10A)*

Aubenas les Pins « Situation et cadre agréables », 04 75 35 18 15, Fax 04 75 35 03 55, O : 2,5 km par D 235, rte de Mercuer
7 ha/4,5 campables (150 empl.) accidenté et en terrasses, pierreux - -
avril-15 oct. - **R** *conseillée* - GB - - *piscine comprise 2 pers. 75, pers. suppl. 18 14 (6A) 16 (10A)*

à St-Privat NE : 4 km par N 104 rte de Privas - 1 359 h. alt. 304
✉ 07200 St-Privat :

Le Plan d'Eau, 04 75 35 44 98, SE : 2 km par D 259 rte de Lussas, bord de l'Ardèche
3 ha (100 empl.) (juil.-août) plat, pierreux, herbeux - snack - - Location :
juin-15 sept. - **R** *conseillée* - - *Tarif 97 : piscine comprise 2 pers. 92, pers. suppl. 20 19 (4A)*

AUBENCHEUL-AU-BAC

2 - 53 ③

Paris 188 - Arras 32 - Cambrai 12 - Douai 15 - Lille 56 - Valenciennes 36

59265 Nord - 516 h. alt. 40

Municipal les Colombes, 03 27 89 25 90, sortie Sud par N 43, rte de Cambrai puis 0,5 km par D 71 à gauche, bord d'un étang et près du canal de la Sensée
2,5 ha (101 empl.) plat, herbeux -
15 mars-15 oct. - Location longue durée - *Places limitées pour le passage* - **R** *conseillée* - - *17,50 18,50 9,50 (4A) 18,50 (6A)*

AUBIGNAN

16 - 81 ⑫

Paris 670 - Avignon 29 - Carpentras 6 - Orange 21 - Vaison-la-Romaine 26

84810 Vaucluse - 3 347 h. alt. 65.
Office de Tourisme, pl. de la Mairie ✆ 04 90 62 65 36, Fax 04 90 62 75 15

Intercommunal du Brégoux « Cadre agréable », ✆ 04 90 62 62 50, Fax 04 90 62 65 21, SE : 0,8 km par D 55 rte de Caromb et chemin à droite
3,5 ha (174 empl.) plat, herbeux
15 mars-oct. - **R** *conseillée* - *Tarif 97 : 14 14 13 (6A)*

AUBIGNY-SUR-NÈRE

6 - 65 ⑪ **G. Châteaux de la Loire**

Paris 178 - Bourges 49 - Cosne-sur-Loire 40 - Gien 29 - Orléans 66 - Salbris 32 - Vierzon 44

18700 Cher - 5 803 h. alt. 180.
Office de Tourisme (mai-sept.) r. des Dames ✆ 02 48 58 40 20 et (hors saison) à la Mairie ✆ 02 48 81 50 00, Fax 02 48 58 38 30

Municipal les Etangs, ✆ 02 48 58 02 37, E : 1,4 km par D 923 rte d'Oizon, accès direct à un étang
3 ha (100 empl.) plat, herbeux - A proximité :
avril-oct. - **R** *conseillée juil.-août - Tarif 97 : 12,70 7,10 13,20 14 (6A) 25 (10A)*

AUBIN

15 - 80 ① **G. Gorges du Tarn**

Paris 598 - Conques 29 - Decazeville 5 - Figeac 29 - Rodez 42 - Villefranche-de-Rouergue 35

12110 Aveyron - 4 846 h. alt. 243.
Syndicat d'Initiative, pl. Jean-Jaurès ✆ 05 65 63 19 16 ou Mairie ✆ 05 65 63 14 11

Municipal le Gua, ✆ 05 65 63 03 86, sortie Est par D 11, rte de Cransac et chemin à droite, attenant à la piscine et à 100 m d'un étang
0,3 ha (18 empl.) plat, gravillons - A proximité :
avril-sept. - - - *11 5,50 5,50 12 (5A) 24 (10A)*

AUBURE

8 - 62 ⑱ **G. Alsace Lorraine**

Paris 430 - Colmar 25 - Gérardmer 53 - St-Dié 39 - Ste-Marie-aux-Mines 15 - Sélestat 26

68150 H.-Rhin - 372 h. alt. 800

Municipal la Ménère, ✆ 03 89 73 92 99, au bourg, près de la poste - Accès conseillé par sortie Sud, rte de Ribeauvillé et chemin à droite
1 ha (70 empl.) en terrasses, herbeux, sablonneux
15 mai-20 sept. - **R** *conseillée 15 juil.-15 août - Tarif 97 : 13 17 16 (6A)*

AUDRUICQ

1 - 51 ③

Paris 276 - Arras 96 - Boulogne-sur-Mer 46 - Calais 22 - St-Omer 25

62370 P.-de-C. - 4 586 h. alt. 10

Municipal les Pyramides, ✆ 03 21 35 59 17, au Nord-Est de la localité, accès par rocade (D 219), près d'un canal
2 ha (86 empl.) plat, herbeux
avril-sept. - **R** *conseillée juil.-août - 2 pers. 32, pers. suppl. 9 10 (6A)*

AUGIREIN

14 - 86 ②

Paris 808 - Aspet 21 - Castillon-en-Couserans 12 - St-Béat 31 - St-Gaudens 38 - St-Girons 23

09800 Ariège - 73 h. alt. 629

Bellongue « Cadre agréable », ✆ 05 61 96 82 66, à l'Est du bourg, bord de la Bouigane
0,3 ha (15 empl.) plat, herbeux - A proximité : snack
mai-15 oct. - **R** *indispensable 11 juil.-25 août - 22 28 15 (3A) 24 (6A) 35 (9A)*

AULUS-LES-BAINS

14 - 86 ③ ④ **G. Pyrénées Aquitaine**

Paris 816 - Foix 61 - Oust 16 - St-Girons 32

09140 Ariège - 210 h. alt. 750.
Office de Tourisme, résidence de l'Ars ✆ 05 61 96 01 79

Le Coulédous, ✆ 05 61 96 02 26, Fax 05 61 96 06 74, sortie Nord-Ouest par D 32 rte de St-Girons, près du Garbet
1,9 ha (72 empl.) plat, herbeux, pierreux, gravillons - A proximité : - Location : - *Adhésion obligatoire pour séjour supérieur à 4 jours*

AUMALE

1 - 52 ⑯ **G. Normandie Vallée de la Seine**

Paris 133 - Amiens 44 - Beauvais 50 - Dieppe 69 - Gournay-en-Bray 35 - Rouen 74

76390 S.-Mar. - 2 690 h. alt. 130

Municipal le Grand Mail, par centre ville
0,4 ha (40 empl.) plat, herbeux
avril-sept. - - *9 7 7 12 (7A)*

AUNAC

9 - 72 ④

Paris 418 - Angoulême 37 - Confolens 42 - Ruffec 15 - St-Jean-d'Angély 72

16460 Charente - 292 h. alt. 70

Municipal « Situation agréable au bord de la Charente », à 1 km au Sud-Est du bourg
1,2 ha (25 empl.) plat, herbeux (0,5 ha)
15 juin-15 sept. - - - *7 5,40 5,40/7 8,80*

AUPS

17 - 84 ⑥ G. Côte d'Azur

Paris 819 - Aix-en-Provence 88 - Castellane 72 - Digne-les-Bains 77 - Draguignan 29 - Manosque 60

83630 Var - 1 796 h. alt. 496.
Office de Tourisme, pl. F.-Mistral
04 94 70 00 80, Fax 04 94 84 00 69

International Camping, 04 94 70 06 80, Fax 04 94 70 10 51, O : 0,5 km par D 60, rte de Fox-Amphoux
4 ha (150 empl.) plat, pierreux, herbeux - discothèque - Location :
avril-29 sept. - **R** *conseillée juil.-août* - GB - *23 piscine comprise* *18* *17* *16,50 (10A)*

St-Lazare, 04 94 70 12 86, Fax 04 94 70 01 55, NO : 1,5 km, par D 9, rte de Régusse
2 ha (56 empl.) plat, peu incliné, pierreux, herbeux snack - - Location :
avril-sept. - **R** *conseillée juil.-août* - - *16,50 piscine comprise* *13* *12,50 (10A)*

AUREC-SUR-LOIRE

11 - 76 ⑧

Paris 539 - Firminy 15 - Montbrison 41 - Le Puy-en-Velay 59 - St-Étienne 21 - Yssingeaux 33

43110 H.-Loire - 4 510 h. alt. 435.
Office de Tourisme, 2 av. du Pont
04 77 35 42 65

Municipal le Port-Buisson ≤, 04 77 35 24 65, SO : 1,5 km par D 46 rte de Bas-en-Basset, à 100 m de la Loire (accès direct)
3,5 ha (158 empl.) en terrasses, peu incliné et plat, herbeux - - A proximité :
mai-sept. - **Location longue durée** - *Places disponibles pour le passage* - **R** *conseillée juil.-août* - - *2 pers. 51,50, pers. suppl. 14,50* *16,50 (10A)*

AUREILHAN

13 - 78 ⑭

Paris 680 - Castets 53 - Mimizan 3 - Mont-de-Marsan 77 - Parentis-en-Born 21

40200 Landes - 562 h. alt. 10

Eurolac « Cadre agréable », 05 58 09 02 87, Fax 05 58 09 41 89, sortie Nord, près du lac
13 ha (620 empl.) plat, herbeux, sablonneux - - A proximité : - Location :
mai-sept. - **R** *conseillée* - GB - - *piscine comprise 2 pers. 110* *20 (6A)*

Municipal, 05 58 09 10 88, NE : 1 km, près du lac
6 ha (440 empl.) plat, herbeux, sablonneux - - A proximité :
17 mai-21 sept. - **R** - GB - - *2 pers. 44 (56 avec élect. 6A)*

La Route des Lacs, 05 58 09 01 42, E : 1,5 km par D 626, rte de St-Paul-en-Born et chemin à gauche - dans locations
3,5 ha (100 empl.) plat, herbeux (annexe) - - Location :
avril-23 oct. - **R** *conseillée juil.-août* - - *16* *7* *15* *14 (6A)*

AURIAC

10 - 76 ①

Paris 524 - Argentat 27 - Égletons 33 - Mauriac 22 - Tulle 49

19220 Corrèze - 250 h. alt. 608

Municipal ≤ « Site agréable, entrée fleurie », 05 55 28 25 97, sortie Sud-Est par D 65 rte de St-Privat, près d'un étang et d'un parc boisé
1,7 ha (83 empl.) peu incliné, plat, herbeux (1 ha) - - A proximité :
15 mai-15 sept. - **R** *conseillée juil.-20 août* - - *12* *5* *6* *10 (6A)*

AURIBEAU-SUR-SIAGNE

17 - 84 ⑧ G. côte d'Azur

Paris 902 - Cannes 13 - Draguignan 63 - Grasse 9 - Nice 44 - St-Raphaël 41

06810 Alpes-Mar. - 2 072 h. alt. 85.
Syndicat d'Initiative, Mairie
04 92 60 20 20

Le Parc des Monges ≤ Vallée du Gabre, 04 93 60 91 71, Fax 04 93 14 44 57, NO : 1,4 km par D 509, rte de Tanneron, bord du Siagne
1,3 ha (50 empl.) plat, pierreux, herbeux - - A l'entrée : snack - A proximité : - Location :
20 mai-sept. - **R** *conseillée 10 juil.-23 août* - - *piscine comprise 2 pers. 85, pers. suppl. 17* *15 (4A) 18 (6A) 24 (10A)*

AURIGNAC

14 - 82 ⑯ G. Pyrénées Aquitaine

Paris 768 - Auch 71 - Bagnères-de-Luchon 67 - Pamiers 91 - St-Gaudens 23 - St-Girons 42 - Toulouse 76

31420 H.-Gar. - 983 h. alt. 430.
Office de Tourisme
05 61 98 70 06 (hors saison) Mairie
05 61 98 90 08, Fax 05 61 98 71 33

An. Ac. Aur., 05 61 98 70 08, sortie Sud-Est par D 635 rte de Boussens et à droite, près du stade
0,9 ha (40 empl.) peu incliné et plat, herbeux - - - A proximité :
mai-sept. - **R** *conseillée 10 juil.-20 août* - - *22 piscine comprise* *10* *6 (3A)*

AURILLAC P

10 - 76 ⑫ G. Auvergne

Paris 557 - Brive-la-Gaillarde 104 - Clermont-Ferrand 160 - Montauban 171 - Montluçon 263

15000 Cantal - 30 773 h. alt. 610.
Office de Tourisme, pl. Square
04 71 48 46 58, Fax 04 71 48 99 39

Municipal l'Ombrade « Décoration florale », 04 71 48 28 87, Fax 04 71 43 31 58, N : 1 km par D 17 et chemin du Gué-Bouliaga à droite, de part et d'autre de la Jordanne
5 ha (200 empl.) plat et en terrasses, herbeux - - A proximité :
mai-sept. - **R** *conseillée - 10 7,50 7,50 10 (6A)*

AUSSOIS

12 - 77 ⑧ G. Alpes du Nord

Paris 671 - Albertville 97 - Chambéry 108 - Lanslebourg-Mont-Cenis 17 - Modane 7 - St-Jean-de-Maurienne 38

73500 Savoie - 530 h. alt. 1 489 - Sports d'hiver : 1 500/2 750 m 11.
Office de Tourisme
04 79 20 30 80, Fax 04 79 20 37 00

Municipal la Buidonnière Parc de la Vanoise « Site agréable », 04 79 20 35 58, sortie Sud par D 215, rte de Modane et chemin à gauche
4 ha (160 empl.) en terrasses et peu incliné, pierreux, herbeux - - - parcours sportif
Permanent - **R** - GB - - *1 pers. 27 11 (2A) 25 (6A) 34,50 (10A)*

AUTRANS

12 - 77 ④

Paris 589 - Grenoble 36 - Romans-sur-Isère 58 - St-Marcellin 46 - Villard-de-Lans 15

38880 Isère - 1 406 h. alt. 1 050 - Sports d'hiver : 1 050/1 650 m 16.
Office de Tourisme, rte de Méaudre
04 76 95 30 70, Fax 04 76 95 38 63

Au Joyeux Réveil , 04 76 95 33 44, Fax 04 76 95 72 98, sortie Nord-Est par rte de Montaud et à droite
1,5 ha (100 empl.) plat, herbeux - - -
Location :
fermé, 10 jours fin mai/début juin et fin sept./début oct. - **R** *conseillée* - - *piscine comprise 2 pers. 65, pers. suppl. 25 12 (2A) 15 (4A) 20 (6A)*

Caravaneige du Vercors , 04 76 95 31 88, Fax 04 76 95 36 82, S : 0,6 km par D 106c rte de Méaudre
1 ha (90 empl.) en terrasses, herbeux, pierreux - - A proximité : Location :
fermé du 25 mai au 5 juin et du 14 au 25 sept. - **R** *conseillée été et hiver* - GB - - *piscine comprise 2 pers. 63, pers. suppl. 17 14 (2A) 22,50 (6A) 29 (10A)*

AUTUN SP

11 - 69 ⑦ G. Bourgogne

Paris 287 - Auxerre 128 - Avallon 79 - Chalon-sur-Saône 53 - Dijon 85 - Mâcon 112 - Moulins 98 - Nevers 105

71400 S.-et-L. - 17 906 h. alt. 326.
Office de Tourisme, 2 av. Ch.-de-Gaulle 03 85 86 80 38, Fax 03 85 86 80 49 et (juin-sept.) pl. du Terreau 03 85 52 56 03

Municipal du Pont d'Arroux, 03 85 52 10 82, sortie Nord par D 980, rte de Saulieu, Faubourg d'Arroux, bord du Ternin
2,8 ha (104 empl.) (juil.-août) plat, herbeux - snack -
4 avril-oct. - **R** *conseillée juil.-août* - GB - - *Tarif 97 : 13,50 8,50 13 15,50 (4A)*

AUXERRE P

6 - 65 ⑤ G. Bourgogne

Paris 165 - Bourges 136 - Chalon-sur-Saône 175 - Chaumont 144 - Dijon 151 - Nevers 111 - Sens 59 - Troyes 80

89000 Yonne - 38 819 h. alt. 130.
Office de Tourisme, 1 et 2 quai République 03 86 52 06 19, Fax 03 86 51 23 27

Municipal, 03 86 52 11 15, au Sud-Est de la ville, près du stade, 8 rte de Vaux, à 150 m de l'Yonne
4,5 ha (220 empl.) plat, herbeux - - - A proximité :
avril-29 sept. - **R** *conseillée* - GB - - *14 12 11 (5 ou 6A)*

AUXI-LE-CHÂTEAU

1 - 52 ⑦ G. Flandres Artois Picardie

Paris 183 - Abbeville 27 - Amiens 46 - Arras 57 - Hesdin 23

62390 P.-de-C. - 3 051 h. alt. 32.
Office de Tourisme, Hôtel de Ville
03 21 04 02 03

Municipal des Peupliers, 03 21 41 10 79, sortie Sud-Ouest vers Abbeville et 0,6 km par rte à droite, au stade, bord de l'Authie
1,6 ha (82 empl.) plat, herbeux - -
Location longue durée - *Places limitées pour le passage*

AUZON

11 - 76 ⑤ G. Auvergne

Paris 478 - Brassac-les-Mines 5 - Brioude 12 - La Chaise-Dieu 39 - Massiac 27 - Le Puy-en-Velay 73

43390 H.-Loire - 920 h. alt. 430

Municipal la Rivière Haute , 04 71 76 18 61, NE : 0,5 km par D 652, rte de St-Jean-St-Gervais, près d'un ruisseau
0,8 ha (40 empl.) plat, terrasse, herbeux - - A proximité :
juin-15 sept. - **R** - - *tennis compris 1 pers. 35, 2 pers. 55, pers. suppl. 25 15*

AVAILLES-LIMOUZINE

10 - 72 ⑤

Paris 406 - Confolens 14 - L'Isle-Jourdain 14 - Niort 97 - Poitiers 66

86460 Vienne - 1 324 h. alt. 142

Municipal le Parc « Cadre et situation agréables au bord de la Vienne », 05 49 48 51 22, sortie Est par D 34, à gauche après le pont
2,7 ha (120 empl.) (juil.-août) plat, herbeux - A l'entrée : - A proximité :
mai-sept. - **R** *juil.-août* - - *12 piscine et tennis compris* *3,60* *4,20* *7,80 (6A)*

AVANTON **86** Vienne - 68 ⑬ - rattaché à Poitiers

Les AVENIÈRES

12 - 74 ⑭

Paris 508 - Les Abrets 14 - Aix-les-Bains 45 - Belley 25 - Chambéry 40 - La Tour-du-Pin 17

38630 Isère - 3 933 h. alt. 245

Municipal les Épinettes, 04 74 33 92 92, à 0,8 km du centre bourg par D 40 rte de St-Genix-sur-Guiers puis à gauche
2,7 ha (84 empl.) plat et peu incliné, herbeux, gravier - - - A proximité :
avril-oct. - **R** *conseillée* - *11* *5* *9,50* *28 (6A) 35 (10A) 42 (15A)*

AVESNES-SUR-HELPE

2 - 53 ⑥ G. Flandres Artois Picardie

Paris 210 - Charleroi 55 - St-Quentin 66 - Valenciennes 45 - Vervins 32

59440 Nord - 5 108 h. alt. 151.
Office de Tourisme 41 pl Gén.-Leclerc 03 27 57 92 40, Fax 03 27 61 23 48

Municipal le Champ de Mars « Cadre agréable », 03 27 57 99 04, à Avesnelles, r. Léo-Lagrange
1 ha (40 empl.) peu incliné, herbeux - - -
A proximité :
avril-sept. - **R** - *15* *15* *15* *15 (6A)*

AVIGNON P

16 - 81 ⑪ ⑫ G. Provence

Paris 683 - Aix-en-Provence 82 - Arles 36 - Marseille 99 - Nîmes 45 - Valence 125

84000 Vaucluse - 86 939 h. alt. 21.
Office de Tourisme, 41 cours J.-Jaurès 04 90 82 65 11, Fax 04 90 82 95 03, annexe au Pont d'Avignon 04 90 85 60 16

Municipal du Pont St-Bénézet < Palais des Papes et le pont, 04 90 82 63 50, Fax 04 90 85 22 12, sortie Nord-Ouest rte de Villeneuve-lès-Avignon par le pont Edouard-Daladier et à droite, dans l'île de la Barthelasse
8 ha (300 empl.) plat, herbeux - snack
-
mars-oct. - **R** *conseillée juil.* - GB - *tennis compris 2 pers. 80/110*

Bagatelle <, 04 90 86 30 39, Fax 04 90 27 16 23, sortie Nord-Ouest, rte de Villeneuve-lès-Avignon par le pont Édouard-Daladier et à droite, dans l'île de la Barthelasse, près du Rhône
3,5 ha (238 empl.) plat, herbeux -
self - - A proximité : - Location :
Permanent - **R** *conseillée* GB - - *Tarif 97 :* *22,80* *18/22* *16*

Les 2 Rhône, 04 90 85 49 70, Fax 04 90 85 91 75, sortie Nord-Ouest, rte de Villeneuve-lès-Avignon par le pont Edouard-Daladier et à droite, au Nord de l'île de la Barthelasse
2 ha (100 empl.) plat, herbeux, gravier (1 ha) -
snack - - Location : bungalows toilés
15 mars-15 oct. - **R** *conseillée 9 juil.-2 août* - - *17 piscine et tennis compris* *17/19* *15 (10A)*

au Pontet NE : 4 km par rte de Carpentras - 15 688 h. alt. 40
84130 le Pontet :

Le Grand Bois, 04 90 31 37 44, NE : 3 km par D 62, rte de Vedène et rte à gauche, au lieu-dit la Tapy - Par A 7 : sortie Avignon-Nord
1,5 ha (134 empl.) plat, herbeux - -
- Location *(permanent)* : (hôtel)
15 avril-sept. - **R** *conseillée juil.-août* - GB - - *18 piscine comprise* *10* *25* *12 (5A)*

Voir aussi à ***Vedène***

AVIGNONET-LAURAGAIS

14 - 82 ⑲

Paris 736 - Belpech 29 - Castelnaudary 14 - Foix 63 - Revel 24 - Toulouse 41

31290 H.-Gar. - 954 h. alt. 178

Municipal le Radel, sortie Nord-Ouest par N 113, rte de Villefranche-de-Lauragais puis 1,3 km par D 43, rte de Beauteville à gauche, près du canal du midi
0,9 ha (25 empl.) non clos, plat, peu incliné, herbeux -
avril-sept. - - *15* *15*

AVOISE

5 - 64 ②

Paris 242 - La Flèche 27 - Le Mans 40 - Sablé-sur-Sarthe 11

72430 Sarthe - 495 h. alt. 112

Municipal, au bourg, par D 57, bord de la Sarthe
1,8 ha (50 empl.) plat, herbeux - -
mai-sept. - **R** - *élect. comprise 1 ou 2 pers. 38, pers. suppl. 11*

AVRILLÉ

9 - 67 ⑪ ⑫

Paris 441 - Luçon 26 - La Rochelle 67 - La Roche-sur-Yon 26 - Les Sables-d'Olonne 25

85440 Vendée - 1 004 h. alt. 45

Les Mancelières, 02 51 90 35 97, S : 1,7 km par D 105 rte de Longeville-sur-Mer
2,6 ha (130 empl.) plat et peu incliné, herbeux, petit étang (1 ha) - toboggan aquatique - Location : bungalows toilés
mai-sept. - **R** *conseillée 14 juil.-15 août* - *piscine comprise 2 pers. 85, pers. suppl. 16 16 (6A)*

Municipal de Beauchêne, 02 51 22 30 49, sortie Sud-Est par D 949 rte de Luçon, bord d'un petit étang
2,5 ha (160 empl.) plat et peu incliné, herbeux -
15 juin-15 sept. - **R** *conseillée 1er au 15 août* - *3 pers. 56 17 (6A)*

AXAT

15 - 86 ⑦

Paris 829 - Ax-les-Thermes 51 - Belcaire 33 - Carcassonne 64 - Font-Romeu-Odeillo-Via 65 - Perpignan 66

11140 Aude - 919 h. alt. 398

Le Moulin du Pont d'Aliès « Site et cadre agréables », 04 68 20 53 27, N : 1 km, carrefour des D 117 et D 118, bord de l'Aude
2 ha (98 empl.) plat et peu incliné, herbeux (1 ha) - snack - - Location : gîte d'étape
Permanent - **R** *conseillée juil.-août* - *18 piscine comprise 10 38/49 avec élect. (4 à 10A)*

La Crémade « Agréable cadre boisé », 04 68 20 50 64, E : 2,8 km par D 118, D 117, rte de Perpignan et chemin du château à droite
3,3 ha (100 empl.) plat, peu incliné, herbeux, forêt pinède - - Location : gîte d'étape
mai-sept. - **R** - *2 pers. 52 13 (6A)*

AX-LES-THERMES

15 - 86 ⑮ G. Pyrénées Roussillon

Paris 817 - Andorra-la-Vella 60 - Carcassonne 106 - Foix 42 - Prades 99 - Quillan 54

09110 Ariège - 1 489 h. alt. 720 - (fin mars/mi-nov.)
Sports d'hiver : au Saquet par route du plateau de Bonascre (8 km) et télécabine : 720/2 400 m 1 16.
Tunnel de Puymorens : Péage aller simple : autos 30 F, P.L 75 ou 120 F, Deux-roues 18 F. Tarifs spéciaux A.R
Office de Tourisme, pl. du Breilh 05 61 64 60 60, Fax 05 61 64 41 08

Municipal Malazéou 05 61 64 69 14, NO : 1,5 km sur N 20 rte de Foix, bord de l'Ariège
5 ha (300 empl.) plat, peu incliné, herbeux
Permanent - Location longue durée - *Places disponibles pour le passage* - - *Tarif 97 : 15,90 16,80 13 (4A) 21,20 (6A) 28 (10A)*

AYDAT (Lac d')

11 - 73 ⑭ G. Auvergne

Paris 445 - La Bourboule 34 - Clermont-Ferrand 20 - Issoire 38 - Pontgibaud 34 - Rochefort-Montagne 28

63 P.-de-D. - 1 322 h. alt. 850
63970 Aydat

Chadelas « Cadre boisé », 04 73 79 38 09, à 2 km au Nord-Est d'Aydat par D 90 et rte à droite, près du lac (accès direct)
7 ha (150 empl.) plat, peu incliné, vallonné, terrasses, herbeux, pierreux - - A proximité : snack
15 mai-14 sept. - **R** *conseillée 15 juil.-15 août* - *2 pers. 63, pers. suppl. 18 16,50 (6A)*

La Clairière, 04 73 79 31 15, **à Rouillas-Bas**, à 3,2 km au Nord-Est d'Aydat, par D 213
1 ha (48 empl.) (juil.-août) en terrasses, herbeux
juin-sept. - **R** *conseillée* - *17 23 13 (5A)*

Les Volcans, 04 73 79 33 90, **à la Garandie**, à 3,2 km à l'Ouest d'Aydat, par D 788 - alt. 1 020
1,3 ha (54 empl.) peu incliné, herbeux
juin-7 sept. - **R** - *14 6 10 15 (4A)*

AYTRE **17** Char.-Mar. - 71 ⑫ - rattaché à la Rochelle

AYZAC-OST **65** H.-Pyr. - 85 ⑰ - rattaché à Argelès-Gazost

AZAY-LE-RIDEAU

10 - 64 ⑭ G. Châteaux de la Loire

Paris 265 - Châtellerault 60 - Chinon 20 - Loches 53 - Tours 26 - Saumur 47

37190 I.-et-L. - 3 053 h. alt. 51.
Office de Tourisme, pl. de l'Europe 02 47 45 44 40, Fax 02 47 45 31 46

Municipal le Sabot « Entrée fleurie », 02 47 45 42 72, au Sud du bourg par D 84, bord de l'Indre
6 ha (228 empl.) plat, herbeux - - A proximité :
Pâques-oct. - **R** *conseillée* - *Tarif 97 : 1 ou 2 pers. 46, pers. suppl. 13 12 (10A)*

AZAY-SUR-THOUET

9 - 68 ⑪

Paris 385 - Bressuire 32 - Coulonges-sur-l'Autize 27 - Niort 39 - Parthenay 9

79130 Deux-Sèvres - 1 013 h. alt. 161

Municipal les Peupliers, sortie Sud par D 139 rte de St-Pardoux, bord du Thouet
0,6 ha (16 empl.) plat, herbeux - A proximité :
juin-sept. - **R** - *9* *15* *12*

AZUR

13 - 78 ⑯

Paris 726 - Bayonne 44 - Dax 24 - Mimizan 75 - Soustons 7 - Tartas 48

40140 Landes - 377 h. alt. 9

La Paillotte, 05 58 48 12 12, Fax 05 58 48 10 73, SO : 1,5 km, bord du lac de Soustons - juin-6 sept.
7 ha (310 empl.) plat, sablonneux, herbeux - escrime, toboggans aquatiques - A proximité : - Location :
21 mai-13 sept. - **R** *indispensable* - GB - *piscine comprise 2 pers. 150* *28 (10A)*

Municipal, 05 58 48 30 72, S : 2 km, à 100 m du lac de Soustons
6,5 ha (200 empl.) plat, sablonneux, pierreux, herbeux - cases réfrigérées - A proximité :
20 mai-20 sept. - **R** *conseillée 15 juil.-20 août* - *16* *9* *19* *12 (6A) 20 (10A)*

BACCARAT

8 - 62 ⑦ **G. Alsace Lorraine**

Paris 363 - Épinal 42 - Lunéville 26 - Nancy 58 - St-Dié 28 - Sarrebourg 43

54120 M.-et-M. - 5 022 h. alt. 260.
Syndicat d'Initiative, pl. des Arcades 03 83 75 13 37, Fax 03 83 75 36 76

La Rive, 03 83 75 12 29, sortie Nord-Ouest, sur N 59, rte de Nancy, face au garage Peugeot, bord de la Meuse
1,5 ha (35 empl.) plat et peu incliné, herbeux, gravier -
mai-sept. - **R** *conseillée* - *14* *16* *9 (3A) 14 (6A)*

Municipal, sortie Sud-Est par D 158, rte de Lachapelle et à gauche, bord de la Meurthe
0,7 ha (50 empl.) plat, herbeux - A proximité :
mai-15 sept. - **R**

BADEFOLS-SUR-DORDOGNE

13 - 75 ⑮ ⑯ **G. Périgord Quercy**

Paris 543 - Bergerac 27 - Périgueux 64 - Sarlat-la-Canéda 47

24150 Dordogne - 188 h. alt. 42

Les Bö-Bains, 05 53 22 51 89, Fax 05 53 22 46 70, sortie Ouest, par D 29, rte de Lalinde, bord de la Dordogne
4 ha (90 empl.) plat, terrasse, herbeux - snack - - A proximité : - Location *(permanent)* :
15 avril-sept. - **R** *conseillée juil.-août* - GB - *piscine comprise 2 pers. 75 à 95* *18 (6A)*

BADEN

3 - 63 ②

Paris 475 - Auray 10 - Lorient 52 - Quiberon 40 - Vannes 15

56870 Morbihan - 2 844 h. alt. 28

Mané Guernehué, 02 97 57 02 06, Fax 02 97 57 15 43, SO : 1 km par rte de Mériadec et à droite
5,3 ha (200 empl.) plat, peu incliné à incliné et en terrasses, herbeux - salle d'animation toboggan aquatique, parcours sportif - Location :
avril-sept. - **R** *conseillée juil.-23 août* - GB - *26 piscine comprise* *72* *19 (6A) 20 (10A)*

BAGNAC-SUR-CÉLÉ

15 - 76 ⑪

Paris 583 - Cahors 82 - Decazeville 16 - Figeac 14 - Maurs 7

46270 Lot - 1 582 h. alt. 234

Municipal du Pont Neuf, 05 65 34 94 31, au Sud-Est du bourg, derrière la gare, bord du Célé
1 ha (44 empl.) plat, herbeux - - A proximité :
15 juin-15 sept. - **R**

BAGNEAUX-SUR-LOING

6 - 61 ⑫

Paris 84 - Fontainebleau 21 - Melun 38 - Montargis 28 - Pithiviers 42 - Sens 48

77167 S.-et-M. - 1 516 h. alt. 45

Municipal de Pierre le Sault, 01 64 29 24 44, au Nord-Est de la ville, près du terrain de sports, entre le canal et le Loing, à 200 m d'un plan d'eau
3 ha (160 empl.) plat, herbeux, bois attenant -
avril-oct. - Location longue durée - *Places disponibles pour le passage* - - *14* *11* *10,50 (3A) 17 (6A) 24 (10A)*

BAGNÈRES-DE-BIGORRE

14 - 85 ⑱ G. Pyrénées Aquitaine

Paris 816 - Lourdes 24 - Pau 63 - St-Gaudens 63 - Tarbes 21

65200 H.-Pyr. - 8 424 h. alt. 551 - (mars- nov.).
Office de Tourisme, 3 allée Tournefort
05 62 95 50 71, Fax 05 62 95 33 13

Le Monlôo <, 05 62 95 19 65, sortie Nord-Est, par D 938, rte de Toulouse puis à gauche 1,4 km par D 8, rte de Tarbes et chemin à droite
3 ha (104 empl.) peu incliné et plat, herbeux - Location :
Permanent - **R** *conseillée juil.-août* - GB - *- piscine comprise 1 à 3 pers. 82 12 (2A) 16 (3A) 26 (6A)*

Les Fruitiers < Pic du Midi, 05 62 95 25 97, 91 route de Toulouse
1,5 ha (112 empl.) plat, herbeux - A proximité :
mai-oct. - **R** *conseillée 10 juil.-15 août - 20 20 12 (2A) 22 (4A) 33 (6A)*

Les Tilleuls, 05 62 95 26 04, sortie Nord-Ouest, rte de Labassère, av. Alan-Brooke
2, 8 ha (100 empl.) plat et peu incliné, herbeux -
mai-sept. - **R** *conseillée - Tarif 97 : 18 25 16 (4A)*

à Beaudéan SE : 4 km par D 935 - 410 h. alt. 625
65710 Beaudéan :

L'Arriou <, 05 62 91 74 04, Fax 05 62 91 74 11, à l'Est du bourg par D 935 et chemin, bord de l'Adour
2,8 ha (100 empl.) plat, terrasse, herbeux - A proximité :
Permanent - **R** *conseillée - - piscine comprise 2 pers. 65, pers. suppl. 20 15 (2A) 20 (4A)*

BAGNERES-DE-LUCHON

14 - 85 ⑳ G. Pyrénées Aquitaine

Paris 830 - Bagnères-de-Bigorre 70 - St-Gaudens 46 - Tarbes 88 - Toulouse 138

31110 H.-Gar. - 3 094 h. alt. 630 - (avril-25 oct.) - Sports d'hiver : à Superbagnères, 1 440/2 260 m 1 15 .
Office de Tourisme, 18 allée d'Etigny
05 61 79 21 21, Fax 05 61 79 11 23

Les Myrtilles <, 05 61 79 89 89, Fax 05 61 79 09 41 31110 Moustajon, N : 2,5 km par D 125ᶜ, à **Moustajon**, bord d'un ruisseau
2 ha (100 empl.) plat, herbeux - - A proximité : (centre équestre) - Location *(permanent)* : , gîte d'étape, studios, bungalows toilés
mai-1er oct. - **R** *conseillée juil.-août* - GB - *- piscine comprise 1 pers. 55, pers. suppl. 21 16 (3A) 20 (6A) 30 (10A)*

Pradelongue <, 05 61 79 86 44, Fax 05 61 79 18 64 31110 Moustajon, N : 2 km par D 125ᶜ, rte de Moustajon, près du magasin Intermarché
4 ha (135 empl.) plat, herbeux, pierreux - A proximité : - Location *(mai-sept.)* : bungalows toilés
avril-sept. - **R** *conseillée juil.-août - - 26 piscine comprise 28 12 (2A) 20 (5A) 27 (10A)*

La Lanette <, 05 61 79 00 38, **à Montauban-de-Luchon,** E : 1,5 km par D 27
4,3 ha (270 empl.) plat et peu incliné, herbeux - (avril-oct.) - A proximité :
fermé nov. - **R** *conseillée - - Tarif 97 : 3 pers. 78 (90 avec élect. 1,5A), pers. suppl. 19 14 (3A) 20 (5A) - hors saison estivale 30 (10A)*

à Salles-et-Pratviel N : 4 km par D 125 - 129 h. alt. 625
31110 Salles-et-Pratviel :

Le Pyrénéen <, 05 61 79 59 19, Fax 05 61 79 75 75, S : 0,6 km par D 27 et chemin, bord de la Pique -
1,1 ha (75 empl.) plat, pierreux, herbeux - - Location :
Permanent - Location longue durée - *Places disponibles pour le passage* - **R** *été* - GB - *- piscine comprise 1 à 3 pers. 95 (110 avec élect.) - hiver : 18 18 10 (2A) et 5 par ampère supplémentaire*

à Garin O : 8,5 km par D 618 - 108 h. alt. 1 100 - 31110 Garin :

Les Frênes <, 05 61 79 88 44, à l'Est du bourg par D 618, rte de Bagnères-de-Luchon et à gauche (D 76ᴱ vers rte de Billière)
0,8 ha (50 empl.) en terrasses, peu incliné, herbeux, pierreux -
Permanent - **R** *conseillée juil.-août - - 20 22 12 (5A) 15 (10A)*

BAGNOLES-DE-L'ORNE

5 - 60 ① G. Normandie Cotentin

Paris 233 - Alençon 48 - Argentan 38 - Domfront 18 - Falaise 48 - Flers 28

61140 Orne - 875 h. alt. 140 - (avril-fin oct.).
Office de Tourisme, pl. du Marché
02 33 37 85 66, Fax 02 33 30 06 75

La Vée , 02 33 37 87 45, Fax 02 33 30 14 32, SO : 1,3 km, près de Tessé-la-Madeleine, à 30 m de la rivière
2,8 ha (255 empl.) plat, herbeux -
avril-oct. - **R** - *- Tarif 97 : 1 pers. 29,50, pers. suppl. 15 15 (3A) 19 (6A) 23,50 (10A)*

Le Clos Normand, 02 33 37 92 43 61410 Couterne, SE : 2,5 km par D 916 rte de Couterne
1 ha (65 empl.) plat, herbeux - crêperie - - Location :
mai-sept. - **R** - *- 2 pers. 38, pers. suppl. 12,95 15 (5A) 21 (10A)*

BAGNOLS

11 - 73 ⑫ G. Auvergne

Paris 487 - Bort-les-Orgues 20 - La Bourboule 22 - Bourg-Lastic 40 - Clermont-Ferrand 67

63810 P.-de-D. - 712 h. alt. 862.
Office de Tourisme de Saney-Artense, r. de la Pavade à la Tour d'Auvergne ✆ 04 73 21 79 78, Fax 04 73 21 79 70

Municipal la Thialle, ✆ 04 73 22 28 00, sortie Sud-Est par D 25, rte de St-Donat, bord de la Thialle
2,8 ha (90 empl.) (été) plat, herbeux - (bassin) - A proximité : - Location : huttes
Permanent - **R** *conseillée 15 juil.-15 août - - 12 9 10 12 (3A) 24 (10A)*

BAGNOLS-SUR-CÈZE

16 - 81 ① ⑪ G. Provence

Paris 654 - Alès 52 - Avignon 34 - Nîmes 57 - Orange 29 - Pont-St-Esprit 11

30200 Gard - 17 872 h. alt. 51.
Office de Tourisme, espace St-Gilles, av. Léon Blum ✆ 04 66 89 54 61, Fax 04 66 89 83 38

Les Genêts d'Or, ✆ 04 66 89 58 67, sortie Nord par N 86 puis 2 km par D 360 à droite, bord de la Cèze - juil.-20 août
3,5 ha (95 empl.) plat, herbeux - - Location :
Pâques-sept. - **R** *conseillée 14 juil.-14 août* - GB - - *24 piscine comprise 24 44*

La Coquille, ✆ 04 66 89 03 05, sortie Nord par N 86 rte de Pont-St-Esprit puis 1,7 km par D 360 à droite, près de la Cèze
1,2 ha (30 empl.) plat, herbeux, sablonneux - -
Pâques-15 sept. - **R** *conseillée - piscine comprise 2 pers. 95 12 (3A) 14 (4A) 16 (5A)*

BAIS

5 - 60 ⑪

Paris 249 - Laval 46 - Le Mans 53 - Mayenne 20 - Sablé-sur-Sarthe 53

53160 Mayenne - 1 571 h. alt. 183

Municipal Claires Vacances, sortie Ouest par D 241 rte d'Hambers, près d'un plan d'eau
1 ha (20 empl.) plat, herbeux - -
15 mai-15 sept. - **R** - *Tarif 97 : 9,10 3,05 3,05 3,75*

BALARUC-LES-BAINS

15 - 83 ⑯ G. Gorges du Tarn

Paris 782 - Agde 30 - Béziers 50 - Frontignan 8 - Lodève 55 - Montpellier 30 - Sète 8

34540 Hérault - 5 013 h. alt. 3 - (23 fév.-23 nov.).
Office de Tourisme, Pavillon Sévigné ✆ 04 67 46 81 46, Fax 04 67 48 40 40 et 37 av. du Port ✆ 04 67 48 50 07, Fax 04 67 43 47 52

Les Vignes, ✆ 04 67 48 04 93, NE : 1,7 km par D 129, D 2^{E6}, à droite, rte de Sète et chemin à gauche
2 ha (129 empl.) plat, herbeux, pierreux - -
avril-oct. - **Location longue durée** - *Places disponibles pour le passage* - **R** *indispensable saison* - GB - - *piscine comprise 2 pers. 80 (92 avec élect. 4A) 15 (6A) 18 (10A)*

BALAZUC **07** Ardèche - 80 ⑨ - voir à Ardèche (Gorges de l')

BALBIGNY

11 - 73 ⑱

Paris 418 - Feurs 9 - Noirétable 44 - Roanne 29 - St-Étienne 51 - Tarare 29

42510 Loire - 2 415 h. alt. 331

La Route Bleue , ✆ 04 77 27 24 97, Fax 04 77 28 18 05, NO : 2,8 km par N 82 et D 56 à gauche, rte de St-Georges-de-Baroille, près de la Loire
2 ha (100 empl.) plat, peu incliné, herbeux - -
15 mars-oct. - **R** *conseillée* - GB - - *20 piscine comprise 20 18 (6A) 25 (10A)*

BALLAN-MIRÉ

5 - 64 ⑭ ⑮

Paris 250 - Azay-le-Rideau 15 - Langeais 26 - Montbazon 12 - Tours 11

37510 I.-et-L. - 5 937 h. alt. 88.
Office de Tourisme, 1 pl. du 11-Novembre ✆ 02 47 53 87 47

La Mignardière, ✆ 02 47 73 31 00, Fax 02 47 73 31 01, à 2,5 km au Nord-Est du bourg, à proximité du plan d'eau de Joué-Ballan
2,5 ha (177 empl.) plat, herbeux, petit bois attenant - - - A proximité : poneys grill -
Location :
10 avril-3 oct. - **R** *conseillée juil.-1er sept.* - GB - - *piscine comprise 2 pers. 100, pers. suppl. 28 18 (6A)*

▶ *Zoekt u in een bepaalde streek*
- *een fraai terrein (...)*
- *een terrein dat het hele jaar open is* (Permanent)
- *of alleen een terrein op uw reisroute of een terrein voor een langer verblijf,*

raadpleeg dan de lijst van plaatsnamen in de inleiding van de gids.

La BALME-DE-SILLINGY

12 - 74 ⑥

Paris 526 - Annecy 12 - Bellegarde-sur-Valserine 30 - Belley 60 - Frangy 14 - Genève 41

74330 H.-Savoie - 3 075 h. alt. 480

Aire Naturelle la Vieille Ferme, 04 50 68 84 05, NO : 1,3 km par N 508, rte de Frangy puis 2 km par rte à gauche
3 ha (25 empl.) plat et peu incliné, herbeux -
juin-sept. - **R** *conseillée juil.-août* - - *15* *5,50* *16* *10,50 (2A) 15 (4A) 20 (6A)*

Aire Naturelle la Bergerie, 04 50 68 73 05, NO : 2,2 km par N 508 et rte à droite, à Lompraz
1 ha (25 empl.) plat, herbeux -
15 juin-15 sept. - **R** *conseillée juil.-août* - - *9,50* *6* *14,50* *12 (2A) 14 (3A) 15 (4A)*

BANDOL

17 - 84 ⑭ G. Côte d'Azur

Paris 822 - Aix-en-Provence 70 - Marseille 51 - Toulon 17

83150 Var - 7 431 h. alt. 1.
Office de Tourisme, allées Vivien
04 94 29 41 35, Fax 04 94 32 50 39

Vallongue, 04 94 29 49 55, N : 3 km par D 559, rte de St-Cyr-sur-Mer et à gauche après le supermarché - (tentes)
1,2 ha (70 empl.) plat et en terrasses, pierreux, herbeux -
- - A proximité :
avril-1er oct. - **R** - - *piscine comprise 2 pers. 75/85, pers. suppl. 20* *15 (6A)*

BANGOR 56 Morbihan - 63 ⑪ ⑫ - voir à Belle-Ile-en-Mer

► *Ihre Meinung über die von uns empfohlenen Campingplätze interessiert uns. Teilen Sie uns Ihre Erfahrungen mit und schreiben Sie uns auch, wenn Sie eine gute Entdeckung gemacht haben.*

BANNES

7 - 66 ③

Paris 289 - Chaumont 35 - Dijon 84 - Langres 8 - Nancy 125

52360 H.-Marne - 393 h. alt. 388

Hautoreille, 03 25 84 83 40, sortie Sud-Ouest par D 74, rte de Langres puis 0,7 km par chemin à gauche
3 ha (100 empl.) plat, peu incliné, herbeux - (sauf hiver)
Permanent - **R** - - *12* *24* *15 (10A)*

BARATIER 05 H.-Alpes - 77 ⑰ ⑱ - rattaché à Embrun

BARBÂTRE 85 Vendée - 67 ① - voir à Noirmoutier (Ile de)

BARBIÈRES 26 Drôme - 77 ② - rattaché à Bourg-de-Péage

Le BARCARÈS

15 - 86 ⑩

Paris 846 - Narbonne 55 - Perpignan 22 - Quillan 83

66420 Pyr.-Or. - 2 422 h. alt. 3.
Office de Tourisme, Front de Mer
04 68 86 16 56, Fax 04 68 86 34 20 et (saison) centre Culturel Cocteau-Marais
04 68 86 34 20

L'Europe, 04 68 86 15 36, Fax 04 68 86 47 88, SO : 2 km par D 90, à 200 m de l'Agly
6 ha (371 empl.) plat, herbeux - Plates-formes aménagées et sanit. individuels (wc) - - Location :
Permanent - **R** *conseillée juil.-août* - - - *élect. (10A), piscine et tennis compris 2 pers. 197*

California, 04 68 86 16 08, Fax 04 68 86 18 20 66423 Le Barcarès Cedex, SO : 1,5 km par D 90
5 ha (246 empl.) plat, herbeux, verger - pizzeria, snack - toboggan aquatique - Location :
25 avril-24 sept. - **R** *conseillée juil.-août* - - - *piscine comprise 2 pers. 105, pers. suppl. 28* *16 (10A)*

Le Soleil Bleu, 04 68 86 15 50, Fax 04 68 86 40 90, SO : 1,4 km par D 90, à 100 m de l'Agly et à 500 m de la mer
3 ha (176 empl.) plat - pizzeria, snack - discothèque - Location :
avril-sept. - **R** *conseillée juil.-août*

La Salanque, location exclusive de bungalows, 04 68 86 14 86, Fax 04 68 86 47 98, O : 1,8 km par chemin de l'Hourtou
2 ha (107 empl.) plat, herbeux - Sanitaires individuels (wc) - salle de musculation salle d'animation
- Location :
21 mars-14 nov. - - - *élect., piscine et tennis compris 4 à 6 pers. 350 à 520 par jour*

Las Bousigues, 04 68 86 16 19, Fax 04 68 86 28 44, O : 0,6 km, avenue des Corbières – dans locations
3 ha (199 empl.) plat, sablonneux – – 51 sanitaires individuels (wc) pizzeria, snack – – Location :
Pâques-Toussaint – **R** *conseillée* – GB – – *piscine comprise 2 pers. 109 (127 avec élect.), pers. suppl. 26*

Le Pré Catalan, 04 68 86 12 60, Fax 04 68 86 40 17, SO : 1,5 km par D 90 puis 0,6 km par chemin à droite
4 ha (220 empl.) plat, sablonneux, herbeux – – – Location :
8 mai-12 sept. – **R** *conseillée juil.-août* – GB – – *piscine et tennis compris 2 pers. 109, pers. suppl. 26 20 (6A)*

BARCELONNE-DU-GERS

14 – 82 ②

Paris 725 – Aire-sur-l'Adour 2 – Mont-de-Marsan 33 – Nogaro 19 – Riscle 15

32720 Gers – 1 312 h. alt. 96

Municipal les Rives de l'Adour, S : 1,5 km par D 107 rte de Lembeye et à gauche avant le pont, bord de la rivière
0,5 ha (40 empl.) (14 juil.-15 août) plat, herbeux, pierreux –
15 juin-15 sept. – – *10 15 10 (6 ou 10A)*

BARCELONNETTE

17 – 81 ⑧ G. Alpes du Sud

Paris 738 – Briançon 89 – Cannes 164 – Cuneo 97 – Digne-les-Bains 84 – Gap 69 – Nice 147

04400 Alpes-de-H.-Pr. – 2 976 h. alt. 1 135 – Sports d'hiver : Le Sauze/Super Sauze 1 400/2 440 m 24 et Pra-Loup 1 500/2 500 m 6 47.
Office de Tourisme, pl. F.-Mistral
04 92 81 04 71, Fax 04 92 81 22 67

à l'Ouest sur D 900 rte du Lauzet-Ubaye :

Le Rioclar 04 92 81 10 32 04340 Meolans-Revel, à 11 km de Barcelonnette, près de l'Ubaye et d'un petit plan d'eau – alt. 1 073
8 ha (200 empl.) accidenté et en terrasses, pierreux, herbeux (pinède) – – – A proximité : – Location :
15 juin-7 sept. – **R** *conseillée* – – *piscine comprise 2 pers. 87, pers. suppl. 20 15 (4 à 16A)*

L'Ubaye 04 92 81 01 96, Fax 04 92 81 92 53 04340 Meolans-Revel, à 9 km de Barcelonnette, bord de l'Ubaye – alt. 1 073
10 ha/5 campables (267 empl.) en terrasses, peu incliné, pierreux, herbeux, petit plan d'eau – snack – salle d'animation – Location :
Permanent – **R** *conseillée juil.-août* – – *piscine comprise 2 pers. 86, pers. suppl. 23 18 (6A) 23 (10A)*

Le Fontarache 04 92 81 90 42 04400 Les Thuiles, à 7 km de Barcelonnette, près de l'Ubaye – alt. 1 108
4 ha (150 empl.) plat et peu accidenté, pierreux, gravier, herbeux, petit plan d'eau – – – Location : – Garage pour caravanes
juin-15 sept. – **R** *conseillée 1er au 15 août* – – *16 12 14 15 (6A)*

BARFLEUR

4 – 54 ③ G. Normandie-Cotentin

Paris 354 – Caen 121 – Carentan 49 – Cherbourg 29 – St-Lô 77 – Valognes 25

50760 Manche – 599 h. alt. 5.
Office de Tourisme, 2 Rd-Pt. G. le Conquérant
02 33 54 02 48, Fax 02 33 68 13 29

Municipal la Blanche Nef 02 33 23 15 40, Fax 02 33 23 95 14, à 500 m au Nord-Ouest de la ville, près de la mer
2,5 ha (90 empl.) plat et peu incliné, herbeux – – – A proximité :
Permanent – **R** *conseillée juil.-août* – GB – – *2 pers. 44, pers. suppl. 12 12 (3A) 15 (6A) 24 (10A)*

BARJAC 30 Gard – 80 ⑨ – voir à Ardèche (Gorges de l')

BARNEVILLE-CARTERET

4 – 54 ① G. Normandie Cotentin

Paris 349 – Caen 116 – Carentan 43 – Cherbourg 38 – Coutances 48 – St-Lô 63

50270 Manche – 2 222 h. alt. 47.
Office de Tourisme, 10 r. des Écoles
02 33 04 90 58, Fax 02 33 04 90 58

Les Bosquets « Cadre sauvage », 02 33 04 73 62, SO : 2,5 km par rte de Barneville-Plage et rue à gauche, à 450 m de la plage
10 ha/6 campables (331 empl.) plat et accidenté, sablonneux, herbeux, dunes boisées – – – A proximité : – Location :
avril-sept. – **R** *conseillée 15 juil.-20 août* – GB – – *22 22 16 (10A)*

à Carteret O : 2,5 km – 50270 Barneville-Carteret :
Office de Tourisme, pl. des Flandres-Dunkerque (Pâques-sept.) 02 33 04 94 54

Le Bocage, 02 33 53 86 91, par rue face à la mairie
4 ha (200 empl.) non clos, plat, herbeux – – – A proximité :
avril-sept. – **R** *conseillée juil.-août* – GB – – *22 23*

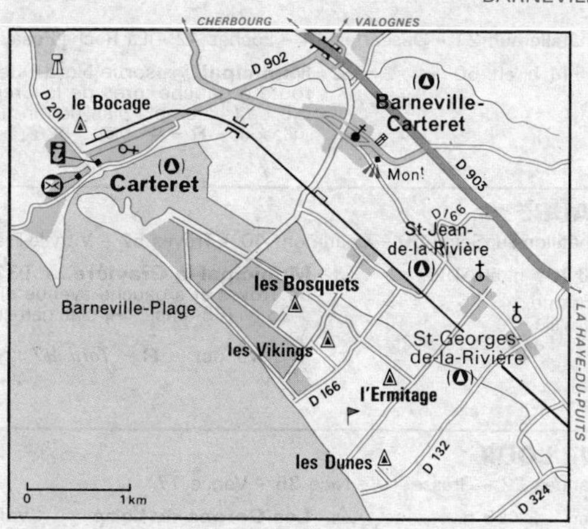

à St-Jean-de-la-Rivière SE : 2,5 km – 218 h. alt. 20
✉ 50270 St-Jean-de-la-Rivière :

Les Vikings « Entrée fleurie », ☎ 02 33 53 84 13, Fax 02 33 53 08 19, par D 166 et chemin à droite – dans locations
6 ha (250 empl.) plat, herbeux, sablonneux – A proximité : golf – Location :
15 mars-15 nov. – Location longue durée – *Places disponibles pour le passage* – **R** *conseillée – 26 piscine comprise 28 17 (4A)*

L'Ermitage, ☎ 02 33 04 78 90, Fax 02 33 04 06 62, O : 2 km par D 166 et chemin à gauche
4 ha (150 empl.) plat, herbeux, sablonneux – half-court – A proximité : golf
avril-15 sept. – Location longue durée – *Places limitées pour le passage* – **R** *juil.* – GB – *24 28 20 (6A)*

Voir aussi à ***St-Georges-de-la-Rivière***

La BARRE-DE-MONTS

9 – 67 ① ⑪

Paris 451 – Challans 21 – Nantes 65 – Noirmoutier-en-l'Ile 22 – St-Nazaire 68

85550 Vendée – 1 727 h. alt. 5

La Grande Côte, ☎ 02 51 68 51 89, Fax 02 51 49 25 57, **à Fromentine**, O : 2 km par D 38B rte de la Grande Côte, bord de la plage
21 ha (810 empl.) plat et accidenté, sablonneux pinède – – Location : bungalows toilés
12 avril-20 sept. – **R** *conseillée* – GB – *piscine comprise 2 pers. 91 18 (3A) 20 (5A) 28 (10A)*

Le Marais Neuf, ☎ 02 51 49 05 02, Fax 02 51 68 87 33, S : 1,3 km par rte de N.-D.-de-Monts puis 0,6 km par rte à droite
1,5 ha (100 empl.) plat, sablonneux, herbeux – – Location :
avril-sept. – **R** *conseillée* – *piscine comprise 2 pers. 87 20 (6A)*

Le Marais, ☎ 02 51 68 53 12, SE : 0,6 km par rue face à l'église, vers St-Urbain
1,3 ha (85 empl.) (juil.-août) plat, herbeux, sablonneux –
avril-sept. – *2 pers. 48,80 (59,80 avec élect.), pers. suppl. 15*

BARRÊME

17 – 81 ⑰ G. Alpes du Sud

Paris 767 – Castellane 25 – Digne-les-Bains 30 – Moustiers-Ste-Marie 53 – St-André-les-Alpes 13

04330 Alpes-de-H.-Pr. – 473 h. alt. 720

Napoléon <, ☎ 04 92 34 22 70, sortie Sud-Est par rte de Castellane et 0,6 km par chemin à gauche après le pont, bord de l'Asse de Moriez
2,5 ha (130 empl.) plat, terrasse, herbeux –
juin-15 sept. – **R** – *2 pers. 40, pers. suppl. 10 10 (10A)*

BARRET-LE-BAS

16 – 81 ⑤

Paris 703 – Laragne-Montéglin 14 – Sault 44 – Séderon 20 – Sisteron 24

05300 H.-Alpes – 237 h. alt. 640

Les Gorges de la Méouge <, ☎ 04 92 65 08 47, sortie Est par D 942, rte de Laragne-Montéglin et chemin à droite, près de la Méouge
1,5 ha (95 empl.) plat, herbeux – – – Location : gîtes, tentes
mai-sept. – **R** – *17,40 piscine comprise 6,70 17,40 12,50 (2A) 15,40 (6A) 20,80 (10A)*

BARROU

10 - 68 ⑤

Paris 305 - Châtellerault 21 - Descartes 14 - Loches 42 - La Roche-Posay 59 - Tours 72

37350 I.-et-L. - 511 h. alt. 50

Municipal, sortie Nord-Ouest vers Descartes puis 0,8 km par petite route à gauche, près de la Creuse - Croisement difficile pour caravanes
0,5 ha (40 empl.) plat, peu incliné, herbeux
juil.-août - **R** - *7* *7* *8 (2A)*

BAR-SUR-AUBE

7 - 61 ⑲ G. Champagne

Paris 228 - Châtillon-sur-Seine 60 - Chaumont 40 - Troyes 52 - Vitry-le-François 66

10200 Aube - 6 707 h. alt. 190.
Office de Tourisme, pl. de l'Hôtel de Ville
03 25 27 24 25, Fax 03 25 27 24 25

Municipal la Gravière, 03 25 27 12 94, sortie Nord-Ouest par N 19, rte de Troyes et à gauche avenue du Parc, bord de l'Aube
1,25 ha (65 empl.) plat, herbeux - A proximité :
avril-15 oct. - **R** - *Tarif 97 : 5,50 3,20 3,30 15 (6A) 25 (10A)*

Le BAR-SUR-LOUP

17 - 84 ⑨ G. Côte d'Azur

Paris 919 - Cannes 22 - Grasse 10 - Nice 35 - Vence 17

06620 Alpes-Mar. - 2 465 h. alt. 320

Les Gorges du Loup vallée et montagne « Agréable cadre boisé, belle situation dominante », 04 93 42 45 06, NE : 1 km par D 2210 puis 1 km par chemin des Vergers à droite - Accès difficile aux emplacements (forte pente), mise en place et sortie des caravanes à la demande
1,6 ha (70 empl.) en terrasses, pierreux, herbeux
27 mars-4 oct. - **R** *conseillée juil.-août* - *piscine comprise 2 pers. 88 à 168, pers. suppl. 20 12 à 22 (2 à 10A)*

BASSEMBERG

8 - 62 ⑧

Paris 427 - Barr 21 - St-Dié 36 - Sélestat 19 - Strasbourg 59

67220 B.-Rhin - 234 h. alt. 280

Le Giessen, 03 88 58 98 14, Fax 03 88 57 02 33, sortie Nord-Est sur D 39, rte de Villé, bord du Giessen
4 ha (175 empl.) plat, herbeux - A proximité : - Location : bungalows toilés
fin avril-fin sept.

BASTIA 2B H.-Corse - 90 ③ - voir à Corse

La BASTIDE DE SÉROU

14 - 86 ④ G. Pyrénées Roussillon

Paris 772 - Foix 17 - Le Mas-d'Azil 17 - Pamiers 32 - St-Girons 27

09240 Ariège - 933 h. alt. 410.
Office de Tourisme, rte de St-Girons
05 61 64 53 53, Fax 05 61 64 50 48

L'Arize, 05 61 65 81 51, Fax 05 61 65 83 34, sortie Est par D 117, rte de Foix puis 1,5 km par D 15, rte de Nescus à droite, bord de la rivière
7,5 ha/1,5 campable (70 empl.) plat, herbeux - A proximité : - Location : bungalows toilés
mars-nov. - **R** *juil.-août* - GB - *élect. et piscine comprises 2 pers. 95*

La BÂTHIE

12 - 74 ⑰

Paris 592 - Albertville 9 - Bourg-St-Maurice 47 - Méribel-les-Allues 34 - Moûtiers 19

73540 Savoie - 1 880 h. alt. 360

Le Tarin, 04 79 89 60 54, O : 0,5 km par D 66, rte d'Esserts-Blay, près N 90 (voie express : sortie ㉝)
1 ha (43 empl.) plat, herbeux - discothèque
Permanent - **R** - GB - *16 (hiver 19) 18 (hiver 21) 16 (10 ou 16A)*

BATZ-SUR-MER

4 - 63 ⑭ G. Bretagne

Paris 462 - La Baule 7 - Nantes 89 - Redon 61 - Vannes 75

44740 Loire-Atl. - 2 734 h. alt. 12

Les Paludiers, 02 40 23 85 84, Fax 02 40 23 75 55, à l'Ouest du bourg, rue Appert, à 100 m de la plage
8 ha (300 empl.) plat, peu incliné, sablonneux - A proximité : - Location : bungalows toilés
Pâques-14 sept. - **R** *conseillée juil.-août* - GB - *Tarif 97 : 2 pers. 87 17 (3 à 10A)*

La Govelle, 02 40 23 91 63, SE : 2 km par D 45, bord de l'océan
0,8 ha (52 empl.) plat, herbeux, sablonneux - half-court
avril-sept. - **R** *conseillée* - *Tarif 97 : 1 à 3 pers. 155, pers. suppl. 25 20 (6A)*

BAUD

8 - 63 ② G. Bretagne

Paris 469 - Auray 28 - Locminé 17 - Lorient 34 - Pontivy 26 - Vannes 45

56150 Morbihan - 4 658 h. alt. 54.
Syndicat d'Initiative, Mairie
02 97 51 02 29, Fax 02 97 39 07 22

Municipal de Pont-Augan, 02 97 51 04 74, O : 7 km par D 3 rte de Bubry, bord du Blavet et d'un bassin
0,9 ha (50 empl.) (juil.-août) plat, herbeux, pierreux - - Location *(permanent)* : gîtes
avril-sept. - **R** *conseillée* - - *Tarif 97 : 10 10 10 12*

BAUGÉ

5 - 64 ② ⑫ G. Châteaux de la Loire

Paris 261 - Angers 41 - La Flèche 18 - Le Mans 62 - Saumur 36 - Tours 68

49150 M.-et-L. - 3 748 h. alt. 55.
Office de Tourisme, au Château
02 41 89 18 07, Fax 02 41 84 12 19

Municipal du Pont des Fées « Cadre agréable », 02 41 89 14 79, E par D 766 rte de Tours, bord du Couasnon
1 ha (65 empl.) (juil.-août) plat, herbeux (0,5 ha) - - A proximité :
15 mai-15 sept. - **R** - *10 7 7 12 (4A)*

La BAULE

4 - 63 ⑭ G. Bretagne

Paris 452 - Nantes 79 - Rennes 123 - St-Nazaire 18 - Vannes 71

44500 Loire-Atl. - 14 845 h. alt. 31.
Office de Tourisme et Accueil de France, 8 pl. Victoire
02 40 24 34 44, Fax 02 40 11 08 10

La Roseraie « Décoration florale et arbustive », 02 40 60 46 66, Fax 02 40 60 11 84, sortie Nord-Est de la Baule-Escoublac
4 ha (235 empl.) plat, herbeux, sablonneux - toboggan aquatique, half-court - Location :
avril-sept. - **R** *conseillée* - GB - - *32 piscine comprise 62 20 (6A) 30 (10A)*

Les Ajoncs d'Or « Décoration arbustive », 02 40 60 33 29, Fax 02 40 24 44 37, chemin du Rocher
5,5 ha (200 empl.) plat, peu incliné, herbeux - - - Location :
Pâques-sept. - **R** *conseillée* - GB - - *Tarif 97 : piscine comprise 2 pers. 98 (120 avec élect. 6A)*

L'Eden « Cadre agréable », 02 40 60 03 23, à 1 km au Nord-Ouest de la Baule-Escoublac, vers Guérande
4,5 ha (180 empl.) peu incliné, herbeux - - toboggan aquatique - Location : bungalows toilés
Pâques-sept. - **R** *conseillée juil.-août* - - *30 piscine comprise 45 25 (10A)*

Municipal de la Baule « Cadre agréable », 02 40 60 17 40, av. du Capitaine R. Flandin et av. de Diane, à droite après le pont du chemin de fer - juil.-août
5 ha (250 empl.) (juil.-août) plat, accidenté et terrasses, sablonneux (caravaning) (camping) - - A proximité :
15 mars-sept. - **R** *juil.-août* - GB - - *2 pers. 77/110 avec élect.*

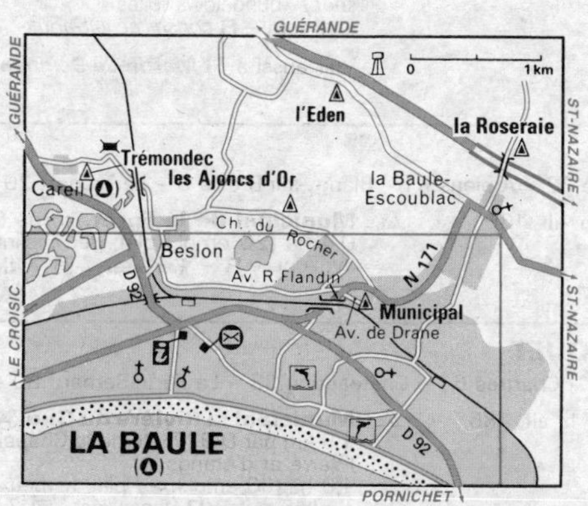

à Careil NO : 2 km par D 92 - 44350 Guérande :

Trémondec, 02 40 60 00 07, Fax 02 40 60 91 10
2 ha (100 empl.) peu incliné et en terrasses, herbeux - - - Location :
Pâques-sept. - **R** *conseillée juil.-août* - GB - - *22 10 37 15 (6A)*

► *LESEN SIE DIE ERLÄUTERUNGEN aufmerksam durch, damit Sie diesen Camping-Führer mit der Vielfalt der gegebenen Auskünfte wirklich ausnutzen können.*

La BAUME

12 - 70 ⑰

Paris 586 - Abondance 23 - Annecy 82 - Évian-les-Bains 25 - Morzine 17 - Thonon-les-Bains 18

74430 H.-Savoie - 191 h. alt. 730

Municipal de la Vallée de la Baume ←, ✆ 04 50 72 10 75, N : 1,2 km, sur D 902, rte de Thonon-les-Bains
1 ha (25 empl.) plat, en terrasses, herbeux
juil.-août - **R** - *15* *5* *8/10* *10 (3A) 15 (6A) 20 (9A)*

BAVAY

2 - 53 ⑤ G. Flandres Artois Picardie

Paris 228 - Avesnes-sur-Helpe 24 - Le Cateau-Cambrésis 30 - Lille 78 - Maubeuge 15 - Mons 25

59570 Nord - 3 751 h. alt. 148.
Syndicat d'Initiative, r. Saint-Maur
✆ 03 27 39 81 65, Fax 03 27 63 13 42

à Hon-Hergies NE : 4 km par D 84 - 758 h. alt. 140 - ✉ 59570 Bavay :

La Jonquière, ✆ 03 27 66 95 17, NO : 2 km, **à Hergies**
4 ha (140 empl.) plat, herbeux, petit étang - brasserie
(bassin pour enfants)
7 mars-25 oct. - **Location longue durée** - *Places disponibles pour le passage* - **R** - *12,50* *16,50* *8 (2A) 15 (4A)*

BAYAS

9 - 75 ②

Paris 536 - Bordeaux 49 - Coutras 9 - Libourne 19 - Montendre 35

33230 Gironde - 447 h. alt. 66

Le Chêne, ✆ 05 57 69 13 78, N : 2,2 km par D 247 rte de Laruscade et chemin à droite, sur D 133, bord d'un plan d'eau
2,3 ha (40 empl.) plat, herbeux
- Location :
avril-sept. - **R** *conseillée juil.-août* - *18* *22* *15 (4A) 20 (6A) 28 (10A)*

BAYEUX

4 - 54 ⑮ G. Normandie Cotentin

Paris 262 - Caen 29 - Cherbourg 96 - Flers 70 - St-Lô 37 - Vire 61

14400 Calvados - 14 704 h. alt. 50.
Office de Tourisme, Pont St-Jean
✆ 02 31 51 28 28, Fax 02 31 51 28 29

Municipal « Décoration arbustive », ✆ 02 31 92 08 43, N : sur bd périphérique d'Eindhoven
2,5 ha (140 empl.) plat, herbeux, goudronné
- A proximité : (decouverte l'été)
15 mars-15 nov. - **R** - *16,30* *20* *16,60 (5A)*

BAYONNE

13 - 78 ⑱ G. Pyrénées Aquitaine

Paris 769 - Bordeaux 191 - Biarritz 8 - Pamplona 111 - San Sebastiàn 56 - Toulouse 299

64100 Pyr.-Atl. - 40 051 h. alt. 3.
Office de Tourisme, pl. des Basques
✆ 05 59 46 01 46, Fax 05 59 59 37 55
et (saison) gare SNCF
✆ 05 59 55 20 45

La Chêneraie « Cadre agréable », ✆ 05 59 55 01 31, Fax 05 59 55 11 17, NE : 4 km par N 117, rte de Pau et rte à droite - dans locations
10 ha/6 campables (257 empl.) plat et incliné, herbeux, étang
- Location *(30 mai-26 sept.)* : bungalows toilés
avril-sept. - **R** *conseillée juil.-août* - *22 piscine comprise* *50* *18 (6A)*

Voir aussi à ***St-Martin-de-Seignanx***

BAZINVAL

1 - 52 ⑥

Paris 161 - Abbeville 32 - Amiens 61 - Blangy-sur-Bresle 8 - Le Tréport 20

76340 S.-Mar. - 335 h. alt. 120

Municipal de la Forêt, sortie Sud-Ouest par D 115 et rte à gauche
0,4 ha (20 empl.) plat, peu incliné, herbeux
avril-oct. - **R** - *8* *7* *7* *16 (10A)*

La BAZOCHE-GOUET

5 - 60 ⑯ G. Châteaux de la Loire

Paris 148 - Brou 18 - Chartres 61 - Châteaudun 33 - La Ferté-Bernard 30 - Vendôme 48

28330 E.-et-L. - 1 281 h. alt. 185

Municipal la Rivière du Gué « Entrée fleurie », ✆ 02 37 49 36 49, SO : 1,5 km par D 927, rte de la Chapelle-Guillaume et chemin à gauche, bord de l'Yerre et d'étangs
1,8 ha (30 empl.) plat, herbeux (plage)
avril-15 oct. - **R** *conseillée* - *2 pers. 19,50/avec élect. (jusqu'à 4A) 24,70 (3 ou 4 pers. 39,40), pers. suppl. 9,90* *9,40 (5 ou 6A) 25,70 (7 à 10A)*

BAZOLLES

11 - 65 ⑮

Paris 249 - Corbigny 15 - Nevers 44 - Prémery 27 - St-Saulge 10

58110 Nièvre - 260 h. alt. 260

Base de Plein Air et de Loisirs, ✆ 03 86 38 90 33, N : 5,5 km par D 958, rte de Corbigny et D 135 à gauche, près de l'étang de Baye (accès direct)
1,5 ha (70 empl.) plat, gravillons - A proximité :
avril-oct. - **R** - *10* *18* *16 (16A)*

BEAUCAIRE

16 - 81 ⑪ G. Provence

Paris 704 - Alès 67 - Arles 17 - Avignon 25 - Nîmes 25 - St-Rémy-de-Provence 18

30300 Gard - 13 400 h. alt. 18.
Office de Tourisme, 24 cours Gambetta
04 66 59 26 57, Fax 04 66 59 68 51

Municipal le Rhodanien « Cadre boisé », 04 66 59 25 50, au champ de foire, à 50 m du Rhône
1,2 ha (80 empl.) plat, gravier, herbeux -
15 juin-15 sept. - **R** *conseillée - 24 piscine et tennis compris 24 14 (10A)*

BEAUCHASTEL

16 - 77 ⑪

Paris 577 - Aubenas 55 - Le Cheylard 45 - Crest 27 - Privas 24 - Valence 15

07800 Ardèche - 1 462 h. alt. 105

Municipal les Voiliers, 04 75 62 24 04, Fax 04 75 62 42 32, E : 1,5 km par rte de l'usine hydro-électrique, bord du Rhône
1,5 ha (114 empl.) (juil.-août) plat, herbeux - - - A proximité :
Permanent - **R** *conseillée juil.-août - - 16,50 piscine comprise 11 14 16 (5A)*

BEAUDÉAN

BEAUDÉAN 65 H.-Pyr. - 85 ⑱ - rattaché à Bagnères-de-Bigorre

BEAUFORT

12 - 74 ⑰ ⑱ G. Alpes du Nord

Paris 596 - Albertville 20 - Chambéry 70 - Megève 41

73 Savoie - 1 996 h. alt. 750
73270 Beaufort-sur-Doron.
Office de Tourisme, pl. Mairie
04 79 38 37 57, Fax 04 79 38 16 70

Municipal Domelin, 04 79 38 33 88, N : 1,2 km par rte d'Albertville et rte à droite
2 ha (100 empl.) plat, peu incliné, herbeux -
juin-sept. - **R** *conseillée juil.-août - - 18 11 15 14 (4 ou 5A)*

Les Sources « Dans un site agréable », 04 79 38 31 77, SE : 5 km par D 925, rte de Bourg-St-Maurice, bord d'un ruisseau et près du Doron - alt. 1 000
0,9 ha (55 empl.) plat, herbeux -
15 juin-15 sept. - **R** *conseillée juil.-20 août - - 17 10,50 12,50/15,50 13,50 (4A)*

BEAULIEU-SUR-DORDOGNE

10 - 75 ⑲ G. Berry Limousin

Paris 519 - Aurillac 70 - Brive-la-Gaillarde 45 - Figeac 59 - Sarlat-la-Canéda 69 - Tulle 43

19120 Corrèze - 1 265 h. alt. 142.
Office de Tourisme (Pâques-sept.) pl. Marbot 05 55 91 09 94

Les Îles « Situation agréable dans une île de la Dordogne », 05 55 91 02 65, à l'Est du centre bourg, par bd St-Rodolphe-de-Turenne
4 ha (120 empl.) (juil.-août) plat, légèrement accidenté, herbeux - - - A proximité :
mai-27 sept. - **R** *conseillée 15 juil.-15 août - - Tarif 97 : 21 23 15 (10A)*

BEAULIEU-SUR-LOIRE

6 - 65 ⑫

Paris 165 - Aubigny-sur-Nère 35 - Briare 15 - Gien 27 - Cosne-sur-Loire 18

45630 Loiret - 1 644 h. alt. 156

Municipal Touristique du Canal, 02 38 35 89 56, Fax 02 38 35 86 57, sortie Est par D 926, rte de Bonny-sur-Loire, près du canal
0,6 ha (37 empl.) plat, herbeux - -
12 avril-1er nov. - **R** *conseillée - Tarif 97 : 13 6,50 10,50 (3A) 21 (6A)*

BEAUMES-DE-VENISE

16 - 81 ⑫ G. Provence

Paris 668 - Avignon 32 - Nyons 40 - Orange 23 - Vaison-la-Romaine 24

84190 Vaucluse - 1 784 h. alt. 100.
Office de Tourisme (fermé après-midi hors saison) Cours Jean-Jaurès 04 90 62 94 39, Fax 04 90 62 94 39

Municipal, 04 90 62 95 07, sortie Nord par D 90, rte de Malaucène et à droite, bord de la Salette
1,5 ha (63 empl.) peu incliné et en terrasses, herbeux, pierreux - - A proximité :
avril-sept. - - - *11 7 10 12*

BEAUMONT-DE-LOMAGNE

14 - 82 ⑥ G. Pyrénées Aquitaine

Paris 680 - Agen 60 - Auch 49 - Castelsarrasin 25 - Condom 61 - Montauban 35 - Toulouse 64

82500 T.-et-G. - 3 488 h. alt. 400.
Office de Tourisme, 3 r. Fermat
05 63 02 42 32

Le Lac « Site agréable », 05 63 65 26 43, E : 0,8 km, accès par la déviation et chemin, bord d'un plan d'eau
1,5 ha (100 empl.) plat, herbeux - - toboggan aquatique - A proximité : parcours de santé - Location *(permanent)* : gîtes
Pâques-sept. - **R** *conseillée - - 18 6 14 14 (6A) 21 (12A)*

BEAUMONT-DU-LAC

10 - 72 ⑲

Paris 428 - Bourganeuf 30 - Eymoutiers 10 - Gentioux 16 - Limoges 54 - Peyrat-le-Château 11

87120 H.-Vienne - 129 h. alt. 636

Beaumont-du-Lac <, ✆ 05 55 69 22 40, NE : 3,5 km par D 43, rte de Royère-de-Vassivière, près du lac de Vassivière (accès direct)
2 ha (112 empl.) incliné, en terrasses, herbeux (1 ha) -
15 juin-août - *Tarif 97 : 17 17 12,50 (10A)*

BEAUMONT-DU-VENTOUX

16 - 81 ③

Paris 677 - Avignon 47 - Carpentras 21 - Nyons 28 - Orange 40 - Vaison-la-Romaine 12

84340 Vaucluse - 260 h. alt. 360

Mont-Serein < Mont-Ventoux et chaîne des Alpes « Agréable situation dominante », ✆ 04 90 60 49 16, E : 20 km par D 153, D 974 et D 164A, rte du Mont-Ventoux par Malaucène
1,2 ha (60 empl.) plat, pierreux, herbeux -
début avril-15 sept. - **R** - *20 25/30 16 (6A) 26 (10A)*

▶ *Ne pas confondre :*
... à ... : appréciation MICHELIN
et ★ ... à ... ★★★★ : classement officiel

▶ *Do not confuse :*
... to ... : MICHELIN classification
and ★ ... to ... ★★★★ : official classification

▶ *Verwechseln Sie bitte nicht :*
... bis ... : MICHELIN-Klassifizierung
und ★ ... bis ... ★★★★ : offizielle Klassifizierung

BEAUNE

11 - 69 ⑨ G. Bourgogne

Paris 311 - Autun 49 - Auxerre 151 - Chalon-sur-Saône 30 - Dijon 45 - Dole 65

21200 Côte-d'Or - 21 289 h.
alt. 220.
Office de Tourisme,
pl. Halle face à l'Hôtel Dieu
✆ 03 80 26 21 30, Fax 03 80 26 21 39

Municipal les Cent Vignes « Belle délimitation des emplacements et entrée fleurie », ✆ 03 80 22 03 91, sortie Nord par r. du Faubourg-St-Nicolas et D 18 à gauche, 10 r. Auguste-Dubois
2 ha (116 empl.) plat, herbeux, gravillons -
snack - terrain omnisports

à Savigny-lès-Beaune NO : 6 km par sortie rte de Dijon et D 18 à gauche - 1 392 h. alt. 237 - ✉ 21420 Savigny-lès-Beaune :
Syndicat d'Initiative (saison) r.Vauchey-Véry ✆ 03 80 26 12 56 et Mairie ✆ 03 80 21 51 21, Fax 03 80 21 56 63

Municipal les Premiers Prés, NO : 1 km par D 2 rte de Bouilland, bord d'un ruisseau
1,5 ha (90 empl.) plat et peu incliné, herbeux -
mai-sept. - **R** - *9,50 5 15 19*

à Vignoles E : 3 km rte de Dole puis D 20 H à gauche - 552 h. alt. 202
✉ 21200 Vignoles :

Les Bouleaux, ✆ 03 80 22 26 88, à Chevignerot, bord d'un ruisseau
1 ha (40 empl.) plat, herbeux - (avril-1er nov.) -
A proximité :
Permanent - **R** *conseillée - 11,50 7,50 12,50 3A : 12 (oct.-mars 13) 6A : 20 (oct.-mars 25)*

BEAURAINVILLE

1 - 51 ⑫

Paris 226 - Abbeville 46 - Amiens 91 - Berck-sur-Mer 26 - Le Crotoy 37 - Hesdin 14

62990 P.-de-C. - 2 093 h. alt. 17

Municipal de la Source , ✆ 03 21 81 40 71, E : 1,5 km par D 130, rte de Loison et chemin à droite après le pont, entre la Canche et le Fliez
2,5 ha (120 empl.) plat, herbeux, étang - -
- A proximité :
Permanent - Location longue durée - *Places disponibles pour le passage -* **R** *juil.-août - - Tarif 97 : 16,20 16,20 12,90 (4A)*

BEAUVAIS

7 - 55 ⑨ ⑩ G. Flandres Artois Picardie

Paris 83 - Amiens 61 - Arras 134 - Boulogne-sur-Mer 182 - Compiègne 60 - Dieppe 107 - Évreux 97 - Rouen 82

60000 Oise - 54 190 h. alt. 67.
Office de Tourisme, r. Beauregard
✆ 03 44 45 08 18, Fax 03 44 45 63 95

Municipal <, ✆ 03 44 02 00 22, au Sud du centre ville, rte de Paris et à gauche, rue Binet - Caravanes : accès difficile (forte pente) rue Binet
1,9 ha (75 empl.) peu incliné, herbeux - - -
A proximité : (découverte l'été)

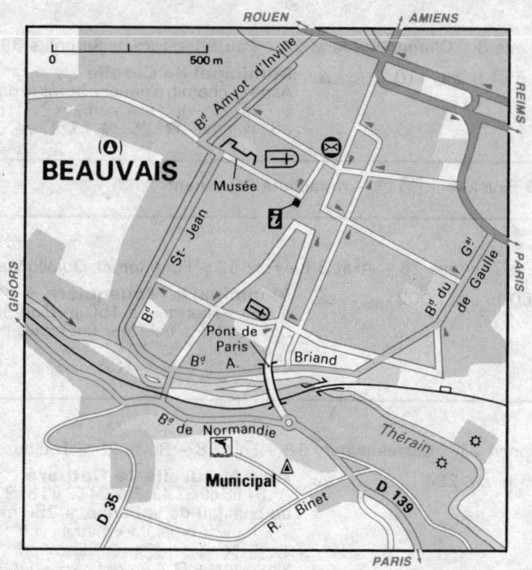

BEAUVILLE

14 - 79 ⑯ G. Pyrénées Aquitaine

Paris 632 - Agen 26 - Moissac 33 - Montaigu-de-Quercy 16 - Valence 27 - Villeneuve-sur-Lot 27

47470 L.-et-G. - 548 h. alt. 208

Les 2 Lacs « Situation agréable près de deux plans d'eau », 05 53 95 45 41, SE : 0,9 km par D 122, rte de Bourg-de-Visa - chemin d'accès aux emplacements à forte pente - mise en place et sortie des caravanes à la demande
22 ha/2,5 campables (50 empl.) plat et terrasse, herbeux - Location *(permanent)* : bungalows toilés
Pâques-5 sept. - **R** *conseillée juil.-août* - *20 tennis compris* *10* *12/20* *12 (6A)*

BEAUVOIR

4 - 59 ⑦

Paris 354 - Avranches 22 - Dinan 50 - Fougères 44 - Rennes 66 - St-Lô 80 - St-Malo 52

50170 Manche - 426 h. alt. 91

Sous les Pommiers, 02 33 60 11 36, au bourg, par D 976
1,75 ha (107 empl.) plat, herbeux - (bassin) - Location : bungalows toilés
20 mars-20 oct. - **R** *14 juil.-20 août* - GB - *15* *11,50* *11,50/14,50* *12,50 (6A)*

Le BEC-HELLOUIN

5 - 55 ⑮ G. Normandie Vallée de la Seine

Paris 151 - Bernay 23 - Évreux 48 - Lisieux 46 - Pont-Audemer 23 - Rouen 40

27800 Eure - 434 h. alt. 101

Municipal St-Nicolas « Cadre fleuri », 02 32 44 83 55, E : 2 km par D 39 et D 581, rte de Malleville-sur-le-Bec et chemin à gauche
3 ha (90 empl.) plat, herbeux -
avril-sept. - **R** - *Tarif 97 :* *2 pers. 42, pers. suppl. 15* *15 (10A)*

BÉDOIN

16 - 81 ⑬ G. Provence et Alpes du Sud

Paris 693 - Avignon 42 - Carpentras 16 - Nyons 37 - Sault 35 - Vaison-la-Romaine 21

84410 Vaucluse - 2 215 h. alt. 295.
Office de Tourisme, espace Marie-Louis Gravier
04 90 65 63 95, Fax 04 90 12 81 55

Municipal la Pinède, 04 90 65 61 03, sortie Ouest par rte de Crillon-le-Brave et chemin à droite
6 ha (121 empl.) en terrasses, pierreux - - A proximité :
avril-sept. - - *19,50 piscine comprise* *12* *13* *14*

BÉDOUÈS

15 - 80 ⑥

Paris 629 - Alès 70 - Florac 5 - Mende 39

48400 Lozère - 194 h. alt. 565

Chon du Tarn, 04 66 45 09 14, au bourg, bord du Tarn - dans locations
2 ha (100 empl.) plat, peu incliné, herbeux - - Location :
avril-1er nov. - **R** *14 juil.-15 août* - *17* *18* *11 (6A)*

BEDOUS
13 - 85 ⑯

Paris 843 - Accous 3 - Oloron-Ste-Marie 24 - Pau 58 - Tardets-Sorholus 39

64490 Pyr.-Atl. - 554 h. alt. 410

Municipal de Carolle, 05 59 34 59 19, sortie Ouest rte d'Osse-en-Aspe et chemin à gauche après le passage à niveau, à 150 m du Gave d'Aspe
0,7 ha (46 empl.) plat, herbeux -
28 fév.-nov. - **R** - - *13,50* 5 5 13

BEG-MEIL **29** Finistère - 58 ⑮ - rattaché à Fouesnant

BELCAIRE
15 - 86 ⑥ **G. Pyrénées Roussillon**

Paris 818 - Ax-les-Thermes 25 - Axat 33 - Foix 52 - Font-Romeu-Odeillo-Via 72 - Quillan 29

11340 Aude - 360 h. alt. 1 002

Municipal la Mousquière, 04 68 20 39 47, sortie Ouest par D 613, rte d'Ax-les-Thermes, à 150 m d'un plan d'eau
0,6 ha (37 empl.) (juil.-août) peu incliné, herbeux - - A proximité :
15 juin-15 sept. - **R** *conseillée* - - *15* *25* *10 (10A)*

BELFLOU
15 - 82 ⑲

Paris 741 - Belpech 21 - Castelnaudary 18 - Foix 58 - Revel 29 - Toulouse 46

11410 Aude - 85 h. alt. 234

Aire Naturelle le Cathare « Cadre et situation agréables », 04 68 60 32 49, Fax 04 68 60 37 90, E : 2,5 km par D 33 et chemin à gauche, au château de la Barthe, à 250 m d'un plan d'eau
1,2 ha (25 empl.) peu incliné, terrasse, herbeux, pierreux (tentes) - - - Location :
avril-sept. - **R** *conseillée juil.-août* - **GB** - - *13,50* *15* *11,50 (3A)*

BELGENTIER
17 - 84 ⑮

Paris 824 - Bandol 39 - Brignoles 28 - Cuers 15 - Hyères 22 - Toulon 25

83210 Var - 1 442 h. alt. 152

Les Tomasses, 04 94 48 92 70, Fax 04 94 48 94 73, SE : 1,5 km par rte de Toulon puis 0,7 km par chemin à droite, bord du Gapeau
2,5 ha (91 empl.) plat, pierreux, herbeux - snack, pizzeria - - A proximité : - Location :
avril-oct. - **R** *conseillée* - - *21 piscine comprise* *25* *18 (3A) 21 (6A)*

BELLAC
10 - 72 ⑦ **G. Berry Limousin**

Paris 375 - Angoulême 100 - Châteauroux 108 - Guéret 73 - Limoges 40 - Poitiers 79

87300 H.-Vienne - 4 924 h. alt. 236.
Office de Tourisme, 1 bis r. L.-Jouvet 05 55 68 12 79

Municipal les Rochettes, 05 55 68 13 27, sortie Nord par D 675 vers le Dorat et à gauche
1,2 ha (100 empl.) plat et en terrasses, herbeux - - A proximité :
Permanent - **R** - *7,70* *4,70* *4,70 - redevance pour la 1ère nuit 40* *8,80 (2A) 16,60 (4A) 25,40 (6A)*

BELLE-ÎLE-EN-MER
3 - 63 ⑪ ⑫ **G. Bretagne**

56 Morbihan - En été réservation indispensable pour le passage des véhicules et des caravanes. Départ de **Quiberon** (Port-Maria), arrivée au **Palais** - Traversée 45 mn - Renseignements et tarifs : Cie Morbihannaise et Nantaise de Navigation, 56360 Le Palais (Belle-Ile-en-Mer) 02 97 31 80 01, Fax 02 97 31 56 81

Bangor - 735 h. alt. 45 - 56360 Bangor

Municipal de Kernest, 02 97 31 81 20, O : 1,2 km
4 ha (100 empl.) plat, herbeux, gravillons (1 ha) - - Location :
avril-sept. - **R** *conseillée juil.-août* - - *Tarif 97 :* *20* *8* *16* *10*

Municipal, 02 97 31 89 75, à l'Ouest du bourg
0,8 ha (56 empl.) (juil.-août) plat et peu incliné, herbeux - - A proximité :
30 juin-sept. - **R** *indispensable juil.-août* - - *Tarif 97 :* *13* *6* *10* *10*

Locmaria - 618 h. alt. 15 - 56360 Locmaria

Les Grands Sables, 02 97 31 84 46, NO : 3 km par rte des Grands Sables, à 400 m de la plage
2 ha (30 empl.) peu incliné, pierreux, herbeux -
2 juil.-août - **R** *conseillée* - - *14* *4* *8*

Le Palais - 2 435 h. alt. 7 - 56360 le Palais.

Office de Tourisme quai Bonnelle 02 97 31 81 93, Fax 02 97 31 56 17

Bordenéo « Décoration florale et arbustive », 02 97 31 88 96, Fax 02 97 31 87 77, NO : 1,7 km par rte de Port Fouquet, à 500 m de la mer - dans locations
3 ha (202 empl.) plat, herbeux - - - Location : , studios
Pâques-20 sept. - **R** *conseillée juil.-août* - **GB** - - *2 pers. 80, pers. suppl. 20,50*

L'Océan, 02 97 31 83 86, Fax 02 97 31 89 61, au Sud-Ouest du bourg, à 500 m du port - dans locations
2,7 ha (125 empl.) plat, peu incliné, herbeux pinède - snack - - Location : , bungalows toilés
saison - **R** *conseillée* - **GB** - - *30 piscine comprise* *40* *12 (3A) 17 (6A) 22 (10A)*

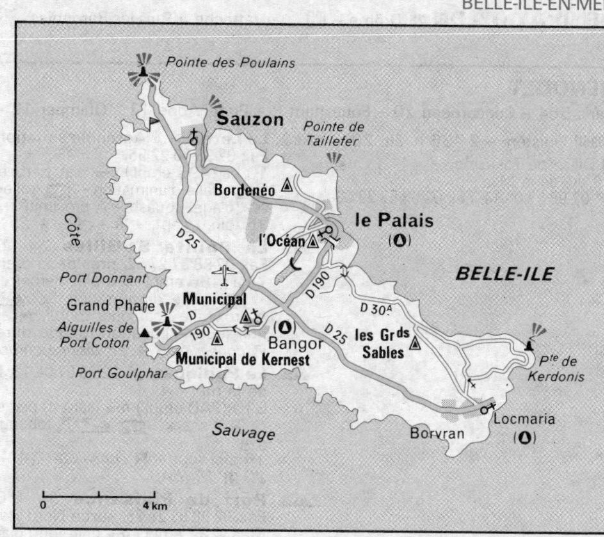

BELLERIVE-SUR-ALLIER 03 Allier – 73 ⑤ – rattaché à Vichy

BELMONT-DE-LA-LOIRE

11 – 73 ⑧

Paris 401 – Chauffailles 6 – Roanne 38 – St-Étienne 111 – Tarare 47 – Villefranche-sur-Saône 51

42670 Loire – 1 528 h. alt. 525

Municipal les Écureuils, ✆ 04 77 63 72 25, O : 1,4 km par D 4, rte de Charlieu et chemin à gauche, à 300 m d'un étang
0,6 ha (28 empl.) peu incliné et en terrasses, gravillons, herbeux – A proximité : – Location *(permanent)* : gîtes
juin-sept. – **R** – – *11,65* *5,20* *6,50* *13 (5A)*

BELMONT-SUR-RANCE

15 – 80 ⑬

Paris 692 – Camarès 14 – Lacaune 21 – Millau 50 – St-Sernin-sur-Rance 20

12370 Aveyron – 1 021 h. alt. 475

Le Val Fleuri, ✆ 05 65 99 95 13, sortie Sud-Ouest par rte de Lacaune et chemin à droite, bord du Rance
1 ha (43 empl.) plat, herbeux, pierreux – – A proximité : parcours sportif
juin-août – **R** – *1 ou 2 pers. 68, pers. suppl. 30* *10 (2A) 12 (4A) 15 (6A)*

BÉLUS

13 – 78 ⑦ ⑰

Paris 752 – Bayonne 36 – Dax 19 – Orthez 36 – Peyrehorade 6

40300 Landes – 400 h. alt. 135

La Comtesse, ✆ 05 58 57 69 07, NO : 2,5 km par D 75 et rte à droite, bord d'un ruisseau et d'un étang
6 ha (115 empl.) plat, herbeux – – – A proximité : – Location :
mai-sept. – **R** *conseillée* – – *20 piscine comprise* *8* *35* *16 (10A)*

BELVÈS

13 – 75 ⑯ **G. Périgord Quercy**

Paris 546 – Bergerac 51 – Le Bugue 23 – Les Eyzies-de-Tayac 25 – Sarlat-la-Canéda 34 – Villeneuve-sur-Lot 59

24170 Dordogne – 1 553 h. alt. 175

Les Hauts de Ratebout, ✆ 05 53 29 02 10, Fax 05 53 29 08 28, SE : 7 km par D 710 rte de Fumel, D 54 et rte à gauche –
12 ha/6 campables (200 empl.) plat, incliné, en terrasses, herbeux – – – Location : , villas
mai-12 sept. – **R** *conseillée* – GB – – *37 piscine comprise* *52* *18 (6A)*

Le Moulin de la Pique, ✆ 05 53 29 01 15, Fax 05 53 28 29 09, SE : 3 km sur D 710 rte de Fumel, bord de la Nauze, d'un étang et d'un bief
12 ha/6 campables (110 empl.) plat, terrasses, herbeux (2 ha) – – toboggan aquatique – Location :
mai-20 sept. – **R** *conseillée juil.-août* – GB – – *31,50 piscine comprise* *52* *17,80 (6A)*

Les Nauves, ✆ 05 53 29 12 64, SO : 4,5 km par D 53, rte de Monpazier et rte de Larzac à gauche
40 ha/5 campables (80 empl.) (juil.-août) peu incliné, herbeux (0,5 ha) – snack – half-court – Location :
mai-15 sept. – **R** *conseillée juil.-août* – – *23 piscine comprise* *34* *14 (6A)*

BÉNIVAY-OLLON 26 Drôme – 81 ③ – rattaché à Buis-les-Baronnies

BÉNODET

3 – 58 ⑮ G. Bretagne

Paris 564 – Concarneau 20 – Fouesnant 8 – Pont-l'Abbé 12 – Quimper 18 – Quimperlé 48

29950 Finistère – 2 436 h. alt. 20.

Office de Tourisme, 29 av. de la Mer ✆ 02 98 57 00 14, Fax 02 98 57 23 00

Le Letty « Agréable situation en bordure de plage », ✆ 02 98 57 04 69, Fax 02 98 66 22 56
10 ha (493 empl.) plat, herbeux – salle d'animation – salle de musculation bibliothèque (plage) squash – A proximité :
15 juin-6 sept. – R – – *25 11 38 10 à 26 (1 à 10A)*

La Pointe St-Gilles « Entrée fleurie », ✆ 02 98 57 05 37, Fax 02 98 57 27 52, près de la mer –
7 ha (486 empl.) plat, herbeux – salle d'animation toboggan aquatique, mini-tennis – A proximité : parcours sportif – Location :
mai-sept. – Location longue durée – *Places disponibles pour le passage* – **R** *conseillée* – *28 piscine comprise 14 51 20 (10A)*

Le Poulquer, ✆ 02 98 57 04 19, Fax 02 98 66 20 30, r. du Poulquer, à 150 m de la mer
3 ha (240 empl.) (saison) plat et peu incliné, herbeux – snack – toboggan aquatique – A proximité : – Location :
15 mai-sept. – **R** *conseillée* – – *Tarif 97 : 26 piscine comprise 12 30 18 (6A)*

Port de Plaisance « Cadre agréable », ✆ 02 98 57 02 38, Fax 02 98 57 25 25, sortie Nord rte de Quimper
5 ha (242 empl.) (juil.-août) plat et peu incliné, herbeux – crêperie – toboggan aquatique, poneys – A proximité : – Location : , gîtes
avril-sept. – **R** *conseillée juil.-août* – GB – – *27 piscine comprise 65 13 (3A) 15 (6A) 20 (10A)*

La Mer Blanche, ✆ 02 98 57 00 75, Fax 02 98 57 25 04, E : 2,5 km par D 44, rte de Fouesnant – dans locations
6,5 ha (200 empl.) plat, herbeux – – Location :
juin-sept. – **R** *conseillée* – – *22 piscine comprise 10,50 36 15,50 (2A) 17,50 (4A) 19,50 (6A)*

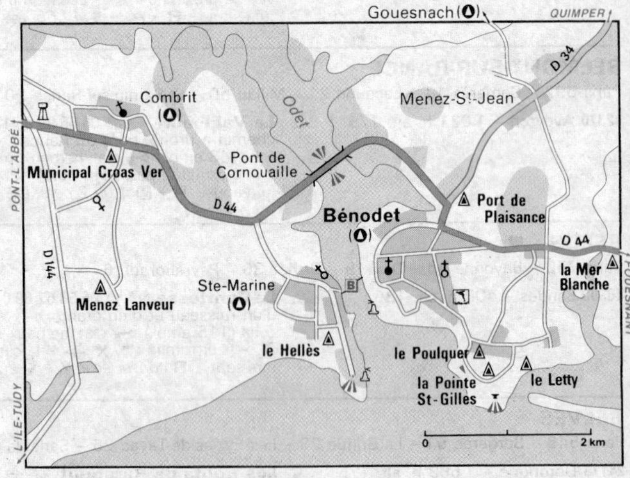

à Gouesnach N : 5 km par D 34 rte de Quimper et rte à gauche (hors schéma) – 1 769 h. alt. 33 – ✉ 29950 Gouesnach :

Pors-Kéraign, ✆ 02 98 54 61 37, O : 2,5 km, à 250 m de l'Odet
1 ha (90 empl.) peu incliné, herbeux – –
juil.-sept. – **R** *conseillée* – *16 7,80 13,70 14,60 (10A)*

à Ste-Marine O : 5 km par le pont de Cornouaille ✉ 29120 Pont-l'Abbé :

Le Hellès, ✆ 02 98 56 31 46, r. du Petit-Bourg, à 400 m de la plage
3 ha (169 empl.) plat et peu incliné, herbeux – –
15 juin-15 sept. – **R** *conseillée* – – *Tarif 97 : 15 7 18 14 (6A) 18 (10A)*

Voir aussi à *Combrit*

BENON

9 - 71 ②

Paris 444 - Fontenay-le-Comte 36 - Niort 37 - La Rochelle 31 - Surgères 16

17170 Char.-Mar. - 426 h. alt. 21

Municipal du Château « Parc », au bourg
1 ha (70 empl.) plat, herbeux - -
mai-sept. - **R** *15 juil.-15 août* - - *13* *6* *6* *12,50 (5A)*

BÉNOUVILLE

5 - 54 ⑯ G. Normandie Cotentin

Paris 229 - Bayeux 38 - Cabourg 15 - Caen 11 - Deauville 35 - Ouistreham 4

14970 Calvados - 1 258 h. alt. 8

Les Hautes Coutures, 02 31 44 73 08, Fax 02 31 95 30 80, sortie Nord rte d'Ouistreham, accès direct au canal maritime
9 ha (274 empl.) peu incliné, herbeux - -
avril-sept. - **R** *conseillée* - GB - - *Tarif 97 :* *30 piscine comprise* *32* *18 (2A)*

BERCK-SUR-MER

1 - 51 ⑪ G. Flandres Artois Picardie

Paris 230 - Abbeville 50 - Boulogne-sur-Mer 41 - Montreuil 16 - Le Touquet-Paris-Plage 18

62600 P.-de-C. - 14 167 h.
Office de Tourisme, 5 av. Tattegrain
03 21 09 50 00, Fax 03 21 09 15 60

L'Orée du Bois, 03 21 84 28 51, Fax 03 21 84 28 56, NE : 2 km, **à Rang-du-Fliers**
18 ha/12 campables (542 empl.) plat, sablonneux, herbeux, bois, étang - snack - - A proximité : - Location :
3 avril-25 oct. - **Location longue durée** - *Places disponibles pour le passage* - **R** *conseillée 4 juil.-25 août* - GB - - *élect. (5A) et tennis compris 2 pers. 110, pers. suppl. 24*

BERGERAC

10 - 75 ⑭ ⑮ G. Périgord Quercy

Paris 536 - Agen 91 - Angoulême 111 - Bordeaux 93 - Pau 217 - Périgueux 48

24100 Dordogne - 26 899 h. alt. 37.
Office de Tourisme, 97 r. Neuve-d'Argenson
05 53 57 03 11, Fax 05 53 61 11 04

Municipal la Pelouse, 05 53 57 06 67, r. J.J.-Rousseau, par rte de Bordeaux et r. Boileau à droite, bord de la Dordogne
1,5 ha (70 empl.) plat et peu incliné, herbeux - -
Permanent - **R** - - *17* *8* *6/11* *16,50 (10A)*

BERNAY

5 - 54 ⑲ G. Normandie Vallée de la Seine

Paris 153 - Argentan 69 - Évreux 49 - Le Havre 68 - Louviers 51 - Rouen 58

27300 Eure - 10 582 h. alt. 105.
Office de Tourisme, 29 r. Thiers
02 32 43 32 08, Fax 02 32 45 82 68

Municipal, 02 32 43 30 47, SO : 2 km par N 138 rte d'Alençon et rue à gauche - Accès conseillé par la déviation et ZI Malouve
1 ha (50 empl.) plat, herbeux - - - A proximité :
15 mai-15 sept. - **R** *conseillée* - *Tarif 97 :* *13,50* *14,50* *14,50/23,50* *16,50 (10A)*

La BERNERIE-EN-RETZ

9 - 67 ① ②

Paris 431 - Challans 38 - Nantes 46 - St-Nazaire 37

44760 Loire-Atl. - 1 828 h. alt. 24

Les Écureuils, 02 40 82 76 95, Fax 02 40 64 79 52, sortie Nord-Est rte de Nantes et à gauche après le passage à niveau, av. Gilbert-Burlot - à 350 m de la mer -
5,3 ha (325 empl.) plat et peu incliné, herbeux - - - Location *(3 avril-26 sept.)* :
Pentecôte-5 sept. - **R** *conseillée juil.-août* - GB - - *piscine et tennis compris 2 pers. 102/112, pers. suppl. 30/32* *18 (6A)*

BERNIÈRES-SUR-MER

5 - 54 ⑮ G. Normandie Cotentin

Paris 251 - Bayeux 23 - Cabourg 33 - Caen 20 - St-Lô 60

14990 Calvados - 1 563 h.

Le Hâvre de Bernières, 02 31 96 67 09, Fax 02 31 97 31 06, à l'Ouest de la station, par D 514, à 300 m de la plage
6 ha (240 empl.) plat, herbeux - pizzeria - - A proximité :
avril-Toussaint - **Location longue durée** - *Places disponibles pour le passage* - **R** *conseillée saison* - - *Tarif 97 :* *25 piscine comprise* *35* *23 (6A) 32 (10A)*

BERNIÈRES-SUR-SEINE

27 Eure - 55 ⑰ - rattaché aux Andelys

BERNY-RIVIÈRE

6 - 56 ③

Paris 105 - Compiègne 23 - Laon 52 - Noyon 28 - Soissons 17

02290 Aisne - 528 h. alt. 49

La Croix du Vieux Pont , 03 23 55 50 02, Fax 03 23 55 05 13, S : 1,5 km sur D 91, à l'entrée de Vic-sur-Aisne, bord de l'Aisne
20 ha (370 empl.) plat et peu incliné, herbeux, étang - - et poneys
Permanent - **Location longue durée** - *Places limitées pour le passage* - **R** *conseillée 15 juil.-15 août* - *élect. (6A) et piscine comprises 2 à 5 pers. 105 à 170*

BERRIAS ET CASTELJAU

16 - 80 ⑧

Paris 668 - Aubenas 39 - Largentière 28 - St-Ambroix 19 - Vallon-Pont-d'Arc 22 - Les Vans 10

07460 Ardèche - 541 h. alt. 126

La Source, 04 75 39 39 13, sortie Nord-Est, rte de Casteljau
2,5 ha (81 empl.) plat, pierreux, herbeux - pizzeria - - Location :
2 avril-28 sept. - **R** *conseillée juil.-août* - - *piscine comprise 2 pers. 69* *12 (6A)*

Les Cigales, 04 75 39 30 33, Nord-Est : 1 km, à la Rouvière
3 ha (70 empl.) plat et peu incliné, pierreux, herbeux - - Location *(permanent)* : , gîtes
avril-sept. - **R** *conseillée juil.-août* - - *piscine comprise 2 pers. 56* *12 (5A)*

BERTANGLES

1 - 52 ⑧ G. Flandres Artois Picardie

Paris 148 - Abbeville 44 - Amiens 10 - Bapaume 49 - Doullens 24

80260 Somme - 700 h. alt. 95

Le Château « Verger », 03 22 93 37 73, au bourg, près du château
0,7 ha (33 empl.) plat, herbeux -
24 avril-7 sept. - **R** *conseillée juil.-août* - *16* *10* *16* *12 (5A)*

BESLÉ

4 - 63 ⑥

Paris 383 - Châteaubriant 41 - Maure-de-Bretagne 25 - Nantes 74 - Redon 20

44 Loire-Atl.
✉ 44290 Guémené Penfao

Le Port, 02 40 87 23 18, sortie Nord par D 59, rte de Pipriac et à droite après le passage à niveau, bord de la Vilaine
0,5 ha (35 empl.) plat, herbeux, pierreux - - A l'entrée : - Location : (sans sanitaires)
juin-août - - - *2 pers. 20 (35 avec élect.), pers. suppl. 9,50*

BESSAS

16 - 80 ⑧

Paris 674 - Alès 35 - Florac 92 - Privas 75 - Vallon-Pont-d'Arc 17

07150 Ardèche - 147 h. alt. 280

La Fontinelle ←, 04 75 38 65 69, SO : 1 km par D 202 et D 255, rte de St-Sauveur-de-Cruzières
1,5 ha (12 empl.) en terrasses, plat, gravillons, herbeux - - Location *(15 mars-15 nov.)* : pavillons
15 juin-15 sept. - **R** *conseillée* - - *piscine comprise 2 pers. 50, pers. suppl. 15* *12 (5A)*

BESSÈGES

16 - 80 ⑧

Paris 687 - Alès 33 - La Grand-Combe 20 - Les Vans 18 - Villefort 34

30160 Gard - 3 635 h. alt. 170.
Office de Tourisme, 50 r. de la République
04 66 25 08 60, Fax 04 68 25 17 12

Les Drouilhèdes ←, 04 66 25 04 80, Fax 04 66 25 10 95 ✉ 30160 Peyremale, O : 2 km par D 17 rte de Génolhac puis 1 km par D 386 à droite, bord de la Cèze
2 ha (90 empl.) plat, pierreux, herbeux - - - Location :
mars-1er oct. - **R** - - *2 pers. 90* *17 (6A)*

BESSENAY

11 - 73 ⑲

Paris 466 - Lyon 34 - Montbrison 53 - Roanne 70 - St-Étienne 66

69690 Rhône - 1 611 h. alt. 400

St-Cry, 04 74 70 83 20, SE : 3,5 km sur N 89 rte de Montbrison, bord de la Brévenne
3 ha (110 empl.) plat, herbeux - - discothèque - Garage pour caravanes
mai-sept. - **R** *conseillée* - - *10 piscine comprise* *8* *8* *13,50 (3A)*

BESSÉ-SUR-BRAYE

5 - 64 ⑤

Paris 197 - La Ferté-Bernard 43 - Le Mans 55 - Tours 55 - Vendôme 32

72310 Sarthe - 2 815 h. alt. 72

Municipal du Val de Braye « Cadre agréable », 02 43 35 31 13, Sud-Est par D 303, rte de Pont-de-Braye, bord de la Braye
2 ha (120 empl.) plat, herbeux (1 ha) - -
15 avril-15 sept. - - - *7,70 piscine comprise* *5,15* *5,15* *7,70 (moins de 4A) 11,30 (plus de 4A)*

BESSINES-SUR-GARTEMPE

10 - 72 ⑧

Paris 356 - Argenton-sur-Creuse 57 - Bellac 30 - Guéret 53 - Limoges 37 - La Souterraine 20

87250 H.-Vienne - 2 988 h. alt. 335

Municipal de Sagnat ← « Situation agréable », 05 55 76 17 69, SO : 1 km par D 27, rte de St-Pardoux et à gauche, bord de l'étang
0, 8 ha (50 empl.) en terrasses, plat, peu incliné, herbeux - - (plage)
15 juin-15 sept. - **R** *conseillée juil.-août* - *2 pers. 55* *12 (5A)*

Le BEUGNON

9 - 67 ⑰

Paris 399 - Bressuire 35 - Champdeniers 14 - Coulonges-sur-l'Autize 16 - Niort 36 - Parthenay 23

79130 Deux-Sèvres - 355 h. alt. 200

Aire Naturelle Municipale, sortie Ouest par D 128, rte de Scillé, au stade
0,4 ha (16 empl.) peu incliné, herbeux
avril-oct. - **R** *conseillée - 7 7,50 9,50*

BEYNAC-ET-CAZENAC

13 - 75 ⑰ **G. Périgord Quercy**

Paris 539 - Bergerac 62 - Brive-la-Gaillade 62 - Fumel 62 - Gourdon 27 - Périgueux 66 - Sarlat-la-Canéda 11

24220 Dordogne - 498 h. alt. 75

Schéma à La Roque Gageac

Le Capeyrou ≤, 05 53 29 54 95, Fax 05 53 28 36 27, sortie Est, face à la station-service, bord de la Dordogne
4,5 ha (100 empl.) plat, herbeux - A proximité :
15 mai-15 sept. - **R** *conseillée juil.-août* - - *22 piscine comprise 30 15 (6A)*

BEYNAT

10 - 75 ⑨

Paris 497 - Argentat 47 - Beaulieu-sur-Dordogne 27 - Brive-la-Gaillarde 20 - Tulle 21

19190 Corrèze - 1 068 h. alt. 420

L'Étang de Miel ≤ « Situation agréable », 05 55 85 50 66, E : 4 km par N 121 rte d'Argentat, bord de l'étang
50 ha/9 campables (180 empl.) vallonné, peu incliné, herbeux (plage) poneys - A proximité : - Location *(avril-oct.)* : gîtes
Pâques-fin sept. - **R** *conseillée juil.-août* - GB - - *20 22 14 (6A)*

Le BEZ

15 - 83 ②

Paris 740 - Albi 65 - Anglès 12 - Brassac 5 - Castres 23 - Mazamet 28

81260 Tarn - 654 h. alt. 644

Le Plô ≤, 05 63 74 00 82, O : 0,9 km par D 30 rte de Castres et chemin à gauche
2,5 ha (55 empl.) en terrasses, peu accidenté, herbeux, bois -
15 juin-sept. - **R** *conseillée - Tarif 97 : 10 5 10/15 9 (4A)*

BÉZAUDUN-SUR-BÎNE **26** Drôme - 77 ⑬ - rattaché à Bourdeaux

BIARRITZ

13 - 78 ⑪ ⑱ **G. Pyrénées Aquitaine**

Paris 782 - Bayonne 8 - Bordeaux 205 - Pau 123 - San Sebastiàn 50

64200 Pyr.-Atl. - 28 742 h. alt. 19.
Office de Tourisme, square d'Ixelles 05 59 22 37 10, Fax 05 59 24 14 19, antennes sortie autoroute A 63 et gare de Biarritz

Biarritz-Camping, 05 59 23 00 12, Fax 05 59 43 74 67, 28 rue d'Harcet -
3 ha (196 empl.) plat et incliné, herbeux -
mai-25 sept. - **R** *indispensable juil.-août* - GB - - *piscine comprise 2 pers. 100, pers. suppl. 21 17 (6A)*

à Bidart SO : 6,5 km par D 911 et N 10 - 4 123 h. alt. 40
64210 Bidart :
Office de Tourisme r. d'Erretegia 05 59 54 93 85, Fax 05 59 26 56 71

Le Ruisseau « Agréable cadre boisé près de deux plans d'eau », 05 59 41 94 50, Fax 05 59 41 95 73, E : 2 km sur rte d'Arbonne, bord de l'Ouhabia et d'un ruisseau
15 ha/7 campables (440 empl.) plat et en terrasses, herbeux (5 ha) - cafétéria - toboggan aquatique - Location :
16 mai-13 sept. - **R** *conseillée juil.-août* - GB - - *piscine comprise 2 pers. 116, pers. suppl. 31 21 (6A)*

Pavillon Royal ≤, 05 59 23 00 54, Fax 05 59 23 44 47, N : 2 km, av. Prince-de-Galles, bord de la plage - (tentes) -
5 ha (303 empl.) plat et en terrasses, sablonneux, herbeux (1,7 ha) - - A proximité : golf (18 trous)
15 mai-25 sept. - **R** *conseillée* - GB - - *Tarif 97 : élect. et piscine comprises 2 pers. 189, pers. suppl. 30*

Berrua « Entrée fleurie », 05 59 54 96 66, Fax 05 59 54 78 30, E : 0,5 km rte d'Arbonne - dans locations
5 ha (185 empl.) peu incliné et en terrasses, herbeux (1,5 ha) - - Location :
15 avril-sept. - **R** *conseillée* - GB - - *piscine comprise 2 pers. 113 22 (6A)*

Résidence des Pins « Belle décoration florale », 05 59 23 00 29, Fax 05 59 41 24 59, N : 2 km - dans locations
6 ha (400 empl.) en terrasses, herbeux, sablonneux - snack - - A proximité : - Location :
25 mai-sept. - **R** *conseillée, indispensable 10 juil.-20 août* - GB - - *piscine comprise 2 pers. 125, pers. suppl. 26 22 (10A)*

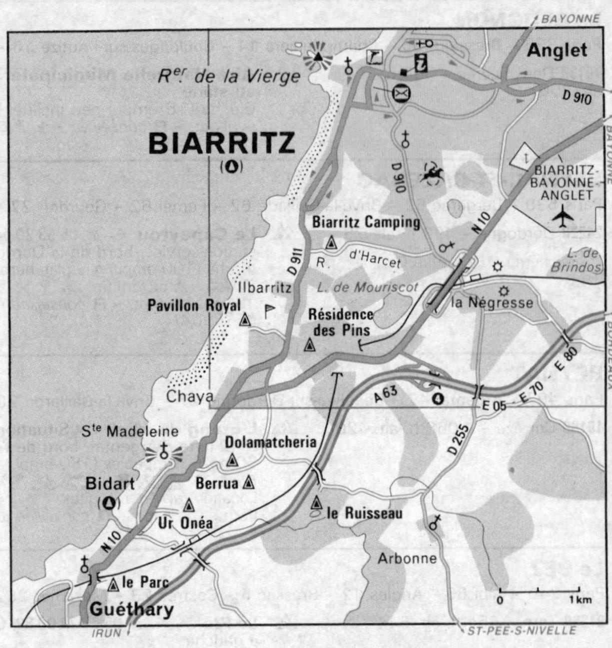

Ur-Onéa, ✆ 05 59 26 53 61, E : 0,3 km, r. de la Chapelle, à 500 m de la plage – juil.-août dans locations
5 ha (270 empl.) peu incliné et en terrasses, herbeux, sablonneux – A proximité : poneys – Location :
Pâques-27 sept. – **R** *conseillée juil.-août* – GB – *Tarif 97 : piscine comprise 2 pers. 84 (104 ou 120 avec élect. 10A), pers. suppl. 18*

Le Parc, ✆ 05 59 26 54 71, S : 1,2 km, à 400 m de la plage – dans locations
2,4 ha (200 empl.) en terrasses, herbeux –
Location : pavillons
juin-20 sept. – **R** *conseillée* – GB – *2 pers. 63 14 (4A) 18 (6A) 22 (10A)*

Dolamatcheria, ✆ 05 59 54 94 79, Fax 05 59 54 95 98, E : 0,5 km rte d'Arbonne
2,5 ha (138 empl.) peu incliné, herbeux –
15 juin-15 sept. – **R** *conseillée* – GB – *2 pers. 75 18 (3A)*

BIAS

13 - 78 ⑭

Paris 706 – Castets 43 – Mimizan 7 – Morcenx 29 – Parentis-en-Born 31

40170 Landes – 505 h. alt. 41

Municipal le Tatiou, ✆ 05 58 09 04 76, O : 2 km par rte de Lespecier
10 ha (505 empl.) plat, sablonneux pinède – snack – – A proximité :
Pâques-oct. – **R** – GB – *piscine comprise 1 à 5 pers. 67 à 111 18,50 (2A) 24,70 (4A) 29,80 (10A)*

BIDART

64 Pyr.-Atl. – 78 ⑪ – rattaché à Biarritz

BILLOM

11 - 73 ⑮ G. Auvergne

Paris 441 – Clermont-Ferrand 28 – Cunlhat 30 – Issoire 30 – Thiers 27

63160 P.-de-D. – 3 968 h. alt. 340.
Office de Tourisme, r. Carnot
✆ 04 73 68 38 91, Fax 04 73 68 38 91

Municipal le Colombier, ✆ 04 73 68 91 50, au Nord-Est de la localité par rte de Lezoux et rue des Tennis
1 ha (40 empl.) plat et peu incliné, herbeux – – A proximité : – Location :
15 mai-15 oct. – **R** *conseillée juil.-août* – *Tarif 97 : 13 6,40 11 11 (4A) 22 (10A)*

▶ *Ne pas confondre :*
... à ... : appréciation MICHELIN
et
★ *... à ...* ★★★★ *: classement officiel*

BINIC

3 - 59 ③ G. Bretagne

Paris 461 - Guingamp 36 - Lannion 67 - Paimpol 33 - St-Brieuc 14 - St-Quay-Portrieux 8

22520 C.-d'Armor - 2 798 h. alt. 35.
Office de Tourisme, av. du Gén.-de-Gaulle
02 96 73 60 12, Fax 02 96 73 35 23

Le Panoramic, 02 96 73 60 43, S : 1 km
4 ha (150 empl.) plat, peu incliné, en terrasses, herbeux - - Location :
avril-sept. - **R** *conseillée* - GB - *piscine comprise 2 pers. 79, pers. suppl. 20 15 (3A) 19 (6A)*

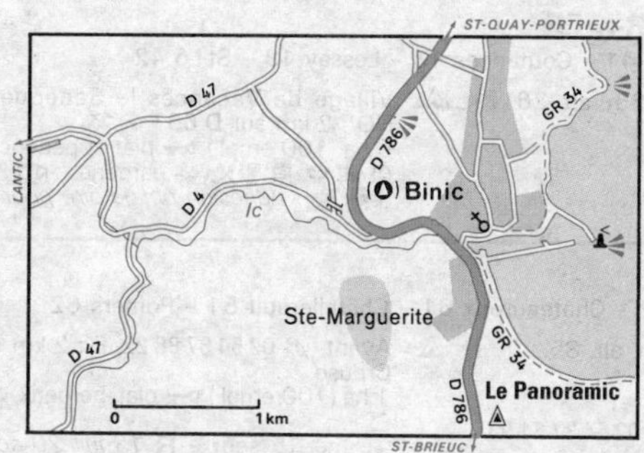

BIRON

14 - 75 ⑯ G. Périgord Quercy

Paris 563 - Beaumont 24 - Bergerac 48 - Fumel 22 - Sarlat-la-Canéda 57 - Villeneuve-sur-Lot 34

24540 Dordogne - 132 h. alt. 200

Étang du Moulinal « Situation agréable au bord de l'étang », 05 53 40 84 60, Fax 05 53 40 81 49, S : 4 km rte de Lacapelle-Biron puis 2 km par rte de Villeréal à droite
10 ha/5 campables (250 empl.) plat, terrasses, herbeux - half-court, poneys - Location : bungalows toilés
11 avril-12 sept. - **R** *conseillée juil.-août* - GB - *piscine comprise 2 pers. 139 21 (3A) 27 (6A)*

BISCARROSSE

13 - 78 ⑬ G. Pyrénées Aquitaine

Paris 657 - Arcachon 39 - Bayonne 129 - Bordeaux 80 - Dax 91 - Mont-de-Marsan 85

40600 Landes - 9 054 h. alt. 22.
Office de Tourisme, 55 pl. de la Fontaine
05 58 78 20 96, Fax 05 58 78 23 65

Mayotte « Cadre agréable », 05 58 78 00 00, Fax 05 58 78 83 91, N : 6 km par rte de Sanguinet puis, à Goubern, 2,5 km par rte à gauche, à 150 m de l'étang de Cazaux (accès direct)
12 ha/5 campables (630 empl.) plat, sablonneux, herbeux - - discothèque, - A proximité : - Location : bungalows toilés
mai-sept. - **R** *indispensable*

Les Écureuils M « Cadre agréable », 05 58 09 80 00, Fax 05 58 09 81 21, N : 4,2 km par rte de Sanguinet et rte de Navarrosse à gauche, à 400 m de l'Étang de Cazaux
6 ha (150 empl.) plat, herbeux, sablonneux - snack - - A proximité :
avril-sept. - **R** *conseillée* - GB - - *33 piscine comprise 44 22 (10A)*

Domaine de la Rive « Site agréable », 05 58 78 12 33, Fax 05 58 78 12 92, NE : 8 km par D 652, rte de Sanguinet, puis 2,2 km par rte à gauche, bord de l'étang de Cazaux - dans locations
15 ha (640 empl.) plat, sablonneux, herbeux pinède - self - - Location : bungalows toilés
avril-oct. - **R** *conseillée* - GB - *piscine comprise 2 pers. 135, pers. suppl. 23 10 (6A)*

Bimbo, 05 58 09 82 33, Fax 05 58 09 80 14, N : 3,5 km par rte de Sanguinet et rte de Navarrosse à gauche
5 ha (145 empl.) plat, sablonneux, herbeux - - A proximité : - Location *(permanent)* :
avril-sept. - **R** *conseillée* - GB - - *27 piscine et tennis compris 40 22 (4A) 33 (6A)*

Navarrosse, 05 58 09 84 32, Fax 05 58 09 86 22, N : 4,5 km par rte de Sanguinet et rte à gauche, bord de l'étang de Cazaux et du canal Transaquitain
16 ha/7 campables (500 empl.) plat, sablonneux - - A proximité : - Location *(15 juin-6 sept.)* :
mai-27 sept. - **R** *conseillée* - GB - - *2 pers. 105 17 (6A)*

BLAIN

4 - 63 ⑯ G. Bretagne

Paris 393 - Nantes 44 - Nort-sur-Erdre 22 - Nozay 15 - St-Nazaire 45

44130 Loire-Atl. - 7 434 h. alt. 23.
Office de Tourisme, pl. Jean-Guihard
02 40 87 15 11, Fax 02 40 79 09 93

Municipal le Château, 02 40 79 11 00, sortie Sud-Ouest par N 171 rte de St-Nazaire près du château (14e siècle) et à 250 m du canal de Nantes à Brest
1 ha (44 empl.) plat, herbeux -
mai-sept. - **R** *conseillée - Tarif 97 : 7 7 7 8 (6 ou 10A)*

BLAINVILLE-SUR-MER

4 - 54 ⑫ G. Normandie Vallée de la Seine

Paris 336 - Carentan 41 - Coutances 13 - Lessay 19 - St-Lô 42

50910 Manche - 1 113 h. alt. 26

Village de Vacances le Senéquet, 02 33 47 23 11, Fax 02 33 47 09 55, NO : 2 km sur D 651 -
5 ha (100 empl.) plat et peu incliné, herbeux, gravillons - garderie - salle omnisports, salle de spectacles - *Adhésion obligatoire pour séjour supérieur à 3 jours*

Le BLANC

10 - 68 ⑯ G. Berry Limousin

Paris 328 - Bellac 62 - Châteauroux 61 - Châtellerault 51 - Poitiers 62

36300 Indre - 7 361 h. alt. 85.
Office de Tourisme, pl. de la Libération
02 54 37 05 13, Fax 02 54 37 31 93

Avant, 02 54 37 88 22, E : 2 km sur N 151 rte de Châteauroux, bord de la Creuse
1 ha (100 empl.) plat, herbeux - - A proximité :
15 mai-15 sept. - **R** *13 juil.-20 août*

BLANDY

6 - 61 ② G. Ile de France

Paris 55 - Fontainebleau 21 - Melun 12 - Montereau-Fault-Yonne 30 - Provins 40

77115 S.-et-M. - 667 h. alt. 86

Le Pré de l'Étang , 01 60 66 96 34, sortie Est, rte de St-Méry
1 ha (60 empl.) plat, herbeux, étang -
mars-déc. - **R** - *élect. comprise 2 pers. 75*

BLANGY-LE-CHÂTEAU

5 - 54 ⑱

Paris 196 - Caen 54 - Deauville 21 - Lisieux 14 - Pont-Audemer 26

14130 Calvados - 618 h. alt. 60

Le Brévedent , 02 31 64 72 88, Fax 02 31 64 33 41, SE : 3 km par D 51, au château, bord d'un étang -
6 ha/3,5 campables (138 empl.) plat et incliné, herbeux verger - - - A proximité :
15 mai-20 sept. - **R** *conseillée 10 juil.-20 août* - GB - *30 piscine comprise 40 18 (10A)*

Le Domaine du Lac, 02 31 64 62 00, Fax 02 31 64 15 91, sortie Nord-Ouest par D 140 rte du Mesnil-sur-Blangy, bord d'un plan d'eau et du Chaussey
8 ha/3 campables (100 empl.) plat et peu incliné, herbeux - snack - - A proximité : half-court
avril-oct. - **R** - GB - - *25 25 20 (5A)*

BLANGY-SUR-BRESLE

1 - 52 ⑥

Paris 153 - Abbeville 28 - Amiens 54 - Dieppe 49 - Neufchâtel-en-Bray 32 - Le Tréport 25

76340 S.-Mar. - 3 447 h. alt. 70.
Office de Tourisme, 1 r. Checkmoun
02 35 93 52 48, Fax 02 35 94 06 14

Municipal les Etangs, 02 35 94 55 65, à 2,3 km au Sud-Est du centre ville, entre deux étangs et à 200 m de la Bresle - accès par rue du Maréchal-Leclerc, près de l'église et rue des Etangs
0,6 ha (59 empl.) plat, herbeux - - A proximité :
15 mars-15 oct. - R - *11,30 6,80 9 5,70 (5A) 11,30 (10A)*

BLAVOZY 43 H.-Loire - 76 ⑦ - rattaché au Puy-en-Velay

BLÉNEAU

6 - 65 ③

Paris 150 - Auxerre 51 - Bonny-sur-Loire 20 - Briare 19 - Clamecy 61 - Gien 29 - Montargis 40

89220 Yonne - 1 585 h. alt. 200

Municipal la Pépinière, sortie Nord par D 64 rte de Champcevrais
1,3 ha (50 empl.) plat, herbeux - - A l'entrée :
3 avril-15 oct. - R - *9 9,95 12*

BLÉRÉ

5 - 64 ⑯ G. Châteaux de la Loire

Paris 234 - Blois 47 - Château-Renault 36 - Loches 24 - Montrichard 16 - Tours 26

37150 I.-et-L. - 4 388 h. alt. 59.
Office de Tourisme, (15 juin-15 sept.) r. J.-J Rousseau
02 47 57 93 00, Fax 02 47 23 57 73

Municipal la Gatine « Entrée fleurie », 02 47 57 92 60, à l'Est de la ville, r. du Commandant-Lemaître, près du Cher
4 ha (270 empl.) plat, herbeux - - - A proximité :
Pâques-15 oct. - R - *Tarif 97 : 1 ou 2 pers. 55,50, pers. suppl. 15,70 21,70 (5A) 25,35 (10A) 37,40 (16A)*

BLOT-L'ÉGLISE

11 - 73 ③ ④

Paris 382 - Clermont-Ferrand 48 - Manzat 13 - Pontgibaud 34 - Riom 31 - St-Gervais-d'Auvergne 16

63440 P.-de-D. - 392 h. alt. 640

Municipal, ✆ 04 73 97 44 94, S : 0,5 km par D 50 rte de Manzat
0,5 ha (50 empl.) plat, herbeux
15 juin-15 sept. - R - *tennis compris 1 pers. 23, pers. suppl. 12 [ɟ] 12*

BLYE

12 - 70 ⑭

Paris 430 - Bourg-en-Bresse 78 - Lons-le-Saunier 18 - Orgelet 15 - St-Claude 46 - St-Laurent-en-Grandvaux 34

39130 Jura - 110 h. alt. 473

Les Claies ←, ✆ 03 84 48 30 55, sortie Sud par D 151 rte de Pont-de-Poitte
1 ha (40 empl.) plat, herbeux
15 juin-15 sept. - R - *13 6 13 [ɟ] 10 (5A)*

La BOCCA **06** Alpes-Mar. - 84 ⑨ - rattaché à Cannes

Le BOIS-PLAGE-EN-RÉ **17** Char.-Mar. - 71 ⑫ - voir à Ré (Ile de)

BOISSET-ET-GAUJAC **30** Gard - 80 ⑰ - rattaché à Anduze

La BOISSIÈRE-DE-MONTAIGU

9 - 67 ④

Paris 383 - Cholet 138 - Nantes 50 - La Roche-sur-Yon 49

85600 Vendée - 1 584 h. alt. 62

L'Eden, ✆ 02 51 41 62 32, Fax 02 51 41 56 07, SO : 2,3 km par D 62 rte de Chavagnes-en-Paillers puis à droite
15 ha/8 campables (100 empl.) plat, pierreux, herbeux, prairies, étang et sous-bois - crêperie - poneys - Location :
mai-10 oct. - R *conseillée 15 juil.-15 août* - GB - *Tarif 97 : élect. (4A), piscine et tennis compris 3 pers. 99, pers. suppl. 24*

BOISSON

16 - 80 ⑧

Paris 682 - Alès 19 - Barjac 15 - La Grand-Combe 28 - Lussan 16 - St-Ambroix 11

30 Gard - ✉ 30500 St-Ambroix

Château de Boisson, ✆ 04 66 24 85 61, Fax 04 66 24 80 14, au bourg - juil.-août
5 ha (147 empl.) plat, herbeux, pierreux - snack cases réfrigérées - toboggan aquatique - A proximité : - Location : appartements
avril-oct. - R *conseillée juil.-août* - GB - *35 piscine comprise 55 [ɟ] 15 (5A)*

BOLLÈNE

16 - 81 ① G. Provence

Paris 635 - Avignon 52 - Montélimar 35 - Nyons 35 - Orange 25 - Pont-St-Esprit 10

84500 Vaucluse - 13 907 h. alt. 40.
Office de Tourisme, pl Reynaud-de-la-Gardette
✆ 04 90 40 51 45, Fax 04 90 40 51 44

Le Barry « Cadre agréable », ✆ 04 90 30 13 20, Fax 04 90 40 48 64, N : 3,7 km par D 26, rte de Pierrelatte et rte à droite, par St-Pierre
3 ha (120 empl.) peu incliné et en terrasses, pierreux, herbeux - snack - Location :
Permanent - R *juil.-août* - GB - *26 piscine comprise 32 [ɟ] 20 (6A)*

La Simioune « Agréable cadre boisé », ✆ 04 90 30 44 62, NE : 5 km par rte de Lambisque (accès sur D 8 par ancienne rte de Suze-la-Rousse longeant le Lez) et chemin à gauche
1,5 ha (80 empl.) plat et en terrasses, accidenté, sablonneux - poneys - Location :
Permanent - R *conseillée juil.-août* - *20 piscine comprise 20 [ɟ] 15 (6A)*

BONIFACIO **2A** Corse-du-Sud - 90 ⑨ - voir à Corse

BONLIEU

12 - 70 ⑮ G. Jura

Paris 444 - Champagnole 23 - Lons-le-Saunier 33 - Morez 24 - St-Claude 42

39130 Jura - 206 h. alt. 785

L'Abbaye ←, ✆ 03 84 25 57 04, E : 1,5 km par N 78, rte de St-Laurent-en-Grandvaux
3 ha (112 empl.) incliné et plat, herbeux - A proximité :
mai-sept. - R *conseillée juil.-août* - *2 pers. 60, pers. suppl. 20 [ɟ] 14 (6A)*

BONNAL **25** Doubs - 66 ⑥ - rattaché à Rougemont

BONNES

10 - 68 ⑭

Paris 332 - Châtellerault 25 - Chauvigny 7 - Poitiers 23 - La Roche-Posay 33 - St-Savin 25

86300 Vienne - 1 290 h. alt. 70

Municipal, 05 49 56 44 34, au Sud du bourg, bord de la Vienne
1,2 ha (65 empl.) plat, herbeux, pierreux - A proximité :
mai-sept. - **R** - *16* *6* *10* *15 (10A)*

BONNEVAL

5 - 60 ⑰ **G. Châteaux de la Loire**

Paris 118 - Ablis 62 - Chartres 31 - Châteaudun 14 - Étampes 90 - Orléans 55

28800 E.-et-L. - 4 420 h. alt. 128.
Office de Tourisme, pl. de la Mairie
02 37 47 55 89, Fax 02 37 96 28 62
Mairie 02 37 47 21 93

Municipal le Bois Chièvre « Cadre boisé », 02 37 47 54 01, S : 1,5 km par rte de Conie et rte de Vouvray à droite, bord du Loir
2,6 ha (130 empl.) plat et peu incliné, herbeux, gravier, bois attenant
mars-nov. - **R** *juil.-août* - *Tarif 97 :* *1 à 7 pers. 26 à 105* *13 (6A)*

BONNIEUX

16 - 84 ② **G. Provence**

Paris 722 - Aix-en-Provence 44 - Apt 11 - Cavaillon 26 - Salon-de-Provence 50

84480 Vaucluse - 1 422 h. alt. 400.
Office de Tourisme, 7 pl. Carnot
04 90 75 91 90, Fax 04 90 75 92 94

Municipal du Vallon 04 90 75 86 14, sortie Sud par D 3, rte de Ménerbes et chemin à gauche
1,3 ha (80 empl.) plat et en terrasses, pierreux, herbeux, bois attenant (0,7 ha) -
15 mars-15 nov. - **R** - *13* *9* *11/15* *14 (10A)*

Le BONO

3 - 63 ②

Paris 477 - Auray 6 - Lorient 48 - Quiberon 36 - Vannes 17

56400 Morbihan - 1 747 h. alt. 10

Parc-Lann, 02 97 57 93 93, NE : 1,2 km par D 101^{E}, rte de Plougoumelen
2 ha (60 empl.) (juil.-août) plat, herbeux -
juin-sept. - **R** *juil.-août* - *18* *25* *12 (6A)*

BORMES-LES-MIMOSAS

17 - 84 ⑯ **G. Côte d'Azur**

Paris 874 - Fréjus 57 - Hyères 22 - Le Lavandou 4 - St-Tropez 34 - Ste-Maxime 37 - Toulon 42

83234 Var - 5 083 h. alt. 180.
Office de Tourisme, pl. Gambetta
04 94 71 15 17, Fax 04 94 64 79 57
et bd de la Plage La Favière
04 94 64 82 57, Fax 04 94 64 79 61

Manjastre 04 94 71 03 28, Fax 04 94 71 63 62, NO : 5 km, sur N 98, rte de Cogolin - juil.-août
3,5 ha (120 empl.) en terrasses, pierreux - - Location :
Permanent - **R** *indispensable juil.-août* - GB - *piscine comprise 3 pers. 129* *14 (2A) 24 (6A) 34 (10A)*

Voir aussi ***au Lavandou***

BORT-LES-ORGUES

10 - 76 ② **G. Auvergne**

Paris 477 - Aurillac 81 - Clermont-Ferrand 83 - Mauriac 29 - Le Mont-Dore 48 - St-Flour 83 - Tulle 82 - Ussel 31

19110 Corrèze - 4 208 h. alt. 430.
Office de Tourisme, pl. Marmontel
05 55 96 02 49, Fax 05 55 96 90 79

Les Aubazines monts du Cantal, 05 55 96 08 38, NO : 3,5 km par D 979, rte d'Ussel et chemin à droite, bord du lac
26 ha/4,5 campables (153 empl.) en terrasses, plat, peu incliné, herbeux pierreux, sablonneux (1 ha) -
A proximité :
13 juin-13 sept. - **R** *conseillée juil.-août* - *Tarif 97 :* *15* *9* *11* *15 (6A)*

Outre-Val « Belle situation au bord du lac », 05 55 96 05 82, N : 12,3 km par D 979, rte d'Ussel et D 82, rte de Monestier-Port-Dieu à droite - Accès difficile pour caravanes (pente à 17%), mise en place et sortie à la demande
3,2 ha (43 empl.) en terrasses, herbeux, sablonneux, pierreux
mai-15 oct. - **R** *conseillée juil.-août* - GB - *Tarif 97 :* *12* *17* *13*

Municipal Beausoleil 05 55 96 00 31, SO : 2 km par D 979 et rte de Ribeyrolles
4 ha (200 empl.) plat, peu incliné, herbeux (bassin enfants)
juin-15 sept. - **R** - *10,20* *5,60* *5,60* *6,70 (moins 10A) 16,30 (plus 10A)*

Le Bois d'Enval « Belle situation dominante monts du Cantal », 05 55 96 06 62, N : 11,5 km par D 979, rte d'Ussel et D 82, rte de Monestier-Port-Dieu à droite - alt. 650
2 ha (33 empl.) incliné, plat, herbeux -
mai-oct. - **R** *conseillée 15 juil.-15 août* - *10* *6* *10* *11 (5A)*

Les BOSSONS 74 H.-Savoie - 74 ⑧ - rattaché à Chamonix-Mont-Blanc

BOUAFLES 27 Eure - 55 ⑰ - rattaché aux Andelys

BOUCHEMAINE

4 - 63 ⑳

Paris 301 – Angers 9 – Candé 40 – Chenillé 31 – Le Lion-d'Angers 27

49080 M.-et-L. – 5 799 h. alt. 25.

Syndicat d'Initiative, Mairie ✆ 02 41 22 20 00, Fax 02 41 22 20 01

Municipal le Château « Entrée fleurie », ✆ 02 41 77 11 04, Sud par D 111, bord de la Maine
1 ha (71 empl.) plat, herbeux – A proximité :
juil.-15 sept. – **R** *conseillée – Tarif 97 : 12 12 12 14*

BOULANCOURT

6 - 61 ⑪

Paris 81 – Étampes 34 – Fontainebleau 28 – Melun 42 – Nemours 25 – Pithiviers 21

77760 S.-et-M. – 287 h. alt. 79

Île de Boulancourt, ✆ 01 64 24 13 38, S : par D 103A, rte d'Angerville-la-Rivière, bord de l'Essonne
5 ha (100 empl.) plat, peu incliné, herbeux –
A proximité : golf, practice de golf
Permanent – **R** – – *15 20 avec élect.*

BOULOGNE-SUR-GESSE

14 - 82 ⑮

Paris 752 – Auch 47 – Aurignac 24 – Castelnau-Magnoac 13 – Lannemezan 33 – L'Isle-en-Dodon 21

31350 H.-Gar. – 1 531 h. alt. 320

Le Lac, ✆ 05 61 88 20 54, Fax 05 61 88 62 16, SE : 1,3 km par D 633 rte de Montréjeau et rte à gauche, à 300 m du lac –
2 ha (160 empl.) plat et peu incliné, herbeux –
– A proximité : toboggan aquatique – Location : bungalows toilés

BOULOGNE-SUR-MER

1 - 51 ① G. Flandres Artois Picardie

Paris 259 – Calais 38 – Montreuil 39 – St-Omer 50 – Le Touquet-Paris-Plage 30

62200 P.-de-C. – 43 678 h. alt. 58.

Office de Tourisme, quai de la Poste ✆ 03 21 31 68 38, Fax 03 21 33 81 09 annexe (saison) Parvis de Nausicaa ✆ 03 21 33 92 51

à Isques SE : 4 km par N 1 – 1 171 h. alt. 15 – 62360 Isques

Les Cytises, ✆ 03 21 31 11 10, au bourg, accès par N 1, près du stade
2,5 ha (51 empl.) plat, terrasse, herbeux – – A proximité :
avril-15 oct. – **R** *conseillée juil.-août* – – *tennis compris 2 pers. 70, pers. suppl. 17,50 15 (3A) 20 (10A)*

à Wacquinghen NE : 8 km par A 16 – 188 h. alt. 61
62250 Marquise

L'Escale, ✆ 03 21 32 00 69, sortie Nord-Est – par A 16 sortie 4
11 ha (198 empl.) plat et peu incliné, herbeux –
avril-15 oct. – Location longue durée – *Places limitées pour le passage* – GB – – *19 10 13/17 15 (4A)*

BOULOIRE

5 - 64 ④

Paris 186 – La Chartre-sur-le-Loir 34 – Connerré 12 – Le Mans 29 – Vendôme 48

72440 Sarthe – 1 829 h. alt. 105

Municipal, ✆ 02 43 35 52 09, sortie Est rte de St-Calais
1,3 ha (33 empl.) plat, peu incliné et terrasse, herbeux –
A proximité :

Le BOULOU

15 - 86 ⑲ G. Pyrénées Roussillon

Paris 876 – Amélie-les-Bains-Palalda 17 – Argelès-sur-Mer 20 – Barcelona 170 – Céret 10 – Perpignan 21

66160 Pyr.-Or. – 4 436 h. alt. 90 – (fév.- nov.).

Office de Tourisme, r. des Écoles ✆ 04 68 87 50 95, Fax 04 68 87 50 96

Le Mas Llinas Chaîne des Albères « Agréable situation », ✆ 04 68 83 25 46, N : 3 km par N 9 rte de Perpignan et chemin à gauche, devant Intermarché
15 ha/4 campables (100 empl.) en terrasses, gravier, herbeux – – Location :
Permanent – **R** *conseillée* – – *piscine comprise 1 à 4 pers. 58 à 112 12 (5A) 17 (10A)*

L'Olivette, ✆ 04 68 83 48 08, S : 2 km par N 9, aux Thermes du Boulou, bord de la Rome
2,7 ha (158 empl.) plat et terrasse, herbeux –
avril-1er nov. – **R** *conseillée juil.-août* – GB – – *2 pers. 61 11 (6A) 16 (10A)*

BOURBON-LANCY

11 - 69 ⑯ G. Bourgogne

Paris 305 – Autun 63 – Mâcon 109 – Montceau-les-Mines 55 – Moulins 35 – Nevers 73

71140 S.-et-L. – 6 178 h. alt. 240 – (avril-23 oct.).

Office de Tourisme, pl. Aligre ✆ 03 85 89 18 27, Fax 03 85 89 28 38

Le Plan d'Eau, ✆ 03 85 89 34 27, sortie Ouest par rte de Moulins et chemin à gauche, près du plan d'eau
1,8 ha (58 empl.) peu incliné, herbeux –
– A proximité : toboggan aquatique – Location *(permanent)* :
juin-15 sept. – **R** *conseillée* – – *Tarif 97 : 13,50 10,50 11/12*

Saint-Prix, ✆ 03 85 89 14 85, vers sortie Sud-Ouest rte de Digoin, à la piscine, à 200 m d'un plan d'eau
2,5 ha (128 empl.) plat, peu incliné et en terrasses, herbeux – – A l'entrée : – A proximité :
début avril-fin oct. – **R** *conseillée* – – *Tarif 97 : 13,50 10,50 11/12*

BOURBON-L'ARCHAMBAULT

11 – 69 ⑬ G. Auvergne

Paris 289 – Montluçon 49 – Moulins 23 – Nevers 53 – St-Amand-Montrond 54

03160 Allier – 2 630 h. alt. 367 – ♆ (mars- nov.).
Office de Tourisme (saison), 1 pl. Thermes ✆ 04 70 67 09 79, Fax 04 70 67 09 79

Municipal Parc Jean Bignon ✆ 04 70 67 08 83, sortie Sud-Ouest par rte de Montluçon et rue à droite
3 ha (157 empl.) plat et peu incliné, herbeux – A proximité :
mars-1er oct. – R – *Tarif 97 : 12,50 5 7 11,50 (moins de 5A) 13,50 (plus de 5A)*

BOURBONNE-LES-BAINS

7 – 62 ⑬ G. Alsace Lorraine

Paris 314 – Chaumont 56 – Dijon 124 – Langres 40 – Neufchâteau 53 – Vesoul 60

52400 H.-Marne – 2 764 h. alt. 290 – ♆ (mars-29 nov.).
Office de Tourisme, Centre Borvo, 34 pl. des Bains ✆ 03 25 90 01 71, Fax 03 25 90 14 12

Le Montmorency ✆ 03 25 90 08 64, sortie Ouest par rte de Chaumont et rte à droite, à 100 m du stade
2 ha (74 empl.) peu incliné, herbeux, gravillons – A proximité : (découverte l'été) – Location :
avril-oct. – R *conseillée* – – *14 13 12 (6A)*

La BOURBOULE

11 – 73 ⑬ G. Auvergne

Paris 471 – Aubusson 84 – Clermont-Ferrand 51 – Mauriac 70 – Ussel 52

63150 P.-de-D. – 2 113 h. alt. 880 – ♆ (mai- sept.).
Office de Tourisme, 15 pl. de la République ✆ 04 73 65 57 71, Fax 04 73 65 50 21

Les Clarines ✆ 04 73 81 02 30, Fax 04 73 81 09 34, E : 1,5 km, par av. du Maréchal Leclerc et D 996 rte du Mont-Dore
3 ha (194 empl.) peu incliné et en terrasses, herbeux, gravier (2 ha) – – A proximité : – Location :
Permanent – R – – *Tarif 97 : piscine comprise 2 pers. 69 13 (3A) 23 (6A) 36 (10A)*

Municipal les Vernières ✆ 04 73 81 10 20, sortie Est par D 130 rte du Mont-Dore, près de la Dordogne
1,5 ha (165 empl.) plat et terrasse, herbeux – – A proximité :
vacances de printemps-sept. – R – *Tarif 97 : 16 13 20 (5A) 39 (10A)*

à Murat-le-Quaire N : 2,5 km par D 88 – 435 h. alt. 1 050
✉ 63150 Murat-le-Quaire :

Municipal les Couderts ✆ 04 73 65 54 81, sortie Nord rte de la Banne d'Ordanche, bord d'un ruisseau – alt. 1 040
1,7 ha (58 empl.) (juil.-août) plat, peu incliné, en terrasses, herbeux – – Location : huttes
vacances de fév. et Pâques-sept. – R *conseillée juil.-août* – – *14 12 10 (3A) 19 (6A) 28 (10A)*

Le Panoramique ✆ 04 73 81 18 79, E : 1,4 km par D 219, rte du Mont-Dore et chemin à gauche – alt. 1 000
3 ha (85 empl.) en terrasses, herbeux –
vacances de printemps-sept. – R *conseillée juil.-août* – – *2 pers. 67 14 (4A) 22 (6A) 35 (10A)*

Municipal du Plan d'Eau ✆ 04 73 81 10 05, N : 1 km, sur D 609 rte de la Banne-d'Ordanche, bord d'un ruisseau et près d'un plan d'eau – alt. 1 050
0,8 ha (40 empl.) plat, peu incliné, herbeux – – A proximité :
juil.-août – R *conseillée* – – *14 12 10 (3A) 19 (6A) 28 (10A)*

BOURCEFRANC-LE-CHAPUS

9 – 71 ⑭ G. Poitou Vendée Charentes

Paris 500 – Le Château-d'Oléron 9 – Marennes 4 – Rochefort 25 – La Rochelle 62

17560 Char.-Mar. – 2 851 h. alt. 5
Schéma à Oléron

Municipal la Giroflée ✆ 05 46 85 06 43, S : 2 km, près de la plage
3,2 ha (150 empl.) (juil.-août) plat, herbeux, sablonneux (2 ha) – – A proximité : crêperie
mai-sept. – R *conseillée 14 juil.-15 août* – – *11,80 10 15,40 (5A)*

BOURDEAUX

16 – 77 ⑬

Paris 612 – Crest 24 – Montélimar 41 – Nyons 38 – Pont-St-Esprit 72 – Valence 53

26460 Drôme – 562 h. alt. 426

Municipal le Gap des Tortelles ✆ 04 75 53 30 45, sortie Sud-Est par D 70, rte de Nyons et chemin à droite, bord du Roubion
0,7 ha (44 empl.) plat et terrasse, herbeux, pierreux – – A proximité :
15 avril-sept. – R *conseillée* – – *2 pers. 48 13,50 (3A)*

à Bézaudun-sur-Bîne NE : 4 km par D 538 et D 156 – 47 h. alt. 496
✉ 26460 Bézaudun-sur-Bîne :

Aire Naturelle le Moulin ✆ 04 75 53 37 21, sortie Ouest rte de Bourdeaux, bord de la Bîne
2,5 ha (25 empl.) plat, herbeux – –
avril-oct. – R – – *15 piscine comprise 10 10 9 (4A)*

au Poët-Célard NO : 4 km par D 328 – 142 h. alt. 590
26460 Bourdeaux :

Le Cousspeau « Site agréable », 04 75 53 30 14, Fax 04 75 53 37 23, SE : 1,3 km par D 328A – alt. 600
2 ha (66 empl.) en terrasses et peu incliné, herbeux – snack – (bassin couvert) – Location : bungalows toilés
mai-sept. – **R** *conseillée juil.-août* – GB – *piscine comprise 2 pers. 110, pers. suppl. 31* *15 (3A) 18 (6A)*

BOURG

Paris 291 – Auberive 20 – Champlitte 28 – Chaumont 43 – Dijon 65 – Langres 9 | 7 – 66 ③

52200 H.-Marne – 165 h. alt. 440

La Croix d'Arles, 03 25 88 24 02, N : 2,5 km par N 74 rte de Langres, au lieu-dit la Croix d'Arles
7 ha (70 empl.) (saison) plat, herbeux, pierreux – snack (dîner seulement) –
15 mars-oct. – **R** – GB – – *16 piscine comprise* *30* *15 (10A)*

BOURG-ACHARD

5 – 55 ⑤ G. Normandie Vallée de la Seine

Paris 139 – Bernay 42 – Évreux 61 – Le Havre 62 – Rouen 28

27310 Eure – 2 255 h. alt. 124

Le Clos Normand, 02 32 56 34 84, sortie Ouest, rte de Pont-Audemer
1,4 ha (85 empl.) plat et peu incliné, herbeux, bois attenant – – Garage pour caravanes
avril-sept. – **R** – *20* *8* *16* *15 (6A)*

BOURGANEUF

10 – 72 ⑨ G. Berry Limousin

Paris 398 – Aubusson 39 – Guéret 33 – Limoges 48 – Tulle 95 – Uzerche 76

23400 Creuse – 3 385 h. alt. 440.
Office de Tourisme, Tour Lastic
05 55 64 12 20

Municipal la Chassagne, N : 1,5 km par D 912, rte de la Souterraine, bord du Taurion
0,7 ha (43 empl.) plat, peu incliné, herbeux –

BOURG-ARGENTAL

11 – 76 ⑨ G. Vallée du Rhône

Paris 531 – Annonay 15 – Condrieu 33 – Montfaucon-en-Velay 31 – St-Étienne 27 – Vienne 45

42220 Loire – 2 877 h. alt. 534

L'Astrée 04 77 39 72 97, E : 1,7 km par N 82 rte d'Annonay, bord de la Déôme
1 ha (67 empl.) plat, peu incliné, herbeux – –
A proximité : toboggan aquatique – Location :
Permanent – **R** – – *Tarif 97 :* *20* *14/17* *16 (4A) 20 (6A)*

Le BOURG-D'ARUD

12 – 77 ⑥ G. Alpes du Nord

Paris 629 – L'Alpe-d'Huez 25 – Le Bourg-d'Oisans 14 – Les Deux-Alpes 28 – Grenoble 64

38 Isère – 38520 Venosc

Le Champ du Moulin « Site agréable », 04 76 80 07 38, Fax 04 76 80 24 44, sortie Ouest par D 530, bord du Vénéon
1,5 ha (80 empl.) plat, herbeux, pierreux – snack – – A proximité : toboggan aquatique – Location : appartements, gîte d'étape
15 déc.-avril, 15 mai-15 sept. – **R** *conseillée fév., juil.-août* – GB – – *2 pers. 99,50 (hiver 102), pers. suppl. 25,50* *3A : 12 (hiver 15) 6A : 20 (hiver 25) 10A : 30 (hiver 40,50)*

BOURG-DE-PÉAGE

12 – 77 ②

Paris 558 – Pont-en-Royans 26 – Romans-sur-Isère 1 – Tournon-sur-Rhône 18 – Valence 19

26300 Drôme – 9 248 h. alt. 151.
Office de Tourisme, allée Alpes de Provence
04 75 72 18 36, Fax 04 75 70 95 57

à Barbières SE : 15 km par D 149 – 583 h. alt. 426
26300 Barbières :

Le Gallo-Romain 04 75 47 44 07, SE : 1,2 km par D 101, rte du Col de Tourniol, bord de la Barberolle
3 ha (70 empl.) plat et peu incliné, terrasses, herbeux, pierreux – – – Location :
mai-sept. – **R** *conseillée* – – *15 piscine comprise* *60* *10 (6A)*

BOURG-DES-COMPTES

4 – 63 ⑥

Paris 355 – Châteaubriant 41 – Nozay 44 – Rennes 25 – Vitré 49

35890 I.-et-V. – 1 727 h. alt. 40

Municipal la Courbe , O : 2 km par rte de Guichen et rte à gauche avant le pont, à 100 m de la Vilaine et d'un étang
1 ha (50 empl.) plat, herbeux – –
Pâques-oct. – **R** – *Tarif 97 :* *8,50* *4,70* *4,70* *9 (3A) et 2 par ampère supplémentaire*

Le BOURG-D'HEM

10 - 72 ⑨ G. Berry Limousin

Paris 335 - Aigurande 20 - Le Grand-Bourg 29 - Guéret 17 - La Souterraine 37

23220 Creuse - 278 h. alt. 320

Municipal ≤ « Site agréable », ✆ 05 55 62 84 36, à 1,7 km à l'Ouest du bourg par D 48 rte de Bussière-Dunoise et chemin à droite, bord de la Creuse
0,33 ha (32 empl.) en terrasses, herbeux - (plage) - A proximité : snack
juin-sept. - **R** *conseillée juil.-août - 15 20 15*

Le BOURG-D'OISANS

12 - 77 ⑥ G. Alpes du Nord

Paris 615 - Briançon 68 - Gap 97 - Grenoble 50 - St-Jean-de-Maurienne 73 - Vizille 32

38520 Isère - 2 911 h. alt. 720 - Sports d'hiver :
Office de Tourisme, quai Girard
✆ 04 76 80 03 25, Fax 04 76 80 10 38

A la Rencontre du Soleil ≤ « Entrée fleurie », ✆ 04 76 79 12 22, Fax 04 76 80 26 37, NE : 1,7 km rte de l'Alpe-d'Huez, bord de la Sarennes
1,6 ha (73 empl.) plat, herbeux - pizzeria -
24 mai-14 sept. - **R** *conseillée juil.-20 août* - GB - - *piscine comprise 2 pers. 126, 3 pers. 141, pers. suppl. 31 17 (3A) 22 (6A) 24 (10A)*

La Cascade ≤, ✆ 04 76 80 02 42, Fax 04 76 80 22 63, NE : 1,5 km rte de l'Alpe-d'Huez, près de la Sarennes
2,4 ha (140 empl.) plat, herbeux, pierreux - - - Location *(permanent)* :
15 déc.-sept. - **R** *conseillée juil.-août* - - *piscine comprise 2 pers. 125 16 (6 à 15A)*

Le Colporteur ≤, ✆ 04 76 79 11 44, Fax 04 76 79 11 49, au Sud de la localité, accès par rue de la piscine, bord d'une petite rivière
3,3 ha (150 empl.) plat, herbeux - - - A proximité :
17 mai-20 sept. - **R** *conseillée* - GB - - *Tarif 97 : 1 ou 2 pers. 88, 3 pers. 95, pers. suppl. 22 17 (6A) 22 (15A)*

Caravaneige le Vernis ≤, ✆ 04 76 80 02 68, SE : 2,5 km sur N 91 rte de Briançon, près de la Romanche -
1,2 ha (54 empl.) plat, herbeux, pierreux - -
déc.-avril, juin-15 sept. - **R** *indispensable hiver* - **R** *été* - - *piscine comprise 1 ou 2 pers. 85, pers. suppl. 20*

à Rochetaillée N : 7 km par N 91 rte de Grenoble et rte d'Allemont à droite ✉ 38520 le Bourg-d'Oisans :

Belledonne ≤, ✆ 04 76 80 07 18, Fax 04 76 79 12 95
3,5 ha (150 empl.) plat, herbeux - snack, pizzeria - parcours de santé
30 mai-5 sept. - **R** *conseillée juil.-août* - - *piscine comprise 2 pers. 112, 3 pers. 132, pers. suppl. 28 16 (3A) 21 (6A)*

Le Château ≤, ✆ 04 76 80 21 23, bord d'une petite rivière
2,6 ha (75 empl.) plat, herbeux (1 ha) - snack - - Location : , bungalows toilés
13 juin-20 sept. - **R** *conseillée 15 juil.-10 août* - GB - - *piscine comprise 2 pers. 105, 3 pers. 128, pers. suppl. 24 20 (6A)*

BOURG-DUN

1 - 52 ③ ④ G. Normandie Vallée de la Seine

Paris 187 - Dieppe 20 - Fontaine-le-Dun 7 - Rouen 56 - St-Valery-en-Caux 15

76740 S.-Mar. - 481 h. alt. 17

Municipal les Garennes , ✆ 02 35 83 10 44, S : 0,8 km par D 237 et D 101, rte de Luneray, au stade
1,5 ha (70 empl.) plat, peu incliné, herbeux - -
avril-sept. - **Location longue durée** - *Places limitées pour le passage* - **R** *14 juil.-15 août - 11,50 12,50 14,50 (16A) 18,50 (20A)*

BOURG-EN-BRESSE P

12 - 74 ③ G. Bourgogne

Paris 424 - Annecy 112 - Besançon 151 - Chambéry 121 - Genève 110 - Lyon 68 - Mâcon 37

01000 Ain - 40 972 h. alt. 251.
Office de Tourisme, 6 av. Alsace-Lorraine
✆ 04 74 22 49 40, Fax 04 74 23 06 28, (saison) bd de Brou ✆ 04 74 22 27 76

Municipal de Challes « Entrée fleurie », ✆ 04 74 45 37 21, sortie Nord-Est par rte de Lons-le-Saunier, à la piscine
1,3 ha (120 empl.) plat, peu incliné, goudronné, herbeux - - - A l'entrée :
avril-14 oct. - **R** - *Tarif 97 : 14 piscine comprise 26/31 10 (6A)*

BOURGES P

10 - 69 ① G. Berry Limousin

Paris 245 - Châteauroux 65 - Dijon 253 - Nevers 69 - Orléans 122 - Tours 152

18000 Cher - 75 609 h. alt. 153.
Office de Tourisme, 21 r. V.-Hugo
✆ 02 48 24 75 33, Fax 02 48 65 11 87

Municipal « Entrée fleurie », ✆ 02 48 20 16 85, au Sud de la ville, bd de l'Industrie (périphérique), près de l'Avron
2 ha (117 empl.) plat et peu incliné, herbeux, gravier (1 ha) - - - A proximité :
15 mars-14 nov. - **R** - *Tarif 97 : 17 piscine comprise 18/25 14 (6A) 24 (10A)*

BOURG-FIDÈLE

2 - 53 ⑱

Paris 238 – Charleville-Mézières 22 – Fumay 20 – Hirson 38 – Rethel 52

08230 Ardennes – 732 h. alt. 370

La Murée, ✆ 03 24 54 24 45, N : 1 km par D 22 rte de Rocroi, bord de deux étangs
0,4 ha (23 empl.) peu incliné, herbeux –
avril-sept. – **R** – *20* *10* *35* *30 (10A)*

BOURG-MADAME

15 - 86 ⑯ **G. Pyrénées Roussillon**

Paris 862 – Andorra-la-Vella 68 – Ax-les-Thermes 45 – Carcassonne 142 – Foix 86 – Font-Romeu-Odeillo-Via 19 – Perpignan 102

66760 Pyr.-Or. – 1 238 h. alt. 1 140.
Syndicat d'Initiative, pl. de Catalogne
✆ 04 68 04 55 35

Mas Piques ✆ 04 68 04 62 11, Fax 04 68 04 68 32, au Nord de la ville, rue du Train Jaune, près du Rahur (frontière) – dans locations
1,5 ha (103 empl.) plat, herbeux – – A proximité : – Location :
Permanent – Location longue durée – *Places limitées pour le passage* – **R** *conseillée* – – *2 pers. 67* *16 (3A) 20 (6A)*

Le Sègre « Cadre agréable », ✆ 04 68 04 65 87, Fax 04 68 04 91 82, sortie Nord par N 20, rte d'Ur, bord du Sègre
0,9 ha (51 empl.) plat, herbeux – –
Permanent – **R** *conseillée juil.-août* – – *2 pers. 66, pers. suppl. 19* *16 (3A) 20 (6A)*

La Gare, ✆ 04 68 04 80 95 ✉ 66760 Ur, N : 2,5 km par N 20
1 ha (70 empl.) plat, herbeux – – Location :
fermé oct. – **R** *conseillée été, indispensable hiver* – GB – – *16* *15* *12,50 (2A) 14,50 (3A) 16,50 (4A)*

BOURG-ST-ANDEOL

16 - 80 ⑨ ⑩ **G. Vallée du Rhône**

Paris 629 – Montélimar 26 – Nyons 50 – Pont-St-Esprit 14 – Privas 55 – Vallon-Pont-d'Arc 30

07700 Ardèche – 7 795 h. alt. 36.
Office de Tourisme, pl. Champ-de-Mars
✆ 04 75 54 54 20, Fax 04 75 54 66 49

Le Lion « Cadre agréable », ✆ 04 75 54 53 20, sortie Nord puis 0,5 km par chemin à droite, près du Rhône (accès direct) – Sur N 86 (déviation) prendre direction centre ville
8 ha (140 empl.) plat, herbeux – snack – – Location :
avril-15 sept. – **R** *conseillée juil.-15 août* – GB – – *piscine comprise 2 pers. 82, pers. suppl. 22* *16 (6A)*

BOURG-ST-MAURICE

12 - 74 ⑱ **G. Alpes du Nord**

Paris 637 – Albertville 54 – Aosta 83 – Chambéry 101 – Chamonix-Mont-Blanc 84 – Moûtiers 27 – Val-d'Isère 32

73700 Savoie – 6 056 h. alt. 850 – Sports d'hiver : aux Arcs : 1 600/3 226 m 5 64
Office de Tourisme, pl. Gare
✆ 04 79 07 04 92, Fax 04 79 07 24 90

Le Versoyen ✆ 04 79 07 03 45, Fax 04 79 07 25 41, sortie Nord-Est par N 90 rte de Séez puis 0,5 km par rte des Arcs à droite, près d'un torrent
3,5 ha (200 empl.) plat, herbeux, goudronné, bois attenant – – – A proximité : parcours sportif
fermé 14 nov.-12 déc. – **R** *conseillée hiver et vacances scolaires* – GB – – *24,50* *23* *22 (4A) 27 (6A) - hiver : 25 (4A) 31 (6A) 47 (10A)*

BOURGUEIL

9 - 64 ⑬ **G. Châteaux de la Loire**

Paris 283 – Angers 78 – Chinon 16 – Saumur 23 – Tours 46

37140 I.-et-L. – 4 001 h. alt. 42

Municipal Parc Capitaine, ✆ 02 47 97 85 62, S : 1 km par D 749, rte de Chinon, près d'un plan d'eau
2 ha (80 empl.) plat, herbeux – – – A proximité :
15 mai-15 sept. – **R** *conseillée 10 juil.-15 août* – – *Tarif 97 : 9* *31* *10 (10A)*

BOURISP

14 - 85 ⑲

Paris 848 – Arreau 10 – Bagnères-de-Luchon 43 – La Mongie 48 – Lannemezan 37

65170 H.-Pyr. – 103 h. alt. 790

Le Rioumajou ✆ 05 62 39 48 32, NO : 1,3 km par D 929 rte d'Arreau et chemin à gauche, bord de la Neste d'Aure – dans locations
7 ha (240 empl.) plat, gravillons, pierreux, herbeux – – – Location :
Permanent – **R** *conseillée* – – *piscine comprise 1 pers. 39,50* *17 (2A) 21 (4A) 27 (6A)*

La Mousquere ✆ 05 62 39 44 99, à l'Ouest du bourg sur D 116, à 50 m du D 929, près d'un ruisseau
0,8 ha (50 empl.) (saison) incliné, pierreux, herbeux – – – A proximité : – Location :
avril-sept. – **R** *conseillée 6 juil.-20 août* – – *17* *20* *14 (3A) 28 (6A)*

BOURNEZEAU

9 - 67 ⑭

Paris 413 - Cholet 63 - Nantes 76 - Niort 68 - La Rochelle 62 - La Roche-sur-Yon 21

85480 Vendée - 2 336 h. alt. 73

Municipal des Humeaux, ✆ 02 51 40 01 31, au Nord-Ouest du bourg par D 7, rte de St-Martin-des-Noyers
0,6 ha (15 empl.) plat, peu incliné, herbeux
juin-15 sept. - **R** - *13* *13* *15 (15A)*

BOUSSAC-BOURG

10 - 68 ⑳ G. Berry Limousin

Paris 335 - Aubusson 50 - La Châtre 37 - Guéret 44 - Montluçon 33 - St-Amand-Montrond 54

23600 Creuse - 899 h. alt. 423.
Office de Tourisme, pl. de l'Hôtel de Ville
✆ 05 55 65 05 95, Fax 05 55 65 05 28

Le Château de Poinsouze M « Agréable domaine, parc boisé », ✆ 05 55 65 02 21, Fax 05 55 65 86 49, NO : 3,8 km, accès par D 917, rte de la Châtre, bord d'un étang - dans locations et juil.-août sur le camping
150 ha/22 campables (102 empl.) plat, peu incliné, herbeux, bois attenant - toboggan aquatique - Location :
mai-20 sept. - **R** *conseillée* - GB - *élect. (6A) et piscine comprises 2 pers. 140, pers. suppl. 25* *15 (10A)*

BOUT-DU-LAC 74 H.-Savoie - 74 ⑯ - voir à Annecy (Lac d')

BOUZIGUES

15 - 83 ⑯

Paris 755 - Agde 25 - Béziers 49 - Montpellier 29 - Pézenas 24 - Sète 13

34140 Hérault - 907 h. alt. 3

Lou Labech ✆ 04 67 78 30 38, à 0,7 km à l'Est du bourg, chemin du stade, à 100 m du bassin de Thau
0,6 ha (45 empl.) peu incliné, en terrasses, pierreux, herbeux - A proximité :
15 juin-5 sept. - **R** *conseillée* - *2 pers. 108, 3 pers. 122, 4 pers. 132, pers. suppl. 15* *14 (5A)*

BRAIN-SUR-L'AUTHION

5 - 64 ⑪

Paris 293 - Angers 14 - Baugé 28 - Doué-la-Fontaine 38 - Longué 29 - Saumur 38

49800 M.-et-L. - 2 622 h. alt. 22

Municipal Caroline, ✆ 02 41 80 42 18, sortie Sud par D 113 rte de la Bohalle, à 100 m de l'Authion
3,5 ha (125 empl.) plat, herbeux - A proximité :
15 mars-oct. - **R** - *12* *9* *10* *14 (6A)*

BRAIZE

11 - 69 ⑫

Paris 303 - Dun-sur-Auron 29 - Cérilly 18 - Culan 33 - Montluçon 39

03360 Allier - 254 h. alt. 240

Champ de la Chapelle « Situation agréable en forêt », ✆ 04 70 06 15 45, S : 5,7 km par D 28 rte de Meaulnes et D 978A à gauche, rte de Tronçais puis 1 km par chemin empierré, à gauche
5,6 ha (80 empl.) plat et peu incliné, accidenté, herbeux (bassin) - A proximité : - Location :
mai-15 sept. - **R** *conseillée juil.-août* - *1 pers. 46* *16 (16A)*

BRANTÔME

10 - 75 ⑤ G. Périgord Quercy

Paris 475 - Angoulême 58 - Limoges 86 - Nontron 23 - Périgueux 26 - Ribérac 37 - Thiviers 26

24310 Dordogne - 2 080 h. alt. 104.
Syndicat d'Initiative, Pavillon Renaissance
✆ 05 53 05 80 52, Fax 05 53 05 73 19

Municipal, ✆ 05 53 05 75 24, E : 1 km par D 78, rte de Thiviers, bord de la Dronne
4 ha (170 empl.) plat, herbeux
mai-sept. - **R** - *Tarif 97 :* *14* *13* *10 (6A)*

BRASSAC

15 - 83 ② G. Gorges du Tarn

Paris 735 - Albi 67 - Anglès 16 - Castres 25 - Lacaune 21 - Vabre 15

81260 Tarn - 1 539 h. alt. 487

Municipal de la Lande ✆ 05 63 74 09 11, sortie Sud-Ouest vers Castres et à droite après le pont, près de l'Agout et au bord d'un ruisseau - Pour caravanes, faire demi-tour au rond-point
0,6 ha (50 empl.) plat, herbeux
avril-oct. - **R** *conseillée juil.-août* - *9* *4* *8*

BRAUCOURT

7 - 61 ⑨

Paris 214 - Bar-sur-Aube 38 - Brienne-le-Château 28 - Châlons-en-Champagne 65 - Joinville 32 - St-Dizier 17

52 H.-Marne
✉ 52290 Eclaron-Braucourt

Presqu'île de Champaubert « Situation agréable au bord du lac du Der-Chantecoq », ✆ 03 25 04 13 20, Fax 03 25 94 33 51, NO : 3 km par D 153
3,5 ha (195 empl.) plat et peu incliné, herbeux - A proximité :
avril-15 oct. - **R** *conseillée* - *24* *18* *24* *20 (10A)*

BRAY-DUNES

1 - 51 ④ G. Flandres Artois Picardie

Paris 295 - Calais 61 - Dunkerque 18 - Hazebrouck 46 - Lille 76 - St-Omer 60 - Veurne 14

59123 Nord - 4 755 h. alt. 3.
Office de Tourisme, pl. J.-Rubben
03 28 26 61 09, Fax 03 28 26 64 09

Le Perroquet, 03 28 58 37 37, Fax 03 28 58 37 01, NE : 3 km par rte de la Panne, avant la douane française, bord de plage
28 ha (856 empl.) plat et accidenté, dunes - arbalette, practice de golf, terrain omnisports
avril-4 oct. - Location longue durée - *Places limitées pour le passage* - **R** - - *30 tennis compris 10 10/15 20 (4A) 26 (10A)*

BRÉCEY

4 - 59 ⑧

Paris 324 - Avranches 17 - Granville 42 - St-Hilaire-du-Harcouët 20 - St-Lô 49 - Villedieu-les-Poêles 15 - Vire 29

50370 Manche - 2 029 h. alt. 75

Municipal le Pont Roulland, 02 33 48 60 60, E : 1,1 km par D 911 rte de Cuves, près d'un plan d'eau
1 ha (50 empl.) plat et peu incliné, herbeux - - - A proximité :
juin-sept. - **R** - *15 piscine comprise 14 12*

La BRÉE-LES-BAINS 17 Char.-Mar. - 71 ⑬ - voir à Oléron (Ile d')

BREIL-SUR-ROYA

17 - 84 ⑳ G. Côte d'Azur

Paris 913 - Menton 35 - Nice 61 - Tende 20 - Ventimiglia 25

06540 Alpes-Mar. - 2 058 h. alt. 280

Azur et Merveilles 04 93 04 46 66, sortie Nord rte de Tende et à droite, à la piscine municipale, bord du Roya
1,5 ha (75 empl.) plat, pierreux, herbeux - - - A proximité : - Location :
Permanent - Location longue durée - *Places disponibles pour le passage* - **R** *conseillée juil.-août* - - *24 piscine comprise 12 16/35 14 (5A)*

BREM-SUR-MER

9 - 67 ⑫

Paris 466 - Aizenay 26 - Challans 29 - La Roche-sur-Yon 33 - Les Sables-d'Olonne 16

85470 Vendée - 1 709 h. alt. 13

Le Chaponnet M 02 51 90 55 56, Fax 02 51 90 91 67, à l'Ouest du bourg
6 ha (340 empl.) plat, herbeux (2 ha) - snack - toboggan aquatique - Location :
avril-15 sept. - **R** *conseillée juil.-août* - GB - - *élect. (6A) et piscine comprises 3 pers. 150*

Le Brandais 02 51 90 55 87, Fax 02 51 20 12 74, sortie Nord-Ouest par D 38 et rte à gauche
2 ha (175 empl.) (juil.-août) plat et peu incliné, herbeux - - - A proximité :
mai-sept. - **R** *conseillée* - - *piscine comprise 2 pers. 82 16 (4A)*

L'Océan 02 51 90 59 16, O : 1 km
4 ha (210 empl.) plat, herbeux - snack -
juin-15 sept. - - *élect. (6A) comprise 2 pers. 80*

BRENGUES

15 - 79 ⑨ G. Périgord Quercy

Paris 566 - Cajarc 15 - Cahors 54 - Figeac 20 - Livernon 10

46320 Lot - 159 h. alt. 135

Le Moulin Vieux 05 65 40 00 41, Fax 05 65 40 05 65, N : 1,5 km par D 41, rte de Figeac, bord du Célé
3 ha (81 empl.) plat, herbeux, pierreux (1 ha) - - - Location :
mai-sept. - **R** *conseillée juil.-août* - GB - - *24 piscine comprise 25 15 (10A)*

La BRESSE

8 - 62 ⑰ G. Alsace Lorraine

Paris 441 - Colmar 54 - Épinal 57 - Gérardmer 14 - Remiremont 31 - Thann 39 - Le Thillot 20

88250 Vosges - 5 191 h. alt. 636 - Sports d'hiver : : 900/1 350 m 27
Office de Tourisme, 2a r. des Proyes
03 29 25 41 29, Fax 03 29 25 64 61

Municipal le Haut des Bluches 03 29 25 64 80, E : 3,2 km par D 34, rte du Col de la Schlucht et à droite chemin des Planches, bord de la Moselotte - alt. 708
4 ha (144 empl.) en terrasses, herbeux, pierreux, rochers - - - A proximité : parcours sportif - Location :
Permanent - **R** *conseillée fév., juil.-août* - GB - - *Tarif 97 : 2 pers. 60, pers. suppl. 15 8 (4A) 16 (8A) 24 (13A)*

Belle Hutte « Dans un site agréable », 03 29 25 49 75, Fax 03 29 25 52 63, NE : 9 km par D 34 rte du col de la Schlucht, bord de la Moselotte - alt. 900
3,2 ha (100 empl.) en terrasses, pierreux, herbeux - - (bassin) - A proximité :
Permanent - **R** *été, conseillée hiver* - GB - - *16 (hiver 22) 8,50 (hiver 9,50) 10/11 (hiver 12) 2A : 8 (hiver 10) 5A : 18 (hiver 22) 10A : 32 (hiver 40)*

BREST

3 - 58 ④ G. Bretagne

Paris 595 - Lorient 133 - Quimper 71 - Rennes 245 - St-Brieuc 144

29200 Finistère - 147 956 h. alt. 35.

Office de Tourisme, 1 pl. Liberté 02 98 44 24 96, Fax 02 98 44 53 73

Le Goulet, 02 98 45 86 84, O : 6 km par D 789 rte du Conquet puis à gauche rte de Ste-Anne-du-Portzic, au lieu-dit Lanhouarnec - dans locations
3 ha (100 empl.) en terrasses, herbeux, gravier - - Location :
Permanent - Location longue durée - *Places limitées pour le passage* - **R** *conseillée - - 17 6 20 9 (3A) 13 (6A) 18 (10A)*

BRETENOUX

10 - 75 ⑲ G. Périgord Quercy

Paris 526 - Brive-la-Gaillarde 44 - Cahors 81 - Figeac 47 - Sarlat-la-Canéda 66 - Tulle 49

46130 Lot - 1 211 h. alt. 136.

Office de Tourisme, av. Libération 05 65 38 59 53, Fax 05 65 39 72 14

La Bourgnatelle « Situation agréable au bord de la Cère », 05 65 38 44 07, sortie Nord-Ouest, à gauche après le pont
2,3 ha (135 empl.) plat, herbeux - - - A proximité :
mai-15 sept. - **R** *conseillée juil.-août* - GB - - *20 20,50 14 (5 à 16A)*

BRÉTIGNOLLES-SUR-MER

9 - 67 ⑫

Paris 465 - Challans 30 - La Roche-sur-Yon 36 - Les Sables-d'Olonne 19

85470 Vendée - 2 165 h. alt. 14.

Office de Tourisme, bd du Nord, 02 51 90 12 78, Fax 02 51 22 40 72

Les Dunes, 02 51 90 55 32, Fax 02 51 90 54 85, S : 2,5 km par D 38 et rte à droite, accès direct à la plage
12 ha (760 empl.) plat, sablonneux (3 ha) - crêperie garderie - toboggan aquatique - A proximité : - Location :
avril-oct. - Location longue durée - *Quelques places disponibles pour le passage* - **R** *conseillée juil.-août* - GB - - *26 piscine comprise 125 avec élect. (10A)*

Les Vagues, 02 51 90 19 48, Fax 02 40 02 49 88, au Nord du bourg, sur D 38 vers St-Gilles-Croix-de-Vie - dans locations
4,5 ha (281 empl.) plat, peu incliné, herbeux - - toboggan aquatique - Location :
avril-oct. - **R** *conseillée* - GB - - *piscine comprise 3 pers. 112 16 (4 à 6A)*

La Trevillière, 02 51 90 09 65, sortie Nord par la rte du stade et à gauche par rue de Bellevue
3 ha (180 empl.) plat, peu incliné, herbeux (1 ha) - - toboggan aquatique
mai-15 sept. - **R** *conseillée 15 juil.-15 août* - GB - - *piscine comprise 2 pers. 120 20 (6 à 10A)*

La Motine « Cadre agréable », 02 51 90 04 42, Fax 02 51 33 80 52, par av. de la Plage et à droite, r. des Morinières
1,8 ha (89 empl.) peu incliné, herbeux - crêperie - A proximité :
avril-sept. - **R** *conseillée juil.-août* - - *Tarif 97 : 17 64/85 avec élect.*

Le Marina, 02 51 33 83 17, NO : 1,6 km par D 38, rte de St-Gilles-Croix-de-Vie
2,7 ha (131 empl.) (saison) plat, herbeux - - - A proximité : - Location :
avril-sept. - **R** *conseillée juil., indispensable août* - - *piscine comprise 2 pers. 72 15 (6A) 21 (10A)*

Au Bon Accueil, 02 51 90 15 92, NO : 1,2 km par D 38 rte de St-Gilles-Croix-de-Vie
3 ha (146 empl.) plat, peu incliné, herbeux - - - Location :
mai-15 sept. - **R** *conseillée* - - *piscine comprise 2 pers. 78 15 (6A)*

L'Eden, 02 51 90 16 43, Fax 02 51 33 86 75, av. de la Plage
1,4 ha (73 empl.) plat, herbeux - - A proximité :
Pâques-15 nov. - **R** *indispensable juil.-août* - - *élect. comprise 2 pers. 120*

BREUILLET

9 - 71 ⑮

Paris 503 - Rochefort 36 - La Rochelle 74 - Royan 9 - Saintes 36

17920 Char.-Mar. - 1 863 h. alt. 28

Le Relax, 05 46 22 75 11, SO : 2,3 km par D 140 et rte à droite, à Taupignac
1,9 ha (100 empl.) plat, herbeux (0,9 ha) - -
mai-20 sept. - **R** *conseillée* - - *piscine comprise 2 pers. 68 15 (3A) 20 (5A) 22 (6A)*

▶ *Informieren Sie sich über die gültigen Gebühren, bevor Sie Ihren Platz beziehen. Die Gebührensätze müssen am Eingang des Campingplatzes angeschlagen sein. Erkundigen Sie sich auch nach den Sonderleistungen. Die im vorliegenden Band gemachten Angaben können sich seit der Überarbeitung geändert haben.*

BRÉVILLE-SUR-MER 50 Manche – 59 ⑦ – rattaché à Granville

BRIANÇON
12 – 77 ⑱ G. Alpes du Sud

Paris 682 – Digne-les-Bains 145 – Gap 90 – Grenoble 118 – Nice 218 – Torino 115

05100 H.-Alpes – 11 041 h. alt. 1 321 – Sports d'hiver : 1 200/2 800 m 2 7.

Office de Tourisme, pl. du Temple 04 92 21 08 50, Fax 04 92 20 56 45 Annexe (juil.et août) Central Parc

à Chantemerle NO : 6 km par N 91 – alt. 1 350 – 05330 St-Chaffrey :

Office de Tourisme 04 92 24 09 46, Fax 04 92 24 12 11

Caravaneige Serre-Chevalier « Cadre et site agréables », 04 92 24 01 14, Fax 04 92 24 18 62, sortie Nord-Ouest, près de la N 91, bord de la Guisane
3 ha (170 empl.) plat, herbeux, pierreux, étang – pizzeria – – A proximité : patinoire
20 déc.-20 avril, 15 juin-8 sept. – R – GB – – *piscine comprise 2 pers. 112 (hiver : 3 pers. 130) 16 (2 ou 3A) 20 (5A) - hiver : 20 (2 ou 3A) 38 (5A) 50 (10A)*

BRIENON-SUR-ARMANÇON
6 – 61 ⑮

Paris 161 – Auxerre 31 – Joigny 18 – Sens 42 – Troyes 58

89210 Yonne – 3 088 h. alt. 97.

Syndicat d'Initiative, 9 pl. Emile-Blondeau 03 86 43 00 07

Municipal les Graviers, 03 86 43 00 67, S : 1 km par rte d'Auxerre, au carrefour D 84 et D 80, à 60 m de l'Armançon
1 ha (40 empl.) plat, herbeux – – – A proximité :
mai-sept. – R *conseillée juil.-août – Tarif 97 : 12 8 7 13 (10A)*

BRIGNOGAN-PLAGES
3 – 58 ④ G. Bretagne

Paris 585 – Brest 35 – Carhaix-Plouguer 84 – Landerneau 26 – Morlaix 48 – St-Pol-de-Léon 30

29890 Finistère – 836 h. alt. 17.

Office de Tourisme r. de l'Église 02 98 83 41 08

Les Nymphéas, 02 98 83 52 57, sortie Sud par D 770 rte de Lesneven
1,2 ha (52 empl.) plat, herbeux – – (bassin) – Location :
29 juin-15 sept. – R *conseillée – – 16 9 20 12 (3A) 14 (6A)*

BRIOUDE
11 – 76 ⑤ G. Auvergne

Paris 484 – Aurillac 110 – Clermont-Ferrand 70 – Issoire 33 – Le Puy-en-Velay 61 – St-Flour 52

43100 H.-Loire – 7 285 h. alt. 427.

Office de Tourisme, pl. Champanne 04 71 74 97 49, Fax 04 71 74 97 87

Intercommunal de la Bageasse, 04 71 50 07 70, sortie Sud-Est par N 102, rte du Puy-en-Velay puis 1,5 km par rue à gauche et avenue de la Bageasse, à droite, près de l'Allier (plan d'eau)
2 ha (85 empl.) plat et en terrasses, herbeux – – – A proximité : – Location : huttes
juin-sept. – R *juil.-août – – 2 pers. 40 14 (6A)*

BRISON-ST-INNOCENT 73 Savoie – 74 ⑮ – rattaché à Aix-les-Bains

BRISSAC
15 – 80 ⑯ G. Gorges du Tarn

Paris 735 – Ganges 7 – Montpellier 44 – St-Hippolyte-du-Fort 20 – St-Martin-de-Londres 18 – Le Vigan 25

34190 Hérault – 365 h. alt. 145

Le Val d'Hérault , 04 67 73 72 29, Fax 04 67 73 30 81, S : 4 km par D 4 rte de Causse-de-la-Selle, à 250 m de l'Hérault (accès direct)
3,4 ha (135 empl.) peu incliné et en terrasses, pierreux – snack – – A proximité : (plage) – Location :
15 mars-sept. – R *conseillée juil.-août – GB – – 17 46 17 (5 ou 6A)*

BRISSAC-QUINCÉ
5 – 64 ⑪

Paris 307 – Angers 18 – Cholet 57 – Doué-la-Fontaine 22 – Saumur 38

49320 M.-et-L. – 2 275 h. alt. 65.

Office de Tourisme (mai-sept.), 8 pl. de la République 02 41 91 21 50

Domaine de l'Étang , 02 41 91 70 61, Fax 02 41 91 72 65, NE : 2,1 km par D 55, rte de St-Mathurin et rte à droite, bord de l'Aubance et près d'un étang
2,5 ha (50 empl.) (juil.-août) plat, herbeux – – – A proximité : toboggan aquatique – Location :
15 mai-15 sept. – R *conseillée 15 juil.-20 août – GB – – 26 62 17*

BROMONT-LAMOTHE
11 – 73 ⑬

Paris 439 – Châtelguyon 32 – Clermont-Ferrand 27 – Pontaumur 15 – Rochefort-Montagne 21

63230 P.-de-D. – 779 h. alt. 750

Municipal Préguda, sortie Ouest par D 941 rte de Pontaumur, bord d'un étang
1 ha (45 empl.) plat et peu incliné, herbeux – – A proximité :
mai-sept. – R – – *10 10 10 10 (10A)*

BROONS

4 – 59 ⑮

Paris 404 – Dinan 25 – Josselin 54 – Lamballe 31 – Loudéac 50 – St-Brieuc 68

22250 C.-d'Armor – 2 327 h. alt. 97

Municipal la Planchette, sortie Sud par D 19, rte de Plumaugat, à la piscine
0,6 ha (34 empl.) plat et peu incliné, herbeux – – –
A proximité :

BROU

5 – 60 ⑯ G. Châteaux de la Loire

Paris 127 – Chartres 38 – Châteaudun 22 – Le Mans 82 – Nogent-le-Rotrou 32

28160 E.-et-L. – 3 803 h. alt. 150.
Office de Tourisme (Pâques-fin oct.), r. de la Chevalerie ✆ 02 37 47 01 12 (hors saison) à la Mairie ✆ 02 37 47 07 85, Fax 02 37 47 03 90

Parc de Loisirs ≤ « Décoration florale et arbustive », ✆ 02 37 47 02 17, O : 1,5 km par D 13, rte d'Authon-du-Perche, à la Base de Plein Air
63 ha/5 campables (242 empl.) plat, herbeux – – (plage) toboggan aquatique swin-golf – A proximité :
16 fév.-14 déc. – Location longue durée – *Places limitées pour le passage* – **R** *conseillée* – – *20 piscine comprise* *25* *20 (5A) 35 (10A)*

BROUSSES-ET-VILLARET

15 – 83 ⑪

Paris 788 – Carcassonne 20 – Castelnaudary 36 – Foix 88 – Mazamet 28 – Revel 31

11390 Aude – 254 h. alt. 412

Le Martinet-Rouge , ✆ 04 68 26 51 98, S : 0,5 km par D 203 et chemin à droite, à 200 m de la Dure
2 ha (35 empl.) plat et peu accidenté, herbeux, pierreux, rochers – – – A proximité : – Location :
avril-oct. – **R** – – *piscine comprise 2 pers. 60* *15 (6A)*

BRUGES

13 – 85 ⑦ G. Pyrénées Aquitaine

Paris 808 – Arudy 17 – Lourdes 27 – Oloron-Ste-Marie 32 – Pau 32

64 Pyr.-Atl. – 833 h. alt. 343
✉ 64800 Bruges-Capbis-Mifaget

Landistou ≤, ✆ 05 59 71 06 98, sortie Sud-Ouest par D 35, rte de Louvie-Juzon, bord de la rivière et d'un étang
2 ha (25 empl.) plat, herbeux – – (bassin) – Location : gîte d'étape
fermé 2 janv.-14 fév. – **R** *conseillée juil.-août* – – *16* *17* *15 (3A) 20 (6A) 28 (10A)*

BRÛLON

5 – 60 ⑫

Paris 234 – Laval 53 – Le Mans 40 – Sablé-sur-Sarthe 16 – Sillé-le-Guillaume 26

72350 Sarthe – 1 296 h. alt. 102

Brulon le Lac ≤ « Agréable situation », ✆ 02 43 95 68 96, Fax 02 43 92 60 36, à 1 km au Sud-Est du bourg, bord d'un plan d'eau
3 ha (53 empl.) plat, herbeux – – – A proximité :
mai-sept. – **R** *juil.-août* – – *piscine comprise 2 pers. 70, pers. suppl. 15* *15 (6A)*

BRUNELLES

5 – 60 ⑮ ⑯

Paris 153 – Brou 31 – Chartres 54 – La Ferté-Bernard 28 – Nogent-le-Rotrou 7

28400 E.-et-L. – 468 h. alt. 203

Le Bois Jahan ≤, ✆ 02 37 52 14 73, E : 2,5 km par D 110 et chemin, sur D 351-7
2 ha (60 empl.) en terrasses, peu incliné, herbeux, bois attenant (5 ha) – –
mars-23 déc. – Location longue durée – *Places disponibles pour le passage* – – – *15* *13/15* *15 (6A)*

BRUSQUE

15 – 80 ⑭

Paris 703 – Albi 90 – Béziers 75 – Lacaune 32 – Lodève 50 – Rodez 107 – St-Affrique 35

12360 Aveyron – 422 h. alt. 465

Val le Ceras ≤ « Agréable situation », ✆ 05 65 49 50 66, Fax 05 65 49 57 17, S : 1,5 km par D 92, rte d'Arnac, bord du Dourdou et d'un petit plan d'eau
1 ha (40 empl.) plat et peu incliné, herbeux, gravier (0,5 ha) – – – Au Village Vacances :
27 juin-29 août – **R** *conseillée* – *Adhésion obligatoire pour séjour supérieur à une nuit* – GB – – *tennis compris 4 pers. 124* *15*

Le BUGUE

13 – 75 ⑯ G. Périgord Quercy

Paris 523 – Bergerac 47 – Brive-la-Gaillarde 73 – Cahors 84 – Périgueux 42 – Sarlat-la-Canéda 32

24260 Dordogne – 2 764 h. alt. 62

La Linotte ≤, ✆ 05 53 07 17 61, Fax 05 53 54 16 96, NE : 3,5 km par D 710, rte de Périgueux, D 32E à droite, rte de Rouffignac et chemin – dans locations
13 ha/2 campables (80 empl.) en terrasses, plat et peu incliné, herbeux (0,5 ha) – – – Location : bungalows toilés
Pâques-sept. – **R** *conseillée* – – *26 piscine comprise* *35* *14 (6A)*

BUIS-LES-BARONNIES

16 - 81 ③ G. Alpes du Sud

Paris 687 - Carpentras 40 - Nyons 29 - Orange 49 - Sault 36 - Sisteron 71 - Valence 129

26170 Drôme - 2 030 h. alt. 365

Les Éphélides ⋖, ✆ 04 75 28 10 15, Fax 04 75 28 13 04, SO : 1,4 km par av. de Rieuchaud, bord de l'Ouvèze
2 ha (70 empl.) plat, herbeux, pierreux - snack - - A proximité : - Location : , bungalows toilés
15 avril-sept. - **R** *conseillée juil.-août* - GB - - *18 piscine comprise 13 26 14 (3A) 17 (6A)*

Municipal du Jalinier ⋖, ✆ 04 75 28 04 96, au Nord-Est du bourg vers rte de Séderon, près de la piscine et à 50 m de l'Ouvèze
1,2 ha (100 empl.) plat, herbeux, gravier - - A l'entrée :
mars-12 nov. - **R** - *14 10 10 18 (20A)*

à Bénivay-Ollon O : 9 km par D 5, D 147 et D 347 - 74 h. alt. 450
✉ 26170 Benivay-Ollon :

L'Écluse ⋖, ✆ 04 75 28 07 32, S : 1 km sur D 347, bord d'un ruisseau
2 ha (45 empl.) plat, pierreux, herbeux - - toboggan aquatique - Location :
4 avril-20 sept. - **R** *conseillée juil.-août* - - *22 piscine comprise 35 14 (6A)*

Le BUISSON-CUSSAC

13 - 75 ⑯

Paris 533 - Bergerac 38 - Périgueux 52 - Sarlat-la-Canéda 35 - Villefranche-du-Périgord 34

24 Dordogne - 2 003 h. alt. 63
✉ 24480 le Buisson-de-Cadouin

Domaine de Fromengal , ✆ 05 53 63 11 55, SO : 6,5 km par D 29, rte de Lalinde, D 2 à gauche, rte de Cadouin et chemin à droite
22 ha/3 campables (54 empl.) en terrasses, herbeux, bois attenant - - - Location :
avril-2 nov. - **R** *conseillée 10 juil.-20 août* - - *26 piscine comprise 42 13 (5A)*

Du Pont de Vicq, ✆ 05 53 22 01 73, Fax 05 53 22 06 70, N : 0,8 km par D 51E rte du Bugue, à droite avant le pont de Vicq, bord de la Dordogne
5,5 ha (130 empl.) (juil.-août) plat, herbeux (1,5 ha) - -
15 avril-sept. - **R** *conseillée saison* - GB - - *24 16 15 (6A)*

BUJALEUF

10 - 72 ⑲ G. Berry Limousin

Paris 424 - Bourganeuf 29 - Eymoutiers 13 - Limoges 35 - St-Léonard-de-Noblat 15

87460 H.-Vienne - 999 h. alt. 380.
Office de Tourisme,
✆ 05 55 69 54 54 Mairie
✆ 05 55 69 50 06, Fax 05 55 69 56 06

Municipal du Lac ⋖ « Belles terrasses dominant le lac », N : 1 km par D 16 et rte à gauche, près du lac
2 ha (110 empl.) en terrasses, herbeux - - A proximité : snack (plage)
15 mai-sept. - **R** - - *Tarif 97 : 2 pers 45, pers. suppl. 10 11*

BULGNÉVILLE

7 - 62 ⑭ G. Alsace Lorraine

Paris 330 - Contrexéville 7 - Épinal 54 - Neufchâteau 21 - Vittel 85

88140 Vosges - 1 260 h. alt. 350

Porte des Vosges, ✆ 03 29 09 12 00, Fax 03 29 09 15 71, SE : 1,3 km par D 164, rte de Contrexéville et D 14, rte de Suriauville à droite
2,5 ha (66 empl.) peu incliné, plat, herbeux, gravier et gravillons (0,3 ha) -
15 mai-15 sept. - **R** - GB - - *19 10 15/22 16 (6A)*

BUNUS

13 - 85 ④

Paris 808 - Bayonne 61 - Hasparren 41 - Mauléon-Licharre 21 - St-Jean-Pied-de-Port 22 - St-Palais 21

64120 Pyr.-Atl. - 151 h. alt. 186

Inxauseta ⋖, ✆ 05 59 37 81 49, au bourg, près de l'église
0,8 ha (40 empl.) peu incliné, terrasses, herbeux - -
juil.-août - **R** - - *18 18 12 (5A)*

BURNHAUPT-LE-HAUT

8 - 87 ⑲

Paris 455 - Altkirch 16 - Belfort 27 - Mulhouse 18 - Thann 11

68520 H.-Rhin - 1 426 h. alt. 300

Les Castors , ✆ 03 89 48 78 58, NO : 2,5 km par D 466, rte de Guewenheim, bord de la Doller et d'un étang
2,5 ha (135 empl.) plat, herbeux - - -
avril-sept. - **R** *conseillée juil.-août* - GB - - *18 18 15 (3A) 20 (5A)*

BUSSANG

8 - 66 ⑧ G. Alsace Lorraine

Paris 444 - Belfort 44 - Épinal 60 - Gérardmer 39 - Mulhouse 47 - Thann 27

88540 Vosges - 1 809 h. alt. 605.
Office de Tourisme, 7 r. d'Alsace
✆ 03 29 61 50 37, Fax 03 29 61 58 20

Domaine de Champé ⋖, ✆ 03 29 61 61 51, Fax 03 29 61 56 90, au Nord-Est de la localité, accès par rte à gauche de l'église, bord de la Moselle et d'un ruisseau
3 ha (75 empl.) plat, herbeux - - -
Permanent - **R** *conseillée été* - GB - - *16 piscine et tennis compris 16 14 (5A) 16 (10A)*

BUSSIÈRE-DUNOISE
10 - 72 ⑨

Paris 339 - Aigurande 25 - Le Grand-Bourg 20 - Guéret 19 - La Souterraine 28

23320 Creuse - 1 139 h. alt. 450

▲ **Municipal de la Vergne** ⊱ <, ✆ 05 55 81 68 90, S : 1,5 km par D 47, rte de Guéret et chemin à gauche, près d'un plan d'eau
1 ha (40 empl.) plat, herbeux ▭ ♀♀ (0,5 ha) - ⋒ ⇔ ⊔ ☺ - A proximité : ≋ (plage)
juil.-août - **R** *conseillée 14 juil.-15 août - Tarif 97 : ✦ 11 ⇔ 8 ▣ 7 ⚡ 10*

BUSSIÈRE-GALANT
10 - 72 ⑯

Paris 425 - Aixe-sur-Vienne 25 - Châlus 6 - Limoges 36 - Nontron 39 - St-Yrieix-la-Perche 21

87230 H.-Vienne - 1 329 h. alt. 410

▲ **Municipal les Ribières** ⊱ <, ✆ 05 55 78 86 47, SO : 1,7 km par D 20, rte de la Coquille et chemin à droite, au stade
1 ha (25 empl.) ⊶ en terrasses, herbeux ▭ - ⋒ ⇔ ⊔ ♿ ☺ ⩓ - ✂ ≋ (plage) parcours sportif, vélo sur rail - A proximité : ⚑
15 juin-15 sept. - **R** - ♂ - ▣ *élect. comprise 2 pers. 48, pers. suppl. 12*

BUZANÇAIS
10 - 68 ⑦

Paris 279 - Le Blanc 46 - Châteauroux 24 - Châtellerault 78 - Tours 91

36500 Indre - 4 749 h. alt. 111

▲▲ **Municipal la Tête Noire** ⊱, ✆ 02 54 84 17 27, au Nord-Ouest de la ville par la r. des Ponts, bord de l'Indre
2,5 ha (134 empl.) ⊶ plat, herbeux ♀ - ⋒ ⇔ ⊔ ⊡ ☺ - ⌂ - A proximité : ✂ ⛱
juin-sept. - **R** *conseillée juil.-août* - ♂ - *Tarif 97 : ✦ 9,50 ▣ 8 ⚡ 9,50 (6A) 12,50 (10A)*

Le CABELLOU **29** Finistère - 58 ⑮ - rattaché à Concarneau

CADENET
16 - 81 ⑭ G. Provence

Paris 731 - Aix-en-Provence 28 - Apt 23 - Avignon 58 - Digne-les-Bains 107 - Manosque 47 - Salon-de-Provence 34

84160 Vaucluse - 3 232 h. alt. 170.
ℹ Syndicat d'initiative, pl. du Tambour d'Arcole
✆ 04 90 68 38 21, Fax 04 90 68 38 21

▲▲ **Val de Durance** ⊱ <, ✆ 04 90 68 37 75, Fax 04 90 68 16 34, SO : 2,7 km par D 943 rte d'Aix, D 59 à droite et chemin à gauche, bord d'un plan d'eau et à 300 m de la Durance
10 ha/2,4 campables (232 empl.) ⊶ plat, herbeux, pierreux ▭ ♀ - ⋒ ⇔ ⊔ ⊡ ♿ ☺ ⩓ ⩔ ▣ ⛱ ⛾ - ⌂ 🚲 ⛾ ≋ (bassin et plan d'eau) - Location : ▭, tentes, bungalows toilés
3 avril-11 oct. - **R** *conseillée* - GB - ♂ - *✦ 27 ▣ 39 ⚡ 18 (4A) 25 (10A)*

CADEUIL
9 - 71 ⑭

Paris 489 - Marennes 17 - Rochefort 24 - La Rochelle 62 - Royan 20 - Saintes 22

17250 Char.-Mar.

▲ **Lac le Grand Bleu,** ✆ 05 46 22 90 99 ✉ 17250 Ste-Gemme, au Nord-Est du hameau, par D 733, rte de Rochefort et chemin à droite, bord d'un étang
12 ha/2 campables (100 empl.) plat et peu incliné, herbeux ▭ ♀♀ (1 ha) - ⋒ ⇔ ⊔ ☺ ▣ - A l'entrée : ⛾ ≋ (plage) snack - Location : ▭ ▭
avril-sept. - **R** *conseillée* - GB - ♂ - ▣ *2 ou 3 pers. 60 ⚡ 17 (5A)*

La CADIÈRE-D'AZUR
17 - 84 ⑭ G. Côte d'Azur

Paris 815 - Aix-en-Provence 63 - Brignoles 53 - Marseille 44 - Toulon 21

83740 Var - 3 139 h. alt. 144.
ℹ Office de Tourisme (saison), Rond-Point R. Salengro
✆ 04 94 90 12 56

▲▲▲ **La Malissonne** <, ✆ 04 94 90 10 60, Fax 04 94 90 14 11, NO : 1,8 km sur D 66, rte de la Ciotat - Accès conseillé par St-Cyr-sur-Mer - Croisement difficile pour caravanes
4,5 ha (200 empl.) ⊶ en terrasses, peu incliné, pierreux, herbeux ▭ ♀ - ⋒ ⊡ ♿ ☺ ⩓ ⩔ ▣ ⛱ ⚲ ✕ pizzeria ⛾ - ⌂ ✂ ⚑ ⛾ ⛱ half-court - Location : ▭ ▭
mars-15 nov. - **Location longue durée** - *Places limitées pour le passage* - **R** *conseillée* - ♂ - ▣ *piscine et tennis compris 2 pers. 95, pers. suppl. 19 ⚡ 21 (10A)*

CADOUIN
13 - 75 ⑯ G. Périgord Quercy

Paris 539 - Bergerac 36 - Le Bugue 16 - Les Eyzies-de-Tayac 27 - Sarlat-la-Canéda 41 - Villeneuve-sur-Lot 57

24 Dordogne
✉ 24480 le Buisson-de-Cadouin

▲ **Municipal Panoramique,** sortie Sud par D 2, rte de St-Avit-Rivière
1 ha (33 empl.) en terrasses, herbeux ♀♀ - ⋒ ⇔ ⊔ ☺
15 juin-15 sept. - **R** *conseillée* - *✦ 15 ▣ 9 ⚡ 11*

▶ *Wilt u een stad of streek bezichtigen ?*
Raadpleed de groene Michelingidsen.

CAGNES-SUR-MER

17 - 84 ⑨ G. Côte d'Azur

Paris 916 - Antibes 10 - Cannes 20 - Grasse 24 - Nice 14 - Vence 9

06800 Alpes-Mar. - 40 902 h. alt. 20.

Office de Tourisme, 6 bd Mar.-Juin ✆ 04 93 20 61 64, Fax 04 93 20 52 63

La Rivière, ✆ 04 93 20 62 27, N : 3,5 km par r. J.-Feraud et chemin des Salles, bord de la Cagne
1 ha (90 empl.) plat, herbeux - snack - - Location *(avril-sept.)* :
Permanent - **R** *conseillée été* - GB - - *piscine comprise 2 pers. 71, pers. suppl. 15 12,50 (2A) 15,50 (4A) 18,50 (6A)*

Le Val de Cagnes, ✆ 04 93 73 36 53, N : 3,8 km par rue J-Féraud et chemin des Salles
1,1 ha (34 empl.) en terrasses, herbeux, pierreux - -
Permanent - **R** *conseillée juil.-août* - - *Tarif 97 : piscine comprise 2 pers. 77, 3 pers. 97 ou 107, pers. suppl. 16 12,50 (2A) 15 (3A) 20 (6A)*

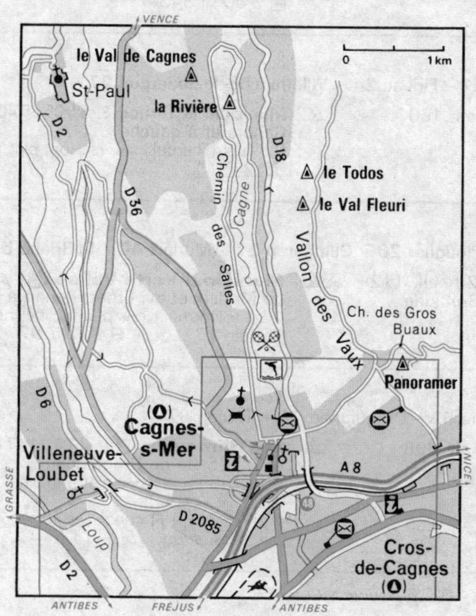

à Cros-de-Cagnes SE : 2 km - ✉ 06800 Cagnes-sur-Mer :

Syndicat d'Initiative 20 av. des Oliviers ✆ 04 93 07 67 08 (été) sur la Plage

Panoramer ≤ Baie des Anges, ✆ 04 93 31 16 15, N : 2,5 km, chemin des Gros Buaux
1,4 ha (90 empl.) en terrasses, pierreux - pizzeria -
Pâques-sept. - **R** *conseillée juil.-août* - *3 pers. 132, pers. suppl. 20 12 (2A) 14 (6A) 17 (10A)*

Le Todos, ✆ 04 93 31 20 05, Fax 04 92 12 81 66, N : 3,8 km, chemin du Vallon des Vaux
1,6 ha (68 empl.) (juil.-août) plat et terrasses, herbeux, pierreux - snack - - A proximité : - Location :
fév.-oct. - **R** *conseillée juil.-août* - GB - - *piscine comprise 4 pers. 138,50 15 (3A) 19 (5A)*

Le Val Fleuri, ✆ 04 93 31 21 74, N : 3,5 km, chemin du Vallon des Vaux
1,5 ha (93 empl.) plat, herbeux, pierreux (0,4 ha) - -
Permanent - **R** *conseillée* - GB - - *piscine comprise 2 pers. 85 à 95, pers. suppl. 20 14 (5A)*

CAHORS P

14 - 79 ⑧ G. Périgord Quercy

Paris 580 - Agen 88 - Albi 107 - Bergerac 105 - Brive-la-Gaillarde 100 - Montauban 60 - Périgueux 126

46000 Lot - 19 735 h. alt. 135.

Office de Tourisme, pl. F.-Mitterand ✆ 05 65 53 20 65, Fax 05 65 53 20 74

Rivière de Cabessut ≤, ✆ 05 65 30 06 30, Fax 05 65 23 99 46, au Nord de la localité, par D 653, rte d'Aurillac, pont Cabessut à droite puis à gauche, 1,6 km par quai Ludo-Rolles, bord du Lot
2 ha (102 empl.) plat, herbeux - -
avril-oct. - **R** *conseillée* - - *12 piscine comprise 50 12 (10A)*

CAHUZAC

15 - 86 ⑤

Paris 760 - Carcassonne 50 - Castelnaudary 24 - Foix 45 - Narbonne 109 - Pamiers 27

11420 Aude - 32 h. alt. 320

Le Lac ≤, ✆ 04 68 60 51 65, au Sud-Est du bourg, bord du plan d'eau
3 ha (25 empl.) plat, peu incliné, terrasses, herbeux -
pizzeria - - Location : - Garage pour caravanes
Pâques-fin oct. - **R** - *20* *25* *10 (3A)*

CAHUZAC-SUR-VÈRE

15 - 79 ⑲

Paris 666 - Albi 28 - Bruniquel 30 - Cordes-sur-Ciel 14 - Gaillac 11 - Montauban 59

81140 Tarn - 1 074 h. alt. 240

Municipal, ✆ 05 63 33 91 94, sortie Nord-Est par D 122, rte de Cordes, près de la Vère
1 ha (42 empl.) plat et peu incliné, herbeux - - A l'entrée :
15 juin-15 sept. - **R** *conseillée 15 juil.-15 août - Tarif 97 : 12 piscine comprise 8,50 8 (3A)*

CAJARC

15 - 79 ⑨ G. Périgord Quercy

Paris 583 - Cahors 51 - Figeac 24 - Villefranche-de-Rouergue 27

46160 Lot - 1 033 h. alt. 160

Municipal le Terriol ≤, ✆ 05 65 40 72 74, sortie Sud-Ouest par D 662, rte de Cahors et à gauche
0,8 ha (45 empl.) (saison) plat, herbeux - - A proximité :

CALLAC

8 - 58 ⑦ G. Bretagne

Paris 509 - Carhaix-Plouguer 20 - Guingamp 27 - Morlaix 40 - St-Brieuc 58

22 C.-d'Armor - 2 592 h. alt. 172
✉ 22160 Callac-de-Bretagne

Municipal Verte Vallée , ✆ 02 96 45 58 50, sortie Ouest par D 28, rte de Morlaix et av. Ernest-Renan à gauche, à 50 m d'un plan d'eau
1 ha (60 empl.) peu incliné, herbeux - -
15 juin-15 sept. - **R** - *Tarif 97 : 13 6 8 10 (16A)*

CALLAS

17 - 84 ⑦ G. Côte d'Azur

Paris 873 - Castellane 52 - Draguignan 16 - Toulon 97

83830 Var - 1 276 h. alt. 398

Les Blimouses , ✆ 04 94 47 83 41, Fax 04 94 76 77 76, S : 3 km par D 25 et D 225 rte de Draguignan
3 ha (90 empl.) plat à incliné, en terrasses, pierreux, herbeux -
 -
avril-15 oct. - **R** *conseillée juil.-août* - - *Tarif 97 : piscine comprise 2 pers. 65, pers. suppl. 15 15 (6A)*

CALVI

2B H.-Corse - 90 ⑬ - voir à Corse

CALVIAC

10 - 75 ⑳

Paris 534 - Argentat 30 - Brive-la-Gaillarde 70 - Cahors 104 - St-Céré 23 - Sousceyrac 7

46190 Lot - 230 h. alt. 627

Les 3 Sources , ✆ 05 65 33 03 01, Fax 05 65 33 06 45, N : 2,3 km par D 25, rte de Lamativie, bord de l'Escaumels
7,5 ha/3,5 campables (150 empl.) peu incliné à incliné, en terrasses, pierreux, herbeux, petit étang - -
toboggan aquatique
mai-sept. - **R** *conseillée 5 juil.-5 août - 30 piscine comprise 35*

CAMARET-SUR-MER

3 - 58 ③ G. Bretagne

Paris 593 - Brest 65 - Châteaulin 41 - Crozon 7 - Morlaix 87 - Quimper 57

29570 Finistère - 2 933 h. alt. 4.
Office de Tourisme, 15 quai Kléber
✆ 02 98 27 93 60, Fax 02 98 27 87 22

Schéma à Crozon

Lambézen ≤ Camaret, mer et côte, ✆ 02 98 27 91 41, Fax 02 98 27 93 72, NE : 3 km par D 355 et rte à droite, à 400 m de la plage
2,8 ha (123 empl.) (15 mai-15 sept.) plat et peu incliné, herbeux -
 - salle de musculation
toboggan aquatique, half-court - Location :
avril-15 sept. - **R** *conseillée juil.-août* - GB - - *27,50 piscine comprise 58 18 (5A)*

Plage de Trez Rouz ≤ Anse de Camaret, ✆ 02 98 27 93 96 ✉ 29160 Crozon, NE : 3,5 km par D 355, près de la plage
1 ha (80 empl.) peu incliné, herbeux - -
Pâques-fin sept. - **R** *conseillée juil.-août* - - *25 9 20 14 (10A)*

CAMBO-LES-BAINS

13 - 85 ③ G. Pyrénées Aquitaine

Paris 787 - Bayonne 18 - Biarritz 20 - Pau 116 - St-Jean-de-Luz 31 - St-Jean-Pied-de-Port 35 - San Sebastián 64

64250 Pyr.-Atl. - 4 128 h. alt. 67 - (mi-fév.-fin déc.).
Office de Tourisme, parc St-Joseph
✆ 05 59 29 70 25, Fax 05 59 29 90 77

Bixta-Eder M, ✆ 05 59 29 94 23, Fax 05 59 29 23 70, SO : 1,3 km par D 918, rte de St-Jean-de-Luz
1 ha (90 empl.) (saison) plat et peu incliné, herbeux, gravier -
 - - A proximité :
15 avril-15 oct. - **R** *conseillée juil.-août* - GB - - *2 pers. 74 15 (6A)*

CAMORS

3 - 63 ②

Paris 473 - Auray 25 - Lorient 36 - Pontivy 29 - Vannes 38

56330 Morbihan - 2 375 h. alt. 113

Municipal du Petit Bois, ✆ 02 97 39 18 36, O : 1,1 km par D 189, rte de Lambel-Camors
1 ha (30 empl.) peu incliné, en terrasses, plat, forêt et étangs attenants - A proximité : parcours sportif
15 juin-15 sept. - **R** *conseillée 15 juil.-15 août - 12 - 8 8 11,50 (6A)*

CAMPAGNE

13 - 75 ⑯ G. Périgord Quercy

Paris 523 - Bergerac 51 - Belvès 18 - Les Eyzies-de-Tayac 7 - Sarlat-la-Canéda 28

24260 Dordogne - 281 h. alt. 60

Municipal le Val de la Marquise, ✆ 05 53 54 74 10, E : 0,5 km par D 35, rte de St-Cyprien, bord d'un étang
2,6 ha (104 empl.) plat et en terrasses, herbeux -
15 juin-15 sept. - **R** *conseillée - 15 20 10*

CAMPAGNE-SUR-AUDE

15 - 86 ⑦

Paris 810 - Ax-les-Thermes 60 - Carcassonne 46 - Foix 65 - Quillan 6

11260 Aude - 641 h. alt. 251

Petit Paradis, ✆ 04 68 74 32 02, NE : 1,2 km par D 118, rte de Limoux et chemin à droite, à Campagne-les-Bains
22 ha/2,5 campables (30 empl.) en terrasses, plat, herbeux, forêt - (bassin) - Location :
Permanent - **R** *conseillée été - piscine comprise 5 pers. 70 (90 avec élect.), pers. suppl. 10*

Le CAMP-DU-CASTELLET

17 - 84 ⑭

Paris 807 - Aubagne 19 - Bandol 17 - La Ciotat 17 - Marseille 36 - Toulon 29

83 Var - ✉ 83330 le Beausset

Les Grands Pins, ✆ 04 94 90 71 44, Fax 04 94 32 60 11, SE : 0,6 km par D 26, rte du Brulat
4,5 ha (200 empl.) plat, pierreux - snack, pizzeria - - Location :
mars-oct. - Location longue durée - *Places disponibles pour le passage* - **R** *conseillée - piscine comprise 2 pers. 68/72 17 (6A) 19 (10A)*

CAMPS

10 - 75 ⑳

Paris 522 - Argentat 18 - Aurillac 44 - Bretenoux 21 - Sousceyrac 24

19430 Corrèze - 293 h. alt. 700

Municipal la Châtaigneraie, ✆ 05 55 28 53 15, à l'Ouest du bourg, par D 13 et chemin à droite, près d'un étang (accès direct)
1 ha (18 empl.) (juil.-août) peu incliné à incliné, herbeux - - A proximité : - Location : huttes
20 mai-sept. - **R** *conseillée juil.-août - 10 13 13 (20A)*

CAMURAC

15 - 86 ⑥ G. Pyrénées Roussillon

Paris 824 - Ax-les-Thermes 19 - Carcassonne 87 - Foix 58 - Font-Romeu-Odeillo-Via 76 - Quillan 35

11340 Aude - 149 h. alt. 1 200

Les Sapins, ✆ 04 68 20 38 11, Fax 04 68 20 74 75, S : 2 km par D 1020, rte de la station de ski et rte à droite - alt. 1 300
2 ha (69 empl.) plat, peu incliné, terrasses, herbeux, forêt - crêperie, snack - - Location : gîtes, bungalows toilés
Permanent - **R** *conseillée juil.-août - élect. et piscine comprises 2 pers. 61, pers. suppl. 19,50*

CANCALE

4 - 59 ⑥ G. Bretagne

Paris 419 - Avranches 63 - Dinan 35 - Fougères 75 - Le Mont-St-Michel 50 - St-Malo 15

35260 I.-et-V. - 4 910 h. alt. 50.
Office de Tourisme, 44 r. du Port ✆ 02 99 89 63 72, Fax 02 99 89 75 08 et la Criée (saison et vacances scolaires) Port de la Houle ✆ 02 99 89 74 80

Le Bois Pastel « Entrée fleurie », ✆ 02 99 89 66 10, Fax 02 99 89 60 11, NO : 1,3 km par D 335, puis 1 km par rte à droite après la zone artisanale
2 ha (136 empl.) plat, herbeux - - -
Location :
3 avril-sept. - **R** *conseillée juil.-août* - GB - *Tarif 97 : piscine comprise 1 ou 2 pers. 97 16 (6A)*

Notre-Dame du Verger, ✆ 02 99 89 72 84, Fax 02 99 89 60 11, NO : 6,5 km par D 201, rte côtière, à 500 m de la plage (accès direct par sentier)
2,5 ha (56 empl.) en terrasses et peu incliné, herbeux -
3 avril-sept. - **R** - GB - *Tarif 97 : 1 ou 2 pers. 97 16 (6A)*

CANDÉ-SUR-BEUVRON

5 - 64 ⑰

Paris 198 - Blois 15 - Chaumont-sur-Loire 7 - Montrichard 21 - Orléans 77 - Tours 49

41120 L.-et-C. - 1 134 h. alt. 70

La Grande Tortue, ✆ 02 54 44 15 20, sortie Sud par rte de Chaumont-sur-Loire et rte de la Pieuse, à 300 m du Beuvron
5 ha (208 empl.) plat et peu incliné, sablonneux, herbeux - snack - (bassin), mini-tennis - Location : bungalows toilés
10 avril-sept. - **R** *conseillée juil.-août - 2 pers. 82, pers. suppl. 23 16 (6A)*

CANET

15 - 83 ⑤ ⑥

Paris 724 - Béziers 44 - Clermont-l'Hérault 6 - Gignac 9 - Montpellier 38 - Sète 37

34800 Hérault - 1 402 h. alt. 42

Les Rivières, 04 67 96 75 53, N : 1,8 km par D 134[E], à la Sablière, près de l'Hérault (accès direct)
3 ha (90 empl.) plat, pierreux, herbeux - snack, pizzeria - - Location :
juin-5 sept. - **R** *conseillée* - *Tarif 97 : piscine et tennis compris 2 pers. 70 19 (6A)*

CANET-DE-SALARS

15 - 80 ③

Paris 654 - Pont-de-Salars 10 - Rodez 35 - St-Beauzély 28 - Salles-Curan 8

12290 Aveyron - 440 h. alt. 850

Le Caussanel « Situation agréable au bord du lac de Pareloup », 05 65 46 85 19, Fax 05 65 46 89 85, SE : 2,7 km par D 538 et à droite
10 ha (235 empl.) plat, peu incliné, terrasses, herbeux - snack - salle d'animation - A proximité : discothèque - Location *(avril-oct.)* :
Permanent - **R** *conseillée juil.-août* - *piscine comprise 2 pers. 92 18 (6A)*

Soleil Levant « Situation agréable au bord du lac de Pareloup », 05 65 46 03 65, Fax 05 65 46 03 62, SE : 3,7 km par D 538 et D 993, rte de Salles-Curan, à gauche, avant le pont
8 ha (206 empl.) plat, en terrasses, peu incliné, herbeux - -
avril-oct. - **R** - GB - *2 pers. 85 (99 avec élect. 3 ou 5A)*

La Retenue de Pareloup, 05 65 46 33 26, Fax 05 65 46 03 93, SO : 5 km par D 538 et D 176, à droite avant le barrage, près du lac
2 ha (80 empl.) en terrasses, plat, pierreux, herbeux - snack - - A proximité : (plage) - Location :
14 juin-15 sept. - **R** *conseillée* - GB - *2 pers. 75, pers. suppl. 15 15 (5 ou 6A)*

CANET-PLAGE

15 - 86 ⑳ G. Pyrénées Roussillon

Paris 856 - Argelès-sur-Mer 19 - Le Boulou 31 - Canet-en-Roussillon 3 - Perpignan 13 - St-Laurent-de-la-Salanque 12

66 Pyr.-Or.
66140 Canet-en-Roussillon.
Office de Tourisme, pl. de la Méditerranée
04 68 73 61 00, Fax 04 68 73 61 10

Le Brasilia, 04 68 80 23 82, Fax 04 68 73 32 97, bord de la Têt et accès direct à la plage
15 ha (826 empl.) plat, sablonneux, herbeux (6 ha) - self - discothèque terrain omnisports - A proximité : - Location :
4 avril-3 oct. - **R** *conseillée juil.-août* - GB - *Tarif 97 : 1 ou 2 pers. 150, pers. suppl. 30 16 (5A)*

Ma Prairie, 04 68 73 26 17, Fax 04 68 73 28 82, O : 2,5 km, à Canet-Village (hors schéma) - sortir par D 11, rte d'Elne et chemin à droite
4 ha (260 empl.) plat, herbeux (2 ha) - snack - - Location :
10 mai-sept. - **R** *conseillée* - GB - *piscine comprise 2 pers. 118 ou 125, pers. suppl. 26 ou 30 17 (3A) 23 (6A)*

Les Peupliers, 04 68 80 35 87, Fax 04 68 73 38 75, à 500 m de la mer
4 ha (245 empl.) plat, herbeux - - half-court - A proximité : - Location :
juin-sept. - **R** *conseillée juil.-août* - GB - *2 pers. 115, pers. suppl. 25 16 (6A)*

Domino, 04 68 80 27 25, Fax 04 68 73 47 41, r. des Palmiers, à 250 m de la plage et du port
0,7 ha (52 empl.) plat, herbeux - - Location :
avril-sept. - **R** *conseillée juil.-août* - *25 75 15 (3A) 17 (6A) 21 (10 ou 15A)*

Le Bosquet, 04 68 80 23 80, Fax 04 68 80 69 53, bord de la Têt, à 500 m de la mer
1,5 ha (125 empl.) plat, herbeux, sablonneux - - A proximité : - Location :
mai-1er oct. - **R** *conseillée* - *25 33 16 (6A)*

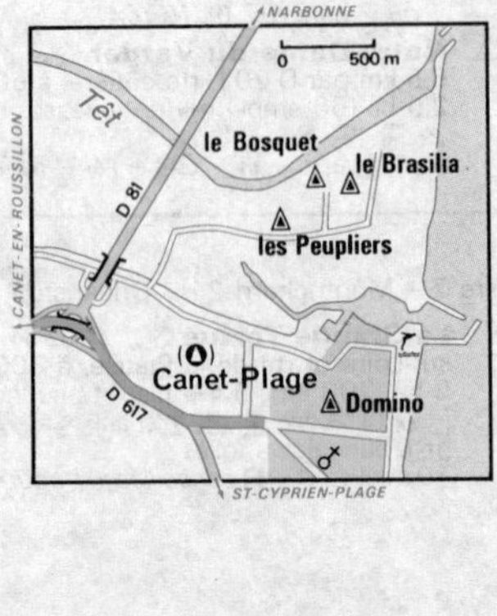

CANILHAC

15 - 80 ④

Paris 598 - La Canourgue 7 - Marvejols 25 - Mende 51 - St-Geniez-d'Olt 24 - Sévérac-le-Château 19

48500 Lozère - 68 h. alt. 700

Municipal la Vallée, 04 66 32 91 14, N : 12 km par N 9, rte de Marvejols, D 988 à gauche, rte de St-Geniez-d'Olt et chemin à gauche, bord du Lot
1 ha (50 empl.) plat, herbeux - A l'entrée :
15 juin-15 sept. - **R** *conseillée* - - *tennis compris 2 pers. 48, pers. suppl. 12 11 (5A) 20 (plus de 5A)*

CANILLO Principauté d'Andorre - 86 ⑭ - voir à Andorre

CANNES

17 - 84 ⑨ G. Côte d'Azur

Paris 901 - Aix-en-Provence 149 - Grenoble 314 - Marseille 163 - Nice 33 - Toulon 125

06400 Alpes-Mar. - 68 676 h. alt. 2.
Office de Tourisme "SEMEC" Palais des Festivals 04 93 39 24 53, Fax 04 93 99 84 23 à la Gare SNCF (1er étage) 04 93 99 19 77, Fax 04 93 39 40 19

à la Bocca O : 3 km - 06150 Cannes-la Bocca :

Le Grand Saule, 04 93 90 55 10, Fax 04 93 47 24 55 06110 Le Cannet, NO : 2 km, par D 9
1 ha (55 empl.) plat, herbeux snack - - A proximité : - Location : studios
avril-15 oct. - **R** *conseillée 15 juil.-août* - GB - - *piscine comprise 2 pers. 124, 3 pers. 163 19 (6A)*

Ranch-Camping , 04 93 46 00 11, Fax 04 93 46 44 30 06110 Le Cannet, NO : 1,5 km par D 9 puis bd de l'Esterel à droite
2 ha (130 empl.) peu incliné, en terrasses, herbeux, pierreux - - (bassin) - Location :
avril-oct. - **R** *conseillée* - GB - *Tarif 97 : 2 pers. 80 ou 90, pers. suppl. 35 15 (6A)*

CAPBRETON

13 - 78 ⑰ G. Pyrénées Aquitaine

Paris 751 - Bayonne 17 - Biarritz 25 - Mont-de-Marsan 86 - St-Vincent-de-Tyrosse 12 - Soustons 24

40130 Landes - 5 089 h. alt. 6.
Office de Tourisme, av. G.-Pompidou 05 58 72 12 11, Fax 05 58 41 00 29

La Pointe , 05 58 72 14 98, S : 2 km par D 652 rte de Labenne et av. Lartigau à droite, bord du Boudigau
3 ha (228 empl.) plat, sablonneux, herbeux - -
juin-oct. - **R** - - *27 32 17 (6A)*

Municipal de la Civelle, 05 58 72 15 11, sortie Sud et r. des Biches à droite, à 50 m du Boudigau
6 ha (600 empl.) plat, peu incliné, sablonneux, pierreux, herbeux - snack - - A proximité : half-court
juin-sept. - **R** *conseillée* - GB - - *1 ou 2 pers. 86, pers. suppl. 31 17 (6A)*

Municipal Bel Air, 05 58 72 12 04, sortie Nord par D 152, rte d'Hossegor, près du Parc des Sports
1,5 ha (119 empl.) plat, sablonneux - - A proximité :
Permanent - **R** *conseillée* - GB - - *Tarif 97 : 23 28 16*

CAP-COZ 29 Finistère - 58 ⑮ - rattaché à Fouesnant

CAPDENAC-GARE

15 - 79 ⑩

Paris 578 - Decazeville 20 - Figeac 9 - Maurs 24 - Rodez 58

12700 Aveyron - 4 818 h. alt. 175.
Office de Tourisme, 14 r. Carnot 05 65 64 74 87, Fax 05 65 80 88 15

Municipal les Rives d'Olt, 05 65 80 88 87, sortie Ouest par D 994 rte de Figeac et bd P.-Ramadier à gauche avant le pont, près du Lot, jardin public attenant
1,3 ha (60 empl.) plat, herbeux - - A proximité : parcours sportif - Location *(permanent)* : huttes
10 avril-sept. - **R** - - *Tarif 97 : 13 8 8/26 avec élect. (9A)*

La Diège, 05 65 64 61 25, S : 7,5 km par D 86 rte de Cajarc et D 558 à gauche, bord de la Diège
2,5 ha (50 empl.) plat et terrasse, herbeux - - - Location :
27 mars-2 nov. - **R** *conseillée 15 juil.-10 août* - - *Tarif 97 : 18 29 12 (4A) 18 (6A) 30 (10A)*

CAPPY

2 - 53 ⑫

Paris 138 - Amiens 42 - Bapaume 27 - Péronne 15 - Roye 34

80340 Somme - 484 h. alt. 43

Municipal les Charmilles , 03 22 76 14 50, O : 1,3 km par D 1, rte de Bray-sur-Somme et chemin à gauche, bord d'un ruisseau
2 ha (60 empl.) plat, herbeux -
15 mars-oct. - Location longue durée - *Places disponibles pour le passage* - **R** - *15 10 10 avec élect. (4A)*

CAPVERN-LES-BAINS

14 - 85 ⑨

Paris 827 - Arreau 32 - Bagnères-de-Bigorre 18 - Bagnères-de-Luchon 63 - Lannemezan 9 - Tarbes 34

65130 H.-Pyr. - alt. 450 - (18 avril-18 oct.).
Office de Tourisme, r. Thermes
05 62 39 00 46, Fax 05 62 39 08 14

Les Craoues, 05 62 39 02 54, SE : 2,5 km, au carrefour des N 117 et D 938 - alt. 606
1,5 ha (78 empl.) peu incliné, herbeux -
mai-15 oct. - **R** *conseillée juil.-août* - - *19* *22* *16 (3A) 25 (6A)*

CARAMAN

15 - 82 ⑲

Paris 720 - Lavaur 25 - Puylaurens 27 - Revel 23 - Toulouse 28 - Villefranche-de-Lauragais 18

31460 H.-Gar. - 1 765 h. alt. 285

Municipal de l'Orme Blanc, 05 62 18 96 64, SO : 1,5 km par D 11, rte de Villefranche-de-Lauragais et rte de Labastide-Beauvoir, près d'un lac - (tentes)
0,4 ha (30 empl.) plat, peu incliné, herbeux -
A proximité : parcours sportif
juin-sept. - **R** - *11* *5* *12* *10*

CARANTEC

8 - 58 ⑥ G. Bretagne

Paris 554 - Brest 68 - Lannion 55 - Morlaix 15 - Quimper 91 - St-Pol-de-Léon 10

29660 Finistère - 2 609 h. alt. 37.
Office de Tourisme, 4 r. Pasteur
02 98 67 00 43, Fax 02 98 67 07 44

Les Mouettes « Cadre agréable », 02 98 67 02 46, Fax 02 98 78 31 46, SO : 1,5 km par rte de St-Pol-de-Léon et rte à droite, à la Grande Grève, près de la mer
7 ha (273 empl.) plat et en terrasses, herbeux, étang - pizzeria - toboggan aquatique, half-court - Location *(Pâques-21 sept.)* :
30 avril-21 sept. - **R** *conseillée* - GB - - *30 piscine comprise* *84,50* *18,50*

► *En juillet et août, beaucoup de terrains sont saturés et leurs emplacements retenus longtemps à l'avance.*

N'attendez pas le dernier moment pour réserver.

CARCANS

9 - 71 ⑱

Paris 626 - Andernos-les-Bains 43 - Bordeaux 50 - Lesparre-Médoc 29 - Soulac-sur-Mer 56

33121 Gironde - 1 503 h. alt. 22

Le Chêne Vert, 05 56 03 37 12, S : 1 km par D 3 rte de Lacanau
2 ha (99 empl.) plat, sablonneux, herbeux pinède - -
Location :
20 juin-10 sept. - **R** - - *14* *20* *12 (6A)*

Les Arbousiers, 05 56 03 35 04, O : 2,3 km par D 207, rte de Carcans-plage et à droite
2,3 ha (63 empl.) plat, sablonneux, herbeux -
15 juin-10 sept. - - - *2 pers. 52, 3 pers. 62* *13 (3A)*

Le Cap de Ville, 05 56 03 33 74, O : 2,3 km par D 207, rte de Carcans-Plage
2 ha (78 empl.) plat, herbeux, sablonneux -
mai-oct. - **R** *conseillée juil.-août* - - *Tarif 97 :* *1 à 4 pers. 34 à 79, pers. suppl. 12* *12 (3 ou 5A)*

à Bombannes O : 12 km par D 207, rte de Carcans-Plage et RF à droite ✉ 33121 Carcans :

Domaine de Bombannes, 05 56 03 84 84, Fax 05 56 03 84 82, en 3 camps distincts, bord du lac d'Hourtin-Carcans
200 ha/30 campables (550 empl.) plat, accidenté, sablonneux pinède - (15 juin-15 oct.) snack -
Permanent - **R** - GB - - *Tarif 97 :* *1 pers. 65/83 avec élect., pers. suppl. 23/26*

CARCASSONNE

15 - 83 ⑪ G. Pyrénées Roussillon

Paris 787 - Albi 108 - Béziers 89 - Narbonne 61 - Perpignan 113 - Toulouse 91

11000 Aude - 43 470 h. alt. 110.
Office de Tourisme, et Accueil de France 15 bd Camille-Pelletan
04 68 10 24 30, Fax 04 68 47 34 96
et (Pâques-nov.) Porte Narbonnaise
04 68 25 68 81

La Cité ≤, 04 68 25 11 77, Fax 04 68 47 33 13, sortie Est par N 113, rte de Narbonne puis 1,8 km par D 104, rte de Cavérac, près d'un bras de l'Aude
7 ha (200 empl.) plat, herbeux, verger - -
mars-8 oct. - **R** - GB - - *Tarif 97 :* *piscine comprise 2 pers. 85* *17 (10A)*

Aire Naturelle la Bastide de Madame ≤, 04 68 26 80 06, Fax 04 68 26 91 65 ✉ 11090 Carcassonne, SO : 6 km par D 118 rte de Limoux et chemin à droite après le passage à niveau
1 ha (25 empl.) plat, en terrasses et peu incliné, herbeux - -
juil.-août - **R** *conseillée 15 juil.-15 août* - - *piscine comprise 2 pers. 66, pers. suppl. 22* *20 (15A)*

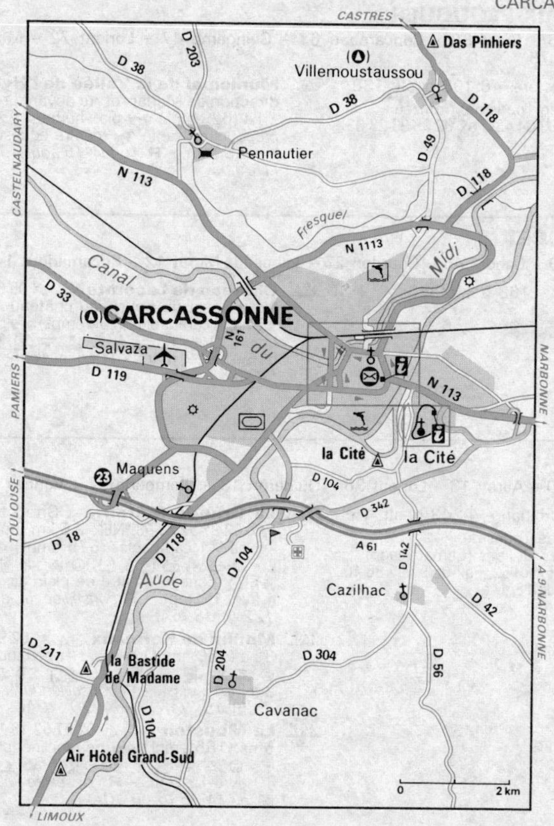

à Preixan SO : 9 km par D 118, rte de Limoux - Par A 61 sortie Carcassonne Ouest – 431 h. alt. 165 – ✉ 11250 Preixan :

Air Hôtel Grand Sud, ✆ 04 68 26 88 18, Fax 04 68 26 85 07, NE : 1 km par D 118, rte de Carcassonne, bord d'un plan d'eau
11 ha/5 campables (100 empl.) plat, herbeux (1,5 ha) – – Location : , bungalows toilés
15 avril-sept. – **R** *juil.-août* – GB – – *élect. (3 ou 6A), piscine et tennis compris, 1 ou 2 pers. 108 ou 125, pers. suppl. 25*

à Villemoustaussou N : 5 km par D 118, rte de Mazamet – 2 729 h. alt. 114 ✉ 11620 Villemoustaussou

Das Pinhiers ≤, ✆ 04 68 47 81 90, Fax 04 68 71 43 49, à 1 km au Nord du bourg
2 ha (72 empl.) plat à incliné, en terrasses, sous-bois attenant – – A proximité : – Location :
Pâques-sept. – **R** *conseillée* – – *20 piscine comprise 21 18 (10A)*

CAREIL **44** Loire-Atl. – 63 ⑭ – rattaché à la Baule

CARENTAN

4 – 54 ⑬ **G. Normandie Cotentin**

Paris 305 – Avranches 85 – Caen 72 – Cherbourg 53 – Coutances 36 – St-Lô 28

50500 Manche – 6 300 h. alt. 18.
Office de Tourisme, bd Verdun
✆ 02 33 42 74 01, Fax 02 33 42 74 29

Municipal le Haut Dyck « Plantations décoratives », ✆ 02 33 42 16 89, au bord du canal, près de la piscine
2,5 ha (120 empl.) plat, herbeux – – –
A proximité :
Permanent – **R** *conseillée* – – *12 7 15/16 15 (6A)*

CARGÈSE **2A** Corse-du-Sud – 90 ⑯ – voir à Corse

CARHAIX-PLOUGUER

3 - 58 ⑰ G. Bretagne

Paris 505 - Brest 83 - Concarneau 61 - Guingamp 47 - Lorient 72 - Morlaix 46 - Pontivy 58 - Quimper 58 - St-Brieuc 78

29270 Finistère - 8 198 h. alt. 138.
Office de Tourisme, r. Brizeux
02 98 93 04 42, Fax 02 98 93 23 83

Municipal de la Vallée de l'Hyères, 02 98 99 10 58, O : 2,3 km en direction de Morlaix et rte devant la gendarmerie, bord de l'Hyères et d'étangs
1 ha (62 empl.) plat, herbeux - A proximité : parcours de santé (centre équestre)
juin-15 sept. - **R** *15 juil.-15 août - Tarif 97 : 8,80 6,40 7,80 9,90 (15A)*

CARLUCET

13 - 79 ⑧ G. Périgord Quercy

Paris 549 - Cahors 45 - Gourdon 25 - Labastide-Murat 12 - Rocamadour 14

46500 Lot - 168 h. alt. 322

Château de Lacomté, 05 65 38 75 46, Fax 05 65 33 17 68, à 1,8 km au Nord-Ouest du bourg, au château
12 ha/4 campables (100 empl.) plat et terrasse, peu incliné, pierreux, herbeux, bois - - Location :
fermé fév.-2 mars - **R** *conseillée* - GB - *25 piscine comprise 45 20 (10A)*

CARNAC

3 - 63 ⑫ G. Bretagne

Paris 490 - Auray 13 - Lorient 36 - Quiberon 18 - Quimperlé 57 - Vannes 31

56340 Morbihan - 4 243 h. alt. 16.
Office de Tourisme, 74 av. des Druides (Carnac-Plage)
02 97 52 13 52, Fax 02 97 52 86 10 et place de l'Eglise

La Grande Métairie « Site et cadre agréables », 02 97 52 24 01, Fax 02 97 52 83 58, NE : 2,5 km, bord de l'étang de Kerloquet
15 ha/11 campables (575 empl.) plat et peu incliné, herbeux, rocheux pizzeria - poneys, théâtre de plein air - Location :
4 avril-12 sept. - **R** *conseillée juil.-août* - GB - *29 piscine comprise 122 18 (6A)*

Moulin de Kermaux, 02 97 52 15 90, Fax 02 97 52 83 85, NE : 2,5 km
3 ha (150 empl.) plat et peu incliné, herbeux - - Location :
2 avril-15 sept. - **R** *conseillée juil.-août* - GB - *25 piscine comprise 75 15 (3A) 17 (6A) 20 (10A)*

Le Moustoir, 02 97 52 16 18, Fax 02 97 52 88 37, NE : 3 km
5 ha (165 empl.) peu incliné, plat, herbeux pinède - - toboggan aquatique - Location :
10 avril-12 sept. - **R** *conseillée juil.-août* - GB - *22 piscine comprise 53 15 (6 ou 10A)*

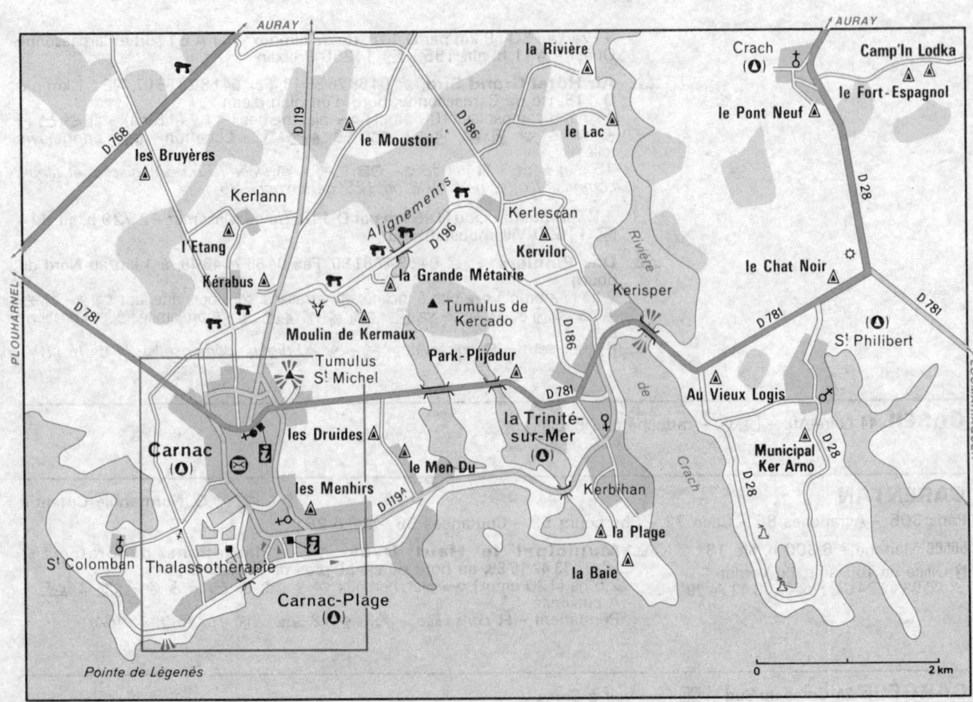

Le Lac « Cadre et site agréables », 02 97 55 78 78, Fax 02 97 55 86 03, NE : 6,3 km
2,5 ha (140 empl.) (juil.-août) vallonné, herbeux
avril-20 sept. - **R** *conseillée saison* - GB - *24 37 13 (4 ou 6A)*

Les Bruyères, 02 97 52 30 57, N : 3 km
2 ha (112 empl.) plat, herbeux - - Location :
3 avril-20 oct. - **R** *conseillée 10 juil.-20 août* - GB - *16,50 34 12 (4A) 15 (6A) 21 (10A)*

L'Étang, 02 97 52 14 06, N : 2 km, à Kerlann, à 50 m de l'étang
2,5 ha (165 empl.) plat, herbeux - - toboggan aquatique - Location :
avril-oct. - **R** - *22 piscine comprise 38 13 (6A)*

Kérabus, 02 97 52 24 90, NE : 2 km
0,8 ha (73 empl.) plat, herbeux - - A proximité :
mai-15 sept. - **R** *conseillée juil.-20 août* - *16 21 12,50 (4A) 14,50 (6A)*

La Rivière « Cadre agréable », 02 97 55 78 29, NE : 6,5 km
0,5 ha (33 empl.) plat, herbeux -
avril-sept. - **R** - *Tarif 97 : 14 7,50 8,50 12 (6A)*

*à **Carnac-Plage*** S : 1,5 km : - 56340 Carnac-Plage.

Office de Tourisme, 74 av. des Druides 02 97 52 13 52

Les Menhirs, 02 97 52 94 67, Fax 02 97 52 25 38, allée St-Michel, à 400 m de la plage
6 ha (360 empl.) plat, herbeux - - salle d'animation toboggan aquatique - Location :

Les Druides, 02 97 52 08 18, E : quartier Beaumer, à 500 m de la plage
2,5 ha (110 empl.) plat, peu incliné, herbeux - - terrain omnisports
20 mai-9 sept. - **R** - GB - *Tarif 97 : 3 pers. 129, pers. suppl. 22 16 (3A) 19 (6A)*

Le Men-Du, 02 97 52 04 23, quartier le Men-Du, à 300 m de la plage
1,2 ha (100 empl.) plat, peu incliné, herbeux - - - A proximité : - Location :
avril-20 sept. - **R** *conseillée* - - *1 à 3 pers. 96, pers. suppl. 20 16 (4A) 18 (6A)*

Voir aussi à ***Crach, St-Philibert, la Trinité-sur-Mer***

CARNON-PLAGE

16 - **83** ⑦ **G. Gorges du Tarn**

Paris 761 - Aigues-Mortes 19 - Montpellier 14 - Nîmes 56 - Sète 35

34 Hérault
34280 La Grande-Motte

Intercommunal les Saladelles, 04 67 68 23 71, par D 59, à 100 m de la plage
7,6 ha (384 empl.) plat, sablonneux -
Pâques-oct. - **R** *conseillée juil.-août* - GB - - *2 pers. 67 (81 ou 84 avec élect. 6A)*

CAROMB

16 - **81** ⑬

Paris 677 - Avignon 36 - Carpentras 10 - Malaucène 10 - Orange 29 - Vaison-la-Romaine 18

84330 Vaucluse - 2 640 h. alt. 95

Municipal le Bouquier, 04 90 62 30 13, N : 1,5 km par D 13, rte de Malaucène - (tentes)
0,6 ha (35 empl.) en terrasses, plat, gravier, pierreux -
15 mars-oct. - **R** *conseillée* - *Tarif 97 : 13 10 9/12 13*

CARPENTRAS

16 - **81** ⑫ **G. Provence**

Paris 680 - Avignon 27 - Cavaillon 26 - Orange 25

84200 Vaucluse - 24 212 h. alt. 102.
Office de Tourisme, 170 av. J.-Jaurès
04 90 63 00 78, Fax 04 90 60 41 02

Lou Comtadou, 04 90 67 03 16, Fax 04 90 86 62 95, SE : 1,5 km par D 4, rte de St-Didier et rte à droite, près du complexe sportif
1 ha (99 empl.) plat, pierreux, herbeux - - A proximité : toboggan aquatique
Pâques-3 nov. - **R** - GB - - *22 28/38 15 (6A)*

CARQUEIRANNE

17 - **84** ⑮

Paris 848 - Draguignan 81 - Hyères 9 - Toulon 16

83320 Var - 7 118 h. alt. 30.
Syndicat d'Initiative, pl. Libération
04 94 58 72 06

Schéma au Pradet

Le Beau-Vezé « Cadre agréable », 04 94 57 65 30, NO : 2,5 km par D 559, rte de Toulon puis 1 km par D 76 à droite
7 ha (150 empl.) plat, peu incliné, en terrasses, pierreux pinède - - - Location *(juin-20 sept.)* :
15 mai-20 sept. - **R** *conseillée* - - *piscine et tennis compris 2 pers. 130, pers. suppl. 39 22 (6 ou 10A)*

CARROUGES

5 - 60 ② G. Normandie Cotentin

Paris 211 - Alençon 28 - Argentan 23 - Domfront 39 - La Ferté-Macé 18 - Mayenne 53 - Sées 27

61320 Orne - 760 h. alt. 335

Municipal, NE : 0,5 km par rte de St-Sauveur-de-Carrouges, au stade
0,5 ha (10 empl.) plat, terrasse, herbeux -
juin-sept. - **R** *juil.-août* - *10* *5* *5* *10*

CARSAC-AILLAC

13 - 75 ⑰ G. Périgord Quercy

Paris 534 - Brive-la-Gaillarde 54 - Gourdon 19 - Sarlat-la-Canéda 12

24200 Dordogne - 1 219 h. alt. 80
Schéma à la Roque-Gageac

Le Plein Air des Bories, 05 53 28 15 67, S : 1,3 km par D 703, rte de Vitrac et chemin à gauche, bord de la Dordogne
2,8 ha (110 empl.) plat, sablonneux, herbeux (1,8 ha) -
juin-15 sept. - **R** *conseillée juil.-août* - *piscine comprise 2 pers. 84, pers. suppl. 24* *16 (6A)*

CARTERET 50 Manche - 54 ① - rattaché à Barneville-Carteret

CASSAGNES

14 - 79 ⑦

Paris 580 - Cahors 35 - Cazals 16 - Fumel 19 - Puy-l'Évêque 7 - Villefranche-du-Périgord 14

46700 Lot - 212 h. alt. 185

Le Carbet, 05 65 36 61 79, NO : 1,5 km par D 673, rte de Fumel, près d'un lac
3 ha (25 empl.) non clos, accidenté et en terrasses, pierreux, herbeux -
avril-sept. - **R** *conseillée juil.-août* - GB - - *27 piscine comprise* *22* *15 (10A)*

CASSANIOUZE

15 - 76 ⑪

Paris 608 - Aurillac 37 - Entraygues-sur-Truyère 30 - Montsalvy 17 - Rodez 53

15340 Cantal - 587 h. alt. 638

Coursavy, 04 71 49 97 70, SO : 10 km par D 601, rte de Conques et D 141 à gauche, rte d'Entraygues, bord du Lot et d'un ruisseau
2 ha (50 empl.) plat, terrasse, herbeux - (bassin) -
Location : huttes
20 avril-20 sept. - **R** *conseillée juil.-20 août* - *15* *20 ou 25/30* *14 (5A)*

CASTEIL 66 Pyr.-Or. - 86 ⑰ - rattaché à Vernet-les-Bains

CASTELJALOUX

14 - 79 ⑬ G. Pyrénées Aquitaine

Paris 676 - Agen 55 - Langon 55 - Marmande 23 - Mont-de-Marsan 74 - Nérac 30

47700 L.-et-G. - 5 048 h. alt. 52.
Office de Tourisme, Maison du Roy
05 53 93 00 00, Fax 05 53 20 74 32

Lac de Clarens, 05 53 93 07 45, SO : 2,5 km par D 933, rte de Mont-de-Marsan, bord du lac et près de la Base de Loisirs
4 ha (100 empl.) (juil.-août) plat et accidenté, herbeux (3 ha) - (plage) - A proximité : golf, parcours de santé snack toboggan aquatique - Location :
juin-sept. - **R** *conseillée* - - *1 pers. 26, pers. suppl. 23* *13 (3A)*

Municipal de la Piscine, 05 53 93 54 68, sortie Nord-Est par D 933, rte de Marmande, bord d'un ruisseau
0,5 ha (45 empl.) plat, herbeux -
27 mars-oct. - **R** *conseillée juil.-août* - - *12* *11* *13,50 (6A)*

CASTELJAU

16 - 80 ⑧

Paris 665 - Aubenas 38 - Largentière 27 - Privas 68 - St-Ambroix 29 - Vallon-Pont-d'Arc 34

07 Ardèche
07460 Berrias-et-Casteljau

La Rouveyrolle, 04 75 39 00 67, Fax 04 75 39 07 28, à l'Est du bourg, à 100 m du Chassezac
3 ha (100 empl.) (saison) plat, herbeux, pierreux - - A proximité : - Location :
début avril-20 sept. - **R** *conseillée* - GB - - *piscine et tennis compris 2 pers. 120* *18 (5A)*

Mazet-Plage, 04 75 39 32 56, SO : 1 km par rte du Bois de Païolive, bord du Chassezac
3 ha (100 empl.) plat, en terrasses, herbeux, pierreux - snack - - Location :
avril-oct. - **R** *conseillée juil.-août* - GB - - *2 pers. 80* *16 (6A)*

Les Tournayres, 04 75 39 36 39, N : 0,5 km rte de Chaulet plage
1,3 ha (30 empl.) peu incliné et plat, herbeux - snack - - A proximité : - Location :
avril-sept. - **R** *conseillée* - - *piscine comprise 2 pers. 90, pers. suppl. 26* *16 (5A)*

La Vignasse-Chaulet Plage « Site agréable », 04 75 39 30 27, Fax 04 75 39 35 42, N : 0,6 km, rte de Chaulet-Plage, accès direct au Chassezac
3 ha (104 empl.) en terrasses, pierreux, herbeux – snack – – A proximité : – Location : (gîtes)
avril-sept. – **R** *conseillée* – GB – – *2 pers. 63* *15 (6A)*

Les Blaches « Site agréable et cadre sauvage », 04 75 39 05 26, N : 0,7 km, rte de Chaulet-Plage, accès direct au Chassezac
2 ha (80 empl.) en terrasses, accidenté, rocheux, pierreux, herbeux – snack, pizzeria – – A proximité : – Location :
avril-Toussaint – **R** *conseillée 6 juil.-20 août* – GB – – *2 pers. 63, pers. suppl. 16* *14 (4A)*

► M *Campingplatz mit neuer Ausstattung und rationellen, modernen Einrichtungen.*

CASTELLANE

17 – 81 ⑱ G. Alpes du Sud

Paris 791 – Digne-les-Bains 54 – Draguignan 58 – Grasse 63 – Manosque 92

04120 Alpes-de-H.-Pr. – 1 349 h. alt. 730.

Office de Tourisme, r. Nationale 04 92 83 61 14, Fax 04 92 83 76 89

Le Verdon « Cadre et situation agréables », 04 92 83 61 29, Fax 04 92 83 69 37, Domaine de la Salaou, SO : 2 km par D 952, rte de Moustiers-Ste-Marie, bord du Verdon (petits plans d'eau)
14 ha/9 campables (500 empl.) plat, herbeux, pierreux – pizzeria cases réfrigérées – – Location :
15 mai-15 sept. – **R** *conseillée juil.-août* – GB – – *Tarif 97 : piscine comprise 3 pers. 128 (158 à 178 avec élect. 6A), pers. suppl. 38*

Le Clavet , 04 92 83 68 96, Fax 04 92 83 75 40, à **La Garde**, SE : 7 km par N 85, rte de Grasse – alt. 1 000 – Accès aux emplacements par pente à 12%, mise en place et sortie des caravanes à la demande
7 ha (200 empl.) en terrasses, peu incliné, pierreux, herbeux, bois attenant – snack – – A proximité : – Location : , bungalows toilés
15 mai-15 sept. – **R** *conseillée* – – *piscine comprise 2 pers. 105 (125 avec élect. 10A)*

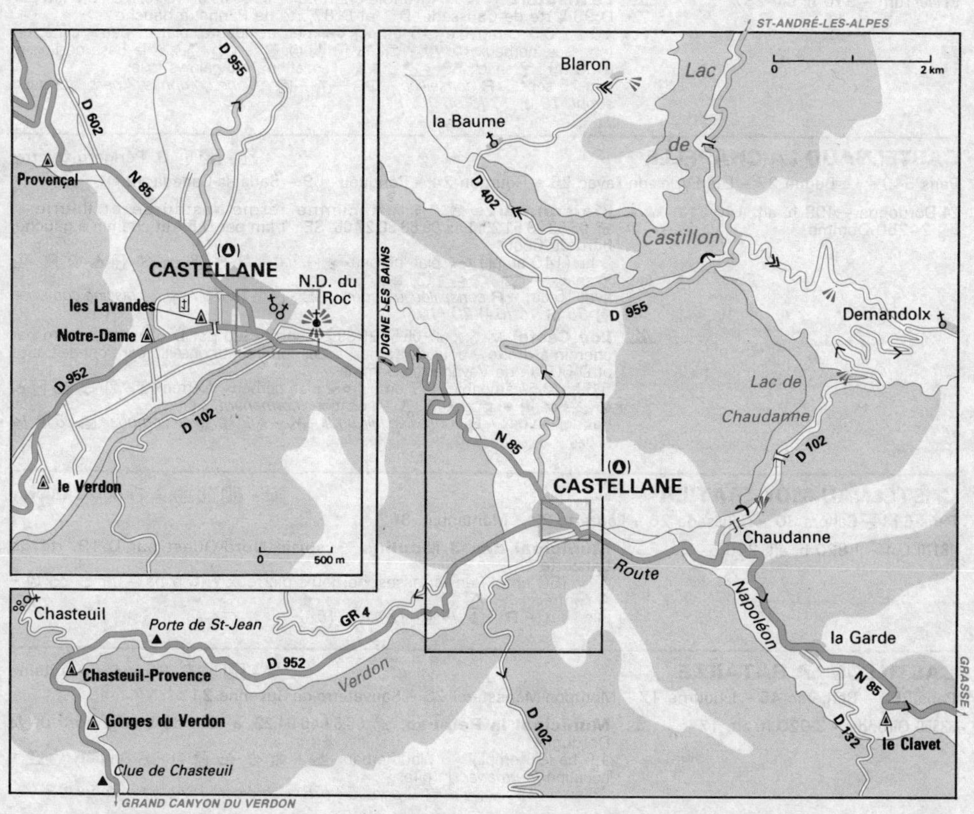

Gorges du Verdon ≤ « Site et cadre agréables », ✆ 04 92 83 63 64, Fax 04 92 83 74 72, SO : 9,5 km par D 952, rte de Moustiers-Ste-Marie, bord du Verdon – alt. 666
7 ha (235 empl.) plat et peu incliné, en terrasses, accidenté, pierreux, herbeux pinède – snack – Location *(15 avril-20 sept.)* : studios
mai-15 sept. – **R** *conseillée juil.-août* – *piscine comprise 3 pers. 105, pers. suppl. 23* *23 (6A)*

Chasteuil-Provence ≤ « Site agréable », ✆ 04 92 83 61 21, Fax 04 92 83 75 62, SO : 8 km par D 952, rte de Moustiers-Ste-Marie, bord du Verdon – alt. 650
7,5 ha (210 empl.) (saison) plat, peu incliné, en terrasses, pierreux, herbeux – cases réfrigérées – – Location :
mai-22 sept. – **R** *conseillée juil.-août* – *piscine comprise 3 pers. 109 (126 ou 133 avec élect. 3 ou 6A), pers. suppl. 24*

Les Lavandes ≤, ✆ 04 92 83 68 78, Fax 04 92 83 69 92, SO : 0,3 km par D 952, rte de Moustiers-Ste-Marie
0,6 ha (60 empl.) plat, herbeux – – – Location :
avril-oct. – **R** *conseillée juil.-août* – GB – *18* *9* *17* *15 (3A) 16 (6A) 19 (10A)*

Notre-Dame ≤, ✆ 04 92 83 63 02, SO : 0,5 km par D 952, rte de Moustiers-Ste-Marie, bord d'un ruisseau – dans locations
0,6 ha (44 empl.) plat, herbeux – – – Location :
avril-14 oct. – **R** *conseillée juil.-août* – *3 pers. 81, pers. suppl. 18,50* *17 (3A) 21 (6A)*

Provençal ≤, ✆ 04 92 83 65 50, NO : 2 km par N 85, rte de Digne, près d'un petit torrent
0,8 ha (45 empl.) plat et peu incliné, herbeux, pierreux – –
mai-15 sept. – **R** *conseillée juil.-15 août* – GB – *2 pers. 59* *15 (3A) 21 (6A)*

CASTELNAU-DE-MONTMIRAL

15 – 79 ⑲

Paris 657 – Albi 31 – Bruniquel 21 – Cordes-sur-Ciel 24 – Gaillac 12 – Montauban 46

81140 Tarn – 910 h. alt. 287

Le Rieutort ≤ « Agréable chênaie », ✆ 05 63 33 16 10, NO : 3,5 km par D 964, rte de Caussade, D 1 et D 87, rte de Penne, à gauche
10 ha/0,5 campable (45 empl.) peu accidenté, plat et peu incliné, en terrasses, herbeux – – – A la Base de Loisirs (800 m) : snack – Location : bungalows toilés
juin-15 sept. – **R** *conseillée* – GB – *piscine comprise 2 pers. 60, pers. suppl. 18* *13 (6 ou 10A)*

CASTELNAUD-LA-CHAPELLE

13 – 75 ⑰ G. Périgord Quercy

Paris 540 – Le Bugue 27 – Les Eyzies-de-Tayac 25 – Gourdon 24 – Périgueux 69 – Sarlat-la-Canéda 12

24 Dordogne – 408 h. alt. 140
✉ 24250 Domme
Schéma à la Roque-Gageac

Maisonneuve ≤ « Ancienne ferme restaurée et fleurie », ✆ 05 53 29 51 29, Fax 05 53 30 27 06, SE : 1 km par D 57 et chemin à gauche, bord du Céou
3 ha (140 empl.) plat, herbeux (1 ha) – snack –
avril-15 oct. – **R** *conseillée juil.-août* – GB – *Tarif 97 :* *23 piscine comprise* *38* *15 (6A) 20 (10A)*

Lou Castel M, ✆ 05 53 29 89 24, sortie Sud par D 57 puis 3,4 km par chemin à droite – pour caravanes, accès fortement conseillé par Pont-de-Cause et D 50, rte de Veyrines-de-Domme
5,5 ha/2,5 campables (57 empl.) plat, herbeux, pierreux – – – Location *(permanent)* : gîtes
Pâques-fin oct. – **R** *conseillée juil.-août* – *20 piscine comprise* *28* *14 (16A)*

CASTELNAU-MONTRATIER

14 – 79 ⑰ ⑱ G. Périgord Quercy

Paris 611 – Cahors 30 – Caussade 26 – Lauzerte 22 – Montauban 36

46170 Lot – 1 820 h. alt. 240

Municipal des 3 Moulins ≤, sortie Nord-Ouest par D 19, rte de Lauzette
1 ha (50 empl.) en terrasses, herbeux, pierreux (0,5 ha) – – A l'entrée :
juin-sept. – **R** – *11* *12* *7 (15A)*

CASTILLON LA BATAILLE

9 – 75 ⑬ G. Pyrénées Aquitaine

Paris 552 – Bergerac 45 – Libourne 17 – Montpon-Ménestérol 26 – Sauveterre-de-Guyenne 21

33350 Gironde – 3 020 h. alt. 17

Municipal la Pelouse, ✆ 05 57 40 04 22, à l'Est du bourg, bord de la Dordogne
1,5 ha (38 empl.) plat, herbeux – – A l'entrée : –
Location *(permanent)* : gîtes
6 juin-6 sept. – – *2 pers. 52 (56 avec élect. 16A), pers. suppl. 13*

CASTILLONNÈS

14 - 79 ⑤ G. Pyrénées Aquitaine

Paris 563 - Agen 64 - Bergerac 28 - Marmande 44 - Périgueux 75

47330 L.-et-G. - 1 424 h. alt. 119

Municipal la Ferrette, ✆ 05 53 36 94 68, sortie Nord par N 21, rte de Bergerac
1 ha (32 empl.) plat et peu incliné, herbeux - A proximité :

CASTRES

15 - 83 ① G. Gorges du Tarn

Paris 718 - Albi 42 - Béziers 106 - Carcassonne 68 - Toulouse 71

81100 Tarn - 44 812 h. alt. 170.
Office de Tourisme,
3 r. Milhau-Ducommun
✆ 05 63 62 63 62, Fax 05 63 62 63 60

Parc de Loisirs de Gourjade, ✆ 05 63 59 72 30, NE : 2 km par D 89, rte de Roquecourbe, bord de l'Agout
53 ha/4 campables (80 empl.) plat et terrasse, herbeux (1 ha) - snack - A proximité : golf, practice de golf, patinoire toboggan aquatique - Location : bungalows toilés
28 mars-4 oct. - **R** - - *2 pers. 26/34, pers. suppl. 9,50* *13,50 (6A)*

CAUDAN

8 - 63 ①

Paris 500 - Auray 37 - Lorient 9 - Quiberon 50 - Quimperlé 21

56850 Morbihan - 6 674 h. alt. 54

Municipal de Kergoff, ✆ 02 97 05 73 87, à l'Ouest du bourg, près du stade, à 200 m d'un plan d'eau
0,6 ha (55 empl.) plat et peu incliné, herbeux - - A proximité :
mai-sept. - **R** - - *7,40 tennis compris* *4* *7,40* *10,50 (10A)*

CAUREL

8 - 58 ⑲

Paris 461 - Carhaix-Plouguer 45 - Guingamp 47 - Loudéac 24 - Pontivy 21 - St-Brieuc 48

22530 C.-d'Armor - 384 h. alt. 188

Nautic International « Situation et cadre agréables », ✆ 02 96 28 57 94, Fax 02 96 26 02 00, SO : 2 km, au lieu-dit Beau-Rivage, bord du lac de Guerlédan
3,6 ha (120 empl.) peu incliné et plat, en terrasses, herbeux - - - A proximité : crêperie
avril-25 sept. - **R** *juil.-août* - GB - - *26 piscine et tennis compris* *10* *45* *19 (6A)*

CAUSSADE

14 - 79 ⑱ G. Périgord Quercy

Paris 619 - Albi 69 - Cahors 39 - Montauban 22 - Villefranche-de-Rouergue 51

82300 T.-et-G. - 6 009 h. alt. 109.
Office de Tourisme,
r. de la République
✆ 05 63 26 04 04

Municipal la Piboulette, ✆ 05 63 93 09 07, NE : 1 km par D 17, rte de Puylaroque et à gauche, au stade, à 200 m d'un étang
1,5 ha (100 empl.) plat, herbeux - - - A proximité :
mai-oct. - **R** *conseillée juil.-août* - *11,40* *7,80* *7,80 (3A) 15,60 (6A)*

CAUTERETS

14 - 85 ⑰ G. Pyrénées Aquitaine

Paris 842 - Argelès-Gazost 17 - Lourdes 29 - Pau 70 - Tarbes 47

65110 H.-Pyr. - 1 201 h. alt. 932 - - Sports d'hiver : 1 000/2 350 m 1 13 .
Office de Tourisme,
pl. du Mar.-Foch
✆ 05 62 92 50 27, Fax 05 62 92 59 12

Le Cabaliros, ✆ 05 62 92 55 36, N : 1,6 km par rte de Lourdes et au pont à gauche, bord du Gave de Pau
2 ha (100 empl.) peu incliné, accidenté, herbeux - -
juin-sept. - **R** *conseillée juil.-août* - GB - - *2 pers. 51, pers. suppl. 18* *10 (2A) 14 (4A) 16 (6A)*

Le Péguère, ✆ 05 62 92 52 91, N : 1,5 km par rte de Lourdes, bord du Gave de Pau
3,5 ha (195 empl.) (juil.-août) peu incliné, herbeux (1,5 ha) - -
mi-avril-27 sept. - **R** *conseillée juil.-août* - GB - - *18* *15,40/26,40 avec élect.*

CAVALAIRE-SUR-MER

17 - 84 ⑰ G. Côte d'Azur

Paris 879 - Draguignan 55 - Fréjus 42 - Le Lavandou 20 - St-Tropez 19 - Ste-Maxime 22 - Toulon 62

83240 Var - 4 188 h. alt. 2.
Office de Tourisme,
à la Maison de la Mer,
square de Lattre-de-Tassigny
✆ 04 94 01 92 10, Fax 04 94 05 49 89

La Baie, ✆ 04 94 64 08 15, Fax 04 94 64 66 10, sortie Sud-Ouest par rte du Lavandou et à gauche, à 400 m de la plage
5,5 ha (440 empl.) plat, peu incliné et en terrasses, herbeux - snack, pizzeria - - A proximité : - Location :
15 mars-15 nov. - **R** *conseillée juil.-août* - GB - - *piscine comprise 3 pers. 158* *26 (10A)*

Cros de Mouton, ✆ 04 94 64 10 87, Fax 04 94 05 46 38, NO : 1,5 km - Certains emplacements difficiles d'accès (forte pente). Mise en place et sortie des caravanes à la demande
5 ha (199 empl.) en terrasses, pierreux - snack - - Location :
15 mars-oct. - **R** *conseillée saison* - GB - - *35 piscine comprise* *34* *19 (10A)*

Bonporteau, ☏ 04 94 64 03 24, Fax 04 94 64 18 62, SO : 1 km par rte du Lavandou, à 200 m de la plage
3 ha (240 empl.) incliné et en terrasses, vallonné, pierreux – snack, pizzeria – cases réfrigérées – – Location :
15 mars-15 oct. – R – *3 pers. 132* *23 (10A)*

Roux « Entrée fleurie », ☏ 04 94 64 05 47, Fax 04 94 05 46 59, NE : 3 km par D 559, rte de la Croix-Valmer et à gauche, rte du cimetière
4 ha (245 empl.) (juil.-août) peu incliné, en terrasses, pierreux – snack – – Location : studios, appartements
15 mars-sept. – R *conseillée juil.-août* – GB – – *2 pers. 90, pers. suppl. 26* *18 (10A)*

La Pinède, ☏ 04 94 64 11 14, Fax 05 94 64 19 25, sortie Sud-Ouest par rte du Lavandou et rte à droite
2 ha (165 empl.) plat, herbeux – –
8 mars-15 oct. – R *conseillée 15 juin-20 août* – GB – – *2 pers. 105* *19 (5A)*

CAYEUX-SUR-MER

1 – 52 ⑤ G. Flandres Artois Picardie

Paris 213 – Abbeville 29 – Amiens 78 – Le Crotoy 26 – Dieppe 50

80410 Somme – 2 856 h. alt. 2

Municipal de Brighton les Pins, réservé aux caravanes, ☏ 03 22 26 71 04, NE : 2 km par D 102 rte littorale, à Brighton, à 500 m de la mer
4 ha (163 empl.) plat, herbeux – –
Permanent – Location longue durée – *Places disponibles pour le passage* – R *conseillée juil.-août* – – *Tarif 97 : 2 pers. 85, pers. suppl. 16,50* *4A : 11,50 (oct.-avril 17,50) 6A : 16,50 (oct.-avril 23,50) 10A : 23,50 (oct.-avril 35)*

CAYLUS

14 – 79 ⑲ G. Périgord Quercy

Paris 630 – Albi 60 – Cahors 61 – Montauban 44 – Villefranche-de-Rouergue 29

82160 T.-et-G. – 1 308 h. alt. 228

Vallée de la Bonnette, ☏ 05 63 65 70 20, sortie Nord-Est par D 926, rte de Villefranche-de-Rouergue et D 97 à droite, rte de St-Antonin-Noble-Val, bord de la Bonnette et à proximité d'un plan d'eau
1,5 ha (65 empl.) plat, herbeux – – – A proximité : (plan d'eau)
avril-sept. – R *août* – *15* *15/25* *15 (6A)*

CAYRIECH

14 – 79 ⑱

Paris 620 – Cahors 39 – Caussade 11 – Caylus 16 – Montauban 33

82240 T.-et-G. – 132 h. alt. 140

Le Clos de la Lère, ☏ 05 63 31 20 41, sortie Sud-Est par D 9, rte de Septfonds
1 ha (49 empl.) plat, herbeux – – –
Permanent – R *conseillée juil.-août* – – *18 piscine comprise* *22* *12 (6A) 15 (10A)*

CAZALS

14 – 79 ⑦ G. Périgord Quercy

Paris 565 – Cahors 31 – Fumel 32 – Gourdon 21 – Villefranche-du-Périgord 12

46250 Lot – 538 h. alt. 177

Municipal du Plan d'Eau ≤, ☏ 05 65 22 84 45, sortie Sud par D 673, rte de Fumel, bord d'un étang
0,7 ha (55 empl.) (juil.-août) plat, herbeux – –
juin-3 sept. – R *conseillée juil.-août* – – *Tarif 97 : 15* *15* *15*

CAZAUBON

14 – 79 ⑫

Paris 711 – Aire-sur-l'Adour 34 – Condom 40 – Mont-de-Marsan 40 – Nérac 47

32150 Gers – 1 605 h. alt. 131
(fin fév.-fin nov.) à Barbotan

Municipal du Lac de l'Uby ≤ « Situation et cadre agréables », ☏ 05 62 09 53 91, NE : 2,5 km par D 656, rte de Barbotan-les-Thermes et rte à droite, bord du lac
6 ha (308 empl.) plat et peu incliné, gravillons, herbeux – – – A l'entrée : – A proximité :
15 mars-nov. – R *conseillée* – – *Tarif 97 : 17,50* *6,50* *11/14,50* *10,30 (5A) 23,70 (10A)*

CAZAUX

13 – 78 ②

Paris 652 – Arcachon 18 – Belin-Béliet 52 – Biscarrosse 136 – Bordeaux 74

33260 Gironde

Municipal du Lac, ☏ 05 56 22 22 33, SO : 1,3 km par rte du lac, à 100 m du canal des Landes et à proximité de l'Etang de Cazaux
1,5 ha (84 empl.) plat, herbeux, sablonneux – – A proximité :
avril-sept. – R *conseillée 14 juil.-15 août* – – *16,90* *28,20/33,70* *15,30 (6A)*

CAZÈRES

14 - 82 ⑯ ⑰ G. Pyrénées Roussillon

Paris 750 - Aurignac 21 - Le Fousseret 9 - Montesquieu-Volvestre 18 - St-Gaudens 36 - St-Girons 38

31220 H.-Gar. - 3 155 h. alt. 240.
Office de Tourisme, 13 r. de la Case
05 61 90 06 81, Fax 05 61 90 16 43

Municipal le Plantaurel « Cadre agréable, entrée fleurie », 05 61 97 03 71, Fax 05 61 90 62 04, SO : 2,8 km par D 6, D 7 et D 62 rte de Mauran, près de la Garonne
3,5 ha (160 empl.) plat, herbeux
Location longue durée - *Places disponibles pour le passage*

CAZOULÈS

13 - 75 ⑱

Paris 520 - Brive-la-Gaillarde 41 - Gourdon 26 - Sarlat-la-Canéda 24 - Souillac 5

24370 Dordogne - 397 h. alt. 101

Municipal la Borgne, 05 53 29 81 64, à 1,5 km au Sud-Ouest du bourg, bord de la Dordogne
5 ha (100 empl.) plat, herbeux
juin-août - **R** *conseillée 14 juil.-15 août - 25 10 15 12 (10 ou 16A)*

CEAUCÉ

4 - 59 ⑳

Paris 251 - Alençon 60 - Domfront 12 - Fougères 57 - Laval 54 - Mayenne 22 - Mortain 34

61330 Orne - 1 244 h. alt. 150

Municipal la Veillotière 02 33 38 06 14, au Nord du bourg
1 ha (10 empl.) plat, herbeux, étang
mai-15 sept. - **R** - *3 pers. 30, pers. suppl. 5 7 (6A)*

CEAUX-D'ALLEGRE

11 - 76 ⑥

Paris 530 - Allègre 5 - La Chaise-Dieu 21 - Craponne-sur-Arzon 23 - Le Puy-en-Velay 27 - Retournac 36

43270 H.-Loire - 428 h. alt. 905

Municipal 04 71 00 79 66, NE : 1,1 km par D 134, rte de Bellevue-la-Montagne et chemin à gauche, bord de la Borne et près d'un petit plan d'eau
0,5 ha (35 empl.) plat, herbeux, pierreux
A proximité :
juil.-août - **R** - *13 8 12/15 10 (5A) 15 (10A)*

CEILLAC

17 - 77 ⑱ ⑲ G. Alpes du Sud

Paris 731 - Briançon 51 - Gap 75 - Guillestre 14

05600 H.-Alpes - 289 h. alt. 1 640 - Sports d'hiver : 1 700/2 495 m 8.
Office de Tourisme, à la Mairie
04 92 45 05 74, Fax 04 92 45 47 00

Les Mélèzes « Site agréable », 04 92 45 21 93, Fax 04 92 45 01 83, SE : 1,8 km, bord du Mélezet
3 ha (100 empl.) peu incliné, accidenté et terrasses, pierreux, herbeux
juin-10 sept. - **R** - GB - *26 16 16 13 (2A) 15 (4A) 18 (6A)*

La CELLE-DUNOISE

10 - 68 ⑱

Paris 332 - Aigurande 17 - Aubusson 69 - Dun-le-Palestel 10 - Guéret 26

23800 Creuse - 589 h. alt. 230

Municipal de la Baignade, à l'Est du bourg, par D 48^A rte du Bourg d'Hem, près de la Creuse
1,4 ha (30 empl.) plat et en terrasses, herbeux
- A proximité : poneys
avril-oct. - **R** - *12 8 8 12 (16A)*

CELLES-SUR-PLAINE

8 - 62 ⑦

Paris 383 - Baccarat 20 - Blâmont 25 - Lunéville 46 - Raon-l'Étape 11

88110 Vosges - 843 h. alt. 318

Les Lacs , 03 29 41 19 25, Fax 03 29 41 18 69, au Sud-Ouest du bourg, bord de rivière et à proximité d'un lac
4 ha (146 empl.) plat, herbeux, gravillons, pierreux - A proximité : parcours sportif - Au lac : - Location : (sans sanitaires)
avril-sept. - **R** *conseillée* - GB - *28 piscine comprise 28 16 (4A) 24 (10A)*

CELLETTES

5 - 64 ⑰

Paris 189 - Blois 8 - Montrichard 30 - Romorantin-Lanthenay 35 - St-Aignan 31

41120 Loir-et-Cher - 1 922 h. alt. 78

Municipal, 02 54 70 48 41, sortie Est par rte de Contres et D 77 à gauche, bord du Beuvron
1 ha (80 empl.) plat, herbeux
juin-sept. - **R** - *Tarif 97 : 15,50 11 11*

▶ *Ce guide n'est pas un répertoire de tous les terrains de camping mais une sélection des meilleurs camps dans chaque catégorie.*

CÉNAC-ET-ST-JULIEN

13 - 75 ⑰ G. Périgord Quercy

Paris 540 - Le Bugue 32 - Gourdon 19 - Sarlat-la-Canéda 12 - Souillac 31

24250 Dordogne - 993 h. alt. 70
Schéma à la Roque-Gageac

Le Pech de Caumont ≤ « Situation agréable », 05 53 28 21 63, S : 2 km
2,2 ha (100 empl.) en terrasses, peu incliné, herbeux - - Location :
avril-sept. - **R** *conseillée juil.-août* - GB - - *piscine comprise 2 pers. 81, pers. suppl. 25* *13 (6A)*

CENDRAS 30 Gard - 80 ⑱ - rattaché à Alès

CENTRON 73 Savoie - 74 ⑱ - rattaché à Aime

CÉRET

15 - 86 ⑲ G. Pyrénées Roussillon

Paris 882 - Gerona 80 - Perpignan 31 - Port-Vendres 39 - Prades 55

66400 Pyr.-Or. - 7 285 h. alt. 153.
Office de Tourisme, 1 av. G.-Clemenceau
04 68 87 00 53, Fax 04 68 87 32 43

Municipal Bosquet de Nogarède, 04 68 87 26 72, E : 0,5 km par D 618, rte de Maureillas-las-Illas, bord d'un ruisseau
3 ha (132 empl.) plat et accidenté, pierreux, herbeux -
avril-oct. - - - *11* *6* *12* *11 (6A)*

Les Cerisiers ≤ massif du Canigou « Agréable verger », 04 68 87 00 08, sortie Est par D 618, rte de Maureillas-las-Illas puis 0,8 km par chemin à gauche
2 ha (68 empl.) plat, herbeux - -
Permanent - **R** *conseillée* - - *13,50* *23,50* *12 (4A)*

CERNAY

8 - 66 ⑨ G. Alsace Lorraine

Paris 461 - Altkirch 25 - Belfort 38 - Colmar 36 - Guebwiller 15 - Mulhouse 17 - Thann 6

68700 H.-Rhin - 10 313 h. alt. 275.
Office de Tourisme, 1 r. Latouche
03 89 75 50 35, Fax 03 89 75 49 24

Municipal les Acacias, 03 89 75 56 97, sortie rte de Belfort puis à droite après le pont, r. René-Guibert, bord de la Thur
3,5 ha (204 empl.) plat, herbeux - - - A l'entrée : snack (découverte l'été) - A proximité :
avril-sept. - **R** *conseillée juil.-août* - - *18* *21* *20 (5A)*

CEYRAT

11 - 73 ⑭ G. Auvergne

Paris 427 - Clermont-Ferrand 6 - Issoire 37 - Le Mont-Dore 42 - Royat 6

63122 P.-de-D. - 5 283 h. alt. 560.
Syndicat d'Initiative, à la Mairie
04 73 61 42 55

Le Chanset (Municipal Clermont Ceyrat) ≤ « Site agréable », 04 73 61 30 73, av. J.-B. Marrou - alt. 600
5 ha (140 empl.) plat et incliné, herbeux - snack - - Location :
Permanent - **R** *conseillée été* - - *2 pers. 56 (73 ou 79 avec élect. 10A), pers. suppl. 14,10*

CEYRESTE

16 - 84 ⑭

Paris 805 - Aubagne 17 - Bandol 18 - La Ciotat 4 - Marseille 33 - Toulon 36

13600 B.-du-R. - 3 004 h. alt. 60.
Syndicat d'Initiative, pl. Gén.-de-Gaulle
04 42 71 53 17

Ceyreste « Cadre agréable », 04 42 83 07 68, Fax 04 42 83 19 92, N : 1 km par av. Eugène-Julien
3 ha (150 empl.) en terrasses, pierreux pinède - - cases réfrigérées - Location *(permanent)* :
Pâques-oct. - Location longue durée - *Places disponibles pour le passage* - **R** *conseillée* - - *Tarif 97 :* *26* *27* *13 (2A) 19 (6A)*

CÉZAN

14 - 82 ④

Paris 751 - Auch 27 - Fleurance 17 - Lectoure 22 - Valence-sur-Baïse 15 - Vic-Fézensac 22

32410 Gers - 158 h. alt. 207

Les Angeles , 05 62 65 29 80, SE : 2,5 km par D 303, rte de Réjaumont, à droite rte de Préhac puis 0,9 km par chemin empierré
3 ha (62 empl.) incliné à peu incliné, terrasses, herbeux - - - Location *(mars-oct.)* :
avril-15 sept. - **R** *conseillée juil.-août* - - *piscine comprise 2 pers. 80, 3 pers. 106* *15 (6A) 20 (10A)*

CÉZY

6 - 61 ⑭

Paris 143 - Auxerre 33 - Joigny 6 - Montargis 59 - Sens 28

89410 Yonne - 1 085 h. alt. 82

Municipal, 03 86 63 17 87, sortie Nord-Est sur D 134, rte de St-Aubin sur-Yonne après le pont suspendu, près l'Yonne et à 250 m du canal - Pour caravanes accès conseillé par St-Aubin-sur-Yonne
1 ha (70 empl.) plat, herbeux - - A proximité :
mai-sept. - **R** *conseillée juil.-août* - - *Tarif 97 :* *élect. (5A) comprise 2 pers. 50, pers. suppl. 7* *5 (10A)*

CHABEUIL

11 - 77 ⑫

Paris 575 - Crest 21 - Die 60 - Romans-sur-Isère 17 - Valence 12

26120 Drôme - 4 790 h. alt. 212.
Office de Tourisme, pl. Genissieu
04 75 59 28 67, Fax 04 75 59 28 60

Le Grand Lierne « Cadre agréable », 04 75 59 83 14, Fax 04 75 59 87 95, NE : 5 km par D 68, rte de Peyrus, D 125 à gauche et D 143 à droite - Par A 7 sortie Valence Sud et direction Grenoble -
3,6 ha (134 empl.) plat, pierreux, herbeux - snack cases réfrigérées - (bassin couvert) toboggan aquatique, mini-tennis - Location : , bungalows toilés
avril-29 sept. - **R** *conseillée* - GB - - *piscine comprise 2 pers. 134* *15 (6A)*

CHAGNY

11 - 69 ⑨ G. Bourgogne

Paris 327 - Autun 44 - Beaune 16 - Chalon-sur-Saône 18 - Mâcon 76 - Montceau 46

71150 S.-et-L. - 5 346 h. alt. 215.
Office de Tourisme, 2 r. Halles
03 85 87 25 95, Fax 03 85 87 14 44

Municipal du Pâquier Fané « Cadre agréable », 03 85 87 21 42, à l'Ouest de la ville, rue Pâquier Fané, bord de la Dheune
1,8 ha (85 empl.) plat, herbeux - snack -
A proximité :
juin-sept. - **R** - *14,50* *10* *11,50* *18 (5 ou 6A)*

CHAILLAC

10 - 68 ⑰

Paris 328 - Argenton-sur-Creuse 29 - Le Blanc 33 - Magnac-Laval 35 - La Trimouille 23

36310 Indre - 1 246 h. alt. 180

Municipal les Vieux Chênes « Cadre agréable », 02 54 25 61 39, au Sud-Ouest du bourg, au terrain de sports, bord d'un plan d'eau
2 ha (40 empl.) incliné à peu incliné, herbeux - -
Permanent - **R** *conseillée mai-sept.* - - *Tarif 97 :* *10* *10/15* *10*

La CHAISE-DIEU

11 - 76 ⑥ G. Auvergne

Paris 508 - Ambert 29 - Brioude 40 - Issoire 58 - Le Puy-en-Velay 42 - St-Étienne 80 - Yssingeaux 59

43160 H.-Loire - 778 h. alt. 1 080.
Office de Tourisme, pl. Mairie
04 71 00 01 16, Fax 04 71 00 03 45

Municipal les Prades, 04 71 00 07 88, NE : 2 km par D 906, rte d'Ambert, près du plan d'eau de la Tour (accès direct)
3 ha (100 empl.) peu incliné et accidenté, herbeux pinède - - - A proximité : - Location : huttes
juin-sept. - **R** *conseillée* - - *Tarif 97 :* *18* *17* *18 (10A)*

CHALLAIN-LA-POTHERIE

4 - 63 ⑲

Paris 340 - Ancenis 35 - Angers 47 - Château-Gontier 42

49440 M.-et-L. - 873 h. alt. 58

Aire Naturelle Municipale de l'Argos « Agréable situation au bord d'un étang », au Nord-Est du bourg par D 73, rte de Loiré
0,8 ha (20 empl.) plat, herbeux -
mai-sept. - **R** - *7* *3* *5* *10 (7A)*

CHALLES-LES-EAUX

12 - 74 ⑮ G. Alpes du Nord

Paris 568 - Albertville 47 - Chambéry 5 - Grenoble 52 - St-Jean-de-Maurienne 69

73190 Savoie - 2 801 h. alt. 310 - (avril- oct.).
Office de Tourisme, av. Chambéry
04 79 72 86 19

Municipal le Savoy « Belle entrée fleurie », 04 79 72 97 31, par r. Denarié, à 100 m de la N 6
2,8 ha (88 empl.) plat, herbeux, gravillons - - - A proximité : (plan d'eau)
mai-sept. - **R** *conseillée juil.-20 août* - GB - - *Tarif 97 :* *19* *7* *15/17* *15 (5A)*

CHALMAZEL

11 - 73 ⑰ G. Vallée du Rhône

Paris 499 - Ambert 37 - Boën 20 - Noirétable 23 - St-Étienne 80 - Thiers 47

42920 Loire - 597 h. alt. 867 - Sports d'hiver : 1 130/1 600 m 1 7 .
Syndicat d'Initiative,
04 77 24 84 92
et Mairie 04 77 24 80 27

Les Epilobes « Situation agréable », 04 77 24 80 03, Fax 04 77 24 84 75, SO : 3,5 km par D 6, rte du col du Béal puis à gauche 2,5 km par rte de la station - alt. 1 150
1,7 ha (58 empl.) en terrasses, peu incliné, herbeux - - (bassin pour enfants) - A proximité :
Permanent - **R** - GB - *2 pers. 40, pers. suppl. 7,50* *20 (6A) - hiver : 30 (10A)*

CHALONNES-SUR-LOIRE

4 - 63 ⑲ ⑳ G. Châteaux de la Loire

Paris 318 - Ancenis 37 - Angers 26 - Châteaubriant 63 - Château-Gontier 62 - Cholet 40

49290 M.-et-L. - 5 354 h. alt. 25.
Syndicat d'Initiative,
02 41 78 26 21, Fax 02 41 74 91 54

Municipal le Candais, 02 41 78 02 27, E : 1 km par D 751, rte des Ponts-de-Cé, bord de la Loire et près d'un plan d'eau
3 ha (210 empl.) (juil.-août) plat, herbeux - - -
A proximité :
mai-4 oct. - **R** - - *16* *6,50* *6,50* *12*

CHÂLONS-EN-CHAMPAGNE P

7 - 56 ⑰ G. Champagne

Paris 165 - Charleville-Mézières 103 - Dijon 256 - Metz 158 - Nancy 160 - Orléans 280 - Reims 48 - Troyes 82

51000 Marne - 48 423 h. alt. 83.
Office de Tourisme, 3 quai des Arts ✆ 03 26 65 17 89, Fax 03 26 21 72 92

Municipal « Entrée fleurie et cadre agréable », ✆ 03 26 68 38 00, sortie Sud-Est par N 44, rte de Vitry-le François et D 60, rte de Sarry, bord d'un plan d'eau
3,5 ha (131 empl.) plat, herbeux, gravier (1,5 ha)
Rameaux-oct. - **R** *conseillée juil.-août - Tarif 97 : 24 15 22 18 (5A)*

CHAMBERET

10 - 72 ⑲

Paris 446 - Guéret 84 - Limoges 56 - Tulle 44 - Ussel 63

19370 Corrèze - 1 376 h. alt. 450.
Syndicat d'Initiative, à la Mairie ✆ 05 55 98 30 12, Fax 05 55 97 90 66

Municipal ⋟, SO : 1,3 km par D 132, rte de Meilhards et chemin à droite, à 100 m d'un petit plan d'eau et d'un étang
1 ha (34 empl.) en terrasses et peu incliné, pierreux, herbeux, bois attenant - A proximité :

CHAMBILLY

11 - 73 ⑦

Paris 361 - Chauffailles 29 - Digoin 27 - Dompierre-sur-Besbre 53 - Lapalisse 36 - Roanne 32

71110 S.-et-L. - 516 h. alt. 249

Aire Naturelle la Motte aux Merles ⋟, ✆ 03 85 25 19 84, SO : 5 km par D 990, rte de Lapalisse et chemin à gauche
1 ha (25 empl.) peu incliné, plat, herbeux - (bassin)
avril-15 oct. - **R** *conseillée août - 16 21 14*

▶ *Si vous recherchez :*
un terrain effectuant la location de caravanes, de mobile homes, de bungalows ou de chalets

Consultez le tableau des localités citées, classées par départements.

CHAMBON

16 - 80 ⑦

Paris 653 - Alès 32 - Florac 61 - Génolhac 12 - La Grand-Combe 20 - St-Ambroix 25

30450 Gard - 196 h. alt. 260

Aire Naturelle ⋟, ✆ 04 66 61 45 11, E : 3,9 km par D 29, rte de Peyremale et chemin à gauche, au lieu-dit le Chamboredon, bord du Luech - Accès difficile pour caravanes
3 ha (25 empl.) peu incliné et en terrasses, herbeux, pierreux - Location *(permanent)* : gîtes
mai-1er oct. - **R** - *1 pers. 18 10 (6A)*

Municipal le Luech, NO : 0,6 km par D 29, rte de Chamborigaud, en deux parties, bord du Luech
0,4 ha (30 empl.) non clos, plat, peu incliné et en terrasses, pierreux, herbeux
juil.-août - **R** *conseillée - 10,50 7,50 12,50 15 (4A)*

CHAMBON (Lac)

11 - 73 ⑬ G. Auvergne

Paris 461 - Clermont-Ferrand 37 - Condat 39 - Issoire 33 - Le Mont-Dore 18

63790 P.-de-D.
Sports d'hiver : 1 150/1 760 m 9

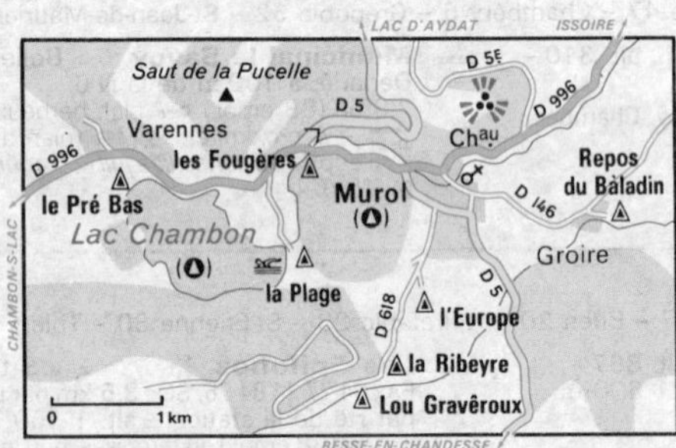

La Plage « Site et cadre agréables au bord du lac », ✆ 04 73 88 60 27, E : 3 km par D 996, rte de Murol et chemin à droite
7 ha (372 empl.) (20 juin-août) plat, incliné et en terrasses, herbeux, pierreux - salle de spectacles et d'animation (plage) - Location :
mai-sept. - **R** *conseillée 14 juil.-15 août - GB - 25 10 30 16 (6A) 22 (10A)*

Le Pré Bas , ✆ 04 73 88 63 04, à Varennes, près du lac (accès direct)
3,8 ha (180 empl.) (saison) plat et peu incliné, herbeux (1,5 ha) - A proximité : - Location :
mai-sept. - **R** - *Tarif 97 : piscine comprise 1 ou 2 pers. 78, pers. suppl. 22 17 (4A)*

Serrette < lac et montagnes, 04 73 88 67 67, O : 2,5 km par D 996, rte du Mont-Dore et D 636 (à gauche) rte de Chambon des Neiges (hors schéma) - alt. 1 000
2 ha (75 empl.) en terrasses, incliné, herbeux, pierreux - - (découverte l'été)
juin-15 sept. - **R** *conseillée - - 20 piscine comprise 24 16 (3A) 22 (6A)*

Municipal les Bombes < vallée de Chaudefour, 04 73 88 64 03, à l'Est de Chambon-sur-Lac vers rte de Murol et à droite, bord de la Couze de Chambon (hors schéma)
2,4 ha (150 empl.) plat, herbeux (1 ha) - - -
A l'entrée : - A proximité :
15 juin-15 sept. - **R** *15 juil.-15 août - GB - - 18 23 15 (3A) 28,50 (6A)*

Voir aussi à *Murol*

Le CHAMBON-SUR-LIGNON

11 - 76 ⑧ G. Vallée du Rhône

Paris 576 - Annonay 47 - Lamastre 32 - Le Puy-en-Velay 46 - Privas 81 - St-Étienne 61 - Yssingeaux 28

43400 H.-Loire - 2 854 h. alt. 967.
Office de Tourisme, r. des Quatre Saisons
04 71 59 71 56, Fax 04 71 65 88 78

Les Hirondelles < « Cadre agréable », 04 71 59 73 84, S : 1 km par D 151 et D 7 à gauche, rte de la Suchère - alt. 1 000 - juil.-août dans locations
1 ha (46 empl.) plat, en terrasses, herbeux - - - Location :
21 juin-août - **R** *conseillée 14 juil.-15 août*

Municipal le Lignon, 04 71 59 72 86, sortie Ouest, rte de Mazet-sur-Voy et à droite avant le pont, près de la rivière
2 ha (130 empl.) plat, herbeux - - -
A proximité :
mai-15 oct. - **R** *conseillée juil.-août - - Tarif 97 : 11,20 7,30 13,50 15,60 (6A) 22,50 (8A)*

CHAMBON-SUR-VOUEIZE

10 - 73 ② G. Berry Limousin

Paris 358 - Aubusson 39 - Guéret 47 - Marcillat-en-Combraille 20 - Montluçon 25

23170 Creuse - 1 105 h. alt. 333

Municipal la Pouge, 05 55 82 13 21, au stade, SE : 0,7 km par D 915, rte d'Evaux-les-Bains, bord de la Tardes
1 ha (50 empl.) plat, herbeux - - - A proximité :
avril-oct. - **R** *conseillée - 10 6 6 10A : 8 (hors saison 13,50)*

CHAMBORIGAUD

16 - 80 ⑦

Paris 648 - Alès 30 - Florac 51 - Génalhac 7 - La Grand-Combe 18 - St-Ambroix 29

30530 Gard - 716 h. alt. 297

La Châtaigneraie, 04 66 61 44 29, N : 0,5 km par D 906, rte de Génolhac, bord du Luech
0,7 ha (53 empl.) en terrasses, pierreux, herbeux - -
mai-15 sept. - **R** *conseillée juil.-août - - 13 7 11 12 (3A)*

CHAMONIX-MONT-BLANC

12 - 74 ⑧ G. Alpes du Nord

Paris 612 - Albertville 69 - Annecy 95 - Aosta 59 - Genève 82 - Lausanne 111

74400 H.-Savoie - 9 701 h. alt. 1 040 - Sports d'hiver : 1 035/3 840 m 10 38
Tunnel du Mont-Blanc : péage en 1997, aller simple : autos 95 à 195 F, camions 465 à 935 F - Tarifs spéciaux AR pour autos et camions
Office de Tourisme, pl. Triangle-de-l'Amitié
04 50 53 00 24, Fax 04 50 53 58 90

Les Rosières < vallée et massif du Mont-Blanc, 04 50 53 10 42, Fax 04 50 53 29 55, NE : 1,2 km par N 506, à 50 m de l'Arve
1,6 ha (147 empl.) plat, herbeux - - - Location :
fermé 13 oct.-14 déc. - **R** *conseillée hiver - - 2 pers. 87 (hiver 92), pers. suppl. 28 (hiver 35) 16 (4A) 18 (5A) 20 (10A)*

aux Bossons SO : 3,5 km - alt. 1 005
74400 Chamonix-Mont-Blanc :

Les Deux Glaciers < « Cadre agréable », 04 50 53 15 84, rte du tremplin olympique
1,6 ha (130 empl.) en terrasses, herbeux -
fermé 16 nov.-14 déc. - **R** *conseillée hiver - R été - - 2 pers. 68, pers. suppl. 25 14 (2A) 17 (3A) 19 (4A)*

Les Marmottes < massif du Mont-Blanc et glaciers, 04 50 53 61 24, au bourg, bord de l'Arve
1,3 ha (100 empl.) plat, herbeux, pierreux - - -
15 juin-sept. - **R** - *- 21 19 12 (3A) 16 (6A)*

Les Ecureuils < massif du Mont-Blanc et glaciers, 04 50 53 83 11, au bourg, bord du torrent et à 100 m de l'Arve
0,6 ha (45 empl.) plat et peu incliné, herbeux -
mai-sept. - **R** *conseillée juil.-20 août - - 21 19 16 (6A) 26 (10A)*

Les Cimes <, 04 50 53 58 93, rte du tremplin olympique
1 ha (100 empl.) peu incliné, herbeux -
juin-sept. - R - *- 23 10 10 12 (3A)*

Le Grand Champ <, 04 50 53 04 83, SO : 1,5 km par rte de-Vers-le-Nant, derrière le Novotel - alt. 1 030
1,7 ha (100 empl.) en terrasses, herbeux - - -
A proximité :
mai-10 oct. - **R** *conseillée 10 juil.-20 août - - 22 10 10 11 (3A) 15 (6A) 18 (10A)*

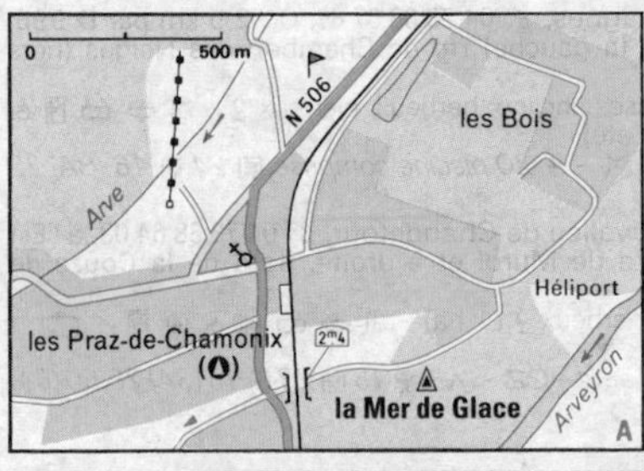

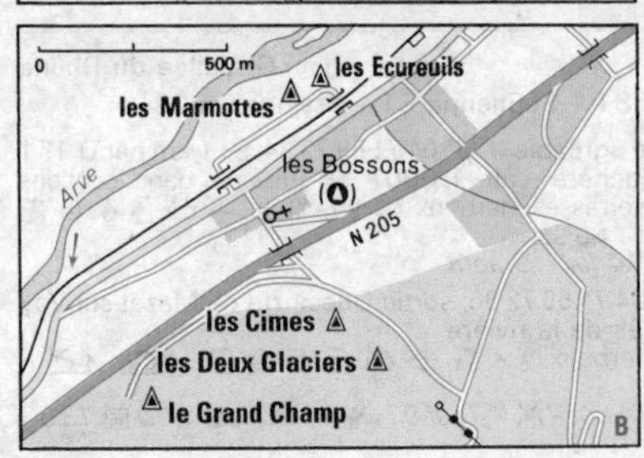

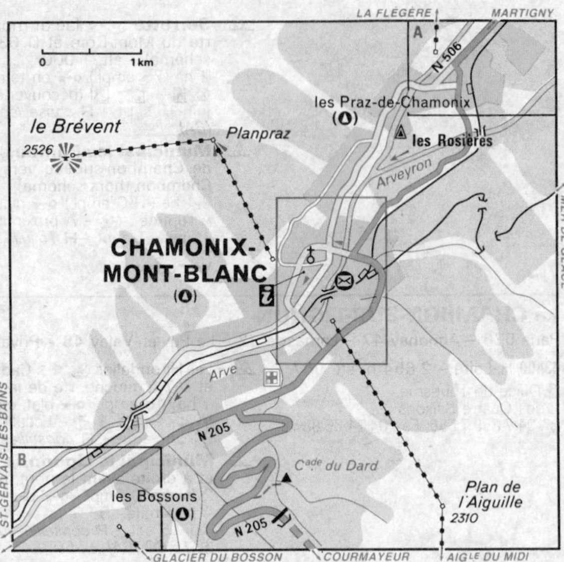

aux Praz-de-Chamonix NE : 2,5 km – 74400 Chamonix-Mont-Blanc :

La Mer de Glace ≤ vallée et massif du Mont-Blanc « Dans une clairière », 04 50 53 08 63, aux Bois, à 80 m de l'Arveyron (accès direct)
2 ha (150 empl.) plat et peu accidenté, herbeux, pierreux
25 avril-sept. – R – *2 pers. 101, pers. suppl. 32* *15 (3A) 19 (6A) 23 (10A)*

CHAMOUILLE

6 – 56 ⑤

Paris 139 – Fère-en-Tardenois 43 – Laon 13 – Reims 43 – Soissons 34

02860 Aisne – 147 h. alt. 112

Le Parc de l'Ailette ≤ « Site et cadre agréables », 03 23 24 66 86, SE : 2 km par D 19, à la Base de Plein Air et de Loisirs, à 200 m du plan d'eau (accès direct)
4,5 ha (196 empl.) peu incliné, plat, en terrasses – A proximité : toboggan aquatique (plage)
4 avril-15 sept. – **R** *conseillée* – GB – *2 pers. 98* *17 (10A)*

CHAMPAGNAC-LE-VIEUX

11 – 76 ⑤ G. Auvergne

Paris 493 – Brioude 16 – La Chaise-Dieu 24 – Clermont-Ferrand 79 – Le Puy-en-Velay 66

43440 H.-Loire – 301 h. alt. 880

Le Chanterelle, 04 71 76 34 00, N : 1 km par D 5, rte d'Auzon, près d'un plan d'eau
4 ha (90 empl.) en terrasses, plat, herbeux, gravillons – A proximité : – Location : bungalows toilés

CHAMPAGNEY

8 – 66 ⑦

Paris 403 – Belfort 19 – Giromagny 14 – Lure 16 – Montbéliard 28

70290 H.-Saône – 3 283 h. alt. 370.
Office de Tourisme, Mairie, 03 84 23 13 98, Fax 03 84 23 21 19

Base de Plein Air de Champagney - Les Ballastières, 03 84 23 11 22, sortie Ouest par D 4, rte de Ronchamp, bord d'un lac et d'une rivière
10 ha (200 empl.) plat, herbeux, pierreux (3,5 ha) – A proximité :
Permanent – **R** *conseillée juil.-août* – *11* *10,50* *15,70 (hiver 30)*

CHAMPAGNOLE

12 – 70 ⑤ G. Jura

Paris 421 – Besançon 67 – Dole 60 – Genève 83 – Lons-le-Saunier 36 – Pontarlier 46 – St-Claude 53

39300 Jura – 9 250 h. alt. 541.
Office de Tourisme, Annexe Hôtel-de-Ville
03 84 52 43 67, Fax 03 84 52 54 57

Municipal de Boyse, 03 84 52 00 32, Fax 03 84 52 01 16, sortie Nord-Ouest par D 5, rte de Lons-le-Saunier et rue Georges Vallerey à gauche, accès direct à l'Ain
7 ha (240 empl.) plat, incliné, herbeux snack – A proximité : parcours sportif
15 juin-15 sept. – **R** *conseillée* – GB – *23 piscine comprise* *13* *13* *17 (10A)*

CHAMPANGES

12 - 70 ⑰

Paris 578 – Annecy 83 – Évian-les-Bains 9 – Genève 43 – Thonon-les-Bains 9

74500 H.-Savoie – 706 h. alt. 719

La Prairie, 04 50 73 49 06, Fax 04 50 73 48 46, au Sud du bourg
1 ha (53 empl.) plat, peu incliné, herbeux
Permanent – **R** *conseillée 1er au 15 août – 12 5 15 6,50 (2A) 8 (4A) 12 (6A)*

CHAMPDOR

12 - 74 ④

Paris 488 – Ambérieu-en-Bugey 38 – Bourg-en-Bresse 61 – Hauteville-Lompnes 7 – Nantua 27

01110 Ain – 459 h. alt. 833

Municipal le Vieux Moulin, 04 74 36 01 72, NO : 0,8 km par D 57A, rte de Corcelles, près de deux plans d'eau
1,6 ha (60 empl.) plat, herbeux – A proximité : – Location : gîte d'étape
Permanent – *16 6 7 4A : 8 (hiver 16) 8A : 16 (hiver 32) 16A : 32 (hiver 64)*

CHAMPFROMIER

12 - 74 ⑤

Paris 499 – Bellegarde-sur-Valserine 15 – Mijoux 27 – Nantua 25 – Oyonnax 32

01410 Ain – 440 h. alt. 640

Municipal les Georennes, SE : 0,6 km par D 14, rte de Nantua et chemin à gauche
0,67 ha (30 empl.) plat et terrasse, herbeux, pierreux

CHAMPS-SUR-TARENTAINE

11 - 76 ② G. Auvergne

Paris 504 – Aurillac 87 – Clermont-Ferrand 83 – Condat 24 – Mauriac 35 – Ussel 38

15270 Cantal – 1 088 h. alt. 450

Municipal de la Tarentaine, 04 71 78 71 25, SO : 1 km par D 679 et D 22, rte de Bort-les-Orgues et rte de Saignes, bord de la Tarentaine
4 ha (140 empl.) plat, herbeux – – A proximité : – Location :
15 juin-15 sept. – **R** – *12 7,50 9*

CHANAS

12 - 77 ①

Paris 513 – Grenoble 88 – Lyon 56 – St-Étienne 73 – Valence 48

38150 Isère – 1 727 h. alt. 150

Les Guyots, 04 74 84 25 36, sortie Nord-Est rte d'Agnin, rue des Guyots, bord d'un ruisseau
1,7 ha (75 empl.) plat, herbeux –
mars-oct. – Location longue durée – *Places limitées pour le passage –* **R** *conseillée – 18 piscine et tennis compris 10 10/15 12 (3A) 14 (4A) 16 (6A)*

Beauséjour, 04 74 84 31 01, au Sud du bourg, sur D 519, à 300 m du Dolon
0,9 ha (50 empl.) plat, herbeux, gravier – – (bassin) – A proximité :
Pâques-sept. – **R** – *Tarif 97 : 16,20 9,80/11,30 15,10 (5A)*

CHANAZ

12 - 74 ⑮

Paris 521 – Aix-les-Bains 23 – Annecy 43 – Bellegarde-sur-Valserine 43 – Belley 17 – Chambéry 36

73310 Savoie – 416 h. alt. 232

Municipal des Îles, 04 79 54 58 51, O : 1 km par D 921, rte de Culoz et chemin à gauche après le pont, près d'un canal et à 300 m du Rhône (plan d'eau)
1,5 ha (103 empl.) plat, gravier, herbeux (0,5 ha) – – – A proximité : snack
mars-15 déc. – Location longue durée – *Places limitées pour le passage –* **R** *conseillée – 21,60 tennis compris 21,15 16,20 (6A) 23,80 (10A)*

CHANCIA

12 - 70 ⑭

Paris 458 – Bourg-en-Bresse 47 – Lons-le-Saunier 46 – Nantua 30 – Oyonnax 14 – St-Claude 29

39 Jura – 87 h. alt. 320
01590 Dortan

Municipal les Cyclamens, 04 74 75 82 14, SO : 1,5 km par D 60E et chemin à gauche, au confluent de l'Ain et de la Bienne, près du lac de Coiselet
2 ha (160 empl.) plat, herbeux – – A proximité :
mai-sept. – Location longue durée – *Places disponibles pour le passage –* **R** *conseillée – 12 10 10 12 (5A)*

Le CHANGE

10 - 75 ⑥

Paris 484 – Brive-la-Gaillarde 62 – Excideuil 27 – Périgueux 17 – Thiviers 35

24640 Dordogne – 516 h. alt. 110

Auberoche, 05 53 06 04 19, Fax 05 53 35 09 51, N : 1,8 km par D 5, rte de Cubjac, bord de l'Auvézère
3 ha (50 empl.) plat, herbeux – – – Location (permanent) : , gîtes
15 juin-15 sept. –

CHANGIS-SUR-MARNE

6 - 56 ⑬

Paris 62 - Château-Thierry 38 - Meaux 12 - Melun 63 - Senlis 50 - Soissons 70

77660 S.-et-M. - 939 h. alt. 64

Les Îlettes, ☎ 01 64 35 76 36, au Sud du bourg, près de la Marne
0,4 ha (24 empl.) plat, herbeux
avril-oct. - **R** *indispensable juil.-août* - *élect. comprise 1 pers. 75, pers. suppl. 25*

CHANTEMERLE **05** H.-Alpes - 77 ⑱ - rattaché à Briançon

La CHAPELLE-AUBAREIL

13 - 75 ⑰

Paris 500 - Brive-la-Gaillarde 45 - Les Eyzies-de-Tayac 20 - Montignac 9 - Sarlat-la-Canéda 17

24290 Dordogne - 330 h. alt. 230

La Fage « Cadre agréable », ☎ 05 53 50 76 50, Fax 05 53 50 79 19, NO : 1,2 km par rte de St-Amand-de-Coly (vers D 704) et chemin à gauche
5 ha (60 empl.) en terrasses, peu incliné, herbeux - Location :
mai-20 sept. - **R** *conseillée* - GB - *30 piscine comprise 41 15 (6 à 10A)*

La CHAPELLE-AUX-FILTZMÉENS

4 - 59 ⑯

Paris 384 - Combourg 6 - Dinan 23 - Dol-de-Bretagne 23 - Rennes 40

35190 I.-et-V. - 314 h. alt. 40

Le Château « Dans les dépendances d'un château du 17e siècle », ☎ 02 99 45 21 55, Fax 02 99 45 27 00, SO : 0,8 km par D 13, rte de St-Domineuc et à droite - dans locations
20 ha (200 empl.) plat, herbeux - snack - discothèque - Location :
Permanent - **R** *conseillée* - GB - *27 piscine comprise 10 50 18 (6A) 25 (10A)*

La CHAPELLE-D'ANGILLON

6 - 65 ⑪ G. Berry Limousin

Paris 192 - Aubigny-sur-Nère 14 - Bourges 35 - Salbris 34 - Sancerre 35 - Vierzon 34

18380 Cher - 687 h. alt. 195

Municipal des Murailles , SE : 0,8 km par D 12 rte d'Henrichemont et chemin à droite, près d'un plan d'eau
2 ha (70 empl.) plat, herbeux (1 ha) - - A proximité :
mai-sept. - - *Tarif 97 : 9,50 15 16*

La CHAPELLE-DEVANT-BRUYÈRES

8 - 62 ⑰

Paris 417 - Épinal 33 - Gérardmer 22 - Rambervillers 27 - Remiremont 30 - St-Dié 27

88600 Vosges - 633 h. alt. 457

Les Pinasses, ☎ 03 29 58 51 10, Fax 03 29 58 54 21, NO : 1,2 km sur D 60, rte de Bruyères
3 ha (139 empl.) plat, herbeux, pierreux, petit étang - Location : studios
15 avril-15 sept. - **R** *conseillée 15 juil.-15 août* - GB - *26 piscine et tennis compris 38 17 (4A) 23 (6A)*

La CHAPELLE-HERMIER

9 - 67 ⑫

Paris 453 - Aizenay 13 - Challans 25 - La Roche-sur-Yon 25 - Les Sables-d'Olonne 23 - St-Gilles-Croix-de-Vie 21

85220 Vendée - 563 h. alt. 58

Pin Parasol « Lac et forêt », ☎ 02 51 34 64 72, SO : 3,3 km par D 42, rte de l'Aiguillon-sur-Vie puis 1 km par rte du Lac de Jaunay, près d'un plan d'eau (accès direct)
5 ha (82 empl.) plat, herbeux - - Location :
15 mai-15 sept. - **R** *conseillée* - - *piscine comprise 2 pers. 90 12 (4A) 16 (6A)*

La CHAPELLE-MONTLIGEON

5 - 60 ⑤

Paris 163 - L'Aigle 36 - Alençon 49 - Mortagne-au-Perche 11 - Nogent-le-Rotrou 28 - Verneuil-sur-Avre 40

61400 Orne - 786 h. alt. 215

Municipal les Bruyères, ☎ 02 33 83 90 43, S : 1,7 km, à l'embranchement de la D 628 par la D 213
1,1 ha (34 empl.) en terrasses, sablonneux, pierreux, forêt attenante - - A proximité : - Location *(permanent) :* gîte d'étape
15 mai-15 sept. - **R** - *10 4 4/6 10*

CHARLIEU

11 - 73 ⑧ G. Vallée du Rhône

Paris 380 - Digoin 47 - Lapalisse 56 - Mâcon 78 - Roanne 19 - St-Étienne 104

42190 Loire - 3 727 h. alt. 265.
Office de Tourisme, pl. St-Philibert ☎ 04 77 60 12 42, Fax 04 77 60 16 91

Municipal, ☎ 04 77 69 01 70, à l'Est de la ville, au stade, bord du Sornin
2,7 ha (100 empl.) plat, herbeux - A proximité :
avril-sept. - **R** - - *11,30 piscine comprise 4,70 6,70 8,80 (4A) 10,30 (6A) 20,60 (10A)*

CHARLY

6 - 56 ⑭

Paris 82 - Château-Thierry 14 - Coulommiers 32 - La Ferté-sous-Jouarre 16 - Montmirail 26 - Soissons 54

02310 Aisne - 2 475 h. alt. 63

Municipal des illettes, ✆ 03 23 82 12 11, au Sud du bourg, à 200 m du D 82 (accès conseillé)
1,2 ha (43 empl.) plat, herbeux - -
A proximité :
avril-sept. - **R** - *élect. comprise 1 pers. 45, 2 pers. 60*

CHARMES-SUR-L'HERBASSE

15 - 77 ②

Paris 562 - Annonay 46 - Beaurepaire 27 - Romans-sur-Isère 15 - Tournon-sur-Rhône 22 - Valence 32

26260 Drôme - 631 h. alt. 251

Municipal les Falquets, ✆ 04 75 45 75 57, sortie Sud-Est, par D 121, rte de Margès, bord de l'Herbasse
1 ha (75 empl.) (juil.-août) plat, herbeux (0,4 ha) - -
mai-sept. - **R** *conseillée juil.-août* - - *13* *10* *10* *11 (5A)*

CHAROLLES

11 - 69 ⑰ G. Bourgogne

Paris 362 - Autun 75 - Chalon-sur-Saône 65 - Mâcon 54 - Moulins 81 - Roanne 61

71120 S.-et-L. - 3 048 h. alt. 279.
Office de Tourisme, Couvent des Clarisses, r. Baudinot
✆ et Fax 03 85 24 05 95

Municipal « Cadre agréable », ✆ 03 85 24 04 90, sortie Nord-Est, rte de Mâcon et D 33 rte de Viry à gauche, bord de l'Arconce
1 ha (60 empl.) plat, herbeux, gravillons - -

CHARRON

9 - 71 ⑫

Paris 472 - Fontenay-le-Comte 36 - Luçon 24 - La Rochelle 17 - La Roche-sur-Yon 59

17230 Char.-Mar. - 1 512 h. alt. 4

Municipal les Prés de Charron, ✆ 05 46 01 53 09, sortie Nord et à gauche, rue du 19-mars-1962
1,2 ha (50 empl.) plat, herbeux - - A proximité :
15 juin-15 sept. - **R** *conseillée 15 juil.-15 août* - - *12* *3,70* *6,20/7,40* *8,50 (10A)*

CHARTRES

5 - 60 ⑧ G. Ile de France

Paris 88 - Évreux 78 - Le Mans 115 - Orléans 75 - Tours 141

28000 E.-et-L. - 39 595 h. alt. 142.
Office de Tourisme, pl. Cathédrale
✆ 02 37 21 50 00, Fax 02 37 21 51 91

Municipal des Bords de l'Eure, ✆ 02 37 28 79 43, au Sud-Est de la ville, près de l'Eure
3,5 ha (97 empl.) plat, herbeux - -
vacances de printemps-3 sept. - **R** - - *Tarif 97 :* *2 pers. 48 ou 70, pers. suppl. 15* *17 (5A)*

CHARTRE-SUR-LE-LOIR

5 - 64 ④ G. Châteaux de la Loire

Paris 216 - La Flèche 56 - Le Mans 50 - St-Calais 29 - Tours 41 - Vendôme 44

72340 Sarthe - 1 669 h. alt. 55

Municipal le Vieux Moulin, ✆ 02 43 44 41 18, à l'Ouest du bourg, bord du Loir
2,5 ha (140 empl.) plat, herbeux, - -
15 avril-oct. - **R** - - *élect. et piscine comprises 2 pers. 57, pers. suppl. 18*

CHASSAGNES 07 Ardèche - 80 ⑧ - rattaché aux Vans

CHASSENEUIL-DU-POITOU 86 Vienne - 67 ⑳ - rattaché à Poitiers

CHASSIERS

16 - 80 ⑧

Paris 645 - Aubenas 17 - Largentière 3 - Privas 47 - Valgorge 26 - Vallon-Pont-d'Arc 24

07110 Ardèche - 930 h. alt. 340

Les Ranchisses, ✆ 04 75 88 31 97, Fax 04 75 88 32 73, NO : 1,6 km, bord de la Ligne - accès par D 5, rte de Valgorge - dans locations
4 ha (130 empl.) plat, peu incliné, herbeux (2 ha) - pizzeria - - Location : , bungalows toilés
Pâques-4 oct. - **R** *conseillée juil.-août* - GB - - *piscine et tennis compris 2 pers. 102* *17 (6 à 10A)*

CHASTANIER

16 - 76 ⑯

Paris 575 - Langogne 10 - Châteauneuf-de-Randon 17 - Marvejols 74 - Mende 46 - Saugues 42

48300 Lozère - 113 h. alt. 1 090

Pont de Braye, ✆ 04 66 69 53 04, O : 1 km, carrefour D 988 et D 34, bord du Chapeauroux
1,5 ha (35 empl.) en terrasses, pierreux, herbeux - - - A proximité :
15 mai-15 sept. - **R** *conseillée* - - *2 pers. 53, pers. suppl. 16* *11 (3A) 15 (5A)*

CHÂTEAU-ARNOUX-ST-AUBAN
17 - 81 ⑯ G. Alpes du Sud

Paris 720 - Digne-les-Bains 25 - Forcalquier 30 - Manosque 41 - Sault 69 - Sisteron 14

04160 Alpes-de-H.-Pr. - 5 109 h. alt. 440.

Office de Tourisme, "La Ferme de Font-Robert" 04 92 64 02 64, Fax 04 92 62 60 67

Les Salettes 04 92 64 02 40, Fax 04 92 64 25 06, E : 1 km, au lac
4 ha (300 empl.) plat, herbeux - snack -
Permanent - **R** *conseillée juil.-août* - GB - *22,50 piscine comprise* *22,50* *14,60 (4A) 22 (6A)*

CHÂTEAU-CHINON
11 - 69 ⑥ G. Bourgogne

Paris 279 - Autun 40 - Avallon 62 - Clamecy 68 - Moulins 89 - Nevers 65 - Saulieu 50

58120 Nièvre - 2 502 h. alt. 510.

Office de Tourisme, 8 r. des Fontaines 03 86 85 06 58, Fax 03 86 79 43 99

Municipal du Pertuy d'Oiseau 03 86 85 08 17, sortie Sud par D 27 rte de Luzy et à droite
1,8 ha (100 empl.) peu incliné à incliné, herbeux -
mai-sept. - **R** - *12* *7* *7* *10*

à St-Léger-de-Fougeret SO : 9,5 km par D 27 rte de St-Léger-sous-Beuvray et D 157 à droite - 280 h. alt. 500 - ✉ 58120 St-Léger-de-Fougeret :

L'Etang de Fougeraie 03 86 85 11 85, Fax 03 86 79 45 72, SE : 2,4 km par D 157 rte d'Onlay, bord d'un étang
3 ha (60 empl.) plat et vallonné, herbeux -
mai-1er oct. - **R** *conseillée 10 juil.-15 août* - *1 pers. 35, 2 pers. 50, pers. suppl. 13,50* *10 (1A)*

Le CHÂTEAU-D'OLÉRON 17 Char.-Mar. - 71 ⑭ - voir à Oléron (Ile d')

CHÂTEAUGIRON
4 - 63 ⑦ G. Bretagne

Paris 337 - Angers 112 - Châteaubriant 42 - Fougères 47 - Nozay 65 - Rennes 16 - Vitré 28

35410 I.-et-V. - 4 166 h. alt. 45

Municipal les Grands Bosquets, sortie Est par D 34, rte d'Ossé, bord d'un plan d'eau
0,6 ha (33 empl.) plat, herbeux -
avril-sept. - **R** - *Tarif 97 :* *8,20* *13,40* *10,90*

CHÂTEAU-GONTIER
4 - 63 ⑩ G. Châteaux de la Loire

Paris 278 - Angers 48 - Châteaubriant 55 - Laval 30 - Le Mans 84 - Rennes 104

53200 Mayenne - 11 085 h. alt. 33.

Office de Tourisme, Péniche L'Elan quai Alsace 02 43 70 42 74, Fax 02 43 70 95 62

Le Parc, 02 43 07 35 60, N : 0,8 km par N 162 rte de Laval, près du complexe sportif, bord de la Mayenne
2 ha (55 empl.) plat et peu incliné, herbeux - - A proximité :

CHÂTEAULIN
3 - 58 ⑮ G. Bretagne

Paris 548 - Brest 47 - Douarnenez 28 - Châteauneuf-du-Faou 23 - Quimper 29

29150 Finistère - 4 965 h. alt. 10.

Office de Tourisme, quai Cosmao 02 98 86 02 11, Fax 02 98 86 31 03 (hors saison) Mairie 02 98 86 10 05

Municipal Rodaven, 02 98 86 32 93, au Sud de la ville, bord de l'Aulne (rive droite)
2 ha (75 empl.) (juil.-août) plat, herbeux - - A proximité :
mars-oct. - **R** *saison* - - *1 pers. 33,60, 2 pers. 54* *11,20*

CHÂTEAUMEILLANT
10 - 68 ⑳

Paris 304 - Aubusson 77 - Bourges 66 - La Châtre 19 - Guéret 60 - Montluçon 45 - St-Amand-Montrond 37

18370 Cher - 2 081 h. alt. 247.

Office de Tourisme, r. de la Victoire 02 48 61 39 89, Fax 02 48 61 32 98

Municipal l'Étang Merlin, 02 48 61 31 38, sortie Nord-Ouest par D 80, rte de Vicq-Exemplet, au stade, près d'un étang
1,5 ha (30 empl.) plat, herbeux - - A proximité :
mai-sept. - **R** *conseillée* - *12,50* *18* *12 (5A) 24 (10A)*

CHÂTEAUNEUF-DE-GALAURE
12 - 77 ②

Paris 534 - Annonay 31 - Beaurepaire 18 - Romans-sur-Isère 26 - St-Marcellin 41 - Tournon-sur-Rhône 29 - Valence 41

26330 Drôme - 1 246 h. alt. 253

Château de Galaure, 04 75 68 65 22, Fax 04 75 68 60 60, SO : 0,8 km par D 51, rte de St-Vallier
12 ha (120 empl.) plat, herbeux - - A proximité : - Location :
avril-oct. - **Location longue durée** - *Places disponibles pour le passage* - **R** - *piscine et tennis compris 2 pers. 85, pers. suppl. 17* *17 (10A)*

CHÂTEAUNEUF-DU-RHÔNE
16 - 81 ① G. Vallée du Rhône

Paris 616 - Aubenas 41 - Grignan 22 - Montélimar 8 - Pierrelatte 15 - Valence 58

26780 Drôme - 2 094 h. alt. 80

Municipal la Graveline 04 75 90 80 96, sortie Nord par D 73, rte de Montélimar puis chemin à droite
0,6 ha (66 empl.) plat et peu incliné, herbeux - - A proximité :
6 juin-août - **R** - *9* *6* *6*

CHÂTEAUNEUF-LA-FORÊT

10 - 72 ⑱ ⑲

Paris 426 - Eymoutiers 14 - Limoges 37 - St-Léonard-de-Noblat 20 - Treignac 33

87130 H.-Vienne - 1 805 h. alt. 376

Municipal du Lac, ✆ 05 55 69 39 29, à l'Ouest de la commune, rte du stade, à 100 m d'un plan d'eau
1,5 ha (65 empl.) plat, herbeux - A proximité : (plage)
juin-15 sept. - **R** *conseillée 14 juil.-15 août - Tarif 97 : tennis compris 1 ou 2 pers. 45, pers. suppl. 11 15 (10A)*

CHÂTEAUNEUF-LES-BAINS

11 - 73 ③ G. Auvergne

Paris 383 - Aubusson 84 - Clermont-Ferrand 48 - Montluçon 55 - Riom 33 - Ussel 95

63390 P.-de-D. - 330 h. alt. 390

Municipal les Prés Dimanches ←, ✆ 04 73 86 41 50, sortie Est du bourg par D 109, près de la Sioule
0,5 ha (45 empl.) plat, herbeux, pierreux - A proximité :
2 mai-sept. - **R** - *élect. (6A) comprise 1 à 3 pers. 55, pers. suppl. 5*

CHÂTEAUNEUF-SUR-SARTHE

4 - 64 ①

Paris 277 - Angers 30 - Château-Gontier 25 - La Flèche 33

49330 M.-et-L. - 2 370 h. alt. 20

Municipal du Port « Décoration arbustive », ✆ 02 41 69 82 02, sortie Sud-Est par D 859 rte de Durtal et chemin à droite après le pont, bord de la Sarthe
1 ha (60 empl.) (saison) plat, herbeux (0,3 ha) -

CHÂTEAUPONSAC

10 - 72 ⑦ G. Berry Limousin

Paris 361 - Rellac 22 - Bélâbre 55 - Limoges 48 - St-Junien 46

87290 H.-Vienne - 2 409 h. alt. 290

Municipal la Gartempe, ✆ 05 55 76 55 33, sortie Sud-Ouest par D 711 rte de Nantiat, à 200 m de la rivière
0,8 ha (50 empl.) plat, peu incliné et terrasses, herbeux - snack - - A proximité : - Location *(permanent)* : gîtes
avril-oct. - **R** *conseillée juil.-août - Tarif 97 : piscine comprise 2 pers. 55, pers. suppl. 15 15 (6A)*

CHÂTEAU-QUEYRAS

17 - 77 ⑲ G. Alpes du Sud

Paris 717 - Briançon 36 - Gap 80 - Guillestre 19 - St-Véran 13

05350 H.-Alpes - alt. 1 380

Municipal de l'Iscle ←, ✆ 04 92 46 76 21, sortie Est par D 947, rte d'Aiguilles, à 50 m du Guil
2 ha (75 empl.) plat, pierreux, herbeux - -
15 juin-10 sept. - - - *Tarif 97 : 11,50 5,30 8,80*

CHÂTEAURENARD

16 - 84 ① G. Provence

Paris 693 - Avignon 10 - Carpentras 30 - Cavaillon 19 - Marseille 94 - Nîmes 45 - Orange 38

13160 B.-du-R. - 11 790 h. alt. 37.
Office de Tourisme, 1 r. R.-Salengro
✆ 04 90 94 23 27, Fax 04 90 94 14 97

La Roquette, ✆ 04 90 94 46 81, E : 1,5 km par D 28 rte de Noves et à droite, près de la piscine - Par A 7 sortie Avignon-Sud
2 ha (75 empl.) plat, herbeux - - -
A proximité :
15 mars-nov. - **R** *juil.-août - 19 18 15 (5 ou 6A)*

CHÂTEAU-RENAULT

5 - 64 ⑤ ⑥ G. Châteaux de la Loire

Paris 215 - Angers 122 - Blois 43 - Loches 60 - Le Mans 88 - Tours 32 - Vendôme 27

37110 I.-et-L. - 5 787 h. alt. 92.
Office de Tourisme, Parc de Vauchevrier
✆ 02 47 29 54 43

Municipal du Parc de Vauchevrier, ✆ 02 47 29 54 43, par centre ville, r. Paul-Louis-Courier, bord de la Brenne
3,5 ha (110 empl.) plat, herbeux - -
Pâques-sept. - **R** *conseillée - - Tarif 97 : 9,50 5,30 9,50 10,50 (6A)*

CHÂTEAUROUX P

10 - 68 ⑧ G. Berry Limousin

Paris 266 - Blois 100 - Bourges 65 - Châtellerault 99 - Guéret 89 - Limoges 124 - Montluçon 98 - Tours 115

36000 Indre - 50 969 h. alt. 155.
Office de Tourisme, pl. de la Gare
✆ 02 54 34 10 74, Fax 02 54 27 57 97

Le Rochat Belle-Isle, ✆ 02 54 34 26 56, Fax 02 54 60 85 26, Nord par av. de Paris et rue à gauche, bord de l'Indre et à 100 m d'un plan d'eau
4 ha (205 empl.) plat, herbeux, gravillons - - - A proximité :

CHÂTEL

12 - 70 ⑱ G. Alpes du Nord

Paris 579 - Annecy 113 - Évian-les-Bains 41 - Morzine 38 - Thonon-les-Bains 39

74390 H.-Savoie - 1 255 h.
alt. 1 180 - Sports d'hiver : 1 200/2 200 m 2 36 .
Office de Tourisme,
✆ 04 50 73 22 44, Fax 04 50 73 22 87

L'Oustalet ← « Site agréable », ✆ 04 50 73 21 97, Fax 04 50 73 37 46, SO : 2 km par la rte du col de Bassachaux, bord de la Dranse - alt. 1 110
3 ha (100 empl.) plat et peu incliné, herbeux, pierreux, gravillons - - (découverte l'été) - A proximité : practice de golf
déc.-avril, 20 juin-5 sept. - **R** *conseillée été, indispensable hiver* - GB - - *piscine comprise 2 pers. 100, 3 pers. 120, pers. suppl. 25 20 (2A) 24 (3A) 32 (6A) - hiver 20 à 51 (2 à 10A)*

CHÂTELAILLON-PLAGE

9 – 71 ⑬ G. Poitou Vendée Charentes

Paris 470 – Niort 63 – Rochefort 23 – La Rochelle 18 – Surgères 28

17340 Char.-Mar. – 4 993 h. alt. 3.
Office de Tourisme, av. de Strasbourg
✆ 05 46 56 26 97, Fax 05 46 56 09 49

Le Clos des Rivages, ✆ 05 46 56 26 09, SE : av. des Boucholeurs
3 ha (150 empl.) plat, herbeux, étang
15 juin-10 sept. – **R** *conseillée* – *Tarif 97 : 2 pers. 88 16 (3A) 21 (6A) 26 (10A)*

L'Océan, ✆ 05 46 56 87 97, au Nord du bourg par D 202, rte d'Angoulins et rue des Passeroses, à droite
1 ha (94 empl.) plat, herbeux, pierreux
15 juin-15 sept. – **R** – GB – *2 pers. 78 20 (10A)*

Les Sables, ✆ 05 46 56 86 37, N : 2 km par D 202, rte de la Rochelle et à droite
0,7 ha (50 empl.) plat, herbeux (0,3 ha)
15 juin-15 sept. – **R** *conseillée* – *16 26 13 (3A) 17 (5A) 22 (10A)*

Le CHÂTELARD

12 – 74 ⑯ G. Alpes du Nord

Paris 564 – Aix-les-Bains 30 – Annecy 30 – Chambéry 34 – Montmélian 34 – Rumilly 32

73630 Savoie – 491 h. alt. 750

Les Cyclamens ✆ 04 79 54 80 19, vers sortie Nord-Ouest et chemin à gauche, rte du Champet
0,6 ha (33 empl.) plat, herbeux
15 mai-15 sept. – **R** *conseillée juil.-août* – *19 18 13 (2A) 15 (3A) 18 (4A)*

CHÂTELAUDREN

8 – 58 ⑨

Paris 469 – Guingamp 15 – Lannion 46 – St-Brieuc 18 – St-Quay-Portrieux 21

22170 C.-d'Armor – 947 h. alt. 105

Municipal de l'Etang ✆ 02 96 74 17 71, au bourg, rue de la gare, bord d'un étang
0,2 ha (19 empl.) plat, herbeux
mai-sept. – **R** – *Tarif 97 : 15 5 15 15 (5 ou 10A)*

CHÂTEL-DE-NEUVRE

11 – 69 ⑭ G. Auvergne

Paris 310 – Montmarault 36 – Moulins 19 – St-Pourçain-sur-Sioule 12 – Vichy 39

03500 Allier – 512 h. alt. 224

Deneuvre, ✆ 04 70 42 04 51, N : 0,5 km par N 9 puis chemin à droite, bord de l'Allier
1,3 ha (75 empl.) plat, herbeux – snack
avril-1er oct. – **R** *conseillée* – *21 21 14 (4A)*

CHÂTELGUYON

11 – 73 ④ G. Auvergne

Paris 415 – Aubusson 94 – Clermont-Ferrand 20 – Gannat 30 – Vichy 43 – Volvic 11

63140 P.-de-D. – 4 743 h. alt. 430 – (mai-sept.).
Office de Tourisme, parc E.-Clémentel
✆ 04 73 86 01 17, Fax 04 73 86 27 03

Clos de Balanède, ✆ 04 73 86 02 47, sortie Sud-Est par D 985, rte de Riom
3 ha (285 empl.) plat et peu incliné, herbeux – half-court – Location : – Garage pour caravanes
10 avril-5 oct. – **R** *conseillée 10 juil.-19 août* – GB – *20 piscine comprise 7 15 12 (3A) 18 (5A) 25 (10A)*

à St-Hippolyte SO : 1,5 km – ✉ 63140 Châtelguyon :

Municipal de la Croze ✆ 04 73 86 08 27, SE : 1 km par D 227, rte de Riom
3,7 ha (150 empl.) plat, peu incliné et en terrasses, herbeux, pierreux
mai-5 oct. – **R** – *12,70 7,15 7,15/11,70 11,70 (4A) 23,50 (6A) 35,15 (10A)*

Voir aussi à *Loubeyrat*

CHÂTELLERAULT

10 – 68 ④ G. Poitou Vendée Charentes

Paris 305 – Châteauroux 101 – Cholet 128 – Poitiers 36 – Tours 71

86100 Vienne – 34 678 h. alt. 52.
Office de Tourisme, 2 av. Treuille
✆ 05 49 21 05 47, Fax 05 49 02 03 26

Relais du Miel « Dans les dépendances d'une demeure du 18e siècle », ✆ 05 49 02 06 27, Fax 05 49 93 25 76, sortie Nord, sur D 1, rte d'Antran, près de la Vienne (accès direct) – Par A 10, sortie ㉖ Châtellerault-Nord
7 ha/3 campables (80 empl.) plat, terrasses, herbeux, pierreux
mai-sept. – **R** *conseillée juil.-août* – GB – *élect. (10A) et piscine comprises 2 pers. 130*

CHÂTELUS-MALVALEIX

10 – 68 ⑲

Paris 334 – Aigurande 28 – Aubusson 46 – Boussac 19 – Guéret 25

23270 Creuse – 558 h. alt. 410

Municipal la Roussille ✆ 05 55 80 52 71, à l'Ouest du bourg, bord d'un étang
0,5 ha (33 empl.) peu incliné, herbeux
avril-sept. – **R**

CHÂTENOY

6 - 65 ①

Paris 120 - Bellegarde 11 - Châteauneuf-sur-Loire 23 - Montargis 33 - Gien 38 - Sully-sur-Loire 18

45260 Loiret - 295 h. alt. 128

Les Terres Vaines « Cadre boisé », 02 38 55 82 71, S : 1,4 km par D 948, rte de Sully-sur-Loire
1,2 ha (38 empl.) plat, herbeux, sablonneux - snack -
Permanent - Location longue durée - *Places limitées pour le passage* - **R** - *élect. comprise (3 ou 10A) 2 pers. 100, pers. suppl. 25*

CHÂTILLON-COLIGNY

6 - 65 ② G. Bourgogne

Paris 132 - Auxerre 66 - Gien 27 - Joigny 48 - Montargis 22

45230 Loiret - 1 903 h. alt. 130

Municipal de la Lancière, 02 38 92 54 73, au Sud du bourg, entre le Loing et le canal de Briare
1,9 ha (55 empl.) (saison) plat, herbeux (0,4 ha) - cases réfrigérées -
avril-sept. - **R** *conseillée juil.-août* - - *10,50 5,50 8,20 16,30 (6A)*

CHÂTILLON-EN-VENDELAIS

4 - 59 ⑱

Paris 310 - Fougères 18 - Rennes 49 - Vitré 13

35210 I.-et-V. - 1 526 h. alt. 133

Municipal du Lac « Site et cadre agréables », 02 99 76 06 32, N : 0,5 km par D 108, bord de l'étang de Châtillon
0,6 ha (50 empl.) (juil.-août) peu incliné, herbeux - -
- A proximité : crêperie
15 mai-sept. - *10,50 4,75 8,40 14,70 (6A)*

CHÂTILLON-SUR-CHALARONNE

12 - 74 ② G. Vallée du Rhône

Paris 417 - Bourg-en-Bresse 28 - Lyon 53 - Mâcon 27 - Meximieux 35 - Villefranche-sur-Saône 28

01400 Ain - 3 786 h. alt. 177.
Office de Tourisme, pl. Champ-de-Foire
04 74 55 02 27, Fax 04 74 55 34 78

Municipal du Vieux Moulin, 04 74 55 04 79, Fax 04 74 55 13 11, sortie Sud-Est par D 7 rte de Chalamont, bord de la Chalaronne
3 ha (140 empl.) plat, herbeux (1,5 ha) - -
- A proximité : snack toboggan aquatique
mai-sept. - Location longue durée - *Places disponibles pour le passage* - **R** *conseillée* - - *Tarif 97 : 22 7 13 13 (15A)*

CHÂTILLON-SUR-INDRE

10 - 68 ⑥ G. Berry Limousin

Paris 256 - Le Blanc 42 - Blois 76 - Châteauroux 48 - Châtellerault 64 - Loches 24 - Tours 68

36700 Indre - 3 262 h. alt. 115.
Office de Tourisme, pl. du Champ-de-Foire
02 54 38 74 19 02 54 38 81 16

Municipal de la Ménétrie, au Nord, en direction de la gare, r. du Moulin la Grange
0,5 ha (55 empl.) plat, herbeux - - - A proximité :
15 mai-15 sept. - - *12 15 12 (6A)*

CHÂTILLON-SUR-SEINE

7 - 65 ⑧ G. Bourgogne

Paris 232 - Auxerre 85 - Avallon 73 - Chaumont 59 - Dijon 84 - Langres 72 - Saulieu 79 - Troyes 68

21400 Côte-d'Or - 6 862 h. alt. 219.
Office de Tourisme, pl. Marmont
03 80 91 13 19

Municipal, 03 80 91 03 05, esplanade St-Vorles par rte de Langres
0,8 ha (54 empl.) peu incliné, plat, herbeux, goudronné -
- A proximité :
mai-15 sept. - **R** *conseillée juil.-15 août* - - *14 8 11 11 (5A) 22 (10A)*

La CHÂTRE

10 - 68 ⑲ G. Berry Limousin

Paris 298 - Bourges 70 - Châteauroux 36 - Guéret 54 - Montluçon 64 - Poitiers 138 - St-Amand-Montrond 51

36400 Indre - 4 623 h. alt. 210.
Office de Tourisme, square G.-Sand
02 54 48 22 64, Fax 02 54 06 09 15

Le Val Vert, 02 54 48 32 42, Fax 02 54 48 32 87, SE : 2,8 km par D 943, rte de Montluçon, D 83A direction Briantes et rte à droite
2 ha (77 empl.) en terrasses, plat, herbeux -
juin-sept. - **R** - *2 pers. 50, pers. suppl. 15 15 (16A)*

à Montgivray N : 2,5 km - 1 661 h. alt. 210 - 36400 Montgivray :

Municipal Solange Sand « Cadre agréable », 02 54 06 10 34, au château Solange-Sand, bord de l'Indre
1 ha (70 empl.) plat, herbeux, parc attenant - -
15 mars-15 oct. - **R** *8 juil.-15 août* - *11,60 6,15, 10,50 9,15 (3A) 14,05 (6A) 25,60 (10A)*

CHÂTRES-SUR-CHER

6 - 64 ⑲

Paris 208 - Bourges 52 - Romorantin-Lanthenay 21 - Selles-sur-Cher 30 - Vierzon 13

41320 L.-et-Ch. - 1 074 h. alt. 70

Municipal des Saules, 02 54 98 04 55, au bourg, près du pont, bord du Cher (plan d'eau)
1 ha (80 empl.) (saison) plat, herbeux, sablonneux - - -
A proximité :
mai-août - **R** - GB - - *1 pers. 22, pers. suppl. 8 10,50 (5A)*

CHAUDES-AIGUES

16 - 76 ⑭ G. Auvergne

Paris 546 - Aurillac 101 - Entraygues-sur-Truyère 62 - Espalion 53 - St-Chély-d'Apcher 29 - St-Flour 28

15110 Cantal - 1 110 h. alt. 750 - ♆ (4 mai- 24 oct.).
Office de Tourisme, 1 av. G.-Pompidou ✆ 04 71 23 52 75

Municipal le Couffour ⑤ ≤, ✆ 04 71 23 57 08, S : 2 km par D 921, rte de Laguiole puis chemin à droite, au stade - alt. 900
2,5 ha (170 empl.) plat, peu incliné, terrasses, herbeux -
mai-15 oct. - R - - *Tarif 97 : 10 5 5 12 (3 ou 6A)*

CHAUFFAILLES

11 - 73 ⑧

Paris 395 - Charolles 33 - Lyon 79 - Mâcon 63 - Roanne 36

71170 S.-et-L. - 4 485 h. alt. 405.
Office de Tourisme, 1 r. Gambetta ✆ 03 85 26 07 06, Fax 03 85 84 62 94

Municipal les Feuilles, ✆ 03 85 26 48 12, au Sud-Ouest de la ville, par r. du Chatillon, bord du Botoret
4 ha (75 empl.) plat et peu incliné, herbeux, gravillons (1 ha) - - A proximité : - Location : huttes
mai-sept. - **R** *conseillée juil.-août* - - *Tarif 97 : 2 pers. 34, pers. suppl. 11 13 (5A)*

CHAUFFOUR-SUR-VELL

13 - 75 ⑲

Paris 509 - Beaulieu-sur-Dordogne 21 - Brive-la-Gaillarde 27 - Rocamadour 31 - Souillac 26

19500 Corrèze - 325 h. alt. 160

Feneyrolles ⑤, ✆ 05 55 84 09 58, à 2,2 km à l'Est de la commune par chemin, au lieu-dit Feneyrolles
3 ha (90 empl.) (juil.-août) en terrasses et peu incliné, pierreux, herbeux -
15 avril-sept. - **R** *conseillée* - GB - - *18 piscine comprise 20 10 (6A)*

CHAUMONT-D'ANJOU

5 - 64 ①

Paris 278 - Angers 29 - Baugé 15 - Châteauneuf-sur-Sarthe 25 - La Flèche 31

49140 M.-et-L. - 261 h. alt. 54

Municipal de Malagué ⑤ « En forêt, près d'un étang », NO : 1,5 km par rte de Seiches-sur-le-Loir et chemin à droite
1 ha (50 empl.) (juil.-août) plat - - A proximité :
15 juin-15 sept. - **R** *conseillée juil.-août* - *Tarif 97 : élect. comprise 2 pers. 55 ou 65, pers. suppl. 10*

CHAUMONT-SUR-LOIRE

5 - 64 ⑯ G. Châteaux de la Loire

Paris 199 - Amboise 20 - Blois 17 - Contres 23 - Montrichard 18 - St-Aignan 32

41150 L.-et-Ch. - 876 h. alt. 69

La Grosse Grève ⑤, ✆ 02 54 20 95 22, à l'Est du bourg et rte à gauche avant le pont, bord de la Loire
4 ha (150 empl.) plat, peu incliné, herbeux -
15 mai-sept. - R - - *13 5 10 7 (5 ou 7A)*

CHAUNY

6 - 56 ③ ④

Paris 121 - Compiègne 39 - Laon 35 - Noyon 16 - St-Quentin 30 - Soissons 32

02300 Aisne - 12 926 h. alt. 50.
Office de Tourisme, pl. du Marché Couvert ✆ 03 23 52 10 79

Municipal « Décoration florale et arbustive », ✆ 03 23 52 09 96, NO : 1,5 km par rte de Noyon et D 56 à droite, près N 32
2,7 ha (35 empl.) plat et peu incliné, gravier, herbeux -
avril-oct. - *Tarif 97 : 10 6 6 13 (4A) 19 (6A) 30 (10A)*

CHAUX-DES-CROTENAY

12 - 70 ⑮ G. Jura

Paris 435 - Champagnole 14 - Lons-le-Saunier 46 - Mouthe 22 - St-Laurent-en-Grandvaux 13

39150 Jura - 362 h. alt. 735

Municipal ⑤ ≤, ✆ 03 84 51 50 00, N : 0,7 km, à la piscine
1,2 ha (62 empl.) plat et peu incliné, herbeux - - - A proximité :
juil.-août - **R** - - *10,50 16,50 10,50 (10A)*

CHAUZON

07 Ardèche - 80 ⑨ - voir à Ardèche (Gorges de l')

CHAVANNES-SUR-SURAN

12 - 70 ⑬

Paris 446 - Bourg-en-Bresse 20 - Lons-le-Saunier 50 - Mâcon 58 - Nantua 36 - Pont-d'Ain 28

01250 Ain - 419 h. alt. 312

Municipal ⑤, sortie Est par D 3 rte d'Arnans, bord du Suran
1 ha (25 empl.) plat, herbeux -
mai-oct. - R - *Tarif 97 : 7,50 4 6 11,50*

CHEFFES

5 - 64 ①

Paris 281 - Angers 23 - Château-Gontier 32 - La Flèche 36

49125 M.-et-L. - 857 h. alt. 19

Municipal de l'Écluse, ✆ 02 41 42 85 52, sortie Est par D 74 rte de Tiercé, près de la Sarthe
2 ha (70 empl.) plat, herbeux -
juin-15 sept. - **R** - GB - - *Tarif 97 : 8 10 10,50 (4A) 16 (6A) 30 (10A)*

CHÉMERY

5 - 64 ⑰

Paris 212 - Blois 31 - Montrichard 26 - Romorantin-Lanthenay 28 - St-Aignan 14 - Selles-sur-Cher 11

41700 L.-et-Ch. - 875 h. alt. 90

⚠ **Municipal**, ✆ 02 54 71 37 11, sortie Ouest par rte de Couddes, bord d'un ruisseau
1,2 ha (50 empl.) plat, herbeux
mai-sept. - **R** *conseillée - 11 16 15 (6A) 24 (10A)*

CHEMILLÉ-SUR-INDROIS

10 - 64 ⑯

Paris 242 - Châtillon-sur-Indre 26 - Loches 14 - Montrichard 25 - St-Aignan 22 - Tours 57

37460 I.-et-L. - 207 h. alt. 97

⚠ **Municipal du Lac** « Agréable situation près d'un plan d'eau », ✆ 02 47 92 77 83, au Sud-Ouest du bourg
0,8 ha (73 empl.) (saison) plat et peu incliné, herbeux
A proximité : poneys
Pâques-oct. - **R** *conseillée juil.-août - 10 7 10 11 (5A)*

CHÊNE-EN-SEMINE

12 - 74 ⑤

Paris 506 - Annecy 35 - Bellegarde-sur-Valserine 10 - Genève 38 - Nantua 34 - Rumilly 29

74270 H.-Savoie - 234 h. alt. 500

⚠⚠ **La Croisée** « Cadre boisé », ✆ 04 50 77 90 06, au Centre de Loisirs de la Semine, N : 2 km, à l'intersection des N 508 et D 14
2,9 ha (160 empl.) (juil.-août) plat, herbeux, pierreux - A l'entrée : - A proximité :
juin-15 sept. - GB - *25 tennis compris 5 15/20 15 (9A)*

CHÉNÉRAILLES

10 - 73 ① G. Berry Limousin

Paris 371 - Aubusson 18 - La Châtre 63 - Guéret 33 - Montluçon 45

23130 Creuse - 794 h. alt. 537

⚠ **Municipal la Forêt** « Cadre boisé au bord d'un étang », ✆ 05 55 62 38 26, SO : 1,3 km par D 55 rte d'Ahun
0,5 ha (33 empl.) (juil.-août) peu incliné, plat, herbeux, pierreux sapinière - A proximité : (plage)
15 juin-15 sept. - **R** *juil.-août - 8,50 7,50 7,50 12 (16A)*

CHENONCEAUX

5 - 64 ⑯ G. Châteaux de la Loire

Paris 234 - Amboise 12 - Château-Renault 35 - Loches 31 - Montrichard 9 - Tours 32

37150 I.-et-L. - 313 h. alt. 62.
Office de Tourisme, (mai-sept.) 3 pl. de la Mairie ✆ 02 47 23 94 45

⚠⚠ **Le Moulin Fort**, ✆ 02 47 23 86 22, Fax 02 47 23 80 93 ✉ 37150 Francueil, SE : 2 km par D 176 rte de Montrichard, D 80 rte de Francueil à droite et chemin à gauche après le pont, bord du Cher
3 ha (137 empl.) plat, herbeux, sablonneux - snack
mai-sept. - **R** *conseillée - piscine comprise 2 pers. 91, pers. suppl. 26 23 (6A)*

CHERRUEIX

4 - 59 ⑦

Paris 371 - Cancale 20 - Dinard 31 - Dol-de-Bretagne 10 - Rennes 66 - St-Malo 25

35120 I.-et-V. - 983 h. alt. 3

⚠ **L'Aumône**, ✆ 02 99 48 99 04, S : 0,5 km, sur D 797
1,6 ha (70 empl.) plat, herbeux - Location : gîte d'étape
Pâques-15 sept. - **R** - *Tarif 97 : 15 7 7 13 (12A)*

Le CHESNE

7 - 56 ⑨ G. Champagne

Paris 218 - Buzancy 19 - Charleville-Mézières 38 - Rethel 32 - Vouziers 17

08390 Ardennes - 974 h. alt. 164

⚠⚠ **Départemental Lac de Bairon** « Situation agréable », ✆ 03 24 30 11 66, NE : 2,8 km par D 991, rte de Charleville-Mézières et rte de Sauville, à droite, bord du lac - Pour caravanes : accès conseillé par D 977, rte de Sedan et D 12 à gauche
6,8 ha (170 empl.) plat et en terrasses, herbeux, gravillons (0,5 ha) - A proximité :
Permanent - **R** *conseillée juil.-août - 13,20 7 7 11,40 (3A) 14,70 (5A) 24,40 (10A)*

CHEVANCEAUX

9 - 71 ⑦

Paris 500 - Barbezieux 20 - Blaye 47 - Bordeaux 65 - Libourne 49

17210 Char.-Mar. - 1 008 h. alt. 140

⚠ Municipal Bellevue, au bourg, près de la piscine
0,6 ha (20 empl.) plat, peu incliné, herbeux
15 mars-15 nov. -

▶ *Les cartes MICHELIN sont constamment tenues à jour.*

CHEVERNY

5 - 64 ⑰ G. Châteaux de la Loire

Paris 195 - Blois 14 - Romorantin-Lanthenay 29 - St-Aignan 27 - Tours 77

41700 L.-et-Ch. - 900 h. alt. 110

Les Saules, ✆ 02 54 79 90 01, Fax 02 54 79 28 34, S : 2,5 km par D 102, rte de Contres
10 ha/6 campables (169 empl.) plat, herbeux (1 ha) - Location :
Pâques-22 sept. - **R** *conseillée* - GB - *28 piscine comprise* *36/42* *16 (2A) 22 (5A)*

Le CHEYLARD

11 - 76 ⑲

Paris 594 - Aubenas 49 - Lamastre 22 - Privas 47 - Le Puy-en-Velay 61 - St-Agrève 24 - Valence 60

07160 Ardèche - 3 833 h. alt. 450.
Office de Tourisme, r. de la Poste ✆ 04 75 29 18 71, Fax 04 75 29 46 75

Municipal la Chèze ≤ le Cheylard et montagnes « Belle situation dominante et cadre agréable », ✆ 04 75 29 09 53, sortie Nord-Est par D 120, rte de la Voulte puis à droite, 1 km par D 204 et D 264, rte de St-Christol, au château
3 ha (85 empl.) plat et en terrasses - parcours de santé

CHINDRIEUX

12 - 74 ⑮

Paris 520 - Aix-les-Bains 16 - Annecy 37 - Bellegarde-sur-Valserine 38 - Bourg-en-Bresse 91 - Chambéry 34

73310 Savoie - 1 059 h. alt. 300

Les Peupliers ≤, ✆ 04 79 54 52 36, S : 1 km par D 991 rte d'Aix-les-Bains et chemin à droite, à Chaudieu
1,5 ha (65 empl.) plat, herbeux, gravier - A l'entrée :
15 avril-oct. - **R** - *17* *21* *14 (10A)*

CHINON

9 - 64 ⑬ G. Châteaux de la Loire

Paris 285 - Châtellerault 51 - Poitiers 94 - Saumur 30 - Thouars 43 - Tours 46

37500 I.-et-L. - 8 627 h. alt. 40.
Office de Tourisme, 12 r. Voltaire ✆ 02 47 93 17 85, Fax 02 47 93 93 05 et (juil.-août) rte de Tours

Municipal de l'Île Auger ≤ ville et château, ✆ 02 47 93 08 35, quai Danton, bord de la Vienne
3 ha (277 empl.) plat, herbeux, sablonneux - -
A proximité :
15 mars-15 oct. - **R** - GB - *Tarif 97 : 10,40 10,90 10,90 10,20 (4A)*

CHISSEAUX

5 - 64 ⑯

Paris 225 - Amboise 14 - Chenonceaux 2 - Montbazon 34 - Montrichard 7 - Tours 35

37150 I.-et-L. - 522 h. alt. 58

Municipal de l'Écluse, ✆ 02 47 23 87 10, au Sud du bourg, près du Cher
1,2 ha (86 empl.) plat, herbeux -
11 avril-sept. - **R** - *Tarif 97 : 16 16 16*

CHOISY

12 - 74 ⑥

Paris 527 - Annecy 17 - Bellegarde-sur-Valserine 31 - Bonneville 35 - Genève 36

74330 H.-Savoie - 1 068 h. alt. 626

Aire Naturelle Chez Langin ≤ « A l'orée d'un bois », ✆ 04 50 77 41 65, Fax 04 50 77 45 01, NE : 1,3 km par D 3, rte d'Allonzier-la-Caille puis 1,3 km par rte des Mégevands à gauche et chemin - Par autoroute A 41 : sortie Cruseilles et D 3
2 ha (25 empl.) peu incliné, herbeux - (bassin)
Pâques-Toussaint - **R** *indispensable* - *2 pers. 80, pers. suppl. 20* *20 (3A)*

CHOLET

9 - 67 ⑤ ⑥ G. Châteaux de la Loire

Paris 350 - Ancenis 48 - Angers 60 - Nantes 58 - Niort 128 - La Roche-sur-Yon 64

49300 M.-et-L. - 55 132 h. alt. 91.
Office de Tourisme, pl. Rougé ✆ 02 41 62 22 35, Fax 02 41 62 80 99 et (juil.-août) Bureau d'Accueil rte. d'Angers ✆ 02 41 58 66 66

S.I. Lac de Ribou « Décoration florale et arbustive », ✆ 02 41 49 74 30, Fax 02 41 58 21 22, SE : 5 km par D 20, rte de Maulevrier et D 600 à droite, à 100 m du lac - juil.-août dans locations
5 ha (178 empl.) plat et peu incliné, herbeux - toboggan aquatique - A proximité : practice de golf - Location *(permanent)* :
avril-oct. - **R** *conseillée juil.-août* - GB - *Tarif 97 : piscine et tennis compris 2 pers. 83, pers. suppl. 20* *19 (10A)*

CHORANCHE

12 - 77 ③ ④

Paris 589 - La Chapelle-en-Vercors 24 - Grenoble 68 - Romans-sur-Isère 31 - St-Marcellin 19 - Villard-de-Lans 20

38680 Isère - 132 h. alt. 280

Municipal les Millières ≤, au Sud-Est du bourg, près de la Bourne
0,4 ha (26 empl.) plat et terrasse, herbeux, pierreux -

CHORGES

17 - 77 ⑰

Paris 680 - Embrun 22 - Gap 18 - Savines-le-Lac 11

05230 H.-Alpes - 1 561 h. alt. 864
- Sports d'hiver : 1 300/2 000 m

Le Serre du Lac ←, ✆ 04 92 50 67 57, Fax 04 92 50 64 56, SE : 4,5 km par N 94 rte de Briançon et rte de la baie de St-Michel
2,5 ha (91 empl.) en terrasses, pierreux, herbeux - Location :
Permanent - **R** - GB - *26 piscine comprise* *16* *16 (16A)*

CHOUVIGNY

11 - 73 ④ G. Auvergne

Paris 371 - Châtelguyon 35 - Gannat 19 - Montmarault 33 - Vichy 38

03450 Allier - 240 h. alt. 525

Municipal le Bel, SE : 3 km par D 915 rte d'Ébreuil puis 0,6 km par chemin à droite, à Péraclos, bord de la Sioule
1,2 ha (33 empl.) (saison) plat et en terrasses, herbeux, pierreux
Pâques-15 sept. - **R** *juil.-août - Tarif 97 :* *2 pers. 37/42, pers. suppl. 12* *13*

La CIOTAT

16 - 84 ⑭ G. Provence

Paris 802 - Aix-en-Provence 50 - Brignoles 62 - Marseille 31 - Toulon 39

13600 B.-du-R. - 30 620 h.
Office de Tourisme, bd A.-France
✆ 04 42 08 61 32, Fax 04 42 08 17 88

St-Jean, ✆ 04 42 83 13 01, Fax 04 42 71 46 41, NE : 2 km, av. de St-Jean, vers Toulon, bord de mer
1 ha (80 empl.) plat, pierreux, herbeux - Location : studios
avril-1er oct. - **R** - GB - *Tarif 97 :* *3 pers. 125 ou 150, pers. suppl. 30* *17 (2A) 19 (3A) 26 (6A)*

Le Soleil, ✆ 04 42 71 55 32, sortie Nord-Ouest rte de Cassis par av. Émile Bodin, après le centre commercial Intermarché
0,5 ha (33 empl.) plat, herbeux - A l'entrée : pizzeria - A proximité : - Location : huttes
27 mars-10 oct. et 1er au 14 nov. - **R** *conseillée juil.-août* - GB - *3 pers. 104, pers. suppl. 26* *14 (2A) 18 (6A)*

CIVRAY-DE-TOURAINE

5 - 64 ⑯

Paris 233 - Amboise 11 - Chenonceaux 1 - Montbazon 31 - Montrichard 10 - Tours 31

37150 I.-et-L. - 1 377 h. alt. 60

Municipal de l'Isle, S : 0,6 km par D 81 rte de Bléré, bord du Cher
1,2 ha (50 empl.) plat, herbeux (0,6 ha) - A proximité :
13 juin-août - **R** - *Tarif 97 :* *12* *10* *12* *12*

CLAIRVAUX-LES-LACS

12 - 70 ⑭ G. Jura

Paris 433 - Bourg-en-Bresse 81 - Champagnole 35 - Lons-le-Saunier 21 - St-Claude 33 - St-Laurent-en-Grandvaux 25

39130 Jura - 1 361 h. alt. 540

Le Fayolan ←, ✆ 03 84 25 26 19, Fax 03 84 25 26 20, SE : 1,2 km par D 118 rte de Châtel-de-Joux et chemin à droite, bord du lac, pinède attenante
13 ha (516 empl.) peu incliné, plat et en terrasses, herbeux, gravillons (3 ha) - snack - A proximité : parcours de santé
mai-20 sept. - **R** *conseillée* - GB - *piscine comprise 2 pers. 105* *18 (6A)*

CLAMECY

6 - 65 ⑮ G. Bourgogne

Paris 206 - Auxerre 42 - Avallon 38 - Bourges 104 - Cosne-sur-Loire 52 - Dijon 144 - Nevers 69

58500 Nièvre - 5 284 h. alt. 144.
Office de Tourisme, r. Grand Marché
✆ 03 86 27 02 51

S.I. Pont Picot « Situation agréable », ✆ 03 86 27 05 97, S : bord de l'Yonne et du canal du Nivernais - Accès conseillé pour caravanes par Beaugy
1 ha (90 empl.) (saison) plat, herbeux (0,5 ha)

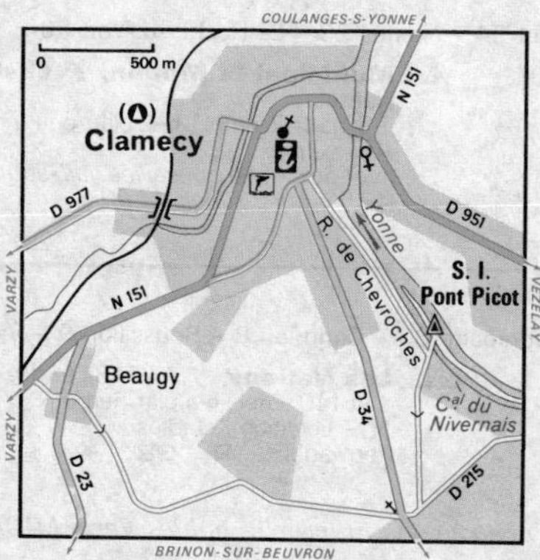

CLAOUEY 33 Gironde - 71 ⑲ - voir à Arcachon (Bassin d')

CLAPIERS 34 Hérault - 83 ⑦ - rattaché à Montpellier

La CLAYETTE 11 - 69 ⑰ ⑱ G. Bourgogne

Paris 382 - Charolles 20 - Lapalisse 62 - Lyon 88 - Mâcon 55 - Roanne 41

71800 S.-et-L. - 2 307 h. alt. 369.
Office de Tourisme, 3 rte. de Charolles
03 85 28 16 35, Fax 03 85 26 87 25

Les Bruyères, 03 85 28 09 15, E : sur D 79 rte de St-Bonnet-de-Joux, à 100 m d'un lac
2,2 ha (150 empl.) plat, peu incliné, herbeux, gravier - (bassin) - A proximité : toboggan aquatique - Location :
Permanent - **R** *conseillée* - *13 et 6 pour eau chaude 5 15 13 (7A)*

CLÉDEN-CAP-SIZUN 3 - 58 ⑬

Paris 612 - Audierne 10 - Douarnenez 28 - Quimper 47

29770 Finistère - 1 181 h. alt. 30

La Baie, 02 98 70 64 28, O : 2,5 km, à Lescleden
0,4 ha (27 empl.) peu incliné et terrasse, herbeux - (dîner seulement)
Permanent - **R** - *Tarif 97 : 15 6 14 12 (3 à 6A)*

CLÉDER 3 - 58 ⑤

Paris 564 - Brest 53 - Brignogan-Plages 21 - Morlaix 27 - St-Pol-de-Léon 9

29233 Finistère - 3 801 h. alt. 51.
Office de Tourisme, 2 r. de Plouescat
02 98 69 43 01, Fax 02 98 69 43 01

Camping Village de Roguennic « Au bord d'une belle plage de sable fin », 02 98 69 63 88, N : 5 km
8 ha (300 empl.) plat et accidenté, sablonneux, herbeux, dunes, bois attenant - snack, crêperie - parcours sportif - A proximité : au Centre de Loisirs : - Location *(permanent)* :
avril-sept. - **R** *conseillée* - GB - - *piscine comprise 1 pers. 42, pers. suppl. 15,50 11,50 (4A)*

CLÉMENSAT 11 - 73 ⑭

Paris 450 - Clermont-Ferrand 36 - Issoire 14 - Pontgibaud 53 - Rochefort-Montagne 47 - St-Nectaire 13

63320 P.-de-D. - 69 h. alt. 600

La Gazelle, sortie Sud-Est, rte de St-Floret
0,7 ha (30 empl.) peu incliné, herbeux -
15 juin-15 sept. - **R** - GB - *12 7 10 12 (6A)*

CLERMONT-L'HÉRAULT 15 - 83 ⑤ G. Gorges du Tarn

Paris 718 - Béziers 46 - Lodève 19 - Montpellier 41 - Pézenas 21 - Sète 43

34800 Hérault - 6 041 h. alt. 92

Municipal du Lac du Salagou « Site agréable », 04 67 96 13 13, NO : 5 km par D 156^{E4}, à 300 m du lac
7,5 ha (300 empl.) plat et en terrasses, peu incliné, pierreux, herbeux - cases réfrigérées - A l'entrée : pizzeria - A proximité : - Location : gîtes
Permanent - **R** *conseillée* - GB - - *11 46 13 (5A) 16 (10A)*

CLISSON 9 - 67 ④ G. Poitou Vendée Charentes

Paris 384 - Ancenis 37 - Cholet 34 - Nantes 29 - La Roche-sur-Yon 53

44190 Loire-Atl. - 5 495 h. alt. 34.
Office de Tourisme, 6 pl. Trinité
02 40 54 02 95, Fax 02 40 54 07 77
et (mai-sept.) pl. du Minage
02 40 54 39 56

Municipal le Moulin, 02 40 54 44 48, sortie Nord par N 149, rte de Nantes
1,5 ha (47 empl.) plat, peu incliné, herbeux - A proximité :
avril-oct. - **R** *conseillée juil.-août* - - *élect. (10A) comprise 1 pers. 48,50, pers. suppl. 14,80*

CLONAS-SUR-VARÈZE 12 - 77 ①

Paris 504 - Annonay 31 - Beaurepaire 33 - Condrieu 8 - Roussillon 9 - Vienne 16

38550 Isère - 1 056 h. alt. 180

Les Nations, 04 74 84 95 13, E : 2,7 km, sur N 7
1 ha (40 empl.) plat, herbeux - A proximité : - Location : studios
Permanent - **R** - GB - - *élect. et piscine comprises 2 pers. 75*

► *Pour visiter une ville ou une région : utilisez les guides Verts MICHELIN.*

CLOYES-SUR-LE-LOIR

5 - 60 ⑰ G. Châteaux de la Loire

Paris 143 - Blois 54 - Chartres 56 - Châteaudun 12 - Le Mans 91 - Orléans 62

28220 E.-et-L. - 2 593 h. alt. 97

Parc de Loisirs, ✆ 02 37 98 50 53, Fax 02 37 98 33 84, sortie Nord par N 10 rte de Chartres puis D 23 à gauche, bord du Loir
5 ha (196 empl.) plat, herbeux - crêperie, snack - (bassin) toboggan aquatique, poneys - A proximité :
16 mars-14 nov. - **Location longue durée** - *Places disponibles pour le passage* - **R** *conseillée juil.-août* - GB - *25* *40* *20 (5A)*

CLUNY

11 - 69 ⑲ G. Bourgogne

Paris 383 - Chalon-sur-Saône 47 - Charolles 42 - Mâcon 26 - Montceau-les-Mines 44 - Roanne 84 - Tournus 33

71250 S.-et-L. - 4 430 h. alt. 248.
Office de Tourisme, (fermé dim. de nov. à mars) 6 r. Mercière
✆ 03 85 59 05 34, Fax 03 85 59 06 95

Municipal St-Vital, ✆ 03 85 59 08 34, sortie Est par D 15, rte d'Azé
3 ha (174 empl.) peu incliné, plat, herbeux - - A proximité :
15 mai-sept. - **R** *conseillée* - GB - *Tarif 97 : 15,50* *9* *9* *15 (6A)*

La CLUSAZ

12 - 74 ⑦ G. Alpes du Nord

Paris 566 - Albertville 39 - Annecy 32 - Bonneville 25 - Chamonix-Mont-Blanc 64 - Megève 28 - Morzine 64

74220 H.-Savoie - 1 845 h. alt. 1 040 - Sports d'hiver : 1 100/2 600 m 5 51
Office de Tourisme,
✆ 04 50 32 65 00, Fax 04 50 32 65 01

Le Plan du Fernuy ✆ 04 50 02 44 75, Fax 04 50 32 67 02, E : 1,5 km par rte des Confins
1,3 ha (80 empl.) en terrasses, peu incliné, gravier, herbeux - - Location : appartements
15 déc.-27 avril, juin-15 sept. - **R** *conseillée vacances scolaires* - GB - *piscine comprise 2 pers. 70 à 91 (hiver 91 à 115)* *19 (4A) 26 (8A) - hiver : 19 (2A) 26 (4A) 35 (8A)*

COGNAC

9 - 71 ⑤ G. Poitou Vendée Charentes

Paris 478 - Angoulême 43 - Bordeaux 119 - Libourne 116 - Niort 81 - La Roche-sur-Yon 171 - Saintes 26

16100 Charente - 19 528 h. alt. 25.
Office de Tourisme, 16 r. du 14-Juillet
✆ 05 45 82 10 71, Fax 05 45 82 34 47

Municipal, ✆ 05 45 32 13 32, N : 2,3 km par D 24 rte de Boutiers, entre la Charente et le Solençon
2 ha (160 empl.) (juil.-août) plat, herbeux (1 ha) -
mai-15 oct. - **R** *conseillée* - GB - *piscine comprise 2 pers. 67/78 avec élect.*

COGNAC-LA-FORÊT

10 - 72 ⑯

Paris 414 - Bellac 41 - Châlus 26 - Limoges 24 - Rochechouart 17 - St-Junien 13

87310 H.-Vienne - 893 h. alt. 410

Alouettes, ✆ 05 55 03 80 86, SO : 1,7 km par D 10, rte de Rochechouart et rte à gauche - dans locations
3 ha (100 empl.) plat, herbeux, bois attenant - bureau de documentation touristique - A proximité : (plage) - Location :
avril-1er oct. - **R** - *15* *8* *8* *7,50 (2,5A)*

La COLLE-SUR-LOUP

17 - 84 ⑨ G. Côte d'Azur

Paris 920 - Antibes 15 - Cagnes-sur-Mer 6 - Cannes 25 - Grasse 19 - Nice 19 - Vence 8

06480 Alpes-Mar. - 6 025 h. alt. 90.
Syndicat d'Initiative, 2 r. Mar.-Foch
✆ 04 93 32 68 36, Fax 04 93 32 05 07

Les Pinèdes, ✆ 04 93 32 98 94, Fax 04 93 32 50 20, O : 1,5 km par D 6 rte de Grasse, à 50 m du Loup
3,2 ha (150 empl.) en terrasses, pierreux, herbeux - cases réfrigérées - - Location :
mars-15 oct. - **R** *conseillée juil.-août* - GB - *piscine comprise 3 pers. 127/132* *16 (3A) 20 (6A) 23 (10A)*

Le Vallon Rouge, ✆ 04 93 32 86 12, Fax 04 93 32 80 09, O : 3,5 km par D 6, rte de Grasse, bord du Loup
3 ha (103 empl.) plat, herbeux, pierreux - pizzeria, snack - - Location :
avril-sept. - **R** *conseillée juil.-août* - GB - *piscine comprise 3 pers. 160* *14 (3A) 19 (6A) 22 (10A)*

COLLEVILLE-SUR-MER

4 - 54 ⑭

Paris 279 - Bayeux 17 - Caen 46 - Carentan 34 - St-Lô 42

14710 Calvados - 146 h. alt. 42

Le Robinson, ✆ 02 31 22 45 19, NE : 0,8 km par D 514 rte de Port-en-Bessin
1 ha (53 empl.) plat, herbeux -
avril-sept. - **R** *conseillée* - GB - *25* *15* *15* *12 (4A)*

COLLIAS
16 - 80 ⑲

Paris 696 - Alès 44 - Avignon 32 - Bagnols-sur-Cèze 34 - Nîmes 24 - Pont-du-Gard 8

30210 Gard - 756 h. alt. 45

Le Barralet, 04 66 22 84 52, Fax 04 66 22 89 17, NE : 1 km par D 3 rte d'Uzès et chemin à droite
2 ha (90 empl.) plat et peu incliné, herbeux
avril-sept. - **R** *conseillée* - GB - *piscine comprise 2 pers. 70, 3 pers. 85, 4 pers. 98* *15 (6A)*

COLLINÉE
4 - 58 ⑳

Paris 421 - Lamballe 23 - Loudéac 29 - St-Brieuc 33

22330 C.-d'Armor - 894 h. alt. 245

Municipal, sortie Sud-Ouest par D 792, 14 rue du Baillot
0,3 ha (14 empl.) en terrasses, herbeux

COLLIOURE
15 - 86 ⑳ G. Pyrénées Roussillon

Paris 887 - Argelès-sur-Mer 7 - Céret 35 - Perpignan 29 - Port-Vendres 3 - Prades 70

66190 Pyr.-Or. - 2 726 h. alt. 2.
Office de Tourisme, pl. 18-Juin
04 68 82 15 47, Fax 04 68 82 46 29

Schéma à Argelès-sur-Mer

Les Amandiers, 04 68 81 14 69, NO : 1,5 km rte d'Argelès-sur-Mer et chemin à droite, à 300 m de la mer (accès direct) - Accès par rampe à 12% - P -
1,7 ha (85 empl.) plat et en terrasses, pierreux
avril-sept. - R - *29* *20* *18*

COLMAR P
8 - 62 ⑲ G. Alsace Lorraine

Paris 476 - Basel 68 - Freiburg 51 - Nancy 142 - Strasbourg 73

68000 H.-Rhin - 63 498 h. alt. 194.
Office de Tourisme, 4 r. des Unterlinden
03 89 20 68 92, Fax 03 89 41 34 13

Intercommunal de l'ill, 03 89 41 15 94, E : 2 km par N 415, rte de Fribourg, à Horbourg, bord de l'ill
2,2 ha (200 empl.) plat et terrasses, herbeux
snack
fév.-nov. - R - GB - *15,50* *17,50* *14 (3A) 23 (6A)*

COLY
10 - 75 ⑦

Paris 491 - Brive-la-Gaillarde 34 - Montignac 12 - Sarlat-la-Canéda 24

24120 Dordogne - 193 h. alt. 113

La Grande Prade, 05 53 51 66 13, Fax 05 53 50 83 11, SE : 2 km par D 62, rte de la Cassagne, près d'un étang et d'un plan d'eau
3,5 ha (100 empl.) peu incliné, herbeux, pierreux
A proximité : - Location :
juin-sept. - **R** *conseillée* - *20 piscine comprise* *26* *15 (5A) 18 (10A)*

COMBRIT
3 - 58 ⑮ G. Bretagne

Paris 568 - Audierne 36 - Bénodet 6 - Douarnenez 32 - Quimper 18

29120 Finistère - 2 673 h. alt. 35

Schéma à Bénodet

Menez Lanveur, 02 98 56 47 62, S : 2 km par rte d'Ile-Tudy et rte à gauche
1,8 ha (80 empl.) (saison) plat, herbeux
Location :
avril-sept. - **R** *conseillée* - *Tarif 97 : 15* *8,50* *18* *14 (2A)*

Municipal Croas Ver, 02 98 56 38 88, au Sud du bourg, près de la D 44 et du stade
1,5 ha (80 empl.) plat et terrasse, herbeux
juil.-août - R - *Tarif 97 : 12,20* *7* *13,70*

COMIAC
10 - 75 ⑳

Paris 534 - Argentat 30 - Brive-la-Gaillarde 64 - Cahors 101 - St-Céré 22 - Sousceyrac 7

46190 Lot - 272 h. alt. 485

Municipal du Lac des Vergnes « Agréable situation au bord du lac », O : 1 km sur D 29 rte de Laval-de-Cère
1,8 ha (33 empl.) plat, en terrasses, herbeux - A proximité :
juil.-août - **R** - *14* *15/18 avec élect.*

COMMEQUIERS
9 - 67 ⑫

Paris 444 - Challans 12 - Nantes 62 - La Roche-sur-Yon 38 - Les Sables-d'Olonne 34 - St-Gilles-Croix-de-Vie 12

85220 Vendée - 2 053 h. alt. 19

La Vie, 02 51 54 90 04, Fax 02 51 54 36 63, sortie Sud-Est par D 82, rte de Coëx
3 ha (46 empl.) plat, herbeux
15 avril-sept. - **R** - *18* *8* *16,50* *16,80 (6A)*

COMPREIGNAC
10 - 72 ⑦ G. Berry Limousin

Paris 377 - Bellac 28 - Châteauponsac 21 - Limoges 27 - St-Léonard-de-Noblat 31

87140 H.-Vienne - 1 280 h. alt. 400.
Office de Tourisme, (mi-juin-mi-sept.) 05 55 71 09 14

Municipal de Montimbert, 05 55 71 04 49, N : 2,5 km par D 60 rte de St-Pardoux puis rte de St-Symphorien-sur-Couze
0,9 ha (46 empl.) plat et peu incliné, herbeux
juin-15 sept. - R - *10* *6* *6*

COMPS-SUR-ARTUBY

17 - 84 ⑦ G. Alpes du Sud

Paris 826 - Castellane 28 - Digne-les-Bains 82 - Draguignan 31 - Grasse 60 - Manosque 96

83840 Var - 272 h. alt. 898

Aire Naturelle l'Iscloun ≤, ✆ 04 94 85 68 59, à **Jabron**, N : 5 km par D 955, rte de Castellane, bord du Jabron - alt. 760
0,7 ha (20 empl.) plat, herbeux, pierreux - snack
avril-sept. - **R** *conseillée juil.-15 août*

CONCARNEAU

8 - 58 ⑪ ⑮ G. Bretagne

Paris 547 - Brest 93 - Lorient 51 - Quimper 21 - St-Brieuc 130 - Vannes 103

29900 Finistère - 18 630 h. alt. 4.
Office de Tourisme, quai d'Aiguillon ✆ 02 98 97 01 44, Fax 02 98 50 88 81

Les Prés Verts « Décoration florale et arbustive », ✆ 02 98 97 09 74, Fax 02 98 50 72 34, NO : 3 km par rte du bord de mer et à gauche, à 250 m de la plage (accès direct)
2,5 ha (150 empl.) plat et peu incliné, herbeux -
mai-10 sept. - **R** *conseillée juil.-août* - GB - *piscine comprise 2 pers. 130, pers. suppl. 38* *19 à 29 (2 à 6A)*

Lochrist, ✆ 02 98 97 25 95, N : 3,5 km par D 783 rte de Quimper et chemin à gauche
1,5 ha (100 empl.) plat, herbeux (1 ha) -
- Location :
Pâques-sept. - **R** *conseillée* - *18* *8* *20* *16 (10A)*

au Cabellou S : 5 km par rte de Quimperlé et rte à droite
✉ 29110 Concarneau :

Kersaux , ✆ 02 98 97 37 41, près de la plage
4 ha (200 empl.) (juil.-août) plat et peu incliné, herbeux -
A proximité :
15 juin-15 sept. - *22* *9* *13* *15 (3A)*

Les CONCHES **85** Vendée - 67 ⑫ - rattaché à Longeville-sur-Mer

CONCORÈS

13 - 75 ⑱

Paris 556 - Cahors 29 - Gourdon 12 - Rocamadour 40 - Labastide-Murat 19

46310 Lot - 287 h. alt. 312

Moulin des Donnes , ✆ 05 65 31 03 90, Fax 05 65 24 51 45, O : 0,9 km par D 12 rte de Gourdon et chemin à gauche, bord du Céou
1,5 ha (65 empl.) plat, herbeux -
- Location :
Pâques-fin sept. - **R** *conseillée* - GB - *23 piscine comprise* *23* *14 (6A) 16 (10A)*

CONDÉ-SUR-NOIREAU

4 - 55 ⑪ G. Normandie Cotentin

Paris 275 - Argentan 53 - Caen 47 - Falaise 32 - Flers 12 - Vire 26

14110 Calvados - 6 309 h. alt. 85.
Office de Tourisme, ✆ 02 31 69 27 64

Municipal, ✆ 02 31 69 45 24, sortie Ouest, r. de Vire, à la piscine, près d'une rivière et d'un plan d'eau
0,5 ha (33 empl.) plat, herbeux, jardin public attenant -
A proximité : parcours sportif
mai-sept. - **R** - *Tarif 97 :* *14,50* *5/9,50* *9,50 (15A)*

CONDETTE

1 - 51 ⑪

Paris 249 - Boulogne-sur-Mer 9 - Calais 48 - Desvres 19 - Montreuil 29 - Le Touquet-Paris-Plage 21

62360 P.-de-C. - 2 392 h. alt. 35

Caravaning du Château, ✆ 03 21 87 59 59, sortie Sud, sur D 119
1,2 ha (70 empl.) plat, herbeux, gravillons -
avril-oct. - **R** *conseillée juil.-août* - *2 pers. 80, pers. suppl. 22* *18 (6A)*

CONDOM

14 - 79 ⑭ G. Pyrénées Aquitaine

Paris 730 - Agen 41 - Auch 45 - Mont-de-Marsan 80 - Toulouse 122

32100 Gers - 7 717 h. alt. 81.
Office de Tourisme, pl. Bossuet ✆ et Fax 05 62 28 00 80

Municipal, ✆ 05 62 28 17 32, Fax 05 62 28 45 86, sortie Sud par D 931 rte d'Eauze, près de la Baïse
0,8 ha (75 empl.) plat, herbeux - -
A proximité : practice de golf - Location :

CONDRIEU

11 - 74 ⑪ G. Vallée du Rhône

Paris 499 - Annonay 33 - Lyon 41 - Rive-de-Gier 21 - Tournon-sur-Rhône 53 - Vienne 12

69420 Rhône - 3 093 h. alt. 150.
Office de Tourisme, pl. du Séquoïa (N 86) ✆ et Fax 04 74 56 62 83

Belle-Rive ≤ « Cadre agréable », ✆ 04 74 59 51 08, sortie Nord-Est par N 86 rte de Vienne et chemin à droite, bord du Rhône
5 ha (200 empl.) plat, herbeux, pierreux - - A proximité :
avril-sept. - Location longue durée - *Places disponibles pour le passage -* **R** *conseillée* - *Tarif 97 :* *17 piscine comprise* *10* *22* *13 (3A)*

CONLIE
5 - 60 ⑫

Paris 218 - Alençon 43 - Laval 73 - Le Mans 22 - Sablé-sur-Sarthe 44 - Sillé-le-Guillaume 10

72240 Sarthe - 1 642 h. alt. 129

Municipal La Gironde, 02 43 20 81 07, au bourg, près d'un étang
0,8 ha (35 empl.) (juil.-août) plat, herbeux - - (bassin) - A proximité :
avril-oct. - **R** - - *8,70* *8,70* *11 (3A) 26 (6A)*

CONNAUX
16 - 80 ⑲

Paris 663 - Avignon 33 - Alès 51 - Nîmes 48 - Orange 28 - Pont-St-Esprit 20 - Uzès 20

30330 Gard - 1 450 h. alt. 86

Vieux Verger, 04 66 82 91 62, au Sud-Ouest du bourg par D 449
2,2 ha (60 empl.) en terrasses, plat, pierreux, herbeux (1 ha) - - - A proximité : - Location :

CONNERRÉ
5 - 60 ⑭ G. Châteaux de la Loire

Paris 181 - Bonnétable 20 - Bouloire 12 - La Ferté-Bernard 20 - Le Mans 24

72160 Sarthe - 2 545 h. alt. 80

Municipal la Plage aux Champs, 02 43 89 13 64, r. de la Gare, sortie Nord par D 33, bord de l'Huisne et d'un ruisseau
1,2 ha (100 empl.) (saison) plat, herbeux - - - A proximité :

CONQUES
15 - 80 ① G. Gorges du Tarn

Paris 625 - Aurillac 54 - Decazeville 26 - Espalion 51 - Figeac 45 - Rodez 37

12320 Aveyron - 362 h. alt. 350.
Office de Tourisme, pl. de L'Abbatiale
05 65 72 85 00, Fax 05 65 72 87 03

Beau Rivage, 05 65 69 82 23, à l'ouest du bourg, par D 901, bord du Dourdou
1 ha (60 empl.) (saison) plat, herbeux - snack -
avril-sept. - **R** *conseillée juil.-août* - GB - - *Tarif 97 :* *18* *10* *15* *13 (5 ou 10A)*

Le CONQUET
3 - 58 ③ G. Bretagne

Paris 617 - Brest 25 - Brignogan-Plages 56 - St-Pol-de-Léon 82

29217 Finistère - 2 149 h. alt. 30.
Office de Tourisme, Parc de Beauséjour
02 98 89 11 31, Fax 02 98 89 08 20

Municipal le Théven, 02 98 89 06 90, NE : 5 km par rte de la plage des Blancs Sablons, à 400 m de la plage - Chemin et passerelle pour piétons reliant le camp à la ville
12 ha (384 empl.) plat et peu accidenté, sablonneux, herbeux - - - A proximité :
avril-sept. - **R** *conseillée juil.-août* - - *Tarif 97 :* *15,40* *15,40* *14,30 (16A)*

CONTAMINE-SARZIN
12 - 74 ⑤

Paris 519 - Annecy 25 - Bellegarde-sur-Valserine 24 - Bonneville 45 - Genève 31

74270 H.-Savoie - 293 h. alt. 450

Le Chamaloup, 04 50 77 88 28 74270 Frangy, S : 2,8 km par D 123, près de la N 508 et de la rivière les Usses
1,5 ha (80 empl.) plat, herbeux - - -
avril-15 sept. - **R** *conseillée 15 juil.-15 août* - - *23 piscine comprise* *4* *15/20* *13 (6A)*

Les CONTAMINES-MONTJOIE
12 - 74 ⑧ G. Alpes du Nord

Paris 607 - Annecy 90 - Bonneville 50 - Chamonix-Mont-Blanc 33 - Megève 20 - St-Gervais-les-Bains 9

74170 H.-Savoie - 994 h. alt. 1 164 - Sports d'hiver : 1 165/2 500 m 3 24
Office de Tourisme, pl. Mairie
04 50 47 01 58, Fax 04 50 47 09 54

Le Pontet « Site agréable », 04 50 47 04 04, Fax 04 50 47 18 10, S : 2 km par D 902, bord du Bon Nant
2,8 ha (157 empl.) plat, gravillons, herbeux - - - A proximité : practice de golf snack - Location : gîte d'étape
déc.-sept. - **R** *conseillée fév., juil.-août* - GB - - *Tarif 97 :* *3 pers. 90 (hiver 105), pers. suppl. 22 (hiver 25)* *13 à 49 (2 à 10A)*

CONTIS-PLAGE
13 - 78 ⑮

Paris 713 - Bayonne 89 - Castets 31 - Dax 58 - Mimizan 24 - Mont-de-Marsan 75

40170 Landes

Lou Serrots, 05 58 42 85 82, Fax 05 58 42 49 11, sortie Sud-Est par D 41, près du Courant de Contis
14 ha (640 empl.) (15 mai-15 sept.) plat et vallonné, sablonneux pinède - - théâtre de plein air - A proximité : - Location :
avril-sept. - **R** *conseillée* - GB - - *Tarif 97 :* *piscine et tennis compris 2 pers. 119* *21 (6A)*

CONTREXÉVILLE

7 - 62 ⑭ G. Alsace Lorraine

Paris 337 - Épinal 47 - Langres 68 - Luxeuil 72 - Nancy 80 - Neufchâteau 28

88140 Vosges - 3 945 h. alt. 342 - ♆ (fin mars -12 oct.).
Office de Tourisme, r. du Shah-de-Perse ✆ 03 29 08 08 68, Fax 03 29 08 25 40

Municipal Tir aux Pigeons « A l'orée d'un bois », ✆ 03 29 08 15 06, SO : 1 km par D 13 rte de Suriauville
1,5 ha (80 empl.) plat, herbeux, gravillons -
courant avril - courant oct. (se renseigner) - **R** *conseillée - 12 15 -*
Redevance pour une seule nuit : 25 30 15 (5A)

CORANCY

11 - 65 ⑥ G. Bourgogne

Paris 273 - Château-Chinon 7 - Corbigny 38 - Decize 59 - Nevers 70 - St-Honoré-les-Bains 32

58120 Nièvre - 404 h. alt. 368

Municipal les Soulins, ✆ 03 86 78 01 62, NO : 3,5 km par D 12, D 161 rte de Montigny-en-Morvan et D 230 à gauche après le pont, à 100 m de l'Yonne
1,2 ha (42 empl.) plat et peu incliné, herbeux -
15 juin-15 sept. - **R** *conseillée* - - *Tarif 97 : 15 25 12 (30A)*

CORBÈS 30 Gard - 80 ⑰ - rattaché à Anduze

CORCIEUX

8 - 62 ⑰

Paris 424 - Épinal 40 - Gérardmer 17 - Remiremont 39 - St-Dié 18

88430 Vosges - 1 718 h. alt. 534

Domaine des Bans et la Tour « Cadre agréable », ✆ 03 29 51 64 67, Fax 03 29 51 64 65, en deux camps distincts (Domaine des Bans : 600 empl. et la Tour : 34 empl.), pl. Notre-Dame, bord d'un plan d'eau
15,7 ha (634 empl.) plat, herbeux, pierreux - snack - discothèque - Location *(permanent)* : , appartements
mai-sept. (La Tour : permanent) - **R** *conseillée juil.-août* - GB - - *élect. (6A) et piscine comprises 3 pers. 165, pers. suppl. 30*

CORDELLE

11 - 73 ⑦

Paris 406 - Feurs 34 - Roanne 15 - St-Just-en-Chevalet 29 - Tarare 41

42123 Loire - 749 h. alt. 450

Le Mars gorges de la Loire « Agréable situation dominante », ✆ 04 77 64 94 42, S : 4,5 km par D 56 et chemin à droite
1,2 ha (65 empl.) plat et en terrasses, peu incliné, herbeux - -
4 avril-sept. - **R** *conseillée* - - *15 piscine comprise 20 15 (6A)*

CORDES-SUR-CIEL

15 - 79 ⑳ G. Pyrénées Roussillon

Paris 656 - Albi 25 - Montauban 58 - Rodez 86 - Toulouse 82 - Villefranche-de-Rouergue 48

81170 Tarn - 932 h. alt. 279.
Office de Tourisme, ✆ 05 63 56 00 52, Fax 05 63 56 19 52 et (saison) pl. Bouteillerie ✆ 05 63 56 14 11

Moulin de Julien « Décoration originale », ✆ 05 63 56 01 42, SE : 1,5 km par D 922 rte de Gaillac, bord d'un ruisseau - dans locations
9 ha (130 empl.) plat, incliné et en terrasses, herbeux, étang - - toboggan aquatique - Location *(15 juin-sept.)* : , huttes - Garage pour caravanes
avril-sept. - **R** *conseillée* - - *piscine comprise 2 pers. 75, 3 pers. 100 8 (2A) 15 (5A)*

Camp Redon , ✆ 05 63 56 14 64 81170 Livers-Cazelles, SE : 5 km par D 600 rte d'Albi puis 0,8 km par D 107 rte de Virac à gauche
2 ha (30 empl.) plat, peu incliné, herbeux - - - Location :
avril-Toussaint - **R** *conseillée saison* - *piscine comprise 2 pers. 60, pers. suppl. 20 10 (6A)*

CORMORANCHE-SUR-SAÔNE

12 - 74 ①

Paris 402 - Bourg-en-Bresse 40 - Châtillon-sur-Chalaronne 23 - Mâcon 8 - Villefranche-sur-Saône 33

01290 Ain - 780 h. alt. 172

Intercommunal du Plan d'Eau, ✆ 03 85 31 70 23, à la Base de Loisirs : sortie Ouest par D 51^A et 1,2 km par rte à droite, près d'un plan d'eau
4,5 ha (117 empl.) plat, herbeux, sablonneux - - (plage) - Location :
mai-sept. - **R** *conseillée* - - *Tarif 97 : 25 28/38 avec élect. (6A)*

CORNEILLA-DE-CONFLENT 66 Pyr.-Or. - 86 ⑰ - rattaché à Vernet-les-Bains

CORNY-SUR-MOSELLE

8 - 57 ⑬

Paris 328 - Metz 15 - Nancy 43 - Pont-à-Mousson 15 - Verdun 60

57680 Moselle - 1 490 h. alt. 180

Le Paquis, ✆ 03 87 52 03 59, N : 0,7 km par N 57 rte de Metz, puis Ouest, 5 km par chemin à gauche, près de la Moselle et d'étangs
1,7 ha (102 empl.) plat, herbeux - - - A proximité : halte fluviale
mai-sept. - **R** *conseillée* - GB - - *Tarif 97 : 14 10 10 14 (6A)*

CORRÈZE

10 - 75 ⑨ G. Berry Limousin

Paris 481 - Argentat 46 - Brive-la-Gaillarde 46 - Égletons 22 - Tulle 18 - Uzerche 35

19800 Corrèze - 1 145 h. alt. 455

Municipal la Chapelle « Situation agréable en bordure de la Corrèze et près d'une chapelle », 05 55 21 29 30, sortie Est par D 143, rte d'Egletons et à droite, rte de Bouysse
3 ha (65 empl.) plat, terrasse, peu incliné, herbeux, forêt attenante (1 ha) - -
15 juin-15 sept. - R - *Tarif 97 : 13 5 12 10 (5A)*

▶ *Utilisez le guide de l'année.*

CORSE

17 - 90 G. Corse

Relations avec le continent : 50 mn environ par avion, 5 à 10 h par bateau Par Société Nationale Corse-Méditerranée (S.N.C.M.) - Départ de **Marseille** : 61 bd des Dames (2e) 04 91 56 62 05, Fax 04 91 56 35 86 - Départ de **Nice** : (Ferryterranée) quai du Commerce 04 93 13 66 66 - Départ de **Toulon** : 21 et 49 av. Infanterie de Marine 04 94 16 66 66

Ajaccio

P Corse-du-Sud, pli ⑰ - 58 315 h. - ✉ 20000 Ajaccio.
Office de Tourisme, Hôtel de Ville, av. Serafini 04 95 51 53 03, Fax 04 95 51 53 01
Bastia 146 - Bonifacio 136 - Calvi 166 - Corte 77 - L'Ile-Rousse 142

Les Mimosas , 04 95 20 99 85, Fax 04 95 10 01 77, sortie Nord par D 61, rte d'Alata et à gauche, rte des Milelli
2,5 ha (70 empl.) plat et en terrasses - snack - Location :
avril-15 oct. - R *conseillée juil.-août - 28 11 11/23 12 (16A)*

Aléria

H.-Corse, pli ⑥ - 2 022 h. alt. 20 - ✉ 20270 Aléria.
Bastia 71 - Corte 51 - Vescovato 52

Marina d'Aléria « Décoration florale », 04 95 57 01 42, Fax 04 95 57 04 29, à 3 km à l'Est de Cateraggio par N 200, à la plage de Padulone, bord du Tavignano
17 ha/7 campables (220 empl.) plat, sablonneux, herbeux (4 ha) - grill, pizzeria cases réfrigérées -
- Location : , bungalows toilés
Pâques-oct. - R *conseillée juil.-août* - GB - - *38 12 10/13 18 (9A)*

Algajola

H.-Corse, pli ⑬ - 211 h. alt. 2 - ✉ 20220 Algajola.
Bastia 78 - Calvi 15 - L'Ile-Rousse 9

A Marina, 04 95 60 75 41, Fax 04 95 60 63 88 ✉ 20220 Aregno, E : 0,5 km par N 197 rte de l'Ile-Rousse, à 200 m de la plage (accès direct)
5,5 ha (187 empl.) (juil.-août) plat, herbeux, sablonneux -
avril-oct. - R - *27 8 13/15 16 (16A)*

Aire Naturelle Balanéa, 04 95 60 11 77 ✉ 20256 Corbara, E : 1,6 km par N 197 rte de l'Ile-Rousse et chemin à droite
2 ha (25 empl.) (saison) peu incliné et plat, pierreux, herbeux -
- A proximité : - Location :

Cala di Sole , 04 95 60 73 98, Fax 04 95 60 75 10, au Sud du bourg, accès sur N 195 rte de l'Ile-Rousse
5 ha (100 empl.) plat, incliné et en terrasses, pierreux, herbeux -
- Location : studios
avril-oct. - R - - *23 5 16/20 16*

Bastia

P H.-Corse, pli ③ - 37 845 h. alt. 3 - ✉ 20200 Bastia.
Office de Tourisme, pl. Saint-Nicolas 04 95 55 96 96, Fax 04 95 55 96 00
Ajaccio 147 - Bonifacio 168 - Calvi 93 - Corte 70 - Porto 133

Le Bois de San Damiano « Situation agréable », 04 95 33 68 02, Fax 04 95 30 84 10 ✉ 20620 Biguglia, SE : 9 km par N 193 et rte du cordon lagunaire à gauche, à 100 m de la plage (accès direct)
12 ha (280 empl.) plat, sablonneux pinède - -
avril-oct. - R - GB - - *30 12 12/16 18 (10A)*

Bonifacio

Corse-du-Sud, pli ⑨ - 2 683 h. alt. 55 - ✉ 20169 Bonifacio.
Syndicat d'Initiative, pl. de l'Europe 04 95 73 11 88, Fax 04 95 73 14 97
Ajaccio 137 - Corte 148 - Sartène 53

Rondinara « Belle décoration florale et site agréable », 04 95 70 43 15, Fax 04 95 70 56 79, NE : 18 km par N 198, rte de Porto-Vecchio et D 158 à droite, rte de la pointe de la Rondinara, à 400 m de la plage - dans locations et juil.-août sur le camping
5 ha (120 empl.) peu incliné et en terrasses, pierreux - snack, crêperie - - Location :
15 mai-sept. - R - GB - *Tarif 97 : 35 piscine comprise 15 15/20 20 (6A)*

Les Iles la Sardaigne et les îles, 04 95 73 11 89, Fax 04 95 73 18 77, E : 4,5 km rte de Piantarella, vers l'embarcadère de Cavallo
8 ha (100 empl.) peu incliné, vallonné, pierreux - snack - half-court - Location :
Pâques-15 oct. - R - GB - - *44 piscine comprise 14 14*

U Farniente « Agréable domaine », 04 95 73 05 47, Fax 04 95 73 11 42, NE : 5 km par N 198 rte de Bastia, à Pertamina Village
15 ha/3 campables (150 empl.) plat, peu incliné, pierreux – pizzeria cases réfrigérées – toboggan aquatique – Location : , bungalows toilés
15 avril-15 oct. – **R** *conseillée* – GB – *Tarif 97 : piscine comprise 2 pers. 122, pers. suppl. 37 25 (3A)*

Pian del Fosse ≤, 04 95 73 16 34, NE : 3,8 km sur D 58 rte de Santa-Manza
5,5 ha (52 empl.) peu incliné et incliné, en terrasses, pierreux, oliveraie (2 ha) – – Location : , bungalows toilés
Pâques-oct. – **R** *conseillée juil.-août* – GB – *35 13 13/18 16 (5A)*

La Trinité ≤, 04 95 73 10 91, Fax 04 95 73 16 90, NO : 4,5 km par N 196 rte de Sartène
4 ha (100 empl.) accidenté, plat et peu incliné, sablonneux, herbeux, rocheux – snack – – A proximité : – Location :

Calvi H.-Corse, pli ⑬ – 4 815 h. alt. 29 – ✉ 20260 Calvi.

Office du Tourisme, Port de Plaisance 04 95 65 16 67, Fax 04 95 65 14 09 et (juin-sept.) à l'entrée de la Citadelle 04 95 65 36 74
Bastia 93 – Corte 90 – L'Ile-Rousse 24 – Porto 71

Paduella « Cadre agréable », 04 95 65 06 16, Fax 04 95 65 17 50, SE : 1,8 km par N 197 rte de l'Ile-Rousse, à 400 m de la plage
4 ha (130 empl.) plat et en terrasses, sablonneux – snack – A proximité : – Location : , bungalows toilés
mai-oct. – **R** *conseillée 20 juil.-20 août* – *28 12 12*

Bella Vista ≤ « Cadre fleuri », 04 95 65 11 76, Fax 04 95 65 03 03, S : 1,5 km par N 197 et rte de Pietra-Major à droite –
6 ha/4 campables (156 empl.) plat et peu incliné – snack –
Pâques-sept. – **R** *conseillée* – GB – *35 17/20 20 (15A)*

Dolce Vita, 04 95 65 05 99, Fax 04 95 65 31 25, SE : 4,5 km par N 197 rte de l'Ile-Rousse, à l'embouchure de la Figarella, à 200 m de la mer – dans locations
6 ha (200 empl.) plat, herbeux, sablonneux – snack – – Location :
mai-sept. – **R** – *38 16 16/18 18 (6A) 20 (10A)*

Paradella, 04 95 65 00 97, Fax 04 95 65 11 11 ✉ 20214 Calenzana, SE : 9,5 km par N 197 rte de l'Ile-Rousse et D 81 à droite rte de l'aéroport
5 ha (150 empl.) plat, sablonneux, herbeux – – – Location *(mai-fin oct.)* :
15 juin-oct. – **R** – *32 piscine comprise 12 14 15 (3 à 6A)*

à Lumio NE : 10 km par N 197 – 895 h. alt. 150 – ✉ 20260 Lumio :

Le Panoramic ≤ « Belles terrasses ombragées », 04 95 60 73 13, NE : 2 km sur D 71, rte de Belgodère
2 ha (100 empl.) en terrasses, pierreux, sablonneux – – – Location :
juin-15 sept. – **R** – *29 piscine comprise 9 13/20 19 (12A)*

Cargèse Corse-du-Sud, pli ⑯ – 915 h. alt. 75 – ✉ 20130 Cargèse.

Syndicat d'Initiative, r. du Dr.-Dragacci 04 95 26 41 31, Fax 04 95 26 48 80
Ajaccio 52 – Calvi 103 – Corte 116 – Piana 21 – Porto 33

Torraccia ≤ vallée, montagne et la côte, 04 95 26 42 39, Fax 04 95 20 40 21, N : 4,5 km par D 81 rte de Porto
3 ha (66 empl.) en terrasses, accidenté, pierreux – – – Location :
15 mai-sept. – **R** – GB – *32 13 13*

Évisa Corse-du-Sud, pli ⑮ – 257 h. alt. 850 – ✉ 20126 Évisa.

Ajaccio 72 – Calvi 94 – Corte 63 – Piana 33 – Porto 23

L'Acciola ≤ montagne et golfe de Porto, 04 95 26 23 01, E : 2 km par D 84 rte de Calacuccia et D 70 à droite, rte de Vico, à proximité de la forêt d'Aitone – alt. 920
2,5 ha (70 empl.) incliné, en terrasses, pierreux, herbeux –
15 mai-sept. – **R** – *26 10 10/16,50*

Farinole (Marine de) H.-Corse, plis ② ③ – 176 h. alt. 250 ✉ 20253 Farinole.

Bastia 22 – Rogliano 60 – St-Florent 13

A Stella ≤, 04 95 37 14 37, Fax 04 95 37 13 84, par D 80, bord de mer
3 ha (100 empl.) plat, peu incliné et en terrasses, pierreux (1,5 ha) – –
mai-sept. – **R** – *25 15 15/30 20 (10A)*

Favone Corse-du-Sud, pli ⑦ – ✉ 20144 Ste-Lucie-de-Porto-Vecchio.
Ajaccio 124 – Bonifacio 56

Bon'Anno, ✆ 04 95 73 21 35, à 500 m de la plage
3 ha (150 empl.) plat, peu incliné, terrasses, pierreux, herbeux – A proximité :
juin-sept. – **R**

Figareto H.-Corse pli ④ – ✉ 20230 Talasani.
Bastia 35 – Aléria 36 – Piedicroce 27 – Vescovato 16

Valle Longhe, ✆ 04 95 36 96 45, sortie Nord par N 198 rte de Bastia et 0,5 km par chemin à gauche
1 ha (50 empl.) en terrasses, pierreux –
juil.-août – **R** – – *1 pers. 50/55, 2 pers. 75/80* *15*

Galéria H.-Corse, pli ⑭ – 305 h. alt. 30 – ✉ 20245 Galéria.
Bastia 119 – Calvi 33 – Porto 46

Les Deux Torrents, ✆ 04 95 62 00 67, E : 5 km par D 81 rte de Calenzana, bord du Fango et du Marsolino
4,5 ha (150 empl.) (juil.-août) plat, herbeux, sablonneux – snack – half-court – Location :
juin-sept. – **R** – – *Tarif 97 : 26 13 13/22*

Ghisonaccia H.-Corse, pli ⑥ – 3 270 h. alt. 25
✉ 20240 Ghisonaccia.
Office de Tourisme, rte Nationale 198 ✆ 04 95 56 12 38
Bastia 85 – Aléria 14 – Ghisoni 27 – Venaco 57

Marina d'Erba Rossa « Bel ensemble résidentiel », ✆ 04 95 56 25 14, Fax 04 95 56 27 23, E : 4 km par D 144, bord de plage
12 ha/8 campables (160 empl.) plat, herbeux (2 ha) – pizzeria cases réfrigérées – parc animalier – A proximité : discothèque – Location :
15 mai-15 oct. – **R** *conseillée juil.-août* – GB – – *29,50 piscine comprise* *69,50* *18 (5A)*

Arinella-Bianca « Cadre agréable », ✆ 04 95 56 04 78, Fax 04 95 56 12 54, E : 3,5 km par D 144 puis 0,7 km par chemin à droite, bord de plage et d'étangs
10 ha (300 empl.) plat, herbeux, sablonneux (7 ha) – pizzeria cases réfrigérées – – A proximité : discothèque – Location :
Pâques-20 oct. – **R** *indispensable* – GB – – *2 pers. 119 ou 129, pers. suppl. 39* *18 (6A)*

L'Île-Rousse H.-Corse, pli ⑬ – 2 288 h. alt. 6 – ✉ 20220 l'Ile-Rousse.
Office de Tourisme, 7 pl. Paoli ✆ 04 95 60 04 35, Fax 04 95 60 24 74
Bastia 69 – Calvi 24 – Corte 66

Le Bodri, ✆ 04 95 60 10 86 ✉ 20256 Corbara, SO : 2,5 km rte de Calvi, à 300 m de la plage
6 ha (333 empl.) plat, peu incliné à incliné, pierreux – snack – Location :
15 juin-15 sept. – **R** – – *25 13 22/28* *17*

La Liscia (Golfe de) Corse-du-Sud, pli ⑯ – ✉ 20111 Calcatoggio.
Ajaccio 28 – Calvi 127 – Corte 92 – Vico 24

La Liscia, ✆ 04 95 52 20 65, Fax 04 95 52 30 24, par D 81, à 5 km au Nord-Ouest de Calcatoggio, bord de la Liscia
3 ha (100 empl.) plat et en terrasses, herbeux – snack, pizzeria – discothèque
juin-sept. – **R** *conseillée juil.-août* – GB – – *30 11 13/15* *15 (5 ou 10A)*

Lozari H.-Corse, pli ⑬ – ✉ 20226 Belgodère.
Bastia 62 – Belgodère 9 – Calvi 32 – L'Ile-Rousse 8

Le Clos des Chênes, ✆ 04 95 60 15 13, Fax 04 95 60 21 16, S : 1,5 km par N 197 rte de Belgodère
5 ha (235 empl.) plat, peu incliné, pierreux – snack – – A proximité : – Location :
avril-sept. – **R** *conseillée* – – *35 piscine comprise 11 17/20* *17,50 (4A) 22,50 (6A)*

Le Belgodère, ✆ 04 95 60 20 20, Fax 04 95 60 22 58, NE : 0,6 km par N 1197 rte de St-Florent, à 400 m de la plage
2 ha (150 empl.) plat et peu incliné, pierreux – snack – – Location : , bungalows toilés
mai-sept. – **R** *conseillée* – GB – – *2 pers. 85* *17*

Moriani-Plage H.-Corse, pli ④ - ✉ 20230 San Nicolao.
Bastia 39 - Corte 69 - Vescovato 20

Merendella « Agréable chênaie », ✆ 04 95 38 53 47, Fax 04 95 38 44 01, S : 1,2 km par N 198 rte de Porto-Vecchio, bord de plage -
7 ha (133 empl.) (saison) plat, herbeux, sablonneux - - A l'entrée : - Location (sans sanitaires)

Olmeto Corse-du-Sud, pli ⑱ - 1 019 h. alt. 320 - ✉ 20113 Olmeto.
Ajaccio 65 - Propriano 8 - Sartène 20

à la Plage SO : 3 km par N 196 et 7 km par D 157 - ✉ 20113 Olmeto :

Village Club du Ras L'Bol, ✆ 04 95 74 04 25, Fax 04 95 74 01 30, par D 157, à 50 m de la plage
6 ha (200 empl.) plat, peu incliné et en terrasses, herbeux, rochers - snack, pizzeria - - A proximité : discothèque - Location :
avril-sept. - **R** *conseillée juil.-août* - - - *35 30/38 18 (16A)*

Osani Corse-du-Sud, pli ⑮ - 103 h. alt. 180 - ✉ 20147 Osani.
Ajaccio 106 - Calvi 52 - Porto 22

E Gradelle golfe de Porto et montagne, ✆ 04 95 27 32 01, SE : 3 km par D 424, à 400 m de la plage -
2,2 ha (90 empl.) incliné, accidenté, en terrasses, pierreux - snack
juin-sept. - **R** *conseillée* - - - *25 6 8/22*

Piana Corse-du-Sud, pli ⑮ - 500 h. alt. 420 - ✉ 20115 Piana.
Ajaccio 72 - Calvi 83 - Évisa 33 - Porto 12

Plage d'Arone ✆ 04 95 20 64 54, SO : 11,5 km par D 824, à 500 m de la plage
3,8 ha (125 empl.) plat, sablonneux, pierreux -
mai-sept. - - *30 12 12/30*

Pietracorbara H.-Corse, pli ② - 363 h. alt. 150
✉ 20233 Pietracorbara :
Bastia 23

La Pietra ✆ 04 95 35 27 49, Fax 04 95 31 66 29, SE : 4 km par D 232 et chemin à gauche, à 500 m de la plage
3,3 ha (66 empl.) (saison) plat, herbeux - -
avril-15 oct. - - - *Tarif 97 : 27 12 19/22 17 (16A)*

Pinarellu Corse-du-Sud, pli ⑧ - ✉ 20144 Ste-Lucie-de-Porto-Vecchio.
Ajaccio 142 - Bonifacio 43 - Porto-Vecchio 15

California ✆ 04 95 71 49 24, S : 0,8 km par D 468 et 1,5 km par chemin à gauche, à 50 m de la plage (accès direct) - (saison)
7 ha/5 campables (100 empl.) peu accidenté et plat, sablonneux, étang - pizzeria, snack -
15 mai-15 oct. - - *33 9 15/26 15 (4A)*

Le Pinarello ✆ 04 95 71 43 98, sortie Nord-Ouest par D 168[A]
5 ha (83 empl.) plat et peu incliné, herbeux - snack -
15 mai-sept. - - *26 piscine comprise 11 11/19 13 (2A)*

Porticcio Corse-du-Sud, pli ⑰ - ✉ 20166 Porticcio.
Ajaccio 19 - Sartène 68

Benista, ✆ 04 95 25 19 30, Fax 04 95 25 93 70, NE : 3 km par D 55 rte d'Ajaccio, à la station Mobil, bord du Prunelli
4,5 ha (200 empl.) (juil.-août) plat, sablonneux, herbeux (3,5 ha) - snack - practice de golf - A l'entrée : - Location :
avril-oct. - **R** *conseillée 10 juil.-25 août* - - *piscine comprise 2 pers. 98, pers. suppl. 37 15 (5A)*

Portigliolo Corse-du-Sud, pli ⑱ - ✉ 20110 Propriano.
Ajaccio 80 - Propriano 9 - Sartène 15

Lecci e Murta « Site sauvage », ✆ 04 95 76 02 67, Fax 04 95 77 03 38, à 500 m de la plage -
4 ha (150 empl.) en terrasses, plat, pierreux, herbeux - pizzeria - - Location :
avril-15 oct. - **R** *conseillée 15 juil.-20 août* - - - *34 13 13/16 16 (10A)*

Porto Corse-du-Sud, pli ⑮ – ✉ 20150 Ota.
Office de Tourisme, Golfe de Porto ✆ 04 95 26 10 55, Fax 04 95 26 14 25
Ajaccio 84 – Calvi 71 – Corte 86 – Évisa 23

Les Oliviers ⩽, ✆ 04 95 26 14 49, Fax 04 95 26 12 49, par D 81, au pont, bord du Porto – (juil.-août)
5,4 ha (180 empl.) en terrasses – snack cases réfrigérées – half-court – A proximité : – Location :
28 mars-oct. – **R** *conseillée août* – GB – *36* *14* *14/20* *15 (15A)*

Funtana al Oro ⩽ « Cadre sauvage », ✆ 04 95 26 11 65, Fax 04 95 26 10 83, SE : 1,4 km par D 84 rte d'Evisa, à 200 m du Porto
2 ha (70 empl.) en terrasses, rochers – –
15 avril-sept. – **R** – – *30* *12* *12/14* *14 (10A)*

Porto ⩽, ✆ 04 95 26 13 67, Fax 04 95 26 10 79, sortie Ouest par D 81 rte de Piana, à 200 m du Porto
2 ha (60 empl.) en terrasses, herbeux – – A proximité :
15 juin-sept. – **R** – – *28* *10* *10/14* *15*

Sole e Vista ⩽ « Belle situation », ✆ 04 95 26 15 71, Fax 04 95 26 10 79, accès principal par parking du super marché, accès secondaire E : 1 km par D 124, rte d'Ota, à 150 m du Porto – (rampe à 18 %) - Pour emplacements d'accès difficile, mise en place et sortie des caravanes à la demande –
3,5 ha (180 empl.) en terrasses, rochers – – A proximité :
avril-oct. – **R** *conseillée* – – *31* *11* *11/14*

Porto-Vecchio Corse-du-Sud, pli ⑧ – 9 307 h. alt. 40
✉ 20137 Porto-Vecchio.
Office de Tourisme, pl. Hôtel de Ville ✆ 04 95 70 09 58, Fax 04 95 70 03 72
Ajaccio 145 – Bonifacio 27 – Corte 120 – Sartène 61

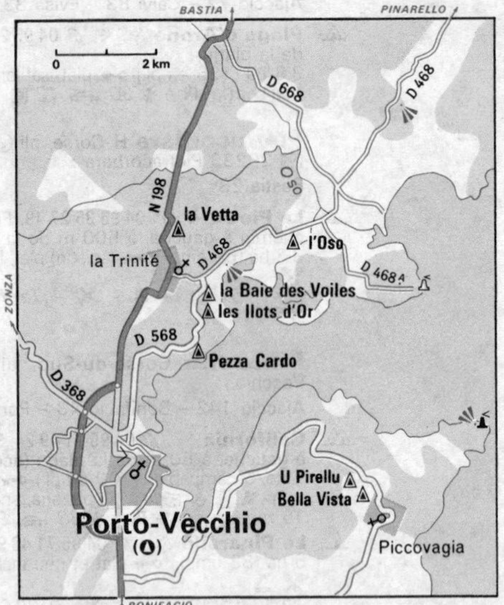

U Pirellu ⩽ « Agréable chênaie », ✆ 04 95 70 23 44, Fax 04 95 70 60 22, E : 9 km, à **Piccovagia** – Certains emplacements difficiles d'accès (forte pente) –
(tentes)
5 ha (150 empl.) incliné et en terrasses, pierreux – grill, pizzeria – half-court – Location : , appartements
mai-10 oct. – **R** – – *Tarif 97 :* *30 piscine comprise* *13* *13/20* *16*

La Vetta « Cadre agréable », ✆ 04 95 70 09 86, Fax 04 95 70 43 21, N : 5,5 km
4,8 ha (100 empl.) incliné, en terrasses, pierreux, herbeux, rochers – snack –
juin-24 sept. – **R** *25 juil.-15 août* – – *36 piscine comprise* *12* *12* *15 (16A)*

L'Oso, ✆ 04 95 71 60 99, NE : 8 km, bord de l'Oso
3,2 ha (90 empl.) plat, herbeux – – – Location :
15 juin-15 sept. – **R** – – *29 piscine comprise* *8* *8/10* *12*

Les Ilots d'Or, ✆ 04 95 70 01 30, NE : 6 km, bord de plage
4 ha (180 empl.) plat et en terrasses, sablonneux, herbeux, rochers –
20 avril-10 oct. – **R** – – *Tarif 97 :* *30* *10* *10/15* *13 (6A)*

La Baie des Voiles, 04 95 70 01 23, NE : 6 km, bord de la plage
3 ha (180 empl.) plat et en terrasses, sablonneux, herbeux, rochers
mai-sept. - R - 30 10 10/15 13 (6A)

Pezza Cardo, 04 95 70 37 51, NE : 6 km, à 150 m de la plage (accès direct)
2,5 ha (160 empl.) plat et peu incliné, terrasses, herbeux, sablonneux, rochers
juin-sept. - R - *Tarif 97 : 30 10 10/15 13 (10A)*

Bella Vista <, 04 95 70 58 01, E : 9,3 km, à Piccovagia
2,5 ha (100 empl.) en terrasses, herbeux, pierreux - grill, pizzeria
juin-sept. - **R** - *27 10 13/18 15 (10A)*

Ruppione (plage de) Corse-du-Sud, pli ⑰ - 20166 Porticcio.

Ajaccio 28 - Propriano 47 - Sartène 59

Le Sud <, 04 95 25 40 51, Fax 04 95 25 47 39, par D 55, à 100 m de la plage
4 ha (200 empl.) en terrasses et accidenté - pizzeria - - A l'entrée : - Location :
Pâques-sept. - R - - *33 12 12/15 15*

St-Florent H.-Corse, pli ③ - 1 350 h. alt. 10 - 20217 St-Florent.

Office de Tourisme, Centre Administratif 04 95 37 06 04
Bastia 23 - Calvi 70 - Corte 81 - L'Île-Rousse 46

La Pinède, 04 95 37 07 26, Fax 04 95 37 17 73, S : 1,8 km par rte de l'Ile-Rousse et chemin empierré à gauche après le pont, bord de l'Aliso
3 ha (80 empl.) plat, incliné et en terrasses, pierreux, herbeux pizzeria - - Location :
mai-sept. - **R** *conseillée juil.-août* - GB - - *27 piscine comprise 18 17/21 20 (4 ou 6A) 24 (10A)*

Kalliste, 04 95 37 03 08, Fax 04 95 37 19 77, S : 1,2 km par D 81, rte de l'Ile Rousse et chemin à droite après le pont, bord de l'Aliso et à 500 m de la plage (accès direct)
3,5 ha (166 empl.) plat, sablonneux, herbeux - - - Location : appartements
avril-oct. - **R** *conseillée* - *30 17 16/23 20 (10A)*

Olzo, 04 95 37 03 34, Fax 04 95 37 09 55, NE : 2,3 km par D 81 rte de Bastia -
2 ha (60 empl.) plat, herbeux - snack
avril-sept. - R - GB - - *27 15 15/22 20 (5A)*

Ste-Lucie-de-Porto-Vecchio Corse-du-Sud, pli ⑧

20144 Ste-Lucie-de-Porto-Vecchio.
Ajaccio 138 - Porto-Vecchio 15

Acqua e Sole <, 04 95 71 57 07, Fax 04 95 71 54 13 20135 Conca, sortie Nord-Est par N 198, rte de Bastia et à gauche après le pont, bord du Cavo
4,5 ha (100 empl.) plat et terrasse, pierreux, herbeux - pizzeria - - Location :

Santa-Lucia, 04 95 71 45 28, sortie Sud-Ouest, rte de Porto-Vecchio - dans locations
4 ha (160 empl.) plat et peu incliné, sablonneux, pierreux, rochers - snack - - A proximité : - Location :
mai-sept. - **R** *conseillée 15 juil.-15 août* - GB - - *32 piscine comprise 12 17 16 (6A)*

Serra-di-Ferro Corse-du-Sud, pli ⑱ - 327 h. alt. 140

20140 Serra-di-Ferro.
Ajaccio 46 - Propriano 20 - Sartène 32

Alfonsi U Casellu, 04 95 74 01 80, Fax 04 95 74 07 67, S : 5 km par D 155, rte de Propriano et D 757 à droite, à l'entrée de Porto-Pollo, bord de mer
3,5 ha (100 empl.) plat, peu incliné, sablonneux, herbeux (1,5 ha) - snack
mi-mai-fin oct. - R - GB - - *Tarif 97 : 28 7 9/17 17 (6A)*

Sotta Corse-du-Sud, pli ⑧ - 762 h. alt. 80 - 20146 Sotta.

Ajaccio 135 - Bonifacio 28 - Porto-Vecchio 10 - Sartène 51

U Moru <, 04 95 71 23 40, Fax 04 95 71 26 19, SO : 3 km par D 859 rte de Figari
6 ha (120 empl.) peu incliné et plat, herbeux, sablonneux - - Location :
mars-oct. - **R** *conseillée août* - GB - - *29 10 11/17 15 (6A)*

Tiuccia Corse-du-Sud, pli ⑯ - 20111 Calcatoggio.

Ajaccio 31 - Cargèse 21 - Vico 21

Les Couchants <, 04 95 52 26 60, Fax 04 95 52 31 77 20111 Casaglione, N : 4,9 km par D 81 et D 25 à droite, rte de Casaglione
5 ha (120 empl.) en terrasses, peu incliné, herbeux - - Location :
Permanent - R - GB - *Tarif 97 : 23 10 10/15 25 (16A)*

Vivario H.-Corse pli ⑤ – 493 h. alt. 850 – ✉ 20219 Vivario.
Bastia 90 – Aléria 50 – Corte 22 – Bocognano 18

Aire Naturelle le Soleil ≤, ✆ 04 95 47 21 16, SO : 6 km par N 193, rte d'Ajaccio, à Tattone, près de la gare – alt. 800
1 ha (25 empl.) en terrasses, peu incliné et plat, herbeux –
mai-oct. – **R** – *22 10 10/15 8*

COS

14 – 86 ④

Paris 780 – La Bastide-de-Sérou 14 – Foix 4 – Pamiers 23 – St-Girons 41 – Tarascon-sur-Ariège 18

09000 Ariège – 236 h. alt. 486

Municipal, SO : 0,7 km sur D 61, bord d'un ruisseau
0,7 ha (32 empl.) (été) plat, peu incliné, herbeux – – A proximité :
Permanent – **R** *conseillée juil.-août* – – *piscine et tennis compris 2 pers. 40 10 (5A) 15 (10A) 20 (15A)*

La COTINIÈRE

17 Char.-Mar. – 71 ⑬ ⑭ – voir à Oléron (Ile d')

La COUARDE-SUR-MER

17 Char.-Mar. – 71 ⑫ – voir à Ré (Ile de)

COUCHES

11 – 69 ⑧ G. Bourgogne

Paris 311 – Autun 25 – Beaune 32 – Le Creusot 16 – Chalon-sur-Saône 28

71490 S.-et-L. – 1 457 h. alt. 320

Municipal La Gabrelle M, ✆ 03 85 45 59 49, NO : 1,7 km par D 978 rte d'Autun, près d'un petit plan d'eau
1 ha (50 empl.) en terrasses, herbeux – –
juin-sept. – **R** *conseillée* – *10 15 10*

COUDEKERQUE

1 – 51 ④

Paris 289 – Calais 48 – Dunkerque 6 – Hazebrouck 39 – Lille 70 – St-Omer 39

59380 Nord – 903 h. alt. 1

le Bois des Forts, réservé aux caravanes, ✆ 03 28 61 04 41, à 0,7 km au Nord-Ouest de Coudekerque-Village, sur le D 72
3,25 ha (130 empl.) (juil.-août) plat, herbeux – –
Permanent – Location longue durée – *Places disponibles pour le passage* – **R** *conseillée juil.-août* – – *10 12 25 10 (5A)*

COUHÉ

9 – 68 ⑬

Paris 370 – Confolens 56 – Montmorillon 61 – Niort 69 – Poitiers 35 – Ruffec 32

86700 Vienne – 1 706 h. alt. 140

Les Peupliers , ✆ 05 49 59 21 16, Fax 05 49 37 92 09, N : 1 km rte de Poitiers, à Valence, bord de la Dive
8 ha/2 campables (120 empl.) plat, herbeux, étang – snack – toboggan aquatique
mai-sept. – **R** *conseillée juil.-août* – GB – – *29 piscine comprise 39 15 (10A)*

COULEUVRE

11 – 69 ⑬

Paris 316 – Bourbon-l'Archambault 18 – Cérilly 9 – Cosne-d'Allier 28 – Moulins 41

03320 Allier – 716 h. alt. 267

Municipal la Font St-Julien , ✆ 04 70 66 13 54, sortie Sud-Ouest par D 3, rte de Cérilly et à droite, bord d'un étang
2 ha (50 empl.) peu incliné, herbeux – – –
avril-sept. – **R** – – *Tarif 97 : 9 6 7 13 (6A) 20 (16A)*

COULLONS

6 – 65 ①

Paris 163 – Aubigny-sur-Nère 18 – Gien 15 – Orléans 60 – Sancerre 50 – Sully-sur-Loire 22

45720 Loiret – 2 258 h. alt. 166

Municipal Plancherotte ≤ « Entrée fleurie », ✆ 02 38 29 20 42, O : 1 km par D 51, rte de Cerdon et rte des Brosses à gauche, près d'un plan d'eau
1,85 ha (80 empl.) plat et peu incliné, herbeux – –
A proximité : piste de bi-cross
avril-oct. – **R** *conseillée* – – *Tarif 97 : 9 8 9 13,50 (5A)*

COULON

9 – 71 ② G. Poitou Vendée Charentes

Paris 418 – Fontenay-le-Comte 25 – Niort 11 – La Rochelle 61 – St-Jean-d'Angély 55

79510 Deux-Sèvres – 1 870 h. alt. 6.
Office de Tourisme, pl. Église
✆ 05 49 35 99 29, Fax 05 49 35 84 31

Municipal la Niquière, ✆ 05 49 35 81 19, sortie Nord par D 1 rte de Benet
1 ha (40 empl.) (juil.-août) plat, herbeux – – – Location (permanent) :
juin-15 sept. – **R**

COURBIAC

14 - 79 ⑥

Paris 614 - Agen 45 - Cahors 44 - Castelsarrasin 48 - Fumel 19 - Montauban 60 - Villeneuve-sur-Lot 32

47370 L.-et-G. - 114 h. alt. 145

Aire Naturelle le Pouchou, 05 53 40 72 68, O : 1,8 km par rte de Tournon-d'Agenais et chemin à gauche, bord d'un étang - croisement peu facile pour caravanes
2 ha (20 empl.) non clos, peu incliné, herbeux
15 juin-15 sept. - **R** *conseillée 15 juil.-15 août - 20 piscine comprise 18 13 (6A)*

COURDEMANCHE

5 - 64 ④

Paris 213 - La Flèche 58 - Le Mans 41 - St-Calais 23 - Tours 53 - Vendôme 48

72150 Sarthe - 628 h. alt. 80

Municipal de l'Étangsort, au bourg, bord du ruisseau
0,5 ha (13 empl.) plat, herbeux
15 avril-15 oct. - **R** - *8 4 4/6 10*

COURNON-D'AUVERGNE

11 - 73 ⑭ G. Auvergne

Paris 425 - Clermont-Ferrand 14 - Issoire 32 - Le Mont-Dore 55 - Thiers 42 - Vichy 54

63800 P.-de-D. - 19 156 h. alt. 380

Municipal, 04 73 84 81 30, E : 1,5 km par rte de Billom et rte de la plage à gauche, à la Base de Loisirs, bord de l'Allier et d'un plan d'eau
5 ha (200 empl.) plat, herbeux, pierreux, gravier - A l'entrée : - A proximité : (couverte l'hiver) - Location :
Permanent - GB - *Tarif 97 : 18 tennis compris 25 17 (5A) 25 (10A)*

La COURONNE

16 - 84 ⑫

Paris 763 - Istres 23 - Marignane 21 - Marseille 41 - Martigues 9 - Port-de-Bouc 13

13 B.-du-R. - 13500 Martigues

Le Cap « Cadre agréable », 04 42 80 73 02, S : 0,8 km par chemin du phare, à 200 m de la plage
2,5 ha (150 empl.) plat et en terrasses, pierreux - A proximité : - Location :
Permanent - **R** *indispensable - 28 20 25*

Municipal l'Arquet, 04 42 42 81 00, S : 1 km, chemin de la Batterie, à 200 m de la mer
6 ha (401 empl.) peu incliné, accidenté, pierreux
Location longue durée - *Places disponibles pour le passage*

COURPIÈRE

11 - 73 ⑯ G. Auvergne

Paris 457 - Ambert 41 - Clermont-Ferrand 50 - Issoire 53 - Lezoux 18 - Thiers 15

63120 P.-de-D. - 4 674 h. alt. 320.
Office de Tourisme, pl. de la Cité Administrative
04 73 51 20 27

Municipal les Taillades, 04 73 51 22 80, sortie Sud par D 906, rte d'Ambert, D 7 à gauche, rte d'Aubusson-d'Auvergne et chemin à droite, à la piscine et près d'un ruisseau
0,5 ha (40 empl.) plat, herbeux
15 juin-15 sept. - **R** *conseillée août - Tarif 97 : 10 6,50 7,60 17,50 (3A) 35 (5A)*

COURSEULLES-SUR-MER

5 - 54 ⑮ G. Normandie Cotentin

Paris 250 - Arromanches-les-Bains 13 - Bayeux 20 - Cabourg 33 - Caen 20

14470 Calvados - 3 182 h. alt. 4.
Office de Tourisme, 54 r. Mer
02 31 37 46 80

Municipal le Champ de Course, 02 31 37 99 26, N : av. de la Libération, près de la plage
3,5 ha (310 empl.) plat, herbeux - A proximité : - Location : bungalows toilés
Pâques-sept. - **R** *indispensable juil.-août - Tarif 97 : 18,20 19,20 18 (6A) 27 (9A et plus)*

COURTAVON

8 - 87 ⑳

Paris 463 - Altkirch 24 - Basel 38 - Belfort 48 - Delémont 28 - Montbéliard 45

68480 H.-Rhin - 290 h. alt. 480

Plan d'Eau de Courtavon, 03 89 08 12 50, NE : 1,2 km par D 473, rte de Liebsdorf, près du plan d'eau
2 ha (69 empl.) peu incliné, herbeux - A proximité :
mai-sept. - **R** *conseillée juil.-août - 16 16 15 (10A)*

COURTILS

4 - 59 ⑧

Paris 344 - Avranches 12 - Fougères 38 - Pontorson 13 - St-Hilaire-du-Harcouët 25 - St-Lô 70

50220 Manche - 271 h. alt. 35

St-Michel, 02 33 70 96 90, Fax 02 33 70 99 09, sortie Ouest par D 43, rte du Mont-St-Michel
2,5 ha (100 empl.) plat et peu incliné, herbeux pizzeria - Location :
15 mars-15 nov. - **R** *conseillée juil.-août* - GB - *19 piscine comprise 19/25 14 (6A)*

COUSSAC-BONNEVAL

10 – 72 ⑰ ⑱ G. Berry Limousin

Paris 432 – Brive-la-Gaillarde 60 – Limoges 43 – St-Yrieix-la-Perche 11 – Uzerche 30

87500 H.-Vienne – 1 447 h. alt. 376

Municipal les Allées, 05 55 75 28 72, N : 0,7 km par D 17, rte de la Roche l'Abeille, au stade
1 ha (26 empl.) peu incliné – A proximité :
15 juin-15 sept. – *5,50* *4,50* *4,50* *8*

COUTANCES

4 – 54 ⑫ G. Normandie Cotentin

Paris 323 – Avranches 50 – Cherbourg 77 – St-Lô 29 – Vire 56

50200 Manche – 9 715 h. alt. 91.
Office de Tourisme, pl. Georges-Leclerc
02 33 45 17 79, Fax 02 33 45 25 42

Municipal les Vignettes , 02 33 45 43 13, O : 1,2 km sur D 44 rte de Coutainville
1,3 ha (82 empl.) (été) plat et en terrasses, herbeux, gravillons – – A proximité : parcours de santé et parcours sportif
Permanent – **R** *conseillée 10 juil.-20 août – – Tarif 97 : 15 piscine comprise 15 11 (2 à 6A)*

COUTURES

5 – 64 ⑪

Paris 305 – Angers 24 – Baugé 35 – Doué-la-Fontaine 25 – Longué 22 – Saumur 29

49320 M.-et-L. – 481 h. alt. 81

L'Européen « Cadre agréable », 02 41 57 91 63, NE : 1,5 km, près du château de Montsabert
5 ha (159 empl.) plat et peu incliné, herbeux, pierreux – snack – swin golf – Location : bungalows toilés
mai-sept. – **R** *conseillée 15 juil.-15 août* – **GB** – – *piscine et tennis compris 3 pers. 95 15 (5A)*

COUX-ET-BIGAROQUE

13 – 75 ⑯

Paris 532 – Bergerac 44 – Le Bugue 14 – Les Eyzies-de-Tayac 17 – Sarlat-la-Canéda 31 – Villeneuve-sur-Lot 72

24220 Dordogne – 708 h. alt. 85

Les Valades , 05 53 29 14 27, Fax 05 53 28 19 28, à 4 km au Nord-Ouest du bourg, au lieu-dit les Valades – croisement peu facile pour caravanes
11 ha/2,5 campables (45 empl.) en terrasses et vallonné, herbeux, étang, sous-bois (0,5 ha) – –
mars-nov. – **R** *conseillée* – – *20 28 16 (5A)*

La Faval « Décoration florale et arbustive », 05 53 31 60 44, Fax 05 53 28 39 71, E : 1 km, près du carrefour des D 703 et 710, vers Siorac-en-Périgord
2,2 ha (100 empl.) plat, herbeux – – A proximité : – Location :
avril-sept. – **R** *conseillée juil.-août* – – *29 piscine comprise 29/39 17 (3A) 19 (6A)*

COUZE-ET-ST-FRONT

10 – 75 ⑮

Paris 546 – Bergerac 20 – Lalinde 4 – Mussidan 46 – Périgueux 58

24150 Dordogne – 781 h. alt. 45

Les Moulins, 05 53 61 18 36, sortie Sud-Est par D 660 rte de Beaumont et à droite, près du terrain de sports, bord de la Couze
2,5 ha (30 empl.) plat et peu incliné, herbeux – – (bassin)
Pâques-15 oct. – **R** *conseillée juil.-août* – – *21 21*

COZES

9 – 71 ⑮

Paris 495 – Marennes 41 – Mirambeau 34 – Pons 24 – Royan 18 – Saintes 27

17120 Char.-Mar. – 1 730 h. alt. 43

Municipal le Sorlut , 05 46 90 75 99, au Nord de la ville, près de la gare
1,4 ha (120 empl.) plat, herbeux – – A proximité : toboggan aquatique
avril-15 oct. – **R** *conseillée – Tarif 97 : 12 13,10 13,10 (5A)*

CRACH

3 – 63 ②

Paris 483 – Auray 6 – Lorient 44 – Quiberon 31 – Vannes 24

56950 Morbihan – 2 762 h. alt. 35

Schéma à Carnac

Le Fort Espagnol , 02 97 55 14 88, Fax 02 97 30 01 04, E : 0,8 km par rte de la Rivière d'Auray
4,4 ha (190 empl.) peu incliné et plat, herbeux pinède (1,5 ha) – – toboggan aquatique, half-court – Location : , bungalows toilés
avril-15 sept. – **R** *conseillée* – **GB** – – *25 piscine comprise 50 16 (6A) 20 (10A)*

Camp'In Lodka, 02 97 55 03 97, E : 0,9 km par rte de la rivière d'Auray
1,5 ha (25 empl.) peu incliné, herbeux – – (bassin) – Location : – Garage pour caravanes
Permanent – **Location longue durée** – *Places limitées pour le passage* – **R** *indispensable* – – *25 80 15 (9A)*

Le Pont Neuf, 02 97 55 14 83, au Sud du bourg, 6 r. des Écoles
1 ha (68 empl.) peu incliné, herbeux – –
25 juin-5 sept. – **R** – – *21 25 10 (6A)*

CRAYSSAC

14 - 79 ⑦

Paris 575 - Cahors 13 - Fumel 37 - Gourdon 32 - Labastide-Murat 34

46150 Lot - 413 h. alt. 300

Les Reflets du Quercy ≤ « Cadre agréable », ✆ 05 65 30 91 48, Fax 05 65 30 97 87, NO : 1,8 km par D 23 rte de Catus et rte à gauche
7,5 ha/3 campables (95 empl.) en terrasses, plat, pierreux, gravier, herbeux - Location : bungalows toilés

CRÊCHES-SUR-SAÔNE

11 - 74 ①

Paris 399 - Bourg-en-Bresse 44 - Mâcon 8 - Villefranche-sur-Saône 30

71680 S.-et-L. - 2 531 h. alt. 180

Municipal Port d'Arciat, ✆ 03 85 37 11 83, E : 1,5 km par D 31, rte de Pont de Veyle, près d'un plan d'eau (accès direct)
5 ha (160 empl.) plat, herbeux - A proximité : snack
mai-sept. - **R** - GB - *1 pers. 34, pers. suppl. 16 18 (6A)*

CREISSAN

15 - 83 ⑭

Paris 782 - Béziers 21 - Murviel-lès-Béziers 20 - Narbonne 26 - Olonzac 29 - St-Chinian 11

34370 Hérault - 861 h. alt. 90

Municipal les Oliviers, ✆ 04 67 93 81 85, au Nord-Ouest du bourg
0,4 ha (20 empl.) plat, herbeux - Location *(permanent)* :
avril-oct. - **R** *conseillée* - *Tarif 97 : 10 25 15 (20A)*

CRESPIAN

16 - 80 ⑱

Paris 733 - Alès 32 - Anduze 27 - Nîmes 24 - Quissac 11 - Sommières 12

30260 Gard - 159 h. alt. 80

Mas de Reilhe, ✆ 04 66 77 82 12, sortie Sud par N 110, rte de Sommières
2 ha (90 empl.) plat, accidenté et en terrasses, herbeux, pierreux pinède
juin-15 sept. - **R** *conseillée juil.-août* - *31 piscine comprise 50 20 (6A) 25 (10A)*

CREULLY

5 - 54 ⑮ G. Normandie Cotentin

Paris 251 - Bayeux 13 - Caen 19 - Deauville 64

14480 Calvados - 1 396 h. alt. 27

Intercommunal des 3 Rivières ≤, ✆ 02 31 80 12 00, NE : 0,8 km, rte de Tierceville, bord de la Seulles
2 ha (82 empl.) plat et peu incliné, herbeux - A proximité : parcours de santé
Pâques-15 oct. - **R** - GB - *Tarif 97 : 12,50 15 14 (6A)*

CREYSSE

13 - 75 ⑱ G. Périgord Quercy

Paris 519 - Brive-la-Gaillarde 39 - Cahors 68 - Gourdon 37 - Rocamadour 19 - Souillac 15

46600 Lot - 227 h. alt. 110

Le Port ≤, ✆ 05 65 32 20 82, Fax 05 65 38 78 21, au Sud du bourg, près du château, bord de la Dordogne
3,5 ha (100 empl.) peu incliné et plat, herbeux (1 ha)
mai-sept. - **R** - GB - *19 piscine comprise 19 12 (5A)*

Le CROISIC

4 - 63 ⑬ ⑭ G. Bretagne

Paris 464 - La Baule 9 - Guérande 11 - Nantes 91 - Le Pouliguen 7 - Redon 63 - Vannes 77

44490 Loire-Atl. - 4 428 h. alt. 6.
Office de Tourisme, pl. 18-Juin-1940
✆ 02 40 23 00 70, Fax 02 40 62 96 60

L'Océan ✆ 02 40 23 07 69, Fax 02 40 15 70 63, NO : 1,5 km par D 45, rte de la Pointe, à 200 m de l'océan
7,5 ha (400 empl.) plat, herbeux - salle d'animation toboggan aquatique - Location :
avril-sept. - **R** *conseilllée juil.-août* - GB - *Tarif 97 : piscine comprise 3 pers. 128, pers. suppl. 24 16 (4A) 24 (6A) 32 (10A)*

La Pierre Longue, ✆ 02 40 23 13 44, Fax 02 40 23 23 13, sortie Ouest vers la Pointe du Croisic par av. Henri-Dunant, à 500 m de la mer
3 ha (130 empl.) plat, herbeux - Location :
Permanent - **R** *conseillée juil.-août* - GB - *2 pers. 80, pers. suppl. 25 17 (3A) 22 (6A)*

CROIX-EN-TERNOIS

1 - 51 ⑬

Paris 218 - Arras 39 - Béthune 35 - Hesdin 17 - St-Pol-sur-Ternoise 5

62130 P.-de-C. - 218 h. alt. 125

Le Ternois, ✆ 03 21 03 39 87, au bourg
0,3 ha (19 empl.) plat, herbeux - A proximité :
avril-oct. - **R** - *élect. comprise 2 pers. 80*

La CROIX-VALMER

17 - 84 ⑦ G. Côte d'Azur

Paris 873 - Brignoles 68 - Draguignan 49 - Fréjus 36 - Le Lavandou 26 - Ste-Maxime 16 - Toulon 68

83420 Var - 2 634 h. alt. 120.
Office de Tourisme, Jardin de la Gare
04 94 79 66 44, Fax 04 94 54 22 26

Schéma à Grimaud

Sélection Camping, 04 94 55 10 30, Fax 04 94 55 10 39, SO : 2,5 km par D 559, rte de Cavalaire et au rond-point chemin à droite
4 ha (215 empl.) en terrasses, pierreux, herbeux snack - Location : studios, appartements
15 mars-15 oct. - **R** *conseillée juil.-août* - GB - *3 pers. 139* *25 (6 à 10A)*

à Gassin NE : 6 km par D 559 et D 89 - 2 622 h. alt. 200
83580 Gassin :

Parc Montana « Agréable parc boisé », 04 94 55 20 20, Fax 04 94 56 34 77, NO : 3 km par D 89, rte du Bourrian - accès conseillé par D 559
33 ha/23 campables (668 empl.) plat et en terrasses, accidenté, pierreux, herbeux pizzeria cases réfrigérées - terrain omnisports - Location : bungalows toilés
fermé 16 nov.-14 déc. - **R** *conseillée* - GB - *Tarif 97 : 26 piscine comprise* *90* *25 (6A)*

CROMARY

8 - 66 ⑮

Paris 417 - Belfort 94 - Besançon 19 - Gray 50 - Montbéliard 77 - Vesoul 35

70190 H.-Saône - 171 h. alt. 219

L'Esplanade, 03 84 91 82 00, au Sud du bourg par D 276, accès direct à l'Ognon
2 ha (30 empl.) (juil.-août) plat, herbeux
mai-15 sept. - **R** *conseillée 15 juil.-août* - *12* *6* *8/10* *12 (4A) 20 (8A)*

CROS-DE-CAGNES **06** Alpes-Mar. - 84 ⑨ - rattaché à Cagnes-sur-Mer

Le CROTOY

1 - 52 ⑥ G. Flandres Artois Picardie

Paris 205 - Abbeville 22 - Amiens 71 - Berck-sur-Mer 29 - Montreuil 36

80550 Somme - 2 440 h. alt. 1.
Office de Tourisme, r. Carnot
03 22 27 05 25, Fax 03 22 27 90 58

Les Aubépines, 03 22 27 01 34, N : 4 km par rte de St-Quentin-en-Tourmont et chemin à gauche
2,5 ha (150 empl.) plat, herbeux, sablonneux
avril-oct. - Location longue durée - *Places disponibles pour le passage* - **R** *conseillée* - *16* *10* *14* *12 (3A) 16 (5A)*

CROUY-SUR-COSSON

8 - 64 ⑧

Paris 170 - Beaugency 18 - Blois 27 - Chambord 10 - Vendôme 61

41220 L.-et-C. - 471 h. alt. 86

Municipal le Cosson, sortie Sud par D 33, rte de Chambourd et rte à gauche, bord de la rivière
1,5 ha (60 empl.) plat, pierreux, herbeux (0,5 ha) - A proximité :
mai-oct. - **R** *conseillée juil.-août* - *10,80* *7,70/8,75* *10,80 (5A)*

CROZANT

10 - 68 ⑱ G. Berry Limousin

Paris 330 - Argenton-sur-Creuse 32 - La Châtre 50 - Guéret 39 - Montmorillon 70 - La Souterraine 24

23160 Creuse - 636 h. alt. 263

Municipal la Fontbonne, sortie Sud, rte de Dun-le-Palestel et à droite, à 300 m de la Sédelle
1 ha (33 empl.) plat et peu incliné, herbeux
avril-sept. - **R** - *Tarif 97 : 12* *8* *8/9* *12 (6A)*

CROZON

3 - 58 ④ G. Bretagne

Paris 586 - Brest 58 - Châteaulin 34 - Douarnenez 43 - Morlaix 80 - Quimper 50

29160 Finistère - 7 705 h. alt. 85.
Office de Tourisme, bd Pralognan
02 98 27 07 92, Fax 02 98 27 24 89

Les Pins « Agréable pinède », 02 98 27 21 95, SO : 2 km par D 308 rte de la Pointe de Dinan
2,5 ha (130 empl.) plat, peu incliné, herbeux - half-court - Location *(permanent)* :
8 juin-20 sept. - **R** *conseillée juil.-août* - *20* *10* *20* *17 (5A)*

Les Pieds dans l'Eau, 02 98 27 62 43, NO : 6 km par rte de Roscanvel et à droite, à St-Fiacre, bord de mer
1,8 ha (90 empl.) peu incliné, herbeux - - Location :
15 juin-15 sept. - **R** *conseillée* - *20,50* *9,50* *20,50* *17,50 (3A) 20,50 (6A)*

Plage de Goulien , 02 98 27 17 10, O : 5 km par D 308 rte de la Pointe de Dinan et rte à droite, à 200 m de la plage
1,8 ha (90 empl.) plat et incliné, herbeux - A proximité : crêperie - Location :
10 juin-15 sept. - **R** *conseillée juil.-août* - - *21* *10* *21* *17 (5A)*

L'Aber , 02 98 27 02 96, E : 5 km par D 887, rte de Châteaulin, puis à Tal-ar-Groas, 1 km à droite, rte de l'Aber
1,6 ha (100 empl.) en terrasses, plat, peu incliné, herbeux -
Permanent - **R** *conseillée 15 juil.-15 août* - GB - - *élect. (5A) comprise 2 pers. 69,50, pers. suppl. 16,50*

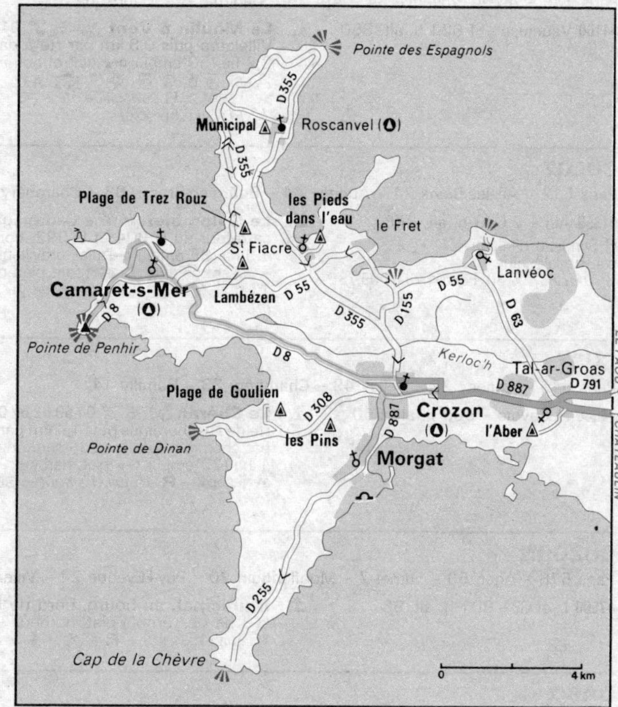

Voir aussi à ***Camaret-sur-Mer et à Roscanvel***

CRUAS

16 - 76 ⑳ G. Vallée du Rhône

Paris 596 - Aubenas 48 - Montélimar 16 - Privas 23 - Valence 38

07350 Ardèche - 2 200 h. alt. 83

Les Ilons , 04 75 49 55 43, E : 1,4 km rte du Port, près d'un plan d'eau, à 300 m du Rhône - dans locations
2,5 ha (80 empl.) plat, herbeux, gravillons - - A proximité : - Location : (sans sanitaires)
Permanent - **R** *conseillée juil.-août* - GB - - *1 pers. 35/58 avec élect. (6A)*

CRUX-LA-VILLE

11 - 65 ⑮

Paris 244 - Autun 84 - Avallon 136 - La Charité-sur-Loire 44 - Clamecy 38 - Nevers 41

58330 Nièvre - 413 h. alt. 319

L'Étang du Merle « Cadre boisé dans un site agréable », 03 86 58 38 42, SO : 4,5 km par D 34 rte de St-Saulge et D 181 à droite, rte de Ste-Marie, bord de l'étang
2,6 ha (100 empl.) plat, peu incliné, herbeux - - A proximité :
mai-sept. - **R** *conseillée juil.-août* - *2 pers. 60* *18 (6A)*

La catégorie (1 à 5 tentes, ***noires*** *ou rouges) que nous attribuons aux terrains sélectionnés dans ce guide est une appréciation qui nous est propre.*

Elle ne doit pas être confondue avec le classement (1 à 4 étoiles) établi par les services officiels.

CUBLIZE
11 - 73 ⑧ ⑨

Paris 467 - Amplepuis 8 - Chauffailles 29 - Roanne 32 - Villefranche-sur-Saône 42

69550 Rhône - 984 h. alt. 452

Intercommunal du Lac des Sapins <, ✆ 04 74 89 52 83, S : 0,8 km, bord du Reins et à 300 m du lac (accès direct)
4 ha (155 empl.) plat, herbeux, pierreux - terrain omnisports - A la Base de Loisirs : (plage) toboggan aquatique - Location *(permanent)* :
avril-sept. - **Location longue durée** - *Places disponibles pour le passage* - **R** - - *2 pers. 60* *15 (11A)*

CUCURON
16 - 84 ③ G. Provence

Paris 739 - Aix-en-Provence 34 - Apt 25 - Cadenet 8 - Manosque 35

84160 Vaucluse - 1 624 h. alt. 350

Le Moulin à Vent <, ✆ 04 90 77 25 77, S : 1,5 km par D 182, rte de Villelaure puis 0,8 km par rte à gauche - dans locations
2,2 ha (50 empl.) plat et peu incliné, en terrasses, pierreux - - Location :
avril-sept. - **R** *conseillée été* - - *2 pers. 50, pers. suppl. 16,50* *10 (2A) 12 (4A) 16,50 (6A)*

CULOZ
12 - 74 ⑤

Paris 512 - Aix-les-Bains 24 - Annecy 44 - Bourg-en-Bresse 83 - Chambéry 41 - Genève 68 - Nantua 64

01350 Ain - 2 639 h. alt. 248.
Syndicat d'Initiative,
6 r. de la Mairie
✆ 04 79 87 00 30, Fax 04 79 87 09 73

Le Colombier M < « Cadre agréable », ✆ 04 79 87 19 00, E : 1,3 km, au carrefour du D 904 et D 992, bord d'un ruisseau
1,5 ha (85 empl.) plat, gravillons - - A l'entrée : (petit plan d'eau) - A proximité :
15 mai-27 sept. - **R** *conseillée 10 juil.-20 août* - GB - - *20* *21* *19 (10A)*

CUSY
12 - 74 ⑮ ⑯

Paris 546 - Annecy 22 - Belley 49 - Chambéry 33 - Rumilly 14

74540 H.-Savoie - 969 h. alt. 560

Le Chéran <, ✆ 04 50 52 52 06, Fax 04 50 52 50 68, sortie Est par D 911, rte de Lescheraines puis 1,4 km par chemin à gauche, bord de la rivière - Accès par chemin à forte pente - sortie des caravanes à la demande
1 ha (29 empl.) plat, herbeux -
avril-sept. - **R** *15 juil.-15 août* - GB - - *24* *10* *20* *14 (3A) 19 (6A)*

CUZORN
14 - 79 ⑥

Paris 578 - Agen 59 - Fumel 7 - Monflanquin 20 - Puy-l'Évêque 24 - Villeneuve-sur-Lot 31

47500 L.-et-G. - 901 h. alt. 95

Municipal, au bourg, bord de la Lemance
0,3 ha (17 empl.) plat, herbeux - -
15 juin-15 sept. - **R** - - *9* *5* *9* *10 (10A)*

DABO
8 - 62 ⑧ G. Alsace Lorraine

Paris 452 - Baccarat 65 - Metz 124 - Phalsbourg 18 - Sarrebourg 20

57850 Moselle - 2 789 h. alt. 500

Le Rocher, SE : 1,5 km par D 45, au carrefour de la route du Rocher
0,5 ha (42 empl.) plat et peu incliné, herbeux - - -
Location *(permanent)* : gîte d'étape
Pâques-oct. - **R** *conseillée juil.-août* - *Tarif 97 :* *11* *12/14* *7,50 (6A) 13 (10A)*

DAGLAN
13 - 75 ⑰

Paris 551 - Cahors 49 - Fumel 44 - Gourdon 18 - Périgueux 79 - Sarlat-la-Canéda 23

24250 Dordogne - 477 h. alt. 101

Le Moulin de Paulhiac « Cadre agréable », ✆ 05 53 28 20 88, Fax 05 53 29 33 45, NO : 4 km par D 57, rte de St-Cybranet, bord du Céou
5 ha (150 empl.) plat, herbeux (3 ha) - snack -
20 mai-15 sept. - **R** *conseillée juil.-août* - GB - - *Tarif 97 :* *25 piscine comprise* *42* *18 (6A)*

Le Daguet <, ✆ 05 53 28 29 55, Fax 05 53 59 61 81, sortie Nord par D 57, rte de St-Cybranet puis 3,5 km par chemin du Mas-de-Causse, à gauche - croisement peu facile pour caravanes
3 ha (45 empl.) plat et peu incliné, herbeux, pierreux (0,5 ha) - -
mai-15 sept. - **R** *conseillée juil.-août* - GB - - *23 piscine comprise* *33* *14 (3A) 17 (6A) 22 (10A)*

La Peyrugue <, ✆ 05 53 28 40 26, Fax 05 53 28 86 14, N : 1,5 km par D 57, rte de St-Cybranet, à 150 m du Céou
2,6 ha (50 empl.) (avril-oct.) peu incliné à incliné, herbeux, pierreux - - - Location :
Permanent - **R** *juil.-août* - - *20 piscine comprise* *18* *14 (4A) 16 (6A) 18 (10A)*

DAMAZAN

14 - 79 ⑭

Paris 682 - Agen 38 - Aiguillon 6 - Casteljaloux 19 - Marmande 31 - Nérac 23

47160 L.-et-G. - 1 164 h. alt. 45

Intercommunal le Lac, 05 53 79 42 98, S : 1 km par D 108, rte de Buzet-sur-Baïse puis chemin à droite, bord du lac
1 ha (66 empl.) plat et peu incliné, herbeux - A proximité : - Location *(permanent)* : gîtes
15 juin-15 sept. - **R** *14 juil.-15 août - 12 9 12 (8A)*

DAMBACH-LA-VILLE

8 - 87 ⑯ **G. Alsace Lorraine**

Paris 505 - Barr 13 - Obernai 22 - Saverne 56 - Sélestat 9 - Strasbourg 48

67650 B.-Rhin - 1 800 h. alt. 210.
Office de Tourisme, Mairie
03 88 92 61 00, Fax 03 88 92 60 09

Municipal, 03 88 92 48 60, E : 1,2 km par D 210 rte d'Ebersheim et chemin à gauche
1,8 ha (120 empl.) plat, herbeux - - A proximité :
mi-mai-fin sept. - **R** *conseillée juil.-août - 14 7 10/12 11(3A)*

DAMGAN

4 - 63 ⑬

Paris 471 - Muzillac 9 - Redon 46 - La Roche-Bernard 25 - Vannes 27

56750 Morbihan - 1 032 h.

à Kervoyal E : 2,5 km - 56750 Damgan :

Mar-Atlantis, 05 97 41 01 49, Fax 02 97 41 11 39, à 450 m de la plage
4 ha (110 empl.) (juil.-août) plat, herbeux -
avril-15 oct. - **R** *conseillée - 15 85 avec élect.*

Oasis-Camping, 02 97 41 10 52, à 100 m de la plage
2 ha (150 empl.) plat, herbeux - - Location :
avril-18 oct. - - *1 ou 2 pers. 70, pers. suppl. 14,50 15 (4A)*

Côte d'Amour, 02 97 41 01 49, Fax 02 97 41 11 39, au bourg
1,3 ha (100 empl.) (juil.-août) plat, herbeux -
A proximité : crêperie - Location :
avril-15 oct. - **Location longue durée** - *Places disponibles pour le passage* -
R *conseillée - 15 85 avec élect.*

DAMIATTE

15 - 82 ⑩

Paris 705 - Castres 24 - Graulhet 16 - Lautrec 18 - Lavaur 15 - Puylaurens 11

81220 Tarn - 746 h. alt. 148

Le Plan d'Eau St-Charles, 05 63 70 66 07, Fax 05 63 70 52 14, sortie rte de Graulhet puis 1,2 km par rte à gauche avant le passage à niveau, bord d'un plan d'eau
7,5 ha/2 campables (67 empl.) plat, pierreux, herbeux - - toboggan aquatique - Location *(mai-sept.)* : bungalows toilés
15 juin-15 sept. - **R** *conseillée juil.-août - 2 pers. 72 18 (4A)*

DAMPIERRE-SUR-BOUTONNE

9 - 71 ③ **G. Poitou Vendée Charentes**

Paris 425 - Beauvoir-sur-Niort 17 - Niort 33 - La Rochelle 67 - Ruffec 55 - St-Jean-d'Angély 18

17470 Char.-Mar. - 335 h. alt. 60

Municipal, au bourg, bord de la Boutonne
0,6 ha (16 empl.) plat, herbeux (0,3 ha) -
mai-sept. - **R** - *9 4 8/10 12 (6A)*

DANGÉ-ST-ROMAIN

10 - 68 ④

Paris 292 - Le Blanc 54 - Châtellerault 15 - Chinon 50 - Loches 43 - Poitiers 49 - Tours 59

86220 Vienne - 3 150 h. alt. 50.
Office de Tourisme, Mairie
05 49 86 40 01, Fax 05 49 86 47 14

Municipal, sortie Ouest par D 22, rte de Vellèches, près de la Vienne
0,2 ha (17 empl.) plat et peu incliné, herbeux, pierreux -
Ascension-15 sept. - **R** - *Tarif 97 : 13,80 10,60 13,80*

DAON

4 - 63 ⑩ **G. Châteaux de la Loire**

Paris 281 - Angers 38 - Château-Gontier 11 - Châteauneuf-sur-Sarthe 14 - Segré 22

53200 Mayenne - 408 h. alt. 42

Municipal, 02 43 06 94 78, sortie Ouest par D 213 rte de la Ricoullière et à droite avant le pont, près de la Mayenne
1,8 ha (98 empl.) plat, herbeux - - - A proximité :
toboggan aquatique - Location :

DARBRES

16 - 76 ⑲

Paris 619 - Aubenas 18 - Montélimar 34 - Privas 21 - Villeneuve-de-Berg 15

07170 Ardèche - 213 h. alt. 450

Les Lavandes, 04 75 94 20 65, au bourg
1,5 ha (75 empl.) plat, en terrasses, herbeux, pierreux -
snack - - Location *(permanent)* :
mars-nov. - **R** *conseillée* - GB - - *piscine comprise 2 pers. 95 22 (6 à 10A)*

DAX

13 - 78 ⑥ ⑦ G. Pyrénées Aquitaine

Paris 730 - Bayonne 51 - Biarritz 65 - Bordeaux 153 - Mont-de-Marsan 53 - Pau 87

40100 Landes - 19 309 h. alt. 12 -.

Office de Tourisme, pl. Thiers 05 58 56 86 86, Fax 05 58 56 86 80

Les Chênes, 05 58 90 05 53, Fax 05 58 56 18 77, à 1,8 km à l'Ouest du centre ville, au Bois de Boulogne, à 200 m de l'Adour
5 ha (230 empl.) plat, herbeux, sablonneux, gravillons (caravaning) - A proximité : practice de golf, parcours de santé - Location : pavillons
21 mars-7 nov. - GB - *élect. (5A) et piscine comprises 2 pers. 93 à 105*

Les Pins du Soleil, 05 58 91 37 91, Fax 05 58 91 00 24 40990 St-Paul-lès-Dax, NO : 5,8 km par N 124, rte de Bayonne et à gauche par D 459
6 ha (145 empl.) plat et peu incliné, herbeux, sablonneux - Location :
4 avril-oct. - **R** *conseillée juil.-août* - GB - *piscine comprise 2 pers. 87 ou 98 (105 ou 134 avec élect. 5A)*

L'Étang d'Ardy, 05 58 97 57 74, Fax 05 58 97 52 82 40990 St-Paul-lès-Dax, NO : 5,5 km par N 124, rte de Bayonne puis avant la bretelle de raccordement, 1,7 km par chemin à gauche, bord d'un étang
3 ha (90 empl.) plat, herbeux, sablonneux - 54 sanitaires individuels (wc) - Location : - Garage pour caravanes
avril-18 oct. - **R** *conseillée* - GB - *20 29 (42 avec sanitaire individuel) 13 (5A) 18,50 (10A)*

Christus, 05 58 91 65 34 40990 St-Paul-lès-Dax, NO : 7,5 km par rte de Bayonne, D 16 à droite et chemin d'Abesse
4 ha (100 empl.) plat, herbeux, sablonneux - - Location : studios

Le Bascat, 05 58 56 16 68, à 2,8 km à l'Ouest du centre ville par le Bois de Boulogne, rue de Jouandin - Accès à partir du Vieux Pont (rive gauche) et avenue longeant les berges de l'Adour
3,5 ha (129 empl.) plat et en terrasses, gravier, herbeux -
21 mars-oct. - **R** *conseillée* - *15 25/30 10 (6A)*

St-Vincent-de-Paul, 05 58 89 99 60 40990 St-Vincent-de-Paul, à **St-Vincent-de-Paul**, NE : 6 km, par rte de Mont-de-Marsan, à 200 m de la N 124, r. du stade
1,8 ha (97 empl.) plat et peu incliné, herbeux - - A proximité : - Location :
avril-oct. - **R** *conseillée* - *13,50 19 12 (5 ou 6A)*

*à **Rivière-Saas-et-Gourby*** SO : 9,5 km par N 124, rte de Bayonne, D 113 à gauche et chemin - 809 h. alt. 50
40180 Rivière-Saas-et-Gourby

Lou Bascou, 05 58 97 57 29, Fax 05 58 97 59 52, au Nord-Est du bourg
1 ha (60 empl.) plat, herbeux - - A proximité :
Permanent - **R** - *tennis compris 2 pers. 55 13 (6A) 18 (10A) 21 (12A)*

DEAUVILLE

5 - 54 ⑰ G. Normandie Vallée de la Seine

Paris 201 - Caen 46 - Évreux 100 - Le Havre 40 - Lisieux 29 - Rouen 90

14800 Calvados - 4 261 h. alt. 2.

Office de Tourisme, pl. Mairie 02 31 14 40 00, Fax 02 31 88 78 88

*à **St-Arnoult*** S : 3 km par D 278 - 766 h. alt. 4 - 14800 St-Arnoult :

La Vallée « Cadre agréable », 02 31 88 58 17, Fax 02 31 88 11 57, S : 1 km par D 27, rte de Varaville et D 275, rte de Beaumont-en-Auge à gauche, bord d'un ruisseau et près d'un plan d'eau
3 ha (267 empl.) plat, herbeux (2 ha) - cafétéria - - Location :
Pâques-oct. - **R** *conseillée juil.-août* - GB - *32,50 piscine comprise 36,50 31,50 (5A) 42,50 (10A)*

*à **Touques*** SE : 3 km - 3 070 h. alt. 10 - 14800 Touques :

Les Haras « Cadre agréable », 02 31 88 44 84, Fax 02 31 88 97 08, sortie Nord-Est par D 62, rte d'Honfleur et à gauche, chemin du calvaire
4 ha (250 empl.) plat et peu incliné, herbeux - -

DECAZEVILLE

15 - 80 ① G. Gorges du Tarn

Paris 596 - Aurillac 66 - Figeac 27 - Rodez 39 - Villefranche-de-Rouergue 39

12300 Aveyron - 7 754 h. alt. 230.

Office de Tourisme, square J.-Ségalat 05 65 43 18 36, Fax 05 65 43 19 89

Intercommunal Roquelongue, 05 65 63 39 67, NO : 4,5 km par D 963, D 21 et D 42, rte de Boisse-Penchot, bord du Lot
3,5 ha (65 empl.) plat, pierreux, herbeux - snack (uniquement le soir) -
mars-déc. - **R** *conseillée juil.-août* - *15 tennis compris 30 15 (3 à 10A)*

DENNEVILLE

4 - 54 ⑪

Paris 342 - Barneville-Carteret 14 - Carentan 34 - St-Lô 54

50580 Manche - 442 h. alt. 5

L'Espérance, 02 33 07 12 71, Fax 02 33 07 58 32, O : 3,5 km par D 137, à 500 m de la plage
3 ha (103 empl.) plat, herbeux, sablonneux (1 ha) - A proximité : - Location :
avril-sept. - Location longue durée - *Places disponibles pour le passage* - **R** *conseillée juil.-août* - GB - *20* *25* *17 (4A) 21 (6A)*

DESCARTES

10 - 68 ⑤ G. Poitou Vendée Charentes

Paris 291 - Châteauroux 92 - Châtellerault 25 - Chinon 50 - Loches 32 - Tours 58

37160 I.-et-L. - 4 120 h. alt. 50.
Office de Tourisme, à la Mairie
02 47 59 70 50

Municipal la Grosse Motte « Parc », 02 47 59 85 90, sortie Sud par D 750, rte du Blanc et allée des Sports à droite, bord de la Creuse
1 ha (50 empl.) (saison) plat et accidenté, herbeux - A proximité : - Location : gîte d'étape

Les DEUX-ALPES

12 - 77 ⑥ G. Alpes du Nord

Paris 641 - Le Bourg-d'Oisans 26 - La Grave 26 - Grenoble 76 - Col du Lautaret 37

38860 Isère - alt. 1 660 - Sports d'hiver : 1 650/3 600 m 7 54.
Office de Tourisme,
04 76 79 22 00, Fax 04 76 79 01 38

Caravaneige des 2 Alpes, 04 76 79 20 47, sortie Nord
0,6 ha (87 empl.) plat et peu incliné, terrasse, herbeux, pierreux - A proximité : - Location :
déc.-1er mai, juil.-août - **R** *conseillée vacances scolaires* - GB - *27* *12* *15/16* *18 (2A) 37 (5A) 42 (10A)*

DÉVILLE-LES-ROUEN **76** S.-Mar. - 55 ⑥ - rattaché à Rouen

DIE

16 - 77 ⑬ G. Alpes du Sud

Paris 626 - Gap 92 - Grenoble 96 - Montélimar 72 - Nyons 83 - Sisteron 100 - Valence 67

26150 Drôme - 4 230 h. alt. 415.
Office de Tourisme, pl. St-Pierre
04 75 22 03 03, Fax 04 75 22 40 46

La Pinède « Cadre agréable », 04 75 22 17 77, Fax 04 75 22 22 73, O : 1,7 km par D 93, rte de Crest puis 1 km par chemin à gauche, bord de la Drôme - Accès par chemin et pont étroits
8 ha/2,5 campables (110 empl.) plat et en terrasses, pierreux, herbeux - pizzeria - - Location :
mai-15 sept. - **R** *indispensable 10 juil.-15 août* - - *piscine comprise 2 pers. 87 à 117, pers. suppl. 32* *20 (5A) 30 (10A)*

Le Glandasse, 04 75 22 02 50, Fax 04 75 22 04 91, SE : 1 km par D 93, rte de Gap puis chemin à droite, bord de la Drôme
3,5 ha (90 empl.) peu incliné et plat, herbeux, pierreux (1 ha) - snack - - Location :
20 avril-15 sept. - **R** *conseillée - Tarif 97 : piscine comprise 2 pers. 75, pers. suppl. 22* *16 (3A) 20 (6A) 28 (10A)*

DIENVILLE

7 - 61 ⑱

Paris 221 - Bar-sur-Aube 20 - Bar-sur-Seine 32 - Brienne-le-Château 6 - Troyes 37

10500 Aube - 796 h. alt. 128

Le Tertre, 03 25 92 26 50, sortie Ouest sur D 11, rte de Radonvilliers, face à la Station Nautique et à la Base de Loisirs
3,5 ha (158 empl.) plat, herbeux - - A proximité : practice de golf brasserie, crêperie - Location *(permanent)* :
23 mars-15 oct. - **R** *conseillée juil.-août* - GB - - *18* *30* *12 (4A)*

DIEPPE

1 - 52 ④ G. Normandie Vallée de la Seine

Paris 195 - Abbeville 68 - Beauvais 107 - Caen 171 - Le Havre 110 - Rouen 64

76200 S.-Mar. - 35 894 h. alt. 6.
Office de Tourisme, Pont d'Ango
02 35 84 11 77, Fax 02 35 06 27 66

La Source « Cadre agréable », 02 35 84 27 04 76550 Offranville, SO : 3 km par D 925, rte du Havre puis D 153 à gauche, **à Petit-Appeville**, bord de la Scie
2,5 ha (120 empl.) plat, herbeux (1 ha) - -
15 mars-15 oct. - Location longue durée - *Places disponibles pour le passage* - **R** *juil.-août* - - *20* *6* *20/30* *16 (6A)*

Vitamin', 02 35 82 11 11, S : 3 km par N 27, rte de Rouen et à droite, chemin des Vertus
5,3 ha (103 empl.) plat, herbeux - - A l'entrée : - A proximité : , squash, salle de musculation
Permanent - Location longue durée - *Places disponibles pour le passage* - **R** *conseillée* - GB - *22 piscine comprise* *40 avec élect. (10A)*

DIEULEFIT

16 - 81 ② G. Vallée du Rhône

Paris 625 - Crest 31 - Montélimar 28 - Nyons 30 - Orange 58 - Pont-St-Esprit 59 - Valence 60

26220 Drôme - 2 924 h. alt. 366

Municipal les Grands Prés, 04 75 46 87 50, sortie Ouest par D 540, rte de Montélimar, près du Jabron - Chemin piétons reliant directement le camping au bourg
1,8 ha (101 empl.) plat, herbeux (1 ha) - A proximité :
mars-oct. - **R** *conseillée juil.-août* - GB - *10 22 10 (3 à 10A)*

La Source du Jabron, 04 75 90 61 30 26220 Comps, NE : 3,5 km par D 538, rte de Bourdeaux et chemin à droite, bord du Jabron
4 ha (50 empl.) plat, peu incliné et en terrasses, herbeux, pierreux - - Location :
mai-15 sept. - **R** *conseillée juil.-août* - *16 10 22 16 (6A)*

DIGNE-LES-BAINS P

17 - 81 ⑰ G. Alpes du Sud

Paris 744 - Aix-en-Provence 107 - Antibes 140 - Avignon 165 - Cannes 135 - Gap 87 - Nice 153

04000 Alpes-de-H.-Pr. - 16 087 h. alt. 608 - (fév.-déc.).
Office de Tourisme, le Rond-Point
04 92 31 42 73, Fax 04 92 32 27 24

Les Eaux Chaudes, 04 92 32 31 04, Fax 04 92 33 50 49, SE : 1,5 km par D 20, rte des thermes, bord d'un ruisseau
3,7 ha (153 empl.) plat et peu incliné, herbeux - - A proximité : - Location :
avril-oct. - **R** *conseillée saison* - *2 pers. 73 14 (4A) 18 (6A) 28 (10A)*

DIGOIN

11 - 69 ⑯ G. Bourgogne

Paris 334 - Autun 68 - Charolles 25 - Moulins 56 - Roanne 57 - Vichy 68

71160 S.-et-L. - 10 032 h. alt. 232.
Office de Tourisme, 8 r. Guilleminot
03 85 53 00 81, Fax 03 85 53 27 54 et (saison) pl. de la Grève
03 85 88 56 12

Municipal de la Chevrette, 03 85 53 11 49, sortie Ouest en direction de Moulins, vers le stade municipal, près de la Loire
1,6 ha (100 empl.) plat et terrasse, herbeux, gravillons - - A l'entrée :
avril-oct. - **R** - *15 piscine comprise 30 10A : 15 (hors saison 18)*

DINAN

4 - 59 ⑮ G. Bretagne

Paris 399 - Avranches 67 - Fougères 73 - Rennes 55 - St-Brieuc 59 - St-Malo 32 - Vannes 119

22100 C.-d'Armor - 11 591 h. alt. 92.
Office de Tourisme, 6 r. de l'Horloge
02 96 39 75 40, Fax 02 96 39 01 64

à St-Samson-sur-Rance N : 4,5 km par D 766 rte de Dinard et D 57 à droite - 1 180 h. alt. 64 - 22100 St-Samson-sur-Rance :

Municipal Beauséjour, 02 96 39 53 27, E : 3 km, par D 12
3 ha (120 empl.) (saison) plat, herbeux - - A proximité :
Pentecôte-sept. - **R** *conseillée 1er au 20 août* - *16 20 15 (10A)*

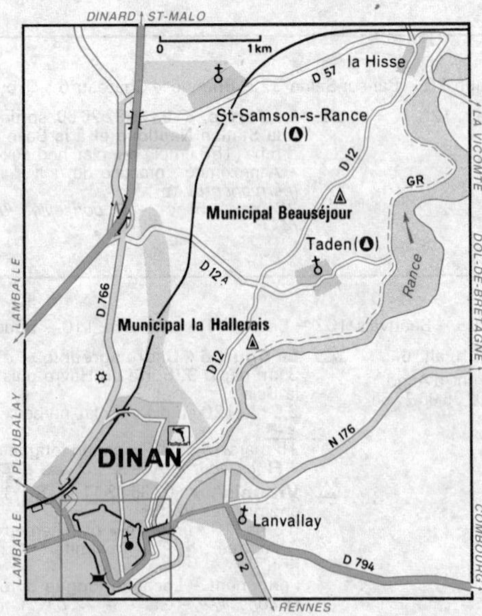

à Taden NE : 3,5 km par rte de Dol-de-Bretagne et D 2 à droite avant le pont – 1 698 h. alt. 46 – ✉ 22100 Taden :

Municipal de la Hallerais « Cadre agréable », ✆ 02 96 39 15 93, Fax 02 96 39 94 64, au Sud-Ouest du bourg, accès direct à la Rance
5 ha (228 empl.) plat, peu incliné et en terrasses, herbeux
15 mars-oct. – **R** *conseillée juil.-août* – GB – *Tarif 97 : 22 piscine et tennis compris 50/65 avec élect. (4 ou 7A)*

DISNEYLAND PARIS 77 S.-et-M. – 56 ⑫ – voir à Marne-la-Vallée

DIVES-SUR-MER

5 – 54 ⑰ **G. Normandie Vallée de la Seine**

Paris 213 – Cabourg 1 – Caen 30 – Deauville 17 – Lisieux 33

14160 Calvados – 5 344 h. alt. 3.
Syndicat d'Initiative, (15 juin-15 sept.) r. du Gén.-de-Gaulle ✆ 02 31 91 24 66

Municipal les Tilleuls ≤ « Entrée fleurie », ✆ 02 31 91 25 21, sortie Est, rte de Lisieux
4 ha (250 empl.) vallonné, prairie

DIVONNE-LES-BAINS

12 – 70 ⑯ **G. Jura**

Paris 491 – Bourg-en-Bresse 127 – Genève 17 – Gex 9 – Lausanne 48 – Nyon 12 – Les Rousses 29 – Thonon-les-Bains 50

01220 Ain – 5 580 h. alt. 486.
Office de Tourisme, r. des Bains ✆ 04 50 20 01 22, Fax 04 50 20 32 12

Le Fleutron, ✆ 04 50 20 01 95, Fax 04 50 20 34 39, N : 3 km, après Villard
8 ha (253 empl.) incliné, en terrasses, pierreux, herbeux (3 ha) – – Location : tentes
3 avril-Toussaint – **R** *conseillée* – GB – *27 piscine comprise 39 18 (4A) 25 (10A)*

DOL-DE-BRETAGNE

4 – 59 ⑥ **G. Bretagne**

Paris 373 – Alençon 153 – Dinan 26 – Fougères 52 – Rennes 57 – St-Malo 26

35120 I.-et-V. – 4 629 h. alt. 20.
Office de Tourisme, 3 Grande Rue ✆ 02 99 48 15 37, Fax (Mairie) 02 99 48 19 63

Les Ormes ≤ « Beau château du 16e siècle entouré de bois et d'étangs », ✆ 02 99 73 49 59, Fax 02 99 73 49 55 ✉ 35120 Epiniac, S : 7,5 km par D 795, rte de Combourg puis chemin à gauche
150 ha/35 campables (500 empl.) plat et peu incliné, herbeux (5 ha) – discothèque toboggan aquatique poneys, golf, parc animalier – Location *(permanent)* : (hôtel), gîtes
20 mai-10 sept. – **R** *conseillée juil.-août* – – *30 piscine comprise 91 18 (3A) 20 (6A)*

Ferme-Camping du Vieux Chêne « Cadre agréable », ✆ 02 99 48 09 55, Fax 02 99 48 13 37 ✉ 35120 Baguer-Pican, E : 5 km, par N 176, rte de Pontorson, à Baguer-Pican, bord d'étangs – Accès conseillé par la déviation, sortie Dol-de-Bretagne-Est et D 80 – dans locations
4 ha/2 campables (160 empl.) plat, peu incliné, herbeux – snack, crêperie – toboggan aquatique, poneys – Location : gîtes
10 avril-15 sept. – **R** *conseillée juil.-août* – – *28 piscine et tennis compris 69 18 (4 ou 6A)*

DOLE

12 – 70 ③ **G. Jura**

Paris 363 – Besançon 52 – Chalon-sur-Saône 64 – Dijon 50 – Genève 144 – Lons-le-Saunier 51

39100 Jura – 26 577 h. alt. 220.
Office de Tourisme, 6 pl. Grévy ✆ 03 84 72 11 22, Fax 03 84 82 49 27

Le Pasquier, ✆ 03 84 72 02 61, Fax 03 84 79 23 44, Sud-Est par av. Jean-Jaurès, près du Doubs
2 ha (120 empl.) plat, herbeux – – A proximité :
15 mars-15 oct. – **R** *conseillée juil.-août* – – *Tarif 97 : 2 pers. 63, pers. suppl. 18 15 (6A) 30 (10A)*

à Nenon NE : 10 km par N 73 et D 76 à droite – ✉ 39100 Nenon :

Les Marronniers, ✆ 03 84 70 50 37, Fax 03 84 70 55 05 ✉ 39700 Rochefort-sur-Nenon, au Nord du bourg, sur D 76, bord d'un ruisseau
3,8 ha (130 empl.) plat, herbeux – (bassin) – A proximité : discothèque – Location :
avril-oct. – **R** *conseillée* – – *24 8 14/24 16 (6 à 10A)*

à Parcey S : 8 km par D 405 – 818 h. alt. 197 – ✉ 39100 Parcey :

Les Bords de Loue, ✆ 03 84 71 03 82, Fax 03 84 81 72 21, au Sud-Ouest du bourg, bord de la Loue
18 ha/10 campables (240 empl.) plat, herbeux – – Location :
12 avril-15 sept. – **R** *conseillée* – – *piscine comprise 2 pers. 67 13 (3A)*

DOLUS-D'OLÉRON 17 Char.-Mar. – 71 ⑭ – voir à Oléron (Ile d')

DOMAZAN

16 - 80 ⑳

Paris 685 - Alès 59 - Avignon 17 - Nîmes 33 - Orange 32 - Pont-St-Esprit 46

30390 Gard - 671 h. alt. 52

Le Bois des Ecureuils, 04 66 57 10 03, NE : 4 km, accès par N 100, rte d'Avignon
1,4 ha (46 empl.) plat, herbeux, gravillons chênaie - (juil.-août) - A proximité : - Location :
Permanent - **R** *conseillée juil.-août - - 15 piscine comprise 10 30/40 15 (4A) 18 (8A)*

DOMFRONT

4 - 59 ⑩ **G. Normandie Cotentin**

Paris 252 - Alençon 61 - Argentan 54 - Avranches 65 - Fougères 55 - Mayenne 34 - Vire 40

61700 Orne - 4 410 h. alt. 185.
Office de Tourisme, 21 r. St-Julien
02 33 38 53 97, Fax 02 33 37 40 27

Municipal le Champ Passais, 02 33 37 37 66, au Sud de la ville par rue de la gare et à gauche, rue du Champ-Passais
1,5 ha (33 empl.) en terrasses, plat, herbeux - - - A proximité :
Rameaux-15 oct. - **R** *juil.-août - 12 13/24 12 (5A)*

DOMPIERRE-LES-ORMES

11 - 69 ⑱

Paris 405 - Chauffailles 34 - Cluny 24 - Mâcon 36 - Montceau-les-Mines 51 - Paray-le-Monial 34

71520 S.-et-L. - 833 h. alt. 480

Municipal le Village des Meuniers M , 03 85 50 29 43, sortie Nord-Ouest par D 41, rte de la Clayette et chemin à droite, près du stade
3 ha (113 empl.) en terrasses, plat et peu incliné, herbeux - - toboggan aquatique - A proximité : - Location *(permanent)* : gîtes
16 mai-12 sept. - **R** *indispensable juil.-août* - **GB** - *25 piscine comprise 30 15 (10A)*

DOMPIERRE-SUR-BESBRE

11 - 69 ⑮

Paris 322 - Bourbon-Lancy 17 - Decize 52 - Digoin 26 - Lapalisse 36 - Moulins 30

03290 Allier - 3 807 h. alt. 234

Municipal « Décoration arbustive et florale », 04 70 34 55 57, sortie Sud-Est par N 79, rte de Digoin, près de la Besbre
1 ha (57 empl.) plat, herbeux - - - A proximité :
mai-sept. - **R** *conseillée juil.-août - Tarif 97 : 10 3,20 3,20 9 (10A)*

DOMPIERRE-SUR-CHARENTE

9 - 71 ⑤

Paris 484 - Cognac 13 - Pons 20 - St-Jean-d'Angély 31 - Saintes 14

17610 Charente - 398 h. alt. 14

Municipal la Fontaine du Pré St-Jean, au Sud du bourg, près de la Charente
1 ha (100 empl.) plat, herbeux - - A proximité :
juin-15 sept. - **R** - *Tarif 97 : 2 pers. 30, pers. suppl. 10 10 (10A)*

DOMPIERRE-SUR-VEYLE

12 - 74 ③

Paris 440 - Belley 70 - Bourg-en-Bresse 20 - Lyon 57 - Mâcon 52 - Nantua 46 - Villefranche-sur-Saône 44

01240 Ain - 828 h. alt. 285

Municipal , sortie Ouest par D 17 et à gauche, bord de la Veyle et à 150 m d'un étang
1,2 ha (50 empl.) plat, herbeux - - A proximité :
avril-25 oct. - **Location longue durée** - *Places limitées pour le passage* - **R** *conseillée - 8 5 8 8*

Le DONJON

11 - 69 ⑯

Paris 339 - Digoin 23 - Dompierre-sur-Besbre 24 - Lapalisse 22 - Moulins 49 - Vichy 45

03130 Allier - 1 258 h. alt. 300

Municipal , sortie Nord par D 166, rte de Monétay-sur-Loire
0,5 ha (40 empl.) peu incliné, herbeux - -
juin-15 sept. - *8 4 8 14 (10A)*

DONVILLE-LES-BAINS 50 Manche - 59 ⑦ - rattaché à Granville

DONZENAC

10 - 75 ⑧ **G. Périgord Quercy**

Paris 470 - Brive-la-Gaillarde 10 - Limoges 81 - Tulle 30 - Uzerche 25

19270 Corrèze - 2 050 h. alt. 204

Municipal la Rivière, 05 55 85 63 95, à 1,6 km au Sud du bourg par rte de Brive et chemin, bord du Maumont
1,2 ha (77 empl.) plat, herbeux - - -
A proximité :
mai-sept. - **R** - - *15 6 10 14 (8A)*

DORDIVES

6 - 61 ⑫

Paris 93 - Fontainebleau 34 - Montargis 17 - Nemours 17 - Orléans 86 - Sens 42

45680 Loiret - 2 388 h. alt. 80

La Garenne, ☎ 02 38 92 72 11, sortie Nord par N 7, rte de Fontainebleau et chemin à droite avant la station BP, près du Betz
7 ha/2 campables (100 empl.) en terrasses, herbeux, gravillons, bois attenant - Garage pour caravanes
15 fév.-15 déc. - Location longue durée - *Places limitées pour le passage* - **R** - *18,50* *12,50* *12,50* *17 (5A)*

DORNES

11 - 69 ⑭

Paris 277 - Bourbon-l'Archambault 31 - Decize 18 - Dompierre-sur-Besbre 38 - Moulins 18 - Nevers 40

58390 Nièvre - 1 257 h. alt. 232

Municipal des Baillys, ☎ 03 86 50 64 55, O : 2,3 km par D 13 et D 22, rte de Chantenay puis 0,5 km par chemin à gauche, près d'un étang
0,7 ha (20 empl.) plat, herbeux -
juin-15 sept. - **R** *conseillée* - *8,50* *4* *4* *12,50*

DOUARNENEZ

3 - 58 ⑭ G. Bretagne

Paris 588 - Brest 76 - Châteaulin 28 - Lorient 91 - Quimper 23 - Vannes 143

29100 Finistère - 16 457 h. alt. 25.
Office de Tourisme, 2 r. Dr-Mével
☎ 02 98 92 13 35, Fax 02 98 92 70 47

à Tréboul O par bd Jean-Moulin et rue du Commandant-Fernand
✉ 29100 Douarnenez :

Kerleyou, ☎ 02 98 74 13 03, O : 1 km par r. du Préfet-Collignon
3,5 ha (100 empl.) plat et peu incliné, herbeux (2 ha) - - Location :
avril-sept. - **R** *conseillée* - - *16* *6* *17* *12 (10A)*

Trézulien, ☎ 02 98 74 12 30, par r. Frédéric-Le-Guyader
3 ha (150 empl.) (saison) en terrasses, peu incliné, herbeux -
avril-15 sept. - **R** *conseillée 15 juil.-20 août* - - *Tarif 97 :* *15* *8* *16* *11 (6A) 13 (10A)*

à Poullan-sur-Mer O : 7,5 km par D 7 - 1 627 h. alt. 79
✉ 29100 Poullan-sur-Mer :

Le Pil Koad « Cadre agréable », ☎ 02 98 74 26 39, Fax 02 98 74 55 97, à 0,6 km à l'Est de la localité de Poullan-sur-Mer
5,7 ha/4,2 campables (185 empl.) plat, herbeux (2 ha) - - discothèque, salle d'animation - Location :
5 avril-14 sept. - **R** *conseillée juil.-août* - GB - - *29 piscine et tennis compris* *79* *22 (10A)*

DOUCIER

12 - 70 ⑭ ⑮ G. Jura

Paris 430 - Champagnole 20 - Lons-le-Saunier 25

39130 Jura - 231 h. alt. 526

Domaine de Chalain « Site agréable », ☎ 03 84 24 29 00, Fax 03 84 24 94 07, NE : 3 km, bord du lac - dans locations
30 ha/18 campables (804 empl.) plat, herbeux, pierreux - - Location : huttes
mai-22 sept. - **R** *conseillée 1er au 10 juil., indispensable 11 juil.-15 août* - GB - - *3 pers. 110 à 130* *15,50 (7A)*

DOUÉ-LA-FONTAINE

9 - 64 ⑪ G. Châteaux de la Loire

Paris 321 - Angers 40 - Châtellerault 82 - Cholet 48 - Saumur 18 - Thouars 29

49700 M.-et-L. - 7 260 h. alt. 75.
Office de Tourisme, pl. du Champ-de-Foire
☎ 02 41 59 20 49, Fax 02 41 59 93 85

Municipal le Douet, ☎ 02 41 59 14 47, NO : 1 km par D 761, rte d'Angers, au stade, bord du Doué
2 ha (148 empl.) plat, herbeux (0,8 ha) - - A proximité :
avril-sept. - **R** - - *11,50* *12,50* *10 (6A) 15 (10A)*

DOUSSARD 74 H.-Savoie - 74 ⑯ - voir à Annecy (Lac d')

DUCEY

4 - 59 ⑧ G. Normandie Cotentin

Paris 344 - Avranches 11 - Fougères 38 - Rennes 76 - St-Hilaire-du-Harcouët 16 - St-Lô 69

50220 Manche - 2 069 h. alt. 15

Municipal la Sélune, ☎ 02 33 48 46 49, sortie Ouest par N 176 et D 178, rte de St-Aubin-de-Terregatte à gauche, au stade
0,42 ha (40 empl.) plat, herbeux - - A proximité :
avril-sept. - **R** - *13,40* *3,10* *5,15*

DUINGT 74 H.-Savoie - 74 ⑥ - voir à Annecy (Lac d')

DUN-LE-PALESTEL
10 - 68 ⑱

Paris 337 - Aigurande 22 - Argenton-sur-Creuse 39 - La Châtre 49 - Guéret 28 - La Souterraine 19

23800 Creuse - 1 203 h. alt. 370

Municipal de la Forêt, N : 1,5 km par D 913, rte d'Éguzon et à droite
2 ha (40 empl.) plat, peu incliné, herbeux
15 juin-15 sept. - *6 et 15 pour eau chaude et élect.* *3* *3/4*

DURFORT
14 - 82 ⑱

Paris 749 - Auterive 23 - Foix 44 - Montesquieu-Volvestre 28 - Pamiers 24 - Saverdun 12

09130 Ariège - 111 h. alt. 294

Le Bourdieu 05 61 67 30 17, Fax 05 61 60 00 89, S : 2 km par D 14, rte du Fossat et chemin à gauche, à 300 m du Latou (accès direct)
16 ha/2,5 campables (24 empl.) en terrasses, herbeux, pierreux - Location :
Permanent - R *conseillée juil.-août* - GB - *14 piscine comprise* *40* *14 (6A)*

DURTAL
5 - 64 ② G. Châteaux de la Loire

Paris 261 - Angers 38 - La Flèche 13 - Laval 66 - Le Mans 62 - Saumur 65

49430 M.-et-L. - 3 195 h. alt. 39.
Syndicat d'Initiative, à la Mairie
02 41 76 30 24, Fax 02 41 76 06 10

International « Situation et cadre agréables », 02 41 76 31 80, sortie Nord-Est par rte de la Flèche et à droite, bord du Loir
3,5 ha (125 empl.) plat, herbeux - A proximité : parcours sportif
Pâques-sept. - R *conseillée juil.-août* - *élect. comprise 2 pers. 48, pers. suppl. 15*

ECLASSAN
11 - 76 ⑩

Paris 536 - Annonay 22 - Beaurepaire 41 - Condrieu 42 - Privas 78 - Tournon-sur-Rhône 22

07370 Ardèche - 633 h. alt. 420

L'Oasis « Cadre agréable », 04 75 34 56 23, NO : 4,5 km par rte de Fourany et chemin à gauche, près de l'Ay - Accès aux emplacements par forte pente, mise en place et sortie des caravanes à la demande
4,5 ha (39 empl.) en terrasses, pierreux, herbeux snack, pizzeria - Location :
avril-15 oct. - R *conseillée 10 juil.-15 août* - *piscine comprise 2 pers. 75* *14 (3A) 18 (6A)*

ÉCOMMOY
5 - 64 ③

Paris 218 - Château-du-Loir 19 - La Flèche 35 - Le Grand-Lucé 18 - Le Mans 23

72220 Sarthe - 4 235 h. alt. 85.
Office de Tourisme, Mairie
02 43 42 10 14

Municipal des Vaugeons, 02 43 42 14 14, sortie Nord-Est, rte du stade
1 ha (60 empl.) plat et peu incliné, sablonneux - A proximité :
30 avril-sept. - *9,90 tennis compris* *3,30* *3,30/4,90* *11,60 (6A)*

EGAT
15 - 86 ⑯ G. Pyrénées Roussillon

Paris 872 - Andorra-la-Vella 76 - Ax-les-Thermes 54 - Bourg-Madame 17 - Font-Romeu-Odeillo-Via 3 - Saillagouse 12

66120 Pyr.-Or. - 419 h. alt. 1 650

Las Clotes Sierra del Cadi et Puigmal, 04 68 30 26 90, à 400 m au Nord du bourg, bord d'un petit ruisseau
2 ha (80 empl.) (juil.-août) plat et en terrasses, accidenté, herbeux
Permanent - R *conseillée* - *2 pers. 58, pers. suppl. 15* *21 (6A) 35 (10A)*

ÉGUISHEIM
8 - 62 ⑲ G. Alsace Lorraine

Paris 479 - Belfort 67 - Colmar 6 - Gérardmer 52 - Guebwiller 21 - Mulhouse 41 - Rouffach 10

68420 H.-Rhin - 1 530 h. alt. 210

Municipal des Trois Châteaux « Situation agréable près du vignoble », 03 89 23 19 39, Fax 03 89 24 10 19, à l'Ouest du bourg
2 ha (128 empl.) plat et peu incliné, herbeux
Pâques-sept. - *Tarif 97 :* *17* *17* *16 (4A) 21 (6A)*

ÉGUZON
10 - 68 ⑱ G. Berry Limousin

Paris 317 - Argenton-sur-Creuse 20 - La Châtre 46 - Guéret 47 - Montmorillon 64 - La Souterraine 28

36270 Indre - 1 384 h. alt. 243.
Office de Tourisme, 2, r. Jules-Ferry
02 54 47 43 69, Fax 02 54 47 35 60

Municipal du Lac Les Nugiras 02 54 47 45 22, SE : 3 km par D 36, rte du lac de Chambon puis 0,5 km à droite
4 ha (180 empl.) en terrasses, plat et peu incliné, herbeux, pierreux - A proximité : (plage) - Location : bungalows toilés
Permanent - R *conseillée* - *Tarif 97 :* *2 pers. 35* *18 (10A)*

ELLIANT

3 - 58 ⑯

Paris 551 - Carhaix-Plouguer 47 - Concarneau 18 - Quimper 17 - Rosporden 6

29370 Finistère - 2 591 h. alt. 120

Municipal de Keryannic « Beaux emplacements délimités », 02 98 94 19 84, sortie Sud-Est rte de Rosporden et à gauche devant le supermarché, rte de Tourch puis à droite
1 ha (40 empl.) plat, herbeux - A proximité :
juil.-août - **R** - *Tarif 97 : 9 4 15,10 10,50 (10A)*

ELNE

15 - 86 ⑳ **G. Pyrénées Roussillon**

Paris 873 - Argelès-sur-Mer 8 - Céret 29 - Perpignan 15 - Port-Vendres 19 - Prades 55

66200 Pyr.-Or. - 6 262 h. alt. 30.
Office de Tourisme, 2 r. Pdt-Bolte
04 68 22 05 07, Fax 04 68 37 95 05

Municipal Al Mouly, 04 68 22 08 46, Fax 04 68 37 80 62, NE : 1,8 km par D 40, rte de St-Cyprien, D 11 rte de Canet à gauche et rue Gustave-Eiffel à droite
5 ha (285 empl.) plat, herbeux, sablonneux - - - Location :
juin-sept. - **R** *conseillée* - GB - *Tarif 97 : 20 tennis compris 32 15*

EMBRUN

17 - 77 ⑰ ⑱ **G. Alpes du Sud**

Paris 702 - Barcelonnette 57 - Briançon 50 - Digne-les-Bains 95 - Gap 40 - Guillestre 22 - Sisteron 85

05200 H.-Alpes - 5 793 h. alt. 871.
Office de Tourisme, pl. Gén.-Dosse
04 92 43 72 72, Fax 04 92 43 54 06

Municipal de la Clapière, 04 92 43 01 83, Fax 04 92 43 50 22, SO : 2,5 km par N 94, rte de Gap et à droite, près d'un plan d'eau
6,5 ha (367 empl.) plat, accidenté et en terrasses, pierreux, herbeux - - - A proximité : parcours sportif (découverte l'été) toboggan aquatique
mai-sept. - - GB - *Tarif 97 : 1 pers. 55, 2 pers. 70, pers. suppl. 20 16 (5A) 26 (plus de 5A)*

Le Moulin <, 04 92 43 00 41, SO : 2,6 km par N 94, rte de Gap et rte à gauche après le pont
2 ha (70 empl.) peu incliné, herbeux, verger -
juin-15 sept. - - *19,50 22 11 (3A) 15 (5A)*

La Tour <, 04 92 43 17 66, SE : 3 km par D 994D et D 340 à droite après le pont, près de la Durance
1,5 ha (100 empl.) peu incliné, herbeux verger - -
15 juin-1er sept. - **R** - - *15 10 20 9,50 (2A) 13 (3A) 16 (6A)*

à Baratier S : 4 km par N 94 et D 40 - 356 h. alt. 855
05200 Baratier :

Le Verger < « Entrée fleurie et site agréable », 04 92 43 15 87, Fax 04 92 43 49 81, sortie Ouest - Pour caravanes, accès conseillé par le village
4,3 ha/2,5 campables (110 empl.) peu incliné, en terrasses, herbeux, pierreux - - - A proximité : - Location : pavillons
Permanent - **R** - - *piscine comprise 2 pers. 78, pers. suppl. 26 13 (2A) 20 (5A) 30 (10A)*

Les Grillons <, 04 92 43 32 75, N : 1 km par D 40, D 340 et chemin à gauche
1,5 ha (95 empl.) peu incliné, herbeux - -
15 mai-15 sept. - **R** - - *piscine comprise 2 pers. 84 16 (3A) 20 (6A) 26 (10A)*

Les Esparons < « Agréable verger », 04 92 43 02 73, sortie Nord par D 40 et D 340, près d'un torrent
1,5 ha (83 empl.) plat et peu incliné, herbeux - -
15 juin-août - **R** *conseillée* - - *21 piscine comprise 24 10 (2A) 14 (4A)*

Les Airelles <, 04 92 43 11 57, Fax 04 92 43 07 69, SE : 1,2 km par D 40, rte des Orres et rte à droite - Accès direct au village par chemin forestier
4 ha (130 empl.) peu incliné à incliné, terrasses, plat, pierreux, herbeux (2 ha) - snack -
15 juin-15 sept. - **R** *conseillée 10 juil.-15 août* - GB - - *23 23*

ENTRAUNES

17 - 81 ⑧ **G. Alpes du Sud**

Paris 778 - Annot 45 - Barcelonnette 43 - Guillaumes 18

06470 Alpes-Mar. - 127 h. alt. 1 260

Municipal le Tellier < « Situation agréable », 04 93 05 55 60, au Nord-Est du bourg par chemin de Castel, près du Bourdoux
0,4 ha (24 empl.) peu incliné, herbeux, pierreux -
juin-sept. - **R** *août - Tarif 97 : 12 12/24 12 (3A) 24 (6A)*

ENTRAYGUES-SUR-TRUYÈRE

15 - 76 ⑫ **G. Gorges du Tarn**

Paris 615 - Aurillac 43 - Figeac 57 - Mende 134 - Rodez 46 - St-Flour 90

12140 Aveyron - 1 495 h. alt. 236.
Office de Tourisme,
30 Tour-de-Ville 05 65 44 56 10

Le Lauradiol (Municipal de Campouriez) < « Situation agréable », 05 65 44 53 95 12460 Campouriez, NE : 5 km par D 34, rte de St-Amans-des-Cots, bord de la Selves
1 ha (37 empl.) plat, herbeux - -
20 juin-10 sept. - **R** *conseillée* - - *piscine et tennis compris 1 ou 2 pers. 60/80 avec élect.*

ENTRE-DEUX-GUIERS

12 – 74 ⑮ G. Alpes du Nord

Paris 540 – Les Abrets 24 – Chambéry 24 – Grenoble 38 – Le Pont-de-Beauvoisin 16 – St-Laurent-du-Pont 5

38380 Isère – 1 544 h. alt. 380

L'Arc-en-Ciel ≤, ✆ 04 76 66 06 97, au bourg par rue piétonne vers les Echelles, près du vieux pont, bord du Guiers
1 ha (50 empl.) plat, herbeux – A proximité : – Location :
mars-oct. – **R** *conseillée 14 juil.-15 août* – GB – *15,60 7,80 13,30 9,70 (2A) 15,60 (4A)*

ENTREMONT-LE-VIEUX

12 – 74 ⑮

Paris 555 – Aix-les-Bains 38 – Chambéry 21 – Le Pont-de-Beauvoisin 31 – St-Laurent-du-Pont 19 – La Tour-du-Pin 52

73670 Savoie – 444 h. alt. 816

L'Ourson ≤, ✆ 04 79 65 82 50, sortie Ouest par D 7, rte du Désert d'Entremont, bord du Cozon – alt. 841
1 ha (38 empl.) peu incliné, herbeux, gravillons – – A proximité :
Permanent – **R** – *17 6 15 4,50 par ampère*

ÉPINAC

11 – 69 ⑧

Paris 303 – Arnay-le-Duc 18 – Autun 20 – Chagny 30 – Beaune 34

71360 S.-et-L. – 2 569 h. alt. 340

Municipal le Pont Vert, ✆ 03 85 82 00 26, sortie Sud par D 43 et chemin à droite,
2,9 ha (71 empl.) plat, herbeux – – A l'entrée : snack – A proximité : – Location : huttes
Pâques-sept. – **R** *conseillée* – GB – – *12 23 15 (6A)*

ÉPINAL P

8 – 62 ⑯ G. Alsace Lorraine

Paris 384 – Belfort 96 – Colmar 91 – Mulhouse 106 – Nancy 71 – Vesoul 88

88000 Vosges – 36 732 h. alt. 324.
Office de Tourisme, 13 r. Comédie
✆ 03 29 82 53 32, Fax 03 29 35 26 16

à Sanchey O : 8 km par rte de Darney – 668 h. alt. 368
✉ 88390 Sanchey :

Lac de Bouzey, ✆ 03 29 82 49 41, Fax 03 29 64 28 03, S : par D 41, à 50 m du lac
3 ha (160 empl.) plat et peu incliné, en terrasses, herbeux (2 ha) – – salle d'animation, discothèque – Location :
Permanent – **R** *conseillée 14 juil.-15 août* – GB – – *piscine comprise 2 pers. 110 20 (4A) 24 (6A) 28 (8A)*

ERDEVEN

3 – 63 ①

Paris 495 – Auray 18 – Carnac 9 – Lorient 27 – Quiberon 20 – Quimperlé 48 – Vannes 37

56410 Morbihan – 2 352 h. alt. 18

Les Sept Saints, ✆ 02 97 55 52 65, Fax 02 97 55 22 67, NO : 2 km par D 781, rte de Plouhinec et rte à gauche
7 ha/5 campables (200 empl.) plat et peu incliné, herbeux, pinède (1 ha) – – Location *(avril-oct.)* :
15 mai-15 sept. – **R** *conseillée juil.-août* – GB – – *26 piscine comprise 72 18 (6A)*

Les Mégalithes, ✆ 02 97 55 68 76, S : 1,5 km par D 781, rte de Carnac et rte à droite
4,3 ha (100 empl.) plat, herbeux –
avril-1er oct. – **R** *conseillée* – – *20 10 25 15 (6 ou 10A)*

La Croëz-Villieu, ✆ 02 97 55 90 43, Fax 02 97 55 64 83, SO : 1 km par rte de Kerhillio
3 ha (115 empl.) plat, herbeux – – Location *(avril-fin oct.)* : – Garage pour caravanes
mai-sept. – Location longue durée – *Places disponibles pour le passage* – **R** *conseillée* – *20,50 piscine comprise 8,20 8,20 ou 17,85 16 (4A) 17,85 (9A)*

Idéal Camping, ✆ 02 97 55 67 66, SO : 2,2 km rte de Kerhillio, à Lisveur
0,5 ha (35 empl.) plat, herbeux – snack – – Location *(permanent)* : appartements
15 juin-15 sept. – **R** – GB – – *Tarif 97 : élect. (10A) comprise 3 pers. 102, pers. suppl. 20*

▶ *Pour choisir et suivre un itinéraire*
Pour calculer un kilométrage
Pour situer exactement un terrain (en fonction des indications fournies dans le texte) :

Utilisez les cartes MICHELIN détaillées à 1/200 000, compléments indispensables de cet ouvrage.

ERQUY

4 - 59 ④ G. Bretagne

Paris 452 - Dinan 45 - Dinard 41 - Lamballe 22 - Rennes 102 - St-Brieuc 34

22430 C.-d'Armor - 3 568 h. alt. 12.
Office de Tourisme, bd de la Mer
☎ 02 96 72 30 12, Fax 02 96 72 02 88

Le Vieux Moulin « Cadre agréable », ☎ 02 96 72 34 23, Fax 02 96 72 36 63, E : 2 km
2,5 ha (173 empl.) plat et peu incliné, herbeux - crêperie - discothèque toboggan aquatique, half-court - Location :
avril-25 sept. - **R** *conseillée juil.-20 août* - *29 piscine comprise 21 52 18 (3A) 26 (6A) 29 (10A)*

Les Pins, ☎ 02 96 72 31 12, Fax 02 96 28 65 91, N : 1 km
10 ha (385 empl.) (saison) peu incliné et plat, herbeux (1,5 ha) - salle de musculation - A proximité : - Location : bungalows toilés
12 avril-15 sept. - **R** *conseillée* - GB - *24 17 38 22 (6A)*

Bellevue, ☎ 02 96 72 33 04, Fax 02 96 72 48 03, SO : 5,5 km - juil.-août dans locations
2,2 ha (140 empl.) plat, herbeux - - A proximité : crêperie - Location :
Pâques-sept. - **R** *conseillée juil.-août* - GB - *21 piscine comprise 33 15 (6A) 18 (10A)*

Les Roches ≤, ☎ 02 96 72 32 90, SO : 3 km - dans locations
3 ha (160 empl.) plat et peu incliné, herbeux - - Location :
avril-sept. - **R** *conseillée 1er au 15 août* - *15 10 14 12 (3A) 15 (6A) 19 (10A)*

St-Pabu ≤, ☎ 02 96 72 24 65, Fax 02 96 72 87 17, SO : 4 km, près de la plage
5,5 ha (409 empl.) plat, peu incliné et en terrasses, herbeux - - Location :
avril-10 oct. - **R** *conseillée 10 juil.-18 août* - GB - *Tarif 97 : 18 36 16 (6A)*

Les Hautes Grées ≤, ☎ 02 96 72 34 78, Fax 02 96 72 30 15, NE : 3,5 km, à 400 m de la plage St-Michel
2,5 ha (148 empl.) plat et peu incliné, herbeux - - Location :
15 avril-15 sept. - **R** *conseillée* - GB - *18 32 15 (6A)*

ERR

15 - 86 ⑯

Paris 869 - Andorra-la-Vella 77 - Ax-les-Thermes 52 - Bourg-Madame 9 - Font-Romeu-Odeillo-Via 15 - Saillagouse 2

66800 Pyr.-Or. - 398 h. alt. 1 350 - Sports d'hiver : 1 850/2 520 m 8

Le Puigmal ≤, ☎ 04 68 04 71 83, Fax 04 68 04 04 88, par D 33B, à Err-Bas, bord d'un ruisseau
3,2 ha (125 empl.) peu incliné, herbeux - - A proximité :
Permanent - **R** *août* - *2 pers. 63, pers. suppl. 20 17 (3A) 27 (6A)*

Las Closas ≤, ☎ 04 68 04 71 42, Fax 04 68 04 07 20, par D 33B, à Err-Bas
2 ha (114 empl.) plat et peu incliné, herbeux - - A proximité :
Permanent - **R** *conseillée* - GB - *Tarif 97 : 20 22*

ERSTEIN

8 - 87 ⑤ G. Alsace Lorraine

Paris 498 - Colmar 48 - Molsheim 23 - St-Dié 68 - Sélestat 26 - Strasbourg 25

67150 B.-Rhin - 8 600 h. alt. 150.

Office de Tourisme, 2 r. du Couvent ✆ 03 88 98 14 33, Fax 03 88 98 04 39

Municipal, ✆ 03 88 98 09 88, sortie Sud-Est par D 426, rte de Gerstheim et rue à gauche, près d'un plan d'eau
8,6 ha (290 empl.) plat, herbeux - A proximité : avec toboggan aquatique
avril-sept. - **Location longue durée** - *Places disponibles pour le passage* - **R** *conseillée* - *20* *20* *19 (16A)*

ERVY-LE-CHÂTEL

7 - 61 ⑯ G. Champagne

Paris 169 - Auxerre 47 - St-Florentin 17 - Sens 61 - Tonnerre 24 - Troyes 38

10130 Aube - 1 221 h. alt. 160

Municipal les Mottes M, ✆ 03 25 70 07 96, E : 1,8 km par D 374, rte d'Auxon, D 92 et chemin à droite après le passage à niveau, bord de l'Armance
0,7 ha (53 empl.) plat, herbeux
15 mai-15 sept. - **R** - *10* *7* *8* *12 (5A)*

ESCALLES

1 - 51 ①

Paris 285 - Arras 122 - Boulogne-sur-Mer 29 - Calais 14 - Marquise 15 - St-Omer 52

62179 P.-de-C. - 320 h. alt. 46

Cap Blanc-Nez, ✆ 03 21 85 27 38, au Sud du bourg, à 500 m de la plage - dans locations
1,25 ha (85 empl.) (avril-sept.) plat et peu incliné, herbeux - Location *(permanent)* :
15 mars-12 nov. - **Location longue durée** - *Places disponibles pour le passage* - - *Tarif 97* : *12,50* *13,50* *13 (3A) 17 (4A) 35 (6A)*

ESPARRON-DE-VERDON

17 - 81 ⑯ G. Alpes du Sud

Paris 775 - Barjols 33 - Digne-les-Bains 57 - Gréoux-les-Bains 12 - Moustiers-Ste-Marie 32 - Riez 17

04800 Alpes-de-H.-Pr. - 290 h. alt. 397

Le Soleil « Cadre et situation agréables », ✆ 04 92 77 13 78, sortie Sud par D 82, rte de Quinson, puis 1 km par rte à droite, bord du lac - (tentes) -
2 ha (100 empl.) en terrasses, pierreux, gravillons - snack -
avril-sept. - **R** *conseillée juil.-août* - - *25* *30/34* *16 (20A)*

La Grangeonne, ✆ 04 92 77 16 87, SE : 1 km par D 82, rte de Quinson et rte à droite
1 ha (57 empl.) plat, peu incliné et en terrasses, pierreux, herbeux
15 juin-début sept. - **R** *conseillée* - - *16* *16* *14 (4A) 19 (6A)*

ESPINASSES

17 - 81 ⑦

Paris 695 - Chorges 18 - Gap 26 - Le Lauzet-Ubaye 22 - Savines-le-Lac 29 - Turriers 15

05190 H.-Alpes - 505 h. alt. 630

La Viste lac de Serre-Ponçon, montagnes et barrage, ✆ 04 92 54 43 39, Fax 04 92 54 42 45 ✉ 05190 Rousset, NE : 5,5 km par D 900B, D 3 rte de Chorges et D 103 à gauche rte de Rousset - alt. 900
4,5 ha/2,5 campables (160 empl.) plat, terrasse, peu incliné, accidenté, herbeux, pierreux (1 ha) - snack - - Location :
15 mai-15 sept. - **R** - - *28 piscine comprise* *30* *16 (5A)*

Les ESSARTS

9 - 67 ⑭ G. Poitou Vendée Charentes

Paris 395 - Cholet 45 - Nantes 60 - Niort 90 - La Roche-sur-Yon 20

85140 Vendée - 3 907 h. alt. 78.

Syndicat d'Initiative, 1 r. Arnaud-de-Rougé ✆ 02 51 62 85 96

Municipal le Pâtis, ✆ 02 51 62 95 83, O : 0,5 km par rte de Chauché et à gauche, à la piscine
1 ha (50 empl.) plat, herbeux - - A proximité :
juin-août - **R** - *10,50* *4,50* *7/16 avec élect. (6A)*

ESSAY

5 - 60 ③

Paris 181 - Alençon 19 - Argentan 33 - Mortagne-au-Perche 26 - Sées 9

61500 Orne - 516 h. alt. 180

Les Charmilles, sortie Sud, par D 326, rte du Ménil-Broût -
0,5 ha (23 empl.) plat, herbeux
avril-sept. - **R** *conseillée* - *7,50* *5,50* *6,50*

ESTAING

13 - 85 ⑰ G. Pyrénées Aquitaine

Paris 836 - Argelès-Gazost 12 - Arrens 7 - Laruns 44 - Lourdes 23 - Pau 64 - Tarbes 42

65400 H.-Pyr. - 86 h. alt. 970

Le Vieux Moulin, ✆ 05 62 97 43 23, sortie Sud par D 103, rte du lac, bord du Gave et d'un ruisseau
1 ha (50 empl.) peu incliné, herbeux - (bassin)
Permanent - **R** - - *14* *14* *12 (3A) 24 (6A) 40 (10A)*

Aire Naturelle la Pose, ✆ 05 62 97 43 10, SO : 2,2 km par D 103, près du Gave de Bun
1 ha (25 empl.) (juil.-août) plat et peu incliné, en terrasses, herbeux
avril-oct. - **R** *conseillée* - - *10* *14* *14 (10A)*

ESTANG

14 - 82 ②

Paris 714 - Aire-sur-l'Adour 25 - Eauze 16 - Mont-de-Marsan 36 - Nérac 56 - Nogaro 17

32240 Gers - 724 h. alt. 120

Les Lacs de Courtès, 05 62 09 61 98, Fax 05 62 09 63 13, au Sud du bourg par D 152, près de l'église et au bord d'un lac
4 ha (114 empl.) en terrasses, peu incliné, plat, herbeux - Location :
Pâques-sept. - **R** *conseillée juil.-août* - *23 15 35/50 avec élect. (6A)*

ESTAVAR 66 Pyr.-Or. - 86 ⑯ - rattaché à Saillagouse

ÉTABLES-SUR-MER

3 - 59 ③ G. Bretagne

Paris 466 - Guingamp 30 - Lannion 55 - St-Brieuc 19 - St-Quay-Portrieux 3

22680 C.-d'Armor - 2 121 h. alt. 65

L'Abri-Côtier « Entrée fleurie », 02 96 70 61 57, Fax 02 96 70 65 23, N : 1 km par rte de St-Quay-Portrieux et à gauche, rue de la Ville-es-Rouxel - dans locations
2 ha (140 empl.) plat et peu incliné, herbeux - Location :
6 mai-20 sept. - **R** *conseillée juil.-août*

ÉTAMPES

6 - 60 ⑩ G. Ile de France

Paris 50 - Chartres 60 - Évry 36 - Fontainebleau 46 - Melun 43 - Orléans 72 - Versailles 51

91150 Essonne - 21 457 h. alt. 80

Le Vauvert « Cadre agréable », 01 64 94 21 39, Fax 01 69 92 72 59 ✉ 91150 Ormoy-la-Rivière, S : 2,3 km par D 49 rte de Saclas, bord de la Juine
8 ha (288 empl.) plat, herbeux -
15 janv.-15 déc. - Location longue durée - *Places limitées pour le passage* - **R** *conseillée juil.-août* - *20 25 15 (10A)*

ÉTRÉHAM

4 - 54 ⑭

Paris 272 - Bayeux 10 - Caen 40 - Carentan 38 - St-Lô 40

14400 Calvados - 236 h. alt. 30

Reine Mathilde « Entrée fleurie », 02 31 21 76 55, Fax 02 31 22 18 33, O : 1 km par D 123 et chemin à droite
4 ha (115 empl.) plat, herbeux - snack - - Location : , bungalows toilés
avril-sept. - **R** *conseillée juil.-août* - *23 piscine comprise 24 20 (6A)*

ÉTRETAT

5 - 52 ⑪ G. Normandie Vallée de la Seine

Paris 205 - Bolbec 28 - Fécamp 17 - Le Havre 29 - Rouen 87

76790 S.-Mar. - 1 565 h. alt. 8.
Office de Tourisme, pl. M.-Guillard
02 35 27 05 21, Fax 02 35 28 87 20

Municipal, 02 35 27 07 67, SE : 1 km par D 39, rte de Criquetot-l'Esneval
1,2 ha (93 empl.) plat, herbeux, gravier - - A proximité :
20 mars-10 oct. - **R** - *Tarif 97 : 12,50 13/15 14 (4A) 17,50 (5A) 21 (6A)*

ÉVAUX-LES-BAINS

10 - 73 ② G. Berry Limousin

Paris 355 - Aubusson 44 - Guéret 52 - Marcillat-en-Combraille 15 - Montluçon 26

23110 Creuse -1 716 h.alt. 469
(avril-fin oct.)

Municipal, 05 55 65 55 82, au Nord du bourg, derrière le château
1 ha (49 empl.) plat et peu incliné, herbeux - -
- A proximité : - Location : huttes
avril-oct. - **R** - *8 5,30 4,30/6,30 9,10 (3A) 19,30 (6A)*

ÉVISA 2A Corse-du-Sud - 90 ⑮ - voir à Corse

ÉVRON

5 - 60 ⑪ G. Normandie Cotentin

Paris 260 - Alençon 55 - La Ferté-Bernard 108 - La Flèche 69 - Laval 35 - Le Mans 54 - Mayenne 25

53600 Mayenne - 6 904 h. alt. 114.
Office de Tourisme,
pl. de la Basilique
02 43 01 63 75

Municipal du Parc des Loisirs « Décoration arbustive », 02 43 01 65 36, Fax 02 43 37 46 20, sortie Ouest, bd du Maréchal-Juin
3 ha (92 empl.) plat et peu incliné, herbeux (1 ha) -
- parcours sportif - A proximité : - Location :
Permanent - **R** *juil.-août* - *1 pers. 26,15/34,85 9,20 (6A) 17,40 (10A)*

EXCENEVEX

12 - 70 ⑰ G. Alpes du Nord

Paris 567 - Annecy 73 - Bonneville 43 - Douvaine 10 - Genève 28 - Thonon-les-Bains 13

74140 H.-Savoie - 657 h. alt. 375.
Office de Tourisme,
04 50 72 89 22

Municipal la Pinède « Cadre agréable », 04 50 72 85 05, Fax 04 50 72 93 00, SE : 1 km par D 25, à la plage, bord du lac Léman
12 ha (619 empl.) (juil.-août) plat et accidenté, sablonneux -
- A proximité :
mars-oct. - **R** - - *15 35 10 (5A) 15 (10A) 25 (15A)*

EYMET

14 - 79 ④ G. Périgord Quercy

Paris 559 - Bergerac 24 - Castillonnès 18 - Duras 21 - Marmande 33 - Ste-Foy-la-Grande 30

24500 Dordogne - 2 769 h. alt. 54

Municipal « Cadre agréable », 05 53 23 80 28, r. de la Sole, derrière le château, bord du Dropt
0,4 ha (66 empl.) plat, herbeux, jardin public attenant (0,5 ha) - A proximité :
mai-sept. - **R** - *16* *13* *11 (5A)*

EYMEUX

12 - 77 ③

Paris 570 - Pont-en-Royans 16 - Romans-sur-Isère 12 - Tournon-sur-Rhône 30 - Valence 34

26730 Drôme - 510 h. alt. 243

Municipal la Source Ombragée, 04 75 48 91 63, au Sud du bourg, près du terrain de sports
2 ha (43 empl.) plat, herbeux -
30 juin-1er sept. - **R** - *15* *15* *10*

EYMOUTIERS

10 - 72 ⑲ G. Berry Limousin

Paris 433 - Aubusson 54 - Guéret 62 - Limoges 44 - Tulle 67 - Ussel 69

87120 H.-Vienne - 2 441 h. alt. 417

Municipal, 05 55 69 13 98, SE : 2 km par D 940, rte de Tulle et chemin à gauche, à St-Pierre
1 ha (33 empl.) plat, incliné à peu incliné, terrasses, herbeux -
juin-sept. - **R** - *Tarif 97 : 2 pers. 40, pers. suppl. 10* *12 (16A)*

Les EYZIES-DE-TAYAC

13 - 75 ⑯ G. Périgord Quercy

Paris 516 - Brive-la-Gaillarde 62 - Fumel 64 - Lalinde 36 - Périgueux 47 - Sarlat-la-Canéda 21

24 Dordogne - 853 h. alt. 70
24620 les Eyzies-de-Tayac-Sireuil.
Office de Tourisme, pl. Mairie
05 53 06 97 05, Fax 05 53 06 90 79

La Rivière <, 05 53 06 97 14, Fax 05 53 35 20 85, NO : 1 km par D 47, rte de Périgueux et rte à gauche après le pont, à 200 m de la Vézère
3 ha (120 empl.) plat, herbeux (2 ha) - half-court - A proximité : - Location :
Pâques-4 oct. - **R** *conseillée 14 juil.-15 août* - GB - - *26 piscine comprise* *38* *18 (6A)*

Le Mas <, 05 53 29 68 06, Fax 05 53 31 12 73, E : 7 km par D 47 rte de Sarlat-la-Canéda puis 2,5 km par rte de Sireuil à gauche
3 ha (130 empl.) (juil.-août) plat et peu incliné, en terrasses, herbeux - - - A proximité : - Location *(avril-sept.)* :
15 mai-sept. - **R** *conseillée juil.-août* - GB - - *25 piscine comprise* *43* *17 (8 à 10A)*

La Ferme du Pelou <, 05 53 06 98 17 24620 Tursac, NE : 4 km par D 706, rte de Montignac puis rte à droite
1 ha (65 empl.) plat et peu incliné, herbeux - - Location :
15 mars-15 nov. - **R** - - *16* *16* *14 (6A)*

à Tursac NE : 5,5 km par D 706 - 316 h. alt. 75 - 24620 Tursac :

Le Vézère Périgord « Cadre agréable », 05 53 06 96 31, NE : 0,8 km par D 706 rte de Montignac et chemin à droite
3,5 ha (103 empl.) en terrasses et peu incliné, herbeux, pierreux - crêperie - piste de bi-cross - Location :
mai-sept. - **R** *conseillée juil.-août* - - *25 piscine comprise* *40* *15 (10A)*

Le Pigeonnier, 05 53 06 96 90, accès par rte face à l'église et chemin à droite
1 ha (25 empl.) peu incliné, herbeux - -
juin-sept. - **R** *conseillée juil.-août* - *20* *20* *13 (10A)*

FALAISE

5 - 55 ⑫ G. Normandie Cotentin

Paris 216 - Argentan 23 - Caen 35 - Flers 39 - Lisieux 46 - St-Lô 94

14700 Calvados - 8 119 h. alt. 132.
Office de Tourisme, bd de la Libération
02 31 90 17 26, Fax 02 31 40 13 00

Municipal du Château < château, 02 31 90 16 55, à l'Ouest de la ville, au val d'Ante
2 ha (66 empl.) plat et peu incliné, herbeux - - - A proximité :

Le FAOUËT

8 - 58 ⑰ G. Bretagne

Paris 515 - Carhaix-Plouguer 33 - Lorient 39 - Pontivy 47 - Quimperlé 21

56320 Morbihan - 2 869 h. alt. 68.
Office de Tourisme, (juin-sept.) 1 r. de Quimper
02 97 23 23 23, Fax 02 97 23 11 66

Municipal Beg er Roch « Cadre agréable, entrée fleurie », 02 97 23 15 11, SE : 2 km par D 769 rte de Lorient, bord de l'Ellé
3 ha (65 empl.) (saison) plat, herbeux - - half-court - Location : bungalows toilés
7 mars-15 sept. - **R** - - *20* *12* *18* *12 (3A) 20 (5A)*

FARAMANS

12 - 77 ③

Paris 525 - Beaurepaire 12 - Bourgoin-Jallieu 32 - Grenoble 58 - Romans-sur-Isère 48 - Vienne 33

38260 Isère - 679 h. alt. 375

Municipal des Eydoches, 04 74 54 21 78, sortie Est par D 37 rte de la Côte-St-André, bord d'une rivière et près d'un étang
1 ha (60 empl.) plat, herbeux (0,5 ha) - A proximité : golf, practice de golf
avril-oct. - **R** - - *18 22/26 18 (5A)*

FARINOLE (Marine de) 2B H.-Corse - 90 ② ③ - voir à Corse

La FAUTE-SUR-MER

9 - 71 ⑪

Paris 453 - Luçon 22 - Niort 83 - La Rochelle 50 - La Roche-sur-Yon 47 - Les Sables-d'Olonne 48

85460 Vendée - 885 h. alt. 4

Schéma à la Tranche-sur-Mer

Le Grand R, 02 51 56 42 87, NO : 2 km rte de la Tranche-sur-Mer
2,5 ha (172 empl.) (saison) plat, herbeux (1 ha) - - Location :
avril-sept. - **R** *conseillée* - - *piscine comprise 2 pers. 90 25 (6A)*

Les Flots Bleus, 02 51 27 11 11, Fax 02 51 29 40 76, SE : 1 km par rte de la pointe d'Arçay, à 200 m de la plage
1,5 ha (124 empl.) plat, sablonneux, herbeux - - - A proximité : - Location :
25 avril-8 sept. - **R** *conseillée juil.-août* - - *3 pers. 103 21 (6A)*

Le Pavillon Bleu, 02 51 27 15 01, NO : 2,7 km par rte de la Tranche-sur-Mer et chemin à droite
1,3 ha (85 empl.) plat, sablonneux, herbeux - - (bassin)
juin-fin sept. - **R** *conseillée* - - *2 pers. 74, pers. suppl. 22 19 (4 à 6A) 22 (7 à 10A)*

FAVEROLLES

11 - 76 ⑭

Paris 531 - Chaudes-Aigues 25 - Langeac 60 - St-Chély-d'Apcher 27 - St-Flour 19

15320 Cantal - 378 h. alt. 950

Municipal , 04 71 23 49 91, au Sud du village
1 ha (33 empl.) en terrasses, plat, herbeux - -
15 juin-15 sept. - **R** *conseillée août* - - *Tarif 97 : élect. (6A) comprise 2 pers. 50, pers. suppl. 12*

La FAVIÈRE 83 Var - 84 ⑯ - rattaché au Lavandou

FAVONE 2A Corse-du-Sud - 90 ⑦ - voir à Corse

FAYENCE

17 - 84 ⑦ G. Côte d'Azur

Paris 888 - Castellane 55 - Draguignan 35 - Fréjus 35 - Grasse 27 - St-Raphaël 37

83440 Var - 3 502 h. alt. 350.
Office de Tourisme, pl. L.-Roux
04 94 76 20 08, Fax 04 94 84 71 86

Lou Cantaïre, 04 94 76 23 77, SO : 7 km par D 563 et D 562 rte de Draguignan
3 ha (110 empl.) (saison) en terrasses et peu incliné, pierreux, herbeux - snack - - Location :
Location longue durée - *Places disponibles pour le passage*

LE FEL

15 - 76 ⑫

Paris 621 - Aurillac 50 - Entraygues-sur-Truyère 11 - Montsalvy 20 - Mur-de-Barrez 38 - Rodez 57

12140 Aveyron - 186 h. alt. 530

Municipal le Fel vallée du Lot, 05 65 48 61 12, au bourg
0,4 ha (23 empl.) non clos, plat, herbeux, pierreux - - - A proximité :
juin-sept. - **R** - *Tarif 97 : 2 pers. 40/50, pers. suppl. 13 13 (10A)*

FÉLINES

11 - 77 ①

Paris 523 - Annonay 12 - Beaurepaire 33 - Condrieu 24 - Tournon-sur-Rhône 44 - Vienne 35

07340 Ardèche - 876 h. alt. 380

Bas-Larin, 04 75 34 87 93, SE : 2 km, par N 82 rte de Serrières et chemin à droite
1,5 ha (67 empl.) incliné à peu incliné, en terrasses, herbeux - - - Location :
avril-sept. - **R** *conseillée juil.-août* - GB - - *piscine comprise 2 pers. 64 13 (4A) 18 (10A)*

FELLERIES

2 - 53 ⑥ G. Flandres Artois Picardie

Paris 217 - Avesnes-sur-Helpe 9 - Charleroi 46 - Lille 111 - Maubeuge 22 - St-Quentin 72

59740 Nord - 1 621 h. alt. 175

Municipal la Boissellerie, ✆ 03 27 59 06 50, au bourg, par D 80, rte de Ramousies, rue de la Place, dans l'ancienne gare
1 ha (60 empl.) plat, herbeux -
15 avril-sept. - Location longue durée - *Places limitées pour le passage* - R - *Tarif 97 : 10,50 4,10 4,10 11,50 (6A)*

FELLETIN

10 - 73 ① G. Berry Limousin

Paris 399 - Aubusson 10 - Auzances 38 - Bourganeuf 44 - La Courtine 27 - Ussel 48

23500 Creuse - 1 985 h. alt. 580

Les Combes « Site agréable », ✆ 05 55 66 16 43, Fax 05 55 83 88 64, N : 5,2 km par rte d'Aubusson et rte des Combes, à gauche entre le passage à niveau et le cimetière, bord du lac
2 ha (30 empl.) en terrasses, herbeux -
avril-nov. - R - *13,50 piscine comprise 10 13,50 13,50 (10A)*

Le FENOUILLER **85** Vendée - 67 ⑫ - rattaché à St-Gilles-Croix-de-Vie

La FÈRE

6 - 56 ④ G. Flandres Artois Picardie

Paris 136 - Compiègne 54 - Laon 24 - Noyon 31 - St-Quentin 23 - Soissons 42

02800 Aisne - 2 930 h. alt. 54

Municipal du Marais, ✆ 03 23 56 82 94, par centre ville vers Tergnier et av. Auguste Dromas, à droite, au complexe sportif, près d'un bras de l'Oise
0,7 ha (26 empl.) plat, herbeux - A proximité :
avril-sept. - R *conseillée - Tarif 97 : 10,70 8,80 8,80 16 (15A)*

La FERRIÈRE **38** Isère - 77 ⑥ - rattaché à Allevard

La FERRIÈRE-AUX-ÉTANGS

Paris 234 - Alençon 61 - Caen 71 - Laval 81 - St-Malo 133

61450 Orne - 1 727 h. alt. 304

Municipal le Lac « Situation agréable », ✆ 02 33 66 70 67, Sud par D 21, bord du lac
0,9 ha (33 empl.) plat, herbeux - - A proximité : crêperie, snack
mai-sept. - **R** - *tennis compris 1 pers. 25, pers. suppl. 12 14*

FERRIÈRES-ST-MARY

11 - 76 ④

Paris 504 - Allanche 22 - Blesle 23 - Massiac 16 - Murat 19 - St-Flour 23

15170 Cantal - 402 h. alt. 660

Municipal les Vigeaires, ✆ 04 71 20 61 47, SO : 0,5 km par N 122 rte de Murat, bord de l'Alagnon
0,65 ha (62 empl.) plat, herbeux -
15 juin-août - **R** *conseillée - 9 5 6 10 (10A)*

FERRIÈRES-SUR-SICHON

11 - 73 ⑥

Paris 369 - Lapalisse 30 - Roanne 55 - Thiers 35 - Vichy 26

03 Allier - 632 h. alt. 545
✉ 03250 Le Mayet-de-Montagne

Municipal, à 0,7 km au Sud-Est du bourg par D 122, rte Thiers et chemin à gauche après le petit pont, près du Sichon
0,7 ha (32 empl.) plat, herbeux, pierreux -
juin-sept. - **R** - *8 3,50 3,50 8 (10A)*

LA FERTE-BERNARD

5 - 60 ⑮ G. Châteaux de la Loire

Paris 164 - Brou 45 - Châteauroux 66 - Le Mans 49 - Nogent-le-Rotrou 21 - St-Calais 33

72400 Sarthe - 9 355 h. alt. 90.
Office de Tourisme,
15 pl. de la Lice
✆ 02 43 71 21 21, Fax 02 43 93 25 85

Municipal le Valmer, ✆ 02 43 71 70 03, SO : 1,5 km par N 23, à la Base de Loisirs, bord de l'Huisne
3 ha (90 empl.) plat, herbeux - - A proximité : (plage)
mai-sept. - **R** - *Tarif 97 : 1 pers. 28, pers. suppl. 14 12 (6A)*

La FERTÉ-GAUCHER

6 - 61 ④

Paris 80 - Coulommiers 19 - Meaux 43 - Melun 62 - Provins 27 - Sézanne 34

77320 S.-et-M. - 3 924 h. alt. 116.
Syndicat d'Initiative,
2 bis r. E.-Delbet
✆ 01 64 20 25 69

Municipal Joël Teinturier, ✆ 01 64 20 20 40, sortie Est par D 14, bord du Grand Morin
4,5 ha (200 empl.) plat, herbeux - - A proximité :
mars-1er nov. - Location longue durée - *Places limitées pour le passage* - **R** *conseillée juil.-août - Tarif 97 : 14 14 19 (5A)*

La FERTÉ-MACÉ

5 - 60 ① G. Normandie Cotentin

Paris 227 - Alençon 46 - Argentan 32 - Domfront 22 - Falaise 41 - Flers 25 - Mayenne 40

61600 Orne - 6 913 h. alt. 250.
Office de Tourisme, 13 r. Victoire
02 33 37 10 97, Fax 02 33 37 13 37

Municipal la Saulaie, 02 33 37 44 15, sortie Nord rte de Briouze, près du stade
0,7 ha (33 empl.) plat, herbeux - A proximité :
15 avril-1er oct. - **R** *conseillée - 10,20 3,50 4,50 10,20 (6A)*

La FERTÉ-SOUS-JOUARRE

6 - 56 ⑬

Paris 66 - Melun 67 - Reims 85 - Troyes 122

77260 S.-et-M. - 8 236 h. alt. 58.
Office de Tourisme, 26 pl. de l'Hôtel de Ville
01 60 22 63 43, Fax 01 60 22 19 73

Les Bondons, réservé aux caravanes, 01 60 22 00 98, Fax 01 60 22 97 01, E : 2 km par D 407 et D 70, rte de Montmenard puis 1,4 km rue des Bondons, dans le parc du château
30 ha/10 campables (247 empl.) plat et peu incliné, herbeux, étang (5 ha) - - Location : (hôtel)
Permanent - Location longue durée - *Places limitées pour le passage* - **R** *conseillée* - GB - *40 60 avec élect. (5A)*

à St-Cyr-sur-Morin SE : 8 km par D 204 rte de Rebais et D 31 à gauche - 1 467 h. alt. 62 - 77750 St-Cyr-sur-Morin :

Le Choisel « Cadre agréable », 01 60 23 84 93, O : 2 km par D 31, à Courcelles-la-Roue
3,5 ha (85 empl.) plat, herbeux - -
mars-nov. - Location longue durée - *Places limitées pour le passage* - **R** - - *25 tennis compris 38/45 avec élect.*

FEURS

11 - 73 ⑱ G. Vallée du Rhône

Paris 514 - Lyon 64 - Montbrison 26 - Roanne 38 - St-Étienne 42 - Thiers 69 - Vienne 88

42110 Loire - 7 803 h. alt. 343.
Office de Tourisme, pl. du Forum
04 77 26 05 27, Fax 04 77 26 00 55

Municipal du Palais, 04 77 26 43 41, sortie Nord par N 82 rte de Roanne et à droite rte de Civens
9 ha (385 empl.) plat, herbeux (2 ha) - - - A proximité :
mars-nov. - Location longue durée - *Places disponibles pour le passage* - **R** *conseillée - 10 5,50 6 12 (6A) 25 (10A) 40 (16A)*

FIGARETO 2B H.-Corse - 90 ④ - voir à Corse

FIGEAC

15 - 79 ⑩ G. Périgord Quercy

Paris 569 - Aurillac 66 - Brive-la-Gaillarde 89 - Cahors 68 - Rodez 65 - Villefranche-de-Rouergue 35

46100 Lot - 9 549 h. alt. 214.
Office de Tourisme, pl. Vival
05 65 34 06 25, Fax 05 65 50 04 58

Les Rives du Célé, 05 65 34 59 00, à la Base de Loisirs, E : 1,2 km par N 140, rte de Rodez et chemin du Domaine de Surgié, bord de la rivière et d'un plan d'eau
14 ha/3 campables (103 empl.) (juil.-août) plat, terrasse, herbeux (1,5 ha) - - - A proximité : toboggan aquatique grill - Location : , gîtes
avril-sept. - **R** *conseillée juil.-août* - GB - - *élect. (10A) et piscine comprises 2 pers. 95*

FILLIÈVRES

1 - 51 ⑬

Paris 201 - Arras 52 - Béthune 47 - Hesdin 13 - St-Pol-sur-Ternoise 18

62770 P.-de-C. - 536 h. alt. 46

Les Trois Tilleuls, 03 21 47 94 15, sortie Sud-Est, sur D 340, rte de Frévent
1 ha (61 empl.) plat et peu incliné, herbeux - -
avril-sept. - Location longue durée - *Places disponibles pour le passage* - **R** *conseillée juil.-août* - - *10 10 10 20 (4A)*

FISMES

6 - 56 ⑤ G. Champagne

Paris 129 - Fère-en-Tardenois 20 - Laon 36 - Reims 28 - Soissons 28

51170 Marne - 5 286 h. alt. 70.
Office de Tourisme, 28 r. René-Letilly
03 26 48 81 28, Fax 03 26 48 12 09

Municipal, 03 26 48 10 26, Nord-Ouest par N 31, près du stade
0,5 ha (33 empl.) plat, herbeux, gravillons - - - A proximité :
mai-15 sept. - **R** *conseillée - 6,80 6,80 6,80 13,40*

La FLÈCHE

5 - 64 ② G. Châteaux de la Loire

Paris 242 - Angers 51 - Châteaubriant 104 - Laval 70 - Le Mans 44 - Tours 70

72200 Sarthe - 14 953 h. alt. 33.
Office de Tourisme, Bd de Montréal
02 43 94 02 53, Fax 02 43 94 33 78

Municipal de la Route d'Or, 02 43 94 55 90, sortie Sud vers rte de Saumur et à droite, allée de la Providence, bord du Loir
4 ha (230 empl.) plat, herbeux - - -
15 fév.-15 nov. - **R** *conseillée saison - - 16,50 piscine comprise 4,30 4,70/7,10 6A : 7,70 (hiver 15,60) 10A : 18,10 (hiver 36,20)*

FLERS

5 - 60 ① G. Normandie Cotentin

Paris 237 - Alençon 71 - Argentan 42 - Caen 59 - Fougères 76 - Laval 88 - Lisieux 84 - St-Lô 68 - Vire 31

61100 Orne - 17 888 h. alt. 270.
Office de Tourisme, pl. Gén.-de-Gaulle ☎ 02 33 65 06 75

Municipal la Fouquerie, ☎ 02 33 65 35 00, E : 1,7 km par D 924, rte d'Argentan et chemin à gauche
1,5 ha (50 empl.) peu incliné, herbeux
avril-15 oct. - **R** - *12,80* *12,80* *7,60 (3A) 12,80 (6A) 25,60 (10A)*

FLEURIE

11 - 74 ① G. Vallée du Rhône

Paris 411 - Bourg-en-Bresse 45 - Chauffailles 44 - Lyon 59 - Mâcon 21 - Villefranche-sur-Saône 26

69820 Rhône - 1 105 h. alt. 320

Municipal la Grappe Fleurie « Au coeur du vignoble », ☎ 04 74 69 80 07, à 0,6 km au Sud du bourg par D 119E et à droite
2,5 ha (96 empl.) en terrasses, herbeux
14 mars-24 oct. - **R** *conseillée juil.-août* - GB - *Tarif 97 : 18 tennis compris* *17/30 avec élect. (10A)*

FLORAC

15 - 80 ⑥ G. Gorges du Tarn

Paris 628 - Alès 66 - Mende 37 - Millau 78 - Rodez 121 - Le Vigan 64

48400 Lozère - 2 065 h. alt. 542.
Office de Tourisme, Château de Florac ☎ 04 66 45 01 14, Fax 04 66 45 25 80

Municipal le Pont du Tarn, ☎ 04 66 45 18 26, Fax 04 66 45 26 43, N : 2 km par N 106 rte de Mende et D 998 à droite, accès direct au Tarn
3 ha (181 empl.) plat, terrasse, herbeux, pierreux - centre de documentation touristique - A proximité :
- Location :
avril-15 oct. - **R** *conseillée juil.-août* - - *14 piscine comprise* *10* *14* *15 (6A)*

La FLOTTE 17 Char.-Mar. - 71 ⑫ - voir à Ré (Ile de)

FONCINE-LE-HAUT

12 - 70 ⑯ G. Jura

Paris 445 - Champagnole 24 - Clairvaux-les-Lacs 35 - Lons-le-Saunier 56 - Mouthe 12

39460 Jura - 855 h. alt. 790

Municipal Val de Saine, ☎ 03 84 51 92 76, sortie Sud-Ouest par D 437, rte de St-Laurent-en-Grandvaux et à gauche, au stade, bord de la Saine
1 ha (72 empl.) (juil.-août) non clos, plat, herbeux - A proximité : parcours de santé

FONTAINE-SIMON

5 - 60 ⑥

Paris 130 - Dreux 39 - Chartres 39 - Évreux 66 - Mortagne-au-Perche 42 - Nogent-le-Rotrou 28

28240 E.-et-L. - 760 h. alt. 200

Municipal, ☎ 02 37 81 88 11, N : 1,2 km par rte de Senonches et rte de la Ferrière à gauche, bord de l'Eure et d'un plan d'eau
4 ha (81 empl.) (juil.-août) plat, herbeux -
A l'entrée : toboggan aquatique - A proximité :
Pâques-Toussaint - **R** - - *Tarif 97 : 12* *5* *9* *14 (6A)*

FONTANGES

10 - 76 ② G. Auvergne

Paris 522 - Aurillac 41 - Mauriac 29 - Murat 50 - Salers 6

15140 Cantal - 292 h. alt. 692

Municipal la Pierre Plate, au bourg, bord de rivière
0,4 ha (40 empl.) plat, herbeux - A proximité :
20 juin-10 sept. - **R** - - *10* *5,50* *5,50* *10*

FONTENAY-LE-COMTE

9 - 71 ① G. Poitou Vendée Charentes

Paris 437 - Cholet 77 - La Rochelle 50 - La Roche-sur-Yon 62

85200 Vendée - 14 456 h. alt. 21.
Office de Tourisme, Quai Poey-d'Avant ☎ 02 51 69 44 99, Fax 02 51 50 00 90

Le Pilorge « Situation agréable », ☎ 02 51 69 24 27, sortie Nord par D 938ter rte de Bressuire puis 2,2 km par rue à droite et rte d'Orbrie à gauche, bord de la Vendée
0,4 ha (15 empl.) plat, herbeux
15 juin-15 sept. - **R** - *Tarif 97 : 12,80* *16,70* *11,80 (10 ou 16A)*

FONTENOY-LE-CHÂTEAU

8 - 62 ⑮

Paris 360 - Bains-les-Bains 7 - Épinal 34 - Plombières-les-Bains 31 - Vittel 46

88240 Vosges - 729 h. alt. 258

Le Fontenoy, ☎ 03 29 36 34 74, S : 2,2 km par D 40 rte de St-Loup-sur-Semouse
1,5 ha (69 empl.) (saison) peu incliné, herbeux -
A proximité :
avril-oct. - **R** *conseillée juil.-15 août* - - *14* *10* *12*

FONTVIEILLE

16 - 83 ⑩ G. Provence

Paris 713 - Arles 10 - Avignon 30 - Marseille 84 - St-Rémy-de-Provence 18 - Salon-de-Provence 37

13990 B.-du-R. - 3 642 h. alt. 20.
Office de Tourisme, pl. Honorat
04 90 54 67 49, Fax 04 90 54 69 82

Municipal les Pins, 04 90 54 78 69, sortie Est par D 17, rte de Maussane-les-Alpilles puis à droite 0,9 km par rue Michelet et chemin
3,5 ha (170 empl.) plat et peu incliné, pierreux, herbeux (2,5 ha) - - A proximité : parcours sportif
avril-14 oct. - **R** *conseillée juil.-août - Tarif 97 : 15 26 20 (6A)*

FORCALQUIER

17 - 81 ⑮ G. Alpes du Sud

Paris 749 - Aix-en-Provence 78 - Apt 43 - Digne-les-Bains 49 - Manosque 23 - Sisteron 43

04300 Alpes-de-H.-Pr. - 3 993 h. alt. 550.
Office de Tourisme, pl. Bourguet
04 92 75 10 02, Fax 04 92 75 26 76

St-Promasse, 04 92 75 27 94, sortie Est sur D 16, rte de Sigonce
2,9 ha (115 empl.) plat, peu incliné, terrasses, pierreux, herbeux (1 ha) - - - A proximité :

La FORÊT-FOUESNANT

3 - 58 ⑮ G. Bretagne

Paris 552 - Carhaix-Plouguer 61 - Concarneau 8 - Pont-l'Abbé 22 - Quimper 16 - Quimperlé 36

29940 Finistère - 2 369 h. alt. 19.
Office de Tourisme, 2 r. du Vieux Port
02 98 56 94 09, Fax 02 98 51 42 07

Manoir de Pen ar Steir « Entrée fleurie », 02 98 56 97 75, Fax 02 98 51 40 34, sortie Nord-Est, rte de Quimper et à gauche
3 ha (105 empl.) plat, peu incliné et en terrasses, herbeux - - - Location :
Permanent - **R** *conseillée - - Tarif 97 : 25 43 13 (3A) 17 (6A) 25 (10A)*

Kéranterec, 02 98 56 98 11, Fax 02 98 56 81 73, SE : 2,8 km, bord de mer
6,5 ha (265 empl.) plat, peu incliné et en terrasses, herbeux - pizzeria - - Location :
avril-sept. - **R** *conseillée 15 juil.-15 août - GB - - 30 piscine et tennis compris 45 16 (3A) 18 (6 ou 10A)*

Les Saules - Stéréden-Vor, 02 98 56 98 57, Fax 02 98 56 86 60, SE : 2,5 km, à 150 m de la plage de Kerleven
3,5 ha (177 empl.) plat et peu incliné, herbeux - - - Location *(avril-sept.)* :
mai-sept. - **R** *conseillée juil.-15 août - GB - - piscine comprise 1 ou 2 pers. 95 15 (6A)*

Kerleven, 02 98 56 98 83, Fax 02 98 56 82 22, SE : 2 km, à 150 m de la plage
4 ha (185 empl.) plat et en terrasses, herbeux - crêperie, snack - toboggan aquatique, half-court
juin-sept. - **R** *conseillée 14 juil.-15 août - - 28 piscine comprise 14 34 16 (3A) 19 (5A) 26 (10A)*

Les Falaises, 02 98 56 91 26, SE : 2,5 km, accès direct à la mer
1,5 ha (100 empl.) (saison) peu incliné, en terrasses, herbeux - - Location : , bungalows toilés
Pâques-sept. - **R** *conseillée - - 19 7 25 14 (6A)*

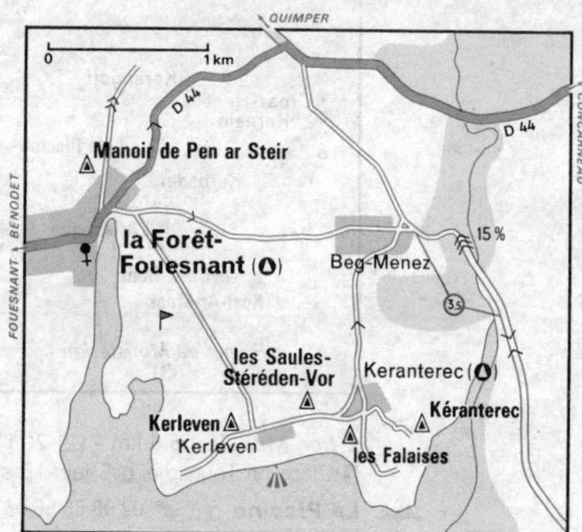

FORT-MAHON-PLAGE

1 - 51 ⑪ G. Flandres Artois Picardie

Paris 221 - Abbeville 42 - Amiens 87 - Berck-sur-Mer 19 - Calais 92 - Étaples 34 - Montreuil 26

80790 Somme - 1 042 h. alt. 2

Le Royon, 03 22 23 40 30, Fax 03 22 23 65 15, S : 1 km rte de Quend
4 ha (280 empl.) plat, herbeux, sablonneux - -
mars-oct. - **Location longue durée** - *Places disponibles pour le passage* - **R** *conseillée juil.-août - GB - - élect. (6A) et piscine comprises 3 pers. 120*

FOSSEMAGNE

10 - 75 ⑥

Paris 493 - Brive-la-Gaillarde 48 - Excideuil 30 - Les Eyzies-de-Tayac 28 - Périgueux 26

24210 Dordogne - 535 h. alt. 70

Municipal le Manoire, ✆ 05 53 04 43 46, au Sud-Ouest du bourg, près d'un plan d'eau
1 ha (35 empl.) plat, herbeux - A proximité :
15 juin-15 sept. - **R** *conseillée* - *13* *12* *10 (6A)*

► *Avant de vous installer, consultez les tarifs en cours, affichés obligatoirement à l'entrée du terrain, et renseignez-vous sur les conditions particulières de séjour.*

Les indications portées dans le guide ont pu être modifiées depuis la mise à jour.

FOUESNANT

8 - 58 ⑮ G. Bretagne

Paris 556 - Carhaix-Plouguer 65 - Concarneau 12 - Quimper 17 - Quimperlé 40 - Rosporden 18

29170 Finistère - 6 524 h. alt. 30.
Office de Tourisme, 5 r. Armor
✆ 02 98 56 00 93, Fax 02 98 56 64 02

L'Atlantique « Entrée fleurie », ✆ 02 98 56 14 44, Fax 02 98 56 18 67, S : 4,5 km, à 400 m de la plage (accès direct) -
9 ha (284 empl.) plat, herbeux - snack - toboggan aquatique - Location :
mai-15 sept. - **R** *conseillée juil.-août* - GB - - *élect. (6 ou 10 A) et piscine comprises 2 pers. 160, pers. suppl. 30*

Cleut Rouz, ✆ 02 98 56 53 19, Fax 02 98 56 65 49, SO : 4,8 km, à 400 m de la plage
4 ha (143 empl.) plat, herbeux verger (0,5 ha) - - A proximité : discothèque - Location :
avril-sept. - **R** *conseillée* - GB - - *19,50* *12,50* *24* *14 (3A) 19 (5A) 25 (10A)*

La Grande Allée « Cadre agréable », ✆ 02 98 56 52 95, S : 1,5 km
2 ha (120 empl.) (juil.-août) plat et peu incliné, herbeux -
15 juin-15 sept. - **R** *juil.-août* - - *16* *8* *16* *12,50 (2A) 16,50 (6A)*

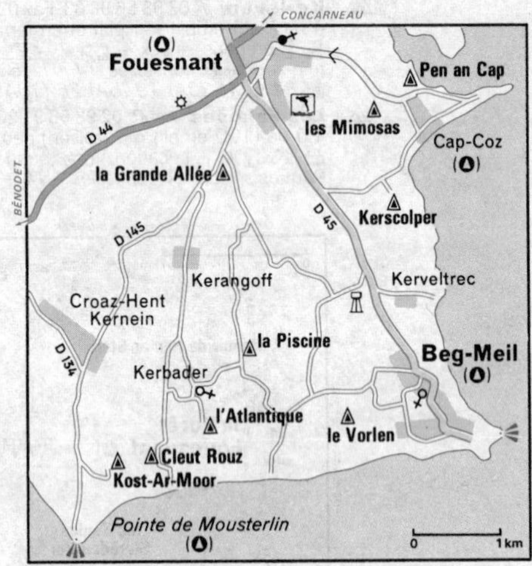

à Beg-Meil SE : 5,5 km - ✉ 29170 Fouesnant :.
Office de Tourisme, (15 juin-15 sept.) ✆ 02 98 94 97 47

La Piscine, ✆ 02 98 56 56 06, Fax 02 98 56 57 64, NO : 4 km - dans locations
3,8 ha (185 empl.) plat, herbeux - toboggan aquatique, mini-tennis, piste de bi-cross - Location :
15 mai-15 sept. - **R** *conseillée juil.-août* - GB - - *24 piscine comprise* *48* *14,50 (3A) 17,50 (6A) 22,50 (10A)*

Le Vorlen, ✆ 02 98 94 97 36, Fax 02 98 94 97 23, à 300 m de la plage de Kerambigorn - dans locations
10 ha (600 empl.) plat, herbeux (3 ha) - pizzeria - - Location *(Pâques-20 sept.)* :
20 mai-20 sept. - **R** *conseillée juil.-août* - GB - - *Tarif 97 :* *23 piscine comprise* *8* *44* *14 (5A) 18 (10A)*

à Cap-Coz SE : 3 km – ✉ 29170 Fouesnant :

Kerscolper « Entrée fleurie », ✆ 02 98 56 09 48, SO : 1 km, à 500 m de la plage
2 ha (160 empl.) plat et peu incliné, herbeux, verger – – A proximité :
15 avril-15 sept. – **R** *conseillée juil.-août – – 14 piscine comprise 9 17 12 (3A) 15 (6A)*

Les Mimosas « Entrée fleurie », ✆ 02 98 56 55 81, NO : 1 km
1,2 ha (95 empl.) plat et peu incliné, terrasses, herbeux –
juin-15 sept. – **R** *conseillée – – 16 7 18 11 (2 à 6A)*

Pen an Cap, ✆ 02 98 56 09 23, au Nord de la station, à 300 m de la mer
1,3 ha (100 empl.) peu incliné, herbeux, verger – – Garage pour caravanes
15 juin-15 sept. – **R** *conseillée 15 juil.-15 août – – 16 9 18 14 (6A)*

à la Pointe de Mousterlin SO : 6,5 km – ✉ 29170 Fouesnant :

Kost-Ar-Moor, ✆ 02 98 56 04 16, Fax 02 98 56 65 02, à 500 m de la plage
4 ha (360 empl.) plat, herbeux – – Location *(permanent) :* , appartements, gîtes – Garage pour caravanes
avril-sept. – **R** *conseillée* – GB – – *21 12 24 14 (6A)*

FOUGÈRES

10 – 68 ⑱

Paris 323 – Aigurande 18 – Argenton-sur-Creuse 25 – Crozant 9 – Guéret 48

36 Indre – ✉ 36190 Orsennes

Municipal de Fougères « Site agréable », ✆ 02 54 47 20 01, Fax 02 54 47 34 41, au bord du **lac de Chambon**
3 ha (150 empl.) plat, peu incliné et en terrasses, herbeux, pierreux (0,5 ha) – – – A proximité : – Location :
5 avril-oct. – – GB – – *2 pers. 36, pers. suppl. 12 18*

FOURAS

9 – 71 ⑬ G. Poitou Vendée Charentes

Paris 479 – Châtelaillon-Plage 16 – Rochefort 15 – La Rochelle 32

17450 Char.-Mar. – 3 238 h. alt. 5.
Office de Tourisme, Fort Vauban
✆ 05 46 84 60 69, Fax 05 46 84 28 04

Le Cadoret, ✆ 05 46 82 19 19, Fax 05 46 84 51 59, côte Nord, bord de l'Anse de Fouras
7 ha (450 empl.) plat, sablonneux, herbeux – toboggan aquatique – A proximité : – Location :
Permanent – **R** *conseillée été* – GB – – *piscine comprise 2 pers. 106 18 (6A)*

FRAYSSINET

13 – 79 ⑧

Paris 549 – Cahors 31 – Cazals 25 – Fumel 63 – Puy-l'Évêque 46 – Villefranche-du-Périgord 37

46310 Lot – 251 h. alt. 247

Plage du Relais, ✆ 05 65 31 00 16, Fax 05 65 31 09 60, à Pont-de-Rhodes, N : 1 km sur N 20, bord du Céou
2 ha (50 empl.) plat, herbeux – – A proximité : – Location *(mai-sept.) :* (hôtel)
15 juin-5 sept. – **R** *conseillée* – GB – – *18 piscine et tennis compris 18 12 (2 à 6A)*

FREISSINIÈRES

17 – 77 ⑱ G. Alpes du Sud

Paris 707 – Briançon 27 – Gap 75 – Embrun 35 – Mont-Dauphin 18 – Savines-le-Lac 46

05310 H.-Alpes – 167 h. alt. 1 150

Municipal des Allouviers, ✆ 04 92 20 93 24, SE : 3 km par D 238 et chemin à droite après le pont, bord de la Braisse
3,2 ha (180 empl.) (juil.-août) plat, pierreux, herbeux – –
mai-15 sept. – **R** *conseillée – – 15,50 tennis compris 11 12/13 15*

FRÉJUS

17 – 84 ⑧ G. Côte d'Azur

Paris 870 – Brignoles 64 – Cannes 38 – Draguignan 30 – Hyères 90

83600 Var – 41 486 h. alt. 20.
Office de Tourisme,
325 r. J.-Jaurès
✆ 04 94 51 83 83, Fax 04 94 51 00 26

La Baume « Bel ensemble avec piscines, palmiers et plantations », ✆ 04 94 40 87 87, Fax 04 94 40 73 50, N : 4,5 km par D 4, rte de Bagnols-en-Forêt
26 ha/20 campables (780 empl.) plat et peu incliné, herbeux, pierreux – snack, pizzeria – discothèque, théâtre de plein air toboggans aquatiques – Location : bastidons (studios)
28 mars-sept. – **R** *indispensable juil.-août, conseillée mai, juin et sept.* – GB – – *élect. (6A), piscine et tennis compris 3 pers. 210*

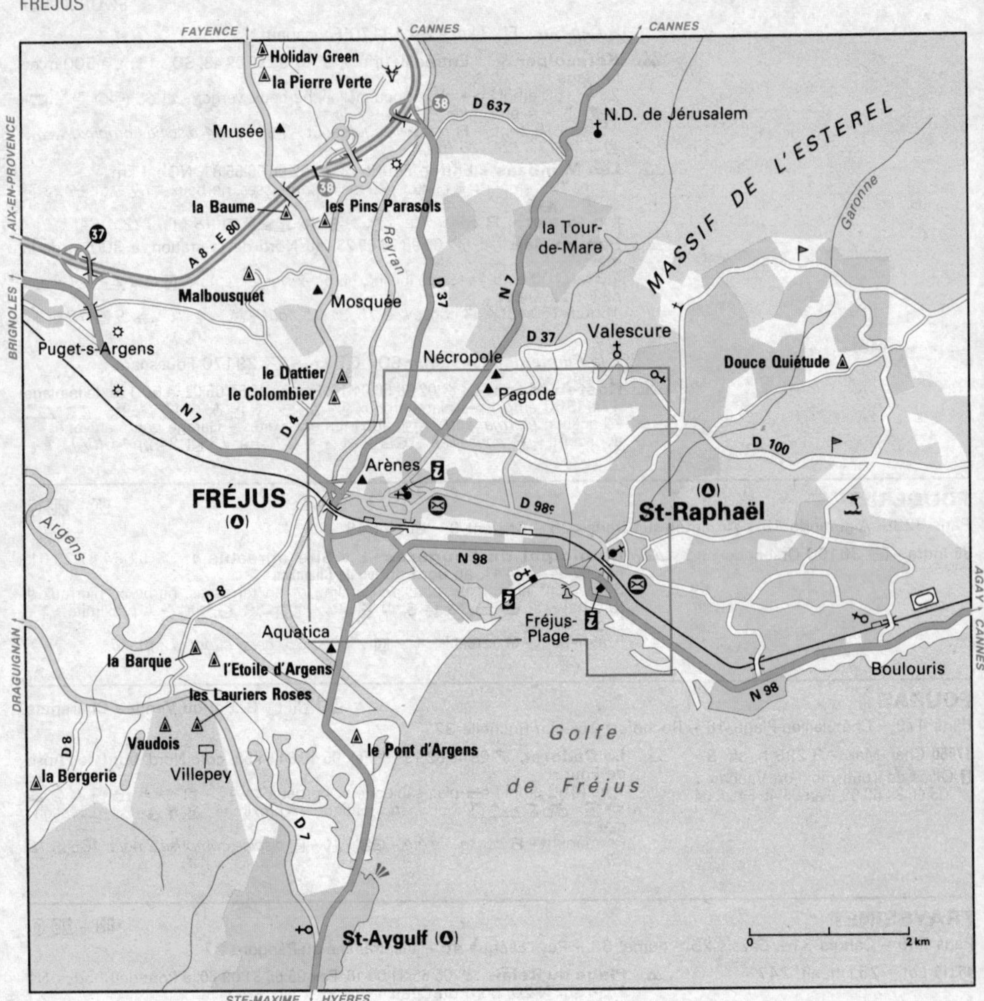

Holiday Green « Agréable ensemble résidentiel », ✆ 04 94 40 88 20, Fax 04 94 40 78 59, N : 6,7 km par D 4, rte de Bagnols-en-Forêt
15 ha (690 empl.) plat et en terrasses, pierreux, gravier, herbeux – discothèque toboggan aquatique, terrain omnisports – Location :
28 mars-24 oct. – **Location longue durée** – *Places limitées pour le passage –* **R** *conseillée avril à juin, indispensable juil.-août* – GB – – *40 piscine comprise* *65/110 avec élect. (3A)*

Les Pins Parasols, ✆ 04 94 40 88 43, Fax 04 94 40 81 99, N : 4 km par D 4, rte de Bagnols-en-Forêt
4,5 ha (189 empl.) plat et en terrasses, herbeux, pierreux – - 48 empl. avec sanitaires individuels (wc) – toboggan aquatique, half-court
12 avril-sept. – **R** *conseillée juil.-août – Tarif 97 : élect. (4A) et piscine comprises 2 pers. 125, pers. suppl. 33*

Le Colombier « Cadre agréable », ✆ 04 94 51 56 01, Fax 04 94 51 55 57, N : 2 km par D 4, rte de Bagnols-en-Forêt
10 ha (470 empl.) en terrasses, plat, herbeux – snack – discothèque half-court – Location :
avril-sept. – **R** *conseillée saison* – GB – – *Tarif 97 : piscine comprise 1 à 3 pers. 165 (192 avec élect.), pers. suppl. 37*

La Pierre Verte « Cadre sauvage », 04 94 40 88 30, Fax 04 94 40 75 41, N : 6,5 km par D4, rte de Bagnols-en-Forêt et chemin à droite – dans locations
28 ha (440 empl.) plat et en terrasses, accidenté, pierreux, rochers – snack – toboggan aquatique – Location :
Pâques-sept. – **R** *conseillée* – GB – – *Tarif 97 : piscine comprise 2 pers. 99, pers. suppl. 29 22 (6A)*

Le Dattier « Entrée fleurie », 04 94 40 88 93, Fax 04 94 40 89 01, N : 2,5 km par D 4, rte de Bagnols-en-Forêt
3,5 ha (181 empl.) en terrasses, plat, herbeux (3 ha) – – discothèque
avril-sept. – **R** *conseillée juil.-août* – – *Tarif 97 : piscine comprise 2 pers. 126 (173 avec élect. 4 ou 5A), pers. suppl. 30*

Le Pont d'Argens, 04 94 51 14 97, Fax 04 94 51 29 44, S : 3 km par N 98, rte de Ste-Maxime, bord de l'Argens
7 ha (500 empl.) plat, herbeux – snack – A proximité : (1,2 km) parc de loisirs aquatiques – Location :
avril-15 oct. – **R** *conseillée juil.-août* – GB – – *piscine comprise 2 pers. 135, pers. suppl. 40 17 (5A)*

Malbousquet , 04 94 40 87 30, N : 4,5 km par D 4, rte de Bagnols-en-Forêt et chemin à gauche
3 ha (75 empl.) plat et peu incliné, terrasses, herbeux, pierreux – – Location : , studios
avril-sept. – **R** *conseillée juil.-août* – – *26 piscine comprise 10 31*

Voir aussi *à **St-Aygulf, St-Raphaël et à Roquebrune***

FRÉLAND

8 – 62 ⑱

Paris 461 – Colmar 18 – Gérardmer 46 – St-Dié 40 – Ste-Marie-aux-Mines 22 – Sélestat 34

68240 H.-Rhin – 1 134 h. alt. 425

Municipal les Verts Bois , 03 89 47 57 25, sortie Nord-Ouest par rte d'Aubure et à gauche rue de la Fonderie, bord d'un ruisseau
0,6 ha (33 empl.) (saison) en terrasses, herbeux – –
15 avril-oct. – **R** *conseillée juil.-15 août* – GB – *14 7 14 12*

Le FRENEY-D'OISANS

12 – 77 ⑥

Paris 627 – Bourg-d'Oisans 12 – La Grave 17 – Grenoble 62

38142 Isère – 177 h. alt. 926

Le Traversant , 04 76 80 18 84, Fax 04 76 80 18 59, S : 0,5 km par N 91 rte de Briançon
1,5 ha (67 empl.) en terrasses, plat, gravillons, herbeux – –
15 juin-15 sept. – **R** *conseillée 15 juil.-15 août* – – *2 pers. 75, pers. suppl. 18 16 (6A)*

FRESNAY-SUR-SARTHE

5 – 60 ⑬ **G. Normandie Cotentin**

Paris 234 – Alençon 22 – Laval 73 – Mamers 30 – Le Mans 38 – Mayenne 53

72130 Sarthe – 2 452 h. alt. 95.
Office de Tourisme, pl. du Dr.-Riant 02 43 33 28 04, Fax 02 43 34 19 62

Municipal Sans Souci , 02 43 97 32 87, O : 1 km par D 310 rte de Sillé-le-Guillaume, bord de la Sarthe
2 ha (90 empl.) plat, en terrasses, herbeux – – – A proximité :
avril-sept. – **R** *conseillée* – – *Tarif 97 : 2 pers. 40, pers. suppl. 11 12 (6A)*

FRESSE

8 – 66 ⑦

Paris 405 – Belfort 30 – Épinal 71 – Luxeuil-les-Bains 29 – Vesoul 49

70270 H.-Saône – 686 h. alt. 472

Aire Naturelle la Broche , 03 84 63 31 40, sortie Ouest, rte de Melesey et chemin à gauche, bord d'un petit étang
2 ha (25 empl.) peu incliné, plat, terrasse, herbeux –
15 avril-15 oct. – **R** *conseillée* – – *10 et 5 pour eau chaude 5 5 10 (10A)*

FRESSE-SUR-MOSELLE **88** Vosges – 66 ⑧ – rattaché au Thillot

FRÉTEVAL

5 – 64 ⑦ **G. Châteaux de la Loire**

Paris 157 – Beaugency 39 – Blois 39 – Cloyes-sur-le-Loir 15 – Vendôme 18

41160 L.-et-C. – 848 h. alt. 89

La Maladrerie, 02 54 82 62 75, au Nord-Ouest du bourg par rte du Plessis et chemin à gauche après le passage à niveau, bord d'un étang
1 ha (50 empl.) plat, pierreux, herbeux – – – Location :
Permanent – **R** *conseillée* – – *15 piscine comprise 15 10 (4A) 15 (6A)*

FRÉVENT

1 - 51 ⑬ G. Flandres Artois Picardie

Paris 190 - Abbeville 42 - Amiens 48 - Arras 39 - St-Pol-sur-Ternoise 13

62270 P.-de-C. - 4 121 h. alt. 86.

Office de Tourisme, 12 r. Wilson
03 21 47 18 55,
Fax (Mairie) 03 21 41 99 96

Les Longuigneules, 03 21 03 78 79, sortie Sud-Est par D 339 vers Arras, bord d'un petit cours d'eau
5,5 ha (110 empl.) plat, herbeux - A proximité :
avril-oct. - Location longue durée - *Places disponibles pour le passage* - **R** - *élect. (4A), piscine et tennis compris 2 pers. 80, pers. suppl. 15*

FRIAUCOURT

1 - 52 ⑤

Paris 175 - Abbeville 29 - Amiens 80 - Le Crotoy 31 - Dieppe 39

80460 Somme - 708 h. alt. 95

Municipal Au Chant des Oiseaux, 03 22 26 49 54, sortie Nord-Est par D 63, rte de Bourseville et rue à droite
1,4 ha (100 empl.) plat, herbeux - A l'entrée : half-court, - Location :
31 mars-15 oct. - Location longue durée - *Places disponibles pour le passage* - **R** *conseillée juil.-août* - *8* *5,20* *5,70/6,50* *13,50 (6A)*

FRONCLES-BUXIÈRES

7 - 61 ⑳

Paris 273 - Bar-sur-Aube 40 - Chaumont 24 - Joinville 21 - Rimaucourt 22

52320 H.-Marne - 2 026 h. alt. 226

Municipal les Deux Ponts, sortie Nord par D 253 rte de Doulaincourt, bord de la Marne et près du canal de la Marne à la Saône
0,3 ha (23 empl.) plat, herbeux - A proximité :
15 mars-15 oct. - **R** - *Tarif 97 :* *6,60* *10,10* *12,70 (6A)*

FRONTIGNAN

16 - 83 ⑯ ⑰ G. Gorges du Tarn

Paris 779 - Lodève 60 - Montpellier 22 - Sète 7

34110 Hérault - 16 245 h. alt. 2.

Office de Tourisme, r. de la Raffinerie
04 67 48 33 94, Fax 04 67 43 26 34

à Frontignan-Plage S : 1 km - 34110 Frontignan

Les Tamaris « Cadre agréable », 04 67 43 44 77, Fax 04 67 51 20 29, NE par D 60, bord de plage - dans locations
4,5 ha (250 empl.) plat, herbeux, pierreux pizzeria cases réfrigérées - salle de musculation
- Location :
20 mai-12 sept. - **R** *conseillée* - GB - *élect. et piscine comprises 2 pers. 160 ou 180, pers. suppl. 35*

Riqu'et Zette, 04 67 48 24 30, sur D 129, à 200 m de la plage et près d'un étang
1 ha (62 empl.) plat, sablonneux, herbeux - - A proximité :
15 avril-15 sept. - **R** - *3 pers. 72* *16 (5A)*

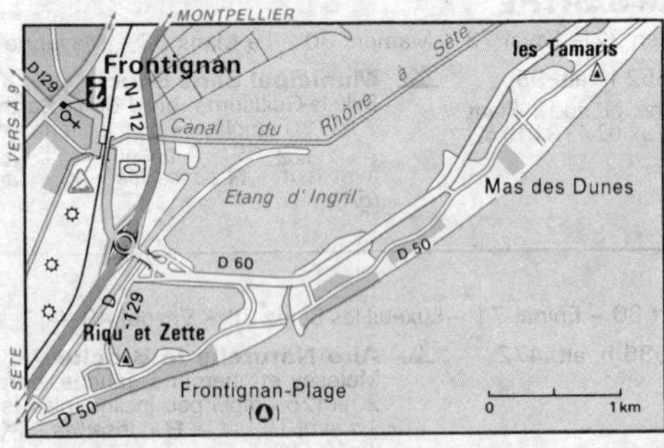

FUILLA

15 - 86 ⑰

Paris 908 - Font-Romeu-Odeillo-Via 41 - Perpignan 54 - Prades 9 - Vernet-les-Bains 9

66820 Pyr.-Or. - 297 h. alt. 547

Le Rotja, 04 68 96 52 75, au bourg
1,2 ha (50 empl.) plat, herbeux, pierreux, verger - - A proximité : snack - Location :
juin-sept. - **R** *conseillée juil.-août* - *14* *14* *12 (4A) 16 (6A) 25 (10A)*

ATTENTION...
ces éléments ne fonctionnent généralement qu'en saison, quelles que soient les dates d'ouverture du terrain.

Les FUMADES

16 - 80 ⑧

Paris 701 - Alès 11 - Barjare 23 - La Grand-Combe 25 - St-Ambroix 14

30 Gard - ✉ 30500 St-Ambroix

Domaine des Fumades, ✆ 04 66 24 80 78, Fax 04 66 24 82 42, accès par D 241, à proximité de l'Établissement Thermal, bord de l'Alauzène
15 ha/6 campables (178 empl.) plat et peu incliné, herbeux, pierreux - pizzeria, crêperie - salle d'animation half-court - A proximité : - Location :
9 mai-13 sept. - **R** *indispensable juil.-août* - *30 piscine comprise* *90 avec élect. (4A)*

FUMEL

14 - 79 ⑥ G. Pyrénées Aquitaine

Paris 597 - Agen 55 - Bergerac 68 - Cahors 48 - Montauban 77 - Villeneuve-sur-Lot 27

47500 L.-et-G. - 5 882 h. alt. 70.
Office de Tourisme, pl. G.-Escande
✆ 05 53 71 13 70, Fax 05 53 71 40 91

Condat, ✆ 05 53 71 11 99, E : 2 km par D 911 rte de Cahors puis, à la sortie de Condat, 1,2 km par rte à droite, bord du Lot
2,3 ha (50 empl.) plat, herbeux, goudronné (0,5 ha) -
Permanent - **R** *conseillée juil.-août* - *18* *33* *13 (10A)*

GABARRET

14 - 79 ⑬

Paris 717 - Agen 67 - Auch 77 - Bordeaux 140 - Mont-de-Marsan 47 - Pau 96

40310 Landes - 1 335 h. alt. 153

Parc Municipal Touristique la Chêneraie, ✆ 05 58 44 92 62, sortie Est par D 35 rte de Castelnau-d'Auzan et chemin à droite
0,7 ha (36 empl.) (saison) peu incliné, herbeux -
A l'entrée : - Location *(permanent)* : gîtes
mars-oct. - **R** *conseillée* - *11 piscine comprise* *4* *12/20 avec élect. (10A)*

GACÉ

5 - 60 ④

Paris 172 - L'Aigle 28 - Alençon 47 - Argentan 28 - Bernay 41

61230 Orne - 2 247 h. alt. 210

Municipal le Pressoir, à l'Est du bourg par N 138
0,8 ha (24 empl.) peu incliné à incliné, herbeux - - A proximité :
juin-3 sept. - *8* *8* *10*

La GACILLY

4 - 63 ⑤

Paris 404 - Châteaubriant 67 - Dinan 91 - Ploërmel 30 - Redon 15 - Rennes 63 - Vannes 55

56200 Morbihan - 2 268 h. alt. 22

Municipal, ✆ 02 99 08 15 28, SE : 0,5 km par D 777 rte de Sixt-sur-Aff, bord de l'Aff
1,5 ha (86 empl.) (saison) plat, herbeux -

GAILLAC

15 - 82 ⑨ ⑩ G. Pyrénées Roussillon

Paris 669 - Albi 25 - Cahors 88 - Castres 51 - Montauban 49 - Toulouse 57

81600 Tarn - 10 378 h. alt. 143.
Office de Tourisme, Abbaye de St-Michel, pl. St-Michel
✆ 05 63 57 14 65

Municipal le Lido « Près d'un parc », ✆ 05 63 57 18 30, sortie Sud-Est par D 964 rte de Graulhet et r. St-Roch à droite, bord du Tarn
1 ha (20 empl.) plat, herbeux - - A proximité :
juin-sept. - **R** *conseillée* - *15* *22/28* *10 (16A)*

GALÉRIA **2B** H.-Corse - 90 ⑭ - voir à Corse

GALLARGUES-LE-MONTUEUX

16 - 83 ⑧

Paris 730 - Aigues-Mortes 21 - Montpellier 33 - Nîmes 25 - Sommières 11

30660 Gard - 1 988 h. alt. 55

Les Amandiers, ✆ 04 66 35 28 02, sortie Sud-Ouest, rte de Lunel et rue du stade, à droite
3 ha (150 empl.) plat, pierreux, herbeux - - A proximité : - Location : , tentes
mai-13 sept. - **R** *conseillée 12 juil.-15 août* - GB - - *piscine comprise 1 ou 2 pers. 72/90 ou 100 avec élect. (3 ou 6A), pers. suppl. 23*

GANGES

15 - 80 ⑯ G. Gorges du Tarn

Paris 728 - Lodève 49 - Montpellier 45 - Le Vigan 18

34190 Hérault - 3 343 h. alt. 175

Le Tivoli, ✆ 04 67 73 97 28 ✉ 34190 Laroque, SE : 1 km par D 986 rte de Montpellier, accès direct à l'Hérault
1,2 ha (61 empl.) plat, herbeux - - A proximité :
juin-août - **R** *conseillée* - *17* *2* *12/16* *10 (3 ou 4A)*

GAP Ⓟ

17 - 77 ⑯ G. Alpes du Sud

Paris 669 - Avignon 169 - Grenoble 104 - Sisteron 50 - Valence 160

05000 H.-Alpes - 33 444 h. alt. 735.
Office de Tourisme, 12 r. Faure du Serre
04 92 52 56 56, Fax 04 92 52 56 57

Alpes-Dauphiné <, 04 92 51 29 95, Fax 04 92 53 58 42, N : 3 km sur N 85 rte de Grenoble - alt. 850
5 ha (180 empl.) incliné, en terrasses, herbeux - pizzeria - - Location : , gîtes
Permanent - R *conseillée* - GB - - *28 piscine comprise 31 16 (3A) 25 (6A) 35 (10A)*

à la Rochette NE : 9 km par N 94 rte d'Embrun, D 314 et D 14 - 397 h. alt. 1 100 - 05000 la Rochette :

Le Chapeau de Napoléon <, 04 92 51 28 80 - alt. 1 130
1 ha (33 empl.) peu incliné et plat, herbeux - snack - - Location :

GARIN 31 H.-Gar. - 85 ⑳ - rattaché à Bagnères-de-Luchon

GASSIN 83 Var - 84 ⑰ - rattaché à la Croix-Valmer

GASTES

13 - 78 ⑬ ⑭

Paris 668 - Arcachon 50 - Biscarrosse 18 - Mimizan 18 - Parentis-en-Born 9

40160 Landes - 368 h. alt. 24

La Réserve, 05 58 09 75 96, Fax 05 58 09 76 13, SO : 3 km par D 652 rte de Mimizan et chemin à droite, à 100 m de l'étang (accès direct) - dans locations
27 ha (628 empl.) plat, herbeux, sablonneux - cafétéria - practice de golf - Location :
16 mai-19 sept. - R *conseillée juil.-août* - GB - - *piscine comprise 2 pers. 140 21 (6A)*

GATTEVILLE-LE-PHARE

4 - 54 ③ G. Normandie Cotentin

Paris 356 - Caen 123 - Carentan 51 - Cherbourg 28 - St-Lô 79 - Valognes 27

50760 Manche - 556 h. alt. 22

La Ferme du Bord de Mer , 02 33 54 01 77, S : 1 km par D 116 rte de Barfleur, près de la mer
2 ha (50 empl.) peu incliné, herbeux - - - Location :
Permanent - R *conseillée 14 juil.-20 août* - - *13,50 6,50 15,50 9,50 (3A) 13,50 (6A) 19 (10A)*

GAVARNIE

14 - 85 ⑱ G. Pyrénées Aquitaine

Paris 863 - Lourdes 51 - Luz-St-Sauveur 20 - Pau 91 - Tarbes 69

65120 H.-Pyr. - 177 h. alt. 1 350 - Sports d'hiver : 1 350/2 400 m 11
Office de Tourisme, 05 62 92 49 10, Fax 05 62 92 46 12

Le Pain de Sucre <, 05 62 92 47 55, N : 3 km par D 921 rte de Luz-St-Sauveur, bord du Gave de Gavarnie - alt. 1 273
1,5 ha (50 empl.) plat, herbeux -
15 déc.-15 avril, juin-sept. - R *15 juil.-15 août* - GB - - *15 14 12 (2A) 27 (6A) 35 (10A)*

Le GÂVRE

4 - 63 ⑯ G. Bretagne

Paris 399 - Châteaubriant 39 - Nantes 50 - Redon 36 - St-Nazaire 50

44130 Loire-Atl. - 995 h. alt. 30

Municipal de la Forêt, 02 40 51 20 62, sortie Sud rte de Blain et à droite, bord d'un plan d'eau
2,5 ha (150 empl.) plat, herbeux, forêt attenante - - -
A proximité :
Pâques-oct. - R - - *Tarif 97 : 10 tennis compris 5 8 10*

▶ *Ne pas confondre :*
... à ... : appréciation MICHELIN
et ★ ... à ... ★★★★ : classement officiel

▶ *Do not confuse :*
... to ... : MICHELIN classification
and ★ ... to ... ★★★★ : official classification

▶ *Verwechseln Sie bitte nicht :*
... bis ... : MICHELIN-Klassifizierung
und ★ ... bis ... ★★★★ : offizielle Klassifizierung

GÈDRE

14 - 85 ⑱ G. Pyrénées Aquitaine

Paris 855 - Lourdes 42 - Luz-St-Sauveur 12 - Pau 83 - Tarbes 60

65120 H.-Pyr. - 317 h. alt. 1 000

Le Mousca ≤, ✆ 05 62 92 47 53, N : 0,7 km par D 921 rte de Luz-St-Sauveur et chemin à gauche, bord du Gave de Gavarnie
1 ha (50 empl.) plat, herbeux - A proximité : toboggan aquatique
juil.-août - **R** - *15* *15* *12 (2A) 15 (3A) 24 (6A)*

Le Soumaoute ≤ montagnes, ✆ 05 62 92 48 70, vers sortie Sud par D 921, rte de Gavarnie, accès par petite place de l'église
0,3 ha (22 empl.) plat et en terrasses, herbeux - - A proximité : toboggan aquatique - Location *(fermé 15 mai-15 juin et nov.-déc.)* : gîte d'étape, appartements
juil.-août - **R** - - *12* *13* *12 (2A)*

Le Relais d'Espagne ≤, ✆ 05 62 92 47 70, N : 2,8 km par D 921 rte de Luz-St-Sauveur, à la station service, bord du Gave de Gavarnie
2 ha (34 empl.) plat, pierreux, herbeux - snack - Location :
Permanent - **R** *conseillée été* - - *2 pers. 48, pers. suppl. 17* *13 (2A) 24 (4A) 32 (6A)*

GEMAINGOUTTE

8 - 62 ⑱

Paris 405 - Colmar 44 - Ribeauvillé 31 - St-Dié 14 - Ste-Marie-aux-Mines 12 - Sélestat 34

88520 Vosges - 123 h. alt. 446

Municipal le Violu, sortie Ouest par N 59 rte de St-Dié, bord d'un ruisseau
1 ha (48 empl.) plat, herbeux -
mai-oct. - **R** - *Tarif 97 :* *11* *9* *9* *10 (5A)*

GÉMENOS

16 - 84 ⑭ G. Provence

Paris 790 - Aix-en-Provence 38 - Brignoles 49 - Marseille 24 - Toulon 50

13420 B.-du-R. - 5 025 h. alt. 150.
Office de Tourisme, Crs Pasteur
✆ 04 42 32 18 44

Le Clos ≤, ✆ 04 42 32 18 24, Fax 04 42 32 03 56, sortie Sud rte de Toulon
1,7 ha (81 empl.) plat, herbeux - cases réfrigérées - - A proximité :
avril-25 sept. - **R** *conseillée juil.-août* - - *2 pers. 70, pers. suppl. 30* *14 (4A) 17 (6A)*

GÉMOZAC

9 - 71 ⑤

Paris 495 - Cognac 33 - Jonzac 26 - Royan 30 - Saintes 22

17260 Char.-Mar. - 2 333 h. alt. 39

Municipal, ✆ 05 46 94 50 16, sortie Ouest, rte de Royan, près de la piscine
1 ha (40 empl.) plat, herbeux (0,3 ha) - - A proximité :
28 juin-6 sept. - **R** - *Tarif 97 :* *piscine comprise 1 pers. 31, 2 pers. 52, 3 pers. 58, pers. suppl. 16* *12 (5A) 22 (10A)*

GENÊTS

4 - 59 ⑦ G. Normandie Cotentin

Paris 341 - Avranches 10 - Granville 23 - Le Mont-St-Michel 32 - St-Lô 66 - Villedieu-les-Poêles 30

50530 Manche - 481 h. alt. 2

Les Coques d'Or « Entrée fleurie », ✆ 02 33 70 82 57, Fax 02 33 70 86 83, NO : 0,7 km par D 35E1 rte du Bec d'Andaine
4,7 ha (225 empl.) plat, herbeux - - - Location :
avril-sept. - **R** *conseillée juil.-août* - GB - - *24 piscine comprise* *11* *12*

GÉNOLHAC

16 - 80 ⑦ G. Gorges du Tarn

Paris 641 - Alès 37 - Florac 48 - La Grand-Combe 25 - Nîmes 81 - Villefort 17

30450 Gard - 827 h. alt. 490.
Office de Tourisme,
✆ 04 66 61 18 32, Fax 04 66 61 12 69

Les Esparnettes ≤, ✆ 04 66 61 44 50, S : 4,5 km par D 906, rte de Chamborigaud puis 0,4 km par D 278 à droite, à Pont-de-Rastel, bord du Luech
1,5 ha (63 empl.) plat, herbeux - - A proximité :
avril-sept. - **R** *conseillée* - - *13* *9* *13* *13 (4A)*

GENOUILLÉ

9 - 71 ③

Paris 454 - Rochefort 19 - La Rochelle 42 - St-Jean-d'Angély 26 - Surgères 12 - Tonnay-Boutonne 9

17430 Char.-Mar. - 533 h. alt. 38

Municipal l'Étang des Rosées, ✆ 05 46 27 70 01, S : 1 km, à 50 m de l'étang
1 ha (33 empl.) peu incliné et plat, herbeux - - A proximité :
23 juin-15 sept. - **R** - - *12* *6* *6* *10*

GÉRARDMER

8 - 62 ⑰ G. Alsace Lorraine

Paris 424 - Belfort 79 - Colmar 52 - Épinal 40 - St-Dié 28 - Thann 50

88400 Vosges - 8 951 h. alt. 669 - Sports d'hiver : 750/1 150 m 20.
Office de Tourisme, pl. des Déportés ✆ 03 29 27 27 27, Fax 03 29 26 23 25

Les Granges-Bas, ✆ 03 29 63 12 03, O : 4 km par D 417 puis, à Costet-Beillard, 1 km par chemin à gauche (hors schéma)
2 ha (100 empl.) peu incliné et plat, herbeux - -
15 mai-15 sept. - **R** - - *15 15 10 (2A) 17 (5A)*

Les Sapins, ✆ 03 29 63 15 01, Fax 03 29 60 03 30, SO : 1,5 km, à 200 m du lac
1,3 ha (70 empl.) plat, herbeux - - A proximité :
15 avril-sept. - **R** - - *19,50 10 13 15 (4A) 28 (6A)*

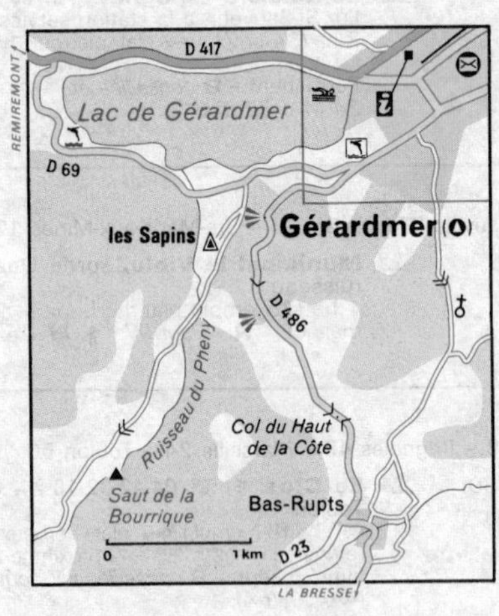

GÉRAUDOT

7 - 61 ⑰ G. Champagne

Paris 195 - Bar-sur-Aube 36 - Bar-sur-Seine 27 - Brienne-le-Château 23 - Troyes 22

10220 Aube - 274 h. alt. 146

L'Épine aux Moines, ✆ 03 25 41 24 36, SE : 1,3 km par D 43, à 200 m du lac de la Forêt d'Orient
2,8 ha (186 empl.) plat et peu incliné, herbeux (1 ha) - -
A proximité :
15 avril-15 oct. - **R** *conseillée juil.-août* - - *2 pers. 44, pers. suppl. 16 13 (4A) 20 (6A) 25 (10A)*

GERGY

12 - 70 ②

Paris 328 - Beaune 21 - Besançon 102 - Chalon-sur-Saône 16 - Dole 56

71590 S.-et-L. - 2 017 h. alt. 190

La Saône, ✆ 03 85 91 76 59, sortie Nord par N 5, rte d'Alleray et chemin à droite, près de la Saône
1 ha (32 empl.) plat, herbeux - snack - -
A proximité :

GERSTHEIM

8 - 62 ⑩ G. Alsace Lorraine

Paris 516 - Marckdsheim 31 - Obernai 22 - Sélestat 28 - Strasbourg 26

67150 B.-Rhin - 2 808 h. alt. 154

Municipal Au Clair Ruisseau, ✆ 03 88 98 30 04, sortie Nord-Est par D 924 vers le Rhin et chemin à gauche, bord d'un étang et d'un cours d'eau
3 ha (70 empl.) plat, herbeux (0,8 ha) - -
15 avril-15 sept. - **R** *conseillée* - - *13 15 16 (6A)*

GESTÉ

9 - 67 ⑤

Paris 358 - Ancenis 27 - Beaugreau 12 - Cholet 29 - Nantes 39

49600 M.-et-L. - 2 447 h. alt. 88

La Thévinière « Agréable cadre boisé près d'un étang », ✆ 02 41 56 69 46, SE : 2,9 km par D 67 rte de St-Germain-sur-Moine et chemin à gauche, à la Base de Loisirs
22 ha/1 campable (28 empl.) plat, herbeux, pierreux - -
15 juin-15 sept. - **R** - - *14 28 13 (10A)*

Les GETS

12 - 74 ⑧ G. Alpes du Nord

Paris 584 - Annecy 72 - Bonneville 32 - Chamonix-Mont-Blanc 63 - Cluses 22 - Morzine 7 - Thonon-les-Bains 37

74260 H.-Savoie - 1 287 h. alt. 1 170 - Sports d'hiver : 1 172/ 1 850 m 5 55.
Office de Tourisme, ✆ 04 50 75 80 80, Fax 04 50 79 76 90

Le Frêne ≤ massif du Mt-Blanc « Belle situation dominante », ✆ 04 50 75 80 60, sortie Sud-Ouest par D 902 rte de Taninges puis 2,3 km par rte des Platons à droite - alt. 1 315
0,3 ha (19 empl.) (juil.-août) non clos, en terrasses, peu incliné, herbeux -
15 juin-15 sept. - **R** *conseillée*

GEU 65 H.-Pyr. - 85 ⑱ - rattaché à Lourdes

GEX

12 - 70 ⑮ ⑯ G. Jura

Paris 492 - Genève 20 - Lons-le-Saunier 94 - Pontarlier 113 - St-Claude 43

01170 Ain - 6 615 h. alt. 626.
Office de Tourisme, Sq. Jean-Clerc, ✆ 04 50 41 53 85, Fax 04 50 41 81 00

Municipal les Genêts ≤, ✆ 04 50 41 61 46, E : 1 km par D 984ᶜ rte de Divonne-les-Bains et chemin à droite
3,3 ha (140 empl.) peu incliné et plat, goudronné, gravillons, herbeux - - A proximité :
8 juin-20 sept. - **R** *conseillée juil.-août* - - *18* *28* *16 (16A)*

GHISONACCIA 2B H.-Corse - 90 ⑥ - voir à Corse

GHYVELDE

1 - 51 ④

Paris 292 - Calais 58 - Dunkerque 15 - Hazebrouck 43 - Lille 73 - St-Omer 57 - Veurne 13

59254 Nord - 2 973 h. alt. 4

La Hooghe Moote, ✆ 03 28 26 02 32, Fax 03 28 26 94 12, SO : 3 km par D 2, rte d'Uxem
3 ha (122 empl.) plat, herbeux, étangs - -
Permanent - Location longue durée - *Places limitées pour le passage* - **R** *conseillée* - GB - - *15* *10* *20* *15 (16A)*

GIBLES

11 - 69 ⑱

Paris 378 - Charlieu 30 - Charolles 16 - Cluny 36 - Mâcon 48 - Paray-le-Monial 30

71800 S.-et-L. - 604 h. alt. 463

Château de Montrouant ≤ « Parc au bord d'un étang », ✆ 03 85 84 51 13, Fax 03 85 84 52 80, sortie Nord-Ouest par D 25, rte de Charolles puis 1,5 km par chemin à droite
11 ha/1 campable (45 empl.) plat en terrasses, gravillons, herbeux - - poneys, half-court

GIEN

6 - 65 ② G. Châteaux de la Loire

Paris 149 - Auxerre 87 - Bourges 78 - Cosne-sur-Loire 42 - Orléans 69 - Vierzon 73

45500 Loiret - 16 477 h. alt. 162.
Office de Tourisme, Centre Anne-de-Beaujeu ✆ 02 38 67 25 28, Fax 02 38 38 23 16

Les Bois du Bardelet M « Cadre agréable », ✆ 02 38 67 47 39, Fax 02 38 38 27 16, SO : 5 km par D 940 rte de Bourges et 2 km par rte à gauche - Pour les usagers venant de Gien, accès conseillé par D 53 rte de Poilly-lez-Gien et 1ère rte à droite - dans locations
12 ha/6 campables (234 empl.) plat, herbeux, étang - pizzeria, snack - toboggan aquatique poneys - Location :
avril-sept. - Location longue durée - *Places disponibles pour le passage* - **R** *conseillée* - GB - - *Tarif 97 :* *piscine comprise 2 pers. 110* *22 (15A)*

GIENS

17 - 84 ⑯ G. Côte d'Azur

Paris 858 - Carqueiranne 10 - Draguignan 88 - Hyères 10 - Toulon 26

83 Var - ✉ 83400 Hyères
Schéma à Hyères

La Bergerie, ✆ 04 94 58 91 75, Fax 04 94 58 14 28, NE : 1,5 km sur D 97, à 200 m de la plage (accès direct)
0,8 ha (60 empl.) plat, herbeux, pierreux - snack - Location :

GIGEAN

15 - 83 ⑯

Paris 775 - Agde 32 - Gignac 32 - Frontignan 11 - Pézenas 31

34770 Hérault - 2 529 h. alt. 44

Municipal, ✆ 04 67 78 69 12, vers sortie Sud-Ouest et 0,5 km par chemin du stade à droite, bord de la N 113
1 ha (63 empl.) plat, pierreux, herbeux - - A proximité :
juil.-15 sept. - **R** *conseillée* - *Tarif 97 :* *1 ou 2 pers. 44, 3 pers. 52, pers. suppl. 12,50* *15,50*

GIGNAC

15 - 83 ⑥ G. Gorges du Tarn

Paris 725 - Béziers 52 - Clermont-l'Hérault 12 - Lodève 26 - Montpellier 29 - Sète 44

34150 Hérault - 3 652 h. alt. 53.
Office de Tourisme, pl. Gén.-Claparède
04 67 57 58 83, Fax 04 67 57 67 95

Municipal la Meuse, 04 67 57 92 97, NE : 1,2 km par D 32, rte d'Aniane puis chemin à gauche, à 200 m de l'Hérault et d'une Base Nautique
3,4 ha (61 empl.) plat, herbeux - parcours sportif - A proximité :
juin-sept. - **R** *conseillée 15 juil.-15 août* - - *10 tennis compris 45 12 (6A)*

Moulin de Siau, 04 67 57 51 08 34150 Aniane, NE : 2,2 km par D 32 rte d'Aniane puis chemin à gauche, bord d'un ruisseau et à 200 m de l'Hérault (accès direct)
2,8 ha (115 empl.) plat, pierreux, herbeux -
A proximité :
15 juin-15 sept. - **R** - GB - - *2 pers. 56 14 (6A)*

GIGNY-SUR-SAÔNE

12 - 70 ⑫

Paris 358 - Chalon-sur-Saône 27 - Le Creusot 54 - Louhans 30 - Mâcon 48 - Tournus 15

71240 S.-et-L. - 401 h. alt. 178

Château de l'Épervière « agréable parc boisé au bord d'un étang », 03 85 44 83 23, Fax 03 85 44 74 20, S : 1 km, à l'Épervière
7 ha (100 empl.) plat, herbeux - - - A proximité : - Location *(permanent)* : gîtes
15 avril-sept. - Location longue durée - *Places disponibles pour le passage* - **R** *conseillée juil.-août* - GB - *piscine comprise 2 pers. 105, pers. suppl. 30 20 (6A)*

GILETTE

17 - 84 ⑱ ⑲ G. Côte d'Azur

Paris 949 - Antibes 43 - Nice 36 - St-Martin-Vésubie 44

06830 Alpes-Mar. - 1 024 h. alt. 420

Moulin No « Site et cadre agréables », 04 93 08 92 40, Fax 04 93 08 44 77, par D 2209, rte de Carros, à 1,8 km au Sud-Ouest de Pont Charles-Albert (N 202), bord de l'Estéron
3 ha (172 empl.) plat, pierreux (1 ha) -
6 avril-25 sept. - **R** *conseillée* - GB - - *piscine comprise 2 pers. 99, 3 pers. 139 16 (3A) 19 (4A) 23 (6A)*

GIRAC

10 - 75 ⑲

Paris 526 - Beaulieu-sur-Dordogne 12 - Brive-la-Gaillarde 44 - Gramat 28 - St-Céré 12 - Souillac 37

46130 Lot - 329 h. alt. 123

Les Chalets sur Dordogne M, 05 65 10 93 33, Fax 05 65 10 93 34, NO : 1 km par D 703, rte de Vayrac et chemin à gauche, bord de la Dordogne
2 ha (39 empl.) plat, herbeux, sablonneux - grill - - A proximité : Location :
mai-15 sept. - **R** *conseillée* - GB - - *22 piscine comprise 43 avec élect. (3 à 10A)*

GIROUSSENS

15 - 82 ⑨

Paris 678 - Albi 41 - Castelnaudary 72 - Castres 49 - Montauban 51 - Toulouse 42

81500 Tarn - 1 051 h. alt. 204

Aire Naturelle la Rigaudié, 05 63 41 67 20, SE : 4 km par D 631, rte de Lavau et chemin à gauche
3 ha/1 campable (24 empl.) plat, herbeux -
avril-nov. - **R** *conseillée* - *1 pers. 25 12 (6A)*

LE GIVRE

9 - 71 ⑪

Paris 443 - Luçon 18 - La Mothe-Achard 35 - Niort 80 - La Rochelle 59 - La Roche-sur-Yon 29 - Les Sables-d'Olonne 35

85540 Vendée - 265 h. alt. 20

Aire Naturelle la Grisse, 02 51 30 83 03, S : 2,4 km du bourg
1 ha (25 empl.) plat, herbeux -
15 avril-15 oct. - **R** *conseillée* - *1 pers. 20 15 (5A)*

GLÈRE

8 - 66 ⑱

Paris 505 - Besançon 109 - La Chaux-de-Fonds 52 - Montbéliard 49 - Porrentruy 19 - St-Hippolyte 19

25190 Doubs - 187 h. alt. 411

Municipal, 03 81 93 97 28, E : 1,9 km par ancienne rte de Brémoncourt (rive droite du Doubs)
3 ha (80 empl.) plat, peu incliné et en terrasses, gravillons - - (bassin) - Location : huttes
mars-oct. - Location longue durée - *Places limitées pour le passage* - - *Tarif 97 : 7 6 6 10 (6A) 12 (10A)*

GOLINHAC

15 - 80 ② G. Gorges du Tarn

Paris 622 - Conques 28 - Entraygues-sur-Truyère 10 - Espalion 23 - Rodez 36

12140 Aveyron - 458 h. alt. 630

Municipal Bellevue, 05 65 44 50 73, au Sud-Ouest du bourg
1 ha (42 empl.) incliné, en terrasses, plat, herbeux - - - Location *(permanent)* : gîte d'étape
mai-sept. - **R** *juil.-août* - - *14 5,50 5,50 6,50 (6A)*

GONNEVILLE-EN-AUGE 14 Calvados – 54 ⑯ – rattaché à Merville-Franceville-Plage

GOUAUX 14 – 85 ⑲

Paris 843 – Arreau 6 – Bagnères-de-Bigorre 43 – Bagnères-de-Luchon 38 – Lannemezan 33 – Tarbes 64

65240 H.-Pyr. – 62 h. alt. 923

Le Ruisseau, 05 62 39 95 49, au bourg, sur D 25
2 ha (125 empl.) peu incliné, en terrasses, herbeux –
Permanent – Location longue durée – *Places disponibles pour le passage* – **R** –
– *16* *16* *20 (4A) 27 (6A) 44 (10A)*

GOUDARGUES 16 – 80 ⑨ G. Provence

Paris 667 – Alès 50 – Bagnols-sur-Cèze 16 – Barjac 20 – Lussan 17 – Pont-St-Esprit 24

30630 Gard – 788 h. alt. 77

Les Amarines, 04 66 82 24 92, Fax 04 66 82 38 64, NE : 1 km par D 23, bord de la Cèze
3,7 ha (90 empl.) plat, herbeux –
avril-15 oct. – **R** *conseillée* – GB – – *piscine comprise 2 pers. 86, pers. suppl. 17* *20 (6A)*

La Grenouille, 04 66 82 21 36, au bourg, près de la Cèze (accès direct) et bord d'un ruisseau
0,8 ha (50 empl.) plat, herbeux – –
A proximité :
avril-1er oct. – **R** *indispensable juil.-août* – – *piscine comprise 2 pers. 78, pers. suppl. 16* *16 (4A)*

Le Mas de Rome, 04 66 82 25 24, S : 0,5 km par D 23, rte d'Uzès puis 1,5 km par chemin à gauche, bord de la Cèze
8 ha (130 empl.) plat et accidenté, en terrasses, pierreux, herbeux –
Pentecôte-15 sept. – **R** *conseillée juil.-août* – – *2 pers. 66, pers. suppl. 17* *17 (3A)*

St-Michelet, 04 66 82 24 99, Fax 04 66 82 34 43, NO : 1 km par D 371, rte de Frigoulet, bord de la Cèze
4 ha (140 empl.) plat et peu incliné, terrasse, herbeux (1 ha) –
– – Location :
avril-sept. – **R** *conseillée juil.-15 août* – GB – – *2 pers. 61* *10 (3A) 17 (6A)*

GOUESNACH 29 Finistère – 58 ⑮ – rattaché à Bénodet

GOUJOUNAC 14 – 79 ⑦ G. Périgord Quercy

Paris 575 – Cahors 28 – Fumel 24 – Gourdon 31 – Villeneuve-sur-Lot 52

46250 Lot – 174 h. alt. 250

La Pinède, 05 65 36 61 84, sortie Ouest par D 660, rte de Villefranche-du-Périgord
0,5 ha (16 empl.) en terrasses, herbeux – –
juil.-août – **R** *conseillée* – – *18 piscine et tennis compris* *20* *10 (20A)*

GOURDON 13 – 75 ⑱ G. Périgord Quercy

Paris 544 – Bergerac 89 – Brive-la-Gaillarde 65 – Cahors 44 – Figeac 64 – Périgueux 93 – Sarlat-la-Canéda 26

46300 Lot – 4 851 h. alt. 250.
Office de Tourisme, 24 r. du Majou
05 65 27 52 50, Fax 05 65 27 52 52

Municipal Écoute s'il Pleut, 05 65 41 06 19, NO : 1,6 km par D 704 rte de Sarlat-la-Canéda et chemin à gauche, près d'un plan d'eau
5 ha (160 empl.) en terrasses, peu incliné, pierreux, gravier – –
– – A proximité : – Location : gîtes, bungalows toilés
juin-sept. – **R** – – *19 ou 20 piscine et tennis compris* *21 ou 22* *14 ou 15 (6A)*

Aire Naturelle le Paradis, 05 65 41 65 01, SO : 2 km par D 673, rte de Fumel et chemin à gauche, près du parking Intermarché
1 ha (25 empl.) plat et en terrasses, herbeux (0,5 ha) – –
A proximité :
juin-15 sept. – **R** *conseillée 15 juil.-15 août* – – *piscine comprise 1 pers. 26* *10 (10A)*

GOURETTE 13 – 85 ⑰ G. Pyrénées Aquitaine

Paris 829 – Argelès-Gazost 36 – Eaux-Bonnes 8 – Laruns 14 – Lourdes 47 – Pau 53

64 Pyr.-Atl. – alt. 1 400 – Sports d'hiver : 1 400/2 400 m 3 23
64440 Eaux-Bonnes.
Office de Tourisme, pl. Sarrière
05 59 05 12 17, Fax 05 59 05 12 56
et à Eaux-Bonnes 05 59 05 33 08, Fax 05 59 05 32 58

Le Ley, 05 59 05 11 47, O : 2 km rte d'Eaux-Bonnes, bord du Valentin – alt. 1 175
1,5 ha (50 empl.) plat, en terrasses, goudronné –
15 déc.-15 avril, juil.-août – **R** *conseillée fév.* – – *Tarif 97 :* *1 à 5 pers. 50 à 110, pers. suppl. 20 - hiver : se renseigner* *18 à 43 (2 à 16A)*

GRAMAT

13 - 75 ⑲ G. Périgord Quercy

Paris 535 - Brive-la-Gaillarde 55 - Cahors 55 - Figeac 34 - Gourdon 37 - St-Céré 22

46500 Lot - 3 526 h. alt. 305.

Office de Tourisme, (hors saison de 14h à 18h) pl. de la République
05 65 38 73 60, Fax 05 65 33 46 38

Municipal les Ségalières, 05 65 38 76 92, Fax 05 65 33 16 48, sortie Sud-Ouest par D 677 rte de Cahors et à gauche, 2 km par D 14 rte de Reilhac
7 ha (100 empl.) peu incliné, pierreux, herbeux (4 ha) - A proximité : parc animalier - Location *(permanent)* : vacances de printemps, juin-sept. - **R** *conseillée juil.-août* - - *16 piscine et tennis compris* *19* *13 (6A)*

▶ *Om een reisroute uit te stippelen en te volgen,*
om het aantal kilometers te berekenen,
om precies de ligging van een terrein te bepalen (aan de hand van de inlichtingen in de tekst),
gebruikt u de ***Michelinkaarten*** *schaal 1 : 200 000 ; een onmisbare aanvulling op deze gids.*

Le GRAND-BORNAND

12 - 74 ⑦ G. Alpes du Nord

Paris 566 - Albertville 46 - Annecy 32 - Bonneville 23 - Chamonix-Mont-Blanc 78 - Megève 34

74450 H.-Savoie - 1 925 h. alt. 934 - Sports d'hiver : 1 000/2 100 m 2 38 .

Office de Tourisme, pl. Église
04 50 02 78 00, Fax 04 50 02 78 01 et (saison) annexe du Chinaillon
04 50 02 78 02

L'Escale , 04 50 02 20 69, Fax 04 50 02 36 04, près de l'église, bord du Borne
2,8 ha (149 empl.) plat et peu incliné, terrasse, herbeux, pierreux - - A proximité : parcours sportif toboggan aquatique - Location : , studios et appartements
déc.-avril, juin-sept. - **R** *conseillée* - - *1 à 3 pers. 79 (hiver 79,50 ou 89,50), pers. suppl. 20 (hiver 21 ou 22)* *3A : 21 (hiver 26) 6A : 32 (hiver 42) 10A : 38 (hiver 48)*

Le Clos du Pin chaîne des Aravis, 04 50 02 27 61, E : 1,3 km par rte du Bouchet, bord du Borne - alt. 1 015
1,3 ha (61 empl.) peu incliné, herbeux -
déc.-10 mai, 15 juin-20 sept. - **R** *conseillée hiver et été* - - *2 pers. 66 (hiver : 2 ou 3 pers. 85)* *16 (2A) 20 (6A) 26 (10A)*

GRANDCAMP-MAISY

4 - 54 ③ G. Normandie Cotentin

Paris 293 - Caen 60 - Cherbourg 74 - St-Lô 42

14450 Calvados - 1 881 h. alt. 5

Joncal, 02 31 22 61 44, au port, par le quai Ouest, bord de mer
4 ha (300 empl.) plat, terrasse, herbeux, sablonneux -
Location longue durée - *Places limitées pour le passage*

La GRANDE-MOTTE

16 - 83 ⑧ G. Gorges du Tarn

Paris 750 - Aigues-Mortes 10 - Lunel 16 - Montpellier 22 - Nîmes 45 - Palavas-les-Flots 14 - Sète 44

34280 Hérault - 5 016 h. alt. 1.

Office de Tourisme, av. J. Bene
04 67 56 40 50, Fax 04 67 56 78, 30, pl. de la Mairie
04 67 29 03 37, Fax 04 67 29 03 45 et Pavillon d'Accueil
04 67 56 00 61 (saison)
espace Levant-et-Roxin

Le Garden, 04 67 56 50 09, Fax 04 67 56 25 69, sortie Ouest par D 59, à 300 m de la plage - dans locations
3,5 ha (232 empl.) (saison) plat, sablonneux, herbeux - self, pizzeria - - A proximité : et poneys - Location :
mars-oct. - - GB - *piscine comprise 1 à 3 pers. 147/183 avec élect. (6A), pers. suppl. 30/31*

Lous Pibols, 04 67 56 50 08, sortie Ouest par D 59, à 400 m de la plage
3 ha (231 empl.) plat, sablonneux – cases réfrigérées – – A proximité : et poneys – Location : , bungalows toilés
avril-sept. – – – *Tarif 97 : piscine comprise 1 à 3 pers. 135 (174 avec élect.), pers. suppl. 25 ou 30*

Municipal Lou Gardian, 04 67 56 14 14, sortie Ouest par D 59
2,6 ha (160 empl.) plat, sablonneux, herbeux – – – A proximité : et poneys

Intercommunal les Cigales, 04 67 56 50 85, sortie Ouest par D 59
2,5 ha (180 empl.) plat, sablonneux – – – A proximité : et poneys

GRAND-FORT-PHILIPPE

1 – 51 ③

Paris 290 – Calais 23 – Cassel 40 – Dunkerque 27 – St-Omer 39

59153 Nord – 6 477 h. alt. 5.
Office de Tourisme, à Gravelines
11 r. de la République
03 28 65 21 28, Fax 03 28 65 58 19

Municipal de la Plage, 03 28 65 31 95, au Nord-Ouest de la localité, rue du Maréchal Foch
1,5 ha (84 empl.) plat, herbeux –
avril-oct. – **R** *conseillée – – 23 9 18 17,50 (10A)*

GRAND'LANDES

9 – 67 ⑬

Paris 433 – Aizenay 11 – Challans 21 – Nantes 52 – La Roche-sur-Yon 29 – St-Gilles-Croix-de-Vie 30

85670 Vendée – 407 h. alt. 52

Municipal les Blés d'Or, au bourg, par D 94
1 ha (40 empl.) plat, peu incliné, herbeux – – – A proximité :
Permanent – **R** *conseillée – 12 5 7*

GRANDRIEU

15 – 76 ⑯

Paris 559 – Langogne 28 – Châteauneuf-de-Randon 19 – Marvejols 60 – Mende 48 – Saugues 26

48600 Lozère – 844 h. alt. 1 160

Municipal <, 04 66 46 31 39, au Sud du bourg, accès par rue devant la poste, à 100 m du Grandrieu et d'un plan d'eau
1 ha (33 empl.) plat et en terrasses, incliné, pierreux, herbeux – – A proximité :
15 juin-15 sept. – **R** – – *10 5 10 10 ou 20*

Le Vieux Moulin <, 04 66 46 40 37, NE : 5 km par D 5, rte de Laval-Atger puis chemin à droite, bord de rivière – alt. 1 000
1 ha (50 empl.) plat et peu incliné, herbeux – – – Location :
mai-oct. – **R** *juil.-août* – – *2 pers. 46, pers. suppl. 13 10 (4A)*

Le GRAND-VILLAGE-PLAGE

17 Char.-Mar. – 71 ⑬ ⑭ – voir à Oléron (Ile d')

GRANGES-SUR-VOLOGNE

8 – 62 ⑰ **G. Alsace Lorraine**

Paris 419 – Bruyères 10 – Épinal 35 – Gérardmer 13 – Remiremont 29 – St-Dié 28

88640 Vosges – 2 485 h. alt. 502

Gina-Park , 03 29 51 41 95, sortie Sud-Ouest rte de Gérardmer puis 1,5 km par D 31 rte du Tholy à droite et chemin, bord d'un étang
4,5 ha (68 empl.) plat, peu incliné, herbeux – – – Location :
Permanent – **R** *conseillée* – – – *16 piscine comprise 18 19 (6A) 28 (10A)*

Les Peupliers <, 03 29 57 51 04, par centre bourg vers Gérardmer et chemin à droite après le pont, bord de la Vologne et d'un ruisseau
2 ha (32 empl.) plat, herbeux, pierreux – – – A proximité :
mai-sept. – **R** *conseillée – 12 16 16 (6A)*

GRANVILLE

4 – 59 ⑦ **G. Normandie Cotentin**

Paris 338 – Avranches 26 – Caen 107 – Cherbourg 105 – Coutances 28 – St-Lô 56 – St-Malo 93 – Vire 55

50400 Manche – 12 413 h. alt. 10.
Office de Tourisme,
4 cours Jonville
02 33 91 30 03, Fax 02 33 91 30 19

La Vague, 02 33 50 29 97, SE : 2,5 km par D 911, rte de St-Pair et D 572 à gauche, quartier St-Nicolas, à 150 m de la plage
2 ha (145 empl.) plat, herbeux, sablonneux – –
avril-15 sept. – **R** – – *Tarif 97 : 22 23 17 (4A) 23 (6A)*

à ***Bréville-sur-Mer*** NE : 4,5 km par rte de Coutances – 530 h. alt. 70
50290 Bréville-sur-Mer :

La Route Blanche, 02 33 50 23 31, NO : 1 km par rte de la plage, près du golf
3,5 ha (226 empl.) plat, herbeux, sablonneux – – A proximité : golf
mai-sept. – **R** – – – *Tarif 97 : 12 6 11,50 (22,50 avec élect.)*

à Donville-les-Bains NE : 3 km rte de Coutances – 3 199 h. alt. 40
✉ 50350 Donville-les-Bains :

Intercommunal de l'Ermitage, ✆ 02 33 50 09 01, N : 1 km par r. du Champ de Courses, à 50 m de la plage
5,5 ha (350 empl.) plat et peu incliné, herbeux, sablonneux – A l'entrée : – A proximité : bowling
21 mars-2 nov. – **R** *conseillée* – GB – *19* *20,60/34,20 avec élect.*

L'Oasis de la Plage, ✆ 02 33 50 52 01, Fax 02 33 51 81 01, N : 1, 5 km par r. du Champ de Courses, près de l'hippodrome, bord de plage
2 ha (131 empl.) plat, herbeux, sablonneux – – A proximité : – Location :
avril-oct. – **Location longue durée** – *Places disponibles pour le passage* – **R** *conseillée juil.-août* – GB – – *29* *33* *11 (2A) 16 (4A) 22 (10A)*

au SE : 7 km par D 973 rte d'Avranches – ✉ 50380 St-Pair-sur-Mer :

Lez-Eaux « Parc agréable », ✆ 02 33 51 66 09, Fax 02 33 51 92 02
12 ha/5 campables (229 empl.) plat et peu incliné, herbeux – toboggan aquatique – Location *(avril-sept.)* :
mai-15 sept. – **R** *conseillée juil.-août* – GB – *piscine comprise 2 pers. 120 (145 ou 158 avec élect. 5 ou 10A), pers. suppl. 37*

Le GRAU-DU-ROI

16 – 83 ⑧ G. Provence

Paris 752 – Aigues-Mortes 6 – Arles 55 – Lunel 21 – Montpellier 28 – Nîmes 48 – Sète 50

30240 Gard – 5 253 h. alt. 2.
Office de Tourisme, r. M.-Rédares ✆ 04 66 51 67 70, Fax 04 66 51 06 80, et (saison) Maison des Services, Nouveau Port de Pêche ✆ 04 66 53 14 06

à Port-Camargue S : 3,5 km – ✉ 30240 le Grau-du-Roi :
Office de Tourisme, Carrefour 2000 (Pâques-sept.) ✆ 04 66 51 71 68

Élysée Résidence, ✆ 04 66 53 54 00, Fax 04 66 51 85 12, rte de l'Espiguette, bord d'un plan d'eau
30 ha/16 campables (1500 empl.) plat, sablonneux – cases réfrigérées – salle de musculation, salle de sports théâtre de plein air - A l'entrée : – A proximité : – Location :
21 mars-15 oct. – **R** *conseillée 12 juil.-16 août* – GB – – *élect. (10A), piscine et tennis compris 2 pers. 150, pers. suppl. 40*

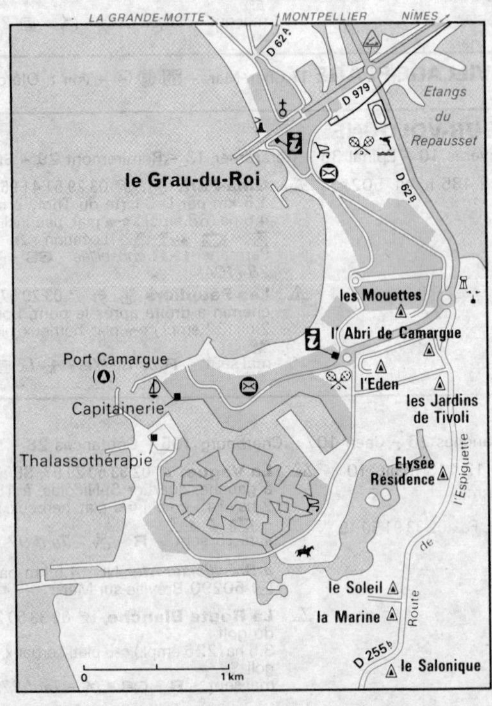

L'Eden, 04 66 51 49 81, Fax 04 66 53 13 20, rte de l'Espiguette, près du rond-point de Port-Camargue
5,25 ha (377 empl.) plat, sablonneux, herbeux – – salle de musculation toboggan aquatique, half-court – A proximité : – Location : , bungalows toilés
4 avril-3 oct. – **R** *conseillée 5 juil.-20 août* – GB – – *élect. (10A) et piscine comprises 2 pers. 170*

Le Boucanet, 04 66 51 41 48, Fax 04 66 51 41 87, NO : 3,5 km par D 255, rte de la Grande-Motte, au lieu-dit le Boucanet, bord de mer (hors schéma) –
7,5 ha (458 empl.) plat, sablonneux – rôtisserie cases réfrigérées – – A proximité : – Location : , bungalows toilés
25 avril-19 sept. – **R** *conseillée juil.-août* – GB – – *piscine comprise 2 pers. 127, pers. suppl. 40 18 (10A)*

La Marine, 04 66 53 36 90, Fax 04 66 51 50 45, rte de l'Espiguette – dans locations
4,2 ha (287 empl.) plat, sablonneux, herbeux – cases réfrigérées – – A proximité : – Location : , bungalows toilés
avril-10 oct. – **R** *conseillée juil., indispensable 2 au 22 août* – – *piscine comprise 4 pers. 155/200 avec élect. (8A)*

L'Abri de Camargue, 04 66 51 54 83, Fax 04 66 51 76 42, rte de l'Espiguette
4 ha (277 empl.) plat, sablonneux, herbeux – – – A proximité : – Location :
avril-oct. – **R** *conseillée juil.-août* – GB – – *élect. (3 à 5A) et piscine comprises 2 à 5 pers. 205 à 250*

Les Jardins de Tivoli, 04 66 51 82 96, Fax 04 66 51 09 81, rte de l'Espiguette – dans locations
7 ha (400 empl.) plat, sablonneux – Sanitaires individuels (lavabo et évier eau froide, wc) snack – discothèque –
A l'entrée : – A proximité : – Location :
28 mars-4 oct. – **Location longue durée** – *Places disponibles pour le passage* – **R** *conseillée* – – *élect. (10A) piscine et tennis compris 4 pers. 245*

Le Salonique, 04 66 53 11 63, Fax 04 66 53 20 26, rte de l'Espiguette – dans locations
3,5 ha (202 empl.) plat, sablonneux, herbeux – snack – – A proximité : – Location :
25 avril-20 sept. – **R** *conseillée 10 juil.-22 août* – GB – – *piscine comprise 2 pers. 57 à 115 (78 à 137 avec élect. 6 à 10A)*

Les Mouettes, 04 66 51 44 00, Nord-Est, rte du Grau-du-Roi, près du rond-point de Port-Camargue
1,2 ha (82 empl.) plat, sablonneux, herbeux – – – A proximité :
28 mars-26 sept. – **R** *conseillée juil.-août* – *élect. (6A) comprise 3 pers. 118*

Le Soleil, 04 66 51 50 07, rte de l'Espiguette, bord d'un plan d'eau –
3 ha (247 empl.) plat, sablonneux, herbeux – – A proximité : – Location :
avril-29 sept. – **Location longue durée** – *Places disponibles pour le passage* – **R** *conseillée juil.-août* – – *2 pers. 60 15 (6A)*

La GRAVE

12 – 77 ⑦ **G. Alpes du Nord**

Paris 644 – Briançon 39 – Gap 127 – Grenoble 79 – Col du Lautaret 11 – St-Jean-de-Maurienne 67

05320 H.-Alpes – 455 h. alt. 1 526 – Sports d'hiver : 1 400/3 550 m 2 2

Office de Tourisme, 04 76 79 90 05, Fax 04 76 79 91 65

Le Gravelotte <, 04 76 79 93 14, Fax 04 76 79 95 62, O : 1,2 km par N 91 rte de Grenoble et chemin à gauche, bord de la Romanche
4 ha (50 empl.) (juil.-août) plat, herbeux –
20 juin-15 sept. – **R** – – *2 pers. 59, pers. suppl. 19*

GRAVESON

16 – 83 ⑩ **G. Provence**

Paris 699 – Arles 25 – Avignon 13 – Cavaillon 26 – Nîmes 38 – Tarascon 11

13690 B.-du-R. – 2 752 h. alt. 14

Micocouliers, 04 90 95 81 49, SE : 1,2 km par D 28, rte de Châteaurenard et D 5 à droite, rte de Maillane
3,5 ha/2 campables (60 empl.) plat, pierreux, herbeux –
15 mars-oct. – **R** *conseillée juil.-août* – – *Tarif 97 : 20 20 15 (4A) 22 (8A) 30 (12A)*

GRAVIÈRES 07 Ardèche – 80 ⑧ – rattaché aux Vans

GRAYAN-ET-L'HÔPITAL

9 - 71 ⑯

Paris 521 - Bordeaux 89 - Lesparre-Médoc 23 - Soulac-sur-Mer 11

33590 Gironde - 617 h. alt. 6

Municipal du Gurp, 05 56 09 44 53, O : 5 km, à 300 m de la plage
24 ha/10 campables (1000 empl.) plat, légèrement accidenté, dunes pinède - A proximité : poneys
juin-10 sept. - R - GB - - *15* *40*

Les Franquettes, 05 56 09 43 61, au bourg, près de l'église
3 ha (100 empl.) plat, herbeux - (mars-nov.) -
Permanent - **R** *conseillée* - - *15* *35* *17 (6A)*

GRÉOUX-LES-BAINS

17 - 81 ⑮ G. Alpes du Sud

Paris 764 - Aix-en-Provence 54 - Brignoles 56 - Digne-les-Bains 65 - Manosque 14 - Salernes 50

04800 Alpes-de-H.-Pr. - 1 718 h. alt. 386 - (23 fév.-19 déc.).
Office de Tourisme, 5 av. Marronniers 04 92 78 01 08, Fax 04 92 78 13 00

La Pinède, 04 92 78 05 47, Fax 04 92 77 69 05, S : 1,5 km par D 8, rte de St-Pierre, à 200 m du Verdon
3 ha (110 empl.) peu incliné et en terrasses, pierreux, gravillons - - Location :
mars-15 nov. - **R** *conseillée juil.-août* - - *Tarif 97 : piscine et tennis compris 2 pers. 55, pers. suppl. 17 10 (3A) 15 (6A) 19 (10A)*

Regain, 04 92 78 09 23, S : 2 km par D 8, rte de St-Pierre, bord du Verdon
3 ha (83 empl.) plat et terrasse, pierreux, herbeux -
avril-20 oct. - **R** *conseillée* - - *15* *25* *10 (3A) 15 (6A) 20 (9A)*

GRESSE-EN-VERCORS

12 - 77 ⑭ G. Alpes du Nord

Paris 612 - Clelles 21 - Grenoble 47 - Monestier-de-Clermont 14 - Vizille 43

38650 Isère - 265 h. alt. 1 205 - Sports d'hiver : 1 300/1 700 m 16 .
Office de Tourisme, 04 76 34 33 40, Fax 04 76 34 31 26

Les 4 Saisons massif du Vercors « Situation agréable », 04 76 34 30 27, SO : 1,3 km, au lieu-dit la Ville
2,2 ha (90 empl.) en terrasses, plat, pierreux, gravillons, herbeux - - A proximité : parcours sportif snack discothèque
26 déc.-15 mars, 21 mai-6 sept. - **R** *conseillée* - GB - - *piscine comprise 2 pers. 69* *16 à 28 (2 à 10A)*

GRÉSY-SUR-AIX 73 Savoie - 74 ⑮ - rattaché à Aix-les-Bains

GREZ-NEUVILLE

4 - 63 ⑳ G. Châteaux de la Loire

Paris 296 - Angers 24 - Candé 30 - Château-Gontier 28 - La Flèche 51

49220 M.-et-L. - 1 040 h. alt. 15

Municipal, 02 41 95 61 19, parc de la mairie, bord de la Mayenne
1,5 ha (70 empl.) (juil.-août) plat, peu incliné, herbeux - -
avril-sept. - R - - *7,80* *4,40* *4,90* *10*

GRIGNAN

16 - 81 ②

Paris 630 - Crest 47 - Montélimar 23 - Nyons 24 - Orange 48 - Pont-St-Esprit 34 - Valence 72

26230 Drôme - 1 300 h. alt. 198

Les Truffières « Cadre boisé », 04 75 46 93 62, SO : 2 km par D 541, rte de Donzère, D 71, rte de Chamaret à gauche et chemin -
1 ha (35 empl.) plat, herbeux, pierreux, bois attenant - - - Location :
avril-sept. - **R** *conseillée juil.-août* - GB - *piscine comprise 2 pers. 85* *22 (10A)*

GRIMAUD

17 - 84 ⑰ G. Côte d'Azur

Paris 862 - Brignoles 56 - Fréjus 31 - Le Lavandou 33 - St-Tropez 10 - Ste-Maxime 11 - Toulon 64

83310 Var - 3 322 h. alt. 105.
Office de Tourisme, bd des Aliziers 04 94 43 26 98, Fax 04 94 43 32 40 et annexe (saison) St-Pons-les-Mures

Charlemagne « Agréable cadre boisé », 04 94 43 22 90, Fax 04 94 43 37 13, O : 2 km par D 558 et D 14, rte de Collobrières
2 ha (100 empl.) plat, peu incliné et en terrasses, pierreux, herbeux - - - Location : , tentes
Permanent - **R** *conseillée juil.-août* - GB - - *piscine comprise 2 pers. 85* *19 (4A)*

La Pinède, 04 94 56 04 36, Fax 04 94 56 30 86, E : 3,5 km par D 558 et D 14, rte de Ste-Maxime
4,3 ha (204 empl.) plat, peu incliné, herbeux - snack, pizzeria - - Location *(mars-11 nov.)* :
avril-15 oct. - **R** *conseillée* - GB - - *2 pers. 98, pers. suppl. 23* *20 (4A) 22 (6A) 25 (10A)*

à St-Pons-les-Mûres E : 5,5 km par D 14 - 83310 Cogolin :

Domaine des Naïades « Terrasse fleurie au bord d'une belle piscine », 04 94 56 30 08, Fax 04 94 56 35 41, au domaine de la Bagarède
12,5 ha (306 empl.) en terrasses, pierreux, sablonneux - - toboggans aquatiques - Location :
28 mars-sept. - **R** *conseillée juil.-août* - GB - - *piscine comprise 2 pers. 125, 4 pers. 175* *14 (3A) 20 (6A) 27 (10A)*

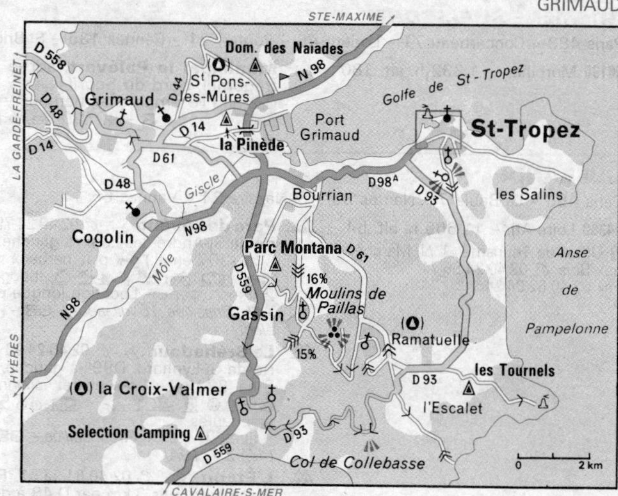

Voir aussi à *la Croix-Valmer, Ramatuelle*

GROLÉJAC

13 - 75 ⑰

Paris 539 - Gourdon 14 - Périgueux 79 - Sarlat-la-Canéda 12

24250 Dordogne - 545 h. alt. 67

Schéma à la Roque-Gageac

Les Granges, ✆ 05 53 28 11 15, Fax 05 53 28 57 13, au bourg
6 ha (173 empl.) plat, incliné et en terrasses, herbeux - toboggan aquatique - A proximité : - Location :
mai-25 sept. - **R** *conseillée juil.-15 août* - *piscine comprise 4 pers. 180* *18 (6A)*

GROSBREUIL

9 - 67 ⑬

Paris 438 - Aizenay 25 - Challans 50 - La Roche-sur-Yon 24 - Les Sables-d'Olonne 16 - Talmont-St-Hilaire 10

85440 Vendée - 1 091 h. alt. 39

La Vertonne, ✆ 02 51 22 65 74, E : 1,3 km par D 36, rte de Nieul-le-Dolent et D 45 à droite
1,1 ha (84 empl.) plat, herbeux -
avril-sept. - **R** *conseillée juil.-août* - GB - *piscine comprise 2 pers. 65* *15 (4A) 18 (6A) 21 (8A)*

GROSPIERRES

16 - 80 ⑧

Paris 660 - Aubenas 35 - Largentière 22 - Privas 65 - St-Ambroix 27 - Vallon-Pont-d'Arc 14

07120 Ardèche - 507 h. alt. 124

Aire Naturelle les Chadenèdes , ✆ 04 75 39 09 19, au Sud du bourg
1 ha (25 empl.) en terrasses, plat, peu incliné, herbeux -
avril-1er oct. - **R** - - *piscine comprise 2 pers. 58* *14 (5A)*

Le GROS-THEIL

5 - 54 ⑳

Paris 133 - Bernay 30 - Elbeuf 16 - Évreux 34 - Pont-Audemer 32

27370 Eure - 925 h. alt. 145

Salverte « Agréable cadre boisé », ✆ 02 32 35 51 34, Fax 02 32 35 92 79, SO : 3 km par D 26, rte de Brionne et chemin à gauche
17 ha/10 campables (300 empl.) plat, herbeux - (mai-sept.) snack - salle d'animation (découverte l'été) - Garage pour caravanes
Permanent - **Location longue durée** - *Places disponibles pour le passage* - **R** *conseillée* - GB - *élect. (2A) et piscine comprises 2 pers. 75, pers. suppl. 26* *15 (4A) 20 (6A)*

GUÉMÉNÉ-PENFAO

4 - 63 ⑯

Paris 388 - Bain-de-Bretagne 31 - Châteaubriant 38 - Nantes 62 - Redon 20 - St-Nazaire 58

44290 Loire-Atl. - 4 464 h. alt. 37

L'Hermitage, ✆ 02 40 79 23 48, Fax 02 40 51 11 87, E : 1,2 km par rte de Châteaubriant et chemin à droite
2,5 ha (83 empl.) plat, peu incliné, herbeux - - (bassin) - A proximité : - Location *(permanent)* : gîte d'étape
avril-oct. - **R** *conseillée juil.-août* - GB - - *2 pers. 49, pers. suppl. 14* *13 (6A)*

GUÉMENÉ-SUR-SCORFF

3 - 59 ⑪

Paris 483 - Concarneau 71 - Lorient 45 - Pontivy 21 - Rennes 135 - St-Brieuc 69 - Vannes 69

56160 Morbihan - 1 332 h. alt. 180

Municipal le Palévart, sortie Ouest par D 131, rte de St-Caradec-trégomel, bord du Scorff
0,2 ha (19 empl.) plat, herbeux - (juil.-août)
juin-15 sept. - **R** - *7,30* *5* *5* *9,90 (6A)*

GUÉRANDE

4 - 63 ⑭ G. Bretagne

Paris 456 - La Baule 7 - Nantes 83 - St-Nazaire 21 - Vannes 66

44350 Loire-Atl. - 11 665 h. alt. 54.
Office de Tourisme, 1 pl. Marché aux Bois 02 40 24 96 71, Fax 02 40 62 04 24

Parc de Lévéno, 02 40 24 79 30, Fax 02 40 62 01 23, E : 3 km par D 247, rte de St-André-des-Eaux, à gauche au rond point, direction Etang de Sandun
5 ha (307 empl.) plat, herbeux - toboggan aquatique - Location :
2 mai-26 sept. - Location longue durée - *Places disponibles pour le passage* - **R** *conseillée 15 juil.-août* - GB - *24 piscine comprise* *62/79 avec élect. (6A)*

Le Bréhadour, 02 40 24 93 12, Fax 02 40 62 10 47, NE : 2 km par D 51, rte de St-Lyphard, D99^{E} à gauche, rte de la Roche-Bernard et rte à droite
5 ha (271 empl.) plat et vallonné, herbeux, bois attenant - A proximité : - Location : , tentes
3 avril-26 sept. - **R** *conseillée* - GB - *27 piscine comprise* *39* *18 (4A) 25 (10A)*

L'Étang, 02 40 61 93 51, Fax 02 40 61 96 21, NE : 5 km par rte de St-Lyphard puis 3 km par D 48 à droite et rte à gauche, près de l'étang - dans locations
2 ha (109 empl.) plat, herbeux (0,5 ha) - - Location :
juin-15 sept. - **R** *conseillée 14 juil.-20 août* - GB - *22 piscine comprise* *11* *28* *16,50 (4A) 20,50 (10A)*

La GUERCHE-SUR-L'AUBOIS

11 - 69 ③

Paris 239 - Bourges 47 - La Charité-sur-Loire 31 - Nevers 22 - Sancoins 15

18150 Cher - 3 219 h. alt. 184.
Office de Tourisme, 1 pl. Auguste-Fournier 02 48 74 25 60

Municipal le Robinson « Situation agréable », 02 48 74 18 86, SE : 1,4 km par D 200, rte d'Apremont puis à droite, 0,6 km par D 218 et chemin à gauche, près d'un plan d'eau
1,5 ha (33 empl.) plat et peu incliné, herbeux - - A proximité : - Location *(permanent)* :
avril-15 oct. - **R** *conseillée saison* - *11* *10* *11*

GUÉRET P

10 - 72 ⑨ G. Berry Limousin

Paris 353 - Bourges 125 - Châteauroux 90 - Clermont-Ferrand 134 - Limoges 89 - Montluçon 66 - Tulle 128

23000 Creuse - 14 706 h. alt. 457.
Office de Tourisme, 1 av. Ch.-de-Gaulle 05 55 52 14 29, Fax 05 55 41 19 38

Municipal du Plan d'Eau de Courtille <, 05 55 81 92 24, SO : 2,5 km par D 914, rte de Benevent et chemin à gauche, près d'un plan d'eau
2,4 ha (70 empl.) incliné à peu incliné, plat, herbeux - - A proximité : (plage)
juin-sept. - **R** *conseillée* - *11* *7* *34*

LA GUÉRINIÈRE **85** Vendée - 67 ① - voir à Noirmoutier (Île de)

Le GUERNO

4 - 63 ⑭ G. Bretagne

Paris 455 - Muzillac 8 - Redon 30 - La Roche-Bernard 17 - Sarzeau 34 - Vannes 33

56190 Morbihan - 580 h. alt. 60

Municipal de Borg-Néhué, NO : 0,5 km par rte de Noyal-Muzillac
1,4 ha (50 empl.) plat, herbeux -
avril-Toussaint - **R** - - *Tarif 97 :* *2 pers. 36,95* *9,30 (10A)*

GUEUGNON

11 - 69 ⑰

Paris 339 - Autun 52 - Bourbon-Lancy 26 - Digoin 16 - Mâcon 87 - Montceau-les-Mines 29 - Moulins 61

71130 S.-et-L. - 9 697 h. alt. 243

Municipal de Chazey, 03 85 85 23 11, S : 4 km par D 994, rte de Digoin et chemin à droite, près d'un petit canal et de deux plans d'eau
1 ha (20 empl.) plat, herbeux - - A proximité : (plage)
juin-sept. - **R** - *Tarif 97 :* *11,80* *6,80* *22/27* *11,80 (4A) 26 (10A)*

GUEWENHEIM

8 - 66 ⑨

Paris 443 - Altkirch 21 - Belfort 24 - Mulhouse 20 - Thann 9

68116 H.-Rhin - 1 140 h. alt. 323

La Doller, 03 89 82 56 90, Fax 03 89 82 82 31, N : 1 km par D 34 rte de Thann et chemin à droite, bord de la Doller
0,8 ha (40 empl.) plat, herbeux - - A proximité : half-court
avril-1er oct. - **R** *conseillée* - *Adhésion FFCC obligatoire* - *20 piscine comprise* *16* *16 (4A)*

GUIDEL

Paris 510 – Concarneau 41 – Lorient 11 – Moëlan-sur-Mer 13 – Quimperlé 12 – Vannes 65

56520 Morbihan – 8 241 h. alt. 38

Kergal, 02 97 05 98 18, SO : 3 km par D 306 rte de Guidel-Plages et chemin à gauche
5 ha/3 campables (132 empl.) plat, herbeux – Location :
avril-sept. – **R** *conseillée juil.-août – – 20 30 16 (10A)*

GUIGNICOURT

7 – 56 ⑥

Paris 165 – Laon 39 – Reims 31 – Rethel 38 – Soissons 54

02190 Aisne – 2 008 h. alt. 67

Municipal, 03 23 79 74 58, sortie Sud-Est par D 925 et rue à droite, bord de l'Aisne
1,5 ha (100 empl.) plat, herbeux –
avril-15 oct. – **Location longue durée** – *Places disponibles pour le passage* – **R** – *8,50 8,70 15 (5A) 18 (6A) 30 (10A)*

GUILLAUMES

17 – 81 ⑲

Paris 799 – Annot 27 – Barcelonnette 61 – Puget-Théniers 31

06470 Alpes-Mar. – 533 h. alt. 800.
Office de Tourisme, Mairie
04 93 05 52 23

Aire Naturelle du Pont de la Mariée <, 04 93 05 53 50, SE : 1,6 km par D 2202, rte de Daluis puis 1 km à gauche avant le pont du Var
2,5 ha (25 empl.) peu incliné à incliné, terrasses, herbeux, pierreux –
avril-15 sept. – **R** *conseillée août – 2 pers. 45*

GUILLESTRE

17 – 77 ⑱ G. Alpes du Sud

Paris 717 – Barcelonnette 52 – Briançon 37 – Digne-les-Bains 116 – Gap 61

05600 H.-Alpes – 2 000 h. alt. 1 000.
Office de Tourisme, pl. Salva
04 92 45 04 37, Fax 04 92 45 09 19

Le Villard <, 04 92 45 06 54, O : 2 km par D 902^A, rte de Gap, bord du Chagne – juil.-août dans locations
3,2 ha (120 empl.) plat et peu incliné, herbeux, pierreux – half-court – Location : , gîte d'étape
Permanent – **R** *conseillée – – piscine comprise 2 pers. 105 (hiver 80), pers. suppl. 28 (hiver 15) 9 (2A) 14 (6A) 18 (10A)*

St-James-les-Pins < « Agréable pinède », 04 92 45 08 24, O : 1,5 km par rte de Risoul et rte à droite, bord du Chagne
2,5 ha (105 empl.) plat et peu incliné, pierreux, herbeux pinède – – – A proximité : – Location :
Permanent – **R** *conseillée juil.-25 août – – 2 pers. 73 (hiver 74), pers. suppl. 14 3A : 9 (hiver 18) 5A : 15 (hiver 28)*

La Ribière <, 04 92 45 25 54, au Sud du bourg, accès par chemin près du carrefour D 902^A et D 86, rte de Risoul, bord de la Chagne – dans locations
5 ha/2 campables (50 empl.) peu incliné, plat, terrasses, herbeux, pierreux – – Location :
20 juin-10 sept. – **R** *conseillée 14 juil.-15 août – – 19 8 9/11 11 (3A) 15 (6A)*

GUILVINEC

3 – 58 ⑭ G. Bretagne

Paris 586 – Douarnenez 39 – Pont-l'Abbé 12 – Quimper 31

29730 Finistère – 3 365 h. alt. 5.
Office de Tourisme, 28 r. de la Marine 02 98 58 29 29, Fax 02 98 58 34 05

Grand Camping de la Plage, 02 98 58 61 90, Fax 02 98 58 89 06, O : 2 km, rte de la Corniche vers Penmarch, à 100 m de la plage (accès direct)
7 ha (410 empl.) plat, herbeux, sablonneux – crêperie – – Location : , bungalows toilés
11 avril-sept. – **R** *conseillée 15 juil.-15 août* – **GB** – *– 26 ou 29 piscine comprise 65 ou 96 10 (2A) 16 (5A) 20 (10A)*

GUIMAËC

3 – 58 ⑥

Paris 539 – Brest 73 – Lannion 28 – Morlaix 16

29620 Finistère – 880 h. alt. 110

Municipal de Pont-Pren, 02 98 78 80 77, NO : 0,5 km par rte de St-Jean-du-Doigt, au stade
1,4 ha (50 empl.) plat, herbeux – –
15 juin-15 sept. – – *8,10 et 2,65 pour eau chaude 4,95 4,95 8,10 (2A) 10,20 (4A) 14,70 (6A)*

GUÎNES

1 – 51 ② G. Flandres Artois Picardie

Paris 284 – Arras 104 – Boulogne-sur-Mer 28 – Calais 11 – St-Omer 34

62340 P.-de-C. – 5 105 h. alt. 5

La Bien-Assise « Cadre agréable », 03 21 35 20 77, Fax 03 21 36 79 20, sortie Sud-Ouest par D 231 rte de Marquise
20 ha/12 campables (176 empl.) plat, peu incliné, herbeux, petit étang (0,4 ha) – snack – toboggan aquatique – Location : (hôtel) – Garage pour caravanes
25 avril-25 sept. – **R** *conseillée saison* – **GB** – *– 24 piscine comprise 58 19 (6A)*

GUJAN-MESTRAS 33 Gironde - 78 ② - voir à Arcachon (Bassin d')

GURMENÇON
13 - 85 ⑥

Paris 822 - Accous 23 - Aramits 18 - Arudy 23 - Oloron-Ste-Marie 4 - Pau 38

64400 Pyr.-Atl. - 763 h. alt. 250

Le Val du Gave d'Aspe, 05 59 36 05 07, Fax 05 59 36 00 52, au Sud-Est du bourg
0,5 ha (20 empl.) en terrasses, plat, herbeux - (bassin) - A proximité :
Permanent - **R** *conseillée* - - *élect. (10A) comprise 2 pers. 81*

HABAS
13 - 78 ⑦

Paris 755 - Bayonne 57 - Dax 22 - Orthez 21 - Salies-de-Béarn 16

40290 Landes - 1 310 h. alt. 105

Aire Naturelle les Tilleuls, 05 58 98 04 21, N : 1,2 km par D 3 et chemin à gauche
0,5 ha (12 empl.) peu incliné, herbeux - - Location :
Pâques-Toussaint - **R** *conseillée saison* - *1 pers. 18 9*

HAGETMAU
13 - 78 ⑦ G. Pyrénées Aquitaine

Paris 738 - Aire-sur-l'Adour 34 - Dax 46 - Mont-de-Marsan 29 - Orthez 25 - Pau 56 - Tartas 30

40700 Landes - 4 449 h. alt. 96.
Office de Tourisme, pl. de la République 05 58 79 38 26, Fax 05 58 79 47 27

Municipal de la Cité Verte, 05 58 05 77 59, au sud de la ville par av. du Dr-Edouard-Castera, près des arènes et de la piscine, bord d'une rivière -
0,4 ha (24 empl.) plat, herbeux - Sanitaires individuels : (évier) wc, - - A proximité : parcours sportif, golf, , salle de musculation, self service
juin-sept. - **R** *conseillée 15 juil.-20 août* - - *élect. comprise 85 sans limitation du nombre de pers.*

HANVEC
3 - 58 ⑤

Paris 584 - Brest 31 - Carhaix-Plouguer 57 - Châteaulin 22 - Landernau 24 - Morlaix 48 - Quimper 46

29224 Finistère - 1 474 h. alt. 103

Municipal de Kerliver, 02 98 20 03 14, O : 4 km par D 47 et rte d'Hôpital-Camfrout à gauche
1,25 ha (75 empl.) (juil.-août) peu incliné, herbeux, verger et sous-bois (0,5 ha) -
15 juin-15 sept. - **R** *conseillée juil.-août* - - *13,40 4 2,40/4 6,70 (10A)*

HASPARREN
13 - 85 ③ G. Pyrénées Aquitaine

Paris 787 - Bayonne 23 - Biarritz 34 - Cambo-les-Bains 9 - Pau 107 - Peyrehorade 36 - St-Jean-Pied-de-Port 34

64240 Pyr.-Atl. - 5 399 h. alt. 50.
Office de Tourisme, 2 pl. Saint-Jean 05 59 29 62 02, Fax 05 59 29 13 80

Chapital, 05 59 29 62 94, O : 0,5 km par D 22 rte de Cambo-les-Bains (en deux parties distinctes)
2,5 ha (138 empl.) (juil.-août) plat, en terrasses, peu incliné, herbeux (1 ha) - - - A proximité : - Location *(permanent)* :
Pâques-15 oct. - **R** *conseillée juil.-août* - - *18 6 21 17 (6 à 16A)*

HAULMÉ
2 - 53 ⑲

Paris 254 - Charleville-Mézières 22 - Dinant 64 - Namur 94 - Sedan 45

08800 Ardennes - 86 h. alt. 175

Base de Loisirs Départementale, 03 24 32 81 61, sortie Nord-Est, puis 0,8 km par chemin à droite après le pont, bord de la Semoy
15 ha (405 empl.) plat, herbeux - - - A l'entrée : - A proximité : parcours sportif
Permanent - - - *Tarif 97 : 14,60 7,75 7,75 11,20 (3,5A) 14,50 (6A) - hors saison estivale : 24 (10A)*

HAUTECOURT-ROMANÈCHE
12 - 74 ③

Paris 443 - Bourg-en-Bresse 19 - Nantua 23 - Oyonnax 32 - Pont-d'Ain 19

01250 Ain - 588 h. alt. 370

Municipal de Chambod, 04 74 37 25 41, SE : 4,5 km par D 59 rte de Poncin puis rte à gauche, à 300 m de l'Ain (plan d'eau)
2,4 ha (113 empl.) plat, herbeux - - A proximité : parcours sportif
28 mars-12 oct. - **R** *juil.-août* - - *15 9 12 9 (4A) 17 (8A)*

HAUTEFORT
10 - 75 ⑦ G. Périgord Quercy

Paris 465 - Brive-la-Gaillarde 46 - Juillac 29 - Périgueux 43 - Sarlat-la-Canéda 52

24390 Dordogne - 1 048 h. alt. 160

Le Moulin des Loisirs, 05 53 50 46 55, SO : 2 km par D 72 et D 71 puis chemin à droite, à 100 m de l'étang du Coucou
4 ha (50 empl.) plat, incliné, en terrasses, herbeux, bois attenant (1 ha) - - poneys - Location :
Pâques-sept. - **R** *conseillée juil.-août* - - - *piscine comprise 2 pers. 71 18 (6A)*

Le HAVRE

5 - 52 ⑪ G. Normandie Vallée de la Seine

Paris 198 - Amiens 184 - Caen 85 - Lille 294 - Nantes 372 - Rouen 88

76600 S.-Mar. - 195 854 h. alt. 4.
Env. Pont de Normandie, Péage : 33 F pour autos, 41 à 82 F pour autocars et gratuit pour motos
Office de Tourisme, Forum Hôtel de Ville ✆ 02 32 74 04 04, Fax 02 35 42 38 39 et 186 bd Clemenceau

La Forêt de Montgeon, ✆ 02 35 46 52 39 ✉ 76620 Le Havre, Nord par D 32 rte de Montvilliers et rte à gauche, dans la forêt de Montgeon
3,8 ha (202 empl.) plat, peu incliné, herbeux
saison - **R** *pour plus d'une nuit* - GB - *Tarif 97 : 2 pers. 51/74, pers. suppl. 20 13 (5A) 26 (10A)*

HÈCHES

14 - 85 ⑲

Paris 824 - Arreau 14 - Bagnères-de-Bigorre 35 - Bagnères-de-Luchon 47 - Lannemezan 13 - Tarbes 45

65250 H.-Pyr. - 553 h. alt. 690

La Bourie, ✆ 05 62 98 73 19, Fax 05 62 98 73 44, S : 2 km par D 929, rte d'Arreau et à Rebouc D 26 à gauche, bord de la Neste d'Aure
2 ha (100 empl.) plat, peu incliné, terrasse, herbeux
Permanent - **R** *juil.-août* - *15 15 10 à 35 (2 à 10A)*

HEIMSBRUNN

8 - 66 ⑨

Paris 456 - Altkirch 13 - Basel 49 - Belfort 33 - Mulhouse 11 - Thann 16

68990 H.-Rhin - 1 098 h. alt. 280

Parc la Chaumière, ✆ 03 89 81 93 43, sortie Sud par D 19, rte d'Altkirch
1 ha (66 empl.) plat, herbeux, gravillons
Permanent - **R** *conseillée hiver* - *17 25 12 (4A)*

HELETTE

13 - 85 ③ G. Pyrénées Aquitaine

Paris 799 - Bayonne 35 - Cambo-les-Bains 19 - Hasparren 14 - St-Jean-Pied-de-Port 22 - St-Palais 23

64640 Pyr.-Atl. - 588 h. alt. 271

Aire Naturelle Ospitalia montagnes, ✆ 05 59 37 64 88, SE : 3 km par D 245, rte d'Amendarits et chemin à droite
1 ha (22 empl.) peu incliné, herbeux
juil.-août - *2 pers. 50, pers. suppl. 8 10 (3A)*

HENDAYE

13 - 85 ① G. Pyrénées Aquitaine

Paris 802 - Biarritz 30 - Pau 144 - St-Jean-de-Luz 12 - San Sebastiàn 26

64700 Pyr.-Atl. - 11 578 h. alt. 30.
Office de Tourisme, 12 r. Aubépines ✆ 05 59 20 00 34, Fax 05 59 20 79 17

à la Plage N : 1 km - ✉ 64700 Hendaye :

Ametza, ✆ 05 59 20 07 05, Fax 05 59 20 32 16, E : 1 km, rue de l'Empereur
4,5 ha (300 empl.) plat, peu incliné, en terrasses, herbeux - A proximité : - Location :
15 mai-sept. - **R** *conseillée* - GB - *piscine comprise 2 pers. 106 23 (10A)*

La Corniche, ✆ 05 59 20 06 87, Fax 05 59 20 59 83 ✉ 64122 Urrugne, NE : 3 km (hors schéma)
5 ha (268 empl.) en terrasses, plat et peu incliné, herbeux, bois attenant snack
15 juin-15 sept. - **R** *conseillée août* - GB - *élect. et piscine comprises 2 pers. 106*

Alturan, ✆ 05 59 20 04 55, rue de la Côte, à 100 m de la plage
4 ha (299 empl.) en terrasses, herbeux snack
juin-sept. - - *Tarif 97 : 2 pers. 91,70 21 (5A) 23 (10A)*

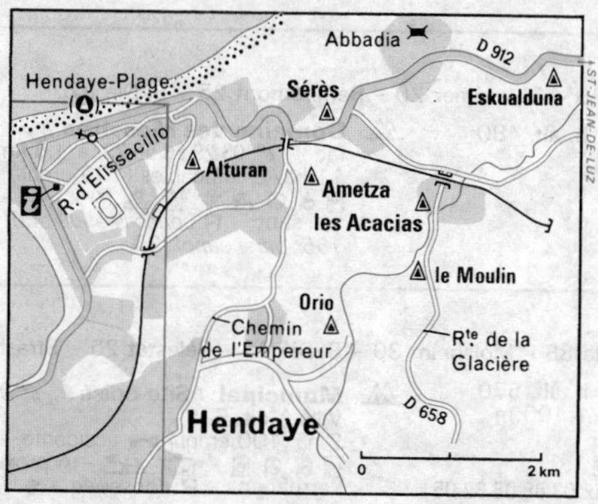

Les Acacias, 05 59 20 78 76, E : 1,8 km rte de la Glacière – dans locations
5 ha (279 empl.) peu incliné, herbeux – Location : bungalows toilés
avril-sept. – **R** *conseillée juil.-août* – GB – *2 pers. 76 ou 89* *17 ou 20 (5A)*

Sérès, 05 59 20 05 43, E : 1,5 km, à 350 m de la plage
2,5 ha (160 empl.) peu incliné, herbeux
15 juin-10 sept. – **R** *conseillée* – GB – *2 pers. 96* *23 (10A)*

Eskualduna, 05 59 20 04 64, E : 2 km, bord d'un ruisseau
10 ha (285 empl.) plat, incliné et en terrasses, herbeux (6 ha) – A proximité : discothèque
15 juin-sept. – **R** *conseillée 10 juil.-16 août* – GB – *Tarif 97 : 29,50* *19* *30* *20*

Orio , 05 59 20 30 30 64122 Urrugne, SE : 3 km
2,5 ha (133 empl.) en terrasses et peu incliné, herbeux
28 juin-2 sept. – **R** – *2 pers. 70, pers. suppl. 20* *13 (6 à 10A)*

Le Moulin, 05 59 20 76 35, E : 2 km rte de la Glacière, bord d'un ruisseau
1,5 ha (97 empl.) (juil.-août) plat, en terrasses, herbeux
mai-sept. – **R** – *2 pers. 74, pers. suppl. 22* *16 (6A)*

HENRICHEMONT

6 – 65 ⑪ G. Berry Limousin

Paris 199 – Aubigny-sur-Nère 25 – Bourges 30 – Gien 54 – Salbris 42 – Sancerre 27

18250 Cher – 1 845 h. alt. 282

Municipal du Petit Bois , 02 48 26 94 71, SE : 1,5 km par D 12 rte des Aix-d'Angillon, près d'un étang
1,6 ha (38 empl.) peu incliné, herbeux (0,6 ha) – A proximité :
mai-oct. – **R** – *1 pers. 27, pers. suppl. 15* *7,50 (10A)*

HENVIC

3 – 58 ⑥

Paris 547 – Brest 58 – Morlaix 10 – St-Pol-de-Léon 9

29670 Finistère – 1 265 h. alt. 72

Municipal de Kérilis, 02 98 62 82 10, sortie Nord, rte de Carantec, au stade
1 ha (50 empl.) plat, herbeux – A proximité :
juil.-août – **R** – *9,30* *7,20* *15,50/17,50* *9,30*

HÉRIC

4 – 63 ⑯ ⑰

Paris 384 – Nantes 29 – Nort-sur-Erdre 12 – Nozay 19 – St-Nazaire 51

44810 Loire-Atl. – 3 378 h. alt. 25

La Pindière, 02 40 57 65 41, O : 1,3 km par D 16 rte de Bouvron et à gauche
1,5 ha (56 empl.) plat, herbeux – A proximité : (centre équestre) – Location :
Permanent – **R** – GB – *16 piscine comprise* *8* *17* *10 (3A) 14 (6A) 21 (10A)*

HERMÉ

6 – 61 ④

Paris 99 – Melun 58 – Montereau-Fault-Yonne 36 – Nogent-sur-Seine 14 – Provins 12

77114 S.-et-M. – 450 h. alt. 70

Les Prés de la Fontaine « Situation agréable au bord des étangs », 01 64 01 86 08, Fax 01 64 01 89 10, SO : 5 km par rte de Noyen-sur-Seine et D 49 à droite
65 ha/17 campables (350 empl.) plat, herbeux (plan d'eau)
Permanent – Location longue durée – *Places limitées pour le passage* – **R** – *25* *15* *25* *15 (2A) 19 (4A) 23 (6A)*

HERPELMONT

8 – 62 ⑰

Paris 412 – Épinal 28 – Gérardmer 20 – Remiremont 25 – St-Dié 32

88600 Vosges – 263 h. alt. 480

Domaine des Messires « Situation et cadre agréables au bord d'un lac », 03 29 58 56 29, à 1,5 km au Nord du bourg
11 ha/2 campables (100 empl.) plat, pierreux, herbeux
mai-sept. – **R** *conseillée juil.-août* – GB – *élect. (6A) comprise 3 pers. 165, pers. suppl. 30*

Le HOHWALD

8 – 62 ⑨ G. Alsace Lorraine

Paris 424 – Lunéville 88 – Molsheim 30 – St-Dié 48 – Sélestat 25 – Strasbourg 50

67140 B.-Rhin – 360 h. alt. 570 – Sports d'hiver : 600/1 100 m 3 .

Office de Tourisme, 03 88 08 33 92, Fax 03 88 08 32 05

Municipal « Site boisé », 03 88 08 30 90, sortie Ouest par D 425 rte de Villé – alt. 615
2 ha (100 empl.) accidenté, en terrasses, herbeux, gravillons – A proximité : parcours sportif
Permanent – **R** *conseillée* – *15,50* *8* *10*

HONFLEUR

5 – 54 ⑧ G. Normandie Vallée de la Seine

Paris 185 – Caen 66 – Le Havre 23 – Lisieux 36 – Rouen 74

14600 Calvados – 8 272 h. alt. 5.
Env. Pont de Normandie. Péage : 33 F pour autos, 41 à 82 F pour autocars et gratuit pour motos
Office de Tourisme, pl. A.-Boudin
02 31 89 23 30, Fax 02 31 89 31 82

La Briquerie, 02 31 89 28 32, Fax 02 31 89 08 52, SO : 3,5 km par rte de Pont-l'Évêque et D 62 à droite, **à Equemauville**
8 ha (430 empl.) plat, herbeux – self – – A proximité : – Location *(avril-1er nov.)* :
avril-sept. – Location longue durée – *Places disponibles pour le passage* – **R** *conseillée juil.-août* – – *Tarif 97 : 28 piscine comprise 28 ou 34 25 (5A)*

HON-HERGIES 59 Nord – 53 ⑤ – rattaché à Bavay

Les HÔPITAUX-NEUFS

12 – 70 ⑥ ⑦ G. Jura

Paris 462 – Besançon 78 – Champagnole 47 – Morez 49 – Mouthe 17 – Pontarlier 18

25370 Doubs – 369 h. alt. 1 000 –
Sports d'hiver : relié à Métabief - 980/1 460 m 30
Office de Tourisme,
03 81 49 13 81, Fax 03 81 49 09 27

Municipal le Miroir, 03 81 49 10 64, sortie Ouest, rte de Métabief, au pied des pistes
1,5 ha (70 empl.) plat et peu incliné, goudronné, herbeux – –
15 oct.-5 mai et juin-20 sept. – **R** *conseillée 15 juil.-15 août, indispensable hiver* – *2 pers. 62 (hiver 55) 13 (3A) 20 (6A) - hiver : 31 (10A)*

▶ ***In deze gids***
heeft een zelfde letter of teken, **zwart** *of* **rood,** *dun of* **dik** *gedrukt niet helemaal dezelfde betekenis.*
Lees aandachtig de bladzijden met verklarende tekst.

HOSPITALET 46 Lot – 75 ⑱ – rattaché à Rocamadour

HOSSEGOR

13 – 78 ⑰ G. Pyrénées Aquitaine

Paris 754 – Bayonne 20 – Biarritz 28 – Bordeaux 177 – Dax 37 – Mont-de-Marsan 89

40150 Landes
Office de Tourisme, pl. des Halles
05 58 41 79 00, Fax 05 58 41 79 09

Municipal la Forêt, 05 58 43 75 92, E : 1 km, av. de Bordeaux
1,6 ha (72 empl.) plat et terrasse, sablonneux, herbeux pinède – – A proximité :
avril-oct. – **R** *conseillée juil.-août* – – *24 7 24 avec élect. (5A)*

HOULGATE

5 – 54 ⑰ G. Normandie Vallée de la Seine

Paris 212 – Caen 33 – Deauville 14 – Lisieux 32 – Pont-l'Évêque 23

14510 Calvados – 1 654 h. alt. 11.
Office de Tourisme, bd Belges
02 31 24 34 79, Fax 02 31 24 42 27

La Vallée « Entrée fleurie », 02 31 24 40 69, Fax 02 31 28 08 29, S : 1 km par D 24^A^ rte de Lisieux et D 24 à droite, 88 r. de la Vallée
11 ha (278 empl.) peu incliné, herbeux – –
avril-sept. – **R** *conseillée* – GB – – *30 piscine comprise 45 18 (2A) 20 (4A) 25 (6A)*

Les Falaises « Situation dominante », 02 31 24 81 09, Fax 02 31 28 04 11, NE : 3 km par D 163 rte de la Corniche – accès piétons à la plage par sentier escarpé et escalier abrupt
12 ha (450 empl.) plat, incliné et en terrasses, prairies, verger – self – – Garage pour caravanes
avril-oct. – **R** *conseillée juil.-août* – – *Tarif 97 : 22 ou 26 piscine comprise 26 ou 28 18 (2A) 21 (4A) 25 (6A)*

L'HOUMEAU 17 Char.-Mar. – 71 ⑫ – rattaché à la Rochelle

HOURTIN

9 – 71 ⑰ G. Pyrénées Aquitaine

Paris 638 – Andernos-les-Bains 55 – Bordeaux 62 – Lesparre-Médoc 17 – Pauillac 26

33990 Gironde – 2 072 h. alt. 18.
Office de Tourisme,
Maison de la Station de Hourtin
05 56 09 19 00, Fax 05 56 09 22 23

La Mariflaude, 05 56 09 11 97, Fax 05 56 09 24 01, E : 1,2 km par D 4 rte de Pauillac
6,2 ha (199 empl.) plat, herbeux, sablonneux pinède (2 ha) – – – Location :
15 mai-15 sept. – **R** *conseillée 20 juil.-10 août* – – *20 piscine comprise 60 20 (4A) 30 (10A)*

La Rotonde , 05 56 09 10 60, O : 1,5 km par av. du lac et chemin à gauche, à 500 m du lac (accès direct)
10 ha (300 empl.) (juil.-août) plat, herbeux, sablonneux pinède – – A proximité : (centre équestre) – Location :
avril-sept. – **R** *conseillée* – GB – – *piscine comprise 1 ou 2 pers. 70, pers. suppl. 17 18 (4 ou 6A)*

Les Ourmes, 05 56 09 12 76, Fax 05 56 09 23 90, O : 1,5 km par av. du Lac
7 ha (270 empl.) (saison) plat, herbeux, sablonneux - - A proximité : (centre équestre)
avril-sept. - **R** *conseillée* - - *piscine comprise 1 ou 2 pers. 90, pers. suppl. 18* *18 (6A)*

Le Littoral, 05 56 09 13 73, Fax 05 56 09 15 13, S : 1,2 km, rte de Carcans
3,8 ha (166 empl.) plat, herbeux, sablonneux - (mars-oct.) snack cases réfrigérées - - Location :
Permanent - **R** *conseillée juil.-août* - - *piscine et tennis compris 1 à 3 pers. 85* *15*

L'Orée du Bois, 05 56 09 15 88, S : 1,3 km, rte de Carcans
2 ha (90 empl.) plat, sablonneux - snack - -
Location :
juin-15 sept. - **R** *conseillée juil.-15 août* - - *piscine comprise 2 pers. 65, 3 pers. 75, pers. suppl. 15* *18 (3 ou 5A)*

HOURTIN-PLAGE

9 - 70 ⑰

Paris 555 - Andernos-les-Bains 66 - Bordeaux 74 - Lesparre-Médoc 28 - Soulac-sur-Mer 44

33990 Gironde

La Côte d'Argent, 05 56 09 10 25, Fax 05 56 09 24 96, à 500 m de la plage - dans locations
20 ha (750 empl.) plat, accidenté et en terrasses, sablonneux pinède - - - Location :
15 mai-15 sept. - **R** *conseillée juil.-août* - GB - - *Tarif 97 :* *25* *45/58* *21 (10A)*

HUANNE-MONTMARTIN

8 - 66 ⑯

Paris 392 - Baume-les-Dames 16 - Besançon 38 - Montbéliard 54 - Vesoul 34

25680 Doubs - 70 h. alt. 310

Le Bois de Reveuge, 03 81 84 38 60, Fax 03 81 84 44 04, N : 1,1 km par D 113, rte de Rougemont, bord d'étangs
20 ha/8 campables (281 empl.) en terrasses, gravier, herbeux, sous-bois attenant (3 ha) - snack - - - Location :
mai-sept. - **R** *conseillée* - - *élect. et piscine comprises 2 pers. 160*

HUELGOAT

8 - 58 ⑥ G. Bretagne

Paris 522 - Brest 66 - Carhaix-Plouguer 17 - Châteaulin 36 - Landerneau 46 - Morlaix 29 - Quimper 56

29690 Finistère - 1 742 h. alt. 149.
Office de Tourisme, pl. de la Mairie
02 98 99 72 32, Fax 02 98 99 75 72

La Rivière d'Argent, 02 98 99 72 50, E : 3 km par rte de Poullaouen, bord de rivière
1,3 ha (84 empl.) (juil.-août) plat, herbeux - snack (dîner seulement) -
mai-15 sept. - **R** *conseillée 14 juil.-15 août* - - *Tarif 97 :* *15 piscine comprise* *21* *15 (6A)*

Municipal du Lac, 02 98 99 78 80, O : 0,8 km par rte de Brest, bord d'une rivière et d'un étang
1 ha (85 empl.) plat, herbeux - - - A proximité :
15 juin-15 sept. - - - *16,50 piscine comprise* *18,50* *15 (7A)*

La HUME **33** Gironde - 78 ② - voir à Arcachon (Bassin d') - Gujan-Mestras

HYÈRES

17 - 84 ⑮ ⑯ G. Côte d'Azur

Paris 852 - Aix-en-Provence 100 - Cannes 122 - Draguignan 79 - Toulon 20

83400 Var - 48 043 h. alt. 40.
Office de Tourisme,
Rotonde J.-Salusse, av. Belgique
04 94 65 18 55, Fax 04 94 35 85 05,

St-Pierre-des-Horts, 04 94 57 65 31, à l'Almanarre, S : 5 km
1,6 ha (130 empl.) plat, herbeux - snack, pizzeria - - Location : studios
Permanent - **R** *conseillée juil.-août* - - *3 pers. 85, pers. suppl. 19* *12 (2A) 18 (6A)*

Domaine du Ceinturon-Camp n° 3, 04 94 66 32 65, Fax 04 94 66 48 43, à Ayguade-Ceinturon, SE : 5 km, à 100 m de la mer - dans locations
2,5 ha (200 empl.) plat, herbeux - snack - - A proximité : - Location :
fin mars-sept. - - *2 pers. 85, pers. suppl. 26* *12 (2A) 18 (6A) 22 (10A)*

Domaine du Ceinturon-Camp n° 2, 04 94 66 39 66, Fax 04 94 66 47 30, à Ayguade-Ceinturon, SE : 5 km, à 400 m de la mer
4,5 ha (345 empl.) plat, herbeux - -
juin-août - - GB - *2 pers. 77*

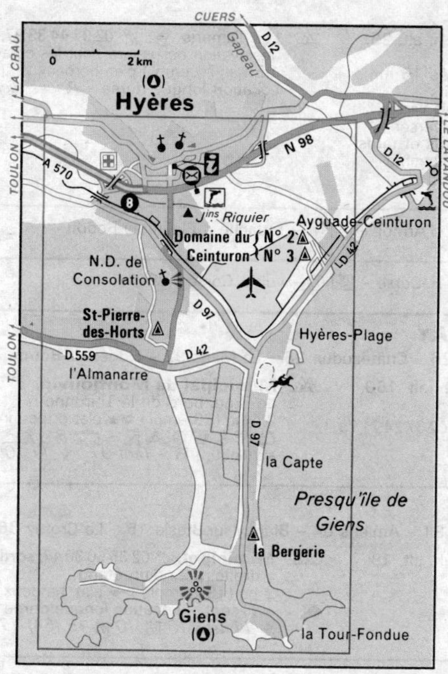

Voir aussi à *Giens*

IBARRON 64 Pyr.-Atl. – 78 ⑫ ⑱ – rattaché à St-Pée-sur-Nivelle

---

IHOLDY

13 – 85 ③ **G. Pyrénées Aquitaine**

Paris 804 – Bayonne 40 – Cambo-les-Bains 28 – Hasparren 19 – St-Jean-Pied-de-Port 21 – St-Palais 18

64640 Pyr-Atl. – 527 h. alt. 135

Municipal ≤, sortie Est, rte de St-Palais et chemin à droite, bord d'un plan d'eau
1,5 ha (47 empl.) plat et peu incliné, herbeux – A proximité :
15 juin-15 sept. – **R** *conseillée* – *10* *15* *15 (6A)*

ÎLE voir au nom propre de l'île

ÎLE-AUX-MOINES

3 – 63 ⑫ **G. Bretagne**

56780 Morbihan – 617 h.
alt. 16 Transports maritimes.
Depuis **Port-Blanc.** Traversée 5 mn - Renseignements et tarifs : IZENAH S.A.R.L 02 97 26 31 45, Fax 02 97 26 31 01. - Depuis **Vannes** - Service saisonnier Traversée 30 mn
Renseignements et tarifs : Navix Bretagne - Gare maritime
02 97 46 60 00, Fax 02 97 46 60 29

Municipal du Vieux Moulin, réservé aux tentes, 02 97 26 30 68, sortie Sud-Est du bourg, rte de la Pointe de Brouel
1 ha (44 empl.) plat et peu incliné, herbeux – – A proximité :
15 juin-15 sept. – **R** *conseillée* – *1 pers. 25, 2 ou 3 pers. 48, pers. suppl. 14*

L'ÎLE-BOUCHARD

10 – 68 ④ **G. Châteaux de la Loire**

Paris 284 – Châteauroux 118 – Chinon 17 – Châtellerault 49 – Saumur 43 – Tours 51

37220 I.-et-L. – 1 800 h. alt. 41

Municipal les Bords de Vienne, 02 47 95 23 59, près du quartier St-Gilles, en amont du pont sur la Vienne, près de la rivière
1 ha (90 empl.) plat, herbeux – – – A proximité : – Location : gîte d'étape
juin-6 sept. – – – *8,50* *11* *9,50 (3A) 12 (6A)*

ÎLE-D'ARZ

3 - 63 ⑬ G. Bretagne

56840 Morbihan - 256 h. alt. 25.
Transports maritimes.
Depuis **Conleau.** Traversée 15 mn
Renseignements et tarifs
℘ 02 97 66 92 06. Depuis **Vannes,**
Service saisonnier - Traversée
30 mn - Renseignements et tarifs :
Navix Bretagne, Gare maritime
℘ 02 97 46 60 00 (Vannes)

Les Tamaris, ℘ 02 97 44 33 97, N : 1,3 km - à 0,7 km du débarcadère (réservation obligatoire pour les caravanes)
1,5 ha (70 empl.) plat, herbeux -
Location longue durée - *Places disponibles pour le passage*

ÎLE-GRANDE 22 C.-d'Armor - 59 ① - rattaché à Pleumeur-Bodou

L'ÎLE-ROUSSE 2B H.-Corse - 90 ⑬ - voir à Corse

ILLIERS-COMBRAY

5 - 60 ⑰ G. Châteaux de la Loire

Paris 115 - Chartres 26 - Châteaudun 28 - Le Mans 92 - Nogent-le-Rotrou 36

28120 E.-et-L. - 3 329 h. alt. 160.
Syndicat d'Initiative,
5 r. Henri-Germond ℘ 02 37 24 21 79

Municipal de Montjouvin, ℘ 02 37 24 03 04, SO : 1,8 km par D 921, rte de Brou, bord de la Thironne
2,5 ha (89 empl.) plat et peu incliné, herbeux, sous-bois (1 ha) - - A proximité : - Location : gîte d'étape
avril-oct. - **R** - *Tarif 97 : 11,70 15,90 14 (6 à 8A)*

INCHEVILLE

1 - 52 ⑤

Paris 166 - Abbeville 31 - Amiens 64 - Blangy-sur-Bresle 15 - Le Crotoy 36 - Le Tréport 10

76117 S.-Mar. - 1 484 h. alt. 19

Municipal, ℘ 02 35 50 30 17, sortie Nord-Est rte de Beauchamps et r. Mozart à droite, près d'un étang
2 ha (190 empl.) plat, herbeux - -
avril-sept. - Location longue durée - *Places disponibles pour le passage* - **R** - *11 10 10 15 (6A) 17 (10A)*

INGRANDES

10 - 68 ④

Paris 307 - Châtellerault 7 - Descartes 18 - Poitiers 41 - Richelieu 28 - La Roche-Posay 28

86220 Vienne - 1 765 h. alt. 50

Le Petit Trianon « Cadre agréable autour d'un petit château », ℘ 05 49 02 61 47, Fax 05 49 02 68 81, à St-Ustre, NE : 3 km
4 ha (95 empl.) plat et peu incliné, herbeux -
15 mai-sept. - **R** *conseillée juil.-août* - GB - - *35 piscine comprise 20 21 21 (6A) 23 (10A)*

ISIGNY-SUR-MER

4 - 54 ⑬ G. Normandie Cotentin

Paris 295 - Bayeux 33 - Caen 63 - Carentan 11 - Cherbourg 62 - St-Lô 30

14230 Calvados - 3 018 h. alt. 4.
Office de Tourisme, 1 r. V.-Hugo
℘ 02 31 21 46 00, Fax 02 31 22 90 21

Municipal le Fanal, ℘ 02 31 21 33 20, Fax 02 31 22 12 00, O : accès par le centre ville, près du terrain de sports, bord d'un plan d'eau
11 ha/8 campables (80 empl.) plat, herbeux - - (bassin) - Location : , bungalows toilés
avril-15 oct. - **R** *conseillée* - - *Tarif 97 : 22 30 20 (10A)*

ISLE-ET-BARDAIS

11 - 69 ⑫

Paris 311 - Bourges 59 - Cérilly 9 - Montluçon 48 - St-Amand-Montrond 25 - Sancoins 22

03360 Allier - 355 h. alt. 285

Les Écossais « Site agréable », ℘ 04 70 66 62 57, Fax 04 70 66 63 99, S : 1 km par rte des Chamignoux, bord de l'étang de Pirot
2 ha (70 empl.) plat, peu incliné, accidenté, herbeux (1 ha) - - (plage) - Location : gîtes, huttes
avril-sept. - **R** *conseillée* - GB - - *14 7 7 16 (10A)*

L'ISLE-SUR-LA-SORGUE

16 - 81 ⑫ ⑬ G. Provence

Paris 694 - Apt 34 - Avignon 22 - Carpentras 16 - Cavaillon 10 - Orange 40

84800 Vaucluse - 15 564 h. alt. 57.
Office de Tourisme, pl. Église
℘ 04 90 38 04 78, Fax 04 90 38 35 43

La Sorguette, ℘ 04 90 38 05 71, Fax 04 90 20 84 61, SE : 1,5 km par N 100, rte d'Apt, près de la Sorgue
2,5 ha (164 empl.) plat, herbeux, pierreux - cases réfrigérées - half-court - Location :
15 mars-24 oct. - **R** *conseillée été* - GB - - *27 23 18 (4A)*

L'ISLE-SUR-LE-DOUBS

8 - 66 ⑰ G. Jura

Paris 405 - Baume-les-Dames 27 - Besançon 62 - Montbéliard 23 - Porrentruy 48 - St-Hyppolyte 36

25250 Doubs - 3 203 h. alt. 292

Municipal les Lumes, ℘ 03 81 92 73 05, sortie Nord par N 83, rte de Belfort et chemin à droite avant le pont, bord du Doubs
1,2 ha (76 empl.) plat, herbeux, pierreux - - A l'entrée :
15 mai-15 sept. - **R** *conseillée juin-juil., indispensable août* - GB - - *19 tennis compris 22/24 13 (6A)*

L'ISLE-SUR-SEREIN

7 - 65 ⑥

Paris 210 – Auxerre 50 – Avallon 16 – Montbard 32 – Tonnerre 40

89440 Yonne – 533 h. alt. 190

Municipal le Parc du Château, 03 86 33 93 50, S : 0,8 km par D 86, rte d'Avallon, au stade, à 150 m du Serein (accès direct)
1 ha (40 empl.) plat, herbeux – parcours sportif – A proximité :
juin-15 sept. – **R** – *10* *9* *9* *13*

ISPAGNAC

15 – 80 ⑥ G. Gorges du Tarn

Paris 618 – Florac 10 – Mende 27 – Meyrueis 45 – Ste-Enimie 17

48320 Lozère – 630 h. alt. 518

Municipal du Pré Morjal <, 04 66 44 23 77, sortie Ouest par D 907bis, rte de Millau et chemin à gauche, près du Tarn
2 ha (97 empl.) plat, herbeux – – A proximité :
avril-oct. – **R** *conseillée juil.-août* – GB – *Tarif 97 : piscine comprise 1 pers. 50, 2 pers. 70, pers. suppl. 21* *15 (10 ou 15A)*

ISQUES 62 P.-de-C. – 51 ① – rattaché à Boulogne-sur-Mer

ISSARLÈS (Lac d')

16 – 76 ⑰ G. Vallée du Rhône

Paris 581 – Coucouron 16 – Langogne 35 – Le Monastier-sur-Gazeille 17 – Montpezat-sous-Bauzon 35 – Privas 70

07 Ardèche – 217 h. alt. 946
⊠ 07470 Coucouron

La Plaine de la Loire <, 04 66 46 25 77, O : 3 km par D 16, rte de Coucouron et chemin à gauche avant le pont, bord de la Loire – alt. 900
1 ha (55 empl.) plat, herbeux – –
15 juin-5 sept. – **R** *conseillée* – – *2 pers. 53* *17 (6 ou 8A)*

ISSENDOLUS

14 – 75 ⑲

Paris 542 – Cahors 62 – Figeac 28 – Labastide-Murat 29 – Rocamadour 17

46500 Lot – 365 h. alt. 350

Le Teulières, 05 65 40 86 71, Fax 05 65 33 40 89, NE : 1,5 km, sur N 140, rte de Figeac, au lieu-dit l'Hôpital
2 ha (33 empl.) incliné, plat, herbeux – snack – –
Location :
Permanent – **R** *conseillée juil.-août* – – *13 piscine comprise* *13* *10 (20A)*

ISSOIRE ⟨SP⟩

11 – 73 ⑭ ⑮ G. Auvergne

Paris 451 – Aurillac 124 – Clermont-Ferrand 37 – Le Puy-en-Velay 94 – Rodez 179 – St-Étienne 177 – Thiers 56 – Tulle 172

63500 P.-de-D. – 13 559 h. alt. 400.
Office de Tourisme, pl. Gén.-de-Gaulle 04 73 89 15 90 et (saison) Aire de Veyre et du Lembron

La Grange Fort < « Autour d'un château dominant l'Allier », 04 73 71 05 93 ⊠ 63500 Les Pradeaux, SE : 4 km par D 996, rte de la Chaise-Dieu puis à droite, 3 km par D 34, rte d'Auzat-sur-Allier –
23 ha/4 campables (40 empl.) plat, peu incliné, herbeux – – – Location :
mars-oct. – **R** *conseillée juil.-20 août* – – *22 piscine comprise* *10* *45* *16,50 (4A) 18,50 (6A)*

Municipal du Mas <, 04 73 89 03 59, E : 2,5 km par D 9, rte d'Orbeil et à droite, à 50 m d'un plan d'eau et à 300 m de l'Allier
3 ha (140 empl.) plat, herbeux – – –
A proximité :
avril-oct. – **R** *conseillée* – – *11,20* *5,60* *5,60/7,40*

ISSOUDUN ⟨SP⟩

10 – 68 ⑨ G. Berry Limousin

Paris 244 – Bourges 36 – Châteauroux 29 – Tours 126 – Vierzon 34

36100 Indre – 13 859 h. alt. 130.
Office de Tourisme, pl. St-Cyr 02 54 21 74 02, Fax 02 54 03 03 36

Municipal les Taupeaux, 02 54 03 13 46, sortie Nord par D 918, rte de Reuilly, à 150 m d'une rivière
0,6 ha (50 empl.) plat, herbeux –

ISSY-L'EVÊQUE

11 – 69 ⑯

Paris 322 – Bourbon-Lancy 25 – Gueugnon 17 – Luzy 12 – Montceau-les-Mines 38 – Paray-le-Monial 41

71760 S.-et-L. – 1 012 h. alt. 310

Municipal de l'Étang Neuf < « Situation agréable en bordure d'un étang », 03 85 24 96 05, O : 1 km par D 42, rte de Grury et chemin à droite
3 ha (71 empl.) plat, peu incliné, herbeux, gravier, bois attenant – – A l'entrée : – A proximité :
mai-15 sept. – **R** *conseillée juil.-août* – – *15 piscine comprise* *8* *16* *16 (5A)*

ITXASSOU

13 – 85 ③ G. Pyrénées Aquitaine

Paris 791 – Bayonne 22 – Biarritz 24 – Cambo-les-Bains 5 – Pau 121 – St-Jean-de-Luz 34 – St-Jean-Pied-de-Port 33

64250 Pyr.-Atl. – 1 563 h. alt. 39

Hiriberria <, 05 59 29 98 09, Fax 05 59 29 20 88, NO : 1 km par D 918, rte de Cambo-les-Bains et chemin à droite
4 ha (180 empl.) plat, en terrasses, peu incliné, herbeux (0,5 ha) – –
15 fév.-15 déc. – **R** *conseillée été* – GB – – *23 piscine comprise* *25* *10 (5A) - hors saison estivale : 15 (10A)*

IZESTE

13 - 85 ⑯

Paris 803 - Arudy 3 - Laruns 12 - Nay 24 - Oloron-Ste-Marie 21 - Pau 29

64260 Pyr.-Atl. - 498 h. alt. 408

Municipal de la Vallée d'Ossau, ✆ 05 59 05 68 67, S : 1 km, sur D 934, rte de Laruns, bord du Gave d'Ossau
1 ha (50 empl.) plat, herbeux
15 juin-15 sept. - **R** *conseillée - 8 5,30 8/19,50 19 (5A)*

JABLINES

6 - 56 ⑫ G. Ile de France

Paris 43 - Meaux 14 - Melun 55

77450 S.-et-M. - 333 h. alt. 46

Base de Loisirs de Jablines-Annet « Situation agréable dans une boucle de la Marne », ✆ 01 60 26 09 37, Fax 01 60 26 52 43, SO : 2 km par D 45, rte d'Annet-sur-Marne, à 300 m d'un plan d'eau
300 ha/4 campables (150 empl.) plat, herbeux - A proximité : practice de golf, poneys, cafétéria
fermé 19 au 23 janv. - **R** *conseillée mai-sept. - Conditions d'admission : se renseigner - GB - 28 60 ou 65 avec élect. (10A)*

La JAILLE-YVON

4 - 63 ⑩ G. Châteaux de la Loire

Paris 288 - Angers 40 - Château-Gontier 15 - Châteauneuf-sur-Sarthe 21 - Segré 18

49220 M.-et-L. - 239 h. alt. 26

Municipal le Port Ribouet, S : 2 km par D 187 et rte à gauche, bord de la Mayenne, (halte nautique)
0,7 ha (20 empl.) (juil.-août) plat, herbeux
mai-sept. - **R** *conseillée - 1 ou 2 pers. 27 10 (5A)*

JALEYRAC

10 - 76 ①

Paris 502 - Aurillac 62 - Bort-les-Orgues 24 - Mauriac 10 - Salers 23 - Ussel 55

15200 Cantal - 347 h. alt. 450

Municipal le Lac de Lavaurs, ✆ 04 71 69 73 65, SO : 7 km par D 138, D 922 et D 38, rte de Sourniac, à 200 m du lac - accès conseillé par D 922, rte de Mauriac et D 38 à droite
1 ha (27 empl.) plat, herbeux - A proximité : - Location : huttes

JARD-SUR-MER

9 - 67 ⑪

Paris 450 - Challans 62 - Luçon 35 - La Roche-sur-Yon 35 - Les Sables-d'Olonne 22

85520 Vendée - 1 817 h. alt. 14

Les Écureuils, ✆ 02 51 33 42 74, Fax 02 51 33 91 14, rte des Goffineaux, à 300 m de l'océan -
4 ha (261 empl.) plat, sablonneux - A proximité : - Location :
21 mai-9 sept. - **R** *indispensable juil.-août - 30 piscine comprise 65 20 (10A)*

L'Océano d'Or, ✆ 02 51 33 65 08, au Nord-Est de la station, sur D 21
8 ha (431 empl.) plat, herbeux - salle d'animation toboggan aquatique - Location :
5 avril-20 sept. - **R** *conseillée juil.-août - GB - piscine comprise 2 pers. 125 20 (6A)*

Le Curtys, ✆ 02 51 33 63 42, Fax 02 51 33 91 31, au Nord de la station
5,5 ha (340 empl.) plat, herbeux - toboggan aquatique - A proximité : - Location : , bungalows toilés
4 avril-12 sept. - **Location longue durée** - *Places limitées pour le passage -* **R** *conseillée juil.-août - piscine comprise 2 pers. 120 (140 avec élect. 6A), pers. suppl. 30*

La Pomme de Pin, ✆ 02 51 33 43 85, SE : r. Vincent-Auriol, à 150 m de la plage de Boisvinet
2 ha (150 empl.) plat, sablonneux pinède - toboggan aquatique - Location :
5 avril-25 sept. - **R** *conseillée juil.-août - GB - piscine comprise 2 pers. 125 20 (6A)*

LES SABLES D'OLONNE
D 21
D 19
D 19A
la Mouette cendrée
0 1 km
la Grange
le Curtys
l'Océano d'Or
D 21
LONGEVILLE-S-MER
Jard-s-Mer
la Bolée d'Air
St-Vincent-s-Jard
les Ecureuils
la Pomme de Pin
D 19A
les Goffineaux
Municipal Bosquet de la M^on Forestière
Maison de Clemenceau

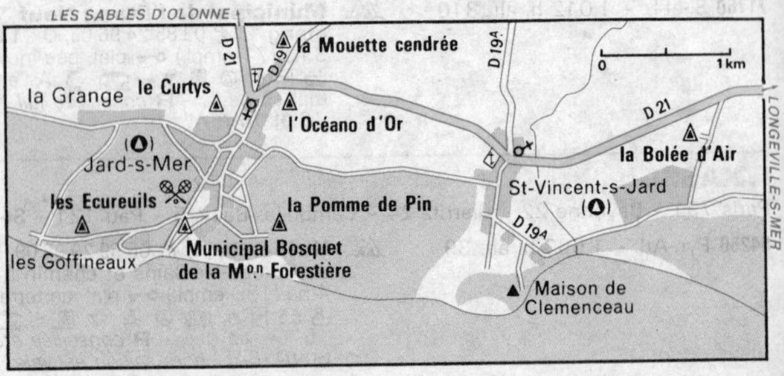

La Mouette Cendrée, ✆ 02 51 33 59 04, sortie Nord-Est par D 19, rte de St-Hilaire-la-Forêt
1,2 ha (72 empl.) plat, herbeux - toboggan aquatique - Location :
mai-sept. - **R** *conseillée juil.-août* - - *piscine comprise 2 pers. 86* *18 (6A)*

Municipal Bosquet de la Maison Forestière, ✆ 02 51 33 56 57, au Sud-Ouest de la station, à 150 m de la plage
1 ha (87 empl.) accidenté, herbeux, sablonneux - - A proximité :
avril-sept. - **R** *conseillée* - GB - - *2 pers. 56, pers. suppl. 18,50* *18,50 (10A)*

Voir aussi à ***St-Vincent-sur-Jard***

JARS

6 - 65 ⑫ G. Berry Limousin

Paris 185 - Aubigny-sur-Nère 26 - Bourges 47 - Cosne-sur-Loire 20 - Gien 45 - Sancerre 17

18260 Cher - 522 h. alt. 285

S.I. le Noyer « Situation agréable », ✆ 02 48 58 74 50, SO : 0,8 km par D 74 et chemin à droite, près d'un plan d'eau
0,9 ha (25 empl.) peu incliné, plat, herbeux - - A l'entrée : - A proximité : - Location : gîte d'étape
mai-sept. - **R** *conseillée* - *9* *5* *7/9* *9*

JAULNY

7 - 57 ⑬ G. Alsace Lorraine

Paris 311 - Commercy 39 - Metz 33 - Nancy 51 - Toul 40

54470 M.-et-M. - 169 h. alt. 230

La Pelouse « Cadre boisé », ✆ 03 83 81 91 67, à 0,5 km au Sud du bourg, accès près du pont sur le Rupt de Mad
2,9 ha (100 empl.) plat et incliné, herbeux (2 ha) - snack - A proximité : - Location *(permanent)* :
avril-sept. - Location longue durée - *Places disponibles pour le passage* - **R** *juil.-août* - GB - - *11,50* *10* *10* *12 (4A) 16 (6A)*

JAUNAY-CLAN **86** Vienne - 68 ⑭ - rattaché à Poitiers

JENZAT

11 - 73 ④ G. Auvergne

Paris 391 - Aigueperse 16 - Montmarault 45 - St-Éloy-les-Mines 38 - St-Pourçain-sur-Sioule 24 - Vichy 27

03800 Allier - 439 h. alt. 312

Municipal Champ de Sioule, ✆ 04 70 56 86 35, sortie Nord-Ouest par D 42, rte de Chantelle, près de la Sioule
1 ha (52 empl.) plat, herbeux -
30 avril-27 sept. - **R** - *Tarif 97 :* *10* *4,50* *4,50* *9,50 (6A)*

JOANNAS

16 - 80 ⑧

Paris 654 - Aubenas 26 - Largentière 9 - Privas 56 - Valgorge 17 - Vallon-Pont-d'Arc 30

07110 Ardèche - 224 h. alt. 430

Le Roubreau ✆ 04 75 88 32 07, Fax 04 75 88 31 44, O : 1,4 km par D 24, rte de Valgorge et chemin à gauche, bord du Roubreau
3 ha (100 empl.) plat et peu incliné à incliné, herbeux, pierreux - snack - - Location :
11 avril-15 sept. - **R** *conseillée* - - *piscine comprise 2 pers. 95* *20 (4 ou 6A)*

La Marette ✆ 04 75 88 38 88, O : 2,4 km par D 24, rte de Valgorge
4 ha (55 empl.) en terrasses et accidenté, pierreux, bois - -
juin-15 sept. - **R** - GB - - *piscine comprise 2 pers. 90, pers. suppl. 22* *20 (4A)*

JONQUIÈRES

16 - 81 ⑫

Paris 664 - Avignon 30 - Carpentras 15 - Orange 8 - Vaison-la-Romaine 24

84150 Vaucluse - 3 780 h. alt. 56

Municipal les Peupliers, ✆ 04 90 70 67 09, sortie Est, rte de Carpentras, derrière la piscine
1 ha (78 empl.) plat, herbeux - - cases réfrigérées - A proximité :
15 mai-sept. - - *élect. (10A) comprise 2 pers. 59*

▶ *Die Klassifizierung (1 bis 5 Zelte,* schwarz *oder rot), mit der wir die Campingplätze auszeichnen, ist eine Michelin-eigene Klassifizierung.*

Sie darf nicht mit der staatlich-offiziellen Klassifizierung (1 bis 4 Sterne) verwechselt werden.

JONZAC

9 - 71 ⑥ G. Poitou Vendée Charentes

Paris 513 - Angoulême 57 - Bordeaux 86 - Cognac 35 - Libourne 82 - Royan 59 - Saintes 43

17500 Char.-Mar. - 3 998 h. alt. 40 - (23 fév.-29 nov.).

Office de Tourisme, pl. du Château 05 46 48 49 29, Fax 05 46 48 51 07

Les Castors, 05 46 48 25 65, SO : 1,5 km par D 19, rte de Montendre et chemin à droite
1 ha (45 empl.) peu incliné, herbeux, gravier
avril-1er nov. - **R** *conseillée* - *21* *25* *17 (4A) 22 (6A) 26 (10A)*

Des Megisseries, 05 46 48 51 20, près du lycée Jean-Hyppolite, bord de la Seugne
0,6 ha (28 empl.) (mai-15 oct.) plat, gravillons - A proximité :
15 mars-oct. - **R** *indispensable* - *13* *9* *11* *20 (6A) 25 (10A) 30 (16A)*

JOSSELIN

4 - 63 ④ G. Bretagne

Paris 427 - Dinan 84 - Lorient 74 - Pontivy 33 - Rennes 80 - St-Brieuc 77 - Vannes 44

56120 Morbihan - 2 338 h. alt. 58.

Office de Tourisme, pl. Congrégation 02 97 22 36 43, Fax 02 97 22 20 44

Le Bas de la Lande, 02 97 22 22 20, Fax 02 97 73 93 85, O : 2,5 km par N 24 rocade Josselin rte de Lorient et rte à droite après le pont, à 50 m de l'Oust
2 ha (60 empl.) plat, peu incliné et en terrasses, herbeux - A proximité :
mai-sept. - **R** *conseillée* - *20* *13* *18* *20 (5A)*

JOU-SOUS-MONJOU

11 - 76 ⑬

Paris 567 - Aurillac 31 - Chaudes-Aigues 62 - Murat 44 - Mur-de-Barrez 14 - Vic-sur-Cère 13

15800 Cantal - 143 h. alt. 759

La Vallée du Goul « Site agréable », 04 71 49 57 96, S : 1,5 km par D 59, rte de Raulhac et chemin à gauche
3,5 ha (10 empl.) plat, peu incliné, en terrasses, herbeux, petit lac - Location :
15 juin-15 sept. - **R** *conseillée* - *2 pers. 60, pers. suppl. 20* *15 (6 ou 10A)*

JOYEUSE

16 - 80 ⑧ G. Vallée du Rhône

Paris 650 - Alès 54 - Mende 95 - Privas 53

07260 Ardèche - 1 411 h. alt. 180.

Office de Tourisme, D 104 04 75 39 56 76, Fax 04 75 39 58 87

La Nouzarède, 04 75 39 92 01, Fax 04 75 39 43 27, au Nord du bourg par rte du stade, à 150 m de la Beaume (accès direct)
2 ha (103 empl.) plat, herbeux, pierreux - A proximité : - Location : , bungalows toilés
avril-sept. - **R** *conseillée* - *piscine comprise 2 pers. 95*

Le Bois Simonet , 04 75 39 58 60, Fax 04 75 39 44 97, N : 3,8 km par D 203, rte de Valgorge
2,5 ha (70 empl.) en terrasses, pierreux pinède - - Location *(Pâques-sept.)* :
juin-août - **R** *conseillée juil.-août* - GB - *piscine comprise 2 pers. 89* *18 (3A)*

JUGON-LES-LACS

4 - 59 ⑭ ⑮ G. Bretagne

Paris 417 - Lamballe 19 - Plancoët 16 - St-Brieuc 56 - St-Méen-le-Grand 35

22270 C.-d'Armor - 1 283 h. alt. 29

Municipal le Bocage, 02 96 31 60 16, SE : 1 km par D 52 rte de Mégrit, bord du Grand Étang de Jugon
4 ha (180 empl.) plat et peu incliné, herbeux - Location : , bungalows toilés, gîtes
mai-sept. - **R** *conseillée* - GB - *Tarif 97 :* *15 piscine comprise* *18* *15 (5A)*

JULLOUVILLE

4 - 59 ⑦ G. Normandie Cotentin

Paris 343 - Avranches 23 - Granville 9 - St-Lô 63 - St-Malo 90

50610 Manche - 2 046 h. alt. 60.

Office de Tourisme, (juil.-août) av. Mar.-Leclerc 02 33 61 82 48, Fax 02 33 61 52 99

La Chaussée, 02 33 61 80 18, Fax 02 33 61 45 26, sortie Nord rte de Granville, à 100 m de la plage
6 ha/4,7 campables (265 empl.) plat, peu incliné, sablonneux, herbeux
4 avril-13 sept. - **R** *conseillée* - *Tarif 97 :* *2 pers. 90, pers. suppl. 23* *18 (6A) 24 (10A)*

Domaine du Hamel , 02 33 61 84 48, E : 2 km, à la sortie de Bouillon par rte de Groussey
1,5 ha (70 empl.) plat, herbeux -
15 juin-15 sept. - **R** *conseillée* - *1 pers. 37, 2 pers. 55, pers. suppl. 18* *15,50 (3A) 24 (6A)*

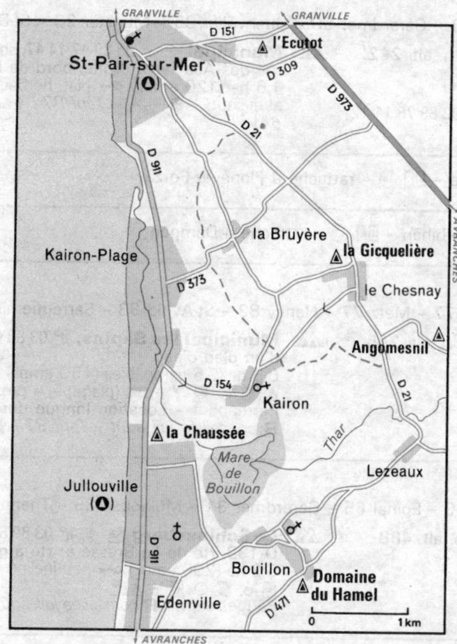

Voir aussi à *St-Pair-sur-Mer*

JUMIÈGES

5 – 55 ⑤ G. Normandie Vallée de la Seine

Paris 158 – Caudebec-en-Caux 15 – Deauville 99 – Le Havre 70 – Rouen 27

76480 S.-Mar. – 1 641 h. alt. 25

Municipal de la Forêt, ✆ 02 35 37 93 43, Fax 02 35 37 76 48, au Nord-Est du bourg, près du stade
2 ha (90 empl.) plat, herbeux (0,5 ha) – (bassin) – A proximité : parcours sportif – Location *(permanent)* :
15 mars-15 nov. – **R** – *3 pers. 87, pers. suppl. 17* *16 (6A) 20 (10A)*

JUNAS

16 – 80 ⑱

Paris 732 – Aigues-Mortes 30 – Aimargues 15 – Montpellier 36 – Nîmes 25 – Sommières 5

30250 Gard – 648 h. alt. 75

L'Olivier , ✆ 04 66 80 39 52, sortie Est par D 140 et chemin à droite
1,5 ha (47 empl.) (juil.-août) plat et peu incliné, herbeux, pierreux –
vacances de printemps, juin-15 sept. – **R** *conseillée 14 juil.-15 août* – – *piscine comprise 2 pers. 62 (77 avec élect. 6A), pers. suppl. 15*

Les Chênes , ✆ 04 66 80 99 07, S : 1,3 km par D 140, rte de Sommières et chemin à gauche, au lieu-dit les Tuileries Basses
1,7 ha (90 empl.) (juil.-août) plat et peu incliné, pierreux, herbeux –
Pâques-15 oct. – **R** *conseillée* – GB – – *piscine comprise 1 à 4 pers. 34 à 66,50, pers. suppl. 12* *10 (3A) 12,50 (6A) 15 (10A)*

JUNIVILLE

7 – 56 ⑦

Paris 182 – Reims 35 – Rethel 15 – Vouziers 24

08310 Ardennes – 829 h. alt. 80

Le Moulin de la Chut , ✆ 03 24 72 72 22, E : 1,8 km par D 925 rte de Bignicourt et chemin à droite, près d'étangs et à 80 m de la Retourne
1 ha (50 empl.) plat et peu incliné, herbeux, pierreux (0,3 ha) – – A proximité : snack
15 avril-15 oct. – **R** – – *13* *7* *9/14* *9 (4A) 13 (6A) 21 (10A)*

JUSSAC

10 – 76 ⑫

Paris 561 – Aurillac 12 – Laroquebrou 28 – Mauriac 43 – Vic-sur-Cère 30

15250 Cantal – 1 865 h. alt. 630

Municipal du Moulin, ✆ 04 71 46 69 85, à l'Ouest du bourg par D 922 vers Mauriac et chemin près du pont, bord de l'Authre
1 ha (52 empl.) plat, herbeux – – A proximité :
15 juin-15 sept. – **R** – – *9,50* *6* *8,50* *12 (5A) 20 (10A)*

KAYSERSBERG

8 - 62 ⑱ G. Alsace Lorraine

Paris 465 - Colmar 11 - Gérardmer 50 - Guebwiller 35 - Munster 23 - St-Dié 44 - Sélestat 26

68240 H.-Rhin - 2 755 h. alt. 242.

Office du Tourisme, 39 r. du Gén.-de-Gaulle ✆ 03 89 78 22 78, Fax 03 89 78 11 12

Municipal ≤, ✆ 03 89 47 14 47, sortie Nord-Ouest par N 415 rte de St-Dié et rue des Acacias à droite, bord de la Weiss - juil.-août
1,6 ha (120 empl.) plat, herbeux -
avril-sept. - R - *Tarif 97 : 19,50 9,50 13,50 12 à 30 (2 à 6A)*

KERVEL **29** Finistère - 58 ⑭ - rattaché à Plonévez-Porzay

KERVOYAL **56** Morbihan - 63 ⑬ - rattaché à Damgan

KESKASTEL

8 - 87 ⑬

Paris 405 - Lunéville 77 - Metz 77 - Nancy 83 - St-Avold 33 - Sarreguemines 19 - Strasbourg 88

67260 B.-Rhin - 1 362 h. alt. 215

Municipal les Sapins, ✆ 03 88 00 19 25, au Nord-Est de la commune, bord d'un plan d'eau
6,5 ha/2,5 campables (150 empl.) plat, herbeux (0,5 ha) - - (plage) - A proximité :
Permanent - **Location longue durée** - *Places disponibles pour le passage* - **R** *conseillée juil.-août - Tarif 97 : 23,50 5,50 20 18,50 (10A)*

KRUTH

8 - 62 ⑰ ⑱ G. Alsace Lorraine

Paris 449 - Colmar 60 - Épinal 65 - Gérardmer 31 - Mulhouse 39 - Thann 19 - Le Thillot 25

68820 H.-Rhin - 976 h. alt. 498

Le Schlossberg ≤, ✆ 03 89 82 26 76, Fax 03 89 82 20 17, NO : 2,3 km par D 13B, rte de La Bresse et rte à gauche, bord de la Bourbach
5,2 ha (200 empl.) peu incliné, terrasse, herbeux (1 ha) - -
Pâques-sept. - **R** *conseillée juil.-août* - GB - *20 17 12 (2A) 20 (6A)*

LABAROCHE

8 - 62 ⑱

Paris 469 - Colmar 17 - Gérardmer 50 - Munster 23 - St-Dié 48

68910 H.-Rhin - 1 676 h. alt. 750

Municipal des 2 Hohnack « Cadre agréable », ✆ 03 89 49 83 72, S : 4,5 km par D 11¹ et D 11, rte des Trois-Epis puis rte du Linge à droite
1,3 ha (66 empl.) plat et en terrasses, herbeux, forêt attenante -
mai-sept. - **R** *conseillée - Tarif 97 : 14 6,50 12 15 (6A)*

LABASTIDE-ROUAIROUX

15 - 83 ⑫

Paris 757 - Anglès 20 - Castres 42 - Mazamet 24 - Peyriac-Minervois 35 - St-Pons-de-Thomières 11

81270 Tarn - 2 027 h. alt. 393

Municipal Cabanès ≤, ✆ 05 63 98 49 74, sortie Est par N 112, rte de St-Pons-de-Thomières et chemin à gauche
0,3 ha (20 empl.) en terrasses, herbeux - - Location : gîte d'étape
15 juin-15 sept. - **R** *conseillée 14 juil.-15 août - 10 10/20 10*

LABEAUME **07** Ardèche - 80 ⑧ - voir à Ardèche (Gorges de l') - Ruoms

LABENNE

13 - 78 ⑰

Paris 752 - Bayonne 12 - Capbreton 6 - Dax 34 - Hasparren 35 - Peyrehorade 37

40530 Landes - 2 884 h. alt. 12

Sylvamar , ✆ 05 59 45 75 16, Fax 05 59 45 46 39, par D 126, rte de la Plage, près du Boudigau - dans locations
15 ha/8 campables (400 empl.) plat, sablonneux, herbeux - snack cases réfrigérées - toboggan aquatique - A proximité : - Location :
20 mai-20 sept. - **R** *conseillée - piscine comprise 2 pers. 115 28 (10A)*

Côte d'Argent, ✆ 05 59 45 42 02, Fax 05 59 45 73 31, par D 126 rte de la plage
4 ha (215 empl.) plat, herbeux, sablonneux - (juil.-août) - - Location : , studios
Permanent - **R** *conseillée juil.-août* - GB - *Tarif 97 : piscine comprise 2 pers. 97, pers. suppl. 23 20 (6A)*

Le Boudigau, ✆ 05 59 45 42 07, Fax 05 59 45 77 76, par D 126 rte de la plage, bord du Boudigau
5 ha (308 empl.) plat, herbeux, sablonneux - - - A proximité : - Location :
16 mai-14 sept. - **R** *conseillée 14 juil.-22 août - piscine comprise 2 pers. 120 17 (5A)*

La Mer, ✆ 05 59 45 42 09, Fax 05 59 45 43 07, par D 126, rte de la plage, bord du Boudigau
6 ha (375 empl.) plat, herbeux, sablonneux - - - A proximité : - Location :
mai-sept. - **R** *conseillée juil.-août* - GB - *Tarif 97 : piscine comprise 2 pers. 71,50 ou 87,30, pers. suppl. 15,80 15,80 (6A)*

LABERGEMENT-STE-MARIE

12 - 70 ⑥

Paris 456 - Champagnole 41 - Pontarlier 18 - St-Laurent-en-Grandvaux 39 - Salins-les-Bains 48 - Yverdon-les-Bains 40

25160 Doubs - 864 h. alt. 859

Le Lac <, ✆ 03 81 69 31 24, Fax 03 81 69 33 44, sortie Sud-Ouest par D 437, rte de Mouthe et rue du lac à droite, à 300 m du lac de Remoray
1,3 ha (70 empl.) plat, peu incliné et en terrasses, herbeux - A proximité :
25 avril-17 oct. - **R** *conseillée juil.-août* - GB - *14* *49* *15 (6A)*

LABESSETTE

10 - 73 ⑫

Paris 493 - Bort-les-Orgues 14 - La Bourboule 30 - Bourg-Lastic 31 - Clermont-Ferrand 72

63690 P.-de-D. - 104 h. alt. 780

Municipal la Chomette, sortie Sud par D 72
1,2 ha (50 empl.) plat et peu incliné, herbeux, pierreux -
juin-sept. - **R** - *12* *12* *12 (3A)*

LABLACHÈRE

16 - 80 ⑧

Paris 653 - Aubenas 26 - Largentière 15 - Privas 56 - St-Ambroix 31 - Vallon-Pont-d'Arc 22

07230 Ardèche - 1 562 h. alt. 182

Le Franoi <, ✆ 04 75 36 64 09, NO : 4,3 km par D 4 rte de Planzolles
2,8 ha (40 empl.) plat et peu incliné, terrasses, pierreux, herbeux - - Location :
mai-sept. - **R** *conseillée* - - *piscine comprise 2 pers. 87* *15 (3A) 20 (6A) 23 (10A)*

LABRIT

13 - 78 ⑤

Paris 696 - Mont-de-Marsan 27 - Roquefort 20 - Sabres 17 - Tartas 52

40420 Landes - 666 h. alt. 85

Aire Naturelle Municipale l'Estrigon, sortie Ouest par D 626, rte de Sabres, bord d'un ruisseau
1 ha (20 empl.) plat, herbeux, sablonneux (0,3 ha) - -
mai-oct. - - *Tarif 97 :* *2 pers. 32, pers. suppl. 15* *13*

LAC voir au nom propre du lac

LACANAU (Étang de)

9 - 71 ⑱ **G. Pyrénées Aquitaine**

Paris 624 - Andernos-les-Bains 31 - Bordeaux 47 - Lesparre-Médoc 41 - Soulac-sur-Mer 68

33 Gironde - 2 405 h. alt. 17

au Moutchic 5,5 km à l'est de Lacanau-Océan - ✉ 33680 Lacanau :

Talaris « Cadre agréable », ✆ 05 56 03 04 15, Fax 05 56 26 21 56, E : 2 km sur rte de Lacanau
6,3 ha (200 empl.) plat, herbeux, petit étang - -
juin-15 sept. - **R** *conseillée 15 juil.-15 août* - - *piscine comprise 2 pers. 130, pers. suppl. 30* *25 (6A)*

Tedey « Situation agréable », ✆ 05 56 03 00 15, Fax 05 56 03 01 90, S : 3 km par rte de Longarisse et chemin à gauche, bord de l'étang
14 ha (650 empl.) plat, sablonneux, dunes boisées attenantes pinède - - - A proximité :
25 avril-20 sept. - **R** *conseillée juil.-15 août* - GB - - *1 ou 2 pers. 101, 3 pers. 116, 4 pers. 130* *21 (10A)*

LACANAU-OCÉAN

9 - 71 ⑱ **G. Pyrénées Aquitaine**

Paris 637 - Andernos-les-Bains 44 - Arcachon 87 - Bordeaux 60 - Lesparre-Médoc 52

33 Gironde - ✉ 33680 Lacanau

L'Océan, ✆ 05 56 03 24 45, Fax 05 57 70 01 87, au Nord de la station, rue du Repos
9 ha (550 empl.) plat et en terrasses, accidenté, sablonneux pinède - - - discothèque toboggan aquatique - Location : , bungalows toilés
mai-sept. - **R** *conseillée* - GB - - *piscine comprise 2 pers. 140/150* *15 (15A)*

Les Grands Pins, ✆ 05 56 03 20 77, Fax 05 57 70 03 89, au Nord de la station, avenue des Grands Pins, à 500 m de la plage (accès direct) - Ⓟ (saison)
11 ha (560 empl.) accidenté et en terrasses, sablonneux - - - -
mai-15 sept. - **R** *conseillée juil.-août* - GB - *piscine comprise 1 ou 2 pers. 139/166 avec élect. (10A)*

LACANAU-DE-MIOS

13 - 71 ⑳

Paris 617 - Arcachon 33 - Belin-Béliet 25 - Bordeaux 40

33380 Gironde

Samba, ✆ 05 57 71 18 81, SO : 0,8 km par D 216, rte de Mios
1,5 ha (63 empl.) plat, sablonneux, herbeux - -
A proximité :
Permanent - **R** *conseillée* - - *Tarif 97 :* *14* *12* *16 (6A) 25 (10A)*

LACAPELLE-MARIVAL

15 - 75 ⑲ ⑳ G. Périgord Quercy

Paris 555 – Aurillac 67 – Cahors 63 – Figeac 20 – Gramat 20 – Rocamadour 30 – Tulle 79

46120 Lot – 1 201 h. alt. 375.
Office de Tourisme, (hors saison de 10h à 12h) pl. Halle ✆ 05 65 40 81 11

Municipal Bois de Sophie « Cadre agréable », ✆ 05 65 40 82 59, NO : 1 km par D 940, rte de St-Céré
1 ha (66 empl.) peu incliné et plat, herbeux – A l'entrée : – Location : bungalows toilés
15 mai-sept. – **R** *conseillée* – 10 15 12 (10A)

LACAPELLE-VIESCAMP

10 - 76 ⑪

Paris 549 – Aurillac 19 – Figeac 59 – Laroquebrou 11 – St-Céré 50

15150 Cantal – 438 h. alt. 550

Municipal le Puech des Ouilhes « Dans un site agréable », ✆ 04 71 46 42 38, SO : 3 km par D 18, rte d'Aurillac et rte à droite, à 150 m du lac de St-Étienne-Cantalès (accès direct à une plage) – juil.-20 août
1,2 ha (90 empl.) (juil.-août) peu incliné à incliné, pierreux, herbeux – A proximité : snack – Location *(juin-sept.)* : huttes
15 juin-15 sept. – **R** *conseillée 14 juil.-15 août* – GB – *1 pers. 44, pers. suppl. 19* *11 (10A)*

LACAVE

13 - 75 ⑱ G. Périgord Quercy

Paris 528 – Brive-la-Gaillarde 49 – Cahors 57 – Gourdon 26 – Rocamadour 11 – Sarlat-la-Canéda 42

46200 Lot – 241 h. alt. 130

La Rivière, ✆ 05 65 37 02 04, NE : 2,5 km par D 23, rte de Martel et chemin à gauche, bord de la Dordogne
2,5 ha (110 empl.) plat, peu incliné, herbeux – snack – Location :
15 mai-15 sept. – **R** *conseillée juil.-août* – *25 piscine comprise* *25* *16 (6A) 20 (10A)*

Le LAC-DES-ROUGES-TRUITES

12 - 70 ⑮

Paris 446 – Champagnole 25 – Clairvaux-les-Lacs 33 – Lons-le-Saunier 54 – Mouthe 23

39150 Jura – 294 h. alt. 950

Municipal les Rouges Truites, SE : 0,7 km
0,7 ha (40 empl.) non clos, peu incliné et en terrasses, herbeux, pierreux – A proximité :
15 mai-sept. – **R** – *14* *15* *10 (3A)*

LACHAU

16 - 81 ⑤

Paris 714 – Laragne-Montéglin 25 – Sault 33 – Séderon 9 – Sisteron 35

26560 Drôme – 190 h. alt. 715

Aire Naturelle la Dondelle, sortie Est sur D 201, rte d'Eourres, à 100 m de l'Auzanée
1 ha (25 empl.) (juil.-août) plat, herbeux
mai-sept. – **R** *juil.-août* – *1 pers. 26* *18 (6A)*

LAFRANÇAISE

14 - 79 ⑰ G. Pyrénées Roussillon

Paris 636 – Castelsarrasin 18 – Caussade 32 – Lauzerte 22 – Montauban 18

82130 T.-et-G. – 2 651 h. alt. 183

Municipal de la Vallée des Loisirs, ✆ 05 63 65 89 69, sortie Sud-Est par D 40, rte de Montastruc et à gauche, à 250 m d'un plan d'eau (accès direct)
0,9 ha (34 empl.) peu incliné, terrasses, pierreux, herbeux, bois attenant – A proximité : toboggan aquatique, snack

LAGORCE 07 Ardèche – 80 ⑨ – voir à Ardèche (Gorges de l')

LAGORD 17 Char.-Mar. – 71 ⑫ – rattaché à la Rochelle

LAGRASSE

15 - 86 ⑧ G. Pyrénées Roussillon

Paris 834 – Carcassonne 35 – Narbonne 43 – Perpignan 86 – Quillan 67

11220 Aude – 704 h. alt. 108.
Syndicat d'initiative, 6 bd de la Promenade ✆ 04 68 43 11 56

Municipal de Boucocers village et vallée, ✆ 04 68 43 15 18, N : 1,3 km par D 212, rte de Fabrezan – demi-tour obligatoire, 500 m après le camping
1,3 ha (40 empl.) plat, peu incliné, terrasses, pierreux, herbeux
mars-oct. – **R** *juil.-août* – *1 pers. 26*

LAGUENNE 19 Corrèze – 75 ⑨ – rattaché à Tulle

LAGUÉPIE

14 - 79 ⑳

Paris 639 - Albi 38 - Carmaux 25 - Cordes-sur-Ciel 14 - St-Antonin-Noble-Val 25

82250 T.-et-G. - 787 h. alt. 149.
Office de Tourisme, pl. du Foirail
05 63 30 20 34

Municipal les Tilleuls « Agréable situation au bord du Viaur », 05 63 30 22 32, E : 1 km par D 922 rte de Villefranche-de-Rouergue et chemin à droite - Croisement difficile pour caravanes
0,6 ha (54 empl.) plat et terrasses, herbeux, pierreux - - Location *(permanent)* :
Pâques-Toussaint - **R** *conseillée juil.-août - 12,50 6 9*

LAGUIOLE

15 - 76 ⑬ G. Gorges du Tarn

Paris 578 - Aurillac 77 - Espalion 22 - Mende 83 - Rodez 52 - St-Flour 60

12210 Aveyron - 1 264 h. alt. 1 004 - Sports d'hiver : 1 100/1 400 12
Office de Tourisme, pl. du Foirail
05 65 44 35 94, Fax 05 65 54 10 29

Municipal les Monts d'Aubrac <, 05 65 44 39 72, sortie Sud par D 921, rte de Rodez puis 0,6 km par rte à gauche, au stade
1,2 ha (57 empl.) plat et peu incliné, herbeux - - A proximité :
15 juin-15 sept. - **R** *conseillée* - GB - - *élect. (6A) comprise 1 pers. 26, 2 pers. 52, pers. suppl. 11*

LAIVES

11 - 70 ⑪

Paris 355 - Chalon-sur-Saône 19 - Mâcon 47 - Montceau-les-Mines 48 - Tournus 14

71240 S.-et-L. - 771 h. alt. 198

La Héronnière , 03 85 44 98 85, N : 4,2 km par D 18 rte de Buxy et rte à droite, près des lacs de Laives
1,5 ha (80 empl.) plat, herbeux - - A proximité : snack
15 mai-15 sept. - **R** *15 juil.-15 août* - *- Tarif 97 : 18 15 30 16 (6A)*

LALBENQUE

14 - 79 ⑱

Paris 603 - Cahors 22 - Caussade 24 - Castelnau-Montratier 22 - Caylus 27

46230 Lot - 878 h. alt. 265

Municipal , au Sud-Ouest du bourg
0,4 ha (20 empl.) peu incliné et plat, herbeux - - A proximité :
mai-oct. - - *8,70 9,80*

LALINDE

10 - 75 ⑮

Paris 540 - Bergerac 22 - Brive-la-Gaillarde 99 - Cahors 90 - Périgueux 60 - Villeneuve-sur-Lot 59

24150 Dordogne - 3 029 h. alt. 46.
Syndicat d'Initiative, Jardin Public
05 53 61 08 55

Municipal du Moulin de la Guillou, 05 53 61 02 91, E : 2 km par D 703 rte du Bugue et chemin à droite, bord de la Dordogne et à 100 m du canal
1,7 ha (100 empl.) plat, herbeux - - A proximité :
mai-sept. - **R** *conseillée* - - *14 4,70 15*

LALLEY

12 - 77 ⑮

Paris 628 - Grenoble 63 - La Mure 31 - Sisteron 80

38930 Isère - 191 h. alt. 850.
Syndicat d'Initiative, Mairie
04 76 34 70 39, Fax 04 76 34 75 02

Belle Roche < « Entrée fleurie », 04 76 34 75 33, au Sud du bourg par rte de Mens et chemin à droite - alt. 860
4 ha (60 empl.) plat, terrasse, pierreux, herbeux - snack - - A proximité :
avril-sept. - **R** *conseillée* - - *piscine comprise 2 pers. 71 16 (10A)*

LALOUVESC

11 - 76 ⑨ G. Vallée du Rhône

Paris 556 - Annonay 24 - Lamastre 25 - Privas 79 - St-Agrève 26 - Tournon-sur-Rhône 38 - Valence 58 - Yssingeaux 43

07520 Ardèche - 514 h. alt. 1 050

Municipal le Pré du Moulin , 04 75 67 84 86, au Nord de la localité
2,5 ha (70 empl.) en terrasses, peu incliné, herbeux - - Location : huttes
16 mai-4 oct. - **R** *conseillée juil.-août* - - *12 8 10/12 16 (6A)*

LAMALOU-LES-BAINS

15 - 83 ④ G. Gorges du Tarn

Paris 737 - Béziers 39 - Lacaune 53 - Lodève 38 - Montpellier 80 - St-Affrique 79 - St-Pons-de-Thomières 35

34240 Hérault - 2 194 h. alt. 200 - (fév.-mi-déc.).
Office de Tourisme, av. Dr-Ménard
04 67 95 70 91, Fax 04 67 95 64 52

Municipal Verdale <, 04 67 95 86 89, au Nord-Est de la localité, près du stade, bord d'un ruisseau
1 ha (75 empl.) plat, gravier, herbeux - - A proximité :
15 mars-oct. - **R** *conseillée saison* - - *12,20 6 8 13,20 (6A)*

aux Aires SE : 3,4 km par D 22 et D 160 – 537 h. alt. 198
✉ 34600 Les Aires

Le Gatinié « Cadre boisé », ✆ 04 67 95 71 95, O : 4 km par D 160, rte de Plaussenous, près de l'Orb, rive gauche
50 ha/2 campables (103 empl.) en terrasses, plat et peu incliné, pierreux, herbeux snack – – A proximité : – Location *(permanent)* : gîtes
mars-nov. – **R** *conseillée* – – *élect. (6A) comprise 2 pers. 70/80*

LAMPAUL-PLOUDALMEZEAU

3 – 58 ③

Paris 612 – Brest 28 – Brignogan-Plages 37 – Ploudalmézeau 3

29830 Finistère – 595 h. alt. 24

Municipal des Dunes, ✆ 02 98 48 14 29, à 0,7 km au Nord du bourg, à côté du terrain de sports et à 100 m de la plage (accès direct)
1,5 ha (150 empl.) (juil.-août) non clos, accidenté et plat, sablonneux, herbeux – –
15 juin-15 sept. – **R** – – *Tarif 97 : 11,30 4,50 5,60 9,50 (16A)*

LANCIEUX

4 – 59 ⑤ **G. Bretagne**

Paris 425 – Dinan 21 – Dol-de-Bretagne 34 – Lamballe 38 – St-Brieuc 58 – St-Malo 17

22770 C.-d'Armor – 1 245 h. alt. 24

Municipal des Mielles, ✆ 02 96 86 22 98, au Sud-Ouest du bourg, rue Jules-Jeunet, à 300 m de la plage
2,5 ha (153 empl.) plat à peu incliné, herbeux – – A proximité :
avril-sept. – **R** – – *14,50 7 13,50 16,50 (6A)*

LANDÉDA

3 – 58 ④

Paris 605 – Brest 27 – Brignogan-Plages 28 – Ploudalmézeau 16

29870 Finistère – 2 666 h. alt. 52

Les Abers « Entrée fleurie, site agréable », ✆ 02 98 04 93 35, Fax 02 98 04 84 35, NO : 2,5 km, aux dunes de Ste-Marguerite, bord de plage – dans locations
4,5 ha (180 empl.) plat, en terrasses, sablonneux, herbeux – – – A proximité : – Location *(avril-sept.)* :
mai-sept. – **R** *conseillée 14 juil.-15 août* – GB – – *16 6 25 12 (5A)*

Fort Cezon, ✆ 02 98 04 93 46, NO : 3 km, à 300 m de la plage (accès direct)
0,6 ha (36 empl.) plat, herbeux – –
juil.-août – **R** *conseillée* – *9,40 11,50 11 (10A)*

LANDERNEAU

3 – 58 ⑤ **G. Bretagne**

Paris 575 – Brest 22 – Carhaix-Plouguer 60 – Morlaix 39 – Quimper 63

29800 Finistère – 14 269 h. alt. 10.
Office de Tourisme, Pont de Rohan ✆ 02 98 85 13 09, Fax 02 98 21 39 27

Municipal, ✆ 02 98 21 66 59, au Sud-Ouest de la ville, rte de Quimper près du stade et de la piscine, bord de l'Elorn (rive gauche)
0,35 ha (42 empl.) plat, herbeux – – toboggan aquatique – A proximité :
15 mai-15 oct. – **R** *conseillée 10 juil.-15 août* – – *tennis compris 2 pers. 51,50, pers. suppl. 8,50*

LANDEVIEILLE

9 – 67 ⑫

Paris 461 – Challans 25 – Nantes 80 – La Roche-sur-Yon 32 – Les Sables-d'Olonne 18 – St-Gilles-Croix-de-Vie 14

85220 Vendée – 646 h. alt. 37

Le Lac, ✆ 02 51 22 91 61, Fax 02 51 22 90 41, NE : 2 km par D 12, rte de la Mothe-Achard puis 2 km par rte à gauche, bord du lac du Jaunay – dans locations
4,7 ha (128 empl.) plat et peu incliné, en terrasses, herbeux (2 ha) – crêperie – – Location : , bungalows toilés
mai-sept. – **R** *conseillée* – GB – – *Tarif 97 : piscine comprise 2 pers. 100 16 (6A)*

Pong, ✆ 02 51 22 92 63, Fax 02 51 22 99 25, sortie Nord-Est, chemin du stade
3 ha (185 empl.) plat et peu incliné, herbeux, terrasses, petit étang (2 ha) – – toboggan aquatique – A proximité : – Location :
Pâques-25 sept. – **R** *conseillée* – – *piscine comprise 2 pers. 87, pers. suppl. 20 17,50 (4A) 21,50 (6A)*

Municipal, ✆ 02 51 22 96 36, sortie Ouest, rte de Brétignolles-sur-Mer, à proximité d'un étang
2,8 ha (140 empl.) plat et peu incliné, herbeux – – A proximité :
15 juin-15 sept. – **R** *conseillée 14 juil.-15 août* – – *piscine comprise 2 pers. 70 15*

LANDRETHUN-LES-ARDRES

1 - 51 ②

Paris 278 - Arras 98 - Boulogne-sur-Mer 34 - Calais 20 - Dunkerque 48 - St-Omer 28

62610 P.-de-C. - 568 h. alt. 85

L'Orée du Bois, 03 21 82 67 15, SE : 2,3 km, au lieu-dit Le Val
2,2 ha (88 empl.) (juil.-août) peu incliné, herbeux -
avril-sept. - Location longue durée - *Places limitées pour le passage* - **R** *conseillée juil.-août* - - *16* *15* *10 (5A)*

LANDRY

12 - 74 ⑱

Paris 633 - Albertville 50 - Bourg-St-Maurice 7 - Moûtiers 23

73210 Savoie - 490 h. alt. 800

L'Eden, 04 79 07 61 81, Fax 04 79 07 62 17, NO : 0,7 km par D 87^{E}, après le passage à niveau, près de l'Isère - alt. 740
2,5 ha (133 empl.) peu incliné, en terrasses, plat, herbeux, gravillons - -
fermé oct. - **R** *conseillée 14 juil.-15 août* - GB - - *28 piscine comprise* *8* *26* *10A : 18 (hiver 25)*

LANDUDEC

3 - 58 ⑭

Paris 583 - Audierne 17 - Douarnenez 11 - Pont-l'Abbé 21 - Quimper 20

29710 Finistère - 1 183 h. alt. 105

Bel-Air « Décoration florale », 02 98 91 50 27, Fax 02 98 91 55 82, O : 1,3 km rte de Plozévet puis 1 km par rte à gauche
5 ha (197 empl.) plat, en terrasses, prairies, étang -
crêperie - salle de musculation toboggan aquatique, parc de jeux - Location :
juin-15 sept. - **R** *conseillée juil.-août* - GB - - *piscine et tennis compris 2 pers. 85, pers. suppl. 20* *16 (4A)*

LANGEAC

11 - 76 ⑤ G. Auvergne

Paris 513 - Brioude 29 - Mende 92 - Le Puy-en-Velay 45 - St-Chély-d'Apcher 60 - St-Flour 53

43300 H.-Loire - 4 195 h. alt. 505.
Office de Tourisme, pl. A.-Briand
04 71 77 05 41, Fax 04 71 77 19 93

Municipal le Prado, 04 71 77 05 01, r. de Lille, au Nord par D 585 rte de Brioude, bord de l'Allier
10 ha (200 empl.) plat, herbeux, pierreux, sablonneux (5 ha) - - - Location *(permanent)* : , gîte d'étape, bungalows toilés
avril-oct. - **R** - GB - - *2 pers. 50* *11 (3A) 13 (6A) 15 (10A)*

LANILDUT

3 - 58 ③

Paris 615 - Brest 25 - Brignogan-Plages 46 - Ploudalmézeau 10

29840 Finistère - 733 h. alt. 10

Municipal du Tromeur, 02 98 04 31 13, sortie Ouest par D 27 puis 1,5 km par rte à droite - Chemin piétons direct reliant le camp au bourg
2,7 ha (70 empl.) plat, peu incliné, herbeux, bois attenant - - - A proximité : terrain omnisports
15 juin-15 sept. - **R** - - *Tarif 97 :* *13,20* *5* *7,20* *12,50*

LANLOUP

8 - 59 ② G. Bretagne

Paris 483 - Guingamp 29 - Lannion 44 - St-Brieuc 36 - St-Quay-Portrieux 15

22580 C.-d'Armor - 195 h. alt. 58

Le Neptune, 02 96 22 33 35, sortie Ouest du bourg
2 ha (84 empl.) plat, peu incliné, herbeux - - - A proximité : - Location :
15 mai-sept. - **R** *conseillée 14 juil.-20 août* - - *20 piscine et tennis compris* *10* *20* *20 (6A)*

LANNION

8 - 59 ① G. Bretagne

Paris 514 - Brest 96 - Morlaix 39 - St-Brieuc 63

22300 C.-d'Armor - 16 958 h. alt. 12.
Office de Tourisme, quai d'Aiguillon
02 96 46 41 00, Fax 02 96 37 19 64

Municipal des 2 Rives, 02 96 46 31 40, Fax 02 96 37 17 03, SE : 2 km par D 767, rte de Guingamp et rte à droite après le Centre Commercial Leclerc, bord du Léguer
2,3 ha (105 empl.) plat, herbeux - - - Location :
Pâques-15 sept. - **R** *conseillée* - - *15* *10* *15/24* *12 (10A)*

Aire Naturelle Bel Air, 02 96 37 66 43, SO : 3 km par D 786, rte de Morlaix et à droite rte de Kernégues
1 ha (25 empl.) plat, herbeux - - - A proximité : - Location :
mai-sept. - **R** *conseillée 15 juil.-15 août* - *12* *8* *8/12* *10 (4A)*

LANOBRE

11 - 76 ② G. Auvergne

Paris 497 - Bort-les-Orgues 7 - La Bourboule 33 - Condat 31 - Mauriac 36 - Ussel 32

15270 Cantal - 1 473 h. alt. 650

Municipal de la Siauve <, ✆ 04 71 40 31 85, Fax 04 71 40 34 33, SO : 3 km par D 922, rte de Bort-les-Orgues et rte à droite, à 200 m du lac (accès direct) - alt. 660
8 ha (220 empl.) (juil.-août) en terrasses, herbeux - A proximité : (plage) - Location *(avril-oct.)* : , huttes juin-15 sept. - **R** *conseillée* - *17* *11* *13* *15 (6A)*

LANS-EN-VERCORS

12 - 77 ④

Paris 580 - Grenoble 25 - Villard-de-Lans 9 - Voiron 40

38250 Isère - 1 451 h. alt. 1 120 -
Sports d'hiver : 1 020/1 880 m
19
Office de Tourisme, pl. Église
✆ 04 76 95 42 62, Fax 04 76 95 49 70

Le Bois Sigu <, ✆ 04 76 95 47 02, S : 2,8 km par D 106, D 531, rte de Villard-de-Lans et rte à gauche, au hameau le Peuil
1 ha (70 empl.) plat et terrasse, peu incliné, herbeux, pierreux -
Permanent - **R** *conseillée juil.-août* - *2 pers. 65, pers. suppl. 20* *8 (10A)*

LANSLEBOURG-MONT-CENIS

12 - 77 ⑨ G. Alpes du Nord

Paris 687 - Albertville 113 - Briançon 85 - Chambéry 125 - St-Jean-de-Maurienne 54 - Torino 96 - Val-d'Isère 50

73480 Savoie - 647 h. alt. 1 399 -
Sports d'hiver : 1 400/2 100 m
1 22

Les Balmasses <, ✆ 04 79 05 82 83, sortie Ouest par N 6, rte de Modane et chemin à gauche, bord de l'Arc
1,2 ha (67 emp.) (10 juil.-20 août) plat, terrasse, herbeux - A proximité :
juin-15 sept. - **R** *10 juil.-15 août* - *13* *6* *13* *16 (5A) 22 (10A)*

LANSLEVILLARD

12 - 77 ⑨ G. Alpes du Nord

Paris 690 - Albertville 116 - Briançon 91 - Chambéry 128 - Val-d'Isère 47

73480 Savoie - 392 h. alt. 1 500 -
Sports d'hiver : (voir à Lanslebourg-Mont-Cenis).
Office de Tourisme, sous l'Église
✆ 04 79 05 99 10

Caravaneige Municipal <, ✆ 04 79 05 90 52, sortie Sud-Ouest rte de Lanslebourg, bord d'un torrent
3 ha (133 empl.) plat, herbeux, pierreux - A proximité :
15 déc.-10 mai, 15 juin-15 sept. - **R** *conseillée* - *13* *17* *32 (6A) 44 (10A)*

LANTIC

3 - 59 ③ G. Bretagne

Paris 472 - Guingamp 25 - Lannion 52 - Paimpol 27 - St-Brieuc 24 - St-Quay-Portrieux 8

22410 C.-d'Armor - 1 075 h. alt. 50

Les Étangs, ✆ 02 96 71 95 47, E : 2 km par D 4, rte de Binic, près des étangs
1,5 ha (90 empl.) plat, peu incliné, terrasses, herbeux (0,7 ha) - - Location : (sans sanitaires)
mai-13 sept. - **R** *conseillée juil.-août* - GB - *16 piscine comprise* *20* *12 (4A) 16 (6A)*

LANTON **33** Gironde - 71 ⑳ - voir à Arcachon (Bassin d')

LANTOSQUE

17 - 84 ⑲ G. Côte d'Azur

Paris 885 - L'Escarène 30 - Nice 51 - Sospel 37 - St-Martin-Vésubie 16

06450 Alpes-Mar. - 972 h. alt. 550

Camping des Merveilles <, ✆ 04 93 03 15 73, **au Suquet**, SO : 5 km, carrefour D 2565 et D 373, à 200 m de la Vésubie
0,6 ha (44 empl.) plat, peu incliné, pierreux, herbeux - A proximité :
juil.-15 sept. - **R** *conseillée* - *1 à 4 pers. 30 à 86, 2 à 4 pers. 62 à 86, pers. suppl. 18* *16 (3A) 26 (6A)*

LANUÉJOLS

15 - 80 ⑮

Paris 662 - Alès 99 - Mende 67 - Millau 35 - Nîmes 112 - Le Vigan 42

30750 Gard - 304 h. alt. 905

Domaine de Pradines <, ✆ 04 67 82 73 85, O : 3,5 km par D 28, rte de Roujarie et chemin à gauche
30 ha (75 empl.) plat, peu incliné, herbeux - - Location *(permanent)* :
avril-oct. - **R** *conseillée juil.-août* - GB - *piscine comprise 1 pers. 35* *16 (15A)*

▶ *Terrains agréables :*
ces terrains sortent de l'ordinaire par leur situation,
leur tranquillité, leur cadre et le style de leurs aménagements.
Leur catégorie est indiquée dans le texte par les signes habituels mais en rouge (...).

LAON 🅿

6 - 56 ⑤ G. Flandres Artois Picardie

Paris 142 – Amiens 123 – Charleville-Mézières 93 – Compiègne 73 – Reims 60 – St-Quentin 47 – Soissons 37

02000 Aisne – 26 490 h. alt. 181.
Office de Tourisme, pl. du Parvis de la Cathédrale
☎ 03 23 20 28 62, Fax 03 23 20 68 11

Municipal la Chênaie, ☎ 03 23 20 25 56, de la gare Sud-Ouest : 4 km, accès par chemin près de la Caserne Foch, à l'entrée du faubourg Semilly, à 100 m d'un étang
1 ha (35 empl.) plat, herbeux, chênaie – avril-oct. – **R** – *Tarif 97 : 14 8,50 8,50 15,50 (10A)*

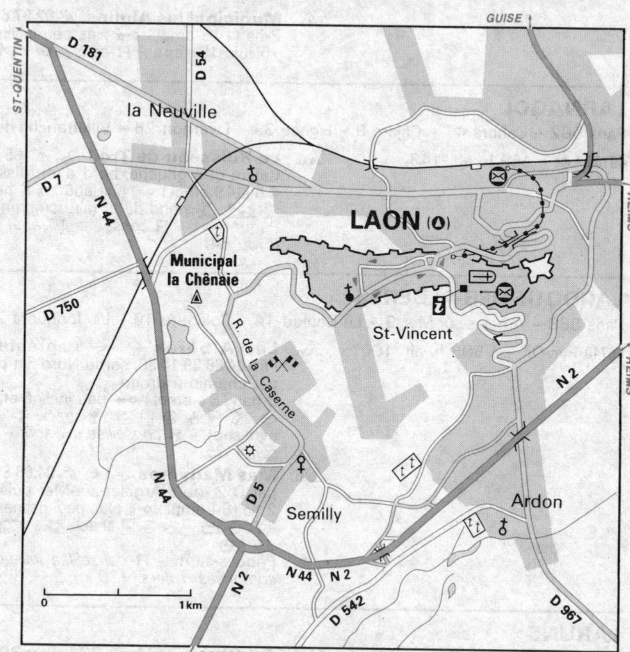

LAPALISSE

11 - 73 ⑥ G. Auvergne

Paris 340 – Digoin 45 – Mâcon 123 – Moulins 49 – Roanne 49 – St-Pourçain-sur-Sioule 30

03120 Allier – 3 603 h. alt. 280.
Office de Tourisme, 3 r. du Prés.-Roosevelt
☎ et Fax 04 70 99 08 39

Municipal, ☎ 04 70 99 26 31, sortie Sud-Est par N 7, rte de Roanne, bord de la Besbre
0,8 ha (66 empl.) plat, herbeux – – parcours de santé
fin avril-15 sept. – **R** *juil.-août – Tarif 97 : 11 8 8 11 (3 à 10A)*

LAPEYROUSE

11 - 73 ③

Paris 352 – Clermont-Ferrand 73 – Commentry 14 – Montmarault 14 – St-Éloy-les-Mines 13 – Vichy 54

63700 P.-de-D. – 575 h. alt. 510

Municipal les Marins, ☎ 04 73 52 02 73, E : 2 km par D 998, rte d'Echassières et D 100 à droite, rte de Durmignat, près d'un plan d'eau
2 ha (68 empl.) plat, herbeux – – (plage) – A proximité :
15 juin-1er sept. – **R** – – *élect. comprise 3 pers. 60, pers. suppl. 10*

LARCHAMP

4 - 59 ⑩

Paris 250 – Alençon 76 – Domfront 16 – Flers 12 – Mortain 22 – Vire 28

61800 Orne – 296 h. alt. 270

Municipal de la Cour, sortie Nord-Est
2 ha (60 empl.) plat, herbeux, étang – –
juin-oct. – **R** – *10 8/10 10 (3A)*

LARCHE

17 - 81 ⑨ G. Alpes du Sud

Paris 765 – Barcelonnette 27 – Briançon 84 – Cuneo 70

04530 Alpes-de-H.-Pr. – 71 h. alt. 1 691

Domaine des Marmottes « Situation agréable », ☎ 04 92 84 33 64, SE : 0,8 km par rte à droite après la douane française, bord de l'Ubayette et d'un petit étang
2 ha (50 empl.) plat, herbeux, pierreux (0,5 ha) – crêperie
15 juin-15 sept. – **R** *conseillée* – – *1 pers. 28 12 (3A) 18 (6A)*

LARMOR-PLAGE

3 - 63 ① G. Bretagne

Paris 508 - Lorient 5 - Quimper 72 - Vannes 63

56260 Morbihan - 8 078 h. alt. 4

▲ **La Fontaine** Ⓜ, ✆ 02 97 33 71 28, Fax 02 97 33 70 32, à l'Ouest de la station, à 300 m du D 152 (accès conseillé) et à 1,2 km de la Base de Loisirs
1 ha (93 empl.) plat, peu incliné, herbeux - A proximité :
mai-sept. - **R** *indispensable 1er-10 août* - GB - *20* *22/40 avec élect. (10A)*

▲ **Municipal les Algues,** ✆ 02 97 65 55 47, au Sud du bourg, près de la plage
2 ha (148 empl.) plat, peu incliné, herbeux -
15 juin-15 sept. - **R** *conseillée* - *16,20* *32,50* *15 (10A)*

LARNAGOL

15 - 79 ⑨

Paris 582 - Cahors 41 - Cajarc 9 - Figeac 33 - Livernon 26 - Villefranche-de-Rouergue 29

46160 Lot - 159 h. alt. 146

▲▲ **Le Ruisseau de Treil**, ✆ 05 65 31 23 39, E : 0,6 km par D 662, rte de Cajarc et à gauche, bord d'un ruisseau
4 ha (49 empl.) (juil.-août) plat, herbeux - - stand de tir (air comprimé) - Location :
Pâques-oct. - **R** *conseillée juil.-août* - *29 piscine comprise* *39* *19 (5 ou 6A)*

LAROQUE-DES-ALBÈRES

15 - 86 ⑲

Paris 888 - Argelès-sur-Mer 9 - Le Boulou 14 - Collioure 16 - La Jonquera 26 - Perpignan 26

66740 Pyr.-Or. - 1 508 h. alt. 100

▲▲ **Les Albères** « agréable cadre boisé », ✆ 04 68 89 23 64, Fax 04 68 89 14 30, sortie Nord-Est par D 2, rte d'Argelès-sur-Mer puis 0,4 km par chemin à droite
5 ha (181 empl.) peu incliné et en terrasses, pierreux, herbeux - snack - - Location :
avril-sept. - **R** *conseillée juil.-août* - *piscine comprise 2 pers. 85, pers. suppl. 25*

▲▲ **Mas Manyères**, ✆ 04 68 89 33 11, Fax 04 68 89 38 11, sortie Nord-Est par D 2, rte d'Argelès-sur-Mer puis 0,8 km par rte à droite
2 ha (84 empl.) plat, peu incliné, terrasses, pierreux, herbeux (1,2 ha) - snack - toboggan aquatique - Location :
Pâques-sept. - **R** *conseillée juil.-août* - *élect. (5 ou 6A) et piscine comprises 3 pers. 120*

LARUNS

13 - 85 ⑯

Paris 815 - Argelès-Gazost 50 - Lourdes 51 - Oloron-Ste-Marie 33 - Pau 39

64440 Pyr.-Atl. - 1 466 h. alt. 523

▲▲ **Les Gaves** « Belle entrée », ✆ 05 59 05 32 37, Fax 05 59 05 47 14, SE : 1,5 km par rte du col d'Aubisque et chemin à gauche, bord du Gave d'Ossau
2,4 ha (96 empl.) plat, herbeux, gravier - - Location : , appartements
Permanent - Location longue durée - *Places disponibles pour le passage* - **R** *conseillée vacances scolaires* - *Tarif 97 : 21 (hiver 16)* *52/56 (hiver 44 ou 64)* *3A : 15 (hiver 12) 6A : 20 (hiver 30) 10A : 25 (hiver 38)*

▲ **Pont Lauguère**, ✆ 05 59 05 35 99, S : 1 km par rte du col d'Aubisque et chemin à gauche, à 100 m du Gave d'Ossau
1 ha (50 empl.) plat, herbeux - - Location :
Permanent - **R** *juil.-août* - *15* *30* *12 (2A) 21 (4A)*

▲ **Geteu**, ✆ 05 59 05 37 15 ✉ 64440 Louvie-Soubiron, N : 1,8 km par rte de Pau, à 100 m du Gave d'Ossau
1 ha (45 empl.) plat, herbeux -
juin-15 sept. - **R** *conseillée* - *10* *20* *10 (2A)*

LARUSCADE

9 - 71 ⑧

Paris 525 - Blaye 29 - Bordeaux 44 - Guîtres 16 - Libourne 27 - Montendre 25

33620 Gironde - 1 679 h. alt. 85

▲▲ **Relais du Chavan,** ✆ 05 57 68 63 05, N : 7 km sur N 10 - Par A 10 sens Nord-Sud : sortie 38 Blaye - sens Sud-Nord : sortie 40a St-André-de-Cubzac
3,6 ha (100 empl.) plat, herbeux, sablonneux (1 ha) - - Location :
15 mai-15 sept. - **R** *conseillée juil.-août* - GB - *16 piscine comprise* *18* *15 (5A) 25 (10A)*

LASSEUBE

13 - 85 ⑥

Paris 793 - Arudy 16 - Lacq 29 - Oloron-Ste-Marie 14 - Pau 20

64290 Pyr.-Atl. - 1 503 h. alt. 188

▲ **Municipal,** ✆ 05 59 04 22 55, sortie Sud par D 34, rte de Belair
1 ha (50 empl.) plat, herbeux - - A proximité : parcours de santé
juin-sept. - **R** - *Tarif 97 :* *1 à 5 pers. 20 à 60/27 à 64 avec élect.*

LATHUILE 74 H.-Savoie - 74 ⑯ - voir à Annecy (Lac d')

LATILLÉ

9 - 68 ⑬

Paris 352 - Châtellerault 53 - Parthenay 29 - Poitiers 25 - St-Maixent-l'École 38 - Saumur 88

86190 Vienne - 1 305 h. alt. 150

Aire Naturelle la Raudière ⋖, ✆ 05 49 54 81 36, sortie Sud-Ouest par D 93 direction Vasles et 300 m par rte à droite
1 ha (25 empl.) plat, peu incliné, terrasses, herbeux -
mai-sept. - **R** - *10* *5* *5* *11 (4A)*

LATTES

34 Hérault - 83 ⑦ - rattaché à Montpellier

LAU-BALAGNAS

65 H.-Pyr. - 85 ⑰ - rattaché à Argelès-Gazost

LAUBERT

15 - 80 ⑥

Paris 590 - Langogne 28 - Marvejols 47 - Mende 20

48170 Lozère - 128 h. alt. 1 200 - Sports d'hiver : 1 200/1 264 m 1

Municipal ⋖, ✆ 04 66 47 72 09, SO : 0,5 km par N 88 et D 6, rte de Rieutort-de-Randon à droite
2 ha (33 empl.) peu incliné et accidenté, pierreux, rochers, herbeux - snack - - Location : gîte d'étape
Permanent - **R** *conseillée juil.-août* - - *élect. comprise 1 pers. 30, 2 pers. 55, pers. suppl. 6*

LAURENS

15 - 83 ⑭

Paris 740 - Bédarieux 13 - Béziers 22 - Clermont-l'Hérault 41 - Montpellier 74 - Sète 58

34480 Hérault - 1 009 h. alt. 140

L'Oliveraie, ✆ 04 67 90 24 36, Fax 04 67 90 11 20, N : 2 km par rte de Bédarieux et à droite
7 ha (116 empl.) plat, terrasses, pierreux, herbeux - pizzeria - - Location :
Permanent - **R** *conseillée* - - *piscine comprise 2 pers. 105, 4 pers. 125* *20 (6A) 25 (10A)*

LAURIÈRE

10 - 72 ⑧

Paris 368 - Bellac 42 - Bourganeuf 38 - Guéret 40 - Limoges 43 - La Souterraine 22

87370 H.-Vienne - 601 h. alt. 404

Intercommunal du Lac , ✆ 05 55 71 42 62, N : 2,4 km par D 63 rte de Folles et rte à droite, bord du lac (plage)
3,6 ha (166 empl.) incliné et en terrasses, herbeux - - Location : huttes
15 avril-15 oct. - **R** *conseillée juil.-août* - - *17* *6,50* *9,50* *15 (10A)*

LAUTENBACH-ZELL

8 - 62 ⑱

Paris 478 - Belfort 59 - Guebwiller 7 - Colmar 32 - Mulhouse 30 - Thann 27

68610 H.-Rhin - 912 h. alt. 400

Municipal Vert Vallon ⋖, ✆ 03 89 74 01 80, au bourg, près de l'église
0,5 ha (34 empl.) peu incliné à incliné, herbeux - - A proximité : - Location :
Permanent - **R** *conseillée juil.-août - Tarif 97 :* *12* *18* *2A : 5 (hiver 10) 6A : 10 (hiver 25) 10A : 20 (hiver 50)*

LAUTERBOURG

8 - 87 ②

Paris 530 - Haguenau 39 - Karlsruhe 21 - Strasbourg 58 - Wissembourg 20

67630 B.-Rhin - 2 372 h. alt. 115

Municipal des Mouettes « Entrée fleurie », ✆ 03 88 54 68 60, SO : 1,5 km par D 3 et chemin à gauche, à 100 m d'un plan d'eau (accès direct) - 15 juin-août
2,7 ha (136 empl.) plat, herbeux - - A proximité :
mars-15 déc. - **R** *conseillée 15 juil.-15 août* - *19* *10* *17/21* *16 (10A)*

LAVAL Ⓟ

4 - 63 ⑩ **G. Normandie Cotentin**

Paris 278 - Angers 78 - Caen 148 - Le Havre 227 - Le Mans 84 - Nantes 131 - Rennes 74 - St-Nazaire 152

53000 Mayenne - 50 473 h. alt. 65.
Office de Tourisme, 1 r. du Vieux Saint-Louis ✆ 02 43 49 46 46, Fax 02 43 49 46 21 et Halte Fluviale 100 r. Vieux St-Louis ✆ 02 43 53 31 01

S.I. le Potier ⋖ « Beaux emplacements, décoration florale et arbustive », ✆ 02 43 53 68 86, S : 4,5 km par rte d'Angers et à droite après Thévalles, accès direct à la Mayenne
1 ha (42 empl.) plat et en terrasses, herbeux, verger ombragé attenant -
avril-sept. - **R** - - *Tarif 97 :* *15,50* *6,50* *6,50* *6,50 (5 ou 6A)*

Le LAVANDOU

17 - 84 ⑯ G. Côte d'Azur

Paris 874 - Cannes 100 - Draguignan 75 - Fréjus 62 - Ste-Maxime 42 - Toulon 42

83980 Var - 5 212 h. alt. 1.
Office de Tourisme, quai G.-Péri
04 94 71 00 61, Fax 04 94 64 73 79

Clau Mar Jo, 04 94 71 53 39 83230 Bormes-les-Mimosas Cedex, SO : 2 km
1 ha (71 empl.) plat, herbeux - Location :
avril-sept. - **R** *conseillée saison* - *élect. (6A) comprise 2 pers. 104*

Beau Séjour, 04 94 71 25 30, SO : 1,5 km
1,5 ha (135 empl.) plat, pierreux, herbeux - snack
Pâques-sept. - - *22* *23* *16 (3A) 20 (6A)*

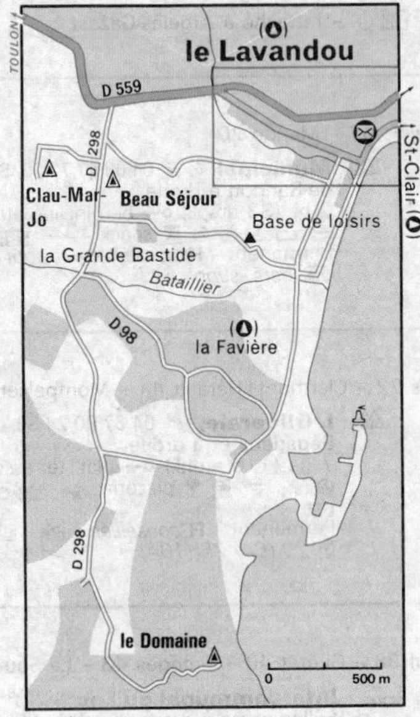

à la Favière S : 2,5 km - 83230 Bormes-les-Mimosas :

Le Domaine « Site agréable », 04 94 71 03 12, Fax 04 94 15 18 67, S : 2 km, bord de plage
38 ha (1 200 empl.) plat, accidenté et en terrasses, pierreux, rocheux pinède - pizzeria, snack cases réfrigérées - terrain omnisports
28 mars-oct. - **R** *conseillée saison* - GB - *28* *42/88 avec élect. (10A)*

à St-Clair NE : 2 km par D 559, rte de Cavalière (hors schéma)
83980 le Lavandou :

St-Clair, réservé aux caravanes, 04 94 71 03 38, sortie Est, à 150 m de la plage
1,2 ha (54 empl.) plat - - A proximité : - Location : studios
15 mars-oct. - **R** *conseillée* - - *2 pers. 130* *16 (3A) 19 (6A) 22 (10A)*

LAVARÉ

5 - 60 ⑮

Paris 173 - Bonnétable 27 - Bouloire 15 - La Ferté-Bernard 18 - Le Mans 37

72390 Sarthe - 712 h. alt. 122

Municipal du Lac, sortie Est par D 302, rte de Vibraye, près d'un plan d'eau
0,3 ha (20 empl.) plat, herbeux - - A proximité : piste de bi-cross
15 juin-sept. - **R** - *Tarif 97 :* *8,50* *5* *4/5* *12*

LAVELANET

15 - 86 ⑤

Paris 792 - Carcassonne 71 - Castelnaudary 53 - Foix 26 - Limoux 47 - Pamiers 42

09300 Ariège - 7 740 h. alt. 512.
Office de Tourisme, Maison de Lavelanet
05 61 01 22 20, Fax 05 61 03 06 39

Municipal, 05 61 01 55 54, au Sud-Ouest de la ville par rte de Foix et r. des Pyrénées à gauche, près de la piscine
2 ha (100 empl.) (juil.-août) plat, herbeux - - A l'entrée : - A proximité : - Location *(juil.-août)* : bungalows toilés
13 avril-sept. - **R** *conseillée 15 juil.-15 août* - - *23* *23* *15 (15A)*

LAVILLATTE

16 - 76 ⑰

Paris 580 - Coucouron 10 - Langogne 14 - Mende 61 - Privas 77 - Thueyts 31

07660 Ardèche - 98 h. alt. 1 180

Le Moulin du Rayol, 04 66 69 47 56, SE : 2 km, carrefour D 300 et D 108, rte de Langogne, bord de l'Espezonnette - alt. 1 050
1,4 ha (50 empl.) plat, peu incliné et en terrasses, herbeux -
juin-sept. - Location longue durée - *Places disponibles pour le passage* - **R** - *Tarif 97 : 16 6 7 12 (2A) 16 (4A) 20 (6A)*

LAVIT-DE-LOMAGNE

14 - 79 ⑯

Paris 668 - Agen 49 - Beaumont-de-Lomagne 12 - Castelsarrasin 21 - Lectoure 36 - Montauban 40

82120 T.-et-G. - 1 612 h. alt. 217

Municipal de Bertranon, 05 63 94 04 70, au Nord-Est du bourg par rte d'Asques, près du stade et d'un petit plan d'eau
0,5 ha (33 empl.) peu incliné, herbeux - A l'entrée : parcours sportif
juin-sept. - **R** - *13 5/9 9 (6A)*

LECTOURE

14 - 82 ⑤ **G. Pyrénées Aquitaine**

Paris 748 - Agen 38 - Auch 36 - Condom 25 - Montauban 72 - Toulouse 96

32700 Gers - 4 034 h. alt. 155.
Office de Tourisme, cours Hôtel-de-Ville
05 62 68 76 98, Fax 05 62 68 79 30

Lac des 3 Vallées « Cadre agréable », 05 62 68 82 33, Fax 05 62 68 88 82, SE : 2,4 km par N 21, rte d'Auch, puis 2,3 km par rte à gauche, au Parc de Loisirs, bord du lac
8,5 ha (450 empl.) plat et peu incliné, en terrasses, herbeux, étang - snack - avec toboggans aquatiques - Location : bungalows toilés
Pâques-15 sept. - **R** *conseillée juil.-août* - GB - - *piscine comprise 1 à 3 pers. 163 21 (10A)*

LEFFRINCKOUCKE

2 - 51 ④

Paris 298 - Calais 52 - Dunkerque 7 - Hazebrouck 48 - Lille 79 - St-Omer 52 - Veurne 20

59495 Nord - 4 641 h. alt. 5

Municipal les Argousiers 03 28 20 17 32, au Nord-Est de la localité par bd J.B.-Trystram, à 100 m de la plage (accès direct)
2 ha (93 empl.) plat, peu incliné, sablonneux, herbeux, dunes attenantes - A l'entrée : terrain omnisports
avril-oct. - **R** *conseillée saison* - - *Tarif 97 : 25,50 21,40 9,70 (6A) 21,40 (10A)*

LÈGE-CAP-FERRET **33** Gironde - 71 ⑲ - voir à Arcachon (Bassin d')

LENS-LESTANG

12 - 77 ②

Paris 527 - Annonay 38 - Beaurepaire 6 - Grenoble 68 - Romans-sur-Isère 32 - Valence 53

26210 Drôme - 629 h. alt. 310

Municipal le Regrimet, 04 75 31 82 97, sortie Nord par D 538, rte de Beaurepaire et à gauche, près d'un ruisseau
2,5 ha (58 empl.) plat et peu incliné, herbeux - - A proximité :
mai-sept. - **R** - - *13 8 14 12 (6A)*

LÉON

13 - 78 ⑯ **G. Pyrénées Aquitaine**

Paris 725 - Castets 14 - Dax 29 - Mimizan 41 - Mont-de-Marsan 80 - St-Vincent-de-Tyrosse 32

40550 Landes - 1 330 h. alt. 9.
Office de Tourisme, Grand Rue 05 58 48 76 03 et (hors saison) Mairie 05 58 49 20 00

Lou Puntaou « Cadre agréable », 05 58 48 74 30, Fax 05 58 48 70 42, NO : 1,5 km sur D 142, à 100 m de l'étang de Léon
14 ha (720 empl.) plat, herbeux, sablonneux - - A proximité : - Location :
15 avril-sept. - **R** *conseillée* - GB - - *Tarif 97 : piscine comprise 2 pers. 120, pers. suppl. 20 16 (5A)*

Aire Naturelle Petit Jean 05 58 48 73 80, sortie Est par D 142, rte de Castets puis 2,7 km à droite, par petite rte du Quartier Laguain et chemin à gauche
1,6 ha (25 empl.) plat, herbeux, sablonneux, bois attenant -
mai-sept. - **R** *conseillée juil.-août* - - *2 pers. 50, pers. suppl. 21 15 (6A)*

LÉPIN-LE-LAC **73** Savoie - 75 ⑮ - voir à Aiguebelette (Lac d')

LÉRAN

14 - 86 ⑥

Paris 787 - Foix 35 - Lavelanet 10 - Mirepoix 14 - Pamiers 37 - Quillan 36

09600 Ariège - 595 h. alt. 395

La Régate 05 61 01 92 69, E : 2,4 km par D 28, à la Base Nautique et de Loisirs, près du lac de Montbel
3,5 ha (60 empl.) en terrasses, herbeux, pierreux - - A proximité : (bassin) - Location : bungalows toilés

LESCHERAINES

12 - 74 ⑯

Paris 559 - Aix-les-Bains 26 - Annecy 26 - Chambéry 27 - Montmélian 37 - Rumilly 27

73340 Savoie - 495 h. alt. 649

Municipal l'Île <, 04 79 63 80 00, SE : 2,5 km par D 912, rte d'Annecy et rte à droite, bord d'un plan d'eau et à 200 m du Chéran
7,5 ha (250 empl.) plat, herbeux - - A proximité : à la Base de Loisirs : et poneys, toboggan aquatique
5 avril-27 sept. - **R** *conseillée* - - *2 pers. 65, pers. suppl. 20* *10 (6A) 15 (10A)*

LESCONIL

8 - 58 ⑭ G. Bretagne

Paris 582 - Douarnenez 41 - Guilvinec 7 - Loctudy 7 - Pont-l'Abbé 9 - Quimper 27

29740 Finistère

Les Dunes « Entrée fleurie », 02 98 87 81 78, Fax 02 98 82 27 05, O : 1 km par rte de Guilvinec, à 150 m de la plage (accès direct)
2,8 ha (120 empl.) plat, herbeux - -
25 mai-15 sept. - **R** - - *2 pers. 95,40, pers. suppl. 24,60* *17,80 (6A)*

Les Sables Blancs, 02 98 87 84 79, E : 1,5 km par rte de Loctudy et rte à gauche
2,2 ha (60 empl.) plat, herbeux - - Location :
Pâques, juin-15 sept. - **R** *conseillée juil.-août* - - *13,50* *8,50* *17* *11 (2A) 13 (4A) 15 (6A)*

Keralouet, 02 98 82 23 05, E : 1 km sur rte de Loctudy
0,5 ha (45 empl.) (saison) plat, herbeux - - - Location :
mai-15 oct. - **R** *conseillée saison* - - *15* *8,50* *19* *15 (4A) 17 (6A) 19 (8A)*

LESCUN

13 - 85 ⑮ G. Pyrénées Aquitaine

Paris 854 - Lourdes 88 - Oloron-Ste-Marie 36 - Pau 70

64490 Pyr-Atl. - 198 h. alt. 900

Municipal le Lauzart <, 05 59 34 51 77, SO : 1,5 km par D 340
1 ha (50 empl.) plat et peu incliné, en terrasses, pierreux, herbeux - - Location : gîte d'étape
15 avril-15 sept. - **R** *conseillée* - - *10* *5,50* *21*

LESPERON

13 - 78 ⑤

Paris 701 - Castets 12 - Mimizan 34 - Mont-de-Marsan 57 - Sabres 43 - Tartas 30

40260 Landes - 996 h. alt. 75

Parc de Couchoy, 05 58 89 60 15, O : 3 km par D 331, rte de Linxe
1,3 ha (71 empl.) plat, herbeux, sablonneux - - - Location :
avril-sept. - **R** *indispensable juil.-août* - GB - - *20 piscine comprise* *36* *13 (6A)*

LEUBRINGHEN

1 - 51 ①

Paris 277 - Arras 124 - Boulogne-sur-Mer 21 - Calais 16 - St-Omer 54

62250 P.-de-C. - 207 h. alt. 96

Les Primevères <, 03 21 87 13 33, au Nord du bourg
1 ha (63 empl.) peu incliné, herbeux -
avril-oct. - **R** *indispensable saison* - *14* *16* *14 (3A) 20 (5A)*

LEVIER

12 - 70 ⑥

Paris 426 - Besançon 44 - Champagnole 37 - Pontarlier 22 - Salins-les-Bains 23

25270 Doubs - 1 785 h. alt. 719

La Forêt, 03 81 89 53 46, NE : 1 km par D 41, rte de Septfontaines et chemin
1,5 ha (70 empl.) peu incliné et terrasse, plat, herbeux (0,7 ha) - - - A proximité : parcours sportif
15 mai-15 sept. - **R** *conseillée juil.-août* - GB - - *Tarif 97 :* *piscine comprise 2 pers. 60, pers. suppl. 16* *14 (6A)*

LEYME

15 - 75 ⑲ ⑳

Paris 550 - Cahors 72 - Figeac 29 - Gramat 16 - St-Céré 12 - Sousceyrac 26

46120 Lot - 1 489 h. alt. 450

Municipal, 05 65 38 98 73, Fax 05 65 11 20 62, à l'Ouest du bourg, accès par rte à droite de l'église, au Village de Vacances
2 ha (33 empl.) plat, gravillons, herbeux - - - A proximité : - Location *(permanent)* : gîtes
15 juin-15 sept. - **R** - - *18 piscine comprise* *13* *13*

LÉZIGNAN-CORBIÈRES

15 - 83 ⑬

Paris 815 - Carcassonne 39 - Narbonne 22 - Perpignan 81 - Prades 125

11200 Aude - 7 881 h. alt. 51.
Office de Tourisme,
9 cours de la République
04 68 27 05 42

Municipal la Pinède < « Décoration arbustive », 04 68 27 05 08, Nord-Ouest par N 113, rte de Carcassonne
2,5 ha (90 empl.) plat, peu incliné et en terrasses, gravillons - - - A l'entrée : - A proximité : , discothèque, squash
mars-oct. - **R** *conseillée juil.-août* - - *19 piscine comprise* *36 avec élect. (6A)*

LIANCOURT

6 - 56 ①

Paris 72 – Beauvais 36 – Chantilly 21 – Compiègne 34 – Creil 12 – Senlis 21

60140 Oise – 6 178 h. alt. 59

La Faloise, 03 44 73 10 99, SE : 2,5 km par D 29, rte de Pont-Ste-Maxence et rte à droite
2 ha (87 empl.) plat, herbeux –
Permanent – Location longue durée – *Places limitées pour le passage* – *Tarif 97 : 14 21,10 9 (3A) 15 (6A) 26 (10A)*

LICQUES

1 - 51 ② G. Flandres Artois Picardie

Paris 273 – Arras 93 – Boulogne-sur-Mer 27 – Calais 23 – Dunkerque 54 – St-Omer 27

62850 P.-de-Calais – 1 351 h. alt. 81

Le Canchy, 03 21 82 63 41, O : 2,3 km par D 191, rte de St-Omer et rue de Canchy à gauche
1 ha (72 empl.) plat, herbeux –
15 mars-oct. – **R** *conseillée juil.-août* – *17 17 8,50 (3A)*

LIGNY-LE-CHÂTEL

7 - 65 ⑤ G. Bourgogne

Paris 181 – Auxerre 22 – Sens 59 – Tonnerre 29 – Troyes 63

89144 Yonne – 1 122 h. alt. 130

Municipal la Noue Marou, 03 86 47 56 99, sortie Sud-Ouest par D 8, rte d'Auxerre et chemin à gauche, bord du Serein
2 ha (42 empl.) plat, herbeux – – A l'entrée : –
A proximité :
12 avril-sept. – **R** – *10 7 11/12 12 (2 à 5A)*

LIMERAY

5 - 64 ⑯

Paris 211 – Amboise 10 – Blois 29 – Château-Renault 19 – Chenonceaux 21 – Tours 32

37530 I.-et-L. – 972 h. alt. 70

Le Jardin Botanique de Launay, 02 47 30 13 50, Fax 02 47 30 17 32, à 1,6 km au Sud-Est du bourg, r. de la Rivière, à 50 m de la N 152
1,5 ha (74 empl.) plat, herbeux – – (bassin) half-court – A proximité :
avril-sept. – **R** *conseillée* – – *2 pers. 79, pers. suppl. 21 18 (10A)*

LIMEUIL

13 - 75 ⑯ G. Périgord Quercy

Paris 528 – Bergerac 42 – Brive-la-Gaillarde 79 – Périgueux 48 – Sarlat-la-Canéda 40

24510 Dordogne – 335 h. alt. 65.
Syndicat d'Initiative, 05 55 63 38 90

La Ferme des Poutiroux, 05 53 63 31 62, sortie Nord-Ouest par D 31, rte de Trémolat puis 1 km par chemin de Paunat à droite
1,5 ha (25 empl.) plat, en terrasses, peu incliné, herbeux – –
avril-oct. – **R** *conseillée* – – *20 piscine comprise 15 13 (6A)*

LIMOGES P

10 - 72 ⑰ G. Berry Limousin

Paris 392 – Angoulême 104 – Brive-la-Gaillarde 93 – Châteauroux 125 – Clermont-Ferrand 178 – Périgueux 94

87000 H.-Vienne – 133 464 h. alt. 300.
Office de Tourisme, bd Fleurus 05 55 34 46 87, Fax 05 55 34 19 12

Municipal d'Uzurat « Décoration florale », 05 55 38 49 43, Fax 05 55 37 32 78, N : 4,5 km par N 20, rte de Paris, quartier Uzurat, bord d'un plan d'eau et près de l'Aurence – par voie express sens Sud-Nord : sortie Poitiers
2,5 ha (188 empl.) plat, gravier, herbeux – – – A proximité :
Permanent – **R** – – *2 pers. 45/50, pers. suppl. 16 3,50 par ampère (2 à 6A)*

LIMOGNE-EN-QUERCY

15 - 79 ⑨

Paris 598 – Cahors 37 – Cajarc 14 – Figeac 38 – Villefranche-de-Rouergue 23

46260 Lot – 618 h. alt. 300

Bel-Air, 05 65 24 32 75, O : 0,5 km par D 911, rte de Cahors et chemin à droite
1,5 ha (50 empl.) (juil.-août) plat, peu incliné, pierreux, herbeux – – A l'entrée :
avril-1er oct. – **R** *conseillée juil.-août* – – *16 piscine comprise 16 12 (6A)*

Le LINDOIS

10 - 72 ⑮

Paris 456 – Angoulême 39 – Confolens 37 – Montbron 12 – Rochechouart 24

16310 Charente – 311 h. alt. 270

L'Étang, 05 45 65 02 67, Fax 05 45 65 08 96, SO : 0,8 km par D 112, rte de Rouzède et chemin à gauche, bord d'un étang
30 ha/1,5 campable (25 empl.) plat, herbeux, bois attenant – pizzeria
Permanent – **R** *conseillée été* – *22 40 19 (18A)*

LINXE

13 - 78 ⑮

Paris 721 - Castets 10 - Dax 32 - Mimizan 38 - Soustons 32

40260 Landes - 980 h. alt. 33

Municipal le Grandjean, ✆ 05 58 42 90 00, NO : 1,5 km par D 42, rte de St-Girons et D 397, rte de Mixe à droite
2 ha (100 empl.) plat, sablonneux, gravillons pinède -
25 juin-5 sept. - **R** *conseillée 14 juil.-15 août* - - *16* *19/31 avec élect.*

Le LION-D'ANGERS

4 - 63 ⑳ G. Châteaux de la Loire

Paris 295 - Angers 26 - Candé 26 - Château-Gontier 22 - La Flèche 50

49220 M.-et-L. - 3 095 h. alt. 45.
Office de Tourisme,
✆ 02 41 95 83 19

Municipal les Frênes « Entrée fleurie », ✆ 02 41 95 31 56, sortie Nord-Est par N 162, rte de Château-Gontier, bord de l'Oudon
2 ha (94 empl.) plat, herbeux - - A proximité :
mi-mai-20 sept. - **R** - - *12* *13* *15,50 (10A)*

La LISCIA (Golfe de) 2A Corse-du-Sud - 90 ⑯ - voir à Corse

LISSAC-SUR-COUZE

10 - 75 ⑧ G. Périgord Quercy

Paris 489 - Brive-la-Gaillarde 11 - Périgueux 68 - Sarlat-la-Canéda 43 - Souillac 30

19600 Corrèze - 475 h. alt. 170

Intercommunal la Prairie « Belle situation dominante », ✆ 05 55 85 37 97, SO : 1,4 km par D 59 et chemin à gauche, près du lac du Causse
5 ha (133 empl.) en terrasses, herbeux, gravier, sablonneux - - A proximité : parc aquatique - Location *(permanent)* : huttes, gîtes
30 mai-11 sept. - **R** *conseillée juil.-août* - - *2 pers. 54 (69 avec élect. 10A), pers. suppl. 16*

LIT-ET-MIXE

13 - 78 ⑮

Paris 711 - Castets 26 - Dax 48 - Mimizan 22 - Tartas 46

40170 Landes - 1 408 h. alt. 13

Les Vignes, ✆ 05 58 42 85 60, Fax 05 58 42 74 36, SO : 2,7 km par D 652 et D 88, à droite, rte du Cap de l'Homy
16 ha (420 empl.) plat, sablonneux, herbeux pinède - toboggan aquatique - Location : , bungalows toilés
avril-oct. - **R** *conseillée* - GB - - *élect. et piscine comprises 2 pers. 115, pers. suppl. 25*

Municipal du Cap de l'Homy, ✆ 05 58 42 83 47, O : 8 km par D 652 et D 88 à droite, à Cap-de-l'Homy, à 300 m de la plage (accès direct)
10 ha (444 empl.) accidenté et plat, sablonneux pinède - - A proximité :
mai-sept. -

LOCHES

10 - 68 ⑥ G. Châteaux de la Loire

Paris 258 - Blois 71 - Châteauroux 71 - Châtellerault 56 - Tours 42

37600 I.-et-L. - 6 544 h. alt. 80.
Office de Tourisme,
pl. Wermelskirchen
✆ 02 47 59 07 98, Fax 02 47 91 61 50

La Citadelle, ✆ 02 47 59 05 91, sortie Sud par rue Quintefol (N 143), rte de Châtillon-sur-Indre, au stade Général-Leclerc, bord de l'Indre
2,5 ha (126 empl.) plat, herbeux - - A proximité :
15 mars-14 nov. - **R** *conseillée juil.-août* - - *piscine comprise 2 pers. 61, pers. suppl. 14* *16 (10A)*

LOCMARIA 56 Morbihan - 63 ⑫ - voir à Belle-Ile-en-Mer

LOCMARIA-PLOUZANÉ

3 - 58 ③

Paris 609 - Brest 14 - Brignogan-Plages 48 - Ploudalmézeau 21

29280 Finistère - 3 589 h. alt. 65

Municipal de Portez , ✆ 02 98 48 49 85, SO : 3,5 km par D 789 et rte de la plage de Trégana, à 200 m de la plage
2 ha (110 empl.) en terrasses, herbeux - -
15 mai-15 sept. - **R** *conseillée* - - *15,15* *21* *12,85 (16A)*

LOCMARIAQUER

3 - 63 ⑫ G. Bretagne

Paris 489 - Auray 13 - Quiberon 31 - La Trinité-sur-Mer 9 - Vannes 31

56740 Morbihan - 1 309 h. alt. 5

Lann-Brick, ✆ 02 97 57 32 79, NO : 2,5 km par rte de Kérinis, à 200 m de la mer
1,2 ha (86 empl.) plat, herbeux - - - Location :
juin-15 sept. - **R** *conseillée* - - *18* *12* *14* *13 (6A) 18 (10A)*

La Ferme Fleurie « Décoration florale », ✆ 02 97 57 34 06, NO : 1 km par rte de Kérinis
0,5 ha (30 empl.) plat, herbeux - - A proximité :
fév.-nov. - **R** *conseillée saison* - - *15* *20* *13 (10A)*

LOCMIQUÉLIC

Paris 499 – Auray 30 – Lorient 14 – Quiberon 38 – Quimperlé 36 — 8 – 63 ①

56570 Morbihan – 4 094 h. alt. 10

Municipal du Blavet, ☏ 02 97 33 91 73, N : par D 111, rte du port de Pen-Mané, près d'un plan d'eau et à 250 m du Blavet (mer)
1 ha (50 empl.) plat, herbeux
juil.-15 sept. – R – *9,50* *3,20* *3,20*

LOCRONAN

Paris 578 – Brest 65 – Briec 20 – Châteaulin 17 – Crozon 34 – Douarnenez 11 – Quimper 17 — 8 – 58 ⑮ G. Bretagne

29136 Finistère – 796 h. alt. 105

Municipal < Baie de Douarnenez et Monts d'Arrée, ☏ 02 98 91 87 76, E : 0,7 km par D 7, rte de Châteaulin et rte à droite – Accès conseillé par D 63
2,5 ha (150 empl.) en terrasses, herbeux
juin-sept. – R – *12,50* *8* *10,50* *12,50 (3A) 19 (6A)*

LOCTUDY

Paris 579 – Bénodet 17 – Concarneau 35 – Pont-l'Abbé 5 – Quimper 24 — 8 – 58 ⑮ G. Bretagne

29750 Finistère – 3 622 h. alt. 8.
Office de Tourisme, pl. des Anciens Combattants
☏ 02 98 87 53 78, Fax 02 98 87 57 07

Kergall, ☏ 02 98 87 45 93, à 1 km au Sud de la localité, près de la plage de Langoz
1,3 ha (99 empl.) (saison) plat, sablonneux, herbeux – A proximité :
11 avril-sept. – *2 pers. 59, pers. suppl. 15,50*

Les Hortensias, ☏ 02 98 87 46 64, SO : 3 km par rte de Larvor
1,5 ha (100 empl.) plat, herbeux – A proximité :
juil.-10 sept. – R – *15* *8* *17* *10 (3A) 15 (6A)*

Le Cosquer , ☏ 02 98 87 52 92, SO : 5 km par rte de Larvor, à la Palud du Cosquer, à 400 m de la mer
0,4 ha (30 empl.) plat, herbeux
juil.-août – R – *15* *9,30* *17* *11,70 (3 à 6A)*

LODÈVE

Paris 699 – Alès 96 – Béziers 65 – Millau 58 – Montpellier 54 – Pézenas 40 — 15 – 83 ⑤ G. Gorges du Tarn

34700 Hérault – 7 602 h. alt. 165.
Office de Tourisme, 7 pl. République
☏ 04 67 88 86 44, Fax 04 67 44 01 84

Les Vals <, ☏ 04 67 44 36 57, S : 3 km par D 148, rte du Puech, près de la Lergue
2,8 ha (54 empl.) en terrasses et peu incliné à incliné, herbeux, pierreux – crêperie – Location :
fermé fév. – R *conseillée* – GB – *élect. et piscine comprises 2 pers. 81, pers. suppl. 21*

Les Rials < « Cadre agréable », ☏ 04 67 44 15 53 ✉ 34700 Soubès, N : 3 km par N 9, rte de Millau puis D 25 à droite et 2 km à gauche par rte de Poujols
4,5 ha (100 empl.) plat et en terrasses, herbeux – (bassin) – A proximité :
juin-1er sept. – R *conseillée* – *23* *29* *18*

Municipal les Vailhès < « Belle situation au bord du lac du Salagou », ☏ 04 67 44 25 98, S : 7 km par N 9, rte de Montpellier puis 2 km par D 148, rte d'Octon et chemin à gauche
2,5 ha (246 empl.) en terrasses, herbeux
avril-sept. – R – *Tarif 97 :* *14,50* *17/21* *11,50 (10A)*

Les Peupliers, ☏ 04 67 44 38 08, SE : 6,5 km par N 9, rte de Montpellier puis à droite en direction de Le Bosc – sortie 54 par la voie rapide
1,5 ha (54 empl.) plat, peu incliné, herbeux, pierreux – A proximité : pizzeria – Location :
Permanent – R *conseillée juil.-août* – *11 piscine comprise* *40* *12 (5A)*

à Soubès N : 5 km par N 9 et D 25 – 616 h. alt. 239 – ✉ 34700 Soubès

Les Sources <, ☏ 04 67 44 32 02, SE : 2,5 km par D 25, rte de Lodève, D 149, rte de Fozières à gauche et D 149E5, bord de la Brèze – accès direct au village par chemin piétonnier – juil.-août
1 ha (35 empl.) plat, peu incliné, terrasses, herbeux
mai-sept. – R – *2 pers. 70, pers. suppl. 20* *15 (6A)*

Les LOGES

Paris 203 – Bolbec 22 – Étretat 6 – Fécamp 11 – Le Havre 32 – Rouen 81 — 5 – 52 ⑪ ⑫

76790 S.-Mar. – 1 015 h. alt. 92

L'Aiguille Creuse, ☏ 02 35 29 52 10, sortie Ouest par D 940, rte d'Étretat et à gauche
3,8 ha (55 empl.) peu incliné et plat, herbeux – A proximité :

LOGONNA-DAOULAS

Paris 599 – Brest 27 – Camaret-sur-Mer 48 – Le Faou 14 – Landerneau 20 — 8 – 58 ④ G. Bretagne

29460 Finistère – 1 429 h. alt. 45

Municipal du Roz , ☏ 02 98 20 67 86, O : 2 km par rte de la Pointe du Bindy, à 50 m de la plage
1,3 ha (80 empl.) plat, peu incliné, herbeux
15 juin-15 sept. – R *conseillée* – *Tarif 97 :* *14* *7* *15* *11 (15A)*

LOIX-EN-RÉ 17 Char.-Mar. - 71 ⑫ - voir à Ré (Ile de)

La LONDE-LES-MAURES 17 - 84 ⑯

Paris 862 - Bormes-les-Mimosas 12 - Cuers 27 - Hyères 11 - Le Lavandou 12 - Toulon 30

83250 Var - 7 151 h. alt. 24.

Office de Tourisme, av. Albert-Roux ☏ 04 94 01 53 10, Fax 04 94 01 53 19

Les Moulières, ☏ 04 94 01 53 21, Fax 04 94 01 53 22, S : 2,5 km par rte de Port-de-Miramar et rte à droite
3 ha (250 empl.) plat, herbeux - snack -
juin-15 sept. - **R** *conseillée* - *Tarif 97 : tennis compris 2 ou 3 pers. 102, pers. suppl. 22 22 (6A)*

La Pascalinette, ☏ 04 94 66 82 72, O : 1,5 km par N 98, rte d'Hyères
5 ha (269 empl.) plat, herbeux, pierreux - snack - - Location :
juin-15 sept. - **R** *conseillée* - *2 pers. 85, 3 pers. 90, pers. suppl. 21 20 (6A)*

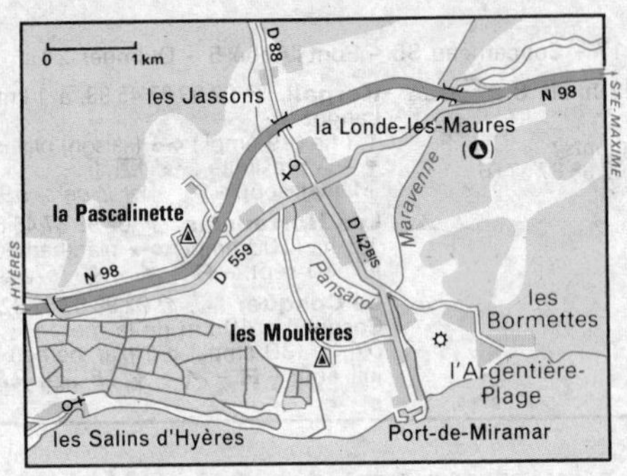

LONGEVILLES-MONT-D'OR 12 - 70 ⑥

Paris 462 - Champagnole 47 - Pontarlier 21 - St-Laurent-en-Grandvaux 39 - Salins-les-Bains 55 - Yverdon-les-Bains 38

25370 Doubs - 323 h. alt. 912

Le Mont d'Or, ☏ 03 81 49 95 04, à l'Ouest du bourg, près du Doubs
1,1 ha (66 empl.) (juil.-août) plat, goudronné, gravier -
Permanent - **R** *vacances scolaires* - - *10 30 (hiver 40)*

▶

Duschen und Waschbecken mit Warmwasser.

Wenn diese Zeichen im Text nicht aufgeführt sind, sind die obengenannten Einrichtungen nur mit Kaltwasser vorhanden.

LONGEVILLE-SUR-MER 9 - 67 ⑫

Paris 445 - Challans 71 - Luçon 28 - La Roche-sur-Yon 30 - Les Sables-d'Olonne 28

85560 Vendée - 1 979 h. alt. 10

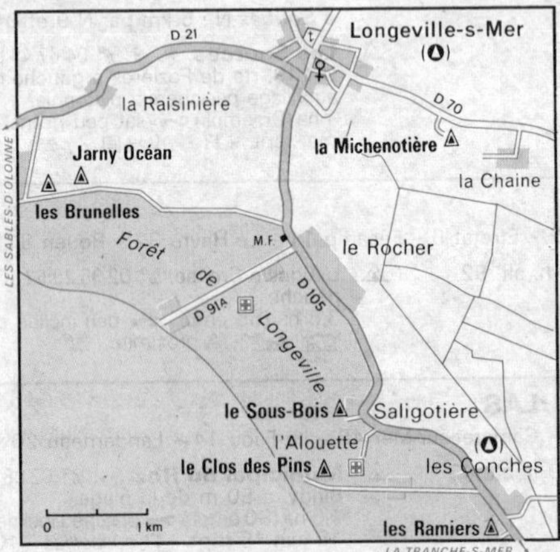

Jarny Océan, 02 51 33 42 21, Fax 02 51 33 95 37, SO : 1,5 km par rte de la Tranche-sur-Mer puis 2 km par rte à droite – dans locations
7,5 ha (307 empl.) plat et peu incliné, herbeux (3 ha) – snack – half-court – A proximité : – Location : , gîtes
Pâques-Toussaint – **R** *conseillée 15 juil.-15 août* – GB – – *piscine comprise 2 pers. 115, pers. suppl. 20 17 (6A)*

Les Brunelles, 02 51 33 50 75, Fax 02 51 33 98 21, SO : 1,5 km par rte de la Tranche-sur-Mer puis 2,2 km par rte à droite
3 ha (200 empl.) plat, peu incliné, pierreux – – – A proximité : – Location :
Pâques-sept. – **R** *conseillée* – GB – – *piscine comprise 2 pers. 100 (118 avec élect. 6A)*

La Michenotière, 02 51 33 38 85, Fax 02 51 33 28 09, SE : 1,5 km par D 70, rte d'Angles et chemin à droite
3,5 ha (120 empl.) plat, herbeux – – (bassin) – Location :
avril-oct. – **R** *conseillée juil.-août* – GB – – *2 pers. 59, pers. suppl. 15 14 (6A) 20 (10A)*

aux Conches S : 5 km par D 105 – 85560 Longeville-sur-Mer :

Le Sous-bois, 02 51 33 36 90, Fax 02 51 33 32 73, au lieu-dit la Saligotière
1,7 ha (120 empl.) plat et en terrasses, sablonneux (0,8 ha) – – – Location :
juin-15 sept. – **R** *conseillée* – *2 pers. 77 18 (5A)*

Le Clos des Pins, 02 51 90 31 69, r. du Dr-Joussemet, à 500 m de la plage
1,6 ha (100 empl.) plat et peu accidenté, sablonneux – – toboggan aquatique – Location : , bungalows toilés
Location longue durée – *Places disponibles pour le passage*

Les Ramiers, 02 51 33 32 21
1,4 ha (80 empl.) plat et peu accidenté, en terrasses, sablonneux – – Location :
Pâques-sept. – **R** *conseillée* – – *Tarif 97 : 2 pers. 70 16 (5A)*

LONS-LE-SAUNIER

12 – 70 ④ ⑭ **G. Jura**

Paris 413 – Besançon 85 – Bourg-en-Bresse 61 – Chalon-sur-Saône 62 – Dijon 100 – Dole 51 – Mâcon 78 – Pontarlier 82

39000 Jura – 19 144 h. alt. 255 – (avril-fin oct.).
Office de Tourisme, pl. du 11-Novembre
03 84 24 65 01, Fax 03 84 43 22 59

La Marjorie, 03 84 24 26 94, Fax 03 84 24 08 40, au Nord-Est de la localité en direction de Besançon par bd de Ceinture, au bord d'un ruisseau
2,2 ha (204 empl.) plat, herbeux, goudronné – – A proximité :
avril-15 oct. – **R** *conseillée* – GB – – *2 pers. 62/82 avec élect.*

LORRIS

6 – 65 ① **G. Châteaux de la Loire**

Paris 123 – Gien 27 – Montargis 22 – Orléans 53 – Pithiviers 44 – Sully-sur-Loire 18

45260 Loiret – 2 620 h. alt. 126.
Office de Tourisme, 2 pl. des Halles
02 38 94 81 42, Fax 02 38 94 88 00

Plage et Forêt « Cadre boisé », 02 38 92 32 00, O : 6 km par D 88, rte de Châteauneuf-sur-Loire, près de l'étang des Bois
3 ha (150 empl.) plat, gravillons – – – A proximité :
avril-1er nov. – **Location longue durée** – *Places disponibles pour le passage* – **R** – – *Tarif 97 : 12 24 19 (10A)*

LOUANNEC

22 C.-d'Armor – 59 ① – rattaché à Perros-Guirec

LOUARGAT

3 – 59 ①

Paris 498 – Guingamp 15 – Lannion 26 – Morlaix 39 – Rostrenen 42

22540 C.-d'Armor – 2 128 h. alt. 182

Manoir du Cleuziou « Manoir des 15e et 17e siècles », 02 96 43 14 90, Fax 02 96 43 52 59, NO : 2 km par D 33A, rte de Trégrom puis 2,8 km par rte à droite
7 ha (160 empl.) plat et peu incliné, herbeux – crêperie, snack – – Location : (hôtel)
4 avril-15 nov. – **R** – GB – – *piscine comprise 2 pers. 105 20 (4 ou 6A)*

LOUBEYRAT

11 – 73 ④

Paris 412 – Châtelguyon 7 – Clermont-Ferrand 27 – Gannat 30 – Pontaumur 38 – St-Gervais-d'Auvergne 28

63410 P.-de-D. – 777 h. alt. 700

Aire Naturelle le Colombier, 04 73 86 66 94, S : 1,5 km par D 16, rte de Charbonnières-les-Varennes et chemin à gauche
0,8 ha (25 empl.) peu incliné, herbeux – – – A proximité : – Location :
avril-15 oct. – **R** *conseillée juil.-août* – – *12 piscine comprise 14 12 (3A)*

LOUBRESSAC

10 - 75 ⑲ G. Périgord Quercy

Paris 530 - Brive-la-Gaillarde 48 - Cahors 72 - Figeac 41 - Gourdon 54 - Gramat 17 - St-Céré 9

46130 Lot - 449 h. alt. 320

La Garrigue, 05 65 38 34 88, à 200 m au Sud du bourg
1,6 ha (38 empl.) en terrasses, plat, herbeux (0,6 ha) - A proximité - Location :
avril-sept. - **R** *conseillée juil.-août* - *23 piscine comprise* *24* *15 (6A)*

LOUDENVIELLE

14 - 85 ⑲

Paris 852 - Arreau 15 - Bagnères-de-Luchon 26 - La Mongie 53 - Taches 73

65510 H.-Pyr. - 219 h. alt. 987

Pène Blanche, 05 62 99 68 85, sortie Nord-Ouest par D 25, rte de Génos, près de la Neste de Louron et à proximité d'un plan d'eau
4 ha (120 empl.) (été) en terrasses, peu incliné, herbeux - A proximité : poneys, toboggan aquatique
Permanent - **R** *conseillée*

LOUER

13 - 78 ⑥

Paris 731 - Dax 20 - Hagetmau 32 - Mont-de-Marsan 41 - St-Sever 31 - Tartas 17

40380 Landes - 160 h. alt. 38

Municipal de Laubanere, 05 58 57 25 53, NO : 0,9 km par D 107, bord d'un petit étang
1 ha (30 empl.) plat et peu incliné, herbeux, sablonneux, forêt attenante pinède
avril-oct. - **R** *indispensable saison* - *7,50* *4,40* *7,50* *10*

LOUGRATTE

14 - 79 ⑤

Paris 571 - Agen 55 - Castillonnès 9 - Marmande 43 - Monflanquin 18 - Villeneuve-sur-Lot 25

47290 L.-et-G. - 404 h. alt. 120

Municipal St-Chavit, SE : 1 km, bord d'un plan d'eau
3 ha (100 empl.) non clos, plat à peu incliné, herbeux (1 ha) - (plage) - A proximité :
15 juin-15 sept. - **R** - *10,80* *11,40* *10*

LOUHANS

12 - 70 ⑬ G. Bourgogne

Paris 377 - Bourg-en-Bresse 52 - Chalon-sur-Saône 36 - Dijon 86 - Dole 70 - Tournus 30

71500 S.-et-L. - 6 140 h. alt. 179.
Office de Tourisme, arcade St-Jean
03 85 75 05 02, Fax 03 85 76 01 69

Municipal, 03 85 75 19 02, SO : 1 km par D 971 rte de Tournus et D 12 rte de Romenay, à gauche après le stade, bord du Solnan
1 ha (60 empl.) plat, herbeux, gravier - A l'entrée : - A proximité :
avril-1er oct. - **R** *conseillée* - *Tarif 97 :* *9* *9* *9* *21 (15A)*

LOUPIAC

13 - 75 ⑱

Paris 527 - Brive-la-Gaillarde 47 - Cahors 53 - Gourdon 16 - Rocamadour 29 - Sarlat-la-Canéda 29

46350 Lot - 210 h. alt. 230

Les Hirondelles « Cadre boisé », 05 65 37 66 25, Fax 05 65 41 91 58, N : 3 km par rte de Souillac et chemin à gauche, à 200 m de la N 20
2,5 ha (70 empl.) peu incliné, plat, herbeux, pierreux - A proximité : snack - Location :
avril-1er nov. - **R** *conseillée juil.-août* - GB - *21 piscine comprise* *39 avec élect. (6A)*

LOUPIAN

15 - 83 ⑯ G. Gorges du Tarn

Paris 747 - Agde 21 - Balaruc-les-Bains 10 - Mèze 5 - Pézenas 20 - Sète 16

34140 Hérault - 1 289 h. alt. 8

Municipal, 04 67 43 57 67, sortie Sud, rte de Mèze
1,7 ha (115 empl.) plat, herbeux - A proximité :

LOURDES

14 - 85 ⑱ G. Pyrénées Aquitaine

Paris 806 - Bayonne 147 - Pau 41 - St-Gaudens 83 - Tarbes 18

65100 H.-Pyr. - 16 300 h. alt. 420.
Office de Tourisme, pl. Peyramale
05 62 42 77 40, Fax 05 62 94 60 95

Sarsan, 05 62 94 43 09, E : 1,5 km par déviation et av. Jean-Moulin
1,8 ha (66 empl.) plat et peu incliné, herbeux -
15 juin-sept. - **R** *conseillée* - *18 piscine comprise* *18* *10 (2A) 25 (6A)*

Plein Soleil, 05 62 94 40 93, N : 1 km
0,5 ha (35 empl.) en terrasses, pierreux, gravillons -
mars-15 oct. - **R** *conseillée juil.-août* - GB - *élect. (4A) et piscine comprises 2 pers. 93, pers. suppl. 20* *20 (8A) 45 (13A)*

Le Moulin du Monge, 05 62 94 28 15, Fax 05 62 42 20 54, N : 1,3 km
1 ha (67 empl.) plat et peu incliné, en terrasses, herbeux (0,5 ha) - Location :
Permanent - **R** - GB - *23 piscine comprise* *23* *12 (2A) 18 (4A)*

⛺ **Arrouach** ⩽, ✆ 05 62 42 11 43, Fax 05 62 42 05 27, NO : quartier de Biscaye
13 ha/3 campables (67 empl.) plat, peu incliné et en terrasses, herbeux – Location :
Permanent – **R** *conseillée juil.-août – 18 21 15 (2A)*

⛺ **Le Ruisseau Blanc** ⩽ « Cadre agréable », ✆ 05 62 42 94 83, E : 1,5 km, à Anclades par D 97, rte de Jarret – Pour caravanes, accès conseillé par la D 937 en direction de Bagnères-de-Bigorre
1,8 ha (110 empl.) plat, herbeux – Location :
mars-11 nov. – **R** – *12 12 10 (2A) 15 (3A) 20 (4A)*

⛺ **Domec** ⩽, ✆ 05 62 94 08 79, NE : rte de Julos (D 95)
2 ha (100 empl.) plat, incliné et terrasse, herbeux
Pâques-oct. – **R** – *Tarif 97 : 13 14 11 (2A) 16,50 (3A) 27 (5A)*

⛺ **Camping du Loup** ⩽, ✆ 05 62 94 23 60, O : 2,3 km – Accès conseillé par rue de Pau et D 13 à gauche
1,5 ha (60 empl.) (juil.-oct.) plat, peu incliné, herbeux –
avril-oct. – **R** – *15 17 15 (6A)*

⛺ **Le Vieux Berger** ⩽, ✆ 05 62 94 60 57, NE : 2 rte de Julos
1,5 ha (60 empl.) peu incliné à incliné, plat, herbeux
15 juin-20 oct. – **R** – *Tarif 97 : 12 14 11 (2A)*

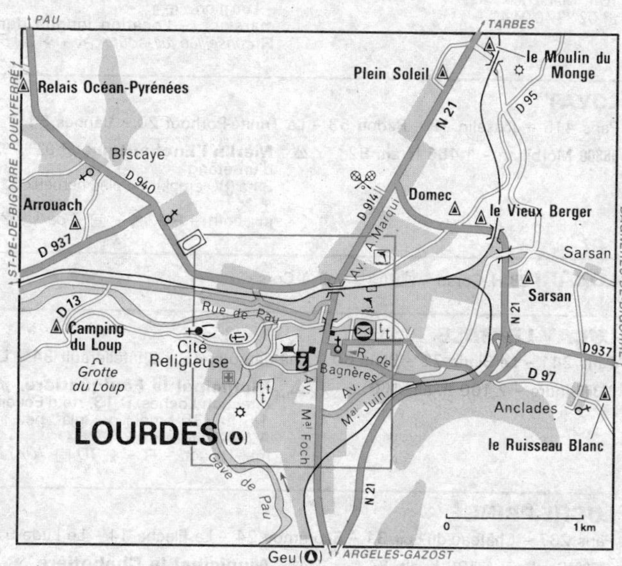

à Geu S : 8 km par N 21, D 13 à gauche et D 813 – 116 h. alt. 400
✉ 65100 Geu :

⛺ **Aire Naturelle Et-Bayet** ⩽, ✆ 05 62 94 02 80, à 0,6 km à l'Ouest du bourg, sur D 13, à 350 m du Gave de Pau (hors schéma) – juil.-sept. dans locations
1,4 ha (25 empl.) plat, terrasse, herbeux – – Location *(permanent)* : gîtes
avril-sept. – **R** – *15 9 12 11,50 (2A) 20 (5A) 27,50 (6A)*

à Poueyferré NO : 4,5 km par D 174, rte de Pau et à gauche – 675 h. alt. 360
✉ 65100 Poueyferré :

⛺ **Relais Océan-Pyrénées** ⩽, ✆ 05 62 94 57 22, S : 0,8 km, à l'intersection des D 940 et D 174
1 ha (90 empl.) en terrasses, peu incliné, herbeux
25 mars-15 oct. – **R** *juil.-15 août – 20 piscine comprise 20 13 (4A) 19 (6A) 29 (10A)*

LOUROUX-DE-BOUBLE

11 – 73 ④

Paris 364 – Clermont-Ferrand 69 – Commentry 25 – Montmarault 15 – St-Éloy-les-Mines 20 – Vichy 51

03330 Allier – 268 h. alt. 502

⛺ **Municipal,** à 2 km au Nord-Est du bourg, par D 129, rte de Target, à l'orée de la forêt de Boismal
0,5 ha (33 empl.) plat, herbeux
avril-oct. – **R** *juil.-août – 5 3 3 et 3 ou 5 pour eau chaude (jusqu'à 4 pers. ou plus de 4 pers.) 7*

LOUVEMONT

7 - 61 ⑨

Paris 214 - Bar-sur-Aube 49 - Chaumont 67 - St-Dizier 12 - Vitry-le-François 36

52130 Marne - 737 h. alt. 158

Le Buisson, 03 25 04 14 29, S : 1,2 km par D 192, rte de Pont-Varin et chemin à gauche, bord de la Blaise
1 ha (25 empl.) plat, herbeux, bois attenant -
15 juin-15 sept. - **R** *conseillée* - *12* *10* *11* *15*

LOUVIE-JUZON

13 - 85 ⑯ **G. Pyrénées Aquitaine**

Paris 802 - Laruns 11 - Lourdes 40 - Oloron-Ste-Marie 22 - Pau 28

64260 Pyr.-Atl. - 1 014 h. alt. 425

Le Rey, 05 59 05 78 52, E : 1 km par D 35, rte de Lourdes
3 ha (40 empl.) (été) plat et incliné, herbeux - - (bassin enfants) - Location :
mai-sept., 20 déc.-1er avril - **R** *conseillée juil.-août* - - *17* *17* *12 (4A)*.

LOUVIERS

5 - 55 ⑯ ⑰ **G. Normandie Vallée de la Seine**

Paris 101 - Les Andelys 22 - Bernay 51 - Lisieux 75 - Mantes 49 - Rouen 31

27400 Eure - 18 658 h. alt. 15.
Office de Tourisme, 10 r. Mar.-Foch
02 32 40 04 41

Le Bel Air, 02 32 40 10 77, O : 3 km par D 81, rte de la Haye-Malherbe - dans locations
2,5 ha (92 empl.) plat, herbeux - -
- Location :
mars-oct. - **Location longue durée** - *Places limitées pour le passage* - **R** *conseillée juil.-août* - - *22,50 piscine comprise* *27,50* *15,50 (4A)*

LOYAT

4 - 63 ④ **G. Morbihan**

Paris 415 - Josselin 19 - Redon 53 - La Trinité-Porhoët 20 - Vannes 54

56800 Morbihan - 1 465 h. alt. 82

Merlin l'Enchanteur, 02 97 93 05 52, au Sud du bourg, bord de l'Yvel et d'un étang
3 ha (80 empl.) plat, herbeux - - - A proximité :
juil.-août - **R** - - *2 pers. 42* *6 (2A) 9 (4A)*

LOZARI 2B H.-Corse - 90 ⑬ - voir à Corse

LUÇAY-LE-MÂLE

10 - 68 ⑦ **G. Berry Limousin**

Paris 241 - Le Blanc 72 - Blois 60 - Châteauroux 45 - Châtellerault 94 - Loches 38 - Tours 76

36360 Indre - 2 160 h. alt. 160

Municipal la Foulquetière, 02 54 40 52 88, SO : 3,4 km par D 960 direction Loches, D 13, rte d'Ecueillé et chemin à droite, près d'un plan d'eau
1,5 ha (30 empl.) plat, peu incliné, herbeux - -
A proximité : snack
mai-15 oct. - **R** - *10* *10/12* *6 (6A)*

LUCHÉ-PRINGÉ

5 - 64 ③ **G. Châteaux de la Loire**

Paris 237 - Château-du-Loir 31 - Écommoy 24 - La Flèche 14 - Le Lude 9 - Le Mans 39

72800 Sarthe - 1 486 h. alt. 34

Municipal la Chabotière « Cadre agréable », 02 43 45 10 00, à l'Ouest du bourg, à la Base de Loisirs, bord du Loir -
1,7 ha (75 empl.) en terrasses, herbeux - - - A l'entrée : - Location : bungalows toilés
avril-15 oct. - **R** *conseillée juil.-août* - - *15 piscine comprise* *7* *10* *10 (10A)*

LUCHON 31 H.-Gar.

14 - 85 ⑳ Voir Bagnères-de-Luchon

LUÇON

9 - 71 ⑪ **G. Poitou Vendée Charentes**

Paris 436 - Cholet 86 - Fontenay-le-Comte 32 - La Rochelle 41 - La Roche-sur-Yon 32

85400 Vendée - 9 099 h. alt. 8.
Office de Tourisme, square E.-Herriot
02 51 56 36 52, Fax 02 51 56 03 56

Base de Loisirs les Guifettes, 02 51 27 90 55, Fax 02 51 56 93 81, S : 2 km par rte de l'Aiguillon-sur-Mer et rte à droite, à 150 m d'un plan d'eau (plage)
0,9 ha (90 empl.) (juil.-août) plat, herbeux, pierreux - - - A proximité : half-court, poneys salle d'animation - Location *(permanent)* : (gîtes)
avril-oct. - **R** *conseillée* - GB - - *21* *31/36* *15 (10A)*

Les LUCS-SUR-BOULOGNE

9 - 67 ⑬

Paris 426 - Aizenay 18 - Les Essarts 23 - Nantes 44 - La Roche-sur-Yon 21

85170 Vendée - 2 629 h. alt. 70

Municipal Val de Boulogne, 02 51 46 59 00, NE : 0,5 km par rte de St-Sulpice, bord du lac de la Boulogne
0,3 ha (19 empl.) plat et incliné, herbeux - - - A proximité :
15 juin-15 sept. - **R** - - *Tarif 97* : *9,50* *6* *6,50* *11 (3A)*

LUC-SUR-MER

5 - 54 ⑯ G. Normandie Cotentin

Paris 248 - Arromanches-les-Bains 22 - Bayeux 29 - Cabourg 29 - Caen 17

14530 Calvados - 2 902 h.

Municipal la Capricieuse, ✆ 02 31 97 34 43, Fax 02 31 97 43 64, à l'Ouest de la localité, allée Brummel, à 200 m de la plage
4,6 ha (232 empl.) plat, peu incliné, herbeux - A proximité : - Location *(15 mars-nov.)* :
avril-sept. - **R** *conseillée* - GB - - *21 tennis compris 25,50 19 (6A) 27 (10A)*

Le LUDE

5 - 64 ③ G. Châteaux de la Loire

Paris 243 - Angers 65 - Chinon 61 - La Flèche 19 - Le Mans 45 - Saumur 51 - Tours 51

72800 Sarthe - 4 424 h. alt. 48.
Office de Tourisme, pl. F.-de-Nicolay
✆ 02 43 94 62 20, Fax 02 43 94 48 46

Municipal « Entrée fleurie », ✆ 02 43 94 67 70, NE : 0,8 km par D 307, rte du Mans, bord du Loir
4,5 ha (133 empl.) plat, herbeux - - A proximité : toboggan aquatique - Location : bungalows toilés
avril-sept. - **R** *conseillée* - - *élect. (5A) et piscine comprises 2 pers. 56, pers. suppl. 15*

LUGRIN

12 - 70 ⑱ G. Alpes du Nord

Paris 585 - Annecy 90 - Évian-les-Bains 7 - St-Gingolph 11 - Thonon-les-Bains 17

74500 H.-Savoie - 2 025 h. alt. 413

Vieille Église , ✆ 04 50 76 01 95, Fax 04 50 76 13 12, O : 2 km
1,2 ha (100 empl.) plat et peu incliné, terrasses, herbeux (0,5 ha) - - Location :
avril-20 oct. - **R** *conseillée juil.-août* - GB - - *piscine comprise 2 pers. 78, pers. suppl. 24 15 (4A) 18 (6A) 24 (10A)*

Les Myosotis , ✆ 04 50 76 07 59, S : 0,6 km
1 ha (58 empl.) (juil.-août) incliné et en terrasses, herbeux -
20 avril-sept. - **R** *conseillée juil.-août* - - *2 pers. 56 10 (2A) 15 (4A) 19 (6A)*

LUMIO 2B H.-Corse - 90 ⑬ - voir à Corse - Calvi

LUNAY

5 - 64 ⑥ G. Châteaux de la Loire

Paris 181 - La Ferté-Bernard 53 - Le Grand-Lucé 89 - Montoire-sur-le-Loir 9 - Vendôme 14

41360 L.-et-Ch. - 1 213 h. alt. 75

Municipal la Montellière , ✆ 02 54 72 04 54, sortie Nord par D 53, rte de Savigny-sur-Braye, près du château et d'un plan d'eau
1 ha (50 empl.) plat, herbeux - - A proximité :
15 mai-15 sept. - **R** *conseillée* - - *Tarif 97 : 2 ou 3 pers. 40 ou 43, pers. suppl. 10 12 (6A)*

LUNEL

16 - 83 ⑧

Paris 735 - Aigues-Mortes 16 - Alès 57 - Arles 57 - Montpellier 25 - Nîmes 31

34400 Hérault - 18 404 h. alt. 6.
Office de Tourisme, pl. Martyrs-de-la-Résistance
✆ 04 67 71 01 37, Fax 04 67 71 26 67

Mas de l'Isle « Cadre fleuri », ✆ 04 67 83 26 52, SE : 1,5 km par D 34, rte de Marsillargues, au carrefour avec D 61
3 ha (180 empl.) plat, pierreux, herbeux - -
15 mai-15 sept. - **R** - - *19 30 14 (3A)*

LURE

8 - 66 ⑦ G. Jura

Paris 386 - Belfort 33 - Besançon 83 - Épinal 75 - Montbéliard 34 - Vesoul 29

70200 H.-Saône - 8 843 h. alt. 290.
Office de Tourisme, 35 r. Carnot
✆ 03 84 62 80 52, Fax 03 84 62 74 61

Municipal les Écuyers, ✆ 03 84 30 43 40, SE : 1,4 km par D 64 vers rte de Belfort puis 0,8 km par D 18 à droite, rte de l'Isle-sur-le-Doubs, à 50 m de l'Ognon (accès direct)
1 ha (45 empl.) plat, herbeux - - - A proximité :
mai-sept. - **R** - *Tarif 97 : 18 10 13 (5A)*

LUS-LA-CROIX-HAUTE

16 - 77 ⑮ G. Alpes du Sud

Paris 640 - Alès 205 - Die 45 - Gap 49 - Grenoble 75

26620 Drôme - 428 h. alt. 1 050.
Office de Tourisme, r. Principale
✆ 04 92 58 51 85

Champ la Chèvre , ✆ 04 92 58 50 14, au Sud-Est du bourg, près de la piscine
3,7 ha (100 empl.) (saison) plat, peu incliné, incliné, herbeux - - - A l'entrée : - Location *(juin-sept.)* :
mars-nov. - **R** *conseillée saison* - - *14 12 13 13 (6A)*

LUYNES

5 - 64 ⑭ G. Châteaux de la Loire

Paris 249 - Angers 111 - Château-La-Vallière 28 - Chinon 42 - Langeais 16 - Saumur 56 - Tours 12

37230 I.-et-L. - 4 128 h. alt. 60.
Office de Tourisme, Maison du XVe
✆ 02 47 55 77 14, Fax (Mairie) 02 47 55 52 56

Municipal les Granges , ✆ 02 47 55 60 85, sortie Sud par D 49
0,8 ha (63 empl.) plat, herbeux - - - A proximité : parcours sportif
8 mai-13 sept. - **R** - *Tarif 97 : 11 11 15 (10A)*

LUZ-ST-SAUVEUR

14 - 85 ⑱ G. Pyrénées Aquitaine

Paris 844 - Argelès-Gazost 19 - Cauterets 23 - Lourdes 31 - Pau 72 - Tarbes 49

65120 H.-Pyr. - 1 173 h. alt. 710 - (mai-oct.) - Sports d'hiver : 710/2 450 m ⛷19.

Office de Tourisme, pl. 8-Mai ✆ 05 62 92 81 60, Fax 05 62 92 87 19

Airotel Pyrénées M ❄ <, ✆ 05 62 92 89 18, Fax 05 62 92 96 50, NO : 1 km par D 921, rte de Lourdes
2,5 ha (165 empl.) peu incliné et incliné, plat et en terrasses, herbeux - salle de musculation half-court - Location :
15 nov.-15 oct. - **R** *conseillée* - GB - *piscine comprise 2 pers. 88, pers. suppl. 22 (ʞ) 18 (3A) 20 (4A) 30 (6A)*

International ❄ <, ✆ 05 62 92 82 02, Fax 05 62 92 96 87, NO : 1,3 km par D 921, rte de Lourdes
4 ha (133 empl.) plat, peu incliné, en terrasses, herbeux - half-court
15 déc.-15 avril, juin-sept. - **R** *conseillée* - GB - *Tarif 97 : piscine comprise 3 pers. 94, pers. suppl. 23,50 - hiver : 21 21 12 (2A) 18 (3A) 31 (6A)*

Pyrénévasion M < vallées de Barèges et de Gavarnie, ✆ 05 62 92 91 54, Fax 05 62 92 98 34, à **Sazos**, NO : 3,4 km par D 921, rte de Gavarnie, et D 12 rte de Luz-Ardiden - alt. 834
2,8 ha (76 empl.) en terrasses, peu incliné, herbeux, gravier -
Permanent - **R** *conseillée juil.-août* - GB - *2 pers. 60, pers. suppl. 20 15 (3A) 30 (6A) 45 (10A)*

So de Prous <, ✆ 05 62 92 82 41, NO : 3 km par D 921, rte de Lourdes, à 80 m du Gave de Gavarnie
2 ha (80 empl.) plat, peu incliné, en terrasses, herbeux - (bassin) - Location :
fermé nov.-19 déc. - **R** *juil.-août* - *21 21 10 (2A) 20 (4A) 30 (6A)*

Les Cascades <, ✆ 05 62 92 85 85, Fax 05 62 92 96 95, au Sud de la localité, rue Ste-Barbe, bord de torrents
2 ha (100 empl.) peu incliné et en terrasses, herbeux, pierreux - A proximité :
15 déc.-29 sept. - **R** *conseillée hiver* - GB - *2 pers. 62 18 (3A) 32 (6A)*

Le Bergons <, ✆ 05 62 92 90 77, à **Esterre**, E : 0,5 km par D 918, rte de Barèges
1 ha (78 empl.) (juil.-août) plat, peu incliné et terrasses, herbeux -
Permanent - **R** - *Tarif 97 : 16 (hiver 17) 16 (hiver 17) 12 (2A) 18 (3A) 31 (6A)*

Le Bastan ❄ <, ✆ 05 62 92 82 56, à **Esterre**, E : 0,8 km par D 918, rte de Barèges, bord du Bastan
1,2 ha (35 empl.) (été) peu incliné et plat, herbeux, pierreux -
Permanent - **R** - *16,50 (hiver 17) 4 (hiver 5) 10/20 (hiver 25) 15 (3A) 30 (6A)*

Le Nére <, ✆ 05 62 92 81 30, NO : 2,8 km par D 921, rte de Lourdes, à 100 m du Gave de Gavarnie
1,2 ha (67 empl.) plat, herbeux - - Location :
Permanent - GB - *16 piscine comprise 16 11 (2A) 16 (3A) 31 (6A)*

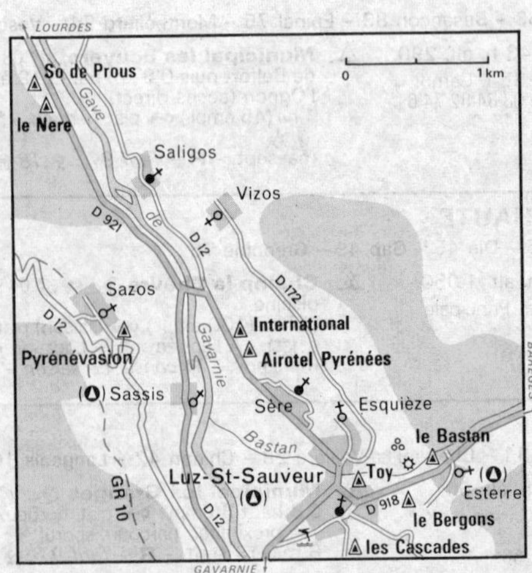

Toy <, 05 62 92 86 85, centre bourg, pl. du 8-Mai, bord du Bastan
1,2 ha (100 empl.) peu incliné et en terrasses, herbeux, pierreux - A proximité :
20 déc.-25 avril, juin-25 sept. - **R** *conseillée* - *18,50 (hiver 19,50)* *18,50 (hiver 19,50)* *12 à 31 (2 à 6A)*

Saint-Bazerque <, 05 62 92 49 93, S : 6 km par D 921, rte de Gavarnie (hors schéma) - alt. 900
1,5 ha (65 empl.) plat et peu incliné, terrasses, herbeux -
juin-sept. - **R** - *14* *14* *12 (2A) 18 (3A) 24 (4A)*

LUZY

11 - 69 ⑥ G. Bourgogne

Paris 322 - Autun 35 - Château-Chinon 39 - Moulins 63 - Nevers 79

58170 Nièvre - 2 422 h. alt. 275

Château de Chigy < « Agréable domaine : prairies, bois, étangs », 03 86 30 10 80, Fax 03 86 30 09 22 58170 Tazilly, SO : 4 km par D 973, rte de Bourbon-Lancy puis chemin à gauche
70 ha/4,8 campables (200 empl.) plat, peu incliné et en terrasses, herbeux - - - Location : , appartements
avril-sept. - **R** *conseillée juil.-août* - GB - - *30 piscine comprise* *37* *20 (4 à 6A)*

LYON P

11 - 74 ⑪ ⑫ G. Vallée du Rhône

Paris 459 - Genève 151 - Grenoble 107 - Marseille 314 - St-Étienne 60 - Torino 309

69000 Rhône - 415 487 h. alt. 175.
Office de Tourisme, pl. Bellecour
04 72 77 69 69, Fax 04 78 42 04 32

Municipal Porte de Lyon, 04 78 35 64 55, Fax 04 72 17 04 26 69570 Dardilly, à **Dardilly**, NO : 10 km par N 6, rte de Mâcon - Par A 6 : sortie Limonest
6 ha (150 empl.) plat, peu incliné, herbeux, gravillons - snack - - Location :
Permanent - **R** - GB - *17 piscine comprise* *35/45* *10A : 15 (hiver 25)*

LYONS-LA-FORÊT

5 - 55 ⑧ G. Normandie Vallée de la Seine

Paris 103 - Les Andelys 20 - Forges-les-Eaux 30 - Gisors 29 - Gournay-en-Bray 25 - Rouen 34

27480 Eure - 701 h. alt. 88

Municipal St-Paul, 02 32 49 42 02, au Nord-Est du bourg, par D 321, au stade, bord de la Lieure
3 ha (100 empl.) plat, herbeux - - -
A proximité :
Permanent - **R** *20* *10* *10/20 avec élect.*

MACHECOUL

9 - 67 ② G. Poitou Vendée Charentes

Paris 422 - Beauvoir-sur-Mer 23 - Nantes 37 - La Roche-sur-Yon 53 - St-Nazaire 56

44270 Loire-Atl. - 5 072 h. alt. 5.
Office de Tourisme, 14 pl. des Halles
02 40 31 42 87, Fax 02 40 02 31 28

La Rabine, 02 40 02 30 48, sortie Sud par D 95 rte de Challans, bord de rivière
2,8 ha (66 empl.) plat, herbeux (1 ha) - - -
A proximité : (découverte l'été)
mai-sept. - **R** *conseillée juil.-août* - - *Tarif 97 :* *7* *5* *5/6* *10 (15A)*

MÂCON P

12 - 69 ⑲ G. Bourgogne

Paris 391 - Bourg-en-Bresse 37 - Chalon-sur-Saône 59 - Lyon 73 - Roanne 96

71000 S.-et-L. - 37 275 h. alt. 175.
Office de Tourisme, 187 r. Carnot
03 85 39 71 37, Fax 03 85 39 72 19

Municipal « Entrée fleurie », 03 85 38 16 22, Fax 03 85 39 39 18, N : 3 km sur N 6
5 ha (275 empl.) plat, herbeux - -
15 mars-oct. - **R** - GB - *Tarif 97 :* *2 pers. 55/66 (78 avec élect. 5A), pers. suppl. 17,50* *15,50 (10A)*

MADIC

10 - 76 ②

Paris 482 - Aurillac 81 - Bort-les-Orgues 4 - Condat 36 - Mauriac 28 - Neuvic 29

15210 Cantal - 239 h. alt. 430

Municipal du Bourg <, à l'Ouest du bourg, au stade
1 ha (33 empl.) plat, peu incliné, herbeux -
15 mai-15 sept. - **R** - *6,60* *2,20* *3,30* *8,80 (5A)*

MAGNAC-BOURG

13 - 72 ⑱

Paris 419 - Limoges 30 - St-Yrieix-la-Perche 27 - Uzerche 26

87 H.-Vienne - 857 h. alt. 444
87380 St-Germain-les-Belles

Municipal des Écureuils, 05 55 00 80 28, sortie Nord, rte de Limoges
1,3 ha (30 empl.) plat, peu incliné, herbeux -
avril-sept. - **R** - *12* *12* *12 (5A)*

MAGNIÈRES

8 - 62 ⑥

Paris 356 – Baccarat 15 – Épinal 40 – Lunéville 23 – Nancy 52

54129 M.-et-M. – 333 h. alt. 250

Municipal le Pré Fleuri, 03 83 72 34 73, O : 0,5 km par D 22 rte de Bayon, à l'ancienne gare, bord d'un étang et à 200 m de la Mortagne
1 ha (34 empl.) plat et peu incliné, gravillons, herbeux, pierreux - A l'entrée : (wagon-restaurant) – voiturettes sur rail (draisines)

MAICHE

12 - 66 ⑱ **G. Jura**

Paris 479 – Baume-les-Dames 55 – Besançon 74 – Montbéliard 42 – Morteau 28 – Pontarlier 60

25120 Doubs – 4 168 h. alt. 777.
Office de Tourisme, pl. de la Mairie
03 81 64 11 88, Fax 03 81 64 02 30

Municipal St-Michel, 03 81 64 12 56, S : 1,3 km, sur D 422 reliant le D 464, rte de Charquemont et le D 437, rte de Pontarlier – Accès conseillé par D 437, rte de Pontarlier
2 ha (70 empl.) peu incliné, en terrasses, herbeux, bois attenant – – Location : gîte d'étape
Permanent – **R** *conseillée 15 juil.-15 août – Tarif 97 : 13,20 (hiver 19,50) 17,95 (hiver 18,45) 9,50 (2 à 5A) 18,45 (plus de 5A)*

MAILLÉ

9 - 71 ①

Paris 436 – Fontenay-le-Comte 17 – Niort 30 – La Rochelle 41 – Surgères 36

85420 Vendée – 734 h. alt. 5

Municipal « Agréable situation », à l'Ouest du bourg, bord de la Sèvre Niortaise et près d'un canal
0,6 ha (44 empl.) plat, herbeux – –
avril-sept. – **R** – – *11 10/13 12*

MAILLEZAIS

9 - 71 ① **G. Poitou Vendée Charentes**

Paris 432 – Fontenay-le-Comte 14 – Niort 26 – La Rochelle 44 – La Roche-sur-Yon 70

85420 Vendée – 930 h. alt. 6

Municipal de l'Autize, 02 51 00 70 79, sortie Sud, rte de Courçon
1 ha (38 empl.) plat, herbeux – – A proximité :
avril-sept. – **R** *conseillée* – – *10 30 13 (5A)*

MAINTENON

5 - 60 ⑧ **G. Ile de France**

Paris 87 – Chartres 18 – Dreux 30 – Houdan 28 – Rambouillet 22 – Versailles 55

28130 E.-et-L. – 4 161 h. alt. 109

Les Ilots de St-Val, 02 37 82 71 30, Fax 02 37 82 77 67, NO : 4,5 km par D 983, rte de Nogent-le-roi puis 1 km par D 101^3, rte de Neron à gauche
3 ha (100 empl.) plat et incliné, herbeux, pierreux –
–
16 janv.-15 déc. – Location longue durée – *Places disponibles pour le passage* – **R** – – *23 23 8 (2A) 16 (4A) 24 (6A)*

MAISOD

12 - 70 ⑭ **G. Jura**

Paris 442 – Lons-le-Saunier 30 – Oyonnax 32 – St-Claude 29

39260 Jura – 203 h. alt. 520

Trelachaume « Site agréable », 03 84 42 03 26, Fax 03 84 42 60 17, S : 2,2 km par D 301 et rte à droite
3 ha (180 empl.) plat, peu incliné à incliné, herbeux, pierreux –
–
20 juin-25 août – **R** *conseillée* – GB – – *2 pers. 67 16 (5A)*

MAISON-JEANNETTE

10 - 75 ⑤ ⑮

Paris 508 – Bergerac 23 – Périgueux 25 – Vergt 10

24 Dordogne
24140 Villamblard

Orphéo-Négro « Agréable situation au bord d'un étang », 05 53 82 96 58, Fax 05 53 80 45 50, NE : par N 21 au lieu-dit les Trois Frères, près de l'hôtel Tropicana
7 ha/2 campables (100 empl.) peu incliné à incliné, plat, terrasse, herbeux, pierreux – – toboggans aquatiques – A proximité :
26 juin-août – **R** *conseillée* – *23,50 piscine comprise 26 15,50 (6A)*

MAISON-NEUVE

16 - 80 ⑧

Paris 662 – Aubenas 34 – Largentière 24 – Privas 64 – St-Ambroix 21 – Vallon-Pont-d'Arc 20

07 Ardèche – 07230 Lablachère

Pont de Maisonneuve, 04 75 39 39 25 07460 Beaulieu, sortie Sud par D 104 rte d'Alès et à droite, rte de Casteljau, après le pont, bord du Chassezac
3 ha (100 empl.) plat, herbeux – – –
– Location : , gîtes
avril-sept. – **R** *conseillée juil.-août* – GB – – *piscine comprise 2 pers. 64, pers. suppl. 13 13 (3A)*

MALARCE-SUR-LA-THINES

16 - 80 ⑧

Paris 634 - Aubenas 48 - Largentière 38 - Privas 78 - Vallon-Pont-d'Arc 44 - Villefort 22

07140 Ardèche - 244 h. alt. 340

Les Gorges du Chassezac ≤, ✆ 04 75 39 45 12, SE : 4 km par D 113, rte des Vans, lieu-dit Champ d'Eynès, accès direct au Chassezac
2,5 ha (80 empl.) (juil.-août) plat, peu incliné et en terrasses, pierreux, herbeux - - Location *(juil.-août)* :
5 avril-13 sept. - **R** *conseillée juil.-août* - - *2 pers. 57*

MALBOSC

16 - 80 ⑧

Paris 651 - Alès 46 - La Grand-Combe 28 - Les Vans 19 - Villefort 27

07140 Ardèche - 146 h. alt. 450

Municipal du Moulin de Gournier , ✆ 04 75 37 35 50, NE : 7 km par D 216 rte des Vans, bord de la Ganière
1 ha (29 empl.) (juil.-août) en terrasses, pierreux, herbeux - snack -
juin-août - **R** *conseillée 14 juil.-15 août* - - *2 pers. 70* *20 (10A)*

MALBUISSON

12 - 70 ⑥ G. Jura

Paris 457 - Besançon 75 - Champagnole 42 - Pontarlier 15 - St-Claude 73 - Salins-les-Bains 49

25160 Doubs - 366 h. alt. 900.
Office de Tourisme, Lac St-Point
✆ 03 81 69 31 21, Fax 03 81 69 71 94

Les Fuvettes ≤, ✆ 03 81 69 31 50, Fax 03 81 69 70 46, SO : 1 km, bord du lac de St-Point
6 ha (320 empl.) (juil.-août) plat et peu incliné, herbeux, pierreux - snack - - Location :
vacances scolaires hiver, avril-15 oct. - **R** *conseillée* - GB - - *2 pers. 83* *18 (4A) 23 (10A)*

MALEMORT-DU-COMTAT

16 - 81 ⑬

Paris 692 - Avignon 33 - Carpentras 12 - Malaucène 23 - Orange 36 - Sault 36

84570 Vaucluse - 985 h. alt. 208

Font Neuve ≤, ✆ 04 90 69 90 00, SE : 1,6 km par D 5, rte de Méthanis et chemin à gauche
1,5 ha (54 empl.) plat et peu incliné, terrasses, herbeux, pierreux (0,5 ha) - - - Location :
mai-sept. - **R** *conseillée juil.-août* - - *17 piscine comprise* *10* *21* *15 (6A)*

MALESHERBES

6 - 61 ⑪ G. Ile de France

Paris 80 - Étampes 26 - Fontainebleau 27 - Montargis 61 - Orléans 61 - Pithiviers 18

45330 Loiret - 5 778 h. alt. 108.
Office de Tourisme, 2 r. de la Pilonne
✆ 02 38 34 81 94

La Vallée Doudemont « Cadre agréable », ✆ 02 38 34 85 63, NO : 1,5 km - accès conseillé par le centre ville et D 132, rte de Boigneville
2 ha (110 empl.) plat et peu incliné, gravier - -
Permanent - Location longue durée - *Places limitées pour le passage* - **R** - *11* *11* *11 (5A) 22 (10A)*

MALLEVAL

12 - 77 ④ G. Alpes du Nord

Paris 588 - Grenoble 121 - Romans-sur-Isère 45 - Villard-de-Lans 42

38470 Isère - 18 h. alt. 940

Municipal ≤, ✆ 04 76 64 01 89, Fax 04 76 38 45 12, au bourg - Pour caravanes : accès conseillé par la D 31, rte de St-Pierre-de-Chérennes - Fortement déconseillé par les Gorges du Nan, rte étroite, croisement impossible
0,5 ha (50 empl.) plat, peu incliné, herbeux - - A proximité :
juin-sept. - **R** - *12* *10* *10* *10*

MAMERS

5 - 60 ⑭ G. Normandie Vallée de la Seine

Paris 184 - Alençon 25 - Le Mans 44 - Mortagne-au-Perche 24 - Nogent-le-Rotrou 39

72600 Sarthe - 6 071 h. alt. 128.
Office de Tourisme, 29 pl. Carnot
✆ 02 43 97 60 63, Fax 02 43 97 38 65

Municipal la Grille, ✆ 02 43 97 68 30, N : 1 km par rte de Mortagne-au-Perche et D 113 à gauche rte de Contilly, près de deux plans d'eau
1,5 ha (50 empl.) peu incliné et en terrasses, herbeux - -
A proximité : parcours de santé,

MANDELIEU-LA-NAPOULE

17 - 84 ⑧ G. Côte d'Azur

Paris 892 - Brignoles 87 - Cannes 9 - Draguignan 53 - Fréjus 30 - Nice 37 - St-Raphaël 31

06 Alpes-Mar. - 16 493 h. alt. 4
✉ 06210 Mandelieu.
Office de Tourisme, av. Cannes
✆ 04 92 97 86 46, Fax 04 92 97 67 79, bd H.-Clews ✆ 04 93 49 95 31 et sortie autoroute ✆ 04 92 97 99 27, r. J.-Monnet ✆ 04 93 49 14 39

Les Pruniers, ✆ 04 92 97 00 44, Fax 04 93 49 37 45, à Mandelieu, par av. de la Mer, bord de la Siagne
0,8 ha (28 empl.) plat, herbeux, gravier - - A proximité : golf - Location :
15 mars-15 oct. - **R** *conseillée juil.-août* - - *2 pers. 120/140* *20 (5 ou 10A)*

MANDEURE

8 - 66 ⑱ G. Jura

Paris 426 – Baume-les-Dames 52 – Montbéliard 12 – Porrentruy 28 – St-Hippolyte 22

25350 Doubs – 5 402 h. alt. 336

Les Grands Ansanges, ✆ 03 81 35 23 79, Fax 03 81 30 09 26, NO : sortie vers Pont-de-Roide et rue à droite, près du Doubs
1,9 ha (96 empl.) (saison) plat, herbeux
avril-oct. – **R** *conseillée* – **GB** – *16* *16/18* *14 (4A) 25 (10A)*

MANE

14 - 86 ②

Paris 772 – Aspet 19 – St-Gaudens 20 – St-Girons 22 – Ste-Croix-Volvestre 25 – Toulouse 80

31260 H.-Gar. – 1 054 h. alt. 297

Municipal de la Justale, ✆ 05 61 90 68 18, à 0,5 km au Sud-Ouest du bourg par rue près de la mairie, bord de l'Arbas et d'un ruisseau
3 ha (23 empl.) plat, herbeux
– A proximité : – Location *(permanent)* : gîtes
mai-sept. – **R** *conseillée* – *12 piscine comprise* *10* *13* *10 (6A) 15 (10A)*

MANOSQUE

16 - 81 ⑮ G. Alpes du Sud

Paris 757 – Aix-en-Provence 55 – Avignon 92 – Digne-les-Bains 59 – Grenoble 193 – Marseille 86

04100 Alpes-de-H.-P. – 19 107 h. alt. 387.
Office de Tourisme, pl. Dr. P.-Joubert ✆ 04 92 72 16 00, Fax 04 92 72 58 98

Les Ubacs, ✆ 04 92 72 28 08, O : 1,5 km par D 907 rte d'Apt et à gauche av. de la Repasse
4 ha (110 empl.) plat et peu incliné, en terrasses, herbeux, gravier (bassin)
avril-sept. – **R** *conseillée* – *Tarif 97 :* *18* *20* *15 (4A) 18 (6A)*

MANSIGNÉ

5 - 64 ③

Paris 230 – Château-du-Loir 28 – La Flèche 21 – Le Lude 16 – Le Mans 32

72510 Sarthe – 1 255 h. alt. 80

Municipal de la Plage, ✆ 02 43 46 14 17, sortie Nord par D 31 rte de la Suze-sur-Sarthe, à 100 m d'un plan d'eau (plage)
3 ha (175 empl.) plat, herbeux – centre de documentation touristique – A proximité : – Location : bungalows toilés
Pâques-oct. – **R** *conseillée* – *19 piscine comprise* *8* *8* *12 (6A)*

MANSLE

9 - 72 ③

Paris 421 – Angoulême 26 – Cognac 53 – Limoges 92 – Poitiers 86 – St-Jean-d'Angély 61

16230 Charente – 1 601 h. alt. 65

Municipal, ✆ 05 45 20 31 41, au Nord-Est du bourg par D 18 et à droite après le pont, au stade, bord de la Charente
2 ha (120 empl.) plat, herbeux
15 mai-15 sept. – **R** – *10* *10* *25* *15 (16A)*

MANTENAY-MONTLIN

12 - 70 ⑫

Paris 385 – Bourg-en-Bresse 27 – Louhans 29 – Mâcon 30 – Pont-de-Vaux 16 – St-Amour 24

01560 Ain – 256 h. alt. 192

Municipal, ✆ 04 74 52 66 91, à 0,5 km à l'Ouest du bourg, bord de la Reyssouze
1,3 ha (30 empl.) (juil.-août) plat, herbeux
15 juin-15 sept. – **R** – *12* *13* *11*

MARANS

9 - 71 ⑫ G. Poitou Vendée Charentes

Paris 462 – Fontenay-le-Comte 26 – Niort 48 – La Rochelle 23 – La Roche-sur-Yon 58

17230 Char.-Mar. – 4 170 h. alt. 1.
Office de Tourisme, 62 r. d'Aligre ✆ 05 46 01 12 87

Municipal du Bois Dinot « Parc attenant », ✆ 05 46 01 10 51, N : 0,5 km par N 137, rte de Nantes, à 80 m du canal
7 ha/3 campables (170 empl.) plat, herbeux – vélodrome - A l'entrée :
avril-1er nov. – **R** – **GB** – *Tarif 97 :* *16* *10* *10* *10 (5A)*

MARCENAY

7 - 65 ⑧

Paris 232 – Auxerre 72 – Chaumont 72 – Dijon 97 – Montbard 34 – Troyes 67

21330 Côte-d'Or – 130 h. alt. 220

Les Grèbes, ✆ 03 80 81 61 72, Fax 03 80 81 61 99, N : 0,8 km, près du lac (accès direct)
2,4 ha (90 empl.) plat, herbeux
A proximité : (plage)
Rameaux-15 sept. – **R** *conseillée* – **GB** – *12* *9* *11* *11 (20A)*

MARCHAINVILLE

5 - 60 ⑤

Paris 127 – L'Aigle 27 – Alençon 64 – Mortagne-au-Perche 26 – Nogent-le-Rotrou 37 – Verneuil-sur-Avre 22

61290 Orne – 197 h. alt. 235

Municipal les Fossés, au Nord-Ouest du bourg
1 ha (17 empl.) plat, herbeux
avril-oct. – **R** – *7* *5* *14*

Les MARCHES

12 - 74 ⑮ ⑯

Paris 574 - Albertville 43 - Chambéry 12 - Grenoble 45 - Montmélian 6

73800 Savoie - 1 416 h. alt. 328

La Ferme du Lac ≤, ☎ 04 79 28 13 48, SO : 1 km par N 90, rte de Pontcharra et D 12 à droite
2,6 ha (100 empl.) plat, herbeux - Location :
15 avril-sept. - **R** *conseillée 10 juil.-20 août - 13 7 12 13 (6A) 18 (10A)*

MARCILHAC-SUR-CÉLÉ

14 - 79 ⑨ **G. Périgord Quercy**

Paris 571 - Cajarc 14 - Cahors 45 - Figeac 33 - Livernon 14

46160 Lot - 196 h. alt. 156

Municipal ≤, ☎ 05 65 40 77 88, sortie Nord par D 41 rte de Figeac, bord du Célé
1 ha (53 empl.) plat, herbeux -
15 juin-15 sept. - **R** - *18 20 18 (6A)*

MARCILLAC-LA-CROISILLE

10 - 75 ⑩ **G. Berry Limousin**

Paris 502 - Argentat 26 - Égletons 17 - Mauriac 40 - Tulle 27

19320 Corrèze - 787 h. alt. 550

Municipal du Lac, ☎ 05 55 27 81 38, SO : 2 km par D 131^{E2}, rte de St-Pardoux-la-Croisille, près du lac
3,5 ha (236 empl.) (juil.-août) peu incliné à incliné, herbeux - A proximité : - Location : huttes
juin-1er oct. - **R**

MARCILLAC-ST-QUENTIN

13 - 75 ⑰

Paris 506 - Brive-la-Gaillarde 48 - Les Eyzies-de-Tayac 18 - Montignac 16 - Périgueux 63 - Sarlat-la-Canéda 10

24200 Dordogne - 598 h. alt. 235

Les Tailladis ≤, ☎ 05 53 59 10 95, Fax 05 53 29 47 56, N : 2 km, à proximité de la D 48, bord de la Beune et d'un petit étang
25 ha/8 campables (83 empl.) plat, en terrasses et incliné, herbeux, pierreux - Location :
15 mars-oct. - **R** *conseillée juil.-août - 26 piscine comprise 36 19,50 (6A)*

MARCILLAC-VALLON

15 - 80 ②

Paris 621 - Conques 19 - Decazeville 24 - Rodez 18 - Villecomtal 19

12330 Aveyron - 1 485 h. alt. 264

Municipal le Cambou, ☎ 05 65 71 74 96, NO : 0,7 km par rte de Bramarigues et chemin à gauche du cimetière, au confluent du Créneau et de l'Ady
1,5 ha (39 empl.) plat et peu incliné, herbeux - -
15 juin-15 sept. - **R** - *10 5,50 5,50 ou 9,50 9 (plus de 5A)*

MARCILLÉ-ROBERT

4 - 63 ⑧

Paris 334 - Bain-de-Bretagne 32 - Châteaubriant 29 - La Guerche-de-Bretagne 11 - Rennes 35 - Vitré 29

35240 I.-et-V. - 837 h. alt. 65

Municipal de l'Etang ≤, sortie Sud par D 32 rte d'Arbrissel, bord de rivière et d'un étang
0,5 ha (22 empl.) plat, peu incliné, en terrasses, herbeux -
15 avril-oct. - **R** - *14,50 10 10,50 (8A)*

MARCILLY-SUR-VIENNE

10 - 68 ④

Paris 280 - Azay-le-Rideau 30 - Chinon 30 - Châtellerault 29 - Descartes 19 - Richelieu 21 - Tours 46

37800 I.-et-L. - 526 h. alt. 60

Intercommunal la Croix de la Motte, ☎ 02 47 65 20 38, N : 0,7 km par D 18 rte de l'Ile-Bouchard, bord de la Vienne
1 ha (61 empl.) plat, herbeux - - (plage)
15 juin-14 sept. - **R** *conseillée 14 juil.-15 août - 12 16 15 (6A)*

MARCOLS-LES-EAUX

11 - 76 ⑲

Paris 618 - Aubenas 36 - Le Cheylard 24 - Le Monastier-sur-Gazeille 49 - Privas 34

07190 Ardèche - 300 h. alt. 730

Municipal de Gourjatoux ≤, à 0,5 km au Sud du bourg, près de la Glueyre - Accès difficile pour véhicules venant de Mézilhac
0,7 ha (28 empl.) en terrasses, herbeux - -
juil.-août - **R** *conseillée - Tarif 97 : 7,50 5 5/6 9*

MARÇON

5 - 64 ④

Paris 222 - Château-du-Loir 10 - Le Grand-Lucé 50 - Le Mans 51 - Tours 44

72340 Sarthe - 912 h. alt. 59

Lac de Varennes, ☎ 02 43 44 13 72, Fax 02 43 44 54 31, O : 1 km par D 61 rte du Port Gautier, près de l'espace de loisirs, bord du Loir et du lac de Varennes
5,5 ha (250 empl.) plat, herbeux (1 ha) - - (plage) - A proximité : - Location : bungalows toilés
25 mars-20 oct. - **R** *conseillée juil.-août - GB - 21,50 18 13 (6A)*

MAREUIL

10 – 72 ⑭ G. Périgord Quercy

Paris 484 – Angoulême 38 – Nontron 23 – Périgueux 48 – Ribérac 27

24340 Dordogne – 1 194 h. alt. 124

Les Graulges, ✆ 05 53 60 74 73, N : 5,5 km par D 99, rte de Charras et chemin à droite, bord d'un étang et d'un ruisseau
7 ha/2 campables (50 empl.) peu incliné, pierreux, herbeux
mars-oct. – **R** *conseillée juil.-août* – *16 piscine comprise* *27* *13 (5A)*

Municipal du Vieux Moulin « Entrée fleurie », ✆ 05 53 60 99 80, sortie Sud-Ouest par D 708, rte de Ribérac et 99 à gauche, rte de la Tour-Blanche, bord d'un ruisseau
0,6 ha (20 empl.) plat, herbeux – A proximité :
15 juin-15 sept. – **R** – *14* *7,50* *8 (5A)*

MAREUIL-SUR-CHER

5 – 64 ⑰

Paris 225 – Blois 44 – Châtillon-sur-Indre 41 – Montrichard 15 – St-Aignan 5

41110 L.-et-Ch. – 977 h. alt. 63

Municipal le Port, ✆ 02 54 32 79 51, au bourg, près de l'église, bord du Cher
1 ha (40 empl.) plat, herbeux
Pâques-sept. – **R** – *Tarif 97 : 1 pers. 30, 2 pers. 40, pers. suppl. 12* *15 (5A)*

MAREUIL-SUR-LAY-DISSAIS

9 – 67 ⑭ G. Poitou Vendée Charentes

Paris 426 – Cholet 76 – Nantes 89 – Niort 69 – La Rochelle 54 – La Roche-sur-Yon 23

85320 Vendée – alt. 20.
Office de Tourisme, Mairie
✆ 02 51 30 51 05

Municipal la Prée, ✆ 02 51 97 27 26, au Sud du bourg, bord du Lay, près de la piscine et du stade
1,5 ha (41 empl.) (juil.-août) plat, herbeux – A l'entrée : – A proximité :
15 juin-15 sept. – **R** – *Tarif 97 : 12* *7,50* *8* *12,50 (5A)*

MARIGNY

12 – 70 ④ ⑤

Paris 426 – Arbois 31 – Champagnole 16 – Doucier 4 – Lons-le-Saunier 27 – Poligny 29

39130 Jura – 153 h. alt. 519

La Pergola « Site agréable », ✆ 03 84 25 70 03, Fax 03 84 25 75 96, S : 0,8 km, bord du **lac de Chalain**
6 ha (350 empl.) en terrasses, herbeux, pierreux (3ha) – brasserie – – Location :
mai-sept. – **R** *conseillée* – GB – *élect. et piscine comprises 2 pers. 177,50 à 210*

MARIOL

11 – 73 ⑤

Paris 421 – Le Mayet-de-Montagne 24 – Riom 39 – Thiers 23 – Vichy 14

03270 Allier – 714 h. alt. 280

Les Marrants, ✆ 04 70 59 44 70, NO : 1,3 km sur D 260, à 300 m du D 906 et à 120 m d'un étang (accès direct)
1,5 ha (45 empl.) plat, herbeux – – Location :
mai-sept. – **R** *conseillée juil.-août* – *élect. (6A), piscine et tennis compris 2 pers. 60, 3 à 6 pers. 80*

MARNE-LA-VALLÉE

6 – 56 ⑫ G. Ile de France

Paris 27 – Meaux 28 – Melun 39

77206 S.-et-M.

à Disneyland Paris : 38 km à l'Est de Paris par A4
77777 B.P. 117 Marne-la-Vallée Cedex 4

Davy Crockett Ranch « Agréable cadre boisé », ✆ 01 60 45 69 00, Fax 01 60 45 69 33, par A4 sortie N 13 et rte Ranch Davy Crockett – animaux interdits (chenil à disposition)
57 ha camping : 97 empl. plat, sablonneux et plates-formes aménagées pour caravanes – self – théâtre de plein air toboggan aquatique, poneys, parc animalier – Location :
Permanent – **R** *conseillée* – GB – *camping : élect., piscine et tennis compris jusqu'à 6 pers. 400 - locatif : 850 pour 4 pers., 910 pour 6 pers.*

MARSAC-SUR-DON

4 – 63 ⑯

Paris 387 – Bain-de-Bretagne 30 – Nantes 52 – Nort-sur-Erdre 23 – St-Nazaire 61

44170 Loire-Atl. – 1 192 h. alt. 50

Municipal de la Roche « Situation agréable au bord d'un étang », O : 3 km par D 125 rte de Guénouvry et rte à gauche
1 ha (33 empl.) vallonné, herbeux – – Location *(permanent)* : gîte d'étape
week-end de Pâques, mai-3 oct. – **R** – *Tarif 97 : 2 pers. 27* *13*

MARSEILLAN

15 - 83 ⑯ G. Gorges du Tarn

Paris 758 - Agde 7 - Béziers 31 - Montpellier 46 - Pézenas 21 - Sète 23

34340 Hérault - 4 950 h. alt. 3

à Marseillan-Plage S : 6 km par D 51^{E} - ✉ 34340 Marseillan :

Charlemagne, ✆ 04 67 21 92 49, Fax 04 67 21 86 11, à 250 m de la plage - dans locations
6,7 ha (480 empl.) plat, sablonneux, herbeux - A l'entrée : discothèque, pizzeria - A proximité : salle de musculation - Location :
27 mars-4 oct. - **R** *conseillée saison* - - *élect. (6A) et piscine comprises 1 à 3 pers. 190, pers. suppl. 33*

Nouvelle Floride, ✆ 04 67 21 94 49, Fax 04 67 21 81 05, bord de mer
6,5 ha (459 empl.) plat, herbeux, sablonneux pizzeria, snack - salle d'animation - Location :
28 mars-26 sept. - **R** *conseillée saison* - - *élect. (6A) et piscine comprises 1 à 3 pers. 210, pers. suppl. 36*

La Créole, ✆ 04 67 21 92 69, bord de plage
1,5 ha (110 empl.) plat, sablonneux, herbeux
30 avril-sept. - **R** *conseillée juil.-août* - - *2 pers. 125, pers. suppl. 20 15 (4A)*

Le Galet, ✆ 04 67 21 95 61, Fax 04 67 21 87 23, à 250 m de la plage
3 ha (275 empl.) plat, sablonneux, herbeux - A l'entrée : - Location :
avril-sept. - **R** *conseillée juil.-août* - GB - - *Tarif 97 : 2 pers. 110, pers. suppl. 19 15 (5A)*

Municipal le Gourg de Maffre, ✆ 04 67 21 90 52, près du carrefour avec la N 112, à 500 m de la plage
3,3 ha (198 empl.) plat, sablonneux, gravillons

Europ 2000, ✆ 04 67 21 92 85, à 100 m de la plage
2 ha (176 empl.) plat, sablonneux, herbeux - - Location :
28 mars-26 sept. - **R** *conseillée été* - GB - - *élect. comprise 2 pers. 120*

MARTEL

13 - 75 ⑱ G. Périgord Quercy

Paris 511 - Brive-la-Gaillarde 32 - Cahors 79 - Figeac 58 - Gourdon 44 - St-Céré 32 - Sarlat-la-Canéda 44

46600 Lot - 1 462 h. alt. 225.
Office de Tourisme, Palais de la Raymondie
✆ 05 65 37 43 44, Fax 05 65 37 37 27

Les Falaises ⋞, ✆ 05 65 37 37 78, SE : 5 km par N 140, rte de Figeac, à Gluges, près de la Dordogne
0,8 ha (48 empl.) plat et peu incliné, herbeux - - A proximité :
mai-sept. - **R** *conseillée* - - *19 19 12 (6A)*

MARTHOD

12 - 74 ⑰

Paris 582 - Albertville 7 - Annecy 44 - Bourg-Saint-Maurice 62 - Megève 30

73400 Savoie - 1 293 h. alt. 520.
Syndicat d'Initiative, Mairie
✆ 04 79 37 62 07, Fax 04 79 37 63 09

Municipal du Lac ⋞, SE : 2,2 km par D 103 et chemin à gauche avant le passage à niveau, bord d'un ruisseau et à 100 m d'un petit lac
1,5 ha (85 empl.) plat, herbeux - - A l'entrée :
15 juin-15 sept. - **R** - - *2 pers. 50 11 (6A) 18 (10A)*

MARTIGNÉ-FERCHAUD

4 - 63 ⑧

Paris 340 - Bain-de-Bretagne 30 - Châteaubriant 14 - La Guerche-de-Bretagne 15 - Rennes 46

35640 I.-et-V. - 2 920 h. alt. 90

Municipal du Bois Feuillet « Entrée fleurie », ✆ 02 99 47 84 38, Nord-Est du bourg, accès direct à l'étang de la Forge
1,7 ha (50 empl.) (juil.-août) en terrasses, herbeux - - A proximité :
juin-sept. - **R** - - *15 10 10 (16A)*

MARTIGNY

1 - 52 ④

Paris 161 - Dieppe 10 - Fontaine-le-Dun 29 - Rouen 63 - St-Valery-en-Caux 38

76880 S.-Mar. - 512 h. alt. 24

Municipal, ✆ 02 35 85 60 82, NO : 0,7 km rte de Dieppe, bord de la Varenne et de plans d'eau
3 ha (110 empl.) plat, herbeux - - -
A proximité : (découverte l'été)
28 mars-11 oct. - Location longue durée - *Places disponibles pour le passage* - **R** *conseillée* - GB - - *Tarif 97 : 12,60 6,50 11/23,20 avec élect. (6A)*

LE MARTINET

16 - 80 ⑧

Paris 664 - Alès 22 - Aubenas 68 - Florac 65 - Nîmes 65 - Vallon-Pont-d'Arc 41

30960 Gard - 844 h. alt. 252

Municipal, ✆ 04 66 24 95 00, sortie Nord-Ouest, rte de la Grand'Combe, à l'intersection D 59 et D 162, bord de l'Auzonnet
1 ha (27 empl.) plat, herbeux - - - A proximité :
juil.-août - **R** - - *12 8 10 15 (10A)*

MARTRAGNY

4 - 54 ⑮

Paris 257 - Bayeux 10 - Caen 24 - St-Lô 47

14740 Calvados - 310 h. alt. 70

Château de Martragny « Cadre agréable », 02 31 80 21 40, Fax 02 31 08 14 91, sur l'ancienne N 13, par le centre bourg
13 ha/4 campables (160 empl.) plat, herbeux verger -
mai-15 sept. - **R** *conseillée 10 juil.-août* - GB - - *28 piscine comprise* *57/62* *18 (6A)*

Les MARTRES-DE-VEYRE

11 - 73 ⑭

Paris 430 - Billom 18 - Clermont-Ferrand 16 - Issoire 22 - Rochefort-Montagne 45 - St-Nectaire 28

63730 P.-de-D. - 3 151 h. alt. 332

La Font de Bleix, 04 73 39 26 49, sortie Sud-Est par D 225, rte de Vic-le-Comte puis 0,9 km par chemin à gauche, près de l'Allier (accès direct)
3,5 ha (39 empl.) plat et peu incliné, herbeux - - A proximité : - Location *(permanent)* : gîtes
15 mars-déc. - **R** - - *12* *10* *10* *20 (15A)*

MARTRES-TOLOSANE

14 - 82 ⑯ G. Pyrénées Roussillon

Paris 753 - Auch 79 - Auterive 46 - Bagnères-de-Luchon 76 - Pamiers 76 - St-Gaudens 30 - St-Girons 40

31220 H.-Gar. - 1 929 h. alt. 268

Le Moulin « Agréable domaine rural, ancien moulin », 05 61 98 86 40, Fax 05 61 98 66 90, SE : 1,5 km par rte du stade, av. de St-Vidian et chemin à gauche après le pont, bord d'un ruisseau et d'un canal, près de la Garonne (accès direct)
6 ha/1 campable (50 empl.) plat, herbeux (0,5 ha) - - Location *(permanent)* :
15 mars-15 oct. - **R** - - *piscine comprise 1 pers. 36, pers. suppl. 17* *18 (6A) 30 (10A) 45 (15A)*

MARVEJOLS

15 - 80 ⑤ G. Gorges du Tarn

Paris 578 - Espalion 63 - Florac 50 - Mende 28 - St-Chély-d'Apcher 33

48100 Lozère - 5 476 h. alt. 650

Municipal l'Europe, 04 66 32 03 69, Fax 04 66 32 43 56, E : 1,3 km par D 999, D 1 rte de Montrodat et chemin à droite, bord du Colagnet -
0,9 ha (57 empl.) plat, herbeux - - - A proximité :
juin-sept. - **R** *conseillée* - - *1 pers. 55, 2 pers. 60, pers. suppl. 22* *17 (5A)*

MAS-CABARDÈS

15 - 83 ⑪ G. Gorges du Tarn

Paris 791 - Carcassonne 26 - Castelnaudary 51 - Foix 111 - Lézignan-Corbières 51 - Mazamet 25

11380 Aude - 235 h. alt. 309

Les Eaux Vives, 04 68 26 31 05, E : 1 km par D 101 et rte de Roquefère à gauche, bord d'un ruisseau
0,6 ha (30 empl.) plat, herbeux verger - - A proximité : - Location :
mai-15 sept. - **R** *juil.-août* - - *16* *13* *14 (6A)*

MASEVAUX

8 - 66 ⑧ G. Alsace Lorraine

Paris 439 - Altkirch 30 - Belfort 22 - Colmar 56 - Mulhouse 29 - Thann 15 - Le Thillot 39

68290 H.-Rhin - 3 267 h. alt. 425.

Office de Tourisme, Fossé Flagellants
03 89 82 41 99, Fax 03 89 82 49 44

Municipal, 03 89 82 42 29, rue du stade, bord de la Doller
3,5 ha (149 empl.) plat, herbeux - - -
A proximité :
Pâques-sept. - **R** *conseillée juil.-août* - - *Tarif 97 :* *15,10* *7,30* *15,10* *15,10 (3A) 28,50 (6A)*

La MASSANA Principauté d'Andorre - 86 ⑭ - voir à Andorre

MASSERET

10 - 72 ⑱ G. Berry Limousin

Paris 431 - Limoges 41 - Guéret 128 - Tulle 48 - Ussel 86

19510 Corrèze - 669 h. alt. 380

Intercommunal « Agréable situation près d'un plan d'eau et d'un bois », 05 55 73 44 57, E : 3 km par D 20 rte des Meilhards, à la sortie de Masseret-Gare
100 ha/2 campables (100 empl.) plat et incliné, herbeux, gravillons - - - A proximité : - Location : huttes
avril-sept. - **R** *conseillée juil.-août* - - *12* *5 ou 10* *12/15 ou 20* *12 (12A)*

MASSEUBE

14 - 82 ⑮

Paris 810 - Auch 26 - Castelnau-Magnoac 17 - L'Isle-en-Dodon 23 - Miélan 25 - Mirande 21

32140 Gers - 1 453 h. alt. 220

Municipal Julie Moignard, ✆ 05 62 66 01 75, sortie Est par D 2, rte de Simorre, bord du Gers
4 ha (133 empl.) (juil.-août) plat, herbeux (2 ha) - A proximité :
15 juin-15 sept. - **R** - *Tarif 97 : piscine comprise 2 pers. 45, 4 pers. 70 11*

MASSIAC

11 - 76 ④ G. Auvergne

Paris 488 - Aurillac 87 - Brioude 23 - Issoire 36 - Murat 35 - St-Flour 29

15500 Cantal - 1 881 h. alt. 534.
Office de Tourisme, 97 av. du Gén.-de-Gaulle ✆ 04 71 23 07 76, Fax 04 71 23 08 50, et (saison) pl. des Pupilles de la Nation ✆ 04 71 23 11 38

Municipal de l'Alagnon, ✆ 04 71 23 03 93, O : 0,8 km par N 122, rte de Murat, bord de la rivière
2,5 ha (90 empl.) (juil.-août) plat, terrasse, herbeux - - A proximité :
mai-sept. - **R** *juil.-août* - - *10 7,50 10 11 (6A)*

MASSIGNIEU-DE-RIVES

12 - 74 ⑮

Paris 516 - Aix-les-Bains 28 - Belley 9 - Morestel 36 - Ruffieux 16 - La Tour-du-Pin 40

01300 Ain - 412 h. alt. 295

Municipal le Lit au Roi lac et collines « Site agréable », ✆ 04 79 42 11 75, N : 2,5 km par rte de Belley et chemin à droite, bord du Rhône (plan d'eau)
2 ha (120 empl.) en terrasses, herbeux (1 ha) - - - A proximité :
mai-sept. - **R** *conseillée juil.-août* - - *17 6,20 13,40 13 (4A) 21,60 (10A)*

MASSILLARGUES-ATTUECH **30** Gard - 80 ⑰ - rattaché à Anduze

MATEMALE

15 - 86 ⑯

Paris 875 - Font-Romeu-Odeillo-Via 19 - Perpignan 92 - Prades 47

66210 Pyr.-Or. - 222 h. alt. 1 514.
Office de Tourisme, Maison de la Montagne et de l'Artisanat ✆ 04 68 04 34 07, Fax 04 68 04 34 07

Le Lac, ✆ 04 68 30 94 49, SO : 1,7 km par D 52, rte des Angles et rte à gauche, près du lac de Matemale - Accès direct au village par chemin piéton - alt. 1 540
2 ha (50 empl.) plat, peu incliné, herbeux, forêt attenante - - - A proximité : salle de musculation, snack
week-ends, vac. Toussaint, Noël, fév., printemps, juin-sept. - **R** *conseillée juil.-août* - GB - - *20 20 12 (3A) 25 (6A)*

Les MATHES

9 - 71 ⑭ ⑮

Paris 514 - Marennes 16 - Rochefort 38 - La Rochelle 75 - Royan 20 - Saintes 47

17570 Char.-Mar. - 1 205 h. alt. 10

L'Orée du Bois, ✆ 05 46 22 42 43, Fax 05 46 22 54 76, NO : 3,5 km, à la Fouasse
6 ha (400 empl.) plat, sablonneux - - 40 empl. avec sanitaires individuels (wc) snack - toboggan aquatique - Location :
mi-mai-mi-sept. - **R** *conseillée juil.-août* - - *élect. (6A) et piscine comprises 2 pers. 155, pers. suppl. 25*

L'Estanquet « Entrée fleurie », ✆ 05 46 22 47 32, Fax 05 46 22 51 46, NO : 3,5 km, à la Fouasse
5 ha (380 empl.) plat, sablonneux - self - toboggan aquatique - Location :

La Pinède, ✆ 05 46 22 45 13, Fax 05 46 22 50 21, NO : 3 km, à la Fouasse
4 ha (200 empl.) plat, sablonneux - pizzeria - toboggans aquatiques - A proximité : - Location *(15 mai-15 sept.)* :
avril-sept. - **R** *conseillée* - GB - - *Tarif 97 : piscine comprise 2 ou 3 pers. 200, pers. suppl. 42 30 (3 à 6A)*

Monplaisir, ✆ 05 46 22 50 31, sortie Sud-Ouest
2 ha (114 empl.) plat, sablonneux, herbeux - - A proximité : - Location : studios
avril-sept. - **R** - - *piscine comprise 2 à 5 pers. 84 à 140 17 (4 ou 6A)*

La Clé des Champs, ✆ 05 46 22 40 53, Fax 05 46 22 56 96, O : 2,5 km rte de la Fouasse
4 ha (300 empl.) plat, sablonneux, herbeux - - - A proximité :

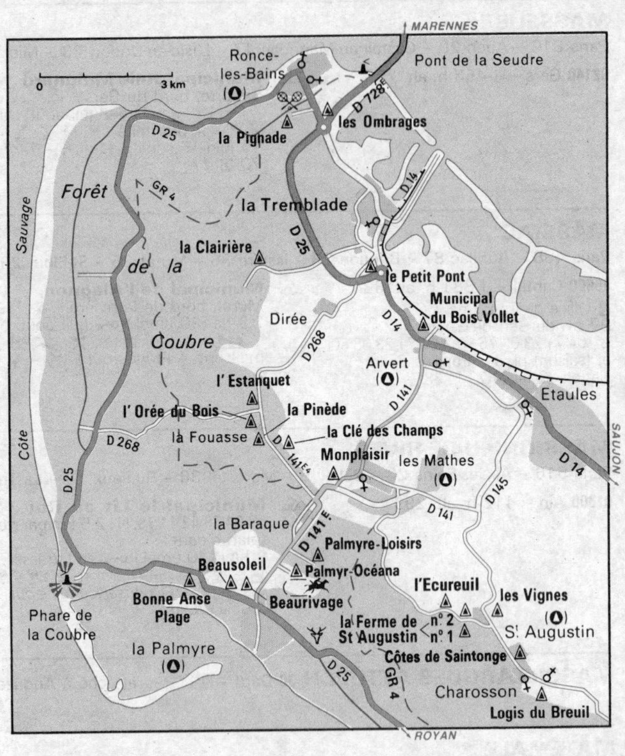

à la Palmyre SO : 4 km par D 141E1 – 17570 les Mathes :

Bonne Anse Plage « Cadre et situation agréables », 05 46 22 40 90, Fax 05 46 22 42 30, O : 2 km, à 400 m de la plage – 17 ha (850 empl.) plat et accidenté, sablonneux, herbeux – – – toboggan aquatique 23 mai-5 sept. – – – *piscine comprise 1 ou 2 pers. 131, 3 pers. 157, pers. suppl. 38 25 (6A)*

Palmyre Loisirs, 05 46 23 67 66, Fax 05 46 22 48 81, NE : 3,2 km par D 141E1 et chemin à droite 16 ha (600 empl.) peu accidenté, herbeux, sablonneux (3 ha) pinède – snack – toboggan aquatique, parcours de santé – Location : 16 mai-12 sept. – Location longue durée – *Places disponibles pour le passage* – **R** *conseillée juil.-août* – – *piscine comprise 3 pers. 160 25 (10A)*

Palmyr-Océana, 05 46 22 40 35, Fax 05 46 23 64 76, NE : 3 km par D 141E1 et chemin à droite 17 ha (620 empl.) plat, herbeux, sablonneux – – – Location *(permanent)* : avril-sept. – **R** *conseillée juil.-août* – – – *piscine comprise 2 pers. 99, pers. suppl. 21 22 (6A)*

Beaurivage, 05 46 22 30 96, sortie Nord-Ouest, à 500 m de la plage 3,7 ha (200 empl.) plat, herbeux, sablonneux – Pâques-fin sept. – **R** *conseillée* – – *1 à 3 pers. 90 18 (3A) 21 (5A) 25 (10A)*

Beausoleil, 05 46 22 30 03, Fax 05 46 22 30 04, sortie Nord-Ouest, à 500 m de la plage 4 ha (244 empl.) plat, herbeux, sablonneux – – (bassin) Pâques-sept. – **R** *conseillée juil.-août* – – – *1 à 3 pers. 100 19 (3A) 22 (5A)*

Voir aussi à *Arvert, Ronce-les-Bains, St-Augustin*

MATIGNON

4 – 59 ⑤

Paris 428 – Dinan 29 – Dinard 24 – Lamballe 23 – St-Brieuc 43 – St-Cast-le-Guildo 7

22550 C.-d'Armor – 1 613 h. alt. 70

Municipal le Vallon aux Merlettes, 02 96 41 11 61, SO : par D 13, rte de Lamballe, au stade 3 ha (120 empl.) plat, peu incliné, herbeux – – 15 juin-15 sept. – **R** *conseillée* – – *12,50 7,50 10 12 (6A)*

MATOUR

11 - 69 ⑱ G. Bourgogne

Paris 407 - Chauffailles 22 - Cluny 25 - Mâcon 37 - Paray-le-Monial 42

71520 S.-et-L. - 1 003 h. alt. 500

Municipal le Paluet « Entrée fleurie », 03 85 59 70 58, O : rte de la Clayette et à gauche bord d'un étang
1,5 ha (70 empl.) plat et peu incliné, herbeux, gravillons - toboggan aquatique
avril-sept. - **R** - *12* *20* *14 (12A)*

MAUBEUGE

2 - 53 ⑥ G. Flandres Artois Picardie

Paris 243 - Charleville-Mézières 96 - Mons 21 - St-Quentin 77 - Valenciennes 39

59600 Nord - 34 989 h. alt. 134.
Office de Tourisme, Porte de Mons
03 27 62 11 93, Fax 03 27 64 10 23

Municipal « Décoration florale et arbustive », 03 27 62 25 48, N : 1,5 km par N 2, rte de Bruxelles
2 ha (92 empl.) plat, herbeux - - 8 sanitaires individuels (lavabo eau froide, wc) -
Permanent - **R** *conseillée* - *19* *19 (26,50 avec sanitaires individuels)* *16 (3A) 26 (6A) 31 (10A)*

MAULÉON-LICHARRE

13 - 85 ⑤ G. Pyrénées Aquitaine

Paris 803 - Oloron-Ste-Marie 30 - Orthez 39 - Pau 60 - St-Jean-Pied-de-Port 40 - Sauveterre-de-Béarn 25

64 Pyr.-Atl. - 3 533 h. alt. 140
64130 Mauléon-Soule.
Office de Tourisme, de Soule 10 r. J.-Baptiste-Heugas
05 59 28 02 37, Fax 05 59 28 02 21

Uhaitza le Saison , 05 59 28 18 79, S : 1,5 km par D 918 rte de Tardets-Sorholus, bord du Saison
0,6 ha (50 empl.) plat, herbeux - -
Pâques-sept. - **R** *conseillée* - - *18,50* *6,50* *21* *14 (4A) 18 (6A)*

Aire Naturelle Landran , 05 59 28 19 55, Fax 05 59 28 23 20, SO : 4,5 km par D 918, rte de St-Jean-Pied-de-Port puis 1,5 km par chemin de Lambarre à droite
1 ha (25 empl.) incliné et en terrasses, herbeux - -
Location *(permanent)* : gîte d'étape
Pâques-sept. - **R** *conseillée* - - *2 pers. 42, pers. suppl. 11* *12 (3A) 15 (6A) 25 (10A)*

MAUPERTUS-SUR-MER

4 - 54 ②

Paris 358 - Barfleur 20 - Cherbourg 13 - St-Lô 81 - Valognes 22

50840 Manche - 242 h. alt. 119

L'Anse du Brick « Cadre sauvage », 02 33 54 33 57, Fax 02 33 54 49 66, NO : sur D 116, à 200 m de la plage, accès direct par passerelle
17 ha/7 campables (180 empl.) accidenté et en terrasses, pierreux, herbeux, bois attenant - - - toboggan aquatique - A proximité : - Location *(permanent)* :
avril-15 sept. - **R** *conseillée* - GB - - *25 piscine comprise* *45* *20 (10A)*

MAUREILLAS-LAS-ILLAS

15 - 86 ⑲

Paris 879 - Gerona 70 - Perpignan 28 - Port-Vendres 32 - Prades 55

66480 Pyr.-Or. - 2 037 h. alt. 130

Les Bruyères , 04 68 83 26 64, O : 1,2 km par D 618 rte de Céret
4 ha (95 empl.) en terrasses, herbeux, pierreux - - - Location :
mai-15 oct. - **R** *conseillée juil.-août* - - *35 piscine comprise* *39* *25 (4A) 28 (6A) 33 (10A)*

MAURIAC

10 - 76 ① G. Auvergne

Paris 493 - Aurillac 54 - Le Mont-Dore 77 - Riom-ès-Montagnes 36 - Salers 19 - Tulle 67

15200 Cantal - 4 224 h. alt. 722

Val St-Jean , 04 71 67 31 13, O : 2,2 km par D 681, rte de Pleaux et D 682 à droite, accès direct à un plan d'eau
3,5 ha (100 empl.) en terrasses, peu incliné, herbeux - - - A proximité : golf, snack (plage) - Location *(avril-oct.)* : , huttes
16 mai-11 sept. - **R** *conseillée juil.-août* - - *Tarif 97 :* *16* *11* *12* *15 (10A)*

MAURS

15 - 76 ⑪ G. Auvergne

Paris 570 - Aurillac 44 - Entraygues-sur-Truyère 48 - Figeac 22 - Rodez 60 - Tulle 94

15600 Cantal - 2 350 h. alt. 290.
Office de Tourisme, pl. Champ-de-Foire
04 71 46 73 72

Municipal le Vert, 04 71 49 04 15, SE : 0,8 km par D 663, rte de Décazeville, bord de la Rance
1,2 ha (58 empl.) plat, herbeux (0,6 ha) - -
avril-sept. - **R** *conseillée* - *13,50 piscine et tennis compris* *7* *24,80 avec élect.*

MAUSSANE-LES-ALPILLES

16 - 83 ⑩

Paris 712 - Arles 19 - Avignon 29 - Marseille 76 - Martigues 44 - St-Rémy-de-Provence 10 - Salon-de-Provence 28

13520 B.-du-R. - 1 886 h. alt. 32

Municipal les Romarins, 04 90 54 33 60, Fax 04 90 54 41 22, sortie Nord par D 5, rte de St-Rémy-de-Provence
3 ha (144 empl.) plat, herbeux, pierreux - A proximité :
15 mars-15 oct. - **R** *conseillée* - GB - *tennis compris 2 pers. 71 6A : 14 (hors saison 16,50)*

MAUVEZIN-DE-PRAT

14 - 86 ②

Paris 780 - Aspet 20 - Foix 59 - St-Gaudens 29 - St-Girons 15 - Ste-Croix-Volvestre 28

09160 Ariège - 52 h. alt. 372

L'Estelas <, 05 61 96 65 80, à l'Est du bourg par D 133
0,6 ha (20 empl.) plat et peu incliné, herbeux
15 mars-15 oct. - **R** *juil.-août* - *15* *20* *10 (16A)*

MAUZÉ-SUR-LE-MIGNON

9 - 71 ②

Paris 430 - Niort 22 - Rochefort 39 - La Rochelle 41

79210 Deux-Sèvres - 2 378 h. alt. 30

Municipal le Gué de la Rivière, NO : 1 km par D 101 rte de St-Hilaire-la-Palud et à gauche, entre le Mignon et le canal
1,5 ha (75 empl.) plat, herbeux (0,5 ha)
juin-15 sept. - **R** *14 juil.-15 août* - *7 et 3,50 pour eau chaude* *3,50* *4,40* *8,60 (2A) 17,20 (10A)*

MAXILLY-SUR-LÉMAN

12 - 70 ⑰ ⑱

Paris 582 - Abondance 28 - Annecy 88 - Évian-les-Bains 5 - Montreux 33 - Thonon-les-Bains 14

74500 H.-Savoie - 945 h. alt. 450

Le Clos Savoyard <, 04 50 75 25 84, S : 1,2 km
2 ha (100 empl.) (juil.-août) incliné et en terrasses, herbeux - Location : , studios
avril-sept. - **R** *conseillée juil.-août* - *1 pers. 35, pers. suppl. 20* *10 (2A) 13 (3A) 22 (6A)*

MAYENNE

4 - 59 ⑳ **G. Normandie Cotentin**

Paris 282 - Alençon 60 - Flers 56 - Fougères 47 - Laval 33 - Le Mans 88

53100 Mayenne - 13 549 h. alt. 124.
Office de Tourisme, (fermé après-midi hors saison) quai de Waiblingen
02 43 04 19 37, Fax 02 43 30 21 10

Municipal du Gué St-Léonard, 02 43 04 57 14, au Nord de la ville, par av. de Loré et rue à droite, bord de la Mayenne
1,8 ha (100 empl.) plat, herbeux (15 mai-sept.)
15 mars-sept. - **R** *juil.-août* - *piscine comprise 3 pers. 52, pers. suppl. 9,70* *9,70 ou 15,60*

MAYET

5 - 64 ③

Paris 226 - Château-la-Vallière 26 - La Flèche 32 - Le Mans 31 - Tours 58 - Vendôme 74

72360 Sarthe - 2 877 h. alt. 74

Municipal du Fort des Salles , 02 43 46 68 72, sortie Est par D 13, rte de St-Calais et rue du Petit-Moulin à droite, bord d'un plan d'eau
1,5 ha (56 empl.) plat, herbeux
6 avril-20 oct. - **R** *conseillée* - *Tarif 97 :* *2 pers. 34, pers. suppl. 13* *12 (10A)*

Le MAYET-DE-MONTAGNE

11 - 73 ⑥ **G. Auvergne**

Paris 363 - Clermont-Ferrand 74 - Lapalisse 23 - Moulins 72 - Roanne 48 - Thiers 42 - Vichy 26

03250 Allier - 1 609 h. alt. 535

Municipal du Lac , S : 1,2 km par D 7 rte de Laprugne et chemin de Fumouse, près du lac des Moines
1 ha (50 empl.) peu incliné, plat, herbeux - Location : huttes
Permanent - **R** *conseillée* - *Tarif 97 :* *11* *2,50* *4,50/8* *11 (10A)*

MAZAMET

15 - 83 ⑪ ⑫ **G. Gorges du Tarn**

Paris 766 - Albi 62 - Béziers 88 - Carcassonne 49 - Castres 19 - Toulouse 83

81200 Tarn - 11 481 h. alt. 241.
Office de Tourisme, r. des Casernes
05 63 61 27 07, Fax 05 63 98 24 16
et (juil.-août) Le Plô de La Bise
05 63 61 25 54

Municipal de la Lauze, 05 63 61 24 69, sortie Est par N 112, rte de Béziers et à droite
1,7 ha (65 empl.) peu incliné et plat, herbeux - A proximité :
2 mai-oct. - **Location longue durée** - *Places disponibles pour le passage* - **R** *conseillée* - *Tarif 97 :* *piscine comprise 1 pers. 46, 2 pers. 67, 3 ou 4 pers. 84, pers. suppl. 17* *14 (6A) 18 (10A)*

MAZAN

16 - 81 ⑬ G. Provence

Paris 686 - Avignon 32 - Carpentras 8 - Cavaillon 30 - Sault 34

84380 Vaucluse - 4 459 h. alt. 100.
Office de Tourisme, pl. du-8-Mai
04 90 69 74 27, Fax 04 90 69 66 31

Le Ventoux « Cadre agréable », 04 90 69 70 94, N : 3 km par D 70, rte de Caromb puis chemin à gauche - De Carpentras, itinéraire conseillé par D 974, rte de Bédoin
0,7 ha (49 empl.) plat, pierreux, herbeux - (mars-oct.) -
Permanent - **R** *conseillée juil.-août - Tarif 97 : 19 11 11 13 (3A) 15 (6A)*

Le MAZEAU

9 - 71 ① ②

Paris 426 - Fontenay-le-Comte 22 - Niort 20 - La Rochelle 48 - Surgères 34

85420 Vendée - 463 h. alt. 8

Municipal le Relais du Pêcheur , 02 51 52 93 23, à 0,5 km au Sud du bourg, près de canaux
1 ha (52 empl.) (juil.-août) plat, herbeux - -
avril-15 oct. - **R** *conseillée 14 juil.-15 août - 14 15 10 (10A)*

MAZÈRES

14 - 82 ⑲ G. Pyrénées Aquitaine

Paris 750 - Auterive 25 - Castelnaudary 32 - Foix 38 - Pamiers 17 - Saverdun 10

09270 Ariège - 2 519 h. alt. 240

Municipal la Plage, 05 61 69 38 82, au Sud-Est du bourg par D 11 rte de Belpech puis chemin à gauche, près de l'Hers
5 ha (85 empl.) (juil.-août) plat, terrasses, herbeux -
- parcours sportif - Location : bungalows toilés
juin-sept. - **R** *conseillée* - GB - - *élect. (10A), piscine et tennis compris 4 pers. 60*

Les MAZES 07 Ardèche - 80 ⑨ - voir à Ardèche (Gorges de l') - Vallon-Pont-d'Arc

MAZET-ST-VOY

11 - 76 ⑧

Paris 578 - Lamastre 36 - Le Puy-en-Velay 39 - St-Étienne 64 - Yssingeaux 18

43520 H.-Loire - 1 077 h. alt. 1 060

Municipal de Surnette , 04 71 65 05 69, sortie Est vers le Chambon-sur-Lignon puis 1 km par rte à gauche
1 ha (56 empl.) (juil.-août) plat et peu incliné, herbeux -
-
Pâques-Toussaint - **R** *conseillée juil.-août - - 8,20 4,10 4,10 9,50 (3A) 12,50 (4A) 18,50 (6A)*

Les MAZURES

2 - 53 ⑱

Paris 241 - Charleville-Mézières 17 - Fumay 16 - Hirson 44 - Rethel 55

08500 Ardennes - 738 h. alt. 330

Départemental Lac des Vieilles Forges « Cadre boisé », 03 24 40 17 31, S : 2 km par D 40, rte de Renwez puis 2 km par rte à droite, à 100 m du lac
12 ha/3 campables (300 empl.) en terrasses, gravillons -
- - A proximité : - Location : gîtes
Permanent - **R** *conseillée juil.-août - - 17 8,40 9,40 11,40 (3A) 14,70 (5A) 24,40 (10A)*

MÉAUDRE

12 - 77 ④ G. Alpes du Nord

Paris 591 - Grenoble 39 - Pont-en-Royans 26 - Tullins 38 - Villard-de-Lans 10

38112 Isère - 840 h. alt. 1 012 -
Sports d'hiver : 1 000/1 600 m
10 .
Office de Tourisme,
04 76 95 20 68, Fax 04 76 95 25 93

Caravaneige les Buissonnets , 04 76 95 21 04, Fax 04 76 95 26 14, NE : 0,5 km par D 106 et rte à droite, à 200 m du Méaudret
2 ha (80 empl.) peu incliné, herbeux - -
A proximité :
Permanent - **R** *conseillée vacances de fév., juil.-15 août* - GB - - *piscine comprise 2 pers. 59 12 (2A) 14,50 (3A) 17 (6A)*

Les Eymes , 04 76 95 24 85, N : 3,8 km par D 106^c^, rte d'Autrans et rte à gauche -
1,3 ha (40 empl.) en terrasses et peu incliné, herbeux, pierreux, bois attenant - snack - - Location :
fermé oct.-nov. - **R** *conseillée vacances scolaires* - - *piscine comprise 2 pers. 63, pers suppl. 25 14*

► ***Dans ce guide***
un même symbole, un même mot,
*imprimés en noir ou en rouge, en maigre ou en **gras**,*
n'ont pas tout à fait la même signification.
Lisez attentivement les pages explicatives.

MÉDIS

9 - 71 ⑮

Paris 497 - Marennes 28 - Mirambeau 47 - Pons 38 - Royan 6 - Saintes 30

17600 Char.-Mar. - 1 965 h. alt. 29
Schéma à Royan

Le Clos Fleuri « Entrée fleurie », 05 46 05 62 17, Fax 05 46 06 75 61, SE : 2 km sur D 117[E3]
3 ha (140 empl.) plat et peu incliné, herbeux - snack - - Location :
juin-15 sept. - **R** *conseillée juil.-août* - - *piscine comprise 2 pers. 115, 3 pers. 136* *23 (5A) 28 (10A)*

Le Bois Roland, 05 46 05 47 58, NE : 0,6 km rte de Saujon - dans locations
2,35 ha (131 empl.) plat, herbeux (1 ha) - - -
Location :
avril-sept. - **R** *conseillée* - - *piscine comprise 2 pers. 78*

Les MÉES

17 - 81 ⑯ G. Alpes du Sud

Paris 727 - Digne-les-Bains 24 - Forcalquier 25 - Gréaux-les-Bains 41 - Mézel 26 - Sisteron 21

04190 Alpes-de-H.-Pr. - 2 601 h. alt. 410

Municipal de la Pinède, 04 92 34 33 89, à l'Est du bourg -
1 ha (50 empl.) en terrasses, herbeux - - A proximité :
15 juin-10 sept. - - *18* *18* *18 (5A)*

MEGÈVE

12 - 74 ⑧ G. Alpes du Nord

Paris 600 - Albertville 31 - Annecy 61 - Chamonix-Mont-Blanc 36 - Genève 70

74120 H.-Savoie - 4 750 h. alt. 1 113 - Sports d'hiver : 1 040/2 350 m 7 35
Office de Tourisme, Maison des Frères
04 50 21 27 28, Fax 04 50 93 03 09

La Ripaille, 04 50 21 47 24, Fax 04 50 21 02 47, NE : 1 km par N 212 rte de St Gervais, puis à Demi-Quartier, 0,8 km par chemin à gauche - pour certains emplacements d'accès peu facile, mise en place et sortie des caravanes à la demande
1 ha (44 empl.) en terrasses, herbeux, pierreux - snack -

Bornand, 04 50 93 00 86, Fax 04 50 93 02 48, NE : 3 km par N 212 rte de Sallanches et rte du télécabine à droite - alt. 1 060
1,5 ha (80 empl.) non clos, incliné et en terrasses, herbeux - -
15 juin-1er sept. - **R** *conseillée 10 juil.-20 août* - - *19* *20* *17 (2 ou 3A)*

Gai-Séjour, 04 50 21 22 58, SO : 3,5 km par N 212, rte d'Albertville, à Cassioz, bord d'un ruisseau - alt. 1 040
1,2 ha (60 empl.) plat, peu incliné, herbeux, pierreux -
juin-10 sept. - **R** - GB - - *2 pers. 54, pers. suppl. 15* *13 (4 à 10A)*

Le MEIX-ST-EPOING

6 - 61 ⑤

Paris 109 - La Ferté-Gaucher 29 - Nogent-sur-Seine 37 - Romilly-sur-Seine 25 - Troyes 64

51120 Marne - 217 h. alt. 154

Aire de Loisirs de la Traconne, 03 26 80 70 76, N : 0,6 km par D 239[E] rte de Launat et chemin à droite, près d'un étang et à 100 m du Grand Morin
3 ha (60 empl.) plat, herbeux - - - Location : gîte d'étape
Permanent - **R** *juil.-août* - *2 pers. 50, pers. suppl. 12* *10 (3A) 15 (5A) 20 (10A)*

MÉLISEY

8 - 66 ⑦

Paris 397 - Belfort 33 - Épinal 63 - Luxeuil-les-Bains 21 - Vesoul 41

70270 H.-Saône - 1 805 h. alt. 330

La Pierre, 03 84 63 23 08, N : 2,7 km sur D 293, rte de Mélay
0,8 ha (40 empl.) plat, peu incliné, herbeux - -
15 mai-15 sept. - Location longue durée - *Places disponibles pour le passage* - **R** - - *11* *5* *11* *10 (4A)*

MELLE

9 - 72 ② G. Poitou Vendée Charentes

Paris 396 - Couhé 30 - Niort 29 - St-Jean-d'Angély 44 - Sauzé-Vaussais 22

79500 Deux-Sèvres - 4 003 h. alt. 138.
Office de Tourisme, pl. de la Poste
05 49 29 15 10, Fax 05 49 29 19 83

Municipal la Fontaine de Villiers, 05 49 29 18 04, au Nord du bourg, près de la Béronne - accès conseillé par r. du Tapis Vert et à gauche, r. de la Béronne
0,3 ha (25 empl.) plat et terrasse, peu incliné, herbeux - -
A l'entrée : - A proximité : parcours botanique
Pâques-sept. - - *12,50* *5,15* *9,30* *12 (10A)*

MELRAND

3 - 63 ②

Paris 482 - Lorient 42 - Pontivy 17 - Quimperlé 37 - Vannes 58

56310 Morbihan - 1 584 h. alt. 112

Municipal, SO : 0,7 km par D 2 rte de Bubry, bord d'un étang et d'un ruisseau
0,2 ha (13 empl.) (juil.-août) plat, herbeux - - -
juin-15 sept. - **R** *conseillée* - *5,40* *5,40* *5,40* *10,50 (6A)*

MELUN P

6 - 61 ② G. Ile de France

Paris 48 - Chartres 102 - Fontainebleau 17 - Meaux 54 - Orléans 104 - Reims 145 - Sens 73

77000 S.-et-M. - 35 319 h. alt. 43.
Office de Tourisme, 2 av. Gallieni
01 64 37 11 31, Fax 01 64 10 03 25

La Belle Étoile, 01 64 39 48 12, Fax 01 64 37 25 55, SE par N 6, rte de Fontainebleau, av. de la Seine et quai Joffre (rive gauche), près du fleuve
3,5 ha (190 empl.) plat, herbeux - (bassin) - A proximité :
avril-oct. - **R** *conseillée juil.-août* - GB - *24* *8* *16* *16 (4A)*

La MEMBROLLE-SUR-CHOISILLE 37 I.-et-L. - 64 ⑮ - rattaché à Tours

MENDE P

15 - 80 ⑤ G. Gorges du Tarn

Paris 592 - Clermont-Ferrand 178 - Florac 37 - Langogne 47 - Millau 96 - Le Puy-en-Velay 90

48000 Lozère - 11 286 h. alt. 731.
Office de Tourisme, bd Henri-Bourrillon
et Fax 04 66 65 02 69

Tivoli, 04 66 65 00 38, SO : en direction des Gorges du Tarn, bord du Lot - dans locations
1,8 ha (100 empl.) plat, herbeux -
A proximité : salle de musculation toboggan aquatique - Location :
Permanent - **R** - *22 piscine comprise* *11* *14* *14 (3A) 19 (6A)*

MÉNESPLET

9 - 75 ③

Paris 536 - Bergerac 45 - Bordeaux 64 - Libourne 34 - Montpon-Ménestérol 5 - Périgueux 60

24700 Dordogne - 1 328 h. alt. 43

Camp'Gîte, 05 53 81 84 39, à 3,8 km au Sud-Ouest du bourg, au lieu-dit Les Loges par rte de Laser
1 ha (20 empl.) plat, herbeux - - Location *(permanent)* :
mai-sept. - **R** *conseillée* - - *20* *15* *15 (16A)*

MÉNÉTRÉOL-SUR-SAULDRE

6 - 64 ⑳

Paris 201 - Aubigny-sur-Nère 11 - Bourges 47 - Lamotte-Beuvron 32 - Salbris 21 - Vierzon 36

18700 Cher - 229 h. alt. 152

Municipal le Bout du Pont, sortie Sud-Ouest par D 924 rte de Salbris, bord de la Petite Sauldre
2 ha (50 empl.) plat, herbeux -
11 avril-sept. - **R** - *5* *3,20* *3,70* *13 (10 ou 16A)*

MENGLON

16 - 77 ⑭

Paris 640 - Aspres-sur-Buëch 49 - Châtillon-en-Diois 5 - Die 14 - Rémuzat 46 - Valence 81

26410 Drôme - 332 h. alt. 550

L'Hirondelle de St-Ferreol, 04 75 21 82 08, NO : 2,8 km par D 214 et D 140, rte de Die, près du D 539 (accès conseillé), bord du Bez
7,5 ha/4 campables (100 empl.) plat et peu accidenté, herbeux (sous bois) - crêperie - - A proximité : (plan d'eau) - Location :
avril-sept. - **R** *conseillée saison* - GB - - *23 piscine comprise* *33 à 43* *15 (3A) 20 (6A)*

MÉNIL

4 - 63 ⑩

Paris 285 - Angers 43 - Château-Gontier 7 - Châteauneuf-sur-Sarthe 21 - Laval 37 - Segré 21

53200 Mayenne - 747 h. alt. 32

Municipal « Cadre et situation agréables », 02 43 70 24 54, à l'Est du bourg, près de la Mayenne
0,5 ha (39 empl.) plat, herbeux verger - -
mai-sept. - **R** - - *2 pers. 28* *9 (10A)*

MENNETOU-SUR-CHER

13 - 64 ⑲ G. Berry Limousin

Paris 211 - Bourges 55 - Romorantin-Lanthenay 18 - Selles-sur-Cher 27 - Vierzon 16

41320 L.-et-Ch. - 827 h. alt. 100

Municipal Val Rose, 02 54 98 11 02, au Sud du bourg, à droite après le pont sur le canal, à 100 m du Cher
0,8 ha (50 empl.) plat, herbeux - - A proximité :
7 mai-7 sept. - **R** - - *7,50* *9* *9*

MENTHON-ST-BERNARD 74 H.-Savoie - 74 ⑥ - voir à Annecy (Lac d')

MERDRIGNAC

4 - 59 ⑭

Paris 409 - Dinan 46 - Josselin 33 - Lamballe 38 - Loudéac 29 - St-Brieuc 67

22230 C.-d'Armor - 2 791 h. alt. 140

Le Val de Landrouët, 02 96 28 47 98, Fax 02 96 26 55 44, N : 0,8 km, près de la piscine et de deux plans d'eau
2 ha (58 empl.) plat et peu incliné, herbeux - - centre de documentation - A proximité : parcours sportif - Location *(20 janv.-20 déc.)* : gîtes
juin-15 sept. - **R** *conseillée 10 juil.-16 août* - - *15* *17* *12 (5A)*

MÉRENS-LES-VALS

15 - 86 ⑮ G. Pyrénées Roussillon

Paris 826 - Ax-les-Thermes 9 - Axat 60 - Belcaire 34 - Foix 51 - Font-Romeu-Odeillo-Via 48

09110 Ariège - 149 h. alt. 1 055

Municipal de Ville de Bau M <, ✆ 05 61 02 85 40, SO : 1,5 km par N 20, rte d'Andorre et chemin à droite, bord de l'Ariège - alt. 1 100
2 ha (70 empl.) (juil.-août) plat, herbeux, pierreux -
mai-oct. - **R** *conseillée juil.-août* - - *13* *14* *9 (3A) 20 (6A) 26 (10A)*

MERVANS

11 - 70 ②

Paris 350 - Chalon-sur-Saône 34 - Lons-le-Saunier 38 - Louhans 21 - Poligny 51 - Tournus 46

71310 S.-et-L. - 1 231 h. alt. 195

Municipal, sortie Nord-Est par D 313, rte de Pierre-de-Bresse, près d'un étang
0,8 ha (46 empl.) plat, herbeux - - A proximité :
15 mai-15 sept. - **R** - - *8* *10*

MERVENT

9 - 67 ⑯ G. Poitou Vendée Charentes

Paris 420 - Bressuire 52 - Fontenay-le-Comte 12 - Parthenay 50 - La Roche-sur-Yon 61

85200 Vendée - 1 023 h. alt. 85

La Joletière, ✆ 02 51 00 26 87, Fax 02 51 00 27 55, O : 0,7 km par D 99 - dans locations
1,3 ha (73 empl.) (juil.-août) peu incliné, herbeux - snack - - A proximité : - Location :
Permanent - **R** *conseillée juil.-août* - GB - - *19 piscine comprise* *25*

Le Chêne Tord « Agréable sous-bois », ✆ 02 51 00 20 63, O : 0,8 km par D 99 et à droite au calvaire, à 200 m d'un plan d'eau
4 ha (80 empl.) plat, gravillons -
Permanent - **R** *conseillée juil.-août* - - *15* *25* *15 (5A)*

MERVILLE-FRANCEVILLE-PLAGE

5 - 54 ⑯ G. Normandie Vallée de la Seine

Paris 225 - Arromanches-les-Bains 40 - Cabourg 7 - Caen 19

14810 Calvados - 1 317 h. alt. 2

Municipal le Point du Jour, ✆ 02 31 24 23 34, Fax 02 31 24 15 54, sortie Est par D 514 rte de Cabourg, bord de plage -
2,7 ha (144 empl.) plat, sablonneux, herbeux - -
16 fév.-14 déc. - **R** *conseillée* - - *24,50* *25* *21 (10A)*

à Gonneville-en-Auge S : 3 km - 310 h. alt. 16
✉ 14810 Gonneville-en-Auge :

Le Clos Tranquille « Verger », ✆ 02 31 24 21 36, Fax 02 31 24 28 80, S : 0,8 km par D 95A
1,3 ha (78 empl.) plat, herbeux - - - Location : , appartements - Garage pour caravanes
10 avril-26 sept. - **R** - - *20* *23* *13 (4A) 19 (6A) 29 (10A)*

MESCHERS-SUR-GIRONDE

9 - 71 ⑮ G. Poitou Vendée Charentes

Paris 508 - Blaye 74 - Jonzac 49 - Pons 37 - La Rochelle 89 - Royan 12 - Saintes 41

17132 Char.-Mar. - 1 862 h. alt. 5.
Office de Tourisme, pl. de Verdun ✆ 05 46 02 70 39, Fax 05 46 02 51 65

L'Escale , ✆ 05 46 02 71 53, Fax 05 46 02 58 30, NE : 0,5 km par D 117 rte de Semussac
6 ha (300 empl.) plat, herbeux (3 ha) - - Location :
28 mars-oct. - **R** *conseillée* - GB - - *piscine comprise 3 pers. 80* *20 (6A)*

Les Chênes Verts, ✆ 05 46 02 58 00, N : par D 25, 15 bd du Marais
1,5 ha (125 empl.) plat, peu incliné, sablonneux - - (bassin)
juil.-5 sept. - **R** *conseillée* - - *3 pers. 80, pers. suppl. 21* *23 (10A)*

MESLAND

5 - 64 ⑯

Paris 202 - Amboise 19 - Blois 20 - Château-Renault 19 - Montrichard 25 - Tours 43

41150 L.-et-Ch. - 483 h. alt. 79

Parc du Val de Loire « Cadre boisé », ✆ 02 54 70 27 18, Fax 02 54 70 21 71, O : 1,5 km rte de Fleuray
15 ha (300 empl.) plat et peu incliné, herbeux (8 ha) - snack, crêperie, pizzeria - toboggan aquatique poneys
Pâques-15 sept. - **R** *conseillée* - GB - - *piscine comprise 2 pers. 145 ou 155, pers. suppl. 35* *20 (6A)*

MESLAY-DU-MAINE

4 - 63 ⑩

Paris 267 - Angers 64 - Château-Gontier 24 - Châteauneuf-sur-Sarthe 34 - Laval 22 - Segré 46

53170 Mayenne - 2 418 h. alt. 90

Districal de la Chesnaie < « Bord d'un beau plan d'eau », ✆ 02 43 98 48 08, NE : 2,5 km par D 152, rte de St-Denis-du-Maine
7 ha/0,8 campable (66 empl.) (saison) plat, herbeux (0,4 ha) - - A l'entrée : swin-golf - Location *(permanent)* :
12 avril-sept. - **R** *conseillée* - - *2 pers. 30* *12 (6 à 15A)*

MESNOIS 39 Jura – 70 ⑭ – rattaché à Pont-de-Poitte

MESQUER

4 – 63 ⑭

Paris 463 – La Baule 15 – Muzillac 31 – Pontchâteau 35 – St-Nazaire 29

44420 Loire-Atl. – 1 372 h. alt. 6

Le Welcome, ✆ 02 40 42 50 85, NO : 1,8 km par D 352, rte de Kercabellec et rte à gauche
1,6 ha (110 empl.) peu incliné, plat, herbeux – Location *(15 mars-15 nov.)* :
avril-sept. – **Location longue durée** – *Places limitées pour le passage* – **R** *conseillée* – – *2 pers. 73, pers. suppl. 19 17 (3A) 20 (6A)*

Soir d'Été, ✆ 02 40 42 57 26, NO : 2 km par D 352 et rte à gauche
1,5 ha (92 empl.) plat et peu incliné, herbeux, sablonneux – – Location :
avril-oct. – **R** *conseillée juil.-août* – GB – – *piscine comprise 1 ou 2 pers. 85, pers. suppl. 24 16 (4A) 18 (6A)*

Le Praderoi, ✆ 02 40 42 66 72, NO : 2,5 km, à Quimiac, à 100 m de la plage
0,4 ha (30 empl.) peu vallonné, sablonneux, herbeux pinède –
juin-15 sept. – **R** – *2 pers. 86, pers. suppl. 18 18 (5A)*

MESSANGES

13 – 78 ⑯

Paris 734 – Bayonne 41 – Castets 24 – Dax 32 – Soustons 13

40660 Landes – 521 h. alt. 8

Le Vieux Port, ✆ 05 58 48 22 00, Fax 05 58 48 01 69, SO : 2,5 km par D 652 rte de Vieux-Boucau-les-Bains puis 0,8 km par chemin à droite, à 500 m de la plage (accès direct) – dans locations
35 ha/30 campables (1406 empl.) plat, sablonneux, herbeux pinède – pizzeria et cafétéria – toboggan aquatique poneys – Location :
avril-sept. – **R** *conseillée juil.-août* – GB – – *piscine comprise 3 pers. 153 (198 avec élect. 4A)*

Lou Pignada, ✆ 05 58 48 03 76, Fax 05 58 48 26 53, S : 2 km par D 652 puis 0,5 km par rte à gauche – dans locations
8 ha (430 empl.) plat, sablonneux, herbeux pinède – pizzeria – salle de musculation toboggan aquatique – Location :
mai-15 sept. – **R** *conseillée juil.-août* – GB – – *piscine comprise 3 pers. 138 (185 avec élect. 4A)*

La Côte, ✆ 05 58 48 94 94, Fax 05 58 48 94 44, SO : 2,3 km par D 652, rte de Vieux-Boucau-les-Bains et chemin à droite
3,5 ha (143 empl.) plat, herbeux, sablonneux (0,4 ha) – –
avril-15 oct. – **R** *conseillée juil.-août* – – *2 pers. 58, pers. suppl. 17 15 (6A) 23 (10A)*

Les Acacias, ✆ 05 58 48 01 78, S : 2 km par D 652, rte de Vieux-Boucau-les-Bains puis 1 km par rte à gauche
1,7 ha (128 empl.) plat, herbeux, sablonneux – –
avril-oct. – **R** *conseillée* – – *2 pers. 52 15 (5 ou 6A) 18 (10A)*

Le Moussaillon, ✆ 05 58 48 92 89, sortie Sud par D 652, rte de Vieux-Boucau-les-Bains
2,4 ha (134 empl.) plat, herbeux, sablonneux – –
Pâques-oct. – **R** *conseillée 14 juil.-15 août* – – *19 22 11 (3A) 16 (6A) 25 (10A)*

MESSIMY-SUR-SAÔNE

11 – 74 ①

Paris 424 – Beaujeu 21 – Belleville 7 – Bourg-en-Bresse 45 – Lyon 41 – Villefranche-sur-Saône 10

01480 Ain – 827 h. alt. 188

Le Gîte Vert « Cadre agréable », ✆ 04 74 67 81 24, S : 1,5 km par D 933 rte de Trévoux puis 0,8 km par chemin à droite, à 150 m de la Saône
2 ha (96 empl.) plat, herbeux – –
avril-oct. – **Location longue durée** – *Places limitées pour le passage* – **R** – – *élect. (6A) comprise 2 pers. 57*

METZ P

8 – 57 ⑭ **G. Alsace Lorraine**

Paris 333 – Longuyon 82 – Pont-à-Mousson 31 – St-Avold 44 – Thionville 30 – Verdun 80

57000 Moselle – 119 594 h. alt. 173.

Office de Tourisme, pl. d'Armes ✆ 03 87 55 53 76, Fax 03 87 36 59 43 et Bureaux Gare et Autoroutier de l'Est de la France

Municipal Metz-Plage, ✆ 03 87 32 05 58, au Nord du centre ville, entre le pont des Morts et le pont de Thionville, bord de la Moselle – par A 31 : sortie Metz-Nord Pontiffroy
2,5 ha (150 empl.) plat, herbeux – –
A proximité :
5 mai-sept. – **R** – GB – *Tarif 97 : 15 15/35 ou 40 avec élect. (10A)*

MEURSAULT

11 – **70** ① G. Bourgogne

Paris 318 – Beaune 8 – Chagny 10 – Chalon-sur-Saône 28 – Le Creusot 40

21190 Côte-d'Or – 1 538 h. alt. 243

La Grappe d'Or ←, ✆ 03 80 21 22 48, Fax 03 80 21 65 74, sortie Nord par D 111B rte de Beaune
4,5 ha (155 empl.) (mai-sept.) plat et peu incliné, terrasses, herbeux, pierreux – toboggan aquatique
avril-7 nov. – **R** *conseillée* – GB – *piscine comprise 1 pers. 84,50* *19,50 (15A)*

MEUZAC

10 – **72** ⑱

Paris 428 – Eymoutiers 41 – Limoges 39 – Lubersac 15 – St-Léonard-de-Noblat 40 – St-Yrieix-la-Perche 24

87380 H.-Vienne – 753 h. alt. 391

Municipal du Lac, au bourg
1 ha (60 empl.) plat, herbeux –
15 juin-15 sept. – **R** *conseillée 15 juil.-20 août* – *11* *7* *7* *13 (16A)*

MEYMAC

10 – **73** ⑪ G. Berry Limousin

Paris 445 – Aubusson 57 – Limoges 96 – Neuvic 30 – Tulle 50 – Ussel 17

19250 Corrèze – 2 796 h. alt. 702.
Office de Tourisme, pl. Hôtel-de-Ville
✆ 05 55 95 18 43, Fax 05 55 46 19 99

La Garenne ←, ✆ 05 55 95 22 80, sortie Nord-Est par D 30 rte de Sornac, près d'un plan d'eau
4,5 ha (120 empl.) incliné et en terrasses, herbeux –
– A proximité : – Location : huttes
16 mai-11 sept. – **R** *conseillée juil.-août* – – *Tarif 97 :* *13* *9* *10* *14 (6A)*

▶ *This Guide is not intended as a list of all the camping sites in France ; its aim is to provide a selection of the best sites in each category.*

MEYRAS

16 – **76** ⑱

Paris 616 – Aubenas 16 – Le Cheylard 52 – Langogne 48 – Privas 44

07380 Ardèche – 729 h. alt. 450

Le Ventadour ←, ✆ 04 75 94 18 15, Fax 04 75 94 11 88, SE : 3,5 km, par N 102 rte d'Aubenas, bord de l'Ardèche
3 ha (150 empl.) plat et peu incliné, herbeux –
snack, pizzeria – – Location :
avril-sept. – **R** *conseillée* – – *2 pers. 80, pers. suppl. 19* *12 (3A) 14 (6A) 19 (10A)*

La Plage ←, ✆ 04 75 36 40 59, à **Neyrac-les-Bains**, SO : 3 km par N 102 rte du Puy-en-Velay, bord de l'Ardèche
0,8 ha (45 empl.) en terrasses et plat, herbeux, pierreux –
– salle d'animation – Location : appartements
avril-oct. – **R** *conseillée* – – *2 pers. 80* *12 (4 à 6A) 16 (10A)*

MEYRIEU-LES-ÉTANGS

12 – **74** ⑬

Paris 517 – Beaurepaire 32 – Bourgoin-Jallieu 12 – Grenoble 76 – Lyon 55 – Vienne 28

38440 Isère – 551 h. alt. 430

Base de Loisirs du Moulin, ✆ 04 74 59 30 34, Fax 04 74 58 36 12, SE : 0,8 km par D 56B, rte de Châtonnoy et rte de Ste-Anne à gauche, à la Base de Loisirs, près d'un plan d'eau
1 ha (75 empl.) (juil.-août) plat, peu incliné, en terrasses, herbeux –
– – A proximité : snack
15 avril-sept. – **R** *conseillée juil.-août* – GB – – *Tarif 97 :* *19* *7* *21* *15 (4A) 18 (6A)*

MEYRUEIS

15 – **80** ⑤ ⑮ G. Gorges du Tarn

Paris 639 – Florac 35 – Mende 57 – Millau 43 – Rodez 93 – Sévérac-le-Château 50 – Le Vigan 49

48150 Lozère – 907 h. alt. 698.
Office de Tourisme, Tour de l'Horloge
✆ 04 66 45 60 33, Fax 04 66 45 65 27

Capelan ← « Site agréable », ✆ 04 66 45 60 50, NO : 1 km sur D 996 rte du Rozier, bord de la Jonte – juil.-août dans locations
2,8 ha (100 empl.) plat, herbeux –
– – – Location :
mai-19 sept. – **R** *conseillée juil.-août* – GB – – *piscine comprise 2 pers. 78, pers. suppl. 20* *16*

Le Champ d'Ayres ←, ✆ 04 66 45 60 51, E : 0,5 km par D 57 rte de Campis, près de la Brèze – juil.-août dans locations
1,5 ha (85 empl.) incliné, herbeux –
– A proximité : – Location :
avril-20 sept. – **R** *conseillée* – – *piscine comprise 2 pers. 78, pers. suppl. 20* *15 (10A)*

Le Pré de Charlet ←, ✆ 04 66 45 63 65, NE : 1 km par D 996 rte de Florac, bord de la Jonte
2 ha (70 empl.) plat, peu incliné et en terrasses, herbeux –
– –
mai-sept. – **R** – – *2 pers. 60* *15*

Aire Naturelle la Cascade ≤, ✆ 04 66 45 61 36, NE : 3,8 km par D 996, rte de Florac et chemin à droite, au lieu-dit Salvensac, près de la Jonte et d'une cascade
1 ha (25 empl.) (juil.-août) plat, peu incliné, en terrasses, herbeux – A proximité :
Pâques-sept. – **R** *conseillée* – – *2 pers. 60* *15 (10A)*

Aire Naturelle le Pré des Amarines ≤, ✆ 04 66 45 61 65, NE : 5,7 km par D 996, rte de Florac et chemin à droite, au Castel, près du lieu-dit Gatuzières, bord de la Jonte – alt. 750
2 ha (25 empl.) (juil.-25 août) plat et peu vallonné, incliné, herbeux –
16 juin-5 sept. – **R** – *14* *30/50* *15 (4A) 20 (6A)*

MEYSSAC

10 – 75 ⑨ **G. Périgord Quercy**

Paris 510 – Argentat 64 – Beaulieu-sur-Dordogne 21 – Brive-la-Gaillarde 24 – Tulle 39

19500 Corrèze – 1 124 h. alt. 220

Intercommunal Moulin de Valane, ✆ 05 55 25 41 59, NO : 1 km rte de Collonges-la-Rouge, bord d'un ruisseau
3 ha (90 empl.) (juil.-août) plat et incliné, herbeux – – toboggan aquatique – Location : huttes
15 avril-oct. – **R** *conseillée 15 juil.-15 août* – – *piscine et tennis compris 2 pers. 58* *14 (6A)*

MÈZE

15 – 83 ⑯ **G. Gorges du Tarn**

Paris 750 – Agde 20 – Béziers 39 – Lodève 51 – Montpellier 33 – Pézenas 19 – Sète 18

34140 Hérault – 6 502 h. alt. 20

Beau Rivage « Entrée fleurie », ✆ 04 67 43 81 48, Fax 04 67 43 66 70, au Nord-Ouest, rte de Montpellier et rte à droite, avant la station Esso, près du Bassin de Thau (accès direct)
3,5 ha (234 empl.) plat, herbeux – – – Location :
avril-sept. – **R** *conseillée* – GB – – *piscine comprise 2 pers. 98 (115 avec élect. 3A)* *10 (6A)*

MÉZEL

17 – 81 ⑰

Paris 746 – Barrême 21 – Castellane 45 – Digne-les-Bains 14 – Forcalquier 51 – Sisteron 40

04270 Alpes-de-H.-Pr. – 423 h. alt. 585

La Célestine, ✆ 04 92 35 52 54 ✉ 04270 Beynes, S : 3 km par D 907, rte de Manosque, bord de l'Asse – dans locations
2,4 ha (100 empl.) plat, herbeux – – (bassin 1 000 m²) – Location :
15 avril-15 sept. – **R** *conseillée juil.-août* – – *20* *20* *11 (2A) 17 (4A) 23 (6A)*

MÉZIÈRES-EN-BRENNE

10 – 68 ⑥ **G. Berry Limousin**

Paris 304 – Le Blanc 27 – Châteauroux 43 – Châtellerault 59 – Poitiers 81 – Tours 88

36290 Indre – 1 194 h. alt. 88

Municipal la Caillauderie, ✆ 02 54 38 09 23, E : 0,8 km par D 925 rte de Châteauroux et chemin du stade à droite, bord de la Claise
0,35 ha (16 empl.) plat, pierreux, herbeux – – A proximité :
Pâques-oct. – **R** – *2 pers. 34, pers. suppl. 8,60* *16*

MÉZOS

13 – 78 ⑮

Paris 700 – Bordeaux 123 – Castets 24 – Mimizan 15 – Mont-de-Marsan 62 – Tartas 47

40170 Landes – 851 h. alt. 23

Sen Yan « Bel ensemble avec piscines, palmiers et plantations », ✆ 05 58 42 60 05, Fax 05 58 42 64 56, E : 1 km par rte du Cout
8 ha (310 empl.) plat, sablonneux pinède – – terrain omnisports – Location :
15 juin-15 sept. – **R** *conseillée juil.-août* – GB – *piscine comprise 1 ou 2 pers. 135 (155 avec élect. 3A), pers. suppl. 30* *10 (6A)*

MIÉLAN

14 – 82 ⑭

Paris 785 – Auch 39 – Marciac 19 – Mirande 14 – Tarbes 35 – Masseube 25

32170 Gers – 1 290 h. alt. 265

Complexe Touristique les Reflets du Lac « Situation agréable au bord du lac », ✆ 05 62 67 51 76, Fax 05 62 67 64 12, NE : 2 km par N 21, rte d'Auch
28 ha/3 campables (109 empl.) plat, peu incliné, herbeux – snack – – Location : gîtes
Permanent – **R** *conseillée juil.-août* – GB – – *piscine comprise 2 pers. 88* *14 (6A)*

MIERS

13 - 75 ⑲

Paris 527 - Brive-la-Gaillarde 47 - Cahors 67 - Rocamadour 13 - St-Céré 21 - Souillac 24

46500 Lot - 347 h. alt. 302

Le Pigeonnier ≤, ☎ 05 65 33 71 95, E : 0,7 km par D 91, rte de Padirac et chemin à droite
1 ha (45 empl.) peu incliné, en terrasses, plat, herbeux - Location :
Pâques-sept. - **R** *conseillée juil.-août* - *18 piscine comprise* *19* *12 (6A)*

MIGNÉ

10 - 68 ⑰

Paris 300 - Argenton-sur-Creuse 23 - Le Blanc 23 - Buzançais 23 - Châteauroux 36

36800 Indre - 321 h. alt. 112

Municipal, sortie Ouest par D 27 rte de Rosnay
0,4 ha (23 empl.) plat, herbeux
mai-sept. - **R** - *7,50* *7,50* *7,50* *17 (6A)*

MILLAU

15 - 80 ⑭ **G. Gorges du Tarn**

Paris 642 - Albi 108 - Alès 134 - Béziers 123 - Mende 96 - Montpellier 113 - Rodez 65

12100 Aveyron - 21 788 h. alt. 372.

Office de Tourisme, 1, av. A.-Merle ☎ 05 65 60 02 42, Fax 05 65 61 36 08

Les Rivages ≤, ☎ 05 65 61 01 07, E : 1,7 km par D 991 rte de Nant, bord de la Dourbie
7 ha (314 empl.) plat, herbeux, pierreux (1 ha) - snack bureau de documentation touristique - squash
mai-sept. - **R** *conseillée juil.-août* - GB - *piscine comprise 2 pers. 109* *18 (6A)*

Cureplat, ☎ 05 65 60 15 75, Fax 05 65 61 36 51, NE : 0,8 km par D 991 rte de Nant et D 187 à gauche rte de Paulhe, bord du Tarn
4 ha (237 empl.) (saison) plat, herbeux - snack - - A proximité : - Location :
avril-sept. - **R** *conseillée juil.-15 août* - GB - *Tarif 97 : piscine comprise 2 pers. 100, pers. suppl. 22* *17 (6A)*

Municipal Millau-Plage, ☎ 05 65 60 10 97, Fax 05 65 60 16 88, sortie Est par rte de Nant puis 1,2 km par D 187 à gauche, bord du Tarn
4 ha (251 empl.) plat, herbeux - - A proximité :
avril-sept. - **R** *conseillée juil.-août* - GB - *piscine comprise 2 pers. 78* *16 (5A)*

Les Érables ≤, ☎ 05 65 59 15 13, Fax 05 65 59 06 59, sortie Est par D 991, rte de Nant et D 187 à gauche, rte de Paulhe, bord du Tarn
1,4 ha (78 empl.) plat, herbeux (0,3 ha) -
mai-sept. - **R** *conseillée* - GB - *2 pers. 70* *15 (6A)*

Les Deux Rivières ≤, ☎ 05 65 60 00 27, Fax 05 65 60 76 70, sortie Est par D 991 rte de Nant, bord du Tarn
1 ha (60 empl.) plat, herbeux, pierreux
avril-oct. - **R** *conseillée 15 juil.-20 août* - *2 pers. 70* *15 (8 ou 10A)*

MILLY-LA-FORÊT

6 - 61 ⑪ **G. Ile de France**

Paris 60 - Étampes 26 - Évry 32 - Fontainebleau 19 - Melun 23 - Nemours 27

91490 Essonne - 4 307 h. alt. 68.

Office de Tourisme, 60 r. Jean-Cocteau, ☎ 01 64 98 83 17, Fax 01 64 98 94 80

La Musardière « Cadre agréable », ☎ 01 64 98 91 91, SE : 4 km par D 141^E, D 16 et rte de la Croix-St-Jérôme à gauche
8 ha (200 empl.) plat et accidenté, sablonneux, rochers - (saison) - - A proximité :
20 fév.-13 déc. - Location longue durée - *Places disponibles pour le passage* - **R** *conseillée mai* - *28 piscine comprise* *16* *14/28 avec élect. (6A)*

MIMIZAN

13 - 78 ⑭ **G. Pyrénées Aquitaine**

Paris 683 - Arcachon 66 - Bayonne 101 - Bordeaux 106 - Dax 71 - Langon 104 - Mont-de-Marsan 76

40200 Landes - 6 710 h. alt. 13

Municipal du Lac, ☎ 05 58 09 01 21, N : 2 km par D 87, rte de Gastes, bord de l'étang d'Aureilhan
8 ha (480 empl.) (été) plat et légèrement accidenté, sablonneux (3 ha) - - A proximité : - Location : bungalows toilés

à Mimizan-Plage O : 6 km - ✉ 40200 Mimizan :

Club Marina, ☎ 05 58 09 12 66, Fax 05 58 09 16 40, à 500 m de la plage Sud
9 ha (580 empl.) plat, sablonneux pinède - - salle d'animation - A proximité : salle de musculation - Location : studios, bungalows toilés
16 mai-13 sept. - **R** *conseillée 15 juil.-15 août* - GB - *Tarif 97 : piscine comprise 3 pers. 140/155, pers. suppl. 26* *22 (6A) 28 (10A)*

MIOS 33 Gironde - 71 ⑳ - voir à Arcachon (Bassin d')

MIRABEL-ET-BLACONS

16 - 77 ⑫

Paris 594 – Crest 6 – Die 30 – Dieulefit 34 – Grignan 54 – Valence 34

26400 Drôme – 728 h. alt. 225

Gervanne, ✆ 04 75 40 00 20, à Blacons, au confluent de la Drôme et de la Gervanne
3,7 ha (150 empl.) plat et peu incliné, herbeux – – (plan d'eau)
15 mars-15 nov. – R – – *21* *13* *16* *16 (4A)*

MIRAMONT-DE-GUYENNE

14 - 75 ⑭

Paris 569 – Agen 61 – Bergerac 33 – Duras 18 – Marmande 23 – Ste-Foy-la-Grande 30

47800 L.-et-G. – 3 450 h. alt. 51.
Office de Tourisme, 1 r. Pasteur
✆ 05 53 93 38 94, Fax 05 53 93 49 56

Intercommunal le Saut du Loup « Site agréable », ✆ 05 53 93 22 35, Fax 05 53 93 55 33, E : 2 km par D 227 rte de Cancon et chemin à droite, bord du lac
40 ha/5 campables (150 empl.) plat et peu incliné, herbeux (3 ha) – – – Location *(permanent)* : , gîtes
15 mars-14 nov. – **R** *conseillée juil.-août* – – *25 piscine comprise* *25* *17 (6A) 24 (10A)*

MIRANDE

14 - 82 ⑭ **G. Pyrénées Aquitaine**

Paris 783 – Auch 25 – Mont-de-Marsan 98 – Tarbes 49 – Toulouse 101

32300 Gers – 3 565 h. alt. 173.
Office de Tourisme, r. de l'Évêché
✆ 05 62 66 68 10, Fax 05 62 66 78 89

Municipal l'Ile du Pont, ✆ 05 62 66 64 11, à l'Est de la ville, dans une île de la Grande Baïse
4,5 ha (150 empl.) plat, herbeux – – –
– A proximité : – Location *(permanent)* :
juin-15 sept. – **R** *conseillée 14 juil.-20 août* – – *Tarif 97 :* *14* *5,50* *7,50/14 avec élect. (6A)*

MIRANDOL-BOURGNOUNAC

15 - 80 ⑪

Paris 644 – Albi 29 – Carmaux 13 – Cordes-sur-Ciel 23 – Rodez 55

81190 Tarn – 1 110 h. alt. 393

Les Clots , ✆ 05 63 76 92 78, N : 5,5 km par D 905 rte de Rieupeyroux et chemin sur la gauche, à 500 m du Viaur (accès direct)
7 ha/3 campables (59 empl.) en terrasses, pierreux, herbeux –
– – Location :
Pâques-sept. – **R** *conseillée juil.-août* – – *piscine comprise 3 pers. 96* *15 (6A)*

MIREMONT

11 - 73 ③ **G. Auvergne**

Paris 397 – Clermont-Ferrand 44 – Pontaumur 8 – Pontgibaud 22 – Riom 44 – St-Gervais-d'Auvergne 23

63380 P.-de-D. – 370 h. alt. 550

Intercommunal Plage de Confolant « Dans un site agréable », ✆ 04 73 79 92 76, NE : 7 km par D 19 et D 19E à droite, près du lac (accès direct)
2,8 ha (90 empl.) en terrasses et incliné, herbeux, pierreux – –
– – – A proximité : (plage)
juin-10 sept. – **R** *conseillée* – – *17* *23* *15 (5A)*

Municipal la Rivière, au bourg, bord de la Chancelade
0,4 ha (36 empl.) (juil.-août) plat, herbeux, pierreux –
mai-sept. – **R** – – *9* *12* *15*

MIREPEISSET

15 - 83 ⑬

Paris 801 – Béziers 31 – Carcassonne 50 – Narbonne 16 – St-Chinian 25

11120 Aude – 410 h. alt. 39

Val de Cesse, ✆ 04 68 46 14 94, à 1 km à l'Ouest du bourg, bord de la Cesse
2,5 ha (121 empl.) plat, herbeux – – –
– A proximité : – Location :
avril-sept. – **R** *juil.-août* – – *Tarif 97 :* *piscine comprise 1 ou 2 pers. 66, pers. suppl. 16* *15 (6A)*

MIREPOIX

14 - 82 ⑤

Paris 775 – Auch 18 – Fleurance 16 – Gimont 25 – Mauvezin 20 – Vic-Fézensac 33

32390 Gers – 162 h. alt. 150

Aire Naturelle les Mousquetaires , ✆ 05 62 64 33 66, Fax 05 62 64 32 63, à 2 km au Sud-Est du bourg
1 ha (25 empl.) non clos, plat et peu incliné, herbeux – –
– Location *(permanent)* :
15 juin-15 sept. – **R** *conseillée* – – *élect. et piscine comprises 2 pers. 75, pers. suppl. 20*

MISCON

16 - 77 ⑭

Paris 654 – Aspres-sur-Buëch 44 – Châtillon-en-Diois 14 – Die 28 – Rémuzat 47 – Valence 95

26310 Drôme – 38 h. alt. 812

Municipal les Thibauds , au bourg
0,4 ha (25 empl.) plat et en terrasses, pierreux, herbeux (0,2 ha) –
–
15 juin-15 sept. – **R** *conseillée* – – *8* *4* *4* *10 (10A)*

MISSILLAC

4 - 63 ⑮ G. Bretagne

Paris 438 - Nantes 65 - Redon 24 - St-Nazaire 37 - Vannes 53

44780 Loire-Atl. - 3 915 h. alt. 44

Municipal les Platanes, ✆ 02 40 88 38 88, O : 1 km par D 2, à 50 m d'un étang
1,5 ha (60 empl.) peu incliné, herbeux - - A proximité : golf,

MITTLACH

8 - 62 ⑱

Paris 466 - Colmar 28 - Gérardmer 42 - Guebwiller 33 - Thann 47

68380 H.-Rhin - 291 h. alt. 550

Municipal Langenwasen « Site agréable », ✆ 03 89 77 63 77, SO : 3 km, bord d'un ruisseau - alt. 620
3 ha (150 empl.) peu incliné, plat et terrasses, herbeux, gravier - -
mai-sept. - **R** *conseillée 10 juil.-15 août pour caravanes - - Tarif 97 : 15 6 8/14 7,20 (2A) 14,40 (4A)*

MODANE

12 - 77 ⑧ G. Alpes du Nord

Paris 664 - Albertville 90 - Chambéry 101 - Lanslebourg-Mont-Cenis 23 - Col du Lautaret 59 - St-Jean-de-Maurienne 31

73500 Savoie - 4 250 h. alt. 1 057
- Sports d'hiver : (La Norma) 1 350/ 2 750 m 1 16 .
Tunnel du Fréjus : Péage en 1997 aller simple : autos 95, 145 ou 188 F, P.L. 455, 693 ou 917 F - Tarifs spéciaux AR (validité limitée)
Office de Tourisme, pl. Replaton ✆ 04 79 05 22 35, Fax 04 79 05 27 69

Les Combes , ✆ 04 79 05 00 23, sur bretelle d'accès au tunnel routier du Fréjus, à 0,8 km au Sud-Ouest de Modane-ville
4 ha (55 empl.) (juil.-août) peu incliné, herbeux, pierreux - - A proximité :
mai-14 oct. - **R** *conseillée juil.-août - - 2 pers. 47, pers. suppl. 23,50 15 (4A)*

MOËLAN-SUR-MER

3 - 58 ⑪ ⑫ G. Bretagne

Paris 523 - Carhaix-Plouguer 67 - Concarneau 27 - Lorient 24 - Quimper 45 - Quimperlé 10

29350 Finistère - 6 596 h. alt. 58.
Office de Tourisme, r. des Moulins ✆ 02 98 39 67 28, Fax 02 98 96 50 11

La Grande Lande , ✆ 02 98 71 00 39, O : 5 km par D 116 rte de Kerfany-les-Pins, à Kergroës
3 ha (100 empl.) plat et peu incliné, herbeux, bois attenant - - - Location :
avril-sept. - **R** *juil.-août - - 22 piscine comprise 8,50 25 14 (3A) 18 (6A) 22 (10A)*

L'Île Percée , ✆ 02 98 71 16 25, O : 5,8 km par D 116, rte de Kerfany-les-Pins, puis 1,7 km à gauche, à la plage de Trenez, bord de mer
1 ha (65 empl.) plat, herbeux - - - A proximité : snack
Pâques-sept. - **R** *conseillée juil.-août - - 20 30 12 (2A) 15 (4A) 18 (6A)*

MOLIÈRES

13 - 75 ⑯ G. Périgord Quercy

Paris 544 - Bergerac 31 - Le Bugue 21 - Les Eyzies-de-Tayac 32 - Sarlat-la-Canéda 46 - Villeneuve-sur-Lot 54

24480 Dordogne - 315 h. alt. 150

La Grande Veyière , ✆ 05 53 63 25 84, SE : 2,2 km par D 27, rte de Cadouin et chemin à droite
4 ha (64 empl.) peu incliné à incliné, en terrasses, herbeux (1 ha) - - - - Location :
avril-15 nov. - **R** *conseillée 15 juil.-20 août - GB - - 22 piscine comprise 32 15 (4 ou 6A)*

MOLIETS-ET-MAA

13 - 78 ⑯

Paris 730 - Bayonne 45 - Castets 19 - Dax 34 - Soustons 17

40660 Landes - 420 h. alt. 15

à Moliets-Plage O : 3 km par D 117 - ✉ 40660 Moliets-et-Maa :

Airotel Saint-Martin, ✆ 05 58 48 52 30, Fax 05 58 48 50 73, sur D 117, accès direct à la plage
18,5 ha (660 empl.) (juil.-août) plat et vallonné, en terrasses, sablonneux pinède (7 ha) - snack cases réfrigérées - - Location : , bungalows toilés
Pâques-9 oct. - **R** *conseillée juil.-août - GB - - piscine comprise 2 pers. 97, 3 pers. 128 (148 ou 175 avec élect. 5 ou 10A)*

Les Cigales, ✆ 05 58 48 51 18, Fax 05 58 48 53 27, sur D 117, à 500 m de la plage
15 ha (630 empl.) plat et accidenté, sablonneux pinède - - - A proximité : golf - Location :
Pâques-sept. - **R** *conseillée - GB - - Tarif 97 : 1 ou 2 pers. 70, pers. suppl. 21 15 (5A) 30 (10A)*

MOLITG-LES-BAINS

15 - 86 ⑰ G. Pyrénées Roussillon

Paris 905 - Perpignan 51 - Prades 8 - Quillan 54

66500 Pyr.-Or. - 185 h. alt. 607 - (avril-2 nov.).
Syndicat d'Initiative, Mairie ✆ 04 68 05 03 28, Fax 04 68 05 02 12

Municipal Guy Malé , ✆ 04 68 05 04 71, N : 1,3 km, au Sud-Est du village de Molitg - alt. 607
0,3 ha (19 empl.) peu incliné, herbeux - - A proximité : parcours sportif
avril-oct. - **R** *conseillée juil.-août*

Le MONASTIER-SUR-GAZEILLE

11 – 76 ⑰ G. Vallée du Rhône

Paris 566 – Coucouron 27 – Langogne 43 – Le Puy-en-Velay 8 – Salignac-sur-Loire 14

43150 H.-Loire – 1 828 h. alt. 950

Municipal le Moulin de Savin, ✆ 04 71 03 82 24, à 1 km au Sud-Ouest du bourg, bord de la Gazeille – alt. 820
1,2 ha (55 empl.) plat, peu incliné, herbeux – A proximité :

MONDRAGON

16 – 81 ①

Paris 642 – Avignon 45 – Montélimar 41 – Nyons 41 – Orange 17

84430 Vaucluse – 3 118 h. alt. 40

Municipal la Pinède, ✆ 04 90 40 82 98, NE : 1,5 km par D 26, rte de Bollène et deux fois à droite
3 ha (134 empl.) plat et peu incliné, en terrasses, herbeux, pierreux, sablonneux
Permanent – **R** *conseillée – Tarif 97 : 14 4,20 4,50/5,50 15 (5A) 32,50 (10A) 45 (15A)*

MONESTIER-DE-CLERMONT

12 – 77 ⑭ G. Alpes du Nord

Paris 598 – Grenoble 34 – La Mure 30 – Serres 74 – Sisteron 108

38650 Isère – 905 h. alt. 825.
Syndicat d'Initiative, (en saison, matin seul.) Parc Municipal ✆ 04 76 34 15 99

Municipal les Portes du Trièves, ✆ 04 76 34 01 24, à 0,7 km à l'Ouest de la localité, par chemin des Chambons, derrière la piscine
1 ha (50 empl.) plat et en terrasses, peu incliné, gravillons, herbeux – A l'entrée :
mai-sept. – **R** *15 juil.-15 août – 20 20 15 (6A)*

MONFAUCON

9 – 75 ⑭

Paris 554 – Bergerac 26 – Libourne 49 – Montpon-Ménestérol 19 – Ste-Foy-la-Grande 11

24130 Dordogne – 233 h. alt. 106

Étang de Bazange, ✆ 05 53 24 64 79, NE : 1 km, bord de l'étang
10 ha/2,5 campables (50 empl.) incliné et en terrasses, herbeux pinède – snack – – Location :
juin-sept. – **R** *conseillée juil.-août – 15 piscine comprise 18 12 (6A)*

MONFORT

14 – 82 ⑥ G. Pyrénées Aquitaine

Paris 698 – Auch 39 – Fleurance 15 – Gimont 22 – L'Isle-Jourdain 34

32120 Gers – 416 h. alt. 164

Municipal, au bourg
0,2 ha (20 empl.) plat, herbeux
mai-oct. – **R** – *12 5 10*

MONISTROL-D'ALLIER

11 – 76 ⑯ G. Auvergne

Paris 544 – Brioude 60 – Langogne 56 – Le Puy-en-Velay 28 – St-Chély-d'Apcher 58 – Saugues 15

43580 H.-Loire – 312 h. alt. 590

Municipal, au bourg, près de l'Allier (accès direct)
1 ha (50 empl.) plat, pierreux, herbeux – A proximité :
avril-15 sept. – **R** *conseillée 15 juil.-15 août – 13 6 6/11 11 (10A)*

MONISTROL-SUR-LOIRE

11 – 76 ⑧ G. Vallée du Rhône

Paris 545 – Annonay 66 – Craponne-sur-Arzon 40 – Le Puy-en-Velay 50 – St-Étienne 31

43120 H.-Loire – 6 180 h. alt. 653.
Office de Tourisme, 4 bis r. du Château ✆ 04 71 66 03 14

Municipal Beau Séjour, ✆ 04 71 66 53 90, O : 1 km par D 12 rte de Bas-en-Basset et à droite
1,5 ha (95 empl.) plat et incliné, herbeux – – A proximité :
avril-oct. – **Location longue durée** – *Places limitées pour le passage* – **R** *conseillée – Tarif 97 : piscine comprise 2 pers. 64, pers. suppl. 11 16 (6A)*

MONNERVILLE

6 – 60 ⑲

Paris 64 – Ablis 28 – Chartres 48 – Étampes 15 – Évry 50

91930 Essonne – 375 h. alt. 141

Le Bois de la Justice, ✆ 01 64 95 05 34, Fax 01 64 95 17 31, à 1,8 km au Sud du bourg
5 ha (150 empl.) plat et peu incliné
mars-nov. – **Location longue durée** – *Places limitées pour le passage* – **R** *conseillée 10 juil.-20 août – 30 piscine comprise 15 30 15 (6A)*

▶ *Benutzen Sie den Hotelführer des laufenden Jahres.*

MONNET-LA-VILLE

12 - 70 ⑤

Paris 422 - Arbois 27 - Champagnole 10 - Doucier 9 - Lons-le-Saunier 24 - Poligny 25

39300 Jura - 305 h. alt. 550

Sous Doriat ←, ✆ 03 84 51 21 43, sortie Nord par D 27E rte de Champagnole
2,5 ha (130 empl.) (juil.-août) plat, herbeux - Location :
mai-sept. - **R** *conseillée 15 juil.-15 août - 16,50 9 11 15 (10A)*

Le Git ←, ✆ 03 84 51 21 17 ✉ 39300 Montigny-sur-l'Ain, à **Monnet-le-Bourg**, Sud-Est : 1 km par D 40
4,5 ha (100 empl.) plat, peu incliné, herbeux -
15 mai-15 sept. - **R** *conseillée 14 juil.-15 août - 18 10 10 15 (5A)*

MONPAZIER

13 - 75 ⑯ G. Périgord Quercy

Paris 555 - Bergerac 45 - Fumel 29 - Périgueux 75 - Sarlat-la-Canéda 49 - Villeneuve-sur-Lot 44

24540 Dordogne - 531 h. alt. 180

Le Moulin de David, ✆ 05 53 22 65 25, Fax 05 53 23 99 76 ✉ 24540 Gaugeac, SO : 3 km par D 2 rte de Villeréal et chemin à gauche, bord d'un ruisseau
3 ha (100 empl.) plat, terrasse, herbeux (bassin) half-court - Location : tentes
16 mai-12 sept. - **R** *conseillée 15 juil.-15 août* - GB - *33,50 piscine comprise 45 19 (3A) 23 (6A)*

MONPLAISANT

13 - 75 ⑯

Paris 545 - Belvès 3 - Bergerac 50 - Le Bugue 22 - Les Eyzies-de-Tayac 24 - Sarlat-la-Canéda 33

24170 Dordogne - 216 h. alt. 190

La Lénotte, ✆ 05 53 30 25 80, NE : 2,3 km sur D 710, rte de Soriac-en-Périgord, bord de la Nauze
3,2 ha (69 empl.) plat, herbeux -
15 juin-août - **R** *conseillée - 16 20 15 (3A)*

MONTAGNEY

8 - 66 ⑯

Paris 386 - Baume-les-Dames 26 - Besançon 41 - Montbéliard 48 - Vesoul 27

25680 Doubs - 130 h. alt. 255

La Forge, ✆ 03 81 86 05 11, au Nord du bourg, près de L'Ognon
1,2 ha (56 empl.) plat, herbeux -
mai-sept. - **R** - *15 10 12/15 12 (6A)*

MONTAIGU

9 - 67 ④

Paris 386 - Cholet 35 - Fontenay-le-Comte 87 - Nantes 33 - Noirmoutier 90 - La Roche-sur-Yon 38

85600 Vendée - 4 323 h. alt. 40.
Office de Tourisme, pl. de l'Hôtel-de-Ville
✆ 02 51 06 39 17

Lac de la Chausselière, ✆ 02 51 41 50 32, SE : 6 km par D 23 rte des Herbiers, bord du lac
1 ha (50 empl.) plat, herbeux - A proximité :
avril-oct. - *12,50 6,50 11,50 6*

MONTAIGUT-LE-BLANC

11 - 73 ⑭ G. Auvergne

Paris 447 - Clermont-Ferrand 33 - Issoire 16 - Pontgibaud 50 - Rochefort-Montagne 44 - St-Nectaire 10

63320 P.-de-D. - 568 h. alt. 500

Municipal ←, ✆ 04 73 96 75 07, au bourg, près de la poste, bord de la Couze de Chambon
3 ha (100 empl.) (juil.-août) plat, herbeux - (juin-15 sept.) - A proximité :
mai-15 sept. - **R** *conseillée 14 juil.-15 août - 22 piscine et tennis compris 18 17 (6A)*

MONTALIEU-VERCIEU

12 - 74 ⑬

Paris 480 - Belley 40 - Bourg-en-Bresse 54 - Crémieu 22 - Nantua 65 - La Tour-du-Pin 33

38390 Isère - 2 076 h. alt. 213

Vallée Bleue ←, ✆ 04 74 88 63 67, Fax 04 74 88 62 11, sortie Nord par N 75 rte de Bourg-en-Bresse puis 1,3 km par D 52F à droite, à la Base de Plein Air et de Loisirs, bord du Rhône rive gauche (plan d'eau)
120 ha/1,8 campable (119 empl.) plat, peu incliné, herbeux, gravier (0,5 ha) - A proximité : snack toboggan aquatique
mai-sept. - **R** *conseillée juil.-août* - GB - *33 piscine et tennis compris 35 avec élect. (6A)*

MONTALIVET-LES-BAINS

9 - 71 ⑯

Paris 532 - Bordeaux 87 - Lesparre-Médoc 21 - Soulac-sur-Mer 19

33 Gironde
✉ 33930 Vendays-Montalivet

Municipal, ✆ 05 56 09 33 45, S : 0,8 km
26 ha (905 empl.) plat, sablonneux pinède -
mai-sept. - **R** *indispensable pour emplacements aménagés caravanes* - GB - *Tarif 97 : 20,15 29,40/45,20 avec élect.*

MONTBARD

7 - 65 ⑦ G. Bourgogne

Paris 235 - Autun 89 - Auxerre 75 - Dijon 81 - Troyes 99

21500 Côte-d'Or - 7 108 h. alt. 221.
Office de Tourisme, r. Carnot
03 80 92 03 75

Municipal « Cadre agréable », 03 80 92 21 60, par D 980 déviation Nord-Ouest de la ville, près de la piscine
2,5 ha (80 empl.) plat, herbeux, gravillons (1 ha) - - A l'entrée : - Location : huttes
fév.-oct. - R - GB - *13* *7* *15* *17 (10A)*

MONTBAZON

10 - 64 ⑮ G. Châteaux de la Loire

Paris 247 - Châtellerault 58 - Chinon 40 - Loches 33 - Montrichard 41 - Saumur 67 - Tours 14

37250 I.-et-L. - 3 354 h. alt. 59.
Office de Tourisme, "La Grange Rouge" - N10 -
02 47 26 97 87, Fax 02 47 34 01 78

La Grange Rouge, 02 47 26 06 43, rte de Tours, après le pont sur l'Indre, bord de la rivière
2 ha (108 empl.) plat, herbeux - snack -
A proximité : parcours sportif - Location :
mai-15 sept. - R *juil.-août* - GB - *17* *17* *16 (3A) 20 (6A)*

MONTBRISON

11 - 73 ⑰ G. Vallée du Rhône

Paris 515 - Lyon 76 - Le Puy-en-Velay 104 - Roanne 67 - St-Étienne 36 - Thiers 69

42600 Loire - 14 064 h. alt. 391.
Office de Tourisme, Cloître des Cordeliers
04 77 96 08 69, Fax 04 77 58 00 16

Le Bigi « Décoration arbustive », 04 77 58 06 39 42600 Bard, SO : 2 km par D 113 rte de Lérigneux
1,5 ha (46 empl.) en terrasses et peu incliné, herbeux, gravillons -
15 avril-15 oct. - Location longue durée - *Places disponibles pour le passage* - R *conseillée* - *15 piscine comprise* *8* *12* *11 (3A) 13 (5A)*

Municipal le Surizet, 04 77 58 08 30, à Moingt, S : 3 km par D 8 rte de St-Étienne et rte à droite, bord du Moingt
2,5 ha (96 empl.) plat, herbeux - - - A proximité :
avril-oct. - Location longue durée - *Places limitées pour le passage* - R *conseillée juil.-août* - *9,50 piscine comprise* *4,60* *4,60* *19,60 (6A) 34,50 (10A)*

MONTBRON

10 - 72 ⑮ G. Poitou Vendée Charentes

Paris 460 - Angoulême 30 - Nontron 23 - Rochechouart 36 - La Rochefoucauld 14

16220 Charente - 2 422 h. alt. 141

Les Gorges du Chambon , 05 45 70 71 70, Fax 05 45 70 80 02 16220 Eymouthiers, E : 4,4 km par D 6, rte de Piégut-Pluviers, puis 3,2 km par D 163, rte d'Ecuras et chemin à droite, à 80 m de la Tardoire (accès direct) - juil.-août
7 ha (120 empl.) peu incliné, herbeux - - - A proximité :
15 mai-15 sept. - R *conseillée* - GB - - *28 piscine comprise* *12* *38* *20 (6A)*

MONTBRUN

15 - 79 ⑨ G. Périgord Quercy

Paris 580 - Cajarc 7 - Cahors 58 - Figeac 21 - Livernon 24 - Villefranche-de-Rouergue 34

46160 Lot - 95 h. alt. 157

Municipal, sortie Ouest par D 662 rte de Cajarc et chemin près du passage à niveau, bord du Lot
1 ha (40 empl.) plat, herbeux - -
juin-sept. - R - - *12,50* *15* *14 (10A)*

MONTCABRIER

14 - 79 ⑦ G. Périgord Quercy

Paris 586 - Cahors 39 - Fumel 11 - Tournon-d'Agenais 23

46700 Lot - 403 h. alt. 191

Moulin de Laborde « Cadre agréable autour d'un moulin restauré », 05 65 24 62 06, NE : 2 km sur D 673, rte de Gourdon, bord de la Thèze -
4 ha (90 empl.) plat, herbeux, petit étang - -
mai-14 sept. - R *conseillée juil.-20 août* - *30 piscine comprise* *35* *14 (4A)*

MONTCLAR

15 - 83 ⑪

Paris 786 - Carcassonne 19 - Castelnaudary 40 - Limoux 14 - St-Hilaire 9

11250 Aude - 159 h. alt. 210

Au Pin d'Arnauteille « Cadre sauvage », 04 68 26 84 53, Fax 04 68 26 91 10, SE : 2,2 km par D 43
115 ha/7 campables (120 empl.) peu incliné, accidenté et terrasses (1 ha) - - Location : bungalows toilés - Garage pour caravanes
avril-sept. - R - GB - - *piscine comprise 2 pers. 90, pers. suppl. 23* *17 (5A) 25 (10A)*

MONTDIDIER

1 - 56 ① G. Flandres Artois Picardie

Paris 108 - Amiens 40 - Beauvais 49 - Compiègne 36 - Péronne 47 - St-Quentin 64

80500 Somme - 6 262 h. alt. 82.
Syndicat d'Initiative, 4 r. Jean-Dupuy ✆ 03 22 78 92 00, Fax 03 22 78 00 88

Le Pré Fleuri, ✆ 03 22 78 93 22, sortie Ouest par D 930 rte de Breteuil et à droite, 0,8 km par D 26 rte d'Ailly-sur-Noye
0,8 ha (24 empl.) (saison) plat et peu incliné, herbeux (0,3 ha) - Location :
Pâques-15 oct. - **R** *conseillée juil.-août* - *2 pers. 60* *10 (6A)*

Le MONT-DORE

11 - 73 ⑬ G. Auvergne

Paris 471 - Aubusson 89 - Clermont-Ferrand 47 - Issoire 51 - Mauriac 77 - Ussel 57

63240 P.-de-D. - 1 975 h. alt. 1 050 - (15 mai-10 oct.) - Sports d'hiver : 1 070/1 840 m 2 18.
Office de Tourisme, av. Libération ✆ 04 73 65 20 21, Fax 04 73 65 05 71

Municipal l'Esquiladou ←, ✆ 04 73 65 23 74, à Queureuilh, par D 996, rte de Murat-le-Quaire et rte des cascades à droite - alt. 1 010
1,8 ha (100 empl.) en terrasses, gravillons -
15 mai-4 oct. - **R** - GB - *14,50* *13,50* *11,20 (3A) 18 (6A) 33,80 (10A)*

MONTESQUIOU

14 - 82 ④

Paris 782 - Auch 32 - Miélan 19 - Mirande 13 - Plaisance 27 - Vic-Fézensac 24

32320 Gers - 579 h. alt. 214

Château le Haget [icon], ✆ 05 62 70 95 80, Fax 05 62 70 94 83, O : 0,6 km par D 943 rte de Marciac puis à gauche, 1,5 km par D 34 rte de Miélan
11 ha/8 campables (73 empl.) plat, herbeux - - Location : , huttes
mai-sept. - **R** *conseillée* - GB - *Tarif 97 :* *25 piscine comprise* *10* *35* *15 (6A)*

MONTEUX

16 - 81 ⑫

Paris 678 - Avignon 21 - Carpentras 5 - Cavaillon 24 - Orange 23

84170 Vaucluse - 8 157 h. alt. 42.
Office de Tourisme, Parc du Château d'Eau ✆ 04 90 66 97 18

Municipal Bellerive, ✆ 04 90 66 81 88, au Nord du bourg par rte de Loriol-du-Comtat et à droite après le pont, bord de l'Auzon
1 ha (52 empl.) plat, herbeux, jardin public attenant -
avril-oct. - **R** - *Tarif 97 :* *14,50* *14,50* *10 (6A)*

MONTFARVILLE

4 - 54 ③

Paris 352 - Barfleur 3 - Cherbourg 32 - St-Lô 76 - Valognes 24

50760 Manche - 866 h. alt. 12

La Haye, ✆ 02 33 54 30 31, à 1,5 km au Sud-Est du bourg
4 ha (50 empl.) (juil.-août) peu incliné, herbeux -
mai-10 sept. - **R** *conseillée* - *11* *5* *15* *11 (3A) 18 (6A)*

MONTGIVRAY 36 Indre - 68 ⑲ - rattaché à la Châtre

MONTIGNY-EN-MORVAN

11 - 65 ⑯

Paris 263 - Château-Chinon 13 - Corbigny 26 - Nevers 63 - Prémery 53 - St-Saulge 36

58120 Nièvre - 339 h. alt. 350

Municipal le Plat [icon] « Site agréable », ✆ 03 86 84 71 77, NE : 2,3 km par D 944, D 303 rte du barrage de Pannecière-Chaumard et chemin à droite, au Nord-Est du lieu-dit Bonin, près du lac (accès direct)
2 ha (59 empl.) plat et peu accidenté, pierreux, herbeux - - A proximité :
juin-sept. - - *15* *10* *12/15* *12 (10A)*

MONTIGNY-LE-ROI

7 - 62 ⑬

Paris 296 - Bourbonne-les-Bains 22 - Chaumont 35 - Langres 24 - Neufchâteau 57 - Vittel 50

52140 H.-Marne - 2 167 h. alt. 404

Municipal le Château ← « Dans un parc boisé dominant la vallée de la Meuse », ✆ 03 25 87 38 93, accès par centre bourg et rue Hubert-Collot
6 ha/2 campables (55 empl.) plat, en terrasses, herbeux - -
15 avril-7 oct. - - - *23 tennis compris* *18/23* *12 (5A)*

Les MONTILS

5 - 64 ⑰

Paris 197 - Amboise 30 - Blois 14 - Montrichard 21 - St-Aignan 32

41120 L.-et-C. - 1 196 h. alt. 92

Municipal de l'Hermitage [icon], ✆ 02 54 44 07 29, SE : 0,5 km par D 77, rte de Seur, près du Beuvron
1 ha (33 empl.) plat, herbeux - - - A proximité :
30 mai-13 sept. - **R** - - *10* *6* *10* *10 (10A)*

MONTLOUIS-SUR-LOIRE

5 – 64 ⑮ G. Châteaux de la Loire

Paris 234 – Amboise 12 – Blois 47 – Château-Renault 34 – Loches 41 – Montrichard 32 – Tours 13

37270 I.-et-L. – 8 309 h. alt. 60.
Office de Tourisme, 02 47 45 00 16, Mairie 02 47 45 85 85

Municipal les Peupliers, 02 47 50 81 90, O : 1,5 km par D 751, rte de Tours, à 100 m de la Loire
6 ha (252 empl.) plat, herbeux – A proximité :
15 mars-15 oct. – **R** *conseillée 15 juil.-15 août – Tarif 97 : 1 ou 2 pers. 42,20, pers. suppl. 11,60 15,85 (6A) 28,50 (16A)*

MONTMARTIN-SUR-MER

4 – 54 ⑫

Paris 334 – Coutances 11 – Granville 21 – Lessay 29 – St-Lô 40

50590 Manche – 880 h. alt. 49

Municipal les Gravelets, 02 33 47 70 20, sortie Nord-Ouest par D 249, rte de Grimouville
1 ha (94 empl.) (saison) plat et en terrasses, herbeux – – A proximité : parcours sportif – Location : bungalows toilés

MONTMÉLIAN

12 – 74 ⑯ G. Alpes du Nord

Paris 576 – Albertville 40 – Allevard 24 – Chambéry 14 – Grenoble 50 – St-Jean-de-Maurienne 63

73800 Savoie – 3 930 h. alt. 307.
Syndicat d'Initiative, Mairie 04 79 84 07 31, Fax 04 79 84 08 20

Municipal le Manoir « Entrée fleurie », 04 79 65 22 38, sortie Nord-Est par N 6, rte d'Albertville et à gauche, D 201^E rte d'Arbin, devant le centre commercial Intermarché, près de l'Isère
2,8 ha (90 empl.) plat, herbeux, gravillons – – A proximité :

MONTMORILLON

10 – 68 ⑮ G. Poitou Vendée Charentes

Paris 357 – Bellac 43 – Le Blanc 32 – Chauvigny 27 – Poitiers 50 – La Trimouille 15

86500 Vienne – 6 667 h. alt. 100.
Office de Tourisme, et Fax 05 49 91 11 96

Municipal, 05 49 91 02 33, sortie Sud-Est par D 54, rte du Dorat, à 50 m de la Gartempe et bord d'un ruisseau
0,9 ha (80 empl.) plat et en terrasses, herbeux – – A proximité :
Permanent – **R** *conseillée saison – Tarif 97 : 6,40 3,75 3,75 8,35 (6A) 14,10 (10A)*

MONTOIRE-SUR-LE-LOIR

5 – 64 ⑤ G. Châteaux de la Loire

Paris 187 – Blois 44 – Château-Renault 21 – La Flèche 80 – Le Mans 68 – St-Calais 23 – Vendôme 20

41800 L.-et-Ch. – 4 065 h. alt. 65.
Syndicat d'Initiative, 16 pl. Clemenceau 02 54 85 23 30, Fax 02 54 85 23 87

Municipal les Reclusages, 02 54 85 02 53, sortie Sud-Ouest, rte de Tours et rte à gauche après le pont, bord du Loir
2 ha (133 empl.) plat, herbeux – – A proximité :
15 mai-15 sept. – **R** *août – Tarif 97 : 13,80 piscine comprise 8,50 13,80 (6A)*

MONTPELLIER P

16 – 83 ⑦ G. Gorges du Tarn

Paris 756 – Marseille 171 – Nice 327 – Nîmes 52 – Toulouse 241

34000 Hérault – 207 996 h. alt. 27.
Office de Tourisme, Triangle Comédie allée du Tourisme, 04 67 58 67 58, Fax 04 67 58 67 59 et 78 av. du Pirée 04 67 22 06 16, Fax 04 67 22 38 10
Annexe (saison) gare SNCF r. J.-Ferry 04 67 92 90 03

à Clapiers N : 6,5 km par N 113 et D 21 – 3 478 h. alt. 25
34830 Clapiers

Le Plein Air des Chênes « Cadre agréable », 04 67 02 02 53, Fax 04 67 59 42 19, SE : 1 km par 112^E
8 ha (283 empl.) en terrasses, peu incliné, pierreux, herbeux – sanitaires individuels (wc) cafétéria – discothèque terrain omnisports – Location :
Permanent – **R** *indispensable – élect. (10A) et piscine comprises 2 pers. 160 ou 200*

à Lattes SE : 5 km par D 986 et D 132 à gauche – 10 203 h. alt. 3
34970 Lattes :

Eden Camping, 04 67 15 11 05, Fax 04 67 15 11 31, SO : 2,7 km par D 986, rte de Palavas-les-Flots
6 ha (302 empl.) plat, herbeux – cases réfrigérées – – Location :
15 avril-15 sept. – **R** *conseillée juil.-août – GB – élect. (5 ou 6A) et piscine comprises 2 pers. 130, 3 pers. 160, 4 pers. 190, pers. suppl. 20*

L'Oasis Palavasienne, 04 67 15 11 61, Fax 04 67 15 10 62, SO : 2,5 km par D 986, rte de Palavas-les-Flots
3 ha (228 empl.) plat, herbeux – cases réfrigérées – – Location *(permanent)* :
avril-15 oct. – **R** *conseillée – GB – élect. (7A) et piscine comprises 1 ou 2 pers. 125, pers. suppl. 25*

Le Parc, ✆ 04 67 65 85 67, Fax 04 67 20 20 58, NE : 2 km par D 172 – dans locations
1,6 ha (100 empl.) plat, herbeux, pierreux – A proximité : – Location :
30 mai-sept. – **R** *conseillée juil.-août* – – *piscine comprise 2 pers. 95* *17,50*

Le Floréal « Décoration florale », ✆ 04 67 92 93 05, N : 4 km par D 986 et rte à droite, avant le pont de l'autoroute – dans locations
1,5 ha (134 empl.) plat, sablonneux – – Location :
Permanent – **R** *conseillée* – – *1 ou 2 pers. 75, pers. suppl. 16* *4A : 15 (sept. à mars 25)*

MONTPEZAT

17 – 81 ⑯

Paris 787 – Digne-les-Bains 54 – Gréoux-les-Bains 24 – Manosque 37 – Montmeyan 20 – Moustiers-Ste-Marie 22

04 Alpes-de-H.-Pr.
04730 Montagnac-Montpezat

Coteau de la Marine « Agréable situation », ✆ 04 92 77 53 33, Fax 04 92 77 59 34, SE : 2 km par rte de Baudinard, bord du Verdon
10 ha (247 empl.) en terrasses, pierreux, gravier – snack – – Location :
mai-15 sept. – **R** *conseillée juil.-août* – GB – – *Tarif 97 :* *piscine comprise 3 pers. 125* *15 (6A)*

MONTPEZAT-DE-QUERCY

14 – 79 ⑱ **G. Périgord Quercy**

Paris 610 – Cahors 29 – Caussade 12 – Castelnau-Montratier 12 – Caylus 34 – Montauban 33

82270 T.-et-G. – 1 411 h. alt. 275

Municipal du Faillal , ✆ 05 63 02 07 08, sortie Nord par D 20, rte de Cahors et à gauche
0,9 ha (50 empl.) en terrasses, herbeux, pierreux – – – A proximité : – Location : gîtes
Permanent – **R** – – *tennis compris 1 ou 2 pers. 65, 3 pers. 70, 4 pers. 75, pers. suppl. 10* *15*

MONTPEZAT-SOUS-BAUZON

16 – 76 ⑱ **G. Vallée du Rhône**

Paris 609 – Aubenas 23 – Le Cheylard 55 – Langogne 47 – Privas 51

07560 Ardèche – 698 h. alt. 575

Municipal Pré Bonnefoy , ✆ 04 75 94 42 55, SE : 0,5 km par centre bourg, bord d'un ruisseau
1,5 ha (101 empl.) plat et peu incliné, herbeux, pierreux – – (petit plan d'eau aménagé) - A l'entrée : – Location *(permanent)* :
15 juin-15 sept. – **R** – – *14,80* *10,70* *10,70*

MONTPON-MÉNESTÉROL

9 – 75 ③

Paris 535 – Bergerac 40 – Bordeaux 68 – Libourne 38 – Périgueux 55 – Ste-Foy-la-Grande 23

24700 Dordogne – 5 481 h. alt. 93.
Syndicat d'Initiative, Maison du Tourisme, de la Double et du Landais, pl. Clemenceau ✆ 05 53 82 23 77

Municipal le Port Vieux, ✆ 05 53 80 30 98, sortie Nord par D 708, rte de Ribérac et à gauche avant le pont, bord de l'Isle
2 ha (120 empl.) plat, herbeux (0,5 ha) – – – A proximité :
avril-sept. – **R** *conseillée juil.-août* – – *18* *25* *15 (10A)*

MONTRÉAL

07 Ardèche – 80 ⑧ – voir à Ardèche (Gorges de l')

MONTREUIL

1 – 51 ⑫ **G. Flandres Artois Picardie**

Paris 228 – Abbeville 48 – Arras 79 – Boulogne-sur-Mer 39 – Calais 72 – Lille 117 – St-Omer 54

62170 P.-de-C. – 2 450 h. alt. 54.
Office de Tourisme, 21 r. Carnot ✆ et Fax 03 21 06 04 27

Municipal la Fontaine des Clercs « Site agréable », ✆ 03 21 06 07 28, sortie Nord et rte d'accès près du passage à niveau, bord de la Canche
2 ha (76 empl.) plat et en terrasses, herbeux, pierreux –
Permanent – **R** *conseillée juil.-août* – *Tarif 97 :* *1 à 4 pers. 27 à 53/36 à 53, pers. suppl. 9* *13 (2A) 18 (4A)*

MONTREUIL-BELLAY

9 – 67 ⑧ **G. Châteaux de la Loire**

Paris 334 – Angers 52 – Châtellerault 70 – Chinon 39 – Cholet 58 – Poitiers 80 – Saumur 16

49260 M.-et-L. – 4 041 h. alt. 50.
Office de Tourisme, (avril-sept.) pl. de la Concorde ✆ 02 41 52 32 39, Fax 02 41 52 32 35

Les Nobis « Situation agréable au pied des remparts du château », ✆ 02 41 52 33 66, sortie Nord-Ouest, rte d'Angers et chemin à gauche avant le pont, bord du Thouet
4 ha (165 empl.) plat et terrasse, herbeux – grill – – A proximité : – Location :
2 avril-sept. – **R** *conseillée* – GB – – *18* *24* *17 (16A)*

MONTREVEL-EN-BRESSE

12 - 70 ⑫

Paris 395 – Bourg-en-Bresse 17 – Mâcon 23 – Pont-de-Vaux 21 – St-Amour 24 – Tournus 35

01340 Ain – 1 973 h. alt. 215

La Plaine Tonique, ✆ 04 74 30 80 52, Fax 04 74 30 80 77, E : 0,5 km par D 28, à la Base de plein Air, bord d'un lac (plage)
27 ha/15 campables (571 empl.) plat, herbeux, pierreux – snack – (découverte l'été) (plage) toboggans aquatiques – Location : gîtes
11 avril-26 sept. – **R** *conseillée juil.-août* – GB – *22* *55 avec élect.*

MONTRIGAUD

12 - 77 ③

Paris 546 – Annonay 58 – Grenoble 71 – Romans-sur-Isère 26 – Valence 46 – Vienne 58

26350 Drôme – 432 h. alt. 462

La Grivelière , ✆ 04 75 71 70 71, E : 3 km par D 228, rte de Roybon et rte à droite, bord de la Verne
1,5 ha (60 empl.) plat, peu incliné, herbeux – pizzeria –
avril-sept. – **R** *conseillée juil.-août* – *15 piscine comprise* *7* *20* *13 (4A)*

MONTSALVY

15 - 76 ⑫ G. Auvergne

Paris 602 – Aurillac 31 – Entraygues-sur-Truyère 13 – Figeac 57 – Rodez 59

15120 Cantal – 970 h. alt. 800.
Office de Tourisme, ✆ 04 71 49 21 43

Municipal la Grangeotte <, SE : 1 km par D 920, rte d'Entraygues-sur-Truyère et à droite
1 ha (50 empl.) (juil.-août) plat, peu incliné et accidenté, herbeux, pierreux –
juin-15 sept. – **R** – – *Tarif 97 :* *12,50* *4,50* *8,50/13 avec élect. (3A)*

MONTSOREAU

9 - 64 ⑬ G. Châteaux de la Loire

Paris 295 – Angers 73 – Châtellerault 65 – Chinon 18 – Poitiers 81 – Saumur 12 – Tours 58

49730 M.-et-L. – 561 h. alt. 77

L'Isle Verte, ✆ 02 41 51 76 60, sortie Nord-Ouest par D 947, rte de Saumur, bord de la Loire
2,5 ha (150 empl.) plat, herbeux –
mai-sept. – **R** *conseillée juil.-août* – GB – *tennis compris 2 pers. 72, pers. suppl. 15* *15 (10A)*

MONTVIRON

4 - 59 ⑧

Paris 331 – Avranches 8 – Cherbourg 120 – Granville 20 – Fougères 50 – St-Lô 57

50530 Manche – 255 h. alt. 91

Le Mont-Viron, ✆ 02 33 60 43 26, N : 0,7 km par D 61, rte de Sartilly
0,6 ha (42 empl.) plat, herbeux –
Pâques-sept. – **R** *conseillée août* – *16* *16* *12 (5A)*

MOOSCH

8 - 66 ⑧ ⑨ G. Alsace Lorraine

Paris 463 – Colmar 49 – Gérardmer 42 – Mulhouse 28 – Thann 8 – Le Thillot 29

68690 H.-Rhin – 1 906 h. alt. 390

La Mine d'Argent <, ✆ 03 89 82 30 66, SO : 1,5 km par r. de la Mairie et r. de la Mine-d'Argent, bord d'un ruisseau
2 ha (75 empl.) peu incliné, plat, en terrasses, herbeux (0,5 ha) –
mai-sept. – Location longue durée – *Places disponibles pour le passage* – **R** – *13* *14* *15 (4A) 20 (6A)*

MORANNES

5 - 64 ①

Paris 264 – Angers 38 – Châteauneuf-sur-Sarthe 12 – La Flèche 30 – Sablé-sur-Sarthe 17

49640 M.-et-L. – 1 534 h. alt. 25

La Péniche , ✆ 02 41 42 20 32, sortie Ouest par D 26, rte de Chemiré et à droite avant le pont, bord de la Sarthe
2,5 ha (100 empl.) plat, herbeux –
Pâques-fin nov. – **R** *indispensable juil.-15 août* – GB – *17 piscine comprise* *15* *17* *15 (8A)*

MORHANGE

8 - 57 ⑮

Paris 378 – Lunéville 51 – Metz 46 – St-Avold 31 – Sarreguemines 44

57340 Moselle – 4 460 h. alt. 255.
Office de Tourisme, (fermé sam.-dim.)
✆ 03 87 86 21 58

Centre de Loisirs de la Mutche , ✆ 03 87 86 21 58, Fax 03 87 86 24 88, N : 6,5 km par rte de Sarreguemines, D 78 rte d'Arprich à gauche et chemin du site touristique, bord de l'étang de la Mutche
5,5 ha (77 empl.) plat et peu incliné, gravillons, herbeux, sapinière – terrain omnisports – A proximité : – Location *(permanent)* : , huttes
avril-oct. – **R** *conseillée 15 juil.-15 août* – GB – *piscine comprise 2 pers. 55* *16,50 (20A)*

MORIANI-PLAGE **2B** H.-Corse – 90 ④ – voir à Corse

MORIEZ

17 - 81 ⑱

Paris 777 - Castellane 24 - Digne-les-Bains 40 - Moustiers-Ste-Marie 63 - St-André-les-Alpes 3

04170 Alpes-de-H.-Pr. - 160 h. alt. 974

Municipal le Pré Long, ✆ 04 92 89 04 77, SE : 0,5 km par N 202, rte de Barrême, après le viaduc, bord de l'Asse de Moriez
1 ha (61 empl.) plat, peu incliné, herbeux, pierreux
juil.-août - R - *11* *9* *6*

MORNANT

11 - 74 ⑪ G. Vallée du Rhône

Paris 478 - Givors 11 - Lyon 25 - Rive-de-Gier 13 - St-Étienne 36 - Vienne 23

69440 Rhône - 3 900 h. alt. 380.
Syndicat d'Initiative, Mairie
✆ 04 78 44 00 46

Municipal de la Trillonière, ✆ 04 78 44 16 47, sortie Sud, carrefour D 30 et D 34, près d'un ruisseau -
1,5 ha (60 empl.) (saison) peu incliné et plat, herbeux -
A proximité :
mai-sept. - R - *Tarif 97 : 15 16,50 15,50 (5A)*

MORNAS

16 - 81 ①

Paris 647 - Avignon 41 - Bollène 10 - Montélimar 46 - Nyons 45 - Orange 13 - Pont-St-Esprit 11

84550 Vaucluse - 2 087 h. alt. 37

Beauregard « Cadre agréable », ✆ 04 90 37 02 08, Fax 04 90 37 07 23, sortie Nord par N 7, rte de Montélimar puis 1,6 km par D 74 à droite
15 ha (251 empl.) plat et accidenté, sablonneux pinède -
- Location :
Permanent - Location longue durée - *Places disponibles pour le passage* - **R** *conseillée juil.-août* - GB - - *piscine et tennis compris 2 pers. 75 (95 ou 113 avec élect. 6 ou 10A)*

MORTEAU

12 - 70 ⑦ G. Jura

Paris 468 - Basel 127 - Belfort 89 - Besançon 63 - Montbéliard 70 - Neuchâtel 40 - Pontarlier 32

25500 Doubs - 6 458 h. alt. 780.
Office de Tourisme, pl. Gare
✆ 03 81 67 18 53

Le Cul de la Lune ≤, ✆ 03 81 67 17 52, sortie Sud-Ouest par D 437, rte de Pontarlier et D 48 à gauche, rte de Montlebon, bord du Doubs
0,5 ha (42 empl.) (saison) plat, herbeux - - A proximité :
Pâques-sept. - **R** *conseillée 15 juil.-15 août* - - *20* *18* *10 (6 ou 10A)*

MORTEROLLES-SUR-SEMME

10 - 72 ⑧

Paris 351 - Bellac 31 - Bourganeuf 51 - Guéret 49 - Limoges 42 - La Souterraine 16

87 H.-Vienne
87250 Bessines-sur-Gartempe

Municipal, ✆ 05 55 76 60 18, au bourg
0,8 ha (33 empl.) plat, herbeux -
Permanent - R - *2 pers. 35* *11 (5A)*

MORZINE

12 - 74 ⑧ G. Alpes du Nord

Paris 591 - Annecy 79 - Chamonix-Mont-Blanc 70 - Cluses 29 - Genève 61 - Thonon-les-Bains 33

74110 H.-Savoie - 2 967 h. alt. 960
- Sports d'hiver : 1 000/2 460 m 6 60 .
Office de Tourisme, pl. de la Crusaz
✆ 04 50 74 72 72, Fax 04 50 79 03 48

Les Marmottes M ≤, ✆ 04 50 75 74 44, à **Essert-Romand**, NO : 3,7 km par D 902, rte de Thonon-les-Bains et D 329 à gauche - alt. 938
0,5 ha (26 empl.) plat, gravier -
15 déc.-avril, juin-6 sept. - **R** *conseillée 15 juil.-15 août* - - *2 pers. 85 (hiver 95)* *3A : 19 (hiver 26) 6A : 28 (hiver 38) 10A : 36 (hiver 45)*

MOSNAC

9 - 72 ⑪

Paris 502 - Cognac 33 - Gémozac 19 - Jonzac 11 - Saintes 33

17240 Char.-Mar. - 431 h. alt. 23

Municipal les Bords de la Seugne , ✆ 05 46 70 48 45, au bourg, bord de la rivière
0,9 ha (33 empl.) plat, herbeux -
mars-nov. - R - *10* *11* *11*

MOSTUÉJOULS

15 - 80 ④ G. Gorges du Tarn

Paris 637 - Meyrueis 25 - Millau 22 - Rodez 72 - Le Rozier 3 - Sévérac-le-Château 27

12 Aveyron - 249 h. alt. 500
12720 Peyreleau

L'Aubigue ≤, ✆ 05 65 62 63 67, SE : 1,3 km par D 907, rte de Peyreleau, bord du Tarn
2 ha (50 empl.) (juil.-août) plat, herbeux, pierreux -
-
avril-sept. - **R** *conseillée juil.-août* - - *2 pers. 50, pers. suppl. 10* *10 (6A)*

La MOTHE-ACHARD

9 - 67 ⑬

Paris 432 - Aizenay 15 - Challans 40 - La Roche-sur-Yon 18 - Les Sables-d'Olonne 18 - St-Gilles-Croix-de-Vie 26

85150 Vendée - 1 918 h. alt. 20

Le Pavillon, ✆ 02 51 05 63 46, SO : 1,5 km, rte des Sables-d'Olonne, bord d'un étang
4,6 ha (90 empl.) plat, herbeux, étang -
- Location :
avril-sept. - **R** *conseillée août* - GB - - *piscine comprise 2 pers. 68* *15 (6A) 18 (10A)*

La MOTTE-CHALANCON

16 - 81 ④

Paris 647 - Aspres-sur-Buech 48 - Die 47 - Nyons 36 - Rémuzat 9 - Serres 37

26470 Drôme - 382 h. alt. 547

Le Moulin, 04 75 27 24 06, sortie Sud par D 61, rte de Rémuzat et à droite après le pont, bord de l'Ayguebelle
1,2 ha (36 empl.) plat, herbeux
mai-sept. - **R** *conseillée juil.-août* - *14* *8* *15* *8 (2A) 12 (5A) 20 (10A)*

La MOTTE-FEUILLY

10 - 68 ⑲ **G. Berry Limousin**

Paris 309 - Aigurande 27 - Boussac 30 - Châteaumeillant 8 - La Châtre 12 - Guéret 55

36160 Indre - 44 h. alt. 235

Municipal « Dans le parc du château », à l'Ouest du bourg
0,4 ha (23 empl.) plat et peu incliné, herbeux - A proximité : (centre équestre)
mai-oct. - *8* *8* *8* *12,50 (9A)*

MOUCHAMPS

9 - 67 ⑮ **G. Poitou Vendée Charentes**

Paris 387 - Cholet 37 - Fontenay-le-Comte 53 - Nantes 68 - La Roche-sur-Yon 35

85640 Vendée - 2 398 h. alt. 81

Municipal, 02 51 66 25 72, S : 0,6 km par D 113, rte de St-Prouant, bord d'un ruisseau
0,4 ha (23 empl.) plat, herbeux
juin-15 sept. - **R** - *12,50* *3,60* *6,20* *8,20*

MOULEYDIER

10 - 75 ⑮

Paris 536 - Bergerac 10 - Castillonnès 27 - Lalinde 12 - Périgueux 48

24520 Dordogne - 1 049 h. alt. 30

Municipal la Gravière, 05 53 23 22 38, E : 1,5 km par D 660, rte de Lalinde et à droite, au stade, près de la Dordogne
1,5 ha (72 empl.) peu incliné, herbeux (0,5 ha)
20 juin-6 sept. - **R** *juil.-août* - *1 à 7 pers. 23 à 68 (35 à 83 avec élect.)*

MOULINS-ENGILBERT

11 - 69 ⑥ **G. Bourgogne**

Paris 293 - Autun 50 - Château-Chinon 17 - Corbigny 39 - Moulins 72 - Nevers 58

58290 Nièvre - 1 711 h. alt. 215

Municipal de l'Escame, 03 86 84 26 12, N : 1,5 km par D 37, rte de Château-Chinon, près d'un ruisseau et d'un plan d'eau
1 ha (20 empl.) peu incliné et en terrasses, gravier, herbeux - A l'entrée : - A proximité :
juin-1er sept. - **R** - *Tarif 97 :* *8* *8*

MOURIÈS

16 - 84 ①

Paris 714 - Arles 25 - Les Baux-de-Provence 11 - Cavaillon 25 - Istres 24 - Salon-de-Provence 22

13890 B.-du-R. - 2 505 h. alt. 13

Le Devenson, 04 90 47 52 01, NO : 2 km par D 17 et D 5 à droite
12 ha/3,5 campables (60 empl.) en terrasses, pierreux, rocheux, oliveraie pinède - cases réfrigérées -
vacances de printemps-15 sept. - **R** *conseillée* - *Séjour minimum 1 semaine* - *25 piscine comprise* *30* *19 (5A)*

MOUSTERLIN (Pointe de) 29 Finistère - 58 ⑮ - rattaché à Fouesnant

MOUSTIERS-STE-MARIE

17 - 81 ⑰ **G. Alpes du Sud**

Paris 770 - Aix-en-Provence 90 - Castellane 45 - Digne-les-Bains 47 - Draguignan 61 - Manosque 50

04360 Alpes-de-H.-Pr. - 580 h. alt. 631.
Office de Tourisme, (fermé matin hors saison)
04 92 74 67 84, Fax 04 92 74 60 65

St-Clair, 04 92 74 67 15, S : 2,5 km, carrefour des D 952 et D 957, bord de la Maïre et de l'Anguire
3 ha (215 empl.) peu incliné, en terrasses, pierreux, herbeux pizzeria, cases réfrigérées - - A proximité :
avril-25 sept. - *20* *21* *18 (6A)*

Le Vieux Colombier, 04 92 74 61 89, S : 0,8 km
2,7 ha (70 empl.) (juil.-août) en terrasses, peu incliné, incliné, pierreux, herbeux
avril-sept. - **R** *conseillée juil.-août* - GB - *20* *22* *15 (3A) 19 (6A)*

St-Jean, 04 92 74 66 85, SO : 1 km par D 952, rte de Riez, bord de la Maïre
1,6 ha (125 empl.) plat, peu incliné, herbeux
mai-21 sept. - **R** *conseillée juil.-août* - *19* *21* *14 (3A) 19 (6A)*

Manaysse, 04 92 74 66 71, Fax 04 92 74 62 28, SO : 0,9 km par D 952, rte de Riez
1,6 ha (60 empl.) incliné, terrasses, herbeux
avril-oct. - **R** *conseillée* - *17* *17* *15 (5 ou 10A)*

Le MOUTCHIC 33 Gironde - 71 ⑱ - rattaché à Lacanau (Étang de)

Les MOUTIERS-EN-RETZ

9 – 67 ② G. Poitou Vendée Charentes

Paris 429 – Challans 35 – Nantes 44 – St-Nazaire 40

44580 Loire-Atl. – 739 h. alt. 5

Domaine du Collet, 02 40 21 40 92, Fax 02 40 21 45 12, SE : 3 km, à 150 m de la mer, bord d'un étang
12 ha (270 empl.) plat, sablonneux, herbeux (2 ha) – snack – poneys – Location : appartements
juin-sept. – **R** *conseillée* – *piscine et tennis compris 2 pers. 100, pers. suppl. 25* *15 (6A)*

La Mer - Le Marqueval, 02 40 64 65 90, Fax 02 51 74 63 17, au bourg
5 ha (176 empl.) plat, herbeux – half-court – Location :
15 mars-15 oct. – **R** – GB – *27 piscine comprise* *30* *20 (8A)*

La Plage, 02 40 82 71 43, Fax 02 40 82 72 46, NO : 0,8 km par D 97, rte de la Bernerie-en-Retz, bord de la plage
4,5 ha (62 empl.) peu incliné et accidenté, herbeux, sablonneux – Location :
mars-oct. – **R** *conseillée juil.-août* – GB – *piscine comprise 2 pers. 105* *19 (16A)*

Les Brillas, 02 40 82 79 78, NO : 1 km
0,8 ha (96 empl.) peu incliné, herbeux – – Location :
juin-sept. – **R** *conseillée 14 juil.-15 août* – *1 à 3 pers. 62* *17 (6A) 20 (10A)*

MOUZON

7 – 56 ⑩ G. Champagne

Paris 265 – Carignan 7 – Charleville-Mézières 40 – Longwy 62 – Sedan 17 – Verdun 63

08210 Ardennes – 2 637 h. alt. 160

Municipal la Tour St-Jérôme, 03 24 26 28 02, sortie Sud-Est par r. Porte de Bourgogne et chemin à droite après le pont, près du stade
0,5 ha (32 empl.) plat, herbeux – – A proximité : toboggan aquatique

MOYAUX

5 – 55 ⑭

Paris 171 – Caen 62 – Deauville 29 – Lisieux 13 – Pont-Audemer 24

14590 Calvados – 1 185 h. alt. 160

Le Colombier, 02 31 63 63 08, Fax 02 31 63 15 97, NE : 3 km par D 143, rte de Lieurey
15 ha/6 campables (180 empl.) plat, herbeux – crêperie – bibliothèque
mai-15 sept. – **R** *conseillée juil.-20 août* – GB – *33 piscine comprise* *66* *15 (12A)*

ma 23/8 → fri 27/8

MOYENNEVILLE

1 – 52 ⑥

Paris 196 – Abbeville 9 – Amiens 61 – Blangy-sur-Bresle 23 – Dieppe 60 – Le Tréport 31

80870 Somme – 565 h. alt. 92

Le Val de Trie, 03 22 31 48 88, Fax 03 22 31 35 33, NO : 3 km, sur D 86 **à Bouillancourt-sous-Miannay**, bord d'un ruisseau
1,5 ha (50 empl.) plat, herbeux peupleraie –
avril-oct. – **R** *conseillée juil.-août* – *piscine comprise 2 pers. 65/80 avec élect. (6A), pers. suppl. 19*

MUIDES-SUR-LOIRE

5 – 64 ⑧

Paris 168 – Beaugency 16 – Blois 20 – Chambord 7 – Vendôme 54

41500 L.-et-Ch. – 1 115 h. alt. 82

Château des Marais, 02 54 87 05 42, Fax 02 54 87 05 43, sortie Sud-Est par D 112, rte de Chambord puis 1,2 km par rte à droite
8 ha (198 empl.) plat, herbeux – pizzeria – – Location :
15 mai-15 sept. – **R** *conseillée juil.-août* – GB – *piscine comprise 2 pers. 130* *20 (6A)*

Municipal Bellevue, 02 54 87 01 56, sortie Nord-Ouest rte de Mer, à gauche avant le pont, bord de la Loire
2,5 ha (100 empl.) (juil.-août) plat, herbeux, sablonneux – – A proximité :
Rameaux-courant 1ère semaine de sept. – **R** – *12,50* *7,10* *5A : 7,40 (hors saison 9,80)*

MULHOUSE

8 – 66 ⑨ ⑩ G. Alsace Lorraine

Paris 464 – Basel 35 – Belfort 42 – Besançon 136 – Colmar 43 – Dijon 218 – Freiburg 57 – Nancy 175 – Reims 366

68100 H.-Rhin – 108 357 h. alt. 240.
Office de Tourisme, 9 av. Mar.-Foch
03 89 45 68 31, Fax 03 89 45 66 16

F.F.C.C. L'ill « Décoration arbustive », 03 89 06 20 66, au Sud-Ouest de la ville, r. Pierre-de-Coubertin – Par autoroute A 36, sortie Dornach
5 ha (210 empl.) plat, herbeux – – A proximité : patinoire, piste de bi-cross
avril-sept. – **R** *conseillée juil.-août* – *19* *19* *19 (5A)*

MUNSTER

8 - 62 ⑱ G. Alsace Lorraine

Paris 457 - Colmar 20 - Gérardmer 33 - Guebwiller 29 - Mulhouse 60 - St-Dié 53 - Strasbourg 91

68140 H.-Rhin - 4 657 h. alt. 400.
Office de Tourisme, pl. du Marché
☎ 03 89 77 31 80, Fax 03 89 77 07 17

Municipal du Parc de la Fecht, ☎ 03 89 77 31 08, E : 1 km par D 10, rte de Turckheim, bord de la Fecht
4 ha (260 empl.) (juil.-août) plat, herbeux -
A proximité :
Pâques-sept. - **R** *conseillée juil.-août* - *Tarif 97 : 13,50 7,40 7,40 15 (6A)*

MURAT-LE-QUAIRE **63** P.-de-D. - 73 ⑬ - rattaché à la Bourboule

MUR-DE-BRETAGNE

3 - 58 ⑲ G. Bretagne

Paris 457 - Carhaix-Plouguer 49 - Guingamp 45 - Loudéac 20 - Pontivy 16 - Quimper 100 - St-Brieuc 44

22530 C.- d'Armor - 2 049 h. alt. 225

Municipal du Rond Point du Lac, ☎ 02 96 26 01 90, O : 2,4 km par D 18, près de la Base de Loisirs du Lac de Guerlédan
1,7 ha (133 empl.) (juil.-août) plat, peu incliné, incliné, herbeux -
- A proximité : parcours sportif brasserie
15 juin-15 sept. - - - *11,25 3,70 3,80 9,90*

MUROL

11 - 73 ⑬ G. Auvergne

Paris 462 - Besse-en-Chandesse 10 - Clermont-Ferrand 37 - Condat 37 - Issoire 32 - Le Mont-Dore 20

63790 P.-de-D. - 606 h. alt. 830.
Office de Tourisme, r. de Jassaguet
☎ 04 73 88 62 62, Fax 04 73 88 60 23

Schéma à Chambon (Lac)

L'Europe ⋖, ☎ 04 73 88 60 46, Fax 04 73 88 69 57, S : 0,4 km, rte de Jassat
4,9 ha (219 empl.) plat et peu incliné, herbeux -
snack, pizzeria - - Location :
25 mai-10 sept. - **R** *conseillée* - - *piscine comprise 2 pers. 99, pers. suppl. 23 19 (3A) 23 (5A)*

La Ribeyre ⋖ « Plan d'eau privé avec plage aménagée », ☎ 04 73 88 64 29, Fax 04 73 88 68 41, S : 1,2 km rte de Jassat, bord d'un ruisseau - dans locations
10 ha/7 campables (300 empl.) plat, herbeux -
pizzeria - (plan d'eau) - Location : , huttes
mai-15 sept. - **R** *conseillée* - - *piscine comprise 2 pers. 83 15 (3A) 25 (6A)*

Le Repos du Baladin, ☎ 04 73 88 61 93, Fax 04 73 88 66 41, E : 1,5 km par D 146, rte de St-Diéry, **à Groire**
1,6 ha (62 empl.) plat et peu incliné, terrasses, herbeux -
- - Location :
mai-15 sept. - **R** *conseillée juil.-août* - - *2 pers. 69 16 (5A) 25 (15A)*

Les Fougères ⋖, ☎ 04 73 88 67 08, Fax 04 73 88 64 63, sortie Ouest par D 996, rte de Chambon-Lac, près d'un ruisseau
1,7 ha (75 empl.) en terrasses, plat, herbeux - - -
A proximité :
avril-sept. - **R** *conseillée* - - *piscine comprise 2 pers. 76 15 (3 à 6A)*

Lou Gravêroux ⋖, ☎ 04 73 88 63 95, S : 1,4 km rte de Jassat, bord d'un ruisseau
2,5 ha (90 empl.) (juil.-août) plat, herbeux verger -
- Location :
15 juin-15 sept. - **R** *conseillée 15 juil.-15 août* - GB - - *1 ou 2 pers. 60, pers. suppl. 18 13 (3A) 18 (5A) 20 (6A)*

MURS

16 - 81 ⑬ G. Provence

Paris 706 - Apt 17 - Avignon 48 - Carpentras 26 - Cavaillon 27 - Sault 32

84220 Vaucluse - 391 h. alt. 510

Municipal des Chalottes ⋖ « Cadre boisé et situation agréable », ☎ 04 90 72 60 84, sortie Sud par D 4, rte d'Apt puis 1,8 km à droite par rte et chemin, après le V.V.F.
4 ha (50 empl.) (juil.-août) peu incliné à incliné et accidenté, pierreux -
-
Pâques-15 sept. - **R** *conseillée juil.-août* - *12 18 11 (4 à 16A)*

MURS-ET-GELIGNIEUX

12 - 74 ⑭

Paris 510 - Aix-les-Bains 37 - Belley 16 - Chambéry 41 - Crémieu 41 - La Tour-du-Pin 24

01300 Ain - 188 h. alt. 232

Île de la Comtesse ⋖, ☎ 04 79 87 23 33, SO : 1 km sur D 992, rte des Abrets, près du Rhône (plan d'eau) - dans locations
3 ha (100 empl.) plat, pierreux, herbeux -
- - Location :
4 avril-sept. - **R** *conseillée* - - *23 piscine comprise 18,50 18 14 (6A) 20 (10A) 25 (16A)*

► *Si vous recherchez un terrain avec tennis ou piscine, consultez le tableau des localités citées, classées par départements.*

Le MUY

17 - 84 ⑦

Paris 855 – Les Arcs 11 – Draguignan 13 – Fréjus 16 – Le Luc 26 – Ste-Maxime 25

83490 Var – 7 248 h. alt. 27.
Office de Tourisme, rte de la Bourgade
04 94 45 12 79

Les Cigales « Cadre agréable », 04 94 45 12 08, Fax 04 94 45 92 80, SO : 3 km, accès par l'échangeur de l'autoroute A 8 et chemin à droite avant le péage
10 ha/3,8 campables (180 empl.) en terrasses, accidenté, pierreux, herbeux pinède – réfrigérateurs –
Location :
avril-oct. – **R** *conseillée juil.-août* – GB – *28 piscine et tennis compris 16 25 21 (6A) 29 (10A)*

La Noquière ←, 04 94 45 13 78, Fax 04 94 45 92 95, E : 2 km par N 7, rte de St-Raphaël
14 ha (349 empl.) plat, accidenté, pierreux, herbeux –
Permanent – **R** *conseillée* – *piscine et tennis compris 2 pers. 96, pers. suppl. 25 17,50 (6A)*

MUZILLAC

4 - 63 ⑭

Paris 462 – Nantes 89 – Redon 36 – La Roche-Bernard 15 – Vannes 25

56190 Morbihan – 3 471 h. alt. 20.
Office de Tourisme, pl. de l'Hôtel-de-Ville
02 97 41 53 04

Le Relais de l'Océan « Entrée fleurie », 02 97 41 66 48, O : 3 km par D 20, rte d'Ambon et rte de Damgan à gauche
1,7 ha (90 empl.) plat, herbeux – – A proximité : – Location : , appartements
avril-sept. – **R** *conseillée* – *19,50 piscine comprise 33,50 14,50 (6A) et 2 par ampère supplémentaire*

Municipal, 02 97 41 67 01, E : par rte de Péaule et chemin, près du stade
1 ha (100 empl.) plat, herbeux –
Pâques-sept. – **R** – *14,30 15 14,50 (10A)*

à Noyal-Muzillac NE : 5 km par D 5 – 1 864 h. alt. 52
56190 Noyal-Muzillac :

Moulin de Cadillac « Entrée fleurie et cadre agréable », 02 97 67 03 47, Fax 02 97 67 00 02, NO : 4,5 km par rte de Berric, bord du Kervily
2,5 ha (75 empl.) plat, herbeux, petit étang – toboggan aquatique – Location : , bungalows toilés
mai-sept. – **R** *conseillée 10 juil.-15 août* – *Tarif 97 : 17 piscine et tennis compris 24 12 (10A)*

NABIRAT

13 - 75 ⑰

Paris 547 – Cahors 42 – Fumel 50 – Gourdon 8 – Périgueux 86 – Sarlat-la-Canéda 20

24250 Dordogne – 275 h. alt. 175
Schéma à la Roque-Gageac

L'Étang , 05 53 28 52 28, N : 4 km par rte de Groléjac et chemin à gauche, à Liaubou-Bas
2,5 ha (75 empl.) en terrasses et peu incliné, herbeux, petit étang (1 ha) – – Location : , gîtes
Pâques-Toussaint – **R** *conseillée* – *Tarif 97 : 25 piscine comprise 36 13 (6A)*

NAGES

15 - 83 ③

Paris 724 – Brassac 35 – Lacaune 14 – Lamalou-les-Bains 50 – Olargues 35 – St-Pons-de-Thomières 35

81320 Tarn – 321 h. alt. 800

Rieu-Montagné ← lac et montagnes boisées, 05 63 37 40 52, Fax 05 63 37 40 09, S : 4,5 km par D 62 et rte à gauche, à 50 m du lac de Laouzas
8,5 ha (171 empl.) en terrasses, herbeux, pierreux – – A proximité : – Location :
15 mars-oct. – **R** *conseillée* – GB – *élect. et piscine comprises 3 pers. 125*

NAILLOUX

14 - 82 ⑱

Paris 738 – Auterive 15 – Castelnaudary 32 – Foix 50 – Pamiers 29 – Toulouse 36

31560 H.-Gar. – 1 026 h. alt. 285

Le Parc de la Thésauque ←, 05 61 81 34 67, E : 3,4 km par D 622, rte de Villefranche-de-Lauragais, D 25 à gauche et chemin, à 100 m du lac – dans locations
2 ha (60 empl.) (juil.-août) en terrasses, herbeux – – A proximité : – Location :
15 avril-15 oct. – **R** *conseillée juil.-août* – *2 pers. 90/100, pers. suppl. 15 14 (6A) 23 (10A)*

NAJAC

15 - 79 ⑳ G. Gorges du Tarn

Paris 624 – Albi 49 – Cahors 86 – Gaillac 49 – Montauban 69 – Rodez 76 – Villefranche-de-Rouergue 19

12270 Aveyron – 766 h. alt. 315.
Office de Tourisme, pl. Faubourg
05 65 29 72 05, Fax 05 65 29 79 29

Municipal le Païsserou , 05 65 29 73 96, NO : 1,5 km par D 39, rte de Parisot, bord de l'Aveyron
4 ha (100 empl.) plat, herbeux – snack – – A proximité : – Location : , gîte d'étape
15 mai-10 sept. – **R** *conseillée été* – *élect. comprise 2 pers. 67, pers. suppl. 29*

NALLIERS

9 - 71 ⑪

Paris 433 - Fontenay-le-Comte 20 - Luçon 12 - Niort 50 - La Rochelle 43 - La Roche-sur-Yon 43

85370 Vendée - 1 763 h. alt. 9

Municipal le Vieux Chêne « Entrée fleurie », 02 51 30 90 71, au Sud du bourg
1 ha (25 empl.) plat, herbeux - A proximité :
15 mai-15 sept. - **R** *conseillée - 10 5 5 15 (6A)*

NAMPONT-ST-MARTIN

1 - 51 ⑫ G. Flandres Artois Picardie

Paris 210 - Abbeville 31 - Amiens 76 - Boulogne-sur-Mer 52 - Hesdin 26 - Le Touquet-Paris-Plage 29

80120 Somme - 242 h. alt. 10

La Ferme des Aulnes, 03 22 29 22 69, SO : 3 km par D 85E, rte de Villier-sur-Authie, à Fresne
4 ha (55 empl.) peu incliné, herbeux -
Pâques-1er nov. - **R** *conseillée* - - *2 pers. 85 22 (6A)*

NANÇAY

6 - 64 ⑳ G. Berry Limousin

Paris 202 - Aubigny-sur-Nère 27 - Bourges 36 - La Chapelle-d'Angillon 21 - Salbris 14 - Vierzon 22

18330 Cher - 784 h. alt. 140

Municipal les Pins « Entrée fleurie et agréable pinède », 02 48 51 81 80, NO : 0,6 km par D 944 rte de Salbris
4 ha (100 empl.) plat, sablonneux, sous-bois - - A proximité :
Permanent - **R** - *Tarif 97 : 6,60 7,20/10,70 11,30 (5A) 23,50 (10A)*

NANCY P

8 - 62 ⑤ G. Alsace Lorraine

Paris 308 - Metz 57 - Pont-à-Mousson 29 - Toul 23

54000 M.-et-M. - 99 351 h. alt. 206.
Office de Tourisme, 14 pl. Stanislas
03 83 35 22 41, Fax 03 83 35 90 10

International de Nancy-Brabois, 03 83 27 18 28 54600 Villers-les-Nancy, SO : au parc de Brabois - Par A 33 sortie Nancy-Brabois
6 ha (190 empl.) plat, peu incliné, herbeux - bureau d'information touristique -
avril-15 oct. - **R** *juil.-août - 17 8 8/10 18 (5A) 26 (15A)*

NANS-LES-PINS

17 - 84 ⑭

Paris 796 - Aix-en-Provence 44 - Brignoles 26 - Marseille 42 - Rians 35 - Toulon 71

83860 Var - 2 485 h. alt. 380

International de la Ste-Baume « Cadre agréable en forêt », 04 94 78 92 68, Fax 04 94 78 67 37, N : 0,9 km par D 80 et à droite - Par A 8 : sortie St-Maximin-la-Ste-Baume - dans locations
5 ha (160 empl.) plat, peu accidenté, pierreux, gravier - snack - discothèque - Location : bungalows toilés
vacances de printemps, mai-6 sept. - **R** *conseillée 27 juin-août - - piscine et tennis compris 2 pers. 129 23 (6A) 29 (10A)*

La Petite Colle « Cadre sauvage », 04 94 78 65 98, S : 1,5 km par D 80, rte de la Ste-Baume et chemin à gauche
1,1 ha (50 empl.) plat et peu accidenté, pierreux, rochers -
Permanent - **R** *conseillée - - 18 18 14 (15A)*

NANT

15 - 80 ⑮ G. Gorges du Tarn

Paris 674 - Le Caylar 21 - Millau 33 - Montpellier 94 - St-Affrique 41 - Le Vigan 42

12230 Aveyron - 773 h. alt. 490

Val de Cantobre « Vieille ferme caussenarde du XVe siècle », 05 65 58 43 00, Fax 05 65 62 10 36, Domaine de Vellas, N : 4,5 km par D 991, rte de Millau et chemin à droite, bord de la Dourbie
6 ha (160 empl.) en terrasses, rocailleux, herbeux - pizzeria cases réfrigérées - - Location :
15 mai-14 sept. - **R** *conseillée juil.-août* - GB - - *élect. (4A) et piscine comprises 2 pers. 145, pers. suppl. 32*

Le Roc qui parle « Site agréable », 05 65 62 22 05, NO : 2,4 km par D 991, rte de Millau, au lieu-dit les Cuns, bord de la Dourbie
4,5 ha (88 empl.) plat, en terrasses et incliné, herbeux, pierreux - - Location :
avril-sept. - **R** *conseillée juil.-août* - - *2 pers. 65, pers. suppl. 20 15 (6A)*

Vialaret, 05 65 62 13 66, sortie Nord-Ouest par D 991, rte de Millau et chemin à droite, bord de la Dourbie
2 ha (50 empl.) (juil.-août) plat, herbeux -
15 avril-15 sept. - **R** *conseillée 10 juil.-20 août - - 15 20/30 10 (6A)*

NANTES P

9 - 67 ③ G. Bretagne

Paris 383 - Angers 91 - Bordeaux 319 - Lyon 617 - Quimper 234 - Rennes 109

44000 Loire-Atl. - 244 995 h. alt. 8.
Office de Tourisme, pl. du Commerce
02 40 20 60 00, Fax 02 40 89 11 99

Petit Port « Cadre agréable, décoration florale et arbustive », 02 40 74 47 94, Fax 02 40 74 23 06 44300 Nantes, bd du Petit-Port, bord du Cens
8 ha (200 empl.) plat, peu incliné, herbeux, gravillons - - A proximité : patinoire, bowling crêperie
Permanent - **R** *conseillée* - GB - - *18 35/46 18 (10A)*

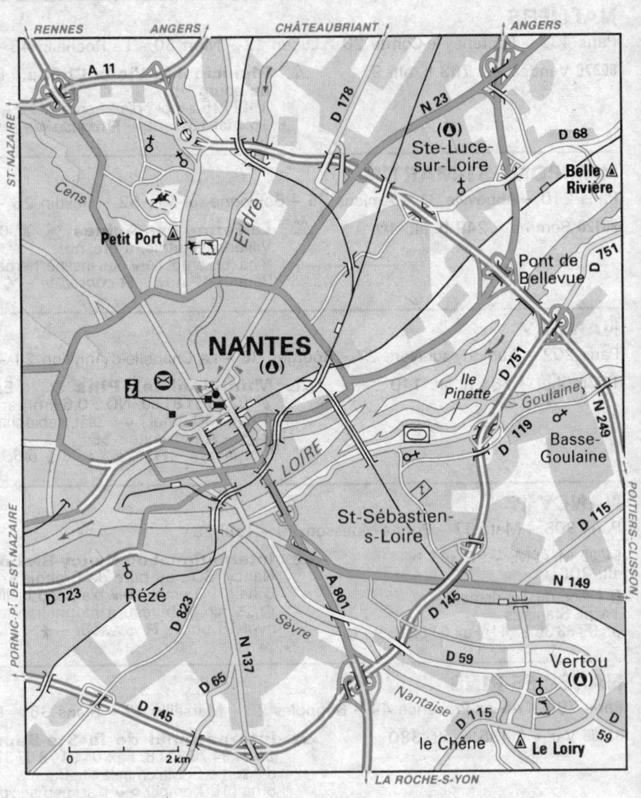

à Ste-Luce-sur-Loire NE : 6 km par D 68 – 9 648 h. alt. 9
✉ 44980 Ste-Luce-sur-Loire :

Belle Rivière « Entrée fleurie », ☎ 02 40 25 85 81, NE : 2 km par D 68, rte de Thouaré puis, au lieu-dit la Gicquelière, 1 km par rte à droite, accès direct à un bras de la Loire
3 ha (100 empl.) (juil.-août) plat, herbeux –
Permanent – **R** *conseillée, indispensable hiver – – 18 8 18 16 (3A) 18 (5A) 23 (10A)*

à Vertou SE : 10 km par D 59 – 18 235 h. alt. 32 – ✉ 44120 Vertou :

Le Loiry, ☎ 02 40 80 07 10, au Sud du bourg, sur D 115, rte de Rezé, près de la Sèvre Nantaise et d'un plan d'eau
2 ha (73 empl.) plat, herbeux – – – Au Parc de Loisirs attenant : brasserie parcours sportif – A proximité :
5 avril-27 sept. – **R** *conseillée juil.-août – – 14 23 14 (6A) 21 (10A)*

NARBONNE

15 – 83 ⑭ G. Pyrénées Roussillon

Paris 794 – Béziers 27 – Carcassonne 61 – Montpellier 92 – Perpignan 64

11100 Aude – 45 849 h. alt. 13.
Office de Tourisme,
pl. Roger-Salengro
☎ 04 68 65 15 60, Fax 04 68 65 59 12

Les Mimosas « Cadre agréable et fleuri », ☎ 04 68 49 03 72, Fax 04 68 49 39 45, SE : 6 km, à Mandirac – Par A 9 : sortie Narbonne-Sud
9 ha (250 empl.) plat, pierreux, herbeux – – salle de musculation – A proximité : – Location : bungalows toilés
28 mars-oct. – **R** *conseillée juil.-août* – GB – – *piscine comprise 2 pers. 88, pers. suppl. 21 15 (6A)*

à Narbonne-Plage E : 15 km par D 168 – ✉ 11100 Narbonne.
Office de Tourisme, (saison) av. du Théâtre ☎ 04 68 49 84 86

La Falaise, ☎ 04 68 49 80 77, Fax 04 68 49 40 44, sortie Ouest, rte de Narbonne, à 500 m de la plage
7 ha (382 empl.) (juil.-août) plat, pierreux – snack – – A proximité :
avril-sept. – **R** *conseillée juil.-août* – GB – – *Tarif 97 : 2 pers. 83 (108 avec élect. 6A)*

NASBINALS

15 - 76 ⑭

Paris 578 - Aumont-Aubrac 23 - Chaudes-Aigues 27 - Espalion 33 - Mende 57 - Rodez 64 - St-Flour 55

48260 Lozère - 503 h. alt. 1 180.
Office de Tourisme, 04 66 32 55 73

Municipal, 04 66 32 51 87, N : 1 km par D 12, rte de St-Urcize
2 ha (75 empl.) plat, peu incliné, herbeux - A proximité :
25 mai-sept. - R - *1 pers. 24, 2 pers. 33,50, pers. suppl. 12 12,50 (13A)*

NAUCELLE

15 - 80 ①

Paris 664 - Albi 48 - Millau 89 - Rodez 35 - St-Affrique 76 - Villefranche-de-Rouergue 50

12800 Aveyron - 1 929 h. alt. 490

Lac de Bonnefon, 05 65 47 00 67, sortie Sud-Est par D 997, rte de Naucelle-Gare puis 1,5 km par rte de Crespin et rte de St-Just à gauche, à 100 m de l'étang (accès direct)
3 ha (90 empl.) peu incliné, en terrasses, herbeux - snack - (bassin) - Location :
juin-sept. - R *conseillée* - *2 pers. 60 20 (10A)*

NAUSSAC

16 - 76 ⑰

Paris 583 - Grandrieu 25 - Langogne 3 - Mende 48 - Le Puy-en-Velay 54 - Thueyts 45

48300 Lozère - 117 h. alt. 920

Intercommunal du Lac « Belle situation », 04 66 69 23 15, au Nord du bourg par D 26, rte de Saugues et à gauche, à 200 m du lac (accès direct)
4,8 ha (198 empl.) (juil.-août) incliné, en terrasses, herbeux, pierreux - A proximité : toboggan aquatique, golf - Location : (sans sanitaires)
Permanent - R *conseillée juil.-août* - GB - *19 piscine comprise 12 12 15 (6A)*

NAVARRENX

13 - 85 ⑤ **G. Pyrénées Aquitaine**

Paris 784 - Oloron-Ste-Marie 21 - Orthez 22 - Pau 43 - St-Jean-Pied-de-Port 62 - Sauveterre-de-Béarn 21

64190 Pyr.-Atl. - 1 036 h. alt. 125.
Office de Tourisme, (hors saison) Porte St-Antoine 05 59 66 10 22
(juil.-août) 05 59 66 14 93, Fax 05 59 66 11 01

Municipal Beau Rivage, 05 59 66 10 00, à l'Ouest du bourg, entre le Gave d'Oloron et les remparts du village
2 ha (60 empl.) en terrasses et plat, herbeux - - A l'entrée : A proximité :
avril-15 sept. - R - *14 17/20 15 (20A)*

Le NAYRAC

15 - 76 ⑫ ⑬

Paris 604 - Aurillac 60 - Entraygues-sur-Truyère 16 - Espalion 18 - Rodez 49

12190 Aveyron - 581 h. alt. 707

La Planque, 05 65 44 44 50, S : 1,4 km par D 97, rte d'Estaing puis chemin à gauche, bord d'un étang
3 ha (45 empl.) en terrasses, plat, herbeux - snack -
juil.-août - R - *13 13 9 (3A) 13 (6A)*

NAZELLES-NÉGRON

5 - 64 ⑯

Paris 221 - Amboise 4 - Château-Renault 23 - Chenonceaux 16 - Tours 25

37530 I.-et-L. - 3 547 h. alt. 57

Municipal des Patis « Cadre agréable », 02 47 57 71 07, sortie Sud par D 5, rte d'Amboise, bord de la Cisse
1,3 ha (65 empl.) (saison) plat, herbeux -

NÉBIAS

15 - 86 ⑥

Paris 809 - Belcaire 27 - Carcassonne 59 - Lavelanet 27 - Quillan 10

11500 Aude - 247 h. alt. 581

Le Fontaulié-Sud, 04 68 20 17 62, sortie Nord-Ouest par D 117 puis 0,6 km par chemin à gauche
3,5 ha (69 empl.) plat et incliné, herbeux, pinède - - Location :
Pâques-sept. - R *conseillée juil.-août* - *piscine comprise 2 pers. 55 (68 avec élect. 4A)*

NÉBOUZAT

11 - 73 ⑬

Paris 442 - La Bourboule 34 - Clermont-Ferrand 21 - Pontgibaud 22 - St-Nectaire 25

63210 P.-de-D. - 658 h. alt. 860

Les Dômes « Entrée fleurie », 04 73 87 14 06, Fax 04 73 87 18 81, aux 4 Routes, par D 216, rte de Rochefort-Montagne - alt. 815
1 ha (65 empl.) plat, herbeux - - (découverte l'été) - Location : (sans sanitaires)
15 mai-15 sept. - R *conseillée* - *piscine comprise 1 pers. 43,50, pers. suppl. 29,50 18,50 (10A)*

NÉFIACH

15 - 86 ⑱

Paris 874 - Millas 3 - Perpignan 20 - Prades 25 - Tautavel 26 - Thuir 13

66170 Pyr.-Or. - 835 h. alt. 101

La Garenne, 04 68 57 15 76, O : 0,7 km par D 916, rte d'Ille-sur-Têt
1,5 ha (73 empl.) plat, herbeux, pierreux - Location *(avril-sept.)* :
Permanent - **R** *conseillée* - - *élect. (10A) et piscine comprises 2 pers. 75, pers. suppl. 17*

NÈGREPELISSE

14 - 79 ⑱

Paris 631 - Bruniquel 13 - Caussade 11 - Gaillac 45 - Montauban 17

82800 T.-et-G. - 3 326 h. alt. 87.
Office de Tourisme, D115 Ancienne Gare
05 63 64 23 47

Municipal le Colombier, 05 63 64 20 34, au Sud-Ouest de la ville, près du D 115
1 ha (53 empl.) plat, en terrasses, herbeux, pierreux -
A proximité :
juin-sept. - **R** *conseillée juil.-août* - - *10 piscine comprise 20 12 (10A)*

NENON 39 Jura - 70 ③ - rattaché à Dole

NÉRIS-LES-BAINS

11 - 73 ② ③ G. Auvergne

Paris 340 - Clermont-Ferrand 83 - Montluçon 9 - Moulins 74 - St-Pourçain-sur-Sioule 56

03310 Allier - 2 831 h. alt. 364.
Office de Tourisme, carr. des Arènes
et Fax 04 70 03 11 03

Municipal du Cournauron, 04 70 03 24 70, au Sud-Ouest de la ville, par av. Marx-Dormoy (D155), à l'ancienne gare, bord de la rivière et accès direct à un lac
3,5 ha (135 empl.) plat et peu incliné, terrasse, herbeux, gravillons - - - A proximité : - Location : , studios, huttes
6 avril-24 oct. - - - *Tarif 97 : élect. comprise 1 pers. 52,50, pers. suppl. 20*

NEUNG-SUR-BEUVRON

6 - 64 ⑱ ⑲

Paris 183 - Beaugency 32 - Blois 39 - Lamotte-Beuvron 20 - Romorantin-Lanthenay 21 - Salbris 26

41210 L.-et-Ch. - 1 152 h. alt. 102

Municipal de la Varenne « Cadre agréable », 02 54 83 68 52, NE : 1 km, accès par rue à gauche de l'église, bord du Beuvron
4 ha (73 empl.) plat, herbeux - -
Pâques-sept. - **R** - - *11 10/15 14*

NEUVÉGLISE

11 - 76 ⑭ G. Auvergne

Paris 535 - Aurillac 77 - Entraygues-sur-Truyère 70 - Espalion 67 - St-Chély-d'Apcher 43 - St-Flour 17

15260 Cantal - 1 078 h. alt. 938.
Office de Tourisme, le Bourg
04 71 23 85 43, Fax 04 71 23 86 40

Le Belvédère du Pont de Lanau ≤ gorges de la Truyère « Dans un site agréable », 04 71 23 50 50, Fax 04 71 23 58 93, S : 6,5 km par D 48, D 921, rte de Chaudes-Aigues et chemin de Gros à droite - alt. 670
5 ha (120 empl.) en terrasses, herbeux, pierreux - - - Location : , appartements
avril-15 nov. - **R** - GB - - *élect. et piscine comprises 2 pers. 115, pers. suppl. 20*

Municipal Fontbielle ≤, 04 71 23 84 08, à 500 m au Sud du bourg
1 ha (41 empl.) en terrasses, herbeux, pierreux (0,4 ha) - - A proximité : - Location : huttes
juin-sept. - **R** *conseillée 14 juil.-15 août* - - *1 pers. 20, 2 pers. 30, pers. suppl. 12 10 (10A)*

NEUVIC

10 - 76 ① G. Berry Limousin

Paris 467 - Aurillac 80 - Mauriac 26 - Tulle 58 - Ussel 21

19160 Corrèze - 1 829 h. alt. 620.
Office de Tourisme, (juil.-août) r. de la Tour-Cinq-Pierre
05 55 95 88 78 et à la Mairie
05 55 95 80 16

Municipal de la Plage « Site agréable », 05 55 95 85 48, E : 2,3 km par D 20, rte de Bort-les-Orgues et rte de la plage à gauche, bord du lac de Triouzoune
5 ha (100 empl.) (juil.-août) en terrasses et accidenté, herbeux, gravillons - - - A proximité : - Location : gîtes
15 juin-15 sept. - **R** *conseillée* - - *Tarif 97 : 14 7 9 9 (10A)*

NEUVIC

10 - 75 ④

Paris 516 - Bergerac 36 - Mussidan 12 - Périgueux 28 - Ribérac 22

24190 Dordogne - 2 737 h. alt. 80

Municipal Plein Air Neuvicois, 05 53 81 50 77, Fax 05 53 82 10 44, N : 0,7 km par D 39, rte de St-Astier, sur les deux rives de l'Isle
2,5 ha (121 empl.) plat, herbeux - - -
A proximité :
mai-sept. - **R** *conseillée juil.-août* - GB - - *2 pers. 55 14 (5A)*

NEUVILLE SUR SARTHE

5 - 60 ⑬

Paris 206 - Beaumont-sur-Sarthe 19 - Conlie 19 - Le Mans 8 - Mamers 39

72190 Sarthe - 2 121 h. alt. 60

Le Vieux Moulin, 02 43 25 31 82, Fax 02 43 25 38 11, sortie Ouest par rue du Vieux Moulin et chemin à gauche avant le pont, près de la Sarthe
4,8 ha (100 empl.) plat, herbeux - - (bassin) - A proximité :
15 avril-15 oct. - **R** - GB - *2 pers. 64 15 (10A)*

NÉVACHE

12 - 77 ⑧ G. Alpes du Sud

Paris 703 - Bardonècchia 62 - Briançon 21

05100 H.-Alpes - 245 h. alt. 1 640 - Sports d'hiver : 1 600/1 800 m 2

Municipal « Site agréable », 04 92 21 38 21, NO : 6,2 km par D 301ᵀ, aux Chalets de Fontcouverte, bord d'un torrent et près de la Clarée - alt. 1 860 - croisement difficile pour caravanes
2 ha (100 empl.) plat, peu incliné, terrasses, pierreux, herbeux - -
A proximité :
10 juin-20 sept. - **R** - - *10 7 13/15*

NÉVEZ

3 - 58 ⑪ G. Bretagne

Paris 542 - Concarneau 14 - Pont-Aven 8 - Quimper 38 - Quimperlé 25

29920 Finistère - 2 574 h. alt. 40

Les Chaumières, 02 98 06 73 06, Fax 02 98 06 78 34, S : 3 km par D 77 et rte à droite, à Kérascoët
2 ha (93 empl.) plat, herbeux verger (0,3 ha) - - -
A proximité : crêperie
juin-15 sept. - **R** *conseillée 15 juil.-20 août* - GB - - *17,80 8,50 16,80 13 (4A) 16 (6A) 20 (10A)*

NEXON

10 - 72 ⑰ G. Berry Limousin

Paris 413 - Châlus 19 - Limoges 24 - Nontron 52 - Rochechouart 37 - St-Yrieix-la-Perche 21

87800 H.-Vienne - 2 297 h. alt. 359

Municipal de l'Étang de la Lande, 05 55 58 35 44, S : 1,1 km par rte de St-Hilaire, accès pl. de l'Hôtel-de-Ville, près d'un plan d'eau
0,6 ha (53 empl.) peu incliné, terrasse, herbeux - - Location *(15 avril-15 nov.)* : huttes
juin-sept. - **R** - - *Tarif 97 : 2 pers. 39 (50 avec élect.), pers. suppl. 15,50*

NEYDENS

12 - 74 ⑥

Paris 530 - Annecy 30 - Bellegarde-sur-Valserine 36 - Bonneville 34 - Genève 16 - St-Julien-en-Genevois 8

74160 H.-Savoie - 957 h. alt. 560

La Colombière, 04 50 35 13 14, Fax 04 50 35 13 40, à l'Est du bourg
2,2 ha (100 empl.) plat, herbeux - - - Location :
avril-oct. - **R** *conseillée 5 juil.-20 août* - GB - - *piscine comprise 2 pers. 90, pers. suppl. 20 20 (3 ou 5A)*

NIBELLE

6 - 60 ⑳

Paris 101 - Chartres 90 - Châteauneuf-sur-Loire 24 - Neuville-aux-Bois 26 - Pithiviers 20

45340 Loiret - 697 h. alt. 123

Nibelle, 02 38 32 23 55, Fax 02 38 32 03 87, E : 2 km par D 230, rte de Boiscommun puis D 9 à droite
6 ha (120 empl.) plat, pierreux - - - (découverte l'été) - A proximité : - Location *(15 mars-15 nov.)* :
mars-nov. - **Location longue durée** - *Places disponibles pour le passage* - **R** - - *50 piscine et tennis compris 10 5/10 avec élect. (2A)*

NIEDERBRONN-LES-BAINS

8 - 57 ⑱ ⑲ G. Alsace Lorraine

Paris 460 - Haguenau 22 - Sarreguemines 57 - Saverne 42 - Strasbourg 53 - Wissembourg 38

67110 B.-Rhin - 4 372 h. alt. 190 - (mars-déc.).

Office de Tourisme, 2 pl. Hôtel-de-Ville
03 88 80 89 70, Fax 03 88 80 37 01

Heidenkopf « A l'orée de la forêt », 03 88 09 08 46, N : 3,5 km par rte de Bitche et RF à droite
1,5 ha (70 empl.) en terrasses et peu incliné, herbeux (1 ha) - - - A proximité : (découverte l'été)
Permanent - **Location longue durée** - *Places disponibles pour le passage* - **R** *conseillée* - GB - - *14 15 13 (3A) 25 (5A)*

NIEUL-SUR-L'AUTISE

9 - 71 ① G. Poitou Vendée Charentes

Paris 427 - Coulonges-sur-l'Autize 12 - Fontenay-le-Comte 36 - Niort 22 - La Rochelle 60 - Surgères 48

85240 Vendée - 943 h. alt. 21

Municipal le Vignaud, 02 51 52 43 38, au bourg, dans le parc du château, bord de l'Autise
2 ha (25 empl.) plat, herbeux - -
15 juin-15 sept. - **R** - - *11 10,20 11,20 (6A)*

NIEUL-SUR-MER 17 Char.-Mar. - 71 ⑫ - rattaché à la Rochelle

NIÉVROZ

12 – 74 ⑫

Paris 473 – Heyrieux 26 – Lyon 25 – Montluel 6 – Pont-de-Chéruy 16 – St-Priest 25

01120 Ain – 1 061 h. alt. 165

Le Rhône, ✆ 04 72 25 04 99, SE : 1,2 km sur D 61, rte du pont de Jons, à 300 m du Rhône
3 ha (144 empl.) plat, pierreux, herbeux (1 ha) –
avril-sept. – Location longue durée – *Places disponibles pour le passage* – **R** *conseillée juil.-août* – – *15 piscine comprise* 7 *8/14* *15 (6A) 25 (10A)*

NIORT

9 – 71 ② G. Poitou Vendée Charentes

Paris 408 – Angoulême 114 – Bordeaux 184 – Limoges 161 – Nantes 141 – Poitiers 76 – Rochefort 62 – La Rochelle 64

79000 Deux-Sèvres – 57 012 h. alt. 24.
Office de Tourisme, pl. de la Poste
✆ 05 49 24 18 79, Fax 05 49 24 98 90

Municipal Niort-Noron « Décoration arbustive », ✆ 05 49 79 05 06, Ouest par bd de l'Atlantique, derrière le Parc des Expositions et des Loisirs, bord de la Sèvre Niortaise
1,9 ha (138 empl.) plat, herbeux, gravillons – – – A proximité :
avril-sept. – **R** *conseillée juil.-août* – GB – – *Tarif 97 :* *16* *6,50* *6,50* *14,50 (5A) 25 (10A) 33,50 (15A)*

NIOZELLES

17 – 81 ⑮

Paris 745 – Digne-les-Bains 47 – Forcalquier 7 – Gréoux-les-Bains 30 – Manosque 21 – Les Mées 23

04300 Alpes-de-H.-Pr. – 170 h. alt. 450

Lac du Moulin de Ventre « Cadre agréable », ✆ 04 92 78 63 31, Fax 04 92 79 86 92, E : 2,5 km par N 100, rte de la Brillanne, bord du Lauzon et près d'un plan d'eau
28 ha/3 campables (100 empl.) plat, en terrasses, peu incliné, herbeux, pierreux – – – Location *(permanent)* : , appartements
25 mars-25 oct. – **R** *conseillée* – – *élect. (6A) et piscine comprises 2 pers. 125, pers. suppl. 30*

La NOCLE-MAULAIX

11 – 69 ⑥

Paris 299 – Bourbon-Lancy 20 – Decize 31 – Gueugnon 38 – Luzy 19 – Nevers 66

58250 Nièvre – 376 h. alt. 330

Municipal de l'Etang Marnant, sortie Ouest, par D 30, bord de l'étang
1 ha (15 empl.) peu incliné, herbeux – – A proximité :
mai-15 sept. – **R** *conseillée* – *7,70* *5,15* *10,30/10,80* *14,40*

NOGENT-LE-ROTROU

5 – 60 ⑮ G. Normandie Vallée de la Seine

Paris 146 – Alençon 65 – Chartres 54 – Châteaudun 54 – Le Mans 71 – Mortagne-au-Perche 35

28400 E.-et-L. – 11 591 h. alt. 116.
Office de Tourisme, 4 r. Villette-Gaté
✆ 02 37 29 68 86, Fax 02 37 29 68 69

Municipal des Viennes, ✆ 02 37 52 80 51, au Nord de la ville par av. des Prés (D 103) et rue des Viennes, bord de l'Huisne
0,3 ha (30 empl.) plat, herbeux – – – – A proximité :
mai-sept. – **R** *juil.-août* – *6,20* *6,20* *10,50/12,50* *12,20*

NOIRÉTABLE

11 – 73 ⑯ G. Auvergne

Paris 474 – Ambert 48 – Lyon 115 – Montbrison 44 – Roanne 47 – St-Étienne 91 – Thiers 24

42440 Loire – 1 719 h. alt. 720.
Syndicat d'Initiative, pl. de la Condamine
✆ 04 77 24 93 04

Municipal de la Roche ←, ✆ 04 77 24 72 68, S : 1 km par N 89 et D 110 à droite, bord d'un plan d'eau
0,6 ha (40 empl.) plat et en terrasses, peu incliné, herbeux – – –
avril-oct. – **R** *conseillée* – – *Tarif 97 :* *9* *5* *5* *12*

NOIRMOUTIER (Île de)

9 – 67 ① G. Poitou Vendée Charentes

85 Vendée
Accès : - **par le pont routier au départ de Fromentine : gratuit - par le passage du Gois à basse mer** (4,5 km) - se renseigner à la subdivision de l'Équipement
✆ 02 51 68 70 07 (Beauvoir-sur-Mer)

Barbâtre – 1 269 h. alt. 5 – ✉ 85630 Barbâtre.

Office de Tourisme, rte du Pont ✆ 02 51 39 80 71, Fax 02 51 39 53 16

Paris 463 – Challans 33 – Nantes 77 – Noirmoutier-en-l'Ile 11 – St-Nazaire 79

Municipal du Midi, ✆ 02 51 39 63 74, NO : 1 km par D 948 et chemin à gauche, bord de la plage (accès direct)
13 ha (650 empl.) accidenté, sablonneux, herbeux (5 ha) – – – A l'entrée : self – Location :

La Guérinière – 1 402 h. alt. 5 – ✉ 85680 La Guérinière.

Paris 469 – Challans 39 – Nantes 83 – Noirmoutier-en-l'Ile 4 – La Roche-sur-Yon 83 – St-Nazaire 86

Le Caravan'Île, ✆ 02 51 39 50 29, Fax 02 51 35 86 85, sortie Est, près du rond-point, bord de la plage (accès direct)
6,5 ha (300 empl.) (juil.-août) plat et peu incliné, sablonneux, herbeux – – – – A proximité : – Location :
mars-oct. – **R** *conseillée juil.-août* – GB – – *piscine comprise 2 pers. 84/99 avec élect. (5A), pers. suppl. 19*

Noirmoutier-en-l'Île – 4 846 h. alt. 8
85330 Noirmoutier-en-l'Ile.
Office de Tourisme, (Pâques, août et vacances scolaires) Annexe : Quai J.-Bart 02 51 39 12 42
Paris 473 – Cholet 125 – Nantes 87 – La Roche-sur-Yon 87

C.C.D.F. La Vendette, 02 51 39 06 24, Fax 02 51 35 97 63, E : 2,7 km, bord de la plage des Sableaux
12 ha (600 empl.) plat et peu accidenté, sablonneux, herbeux pinède – – A proximité : snack
28 mars-sept. – **R** *conseillée mai et juil.-août – Adhésion obligatoire* – – *2 pers. 62, pers. suppl. 15,50 10,30 (3A) 15,50 (6A) 20,60 (10A)*

NOLAY

11 – 69 ⑨ G. Bourgogne

Paris 312 – Autun 29 – Beaune 20 – Chalon-sur-Saône 33 – Dijon 65

21340 Côte-d'Or – 1 551 h. alt. 299

Municipal les Chaumes du Mont, 03 80 21 79 61, sortie Sud-Ouest par D 33^A, rte de Couches, près d'un plan d'eau
1,5 ha (70 empl.) (juil.-août) en terrasses et peu incliné, herbeux – – – A proximité :
mai-15 sept. – **R** *conseillée 15 juil.-15 août* – – *13,50 25 13,50 (6A)*

NONETTE

11 – 73 ⑮ G. Auvergne

Paris 461 – Ambert 58 – Brioude 27 – Clermont-Ferrand 47 – St-Flour 60

63340 P.-de-D. – 275 h. alt. 480

Les Loges « Cadre boisé », 04 73 71 65 82, Fax 04 73 71 67 23, S : 2 km par D 722 rte du Breuil-s-Couze puis 1 km par chemin près du pont, bord de l'Allier
3 ha (126 empl.) plat, herbeux – – – Location :
Pâques-sept. – **R** *conseillée* – – *Tarif 97 : 18 piscine comprise 28 14 (6 à 10A)*

NONTRON

10 – 72 ⑮ G. Berry Limousin

Paris 454 – Angoulême 43 – Libourne 115 – Limoges 65 – Périgueux 49 – Rochechouart 41

24300 Dordogne – 3 558 h. alt. 260.
Office de Tourisme, 5 r. de Verdun 05 53 56 25 50, Fax 05 53 60 92 62

Municipal Masviconteaux, 05 53 56 02 04, sortie Sud-Ouest par D 675, au stade, bord du Bandiat
1,8 ha (70 empl.) plat, herbeux – – – A proximité :
juin-15 sept. – **R** *conseillée* – *12 10 10 (16A)*

NORT-SUR-ERDRE

4 – 63 ⑰

Paris 371 – Ancenis 26 – Châteaubriant 36 – Nantes 32 – Rennes 81 – St-Nazaire 63

44390 Loire-Atl. – 5 362 h. alt. 13

Municipal du Port-Mulon « Situation et cadre agréables », 02 40 72 23 57, S : 1,5 km par rte de l'hippodrome et à gauche, à 100 m de l'Erdre et d'un plan d'eau
1,8 ha (70 empl.) plat, herbeux (1 ha) – – – A proximité :
mars-oct. – **R** – – *2 ou 3 pers. 46 8,20*

NOTRE-DAME-DE-MONTS

9 – 67 ⑪

Paris 458 – Challans 22 – Nantes 72 – Noirmoutier-en-l'Ile 26 – Pornic 45 – La Roche-sur-Yon 64

85690 Vendée – 1 333 h. alt. 6

Le Grand Jardin, 02 51 58 87 76, N : 0,6 km
1,3 ha (90 empl.) (juil.-août) plat, herbeux, sablonneux – – – – Location : studios
15 mai-25 sept. – **R** *conseillée juil.-août* – – *3 pers. 85 10 (4A) 14 (6A)*

Le Pont d'Yeu, 02 51 58 83 76, Fax 02 28 11 20 19, S : 1 km
1,3 ha (100 empl.) plat, sablonneux – – – Location :
Pâques-20 sept. – **R** *conseillée*

Le Lagon Bleu, 02 51 58 85 29, N : 2,2 km (hors schéma)
2 ha (150 empl.) plat, herbeux, sablonneux – – –
avril-oct. – **R** *conseillée* – – *3 pers. 77 (87 ou 97 avec élect. 4 ou 10A)*

La Ménardière, 02 51 58 86 92 85160 St-Jean-de-Monts, S : 1 km
0,8 ha (65 empl.) plat, sablonneux, herbeux – – –
juin-sept. – **R** *conseillée* – – *Tarif 97 : 2 pers. 54 (67 avec élect. 5A), pers. suppl. 17,50*

La Davière, 02 51 58 85 96, N : 2,2 km
1,3 ha (105 empl.) plat, sablonneux, herbeux – – –
15 juin-15 sept. – **R** *conseillée août* – *3 pers. 48 8 (4A)*

Les Tranches, 02 51 58 85 37, N : 1,5 km
0,8 ha (70 empl.) plat, herbeux, sablonneux –
mai-15 sept. – **R** *indispensable août* – – *2 pers. 54 12 (4A)*

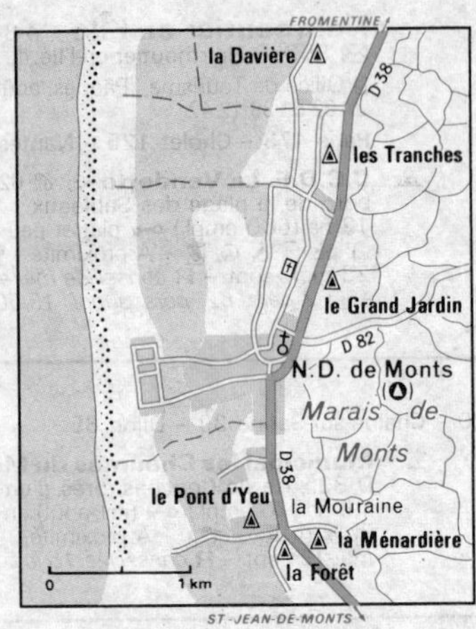

Voir aussi à *St-Jean-de-Monts*

NOUAN-LE-FUZELIER

6 - 64 ⑲

Paris 177 - Blois 58 - Cosne-sur-Loire 72 - Gien 55 - Lamotte-Beuvron 8 - Orléans 44 - Salbris 13

41600 L.-et-Ch. - 2 274 h. alt. 113.
Office de Tourisme, pl. de la Gare
02 54 88 76 75, Fax 02 54 88 19 91

La Grande Sologne, 02 54 88 70 22, sortie Sud par N 20 puis chemin à gauche en face de la gare, bord d'un étang
10 ha/4 campables (180 empl.) plat, herbeux - A proximité :
avril-12 oct. - **R** - - *piscine comprise 2 pers. 47, pers. suppl. 17 15 (3A) 17 (6A)*

Le NOUVION-EN-THIÉRACHE

2 - 53 ⑮

Paris 196 - Avesnes-sur-Helpe 19 - Le Cateau-Cambrésis 19 - Guise 21 - Hirson 27 - Laon 59 - Vervins 28

02170 Aisne - 2 905 h. alt. 185

L'Astrée, 03 23 98 98 58 ou 03 23 98 97 28, S : 1,5 km par D 26 rte de Guise et chemin à gauche, près d'un plan d'eau
1,3 ha (56 empl.) (saison) plat et peu incliné, herbeux - - A proximité : au Parc de Loisirs : pizzeria swin golf, bowling
Permanent - **R** - GB - - *2 pers. 40 10 (4A) 20 (10A) 30 (16A)*

NOVALAISE 73 Savoie - 74 ⑮ - voir à Aiguebelette (Lac d')

NOYAL-MUZILLAC 56 Morbihan - 63 ⑭ - rattaché à Muzillac

NOZAY

4 - 63 ⑰

Paris 387 - Bain-de-Bretagne 33 - Nantes 47 - Pontchâteau 44

44170 Loire-Atl. - 3 050 h. alt. 50.
Office de Tourisme, (mi-juin-sept.)
21 r. Alexis-Letourneau
02 40 79 31 64

Camp du S.I. « Entrée fleurie », 02 40 87 94 33, au Nord du bourg, par D 121
0,3 ha (25 empl.) plat, herbeux -
16 mai-15 sept. - **R** - *Tarif 97 : 10 8 10 10 (6A)*

NUEIL-SUR-LAYON

9 - 64 ⑪

Paris 334 - Angers 48 - Argenton-Château 20 - Doué-la-Fontaine 13 - Saumur 32 - Thouars 24

49560 M.-et-L. - 1 431 h. alt. 90

Aire Naturelle Municipale le Moulin d'Eau, au Sud du bourg, allée du stade, à 70 m du Layon
0,2 ha (9 empl.) peu incliné, herbeux - - A proximité :
15 avril-sept. - **R** - *Tarif 97 : 8 6 7*

NYONS

16 - 81 ③ G. Provence

Paris 654 - Alès 108 - Gap 104 - Orange 42 - Sisteron 98 - Valence 96

26110 Drôme - 6 353 h. alt. 271.
Office de Tourisme, pl. Libération
04 75 26 10 35, Fax 04 75 26 01 57

L'Or Vert « Entrée fleurie », 04 75 26 24 85 26110 Aubres, **à Aubres,** NE : 3 km par D 94, rte de Serres, bord de l'Eygues - juil.-août
1 ha (79 empl.) plat et en terrasses, pierreux et petit verger - réfrigérateurs individuels -
avril-15 oct. - **R** *conseillée saison - 18 5 18 14 (3A) 18 (6A)*

OBERBRONN

8 - 57 ⑱ G. Alsace Lorraine

Paris 462 - Bitche 26 - Haguenau 23 - Saverne 39 - Strasbourg 54 - Wissembourg 41

67110 B.-Rhin - 2 075 h. alt. 260

Municipal Eichelgarten ≤, ✆ 03 88 09 71 96, S : 1,5 km par D 28, rte d'Ingwiller et chemin à gauche, à l'orée d'un bois
2,5 ha (148 empl.) plat et peu incliné, herbeux, pierreux - A l'entrée : parcours sportif - Location : gîte d'étape, huttes
16 mars-14 nov. - **R** *conseillée saison* - *17 piscine comprise* *8* *11* *5,40 par ampère*

OFFRANVILLE

1 - 52 ④ G. Normandie Vallée de la Seine

Paris 188 - Abbeville 75 - Beauvais 106 - Caen 160 - Le Havre 98 - Rouen 57

76550 S.-Mar. - 3 059 h. alt. 80

Municipal du Colombier « Cadre agréable et beau parc floral attenant », ✆ 02 35 85 21 14, au bourg, par la r. Loucheur
1,2 ha (103 empl.) plat, herbeux - A l'entrée : et poneys (centre équestre) - Location :
avril-15 oct. - **Location longue durée** - *Places disponibles pour le passage* - **R** *conseillée juil.-août* - *16,50* *10,50* *19* *12,50 (6A) 15 (10A)*

▶ *Ne pas confondre :*
... à ... : appréciation MICHELIN
et ★ ... à ... ★★★★ : classement officiel

▶ *Do not confuse :*
... to ... : MICHELIN classification
and ★ ... to ... ★★★★ : official classification

▶ *Verwechseln Sie bitte nicht :*
... bis ... : MICHELIN-Klassifizierung
und ★ ... bis ... ★★★★ : offizielle Klassifizierung

OIZON

6 - 65 ⑪

Paris 178 - Aubigny-sur-Nère 6 - Bourges 51 - Salbris 38 - Sancerre 36 - Sully-sur-Loire 40

18700 Cher - 776 h. alt. 230

Municipal de Nohant , ✆ 02 48 58 06 20, E : 0,9 km par D 923, D 213, rte de Concressault et chemin à gauche, bord d'un étang et de l'Oizenotte
1 ha (55 empl.) plat, herbeux - -
mai-sept. - **R** - GB - *10* *10/15* *20 (4A)*

OLÉRON (Île d')

9 - 71 ⑬ ⑭ G. Poitou Vendée Charentes

17 Char.-Mar.
Pont-viaduc : Passage gratuit

La Brée-les-Bains - 644 h. alt. 5 - ✉ 17840 la Brée-les-Bains :

Paris 528 - Marennes 32 - Rochefort 53 - La Rochelle 91 - Saintes 72

Pertuis d'Antioche, ✆ 05 46 47 92 00, Fax 05 46 47 82 22, NO : 1 km par D 273 et à droite, chemin des Proirres, à 150 m de la plage
2 ha (130 empl.) plat, herbeux - - - A proximité : - Location :
avril-sept. - **R** *conseillée juil.-août* - GB - - *3 pers. 108* *20 (5A) 22 (10A)*

Le Château-d'Oléron - 3 544 h. alt. 9

✉ 17480 le Château-d'Oléron.

Office de Tourisme, pl. République ✆ 05 46 47 60 51, Fax 05 46 47 73 65

Paris 508 - Marennes 12 - Rochefort 33 - La Rochelle 71 - Royan 40 - Saintes 52

La Brande, ✆ 05 46 47 62 37, Fax 05 46 47 71 70, NO : 2,5 km, à 250 m de la mer - dans locations (mobile homes)
4 ha (199 empl.) plat, herbeux, sablonneux - - toboggan aquatique - A proximité : - Location :
15 mars-15 nov. - **R** *conseillée juil.-août* - GB - - *piscine comprise 2 pers. 117* *20 (6A) 24 (10A)*

Fief-Melin , ✆ 05 46 47 60 85, O : 1,7 km par rte de St-Pierre-d'Oléron puis 0,6 km par r. des Alizés à droite
2,2 ha (110 empl.) plat, herbeux - -
vacances de printemps-Toussaint - **R** *indispensable juil.-août* - - *piscine comprise 2 pers. 93, 3 pers. 102* *20 (5A) 26 (10A)*

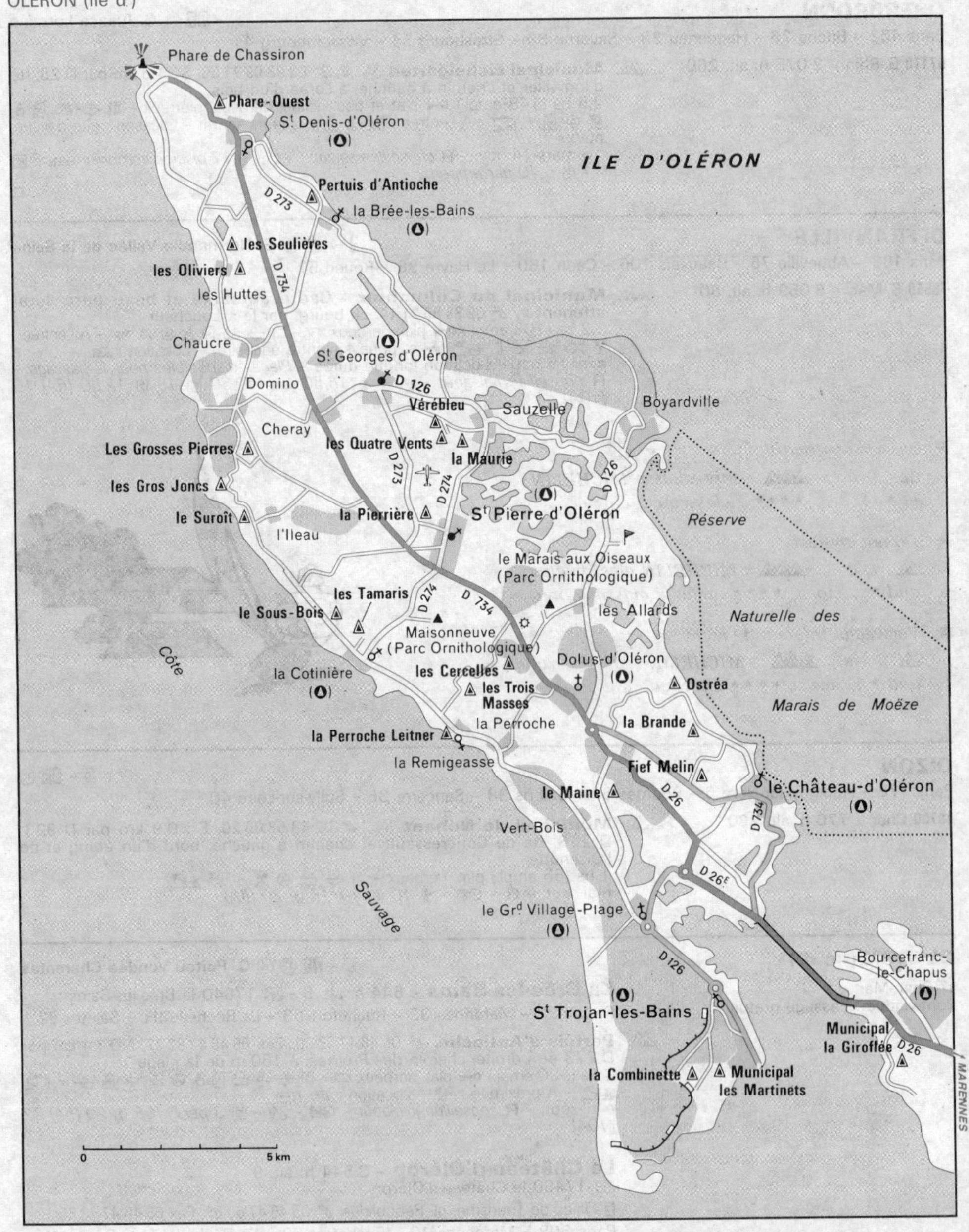

La Cotinière – ✉ 17310 St-Pierre-d'Oléron :
Paris 513 – Marennes 23 – Rochefort 44 – La Rochelle 82 – Royan 51 – Saintes 63

Les Tamaris « Cadre agréable », ✆ 05 46 47 10 51, Fax 05 46 47 27 96, à 150 m de la plage
5 ha (285 empl.) plat, sablonneux, herbeux – snack – – Location :
15 mars-15 oct. – **R** *conseillée saison* – *piscine comprise 3 pers. 129* *28 (6A)*

Le Sous Bois, ✆ 05 46 47 22 46, NO : 0,5 km, à 150 m de la plage
2 ha (169 empl.) plat, sablonneux – – A proximité :
Pâques-sept. – **R** *conseillée juil., indispensable août* – – *Tarif 97 :* *1 à 3 pers. 71* *16,50 (3A) 20,50 (6A)*

Dolus-d'Oléron - 2 440 h. alt. 7 - ✉ 17550 Dolus-d'Oléron.

Office de Tourisme, pl. Hôtel-de-Ville ✆ 05 46 75 32 84, Fax 05 46 75 63 60
Paris 514 - Marennes 18 - Rochefort 39 - La Rochelle 77 - Saintes 58

Ostréa ✆ 05 46 47 62 36, Fax 05 46 75 20 01, E : 3,5 km, près de la mer - juil.-août dans locations
3,5 ha (180 empl.) plat, sablonneux, herbeux - Location :
avril-sept. - **R** *conseillée juil.-août* - *- 2 pers. 85, pers. suppl. 22,50 20 (3A) 24 (6A)*

La Perroche Leitner ✆ 05 46 75 37 33, SO : 4 km à la Perroche, bord de mer
1,5 ha (100 empl.) plat, sablonneux -
A proximité :
Pâques-fin sept. - **R** *conseillée juil.-août* - *- 1 ou 2 pers. 95, pers. suppl. 25 22 (5A)*

Le Grand-Village-Plage - 718 h. alt. 6

✉ 17370 le-Grand-Village-Plage :
Paris 509 - Marennes 13 - Rochefort 34 - La Rochelle 72 - Saintes 53

Le Maine, ✆ 05 46 75 42 76, Fax 05 46 75 85 15, N : 2,5 km
1,5 ha (95 empl.) (mai-sept.) plat, herbeux - - A proximité :
fév.-nov. - Location longue durée - *Places limitées pour le passage* - **R** *conseillée* - *- 2 pers. 90 21 (10A)*

St-Denis-d'Oléron - 1 107 h. alt. 9 - ✉ 17650 St-Denis-d'Oléron :

Paris 524 - Marennes 33 - Rochefort 55 - La Rochelle 92 - Saintes 73

Les Oliviers ✆ 05 46 47 93 42, Fax 05 46 75 90 66, SO : 3,5 km, rte de Chaucre, à 300 m de la plage
4 ha (200 empl.) plat, sablonneux, herbeux (0,6 ha) - snack - Location :
Pâques-1er oct. - **R** *conseillée* - *- 2 pers. 90, pers. suppl. 30 25 (6A)*

Phare-Ouest ✆ 05 46 47 90 00, NO : 1 km par rte du phare de Chassiron et à droite, près de la mer
4 ha (298 empl.) plat, herbeux, sablonneux - -
Location :
Pâques-sept. - **R** *conseillée* - *- Tarif 97 : 1 à 3 pers. 61, pers. suppl. 17 19 (6 ou 10A)*

Les Seulières ✆ 05 46 47 90 51, SO : 3,5 km, rte de Chaucre, à 400 m de la plage
1,6 ha (100 empl.) plat, herbeux, sablonneux - - -
A proximité : - Location :
avril-sept. - **R** *conseillée* - *- 3 pers. 82, pers. suppl. 21 20 (5A)*

St-Georges-d'Oléron - 3 144 h. alt. 10

✉ 17190 St-Georges-d'Oléron.
Office de Tourisme, pl. de l'Église ✆ 05 46 76 63 75
Paris 523 - Marennes 27 - Rochefort 48 - La Rochelle 86 - Saintes 67

Verébleu ✆ 05 46 76 57 70, Fax 05 46 76 70 56, SE : 1,7 km par D 273 et rte de Sauzelle à gauche - dans locations
7,5 ha (333 empl.) plat, herbeux, sablonneux - - (couverte hors-saison) toboggan aquatique - Location :
Pâques-20 sept. - **R** *indispensable 14 juil.-22 août* - GB - *- Tarif 97 : piscine comprise 2 pers. 89 à 120, pers. suppl. 24 ou 28 21 (6A)*

Les Quatre Vents ✆ 05 46 76 65 47, Fax 05 46 76 62 57, SE : 2 km par D 273 et rte de Sauzelle à gauche
1,2 ha (66 empl.) plat, herbeux - - - Location *(Pâques-oct.)* :
Pâques-15 sept. - **R** *conseillée* - *- Tarif 97 : 2 pers. 84, pers. suppl. 21,50 21 (6A)*

La Maurie ✆ 05 46 76 61 69, SE : 2,3 km par D 273 et rte de Sauzelle à gauche
1,5 ha (70 empl.) plat, herbeux - - (bassin) - Location :
15 juin-15 sept. - **R** *conseillée* - *- 2 pers. 85, pers. suppl. 22 20 (4A)*

Côte Ouest :

Les Gros Joncs « Décoration florale », ✆ 05 46 76 52 29, Fax 05 46 76 67 74, SO : 5 km, à 300 m de la mer
3 ha (253 empl.) plat, accidenté et en terrasses, sablonneux - - - Location :
15 mars-15 oct. - **R** *conseillée* - GB - *- Tarif 97 : piscine comprise 2 ou 3 pers. 168, pers. suppl. 42 13 à 22 (3 à 16A)*

Le Suroît, ✆ 05 46 47 07 25, Fax 05 46 75 04 24, SO : 5 km, au lieu-dit l'ileau, accès direct à la plage
5 ha (247 empl.) plat et accidenté, sablonneux (3 ha) - A proximité :
avril-sept. - **R** *conseillée juil.-août* - GB - - *2 pers. 90 25 (10A)*

Les Grosses Pierres, ✆ 05 46 76 52 19, Fax 05 46 76 54 85, SO : 4 km
5 ha (265 empl.) plat, herbeux - cases réfrigérées - - A proximité : piste de bi-cross - Location :
avril-sept. - **R** *indispensable* - GB - - *piscine comprise 2 pers. 105 25 (5A)*

St-Pierre-d'Oléron - 5 365 h. alt. 8 - ✉ 17310 St-Pierre-d'Oléron.

Office de Tourisme, pl. Gambetta ✆ 05 46 47 11 39, Fax 05 46 47 10 41 et (Pâques-août) à la Cotinière ✆ 05 46 47 09 08

Paris 518 - Marennes 21 - Rochefort 43 - La Rochelle 80 - Royan 49 - Saintes 62

La Pierrière « Cadre agréable », ✆ 05 46 47 08 29, Fax 05 46 75 12 82, sortie Nord-Ouest par rte de St-Georges-d'Oléron
2,5 ha (140 empl.) plat, herbeux - snack - - A proximité : half-court
avril-sept. - **R** *conseillée juil.-août* - - *piscine comprise 3 pers. 125 20 (4A) 25 (10A)*

Les Trois Masses, ✆ 05 46 47 23 96, Fax 05 46 75 15 54, SE : 4,3 km, au lieu-dit le Marais-Doux
3 ha (130 empl.) plat, herbeux, sablonneux - - - Location : , tentes
Pâques-sept. - **R** *conseillée* - GB - - *piscine comprise 2 pers. 85*

Les Cercelles, ✆ 05 46 47 19 24, Fax 05 46 75 04 96, SE : 4 km, au lieu-dit le Marais Doux
1,2 ha (87 empl.) plat, herbeux - - (bassin)
Permanent - **R** *conseillée juil.-août* - GB - - *3 pers. 102, pers. suppl. 30 22 (15A)*

St-Trojan-les-Bains - 1 490 h. alt. 5 - ✉ 17370 St-Trojan-les-Bains.

Office de Tourisme, carrefour du Port ✆ 05 46 76 00 86, Fax 05 46 76 17 64

Paris 512 - Marennes 16 - Rochefort 37 - La Rochelle 75 - Royan 44 - Saintes 56

La Combinette, ✆ 05 46 76 00 47, Fax 05 46 76 16 96, SO : 1,5 km
4 ha (225 empl.) plat et accidenté, sablonneux, herbeux pinède - - - A proximité : - Location : studios
avril-1er nov. - **R** *conseillée juil.-août* - - *Tarif 97 : 2 pers. 58, 3 pers. 75, pers. suppl. 19 16 (2 à 5A) 19,50 (5 à 10A)*

Municipal les Martinets, ✆ 05 46 76 02 39, SO : 1,3 km
5 ha (300 empl.) accidenté, sablonneux pinède - - A proximité : parcours sportif

Voir aussi à ***Bourcefranc-le-Chapus***

OLIVET 45 Loiret - 64 ⑨ - rattaché à Orléans

Les OLLIÈRES-SUR-EYRIEUX

16 - 76 ⑲

Paris 595 - Le Cheylard 28 - Lamastre 33 - Montélimar 53 - Privas 19 - Valence 33

07360 Ardèche - 769 h. alt. 200

Le Mas de Champel, ✆ 04 75 66 23 23, Fax 04 75 66 23 16, au Nord du bourg par D 120, rte de la Voulte-sur-Rhône et chemin à gauche, près de l'Eyrieux - dans locations
4 ha (95 empl.) en terrasses, herbeux - snack - - Location : bungalows toilés
25 avril-26 sept. - **R** *conseillée juil.-août* - GB - - *élect. et piscine comprises 2 pers. 125*

Domaine des Plantas, ✆ 04 75 66 21 53, Fax 04 75 66 23 65, à 3 km à l'Est du bourg par rte étroite, accès près du pont, bord de l'Eyrieux
27 ha/7 campables (100 empl.) en terrasses, pierreux, herbeux - pizzeria - discothèque - Location :
avril-24 sept. - **R** *indispensable juil.-août* - GB - - *2 pers. 110 20 (5A)*

OLMETO 2A Corse-du-Sud - 90 ⑱ - voir à Corse

OLONNE-SUR-MER 85 Vendée - 67 ⑫ - rattaché aux Sables-d'Olonne

OLORON-STE-MARIE

13 – 85 ⑥ G. Pyrénées Aquitaine

Paris 818 – Bayonne 94 – Dax 81 – Lourdes 59 – Mont-de-Marsan 95 – Pau 34

64400 Pyr.-Atl. – 11 067 h. alt. 224.
Office de Tourisme, pl. Résistance
05 59 39 98 00, Fax 05 59 39 43 97

Le Stade, 05 59 39 11 26, Fax 05 59 36 12 01, SO : 2 km par rte de Tardets-Sorholus, bd du Lycée à gauche (rocade) et chemin de Lagravette à droite
5 ha (170 empl.) plat, herbeux (3 ha) – – A proximité : – Location *(permanent)* : gîtes
avril-sept. – **R** *conseillée* – – *2 pers. 59* *17 (6A) 32 (10A)*

ONDRES

13 – 78 ⑰

Paris 757 – Bayonne 7 – Capbreton 10 – Dax 39 – Hasparren 30 – Peyrehorade 31

40440 Landes – 3 100 h. alt. 37.
Office de Tourisme, Mairie
05 59 45 35 80, Fax 05 59 45 27 73

Lou Pignada « Entrée fleurie, cadre agréable », 05 59 45 30 65, Fax 05 59 45 25 79, NO : 1,5 km par D 26, rte de la plage
2 ha (135 empl.) plat, herbeux – snack – (bassin) – A proximité : – Location :
avril-20 sept. – **R** – GB – – *2 pers. 90* *20 (4A)*

ONESSE-ET-LAHARIE

13 – 78 ⑤

Paris 690 – Castets 28 – Mimizan 23 – Mont-de-Marsan 52 – Morcenx 14 – Sabres 32

40110 Landes – 981 h. alt. 45

Municipal Bienvenu, 05 58 07 30 49, à Onesse, sortie Nord-Ouest, rte de Mimizan
1,2 ha (70 empl.) plat, herbeux, sablonneux – –
15 juin-15 sept. – **R** – GB – – *Tarif 97 : 14,50* *8* *13* *15*

ONZAIN

5 – 64 ⑯ G. Châteaux de la Loire

Paris 198 – Amboise 21 – Blois 16 – Château-Renault 23 – Montrichard 21 – Tours 47

41150 L.-et-Ch. – 3 080 h. alt. 69.
Syndicat d'Initiative, r. Gustave-Marc
02 54 20 78 52

Le Dugny, 02 54 20 70 66, Fax 02 54 33 71 69, NE : 1,5 km par rte de Chouzy-sur-Cisse puis 2,7 km par D 45 rte de Chambon-sur-Cisse et chemin à gauche, bord d'un étang
7 ha (110 empl.) peu incliné, herbeux, pierreux – snack – – Location :
Permanent – **R** *indispensable 15 juil.-15 août* – GB – – *piscine comprise 1 pers. 39* *10A : 17 (hiver 26)*

Municipal, 02 54 20 85 15, SE : 1,5 km par D 1, rte de Chaumont-sur-Loire, à 300 m de la Loire
1,4 ha (66 empl.) plat, herbeux – – – A proximité :

ORANGE

16 – 81 ⑪ ⑫ G. Provence

Paris 656 – Alès 83 – Avignon 31 – Carpentras 24 – Montélimar 55 – Nîmes 56

84100 Vaucluse – 26 964 h. alt. 97.
Office de Tourisme, Cours A.-Briand
04 90 34 70 88, Fax 04 90 34 99 62
et (avril-sept.) pl. Frères-Mounet

Le Jonquier, 04 90 34 19 83, Fax 04 90 34 86 54, NO : par N 7 rte de Montélimar et rue à gauche passant devant la piscine, quartier du Jonquier, rue Alexis Carrel – Par A 7 : sortie Nord, D 17 rte de Caderousse et chemin à droite
2,5 ha (100 empl.) plat, herbeux – cases réfrigérées – (bassin) poneys – Location *(permanent)* :
avril-oct. – **R** *conseillée juil.-août* – GB – – *30* *30* *17 (3A) 20 (6A)*

ORBEC

5 – 55 ⑭ G. Normandie Vallée de la Seine

Paris 170 – L'Aigle 38 – Alençon 79 – Argentan 52 – Bernay 17 – Caen 76 – Lisieux 22

14290 Calvados – 2 642 h. alt. 110

Les Capucins, 02 31 32 76 22, NE : 1,5 km par D 4 rte de Bernay et chemin à gauche, au stade
1 ha (42 empl.) plat, herbeux – – – A proximité :
juin-août – **R** – *13* *7* *9* *10 (9A)*

ORBEY

8 – 62 ⑱ G. Alsace Lorraine

Paris 460 – Colmar 21 – Gérardmer 41 – Munster 20 – Ribeauvillé 22 – St-Dié 40 – Sélestat 37

68370 H.-Rhin – 3 282 h. alt. 550.
Office de Tourisme,
03 89 71 30 11, Fax 03 89 71 34 11
et (mi-juin-mi-sept.) Wagon d'Accueil
03 89 47 53 11

Les Moraines, 03 89 71 25 19, SO : 3,5 km rte des lacs, à Pairis, bord d'un ruisseau – alt. 700
1 ha (46 empl.) plat et peu incliné, herbeux, gravier – – A proximité :
Permanent – **R** *indispensable juil.-août* – – *20* *7* *11* *19 (3A) 25 (6A)*

Municipal Lefébure, 03 89 71 27 69, sortie Nord-Est par D 48 puis 1,2 km à gauche par rue Lefébure et rue du stade – chemin direct reliant le camping au village – alt. 550
3 ha (100 empl.) en terrasses, herbeux – – A proximité :
mai-sept. – **R** – – *17* *7* *10* *14 (3A)*

ORCET

11 - 73 ⑭

Paris 429 - Billom 17 - Clermont-Ferrand 15 - Issoire 24 - St-Nectaire 30

63670 P.-de-D. - 2 522 h. alt. 400

Clos Auroy, ✆ 04 73 84 26 97, à 200 m au Sud du bourg
3 ha (91 empl.) plat et en terrasses, herbeux - A proximité :
Permanent - **R** *conseillée été* - *18 piscine comprise 35 15 (5A) 22 (10A)*

ORCIÈRES

17 - 77 ⑰ G. Alpes du Nord

Paris 680 - Briançon 112 - Gap 33 - Grenoble 116 - La Mure 76 - St-Bonnet-en-Champsaur 26

05170 H.-Alpes - 841 h. alt. 1 446
- Sports d'hiver : à Orcières-Merlette : 1 450/2 650 m 2 25.
Office de Tourisme, ✆ 04 92 55 89 89, Fax 04 92 55 89 75

Base de Loisirs < montagnes « Site agréable », ✆ 04 92 55 76 67, à 3,4 km au Sud-Ouest d'Orcières, à la Base de Loisirs, à 100 m du Drac Noir et près d'un petit plan d'eau - alt. 1 280
1,2 ha (48 empl.) non clos, plat, pierreux, gravillons snack - A proximité : parcours de santé - Location : gîte d'étape
13 déc.-5 mai, 30 mai-28 sept. - **R** *conseillée 11 juil.-23 août* - *2 pers. 65/75 19 (2A) 29 (6A)*

ORCIVAL

11 - 73 ⑬ G. Auvergne

Paris 447 - Aubusson 85 - Clermont-Ferrand 27 - Le Mont-Dore 18 - Rochefort-Montagne 6 - Ussel 57

63210 P.-de-D. - 283 h. alt. 840

L'Étang de Fléchat < « Cadre et situation agréables », ✆ 04 73 65 82 96, S : 1,5 km par D 27, rte du Mont-Dore puis 2,5 km par D 74, rte de Rochefort-Montagne et chemin à droite, bord d'un étang - alt. 920
3 ha (83 empl.) plat et en terrasses, herbeux snack - - Location :
15 mai-15 sept. - **R** *conseillée* - *22 35 15 (3A) 20 (6A) 25 (10A)*

ORGNAC-L'AVEN 07 Ardèche - 80 ⑨ - voir à Ardèche (Gorges de l')

ORINCLES

14 - 85 ⑧

Paris 807 - Bagnères-de-Bigorre 16 - Lourdes 11 - Pau 49 - Tarbes 13

65380 H.-Pyr. - 236 h. alt. 360

Aire Naturelle le Cerf Volant <, ✆ 05 62 42 99 32, S : 2,2 km par D 407 et chemin en face, à 300 m du D 937, bord d'un ruisseau
1 ha (23 empl.) plat et terrasse, herbeux - -
15 avril-15 oct. - **R** *conseillée juil.-août* - *12 5 5/8 12 (15A)*

ORLÉANS P

6 - 64 ⑨ G. Châteaux de la Loire

Paris 130 - Caen 272 - Clermont-Ferrand 298 - Dijon 299 - Limoges 268 - Le Mans 141 - Reims 266 - Rouen 207

45000 Loiret - 105 111 h. alt. 100.
Office de Tourisme, et Accueil de France, pl. Albert-1er ✆ 02 38 24 05 05, Fax 02 38 54 49 84

à ***Olivet*** S : 4 km par rte de Vierzon - 17 572 h. alt. 100
45160 Olivet.
Office de Tourisme, 226 r. Paul-Génain ✆ 02 38 63 49 68

Municipal, ✆ 02 38 63 53 94, SE : 2 km par D 14, rte de St-Cyr-en-Val, bord du Loiret
1 ha (80 empl.) plat, herbeux -
avril-15 oct. - - *Tarif 97 : 14 8,50 9,50*

ORLÉAT 63 P.-de-D. - 73 ⑮ - rattaché à Thiers

ORNANS

12 - 66 ⑯ G. Jura

Paris 430 - Baume-les-Dames 42 - Besançon 25 - Morteau 53 - Pontarlier 34 - Salins-les-Bains 36

25290 Doubs - 4 016 h. alt. 355.
Office de Tourisme, (avril-sept.) r. P.-Vernier ✆ 03 81 62 21 50

Le Chanet <, ✆ 03 81 62 23 44, SO : 1,5 km par D 241, rte de Chassagne-St-Denis et chemin à droite, à 100 m de la Loue
1,4 ha (95 empl.) incliné et peu incliné, herbeux - - - A proximité : - Location : , gîte d'étape
mars-15 nov. - **R** *conseillée juil.-août* - *20 3 13 ou 16/21 10 (2 ou 3A) 15 (5 ou 6A) 20 (9 ou 10A)*

ORNOLAC-USSAT-LES-BAINS

14 - 86 ⑤ G. Pyrénées Roussillon

Paris 796 - Ax-les-Thermes 25 - Foix 21 - Lavelanet 36 - Vicdessos 18

09400 Ariège - 215 h. alt. 500

Ariège Evasion <, ✆ 05 61 05 11 11, à 1 km au Sud-Est du bourg, bord de l'Ariège (rive droite)
1 ha (60 empl.) (saison) plat, herbeux, pierreux - snack - Location :
Permanent - **R** *juil.-août* - GB - *20 20 12 (3A) 18 (6A) 25 (10A)*

ORPIERRE

16 - 81 ⑤ G. Alpes du Sud

Paris 691 - Château-Arnoux 45 - Digne-les-Bains 70 - Gap 56 - Serres 20 - Sisteron 32

05700 H.-Alpes - 335 h. alt. 682

Les Princes d'Orange < Orpierre et montagnes « Site agréable », 04 92 66 22 53, Fax 04 92 66 31 08, à 300 m au Sud du bourg, à 150 m du Céans - Accès à certains emplacements par rampe à 12 % - Mise en place et sortie des caravanes à la demande
20 ha/4 campables (100 empl.) plat et peu incliné, en terrasses, pierreux, herbeux (2 ha) - toboggan aquatique - A proximité : - Location :
avril-oct. - **R** *conseillée* - *piscine comprise 2 pers. 98, 3 pers. 105 14 (4A)*

ORTHEZ

13 - 78 ⑧ G. Pyrénées Aquitaine

Paris 763 - Bayonne 74 - Dax 39 - Mont-de-Marsan 53 - Pau 48

64300 Pyr.-Atl. - 10 159 h. alt. 55.
Office de Tourisme, Maison Jeanne-d'Albret
05 59 69 02 75, Fax 05 59 69 12 00

La Source, 05 59 67 04 81, à 1,5 km à l'Est de la ville sur la route reliant N 117 (accès conseillé) et D 933, bord d'un ruisseau
2 ha (66 empl.) plat et peu incliné, herbeux - A proximité :
avril-15 oct. - **R** - - *16 6 8/12 8*

OSANI 2A Corse-du-Sud - 90 ⑮ - voir à Corse

OSSÈS

13 - 85 ③

Paris 809 - Biarritz 42 - Cambo-les-Bains 23 - Pau 130 - St-Étienne-de-Baïgorry 11 - St-Jean-Pied-de-Port 15

64780 Pyr.-Atl. - 692 h. alt. 102

Aire Naturelle Mendikoa <, 05 59 37 70 29, sortie Sud par D 918, rte de St-Jean-Pied-de-Port puis 1,7 km par chemin à gauche - Croisement difficile pour caravanes
1 ha (25 empl.) plat, peu incliné, herbeux -
juil.-1er sept. - **R** *conseillée juil.-août* - - *1 à 5 pers. 20 à 58 10 (3A)*

OUISTREHAM

5 - 54 ⑯ G. Normandie Cotentin

Paris 233 - Arromanches-les-Bains 32 - Bayeux 42 - Cabourg 19 - Caen 15

14150 Calvados - 6 709 h.
Office de Tourisme, Jardin du Casino
02 31 97 18 63, Fax 02 31 96 87 33

Parc Municipal des Pommiers, 02 31 97 12 66, S : 0,6 km par D 84, rte de Caen, accès direct au canal
4,5 ha (428 empl.) plat, herbeux, sablonneux (2 ha) -
15 fév.-15 déc. - Location longue durée - *Places disponibles pour le passage* - **R** - - *Tarif 97 : 19,40 19,40 7,10 à 38,60 (2 à 20A)*

OUNANS

12 - 70 ④

Paris 382 - Arbois 16 - Arc-et-Senans 12 - Dole 24 - Poligny 25 - Salins-les-Bains 20

39380 Jura - 323 h. alt. 230

La Plage Blanche, 03 84 37 69 63, Fax 03 84 37 60 21, N : 1,5 km par D 71, rte de Montbarey et chemin à gauche, bord de la Loue
5 ha (220 empl.) plat, herbeux - snack - - A proximité :
15 mars-oct. - **R** *conseillée juil.-août* - GB - - *Tarif 97 : 23 28 17 (5 ou 6A)*

OUST

14 - 86 ③

Paris 800 - Aulus-les-Bains 16 - Castillon-en-Couserans 30 - Foix 59 - St-Girons 17 - Tarascon-sur-Ariège 49

09140 Ariège - 449 h. alt. 500

Les Quatre Saisons <, 05 61 96 55 55, sortie Sud-Est par D 32, rte d'Aulus-les-Bains, près du Garbet
3 ha (108 empl.) plat, herbeux - - A proximité : - Location :
Permanent - **R** *indispensable juil.-août* - GB - - *élect. (5A) et piscine comprises 2 pers. 80*

La Côte <, 05 61 96 50 53, SO : 0,6 km sur D 3, rte de Seix
1 ha (50 empl.) plat, herbeux -

OUZOUS 65 H.Pyr. - 85 ⑰ - rattaché à Argelès-Gazost

OYE-PLAGE

1 - 51 ②

Paris 297 - Calais 16 - Cassel 45 - Dunkerque 30 - St-Omer 34

62215 P.-de-C. - 5 678 h. alt. 4

Les Oyats, 03 21 85 15 40, Fax 03 28 60 38 33, NO : 4,5 km, 272 Digue Verte, à 100 m de la plage (accès direct)
3 ha (120 empl.) plat, herbeux, sablonneux -
mai-sept. - Location longue durée - *Places disponibles pour le passage* - **R** *conseillée juil.-août* - - *25 tennis compris 35 17 (2A)*

La PACAUDIÈRE

11 - 73 ⑦

Paris 365 - Lapalisse 25 - Marcigny 22 - Roanne 25 - Thiers 73 - Vichy 48

42310 Loire - 1 182 h. alt. 363

Municipal Beausoleil, 04 77 64 11 50, E : 0,7 km par D 35 rte de Vivans et à droite, près du terrain de sports et du collège
1 ha (35 empl.) peu incliné, herbeux
15 mai-sept. - **R** - *11,80* *6,60* *8* *13*

PADIRAC

13 - 75 ⑲

Paris 532 - Brive-la-Gaillarde 51 - Cahors 66 - Figeac 38 - Gourdon 44 - Gramat 11 - St-Céré 16

46500 Lot - 160 h. alt. 360

Les Chênes, 05 65 33 65 54, Fax 05 65 33 71 55, NE : 1,5 km par D 90, rte du Gouffre
5 ha (120 empl.) peu incliné et incliné, en terrasses, pierreux, herbeux - snack - A proximité : Parc de Loisirs : (1100 m²) toboggans aquatiques - Location : bungalows toilés
mai-sept. - **R** *conseillée juil.-août* - GB - *32 piscine comprise* *48* *15 (6A)*

PAIMPOL

3 - 59 ② G. Bretagne

Paris 493 - Guingamp 29 - Lannion 33 - St-Brieuc 45

22500 C.-d'Armor - 7 856 h. alt. 15.
Syndicat d'Initiative, r. St-Vincent
02 96 20 83 16, Fax 02 96 55 11 12

Municipal de Cruckin-Kérity, 02 96 20 78 47, **à Kérity,** SE : 2 km par D 786, rte de St-Quay-Portrieux, attenant au stade, à 100 m de la plage de Cruckin
2 ha (155 empl.) plat, herbeux - A proximité : crêperie
Pâques-sept. - **R** *conseillée* - *Tarif 97 :* *1 pers. 40, 3 pers. 65, pers. suppl. 15* *13 (6A) 16 (12A)*

Le PALAIS 56 Morbihan - 63 ⑪ - voir à Belle-Ile-en-Mer

PALAU-DEL-VIDRE

15 - 86 ⑲

Paris 877 - Argelès-sur-Mer 7 - Le Boulou 16 - Collioure 14 - La Jonquera 28 - Perpignan 19

66690 Pyr.-Or. - 2 004 h. alt. 26

Le Haras « Agréable cadre boisé », 04 68 22 14 50, Fax 04 68 37 98 93, sortie Nord-Est par D 11
2,3 ha (75 empl.) plat, herbeux snack, pub - - Location : , tentes
Permanent - **R** *conseillée juil.-août* - GB - *piscine comprise 2 pers. 100* *20 (3 à 5A) 24 (6 à 10A)*

PALAVAS-LES-FLOTS

16 - 83 ⑦ G. Gorges du Tarn

Paris 763 - Aigues-Mortes 24 - Montpellier 12 - Nîmes 59 - Sète 30

34250 Hérault - 4 748 h. alt. 1.
Office de Tourisme, bd Joffre
04 67 07 73 34, Fax 04 67 07 73 01

Les Roquilles, 04 67 68 03 47, Fax 04 67 68 54 98, 267 bis av. St-Maurice, rte de Carnon-Plage, à 100 m de la plage -
15 ha (792 empl.) plat, sablonneux, herbeux (7 ha) - - Location :
11 avril-12 sept. - **R** *conseillée* - GB - *piscine et tennis compris 2 pers. 101,50* *17,95 (6A)*

La PALMYRE 17 Char.-Mar. - 71 ⑮ - rattaché aux Mathes

PAMIERS

14 - 86 ⑤ G. Pyrénées Roussillon

Paris 755 - Auch 132 - Carcassonne 76 - Castres 98 - Foix 20 - Toulouse 63

09100 Ariège - 12 965 h. alt. 280.
Office de Tourisme, bd Delcassé
05 61 67 52 52, Fax 05 61 67 22 40

Les Ombrages, 05 61 67 12 24, sortie Nord-Ouest par D 119, rte de St-Girons, bord de l'Ariège - dans locations
2 ha (100 empl.) plat, herbeux - - Location :
Permanent - **R** *juil.-août* - GB - *10* *6* *10* *14 (6A) 23 (10A)*

PAMPELONNE

15 - 80 ⑪

Paris 654 - Albi 30 - Baraqueville 35 - Cordes-sur-Ciel 30 - Rieupeyroux 34

81190 Tarn - 715 h. alt. 430

Municipal de Thuriès « Site agréable », 05 63 76 44 01, NE : 2 km par D 78, bord du Viaur
1 ha (35 empl.) (juil.-août) plat, herbeux -
juin-15 sept. - **R** - *16* *20* *10*

PARAMÉ 35 I.-et-V. - 59 ⑥ - voir à St-Malo

PARAY-LE-MONIAL

11 - 69 ⑰ G. Bourgogne

Paris 362 - Autun 76 - Mâcon 66 - Montceau-les-Mines 36 - Moulins 67 - Roanne 54

71600 S.-et-L. - 9 859 h. alt. 245.
Office de Tourisme, av. Jean-Paul-II
03 85 81 10 92, Fax 03 85 81 36 61

Mambré, 03 85 88 89 20, Fax 03 85 88 87 81, sortie Nord-Ouest par N 79 rte de Digoin et rte à droite avant le passage à niveau
3,8 ha (198 empl.) plat, herbeux - - Location *(mai-sept.)* : bungalows toilés
avril-oct. - **R** *conseillée 15 juil.-20 août* - GB - *20 piscine comprise 38 15 (10A)*

PARAY-SOUS-BRIAILLES

11 - 73 ⑤

Paris 324 - Gannat 27 - Lapalisse 28 - St-Pourçain-sur-Sioule 9 - Varennes-sur-Allier 9 - Vichy 23

03500 Allier - 495 h. alt. 250

Municipal le Moulin du Pré, sortie Nord par D 142 vers Pont-de-Chazeuil et à gauche, bord d'une rivière
1,5 ha (20 empl.) plat, herbeux -
Pâques-sept. - **R** *indispensable - 6,70 5,35 5,35 8A : 9,80 (hors saison 24)*

PARCEY 39 Jura - 70 ③ - rattaché à Dole

PARCOUL

9 - 75 ③ G. Périgord Quercy

Paris 505 - Bergerac 70 - Blaye 72 - Bordeaux 72 - Périgueux 66

24410 Dordogne - 363 h. alt. 70

Le Paradou, 05 53 91 42 78, SO : 2 km par D 674 rte de La Roche-Chalais, au Parc de Loisirs
20 ha/4 campables (100 empl.) plat, herbeux, pierreux - toboggan aquatique - A proximité : Au Parc de Loisirs : cafétéria discothèque (étang) - Location :
15 mai-15 sept. - **R** *conseillée* - GB - *élect. et piscine comprises 70, pers. suppl. 18*

PARENTIS-EN-BORN

13 - 78 ③ G. Pyrénées Aquitaine

Paris 659 - Arcachon 41 - Bordeaux 82 - Mimizan 24 - Mont-de-Marsan 76

40160 Landes - 4 056 h. alt. 32.
Office de Tourisme, pl. Gén.-de-Gaulle 05 58 78 43 60

L'Arbre d'Or, 05 58 78 41 56, Fax 05 58 78 49 62, O : 1,5 km par D 43 rte de l'étang
4 ha (200 empl.) (juil.août) plat, sablonneux, herbeux pinède - snack -
avril-sept. - **R** *indispensable juil.-août*

Municipal Pipiou, 05 58 78 57 25, O : 2,5 km par D 43 et rte à droite, à 100 m de l'étang
2,5 ha (127 empl.) plat, sablonneux - -
A proximité :
Permanent - **R** *conseillée juil.-août* - GB - *Tarif 97 : élect. comprise 4 pers. 107*

PARRANQUET

14 - 79 ⑥

Paris 565 - Agen 67 - Bergerac 42 - Le Bugue 42 - Fumel 28 - Villeneuve-sur-Lot 37

47210 L.-et-G. - 127 h. alt. 140

Moulin de Mandassagne, 05 53 36 04 02, SO : 0,7 km, bord d'un ruisseau
4 ha (60 empl.) plat, herbeux (0,8 ha) - -
avril-1er oct. - **R** *conseillée* - *Tarif 97 : 15 piscine comprise 25 10*

PARTHENAY

9 - 67 ⑲ G. Poitou Vendée Charentes

Paris 375 - Bressuire 32 - Châtellerault 75 - Fontenay-le-Comte 52 - Niort 41 - Poitiers 48 - Thouars 39

79200 Deux-Sèvres - 10 809 h. alt. 175.
Office de Tourisme, 8 r. de la Vau St-Jacques
05 49 64 24 24, Fax 05 49 94 61 94

Base de Loisirs, 05 49 94 39 52, sortie Sud-Ouest rte de la Roche-sur-Yon et à droite après le pont sur le Thouet, près d'un plan d'eau
2 ha (86 empl.) plat, herbeux - snack - -
A proximité : parcours sportif

PAU

13 - 85 ⑥ ⑦ G. Pyrénées Aquitaine

Paris 777 - Bayonne 112 - Bordeaux 200 - Toulouse 197 - Zaragoza 239

64000 Pyr.-Atl. - 82 157 h. alt. 207.
Office de Tourisme, pl. Royale
05 59 27 27 08, Fax 05 59 27 03 21
et pl. Monnaie 05 59 27 41 24

Le Terrier « Entrée fleurie », 05 59 81 01 82, Fax 05 59 81 26 83 64230 Lescar, NO : 6,5 km par N 117, rte de Bayonne puis D 501 à gauche, bord du Gave - Par A 64 sens Ouest-Est : sortie Artix
2 ha (100 empl.) plat, gravier, herbeux, pierreux - - A proximité : golf - Location :
Permanent - **R** *conseillée juil.-août* - GB - *21 piscine comprise 30 16 (3 ou 4A) 25 (6A)*

PAUILLAC

9 – 71 ⑦ G. Pyrénées Aquitaine

Paris 559 – Arcachon 114 – Blaye 16 – Bordeaux 52 – Lesparre-Médoc 23

33250 Gironde – 5 670 h. alt. 20

Municipal les Gabarreys, 05 56 59 10 03, S : 1 km par rue de la Rivière, près de la Gironde
1,6 ha (59 empl.) plat, gravillons, herbeux –
3 avril-14 sept. – **R** – – *1 pers. 42, 2 pers 62, pers. suppl. 21 18 (5A) 28 (10A)*

PAYRAC

13 – 75 ⑱

Paris 531 – Bergerac 102 – Brive-la-Gaillarde 52 – Cahors 48 – Figeac 61 – Périgueux 102 – Sarlat-la-Canéda 31

46350 Lot – 492 h. alt. 320

Les Pins « Beau parc », 05 65 37 96 32, Fax 05 65 37 91 08, sortie Sud par N 20 rte de Cahors
4 ha (125 empl.) plat, peu incliné, en terrasses, herbeux – snack – – A proximité : parc de loisirs avec toboggan aquatique – Location :
avril-15 sept. – **R** *conseillée juil.-août* – **GB** – – *Tarif 97 : 32 piscine comprise 48 16 (6 à 10A)*

PAYZAC

16 – 80 ⑧ G. Gorges du Tarn

Paris 660 – Aubenas 32 – Largentière 22 – Privas 62 – Vallon-Pont-d'Arc 28 – Villefort 32

07230 Ardèche – 436 h. alt. 300

Lou Cigalou « Cadre agréable », 04 75 39 48 68, E : 1 km par rte de Lablachère et chemin à droite
1,2 ha (25 empl.) plat et en terrasses, herbeux – – – Location :
10 juin-5 sept. – **R** *conseillée* – – *2 pers. 50 15 (6A)*

PÉGOMAS

17 – 84 ⑧

Paris 899 – Cannes 9 – Draguignan 59 – Grasse 9 – Nice 38 – St-Raphaël 38

06580 Alpes-Mar. – 4 618 h. alt. 18

à St-Jean SE : 2 km par D 9 rte de Cannes
06550 la Roquette-sur-Siagne :

St-Louis « Cadre agréable », 04 93 42 26 67, Fax 04 93 42 24 88, NO : 1 km par D 9
5 ha (200 empl.) en terrasses et peu incliné, herbeux – pizzeria – half-court – A proximité :
avril-sept. – **R** *conseillée juil.-août* – – *élect. et piscine comprises 1 ou 2 pers. 120/2 ou 3 pers. 180, pers. suppl. 35*

PEISEY-NANCROIX

12 – 74 ⑱ G. Alpes du Nord

Paris 639 – Albertville 56 – Bourg-St-Maurice 13

73210 Savoie – 521 h. alt. 1 320 – Sports d'hiver : 1 350/2 350 m 1 12
Office de Tourisme, 04 79 07 94 28, Fax 04 79 07 95 34

Les Lanchettes, 04 79 07 93 07, Fax 04 79 07 88 33, SE : 3 km par rte des Lanches, bord du Ponturin et près du Parc National de la Vanoise
2 ha (90 empl.) en terrasses, plat, herbeux – – – A proximité : – Location :
13 déc.-19 avril, 30 mai-sept. – **R** *conseillée hiver et été* – **GB** – – *24 23 15,50 (2A) 31,50 (5A) 46,80 (10A)*

PÉLUSSIN

11 – 77 ① G. Vallée du Rhône

Paris 513 – Annonay 29 – St-Étienne 40 – Tournon-sur-Rhône 58 – Vienne 27

42410 Loire – 3 132 h. alt. 420.
Syndicat d'Initiative, Moulin de Virieu
04 74 87 52 00, Fax 04 74 87 52 02

Bel'Époque du Pilat, 04 74 87 66 60, Fax 04 74 87 73 81, sortie Est vers Chavanay puis 1,5 km par D 79, rte de Malleval
3 ha (50 empl.) incliné et en terrasses, herbeux – –
avril-oct. – Location longue durée – *Places disponibles pour le passage* – **R** *conseillée juil.-août* – **GB** – *piscine comprise 2 pers. 56, pers. suppl. 18 16 (6A)*

PENDÉ

1 – 52 ⑥

Paris 206 – Abbeville 23 – Amiens 72 – Blangy-sur-Bresle 34 – Le Tréport 21

80230 Somme – 1 055 h. alt. 5

La Baie, 03 22 60 72 72, N : 2 km, à Routhiauville, r. de la Baie
1,2 ha (94 empl.) plat, herbeux, sablonneux – –
Pâques-15 oct. – Location longue durée – *Places limitées pour le passage* – **R** – – *2 pers. 47 (57 ou 67 avec élect. 3 ou 6A), pers. suppl. 14*

► *Donnez-nous votre avis sur les terrains que nous recommandons.*
Faites-nous connaître vos observations et vos découvertes.

PÉNESTIN

4 - 63 ⑭

Paris 460 - La Baule 30 - Nantes 87 - La Roche-Bernard 17 - St-Nazaire 44 - Vannes 45

56760 Morbihan - 1 394 h. alt. 20

Inly, 02 99 90 35 09, Fax 02 99 90 40 93, SE : 2 km par D 201 et rte à gauche, bord d'un étang
30 ha/12 campables (500 empl.) plat, herbeux, pierreux - Location :
avril-sept. - **R** *conseillée juil.-août* - GB - *26 piscine comprise 12 50 18 (10A)*

Les Îles, 02 99 90 30 24, Fax 02 99 90 44 55, S : 4,5 km par D 201 et rte à droite, à la Pointe du Bile, bord de mer
2,5 ha (124 empl.) (saison) plat, herbeux snack - A proximité : et poneys, terrain omnisports
2 avril-sept. - **R** *conseillée 6 juil.-20 août* - GB - *25 piscine comprise 85 16 (6A)*

Le Parc des Îles, 02 99 90 30 24, Fax 02 99 90 44 55, S : 4,5 km par D 201 et rte à droite, à la Pointe du Bile, à 200 m de la mer
1 ha (60 empl.) (15 mai-15 sept.) plat, herbeux, étang - et poneys, terrain omnisports - A proximité : snack - Location :
2 avril-sept. - **R** *conseillée 6 juil.-20 août* - GB - *25 piscine comprise 85 16 (6A)*

Le Cénic, 02 99 90 45 65, Fax 02 99 90 45 05, E : 1,5 km par D 34 rte de la Roche-Bernard, bord d'un étang
4 ha (180 empl.) plat, peu incliné, herbeux - salle d'animation toboggan aquatique - Location : bungalows toilés - Garage pour caravanes
Pâques-sept. - **R** *conseillée* - *20 piscine comprise 33 15*

Les Parcs, 02 99 90 30 59, E : 0,5 km par D 34 rte de la Roche-Bernard
2,5 ha (75 empl.) plat et peu incliné, herbeux - Location *(mai-sept.)* :
avril-sept. - **R** *conseillée juil.-15 août* - GB - *19 piscine comprise 6 24 14 (5A)*

Kerfalher, 02 99 90 33 45, S : 2,6 km par D 201 et rte à droite, à 500 m de la mer
2 ha (90 empl.) plat, herbeux - A proximité :
15 mai-20 sept. - **R** *conseillée* - *2 pers. 64, 3 pers. 76 16 (4 ou 6A)*

PENMARCH

3 - 58 ⑭ G. Bretagne

Paris 585 - Audierne 38 - Douarnenez 38 - Pont-l'Abbé 11 - Quimper 30

29760 Finistère - 6 272 h. alt. 7.
Office de Tourisme, pl. Mar.-Davout 02 98 58 81 44, Fax 02 98 58 86 62

Les Genêts, 02 98 58 66 93, E : 2,3 km par D 785 et D 53 rte de Loctudy
3 ha (100 empl.) plat, herbeux -
juin-sept. - **R** *conseillée juil.-août* - *Tarif 97 : 15 7,50 16 16 (10A)*

Municipal, 02 98 58 86 88, SE : 1,4 km par rte de Guilvinec par la côte et rte à droite, à 100 m de la plage (accès direct)
3 ha (202 empl.) plat, herbeux, sablonneux - A proximité :
15 juin-15 sept. - **R** - *13,80 8,50 12,50 11,50 (6 à 13A)*

PENNE-D'AGENAIS

14 - 79 ⑥ G. Pyrénées Aquitaine

Paris 604 - Agen 32 - Bergerac 69 - Bordeaux 154 - Cahors 61

47140 L.-et-G. - 2 394 h. alt. 207

Municipal du Lac de Ferrié, 05 53 41 30 97, SO : 1,4 km, sur D 159, à 250 m du D 661, bord du lac
1,6 ha (64 empl.) plat et peu incliné, herbeux - - A proximité : snack - Location *(permanent)* : gîtes
15 juin-août - **R** *conseillée* - *21 21 18 (moins de 10A) 23 (plus de 10A)*

Le PENON **40** Landes - 78 ⑰ - rattaché à Seignosse

PENTREZ-PLAGE

3 - 58 ⑭

Paris 566 - Brest 56 - Châteaulin 18 - Crozon 16 - Douarnenez 27 - Quimper 34

29550 Finistère

Schéma à Plomodiern

Ménez-Bichen, 02 98 26 50 82, près de la plage
4,3 ha (265 empl.) plat et peu incliné, herbeux - - A proximité :
juin-25 sept. - **R** - GB - *18 25 11 (2A) 12 (4A) 13 (6A)*

Ker-Ys, 02 98 26 53 95, près de la plage
3 ha (190 empl.) (juil.-août) plat et peu incliné, herbeux - terrain omnisports - A proximité :
mai-15 sept. - **R** *conseillée juil.-août* - GB - *2 pers. 66, pers. suppl. 19 14 (5A)*

Les Tamaris, 02 98 26 53 75, près de la plage
0,8 ha (65 empl.) plat et peu incliné, herbeux - - A proximité : - Location :
mai-10 sept. - **R** *conseillée juil.-août* - GB - *17 25*

PÉRIGUEUX P

10 - 75 ⑤ G. Périgord Quercy

Paris 483 - Agen 139 - Albi 235 - Angoulême 85 - Bordeaux 123 - Brive-la-Gaillarde 74 - Limoges 94 - Pau 265 - Poitiers 197

24000 Dordogne - 30 280 h. alt. 86.

Office de Tourisme, Rond-Point de la Tour Mataguerre 05 53 53 10 63, Fax 05 53 09 02 50

Barnabé-Plage « Situation agréable », 05 53 53 41 45, E : 2 km, rte de Brive-la-Gaillarde - En deux parties sur chaque rive de l'Isle ; bac pour piétons et cycles
1 ha (56 empl.) plat, herbeux - A proximité : poneys
Permanent - R - GB - *16* *10* *15,50* *14,50 (4A) 17,50 (6A)*

à Antonne-et-Trigonant NE : 10 km par N 21, rte de Limoges - 1 050 h. alt. 106 - 24420 Antonne-et-Trigonant

Au Fil de l'Eau, 05 53 06 17 88, sortie Nord-Est et rte d'Escoire à droite, bord de l'Isle
1,5 ha (50 empl.) plat, herbeux - - Location :
15 juin-15 sept. - R *conseillée juil.-août* - - *15* *11* *14* *12 (5A)*

à Atur S : 6 km par D 2 - 1 248 h. alt. 224 - 24750 Atur :

Le Grand Dague , 05 53 04 21 01, Fax 05 53 04 22 01, SE : 3 km par rte de St-Laurent-sur-Manoire et chemin - Par déviation Sud, venant de Brive ou Limoges, prendre direction Bergerac et chemin à droite
22 ha/7 campables (93 empl.) incliné, herbeux - (dîner seulement) - - Location :
Pâques-sept. - R *conseillée* - GB - - *31 piscine comprise* *40* *15 (6A)*

PÉRONNE

2 - 53 ⑬ G. Flandres Artois Picardie

Paris 140 - Amiens 53 - Arras 48 - Doullens 54 - St-Quentin 31

80200 Somme - 8 497 h. alt. 52.

Office de Tourisme, 1 r. Louis-XI 03 22 84 42 38, Fax 03 22 84 51 25

Port de Plaisance, 03 22 84 19 31, sortie Sud rte de Paris, près du canal du Nord, entre le port de plaisance et le port de commerce
2 ha (90 empl.) plat, herbeux (1 ha) - -
Permanent - R - GB - - *14,50* *5,70* *13* *13 (5A) 26 (10A)*

PERPEZAT

11 - 73 ⑬

Paris 457 - La Bourboule 17 - Clermont-Ferrand 37 - Mauriac 79 - Ussel 51

63210 P.-de-D. - 377 h. alt. 900

Aire Naturelle Geollaire , 04 73 63 84 48, O : 4,3 km par D 552 et D 11, rte de Heume-l'Eglise puis 2,2 km par D 134 à gauche, rte de Jollère
1 ha (25 empl.) plat, peu incliné, herbeux - -
15 juin-15 sept. - R *conseillée 1er au 15 août* - - *16* *16* *10 (3A) 15 (6A)*

Le PERRIER

9 - 67 ⑫

Paris 449 - Challans 10 - Noirmoutier-en-l'Ile 37 - La Roche-sur-Yon 53 - Les Sables-d'Olonne 46 - St-Jean-de-Monts 6

85300 Vendée - 1 532 h. alt. 4

Municipal de la Maison Blanche, 02 51 49 39 23, près de l'église
3,2 ha (200 empl.) plat, herbeux - - - A l'entrée : - Location :
29 mai-15 sept. - R *conseillée 1er au 15 août* - - *Tarif 97 :* *2 pers. 45* *12 (5A)*

PERROS-GUIREC

3 - 59 ① G. Bretagne

Paris 517 - Lannion 11 - St-Brieuc 69 - Tréguier 18

22700 C.-d'Armor - 7 497 h. alt. 60.

Office de Tourisme, 21 pl. de l'Hôtel-de-Ville 02 96 23 21 15, Fax 02 96 23 04 72

Claire Fontaine, 02 96 23 03 55, Fax 02 96 49 06 19, SO : 2,6 km, par rue des Frères Mantrier, rte de Pleumeur-Bodou et rte à droite
3 ha (180 empl.) plat, peu incliné, herbeux - - - A proximité : - Location :
fin avril-mi-sept. - R *conseillée* - - *Tarif 97 :* *30* *20/34 avec élect. (4A)*

à Ploumanach par D 788, rte de Trégastel-Plage 22700 Perros-Guirec :

Le Ranolien « Ancienne ferme restaurée dans un cadre sauvage », 02 96 91 43 58, Fax 02 96 91 41 90, SE : 1 km, à 200 m de la mer
16 ha (540 empl.) plat, peu incliné et accidenté, herbeux (3 ha) - crêperie, snack, pizzeria - discothèque toboggans aquatiques - Location :
2 mars-15 nov. - R *conseillée juil.-août* - GB - - *piscine comprise 2 pers. 130, pers. suppl. 45* *20 (5A)*

West-Camping, 02 96 91 43 82, S : 0,7 km par D 788, au carrefour de Ploumanach - dans locations
0,9 ha (50 empl.) plat, peu incliné, herbeux - - - A proximité : - Location :
Pâques-sept. - R *conseillée saison* - - *2 pers. 90* *15 (6A)*

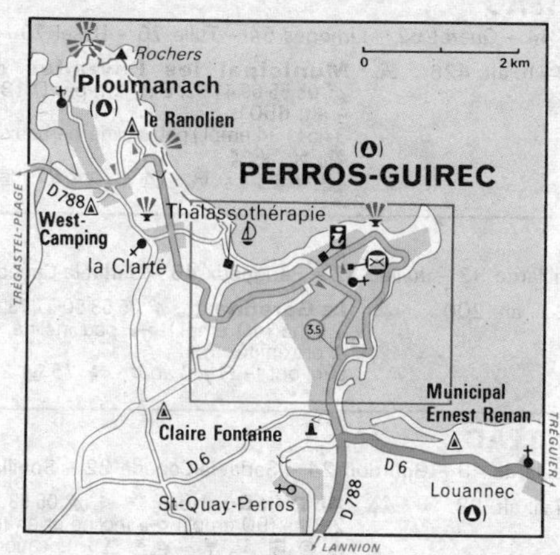

à Louannec par D 6, rte de Tréguier – 2 195 h. alt. 53
✉ 22700 Perros-Guirec :

Municipal Ernest Renan ≤, ✆ 02 96 23 11 78, Fax 02 96 23 35 42, O : 1 km, bord de mer
4 ha (265 empl.) plat, herbeux – juin-sept. – **R** *conseillée juil.-août* – *14* *28,70* *16,60 (6A)*

PERS

10 – 76 ⑪

Paris 548 – Argentat 43 – Aurillac 24 – Maurs 26 – Sousceyrac 25

15290 Cantal – 209 h. alt. 570

Le Viaduc ≤, ✆ 04 71 64 70 08, NE : 5 km par D 32, D 61 et chemin du Ribeyres à gauche, bord du lac de St-Etienne-Cantalès
1 ha (65 empl.) (juil.-août) en terrasses, herbeux, gravillons – mai-sept. – **R** *conseillée 10 juil.-15 août* – *1 pers. 44, pers. suppl. 16* – *13 (5A)*

PETICHET

12 – 77 ⑤

Paris 594 – Le Bourg-d'Oisans 40 – Grenoble 29 – La Mure 11 – Vizille 12

38 Isère – ✉ 38119 Pierre-Châtel

Ser-Sirant ≤, ✆ 04 76 83 91 97, sortie Est et chemin à gauche, bord du lac de Laffrey
2 ha (100 empl.) plat, terrasse, herbeux, pierreux – – A proximité :
2 juil.-16 août – **R** – *1 pers. 51, pers. suppl. 26* *15 (3A) 23 (6A) 30 (10A)*

Le PETIT-BORNAND-LES-GLIÈRES

12 – 74 ⑦ **G. Alpes du Nord**

Paris 565 – Annecy 40 – Bonneville 11 – La Clusaz 14 – Cluses 25 – Genève 35

74130 H.-Savoie – 743 h. alt. 732 – Sports d'hiver : 730/1 100 m

Municipal les Marronniers ≤ « Situation agréable », ✆ 04 50 03 54 74, N : 1,6 km par D 12 et rte à gauche, bord d'un torrent et à 100 m du Borne
1,8 ha (46 empl.) en terrasses, herbeux, pierreux, gravillons – – A proximité :
15 juin-15 sept. – **R** *conseillée juil.-août* – *13* *5* *10* *10 (2A)*

PETIT-PALAIS-ET-CORNEMPS

9 – 75 ⑫ ⑬ **G. Pyrénées Aquitaine**

Paris 534 – Bergerac 50 – Castillon-la-Bataille 18 – Libourne 21 – Montpon-Ménestérol 21 – La Roche-Chalais 22

33570 Gironde – 565 h. alt. 35

Le Pressoir , ✆ 05 57 69 73 25, Fax 05 57 69 77 36, NO : 1,7 km par D 21, rte de St-Médard-de-Guizières et chemin de Queyray à gauche
2 ha (100 empl.) peu incliné et plat, herbeux (0,5 ha) – – – Location : bungalows toilés
mai-sept. – **R** *conseillée juil.-août* – GB – – *Tarif 97 :* *27 piscine comprise* *29* *19 (6A)*

PEYNIER

16 – 84 ④ ⑭

Paris 774 – Aix-en-Provence 22 – Aubagne 22 – Marseille 39 – St-Maximin-la-Ste-Baume 20 – Trets 5

13790 B.-du-R. – 2 475 h. alt. 300

Municipal de la Garenne « En forêt », ✆ 04 42 53 05 21, O : 1,5 km par D 56^B et D 57^A rte de Fuveau puis chemin à gauche
1,5 ha (80 empl.) peu incliné, en terrasses, pierreux – – A proximité :
juin-sept. – **R** – – *Tarif 97 :* *20* *19* *15*

PEYRAT-LE-CHÂTEAU

10 - 72 ⑲ G. Berry Limousin

Paris 417 - Aubusson 44 - Guéret 52 - Limoges 54 - Tulle 76 - Ussel 79 - Uzerche 57

87470 H.-Vienne - 1 194 h. alt. 426

Municipal les Peyrades d'Auphelle < « Site agréable », 05 55 69 41 32, E : 7 km par D 13 et D 222 à droite, près du **lac de Vassivière** - alt. 650
3 ha (134 empl.) peu incliné, herbeux - (plage) - A proximité :
2 mai-sept. - R - *Tarif 97 : 2 pers. 50, pers. suppl. 17 15 (6A)*

PEYRIGNAC

10 - 75 ⑦

Paris 482 - Brive-la-Gaillarde 33 - Juillac 32 - Périgueux 45 - Sarlat-la-Canéda 38

24210 Dordogne - 372 h. alt. 200

La Garenne, 05 53 50 57 73, à 0,8 km au Nord du bourg, près du stade
1,5 ha (40 empl.) peu incliné, herbeux -
A proximité :
avril-oct. - **R** *juil.-août - 15 20 10*

PEYRILLAC-ET-MILLAC

13 - 75 ⑱

Paris 522 - Brive-la-Gaillarde 43 - Gourdon 24 - Sarlat-la-Canéda 22 - Souillac 7

24370 Dordogne - 214 h. alt. 88

Au P'tit Bonheur <, 05 53 29 77 93, N : 2,5 km par rte du Bouscandier
2,8 ha (90 empl.) incliné et en terrasses, herbeux, pierreux - - Location :
avril-oct. - **R** *conseillée juil.-août - 18 piscine comprise 27 16 (10A)*

PEYRUIS

17 - 81 ⑯ G. Alpes du Sud

Paris 728 - Digne-les-Bains 29 - Forcalquier 21 - Manosque 29 - Sisteron 22

04310 Alpes-de-H.-Provence - 2 036 h. alt. 402

Les Cigales M <, 04 92 68 16 04, au Sud du bourg, près du stade et d'un ruisseau
1 ha (33 empl.) plat, peu incliné, herbeux - - A proximité : parcours sportif
Permanent - **R** - *22 piscine comprise 22 22 (6A)*

PÉZENAS

15 - 83 ⑮ G. Gorges du Tarn

Paris 739 - Agde 20 - Béziers 25 - Lodève 40 - Montpellier 52 - Sète 36

34120 Hérault - 7 613 h. alt. 15.
Office de Tourisme, pl. Gambetta 04 67 98 35 45, Fax 04 67 98 96 80

St-Christol, 04 67 98 09 00, NE : 0,6 km par D 30^E, rte de Nizas et chemin à droite
1,5 ha (93 empl.) plat, gravier -
15 juin-août - **R** *conseillée juil., indispensable août - 15,50 piscine comprise 39,50 12 (8A)*

Municipal le Castelsec <, 04 67 98 04 02, sortie Sud-Ouest, rte de Béziers et rue à droite après le centre commercial Champion
0,8 ha (40 empl.) plat et en terrasses, herbeux, pinède attenante - - A proximité : - Location *(permanent)* : , gîtes
avril-20 oct. - **R** *conseillée juil.-août - 14,75 29,70/35,05 12,30 (10A)*

PIANA 2A Corse-du-Sud - 90 ⑮ - voir à Corse

PICHERANDE

11 - 73 ⑬

Paris 483 - Clermont-Ferrand 64 - Issoire 48 - Le Mont-Dore 30

63113 P.-de-D. - 491 h. alt. 1 116

Municipal la Blatte < Monts du Cantal, NE : 0,6 km par chemin face à l'église et à droite, à 200 m d'un petit lac
0,7 ha (43 empl.) non clos, plat, peu incliné, herbeux, pierreux - - parcours de santé
15 juin-15 sept. - **R** - *7,10 6,30 6,30 13 (6A)*

PIERREFITTE-SUR-LOIRE

11 - 69 ⑯

Paris 321 - Bourbon-Lancy 18 - Lapalisse 52 - Moulins 41 - Paray-le-Monial 26

03470 Allier - 609 h. alt. 228

Le Vernay <, 04 70 47 02 49, O : 1,6 km par D 295, rte de Saligny-sous-Roudon et chemin à droite après le pont, à 200 m du canal de Roanne
20 ha (35 empl.) plat, herbeux, plan d'eau - -
A proximité :
20 juin-6 sept. - **R** *conseillée - 15 20 10*

PIERREFITTE-SUR-SAULDRE

6 - 64 ⑳

Paris 185 - Aubigny-sur-Nère 22 - Blois 72 - Bourges 55 - Orléans 52 - Salbris 13

41300 L.-et-Ch. - 835 h. alt. 125

Sologne Parc des Alicourts « Site et cadre agréables en Sologne », 02 54 88 63 34, Fax 02 54 88 58 40, NE : 6 km par D 126 et D 126^B, au Domaine des Alicourts, bord d'un étang - dans locations
21 ha/8 campables (200 empl.) plat, herbeux, sablonneux - - (plage) toboggan aquatique, golf, piste de bi-cross - Location :
mai-12 sept. - **R** *conseillée juil.-août - piscine comprise 2 pers. 140*

PIERREFONDS

6 – 56 ③ G. Flandres Artois Picardie

Paris 90 – Beauvais 74 – Compiègne 15 – Crépy-en-Valois 17 – Soissons 32 – Villers-Cotterêts 17

60350 Oise – 1 548 h. alt. 81.
Office de Tourisme, pl. de l'Hôtel-de-Ville ✆ 03 44 42 81 44

Municipal de Batigny, ✆ 03 44 42 80 83, sortie Nord-Ouest par D 973, rte de Compiègne
1 ha (60 empl.) plat, terrasse, herbeux
avril-oct. – **R** *conseillée – 13,20 3 3 10,20 (8A)*

PIERRELONGUE

16 – 81 ③ G. Alpes du Sud

Paris 680 – Buis-les-Baronnies 7 – Carpentras 33 – Nyons 22 – Vaison-la-Romaine 15 – Sault 37

26170 Drôme – 104 h. alt. 285

Les Castors ✆ 04 75 28 74 67, SO : 0,6 km par D 5, rte de Mollans, bord de l'Ouvèze
1,3 ha (50 empl.) plat et terrasses, pierreux, herbeux – Location :
avril-sept. – **R** *conseillée juil.-août – – piscine comprise 2 pers. 60, pers. suppl. 18 15 (5A) 18 (10A) 22 (20A)*

PIETRACORBARA 2B H.-Corse – 90 ② – voir à Corse

Les PIEUX

4 – 54 ①

Paris 365 – Barneville-Carteret 18 – Cherbourg 22 – St-Lô 47 – Valognes 30

50340 Manche – 3 203 h. alt. 104.
Syndicat d'Initiative, 6 r. Centrale ✆ 02 33 52 81 60, Fax 02 33 52 86 79

Le Grand Large ✆ 02 33 52 40 75, Fax 02 33 52 58 20, SO : 3 km par D 117 et D 517 à droite puis 1 km par chemin à gauche, bord de la plage de Sciotot
3,7 ha (220 empl.) plat, sablonneux, herbeux snack – – Location :
2 avril-13 sept. – **R** *conseillée – GB – – piscine comprise 2 pers. 100, pers. suppl. 25 20 (6A)*

PINARELLU 2A Corse-du-Sud – 90 ⑧ – voir à Corse

PINOLS

11 – 76 ⑤

Paris 528 – Brioude 44 – Langeac 15 – Le Puy-en-Velay 78 – St-Flour 38

43300 H.-Loire – 321 h. alt. 1 020

Municipal, sortie Est par D 590 rte de Langeac
0,2 ha (16 empl.) plat et terrasse, herbeux –
A proximité : – Location : gîtes

PIRIAC-SUR-MER

4 – 63 ⑬ G. Bretagne

Paris 468 – La Baule 19 – Nantes 95 – La Roche-Bernard 32 – St-Nazaire 33

44420 Loire-Atl. – 1 442 h. alt. 7

Parc du Guibel « Cadre agréable », ✆ 02 40 23 52 67, Fax 02 40 15 50 24, E : 3,5 km par D 52 rte de Mesquer et rte de Kerdrien à gauche
10 ha (404 empl.) plat, peu incliné, herbeux (6 ha) – snack – – A proximité : – Location :
Pâques-sept. – **R** *conseillée juil.-août – GB – – piscine comprise 2 pers. 87, pers. suppl. 24 16 (3A) 19 (6A) 23 (10A)*

Pouldroit ✆ 02 40 23 50 91, Fax 02 40 23 69 12, E : 1 km sur D 52 rte de Mesquer, à 300 m de l'océan
12 ha (266 empl.) plat, herbeux – snack – – Location : bungalows toilés
avril-6 sept. – **R** – GB – – *piscine comprise 2 pers. 96 (125 avec élect. 6A), pers. suppl. 26 43 (10A)*

Armor Héol, ✆ 02 40 23 57 80, Fax 02 40 23 59 42, SE : 1 km sur D 333 rte de Guérande
4,5 ha (210 empl.) plat, herbeux, étang – toboggan aquatique, half-court – Location :
mai-15 sept. – **R** *conseillée juil.-août – GB – – piscine et tennis compris 2 pers. 105, pers. suppl. 27,50 18 (5A)*

Mon Calme, ✆ 02 40 23 60 77, S : 1 km par rte de la Turballe et à gauche, à 450 m de l'océan – accès piétons au village par chemin
1 ha (105 empl.) plat, herbeux – pizzeria – – A proximité :
15 juin-15 sept. – **R** *conseillée juil.-août – – 1 ou 2 pers. 78, pers. suppl. 24 15 (6A) 18 (10A)*

PISSOS

13 – 78 ④ G. Pyrénées Aquitaine

Paris 660 – Arcachon 74 – Biscarrosse 34 – Bordeaux 83 – Dax 83

40410 Landes – 970 h. alt. 46

Municipal M ✆ 05 58 08 90 38, E : 1,2 km par D 43, rte de Sore et chemin à droite, après la piscine
3 ha (74 empl.) plat, sablonneux pinède – –
A proximité : – Location : bungalows toilés
juil.-15 sept. – **R** – – *18 26/30 12 (12A)*

LE PLA

15 - 86 ⑯

Paris 853 - Ax-les-Thermes 32 - Foix 73 - Font-Romeu-Odeillo-Via 40 - Prades 68

09460 Ariège - 75 h. alt. 1 070

La Pradaille M, ←, ✆ 04 68 20 49 14, S : 1,7 km par D 16, rte de Querigut, D 25, rte d'Ax-les-Thermes et rte de Soulades à gauche - alt. 1 169
3,2 ha (60 empl.) plat, peu incliné et incliné, en terrasses, herbeux, gravier, pierreux - A proximité : (découverte l'été)
Permanent - *piscine et tennis compris 3 pers. 100 10A : 15 (hors saison estivale 20 ou 25)*

La PLAINE-SUR-MER

9 - 67 ①

Paris 443 - Nantes 57 - Pornic 8 - St-Michel-Chef-Chef 6 - St-Nazaire 28

44770 Loire-Atl. - 2 104 h. alt. 26

La Tabardière, ✆ 02 40 21 58 83, Fax 02 40 21 02 68, E : 3,5 km par D 13 rte de Pornic et rte à gauche - dans locations
4 ha (180 empl.) en terrasses, herbeux (0,5 ha) - half-court - Location :
avril-sept. - **R** *conseillée juil.-août* - GB - *piscine comprise 2 pers. 90 15 (3A) 16,50 (4A) 18,50 (5A)*

Le Ranch, ✆ 02 40 21 52 62, Fax 02 51 74 81 31, NE : 3 km par D 96 rte de St-Michel-Chef-Chef
2,3 ha (133 empl.) plat, herbeux - half-court (couvert) - Location : (sans sanitaires) - Garage pour caravanes
20 mars-15 sept. - **R** *conseillée* - GB - *piscine comprise 2 pers. 91, pers. suppl. 23 19 (6A)*

La Renaudière, ✆ 02 40 21 50 03, Fax 02 40 21 09 41, NO : 1 km par D 13 rte de la Prée - P
1,8 ha (82 empl.) plat, herbeux - - Location : studios, bungalows toilés
avril-sept. - **R** *conseillée* - - *Tarif 97 : 22 piscine comprise 11 36 16 (6A)*

La Guichardière, ✆ 02 40 21 55 09, Fax 02 51 74 80 36, N : 4 km par rte de Port-Giraud et à gauche rte de Port-de-la-Gravette, à 500 m de l'océan
3,8 ha (166 empl.) plat, herbeux - (15 mars-15 nov.)
Permanent - **R** *conseillée juil.-août* - GB - *piscine comprise 2 pers. 92,50, pers. suppl. 26,85 14 (4A) 18 (6A) 22 (8A)*

Bernier, ✆ 02 40 21 04 31, N : 1,8 km par rte de Port-Giraud
0,8 ha (52 empl.) (juil.-août) plat, herbeux -
avril-sept. - **R** *conseillée juil.-août* - GB - - *25 10 32*

PLANCOËT

4 - 59 ⑤

Paris 416 - Dinan 17 - Dinard 21 - St-Brieuc 45 - St-Malo 27

22130 C.-d'Armor - 2 507 h. alt. 41

Municipal du Verger, ✆ 02 96 84 03 42, vers sortie Sud-Est rte de Dinan, derrière la caserne des sapeurs-pompiers, bord de l'Arguenon et d'un petit plan d'eau
1,2 ha (100 empl.) plat, herbeux - - A proximité :
15 juin-15 sept. - **R** - *9,30 3,70 7,20 7,80 (5A)*

PLANGUENOUAL

4 - 59 ④

Paris 440 - Guingamp 51 - Lannion 82 - St-Brieuc 18 - St-Quay-Portrieux 38

22400 C.-d'Armor - 1 518 h. alt. 76

Municipal ←, ✆ 02 96 32 71 93, NO : 2,5 km par D 59
1,5 ha (64 empl.) (juil.-août) plat et en terrasses, herbeux -
15 juin-15 sept. - **R** - *Tarif 97 : 9,50 4,20 7,40 7,90 ou 10*

Les PLANTIERS

15 - 80 ⑯

Paris 672 - Alès 47 - Florac 45 - Montpellier 78 - Nîmes 79 - Le Vigan 36

30122 Gard - 221 h. alt. 400

La Presqu'île du Caylou ←, ✆ 04 66 83 92 85, NE : 1 km par D 20, rte de Saumane, bord du Gardon au Borgne
4 ha (75 empl.) en terrasses, plat et peu incliné, pierreux, herbeux - - Location :
mars-nov. - **R** *conseillée juil.-août* - - *piscine comprise 2 pers. 47, pers. suppl. 12 12 (6A) 16 (10A)*

PLAZAC

13 - 75 ⑥ G. Périgord Quercy

Paris 505 - Bergerac 65 - Brive-la-Gaillarde 52 - Périgueux 39 - Sarlat-la-Canéda 31

24580 Dordogne - 543 h. alt. 110

Le Lac, ✆ 05 53 50 75 86, Fax 05 53 50 58 36, SE : 0,8 km par D 45, rte de Thonac, près d'un lac
2,5 ha (100 empl.) (saison) peu incliné, en terrasses, herbeux (1,5 ha) - snack - - Location :
Pâques-sept. - **R** *conseillée juil.-août* - - *Tarif 97 : 25 piscine comprise 24 15 (10A)*

PLEAUX

10 - 76 ①

Paris 535 - Argentat 30 - Aurillac 46 - Égletons 44

15700 Cantal - 2 146 h. alt. 641

Municipal de Longayroux « Dans un site agréable », 04 71 40 48 30, S : 15 km par D 6, rte de St-Christophe-les-Gorges et rte de Longayroux à droite, bord du lac d'Enchanet
0,6 ha (48 empl.) (juil.-août) peu incliné, herbeux - (plage) - A proximité : - Location : huttes
mai-oct. - **R** *conseillée* - *Tarif 97 : 13,50 9,50 12 13,50 (6A)*

Municipal d'Entassit « Entrée fleurie », 04 71 40 40 05, au Nord du bourg par D 6, rte de Rilhac-Xaintrie et chemin à droite
1,2 ha (109 empl.) (juil.-août) plat, herbeux - - A proximité : - Location : huttes
mai-oct. - **R** - *Tarif 97 : 13,50 9,50 12 13,50 (10A)*

PLÉHÉDEL

8 - 59 ②

Paris 484 - Guingamp 25 - Lannion 39 - St-Brieuc 36 - St-Quay-Portrieux 18

22290 C.-d'Armor - 1 085 h. alt. 96

Municipal, 02 96 22 31 31, S : 0,5 km par D 21 rte de Plouha et à droite, bord d'un étang
2 ha (73 empl.) peu incliné, herbeux -
juil.-août - **R** - *Tarif 97 : 16,25 4,25 4,25 9,75*

PLÉLO

8 - 58 ⑨

Paris 469 - Guingamp 18 - Lannion 49 - St-Brieuc 18 - St-Quay-Portrieux 18

22170 C.-d'Armor - 2 359 h. alt. 110

Le Minihy « Décoration arbustive », 02 96 74 12 92, Fax 02 96 74 17 07, N : 3 km par D 79 rte de Lanvollon et D 84 à droite rte de Tréguidel, à l'orée d'une forêt
2 ha (80 empl.) plat, herbeux - - Location : - Garage pour caravanes
avril-oct. - **R** *conseillée juil.-août* - GB - - *22 piscine et tennis compris 30 12 (3A) 20 (10A)*

PLÉNEUF-VAL-ANDRÉ

4 - 59 ④ G. Bretagne

Paris 446 - Dinan 42 - Erquy 9 - Lamballe 16 - St-Brieuc 28 - St-Cast-le-Guildo 30 - St-Malo 53

22370 C.-d'Armor - 3 600 h. alt. 52.
Office de Tourisme, au Val-André 1 r. W.-Churchill
02 96 72 20 55, Fax 02 96 63 00 34

Municipal les Monts Colleux, 02 96 72 95 10, Fax 02 96 63 10 49, r. Jean-Le-Brun
4 ha (200 empl.) plat, incliné et en terrasses, herbeux - - A proximité : - Location : bungalows toilés
15 juin-15 sept. - **R** *conseillée juil.-août* - GB - - *1 pers. 47, pers. suppl. 19 15,30 (5A)*

Plage de la Ville Berneuf, 02 96 72 28 20, NE : 4 km, à 100 m de la plage
1,2 ha (57 empl.) en terrasses, herbeux - pizzeria - - A proximité : - Location *(mars-mi-nov.)* :
Pâques-fin sept. - **R** *conseillée juil.-août* - GB - - *Tarif 97 : 16 12 15,50 15 (5A)*

Le Minihy, 02 96 72 22 95, Fax 02 96 63 05 38, SO : rte du port de Dahouët, r. du Minihy
1 ha (74 empl.) plat et peu incliné, herbeux - - Location *(Pâques-Toussaint)* :
15 juin-15 sept. - **R** - GB - - *2 pers. 64, pers. suppl. 21 19 (6A)*

PLÉRIN

22 C.-d'Armor - 59 ③ - rattaché à St-Brieuc

PLESTIN-LES-GRÈVES

8 - 58 ⑦ G. Bretagne

Paris 528 - Brest 78 - Guingamp 45 - Lannion 18 - Morlaix 21 - St-Brieuc 77

22310 C.-d'Armor - 3 237 h. alt. 45.
Office de Tourisme, pl. de la Mairie
02 96 35 61 93

Municipal St-Efflam, 02 96 35 62 15, Fax 02 96 35 09 75, NE : 3,5 km, à St-Efflam, par N 786 rte de St-Michel-en-Grève, à 200 m de la mer
4 ha (190 empl.) (juil.-août) plat, peu incliné, terrasses, herbeux - - A proximité : - Location :
avril-sept. - **R** *juil.-août* - GB - - *15 8 20 13 (7A)*

Les Hortensias « Belle décoration florale », 02 96 35 61 58, NE : 3,5 km par D 786 rte de St-Efflam et D 42 à gauche, à 300 m de la mer
0,6 ha (40 empl.) peu incliné, terrasse, herbeux - -
juin-1er sept. - **R** *conseillée juil.-août* - *1 ou 2 pers. 54, pers. suppl. 15 12 (3A)*

PLEUBIAN

8 - 59 ② G. Bretagne

Paris 509 - Lannion 32 - Paimpol 16 - St-Brieuc 62 - Tréguier 14

22610 C.-d'Armor - 2 963 h. alt. 48

Port la Chaîne « Cadre agréable », 02 96 22 92 38, Fax 02 96 22 87 92, N : 2 km par D 20 rte de Larmor-Pleubian et rte à gauche, bord de mer
4,9 ha (200 empl.) en terrasses et peu incliné, herbeux - -
juin-10 sept. - **R** *conseillée juil.-août* - - *22 38 16 (6A)*

PLEUMEUR-BODOU

3 - 59 ① G. Bretagne

Paris 521 - Lannion 7 - Perros-Guirec 10 - St-Brieuc 70 - Trébeurden 4 - Tréguier 25

22560 C.-d'Armor - 3 677 h. alt. 94.
Office de Tourisme,
02 96 23 91 47, Fax 02 96 23 91 48
Schéma à Trébeurden

Le Port « Situation agréable », 02 96 23 87 79, Fax 02 96 15 30 40, **à Landrellec,** N : 6 km, bord de mer
2 ha (80 empl.) plat et accidenté, herbeux -
avril-15 sept. - **R** *conseillée* - GB - *26* *14* *27* *20 (6A)*

à l'Ile Grande NE : 5,5 km par D 21 - 22560 Pleumeur-Bodou

L'Abri Côtier , 02 96 91 92 03, rte de Porz-Gélin, à 100 m de la mer
2 ha (135 empl.) plat, peu incliné, terrasses, herbeux (1 ha) - - A proximité : - Location *(permanent)* :
avril-oct. - **R** *conseillée juil.-août* - *20* *13* *20* *17 (4A) 20 (6A)*

PLÉVEN

4 - 59 ⑤

Paris 423 - Dinan 23 - Dinard 31 - St-Brieuc 37 - St-Malo 36

22130 C.-d'Armor - 578 h. alt. 80

Municipal « Dans le parc de la mairie », 02 96 84 46 71, au bourg
1 ha (40 empl.) plat et peu incliné, herbeux - - A proximité :
avril-15 nov. - **R** *conseillée juil.-août* - *10 tennis compris* *5* *10* *8 (16A)*

PLOBANNALEC

3 - 58 ⑭

Paris 579 - Audierne 40 - Douarnenez 38 - Pont-l'Abbé 6 - Quimper 24

29740 Finistère - 3 022 h. alt. 16

Manoir de Kerlut, 02 98 82 23 89, Fax 02 98 82 26 49, S : 1,6 km par D 102, rte de Lesconil et chemin à gauche - Accès à la plage par navettes gratuites
12 ha (240 empl.) plat, herbeux - - salle de musculation - Location : , bungalows toilés
mai-15 sept. - **R** - GB - *26 ou 29 piscine et tennis compris* *65 ou 96* *10 (2A) 16 (5A) 20 (10A)*

PLOEMEL

3 - 63 ②

Paris 485 - Auray 8 - Lorient 33 - Quiberon 22 - Vannes 26

56400 Morbihan - 1 892 h. alt. 46

Kergo « Cadre agréable », 02 97 56 80 66, SE : 2 km par D 186 rte de la Trinité-sur-Mer et à gauche
2,5 ha (135 empl.) peu incliné et plat, herbeux - -
15 mai-15 sept. - **R** - GB - *20* *31* *12 (6 ou 10A)*

St-Laurent, 02 97 56 85 90, Fax 02 97 56 73 66, NO : 2,5 km rte de Belz, à proximité du carrefour D 22 et D 186
3 ha (90 empl.) plat, peu incliné, herbeux pinède - - - A proximité : golf
Permanent - **R** *conseillée juil.-août* - GB - *22 piscine comprise* *31* *13 (5A)*

PLOËRMEL

4 - 63 ④

Paris 416 - Dinan 72 - Lorient 87 - Redon 45 - Rennes 68 - Vannes 47

56800 Morbihan - 6 996 h. alt. 93.
Office de Tourisme, 5 r. du Val
02 97 74 02 70, Fax 02 97 73 31 82

Le Lac, 02 97 74 01 22, sortie Nord, par D 8 suivre Lac au Duc
3,5 ha (135 empl.) plat, peu incliné, herbeux, en terrasses - - - A proximité : parcours de santé (plage) toboggan aquatique
mai-oct. - **R** - GB - *16* *20* *13 (5A)*

PLOÉVEN

3 - 58 ⑭ ⑮

Paris 586 - Brest 63 - Châteaulin 15 - Crozon 26 - Douarnenez 17 - Quimper 24

29550 Finistère - 450 h. alt. 60
Schéma à Plomodiern

La Mer, 02 98 81 29 19, SO : 3 km, à 300 m de la plage de Ty-an-Quer
1 ha (54 empl.) plat, herbeux -
15 juin-15 sept. - **R** *conseillée* - *Tarif 97* : *13* *7* *14* *11 (6A)*

PLOMBIÈRES-LES-BAINS

8 - 62 ⑯ G. Alsace Lorraine

Paris 380 - Belfort 74 - Épinal 37 - Gérardmer 42 - Vesoul 53 - Vittel 61

88370 Vosges - 2 084 h. alt. 429 - (avril- oct.).
Office de Tourisme, 16 r. Stanislas
03 29 66 01 30, Fax 03 29 66 01 94

L'Hermitage, 03 29 30 01 87, Fax 03 29 30 04 01, NO : 1,5 km par D 63 rte de Xertigny puis D 20, rte de Ruaux
1,4 ha (50 empl.) plat, peu incliné et en terrasses, herbeux, gravier -
avril-oct. - **R** *conseillée* - *18* *15* *14 (4A) 17 (6A)*

Municipal le Fraiteux , 03 29 66 00 71, **à Ruaux,** O : 4 km par D 20 et D 20E
0,8 ha (45 empl.) peu incliné et plat, herbeux, gravillons - -
2 avril-oct. - **R** *conseillée* - *18* *12* *12* *15 (4A) 19 (6A)*

PLOMELIN

Paris 573 - Brest 81 - Concarneau 31 - Douarnenez 24 - Quimper 11 — 3 - 58 ⑮

29700 Finistère - 3 870 h. alt. 60

Municipal, ✆ 02 98 94 23 79, sortie Nord, rte de Quimper, près du stade
0,6 ha (35 empl.) plat, peu incliné, herbeux
15 juin-15 sept. - **R** - *Tarif 97 : 13 ▣ 14 13 (8A)*

PLOMEUR

3 - 58 ⑭ **G. Bretagne**

Paris 580 - Douarnenez 33 - Pont-l'Abbé 6 - Quimper 25

29120 Finistère - 3 272 h. alt. 33

La Pointe de la Torche, ✆ 02 98 58 62 82, Fax 02 98 58 89 69, O : 3,5 km par rte de Penmarch puis rte de la Pointe de la Torche et chemin à gauche
4 ha (155 empl.) plat, sablonneux, herbeux
snack - - A proximité : - Location *(permanent)* :
avril-sept. - **R** *conseillée juil.-août* - GB - - ▣ *piscine comprise 2 pers. 94 16 (5A)*

La Crêpe, ✆ 02 98 82 00 75, NO : 3,5 km par D 57 rte de Plonéour-Lanvern puis à gauche rte de la chapelle Beuzec et chemin à droite
2,2 ha (120 empl.) plat, herbeux crêperie (soir uniquement) -
mai-sept. - **R** *conseillée* - GB - - *16 9,50 ▣ 19 14 (6A)*

Aire Naturelle Kéraluic, ✆ 02 98 82 10 22, NE : 4,3 km par D 57, rte de Plonéour-Lanvern et à St-Jean-Trolimon à droite, rte de Pont-l'Abbé
1 ha (25 empl.) plat, peu incliné, herbeux - - Location *(permanent)* :
avril-sept. - - - *19 10 ▣ 20 14 (6A)*

PLOMODIERN

3 - 58 ⑭ ⑮ **G. Bretagne**

Paris 589 - Brest 61 - Châteaulin 13 - Crozon 23 - Douarnenez 20 - Quimper 27

29550 Finistère - 1 912 h. alt. 60

Office de Tourisme (juil.-août), pl. de l'Église
✆ 02 38 81 27 37

L'Iroise < Lieue de Grève « Entrée fleurie », ✆ 02 98 81 52 72, Fax 02 98 81 26 10, SO : 5 km, à 150 m de la plage de Pors-ar-Vag
2,5 ha (132 empl.) peu incliné, en terrasses, herbeux toboggan aquatique, half-court - A proximité : - Location : - Garage pour caravanes
avril-sept. - **R** *conseillée juil.-août* - GB - - *27 piscine comprise ▣ 52 16 (6A) 20 (10A)*

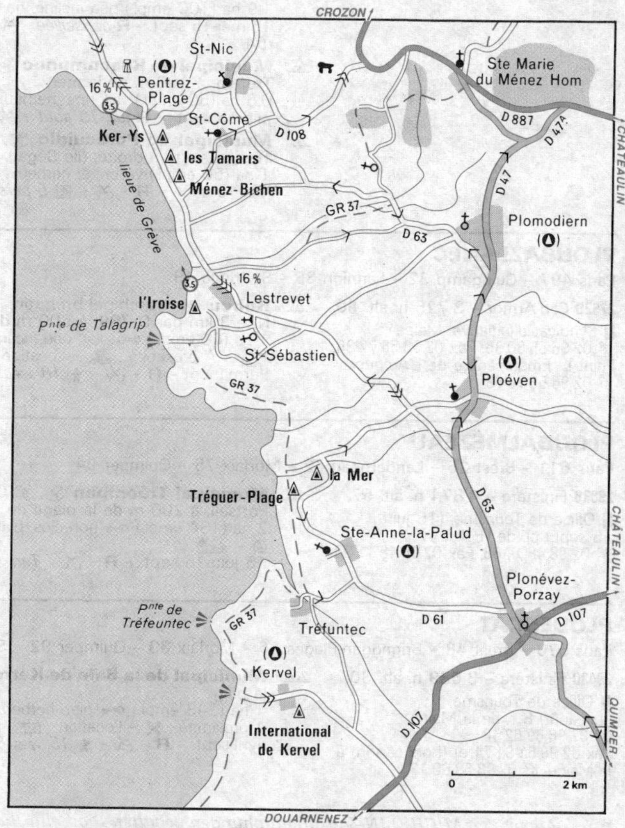

Voir aussi à *Pentrez-Plage, Ploéven* et *Plonévez-Porzay*

PLONÉOUR-LANVERN

8 - 58 ⑭

Paris 579 - Douarnenez 25 - Guilvinec 14 - Plouhinec 21 - Pont-l'Abbé 7 - Quimper 24

29720 Finistère - 4 619 h. alt. 71

Municipal de Mariano ≤ « Beaux emplacements », ☎ 02 98 87 74 80, N : impasse du Plateau
0,5 ha (59 empl.) (juil.-août) plat, herbeux - -
15 juin-15 sept. - **R** *conseillée 15 juil.-août* - - *Tarif 97 : 15 10 15 14,50 (5A)*

PLONÉVEZ-PORZAY

8 - 58 ⑮

Paris 582 - Châteaulin 15 - Douarnenez 13 - Quimper 20

29550 Finistère - 1 663 h. alt. 90

Schéma à Plomodiern

à Kervel SO : 5 km par rte de Douarnenez et rte à droite ✉ 29550 Plonévez-Porzay :

International de Kervel « Décoration arbustive », ☎ 02 98 92 51 54, Fax 02 98 92 54 96
7 ha (330 empl.) plat, herbeux - - toboggan aquatique - Location *(juil.-août)* : , bungalows toilés
mai-13 sept. - **R** *conseillée juil.-août* - GB - - *26 piscine et tennis compris 76 13 (3A) 16 (6A) 20 (10A)*

à Ste-Anne-la-Palud O : 3 km par D 61 - ✉ 29550 Plonévez-Porzay :

Tréguer-Plage ≤, ☎ 02 98 92 53 52, Fax 02 98 92 54 89, N : 1,3 km, bord de plage
5,8 ha (272 empl.) plat, sablonneux, herbeux - snack -
- Location *(mai-15 sept.)* :
avril-sept. - **R** *conseillée* - GB - - *16 11 15 16 (6A)*

PLOUARZEL

8 - 58 ③

Paris 611 - Brest 22 - Brignogan-Plages 50 - Ploudalmézeau 15

29810 Finistère - 2 042 h. alt. 89

Municipal de Portsévigné ≤, ☎ 02 98 89 69 16, O : 5,2 km par rte de Trezien et rte à droite (île Segal), à 100 m de la mer (plage)
1,9 ha (100 empl.) peu incliné, herbeux -
15 mai-15 sept. - **R** *conseillée* - - *5 pers. 46/53, pers. suppl. 6 11,50 (6A)*

Municipal de Ruscumunoc ≤, ☎ 02 98 89 63 49, SO : 4 km par rte de Trezien, à 100 m de la mer
0,6 ha (50 empl.) vallonné, herbeux -
juin-15 sept. - **R** *juil.-15 août* - - *5 pers. 46/53, pers. suppl. 6*

Municipal de Porscuidic , ☎ 02 98 84 08 52, O : 4,2 km par rte de Trezien et rte à droite, (île Ségal), à 100 m de la mer (plage)
1 ha (50 empl.) vallonné, herbeux -
juin-15 sept. - **R** - - *5 pers. 46/53, pers. suppl. 6*

PLOUBAZLANEC

8 - 59 ②

Paris 497 - Guingamp 32 - Lannion 35 - St-Brieuc 49

22620 C.-d'Armor - 3 725 h. alt. 60.

Syndicat d'Initiative, Mairie ☎ 02 96 55 80 36, Fax 02 96 55 72 35, Point I : Embarcadère de L'Arcouest ☎ 02 96 55 73 68

Rohou ≤ archipel bréhatin, ☎ 02 96 55 87 22, à la pointe de l'Arcouest, NE : 3 km par D 789, à 500 m de la mer
1 ha (60 empl.) plat, peu incliné, herbeux - - A proximité : - Location :
Permanent - **R** - - *18 15 20 3*

PLOUDALMÉZEAU

8 - 58 ③

Paris 611 - Brest 25 - Landerneau 42 - Morlaix 75 - Quimper 94

29830 Finistère - 4 874 h. alt. 57.

Office de Tourisme, (15 juin-15 sept.) pl. de l'Église ☎ 02 98 48 11 88, Fax 02 98 48 11 88

Municipal Tréompan , ☎ 02 98 48 09 85, N : 3,5 km par D 26, rte de Portsall, à 200 m de la plage de Tréompan (accès direct)
2 ha (134 empl.) non clos, plat, herbeux, sablonneux, dunes - -
15 juin-15 sept. - **R** - - *Tarif 97 : 11,50 4,60 6 9,70*

PLOUESCAT

8 - 58 ⑤ **G. Bretagne**

Paris 570 - Brest 48 - Brignogan-Plages 16 - Morlaix 33 - Quimper 92 - St-Pol-de-Léon 15

29430 Finistère - 3 689 h. alt. 30.

Office de Tourisme, (juin-août) 8 r. de la Mairie ☎ 02 98 69 62 18, Fax 02 98 61 91 74 et (hors saison) à la Mairie ☎ 02 98 69 60 13

Municipal de la Baie de Kernic, ☎ 02 98 69 86 60, O : 3 km, à 200 m de la plage
4 ha (243 empl.) plat, herbeux - - -
A proximité : - Location :
avril-sept. - **R** - - *15 8 12*

PLOUÉZEC

8 - 59 ②

Paris 488 - Guingamp 32 - Lannion 39 - Paimpol 6 - St-Brieuc 41

22470 C.-d'Armor - 3 089 h. alt. 100.

Syndicat d'Initiative, (saison) 02 96 22 72 92
Mairie 02 96 20 64 90

Domaine du Launay 02 96 20 63 15, SO : 3,1 km par D 77, rte de Yvias et rte à droite
4 ha (90 empl.) peu incliné, terrasses, herbeux - swin-golf - Location :
mai-sept. - **R** *conseillée 14 juil.-15 août* - GB - *22 piscine comprise* *35* *12*

Le Cap Horn Anse de Paimpol et île de Bréhat « Situation agréable », 02 96 20 64 28, Fax 02 96 20 63 88, **à Port-Lazo**, NE : 2,3 km par D 77, accès direct à la mer
4 ha (140 empl.) en terrasses et peu incliné, herbeux, pierreux - half-court - Location :
avril-sept. - **R** *conseillée juil.-août* - GB - *25 piscine comprise* *39* *15 (6A)*

PLOUÉZOCH

8 - 58 ⑥

Paris 542 - Brest 68 - Morlaix 9 - St-Pol-de-Léon 29

29252 Finistère - 1 625 h. alt. 70

Baie de Térénez, 02 98 67 26 80, NO : 3,5 km par D 76, rte de Térénez, près de la baie
2,3 ha (142 empl.) plat et peu incliné, herbeux - crêperie - - Location :
avril-sept. - **R** - GB - *23 piscine comprise* *35* *16 (4A)*

PLOUGASNOU

8 - 58 ⑥ G. Bretagne

Paris 544 - Brest 75 - Guingamp 61 - Lannion 33 - Morlaix 16 - Quimper 94

29630 Finistère - 3 530 h. alt. 55.

Office de Tourisme, r. des Martyrs 02 98 67 31 88

Municipal Mélin-ar-Mesquéau « Plantations décoratives », 02 98 67 37 45, S : 3,5 km par D 46, rte de Morlaix puis 0,8 km par rte à gauche, à 100 m d'un plan d'eau (accès direct)
17 ha/4,5 campables (100 empl.) plat, herbeux - snack, crêperie -
avril-15 sept. - **R** - *Tarif 97 : 12,50 5,50 15,50 14,50 (6 à 10A)*

Trégor 02 98 67 37 64, S : 1,5 km par D 46 rte de Morlaix et à droite
1 ha (60 empl.) plat, herbeux - - Location :
juil.-sept. - **R** *conseillée* - *Tarif 97 : 12 7 10 14 (6A)*

PLOUGASTEL-DAOULAS

8 - 58 ④

Paris 594 - Brest 11 - Morlaix 58 - Quimper 62

29470 Finistère - 11 139 h. alt. 113.

Office de Tourisme, 4 bis, pl. du Calvaire 02 98 40 34 98, Fax 02 98 40 68 85

St-Jean 02 98 40 32 90, Fax 02 98 04 23 11, NE : 4,6 km par D 29, au lieu-dit St-Jean, bord de l'estuaire de l'Elorn - par N 165 sortie Centre Commercial Leclerc
1,6 ha (100 empl.) plat, peu incliné, en terrasses, herbeux, gravillons - - Location :
Permanent - **R** *conseillée juil.-août* - *20 piscine comprise 7 23 12 (3A) 17 (6A) 22 (10A)*

PLOUGOULM

8 - 58 ⑤

Paris 561 - Brest 57 - Brignogan-Plages 26 - Morlaix 24 - Roscoff 10

29250 Finistère - 1 693 h. alt. 60

Municipal du Bois de la Palud 02 98 29 81 82, à 0,9 km à l'Ouest du carrefour D 10-D 69 (croissant de Plougoulm), par rte de Plouescat et chemin à droite
0,7 ha (34 empl.) en terrasses et peu incliné, herbeux - -
A l'entrée :
15 juin-15 sept. - **R** *conseillée* - *18 21 16 (6A)*

PLOUGOUMELEN

8 - 63 ②

Paris 472 - Auray 9 - Lorient 48 - Quiberon 36 - Vannes 14

56400 Morbihan - 1 544 h. alt. 27

Municipal Kergouguec, 02 97 57 88 74, à 0,5 km au Sud du bourg, par rte de Baden, au stade
1,5 ha (80 empl.) plat à peu incliné, herbeux - -

Aire Naturelle la Fontaine du Hallate 02 97 57 84 12, SE : 3,2 km vers Ploeren et rte de Baden à droite, au lieu-dit Hallate
1 ha (25 empl.) plat, peu incliné, herbeux - - - Location :
avril-sept. - **R** - - *Tarif 97 : 10 6 12 10 (4A)*

PLOUGRESCANT

8 - 59 ②

Paris 512 - Lannion 25 - Perros-Guirec 22 - St-Brieuc 64 - Tréguier 7

22820 C.-d'Armor - 1 471 h. alt. 53

Le Varlen, 02 96 92 52 15, Fax 02 96 92 50 34, NE : 2 km rte de Porz-Hir, à 200 m de la mer
1 ha (65 empl.) plat, herbeux - A proximité : - Location :
Permanent - **R** *conseillée vacances scolaires* - GB - *18* *11* *20* *15 (6A)*

Le Gouffre, 02 96 92 02 95, N : 2,7 km par la rte du site, à 700 m de la plage
3 ha (130 empl.) plat, peu incliné, herbeux -
mai-sept. - **R** *conseillée juil.-août* - *18* *25* *12 (6A) 18 (16A)*

Municipal Beg-ar-Vilin « Situation agréable », 02 96 92 56 15, NE : 2 km, bord de mer
3 ha (99 empl.) plat, sablonneux, herbeux - - Location : bungalows toilés

PLOUGUERNÉVEL

8 - 58 ⑱

Paris 479 - Carhaix-Plouguer 26 - Guingamp 44 - Loudéac 42 - Pontivy 33 - St-Brieuc 55

22110 C.-d'Armor - 3 255 h. alt. 219

Municipal Kermarc'h, 02 96 29 10 95, SO : 3,8 km, au Village de Vacances
3,5 ha/0,5 campable (24 empl.) en terrasses et peu incliné, herbeux - - Location *(permanent)* : gîte d'étape
avril-oct. - **R** - *15* *10* *10* *15 ou 16A : 12 (hors été 20)*

PLOUHA

8 - 59 ③ G. Bretagne

Paris 478 - Guingamp 24 - Lannion 49 - St-Brieuc 31 - St-Quay-Portrieux 10

22580 C.-d'Armor - 4 197 h. alt. 96.
Syndicat d'Initiative, 9 av. Laennec 02 96 20 24 73 ou Mairie 02 96 20 21 26

Domaine de Kéravel « Parc autour d'un manoir », 02 96 22 49 13, Fax 02 96 22 47 13, NE : 2 km rte de la Trinité, près de la chapelle
5 ha/2 campables (116 empl.) en terrasses et peu incliné, herbeux - - salle d'animation - Location :
15 mai-sept. - **R** *conseillée 14 juil.-15 août* - GB - *28 piscine comprise* *40* *16 (16A)*

Municipal de Kerjean, 02 96 20 24 75, NE : 3 km par rte de la Pointe de Plouha et rte à gauche
6 ha (150 empl.) (saison) plat, peu incliné, incliné, terrasses (2 ha) -

PLOUHARNEL

8 - 63 ⑪ ⑫

Paris 490 - Auray 13 - Lorient 32 - Quiberon 15 - Quimperlé 54 - Vannes 31

56340 Morbihan - 1 653 h. alt. 21

Kersily, 02 97 52 39 65, Fax 02 97 52 44 76, NO : 2,5 km par D 781 rte de Lorient et rte de Ste-Barbe, à gauche
2,5 ha (120 empl.) plat et peu incliné, herbeux - - Location :
avril-oct. - **R** *conseillée* - GB - *22 piscine comprise* *10* *30* *14 (6 ou 10A)*

L'Étang de Loperhet, 02 97 52 34 68, NO : 4 km par D 781, rte de Lorient et rte à gauche, près de l'étang
14 ha/2,5 campables (165 empl.) plat et peu incliné, sablonneux, herbeux - poneys - A proximité : crêperie
avril-oct. - **R** - *22 piscine comprise* *10* *35* *18 (6 à 12A)*

La Lande, 02 97 52 31 48, O : 0,5 km, sortie vers Quiberon et rte à droite
1,2 ha (90 empl.) plat et peu incliné, herbeux -
2 juin-sept. - **R** *conseillée* - *17* *7* *13* *9,50 (4A)*

Les Goélands, 02 97 52 31 92, E : 1,5 km par D 781 rte de Carnac puis 0,5 km par rte à gauche
1,6 ha (80 empl.) plat, herbeux -
juin-15 sept. - **R** *conseillée* - *Tarif 97 :* *13* *19* *10 (3A)*

PLOUHINEC

8 - 58 ⑭

Paris 595 - Audierne 5 - Douarnenez 17 - Pont-l'Abbé 28 - Quimper 32

29780 Finistère - 4 524 h. alt. 101.
Office de Tourisme, (été) r. du Gén.-Leclerc 02 98 70 74 55
Mairie 02 98 70 87 33, Fax 02 98 74 93 31

Kersiny « Agréable situation », 02 98 70 82 44, sortie Ouest par D 784 rte d'Audierne puis Sud, à 1 km par rte de Kersiny, à 100 m de la plage (accès direct)
2 ha (100 empl.) en terrasses, peu incliné, herbeux - - A proximité :
avril-sept. - **R** *conseillée juil.-août* - *2 pers. 54, pers. suppl. 17* *15 (10A)*

PLOUHINEC

3 - 63 ①

Paris 505 - Auray 22 - Lorient 20 - Quiberon 30 - Quimperlé 41

56680 Morbihan - 4 026 h. alt. 10

Moténo, 02 97 36 76 63, Fax 02 97 85 81 84, SE : 4,5 km par D 781 et à droite, rte du Magouër
4 ha (230 empl.) plat, herbeux - snack - - Location :
avril-28 sept. - **R** *conseillée juil., indispensable août* - - *Tarif 97 : 21 piscine comprise 51 14 (4A) 16 (6A)*

Municipal Kérabus, 02 97 36 61 67, SE : 3 km par D 781, rte de Carnac et à droite, rte du Magouër, au stade
4 ha (100 empl.) plat, herbeux - -
juil.-août - **R** - - *tennis compris 1 ou 2 pers. 35, pers. suppl. 11 9 (4A)*

PLOUIGNEAU

3 - 58 ⑥

Paris 528 - Brest 69 - Carhaix-Plouguer 44 - Guingamp 45 - Lannion 35 - Morlaix 9

29610 Finistère - 4 023 h. alt. 156

Aire Naturelle la Ferme de Croas Men, 02 98 79 11 50, NO : 2,5 km par D 712 et D 64, rte de Lanmeur puis 4,7 km par rte de Lanleya à gauche et rte de Garlan
1 ha (25 empl.) plat, herbeux - - - Location :
avril-1er nov. - **R** - - *2 pers. 51, pers. suppl. 15 14 (10A)*

PLOUMANACH 22 C.-d'Armor - 59 ① - rattaché à Perros-Guirec

PLOUNÉVEZ-LOCHRIST

3 - 58 ⑤

Paris 577 - Brest 44 - Landerneau 23 - Landivisiau 20 - St-Pol-de-Léon 21

29430 Finistère - 2 356 h. alt. 70

Municipal Odé-Vras, 02 98 61 65 17, à 4,5 km au Nord du bourg, par D 10, à 300 m de la Baie de Kernic (accès direct)
3 ha (135 empl.) plat, sablonneux, herbeux -
-
15 juin-5 sept. - **R** - - *12,40 4,20 6,20 10,50*

PLOZÉVET

3 - 58 ⑭ **G. Bretagne**

Paris 590 - Audierne 10 - Douarnenez 18 - Pont-l'Abbé 22 - Quimper 27

29710 Finistère - 2 838 h. alt. 70

La Corniche, 02 98 91 33 94, sortie Sud par rte de la mer
1,5 ha (80 empl.) (saison) plat, herbeux - -
- Location :
mai-15 sept. - **R** *conseillée juil.-20 août* - GB - - *24 piscine comprise 10 33 17 (6A)*

Cornouaille, 02 98 91 30 81, SE : 2 km par rte de Pont-l'Abbé puis chemin à droite
2 ha (80 empl.) plat et peu incliné, herbeux - -
25 juin-1er sept. - **R** *juil.-août* - - *15 8 15 15 (20A)*

PLUFUR

3 - 58 ⑦

Paris 519 - Carhaix-Plouguer 46 - Guingamp 37 - Lannion 22 - Morlaix 25

22310 C.-d'Armor - 520 h. alt. 135

Le Rugadello, 02 96 35 16 76, au bourg, sortie Sud par D 56 (rte face à l'église)
0,4 ha (28 empl.) non clos, plat, herbeux - - A proximité :
15 juin-15 sept. - **R** - - *9 6,20 6,20 9,50 (10A)*

PLURIEN

4 - 59 ④

Paris 439 - Dinard 35 - Lamballe 25 - Plancoët 23 - St-Brieuc 37 - St-Cast-le-Guildo 18

22240 C.-d'Armor - 1 289 h. alt. 48

Municipal la Saline, 02 96 72 17 40, NO : 1,2 km par D 34, rte de Sables-d'Or-les-Pins, à 500 m de la mer
3 ha (150 empl.) plat, peu incliné et en terrasses, herbeux -
-
juin-15 sept. - **R** - - *Tarif 97 : 11 6 11 11 (6A)*

Le POËT-CÉLARD 26 Drôme - 77 ⑫ ⑬ - rattaché à Bourdeaux

Le POËT-LAVAL

16 - 81 ② **G. Vallée du Rhône**

Paris 620 - Crest 36 - Montélimar 23 - Nyons 35 - Orange 77 - Pont-St-Esprit 60 - Valence 62

26160 Drôme - 652 h. alt. 311

Municipal Lorette, E : 1 km par D 540, rte de Dieulefit, bord du Jabron
2 ha (60 empl.) peu incliné, herbeux - - A proximité :
15 juin-15 sept. - **R** - - *Tarif 97 : 8 12 11 (6A)*

POITIERS Ⓟ 10 - 67 ⑳ G. Poitou Vendée Charentes

Paris 336 – Angers 132 – Angoulême 113 – Châteauroux 124 – Châtellerault 37 – Limoges 120 – Nantes 183 – Niort 74 – Tours 103

86000 Vienne – 78 894 h. alt. 116.

Office de Tourisme, 8 r. des Grandes-Écoles
05 49 41 21 24, Fax 05 49 88 65 84

à ***Avanton*** N : 10 km par N 147 et D 757 – 1 164 h. alt. 110
86170 Avanton

Futur, 05 49 52 92 20, S : 1,5 km par D 757, rte de Poitiers et rte à droite après le passage à niveau
4 ha/1,5 campable (68 empl.) (juil.-août) plat, herbeux – snack – – Location *(fermé déc.-janv.)* :
avril-sept. – **R** *conseillée saison* – GB – – *22 piscine comprise* *20/35*
15 (10A)

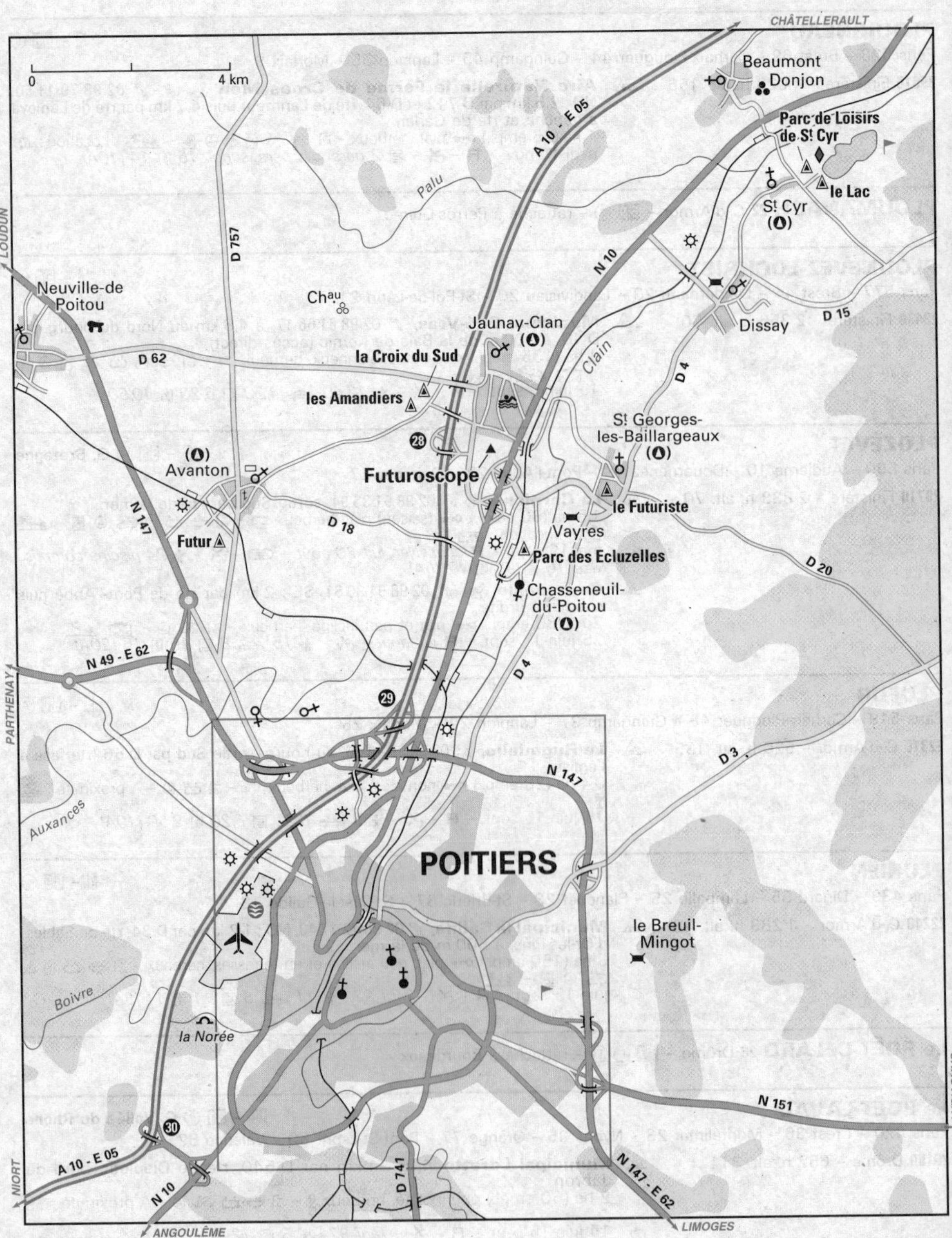

à Chasseneuil-du-Poitou N : 7 km par N 10 – 3 002 h. alt. 75
✉ 86360 Chasseneuil-du-Poitou :

Parc des Ecluzelles, ✆ 05 49 62 58 85, au Nord du bourg, rue du stade
0,3 ha (23 empl.) plat, herbeux – – A proximité :
avril-15 oct. – **R** – *Tarif 97 : piscine comprise 2 pers. 60 (74 avec élect.), pers. suppl. 15*

à Jaunay-Clan N : 9 km par N 10 – 4 928 h. alt. 80
✉ 86130 Jaunay-Clan.
Syndicat d'Initiative, pl. du Marché ✆ 05 49 62 85 16

La Croix du Sud, ✆ 05 49 62 58 14, Fax 05 49 62 57 20, O : 1,5 km par D 62, rte de Neuville et rte d'Avanton à gauche, après le pont de l'A10
4 ha (184 empl.) plat, peu incliné, herbeux, pierreux – snack – – Location :
fév.-10 nov. – **R** *conseillée* – GB – – *20 piscine comprise 40 15 (10A)*

Les Amandiers, ✆ 05 49 62 80 40, Fax 05 49 62 86 68, O : 2 km par D 62, rte de Neuville et rte d'Avanton à gauche, après le pont de l'A10
4 ha (70 empl.) plat, herbeux, pierreux – – – Location :
Permanent – **R** *conseillée* – GB – – *élect. et piscine comprises 2 pers. 92, 4 pers. 114*

à St-Cyr NE : 19 km par N 10 et D 82 – 710 h. alt. 62 – ✉ 86130 St-Cyr :

Parc de Loisirs de St-Cyr ⋞, ✆ 05 49 62 57 22, Fax 05 49 52 28 58, NE : 1,5 km par D 4, D 82 rte de Bonneuil-Matours et chemin, près d'un plan d'eau – Sur N 10, accès depuis la Tricherie
5,4 ha (198 empl.) plat, herbeux, gravillons – snack – half-court – A proximité : (plage) toboggan aquatique
avril-sept. – **R** *conseillée 14 juil.-15 août*

Le Lac ⋞, ✆ 05 49 62 37 65, NE : 1,5 km par D 4 et D 82, rte de Bonneuil-Monburs et chemin à gauche, à l'entrée du Parc de Loisirs
0,5 ha (37 empl.) plat, herbeux, pierreux – – A l'entrée : (bassin) – A proximité : golf
Permanent – **R** *conseillée juil.-août* – GB – – *2 pers. 55 (65 avec élect. 4A), pers. suppl. 15*

à St-Georges-Lès-Baillargeaux NE : 11,5 km par D 4 – 2 858 h. alt. 100
✉ 86130 St-Georges-Lès-Baillargeaux :

Le Futuriste ⋞, ✆ 05 49 52 47 52, au Sud du bourg par D 20, rte de Jaunay-Clan, près du château d'eau
1 ha (92 empl.) plat, peu incliné, herbeux, pierreux – – toboggan aquatique
Permanent – **R** *conseillée juil.-août* – GB – – *piscine comprise 1 à 3 pers. 96 17 (16A)*

POLIGNY

17 – 77 ⑯

Paris 655 – Corps 26 – Gap 17 – Orcières 29 – Serres 58

05500 H.-Alpes – 237 h. alt. 1 062

Les Écrins ⋞ montagnes du Champsaur « Cadre agréable », ✆ 04 92 50 50 94, sortie Est et à droite – Pour certains emplacements d'accès peu facile, mise en place et sortie des caravanes à la demande
2 ha (43 empl.) en terrasses, herbeux, gravillons – – (bassin)
18 juin-8 sept. – **R** *conseillée* – – *15 5 30 15 (6A)*

La POMMERAIE-SUR-SÈVRE

9 – 67 ⑯ **G. Poitou Vendée Charentes**

Paris 374 – Bressuire 24 – Cholet 32 – Fontenay-le-Comte 49 – La Roche-sur-Yon 61

85700 Vendée – 964 h. alt. 158

Municipal, sortie Nord-Est, sur D 43 rte de Mauléon, à 150 m de la Sèvre Nantaise
0,6 ha (33 empl.) plat, herbeux – –
15 mars-15 nov. – **R** – – *Tarif 97 : 2 pers. 34/42 avec élect., pers. suppl. 12*

PONCIN

12 – 74 ③

Paris 458 – Ambérieu-en-Bugey 19 – Bourg-en-Bresse 29 – Nantua 29 – Oyonnax 40 – Pont-d'Ain 9

01450 Ain – 1 229 h. alt. 255

Municipal, ✆ 04 74 37 20 78, NO : 0,5 km par D 91 et D 81 rte de Meyriat, près de l'Ain
1,5 ha (100 empl.) plat et terrasse, herbeux – – A proximité :
avril-15 oct. – **Location longue durée** – *Places disponibles pour le passage* – **R** *conseillée 14 juil.-15 août* – – *Tarif 97 : 14 7 7 12 (5A)*

PONS

9 - 71 ⑤ G. Poitou Vendée Charentes

Paris 494 - Blaye 59 - Bordeaux 97 - Cognac 22 - La Rochelle 100 - Royan 42 - Saintes 22

17800 Char.-Mar. - 4 412 h. alt. 39.
Syndicat d'Initiative, (15 juin-15 sept.) Donjon de Pons
05 46 96 13 31, Point d'Accueil, 31 r. E-Combes, 05 46 96 11 92

Municipal « Cadre agréable », 05 46 91 36 72, à l'Ouest de la ville
1 ha (60 empl.) plat, herbeux - A proximité :
mai-15 sept. - **R** *juil.-août* - GB - *Tarif 97 : 13 20 (30 avec élect.)*

PONS

15 - 76 ⑫

Paris 593 - Aurillac 39 - Entraygues-sur-Truyère 11 - Montsalvy 16 - Mur-de-Barrez 22 - Rodez 57

12 Aveyron
12140 Entraygues-sur-Truyère

Municipal de la Rivière <, 05 65 66 18 16, à 1 km au Sud-Est du bourg, sur D 526 rte d'Entraygues-sur-Truyère, bord du Goul
0,9 ha (36 empl.) plat, herbeux
(bassin) - Location *(avril-oct.)* :
15 juin-15 sept. - **R** *conseillée* - - *2 pers. 51,50, pers. suppl. 15,50 16,50*

PONTARLIER

12 - 70 ⑥ G. Jura

Paris 448 - Basel 158 - Beaune 150 - Belfort 126 - Besançon 58 - Dole 89 - Genève 117 - Lausanne 68 - Lons-le-Saunier 82 - Neuchâtel 55

25300 Doubs - 18 104 h. alt. 838.
Office de Tourisme, 14 bis r. de la Gare
03 81 46 48 33, Fax 03 81 46 83 32

Le Larmont <, 03 81 46 23 33, Fax 03 81 46 23 34, au Sud-Est de la ville en direction de Lausanne, près du centre équestre - alt. 880
4 ha (75 empl.) en terrasses, herbeux, gravier - A proximité : parcours sportif, et poneys - Location :

PONTAUMUR

11 - 73 ⑫ ⑬

Paris 401 - Aubusson 49 - Clermont-Ferrand 42 - Le Mont-Dore 55 - Montluçon 68 - Ussel 60

63380 P.-de-D. - 859 h. alt. 535

Municipal le Grand Pré, 04 73 79 79 10, sortie Sud par D 941 rte de Clermont-Ferrand et à droite, bord du Sioulet
1,3 ha (77 empl.) plat, herbeux
avril-oct. - **R** *conseillée* - - *10 11 14 (6A)*

PONT-AUTHOU

5 - 55 ⑮

Paris 150 - Bernay 22 - Elbeuf 26 - Évreux 47 - Pont-Audemer 21

27290 Eure - 613 h. alt. 49

Municipal les Marronniers, 02 32 42 75 06, au Sud du bourg, par D 130 rte de Brionne, bord d'un ruisseau
2,5 ha (64 empl.) plat, herbeux
Permanent - **R** *conseillée été* - - *15 tennis compris 10 15 18 (10A)*

PONTCHÂTEAU

4 - 63 ⑮ G. Bretagne

Paris 427 - La Baule 39 - Nantes 55 - Redon 28 - La Roche-Bernard 20 - St-Nazaire 25

44160 Loire-Atl. - 7 549 h. alt. 7.
Office de Tourisme, 1 pl. du Marché
02 40 88 00 87, Fax 02 40 01 61 10

Le Bois de Beaumard « Cadre agréable », 02 40 88 03 36, sortie Nord-Ouest par D 33 rte d'Herbignac puis à droite, 2 km par D 126 rte de Sévérac et rte de Beaumard à gauche
1 ha (25 empl.) plat, herbeux, bois attenant (0,3 ha)
mars-oct. - **R** *conseillée août* - - *15 5 20 20 (10A)*

Le PONT-CHRÉTIEN-CHABENET

10 - 68 ⑰

Paris 301 - Argenton-sur-Creuse 6 - Le Blanc 33 - Châteauroux 34 - La Châtre 44

36800 Indre - 879 h. alt. 100

Municipal les Rives, sortie vers St-Gaultier et à gauche après le pont, bord de la Bouzanne
0,7 ha (52 empl.) plat, herbeux
15 juin-15 sept. - **R** *août* - - *Tarif 97 : 1 ou 2 pers. 38, 3 ou 4 pers. 50, 5 ou 6 pers. 60, pers. suppl. 5 8 (4A)*

PONT-DE-MENAT

11 - 73 ③ G. Auvergne

Paris 371 - Aubusson 81 - Clermont-Ferrand 51 - Gannat 29 - Montluçon 40 - Riom 35 - St-Pourçain-sur-Sioule 46

63 P.-de-D. - ✉ 63560 Menat

Municipal les Tarteaux ≤ « Site agréable », ✆ 04 73 85 52 47, SO : 0,8 km, rive gauche de la Sioule
1,7 ha (100 empl.) (juil.-août) plat et peu incliné, herbeux ♀ - (15 juin-15 sept.) - A proximité : - Location *(permanent)* :
avril-sept. - R - *14,20* *8,40* *8,40* *13,70 (5A)*

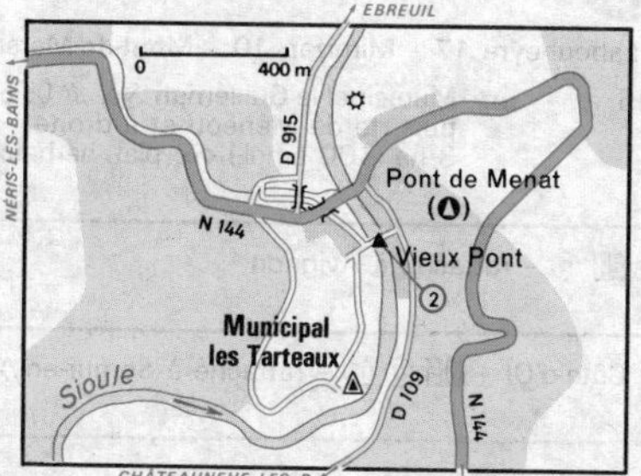

Le PONT-DE-MONTVERT

16 - 80 ⑥ G. Gorges du Tarn

Paris 636 - Le Bleymard 22 - Florac 21 - Génolhac 28 - Mende 45 - Villefort 45

48220 Lozère - 281 h. alt. 875

Aire Naturelle la Barette ≤ Mont-Lozère « Site agréable », ✆ 04 66 45 82 16, N : 6 km par D 20, rte de Bleymard, à Finiels - alt. 1 200
1 ha (20 empl.) en terrasses, herbeux, pierreux, rochers -
15 juin-15 sept. - R *conseillée 15 juil.-15 août* - *18* *7* *11* *11 (10A)*

PONT-DE-POITTE

12 - 70 ⑭ G. Jura

Paris 428 - Champagnole 35 - Genève 91 - Lons-le-Saunier 16

39130 Jura - 638 h. alt. 450

à Mesnois NO : 1,7 km par rte de Lons-le-Saunier et D 151 à droite - 171 h. alt. 460 - ✉ 39130 Clairvaux-les-Lacs :

Beauregard ≤, ✆ 03 84 48 32 51, sortie Sud
3 ha (148 empl.) (juil.-août) peu incliné et en terrasses, herbeux ♀ (0,6 ha) - half-court
15 avril-sept. - R *conseillée* - - *piscine comprise 2 pers. 85* *15 (5A)*

PONT-DE-SALARS

15 - 80 ③

Paris 653 - Albi 88 - Millau 47 - Rodez 25 - St-Affrique 56 - Villefranche-de-Rouergue 70

12290 Aveyron - 1 422 h. alt. 700

Les Terrasses du Lac ≤ « Situation agréable », ✆ 05 65 46 88 18, Fax 05 65 46 85 38, N : 4 km par D 523 rte du Vibal, près du lac (accès direct)
6 ha (180 empl.) (juil.-août) en terrasses, herbeux ♀ - - A proximité : - Location : , bungalows toilés
15 juin-15 sept. - R *conseillée juil.-août* - GB - - *piscine comprise 2 pers. 95, pers. suppl. 20* *18 (6 ou 10A)*

Le Lac ≤, ✆ 05 65 46 84 86, N : 1,5 km par D 523 rte du Vibal, bord du lac -
4,8 ha (200 empl.) plat, peu incliné, en terrasses, herbeux, pierreux ♀ - - A proximité : - Location :
15 juin-5 sept. - R *conseillée 14 juil.-15 août* - GB - - *piscine comprise 2 pers. 78, 3 pers. 90, pers. suppl. 25* *12 (3A) 18 (6A)*

PONT-DU-FOSSÉ **05** H.-Alpes - 77 ⑯ ⑰ - rattaché à St-Jean-St-Nicolas

PONT-DU-GARD

16 - 80 ⑲ G. Provence

Paris 690 - Alès 48 - Arles 37 - Avignon 25 - Nîmes 26 - Orange 37 - Pont-St-Esprit 41 - Uzès 14

30 Gard - ✉ 30210 Remoulins.
Office de Tourisme,
✆ 04 66 37 00 02 (hors saison)
✆ 04 66 21 02 51

International Gorges du Gardon, ✆ 04 66 22 81 81, Fax 04 66 22 90 12, NO : 3,5 km par D 981, rte d'Uzès et rte à gauche, bord du Gardon
3 ha (191 empl.) plat et peu incliné, pierreux, herbeux ♀♀ - snack - - Location :
15 mars-sept. - R *conseillée juil.-août* - - *piscine comprise 2 pers. 72* *14,50 (6A) 18 (10A)*

PONT-DU-NAVOY

12 - 70 ⑤

Paris 420 – Arbois 26 – Champagnole 13 – Lons-le-Saunier 23 – Poligny 23

39300 Jura – 230 h. alt. 470

Le Bivouac <, ✆ 03 84 51 26 95, Fax 03 84 85 28 79, S : 0,5 km par D 27, rte de Montigny-sur-l'Ain, bord de l'Ain
2,3 ha (90 empl.) plat, herbeux – snack –
mai-sept. – **R** *conseillée juil.-août – – 20 24 15 (10A)*

PONTENX-LES-FORGES

13 - 78 ④

Paris 673 – Biscarrosse 87 – Labouheyre 17 – Mimizan 10 – Mont-de-Marsan 71 – Pissos 114

40200 Landes – 1 138 h. alt. 15

Municipal le Guilleman, ✆ 05 58 07 40 48, sortie Sud-Est rte de Labouheyre puis rte de Méneou et à droite
3 ha (100 empl.) plat, herbeux, sablonneux pinède –

Le PONTET **84** Vaucluse – 81 ⑫ – rattaché à Avignon

PONT-ET-MASSÈNE **21** Côte-d'Or – 65 ⑰ ⑱ – rattaché à Semur-en-Auxois

PONTGIBAUD

11 - 73 ⑬ **G. Auvergne**

Paris 435 – Aubusson 68 – Clermont-Ferrand 23 – Le Mont-Dore 41 – Riom 25 – Ussel 69

63230 P.-de-D. – 801 h. alt. 735

Municipal, ✆ 04 73 88 96 99, SO : 0,5 km par D 986 rte de Rochefort-Montagne, bord de la Sioule
4,5 ha (100 empl.) (saison) plat, herbeux – –
A proximité :
15 avril-15 oct. – **R** *conseillée 15 juil.-15 août – – 12 16 12 (6A) 18 (10A)*

PONT-L'ABBÉ-D'ARNOULT

9 - 71 ⑭ **G. Poitou Vendée Charentes**

Paris 474 – Marennes 21 – Rochefort 18 – La Rochelle 55 – Royan 28 – Saintes 22

17250 Char.-Mar. – 1 385 h. alt. 20

Municipal la Garenne « Cadre agréable », ✆ 05 46 97 01 46, sortie Sud-Est par D 125 rte de Saintes
2,7 ha (111 empl.) plat, herbeux – –
– A proximité :
15 juin-15 sept. – **R** *conseillée 1er au 15 août – – tennis compris 2 pers. 50 14 (6A)*

PONT-L'ÉVÊQUE

5 - 54 ⑰ ⑱ **G. Normandie Vallée de la Seine**

Paris 189 – Caen 48 – Le Havre 38 – Rouen 79 – Trouville-sur-Mer 11

14130 Calvados – 3 843 h. alt. 12.
Office de Tourisme, r. St-Michel
✆ 02 31 64 12 77, Fax 02 31 64 76 96

Le Stade, ✆ 02 31 64 15 03, sortie Ouest par D 118, rte de Beaumont-en-Auge
1,7 ha (60 empl.) (juil.-août) plat, herbeux – –
31 mars-oct. – **R** *indispensable juil.-août – 14 7 7 11,50 (2A) 15,50 (5A)*

PONTORSON

4 - 59 ⑦ **G. Normandie Cotentin**

Paris 354 – Avranches 22 – Dinan 45 – Fougères 39 – Rennes 61 – St-Malo 47

50170 Manche – 4 376 h. alt. 15.
Office de Tourisme, pl. de l'Église
✆ 02 33 60 20 65

Municipal les Rives du Couesnon, ✆ 02 33 68 11 59, NO : par D 19, rte de Dol-de-Bretagne, près du Couesnon
2 ha (110 empl.) (juil.-août) plat, herbeux – –
parcours de santé
avril-sept. – **R** *conseillée juil.-15 août – – 13 6,50 13 13 (6A)*

PONTRIEUX

3 - 59 ②

Paris 490 – Guingamp 18 – Lannion 26 – Morlaix 67 – St-Brieuc 43

22260 C.-d'Armor – 1 050 h. alt. 13

Aire Naturelle Traou-Mélédern, ✆ 02 96 95 68 72, à 400 m au Sud du bourg, bord du Trieux
1 ha (25 empl.) (juil.-août) plat, herbeux – –
Permanent – **R** – – *12,50 14 14 (3 à 9A)*

PONT-ST-ESPRIT

16 - 81 ① **G. Provence**

Paris 644 – Alès 63 – Avignon 45 – Montélimar 38 – Nîmes 68 – Nyons 45

30130 Gard – 9 277 h. alt. 59.
Office de Tourisme, 1 r. Vauban
✆ 04 66 39 44 45, Fax 04 66 39 51 81

Aire Naturelle Beauchamp, ✆ 04 66 39 01 72, SE : 3,5 km par D 138, rte de St-Étienne-des-Sorts et chemin à gauche, à 400 m d'un bras du Rhône
1,5 ha (25 empl.) plat, herbeux, étangs – –
A proximité :
avril-1er nov. – **R** *conseillée 14 juil.-15 août – – 18 16 15 (6A)*

PONT-ST-MAMET

10 - 75 ⑮

Paris 517 - Bergerac 19 - Lalinde 31 - Mussidan 20 - Périgueux 29

24 Dordogne
✉ 24140 Villamblard

Lestaubière ⋟ ≤, ✆ 05 53 82 98 15, Fax 05 53 82 90 17, N : 0,8 km par N 21, rte de Périgueux et à droite –
5 ha (66 empl.) plat et incliné, herbeux – (étang)
juin-1er sept. – **R** *conseillée juil.-20 août* – GB – *26 piscine comprise 28,50 16 (4A)*

PONT-SCORFF

3 - 63 ① G. Bretagne

Paris 502 - Auray 43 - Lorient 13 - Quiberon 56 - Quimperlé 13

56620 Morbihan – 2 312 h. alt. 42

Nenez, ✆ 02 97 32 63 49, Fax 02 97 32 51 16, SO : 1,8 km par D 6 rte de Lorient
1,5 ha (50 empl.) plat, peu incliné, herbeux –
Permanent – **R** *conseillée juil.-août* – *12,30 17,50 14 (16A)*

Les PONTS-DE-CÉ **49** M.-et-L. – 63 ⑳ – rattaché à Angers

PORDIC

3 - 59 ③

Paris 458 - Guingamp 32 - Lannion 63 - St-Brieuc 10 - St-Quay-Portrieux 12

22590 C.-d'Armor – 4 635 h. alt. 97.
Office de Tourisme, pl. Gén.-de-Gaulle,
✆ et Fax 02 96 79 00 35

Les Madières « Cadre agréable et fleuri », ✆ 02 96 79 02 48, Fax 02 96 79 46 67, NE : 2 km par rte de Binic et à droite, rte de Vau Madec
1,6 ha (83 empl.) plat et peu incliné, herbeux – snack – – Location :
mai-sept. – **R** *conseillée juil.-août* – *20 15 15 17 (10A)*

Le Roc de l'Hervieu , ✆ 02 96 79 30 12, NE : 3 km par rte de la Pointe de Pordic et chemin à droite
1,9 ha (100 empl.) plat, herbeux – – Location :
mai-sept. – **R** *conseillée* – *14 10 14 11 (3A) 16 (10A)*

Le PORGE

9 - 78 ①

Paris 627 - Andernos-les-Bains 18 - Bordeaux 52 - Lacanau-Océan 26 - Lesparre-Médoc 53

33680 Gironde – 1 230 h. alt. 8

Municipal la Grigne « Cadre agréable », ✆ 05 56 26 54 88, O : 9,5 km par D 107, à 1 km du Porge-Océan
30 ha (700 empl.) vallonné et accidenté, sablonneux pinède –
avril-sept. – **R** *conseillée juil.-août*

Aire Naturelle les Lucioles, ✆ 05 56 26 59 22, S : 1,8 km par D 3, rte de Lège-Cap-Ferret
2 ha (25 empl.) plat, herbeux, sablonneux Pinède – – A proximité : snack
mai-sept. – **R** – *18 18/22 12 (12A)*

PORNIC

9 - 67 ① G. Poitou Vendée Charentes

Paris 435 - Nantes 49 - La Roche-sur-Yon 80 - Les Sables-d'Olonne 94 - St-Nazaire 30

44210 Loire-Atl. – 9 815 h. alt. 20.
Office de Tourisme à la Gare
✆ 02 40 82 04 40, Fax 02 40 82 90 12

La Boutinardière , ✆ 02 40 82 05 68, Fax 02 40 82 49 01, SE : 5 km par D 13 et rte à droite, à 200 m de la plage
5 ha (352 empl.) peu incliné, herbeux – snack – half-court, toboggans aquatiques – Location *(avril-oct.)* :
avril-sept. – **R** *conseillée* – GB – – *piscine comprise 2 pers. 120, 3 pers. 140, pers. suppl. 35 16 (3A) 19 (4A) 25 (6A)*

Le Patisseau « Cadre agréable », ✆ 02 40 82 10 39, Fax 02 40 82 22 81, E : 3 km par D 751, rte de Nantes et rte à gauche – dans locations
4 ha (227 empl.) plat et peu incliné, terrasses, herbeux (1 ha) – pizzeria, crêperie – – Location :
mai-13 sept. – **R** *conseillée juil.-20 août* – GB – – *piscine comprise 2 pers. 110, pers. suppl. 26 18 (4A) 22 (6A) 30 (10A)*

Le Port Chéri, ✆ 02 40 82 34 57, Fax 02 40 82 96 77, E : 3 km par D 751, rte de Nantes et rte à gauche
2,5 ha (104 empl.) peu incliné, terrasses, herbeux – – – Location :
Permanent – **R** *conseillée* – GB – – *piscine comprise 2 pers. 90 15 (4A)*

PORTBAIL

4 - 54 ⑪

Paris 344 - Carentan 38 - Cherbourg 46 - Coutances 43 - St-Lô 58

50580 Manche – 1 654 h. alt. 10.
Office de Tourisme, 26 r. Philippe
✆ 02 33 04 03 07, Fax 02 33 04 94 66

La Côte des Isles, ✆ 02 33 04 89 97, Fax 02 33 04 77 46, O : 3 km par D 15 puis à droite, près du V.V.F., à 300 m de la plage
2,5 ha (117 empl.) plat, herbeux, sablonneux – crêperie
Pâques-sept. – **Location longue durée** – *Places disponibles pour le passage* – **R** – – *19 20 14 (4A)*

PORT-CAMARGUE **30** Gard – 83 ⑧ ⑱ – rattaché au Grau-du-Roi

Les PORTES-EN-RÉ 17 Char.-Mar. – 71 ⑫ – voir à Ré (Ile de)

PORTICCIO 2A Corse-du-Sud – 90 ⑰ – voir à Corse

PORTIGLIOLO 2A Corse-du-Sud – 90 ⑱ – voir à Corse

PORTIRAGNES

15 – 83 ⑮

Paris 770 – Agde 13 – Béziers 12 – Narbonne 38 – Valras-Plage 12

34420 Hérault – 1 770 h. alt. 10

à Portiragnes-Plage S : 4 km par D 37 – ✉ 34420 Portiragnes :

L'Émeraude, ✆ 04 67 90 93 76, Fax 04 67 09 91 18, N : 1 km par rte de Portiragnes
4,2 ha (280 empl.) plat, herbeux – snack, pizzeria cases réfrigérées – – A proximité : –
Location :
juin-août – **R** *conseillée* – GB – *Tarif 97 : élect. et piscine comprises 2 pers. 110*

Les Mimosas, ✆ 04 67 90 92 92, Fax 04 67 90 85 39, NE : 2,5 km par rte de Portiragnes et à droite, puis rte du port à gauche, près du canal du Midi
7 ha (400 empl.) plat, herbeux (1 ha) – snack cases réfrigérées – toboggan aquatique – Location : , bungalows toilés
mai-août – **R** *conseillée juil.-août* – GB – *piscine comprise 2 pers. 125* *15 (6A)*

PORT-LE-GRAND

1 – 52 ⑥

Paris 191 – Abbeville 8 – Amiens 57 – Montreuil 43 – Le Tréport 34

80132 Somme – 332 h. alt. 6

Château des Tilleuls, ✆ 03 22 24 07 75, Fax 03 22 24 23 80, SE : 1,5 km rte d'Abbeville
20 ha/3 campables (120 empl.) incliné, herbeux – – (bassin couvert) – Garage pour caravanes
mars-oct. – **R** *conseillée* – GB – *21 tennis compris 10 30/32* *15 (16A)*

PORT-MANECH

8 – 58 ⑪ G. Bretagne

Paris 546 – Carhaix-Plouguer 71 – Concarneau 18 – Pont-Aven 13 – Quimper 42 – Quimperlé 30

29 Finistère – ✉ 29920 Névez

St-Nicolas, ✆ 02 98 06 89 75, Fax 02 98 06 74 61, au Nord du bourg, à 200 m de la plage
3 ha (180 empl.) plat, incliné et en terrasses, herbeux – – A proximité :
mai-fin sept. – **R** *conseillée* – GB – *22,50 10 25 13 (3A) 17 (6A) 20 (10A)*

PORTO 2A Corse-du-Sud – 90 ⑮ – voir à Corse

PORTO-VECCHIO 2A Corse-du-Sud – 90 ⑧ – voir à Corse

POSES

5 – 55 ⑦

Paris 112 – Les Andelys 26 – Évreux 38 – Louviers 15 – Pont-de-l'Arche 8 – Rouen 26

27740 Eure – 1 024 h. alt. 9

Les Étangs des 2 Amants, ✆ 02 32 59 11 86, SE : 1,5 km par rte de St-Pierre-du-Vauvray, à la Base de Plein Air et de Loisirs, près de la Seine et à 250 m d'un plan d'eau
4 ha (170 empl.) plat, herbeux – – – A proximité :
avril-26 oct. – **R** *conseillée juil.-août* – *Tarif 97 : 20 10 18/22 avec élect. (10A)*

La POSSONNIÈRE

4 – 63 ⑳ G. Châteaux de la Loire

Paris 310 – Angers 18 – Candé 40 – Chenillé 27

49170 M.-et-L. – 1 962 h. alt. 25

Municipal du Port, ✆ 02 41 72 22 08, sortie Sud, entre le bourg et la Loire,
1 ha (40 empl.) plat, herbeux –
15 juin-15 sept. – **R** – *2 pers. 33 (39 avec élect.), pers. suppl. 18*

POUANCÉ

4 – 63 ⑧ G. Châteaux de la Loire

Paris 325 – Châteaubriant 15 – La Guerche-de-Bretagne 24 – Laval 50 – Segré 25 – Vitré 46

49420 M.-et-L. – 3 279 h. alt. 56.

Syndicat d'Initiative, r. de la Porte-Angevine ✆ 02 41 92 45 86 (hors saison) à la Mairie ✆ 02 41 92 41 08, Fax 02 41 92 62 30

Municipal la Roche Martin « Cadre agréable », ✆ 02 41 92 43 97, N : 1 km par D 6 et D 72 à gauche rte de la Guerche-de-Bretagne, près d'un étang
0,7 ha (41 empl.) en terrasses et peu incliné, herbeux – –
A proximité :
mai-sept. – **R** – *12,50 4,30 4,30 9,50 (moins de 7A) 26 (plus de 7A)*

POUEYFERRÉ 65 H.-Pyr. – 85 ⑦ – rattaché à Lourdes

Le POUGET

15 – 83 ⑥

Paris 727 – Béziers 46 – Clermont-l'Hérault 9 – Gignac 9 – Montpellier 33 – Sète 36

34230 Hérault – 1 103 h. alt. 95

Municipal, ✆ 04 67 96 76 14, O : 0,8 km par D 139
0,8 ha (47 empl.) plat, herbeux – A proximité : – Location : gîtes
15 juin-15 sept. – – *7,30* *18,50* *12*

POUGUES-LES-EAUX

11 – 69 ③ G. Bourgogne

Paris 222 – La Charité-sur-Loire 13 – Cosne-sur-Loire 42 – Nevers 11 – Prémery 24

58320 Nièvre – 2 358 h. alt. 198.
Office de Tourisme, Mairie
✆ 03 86 90 96 00, Fax 03 86 68 86 60

Municipal les Chanternes, ✆ 03 86 68 86 18, sortie Nord-Ouest par N 7 rte de la Charité-sur-Loire
1,4 ha (45 empl.) plat, herbeux – – – A l'entrée : – A proximité :
avril-oct. – **R** – *Tarif 97 : 8 9,50 9,50 13*

POUILLY-EN-AUXOIS

7 – 65 ⑱ G. Bourgogne

Paris 271 – Avallon 66 – Beaune 47 – Dijon 44 – Montbard 60

21320 Côte-d'Or – 1 372 h. alt. 390

Municipal le Vert Auxois, ✆ 03 80 90 71 89, vers sortie Nord-Ouest et rue du 8-Mai à gauche après l'église
1 ha (70 empl.) plat, herbeux –
mai-sept. – **R** – – *15 4 5/11 12 (10A)*

POUILLY-SOUS-CHARLIEU

11 – 73 ⑦ ⑧

Paris 376 – Charlieu 5 – Digoin 42 – Roanne 14 – Vichy 74

42720 Loire – 2 834 h. alt. 264

Municipal les Ilots, ✆ 04 77 60 80 67, sortie Nord par D 482 rte de Digoin et à droite, au stade, bord du Sornin
1,5 ha (30 empl.) plat, herbeux – – A proximité :
mai-sept. – **R** – – *Tarif 97 : 9,50 11 10 (6A) 20 (10A) 42 (15A)*

Le POULDU

3 – 58 ⑫ G. Bretagne

Paris 521 – Concarneau 37 – Lorient 23 – Moëlan-sur-Mer 10 – Quimper 55 – Quimperlé 14

29 Finistère – ✉ 29360 Clohars-Carnoët.
Office de Tourisme, bd de l'Océan
✆ 02 98 39 93 42, Fax 02 98 96 90 99

Les Embruns « Entrée fleurie », ✆ 02 98 39 91 07, Fax 02 98 39 97 87, au bourg, r. du Philosophe-Alain, à 350 m de la plage
4 ha (180 empl.) (juil.-août) plat et peu incliné, herbeux, sablonneux – – – A proximité : – Location :
4 avril-19 sept. – **R** *conseillée* – GB – – *piscine comprise 2 pers. 82, pers. suppl. 23*

Keranquernat « Entrée fleurie », ✆ 02 98 39 92 32, Fax 02 98 39 99 84, sortie Nord-Est
1,5 ha (100 empl.) plat et peu incliné, herbeux – – – Location :
mai-10 sept. – **R** *conseillée juil.-15 août* – – *piscine comprise 2 pers. 62, pers. suppl. 19 16 (3A) 19 (5A)*

Le Quinquis « Cadre agréable », ✆ 02 98 39 92 40, Fax 02 98 39 96 56, N : 2,5 km par D 49 rte de Quimperlé et chemin à gauche
7,5 ha (165 empl.) plat, peu incliné et incliné, herbeux – – – A proximité : – Location : , bungalows toilés, tentes
avril-sept. – **R** *conseillée 15 juil.-15 août* – – *22 piscine comprise 8 36*

Locouarn, ✆ 02 98 39 91 79, N : 2 km par D 49 rte de Quimperlé
2,5 ha (100 empl.) plat et peu incliné, herbeux – – – A proximité : – Location : – Garage pour caravanes
juin-15 sept. – **R** *conseillée* – – *17 10 25 16 (5A)*

Les Grands Sables, ✆ 02 98 39 94 43, au bourg, rue du Philosophe-Alain, à 200 m de la plage
2,4 ha (147 empl.) plat, peu incliné, herbeux – – A proximité : – Location :
Pâques-21 sept. – **R** *conseillée* – – *19 26 15 (6A)*

POULE-LES-ECHARMEAUX

11 – 73 ⑨

Paris 446 – Chauffailles 15 – La Clayette 24 – Roanne 49 – Tarare 47 – Villefranche-sur-Saône 39

69870 Rhône – 838 h. alt. 570

Municipal les Echarmeaux <, à l'Ouest du bourg, près d'un étang
0,5 ha (24 empl.) en terrasses, gravillons – – –
15 avril-15 oct. – **R** – *Tarif 97 : élect. comprise 2 pers. 55*

POULLAN-SUR-MER 29 Finistère – 58 ⑭ – rattaché à Douarnenez

POUYLEBON

14 - 82 ④

Paris 780 - Auch 35 - Miélan 16 - Mirande 10 - Plaisance 28 - Vic-Fézensac 29

32320 Gers - 178 h. alt. 240

Pouylebon, ✆ 05 62 66 72 10, NE : 1 km par D 216 rte de Montesquiou puis 1 km par chemin à droite, près d'un lac
1 ha (25 empl.) incliné et plat, herbeux - Location : tentes
avril-1er oct. - **R** *conseillée juil.-août* - *Tarif 97 : 19,50 piscine comprise* *24,50* *10 (4A) 15 (8A)*

POUZAUGES

9 - 67 ⑯ **G. Poitou Vendée Charentes**

Paris 386 - Bressuire 28 - Chantonnay 21 - Cholet 38 - Nantes 84 - La Roche-sur-Yon 54

85700 Vendée - 5 473 h. alt. 225.
Office de Tourisme, r. Georges-Clemenceau
✆ 02 51 91 82 46

Municipal le Lac, ✆ 02 51 91 37 55, O : 1,5 km par D 960 bis, rte de Chantonnay et chemin à droite, à 50 m du lac
0,37 ha (50 empl.) plat et terrasse, herbeux - A proximité :
avril-sept. - **R**

PRADES

15 - 86 ⑰ **G. Pyrénées Roussillon**

Paris 899 - Font-Romeu-Odeillo-Via 45 - Perpignan 45 - Vernet-les-Bains 11

66500 Pyr.-Or. - 6 009 h. alt. 360.
Office de Tourisme, 4 r. V.-Hugo
✆ 04 68 05 41 02, Fax 04 68 05 21 79

Municipal Plaine St-Martin, ✆ 04 68 96 29 83, sortie Nord par D 619, rte de Molitg-les-Bains et à droite avant la déviation - (locations)
1,8 ha (60 empl.) plat, herbeux - A proximité : - Location *(permanent)* :
avril-sept. - **R** *conseillée juil.-août* - *12* *10* *13/15* *14 (3 ou 6A)*

Le PRADET

17 - 84 ⑮

Paris 843 - Draguignan 77 - Hyères 11 - Toulon 11

83220 Var - 9 704 h. alt. 1.
Office de Tourisme, pl. Gén.-de-Gaulle
✆ 04 94 21 71 69, Fax 04 94 08 56 96

Lou Pantaï, ✆ 04 94 75 10 77, Fax 04 94 21 00 32, E : 2 km par rte de Carqueiranne et chemin à droite
1 ha (75 empl.) plat et peu incliné, pierreux, herbeux - Location :
mars-oct. - **R** *conseillée juil.-20 août* - *21* *20/21* *14 (3A) 19 (6A) 24 (10A)*

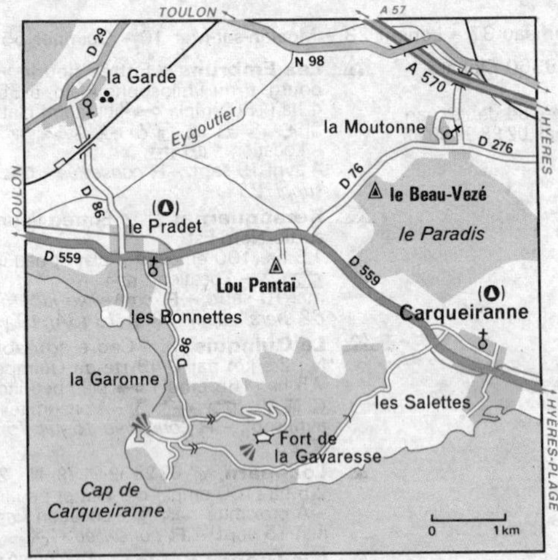

Voir aussi à *Carqueiranne*

PRADONS 07 Ardèche - 80 ⑨ - voir à Ardèche (Gorges de l')

PRAILLES

9 - 68 ⑪

Paris 395 - Melle 16 - Niort 21 - St-Maixent-l'École 14

79370 Deux-Sèvres - 584 h. alt. 150

Base Districale de Loisirs du Lambon, ✆ 05 49 32 85 11, SE : 2,5 km, à 200 m d'un plan d'eau
1 ha (50 empl.) (juil.-août) en terrasses, herbeux - A proximité : - Location *(permanent)* : pavillons
juin-sept. - **R** *conseillée juil.-août* - *Tarif 97 : tennis compris 2 pers. 42, pers. suppl. 16* *10*

PRALOGNAN-LA-VANOISE

12 - 74 ⑱ G. Alpes du Nord

Paris 638 - Albertville 55 - Chambéry 102 - Moûtiers 28

73710 Savoie - 667 h. alt. 1 425 - Sports d'hiver : 1 410/2 360 m 1 13
Office de Tourisme, 04 79 08 79 08, Fax 04 79 08 76 74

Le Parc Isertan « Site agréable », 04 79 08 75 24, Fax 04 79 08 76 73, au Sud du bourg, bord d'un torrent
4,5 ha (180 empl.) plat, en terrasses, herbeux, pierreux - self-service - - A proximité : patinoire -
Location :
15 déc.-avril, 20 mai-11 nov. - **R** *conseillée été et hiver* - GB - - *24 (hiver 26)* *24 (hiver 27)* *2A : 15 (hiver 26) 6A : 22 (hiver 36) 10A : 29 (hiver 46)*

Municipal le Chamois « Site agréable », 04 79 08 71 54, Fax 04 79 08 78 77, au Sud du bourg, bord d'un torrent
4 ha (200 empl.) peu incliné à incliné, plat, en terrasses, herbeux, pierreux - - A proximité : patinoire
juin-sept. - **R** - - *18* *17* *13/17* *14 (2A) 15 (3A) 16 (4A)*

Les PRAZ-DE-CHAMONIX 74 H.-Savoie - 74 ⑧ ⑨ - rattaché à Chamonix-Mont-Blanc

PRAZ-SUR-ARLY

12 - 74 ⑦

Paris 604 - Albertville 27 - Chambéry 77 - Chamonix-Mont-Blanc 41 - Megève 5

74120 H.-Savoie - 922 h. alt. 1 036 - Sports d'hiver : 1 036/2 000 m 14
Office de Tourisme, pl. de l'Église 04 50 21 90 57, Fax 04 50 21 98 08

Les Prés de l'Arly , 04 50 21 93 24, à 0,5 km au Sud-Est du bourg, à 100 m de l'Arly
1,4 ha (81 empl.) plat et terrasse, gravier, herbeux - - Location : appartements
Permanent - **Location longue durée** - *Places limitées pour le passage* - **R** - - *18* *7* *10 (hiver 18)* *18 (3A) 32 (10A)*

PRÉCHAC 65 H.-Pyr. - 85 ⑰ - rattaché à Argelès-Gazost

PRÉCIGNÉ

5 - 64 ①

Paris 256 - Angers 50 - Château-Gontier 33 - La Flèche 22 - Sablé-sur-Sarthe 10

72410 Sarthe - 2 299 h. alt. 36

Municipal des Lices « Entrée fleurie », 02 43 95 46 13, sortie Nord rte de Sablé-sur-Sarthe et rue de la Piscine à gauche
0,8 ha (50 empl.) plat et peu incliné, herbeux - - A proximité :
juin-15 sept. - **R** - *Tarif 97 :* *7,40* *3,10* *10,80 (15A)*

PRÉCY-SOUS-THIL

7 - 65 ⑰ G. Bourgogne

Paris 244 - Auxerre 84 - Avallon 39 - Beaune 80 - Dijon 65 - Montbard 33 - Saulieu 15

21390 Côte-d'Or - 603 h. alt. 323

Municipal « Dans le parc de l'hôtel de ville », 03 80 64 57 18, Fax 03 80 64 43 37, accès direct au Serein
1 ha (50 empl.) peu incliné et plat, herbeux - - - Location *(permanent)* : gîte d'étape, huttes
Pâques-Toussaint - **R** *conseillée 10 juil.-20 août* - *Tarif 97 :* *11* *13/20* *13*

PREIGNEY

8 - 66 ④

Paris 324 - Bourbonne-les-Bains 29 - Combeau-Fontaine 14 - Fayl-Billot 15 - Vesoul 39

70120 H.-Saône - 103 h. alt. 307

Le Lac , 03 84 68 55 37, Fax 03 84 68 55 59, S : 1,5 km par D 286, rte de Malvillers, à 150 m d'un plan d'eau
0,9 ha (50 empl.) (juil.-août) en terrasses, herbeux -
mai-15 sept. - **R** - - *13* *15* *15 (3A) 20 (6A)*

PREIXAN 11 Aude - 86 ⑦ - rattaché à Carcassonne

PREMEAUX-PRISSEY

12 - 69 ⑨ ⑩

Paris 323 - Arnay-le-Duc 48 - Beaune 14 - Dijon 25 - Nuits-St-Georges 4

21700 Côte-d'Or - 332 h. alt. 230

Intercommunal Saule Guillaume, 03 80 62 30 78, E : 1,5 km par D 109G, rte de Quincey, près d'un étang
2 ha (114 empl.) plat, herbeux, pierreux (1 ha) - -
A proximité :
14 juin-5 sept. - **R** - *Tarif 97 :* *12* *11* *11* *15,50 (6A) 25,50 (12A)*

PRÉMERY

11 - 65 ⑭ G. Bourgogne

Paris 228 - La Charité-sur-Loire 28 - Château-Chinon 55 - Clamecy 40 - Cosne-sur-Loire 48 - Nevers 29

58700 Nièvre - 2 377 h. alt. 237

Municipal, 03 86 37 99 42, sortie Nord-Est par D 977 rte de Clamecy et chemin à droite, près de la Nièvre et d'un plan d'eau
1,6 ha (46 empl.) (juil.-août) plat et peu incliné, herbeux, gravillons - - A proximité :
mai-15 sept. - **R** *juil.-août* - - *1 ou 2 pers. 45, pers. suppl. 18* *5*

PRÉSILLY

12 - 74 ⑥

Paris 532 – Annecy 30 – Bellegarde-sur-Valserine 37 – Bonneville 40 – Genève 20

74160 H.-Savoie – 562 h. alt. 683

Aire Naturelle le Terroir <, ✆ 04 50 04 48 93, NE : 2,3 km par D 218 et D 18 à gauche, rte de Viry
1 ha (25 empl.) plat, herbeux, bois attenant –
15 avril-15 oct. – **R** *conseillée* – *13* *5* *12* *12 (3A) 16 (5A)*

PRESLE **73** Savoie – 74 ⑯ – rattaché à La Rochette

PREUILLY-SUR-CLAISE

10 – 68 ⑤ ⑥ **G. Poitou Vendée Charentes**

Paris 294 – Le Blanc 31 – Châteauroux 67 – Châtellerault 35 – Loches 37 – Tours 69

37290 I.-et-L. – 1 427 h. alt. 80

Municipal, au Sud-Ouest du bourg, près de la piscine, de la Claise et d'un petit plan d'eau
0,7 ha (37 empl.) plat, herbeux – – A proximité : parcours sportif
mai-15 sept. – **R** – *6,80* *9,60* *9,60 (6A)*

PRIMELIN

3 – 58 ⑬

Paris 608 – Audierne 6 – Douarnenez 26 – Quimper 42

29770 Finistère – 931 h. alt. 78

Municipal de Kermalero <, ✆ 02 98 74 84 75, sortie Ouest vers le port
1 ha (75 empl.) (juil.-août) plat et peu incliné, herbeux – – A proximité : – Location :
Permanent – – *Tarif 97 :* *1 pers. 30, 2 pers. 50, pers. suppl. 15* *10 (6A)*

PRISCHES

2 – 53 ⑮

Paris 219 – Avesnes-sur-Helpe 13 – Le Cateau-Cambrésis 16 – Guise 25 – Hirson 34 – Lille 94 – St-Quentin 48

59550 Nord – 956 h. alt. 173

Municipal du Friset , par centre bourg, chemin du Friset, au stade
0,4 ha (23 empl.) plat, herbeux –
Permanent – **R** – *11,20* *4,40* *4,40* *8*

PRIVAS P

16 – 76 ⑲ **G. Vallée du Rhône**

Paris 598 – Alès 105 – Mende 141 – Montélimar 33 – Le Puy-en-Velay 91 – Valence 40

07000 Ardèche – 10 080 h. alt. 300.
Office de Tourisme, 3 r. E.-Reynier ✆ 04 75 64 33 35, Fax 04 75 64 73 95

Municipal d'Ouvèze <, ✆ 04 75 64 05 80, S : 1,5 km par D 2 rte de Montélimar et bd de Paste à droite, bord de l'Ouvèze
5 ha (166 empl.) plat, terrasses, peu incliné à incliné, herbeux – – A proximité : (découverte l'été)
Pâques-15 oct. (fermé 2 semaines en mai et sept.) – **R** *conseillée juil.-août* – GB – – *Tarif 97 :* *2 pers. 52, pers. suppl. 14,50* *14,50 (3A) 19,50 (5A)*

PROPIÈRES

11 – 73 ⑨

Paris 449 – Chauffailles 15 – Lyon 70 – Mâcon 53 – Roanne 48 – Villefranche-sur-Saône 42

69790 Rhône – 404 h. alt. 680

Municipal <, à 1 km au Sud du bourg par chemin, près d'un étang – croisement peu facile
2 ha/0,3 campable (16 empl.) plat, terrasse, herbeux – – A proximité : – Location *(permanent)* : gîtes
15 juin-15 sept. – **R** – – *élect. comprise 3 pers. 55, pers. suppl. 6*

PROYART

2 – 53 ⑫

Paris 132 – Amiens 33 – Arras 62 – Roye 24 – St-Quentin 45

80340 Somme – 514 h. alt. 87

Municipal la Violette , ✆ 03 22 85 81 36, N : 3 km par D 329, rte de Bray-sur-Somme et D 71 à gauche
1,5 ha (83 empl.) plat, herbeux –
mars-oct. – **R** – – *10* *5* *7* *9 (6A) 10 (10A)*

PRUILLÉ

4 – 63 ⑳

Paris 308 – Angers 21 – Candé 34 – Château-Gontier 31 – La Flèche 65

49220 M.-et-L. – 422 h. alt. 30

Municipal le Port , au Nord du bourg, bord de la Mayenne
1,2 ha (41 empl.) plat, herbeux –
15 mai-oct. – **R** – *Tarif 97 :* *6,50* *4* *4* *8*

PRUNIERS-EN-SOLOGNE

6 – 64 ⑱

Paris 211 – Blois 42 – Montrichard 44 – Romorantin-Lanthenay 9 – Valençay 21 – Vierzon 34

41200 L.-et-Ch. – 1 992 h. alt. 82

Municipal du Chêne , ✆ 02 54 96 52 31, O : 1,2 km par rte de Billy et chemin à droite, près d'un étang
1 ha (27 empl.) plat, herbeux, sablonneux – – A proximité : parcours de santé
15 juin-15 sept. – **R** – – *8,10* *8* *9,80*

PUGET-SUR-ARGENS

17 - 84 ⑦ ⑧

Paris 865 – Les Arcs 23 – Cannes 39 – Draguignan 25 – Fréjus 5 – Ste-Maxime 25

83480 Var – 5 865 h. alt. 17.
Syndicat d'Initiative, 4 pl. de l'Église
04 94 33 51 06

La Bastiane, 04 94 45 51 31, Fax 04 94 81 50 55, N : 2,5 km
3 ha (180 empl.) plat et accidenté, terrasses, pierreux, herbeux – – Location :
15 fév.-15 nov. – **R** *conseillée juil.-août* – – *piscine comprise 2 ou 3 pers. 145, pers. suppl. 32* *22 (3A) 25 (6A)*

Les Aubrèdes, 04 94 45 51 46, Fax 04 94 45 28 92, N : 1 km
3,8 ha (200 empl.) plat, peu incliné, herbeux pinède – snack – – Location :
4 avril-25 sept. – **R** *conseillée 15 juil.-15 août* – GB – – *piscine comprise 2 pers. 102, 3 pers. 125, pers. suppl. 23* *23 (10A)*

PUGET-THÉNIERS

17 - 81 ⑲ G. Alpes du Sud

Paris 832 – Barcelonnette 92 – Cannes 81 – Digne-les-Bains 88 – Draguignan 92 – Manosque 129 – Nice 65

06260 Alpes-Mar. – 1 703 h. alt. 405

Lou Gourdan , 04 93 05 10 53, sortie Sud-Est par D 2211^A, rte de Roquesteron et chemin à gauche, près du Var
0,9 ha (46 empl.) plat et peu incliné, herbeux, pierreux – – – A proximité :
15 mars-oct. – **R** *conseillée saison* – – *élect. (5A) et piscine comprises 2 pers. 66/73,50*

PUIMICHEL

17 - 81 ⑯

Paris 737 – Digne-les-Bains 30 – Forcalquier 26 – Gréoux-les-Bains 39 – Manosque 33 – Sisteron 31

04700 Alpes-de-H.-Pr. – 203 h. alt. 723

Les Matherons « Dans un site boisé », 04 92 79 60 10, SO : 3 km par D 12 rte d'Oraison et chemin empierré à droite – alt. 560
72 ha/3 campables (25 empl.) vallonné, herbeux, pierreux, bois attenant – –
Pâques-sept. – **R** *conseillée* – *10* *40* *12 (3A)*

PUIVERT

15 - 86 ⑥ G. Pyrénées Roussillon

Paris 802 – Belcaire 22 – Carcassonne 58 – Lavelanet 19 – Quillan 17

11230 Aude – 467 h. alt. 438

Municipal de Font Claire , 04 68 20 00 58, S : 0,5 km par D 16, rte de Lescale, bord d'un plan d'eau
1 ha (60 empl.) (juil.-août) plat, terrasse, herbeux, pierreux – – – A proximité :
mai-sept. – **R** *conseillée juil.-août* – *11* *30* *11 (6A)*

PUYBRUN

10 - 75 ⑲

Paris 522 – Beaulieu-sur-Dordogne 10 – Brive-la-Gaillarde 40 – Cahors 85 – St-Céré 13 – Souillac 34

46130 Lot – 672 h. alt. 146

La Sole , 05 65 38 52 37, Fax 05 65 10 91 09, sortie Est, rte de Bretenoux et chemin à droite après la station-service – dans locations (mobile homes)
2,3 ha (72 empl.) plat, herbeux (1,3 ha) – – – Location : bungalows toilés
avril-sept. – **R** *conseillée juil.-20 août* – GB – – *22 piscine comprise* *24* *16 (6 à 10A)*

Le PUY-EN-VELAY Ⓟ

11 - 76 ⑦ G. Auvergne

Paris 545 – Aurillac 171 – Clermont-Ferrand 131 – Lyon 135 – Mende 89 – St-Étienne 77 – Valence 111

43000 H.-Loire – 21 743 h. alt. 629.
Office de Tourisme, pl. du Breuil 04 71 09 38 41, Fax 04 71 05 22 62 et (juil.-août) r. des Tables 04 71 05 99 02

à Blavozy E : 9 km par N 88 rte de St-Étienne – 1 163 h. alt. 680
✉ 43700 Blavozy :

Le Moulin de Barette , 04 71 03 00 88, Fax 04 71 03 00 51, O : 2,8 km par rte du Puy-en-Velay et, après le pont sur la N 88, D 156 rte de Chaspinhac, bord de la Sumène
1,3 ha (100 empl.) peu incliné, herbeux – self – – Location *(permanent)* : (hôtel et motel)
mai-15 nov. – **R** *conseillée* – GB – – *20 piscine et tennis compris* *25* *18 (12A)*

PUY-HARDY

9 - 67 ⑰

Paris 405 – Bressuire 41 – Champdeniers 17 – Coulonges-sur-l'Autize 7 – Niort 29 – Parthenay 29

79160 Deux-Sèvres – 44 h. alt. 100

Municipal le Saumort , à 0,6 km au Sud du bourg, près du Saumort – Accès et croisement difficiles pour caravanes (pente à 15%)
0,6 ha (20 empl.) incliné et en terrasses, herbeux, pierreux –
15 juin-sept. – **R** – *10* *10* *9 (16A)*

PUY-L'ÉVÊQUE

14 - 79 ⑦ G. Périgord Quercy

Paris 589 – Cahors 30 – Gourdon 42 – Sarlat-la-Canéda 56 – Villeneuve-sur-Lot 43

46700 Lot – 2 209 h. alt. 130

L'Évasion, 05 65 30 80 09, Fax 05 65 30 81 12, NO : 3 km par D 28 rte de Villefranche-du-Périgord et chemin à droite
4 ha/1 campable (50 empl.) en terrasses, pierreux, herbeux (1 ha) – – – – Location *(permanent)* :
mai-15 oct. – **R** *conseillée juil.-août* – GB – – *piscine et tennis compris 1 pers. 40 13 (5A)*

PUYMIROL

14 - 79 ⑮ G. Pyrénées Aquitaine

Paris 627 – Agen 17 – Moissac 33 – Villeneuve-sur-Lot 30

47270 L.-et-G. – 777 h. alt. 153

Municipal de Laman, SO : 1,4 km par D 248, D 16 rte d'Agen et chemin à gauche, près d'un étang
0,3 ha (25 empl.) plat et terrasse, herbeux – – A proximité :
mai-oct. – – *11 5 6 11*

PUY-ST-VINCENT

12 - 77 ⑰ G. Alpes du Sud

Paris 701 – L'Argentière-la-Bessée 10 – Briançon 21 – Gap 84 – Guillestre 31 – Pelvoux 6

05290 H.-Alpes – 235 h. alt. 1 325

Municipal Croque Loisirs « Site et cadre agréables », 04 92 23 44 22, S : 1,8 km par rte de Puy-St-Vincent 1600 et chemin à gauche – alt. 1 400
2 ha (60 empl.) en terrasses, herbeux, pierreux, bois attenant – –
15 juin-15 sept. – **R** *conseillée 15 juil.-15 août* – GB – – *2 pers. 51, pers. suppl. 20 10 (5A) 14 (10A)*

PYLA-SUR-MER

33 Gironde – 71 ⑳ – voir à Arcachon (Bassin d')

Les QUATRE-ROUTES-DU-LOT

13 - 75 ⑲

Paris 507 – Beaulieu-sur-Dordogne 19 – Brive-la-Gaillarde 25 – Cahors 88 – Rocamadour 29 – Souillac 24

46110 Lot – 588 h. alt. 127

Municipal le Vignon, 05 65 32 16 43, SE : 0,6 km par D 32 rte de St-Denis-lès-Martel, bord d'un ruisseau et près d'un étang
1 ha (27 empl.) plat, herbeux – –
juil.-août – **R** – *14 14 14*

QUEIGE

12 - 74 ⑰

Paris 584 – Albertville 9 – Annecy 46 – Beaufort 12 – Bourg-St-Maurice 49 – Megève 32

73720 Savoie – 716 h. alt. 600

Municipal des Glières, 04 79 38 02 97, S : 1,3 km, sur D 925, rte d'Albertville, bord du Doron de Beaufort
0,5 ha (33 empl.) (14 juil.-15 août) plat, herbeux, pierreux – –
15 juin-15 sept. – – – *13,50 8 9 13*

QUEND

1 - 51 ⑪

Paris 215 – Abbeville 35 – Amiens 80 – Berck-sur-Mer 15 – Hesdin 39 – Montreuil 22

80120 Somme – 1 209 h. alt. 5

Les Deux Plages, 03 22 23 48 96, NO : 1,3 km par rte de Quend-Plage-les-Pins et rte à droite
1,8 ha (100 empl.) plat, herbeux – –
mars-10 oct. – Location longue durée – *Places disponibles pour le passage* – **R** – – *Tarif 97 : piscine comprise 2 pers. 65, pers. suppl. 24 15 (2A) 22 (4A) 26 (6A)*

Les Genêts, 03 22 27 48 40, **à Routhiauville** : NO : 4 km par D 32, rte de Fort-Mahon-Plage
2 ha (128 empl.) plat, herbeux – –
avril-1er nov. – Location longue durée – *Places disponibles pour le passage* – **R** *conseillée juil.-août* – *2 pers. 58 (73 avec élect. 3A), pers. suppl. 17*

QUESTEMBERT

4 - 63 ④ G. Bretagne

Paris 445 – Ploërmel 32 – Redon 34 – Rennes 98 – La Roche-Bernard 22 – Vannes 27

56230 Morbihan – 5 076 h. alt. 100.
Office de Tourisme, Hôtel Belmont 02 97 26 56 00, Fax 02 97 26 54 55

Municipal de Célac, 02 97 26 11 24, O : 1,2 km par D 1, rte d'Elven, bord d'un étang
2 ha (85 empl.) plat, peu incliné, herbeux – –
15 juin-15 sept. – **R** – – *7,90 6,10 5,40 10,90 (12A)*

QUETTEHOU

4 - 54 ③

Paris 344 – Barfleur 10 – Bayeux 82 – Cherbourg 28 – Valognes 16

50630 Manche – 1 395 h. alt. 14.
Office de Tourisme, pl. de la Mairie 02 33 43 63 21

Le Rivage, 02 33 54 13 76, S : 1,8 km par D 14, rte de Morsalines, à 500 m de la mer
1,6 ha (95 empl.) plat, herbeux – – poneys – Location :
avril-sept. – **R** *conseillée* – – *Tarif 97 : 12 20 14 (5A)*

QUIBERON (Presqu'île de)

56 Morbihan

3 - 63 ⑪ G. Bretagne

Quiberon - 4 623 h. alt. 10 - ✉ 56170 Quiberon.

Office de Tourisme, 14 r. Verdun ☎ 02 97 50 07 84, Fax 02 97 30 58 22

Paris 504 - Auray 27 - Concarneau 98 - Lorient 47 - Vannes 46

Le Bois d'Amour, ☎ 02 97 50 13 52, SE : 1,5 km, à 300 m de la mer et du Centre de Thalassothérapie
4,6 ha (290 empl.) plat, sablonneux, herbeux - crêperie, pizzeria - - A proximité : - Location :
3 avril-27 sept. - **R** *conseillée* - GB - *37 piscine comprise* *69* *19 (4A) 25 (10A)*

Les Joncs du Roch, ☎ 02 97 50 24 37, SE : 2 km, r. de l'aérodrome, à 500 m de la mer
2,3 ha (163 empl.) (saison) plat, herbeux - - A proximité : poneys
Pâques-29 sept. - **R** *conseillée juil.-août* - GB - *25* *53* *14 (4A) 21 (10A)*

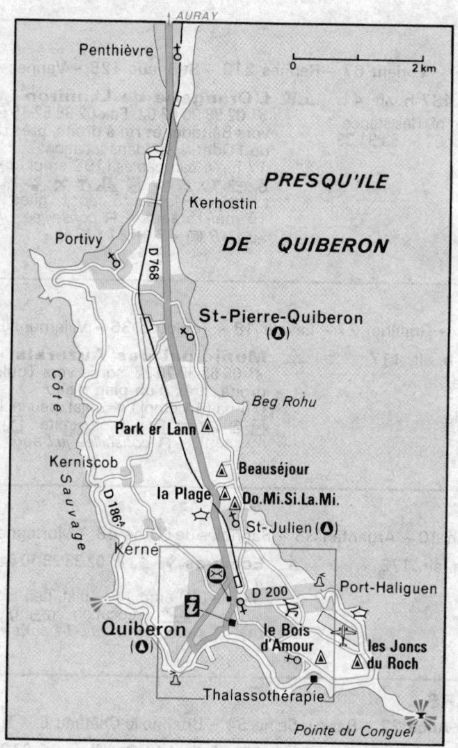

St-Julien - ✉ 56170 Quiberon.

Paris 503 - Auray 26 - Lorient 45 - Quiberon 2 - Vannes 44

Do.Mi.Si.La.Mi., ☎ 02 97 50 22 52, Fax 02 97 50 26 69, N : 0,6 km, à 50 m de la mer - dans locations et juil.-août sur le camping
2,2 ha (170 empl.) plat et peu incliné, herbeux - - - A proximité : snack - Location :
avril-oct. - *19* *59* *14 (3A) 21 (10A)*

La Plage, ☎ 02 97 30 46 23, Fax 02 97 50 40 98, N : 0,5 km, à 150 m de la mer
2,2 ha (179 empl.) (saison) plat et peu incliné, herbeux - - - A proximité : snack - Location :
avril-20 sept. - **R** *conseillée juil.-août* - - *2 pers. 100, pers. suppl. 20* *17 (3A) 21 (10A)*

Beauséjour, ☎ 02 97 30 44 93, Fax 02 97 30 52 51, N : 0,8 km, à 50 m de la mer
2,4 ha (160 empl.) plat et peu incliné, herbeux, sablonneux - - - A proximité : snack
avril-sept. - **R** *conseillée juil.-août* - *18* *70* *17 (3A) 21 (6A) 25 (10A)*

St-Pierre-Quiberon – 2 184 h. alt. 12 – ✉ 56510 St-Pierre-Quiberon.
Paris 501 – Auray 24 – Lorient 43 – Quiberon 5 – Vannes 42

Park er Lann, ✆ 02 97 50 24 93, S : 1,5 km par D 768, à 400 m de la mer – dans locations
1,6 ha (135 empl.) plat, herbeux – –
Location :
Pâques-sept. – **R** *conseillée juil.-août* – – *25* *15* *36* *20 (5 à 10A)*

QUILLAN

15 – 86 ⑦ **G. Pyrénées Roussillon**

Paris 816 – Andorra la Vella 115 – Ax-les-Thermes 54 – Carcassonne 52 – Foix 62 – Font-Romeu-Odeillo-Via 77 – Perpignan 76

11500 Aude – 3 818 h. alt. 291

La Sapinette <, ✆ 04 68 20 13 52, O : 0,8 km par D 79, rte de Ginoles
1,8 ha (90 empl.) plat, peu incliné, terrasses, herbeux, bois de sapins attenant – – – A proximité :
avril-3 nov. – **R** *conseillée saison* – – *20* *20* *15 (3A) 20 (6A)*

QUIMPER P

3 – 58 ⑮ **G. Bretagne**

Paris 564 – Brest 71 – Lorient 67 – Rennes 216 – St-Brieuc 128 – Vannes 119

29000 Finistère – 59 437 h. alt. 41.
Office de Tourisme, pl. Résistance
✆ 02 98 53 04 05, Fax 02 98 53 31 33

L'Orangerie de Lanniron « Prairie fleurie près du château », ✆ 02 98 90 62 02, Fax 02 98 52 15 56, S : 3 km par bd périphérique puis sortie vers Bénodet et rte à droite, près de la zone de Loisirs de Creac'h Gwen, bord de l'Odet – dans locations
17 ha/4 campables (199 empl.) plat, herbeux (2 ha) – – practice de golf – Location *(Pâques-15 sept.)* : gîtes
15 mai-15 sept. – **R** *conseillée juil.-août* – GB – – *28 piscine comprise* *18* *48* *21 (10A)*

RABASTENS

15 – 82 ⑨ **G. Pyrénées Roussillon**

Paris 670 – Albi 41 – Graulhet 27 – Lavaur 18 – Toulouse 36 – Villemur-sur-Tarn 25

81800 Tarn – 3 825 h. alt. 117.
Office de Tourisme, (mi-fév.-15 déc.)
2 r. Amédée-Clausade
✆ 05 63 40 65 65

Municipal des Auzerals < « Cadre et situation agréables », ✆ 05 63 33 70 36, sortie vers Toulouse puis 2,5 km par D 12 rte de Grazac à droite, près d'un plan d'eau
0,5 ha (44 empl.) plat, peu incliné et en terrasses, herbeux – – A proximité :
mai-sept. – **R** *conseillée juil.-août* – *13* *9* *8 (10 ou 15A)*

RADON

5 – 60 ③

Paris 191 – Alençon 10 – Argentan 38 – Bagnoles-de-l'Orne 48 – Mortagne-au-Perche 37

61250 Orne – 880 h. alt. 175

Ecouves <, ✆ 02 33 28 10 64, O : 3,8 km par D 1 et D 28, rte de Mortrée à droite
3,8 ha (40 empl.) plat, peu incliné, herbeux, étang – – – Location : , gîte d'étape
mai-1er oct. – **R** *14 juil.-14 août* – – *9,50* *9,50* *12,50* *15 (6A)*

RADONVILLIERS

7 – 61 ⑱

Paris 209 – Bar-sur-Aube 22 – Bar-sur-Seine 34 – Brienne-le-Château 5 – Troyes 35

10500 Aube – 370 h. alt. 130

Municipal le Garillon, ✆ 03 25 92 21 46, sortie Sud-Ouest par D 11 rte de Piney et à droite, bord d'un ruisseau et à 250 m du lac – (haut de la digue par escalier)
1 ha (55 empl.) plat, herbeux – – A proximité :
juin-15 sept. – **R** *conseillée 14 juil.-15 août* – *11* *13,50* *6,50 (3A) 13,50 (6A)*

RAGUENÈS-PLAGE

3 – 58 ⑪ **G. Bretagne**

Paris 545 – Carhaix-Plouguer 70 – Concarneau 17 – Pont-Aven 12 – Quimper 41 – Quimperlé 29

29 Finistère – ✉ 29920 Névez

Les Deux Fontaines , ✆ 02 98 06 81 91, Fax 02 98 06 71 80, N : 1,3 km par rte de Névez et rte de Trémorvezen
5,5 ha (240 empl.) plat, herbeux – – toboggan aquatique – Location :
15 mai-15 sept. – **R** *conseillée* – GB – – *27 piscine comprise* *12* *53* *19 (6A)*

Le Raguenès-Plage, ✆ 02 98 06 80 69, Fax 02 98 06 89 05, à 500 m de la mer – juil.-août dans locations
5 ha (287 empl.) plat, herbeux – snack – – Location :
Pâques-sept. – **R** *conseillée juil.-août* – – *Tarif 97 :* *piscine comprise 2 pers. 120, pers. suppl. 29* *15 (2A) 20 (6A) 30 (10A)*

L'Océan « Entrée fleurie », 02 98 06 87 13, Fax 02 98 06 78 26, sortie Nord par rte de Névez et à droite à 350 m de la plage (accès direct)
2,2 ha (150 empl.) plat, herbeux, sablonneux
15 mai-15 sept. - **R** *conseillée juil.-août - 22,50 35 13,50 (3A) 15,50 (4A) 22 (10A)*

Le Vieux Verger, 02 98 06 83 17, Fax 02 98 06 76 74, sortie Nord rte de Névez - En deux parties distinctes
1,5 ha (100 empl.) (juil.-août) plat, herbeux
Pâques-sept. - **R** *conseillée 15 juil.-20 août - Tarif 97 : 13,50 7,10 14 10,50 (4A) 14,30 (6A) 16,40 (10A)*

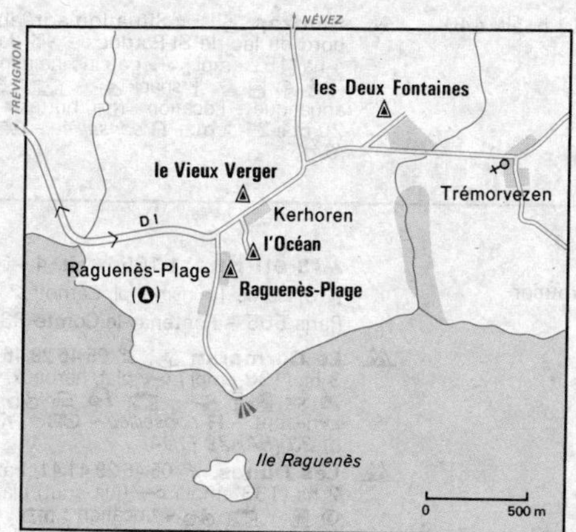

RAMATUELLE

17 - 84 ⑰ G. Côte d'Azur

Paris 873 - Fréjus 35 - Hyères 51 - Le Lavandou 36 - St-Tropez 9 - Ste-Maxime 15 - Toulon 71

83350 Var - 1 945 h. alt. 136

Schéma à Grimaud

Les Tournels « Belle entrée fleurie et cadre agréable », 04 94 55 90 90, Fax 04 94 55 90 99, E : 3,5 km, rte du Cap Camarat
20 ha (975 empl.) accidenté, en terrasses, herbeux, pierreux pinède - cases réfrigérées -
A proximité : snack - Location :
fermé 11 janv.-9 fév. - **R** *conseillée juil.-août - GB - 38 piscine comprise 62 ou 83 avec élect. (3 ou 5A)*

RAMBOUILLET

6 - 60 ⑨ G. Ile de France

Paris 52 - Chartres 41 - Étampes 39 - Mantes-la-Jolie 50 - Orléans 89 - Versailles 32

78120 Yvelines - 24 343 h. alt. 160.

Office de Tourisme, Hôtel-de-Ville 01 34 83 21 21, Fax 01 34 57 34 58

L'Étang d'Or « Situation agréable, entrée fleurie », 01 30 41 07 34, S : 3 km, près d'un étang
4,7 ha (220 empl.) plat, gravier, herbeux snack
Permanent - Location longue durée - *Places disponibles pour le passage -* **R** *conseillée juil.-août - GB - 21 24 4A : 14 (hors saison estivale 18)*

RÂNES

5 - 60 ② G. Normandie Cotentin

Paris 215 - Alençon 39 - Argentan 19 - Bagnoles-de-l'Orne 19 - Falaise 34

61150 Orne - 1 015 h. alt. 237.

Syndicat d'Initiative, à la Mairie 02 33 39 73 87, Fax 02 33 39 79 77

Municipal du Parc, 02 33 39 73 93, au Sud-Ouest du bourg, dans le parc du Château
11 ha (30 empl.) plat, herbeux
Pâques-sept. - **R** *conseillée juil.-août - Tarif 97 : 8 5 12 8 (5A) 15 (10A) 25 (15A)*

RANSPACH

8 - 87 ⑱ G. Alsace Lorraine

Paris 458 - Belfort 53 - Bussang 14 - Gérardmer 38 - Thann 13

68470 H.-Rhin - 907 h. alt. 430

Les Bouleaux , 03 89 82 64 70, au Sud du bourg par N 66
1,75 ha (100 empl.) plat, herbeux
avril-1er oct. - **R** *conseillée juil.-août - 23 piscine comprise 22 20 (4A)*

RAVENOVILLE

4 - 54 ③

Paris 325 - Barfleur 28 - Carentan 21 - Cherbourg 39 - St-Lô 49 - Valognes 18

50480 Manche - 251 h. alt. 6

Le Cormoran « Belle décoration florale », 02 33 41 33 94, Fax 02 33 95 16 08, NE : 3,5 km par D 421, rte d'Utah Beach, près de la plage
6,5 ha (230 empl.) plat, herbeux, sablonneux - snack - - Location :
3 avril-27 sept. - Location longue durée - *Places disponibles pour le passage* - **R** *conseillée juil.-25 août* - GB - *25 piscine comprise* *32* *21 (6A)*

RAZÈS

10 - 72 ⑦ ⑧

Paris 367 - Argenton-sur-Creuse 68 - Bellac 31 - Guéret 64 - Limoges 28

87640 H.-Vienne - 919 h. alt. 440

Santrop « Situation agréable », 05 55 71 08 08, O : 4 km par D 44, bord du lac de St-Pardoux - dans locations
4 ha (152 empl.) peu incliné à incliné, herbeux, gravier (2 ha) - snack - - A proximité : (plage) toboggan aquatique - Location : , huttes
20 mai-21 sept. - **R** *conseillée* - GB - - *2 pers. 86, pers. suppl. 22* *14 (6A)*

RÉ (Île de)

9 - 71 ⑫ **G. Poitou Vendée Charentes**

17 Char.-Mar.
Accès : par le pont routier (voir à La Rochelle)

Ars-en-Ré - 1 165 h. alt. 4 - 17590 Ars-en-Ré.

Office de Tourisme, pl. Carnot 05 46 29 46 09, Fax 05 46 29 68 30

Paris 505 - Fontenay-le-Comte 83 - Luçon 72 - La Rochelle 35

Le Cormoran , 05 46 29 46 04, Fax 05 46 29 29 36, O : 1 km
3 ha (138 empl.) plat, herbeux, sablonneux - - - Location :
avril-sept. - **R** *conseillée* - GB - - *piscine et tennis compris 3 pers. 195* *23 (5A) 29 (10A)*

Les Dunes, 05 46 29 41 41, Fax 05 46 29 68 06, NO : 1,5 km
2 ha (133 empl.) (juil.-août) plat, herbeux, sablonneux - - - Location :
fév.-nov. - **R** *conseillée* - - *3 pers. 95* *15 (2A) 22 (4A) 27 (6A)*

Le Soleil , 05 46 29 40 62, Fax 05 46 29 41 74, SO : 0,5 km, à 300 m de l'océan
2 ha (140 empl.) plat, sablonneux, herbeux - - - A proximité :
2 mars-15 nov. - **R** *conseillée* - GB - - *Tarif 97 :* *3 pers. 126* *20 (4A) 28 (10A)*

Camp du S.I. , 05 46 29 44 73, SO : 1 km, accès direct à l'océan
1,8 ha (140 empl.) plat, sablonneux, herbeux (1,2 ha) - -
avril-sept. - **R** *conseillée* - GB - - *3 pers. 105* *18 (5A) 26 (10A)*

Municipal la Combe à l'Eau , 05 46 29 46 42, O : 1,5 km, accès direct à l'océan
5 ha (400 empl.) plat et peu accidenté, sablonneux, herbeux - - - A proximité :
avril-sept. - **R** - - *2 pers. 58, pers. suppl. 22* *18 (6A)*

Le Bois-Plage-en-Ré - 2 014 h. alt. 5

17580 Le Bois-Plage-en-Ré.

Office de Tourisme, 18 r. de l'Eglise 05 46 09 23 26, Fax 05 46 09 13 15

Paris 492 - Fontenay-le-Comte 70 - Luçon 59 - La Rochelle 23

Interlude-Gros Jonc « Entrée fleurie », 05 46 09 18 22, Fax 05 46 09 23 38, SE : 2,3 km, à 150 m de la plage
6 ha (300 empl.) peu accidenté et plat, sablonneux, herbeux (3 ha) - - (bassin couvert) - A proximité : - Location :
28 mars-21 sept. - **R** *conseillée* - GB - - *50 piscine comprise* *84* *26 (6A)*

La Bonne Etoile , 05 46 09 10 16, Fax 05 46 09 43 13, SE : 2,2 km
3,2 ha (200 empl.) plat, sablonneux, herbeux - snack - - Location :
Permanent - Location longue durée - *Places limitées pour le passage* - **R** *conseillée, indispensable juil.-août* - GB - - *piscine comprise 3 pers. 180* *30 (6A)*

Les Varennes , 05 46 09 15 43, Fax 05 46 09 47 27, SE : 1,7 km
2 ha (148 empl.) plat, sablonneux, herbeux - - - Location :
avril-sept. - **R** *conseillée* - GB - - *Tarif 97 :* *piscine comprise 3 pers. 150* *23 (6A)*

Antioche , 05 46 09 23 86, Fax 05 46 09 43 34, SE : 3 km, à 500 m de la plage (accès direct)
3 ha (120 empl.) (saison) plat et peu incliné, herbeux, sablonneux (1,5 ha) - -
27 mars-sept. - **R** *conseillée juil.-août* - - *3 pers. 138 (168 avec élect. 6A)*

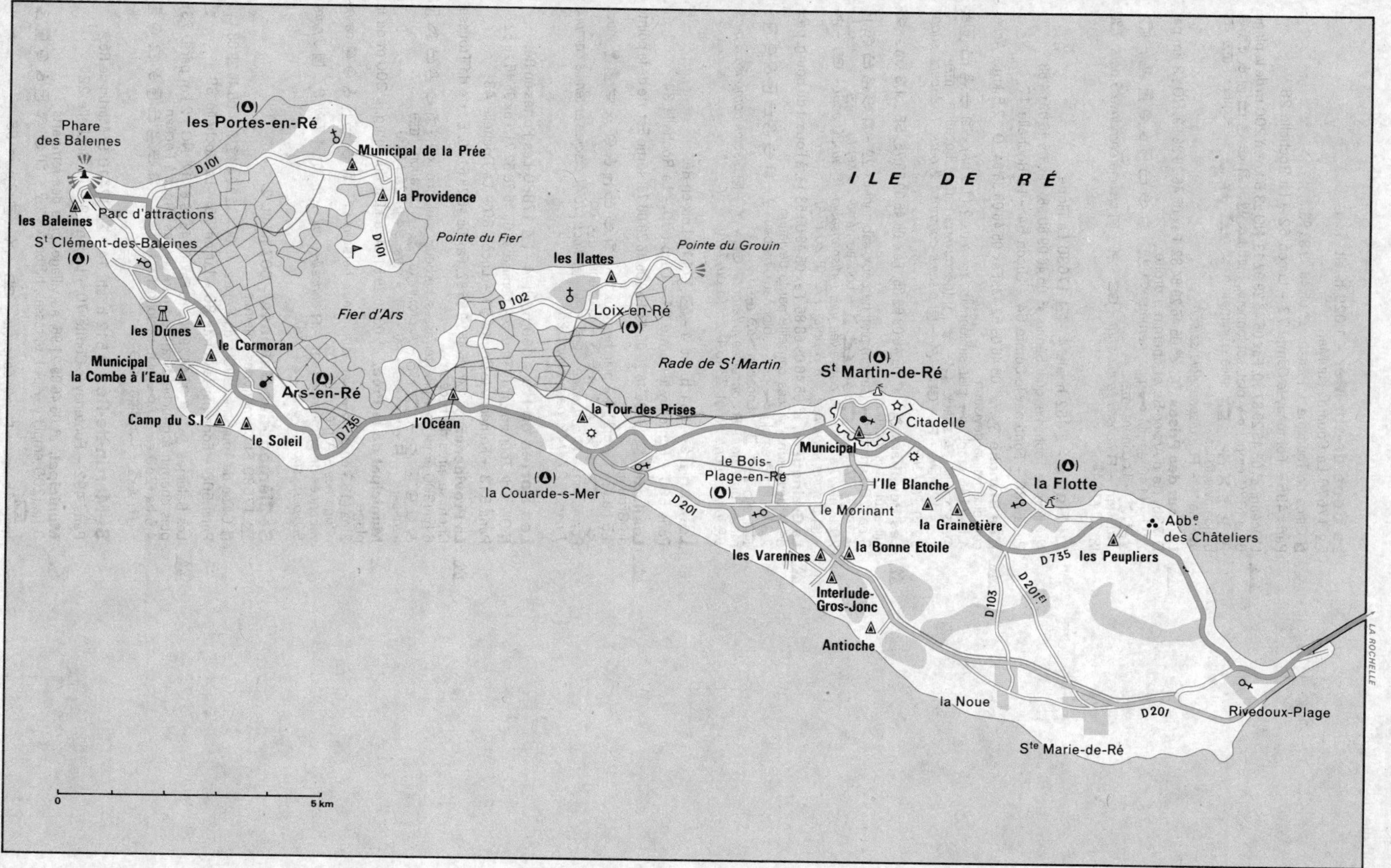
ILE DE RÉ
Phare des Baleines
les Portes-en-Ré
Municipal de la Prée
la Providence
D 101
les Baleines
Parc d'attractions
St Clément-des-Baleines
Pointe du Fier
les Ilattes
Pointe du Grouin
D 102
Loix-en-Ré
Fier d'Ars
les Dunes
le Cormoran
Municipal la Combe à l'Eau
Ars-en-Ré
Rade de St Martin
St Martin-de-Ré
Camp du S.I
le Soleil
D 735
l'Océan
la Tour des Prises
Citadelle
Municipal
le Bois-Plage-en-Ré
la Couarde-s-Mer
D 201
l'Ile Blanche
la Flotte
le Morinant
la Grainetière
Abbe des Châteliers
les Varennes
la Bonne Etoile
D 735
les Peupliers
Interlude-Gros-Jonc
D 103
D 201E1
Antioche
LA ROCHELLE
la Noue
D 201
Rivedoux-Plage
Ste Marie-de-Ré
0
5 km

La Couarde-sur-Mer - 1 029 h. alt. 1

17670 La Couarde-sur-Mer.

Office de Tourisme, r. Pasteur 05 46 29 82 93

Paris 495 - Fontenay-le-Comte 73 - Luçon 62 - La Rochelle 26

L'Océan, 05 46 29 87 70, Fax 05 46 29 92 13, NO : 3,5 km, à 200 m de la plage
6 ha (330 empl.) plat, sablonneux, herbeux - salle d'animation - Location : bungalows toilés
avril-sept. - **R** *indispensable saison*

La Tour des Prises, 05 46 29 84 82, Fax 05 46 29 88 99, NO : 3 km par D 735, rte d'Ars-en-Ré et chemin à droite
2,2 ha (140 empl.) plat, herbeux - Location :
avril-sept. - **R** *conseillée juil.-août* - GB - *piscine comprise 3 pers. 130* *20 (10A)*

La Flotte - 2 452 h. alt. 4 - 17630 La Flotte.

Office de Tourisme, quai Sénac 05 46 09 60 38, Fax 05 46 09 64 88

Paris 486 - Fontenay-le-Comte 64 - Luçon 54 - La Rochelle 17

L'Île Blanche, 05 46 09 52 43, Fax 05 46 09 36 94, O : 2,5 km - Accès conseillé par la déviation
4 ha (176 empl.) plat, sablonneux, pierreux (1,5 ha) - snack - (découverte l'été) - Location :
mars-12 nov. - **R** - GB - *piscine comprise 2 pers. 152, pers. suppl. 39* *20 (10A)*

Les Peupliers, 05 46 09 62 35, Fax 05 46 09 59 76, SE : 1,3 km - juil.-août dans locations
3 ha (200 empl.) (saison) plat, herbeux, sablonneux - Location *(mai-20 sept.)* :
20 avril-20 sept. - **R** *conseillée juil., indispensable 1er au 20 août* - GB - - *piscine comprise 1 à 3 pers. 172* *20 (5A)*

La Grainetière, 05 46 09 68 86, Fax 05 46 09 53 13, à l'ouest du bourg, près de la déviation - Accès conseillé par la déviation
2,3 ha (150 empl.) plat, sablonneux, herbeux - Location :
mars-Toussaint - **R** *conseillée juil.-août* - GB - *piscine comprise 3 pers. 99, pers. suppl. 25* *22 (3A) 25 (5 ou 10A)*

Loix-en-Ré - 561 h. alt. 4 - 17111 Loix-en-Ré.

Paris 503 - Fontenay-le-Comte 81 - Luçon 70 - La Rochelle 34

Les ilattes, 05 46 29 05 43, Fax 05 46 29 06 79, sortie Est, rte de la pointe du Grouin,
4,5 ha (241 empl.) plat, herbeux - snack - Location :
Permanent - **R** *conseillée* - GB - *élect. (10A), piscine et tennis compris 1 pers. 127/143, pers. suppl. 25*

Les Portes-en-Ré - 660 h. alt. 4 - 17880 Les Portes-en-Ré.

Office de Tourisme, r. de Trousse-Chemise 05 46 29 52 71, Fax 05 46 29 52 81

Paris 513 - Fontenay-le-Comte 91 - Luçon 80 - La Rochelle 43

La Providence, 05 46 29 56 82, Fax 05 46 29 61 80, E : rte de Trousse-Chemise, près de l'océan
6 ha (300 empl.) plat, terrasses, herbeux, sablonneux - A proximité : - Location :
avril-sept. - **R** *conseillée* - *3 pers. 94* *25 (10A)*

Municipal de la Prée, 05 46 29 51 04, à l'Est du bourg, à 300 m de la plage
2 ha (133 empl.) plat, sablonneux, herbeux - cases réfrigérées - A proximité :
vacances de printemps-sept. - **R** *conseillée juil.-août* - *Tarif 97 : 3 pers. 90, pers. suppl. 18* *22 (16A)*

St-Clément-des-Baleines - 607 h. alt. 2

17590 St-Clément-des-Baleines.

Office de Tourisme, 200 r. du Centre 05 46 29 24 19, Fax 05 46 29 08 14

Paris 508 - Fontenay-le-Comte 86 - Luçon 75 - La Rochelle 39

Les Baleines, 05 46 29 40 76, Fax 05 46 29 67 12, NO : 2 km par D 735 puis chemin à gauche avant le phare, accès direct à l'océan
4,5 ha (250 empl.) plat, sablonneux, herbeux - - Location :

St-Martin-de-Ré - 2 512 h. alt. 14 - 17410 St-Martin-de-Ré.

Paris 492 - Fontenay-le-Comte 70 - Luçon 59 - La Rochelle 22

Municipal, 05 46 09 21 96, au village, près des remparts
3 ha (200 empl.) plat, terrasses, herbeux -
mars-15 oct. - **R** *indispensable* - GB - *3 pers. 65*

RÉALLON

17 - 77 ⑰

Paris 695 - Embrun 16 - Gap 32 - Mont-Dauphin 35 - Savines-le-Lac 13

05160 H.-Alpes - 185 h. alt. 1 380

Municipal ≤ montagnes « Site agréable », ✆ 04 92 44 27 08, Fax 04 92 44 23 19, NO : 2 km par D 241, près du Réallon - alt. 1 434
0,8 ha (50 empl.) peu incliné, gravier, pierreux, herbeux - (bassin)
fermé vacances de Toussaint - **R** *conseillée* - *2 pers. 44/46 5A : 17 (hiver 30)*

RÉALMONT

15 - 83 ①

Paris 705 - Albi 20 - Castres 24 - Graulhet 18 - Lacaune 56 - Toulouse 79

81120 Tarn - 2 631 h. alt. 212

Municipal la Batisse , ✆ 05 63 55 50 41, SO : 2,5 km par D 631, rte de Graulhet et chemin à gauche, bord du Dadou
2,5 ha (44 empl.) plat, herbeux -
mai-sept. - **R** - *3 pers. 37/45, pers. suppl. 8 9 (3A)*

REBECQUES

1 - 51 ⑬

Paris 242 - Arras 62 - Béthune 35 - Boulogne-sur-Mer 58 - Hesdin 42 - St-Omer 14

62120 P.-de-C. - 397 h. alt. 33

Le Lac, ✆ 03 21 39 58 58, S : 1 km par D 189, rte de Thérouanne et chemin à gauche, bord d'un plan d'eau
10 ha/2 campables (95 empl.) plat, herbeux, gravier -
avril-oct. - Location longue durée - *Places disponibles pour le passage* - **R** *conseillée juil.-août - Tarif 97 : 11 35 7 (3A)*

RECOUBEAU-JANSAC

16 - 77 ⑭

Paris 640 - La Chapelle-en-Vercors 54 - Crest 50 - Die 14 - Rémuzat 43 - Valence 80

26310 Drôme - 197 h. alt. 500

Le Couriou ≤, ✆ 04 75 21 33 23, Fax 04 75 21 38 42, NO : 0,7 km par D 93, rte de Die
4,5 ha (112 empl.) non clos, en terrasses, peu incliné, herbeux, pierreux, gravier, bois attenant - snack -
15 mai-15 sept. - **R** *indispensable juil.-août* - - *20 piscine comprise 29*

RECOULES-PRÉVINQUIÈRES

15 - 80 ④

Paris 618 - Espalion 36 - Mende 72 - Millau 46 - Rodez 39 - Sévérac-le-Château 11

12150 Aveyron - 444 h. alt. 624

Le Plo, sortie Sud-Est par D 511^{E}, rte de Lavernie
1 ha (50 empl.) plat, herbeux - - (bassin)
- Location *(permanent)* : huttes
mai-sept. - **R** - - *14,50 7,50 7,50 17 (15A)*

RÉGUINY

3 - 63 ③

Paris 444 - Josselin 15 - Locminé 17 - Pontivy 20 - Rohan 11 - Vannes 39

56500 Morbihan - 1 490 h. alt. 107

Municipal de l'Étang ≤, ✆ 02 97 38 61 43, SE : 1,5 km par D 11, près d'un plan d'eau
2 ha (65 empl.) plat, herbeux - - - A proximité :
parcours sportif

RÉGUSSE

17 - 84 ⑤

Paris 811 - Aups 9 - Draguignan 37 - Gréoux-les-Bains 36 - Riez 31 - St-Maximin-la-Ste-Baume 43

83630 Var - 820 h. alt. 545

Les Lacs du Verdon « Cadre agréable », ✆ 04 94 70 17 95, Fax 04 94 70 51 79, NE : 2,8 km par rte de St-Jean
14 ha/8 campables (300 empl.) plat, pierreux -
snack, pizzeria - - Location :
mai-15 sept. - **R** *conseillée juil.-août* - GB - - *piscine comprise 2 pers. 105 18 (6A) 25 (10A)*

REMOULINS

16 - 80 ⑲ G. Provence

Paris 686 - Alès 50 - Arles 34 - Avignon 22 - Nîmes 23 - Orange 34 - Pont-St-Esprit 41

30210 Gard - 1 771 h. alt. 27

La Soubeyranne , ✆ 04 66 37 03 21, Fax 04 66 37 14 65, S : 1,8 km par N 86 et D 986L, rte de Beaucaire
5 ha (200 empl.) plat, herbeux (3,5 ha) -
cases réfrigérées - - Location :
11 avril-14 sept. - **R** *conseillée* - GB - - *piscine comprise 2 pers. 97 (113 ou 134 avec élect. 6A), pers. suppl. 16*

La Sousta « Agréable cadre boisé », ✆ 04 66 37 12 80, Fax 04 66 37 23 69, NO : 2 km rte du Pont du Gard, rive droite, bord du Gardon
14 ha (450 empl.) plat et accidenté, herbeux, sablonneux -
snack - practice de golf - Location :
bungalows toilés
mars-oct. - **R** *conseillée* - GB - - *piscine comprise 2 pers. 81 ou 83 (98 ou 100 avec élect. 6A)*

RENAUCOURT

7 - 66 ④

Paris 337 - Besançon 59 - Bourbonne-les-Bains 52 - Épinal 96 - Langres 55

70120 H.-Saône - 114 h. alt. 209

Municipal la Fontaine aux Fées, 03 84 92 06 22, SO : 1,3 km par rte de Volon, près d'un étang
2 ha (24 empl.) plat, herbeux, bois attenant - A proximité :
juin-15 sept. - **R** - *13* *8/14* *12 (12A)*

RENNES P

4 - 59 ⑯ ⑰ G. Bretagne

Paris 348 - Angers 128 - Brest 245 - Caen 176 - Le Mans 154 - Nantes 110

35000 I.-et-V. - 197 536 h. alt. 40.
Office de Tourisme, Pont de Nemours 02 99 79 01 98, Fax 02 99 79 31 38 et Gare SNCF 02 99 53 23 23, Fax 02 99 53 82 22

Municipal des Gayeulles « Belle décoration arbustive », 02 99 36 91 22, sortie Nord-Est vers N 12 rte de Fougères puis av. des Gayeulles et r. Maurice Audin, près d'un étang
2 ha (100 empl.) plat, herbeux - A proximité : (découverte l'été), parc animalier
avril-mi-oct. - **R** - *Tarif 97 : 13,50* *5* *11,50/15,50* *13 (4A) 17 (10A)*

RENNES-LES-BAINS

15 - 86 ⑦

Paris 813 - Axat 33 - Carcassonne 49 - Mouthoumet 26 - Perpignan 71

11190 Aude - 221 h. alt. 310 - (mi-avril à mi-nov.).
Syndicat d'Initiative, 04 68 69 88 04

La Bernède <, 04 68 69 86 49, sortie Sud par D 14 rte de Bugarach et chemin à gauche, près de la Sals
0,6 ha (50 empl.) plat et peu incliné, herbeux - - A proximité :
14 avril-9 nov. - **R** *conseillée saison* - GB - *Tarif 97 :* *15* *18* *10 (5A)*

La RÉOLE

14 - 79 ⑬ G. Pyrénées Aquitaine

Paris 624 - Bordeaux 74 - Casteljaloux 42 - Duras 25 - Libourne 46 - Marmande 33

33190 Gironde - 4 273 h. alt. 44.
Office de Tourisme, pl. de la Libération 05 56 61 13 55, Fax 05 56 71 25 40

Municipal du Rouergue, sortie Sud par D 9, rte de Bazas et rue à gauche après le pont suspendu, bord de la Garonne (rive gauche)
0,6 ha (50 empl.) plat, herbeux -
mai-oct. - **R** - - *11* *6,50* *7,30/10* *10*

RÉOTIER

17 - 77 ⑱ G. Alpes du Sud

Paris 715 - L'Argentière-la-Bessée 19 - Embrun 17 - Gap 56 - Mont-Dauphin 7 - Savines-le-Lac 28

05600 H.-Alpes - 136 h. alt. 1 150

Municipal la Fontaine < montagnes et vallée, 04 92 45 16 84, NE : 2,5 km par D 38 rte de St-Crépin, près de la Durance
2 ha (80 empl.) (saison) en terrasses, plat, pierreux (1 ha) -
15 mai-sept. - **R** - - *17* *17,50* *10 (6A)*

Le REPOSOIR

12 - 74 ⑦ G. Alpes du Nord

Paris 576 - Annecy 51 - Bonneville 19 - Cluses 14 - Genève 46 - Megève 42

74300 H.-Savoie - 289 h. alt. 975

Le Reposoir < « Site agréable », 04 50 98 01 71, E : 0,4 km par rte de Nancy-sur-Cluses, à 250 m du Foron
0,7 ha (44 empl.) peu incliné, plat, herbeux -
juil.-août - **R** - *2 pers. 57* *14 (4A) 17 (12A)*

RESSONS-LE-LONG

6 - 56 ③

Paris 98 - Compiègne 26 - Laon 49 - Noyon 33 - Soissons 15

02290 Aisne - 711 h. alt. 72

La Halte de Mainville, 03 23 74 26 69, Fax 03 23 74 03 60, sortie Nord-Est du bourg, rue du Routy
2,5 ha (153 empl.) plat, herbeux, petit étang - - mini-tennis
Permanent - **R** *conseillée juil.-août* - *piscine comprise 2 pers. 62/78* *20 (6A)*

REVEL

15 - 82 ⑳ G. Gorges du Tarn

Paris 743 - Carcassonne 46 - Castelnaudary 21 - Castres 28 - Gaillac 63 - Toulouse 50

31250 H.-Gar. - 7 520 h. alt. 210.
Office de Tourisme, pl. Philippe-VI-de-Valois 05 61 83 50 06, Fax 05 62 18 06 21

Municipal du Moulin du Roy, 05 61 83 32 47, sortie Sud-Est par D 1 rte de Dourgne et à droite
1,2 ha (50 empl.) plat, herbeux - - -
A proximité :
15 juin-6 sept. - **R** *conseillée 15 juil.-15 août* - - *10* *5* *7,50* *11,50 (5A)*

REVIGNY-SUR-ORNAIN

7 - 56 ⑲

Paris 237 – Bar-le-Duc 18 – St-Dizier 30 – Vitry-le-François 36

55800 Meuse – 3 528 h. alt. 144.
Office de Tourisme, r. du Stade
03 29 78 73 34 03 29 75 61 49

Municipal du Moulin des Gravières « Cadre agréable », 03 29 78 73 34, au bourg vers sortie Sud, rte de Vitry-le-François et rue du stade, à droite, bord d'un ruisseau et à 100 m de l'Ornain
0,6 ha (20 empl.) plat, herbeux (0,2 ha) – A proximité :
mai-sept. – **R** – *Tarif 97 : tennis compris 2 pers. 44, pers. suppl. 11 11*

RÉVILLE **50** Manche – 54 ③ – rattaché à St-Vaast-la-Hougue

RHINAU

8 - 62 ⑩ **G. Alsace Lorraine**

Paris 510 – Marckolsheim 26 – Molsheim 35 – Obernai 27 – Sélestat 25 – Strasbourg 36

67860 B.-Rhin – 2 286 h. alt. 158

Ferme des Tuileries , 03 88 74 60 45, Fax 03 88 74 85 35, sortie Nord-Ouest rte de Benfeld –
4 ha (150 empl.) plat, herbeux –
avril-sept. – **R** – – *18 piscine comprise 18 9 (2A) 16 (4A) 21 (6A)*

RIA-SIRACH

15 - 86 ⑰

Paris 901 – Font-Romeu-Odeillo-Via 43 – Perpignan 47 – Prades 2 – Vernet-les-Bains 9

66500 Pyr.-Or. – 1 017 h. alt. 400

Bellevue , 04 68 96 48 96, à Sirach, SE : 1,5 km par D 26A
2,2 ha (94 empl.) en terrasses, pierreux, herbeux –
avril-sept. – **R** – **GB** – – *16 18 12 (3A) 16 (6A)*

RIBEAUVILLÉ

8 - 62 ⑲ **G. Alsace Lorraine**

Paris 434 – Colmar 14 – Gérardmer 61 – Mulhouse 59 – St-Dié 43 – Sélestat 13

68150 H.-Rhin – 4 774 h. alt. 240.
Office de Tourisme, 1 Grand'Rue
03 89 73 62 22, Fax 03 89 73 36 61

Municipal Pierre-de-Coubertin , 03 89 73 66 71, sortie Est par D 106 puis rue de Landau à gauche
3,5 ha (260 empl.) plat, herbeux – – A proximité : toboggan aquatique
mars-15 déc. – **R** – **GB** – – *21,50 22 12 (2A) 24 (4A) 30 (6A)*

RIBÉRAC

9 - 75 ④ **G. Périgord Quercy**

Paris 505 – Angoulême 59 – Barbezieux 58 – Bergerac 53 – Libourne 66 – Nontron 50 – Périgueux 39

24600 Dordogne – 4 118 h. alt. 68.
Office de Tourisme, pl. Gén.-de-Gaulle 05 53 90 03 10, Fax 05 53 90 66 05

Municipal de la Dronne, 05 53 90 50 08, sortie Nord par D 708, rte d'Angoulême et à gauche après le pont, bord de la rivière
2 ha (100 empl.) plat, herbeux – – A l'entrée : – A proximité :
juin-15 sept. – **R** *conseillée* – – *10,50 10,50 8,50 (4 ou 16A)*

RIBES

16 - 80 ⑧

Paris 656 – Aubenas 29 – Largentière 18 – Privas 59 – St-Ambroix 40 – Vallon-Pont-d'Arc 30

07260 Ardèche – 309 h. alt. 380

Les Cruses « Agréable sous-bois », 04 75 39 54 69, à 1 km au Sud-Est du bourg, par D 450
0,7 ha (37 empl.) (juil.-août) en terrasses – (bassin) – A proximité : – Location *(permanent)* :
avril-sept. – **R** *conseillée juil.-août* – – *2 pers. 86 15 (6A)*

Les Châtaigniers « Belle situation dominante sur la vallée », 04 75 39 50 73, au Nord-Est du bourg – Accès direct à la Beaume par chemin piétonnier
0,35 ha (23 empl.) en terrasses, pierreux, herbeux – – Location :
15 avril-sept. – **R** *conseillée juil.-août* – – *2 pers. 42 15 (6A)*

RICHELIEU

10 - 68 ③ **G. Poitou Vendée Charentes**

Paris 296 – Châtellerault 29 – Chinon 22 – Loudun 19 – Tours 63

37120 I.-et-L. – 2 223 h. alt. 40.
Office de Tourisme, 6 Grande-Rue
02 47 58 13 62 (hors saison)
Mairie 02 47 58 10 13, Fax 02 47 58 16 42

Municipal, 02 47 58 15 02, sortie Sud par D 749 rte de Châtellerault, à 100 m d'un plan d'eau
1 ha (34 empl.) plat, herbeux – – A proximité :
juin-5 sept. – **R** *conseillée juil.-août* – *11 11 10 (5A) 14 (10A) 18 (15A)*

RIEL-LES-EAUX

7 - 61 ⑲

Paris 229 – Bar-sur-Aube 41 – Bar-sur-Seine 32 – Châtillon-sur-Seine 18 – Chaumont 51 – Dijon 101

21570 Côte-d'Or – 94 h. alt. 220

Le Plan d'Eau de Riel, 03 80 93 72 76, O : 2 km, sur D 13 rte d'Autricourt, près du plan d'eau
7 ha/0,2 campable (18 empl.) plat, herbeux – –
A proximité :
avril-oct. – **R** *conseillée juil.-août* – **GB** – *8 5,50 10 9 (20A)*

RIEUX-DE-PELLEPORT

14 - 86 ④

Paris 765 - Foix 12 - Pamiers 8 - St-Girons 47 - Toulouse 73

09120 Ariège - 700 h. alt. 333

Las Mijeannes ≤, ✆ 05 61 60 82 23, Fax 05 61 67 74 80, NE : 1,4 km, accès sur D 311, rte de Ferries, bord d'un canal et près de l'Ariège
10 ha/5 campables (88 empl.) (saison) plat, herbeux - - Location :
avril-sept. - **R** *conseillée* - - *15 piscine comprise 35 12 (4A) 14 (6A) 18 (10A)*

RIGNAC

15 - 80 ①

Paris 609 - Aurillac 89 - Figeac 39 - Rodez 28 - Villefranche-de-Rouergue 29

12390 Aveyron - 1 668 h. alt. 500

Municipal la Peyrade , ✆ 05 65 64 44 64, au Sud du bourg, pl. du Foirail, près d'un petit plan d'eau
0,7 ha (36 empl.) (juil.-août) en terrasses, peu incliné, herbeux - - A proximité :
15 juin-1er sept. - **R** *conseillée* - - *élect., piscine et tennis compris 3 pers. 105, pers. suppl. 25*

RIOM-ÈS-MONTAGNES

11 - 76 ② ③ G. Auvergne

Paris 510 - Aurillac 68 - Bort-les-Orgues 23 - Condat 17 - Mauriac 36 - Salers 42

15400 Cantal - 3 225 h. alt. 840.
Office de Tourisme, pl. du Général-de-Gaulle
✆ 04 71 78 07 37, Fax 04 71 78 16 87

Municipal le Sédour « Cadre agréable », ✆ 04 71 78 05 71, sortie Est par D 678 rte de Condat, bord de la Véronne
2 ha (100 empl.) plat, incliné et en terrasses, herbeux - - - Location : gîtes
mai-sept. - **R** - - *9 5,50 6,50*

▶ *HINWEIS :*
Diese Einrichtungen sind im allgemeinen nur während der Saison in Betrieb – unabhängig von den Öffnungszeiten des Platzes.

RIQUEWIHR

8 - 62 ⑲ G. Alsace Lorraine

Paris 474 - Colmar 12 - Gérardmer 59 - Ribeauvillé 4 - St-Dié 47 - Sélestat 17

68340 H.-Rhin - 1 075 h. alt. 300.
Office de Tourisme, (Pâques-11 nov. et vacances scolaires) 2 r. 1ère-Armée
✆ 03 89 43 08 40, Fax 03 89 49 08 49

Intercommunal ≤, ✆ 03 89 47 90 08, E : 2 km, sur D 1B
4 ha (150 empl.) plat et peu incliné, herbeux - - A proximité :
Pâques-fin oct. - - GB - - *Tarif 97 : 20 25 25 (6A)*

RISCLE

14 - 82 ②

Paris 740 - Aire-sur-l'Adour 17 - Maubourguet 27 - Nogaro 14 - Plaisance 16

32400 Gers - 1 778 h. alt. 105

Le Pont de l'Adour , ✆ 05 62 69 72 45, sortie Nord-Est par D 935, rte de Nogaro et à droite avant le pont, bord de l'Adour
2,5 ha (60 empl.) plat, herbeux - - - A proximité : - Location :
avril-15 oct. - **R** *conseillée juil.-août* - GB - - *élect. et piscine comprises 1 pers. 55, 2 pers. 75*

RIVESALTES

15 - 86 ⑲ G. Pyrénées Roussillon

Paris 847 - Narbonne 57 - Perpignan 10 - Prades 51

66600 Pyr.-Or. - 7 110 h. alt. 13.
Office de Tourisme, r. L.-Rollin
✆ 04 68 64 04 04, Fax 04 68 64 56 17

Soleil 2000, ✆ 04 68 38 53 54, Fax 04 68 38 54 64, à l'Est du bourg, au stade
1 ha (60 empl.) plat, herbeux - - A proximité :
15 avril-oct. - **R** - - *1 à 7 pers. 55 à 195 21 (4 à 20A)*

RIVIÈRES

15 - 82 ⑩

Paris 674 - Albi 16 - Gaillac 8 - Graulhet 25 - St-Antonin-Noble-Val 42

81600 Tarn - 616 h. alt. 125

Les Pommiers d'Aiguelèze, ✆ 05 63 41 50 50, Fax 05 63 41 50 45 ✉ 81600 Gaillac, à **Aiguelèze**, SE : 2,3 km, à 200 m du Tarn (port de plaisance et plan d'eau)
2,7 ha (74 empl.) plat, herbeux (verger) - - - A proximité : à la Base de Loisirs : golf (practice et compact) - Location *(11 avril-3 oct.)* : bungalows toilés
27 juin-5 sept. - **R** *conseillée* - - *élect., piscine et tennis compris 1 pers. 60, 2 pers. 96*

RIVIÈRE-SAAS-ET-GOURBY **40180** Landes - 78 ⑰ - rattaché à Dax

RIVIÈRE-SUR-TARN

15 - 80 ④

Paris 638 – Mende 72 – Millau 14 – Rodez 64 – Sévérac-le-Château 29

12640 Aveyron – 757 h. alt. 380

Peyrelade ≤ « Entrée fleurie », ☎ 05 65 62 62 54, Fax 05 65 62 65 61, E : 2 km par D 907 rte de Florac, bord du Tarn – dans locations
4 ha (190 empl.) plat et en terrasses, herbeux, pierreux – snack – – A proximité : –
Location : , bungalows toilés
avril-15 sept. – **R** *conseillée juil.-août* – GB – – *piscine comprise 2 pers. 108* *18 (6A)*

Les Peupliers, ☎ 05 65 59 85 17, Fax 05 65 61 09 03, sortie Sud-Ouest rte de Millau et chemin à gauche, bord du Tarn
1,5 ha (112 empl.) plat, herbeux – – Location :
mai-sept. – **R** *conseillée juil.-août* – GB – – *32 piscine comprise* *25* *18 (6A)*

ROCAMADOUR

13 - 75 ⑱ ⑲ G. Périgord Quercy

Paris 533 – Brive-la-Gaillarde 53 – Cahors 64 – Figeac 44 – Gourdon 32 – St-Céré 31 – Sarlat-la-Canéda 54

46500 Lot – 627 h. alt. 279.
Office de Tourisme, à la Mairie
☎ 05 65 33 62 59, Fax 05 65 33 74 14

Les Tilleuls, ☎ 05 65 33 64 66, NE : 5 km par D 673, sur N 140 rte de Gramat
0,9 ha (32 empl.) peu incliné, herbeux, pierreux – (bassin) – Location :
15 juin-15 sept. – **R** *conseillée* – – *17* *18* *13 (10A)*

à l'Hospitalet NE : 1 km :

Les Cigales , ☎ 05 65 33 64 44, Fax 05 65 33 69 60, sortie Est par D 36 rte de Gramat
3 ha (100 empl.) plat et peu incliné, pierreux, herbeux – snack – – Location *(mai-15 sept.)* :
20 juin-5 sept. – **R** *conseillée juil.-août* – GB – – *Tarif 97 :* *piscine comprise 2 pers. 80, pers. suppl. 23* *13 (6A)*

Le Roc, ☎ 05 65 33 68 50, NE : 3 km par D 673, rte d'Alvignac, à 200 m de la gare
2 ha/0,5 campable (36 empl.) peu incliné, herbeux, pierreux – snack – – Location *(permanent)* :
avril-1er nov. – **R** *conseillée saison* – GB – – *piscine comprise 2 pers. 63, pers. suppl. 21* *16 (5A)*

Le Relais du Campeur, ☎ 05 65 33 63 28, Fax 05 65 33 69 60, au bourg
1,7 ha (100 empl.) plat, herbeux, pierreux – snack – – Location : (hôtel)
11 avril-sept. – **R** – GB – – *Tarif 97 :* *piscine comprise 2 pers. 60, pers. suppl. 17* *12 (6A)*

La ROCHE-BERNARD

4 - 63 ⑭ G. Bretagne

Paris 446 – Nantes 73 – Ploërmel 54 – Redon 27 – St-Nazaire 37 – Vannes 41

56130 Morbihan – 766 h. alt. 38.
Office de Tourisme, pl. du Pilori
☎ 02 99 90 67 98, Fax 02 99 90 88 28
et Mairie ☎ 02 99 90 60 51

Municipal le Pâtis, ☎ 02 99 90 60 13, à l'Ouest du bourg vers le port de plaisance, près de la Vilaine (accès direct)
1 ha (60 empl.) plat, herbeux –
avril-sept. – **R** *conseillée juil.-août* – *Tarif 97 :* *16* *7* *20* *14 (16A)*

La ROCHE-CHALAIS

9 - 75 ③

Paris 512 – Bergerac 63 – Blaye 65 – Bordeaux 65 – Périgueux 69

24490 Dordogne – 2 860 h. alt. 60

Municipal de Gerbes , ☎ 05 53 91 40 65, à 1 km, à l'Ouest de la localité, par la rue de la Dronne, bord de la rivière
3 ha (100 empl.) plat et terrasses, herbeux, petit bois attenant – –
avril-oct. – **R** – – *Tarif 97 :* *12* *15* *13 (5A) 22 (10A)*

La ROCHE-DE-RAME

17 - 77 ⑱

Paris 702 – Briançon 22 – Embrun 28 – Gap 68 – Mont-Dauphin 11 – Savines-le-Lac 39

05310 H.-Alpes – 702 h. alt. 1 000

Le Verger ≤, ☎ 04 92 20 92 23, NO : 1,2 km par N 94, rte de Briançon et chemin des Gillis à droite
1,6 ha (50 empl.) peu incliné, en terrasses, herbeux, verger – – Location :
Permanent – **R** *conseillée juil.-août* – – *2 pers. 60* *12 (3A) 16 (5A) 20 (10A)*

Municipal du Lac ≤, ☎ 04 92 20 90 31, sortie Sud, bord du lac
1 ha (85 empl.) plat, peu incliné, herbeux – snack – (plage)
15 mai-sept. – **R** – – *Tarif 97 :* *2 pers. 60, pers. suppl. 15* *15 (5A)*

La ROCHE DES ARNAUDS

17 - 77 ⑯

Paris 673 - Corps 53 - Gap 14 - St-Étienne-en-Dévoluy 32 - Serres 26

05400 H.-Alpes - 845 h. alt. 945

Au Blanc Manteau , 04 92 57 82 56 ✉ 05400 Manteyer, SO : 1,3 km par D 18 rte de Ceüze, bord d'un torrent - alt. 900
4 ha (40 empl.) plat, herbeux, pierreux - snack - - A proximité :
Permanent - **R** *conseillée été et hiver* - - *piscine comprise 2 pers. 80* *15 (2A) 23 (6A) 35 (10A)*

ROCHEFORT

9 - 71 ⑬ G. Poitou Vendée Charentes

Paris 469 - Limoges 195 - Niort 62 - La Rochelle 39 - Royan 40 - Saintes 45

17300 Char.-Mar. - 25 561 h. alt. 12 - (9 fév.-mi-déc.).
Pont de Martrou. Péage : auto 25 F (AR 40 F), voiture et caravane 45 F (AR 70 F). Renseignements : Régie d'Exploitation des Ponts
05 46 83 01 01, Fax 05 46 83 05 54
Office de Tourisme, av. Sadi-Carnot
05 46 99 08 60, Fax 05 46 99 52 64
Annexe Porte de l'Arsenal

Le Bateau , 05 46 99 41 00, Fax 05 46 99 91 65, par rocade Ouest (Boulevard Bignon) et rte du Port Neuf, près du centre nautique
1 ha (85 empl.) plat, pierreux, herbeux - - (bassin) - A proximité : (centre nautique) toboggans aquatiques - Location *(fermé nov. à fév.)* :
Permanent - **R** *conseillée saison* - GB - - *Tarif 97 :* *tennis compris 1 à 3 pers. 65, pers. suppl. 20,50* *18,50 (6A) 20,50 (10A)*

ROCHEFORT-MONTAGNE

11 - 73 ⑬

Paris 453 - Aubusson 82 - Clermont-Ferrand 33 - Mauriac 79 - Le Mont-Dore 23 - Ussel 51

63210 P.-de-D. - 948 h. alt. 850

Municipal la Buge , 04 73 65 84 98, sortie Sud-Ouest par N 89 et rte à gauche, près de la gendarmerie
1,9 ha (90 empl.) plat et peu incliné, herbeux - -
juin-15 sept. - **R** - *3 pers. 52, pers. suppl. 15* *15 (15A)*

La ROCHELLE

9 - 71 ⑫ G. Poitou Vendée Charentes

Paris 471 - Angoulême 144 - Bordeaux 185 - Nantes 134 - Niort 64

17000 Char.-Mar. - 71 094 h. alt. 1.
Pont de l'île de Ré par N 237. Péage en 1997 : auto (AR) 110 F (saison) 60 F (hors saison), auto et caravane (AR) 180 F (saison) 100 F (hors saison), camion 120 à 300 F, moto 15 F, gratuit pour vélos et piétons. Renseignements par Régie d'Exploitation des Ponts
05 46 00 51 10, Fax 05 46 43 04 71
Office de Tourisme, quartier du Gabut, pl. de la Petite-Sirène
05 46 41 14 68, Fax 05 46 41 99 85

à Angoulins SE : 6 km par N 137 - 2 908 h. alt. 15
✉ 17690 Angoulins

Les Chirats - La Platère en deux parties distinctes, 05 46 56 94 16, Fax 05 46 56 30 76, O : 1,7 km par rue des Salines et rte de la douane, à 100 m de la plage
4 ha (230 empl.) (juil.-août) plat et peu incliné, herbeux, pierreux - snack - (bassin couvert) toboggan aquatique - Location *(permanent)* :
Pâques-sept. - **R** *conseillée juil.-août* - GB - - *25 piscine comprise* *10* *30* *20 (6A)*

à Aytré SE : 3 km par N 137 - 7 786 h. - ✉ 17440 Aytré

Les Sables, 05 46 45 40 30, Fax 05 46 44 19 33, à 200 m de la plage
5,5 ha (274 empl.) plat, herbeux - pizzeria - toboggan aquatique - Location *(avril-oct.)* :
juin-15 sept. - **R** *conseillée* - - *piscine et tennis compris 3 pers. 120, pers. suppl. 25* *16 (6A)*

à l'Houmeau NO : 3 km par D 104^{E2} - 2 486 h. alt. 19
✉ 17137 l'Houmeau

Le Trépied du Plomb, 05 46 50 90 82, sortie Nord-Est par D 106, rte de Nieul-sur-Mer - Par le périphérique, direction Ile de Ré et sortie Lagord-l'Houmeau
2 ha (132 empl.) peu incliné, plat, herbeux - - - A proximité : - Location :
15 mars-sept. - **R** - *2 pers. 64* *15 (5A) 20 (10A)*

à Lagord N : 2 km par D 104 - 5 287 h. alt. 23 - ✉ 17140 Lagord

Municipal le Parc , 05 46 67 61 54, sortie Ouest, r. du Parc - Par le périphérique, direction Ile de Ré et sortie Lagord
2 ha (130 empl.) plat, herbeux (0,5 ha) - -
juin-sept. - **R** *conseillée* - *Tarif 97 :* *1 ou 2 pers. 43, pers. suppl. 16,50* *12 (3A) 15 (6A) 25 (10A)*

à Nieul-sur-Mer N : 4 km par D 104 et D 106^{E} - 4 957 h. alt. 10
✉ 17137 Nieul-sur-Mer

Municipal, 05 46 37 82 84, E : 0,8 km par D 107, rte de St-Xandre
1 ha (90 empl.) plat, herbeux -
15 juin-15 sept. - **R** - *Tarif 97 :* *13* *15/19* *12*

La ROCHE-POSAY

10 - 68 ⑤ G. Poitou Vendée Charentes

Paris 315 - Le Blanc 29 - Châteauroux 79 - Châtellerault 24 - Loches 49 - Poitiers 62 - Tours 82

86270 Vienne - 1 444 h. alt. 112 - ⚕.

Office de Tourisme, 14 bd Victor-Hugo ✆ 05 49 19 13 00, Fax 05 49 86 27 94

Municipal le Riveau ✆ 05 49 86 21 23, N : 1,5 km par D 5, rte de Lésigny, bord de la Creuse
4,5 ha (200 empl.) plat et peu incliné, herbeux (1 ha) - A proximité :
mars-oct. - R - *Tarif 97 : 1 pers. 29, pers. suppl. 19 17 (16A)*

ROCHETAILLÉE **38** Isère - 77 ⑥ - rattaché au Bourg-d'Oisans

La ROCHETTE **05** H.-Alpes - 77 ⑯ - rattaché à Gap

La ROCHETTE

12 - 74 ⑯ G. Alpes du Nord

Paris 591 - Albertville 41 - Allevard 9 - Chambéry 29 - Grenoble 47

73110 Savoie - 3 124 h. alt. 360.

Office de Tourisme, Maison des Carmes ✆ et Fax 04 79 25 53 12

Le Lac St-Clair ✆ 04 79 25 73 55, SO : 1,4 km par D 202 et rte de Détrier à gauche, près du lac
2,2 ha (65 empl.) plat et peu incliné, herbeux - A proximité :
juin-15 sept. - **R** *conseillée* - *Tarif 97 : 14,50 7 11 11 à 14 (2 à 5A)*

à Presle SE : 3,5 km par D 207 - 296 h. alt. 550 - ✉ 73110 Presle :

Combe Léat ✆ 04 79 25 54 02, NE : 1,5 km, sur D 207
1 ha (50 empl.) en terrasses, incliné, herbeux -
20 juin-2 sept. - **R** - *Tarif 97 : 15 15 15 10 (3A) 14 (6A)*

ROCLES

16 - 76 ⑯

Paris 588 - Grandrieu 21 - Langogne 8 - Mende 46 - Le Puy-en-Velay 59 - Thueyts 50

48300 Lozère - 192 h. alt. 1 085

Rondin des Bois « Dans un site sauvage », ✆ 04 66 69 50 46, Fax 04 66 69 53 83, N : 3 km par rte de Bessettes et chemin de Vaysset, à droite - alt. 1 000
2 ha (78 empl.) en terrasses, plat et peu incliné, pierreux, rochers (tentes) - - Location : , gîtes
20 avril-sept. - **R** *conseillée*

RODEZ P

15 - 80 ② G. Gorges du Tarn

Paris 630 - Albi 80 - Alès 187 - Aurillac 89 - Brive-la-Gaillarde 155 - Clermont-Ferrand 216 - Montauban 127 - Périgueux 217 - Toulouse 158

12000 Aveyron - 24 701 h. alt. 635.

Office de Tourisme, pl. Foch ✆ 05 65 68 02 27, Fax 05 65 68 78 15

Municipal de Layoule « Cadre agréable », ✆ 05 65 67 09 52, au Nord-Est de la ville, près de l'Aveyron
2 ha (79 empl.) plat et en terrasses, herbeux, gravier -
juin-sept. - **R** *conseillée juil.-août* - *Tarif 97 : 1 à 3 pers. 69 (78 avec élect.)*

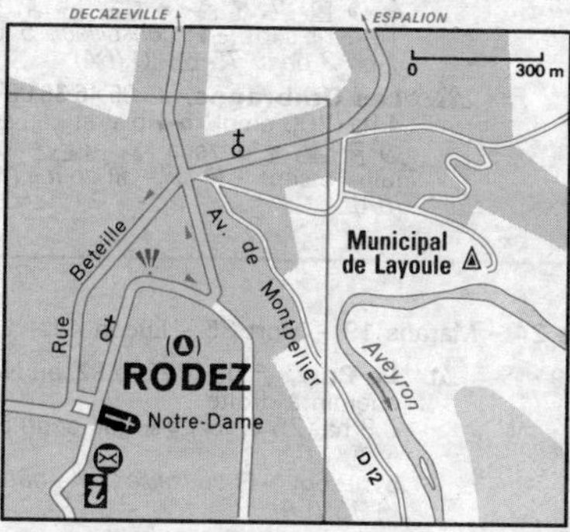

ROÉZÉ-SUR-SARTHE

5 - 64 ③

Paris 220 - La Flèche 29 - Le Mans 18 - Sablé-sur-Sarthe 36

72210 Sarthe - 1 903 h. alt. 33

Municipal « Entrée fleurie », ✆ 02 43 77 47 89, sortie Sud par D 251, rte de Parigné-le-Polen, à gauche après le pont, bord de la Sarthe
0,8 ha (44 empl.) plat, herbeux -
juin-15 sept. - **R** - *3 pers. 24,50, pers. suppl. 12,30 9,70 (3A) 14,30 (6A)*

ROHAN
3 - 58 ⑲ G. Bretagne

Paris 452 - Lorient 72 - Pontivy 17 - Quimperlé 87 - Vannes 52

56580 Morbihan - 1 604 h. alt. 55

Municipal le Val d'Oust, 02 97 51 57 58, NO : vers Gueltras, bord du canal de Nantes-à-Brest et d'un plan d'eau
1 ha (45 empl.) plat, herbeux - - parcours sportif - A proximité : crêperie (plage)
15 juin-15 sept. - **R** - *Tarif 97 : 8,50 4,80 4,20 11,50 (10 à 16A)*

ROMANS-SUR-ISÈRE
12 - 77 ② G. Vallée du Rhône

Paris 558 - Die 77 - Grenoble 79 - St-Étienne 91 - Valence 21 - Vienne 71

26750 Drôme - 32 734 h. alt. 162.
Office de Tourisme, Le Neuilly pl. J.-Jaurès
04 75 02 28 72, Fax 04 75 05 91 62

Municipal les Chasses, 04 75 72 35 27, NE : 3,5 km par N 92 rte de St-Marcellin puis 0,9 km par rte à gauche, près de l'aérodrome
1 ha (40 empl.) plat, herbeux - - A proximité :
mai-sept. - **R** - - *11 6,80 13,80 14,20 (6A) 21,90 (plus de 10A)*

ROMBACH-LE-FRANC
8 - 62 ⑱

Paris 424 - Colmar 37 - Ribeauvillé 23 - St-Dié 33 - Sélestat 17

68660 H.-Rhin - 764 h. alt. 290

Municipal les Bouleaux, 03 89 58 93 99, NO : 1,5 km par rte de la Hingrie, bord d'un ruisseau - croisement peu facile pour caravanes
1,3 ha (50 empl.) plat et peu incliné, herbeux (0,5 ha) - -
mai-sept. - **R** *conseillée juil.-août* - - *7,90 7,90 4/8,40 7,40 (5A) 9,50 (10A) 11,60 (15A)*

ROMORANTIN-LANTHENAY
6 - 64 ⑱ G. Châteaux de la Loire

Paris 202 - Blois 41 - Bourges 73 - Châteauroux 71 - Orléans 67 - Tours 91 - Vierzon 33

41200 L.-et-Ch. - 17 865 h. alt. 93.
Office de Tourisme, pl. Paix
02 54 76 43 89, Fax 02 54 76 96 24

Municipal de Tournefeuille, 02 54 76 16 60, sortie Est rte de Salbris, r. de Long-Eaton, bord de la Sauldre
1,5 ha (103 empl.) plat, herbeux - - - A proximité :
Pâques-fin sept. - **R** - - *1 ou 2 pers. 55, pers. suppl. 19,50 14,20 (6A)*

RONCE-LES-BAINS
9 - 71 ⑭ G. Poitou Vendée Charentes

Paris 505 - Marennes 9 - Rochefort 30 - La Rochelle 68 - Royan 25

17 Char.-Mar. - 17390 la Tremblade

Schéma aux Mathes

La Pignade, 05 46 36 25 25, Fax 05 46 36 34 14, S : 1,5 km par av. du Monard
15 ha (448 empl.) plat et vallonné, sablonneux pinède - pizzeria - toboggan aquatique - A proximité : - Location :
16 mai-19 sept. - **R** *conseillée* - - - *Tarif 97 : piscine comprise 2 pers. 115 21 (6A) 42 (10A)*

La Clairière, 05 46 36 36 63, Fax 05 46 36 06 74, SO : 2,5 km par D 25 direction la Tremblade, puis 0,6 km par rte à droite
8 ha/4 campables (147 empl.) plat, herbeux, sablonneux - - - A proximité :
15 avril-sept. - **R** *conseillée 15 juil.-20 août* - - - *piscine comprise 1 ou 2 pers. 75 20 (6A)*

Les Ombrages, 05 46 36 08 41, S : 1,2 km
4 ha (200 empl.) plat et peu accidenté, sablonneux pinède - pizzeria - - A proximité :
juin-15 sept. - **R** *juil.* - *août* - - *1 à 3 pers. 69, pers. suppl. 15,50 16 (6A)*

La RONDE
9 - 71 ②

Paris 440 - Fontenay-le-Comte 24 - Marans 19 - Niort 35 - Luçon 41 - La Rochelle 34

17170 Char.-Mar. - 703 h. alt. 9

Le Port, 05 46 27 87 92, au Nord du bourg par D 116 rte de Maillezais et chemin à droite
0,8 ha (25 empl.) (juil.-août) plat, herbeux - -
avril-sept. - **R** *conseillée juil.-août* - - *13 piscine comprise 10 9/10 13 (5A)*

ROQUEBILLIÈRE
17 - 84 ⑲ G. Côte d'Azur

Paris 891 - Lantosque 6 - L'Escarène 40 - Nice 57 - St-Martin-Vésubie 10

06450 Alpes-Mar. - 1 539 h. alt. 650

Les Templiers « Site agréable », 04 93 03 40 28, à 0,5 km au Sud du vieux village par D 69 et chemin à gauche (forte pente), bord de la Vésubie
1,5 ha (120 empl.) plat et terrasses, herbeux, pierreux (0,7 ha) - (oct.-mars) - - A proximité : - Location :
fermé 16 nov.-14 déc. - Location longue durée - *Places disponibles pour le passage* - **R** *conseillée juil.-août* - - *22 24 19 (3A) 31 (5A) 63 (10A)*

ROQUEBRUNE-SUR-ARGENS

17 - 84 ⑦ G. Côte d'Azur

Paris 862 - Les Arcs 18 - Cannes 47 - Draguignan 21 - Fréjus 14 - Ste-Maxime 22

83520 Var - 10 389 h. alt. 13.
Office de Tourisme, r. Jean-Aicard
04 94 45 72 70, Fax 04 94 45 38 04
Schéma à Fréjus

Domaine de la Bergerie « Agréable parc résidentiel autour d'une ancienne bergerie », 04 94 82 90 11, Fax 04 94 82 93 42, SE : 8 km par D 7, rte de St-Aygulf et D 8 à droite, rte du Col du Bougnon, bord d'étangs
60 ha (700 empl.) plat et en terrasses, herbeux, pierreux, accidenté - nurserie - salle de musculation discothèque, théâtre de plein air half-court, terrain omnisports - Location *(15 fév.-15 nov.)* :
avril-sept. - R *conseillée juil.-août* - *élect. (5A), piscine et tennis compris 2 pers. 129, 3 pers. 170 ou 199, pers. suppl. 33 12 (10A)*

Lei Suves « Entrée fleurie », 04 94 45 43 95, Fax 04 94 81 63 13, N : 4 km par D 7 et passage sous l'autoroute A 8 (hors schéma)
7 ha (310 empl.) en terrasses, plat, pierreux, herbeux -
15 mars-15 oct. - R *conseillée juil.-août* - GB - *Tarif 97 : piscine comprise 2 pers. 145, 3 pers. 158, pers. suppl. 34,50 17 (4A)*

Les Pêcheurs « Cadre agréable », 04 94 45 71 25, Fax 04 94 81 65 13, NO : 0,7 km par D 7, bord de l'Argens et près d'un plan d'eau (hors schéma)
3,3 ha (220 empl.) plat, herbeux - snack - half-court - A proximité : - Location :
Pâques-sept. - R *conseillée* - *Tarif 97 : piscine comprise 2 pers. 135, 3 pers. 145, pers. suppl. 30 18 (6A) 23 (10A)*

Moulin des Iscles , 04 94 45 70 74, Fax 04 94 45 46 09, E : 1,8 km par D 7, rte de St-Aygulf et chemin à gauche, bord de l'Argens (hors schéma)
1,5 ha (90 empl.) plat, herbeux - snack - - Location : , studios
avril-1er oct. - R *conseillée* - GB - *Tarif 97 : 3 pers. 102, pers. suppl. 19 14 (2A) 16 (4A) 17 (6A)*

ROQUECOURBE

15 - 83 ①

Paris 724 - Albi 39 - Brassac 24 - Castres 9 - Graulhet 34 - Montredon-Labessonnié 12

81210 Tarn - 2 266 h. alt. 220

Municipal de Siloé , sortie Est par D 30 puis 0,5 km par chemin à droite après le pont, bord de l'Agout
0,7 ha (37 empl.) plat, herbeux - - A proximité :
15 mai-15 sept. - R - *11 14 13 (10A)*

La ROQUE-D'ANTHÉRON

16 - 84 ② G. Provence

Paris 728 - Aix-en-Provence 27 - Cavaillon 32 - Manosque 58 - Marseille 57 - Salon-de-Provence 27

13640 B.-du-R. - 3 923 h. alt. 183.
Office de Tourisme, av. de l'Europe Unie
04 42 50 58 63, Fax 04 42 50 59 81

Domaine des Iscles , 04 42 50 44 25, Fax 04 42 50 56 29, N : 1,8 km par D 67C et chemin à droite après le tunnel sous le canal, près d'un plan d'eau et à 200 m de la Durance
10 ha/4 campables (270 empl.) plat, herbeux, pierreux - - toboggan aquatique, practice de golf - Location : bungalows toilés
mars-1er oct. - R *conseillée juil.-août* - GB - *26 piscine et tennis compris 62 avec élect. (10A)*

Silvacane en Provence « Cadre agréable », 04 42 50 40 54, Fax 04 42 50 43 75, sortie Ouest par D 561, rte de Charleval, près du canal
3 ha (133 empl.) plat, peu incliné, en terrasses, pierreux, herbeux pinède - - A proximité :
Permanent - R *conseillée juil.-août* - GB - *26 piscine comprise 62 avec élect. (10A)*

ROQUEFORT

13 - 79 ⑪ G. Pyrénées Aquitaine

Paris 685 - Barbotan-les-Thermes 28 - Captieux 30 - Labrit 20 - Mont-de-Marsan 23

40120 Landes - 1 821 h. alt. 69

Municipal de Nauton, 05 58 45 59 99, N : 1,5 km par D 932, rte de Bordeaux
1,5 ha (36 empl.) plat, herbeux, sablonneux pinède - - A proximité :
avril-oct. - R - *12 14/17 avec élect.*

La ROQUE-GAGEAC

13 - 75 ⑰ G. Périgord Quercy

Paris 541 - Brive-la-Gaillarde 64 - Cahors 54 - Fumel 59 - Lalinde 44 - Périgueux 70 - Sarlat-la-Canéda 13

24250 Dordogne - 447 h. alt. 85

Beau Rivage, 05 53 28 32 05, Fax 05 53 29 63 56, E : 4 km, bord de la Dordogne - dans locations
6,4 ha (199 empl.) plat et en terrasses, herbeux, sablonneux - - - Location *(mars-oct.)* :
Permanent - R *conseillée* - GB - *piscine comprise 2 pers. 92, pers. suppl. 27 13 (3A) 17 (4A) 24 (6A)*

La Butte , 05 53 28 30 28, SE : 4,5 km, accès direct à la rivière
4 ha (130 empl.) plat et en terrasses, herbeux - snack - - Location :
Pâques-Toussaint - R *conseillée juil.-août* - *Tarif 97 : piscine comprise 2 pers. 88, pers. suppl. 25 16 (4A) 18 (6A) 20 (10A)*

Le Lauzier < « Cadre agréable », ✆ 05 53 29 54 59, SE : 1,5 km
2 ha (66 empl.) en terrasses, pierreux, herbeux – 15 mai-sept. – **R** *conseillée juil.-août* – GB – *23 piscine comprise* 25 *16 (6A)*

La Plage <, ✆ 05 53 29 50 83 ✉ 24220 St-Cyprien, O : 1 km, bord de la Dordogne
2 ha (83 empl.) plat, herbeux – avril-sept. – **R** *conseillée juil.-août* – *19* *9,50* *9,50* *12 (3A) 14 (4A) 18 (6A)*

Verte Rive, ✆ 05 53 28 30 04, SE : 2,5 km, bord de la Dordogne
1,5 ha (60 empl.) plat et peu incliné, herbeux – 25 juin-20 sept. – **R** – *20* *20* *15 (3A)*

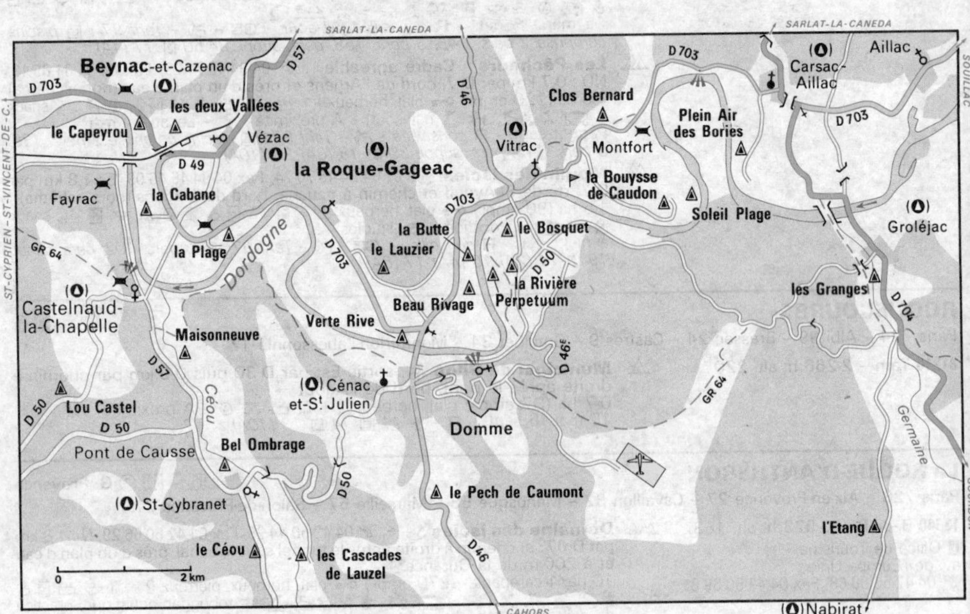

Voir aussi à *Beynac-et-Cazenac, Carsac-Aillac, Castelnaud-la-Chapelle, Cénac-et-St-Julien, Groléjac, Nabirat, St-Cybranet, St-Vincent-de-Cosse, Vézac, Vitrac*

ROSCANVEL

3 – 58 ④ G. Bretagne

Paris 596 – Brest 68 – Camaret-sur-Mer 7 – Châteaulin 44 – Crozon 10 – Morlaix 90 – Quimper 60

29570 Finistère – 740 h. alt. 8

Schéma à Crozon

Municipal de Kervian <, ✆ 02 98 27 43 23, O : 1 km par rte du stade
2 ha (100 empl.) en terrasses, herbeux – juil.-août – **R** *conseillée* – *Tarif 97 :* *10* *5,80* *10* *13,20*

La ROSIÈRE 1850

12 – 74 ⑱ G. Alpes du Nord

Paris 668 – Albertville 76 – Bourg-St-Maurice 22 – Chambéry 123 – Chamonix-Mont-Blanc 62 – Val-d'Isère 32

73700 Savoie – Sports d'hiver : 1 100/2 600 m 1 50

Office de Tourisme, ✆ 04 79 06 80 51, Fax 04 79 06 83 20

La Forêt <, ✆ 04 79 06 86 21, S : 2 km par N 90, rte de Bourg-St-Maurice – alt. 1 730
1,5 ha (67 empl.) en terrasses, accidenté, pierreux – crêperie – A proximité :
15 déc.-1er mai, 15 juin-15 sept. – **R** *conseillée vacances fév., 15 juil.-15 août* – *19,90* *15/19 (hiver : 2 pers. 97)* *19 (4A) 27 (6A)*

▶ *Sie suchen in einem bestimmten Gebiet*
- *einen besonders angenehmen Campingplatz (...)*
- *einen das ganze Jahr über geöffneten Platz*
- *einfach einen Platz für einen mehr oder weniger langen Aufenthalt ...*

In diesem Fall ist die nach Departements geordnete Ortstabelle im Kapitel « Erläuterungen » ein praktisches Hilfsmittel.

ROSIÈRES

16 - 80 ⑧

Paris 649 – Aubenas 21 – Largentière 11 – Privas 51 – St-Ambroix 34 – Vallon-Pont-d'Arc 23

07260 Ardèche – 911 h. alt. 175

Arleblanc « Situation agréable au bord de la Beaume », ✆ 04 75 39 53 11, Fax 04 75 39 93 98, sortie Nord-Est rte d'Aubenas et 2,8 km par chemin à droite, longeant le centre commercial Intermarché – Croisement difficile pour caravanes
7 ha (167 empl.) plat, herbeux – pizzeria – A proximité : – Location : , studios
avril-oct. – **R** *conseillée juil.-août* – GB – – *piscine comprise 2 pers. 95, pers. suppl. 10 16 (6A)*

La Plaine « Entrée fleurie », ✆ 04 75 39 51 35, Fax 04 75 39 96 46, NE : 0,7 km par D 104 rte d'Aubenas
4 ha/2 campables (60 empl.) plat, peu incliné, herbeux – – A proximité : – Location :
avril-sept. – **R** *conseillée juil.-août* – – *piscine comprise 2 pers. 85, pers. suppl. 17 18 (6A) 20 (10A)*

Les Platanes ←, ✆ 04 75 39 52 31, Fax 04 75 39 90 86, sortie Nord-Est rte d'Aubenas et 3,7 km par chemin à droite longeant le centre Commercial Intermarché, bord de la Beaume – Croisement difficile pour caravanes
2 ha (90 empl.) (juil.-août) plat, herbeux – – – A proximité :
Pâques-sept. – **R** *conseillée juil.-août* – – *piscine comprise 2 pers. 78 17 (10A)*

Les Acacias , ✆ 04 75 39 95 85, NO : 1,5 km par D 104, rte de Joyeuse, D 303, rte de Vernon à droite et chemin à gauche, bord de la Beaume – Accès direct à Joyeuse par chemin piétonnier
1,2 ha (32 empl.) plat, herbeux – – (plan d'eau) – Location :
15 juin-15 sept. – **R** *conseillée* – – *2 pers. 50 16*

Les ROSIERS-SUR-LOIRE

5 – 64 ⑫ G. Châteaux de la Loire

Paris 303 – Angers 32 – Baugé 27 – Bressuire 66 – Cholet 61 – La Flèche 45 – Saumur 18

49350 M.-et-L. – 2 204 h. alt. 22

Districal le Val de Loire « Entrée fleurie », ✆ 02 41 51 94 33, Fax 02 41 51 89 13, sortie Nord par D 59 rte de Beaufort-en-Vallée, près du carrefour avec la D 79
2,2 ha (110 empl.) plat, herbeux – – – A proximité : toboggan aquatique – Location : , bungalows toilés
Pâques-sept. – **R** *conseillée* – GB – – *piscine et tennis compris 2 pers. 75, pers. suppl. 23 15 (5A)*

ROSNAY

10 – 68 ⑯ ⑰

Paris 308 – Argenton-sur-Creuse 33 – Le Blanc 15 – Châteauroux 44

36300 Indre – 537 h. alt. 112

Municipal , N : 0,5 km par D 44 rte de St-Michel-en-Brenne, bord d'un étang
0,7 ha (18 empl.) plat, herbeux – –
Permanent – **R** – – *Tarif 97 : 9 7 7 3A : 10 6A : 16 (hiver 20)*

ROSPORDEN

3 – 58 ⑯ G. Bretagne

Paris 545 – Carhaix-Plouguer 47 – Châteaulin 46 – Concarneau 13 – Quimper 22 – Quimperlé 26

29140 Finistère – 6 485 h. alt. 125.
Syndicat d'Initiative, (juil.-août) Le Moulin, r. Hippolyte-le-Bas
✆ 02 98 59 27 26, Fax 02 98 59 92 00, (hors saison) ✆ 02 98 59 20 35

Municipal Roz-an-Duc « Cadre agréable », ✆ 02 98 59 90 27, N : 1 km par D 36 rte de Châteauneuf-du-Faou et à droite, à la piscine, bord de l'Aven et à 100 m d'un étang
1 ha (47 empl.) plat et en terrasses, herbeux – – A proximité : parcours sportif
15 juin-6 sept. – **R** *conseillée* – – *13 6 12 13 (6A)*

ROSTRENEN

3 – 59 ⑪ G. Bretagne

Paris 485 – Carhaix-Plouguer 21 – Guingamp 46 – Loudéac 48 – Pontivy 37 – St-Brieuc 57

22110 C.-d'Armor – 3 664 h. alt. 216.
Syndicat d'Initiative, 4 pl. de la République
✆ 02 96 29 02 72

Fleur de Bretagne ←, ✆ 02 96 29 16 45, SE : 2 km par D 764 rte de Pontivy et à gauche
6 ha (100 empl.) en terrasses, plat, peu incliné, herbeux – snack –
avril-15 oct. – **R** *juil.-août* – *14 piscine comprise 6 25 15 (2A)*

ROTHAU

8 – 62 ⑧

Paris 412 – Barr 34 – St-Dié 92 – Saverne 48 – Sélestat 42 – Strasbourg 56

67570 B.-Rhin – 1 583 h. alt. 340

Municipal, ✆ 03 88 97 07 50, sortie Sud-Ouest par N 420 rte de St-Dié et chemin à droite, bord de la Bruche
1 ha (39 empl.) (juil.-août) plat et terrasse, peu incliné, herbeux –
avril-sept. – **R** *conseillée* – – *15 5,50 5,50 10 (6A)*

ROUEN P

5 – 55 ⑥ G. Normandie Vallée de la Seine

Paris 131 – Amiens 118 – Caen 123 – Calais 214 – Le Havre 88 – Lille 228 – Le Mans 196 – Rennes 300 – Tours 274

76000 S.-Mar. – 102 723 h. alt. 12.

Office de Tourisme, 25 pl. de la Cathédrale
✆ 02 32 08 32 40, Fax 02 32 08 32 44

à Déville-lès-Rouen NO : par N 15 rte de Dieppe – 10 521 h. alt. 23
✉ 76250 Déville-lès-Rouen :

Municipal, ✆ 02 35 74 07 59, rue Jules-Ferry
1,5 ha (66 empl.) plat, gravillons, herbeux –
Permanent – **R** – *24 8 8/15,50 10 (5A) 45 (20A)*

ROUFFACH

8 – 62 ⑲ G. Alsace et Lorraine

Paris 479 – Basel 57 – Belfort 57 – Colmar 15 – Guebwiller 10 – Mulhouse 28 – Thann 25

68250 H.-Rhin – 4 303 h. alt. 204.

Office de Tourisme, pl. de la République
✆ 03 89 78 53 15, Fax 03 89 49 75 30

Municipal, ✆ 03 89 49 78 13, au Sud du bourg, près du stade et de la piscine
0,4 ha (30 empl.) plat, herbeux – – A proximité :
18 mai-sept. – **R** *conseillée* – *10 10 12 (4A)*

ROUFFIGNAC

13 – 75 ⑥ G. Périgord Quercy

Paris 502 – Bergerac 58 – Brive-la-Gaillarde 56 – Périgueux 32 – Sarlat-la-Canéda 36

24 Dordogne – 1 465 h. alt. 300
✉ 24580 Rouffignac-St-Cernin

Cantegrel « Cadre agréable », ✆ 05 53 05 48 30, Fax 05 53 05 40 67, N : 1,5 km par D 31 rte de Thenon et rte à droite
43 ha/7 campables (110 empl.) en terrasses, peu incliné et incliné, herbeux (3 ha) – cases réfrigérées – – Location :
avril-15 oct. – **R** *conseillée juil.-août* – GB – – *17 piscine comprise 65 15 (5A)*

La Nouvelle Croze , ✆ 05 53 05 38 90, SE : 2,5 km par D 31, rte de Fleurac et chemin à droite
1,3 ha (40 empl.) plat, herbeux – – – Location :
Pâques-Toussaint – **R** *conseillée juil.-août* – GB – – *26 piscine comprise 35 15 (5A)*

ROUGEMONT

8 – 66 ⑯

Paris 386 – Baume-les-Dames 21 – Besançon 42 – Montbéliard 43 – Vesoul 27

25680 Doubs – 1 200 h. alt. 255

à Bonnal N : 3,5 km par D 18 – 25 h. alt. 270 – ✉ 25680 Bonnal :

Le Val de Bonnal , ✆ 03 81 86 90 87, Fax 03 81 86 03 92, bord de l'Ognon et près d'un plan d'eau
120 ha/15 campables (272 empl.) plat, herbeux (2 ha) – snack – toboggans aquatiques
15 mai-15 sept. – **R** *conseillée juil.-août* – GB – *35 15 55 20 (5A)*

ROUQUIÉ

15 – 83 ②

Paris 733 – Anglès 11 – Brassac 17 – Lacaune 19 – St-Pons-de-Thomières 30 – La Salvetat-sur-Agout 9

81 Tarn – ✉ 81260 Brassac

Rouquié , ✆ 05 63 70 98 06, Fax 05 63 50 49 58, bord du lac de la Raviège
1,5 ha (75 empl.) très incliné, en terrasses, herbeux – – – Location :
mars-oct. – **R** *indispensable* – – *1 ou 2 pers. 62, pers. suppl. 19 15 (3A) 18 (6A)*

ROUSSILLON

16 – 81 ⑬ G. Provence

Paris 725 – Apt 11 – Avignon 51 – Bonnieux 10 – Carpentras 37 – Cavaillon 29 – Sault 31

84220 Vaucluse – 1 165 h. alt. 360.

Office de Tourisme, pl. de la Poste
✆ et Fax 04 90 05 60 25

Arc-en-Ciel « Cadre et site agréables », ✆ 04 90 05 73 96, SO : 2,5 km par D 105 et D 104 rte de Goult
5 ha (70 empl.) accidenté et en terrasses –
A proximité : – Location :
20 mars-oct. – **R** *conseillée juil.-août* – GB – – *16 10 10 15 (4A) 17 (6A)*

ROYAN

9 – 71 ⑮ G. Poitou Vendée Charentes

Paris 503 – Bordeaux 121 – Périgueux 178 – Rochefort 40 – Saintes 36

17200 Char.-Mar. – 16 837 h. alt. 20.

Bac : pour le Verdon-s-Mer : renseignements ✆ 05 56 09 60 84

Office de Tourisme, Palais des Congrès ✆ 05 46 23 00 00 et 05 46 05 04 71, Fax 05 46 38 52 01 et Rond-Point de la Poste ✆ 05 46 05 04 71, Fax 05 46 06 67 76

Le Royan, ✆ 05 46 39 09 06, Fax 05 46 38 12 05, NO : 2,5 km
2,5 ha (180 empl.) plat, herbeux – – – Location :
avril-sept. – **R** *conseillée* – GB – – *Tarif 97 : piscine comprise 3 pers. 79 20 (6A) 26 (10A)*

Clairefontaine « Cadre agréable », ✆ 05 46 39 08 11, Fax 05 46 38 13 79, à **Pontaillac,** allée des Peupliers, à 400 m de la plage
3 ha (300 empl.) plat, herbeux – – (bassin d'enfants)
25 mai-8 sept. – **R** – GB – – *tennis compris 3 pers. 155 20 (5A)*

Le Chant des Oiseaux, ✆ 05 46 39 47 47, NO : 2,3 km
2 ha (150 empl.) (juil.-août) plat, herbeux (0,5 ha) -
6 juin-sept. - **R** - - *3 pers. 73* *19,50 (5A)*

Les Coquelicots, ✆ 05 46 38 23 21, N : 2 km
3 ha (210 empl.) plat, herbeux (0,6 ha) - - Location :
avril-sept. - **R** *conseillée juil.-août* - - - *1 pers. 66, 2 pers. 69, 3 pers. 72, pers. suppl. 22* *16 (5A)*

Walmone, ✆ 05 46 39 15 81, N : 4 km
1,5 ha (100 empl.) plat, herbeux - salle de musculation (bassin) - Location :
avril-sept. - **R** *conseillée 14 juil.-15 août* - - *3 pers. 75* *19,50 (4A)*

L'Orée des Bois, ✆ 05 46 39 07 92, N : 2,5 km
1,5 ha (90 empl.) (14 juil.-août) plat, herbeux -
15 avril-15 sept. - **R** *conseillée 15 juil.-août* - - *2 pers. 50, pers. suppl. 18* *16,50 (6A) 20 (10A)*

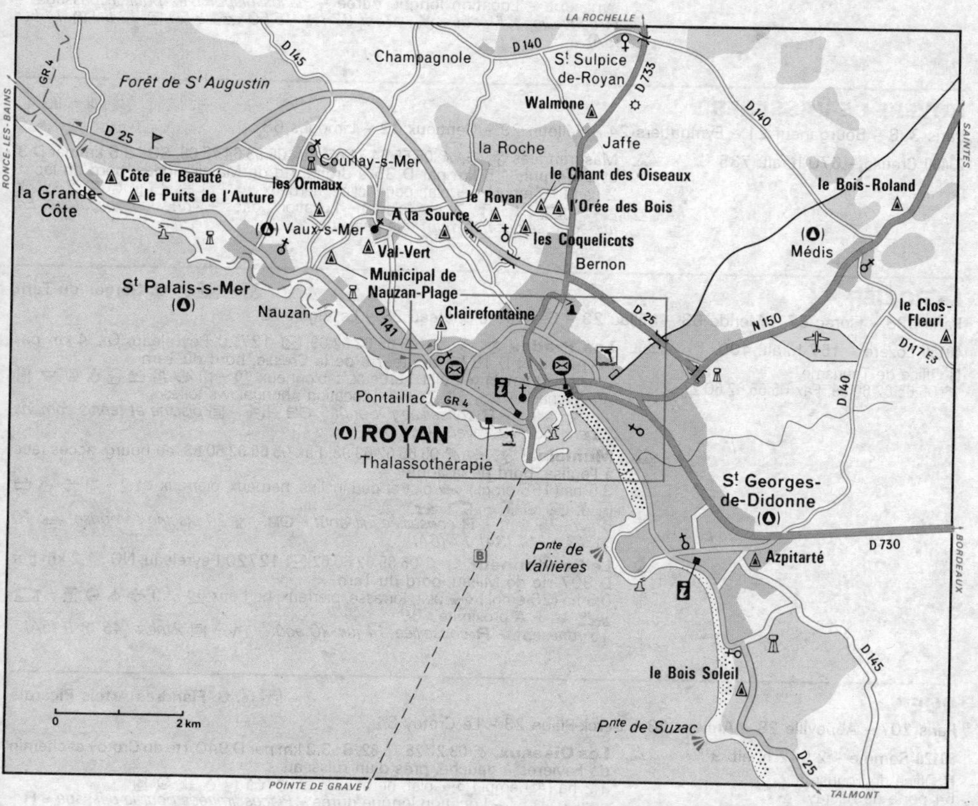

à Vaux-sur-Mer NO : 4,5 km - 3 054 h. alt. 12
✉ 17640 Vaux-sur-Mer :

Municipal de Nauzan-Plage, ✆ 05 46 38 29 13, Fax 05 46 38 18 43, av. de Nauzan, à 500 m de la plage
3,9 ha (220 empl.) plat, herbeux - snack - (bassin) - A l'entrée : - A proximité :

A la Source, ✆ 05 46 39 10 51, E : 0,7 km, 58 r. de Royan -
2,5 ha (167 empl.) plat, herbeux -
- Location :
avril-sept. - **R** *conseillée* - - - *piscine comprise 3 pers. 84* *17 (3A) 20 (6A)*

Val-Vert, ✆ 05 46 38 25 51, Fax 05 46 38 06 15, au Sud-Ouest du bourg, 106 av. F.-Garnier, bord d'un ruisseau
3 ha (157 empl.) plat et terrasse, herbeux, pierreux - - A proximité : - Location :
25 mai-25 sept. - **R** *conseillée* - - - *3 pers. 110* *20 (3A) 22 (6A) 24 (10A)*

Voir aussi à ***Médis, St-Georges-de-Didonne, St-Palais-sur-Mer***

ROYAT

11 - 73 ⑭ G. Auvergne

Paris 425 - Aubusson 89 - La Bourboule 47 - Clermont-Ferrand 4 - Le Mont-Dore 40

63130 P.-de-D. - 3 950 h. alt. 450 -

Office de Tourisme, pl. Allard
04 73 35 81 87, Fax 04 73 35 81 07

Municipal de l'Oclède « Cadre agréable », 04 73 35 97 05, Fax 04 73 35 67 69, SE : 2 km par D 941^{C}, rte du Mont-Dore et à droite D 5, rte de Charade
7 ha (200 empl.) en terrasses, peu incliné, gravier, herbeux - - Location : huttes
avril-24 oct. - **R** *conseillée mai-sept. - Tarif 97 : élect. (4A) comprise 2 pers 70, pers. suppl. 15,30 7,20 (6A) 20,40 (10A)*

ROYBON

12 - 77 ③

Paris 542 - Beaurepaire 23 - Grenoble 59 - Romans-sur-Isère 35 - St-Marcellin 17 - Voiron 38

38940 Isère - 1 269 h. alt. 518

Municipal Aigue-Noire, 04 76 36 23 67, S : 1,5 km par D 20, rte de St-Antoine, bord d'un plan d'eau et d'un ruisseau
2 ha (100 empl.) plat et peu incliné, terrasses, gravier, herbeux (0,6 ha) - - A proximité : toboggan aquatique
avril-sept. - **Location longue durée** - *Places disponibles pour le passage -* **R** *conseillée juil.-août - - Tarif 97 : 15,50 8,50 12,50 14,50 (5A)*

ROYÈRE-DE-VASSIVIÈRE

10 - 72 ⑳

Paris 398 - Bourganeuf 21 - Eymoutiers 24 - Felletin 29 - Gentioux 12 - Limoges 68

23460 Creuse - 670 h. alt. 735

Masgrangeas 05 55 64 71 65, Fax 05 55 64 75 09, SO : 3,5 km par D 3 et D 34 puis 1,5 km par D 35 à droite, rte de Masgrangeas, bord du lac
2 ha (110 empl.) plat, peu incliné, herbeux - snack - (plage) - Location : gîtes - *Adhésion obligatoire. En juil.-août, séjour minimum une semaine.*

Le ROZIER

15 - 80 ④ G. Gorges du Tarn

Paris 638 - Florac 57 - Mende 63 - Millau 23 - Sévérac-le-Château 28 - Le Vigan 72

48150 Lozère - 157 h. alt. 400.

Office de Tourisme,
05 65 62 60 89, Fax 05 65 62 60 27

Les Prades 05 65 62 62 09 12720 Peyreleau, O : 4 km par Peyreleau et D 187 à droite, rte de la Cresse, bord du Tarn
2 ha (150 empl.) plat, herbeux, sablonneux - snack - - Location : bungalows toilés
juin-15 sept. - **R** *conseillée juil.-août* - - *piscine et tennis compris 2 pers. 83 (100 avec élect. 6A)*

Municipal 05 65 62 63 98, Fax 05 65 62 60 83, au bourg, accès face à l'église, bord de la Jonte
3,5 ha (165 empl.) plat et peu incliné, herbeux, pierreux - -
5 avril-25 sept. - **R** *conseillée juil.-août* - - *24 piscine comprise 10 13 14 (3A) 17 (6A)*

Le Randonneur 05 65 62 60 62 12720 Peyreleau, NO : 1,2 km par D 907 rte de Millau, bord du Tarn
0,5 ha (28 empl.) plat, terrasse, pierreux, herbeux - - - A proximité :
15 mai-sept. - **R** *conseillée 14 juil.-20 août* - - *2 pers. 43 9 (5A)*

RUE

1 - 52 ⑥ G. Flandres Artois Picardie

Paris 207 - Abbeville 28 - Amiens 73 - Berck-Plage 23 - Le Crotoy 8

80120 Somme - 2 942 h. alt. 9

Office de Tourisme,
54 porte de Bécray
03 22 25 69 94, Fax 03 22 25 76 26

Les Oiseaux, 03 22 25 71 82, S : 3,2 km par D 940, rte du Crotoy et chemin de Favières à gauche, près d'un ruisseau
1,2 ha (40 empl.) plat, herbeux -
avril-10 sept. - **Location longue durée** - *Places limitées pour le passage* - **R** - *17 18 11 (5A)*

RUFFEC

10 - 68 ⑯

Paris 319 - Argenton-sur-Creuse 30 - Bélâbre 9 - Le Blanc 9 - Châteauroux 52

36300 Indre - 594 h. alt. 95

Municipal, sortie Sud par D 15, rte de Belâbre, bord de la Creuse
0,7 ha (23 empl.) plat, herbeux - - A proximité :
juin-sept. - **R** - *8 8 8 10 (16A)*

RUFFIEUX

12 - 74 ⑤

Paris 517 - Aix-les-Bains 19 - Ambérieu-en-Bugey 58 - Annecy 40 - Bellegarde-sur-Valserine 35

73310 Savoie - 540 h. alt. 282

Saumont 04 79 54 26 26, O : 1,2 km accès sur D 991, près du carrefour du Saumont, vers Aix-les-Bains et chemin à droite, bord d'un ruisseau
1,6 ha (66 empl.) plat, herbeux (0,5 ha) - -
mai-sept. - **R** *conseillée juil.-août* - - *18 piscine comprise 22 14 (10A)*

RUILLÉ-SUR-LOIR

5 - 64 ④

Paris 213 - La Chartre-sur-le-Loir 6 - Le Grand-Lucé 62 - Le Mans 53 - Tours 46

72340 Sarthe - 1 287 h. alt. 56

Municipal les Chaintres « Cadre agréable », au Sud du bourg, rue de l'Industrie, bord du Loir
0,5 ha (30 empl.) plat, herbeux -
mai-sept. - **R** *conseillée - 8,40 4,20 4,20 10,50 (5A)*

RUMILLY

12 - 74 ⑤ **G. Alpes du Nord**

Paris 532 - Aix-les-Bains 20 - Annecy 24 - Bellegarde-sur-Valserine 36 - Belley 44 - Genève 64

74150 H.-Savoie - 9 991 h. alt. 334.
Office de Tourisme, de l'Albanais
04 50 64 58 32, Fax 04 50 64 69 21

Le Madrid, 04 50 01 12 57, Fax 04 50 01 29 49, SE : 3 km par D 910 rte d'Aix-les-Bains puis D 3 à gauche et D 53 à droite rte de St-Félix
3,2 ha (109 empl.) plat, herbeux, pierreux -
cases réfrigérées - - Location *(permanent)* : , studios
juin-1er nov. - **R** *conseillée juil.-août* - GB - - *18 piscine comprise 7 20/25 15 (5A) 25 (10A)*

RUOMS **07** Ardèche - 80 ⑨ - voir à Ardèche (Gorges de l')

RUPPIONE (PLAGE DE) **2A** Corse-du-Sud - 90 ⑰ - voir à Corse

Le RUSSEY

12 - 66 ⑱

Paris 472 - Belfort 72 - Besançon 68 - Montbéliard 53 - Morteau 17 - Pontarlier 48

25210 Doubs - 1 824 h. alt. 875

Municipal les Sorbiers, 03 81 43 75 86, au bourg, r. Foch
1 ha (60 empl.) plat, gravier, herbeux - -
Permanent - **R** - *Tarif 97 : 7 4 4 12 (15A)*

Les SABLES-D'OLONNE

9 - 67 ⑫ **G. Poitou Vendée Charentes**

Paris 451 - Cholet 101 - Nantes 102 - Niort 112 - La Rochelle 91 - La Roche-sur-Yon 37

85100 Vendée - 15 830 h. alt. 4.
Office de Tourisme, r. Mar.-Leclerc
02 51 32 03 28, Fax 02 51 32 84 49

Le Puits Rochais, 02 51 21 09 69 85100 le Château-d'Olonne, SE : 3,5 km
3,9 ha (210 empl.) plat, herbeux -
- toboggan aquatique - Location :

La Dune des Sables , 02 51 32 31 21, NO : 4,5 km, près de la plage
5,6 ha (290 empl.) accidenté, sablonneux, herbeux, gravier -
- toboggan aquatique - Location :
5 avril-20 sept. - **R** *conseillée 10 juil.-20 août* - GB - - *piscine comprise 2 pers. 125 20 (6A)*

Les Roses, 02 51 95 10 42, r. des Roses, à 400 m de la plage
3,9 ha (200 empl.) plat et peu incliné, herbeux -
- toboggan aquatique - A proximité : - Location :
5 avril-1er nov. - **R** *conseillée 5 juil.-25 août* - GB - - *piscine comprise 2 pers. 125 20 (6A)*

Le Petit Paris, 02 51 22 04 44 85180 le Château d'Olonne, SE : 5,5 km
1,3 ha (127 empl.) plat, herbeux - -
avril-sept. - **R** *indispensable août* - GB - - *piscine comprise 2 pers. 80 (95 avec élect. 6 à 10A)*

Les Fosses Rouges , 02 51 95 17 95, SE : 3 km, à la Pironnière
3,5 ha (250 empl.) plat, herbeux - -
avril-sept. - **R** *conseillée juil.-25 août* - GB - - *piscine comprise 2 pers. 78/95 avec élect. (10A), pers. suppl. 16*

à Olonne-sur-Mer N : 5 km par D 32 - 8 546 h. alt. 40
85340 Olonne-sur-Mer :

La Loubine « Cadre agréable », 02 51 33 12 92, Fax 02 51 33 12 71, O : 3 km -
5 ha (259 empl.) plat, herbeux -
snack, crêperie - toboggan aquatique - A proximité : poneys - Location :
Pâques-sept. - **R** *conseillée* - GB - - *piscine comprise 2 pers. 119 (134 avec élect. 6A), pers. suppl. 25*

Le Trianon « Cadre agréable », 02 51 95 30 50, Fax 02 51 90 77 70, E : 1 km
10 ha (515 empl.) (saison) plat, herbeux (5 ha) -
crêperie - discothèque toboggan aquatique - Location : , bungalows toilés
Pâques-sept. - **R** *indispensable 20 juil.-20 août* - GB - - *piscine comprise 1 ou 2 pers. 129 (139 ou 149 avec élect. 3 à 16A), 3 pers. 145 (155 à 169 avec élect. 3 à 16A)*

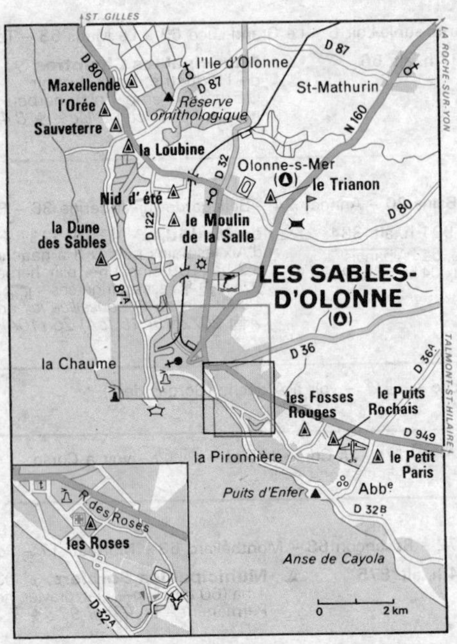

Le Moulin de la Salle, ✆ 02 51 95 99 10, Fax 02 51 96 96 13, O : 2,7 km
2,7 ha (178 empl.) plat, herbeux – pizzeria – (découverte l'été) half-court – Location *(permanent)* : (gîtes)
mai-sept. – Location longue durée – *Places disponibles pour le passage* – **R** *conseillée* – – *élect. (8A) et piscine comprises 2 pers. 110*

L'Orée, ✆ 02 51 33 10 59, Fax 02 51 33 15 16, O : 3 km
5 ha (296 empl.) plat, herbeux (3,5 ha) – snack – toboggan aquatique, half-court – A proximité : poneys – Location : gîtes, bungalows toilés
avril-sept. – **R** *conseillée juil.-août* – GB – – *piscine comprise 2 pers. 120, pers. suppl. 25 20 (5A)*

Nid d'Été , ✆ 02 51 95 34 38, O : 2,5 km
2 ha (125 empl.) plat, herbeux, petit étang – – Location : – Garage pour caravanes et bateaux
Pâques-fin sept. – **R** *conseillée* – GB – – *piscine comprise 2 pers. 82 15 (6A)*

Sauveterre, ✆ 02 51 33 10 58, O : 3 km
3 ha (234 empl.) plat, herbeux – – – A proximité : poneys
mai-15 sept. – **R** *conseillée* – – *2 pers. 57 12 (6A)*

Maxellende , ✆ 02 51 33 11 97, Fax 02 51 33 14 85, NO : 4,1 km par D 80, D 87 rte de l'Ile d'Olonne, près de la réserve ornithologique
2 ha (90 empl.) plat, peu incliné, herbeux – (bassin) – Location : bungalows toilés
avril-15 sept. – **R** *conseillée juil.-août* – GB – – *2 pers. 58 15 (6A)*

Le Havre de la Gachère, ✆ 02 51 90 59 85, Fax 02 51 20 11 92, NO : 8,3 km par D 80, rte de Brem-sur-Mer, au lieu-dit les Granges (hors schéma)
5 ha (200 empl.) plat, terrasses, peu accidenté, sablonneux pinède –
10 avril-4 oct. – **R** *conseillée juil.-août* – GB – – *25 9 23 15 (5A)*

SABLÉ-SUR-SARTHE

5 – 64 ① G. Châteaux de la Loire

Paris 251 – Angers 63 – La Flèche 27 – Laval 44 – Le Mans 60 – Mayenne 59

72300 Sarthe – 12 178 h. alt. 29.
Office de Tourisme, pl. R.-Elizé
✆ 02 43 95 00 60, Fax 02 43 92 60 77

Municipal de l'Hippodrome , ✆ 02 43 95 42 61, Fax 02 43 92 74 82, S : sortie vers Angers et à gauche, attenant à l'hippodrome, bord de la Sarthe
2 ha (120 empl.) plat, herbeux – – A proximité : golf
avril-sept. – **R** *conseillée* – – *Tarif 97 : 12,90 piscine comprise 24,80 12,90 (15A)*

▶ *Benutzen Sie immer die neuesten Ausgaben der* ***MICHELIN-Straßenkarten*** *und* ***-Reiseführer.***

SABLIÈRES

16 - 80 ⑧

Paris 635 - Aubenas 47 - Langogne 54 - Largentière 37 - Les Vans 24

07260 Ardèche - 149 h. alt. 450

La Drobie <, ✆ 04 75 36 95 22, Fax 04 75 36 95 68, O : 3 km par D 220 et rte à droite, bord de rivière - Pour caravanes : itinéraire conseillé depuis Lablachère par D 4
1,5 ha (80 empl.) incliné, en terrasses, herbeux, pierreux - (avril-oct.) - - Location :
Permanent - **R** *conseillée* - - *piscine et tennis compris 2 pers. 68, pers. suppl. 20* *12 (10A)*

SAHUNE

16 - 81 ③

Paris 669 - Buis-les-Baronnies 26 - La Motte-Chalancon 21 - Nyons 15 - Rosans 24 - Vaison-la-Romaine 30

26510 Drôme - 290 h. alt. 330

Vallée Bleue <, ✆ 04 75 27 44 42, sortie Sud-Ouest par D 94, rte de Nyons, bord de l'Eygues
3 ha (55 empl.) plat, pierreux, herbeux verger - snack -
avril-oct. - **R** *conseillée juil.-août* - - *piscine comprise 1 pers. 32* *16 (6A)*

SAIGNES

10 - 76 ② G. Auvergne

Paris 485 - Aurillac 79 - Clermont-Ferrand 91 - Mauriac 27 - Le Mont-Dore 56 - Ussel 39

15240 Cantal - 1 009 h. alt. 480

Municipal Bellevue <, ✆ 04 71 40 68 40, sortie Nord-Ouest du bourg, au stade
1 ha (42 empl.) plat, herbeux -
juil.-août - **R** *conseillée 15 juil.-15 août* - - *Tarif 97 :* *10* *5* *6,10* *10,70*

SAILLAGOUSE

15 - 86 ⑯ G. Pyrénées Roussillon

Paris 869 - Bourg-Madame 9 - Font-Romeu-Odeillo-Via 13 - Mont-Louis 12 - Perpignan 93

66800 Pyr.-Or. - 825 h. alt. 1 309

Le Cerdan < « Cadre agréable », ✆ 04 68 04 70 46, Fax 04 68 04 05 26, à l'Ouest du bourg par petite rte d'Estavar derrière l'église
0,8 ha (50 empl.) plat, herbeux - -
fermé oct. - **R** *conseillée* - - *Tarif 97 :* *2 pers. 62 (77 ou 82 avec élect. 3 ou 6A), pers. suppl. 18*

à Estavar O : 4 km par D 33 - 358 h. alt. 1 200 - ✉ 66800 Estavar :

L'Enclave , ✆ 04 68 04 72 27, Fax 04 68 04 07 15, sortie Est près du D 33, bord de l'Angoust
3,5 ha (199 empl.) plat et peu incliné, en terrasses, pierreux, herbeux (2 ha) - -
A proximité : - Location : , appartements
fermé oct. - **R** *conseillée* - GB - - *piscine et tennis compris 2 pers. 89* *20 (3A) 30 (6A) 45 (10A)*

ST-AGRÈVE

11 - 76 ⑨

Paris 579 - Aubenas 73 - Lamastre 21 - Privas 69 - Le Puy-en-Velay 51 - St-Étienne 70 - Yssingeaux 34

07320 Ardèche - 2 762 h. alt. 1 050

Riou la Selle , ✆ 04 75 30 29 28, SE : 2,8 km par D 120, rte de Cheylard, D 21, rte de Nonières à gauche et chemin de la Roche, à droite
1 ha (29 empl.) (juil.-août) plat et peu incliné, terrasses, herbeux - - - Location :
mai-15 oct. - **R** *conseillée juil.-15 août* - - *2 pers. 65, pers. suppl. 17* *19 (16A)*

ST-AIGNAN

13 - 64 ⑰ G. Châteaux de la Loire

Paris 220 - Blois 39 - Châteauroux 65 - Romorantin-Lanthenay 34 - Tours 59 - Vierzon 56

41110 L.-et-Ch. - 3 672 h. alt. 115.
Office de Tourisme, (juil.-août) ✆ et Fax 02 54 75 22 85

Municipal les Cochards, ✆ 02 54 75 15 59, SE : 1 km par D 17, rte de Couffi, bord du Cher
4 ha (140 empl.) plat, herbeux - -
avril-sept. - **R** - GB - - *15* *15* *16 (5A)*

ST-ALBAN

4 - 59 ④

Paris 441 - Dinan 42 - Lamballe 11 - Plancoët 25 - St-Brieuc 23 - St-Cast-le-Guildo 28

22400 C.-d'Armor - 1 662 h. alt. 95

Municipal les Jonquilles <, ✆ 02 96 32 96 05, sortie Nord par D 58 rte de Pléneuf
1 ha (77 empl.) (juil.-août) en terrasses, plat et peu incliné, herbeux - - - A proximité :
15 juin-15 sept. - **R** - *10* *3,50* *4* *9,50*

ST-ALBAN-AURIOLLES 07 Ardèche - 80 ⑧ - voir à Ardèche (Gorges de l')

ST-ALBAN-SUR-LIMAGNOLE

15 – 76 ⑮

Paris 558 – Espalion 72 – Mende 40 – Le Puy-en-Velay 76 – St-Chély-d'Apcher 13 – Sévérac-le-Château 72

48120 Lozère – 1 928 h. alt. 950

Le Galier, 04 66 31 58 80, Fax 04 66 31 41 83, O : 1,5 km par D 987 rte d'Aumont-Aubrac, bord de la Limagnole
4 ha (70 empl.) plat et accidenté, herbeux (1 ha) – – – A proximité : – Location :
mars-15 nov. – **R** *conseillée juil.-août* – – *piscine comprise 1 pers. 47, pers. suppl. 16* *18 (5A)*

ST-AMANDIN

11 – 76 ③

Paris 500 – Besse-en-Chandesse 34 – Bort-les-Orgues 25 – Condat 7 – Mauriac 46 – Murat 41

15190 Cantal – 284 h. alt. 840

Municipal <, 04 71 78 18 28, sortie Nord-Est sur D 678, rte de Condat
1 ha (40 empl.) plat, peu incliné, herbeux, pierreux – – (découverte l'été) – Location *(permanent)* :
15 juin-15 sept. – **R** *conseillée 14 juil.-15 août* – – *piscine comprise 2 pers. 35, pers. suppl. 8* *12 (15A)*

ST-AMAND-LES-EAUX

2 – 51 ⑰ G. Flandres Artois Picardie

Paris 217 – Denain 15 – Douai 34 – Lille 43 – Tournai 21 – Valenciennes 15

59230 Nord – 16 776 h. alt. 18 – (mars- mi-nov.)
Office de Tourisme, 91 Grand'Place
03 27 22 24 47, Fax 03 27 22 24 99

Mont des Bruyères , 03 27 48 56 87, SE : 3,5 km, en forêt de St-Amand – accès conseillé par D 169 (déviation)
3,5 ha (94 empl.) plat et en terrasses, sablonneux, herbeux – –
mars-nov. – Location longue durée – *Places disponibles pour le passage* – **R** – – *2 pers. 52* *21 (6A) 26 (10A)*

ST-AMAND-MONTROND

10 – 69 ① ⑪ G. Berry Limousin

Paris 286 – Bourges 44 – Châteauroux 65 – Montluçon 54 – Moulins 78 – Nevers 70

18200 Cher – 11 937 h. alt. 160.
Office de Tourisme, (fermé dim. et fêtes) pl. République
02 48 96 16 86, Fax 02 48 96 46 64

Municipal de la Roche , 02 48 96 09 36, sortie Sud-Est par N 144, rte de Montluçon et chemin de la Roche à droite avant le canal, près du Cher
4 ha (120 empl.) plat, peu incliné, herbeux – –
avril-sept. –

ST-AMANS-DES-COTS

15 – 76 ⑫

Paris 593 – Aurillac 56 – Entraygues-sur-Truyère 15 – Espalion 32 – Chaudes-Aigues 47

12460 Aveyron – 859 h. alt. 735

La Romiguière < « Site agréable », 05 65 44 44 64 12210 Laguiole, SE : 8,5 km par D 97 et D 599 à gauche, bord du lac de la Selves – alt. 600
1 ha (62 empl.) en terrasses, pierreux, herbeux – snack – – Location :
15 avril-1er nov. – **R** *conseillée juil.-août* – GB – – *2 pers. 80, pers. suppl. 24* *15 (10A)*

ST-AMANT-ROCHE-SAVINE

11 – 73 ⑯

Paris 478 – Ambert 12 – La Chaise-Dieu 39 – Clermont-Ferrand 65 – Issoire 47 – Thiers 49

63890 P.-de-D. – 500 h. alt. 950

Municipal Saviloisirs, 04 73 95 73 60, à l'Est du bourg
0,6 ha (15 empl.) plat et en terrasses, herbeux – – – – A proximité : – Location *(permanent)* :
mai-sept. – – – *15* *8* *7/10 avec élect.*

ST-AMBROIX

16 – 80 ⑧

Paris 682 – Alès 20 – Aubenas 55 – Mende 105

30500 Gard – 3 517 h. alt. 142.
Office de Tourisme, pl. de l'Ancien Temple
04 66 24 33 36, Fax 04 66 24 05 83

Le Clos <, 04 66 24 10 08, Fax 04 66 60 25 62, accès par centre ville en direction d'Aubenas puis rue à gauche par place de l'église, bord de la Cèze
1,5 ha (46 empl.) plat, herbeux – – – A proximité : – Location :
avril-oct. – **R** *conseillée* – – *Tarif 97* : *piscine comprise 2 pers. 67, pers. suppl. 16* *14 (3A) 16 (6A) 18 (10A)*

Beau-Rivage <, 04 66 24 10 17, Fax 04 66 24 21 37, SE : 3,5 km par D 37, rte de Lussan, bord de la Cèze
3,5 ha (130 empl.) en terrasses, herbeux, pierreux – – salle de musculation
avril-sept. – **R** *conseillée juil.-août* – – *22* *23* *12 (2A) 14 (4A) 16 (6A)*

La Tour < « Site et cadre agréables », 04 66 24 17 89, sortie Sud-Ouest par D 904, rte d'Alès
1 ha (30 empl.) en terrasses, herbeux, pierreux – – (bassin) – A proximité :
avril-15 oct. – **R** *conseillée juil.-août* – – *2 pers. 48* *13 (6A)*

ST-ANDRÉ-DE-ROQUEPERTUIS

16 - 80 ⑨

Paris 668 - Alès 41 - Bagnols-sur-Cèze 17 - Barjac 16 - Lussan 83 - Pont-St-Esprit 25

30630 Gard - 361 h. alt. 120

Municipal la Plage, ✆ 04 66 82 38 94, NO : 1 km par D 980, rte de Barjac, bord de la Cèze
1,8 ha (80 empl.) plat, herbeux, sablonneux -
15 juin-15 sept. - **R** *conseillée* - GB - *2 pers. 58, pers. suppl. 16 16 (6A)*

Le Martel, ✆ 04 66 82 25 44, NO : 2 km par D 980, rte de Barjac, bord de la Cèze
1,5 ha (60 empl.) plat, herbeux - snack (le soir uniquement) - - Location :
mai-15 sept. - **R** *conseillée* - - *2 pers. 60, pers. suppl. 15 15 (6A)*

ST-ANDRÉ-DE-SANGONIS

15 - 83 ⑥

Paris 720 - Béziers 53 - Clermont-l'Hérault 7 - Gignac 5 - Montpellier 34 - Sète 47

34725 Hérault - 3 472 h. alt. 65

Le Septimanien, ✆ 04 67 57 84 23, Fax 04 67 57 54 78, SO : 1 km par D 4, rte de Brignac, bord d'un ruisseau
2,3 ha (78 empl.) plat et en terrasses, pierreux - - - Location :
avril-15 oct. - **R** *conseillée 15 juil.-15 août* - GB - - *piscine comprise 2 pers. 74 16 (10A)*

ST-ANDRÉ-DES-EAUX

4 - 63 ⑭

Paris 448 - La Baule 9 - Guérande 10 - Pontchâteau 35 - Redon 52 - St-Nazaire 10

44117 Loire-Atl. - 2 919 h. alt. 20

Les Chalands Fleuris M, ✆ 02 40 01 20 40, Fax 02 40 61 84 10, à 1 km au Nord-Est du bourg, près du complexe sportif
4 ha (122 empl.) plat, herbeux - - -
A proximité : (découverte l'été)
avril-15 oct. - **R** *conseillée* - GB - - *22 piscine comprise 12 28/33 15 (6A)*

ST-ANDRÉ-DE-SEIGNANX

13 - 78 ⑰

Paris 757 - Bayonne 14 - Capbreton 19 - Dax 39 - Hasparren 30 - Peyrehorade 24

40390 Landes - 1 271 h. alt. 50

Le Ruisseau, ✆ 05 59 56 71 92, O : 1 km par D 54 rte de St-Martin-de-Seignanx
1 ha (60 empl.) peu incliné, en terrasses, herbeux - - (bassin)
Permanent - **R** - *20 30 20 (6A)*

ST-ANDRÉ-LES-ALPES

17 - 81 ⑱ G. Alpes du Sud

Paris 780 - Castellane 20 - Colmars 28 - Digne-les-Bains 43 - Manosque 94 - Puget-Théniers 45

04170 Alpes de H.-Pr. - 794 h. alt. 914.
Office de Tourisme, pl. M.-Pastorelli ✆ 04 92 89 02 39, Fax 04 92 89 19 23

Municipal les Iscles, ✆ 04 92 89 02 29, S : 1 km par N 202 rte d'Annot et à gauche, à 300 m du Verdon - alt. 894
2,5 ha (200 empl.) plat, pierreux, herbeux pinède - - - A proximité : parcours sportif
avril-sept. - **R** *juil.-août* - GB - - *Tarif 97 : 19 12 7 (4A)*

ST-ANTHÈME

11 - 73 ⑰ G. Vallée du Rhône

Paris 521 - Ambert 23 - Feurs 47 - Montbrison 23 - St-Bonnet-le-Château 24 - St-Étienne 53

63660 P.-de-D. - 880 h. alt. 950

Municipal de Rambaud <, ✆ 04 73 95 48 79, S : 0,6 km entre D 996 et D 261, près d'un plan d'eau et à 100 m de l'Ance
0,5 ha (30 empl.) plat, herbeux - - - A proximité :
Permanent - **R** *conseillée été* - - *14 6 5/8 6 (4A) 12 (18A)*

ST-ANTOINE-DE-BREUILH

9 - 75 ⑬

Paris 561 - Bergerac 29 - Duras 28 - Libourne 33 - Montpon-Ménestérol 26

24230 Dordogne - 1 756 h. alt. 18

Municipal St-Aulaye, ✆ 05 53 24 82 80, SO : 3 km, à St-Aulaye, à 100 m de la Dordogne
1,5 ha (60 empl.) plat, herbeux - - - A proximité : - Location *(permanent)* : studios
15 juin-15 sept. - **R** - - *Tarif 97 : 11 11 (21,50 avec élect. 4A)*

ST-ANTONIN-NOBLE-VAL

14 - 79 ⑲ G. Périgord Quercy

Paris 637 - Cahors 57 - Caussade 18 - Caylus 11 - Cordes-sur-Ciel 26 - Montauban 40

82140 T.-et-G. - 1 867 h. alt. 125.
Office de Tourisme, Mairie ✆ 05 63 30 63 47

Les Trois Cantons, ✆ 05 63 31 98 57, Fax 05 63 31 25 93, NO : 7,7 km par D 19, rte de Caylus et chemin à gauche, après le petit pont sur la Bonnette, entre le lieu-dit Tarau et le D 926 - Entre Septfonds (6 km) et Caylus (9 km)
20 ha/4 campables (80 empl.) plat, peu incliné, pierreux, herbeux - - (couverte hors-saison) - Location :
15 avril-sept. - **R** *conseillée juil.-août* - GB - - *29 piscine comprise 37 10 (2A) 22 (5A)*

ST-APOLLINAIRE

17 - 77 ⑰

Paris 687 - Embrun 18 - Gap 25 - Mont-Dauphin 38 - Savines-le-Lac 7

05160 H.-Alpes - 99 h. alt. 1 285

Municipal le Clos du Lac ≤ lac de Serre-Ponçon et montagnes « Belle situation dominante », 04 92 44 27 43, NO : 2,3 km par D 509, à 50 m du lac de St-Apollinaire - alt. 1 450
2 ha (77 empl.) en terrasses et peu incliné, herbeux -
A proximité : snack
juin-15 sept. - **R** *conseillée juil.-août - - 2 pers. 45 16 (8A)*

ST-ARNOULT

14 Calvados - 54 ⑰ - rattaché à Deauville

ST-ASTIER

10 - 75 ⑤ G. Périgord Quercy

Paris 499 - Brantôme 35 - Mussidan 19 - Périgueux 20 - Ribérac 24

24110 Dordogne - 4 780 h. alt. 70.
Syndicat d'Initiative, pl. de la République,
et Fax 05 53 54 13 85

Municipal du Pontet « Situation agréable », 05 53 54 14 22, sortie Est par D 41, rte de Montanceix, bord de l'Isle
3,5 ha (100 empl.) plat, herbeux - -
(bassin) - Location : bungalows toilés
4 avril-sept. - **R** *conseillée juil.-août - - 19 27 17 (6A)*

ST-AUBIN-DU-CORMIER

4 - 59 ⑱ G. Bretagne

Paris 333 - Combourg 34 - Fougères 21 - Rennes 29 - Vitré 23

35140 I.-et-V. - 2 040 h. alt. 110

Municipal, au Sud-Est du bourg, rue du Four Banal, près d'un étang
0,4 ha (40 empl.) peu incliné, herbeux -
11 avril-24 oct. - **R** - *9,90 8 11,15 (6A) 15,90 (10A)*

ST-AUBIN-SUR-MER

1 - 52 ③ G. Normandie Cotentin

Paris 190 - Dieppe 20 - Fécamp 46 - Rouen 60 - Yvetot 36

76740 S.-Mar. - 281 h. alt. 15

Municipal le Mesnil , 02 35 83 02 83, O : 2 km par D 68 rte de Veules-les-Roses
2,2 ha (115 empl.) plat et en terrasses, herbeux -
-
avril-oct. **R** *conseillée juil.-août - - Tarif 97 : 22,20 11,10 15,50 19,70 (10A)*

ST-AUBIN-SUR-MER

5 - 55 ① G. Normandie Cotentin

Paris 250 - Arromanches-les-Bains 18 - Bayeux 25 - Cabourg 32 - Caen 19

14750 Calvados - 1 526 h.
Office de Tourisme, Digue Favereau
02 31 97 30 41, Fax 02 31 96 18 92

La Côte de Nacre, 02 31 97 14 45, Fax 02 31 97 22 11, au Sud du bourg par D 7b
5,6 ha (340 empl.) plat, herbeux - snack
- - A proximité : - Location :
avril-oct. - **R** *conseillée juil.-août* - GB - - *28 piscine comprise 40 18 (4A) 25 (6A) 32 (10A)*

ST-AUGUSTIN-SUR-MER

9 - 71 ⑮

Paris 510 - Marennes 21 - Rochefort 43 - La Rochelle 80 - Royan 10 - Saintes 43

17570 Char.-Mar. - 742 h. alt. 10
Schéma aux Mathes

Le Logis du Breuil « A l'orée de la forêt de St-Augustin, agréable sous-bois », 05 46 23 23 45, Fax 05 46 23 43 33, SE : par D 145 rte de Royan
8,5 ha (355 empl.) plat, terrasse, sablonneux, herbeux, (4 ha) -
- - A proximité : pizzeria - Location : gîtes
15 mai-15 sept. - **R** *conseillée* - GB - - *22 piscine comprise 7 28 17 (3A) 19 (6A)*

La Ferme de St-Augustin N° 1 et N° 2, 05 46 39 14 46, Fax 05 46 23 43 59, au bourg - (en deux parties distinctes)
5,3 ha (340 empl.) (juil.-août) plat et peu incliné, herbeux, sablonneux -
- toboggan aquatique
- A proximité : - Location :
15 mars-sept. - **R** *indispensable* - GB - - *Tarif 97 : piscine comprise 3 pers. 89, 4 pers. 113 22 (10A)*

Les Côtes de Saintonge, 05 46 23 23 48, SE : par D 145 rte de Royan
2 ha (82 empl.) accidenté, sablonneux, herbeux - -
(bassin) - A proximité : - Location :
Pâques-15 sept. - **R** *indispensable juil.-août* - GB - - *1 ou 2 pers. 59, pers. suppl. 18 16 (6A)*

Les Vignes , 05 46 23 23 51, à l'Est du bourg
1,3 ha (100 empl.) peu incliné, herbeux, pierreux - -
- A proximité : - Location :
mai-15 oct. - **R** *conseillée 15 juil.-20 août* - - *piscine comprise 2 pers. 52, pers. suppl. 15 14 (4 ou 5A) 18 (10A)*

L'Écureuil, 05 46 39 13 39, au bourg
3 ha (100 empl.) plat, peu incliné, terrasses, herbeux, sablonneux -
- A proximité : toboggan aquatique
avril-sept. - **R** *conseillée* - GB - - *piscine comprise 3 pers. 71, pers. suppl. 18 22 (10A)*

ST-AULAYE

9 - 75 ③ G. Périgord Quercy

Paris 506 - Bergerac 56 - Blaye 78 - Bordeaux 78 - Périgueux 57

24410 Dordogne - 1 531 h. alt. 61

Municipal de la Plage, 05 53 90 62 20, sortie Nord par D 38, rte de d'Aubeterre, bord de la Dronne
1 ha (70 empl.) plat, herbeux - A proximité : - Location :
27 juin-août - **R** - *2 pers. 45, pers. suppl. 10 12 (5A) 20 (10A)*

ST-AVIT-DE-VIALARD

13 - 75 ⑯

Paris 520 - Bergerac 38 - Le Bugue 7 - Les Eyzies-de-Tayac 18 - Périgueux 40

24260 Dordogne - 113 h. alt. 210

St-Avit Loisirs <, 05 53 02 64 00, Fax 05 53 02 64 39, NO : 1,8 km, rte de St-Alvère
40 ha/6 campables (199 empl.) plat, peu incliné, herbeux - toboggan aquatique, parcours de santé - Location : appartements
Pâques-sept. - **R** *conseillée* - GB - *37 piscine comprise 57 21 (6A)*

ST-AVOLD

8 - 57 ⑮ G. Alsace Lorraine

Paris 371 - Haguenau 114 - Lunéville 74 - Metz 43 - Nancy 72 - Saarbrücken 31 - Sarreguemines 28

57500 Moselle - 16 533 h. alt. 260.
Office de Tourisme, à la Mairie
03 87 91 30 19, Fax 03 87 92 98 02

Le Felsberg « Cadre agréable », 03 87 92 75 05, Fax 03 87 92 20 69, au Nord du centre ville, près N 3, accès par rue en Verrerie, face à la station service Record - Par A 4 : sortie St-Avold Carling
1,2 ha (33 empl.) plat et peu incliné, terrasses, herbeux, pierreux - Location :
Permanent - **R** *conseillée hiver et juil.-août* - GB - *15 30 20 (6A) 35 (10A)*

ST-AYGULF

17 - 84 ⑱ G. Côte d'Azur

Paris 875 - Brignoles 69 - Draguignan 33 - Fréjus 6 - St-Raphaël 8 - Ste-Maxime 15

83370 Var
Office de Tourisme, pl. Poste
04 94 81 22 09, Fax 04 94 81 23 04

Schéma à Fréjus

L'Étoile d'Argens, 04 94 81 01 41, Fax 04 94 81 21 45, NO : 5 km par D 7, rte de Roquebrune-sur-Argens et D 8 à droite, bord de l'Argens, port privé, navette pour les plages
11 ha (493 empl.) plat, herbeux - pizzeria - discothèque - A proximité : golf
28 mars-sept. - **R** *conseillée juil.-août* - GB - *élect. (10A) et piscine comprises 3 pers. 192/212*

Au Paradis des Campeurs, 04 94 96 93 55, Fax 04 94 49 62 99 83380 Les Issambres, S : 2,5 km par N 98, rte de Ste-Maxime, à la Gaillarde, accès direct à la plage (hors schéma) - dans locations
1,7 ha (125 empl.) plat, herbeux - snack - A proximité : discothèque - Location :
20 mars-10 oct. - **R** - *jusqu'à 3 pers. 120 ou 147, pers. suppl. 30 22 (6A)*

Les Lauriers Roses <, 04 94 81 24 46, Fax 04 94 81 79 63, NO : 3 km par D 7, rte de Roquebrune-sur-Argens - Certains emplacements difficiles d'accès (forte pente), mise en place et sortie des caravanes à la demande
2 ha (95 empl.) plat, peu incliné, accidenté, en terrasses, pierreux - A proximité : - Location :
avril-sept. - **R** *conseillée juin et sept., indispensable juil.-août* - *piscine comprise 2 pers. 115, pers. suppl. 37,50 15 (5A)*

La Barque, 04 94 81 31 86, NO : 5,2 km par D 7, rte de Roquebrune-sur-Argens et D 8 à droite, bord de l'Argens
3 ha (150 empl.) plat, herbeux - snack -
juin-sept. - **R** *conseillée* - *Tarif 97 : 2 pers. 99, 3 pers. 119, pers. suppl. 26 20 (5 ou 6A)*

Vaudois, 04 94 81 37 70 83520 Roquebrune-sur-Argens, NO : 4,5 km par D 7, rte de Roquebrune-sur-Argens, à 300 m d'un plan d'eau
3 ha (50 empl.) plat, herbeux -
juin-sept. - **R** *conseillée* - *2 pers. 72 (92 avec élect.), pers. suppl. 19*

ST-BAUZILE

15 - 80 ⑥

Paris 604 - Chanac 19 - Florac 28 - Marvejols 33 - Mende 13 - Ste-Enimie 25

48000 Lozère - 472 h. alt. 750

Municipal les Berges de Bramont <, 04 66 47 05 97, SO : 1,5 km par D 41, N 106 rte de Mende et à Rouffiac chemin à gauche, près du Bramont et du complexe sportif
1,5 ha (50 empl.) plat, terrasse, herbeux - - A proximité :
15 juin-15 sept. - **R** - *1 pers. 40, pers. suppl. 10 12*

ST-BENOÎT-DES-ONDES

4 - 59 ⑥

Paris 413 - Cancale 9 - Dinard 20 - Dol-de-Bretagne 13 - Le Mont-St-Michel 41 - Rennes 68 - St-Malo 15

35114 I.-et-V. - 775 h. alt. 1

L'Île Verte « Entrée fleurie », 02 99 58 62 55, au Sud du bourg, près de l'église, à 400 m du bord de mer
1,2 ha (43 empl.) plat, herbeux -
15 juin-15 sept. - **R** - *18 60 18 (6 ou 10A)*

ST-BERTRAND-DE-COMMINGES

14 - 86 ① G. Pyrénées Aquitaine

Paris 801 - Bagnères-de-Luchon 32 - Lannemezan 26 - St-Gaudens 17 - Tarbes 59 - Toulouse 109

31510 H.-Gar. - 217 h. alt. 581

Es Pibous « Belle situation », ℘ 05 61 94 98 20, Fax 05 61 95 63 83, SE : 0,8 km par D 26 A, rte de St-Béat et chemin à gauche
2 ha (82 empl.) plat, herbeux -
mai-sept. - **R** - - *2 pers. 47/62 avec élect. (6A)*

ST-BONNET-DE-JOUX

11 - 69 ⑱

Paris 386 - Chalon-sur-Saône 59 - Charlieu 55 - Charolles 13 - Cluny 23 - Paray-le-Monial 26

71220 S.-et-L. - 845 h. alt. 397

Municipal, sortie Est par D 7, rte de Salloray-sur-Guye et rue à gauche, bord d'un étang
0,5 ha (21 empl.) plat et peu incliné, herbeux, gravillons - -
juin-oct. - **R** - *6* *5* *10/20*

ST-BONNET-EN-CHAMPSAUR

17 - 77 ⑯ G. Alpes du Nord

Paris 655 - Gap 15 - Grenoble 91 - La Mure 51

05500 H.-Alpes - 1 371 h. alt. 1 025.
Office de Tourisme, pl. Grenette
℘ 04 92 50 02 57

Camp V.V.F. « , ℘ 04 92 50 01 86, Fax 04 92 50 11 85, SE : 0,8 km par D 43, rte de St-Michel-de-Chaillol et à droite -
0,4 ha (28 empl.) peu incliné, herbeux - -
- A proximité :
juin-10 sept. - **R** *conseillée* - *Adhésion V.V.F. obligatoire* - - *2 pers. 59, pers. suppl. 23* *20 (6A)*

ST-BONNET-TRONÇAIS

11 - 69 ⑫ G. Auvergne

Paris 307 - Bourges 57 - Cérilly 14 - Montluçon 43 - St-Amand-Montrond 21 - Sancoins 31

03360 Allier - 913 h. alt. 224

Champ Fossé « « Belle situation au bord de l'étang de St-Bonnet », ℘ 04 70 06 11 30, Fax 04 70 06 15 01, SO : 0,7 km
3 ha (110 empl.) peu incliné, herbeux - -
- Location *(permanent)* : gîtes
avril-sept. - **R** *conseillée* - GB - - *14* *7* *7* *16 (10A)*

ST-BRÉVIN-LES-PINS

4 - 67 ①

Paris 442 - Challans 63 - Nantes 57 - Noirmoutier-en-l'Ile 78 - Pornic 19 - St-Nazaire 15

44250 Loire-Atl. - 8 688 h. alt. 9.
Pont de St-Nazaire N : 3 km - voir à St-Nazaire
Office de Tourisme, 10 r. Église
℘ 02 40 27 24 32, Fax 02 40 39 10 34
et (saison) Bureau de l'Océan

Les Pierres Couchées « Agréable cadre boisé », ℘ 02 40 27 85 64, Fax 02 40 64 97 03, S : 5 km par D 213, au lieu-dit l'Ermitage, à 450 m de la plage
14 ha/9 campables (350 empl.) (juil.-août) plat et accidenté, sablonneux, herbeux - (été) - théâtre de plein air - A proximité : - Location :
Permanent - **R** *conseillée* - GB - - *piscine comprise 2 pers. 93, 3 pers. 119* *25 (6A)*

Le Fief, ℘ 02 40 27 23 86, Fax 02 40 64 46 19, S : 2,4 km par rte de Saint-Brévin-l'Océan et à gauche, chemin du Fief
7 ha (413 empl.) plat, herbeux - snack - salle d'animation (découverte l'été) toboggans aquatiques - Location : , bungalows toilés
avril-15 oct. - **R** *conseillée juil.-août* - GB - - *piscine comprise 2 pers. 110, pers. suppl. 30* *20 (5A)*

Municipal de la Courance, ℘ 02 40 27 22 91, Fax 02 40 27 24 59, sortie Sud, 100-110 av. du Maréchal-Foch, bord de l'océan
4,6 ha (200 empl.) accidenté, sablonneux - -
- A proximité : - Location :
Permanent - **R** *conseillée* - - *2 pers. 59* *16 (5A)*

ST-BRIAC-SUR-MER

4 - 59 ⑤ G. Bretagne

Paris 423 - Dinan 23 - Dol-de-Bretagne 33 - Lamballe 40 - St-Brieuc 60 - St-Cast-le-Guildo 21 - St-Malo 15

35800 I.-et-V. - 1 825 h. alt. 30.
Office de Tourisme, 49 Grande Rue
℘ 02 99 88 32 47

Émeraude « Entrée fleurie », ℘ 02 99 88 34 55, chemin de la Souris
2,5 ha (200 empl.) plat et peu incliné, herbeux -
-
avril-sept. - **R** - GB - - *25* *35* *15 (3 à 5A)*

Municipal , ℘ 02 99 88 34 64, SE : 0,5 km par D 3, rte de Pleurtuit
3 ha (200 empl.) plat, peu incliné, herbeux - - A proximité :
15 juin-15 sept. - **R** - *13* *15/20* *20 (6A)*

▶ *Verwar niet :*
... tot ... : MICHELIN indeling
en
★... tot ... ★★★★ : officiële classificatie

ST-BRIEUC P

4 - 59 ③ G. Bretagne

Paris 450 - Brest 143 - Dinan 59 - Lorient 114 - Morlaix 83 - Quimper 128 - St-Malo 72

22000 C.-d'Armor - 44 752 h. alt. 78.
Office de Tourisme, 7 r. St-Gouéno
02 96 33 32 50, Fax 02 96 61 42 16

Les Vallées, 02 96 94 05 05, boulevard Paul-Doumer, à proximité du Parc de Brézillet
4,8 ha (108 empl.) plat, herbeux - A proximité : toboggan aquatique -
Location *(permanent)* :
Pâques-fin oct. - **R** *conseillée juil.-août* - GB - *Tarif 97 : piscine comprise 1 pers. 47, pers. suppl. 18 18 (10A)*

à Plérin N : 3 km - 12 108 h. alt. 106 - 22190 Plérin :

Municipal le Surcouf, 02 96 73 06 22, **à St-Laurent-de-la-Mer,** E : 4 km, r. Surcouf
2,8 ha (134 empl.) plat et peu incliné, herbeux -
Pâques-sept. - **R** - *Tarif 97 : 12,50 10 17,50 12 (3A)*

ST-CALAIS

5 - 64 ⑤ G. Châteaux de la Loire

Paris 187 - Blois 67 - Chartres 101 - Châteaudun 58 - Le Mans 45 - Orléans 96

72120 Sarthe - 4 063 h. alt. 155.
Office de Tourisme, pl. de l'Hôtel-de-Ville
02 43 35 82 95, Fax 02 43 35 82 95

Municipal du Lac, 02 43 35 04 81, sortie Nord par D 249, rte de Montaillé, près d'un plan d'eau
2 ha (85 empl.) plat, herbeux - - A proximité :
avril-15 oct. - **R** *conseillée - Tarif 97 : 18 15,80 13,65 (3A) 19,60 (6A)*

ST-CAST-LE-GUILDO

4 - 59 ⑤ G. Bretagne

Paris 432 - Avranches 91 - Dinan 34 - St-Brieuc 49 - St-Malo 32

22380 C.-d'Armor - 3 093 h. alt. 52.
Office de Tourisme, pl. Gén.-de-Gaulle
02 96 41 81 52, Fax 02 96 41 76 19

Le Châtelet « Agréable situation dominante », 02 96 41 96 33, Fax 02 96 41 97 99, O : 1 km, r. des Nouettes, à 250 m de la mer et de la plage (accès direct)
7,6 ha/3,9 campables (180 empl.) en terrasses, plat et peu incliné, herbeux, petit étang - snack - - Location :
10 avril-19 sept. - **R** *conseillée* - GB - *29 piscine comprise 88 20 (6A) 23 (10A)*

Château de Galinée , 02 96 41 10 56, Fax 02 96 41 03 72, S : 7 km, accès par D 786, près du carrefour avec la rte de St-Cast-le-Guildo
12 ha (272 empl.) plat, herbeux - - Location : bungalows toilés
11 avril-17 oct. - **R** *conseillée juil.-août* - GB - *27 piscine comprise 58 18 (6A) 22 (10A) 25 (15A)*

Municipal des Mielles, 02 96 41 87 60, sortie Sud par D 19, rte de St-Malo, bd de la Vieuxville, attenant au stade et à 200 m de la plage
3,5 ha (198 empl.) (saison) plat, herbeux - - A proximité :
avril-22 sept. - **R** *conseillée* - GB - *Tarif 97 : 18,50 10 38 12,50 (5A) 16 (10A)*

Municipal de la Mare Fort la Latte et mer, 02 96 41 89 19, à l'Isle, au Nord-Ouest de St-Cast-le-Guildo, près de la plage de la Mare et face au V.V.F.
1,5 ha (160 empl.) (saison) en terrasses et peu incliné, herbeux -
mai-sept. - **R** - *Tarif 97 : 15 7,50 15 12,50 (4A)*

Municipal les Quatre Vaulx, SE : 10 km par D 19 rte de Notre-Dame-de-Guildo et à gauche, près de la plage des Quatre Vaulx
1 ha (60 empl.) plat, herbeux -
28 juin-août - - *Tarif 97 : 15 7,50 15 12,50 (5A) 16 (10A)*

ST-CÉRÉ

10 - 75 ⑲ G. Périgord Quercy

Paris 535 - Aurillac 65 - Brive-la-Gaillarde 53 - Cahors 80 - Figeac 40 - Tulle 58

46400 Lot - 3 760 h. alt. 152.
Office de Tourisme, pl. République
05 65 38 11 85, Fax 05 65 38 38 71

Le Soulhol « Cadre agréable », 05 65 38 12 37, sortie Sud-Est par D 48, quai Auguste-Salesses, bord de la Bave
3,5 ha (200 empl.) plat, herbeux - - A proximité : - Location :
avril-sept. - **R** *conseillée juil.-août* - GB - *19 piscine comprise 16 12 (6A)*

ST-CHÉRON

6 - 60 ⑩

Paris 42 - Chartres 53 - Dourdan 10 - Étampes 18 - Fontainebleau 62 - Orléans 88 - Rambouillet 28 - Versailles 38

91530 Essonne - 4 082 h. alt. 100.
Syndicat d'Initiative, 01 64 56 38 69, Mairie
01 69 14 13 00

Le Parc des Roches « Cadre agréable en sous-bois », 01 64 56 65 50, Fax 01 64 56 54 50, **à la Petite Beauce,** SE : 3,4 km par D 132, rte d'Étrechy et chemin à gauche
23 ha/15 campables (380 empl.) plat et accidenté - snack - salle d'animation
mars-15 déc. - Location longue durée - *Places limitées pour le passage* - **R** *conseillée saison - 32 piscine comprise 14 26 14 (4A)*

ST-CHRISTOLY-DE-BLAYE
9 - 71 ⑧

Paris 544 - Blaye 14 - Bordeaux 42 - Libourne 38 - Montendre 23

33920 Gironde - 1 765 h. alt. 41

Le Maine Blanc, 05 57 42 52 81, NE : 2,5 km par D 22, rte de St-Savin et chemin à gauche
2 ha (50 empl.) plat, herbeux, sablonneux - - Location :
Permanent - **Location longue durée** - *Places limitées pour le passage* - **R** *conseillée* - GB - - *22 piscine comprise* *20/26* *10 (3A) 16 (6A) 20 (10A)*

ST-CHRISTOPHE-DE-DOUBLE
9 - 75 ③

Paris 522 - Bergerac 57 - Blaye 65 - Bordeaux 63 - Libourne 33 - Périgueux 72

33230 Gironde - 564 h. alt. 89

Municipal du Centre Nautique et de Loisirs <, 05 57 49 50 02, S : 0,8 km par D 123, rte de St-Antoine-sur-l'Isle et à droite, près d'un étang
0,7 ha (30 empl.) peu incliné, sablonneux, pierreux, herbeux pinède - - A proximité :
juin-sept. - **R** - GB - *9* *16* *12 (16A)*

ST-CHRISTOPHE-EN-OISANS
12 - 77 ⑯ G. Alpes du Nord

Paris 636 - L'Alpe-d'Huez 32 - La Bérarde 11 - Le Bourg-d'Oisans 21 - Grenoble 71

38520 Isère - 103 h. alt. 1 470

Municipal la Bérarde < Parc National des Écrins « Site agréable », 04 76 79 20 45, SE : 10,5 km par rte de la Bérarde, bord du Vénéon - D 530 avec fortes pentes, difficile aux caravanes - **alt. 1 738** - Croisement parfois impossible hors garages de dégagement
2 ha (165 empl.) peu incliné et plat, en terrasses, pierreux, herbeux -
juin-sept. - - *1 pers. 37, 2 pers. 66, 3 pers. 85* *15 (10A)*

ST-CHRISTOPHE-SUR-ROC
9 - 68 ⑪

Paris 397 - Fontenay-le-Comte 41 - Niort 20 - Parthenay 26 - St-Maixent-l'École 14

79220 Deux Sèvres - 472 h. alt. 125

Intercommunal du Plan d'Eau, 05 49 05 21 38, SO : 1,5 km par D 122, rte de Cherveux, bord d'un plan d'eau
1,5 ha (35 empl.) (juil.-août) plat, peu incliné, herbeux - -
A proximité : (plage)
avril-15 oct. - **R** - - *12* *7* *7*

ST-CIRGUES-EN-MONTAGNE
16 - 76 ⑱ G. Vallée du Rhône

Paris 593 - Aubenas 40 - Langogne 30 - Privas 68 - Le Puy-en-Velay 55

07510 Ardèche - 361 h. alt. 1 044

Les Airelles <, 04 75 38 92 49, sortie Nord par D 160, rte du Lac-d'Issarlès, rive droite du Vernason
0,7 ha (50 empl.) en terrasses et peu incliné, pierreux, herbeux -
snack - - A proximité : - Location :
mai-oct. - - *2 pers. 59, pers. suppl. 17* *16 (3A)*

ST-CIRQ
13 - 75 ⑯

Paris 523 - Bergerac 52 - Le Bugue 5 - Les Eyzies-de-Tayac 7 - Périgueux 48

24260 Dordogne - 104 h. alt. 50

Brin d'Amour <, 05 53 07 23 73, Fax 05 53 14 18 06, N : 3,3 km par D 31, rte de Manaurie et chemin à droite
4 ha (60 empl.) peu incliné et plat, en terrasses, herbeux, petit étang (0,5 ha) - snack - - Location :
avril-oct. - **R** - GB - - *25 piscine comprise* *20/30* *12 (6A)*

ST-CIRQ-LAPOPIE
14 - 79 ⑨ G. Périgord Quercy

Paris 587 - Cahors 24 - Figeac 44 - Villefranche-de-Rouergue 37

46330 Lot - 187 h. alt. 320

La Plage < « Situation agréable », 05 65 30 29 51, Fax 05 65 30 26 48, NE : 1,4 km par D 8, rte de Tour-de-Faure, à gauche avant le pont, bord du Lot
3 ha (120 empl.) plat, herbeux, pierreux - snack -
Permanent - **R** *conseillée juil.-15 août* - GB - - *2 pers. 85, pers. suppl. 30* *15 (6A) 25 (10A)*

La Truffière < « Agréable chênaie », 05 65 30 20 22, S : 3 km par D 42, rte de Concots
4 ha (50 empl.) accidenté et en terrasses, herbeux, pierreux - snack - - Location :
mai-sept. - **R** *conseillée juil.-août* - GB - - *piscine comprise 1 pers. 32* *15 (6A)*

ST-CLAIR **83** Var - 84 ⑯ - rattaché au Lavandou

ST-CLAIR-DU-RHÔNE

12 - 74 ⑪ G. Vallée du Rhône

Paris 501 - Annonay 34 - Givors 25 - Le Péage-de-Roussillon 10 - Rive-de-Gier 24 - Vienne 15

38370 Isère - 3 360 h. alt. 160

Le Daxia, 04 74 56 39 20, S : 2,7 km par D 4 rte de Péage-du-Roussillon et chemin à gauche, bord de la Varèze - accès conseillé par N 7 et D 37
7,5 ha (80 empl.) plat, herbeux - pizzeria - toboggan aquatique
avril-sept. - **R** *conseillée juil.* - GB - *Tarif 97 : 16 piscine comprise 9 21 12 (2A) 16 (5A) 18 (6A)*

ST-CLAUDE

12 - 70 ⑮ G. Jura

Paris 471 - Annecy 87 - Bourg-en-Bresse 90 - Genève 63 - Lons-le-Saunier 59

39200 Jura - 12 704 h. alt. 450.
Office de Tourisme, Haut-Jura St-Claude 19 r. du Marché
03 84 45 34 24, Fax 03 84 41 02 72

Municipal du Martinet « Site agréable », 03 84 45 00 40, SE : 2 km par rte de Genève et D 290 à droite, au confluent du Flumen et du Tacon
2,9 ha (130 empl.) plat et incliné, herbeux - snack - - A l'entrée : - A proximité :
2 mai-sept. - **R** *conseillée* - *Tarif 97 : 17 piscine comprise 7 14 12 (5A)*

ST-CLÉMENT-DES-BALEINES **17** Char.-Mar. - 71 ⑫ - voir à Ré (Ile de)

ST-CLÉMENT-DE-VALORGUE

11 - 73 ⑰

Paris 525 - Ambert 27 - Clermont-Ferrand 104 - Montbrison 27 - St-Anthème 4 - Usson-en-Forez 15

63660 P.-de-D. - 237 h. alt. 900

Les Narcisses, 04 73 95 45 76, NO : 1,2 km par rte de Mascortel
1,4 ha (50 empl.) plat et terrasse, herbeux - - Location :
juin-15 sept. - **R** - *12 6 11 9 (5A)*

ST-CLÉMENT-SUR-DURANCE

17 - 77 ⑱

Paris 717 - L'Argentière-la-Bessée 21 - Embrun 13 - Gap 53 - Mont-Dauphin 7 - Savines-le-Lac 24

05600 H.-Alpes - 191 h. alt. 872

Les Mille Vents, 04 92 45 10 90, E : 1 km par N 94, rte de Briançon et D 994D à droite après le pont, bord de la rivière
3,5 ha (100 empl.) plat, terrasse, herbeux, pierreux -
juin-15 sept. - **R**

ST-CONGARD

4 - 63 ④

Paris 421 - Josselin 33 - Ploërmel 24 - Redon 26 - Vannes 42

56140 Morbihan - 664 h. alt. 20

Municipal du Halage, au bourg, près de l'église et de l'Oust
0,8 ha (42 empl.) plat à peu incliné, herbeux -
15 juin-15 sept. - **R** - *Tarif 97 : 6,50 et 8 pour eau chaude 3,20 3,20 7*

ST-CONSTANT

15 - 76 ⑪

Paris 575 - Aurillac 49 - Decazeville 17 - Figeac 22 - Maurs 5

15600 Cantal - 659 h. alt. 260

Moulin de Chaules « Cadre et situation agréables », 04 71 49 11 02, Fax 04 71 49 13 63, E : 3 km par D 28, rte de Calvinet, bord de la Ressègue et d'un ruisseau - Certains emplacements difficiles d'accès : mise en place et sortie des caravanes à la demande
2,7 ha (56 empl.) plat et en terrasses, pierreux, herbeux - (bassin) - Location :
20 avril-1er oct. - **R** *conseillée* - *2 pers. 88,50 13,50 (4A)*

ST-COULOMB

4 - 59 ⑥

Paris 416 - Cancale 5 - Dinard 18 - Dol-de-Bretagne 21 - Rennes 72 - St-Malo 7

35350 I.-et-V. - 1 938 h. alt. 35

Du Guesclin, 02 99 89 03 24, NE : 2,5 km par D 355, rte de Cancale et rte à gauche
0,45 ha (30 empl.) (juil.-août) peu incliné, herbeux -
Pâques-sept. - **R** *conseillée* - *1 ou 2 pers. 54, pers. suppl. 17,50 16 (6A)*

ST-CRÉPIN-ET-CARLUCET

13 - 75 ⑰ G. Périgord Quercy

Paris 516 - Brive-la-Gaillarde 39 - Les Eyzies-de-Tayac 33 - Montignac 22 - Périgueux 70 - Sarlat-la-Canéda 11

24590 Dordogne - 372 h. alt. 262

Les Peneyrals « Cadre agréable », 05 53 28 85 71, Fax 05 53 28 80 99, à St-Crépin, sur D 56, rte de Proissans
8 ha/3,5 campables (160 empl.) en terrasses, herbeux, pierreux, étang - - piste de bi-cross - Location :
8 mai-15 sept. - **R** *conseillée juil.-août* - GB - *34,50 piscine comprise 47 15 (5A) 17 (10A)*

Le Pigeonnier - Club 24, 05 53 28 92 62, NO : 1,3 km sur D 60 rte de Sarlat-la-Canéda - dans locations (mobile homes)
2,5 ha (100 empl.) peu incliné, herbeux - discothèque poneys - Location :
15 mai-20 sept. - **R** *conseillée août* - *24 piscine comprise 30 14 (6A) 16 (10A)*

ST-CYBRANET

13 - 75 ⑰

Paris 544 - Cahors 51 - Les Eyzies-de-Tayac 29 - Gourdon 20 - Sarlat-la-Canéda 16

24250 Dordogne - 310 h. alt. 78

Schéma à la Roque-Gageac

Bel Ombrage, ✆ 05 53 28 34 14, NO : 0,8 km, bord du Céou
6 ha (180 empl.) plat, herbeux - juin-5 sept. - **R** *conseillée 15 juil.-15 août - Tarif 97 : 25 piscine comprise 38 16 (6A)*

Le Céou ←, ✆ 05 53 28 32 12, Fax 05 53 30 24 12, S : 1 km, à proximité du Céou
3,5 ha (80 empl.) plat et en terrasses, herbeux, pierreux - A proximité : - Location :
18 avril-3 oct. - **R** *indispensable 5 juil.-10 août - 27 piscine comprise 38 18 (6A)*

Les Cascades de Lauzel, ✆ 05 53 28 32 26, Fax 05 53 29 18 44, SE : 2 km par D 50, rte de Domme et chemin à droite, bord du Céou
2 ha (100 empl.) plat, peu incliné, herbeux
15 mai-20 sept. - **R** *conseillée juil.-20 août - Tarif 97 : 22 piscine comprise 26 12 (4A) 15 (6A)*

ST-CYPRIEN

13 - 75 ⑯ **G. Périgord Quercy**

Paris 528 - Bergerac 54 - Cahors 68 - Fumel 53 - Gourdon 37 - Périgueux 56 - Sarlat-la-Canéda 21

24220 Dordogne - 1 593 h. alt. 80.

Syndicat d'Initiative, r. Gambetta
✆ 05 53 30 36 09 (hors saison)
✆ 05 53 29 28 22

Municipal le Garrit, ✆ 05 53 29 20 56, Fax 05 53 29 98 89, S : 1,5 km par D 48 rte de Berbiguières, près de la Dordogne
1,2 ha (75 empl.) plat, herbeux - A proximité :
avril-oct. - **R** *conseillée juil.-août* - GB - *2 pers. 61 15 (6A)*

ST-CYPRIEN

15 - 86 ⑳ **G. Pyrénées Roussillon**

Paris 875 - Céret 31 - Perpignan 17 - Port-Vendres 21

66750 Pyr.-Or. - 6 892 h. alt. 5.

Office de Tourisme, parking Nord du Port
✆ 04 68 21 01 33, Fax 04 68 21 98 33

Municipal Bosc d'en Roug, ✆ 04 68 21 07 95, sortie Nord vers Perpignan et à droite
12 ha (635 empl.) plat, herbeux snack cases réfrigérées -
juin-sept. - **R** *conseillée* - GB - *31 piscine et tennis compris 35 19 (10A)*

à St-Cyprien-Plage NE : 3 km - ✉ 66750 St-Cyprien :

Cala Gogo, ✆ 04 68 21 07 12, Fax 04 68 21 02 19, S : 4 km, aux Capellans, bord de plage
11 ha (669 empl.) plat, sablonneux, herbeux, pierreux - discothèque - Location :
juin-26 sept. - **R** *conseillée* - GB - *36 piscine comprise 57 17 (10A)*

ST-CYR 86 Vienne - 68 ④ - rattaché à Poitiers

ST-CYR-SUR-MER

17 - 84 ⑭

Paris 811 - Bandol 8 - Brignoles 55 - La Ciotat 10 - Marseille 39 - Toulon 23

83270 Var - 7 033 h. alt. 10.

Office de Tourisme, pl. Appel-du-18-Juin, aux Lecques
✆ 04 94 26 13 46, Fax 04 94 26 15 44

Le Clos Ste-Thérèse ←, ✆ 04 94 32 12 21, SE : 3,5 km par D 559 rte de Bandol - Pour certains emplacements d'accès peu facile (forte pente), mise en place et sortie des caravanes à la demande
4 ha (123 empl.) accidenté et en terrasses, pierreux - A proximité : golf, poneys - Location :
avril-sept. - **R** *conseillée juil.-août - piscine comprise 2 pers. 82/86, pers. suppl. 22 14 (2A) 16,50 (4A) 20,50 (6A)*

ST-CYR-SUR-MORIN 77 S.-et-M. - 56 ⑬ - rattaché à la Ferté-sous-Jouarre

ST-DENIS-D'OLÉRON 17 Char.-Mar. - 71 ⑬ - voir à Oléron (Ile d')

ST-DENIS-DU-PAYRÉ

9 - 71 ⑪

Paris 442 - Fontenay-le-Comte 45 - Luçon 14 - La Rochelle 42 - Les Sables-d'Olonne 48

85580 Vendée - 387 h. alt. 20

Municipal la Fraignaye, ✆ 02 51 27 21 36, N : 0,6 km par rte de Chasnais et r. du Beau Laurier à gauche
0,3 ha (32 empl.) (14 juil.-20 août) plat, herbeux
15 juin-15 sept. - **R** *conseillée 14 juil.-15 août - 10,50 4,50 6,60 9,50*

ST-DIDIER-EN-VELAY

11 - 76 ⑧

Paris 539 – Annonay 49 – Monistrol-sur-Loire 10 – Le Puy-en-Velay 59 – St-Étienne 25

43140 H.-Loire – 2 723 h. alt. 830

La Fressange, ✆ 04 71 66 25 28, S : 0,8 km par D 45 rte de St-Romain-Lachalm et à gauche, près d'un ruisseau
1,5 ha (104 empl.) peu incliné, en terrasses, herbeux – A proximité :
30 avril-sept. – **R** *conseillée juil.-août – Tarif 97 : 14 9 10 14 (6A)*

ST-DIÉ

8 - 62 ⑰ G. Alsace Lorraine

Paris 391 – Belfort 126 – Colmar 55 – Épinal 49 – Mulhouse 99 – Strasbourg 93

88100 Vosges – 22 635 h. alt. 350.
Office de Tourisme, 8 quai Mar.-de-Lattre-de-Tassigny ✆ 03 29 56 17 62, Fax 03 29 56 72 30

S.I. la Vanne de Pierre, ✆ 03 29 56 23 56, à l'Est de la ville par le quai du Stade, près de la Meurthe
3,5 ha (118 empl.) plat, herbeux – (bassin)
Permanent – **R** *conseillée vacances scolaires* – GB – *1 pers. 45, pers. suppl. 19 17 (3A) 23 (6A) 27 (10A)*

ST-DONAT

11 - 73 ⑬

Paris 489 – Besse-en-Chandesse 23 – Bort-les-Orgues 28 – La Bourboule 23 – Clermont-Ferrand 68 – Le Mont-Dore 27

63680 P.-de-D. – 334 h. alt. 1 039

Municipal, au bourg, près de l'église
0,8 ha (50 empl.) plat à peu incliné, herbeux, pierreux –
15 juin-15 sept. – **R** *conseillée août – 7 6 6 8,50 (10A)*

ST-DONAT-SUR-L'HERBASSE

12 - 77 ② G. Vallée du Rhône

Paris 557 – Grenoble 91 – Hauterives 20 – Romans-sur-Isère 12 – Tournon-sur-Rhône 17 – Valence 27

26260 Drôme – 2 658 h. alt. 202

Les Ulèzes, ✆ 04 75 45 10 91, sortie Sud-Est par D 53, rte de Romans et chemin à droite, près de l'Herbasse
2,5 ha/0,7 campable (40 empl.) plat, herbeux, petit étang –
avril-sept. – **R** *conseillée été – Tarif 97 : piscine comprise 2 pers. 80 15 (6A) 20 (10A)*

SAINTE voir après la nomenclature des Saints

ST-ÉLOY-LES-MINES

11 - 73 ③

Paris 360 – Clermont-Ferrand 62 – Guéret 86 – Montluçon 30 – Moulins 70 – Vichy 57

63700 P.-de-D. – 4 721 h. alt. 490.
Syndicat d'Initiative, (juil.-août) ✆ 04 73 85 93 36 et Mairie ✆ 04 73 85 08 24

Municipal la Poule d'Eau, ✆ 04 73 85 45 47, sortie Sud par N 144 rte de Clermont puis à droite, 1,3 km par D 110, bord de deux plans d'eau
1,8 ha (50 empl.) (juil.-août) peu incliné, herbeux – – A proximité : snack
juin-sept. – **R** – *Tarif 97 : 2 pers. 31,40, pers. suppl. 9,60 12,20 (6A)*

ST-ÉMILION

9 - 75 ⑫ G. Pyrénées Aquitaine

Paris 585 – Bergerac 58 – Bordeaux 41 – Langon 49 – Libourne 8 – Marmande 61

33330 Gironde – 2 799 h. alt. 30.
Office de Tourisme, pl. Créneaux ✆ 05 57 24 72 03, Fax 05 57 74 47 15

La Barbanne, ✆ 05 57 24 75 80, N : 3 km par D 122 rte de Lussac et rte à droite, bord d'un plan d'eau
4,5 ha (160 empl.) plat, herbeux (2 ha) – snack – toboggan aquatique
avril-25 sept. – **R** *conseillée juil.-août* – GB – *23 piscine comprise 37 15 (6A)*

ST-ÉTIENNE-DE-BAIGORRY

13 - 85 ③ G. Pyrénées Aquitaine

Paris 817 – Biarritz 50 – Cambo-les-Bains 31 – Iruñea/Pamplona 69 – Pau 131 – St-Jean-Pied-de-Port 11

64430 Pyr.-Atl. – 1 565 h. alt. 163.
Office de Tourisme, pl. Église ✆ et Fax 05 59 37 47 28

Municipal l'Irouleguy, ✆ 05 59 37 43 96, sortie Nord-Est par D 15, rte de St-Jean-Pied-de-Port et chemin à gauche devant la piscine, bord de la Nive
1,5 ha (67 empl.) plat, herbeux – – A proximité : snack
Permanent – **R** *conseillée juil.-août – 13 15 15 (5A)*

ST-ÉTIENNE-DE-CROSSEY

12 - 77 ④

Paris 553 – Les Abrets 24 – Grenoble 33 – St-Laurent-du-Pont 10 – Voiron 5

38960 Isère – 2 081 h. alt. 449

Municipal de la Grande Forêt, ✆ 04 76 06 05 67, sortie Nord-Ouest par D 49 rte de Chirens, au stade
2 ha (50 empl.) plat, herbeux – –
juin-sept. – **R** – *Tarif 97 : 3 pers. 36/58 avec élect., pers. suppl. 14*

ST-ÉTIENNE-DE-LUGDARÈS

16 - 76 ⑰

Paris 600 - Aubenas 50 - Langogne 20 - Largentière 53 - Mende 67

07590 Ardèche - 436 h. alt. 1 037

Municipal les Aygues Douces, 04 66 46 65 65, SE : 2,5 km par D 19, rte d'Aubenas et D 301 à droite, rte de la Borne, bord du Masméjean
0,6 ha (25 empl.) plat, herbeux, pierreux
15 juin-15 sept. - **R** - *Tarif 97 : 3 pers. 45, pers. suppl. 12 10*

ST-ÉTIENNE-DE-MONTLUC

4 - 63 ⑯

Paris 399 - Nantes 24 - Nozay 42 - Pontchâteau 34 - St-Nazaire 41

44360 Loire-Atl. - 5 759 h. alt. 17.
Office de Tourisme, pl. de la Mairie 02 40 85 95 13

Municipal la Colleterie « Entrée fleurie », 02 40 86 97 44, en ville, sortie vers Sautron
0,75 ha (53 empl.) plat et peu incliné, herbeux (camping), gravillons (caravaning)
Permanent - Location longue durée - *Places limitées pour le passage* - **R** - *Tarif 97 : 10 11 20 (15A)*

ST-ÉTIENNE-DE-VILLERÉAL 47 L.-et-G. - 79 ⑤ - rattaché à Villeréal

ST-ÉTIENNE-DU-BOIS

9 - 67 ⑬

Paris 429 - Aizenay 12 - Challans 25 - Nantes 48 - La Roche-sur-Yon 30 - St-Gilles-Croix-de-Vie 35

85670 Vendée - 1 416 h. alt. 38

La Petite Boulogne, 02 51 34 54 51, au Sud du bourg - Pour piétons : accès direct au village
1,5 ha (35 empl.) (juil.-août) plat, peu incliné, terrasse, herbeux (bassin) - A proximité :
Permanent - **R** *conseillée juil.-août* - *2 pers. 60 10*

ST-ÉTIENNE-DU-GRÈS

16 - 83 ⑩

Paris 707 - Arles 17 - Avignon 23 - Les Baux-de-Provence 15 - St-Rémy-de-Provence 9 - Tarascon 8

13103 B.-du-R. - 1 863 h. alt. 7

Municipal, 04 90 49 00 03, sortie Nord-Ouest par D 99, rte de Tarascon, près du stade, à 50 m de la Vigueira
0,6 ha (40 empl.) plat, herbeux, pierreux (0,3 ha)
avril-22 oct. - **R** *conseillée* - *Tarif 97 : 12 3 13 13 (10A)*

ST-ÉTIENNE-EN-DÉVOLUY

17 - 77 ⑮ ⑯ **G. Alpes du Nord**

Paris 645 - Corps 24 - Gap 35 - Serres 57

05250 H.-Alpes - 538 h. alt. 1 273

Municipal les Auches, 04 92 58 84 71, SE : 1,3 km par D 17 rte du col du Noyer, bord de la Souloise
1,2 ha (45 empl.) plat, pierreux, gravier, herbeux - A proximité :
Permanent - **R** - *15 10 10/25 18 (3A) 28 (6A) 38 (10A)*

ST-EVROULT-NOTRE-DAME-DU-BOIS

5 - 60 ④ **G. Normandie Vallée de la Seine**

Paris 156 - L'Aigle 14 - Alençon 56 - Argentan 42 - Bernay 43

61550 Orne - 383 h. alt. 355

Municipal des Saints-Pères « Agréable situation », au Sud-Est du bourg, bord d'un plan d'eau
0,6 ha (27 empl.) plat et terrasse, herbeux, gravillons, bois attenant - A l'entrée :
avril-sept. - *Tarif 97 : 10 5 6 8 (4A) 15 (10A)*

ST-FARGEAU

6 - 65 ③ **G. Bourgogne**

Paris 177 - Auxerre 44 - Cosne-sur-Loire 32 - Gien 43 - Montargis 52

89170 Yonne - 1 884 h. alt. 175

Municipal la Calanque « Cadre et site agréables », 03 86 74 04 55, SE : 6 km par D 85, D 185 à droite et rte à gauche, près du Réservoir du Bourdon
6 ha (225 empl.) plat et accidenté, sablonneux, herbeux - A proximité :
avril-oct. - **R** *conseillée* - *12,80 6,40 8,50 5,70 (4A) 8,50 (6A) 13,80 (10A)*

ST-FERRÉOL

12 - 74 ⑯ ⑰

Paris 565 - Albertville 18 - Annecy 27 - La Clusaz 28 - Megève 33

74210 H.-Savoie - 758 h. alt. 516

Municipal, 04 50 32 47 71, à l'Est du bourg, près du stade, bord d'un ruisseau
1 ha (90 empl.) plat, herbeux (0,4 ha)
15 juin-15 sept. - **R** - *2 pers. 35, pers. suppl. 8 7,50 (10A)*

ST-FERRÉOL

15 - 82 ⑳ G. Gorges du Tarn

Paris 746 - Carcassonne 43 - Castelnaudary 23 - Castres 31 - Gaillac 66 - Toulouse 53

31350 H.-Gar.

En Salvan, 05 61 83 55 95, Fax 05 62 71 23 46, SO : 1 km sur D 79D rte de Vaudreuille, près d'une cascade et à 500 m du lac (haut de la digue)
2 ha (150 empl.) plat et peu incliné, herbeux - A proximité : poneys - Location :
avril-oct. - **R** *conseillée juil.-août - Adhésion F.F.C.C. obligatoire - 14,80 6,50 14,80 9 (3A) 13,50 (6A) 21 (10A)*

ST-FERRÉOL-TRENTE-PAS

16 - 81 ③

Paris 638 - Buis-les-Baronnies 28 - La Motte-Chalancon 30 - Nyons 13 - Rémuzat 21 - Vaison-la-Romaine 28

26110 Drôme - 191 h. alt. 417

Le Pilat, 04 75 27 72 09, N : 1 km par D 70, rte de Bourdeaux, bord d'un ruisseau - dans locations
1 ha (70 empl.) (juil.-août) plat, pierreux, herbeux - Location :
avril-oct. - **R** *conseillée juil.-août - 18 piscine comprise 5 18 13 (3A) 16 (6A)*

Trente Pas, 04 75 27 70 69, sortie Sud par D 70, rte de Condorcet, bord du Bentrix
1,5 ha (95 empl.) (saison) plat, peu incliné, herbeux, pierreux (1ha) - (bassin) - A proximité :
mai-15 sept. - **R** *conseillée juil.-août - 17 5 18 14 (6A)*

ST-FIRMIN

17 - 77 ⑯ G. Alpes du Nord

Paris 639 - Corps 10 - Gap 31 - Grenoble 75 - La Mure 35 - St-Bonnet-en-Champsaur 18

05800 H.-Alpes - 408 h. alt. 901

La Villette, 04 92 55 23 55, NO : 0,5 km par D 58 rte des Reculas
0,5 ha (33 empl.) en terrasses, peu incliné, herbeux, pierreux - A proximité :
15 juin-15 sept. - **R** *14 juil.-15 août - Tarif 97 : 16 15 12 (3A) 18 (5A)*

La Pra montagnes, 04 92 55 26 72, 0,8 km au Nord-Est du bourg - Pour caravanes accès conseillé par D 985A rte de St-Maurice en V. et D 58 à gauche
0,5 ha (32 empl.) en terrasses, pierreux, herbeux -
15 juin-15 sept. - **R** - *Tarif 97 : 12 12 10 (5A)*

ST-FLORENT 2B H.-Corse - 90 ③ - voir à Corse

ST-FLOUR

11 - 76 ④ ⑭ G. Auvergne

Paris 517 - Aurillac 75 - Issoire 66 - Millau 132 - Le Puy-en-Velay 113 - Rodez 113

15100 Cantal - 7 417 h. alt. 783.
Office de Tourisme, av. du Dr.-Mallet 04 71 60 22 50, Fax 04 71 60 05 14

Municipal de Roche-Murat (International RN 9), 04 71 60 43 63, NE : 4,7 km par D 921, N 9, rte de Clermont-Ferrand et avant l'échangeur de l'autoroute A 75, chemin à gauche, au rond-point - Par A 75 sortie 28
3 ha (125 empl.) en terrasses, herbeux, pinède attenante -
avril-1er nov. - **R** *conseillée juil.-août - 12,50 6,30 7,70 14,70 (10A)*

Municipal les Orgues, 04 71 60 44 01, 19 av. Dr.-Mallet (Ville-haute)
1 ha (85 empl.) (saison) peu incliné, herbeux -
15 mai-15 sept. - **R** *conseillée juil.-août - 12,50 6,30 7,70 14,70 (6A)*

ST-FORT-SUR-GIRONDE

9 - 71 ⑥

Paris 507 - Bordeaux 86 - Jonzac 24 - Mirambeau 17 - Royan 37 - Saintes 43

17240 Char.-Mar. - 1 012 h. alt. 28

Le Port Maubert, 05 46 49 91 45, SO : 4 km par D 2 rte de Port-Maubert et D 247 à gauche
1,5 ha (50 empl.) plat, herbeux -

ST-FORTUNAT-SUR-EYRIEUX

16 - 76 ⑳

Paris 588 - Aubenas 52 - Le Cheylard 34 - Crest 39 - Lamastre 29 - Privas 21 - Valence 27

07360 Ardèche - 531 h. alt. 145

Municipal, 04 75 65 22 80, sortie Sud par D 265 rte de St-Vincent-de-Durfort, à gauche après le pont, à proximité de l'Eyrieux
0,7 ha (40 empl.) plat, et peu incliné, herbeux - A proximité :
avril-oct. - *14 7,50 7,50 9,50 (3A) 19 (6A)*

ST-GALMIER

11 - 73 ⑱ G. Vallée du Rhône

Paris 499 - Lyon 58 - Montbrison 25 - Montrond-les-Bains 10 - Roanne 68 - St-Étienne 26

42330 Loire - 4 272 h. alt. 400.
Office de Tourisme, bd Sud
04 77 54 06 08, Fax 04 77 54 06 07

Val de Coise, 04 77 54 14 82, Fax 04 77 54 02 45, E : 2 km par D 6 rte de Chevrières et chemin à gauche, bord de la Coise
3,5 ha (100 empl.) plat, en terrasses, peu incliné, herbeux - Location : bungalows toilés
avril-sept. - **Location longue durée** - *Places limitées pour le passage* - **R** *conseillée 14 juil.-20 août - Tarif 97 : piscine comprise 2 pers. 63, pers. suppl. 25 17 (6A)*

ST-GAL-SUR-SIOULE

11 - 73 ④

Paris 393 - Clermont-Ferrand 55 - Gannat 18 - Montmarault 47 - St-Éloy-les-Mines 21 - St-Pourçain-sur-Sioule 42

63440 P.-de-D. - 131 h. alt. 350

Le Pont-St-Gal, 04 73 97 44 71, sortie Est par D 16 rte d'Ebreuil, près de la Sioule
0,75 ha (36 empl.) (saison) en terrasses et plat, herbeux - Location :
mai-15 sept. - **R** *15 juil-15 août - 13 12 12 11 (4A) 20 (10A)*

ST-GAULTIER

10 - 68 ⑰ G. Berry Limousin

Paris 299 - Argenton-sur-Creuse 9 - Le Blanc 29 - Châteauroux 32 - La Trimouille 42

36800 Indre - 1 995 h. alt. 110

La Matronnerie, 02 54 47 17 04, O : 1 km par D 134, rte de Ruffec, et chemin à gauche, à 300 m de la Creuse - Accès conseillé par N 151, à la sortie Ouest prendre à gauche
2,5 ha (53 empl.) plat, peu incliné, herbeux - snack - tir à la carabine - Location : , huttes
mars-oct. - **R** *conseillée - piscine comprise 2 pers. 68 (83 avec élect. 2A) 20 (6A)*

ST-GENEST-MALIFAUX

11 - 76 ⑨

Paris 529 - Annonay 33 - St-Étienne 14 - Yssingeaux 45

42660 Loire - 2 384 h. alt. 980

Municipal de la Croix de Garry M, 04 77 51 25 84, sortie Sud par D 501, rte de Montfaucon-en-Velay, près d'un petit étang et à 150 m de la Semène - alt. 928
2 ha (85 empl.) plat, terrasses, peu incliné, herbeux - A proximité : - Location : gîte d'étape
avril-sept. - **Location longue durée** - *Places disponibles pour le passage* - **R** - *13 10 12 15 (6A)*

ST-GENIÈS

13 - 75 ⑰ G. Périgord Quercy

Paris 503 - Brive-la-Gaillarde 41 - Les Eyzies-de-Tayac 23 - Montignac 13 - Périgueux 60 - Sarlat-la-Canéda 14

24590 Dordogne - 735 h. alt. 232

La Bouquerie, 05 53 28 98 22, Fax 05 53 29 19 75, NO : 1,5 km par D 704 rte de Montignac et chemin à droite
8 ha/4 campables (173 empl.) plat, peu incliné et en terrasses, herbeux, pierreux, étang - (dîner seulement) snack - - Location :
15 mai-15 sept. - **R** *conseillée - GB - 35,20 piscine comprise 49,50 18 (6A)*

ST-GENIEZ-D'OLT

15 - 80 ④ G. Gorges du Tarn

Paris 617 - Espalion 28 - Florac 79 - Mende 67 - Rodez 44 - Sévérac-le-Château 25

12130 Aveyron - 1 988 h. alt. 410.
Office de Tourisme, 4 r. du Cours
05 65 70 43 42, Fax 05 65 70 47 05

Club Marmotel « Cadre agréable », 05 65 70 46 51, Fax 05 65 47 41 38, O : 1,8 km par D 19 rte de Prades-d'Aubrac et chemin à gauche, à l'extrémité du village artisanal, bord du Lot
3 ha (100 empl.) plat, herbeux - grill (dîner) - salle d'animation tir à la carabine à air comprimé
10 juin-10 sept. - **R** *conseillée juil.-août - GB - élect. (10A) et piscine comprises 2 pers. 115, 3 pers. 145, 4 pers. 165, pers. suppl. 15*

ST-GENIS-DES-FONTAINES

15 - 86 ⑲ G. Pyrénées Roussillon

Paris 884 - Argelès-sur-Mer 9 - Le Boulou 10 - Collioure 16 - La Jonquera 22 - Perpignan 23

66740 Pyr.-Or. - 1 744 h. alt. 63

La Pinède, 04 68 89 75 29, sortie Sud par D 2
1 ha (71 empl.) plat, herbeux - (bassin) - Location :
juin-août - **R** *conseillée 15 juil.-15 août - 20 8 19 18 (5A)*

▶ *Consultez le tableau des localités citées, classées par départements, avec indication éventuelle des caractéristiques particulières des terrains sélectionnés.*

ST-GEORGES-DE-DIDONNE

9 - 71 ⑮ G. Poitou Vendée Charentes

Paris 504 - Blaye 80 - Bordeaux 118 - Jonzac 56 - La Rochelle 81 - Royan 4

17110 Char.-Mar. - 4 705 h. alt. 7.

Office de Tourisme, bd Michelet 05 46 05 09 73, Fax 05 46 06 36 99

Schéma à Royan

Bois-Soleil, 05 46 05 05 94, Fax 05 46 06 27 43, Sud par D 25, rte de Meschers-sur-Gironde, bord de plage, en deux parties distinctes de part et d'autre du D 25
8 ha (344 empl.) plat, accidenté et en terrasses, sablonneux - snack - - A proximité : poneys - Location : , studios
avril-sept. - **R** *conseillée* - GB - - *3 pers. 123/143 avec élect. (6A), pers. suppl. 27*

Azpitarté, 05 46 05 26 24, en ville, 35 r. Jean-Moulin
1 ha (60 empl.) plat et peu incliné, herbeux, pierreux - - Location :
Permanent - **R** *conseillée juil.-août* - - *1 à 3 pers. 93, pers. suppl. 24,90* *26 (10A)*

ST-GEORGES-DE-LA-RIVIÈRE

4 - 54 ①

Paris 347 - Barneville-Carteret 4 - Cherbourg 42 - St-Lô 61 - Valognes 32

50270 Manche - 183 h. alt. 20

Schéma à Barneville-Carteret

Les Dunes , 02 33 52 03 84, SO : 2 km par D 132, à 200 m de la plage
1 ha (80 empl.) plat, sablonneux, herbeux - - - Location :
avril-oct. - **R** *conseillée* - *20* *27* *20 (5A)*

ST-GEORGES-DE-MONS

11 - 73 ③

Paris 394 - Clermont-Ferrand 36 - Pontaumur 20 - Pontgibaud 20 - Riom 29 - St-Gervais-d'Auvergne 17

63780 P.-de-D. - 2 451 h. alt. 740

Municipal, 04 73 86 76 22, au Nord-Est du bourg
1 ha (40 empl.) (14 juil.-15 août) plat, herbeux - - A proximité : - Location : huttes
juin-sept. - **R** *conseillée* - *10,80* *3,30* *3,70* *4,80 (6A)*

ST-GEORGES-D'OLÉRON 17 Char.-Mar. - 71 ⑬ - voir à Oléron (Ile d')

ST-GEORGES-DU-VIÈVRE

5 - 55 ⑮

Paris 159 - Bernay 20 - Évreux 56 - Lisieux 35 - Pont-Audemer 15 - Rouen 48

27450 Eure - 573 h. alt. 138

Municipal , au Sud-Ouest du bourg
1,1 ha (50 empl.) plat, herbeux - - -
A proximité : practice de golf
avril-sept. - **R** *conseillée juil.-août* - - *Tarif 97 :* *13* *7* *12* *13 (5A)*

ST-GEORGES-LÈS-BAILLARGEAUX 86 Vienne - 68 ⑭ - rattaché à Poitiers

ST-GERMAIN-DU-BEL-AIR

14 - 79 ⑧

Paris 552 - Cahors 31 - Cazals 20 - Fumel 54 - Labastide-Murat 16 - Puy-l'Évêque 37

46310 Lot - 422 h. alt. 215

Municipal le Moulin Vieux « Belle restauration extérieure d'un moulin », 05 65 31 00 71, au Nord-Ouest du bourg, bord du Céou
2 ha (90 empl.) plat, herbeux - - (petit plan d'eau) - A l'entrée :
juin-15 sept. - **R** *conseillée juil.-août* - - *12* *17* *13 (6A)*

ST-GERMAIN-DU-BOIS

11 - 70 ③

Paris 358 - Chalon-sur-Saône 31 - Dole 57 - Lons-le-Saunier 31 - Mâcon 73 - Tournus 45

71330 S.-et-L. - 1 856 h. alt. 210

Municipal de l'Étang Titard, 03 85 72 06 15, sortie Sud par D 13 rte de Louhans, bord de l'étang
1 ha (40 empl.) plat, terrasse, peu incliné, herbeux - - - A proximité : parcours sportif
juin-15 sept. - **R** - *7 et 5 pour eau chaude* *7* *6*

ST-GERMAIN-DU-TEIL

15 - 80 ④

Paris 599 - La Canourgue 9 - Mende 46 - Nasbinals 29 - St-Geniez-d'Olt 31 - Sévérac-le-Château 27

48340 Lozère - 804 h. alt. 760

Le Levant , 04 66 32 63 80, Fax 04 66 32 68 81, au Sud du bourg par rte de Montagudet et r. Peyre-de-Roses à gauche
2 ha/0,4 campable (40 empl.) en terrasses et peu incliné, herbeux, pierreux - snack - - Location : , gîte d'étape
Pâques-15 oct. - **R** *conseillée* - - *piscine comprise 2 pers. 58, pers. suppl. 22* *20 (5A)*

ST-GERMAIN-LES-BELLES

10 - 72 ⑱ G. Berry Limousin

Paris 428 – Eymoutiers 32 – Limoges 39 – St-Léonard-de-Noblat 31 – Treignac 34

87380 H.-Vienne – 1 079 h. alt. 432

Municipal de Montréal ≤, ✆ 05 55 71 86 20, sortie Sud-Est, rte de la Porcherie, bord d'un plan d'eau
0,6 ha (60 empl.) plat et terrasse, herbeux –
A l'entrée : (plage)
avril-sept. – **R** *conseillée* – – *2 pers. 41, pers. suppl. 13* *14 (10A)*

ST-GERMAIN-L'HERM

11 - 73 ⑯ G. Auvergne

Paris 482 – Ambert 27 – Brioude 32 – Clermont-Ferrand 68 – Le Puy-en-Velay 68 – St-Étienne 103

63630 P.-de-D. – 533 h. alt. 1 050

Municipal St-Éloy ≤, sortie Sud-Est, sur D 999, rte de la Chaise-Dieu
0,8 ha (45 empl.) plat et peu incliné, herbeux –
– Location : , huttes
23 mai-14 sept. – **R** – – *15 piscine comprise* *10* *15* *7 (2A) 13 (4A) 19 (7 ou 8A)*

ST-GERMAIN-SUR-AY

4 - 54 ⑫

Paris 339 – Barneville-Carteret 25 – Carentan 35 – Coutances 28 – St-Lô 43

50430 Manche – 638 h. alt. 5

Aux Grands Espaces, ✆ 02 33 07 10 14, Fax 02 33 07 22 59, O : 4 km par D 306, à St-Germain-Plage – dans locations
13 ha (580 empl.) plat et accidenté, sablonneux, herbeux –
– – Location : , bungalows toilés
mai-15 sept. – **R** *conseillée juil.-août* – – *22 piscine comprise* *29* *21 (4A)*

ST-GÉRONS

10 - 76 ⑪

Paris 539 – Argentat 34 – Aurillac 25 – Maurs 33 – Sousceyrac 26

15150 Cantal – 179 h. alt. 526

La Presqu'île d'Espinet « Dans un site agréable », ✆ 04 71 62 28 90, SE : 8,5 km par rte d'Espinet, à 300 m du lac de St-Etienne-Cantalès (accès direct à une plage)
2 ha (105 empl.) peu incliné, herbeux, bois –
– A proximité : snack – Location *(mai-sept.)* :
15 mai-15 sept. – **R** *conseillée juil.-15 août* – – *1 pers. 45, pers. suppl. 15* *13 (10A)*

ST-GERVAIS-D'AUVERGNE

11 - 73 ③ G. Auvergne

Paris 378 – Aubusson 76 – Clermont-Ferrand 54 – Gannat 42 – Montluçon 47 – Riom 39 – Ussel 87

63390 P.-de-D. – 1 419 h. alt. 725.
Office de Tourisme, r. E.-Maison
✆ 04 73 85 80 94

Municipal de l'Étang Philippe, ✆ 04 73 85 74 84, sortie Nord par D 987 rte de St-Pourçain sur-Sioule, bord d'un plan d'eau
3 ha (130 empl.) plat et peu incliné, herbeux –
–
Pâques-sept. – **R** *conseillée* – – *élect. comprise 3 pers. 53*

ST-GERVAIS-LES-BAINS

12 - 74 ⑧ G. Alpes du Nord

Paris 598 – Annecy 82 – Bonneville 42 – Chamonix-Mont-Blanc 24 – Megève 12 – Morzine 57

74170 H.-Savoie – 5 124 h. alt. 820 – (30 mars-7 nov.)
Sports d'hiver : 850/2 350 m 4 39
Office de Tourisme, av. Mont-Paccard ✆ 04 50 47 76 08, Fax 04 50 47 75 69

Les Dômes de Miage ≤, ✆ 04 50 93 45 96, S : 2 km par D 902, rte des Contamines-Montjoie, au lieu-dit les Bernards – alt. 890
3 ha (150 empl.) plat, herbeux, pierreux – – A l'entrée :
juin-25 sept. – **R** *conseillée juil.-août* – GB – – *2 pers. 85, 3 pers. 95* *15 (3A) 17 (6A) 19 (10A)*

ST-GILDAS-DE-RHUYS

8 - 63 ⑫ ⑬ G. Bretagne

Paris 484 – Arzon 8 – Auray 46 – Sarzeau 6 – Vannes 28

56730 Morbihan – 1 141 h. alt. 10
Schéma à Sarzeau

Le Menhir « Cadre fleuri », ✆ 02 97 45 22 88, Fax 02 97 45 37 18, N : 3,5 km – Accès conseillé par D 780 rte de Port-Navalo
5 ha/3 campables (180 empl.) plat et peu incliné, herbeux (2 ha) –
snack, pizzeria –
toboggan aquatique, half-court – Location :
8 mai-13 sept. – **R** *conseillée juil.-août* – GB – – *28 piscine comprise* *80* *18 (4 ou 6A)*

Goh'Velin, ✆ 02 97 45 21 67, N : 1,5 km, à 300 m de la plage
1 ha (87 empl.) plat et peu incliné, herbeux –
A proximité : – Location :
Pâques-20 sept. – **R** – – *2 pers. 68, pers. suppl. 22* *8 (4A) 13 (6A) 16 (10A)*

ST-GILLES-CROIX-DE-VIE

9 – 67 ⑫ G. Poitou Vendée Charentes

Paris 459 – Challans 20 – Cholet 98 – Nantes 77 – La Roche-sur-Yon 45 – Les Sables-d'Olonne 30

85800 Vendée – 6 296 h. alt. 12.
Office de Tourisme, Forum du Port de Plaisance, bd Égalité
✆ 02 51 55 03 66, Fax 02 51 55 69 60
Schéma à St-Hilaire-de-Riez

Dauphins Bleus « Entrée fleurie », ✆ 02 51 55 59 34, Fax 02 51 54 31 21 ✉ 85800 Givrand, SE : 4,5 km
5 ha (251 empl.) plat, herbeux – crêperie, pizzeria – salle de musculation toboggan aquatique, terrain omnisports – Location :
4 avril-12 sept. – **R** *conseillée* – – *piscine comprise 2 pers. 120 (140 avec élect.)*

Domaine de Beaulieu, ✆ 02 51 55 59 46, SE : 4 km
8 ha (310 empl.) plat, herbeux – crêperie – salle d'animation toboggan aquatique – Location : , bungalows toilés
4 avril-20 sept. – **R** *conseillée 15 juil.-15 août* – GB – – *piscine comprise 2 pers. 120* *20 (6A)*

Europa « Belle délimitation des emplacements et entrée fleurie », ✆ 02 51 55 32 68, Fax 02 51 55 80 10 ✉ 85800 Givrand, E : 4 km
6 ha (255 empl.) plat, herbeux, petit étang – toboggan aquatique
avril-sept. – **R** *conseillée* – GB – – *27 piscine comprise* *61/79* *18 (3 à 10A)*

Les Cyprès, ✆ 02 51 55 38 98, Fax 02 51 54 98 94, SE : 2,4 km par D 38 puis 0,8 km par chemin à droite, accès direct à la mer
3,6 ha (280 empl.) plat et peu accidenté, sablonneux – – Location :
Pâques-sept. – **R** *conseillée* – GB – – *Tarif 97 :* *élect. (10A) et piscine comprises 2 pers. 90*

au Fenouiller NE : 4 km par D 754 – 2 902 h. alt. 10
✉ 85800 le Fenouiller :

Domaine le Pas Opton, ✆ 02 51 55 11 98, Fax 02 51 55 44 94, NE : 2 km, bord de la Vie dans locations et 20 juil.-20 août sur le camping
4,5 ha (200 empl.) plat, herbeux – self, pizzeria – salle d'animation toboggan aquatique – Location :
20 mai-10 sept. – **R** *conseillée 15 juil.-20 août* – GB – – *piscine comprise 2 pers. 94 (134 avec élect. 6A), pers. suppl. 24*

Aire Naturelle le Petit Beauregard, en deux camps de 25 empl. , ✆ 02 51 55 07 98, S : 1 km par D 754, rte de St-Gilles-Croix-de-Vie et chemin à gauche
2 ha (50 empl.) plat, herbeux –
mai-sept. – **R** *conseillée juil.-août* – – *2 pers. 55* *12 (6A)*

ST-GIRONS

14 – 86 ③

Paris 793 – Auch 110 – Foix 44 – St-Gaudens 42 – Toulouse 101

09200 Ariège – 6 596 h. alt. 398.
Office de Tourisme, pl. A.-Sentein
✆ 05 61 96 26 60, Fax 05 61 96 26 69

Audinac, ✆ 05 61 66 44 50 ✉ 09200 Audinac-les-Bains, NE : 4,5 km par D 117, rte de Foix et D 627, rte de Ste-Croix-Volvestre, à **Audinac-les-Bains**
15 ha/1,5 campable (100 empl.) peu incliné, en terrasses, herbeux (0,5 ha) – – Location : bungalows toilés
mai-sept. – **R** *conseillée juil.-août* – GB – – *piscine comprise 2 pers. 69, pers. suppl. 20* *18 (10A)*

Pont du Nert, ✆ 05 61 66 58 48 ✉ 09200 Encourtiech, SE : 3,6 km par D 3, carrefour avec D 33, près du Salat
1 ha (40 empl.) plat à incliné, herbeux – –
juin-15 sept. – – *14 tennis compris* *10* *10*

ST-GUINOUX

4 – 59 ⑥

Paris 407 – Cancale 16 – Dinard 18 – Dol-de-Bretagne 12 – Rennes 63 – St-Malo 18

35430 I.-et-V. – 736 h. alt. 25

Municipal le Bûlot, sortie Est par D 7 rte de la Fresnais
0,4 ha (45 empl.) plat, herbeux –
juil.-août – **R** – *Tarif 97 :* *18,20* *13,50* *11*

Ne pas confondre :
... à ... : *appréciation MICHELIN*
et ★ ... *à* ... ★★★★ : *classement officiel*

Do not confuse :
... *to* ... : *MICHELIN classification*
and ★ ... *to* ... ★★★★ : *official classification*

Verwechseln Sie bitte nicht :
... *bis* ... : *MICHELIN-Klassifizierung*
und ★ ... *bis* ... ★★★★ : *offizielle Klassifizierung*

ST-HILAIRE-DE-RIEZ

9 – 67 ⑫ G. Poitou Vendée Charentes

Paris 454 – Challans 16 – Noirmoutier-en-l'Ile 47 – La Roche-sur-Yon 48 – Les Sables-d'Olonne 34

85270 Vendée – 7 416 h. alt. 8.

Office de Tourisme, 21 pl. Gaston-Pateau ✆ 02 51 54 31 97, Fax 02 51 55 27 13

La Puerta del Sol M « Cadre agréable », ✆ 02 51 49 10 10, Fax 02 51 49 84 84, N : 4,5 km
4 ha (216 empl.) plat, herbeux – salle d'animation – Location *(vacances de printemps-20 sept.)*
16 mai-20 sept. – **R** *conseillée* – GB – *élect. (6A) et piscine comprises 3 pers. 170, pers. suppl. 33*

Sol à Gogo, ✆ 02 51 54 29 00, Fax 02 51 54 88 74, NO : 4,8 km, accès direct à la plage
3,6 ha (196 empl.) (saison) plat, sablonneux – toboggan aquatique, half-court – A proximité :
15 mai-15 sept. – **Location longue durée** – *Places disponibles pour le passage* – **R** – *élect. (5A) et piscine comprises 3 pers. 166*

Les Biches « Agréable cadre boisé », ✆ 02 51 54 38 82, Fax 02 51 54 30 74, N : 2 km
13 ha/9 campables (355 empl.) (saison) plat, herbeux, sablonneux pinède – snack – salle d'animation toboggan aquatique – Location :
16 mai-13 sept. – **R** *indispensable 15 juil.-20 août* – *piscine comprise 3 pers. 170 (195 avec élect. 10A), pers. suppl. 35*

Château-Vieux, ✆ 02 51 54 35 88, Fax 02 51 60 05 34, N : 1 km
6 ha (326 empl.) plat, sablonneux, herbeux (0,8 ha) – salle d'animation toboggan aquatique – Location :
15 mai-15 sept. – **Location longue durée** – *Places disponibles pour le passage* – **R** *conseillée juil.-20 août* – GB – *élect. (8A) et piscine comprises 3 pers. 160, pers. suppl. 28*

Les Écureuils, ✆ 02 51 54 33 71, Fax 02 51 55 69 08, NO : 5,5 km, à 200 m de la plage
4 ha (230 empl.) plat, herbeux, sablonneux – crêperie – toboggan aquatique – A proximité :
15 mai-15 sept. – **R** *conseillée juil.-août* – *Tarif 97 : piscine comprise 2 pers. 135 (148 avec élect. 6A), pers. suppl. 22*

La Plage, ✆ 02 51 54 33 93, Fax 02 51 55 97 02, NO : 5,7 km, à 200 m de la plage – dans locations
5 ha (347 empl.) plat, herbeux, sablonneux – (15 mai-sept.) snack – toboggan aquatique – A proximité : – Location *(mai-15 sept.)* :
avril-sept. – GB – *Tarif 97 : piscine comprise 2 pers. 114 (133 avec élect. 10A), pers. suppl. 25*

La Prairie, ✆ 02 51 54 08 56, Fax 02 51 55 97 02, NO : 5,5 km, à 500 m de la plage
4 ha (250 empl.) plat, herbeux, petit étang – snack – toboggan aquatique – A proximité :
15 mai-sept. – **R** – *Tarif 97 : piscine comprise 2 ou 3 pers. 114, pers. suppl. 21 19 (10A)*

Les Chouans, ✆ 02 51 54 34 90, Fax 02 51 54 05 92, NO : 2,5 km
3,7 ha (202 empl.) plat, sablonneux, herbeux – salle d'animation toboggan aquatique – A proximité :
Pâques-15 oct. – **R** *conseillée juil.-août* – GB – *Tarif 97 : piscine comprise 3 pers. 103 20 (10A)*

La Ningle, ✆ 02 51 54 07 11, Fax 02 51 54 99 39, NO : 5,7 km
2,8 ha (134 empl.) (saison) plat, herbeux, petit étang – A proximité :
15 mai-15 sept. – **R** *conseillée* – *Tarif 97 : piscine et tennis compris 3 pers. 103 (117 avec élect. 6A)*

Le Bois Tordu, ✆ 02 51 54 33 78, Fax 02 51 54 08 29, NO : 5,3 km, à 200 m de la plage
1,2 ha (84 empl.) (juil.-août) plat, sablonneux, herbeux – toboggan aquatique, - A l'entrée : – A proximité : half-court
15 mai-15 sept. – **R** – *élect. (5A) et piscine comprises 3 pers. 166*

La Sapinière, ✆ 02 51 54 45 74, Fax 02 51 54 01 92, NE : 2 km
3,6 ha (180 empl.) plat, sablonneux, herbeux – Location :
15 mai-15 sept. – **R** *conseillée juil.-août* – GB – *Tarif 97 : piscine comprise 3 pers. 109, pers. suppl. 20 13 (6A) 16 (10A)*

Riez à la Vie, ✆ 02 51 54 30 49, Fax 02 51 55 86 58, NO : 3 km
3 ha (189 empl.) plat, sablonneux, herbeux – toboggan aquatique – Location :
Pâques-15 sept. – **R** *conseillée juil.-août* – GB – *piscine comprise 2 pers. 79 ou 93 14 (3A) 18 (6A) 20 (10A)*

Le Bosquet, ✆ 02 51 54 34 61, Fax 02 51 54 22 73, NO : 5 km, à 250 m de la plage
2 ha (115 empl.) plat, herbeux, sablonneux – snack pizzeria – A proximité : – Location :
juin-15 sept. – **R** – *Tarif 97 : élect. comprise 3 pers. 107*

Municipal de la Plage de Riez, ✆ 02 51 54 36 59, O : 3 km, à 300 m de la plage (accès direct)
9 ha (601 empl.) plat et accidenté, sablonneux pinède - - A l'entrée : snack
3 avril-15 sept. - **R** *conseillée* - GB - *Tarif 97 : 3 pers. 85, pers. suppl. 15 14 (10A)*

Le Clos des Pins , ✆ 02 51 54 32 62, NO : 6,2 km
4 ha (230 empl.) plat, peu incliné, herbeux, sablonneux, terrasses pinède - - toboggan aquatique
15 mai-15 sept. - **R** - *Tarif 97 : piscine comprise 3 pers. 120, pers. suppl. 22 17 (10A)*

Le Romarin, ✆ 02 51 54 43 82, NO : 3,8 km
4 ha/1,5 campable (97 empl.) plat, vallonné, sablonneux, herbeux - - - Location :
20 juin-10 sept. - **R** *conseillée juil.-août* - - *piscine comprise 3 pers. 94 (108 avec élect. 6A)*

La Parée Préneau, ✆ 02 51 54 33 84, Fax 02 51 55 29 57, NO : 3,5 km
1,5 ha (96 empl.) (saison) plat, herbeux, sablonneux - - - Location :
Pâques-10 sept. - **R** *conseillée* - - *Tarif 97 : piscine comprise 2 pers. 85 11,50 (6A)*

La Pège, ✆ 02 51 54 34 52, Fax 02 51 55 29 57, NO : 5 km, à 150 m de la plage
1 ha (100 empl.) (juil.-août) plat, sablonneux, herbeux - - - A proximité :
15 juin-10 sept. - **R** - - *Tarif 97 : piscine comprise 3 pers. 107,50 11,50 (6A)*

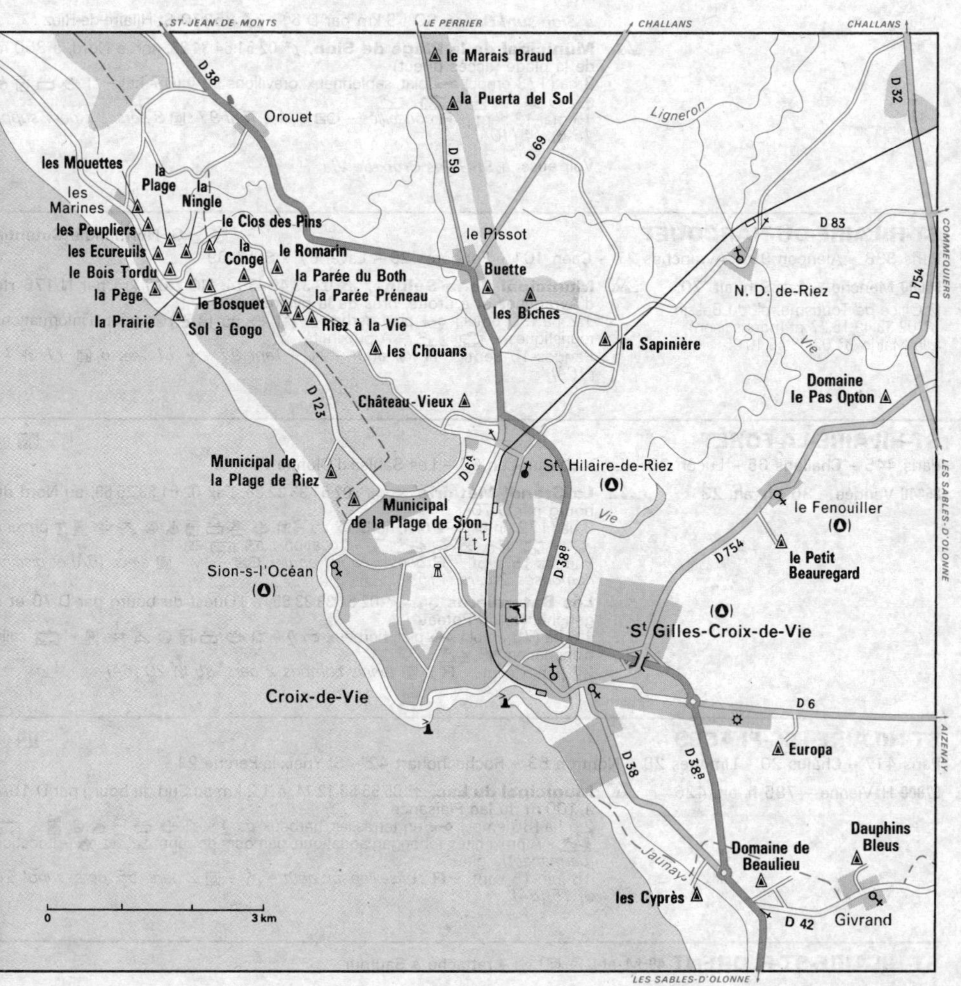

La Parée du Both, ✆ 02 51 54 78 27, NO : 3,8 km
1,4 ha (96 empl.) plat, sablonneux - Location *(avril-1er nov.)* :
15 juin-15 sept. - **R** *conseillée* - *piscine comprise 2 pers. 79, pers. suppl. 19* *16 (6A)*

Le Marais Braud, ✆ 02 51 68 33 71, Fax 02 51 35 25 32, N : 6 km par D 38 et D 59, rte de Perrier
3 ha (150 empl.) plat, sablonneux, herbeux, étang - snack - toboggan aquatique - Location *(Pâques-15 sept.)* :
juin-15 sept. - **R** *conseillée* - GB - *piscine comprise 2 pers. 75* *15 (6A) 20 (10A)*

La Conge, ✆ 02 51 54 32 47, NO : 4 km
2 ha (150 empl.) (juil.-août) plat et accidenté, sablonneux -
11 avril-sept. - **R** *indispensable juil.-août* - *élect. (6A) et piscine comprises 3 pers. 105, pers. suppl. 19*

Les Peupliers, ✆ 02 51 54 30 68, NO : 5,8 km, à 300 m de la plage
4 ha/2 campables (207 empl.) (saison) plat, herbeux - - A proximité :

Les Mouettes, ✆ 02 51 54 33 68, NO : 6 km, à 300 m de la plage
2,3 ha (209 empl.) plat, sablonneux, herbeux - - A proximité :
Pâques-fin sept. - **R** *conseillée juil.-août* - *Tarif 97 : 2 ou 3 pers. 94 (107 avec élect. 10A), pers. suppl. 19*

Buette, ✆ 02 51 54 32 42, N : 2,5 km
3,5 ha (100 empl.) plat, herbeux, sablonneux (1,5 ha) - -
Location :
Permanent - **R** *conseillée* - *2 pers. 67, pers. suppl. 15* *13 (10A)*

à Sion-sur-l'Océan SO : 3 km par D 6^A - ✉ 85270 St-Hilaire-de-Riez :

Municipal de la Plage de Sion, ✆ 02 51 54 34 23, sortie Nord, à 350 m de la plage (accès direct)
3 ha (173 empl.) plat, sablonneux, gravillons (0,7 ha) - -
15 mai-13 sept. - **R** *conseillée* - GB - *Tarif 97 : 3 pers. 87, pers. suppl. 16* *14 (10A)*

Voir aussi à ***St-Gilles-Croix-de-Vie***

ST-HILAIRE-DU-HARCOUËT

4 - 59 ⑨ **G. Normandie Cotentin**

Paris 338 - Alençon 99 - Avranches 27 - Caen 101 - Fougères 29 - Laval 67 - St-Lô 69

50600 Manche - 4 489 h. alt. 70.

Office de Tourisme, pl. du Bassin ✆ 02 33 49 15 27 et (hors saison) à la Mairie ✆ 02 33 49 10 06

Municipal de la Sélune, ✆ 02 33 49 43 74, NO : 0,7 km par N 176 rte d'Avranches et à droite, près de la rivière
1,2 ha (90 empl.) plat, herbeux - point d'informations touristiques - - A proximité :
Pâques-15 sept. - **R** *juil.-août* - *Tarif 97 :* *11* *6* *11* *11 (16A)*

ST-HILAIRE-LA-FORÊT

9 - 67 ⑪

Paris 445 - Challans 65 - Luçon 30 - La Roche-sur-Yon 30 - Les Sables-d'Olonne 24

85440 Vendée - 363 h. alt. 23

La Grand' Métairie, ✆ 02 51 33 32 38, Fax 02 51 33 25 69, au Nord du bourg par D 70
3 ha (172 empl.) plat, herbeux - pizzeria - - Location :
Pâques-15 sept. - **R** *conseillée juil.-août* - GB - *élect. (6A) et piscine comprises 2 pers. 115*

Les Batardières, ✆ 02 51 33 33 85, à l'Ouest du bourg par D 70 et à gauche, rte du Poteau
1,6 ha (75 empl.) plat, herbeux - - salle d'animation
27 juin-5 sept. - **R** - *tennis compris 2 pers. 85* *20 (6A)*

ST-HILAIRE-LES-PLACES

10 - 72 ⑰

Paris 417 - Châlus 20 - Limoges 28 - Nontron 53 - Rochechouart 42 - St-Yrieix-la-Perche 21

87800 H.-Vienne - 785 h. alt. 426

Municipal du Lac, ✆ 05 55 58 12 14, à 1,2 km au Sud du bourg par D 15A, à 100 m du lac Plaisance
2,5 ha (85 empl.) en terrasses, herbeux - - - A proximité : toboggan aquatique, parcours de santé - Location *(permanent)* : gîtes
15 juin-15 sept. - **R** *conseillée juil.-août* - *2 pers. 55, pers. suppl. 20* *15 (6A)*

ST-HILAIRE-ST-FLORENT **49** M.-et-L. - 64 ⑫ - rattaché à Saumur

ST-HILAIRE-SOUS-ROMILLY

6 - 61 ⑤

Paris 120 - Nogent-sur-Seine 12 - Romilly-sur-Seine 6 - Sézanne 30 - Troyes 45

10100 Aube - 347 h. alt. 78

La Noue des Rois, ✆ 03 25 24 41 60, Fax 03 25 24 34 18, NE : 2 km, bord d'un étang et d'une rivière
30 ha/5 campables (150 empl.) plat, herbeux, étangs - crêperie - half-court, piste de bi-cross - Location :
Permanent - Location longue durée - *Places limitées pour le passage* - **R** -
2 pers. 79/89, pers. suppl. 22 20 (16A)

ST-HIPPOLYTE 63 P.-de-D. - 73 ④ - rattaché à Châtelguyon

ST-HIPPOLYTE

8 - 66 ⑱ G. Jura

Paris 486 - Basel 85 - Belfort 49 - Besançon 90 - Montbéliard 30 - Pontarlier 72

25190 Doubs - 1 128 h. alt. 380

Les Grands Champs, ✆ 03 81 96 54 53, NE : 1 km par D 121, rte de Montécheroux et chemin à droite, près du Doubs (accès direct)
2,2 ha (65 empl.) (juil.-août) en terrasses et peu incliné, herbeux, pierreux - Location : huttes
mai-15 sept. - **R** - *13 13 16 13 (7A)*

ST-HIPPOLYTE-DU-FORT

16 - 80 ⑰

Paris 708 - Alès 35 - Anduze 22 - Nîmes 48 - Quissac 15 - Le Vigan 29

30170 Gard - 3 515 h. alt. 165.
Office de Tourisme, Les Casernes, ✆ 04 66 77 91 65, Fax 04 66 77 25 36

Graniers, ✆ 04 66 85 21 44 30170 Monoblet, NE : 4 km par rte d'Uzès puis D 133, rte de Monoblet et chemin à droite, bord d'un ruisseau - dans locations
2 ha (50 empl.) peu incliné, terrasses, herbeux, bois attenant - - Location :
15 juin-5 sept. - **R** *conseillée 15 juil.-15 août* - *piscine comprise 2 pers. 75, pers. suppl. 18 16 (4A)*

ST-HONORÉ-LES-BAINS

11 - 69 ⑥ G. Bourgogne

Paris 304 - Château-Chinon 28 - Luzy 22 - Moulins 68 - Nevers 69 - St-Pierre-le-Moutier 67

58360 Nièvre - 754 h. alt. 300 - (avril-sept.).
Office de Tourisme, pl. du Marché ✆ et Fax 03 86 30 71 70

Municipal Plateau du Gué, ✆ 03 86 30 76 00, au bourg, 13 rue Eugène Collin, près de la poste
1 ha 50 (empl.) (saison) peu incliné et plat, herbeux -
avril-sept. - **R** *conseillée juil.-août*

ST-ILLIERS-LA-VILLE

5 - 55 ⑱

Paris 68 - Anet 18 - Dreux 33 - Évreux 33 - Mantes-la-Jolie 14 - Pacy-sur-Eure 15

78980 Yvelines - 228 h. alt. 125

Domaine d'Inchelin, ✆ 01 34 76 10 11, à 0,8 km au Sud du bourg par rte de Bréval et chemin à gauche
6 ha/4 campables (150 empl.) plat, herbeux -
avril-oct. - Location longue durée - *Places disponibles pour le passage* - **R** *conseillée* - *piscine comprise 1 pers. 75 25 (4A) 40 (6A)*

ST-JACQUES-D'AMBUR

11 - 73 ③

Paris 404 - Clermont-Ferrand 39 - Pontaumur 17 - Riom 40 - St-Éloy-les-Mines 47

63230 P.-de-D. - 315 h. alt. 650

La Plage de Chazotte, ✆ 04 73 79 98 01, O : 0,5 km par D 61, rte de la Goutelle, puis 3,6 km par D 121 à droite, rte de Miremont, bord d'un ruisseau et près du lac (accès direct)
3 ha (25 empl.) plat, peu incliné, herbeux, forêt attenante - - A proximité : snack - Location : , huttes
16 mai-12 sept. - **R** *conseillée 14 juil.-15 août* - *14 18 14 (6A)*

ST-JACQUES-DES BLATS

11 - 76 ③

Paris 540 - Aurillac 36 - Brioude 74 - Issoire 88 - St-Flour 39

15800 Cantal - 352 h. alt. 990

Municipal, ✆ 04 71 47 06 00, à l'Est du bourg par rte de Nierevèze, bord de la Cère
0,6 ha (50 empl.) plat, herbeux - -
- A l'entrée :
mai-sept. - **R** - *13 7 7 13 (25A)*

ST-JACUT-DE-LA-MER

4 - 59 ⑤ G. Bretagne

Paris 424 - Dinan 26 - Dinard 18 - Lamballe 38 - St-Brieuc 58 - St-Cast-le-Guildo 19

22750 C.-d'Armor - 797 h. alt. 31.
Syndicat d'Initiative, r. du Châtelet ✆ 02 96 27 71 91, Fax 02 96 27 75 64

Municipal la Manchette, ✆ 02 96 27 70 33, au parc des Sports, près de la plage
3 ha (327 empl.) plat, herbeux, sablonneux - -
- A proximité :
avril-sept. - - - Tarif 97 : *1 pers. 33, 2 pers. 52, pers. suppl. 18 12 (4A) 24 (8A)*

ST-JACUT-LES-PINS

4 - 63 ⑤

Paris 422 – Ploërmel 41 – Redon 12 – La Roche-Bernard 28 – Vannes 47

56220 Morbihan – 1 570 h. alt. 63

Municipal les Étangs de Bodéan, SO : 2,5 km par D 137 rte de St-Gorgon, bord d'un étang
1 ha (50 empl.) plat et peu incliné, herbeux –
15 juin-août – **R** – 7 6 6

ST-JEAN **06** Alpes-Mar. – 84 ⑧ – rattaché à Pégomas

ST-JEAN (Col)

17 - 81 ⑦ G. Alpes du Sud

Paris 715 – Barcelonnette 33 – Savines-le-Lac 33 – Seyne 9

04 Alpes-de-H.-Pr. – alt. 1 333 –
Sports d'hiver : 1 300/2 500 m
16
04140 Seyne-les-Alpes

L'Étoile des Neiges <, 04 92 35 07 08, Fax 04 92 35 12 55, S : 0,8 km par D 207 et chemin à droite
2,6 ha (109 empl.) incliné, en terrasses, pierreux, herbeux –
snack – – A proximité :
– Location *(permanent)* :
fermé oct.-19 déc. – **R** *conseillée* – – *Tarif 97 : piscine comprise 2 pers. 63 (75 ou 88 avec élect. 2 ou 6A), pers. suppl. 22*

ST-JEAN-D'ANGÉLY

9 - 71 ③ ④ G. Poitou Vendée Charentes

Paris 444 – Angoulême 65 – Cognac 35 – Niort 47 – La Rochelle 73 – Royan 67 – Saintes 27

17400 Char.-Mar. – 8 060 h. alt. 25.
Office de Tourisme,
8 r. Grosse-Horloge
05 46 32 04 72, Fax 05 46 32 20 80

Municipal du Val de Boutonne, 05 46 32 26 16, sortie Nord-Ouest rte de la Rochelle, puis à gauche av. du Port et à droite avant le pont, quai de Bernouet, près de la Boutonne (plan d'eau)
1,8 ha (99 empl.) plat, herbeux – – A l'entrée :
– A proximité :
16 mai-sept. – **R** *conseillée juil.-août* – – *16 10 12 11*

ST-JEAN-D'AULPS

12 - 70 ⑱

Paris 593 – Abondance 19 – Annecy 84 – Évian-les-Bains 33 – Morzine 8 – Thonon-les-Bains 25

74430 H.-Savoie – 914 h. alt. 810

Le Solerey <, 04 50 79 64 69, sortie Sud-Est par D 902 rte de Morzine, bord de la Dranse
0,6 ha (35 empl.) peu incliné et en terrasses, gravillons, herbeux –
– – A proximité :
Permanent – **R** *conseillée* – – *2 pers. 70 15 (3A) 20 (6A) 30 (10A)*

ST-JEAN-DE-CEYRARGUES

16 - 80 ⑱

Paris 701 – Alès 18 – Nîmes 33 – Uzès 21

30360 Gard – 155 h. alt. 180

Les Vistes < Aigoual, 04 66 83 28 09, S : 0,5 km par D 7
6 ha/3 campables (35 empl.) (juil.-août) plat, peu incliné, pierreux, herbeux pinède – – Location :
mai-sept. – **R** *conseillée juil.-août* – – *piscine comprise 1 pers. 40, 2 pers. 58, pers. suppl. 19 12 (4A)*

ST-JEAN-DE-COUZ

12 - 74 ⑮

Paris 547 – Aix-les-Bains 30 – Chambéry 15 – Le Pont-de-Beauvoisin 23 – St-Laurent-du-Pont 13 – La Tour-du-Pin 44

73160 Savoie – 180 h. alt. 630

La Bruyère < « Site agréable », 04 79 65 74 27, S : 2 km par N 6 et rte de Côte Barrier
1 ha (60 empl.) (juil.-août) plat, herbeux – –
avril-oct. – **R** *conseillée 15 juil.-15 août* – – *15 14 13 (6A)*

ST-JEAN-DE-LA-RIVIÈRE **50** Manche – 54 ① – rattaché à Barneville-Carteret

ST-JEAN-DE-LUZ

13 - 85 ② G. Pyrénées Aquitaine

Paris 790 – Bayonne 24 – Biarritz 15 – Pau 131 – San Sebastiàn 33

64500 Pyr.-Atl. – 13 031 h. alt. 3.
Office de Tourisme, pl. Mar.-Foch
05 59 26 03 16, Fax 05 59 26 21 47

Itsas-Mendi, 05 59 26 56 50, Fax 05 59 54 88 40, NE : 5 km, à 500 m de la plage
8 ha (356 empl.) en terrasses et incliné, herbeux –
cases réfrigérées – half-court
avril-sept. – **R** *conseillée* – GB – – *piscine et tennis compris 2 pers. 110 18 (6A)*

Atlantica, 05 59 47 72 44, Fax 05 59 54 72 27, NE : 5 km, à 500 m de la plage – dans locations
3,5 ha (181 empl.) en terrasses, plat, herbeux –
snack – half-court – Location :
15 mars-15 oct. – **R** *conseillée* – GB – – *piscine comprise 2 pers. 105, pers. suppl. 23 19 (5A)*

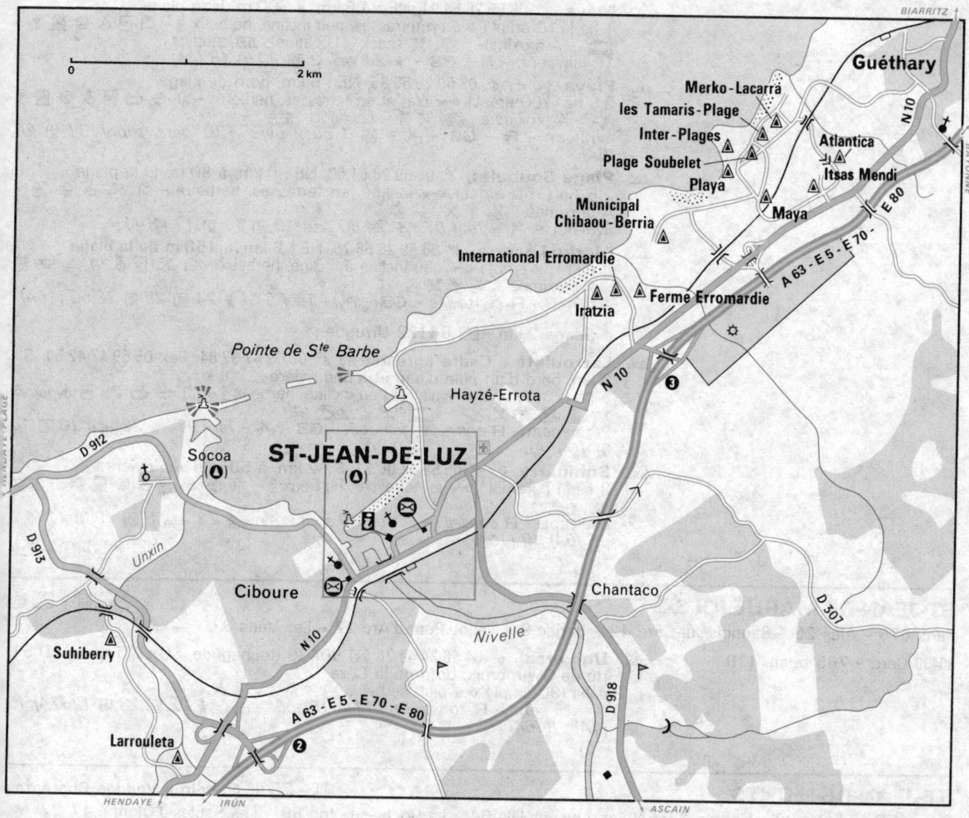

International Erromardie « Entrée fleurie », ✆ 05 59 26 07 74, Fax 05 59 51 12 11, NE : 2 km, près de la plage
4 ha (203 empl.) (juil.-août) plat, herbeux – snack – – Location :
mai-27 sept. – **R** *conseillée juil.-août* – GB – – *élect. (5A) et piscine comprises 2 pers. 149, pers. suppl. 26*

Iratzia, ✆ 05 59 26 14 89, NE : 1,5 km, à 300 m de la plage
4,2 ha (280 empl.) plat, peu incliné et en terrasses, herbeux –
15 mars-sept. – **R** *conseillée 15 juil.-20 août* – GB – – *27 15 30 16 (6A)*

Les Tamaris-Plage M, ✆ 05 59 26 55 90, Fax 05 59 47 70 15, NE : 5 km, à 80 m de la plage
1,5 ha (60 empl.) plat et peu incliné, herbeux – – A proximité : snack
avril-sept. – **R** *conseillée 15 juil.-15 août* – GB – – *Tarif 97 : 2 pers. 140/170 avec élect. (4A)*

Inter-Plages « Cadre agréable », ✆ 05 59 26 56 94, NE : 5 km – Sur une falaise, à 150 m de la plage (accès direct) – dans locations
2,5 ha (100 empl.) plat, herbeux (0,5 ha) – – mini-tennis – A proximité : – Location :
avril-sept. – **R** – – *piscine comprise 2 pers. 130, pers. suppl. 30 21 (4A) 25 (6A) 30 (10A)*

La Ferme Erromardie, ✆ 05 59 26 34 26, Fax 05 59 51 26 02, NE : 1,8 km, près de la plage
2 ha (176 empl.) plat, herbeux (0,5 ha) –
15 mars-14 oct. – **R** *conseillée juil.-août* – GB – – *2 pers. 87 15 (4A) 20 (6A)*

Municipal Chibaou-Berria, ✆ 05 59 26 11 94, NE : 3 km – accès direct à la plage
4 ha (200 empl.) peu incliné et en terrasses, herbeux (1 ha) – –
juin-14 sept. – **R** *conseillée juil.-20 août* – – *Tarif 97 : 25 25 15 (5A)*

Maya, ✆ 05 59 26 54 91, NE : 4,5 km, à 300 m de la plage
1 ha (110 empl.) en terrasses, peu incliné, herbeux – A proximité : snack – Location : studios
15 juin-sept. – **R** – GB – *24* *9* *20* *18 (4A)*

Playa, ✆ 05 59 26 55 85, NE : 5 km, bord de plage
2,5 ha (100 empl.) plat et en terrasses, herbeux – A proximité : – Location :
avril-oct. – **R** – GB – – *1 ou 2 pers. 130, pers. suppl. 31* *20 (5A)*

Plage Soubelet, ✆ 05 59 26 51 60, NE : 5 km, à 80 m de la plage
2,5 ha (150 empl.) incliné, en terrasses, herbeux –
A proximité :
avril-oct. – *Tarif 97 :* *24,50* *10* *17* *17 (10A)*

Merko-Lacarra, ✆ 05 59 26 56 76, NE : 5 km, à 150 m de la plage
2 ha (152 empl.) peu incliné à incliné, herbeux –
– A proximité :
avril-oct. – **R** *conseillée* – GB – – *Tarif 97 :* *24* *29* *18,50 (16A)*

à Socoa 2 km – ✉ 64122 Urrugne :

Larrouleta « Cadre agréable », ✆ 05 59 47 37 84, Fax 05 59 47 42 54, S : 3 km, bord d'un plan d'eau et d'une rivière
5 ha (263 empl.) plat et peu incliné, herbeux –
Permanent – **R** *conseillée juil.-août* – GB – – *Tarif 97 :* *22* *10* *16* *10 (5A)*

Suhiberry, ✆ 05 59 47 06 23, S : 2 km, à 50 m d'une rivière
3 ha (170 empl.) en terrasses, herbeux –
mai-sept. – **R** *conseillée 20 juil.-20 août* – – *23* *8* *19* *11 (4A)* *15 (6A) 19 (10A)*

ST-JEAN-DE-MARUÉJOLS

16 – 80 ⑧

Paris 675 – Alès 25 – Bagnols-sur-Cèze 42 – Barjac 9 – Vallon-Pont-d'Arc 22 – Les Vans 31

30430 Gard – 766 h. alt. 119

Universal, ✆ 04 66 24 41 26 ✉ 30430 Rochegude, SO : 2,5 km par D 51, rte de St-Ambroix, bord de la Cèze
4 ha (90 empl.) plat, herbeux –
mai-15 sept. – **R** *conseillée 14 juil.-15 août* – – *22* *28* *12 (2A) 15 (4A) 18 (6A)*

ST-JEAN-DE-MONTS

9 – 67 ⑪ G. Poitou Vendée Charentes

Paris 455 – Cholet 99 – Nantes 73 – Noirmoutier-en-l'Ile 34 – La Roche-sur-Yon 59 – Les Sables-d'Olonne 47

85160 Vendée – 5 959 h. alt. 16.
Office de Tourisme, Palais des Congrès
✆ 02 51 59 60 61, Fax 02 51 59 62 28

Le Bois Masson, ✆ 02 51 58 62 62, Fax 02 51 58 29 97, SE : 2 km – juil.-août dans locations
7,5 ha (500 empl.) plat, herbeux, sablonneux, petit étang – crêperie, pizzeria – salle d'animation toboggan aquatique – Location : appartements, bungalows toilés
12 avril-20 sept. – **R** *conseillée 14 juil.-15 août* – GB – – *élect. et piscine comprises 3 pers. 175*

Les Amiaux, ✆ 02 51 58 22 22, Fax 02 51 58 26 09, NO : 3,5 km – dans locations
12 ha (500 empl.) plat, herbeux, sablonneux – salle d'animation toboggan aquatique – Location :
Pâques-15 sept. – **R** *conseillée* – GB – – *16 piscine comprise* *75 à 120 avec élect. (6 à 10A)*

L'Abri des Pins « Entrée fleurie », ✆ 02 51 58 83 86, Fax 02 51 59 30 47, NO : 4 km
3 ha (210 empl.) plat, herbeux, sablonneux – snack – salle d'animation toboggan aquatique – Location : bungalows toilés
15 mai-10 sept. – **R** *conseillée juil.-20 août* – – *Tarif 97 :* *piscine comprise 3 pers. 141 ou 145 (148 ou 153 avec élect. 4A), pers. suppl. 24 ou 26* *12 (6A)*

Les Aventuriers de la Calypso, ✆ 02 51 97 55 50, Fax 02 51 28 91 09, NO : 4,6 km
4 ha (200 empl.) plat, herbeux, sablonneux – toboggan aquatique – Location :
Pâques-sept. – **R** *conseillée juil.-août* – GB – – *piscine comprise 2 pers. 125* *15 (3A) 20 (6A) 25 (10A)*

La Yole « Entrée fleurie, cadre agréable », ✆ 02 51 58 67 17, Fax 02 51 59 05 35, SE : 7 km –
5 ha (278 empl.) plat, sablonneux, herbeux, pinède attenante (2 ha) – toboggan aquatique – Location :
15 mai-15 sept. – **R** *conseillée juil.-août* – GB – – *élect. (6A) et piscine comprises 2 pers. 135*

Le Bois Dormant, 02 51 58 01 30, Fax 02 51 59 35 30, SE : 2,2 km – juil.-août dans locations
10,5 ha (424 empl.) plat et en terrasses, sablonneux, herbeux, petit étang – snack – toboggan aquatique – A proximité : crêperie – Location : bungalows toilés, studios, appartements
16 mai 12 sept. – **R** *conseillée 14 juil.-15 août* – GB – – *élect. et piscine comprises 3 pers. 175*

Acapulco, 02 51 59 20 64, Fax 02 51 59 53 12, SE : 6,5 km, avenue des Epines
7 ha (405 empl.) plat, sablonneux, herbeux – – toboggan aquatique
8 mai-15 sept. – **R** *conseillée juil.-20 août* – GB – – *élect. (8A) et piscine comprises 3 pers. 164, pers. suppl. 30*

Le Bois Joly, 02 51 59 11 63, Fax 02 51 59 11 06, NO : 1 km – dans locations
5 ha (291 empl.) (juil.-août) plat, herbeux, sablonneux – snack – toboggan aquatique – A proximité : – Location :
4 avril-27 sept. – **R** *conseillée juil.-août* – GB – – *piscine comprise 2 pers. 110, 3 pers. 125* *20 (4A) 25 (6A)*

Le Vieux Ranch, 02 51 58 86 58, Fax 02 51 59 12 20 85169 St-Jean-de-Monts Cedex, NO : 4,3 km, à 200 m de la plage (accès direct) – dans locations
5 ha (242 empl.) plat, herbeux, sablonneux – – salle d'animation – Location :
avril-sept. – **R** *conseillée* – GB – – *piscine comprise 2 pers. 91 (110 avec élect. 10A)*

Aux Coeurs Vendéens, 02 51 58 84 91, Fax 02 51 68 56 61, NO : 4 km – dans locations
2 ha (117 empl.) plat, herbeux, sablonneux – crêperie – – A proximité : – Location (Pâques-15 sept.) :
mai-15 sept. – **R** *conseillée juil.-août* – GB – – *élect. (6A) et piscine comprises 3 pers. 150*

Les Places Dorées, 02 51 59 02 93, Fax 02 51 59 30 47, NO : 4 km
5 ha (236 empl.) plat, sablonneux, herbeux – – toboggan aquatique – A proximité : snack – Location : , bungalows toilés
15 juin-6 sept. – **R** *conseillée juil.-août* – – *Tarif 97 :* *piscine comprise 3 pers. 120 (130 avec élect. 4A), pers. suppl. 24* *12 (6A)*

La Forêt « Belle décoration arbustive », 02 51 58 84 63, NO : 5,5 km (voir schéma de Notre-Dame-de-Monts)
1 ha (62 empl.) plat, herbeux, sablonneux – –
15 mai-15 sept. – **R** *conseillée juil.-août* – – *23 piscine comprise* *85* *17 (6A)*

La Davière-Plage, 02 51 58 27 99, NO : 3 km
3 ha (200 empl.) plat, sablonneux, herbeux – snack – – A proximité : – Location : , bungalows toilés
juin-15 sept. – **R** *conseillée* – GB – – *piscine comprise 2 pers. 86* *15 (4A) 18 (6A) 20 (10A)*

Le Logis, 02 51 58 60 67, SE : 4,3 km
0,8 ha (40 empl.) plat et en terrasses, sablonneux, herbeux – – – A proximité : – Location :
11 avril-27 sept. – **R** *conseillée août* – GB – – *2 pers. 68* *18 (6A) 22 (10A)*

Les Pins, 02 51 58 17 42, SE : 2,5 km
1,2 ha (129 empl.) plat et en terrasses, sablonneux – – – A proximité : – Location :
15 juin-15 sept. – **R**

C.C.D.F. les Sirènes, 02 51 58 01 31, Fax 02 51 59 03 67, SE : av. des Demoiselles, à 500 m de la plage
15 ha/5 campables (500 empl.) plat et accidenté, dunes pinède – – A l'entrée : snack
4 avril-15 sept. – **R** *conseillée juil.-août – Adhésion obligatoire* – GB – – *2 pers. 62, pers. suppl. 15,50* *10,50 (3A) 15,50 (4A) 20,50 (6A)*

La Roussière, 02 51 58 65 73, SE : 1,5 km
1,5 ha (100 empl.) plat, herbeux, sablonneux – –
mai-sept. – **R** – – *Tarif 97 :* *piscine comprise 2 pers. 78, pers. suppl. 20* *18 (6A)*

Le Clos d'Orouet, 02 51 59 51 01, SE : 8,5 km par D 38 et chemin du Champ de Bataille
1,3 ha (75 empl.) plat, herbeux, sablonneux (0,7 ha) – – – Location :
juin-10 sept. – **R** *conseillée 14 juil.-15 août* – – *piscine comprise 2 pers. 70* *16 (6A)*

Les Ombrages, 02 51 58 91 14 85270 St-Hilaire-de-Riez, SE : 5 km sur D 123
3 ha (153 empl.) plat et vallonné, herbeux, sablonneux –
Pâques-15 sept. – **R**

Les Salines, ✆ 02 51 58 11 95 ✉ 85270 St-Hilaire-de-Riez, SE : 5 km, sur D 123
3 ha (140 empl.) ⊶ (juil.-août) plat et vallonné, herbeux, sablonneux -
avril-sept. - **R** - - 3 pers. 74 15 (5 ou 10A)

La Parée du Jonc, ✆ 02 51 58 81 19, NO : 4,5 km, à 250 m de la plage
2,9 ha (200 empl.) ⊶ (juil.-août) plat et vallonné, sablonneux - - A proximité : crêperie
mai-15 sept. - **R** *conseillée* - GB - - *Tarif 97 :* 2 pers. 60 15 (4A) 18 (6A)

L'Orée des Bois, ✆ 02 51 58 45 82, NO : 4,2 km, à 500 m de la plage
0,7 ha (40 empl.) ⊶ plat et peu incliné, sablonneux, pinède attenante - - A proximité : crêperie
15 juin-15 sept. - **R** *conseillée* - - 3 pers. 73 15 (4A) 16 (6A)

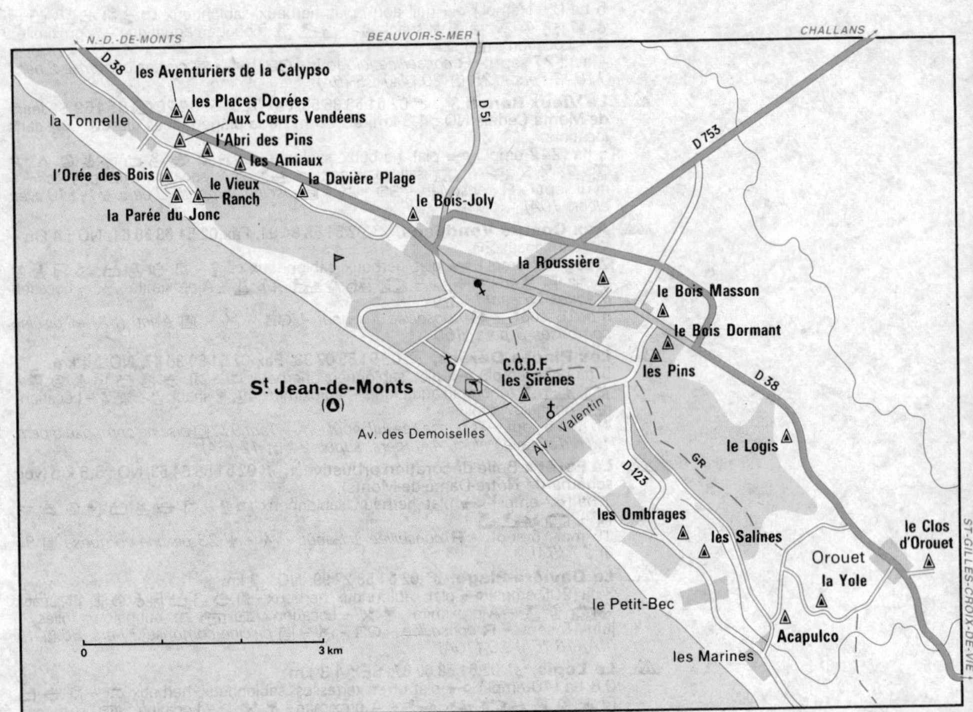

ST-JEAN-DE-MUZOLS

12 - 76 ⑩

Paris 541 - Annonay 32 - Beaurepaire 46 - Privas 61 - Romans-sur-Isère 22 - Tournon-sur-Rhône 4

07300 Ardèche - 2 315 h. alt. 123

Le Castelet <, ✆ 04 75 08 09 48, SO : 2,8 km par D 238, rte de Lamastre, bord du Doux
3 ha (66 empl.) ⊶ en terrasses, plat, herbeux, pierreux -
avril-20 sept. - **R** *conseillée 10 juil.-20 août* - - *2 pers. 54,50, pers. suppl. 14,50 13,50 (5A)*

ST-JEAN-DU-DOIGT

3 - 58 ⑥ G. Bretagne

Paris 543 - Brest 75 - Guingamp 60 - Lannion 33 - Morlaix 16 - Quimper 95

29630 Finistère - 661 h. alt. 15

Municipal du Pont Argler, ✆ 02 98 67 32 15, au bourg, face à l'église
1 ha (34 empl.) ⊶ plat et en terrasses, herbeux -
15 juin-15 sept. - **R** - - 13 5 *11/15* - 10 (10A) 12 (12A)

▶ ***In this Guide,***
*a symbol or a character, printed in red or **black**, in **bold** or light type, does not have the same meaning.*
Please read the explanatory pages carefully.

ST-JEAN-DU-GARD

16 – 80 ⑰ G. Gorges du Tarn

Paris 680 – Alès 28 – Florac 53 – Lodève 89 – Montpellier 74 – Nîmes 60 – Le Vigan 57

30270 Gard – 2 441 h. alt. 183

Office de Tourisme, pl. Rabaut, St-Étienne ✆ 04 66 85 32 11, Fax 04 66 85 16 28

Le Mas de la Cam ≤, ✆ 04 66 85 12 02, Fax 04 66 85 32 07, NO : 3 km par D 907, rte de St-André-de-Valborgne, bord du Gardon de St-Jean
6 ha/2,8 campables (140 empl.) peu incliné, en terrasses, herbeux – snack – – Location : gîtes, bungalows toilés
avril-sept. – **R** *conseillée juil.-août* – GB – – *piscine comprise 2 pers. 90, pers. suppl. 20 16 (6A)*

La Forêt ≤ « A l'orée d'une vaste pinède », ✆ 04 66 85 37 00, N : 2 km par D 983, rte de St-Étienne-Vallée-Française puis 2 km par D 333, rte de Falguières
3 ha (60 empl.) plat et en terrasses, pierreux, herbeux – – – A proximité :
mai-15 sept. – **R** *conseillée* – – *piscine comprise 1 ou 2 pers. 78, pers. suppl. 19 15 (4A)*

Les Sources ≤ « Cadre agréable », ✆ 04 66 85 38 03, Fax 04 66 85 16 09, NE : 1 km par D 983 et D 50, rte de Mialet
3 ha (92 empl.) peu incliné et en terrasses, herbeux – –
avril-sept. – **R** *conseillée juil.-août* – GB – – *piscine comprise 2 pers. 72, pers. suppl. 17 15 (6A)*

ST-JEAN-EN-ROYANS

12 – 77 ③ G. Alpes du Nord

Paris 584 – Die 62 – Grenoble 69 – Romans-sur-Isère 26 – St-Marcellin 20 – Valence 44 – Villard-de-Lans 34

26190 Drôme – 2 895 h. alt. 250

Municipal , ✆ 04 75 47 74 60, sortie Sud-Ouest par D 70, rte d'Oriol-en-Royans, bord de la Lyonne
4 ha (135 empl.) plat, herbeux (2 ha) – –
A proximité :
15 avril-sept. – **R** – – *16 11,50 12,50 (10A)*

ST-JEAN-LE-THOMAS

4 – 59 ⑦ G. Normandie Cotentin

Paris 347 – Avranches 16 – Granville 17 – St-Lô 62 – St-Malo 83 – Villedieu-les-Poêles 36

50530 Manche – 398 h. alt. 20

Municipal Pignochet, ✆ 02 33 48 84 02, SO : 1 km par D 483, près de la plage
3 ha (150 empl.) plat, sablonneux, herbeux – – –
A proximité :
mars-15 nov. – **R** *conseillée* – – *2 pers. 50, pers. suppl. 17 14 (10A)*

ST-JEAN-PIED-DE-PORT

13 – 85 ③ G. Pyrénées Aquitaine

Paris 821 – Bayonne 53 – Biarritz 55 – Dax 104 – Oloron-Ste-Marie 70 – Pau 120 – San Sebastiàn 99

64220 Pyr.-Atl. – 1 432 h. alt. 159.

Office de Tourisme, pl. Ch.-de-Gaulle ✆ 05 59 37 03 57, Fax 05 59 37 34 91

Europ'Camping ≤, ✆ 05 59 37 12 78, Fax 05 59 37 29 82, NO : 2 km par D 918 rte de Bayonne et chemin à gauche, à Ascarat
1,8 ha (93 empl.) peu incliné, herbeux – snack –
5 avril-15 oct. – **R** *conseillée juil.-août* – GB – – *32 piscine comprise 46 23 (6A)*

Narbaïtz ≤, ✆ 05 59 37 10 13, NO : 2,5 km par D 918 rte de Bayonne et D 303 à gauche, à 50 m de la Nive et bord d'un ruisseau
1,8 ha (133 empl.) (saison) plat et peu incliné, herbeux – –
15 mars-sept. – **R** – GB – – *piscine comprise 2 pers. 68 15 (5A)*

ST-JEAN-PLA-DE-CORTS

15 – 86 ⑲

Paris 878 – Amélie-les-Bains-Palalda 13 – Argelès-sur-Mer 24 – Le Boulou 6 – La Jonquera 21 – Perpignan 27

66490 Pyr.-Or. – 1 456 h. alt. 116

Les Casteillets ≤ Chaîne des Albères, ✆ 04 68 83 26 83, sortie vers Amélie-les-Bains par D 115 et chemin à gauche, bord du Tech – dans locations
5 ha (132 empl.) plat, pierreux, herbeux – – – Location :
Permanent – **R** *conseillée* – GB – – *piscine comprise 2 pers. 84 16 (6A)*

Les Deux Rivières , ✆ 04 68 83 23 20, Fax 04 68 83 07 94, SE : 0,5 km par D 13, rte de Maureillas-las-Illas, au confluent du Tech et du Sabaro
8,5 ha (100 empl.) plat, pierreux, herbeux – – –
mai-sept. – **R** *conseillée juil.-août* – GB – – *20 piscine comprise 37 19 (5A)*

ST-JEAN-ST-NICOLAS

17 - 77 ⑯

Paris 671 – Corps 42 – Gap 24 – Orcières 11 – Savines-le-Lac 41 – Serres 64

05260 H.-Alpes – 865 h. alt. 1 130

à Pont du Fossé sur D 944 – ✉ 05260 St-Jean-St-Nicolas :

Le Diamant ← « Cadre agréable », ✆ 04 92 55 91 25, SO : 0,8 km par D 944 rte de Gap, bord du Drac
4 ha (100 empl.) plat, herbeux, peu pierreux pinède – A proximité : – Location :
juin-sept. – **R** *conseillée* – – *2 à 5 pers. 84 à 145, pers. suppl. 15 10 à 21 (1 à 10A) et 2 par ampère supplémentaire*

Municipal le Châtelard ←, ✆ 04 92 55 94 31, E : 1 km par D 944 et chemin à droite, bord du Drac – chemin pour piétons reliant le camp au village
2 ha (60 empl.) plat, herbeux, pierreux – – A proximité :
15 juin-15 sept. – **R** *conseillée* – *Tarif 97 : 19 20/25 13 (3A)*

ST-JODARD

11 - 73 ⑧

Paris 413 – Boën 24 – Feurs 20 – Roanne 24 – St-Just-en-Chevalet 33 – Tarare 36

42590 Loire – 421 h. alt. 410

Municipal, au bourg, rte de Neulise
0,8 ha (30 empl.) plat, herbeux – – A proximité :
mai-15 oct. – **R** – *7,60 et 4,50 pour eau chaude 3,80 3,80 16,50 (5A)*

ST-JORIOZ 74 H.-Savoie – 74 ⑥ – voir à Annecy (Lac d')

ST-JORY-DE-CHALAIS

10 - 72 ⑯

Paris 443 – Brantôme 33 – Châlus 22 – St-Yrieix-la-Perche 28 – Thiviers 15

24800 Dordogne – 600 h. alt. 260

Maison Neuve , ✆ 05 53 55 10 63, sortie Nord-Est par D 98, rte de Chaleix et chemin à droite
4 ha (40 empl.) peu incliné et plat, herbeux, petit étang – –
10 avril-oct. – **R** – *22,50 piscine comprise 30 10*

ST-JOUAN-DES-GUÉRETS 35 I.-et-V. – 59 ⑥ – rattaché à St-Malo

ST-JULIEN 56 Morbihan – 63 ⑪ ⑫ – voir à Quiberon (Presqu'île de)

ST-JULIEN-CHAPTEUIL

11 - 76 ⑦ G. Vallée du Rhône

Paris 565 – Lamastre 53 – Privas 88 – Le Puy-en-Velay 19 – St-Agrève 32 – Yssingeaux 17

43260 H.-Loire – 1 664 h. alt. 815

Municipal de la Croix-Blanche, ✆ 04 71 08 70 01, sortie Nord par D 28, rte du Pertuis, à 50 m de la Sumène
1 ha (35 empl.) plat, terrasse, herbeux – – – A proximité :
Permanent – **R** *conseillée 14 juil.-15 août* – – *2 pers. 62 15 (6A)*

ST-JULIEN-DE-CONCELLES

9 - 63 ⑰

Paris 371 – Ancenis 25 – Clisson 24 – Nantes 15

44450 Loire-Atl. – 5 418 h. alt. 24

Le Chêne, ✆ 02 40 54 12 00, Fax 02 40 36 54 79, E : 1,5 km par D 37 (déviation), près du plan d'eau
2 ha (100 empl.) plat, herbeux – – A l'entrée :
avril-oct. – **R** *conseillée* – – *14 7 14 14 (16A)*

ST-JULIEN-DE-LAMPON

13 - 75 ⑱

Paris 529 – Brive-la-Gaillarde 49 – Gourdon 17 – Sarlat-la-Canéda 18 – Souillac 13

24 Dordogne – 586 h. alt. 120
✉ 24370 Carlux

Le Mondou , ✆ 05 53 29 70 37, E : 1 km par D 50 rte de Mareuil et chemin à droite
1,2 ha (60 empl.) peu incliné, pierreux, herbeux – –
15 juin-sept. – **R** *conseillée* – – *Tarif 97 : 24,50 25,50 19 (6 ou 10A)*

▶ *Verwechseln Sie bitte nicht :*
... bis ... : MICHELIN-Klassifizierung
und
★ ... bis ... ★★★★ : offizielle Klassifizierung

ST-JULIEN-DES-LANDES

Paris 438 - Aizenay 17 - Challans 31 - La Roche-sur-Yon 24 - Les Sables-d'Olonne 18 - St-Gilles-Croix-de-Vie 21 — 9 - 67 ⑫ ⑬

85150 Vendée - 1 075 h. alt. 59

La Garangeoire « Agréable domaine : prairies, étangs et bois », 02 51 46 65 39, Fax 02 51 46 60 82, N : 2,8 km par D 21
200 ha/5,5 campables (300 empl.) plat et vallonné, herbeux (1 ha) - crêperie, pizzeria cases réfrigérées - toboggan aquatique
15 mai-15 sept. - **R** *conseillée 5 juil.-25 août* - GB - *élect. (6A) et piscine comprises 2 pers. 145, pers. suppl. 32*

La Forêt « Dans les dépendances d'un château », 02 51 46 62 11, Fax 02 51 46 60 87, sortie Nord-Est par D 55, rte de Martinet
50 ha/5 campables (148 empl.) plat, herbeux, étangs et bois - crêperie - discothèque
15 mai-15 sept. - **R** *conseillée 15 juil.-15 août* - - *piscine comprise 3 pers. 135, pers. suppl. 29 21 (6A)*

La Guyonnière, 02 51 46 62 59, Fax 02 51 46 62 89, NO : 2,6 km par D 12, rte de la Chaize-Giraud puis 1,2 km par rte à droite, à proximité du lac du Jaunay
3 ha (139 empl.) plat, peu incliné, herbeux - -
mai-sept. - **R** *conseillée juil.-août* - GB - - *20 piscine comprise 10 25 7,50 (4A) 12,50 (6A)*

ST-JULIEN-DU-VERDON

Paris 796 - Castellane 12 - Digne-les-Bains 52 - Puget-Théniers 36 — 17 - 81 ⑱ G. Alpes du Sud

04170 Alpes-de-H.-Pr. - 94 h. alt. 994

Le Lac <, 04 92 89 07 93, sortie Nord par N 202 rte de St-André-les Alpes
1 ha (70 empl.) plat, peu incliné, herbeux, pierreux (0,5 ha) - -
15 juin-15 sept. - **R** - GB - *2 pers. 60 12 (6A)*

ST-JULIEN-EN-BORN

Paris 707 - Castets 22 - Dax 49 - Mimizan 18 - Morcenx 30 — 13 - 78 ⑮

40170 Landes - 1 285 h. alt. 22

Municipal la Lette Fleurie, 05 58 42 74 09, NO : 4 km par rte de Mimizan et rte de Contis-Plage
8,5 ha (345 empl.) plat et accidenté, sablonneux pinède - -
Pâques-sept. - **R** - GB - - *16,50 piscine comprise 6,50 20 16,50 (5A)*

Le Grand Pont, 05 58 42 80 18, sortie Nord par D 652, rte de Mimizan, près d'un ruisseau
2 ha (75 empl.) plat, herbeux, sablonneux pinède -
juin-sept. - **R** *conseillée 1er au 15 août* - GB - - *Tarif 97 : 12,50 5 10,50 avec élect. (6A)*

Aire Naturelle le Très, 05 58 42 80 24, Fax 05 58 42 40 09, NO : 3 km par D 652, rte de Mimizan et D 41, rte de Contis-Plage à gauche
1,5 ha (25 empl.) plat, herbeux, sablonneux pinède - -
juin-sept. - **R** *conseillée 14 juil.-15 août* - - *11,70 4,70 6,10/9,50 10,60 (5A)*

ST-JULIEN-EN-ST-ALBAN

Paris 588 - Aubenas 41 - Crest 28 - Montélimar 32 - Privas 10 - Valence 30 — 16 - 76 ⑳

07000 Ardèche - 924 h. alt. 131

Le Pampelonne <, 04 75 66 00 97, E : 1,4 km par N 104, rte de Pouzin et chemin de Celliers à droite, près de l'Ouvèze
1,5 ha (30 empl.) plat, herbeux - - -
A proximité :
Pâques-15 sept. - **R** - GB - - *piscine comprise 2 pers. 70 15 (10A)*

ST-JUST

Paris 538 - Chaudes-Aigues 29 - Ruynes-en-Margerides 22 - St-Chély-d'Apcher 15 - St-Flour 28 — 11 - 76 ⑭

15320 Cantal - 248 h. alt. 950

Municipal, 04 71 73 72 57, au Sud-Est du bourg, bord d'un ruisseau
2 ha (60 empl.) plat et peu incliné, terrasse, herbeux - - - A proximité : - Location *(permanent)* : gîtes
Pâques-sept. - **R** - - *10,90 6,80 9,70 9,80 (10A)*

ST-JUSTIN

Paris 695 - Barbotan-les-Thermes 17 - Captieux 40 - Labrit 34 - Mont-de-Marsan 25 - Villeneuve-de-Marsan 16 — 14 - 79 ⑫

40240 Landes - 917 h. alt. 90.
Office de Tourisme, pl. du Foyer
05 58 44 86 06

Le Pin, 05 58 44 88 91, N : 2,3 km sur D 626 rte de Roquefort, bord d'un petit étang
3 ha (80 empl.) plat, herbeux - - - Location :
mars-nov. - **R** - - *25 piscine comprise 10 20/25 15 (6A)*

ST-LAGER-BRESSAC

16 - 76 ⑳

Paris 592 - Aubenas 44 - Montélimar 21 - Pont-St-Esprit 57 - Privas 13 - Valence 34

07210 Ardèche - 569 h. alt. 180

Municipal les Civelles d'Ozon, ✆ 04 75 65 01 86, E : 0,5 km par D 322, rte de Baix, bord d'un ruisseau
1,3 ha (40 empl.) ((juil.-août) plat, pierreux, herbeux - - *mai-sept.* - **R** *conseillée 14 juil.-15 août* - - *2 pers. 33/47, pers. suppl. 15* *10 (6A)*

ST-LAMBERT-DU-LATTAY

5 - 67 ⑥ G. Châteaux de la Loire

Paris 314 - Ancenis 51 - Angers 25 - Cholet 35 - Doué-la-Fontaine 34

49750 M.-et-L. - 1 352 h. alt. 63

S.I. la Coudraye, au Sud du bourg, près d'un étang
0,5 ha (20 empl.) peu incliné, herbeux - -
15 avril-sept. - **R** - *11,50* *11,50* *12,50 (15A)*

ST-LARY-SOULAN

14 - 85 ⑲ G. Pyrénées Aquitaine

Paris 849 - Arreau 12 - Auch 103 - Bagnères-de-Luchon 44 - St-Gaudens 66 - Tarbes 70

65170 H.-Pyr. - 1 108 h. alt. 820 -
Sports d'hiver : 1 680/2 450 m
2 30.

Office de Tourisme, r. Principale
✆ 05 62 39 50 81, Fax 05 62 39 50 06

Municipal <, ✆ 05 62 39 41 58, au bourg, à l'Est du D 929
1 ha (76 empl.) plat et peu incliné, herbeux, pierreux - - - A proximité : - Location :
fermé 21 oct.-3 déc. - **R** *conseillée* - GB - - *Tarif 97 :* *27* *27* *15 à 33 (2 à 10A)*

ST-LAURENT-D'AIGOUZE

16 - 83 ⑧

Paris 738 - Aigues-Mortes 8 - La Grande-Motte 85 - Montpellier 36 - Nîmes 34 - Sommières 21

30220 Gard - 2 323 h. alt. 3

Port Viel, ✆ 04 66 88 15 42, Fax 04 66 88 10 21, S : 2,8 km par D 46
4 ha (160 empl.) plat, pierreux, herbeux - - - Location :
avril-15 oct. - **R** *conseillée juil.-août* - *piscine comprise 2 pers. 97 (116 avec élect. 6A)*

ST-LAURENT-DE-CERDANS

15 - 86 ⑱ G. Pyrénées Roussillon

Paris 909 - Amélie-les-Bains-Palalda 20 - Perpignan 58 - Prats-de-Mollo-la-Preste 20

66260 Pyr.-Or. - 1 489 h. alt. 675

La Verte Rive <, ✆ 04 68 39 54 64, sortie Nord-Ouest par D 3 rte d'Arles-sur-Tech, bord de la Quéra
2,5 ha (74 empl.) peu incliné, herbeux - - - A proximité :
mai-oct. - **R** *conseillée* - - *12,40* *4,80* *12,40* *15,70 (5A)*

ST-LAURENT-DE-LA-PRÉE

9 - 71 ⑬

Paris 478 - Rochefort 14 - La Rochelle 31

17450 Char.-Mar. - 1 256 h. alt. 7

Les Charmilles, ✆ 05 46 84 00 05, NO : 2,1 km par D 214E1, rte de Fouras et D 937 à droite
3,5 ha (270 empl.) plat, herbeux (1 ha) - - toboggan aquatique
6 avril-25 sept. - **R** *conseillée juil.-août* - GB - - *piscine comprise 2 pers. 120* *20 (6A)*

Le Pré Vert, ✆ 05 46 84 89 40, NE : 2,3 km du bourg, au lieu-dit St-Pierre
2 ha (67 empl.) plat, peu incliné, herbeux, pierreux - - (bassin) - Location :
avril-sept. - **R** *conseillée* - GB - - *2 pers. 65* *15 (10A)*

ST-LAURENT-DU-PAPE

11 - 76 ⑳ G. Vallée du Rhône

Paris 580 - Aubenas 56 - Le Cheylard 42 - Crest 30 - Privas 25 - Valence 18

07800 Ardèche - 1 206 h. alt. 100

La Garenne, ✆ 04 75 62 24 62, au Nord du bourg, accès près de la poste
3,5 ha (120 empl.) plat, en terrasses, pierreux, herbeux - -
mars-oct. - **R** *conseillée juil.-15 août* - *piscine comprise 2 pers. 112, pers. suppl. 28* *18 (3A)*

ST-LAURENT-DU-PONT

12 - 77 ⑤ G. Alpes du Nord

Paris 562 - Chambéry 28 - Grenoble 33 - La Tour-du-Pin 42 - Voiron 15

38380 Isère - 4 061 h. alt. 410.

Office de Tourisme,
Vieille-Tour, pl. Mairie
✆ 04 76 06 22 55, Fax 04 76 06 21 21

Municipal les Berges du Guiers <, ✆ 04 76 55 20 63, sortie Nord par D 520, rte de Chambéry et à gauche, bord du Guiers Mort - chemin et passerelle pour piétons reliant le camp au village
1 ha (37 empl.) plat, herbeux (0,5 ha) - - A proximité :
15 juin-15 sept. - **R** *conseillée* - - *2 pers. 55, pers. suppl. 18* *15 (5A)*

ST-LAURENT-DU-VERDON

17 - 81 ⑯

Paris 791 - Digne-les-Bains 62 - Gréoux-les-Bains 27 - Manosque 41 - Montmeyan 13 - Moustiers-Ste-Marie 30

04500 Alpes-de-H.-Pr. - 71 h. alt. 468

La Farigoulette « Cadre boisé et site agréable », ✆ 04 92 74 41 62, Fax 04 92 74 00 86, NE : 1,5 km par rte de Montpezat, près du Verdon (plan d'eau)
14 ha (166 empl.) peu incliné, pierreux - Location : studios
15 mai-15 sept. - R - *piscine comprise 2 pers. 80 19 (5A)*

ST-LAURENT-EN-BEAUMONT

12 - 77 ⑮

Paris 615 - Le Bourg-d'Oisans 44 - Corps 17 - Grenoble 50 - Mens 24 - La Mure 10

38350 Isère - 282 h. alt. 900

Belvédère de l'Obiou ≤, ✆ 04 76 30 40 80, SO : 1,3 km par N 85, au lieu-dit les Egats
1 ha (45 empl.) plat, peu incliné, terrasses, herbeux - (bassin) - A proximité :
mai-sept. - R *conseillée* - - *2 pers. 70 15 (4A) 18 (6A)*

ST-LAURENT-EN-GRANDVAUX

12 - 70 ⑮ G. Jura

Paris 443 - Champagnole 23 - Lons-le-Saunier 46 - Morez 11 - Pontarlier 58 - St-Claude 31

39150 Jura - 1 781 h. alt. 904

Municipal Champ de Mars ≤, ✆ 03 84 60 19 30, sortie Est par N 5
3 ha (150 empl.) plat et peu incliné, herbeux -
fermé oct. - R *conseillée hiver* - R *été* - - *Tarif 97 : 10,40 (hiver 17,85) 11,80 (hiver 12,40) 9,70 (6A) - hiver : 20,50 (6A) 30 (10A)*

ST-LAURENT-LES-ÉGLISES

10 - 72 ⑧

Paris 385 - Bellac 49 - Bourganeuf 30 - Guéret 51 - Limoges 29 - La Souterraine 49

87340 H.-Vienne - 636 h. alt. 388

Municipal Pont du Dognon ≤ « Site agréable », ✆ 05 55 56 57 25, SE : 1,8 km par D 5 rte de St-Léonard-de-Noblat, bord du Taurion (plan d'eau)
3 ha (90 empl.) en terrasses, pierreux, herbeux - parcours de santé - A proximité : - Location *(Pâques-Toussaint)* : huttes
15 juin-15 sept. - R *conseillée* - - *piscine comprise 2 pers. 57 14,50 (6A)*

ST-LÉGER-DE-FOUGERET **58** Nièvre - 65 ⑥ - rattaché à Château-Chinon

ST-LÉONARD-DE-NOBLAT

10 - 72 ⑱ G. Berry Limousin

Paris 399 - Aubusson 67 - Brive-la-Gaillarde 94 - Guéret 61 - Limoges 20

87400 H.-Vienne - 5 024 h. alt. 347.
Office de Tourisme, pl. du Champ-de-Mars
✆ 05 55 56 25 06, Fax 05 55 56 36 97

Municipal de Beaufort, ✆ 05 55 56 02 79, S : 3 km, bord de la Vienne
2 ha (98 empl.) plat et peu incliné, herbeux -
15 juin-15 sept. - R - - *2 pers. 41/48, pers. suppl. 11,50 11 (10 à 15A)*

ST-LÉON-SUR-VÉZÈRE

13 - 75 ⑰ G. Périgord Quercy

Paris 500 - Brive-la-Gaillarde 46 - Les Eyzies-de-Tayac 17 - Montignac 9 - Périgueux 57 - Sarlat-la-Canéda 34

24290 Dordogne - 427 h. alt. 70

Le Paradis , ✆ 05 53 50 72 64, Fax 05 53 50 75 90, SO : 4 km sur D 706 rte des Eyzies-de-Tayac, bord de la Vézère
4,4 ha (200 empl.) plat, herbeux - piste de bi-cross - Location :
avril-17 oct. - R *conseillée* - GB - - *Tarif 97 : 35 piscine comprise 55 17,50 (6A)*

ST-LEU-D'ESSERENT

6 - 56 ⑪

Paris 57 - Beauvais 37 - Chantilly 6 - Creil 9 - Pontoise 38

60340 Oise - 4 288 h. alt. 50.
Office de Tourisme, r. de l'Eglise
✆ 03 44 56 38 10

Campix , ✆ 03 44 56 08 48, Fax 03 44 56 28 75, sortie Nord par D 12 rte de Cramoisy puis 1,5 km par rue à droite et chemin, dans une ancienne carrière
6 ha (160 empl.) plat, en terrasses, accidenté, herbeux, pierreux -
7 mars-1er déc. - R - GB - - *25 25/30 20 (6A)*

ST-LÔ-D'OURVILLE

4 - 54 ⑪

Paris 343 - Barneville-Carteret 10 - Carentan 36 - Cherbourg 48 - Coutances 40 - St-Lô 55

50580 Manche - 404 h. alt. 15

Les Carolins, ✆ 02 33 04 84 85, SO : 2,3 km par D 72 et D 72^E, rte de Lindbergh-Plage - Accès conseillé par D 650
3,5 ha (75 empl.) plat, sablonneux, herbeux - - Location :
15 mars-15 nov. - R *conseillée juil.-août* - - *18 17 16 (4A) 20 (10A)*

ST-LUNAIRE

4 - 59 ⑤ G. Bretagne

Paris 422 - Dinan 23 - Dinard 5 - Plancoët 20 - Rennes 78 - St-Brieuc 65

35800 I.-et-V. - 2 163 h. alt. 20

La Touesse, 02 99 46 61 13, Fax 02 99 16 02 58, E : 2 km par D 786 rte de Dinard, à 400 m de la plage
2,5 ha (160 empl.) plat, herbeux - snack, pizzeria - A proximité : crêperie - Location : , studios
avril-sept. - **R** *conseillée* - - *26 19 33 19 (5 ou 10A)*

ST-MALO

4 - 59 ⑥ G. Bretagne

Paris 417 - Alençon 179 - Avranches 67 - Dinan 32 - Rennes 72 - St-Brieuc 72

35400 I.-et-V. - 48 057 h. alt. 5.
Office de Tourisme, Esplanade St-Vincent
02 99 56 64 48, Fax 02 99 40 93 13

La Ville Huchet, 02 99 81 11 83, S : 5 km par D 301, rte de Dinard et rte de la Grassinais à gauche devant le concessionnaire Mercedes
6 ha (198 empl.) (juil.-août) plat, herbeux - - Location : appartements, gîtes d'étape, bungalows toilés
mai-15 sept. - **R** *conseillée* - - *18 10 18 16 (6A) 20 (10A)*

à Paramé NE : 5 km - 35400 St-Malo :

Municipal les Îlots, 02 99 56 98 72, **à Rothéneuf**, av. de la Guimorais, près de la plage du Havre
2 ha (155 empl.) plat, herbeux - - - A proximité :
fin juin-fin août - **R** *conseillée* - GB - - *Tarif 97 : 3 pers. 87,50/113 avec élect.*

Municipal le Nicet <, 02 99 40 26 32, **à Rothéneuf**, av. de la Varde, à 100 m de la plage, accès direct par escalier
2,5 ha (158 empl.) plat et peu incliné, en terrasses, herbeux -
début juin-début sept. - **R** *conseillée* - GB - - *Tarif 97 : 3 pers. 129/162 avec élect., pers. suppl. 27,30*

Municipal les Nielles, 02 99 40 26 35, av. John-Kennedy, près de la plage
1,6 ha (94 empl.) plat, peu incliné, herbeux - -
mi juin-début sept. - **R** *conseillée* - - *Tarif 97 : 3 pers. 87,50/113 avec élect.*

à St-Jouan-des-Guérets SE : 5 km par N 137, rte de Rennes - 2 221 h. alt. 31
35430 St-Jouan-des-Guérets :

Le P'tit Bois « Bel ensemble paysagé », 02 99 21 14 30, Fax 02 99 81 74 14, accès par N 137
6 ha (274 empl.) plat, herbeux (1 ha) - pizzeria, snack - salle d'animation toboggan aquatique, salle omnisports - A proximité : - Location : , bungalows toilés
25 avril-12 sept. - **R** *conseillée* - GB - - *28 piscine comprise 84 19 (5A)*

ST-MALO-DE-BEIGNON

4 - 63 ⑤

Paris 391 - Châteaubriant 77 - Maure-de-Bretagne 19 - Ploërmel 21 - Redon 38 - Rennes 43

56380 Morbihan - 390 h. alt. 119

L'Étang du Château d'Aleth, 02 97 75 83 70, au Nord du bourg, par D 773, près d'un plan d'eau
6 ha/2 campables (55 empl.) plat, peu incliné, herbeux - - - A proximité :
juin-sept. - **R** - *15 6 8/10*

ST-MALÔ-DU-BOIS

9 - 67 ⑤

Paris 366 - Bressuire 37 - Cholet 18 - Nantes 73 - La Roche-sur-Yon 55 - Thouars 67

85590 Vendée - 1 085 h. alt. 183

Base de Plein Air de Poupet, 02 51 92 31 45, SE : 3 km par D 72 et rte à gauche, bord de la Sèvre Nantaise
2,7 ha (115 empl.) (saison) plat, prairie (0,5 ha) - bureau de documentation touristique - - A proximité : poneys
mai-sept. - **R** - - *Tarif 97 : 2 pers. 42/47, pers. suppl. 11 11 (10A)*

ST-MAMET-LA-SALVETAT

10 - 76 ⑪

Paris 559 - Argentat 54 - Aurillac 19 - Maurs 27 - Sousceyrac 29

15220 Cantal - 1 327 h. alt. 680

Municipal, 04 71 64 75 21, à l'Est du bourg, accès par D 20, rte de Montsalvy et chemin du stade, à droite
0,8 ha (41 empl.) incliné à peu incliné, herbeux - - - A proximité : toboggan aquatique - Location *(permanent)* :
avril-oct. - **R** *conseillée saison* - - *8 25 (35 avec élect.)*

ST-MANDRIER-SUR-MER

17 - 84 ⑮ G. Côte d'Azur

Paris 838 - Bandol 21 - Le Beausset 27 - Hyères 31 - Toulon 14

83430 Var - 5 175 h. alt. 1.
Office de Tourisme, pl. des Résistants
04 94 63 61 69

La Presqu'île « Entrée fleurie », 04 94 94 23 22, O : 2,5 km, carrefour D 18 et rte de la Pointe de Marégau, près du port de plaisance
2,5 ha (140 empl.) plat et en terrasses, pierreux - snack - - A proximité :
15 mai-20 sept. - **R** - - *2 pers. 96, pers. suppl. 18,50 15 (4A) 19,50 (6A)*

ST-MARCAN

Paris 367 – Dinan 38 – Dol-de-Bretagne 12 – Le Mont-St-Michel 21 – Rennes 69 – St-Malo 32 — 4 – 59 ⑦

35120 I.-et-V. – 401 h. alt. 60

Le Balcon de la Baie ≤, ✆ 02 99 80 22 95, SE : 0,5 km par D 89 rte de Pleine-Fougères et à gauche
2,8 ha (66 empl.) peu incliné, plat, herbeux (1,5 ha) –
15 juin-15 sept. – **R** *conseillée juil.-août – 17 9 9 13 (5A)*

ST-MARTIAL-DE-NABIRAT

Paris 550 – Cahors 41 – Fumel 50 – Gourdon 10 – Périgueux 83 – Sarlat-la-Canéda 21 — 13 – 75 ⑰

24250 Dordogne – 512 h. alt. 175

Le Carbonnier , ✆ 05 53 28 42 53, sortie Est par D 46, rte de Cahors
6 ha (150 empl.) peu incliné et en terrasses, pierreux, herbeux, petit étang – toboggan aquatique – Location :
Pâques-15 sept. – **R** *conseillée juil.-août* – GB – *Tarif 97 : 31 piscine et tennis compris 42 17 (6A)*

Calmesympa, ✆ 05 53 28 43 15, Fax 05 53 30 23 65, NO : 2,2 km par D 46, rte de Domme et chemin à gauche, au lieu-dit la Grèze
2,7 ha (25 empl.) en terrasses et peu incliné, herbeux –
15 avril-15 oct. – **R** *conseillée 15 juil.-15 août – 18 piscine comprise 22 14 (6A)*

ST-MARTIN-CANTALÈS

Paris 550 – Argentat 45 – Aurillac 39 – Mauriac 32 — 10 – 76 ① G. Auvergne

15140 Cantal – 207 h. alt. 630

Municipal Pont du Rouffet ≤ « Site agréable », ✆ 04 71 69 42 76, SO : 6,5 km par D 6 et D 42 à droite, au pont du Rouffet, bord du lac d'Enchanet – Croisement peu facile pour caravanes
0,7 ha (45 empl.) plat et en terrasses, incliné, herbeux –
juil.-sept. – – *8 5 6 6 (16A)*

ST-MARTIN-D'ARDÈCHE

07 Ardèche – 80 ⑨ – Voir à Ardèche (Gorges de l')

ST-MARTIN-D'AUBIGNY

Paris 317 – Carentan 24 – Coutances 18 – Lessay 16 – St-Lô 22 — 4 – 54 ⑫

50190 Manche – 427 h. alt. 50

Aire Naturelle Municipale , au bourg, derrière l'église
0,4 ha (15 empl.) plat, herbeux –
juin-15 sept. – **R** *conseillée – 8 6 6 10*

ST-MARTIN-DE-CLELLES

Paris 610 – Clelles 6 – Grenoble 45 – Mens 17 – Monestier-de-Clermont 12 – La Mure 34 — 12 – 77 ⑭

38930 Isère – 122 h. alt. 750

La Chabannerie ≤ « Belle situation panoramique », ✆ 04 76 34 00 38, Fax 04 76 34 43 54, à 1,2 km au Nord du bourg, à proximité de la N 75
2,5 ha (50 empl.) accidenté et en terrasses, pierreux, herbeux – (bassin)
mai-15 oct., 15 nov.-15 janv. – **R** *indispensable juil.-août pour les tentes* – GB – *24 (hiver 28) 7 (hiver 8) 7 ou 11/11 (hiver 13) 10A : 15 (hiver 18)*

ST-MARTIN-DE-LA-MER

Paris 253 – Arnay-le-Duc 27 – Autun 36 – Avallon 44 – Montsauche-les-Settons 27 – Saulieu 6 — 7 – 65 ⑰

21210 Côte-d'Or – 288 h. alt. 530

Lac de Chamboux ≤, ✆ 03 80 64 13 67, NO : 5,5 km par D 106, D 26 rte de Saulieu et chemin à droite, bord du lac de Chamboux –
4 ha (44 empl.) (mai-août) peu incliné, plat, herbeux –
15 mars-oct. – **R** *conseillée juil.-août – 20 25/30 18*

ST-MARTIN-DE-LA-PLACE

Paris 312 – Angers 39 – Baugé 29 – La Flèche 48 – Les Rosiers 8 – Saumur 11 — 5 – 64 ⑫

49160 M.-et-L. – 1 129 h. alt. 80

Districal de la Croix Rouge, ✆ 02 41 38 09 02, sortie Sud-Est rte de Saumur, bord de la Loire
2,8 ha (84 empl.) plat, herbeux –
30 mai-août – **R** – – *11 15*

ST-MARTIN-DE-LONDRES

Paris 750 – Montpellier 26 – Le Vigan 37 — 15 – 83 ⑥ G. Gorges du Tarn

34380 Hérault – 1 623 h. alt. 194

Pic St-Loup ≤, ✆ 04 67 55 00 53, Fax 04 67 55 00 04, sortie Est par D 122 rte de Mas-de-Londres et chemin à gauche
2 ha (80 empl.) plat, pierreux, herbeux – – – Location :
avril-sept. – **R** – – *piscine comprise 2 pers. 65 14 (6A)*

ST-MARTIN-D'ENTRAUNES

17 - 81 ⑨

Paris 784 – Annot 39 – Barcelonnette 49 – Puget-Théniers 43

06470 Alpes-Mar. – 113 h. alt. 1 050.

Syndicat d'Initiative, Mairie 04 93 05 51 04, Fax 04 93 05 57 55

Le Prieuré « Site agréable », 04 93 05 54 99, Fax 04 93 05 53 74, E : 1 km par D 2202, rte de Guillaumes puis 1,8 km par chemin à gauche, après le pont du Var – alt. 1 070
12 ha/1,5 campable (35 empl.) peu incliné à incliné, terrasse, herbeux, pierreux – (bassin) – Location : gîtes, bungalows toilés
15 mai-15 oct. – **R** *conseillée* – *2 pers. 60* *12 (3A) 18 (6A)*

ST-MARTIN-DE-RÉ 17 Char.-Mar. – 71 ⑫ – voir à Ré (Ile de)

ST-MARTIN-DE-SEIGNANX

13 - 78 ⑰

Paris 759 – Bayonne 10 – Capbreton 15 – Dax 41 – Hasparren 30 – Peyrehorade 26

40390 Landes – 3 047 h. alt. 57

Lou P'tit Poun, 05 59 56 55 79, Fax 05 59 56 53 71, SO : 4,7 km par N 117 rte de Bayonne et chemin à gauche
3 ha (80 empl.) (juil.-août) plat et peu incliné, en terrasses, herbeux – half-court – Location *(début mai-fin oct.)* :
15 mai-15 sept. – **R** *conseillée août* – *24 piscine comprise* *56* *22 (4A) 25,50 (6A) 29 (10A)*

ST-MARTIN-D'URIAGE

12 - 77 ⑤ G. Alpes du Nord

Paris 581 – Le Bourg-d'Oisans 44 – Chamrousse 15 – Grenoble 14 – Vizille 13

38410 Isère – 3 678 h. alt. 600

Le Luiset 04 76 89 77 98, derrière l'église
1,5 ha (65 empl.) en terrasses, herbeux – A proximité :
mai-sept. – **R** *conseillée juil.-août* – *piscine comprise 2 pers. 50* *12 (2A) 14 (4A) 16 (6A)*

ST-MARTIN-EN-CAMPAGNE

1 - 52 ⑤

Paris 207 – Dieppe 12 – Rouen 76 – Le Tréport 18

76370 S.-Mar. – 1 104 h. alt. 118

Les Goélands 02 35 83 82 90, Fax 02 35 86 17 99, NO : 2 km, à St-Martin-Plage
3 ha (154 empl.) en terrasses, peu incliné, herbeux –
15 mars-oct. – Location longue durée – *Places disponibles pour le passage* – **R** – GB – *tennis compris 4 pers. 75/108, pers. suppl. 13*

ST-MARTIN-EN-VERCORS

12 - 77 ④ G. Alpes du Nord

Paris 600 – La Chapelle-en-Vercors 9 – Grenoble 53 – Romans-sur-Isère 45 – St-Marcellin 33 – Villard-de-Lans 19

26420 Drôme – 275 h. alt. 780

Municipal 04 75 45 51 10, sortie Nord par D 103
1,5 ha (66 empl.) plat et en terrasses, incliné, herbeux, gravier, pierreux –
mai-15 sept. – **R** – *15* *7* *7*

ST-MARTIN-LE-BEAU

5 - 64 ⑮ G. Châteaux de la Loire

Paris 231 – Amboise 9 – Château-Renault 33 – Chenonceaux 13 – Tours 19

37270 I.-et-L. – 2 427 h. alt. 55

Municipal la Grappe d'Or , S : 1,5 km par D 83, rte de Athée-sur-Cher et chemin à droite avant le pont, près du Cher – Accès conseillé par la D 140
2 ha (50 empl.) plat, herbeux (0,6 ha) –
13 juin-6 sept. – **R** *conseillée* – *1 ou 2 pers. 30, pers. suppl. 10* *10 (5A) 15 (8A)*

ST-MARTIN-TERRESSUS

10 - 72 ⑧ G. Berry Limousin

Paris 383 – Ambazac 7 – Bourganeuf 31 – Limoges 20 – St-Léonard-de-Noblat 15 – La Souterraine 47

87400 H.-Vienne – 456 h. alt. 280

Soleil Levant , 05 55 39 74 12, au bourg, bord d'un plan d'eau
0,5 ha (36 empl.) en terrasses, herbeux – crêperie – (plage)
15 juin-15 sept. – – *16* *5* *8/10* *12 (10A)*

ST-MARTIN-VALMEROUX

10 - 76 ② G. Auvergne

Paris 514 – Aurillac 33 – Mauriac 21 – Murat 56 – Salers 12

15140 Cantal – 1 012 h. alt. 646

Municipal le Moulin du Teinturier, 04 71 69 43 12, à l'Ouest du bourg, sur D 37, rte de Ste-Eulalie-Nozières, bord de la Maronne
2 ha (45 empl.) plat et peu incliné, herbeux – centre de documentation touristique – A proximité :
mai-oct. – **R** *conseillée juil.-août* – *élect. (6A) comprise 1 pers. 35, pers. suppl. 11*

ST-MARTORY
14 - **82** ⑯ **G. Pyrénées Aquitaine**
Paris 764 - Aurignac 12 - Bagnères-de-Luchon 64 - Cazères 16 - St-Gaudens 19 - Toulouse 72

31360 H.-Gar. - 940 h. alt. 268

Municipal ≤, 05 61 90 44 93, S : 0,8 km par D 117, rte de St-Girons et chemin à droite, après le stade
1,3 ha (50 empl.) (saison) plat, herbeux - A proximité :
mai-sept. - **R** - *1 pers. 30* *10 (5 ou 10A)*

ST-MAURICE-D'ARDÈCHE
07 Ardèche - **80** ⑨ - voir à Ardèche (Gorges de l')

SAINT-MAURICE-D'IBIE
07 Ardèche - **80** ⑨ - voir à Ardèche (Gorges de l')

ST-MAURICE-EN-VALGAUDEMAR
17 - **77** ⑯ **G. Alpes du Nord**
Paris 646 - La Chapelle-en-Valgaudémar 10 - Corps 17 - Gap 38 - La Mure 42

05800 H.-Alpes - 143 h. alt. 988

Le Bocage ≤ « Cadre agréable », 04 92 55 31 11, NE : 1,5 km, au lieu-dit le Roux, près de la Séveraisse
0,6 ha (50 empl.) plat, pierreux, herbeux -
juil.-août - **R** - - *9* *11* *9,50 à 20 (2 à 6A)*

ST-MAURICE-SUR-MOSELLE
8 - **66** ⑧ **G. Alsace Lorraine**
Paris 440 - Belfort 40 - Bussang 4 - Épinal 56 - Mulhouse 50 - Thann 30 - Le Thillot 7

88560 Vosges - 1 615 h. alt. 560 - Sports d'hiver : 900/1 250 m 8
Syndicat d'Initiative, 28 b, r. de la Gare
03 29 25 12 34, Fax 03 29 25 80 43

Les Deux Ballons ≤, 03 29 25 17 14, sortie Sud-Ouest par N 66 rte du Thillot, bord d'un ruisseau - dans locations
3 ha (180 empl.) plat et en terrasses, herbeux -
- toboggan aquatique - A proximité : - Location :
vacances de Noël, 15 fév.-3 nov. - **R** *conseillée hiver et juil.-août* - *piscine comprise 1 à 3 pers. 94*

ST-MAXIMIN-LA-STE-BAUME
17 - **84** ④ ⑤ **G. Provence**
Paris 795 - Aix-en-Provence 43 - Brignoles 21 - Draguignan 76 - Marseille 52 - Rians 23 - Toulon 56

83470 Var - 9 594 h. alt. 289.
Office de Tourisme, Hôtel-de-Ville, Accueil Couvent Royal
04 94 59 84 59, Fax 04 94 59 82 92

Provençal « Cadre agréable », 04 94 78 16 97, S : 2,5 km par D 64 rte de Mazaugues
5 ha (100 empl.) en terrasses et accidenté, pierreux -
- - Location :
avril-sept. - **R** *conseillée saison* - - *25 piscine comprise* *28* *17 (6A) 26 (10A)*

ST-MICHEL-CHEF-CHEF
9 - **67** ①
Paris 438 - Nantes 58 - Pornic 10 - St-Nazaire 21

44730 Loire-Atl. - 2 663 h. alt. 32

La Poplinière, 02 40 27 85 71, SO : 1,2 km, rte de Tharon-Plage, à 400 m de la plage
4 ha (200 empl.) plat et peu incliné à incliné, herbeux (0,7 ha) -
- - A proximité :
mai-sept. - **R** *conseillée juil.-août* - - *2 pers. 75* *12 (2A) 22 (6A)*

ST-MICHEL-EN-GRÈVE
8 - **58** ⑦ **G. Bretagne**
Paris 520 - Guingamp 37 - Lannion 11 - Morlaix 28 - St-Brieuc 69

22300 C.-d'Armor - 376 h. alt. 12

Les Capucines « Cadre agréable », 02 96 35 72 28, N : 1,5 km par rte de Lannion et chemin à gauche -
4 ha (100 empl.) peu incliné, herbeux (1,5 ha) -
-
8 mai-10 sept. - **R** *conseillée 15 juil.-15 août* - GB - - *26 piscine comprise* *40/55* *10 (2A) 14 (4A) 18 (6A)*

Le Dauphin, 02 96 35 44 56, NE : 2 km par rte de Lannion
1,8 ha (90 empl.) peu incliné et en terrasses, herbeux pinède -
- (bassin) half-court - Location : bungalows toilés
avril-oct. - **R** *conseillée 15 juil.-15 août* - - *2 pers. 70, pers. suppl. 15* *12 (4A) 16 (6A)*

ST-MICHEL-EN-L'HERM
9 - **71** ⑪ **G. Poitou Vendée Charentes**
Paris 450 - Luçon 15 - La Rochelle 43 - La Roche-sur-Yon 45 - Les Sables-d'Olonne 55

85580 Vendée - 1 999 h. alt. 9.
Office de Tourisme, pl. de l'Abbaye
02 51 30 21 89

Les Mizottes, 02 51 30 23 63, SO : 0,8 km par D 746 rte de l'Aiguillon-sur-Mer
2 ha (112 empl.) plat, herbeux -
avril-sept. - **R** *conseillée août* - GB - - *élect. (5A) comprise 2 pers. 65*

ST-MICHEL-ESCALUS

13 - 78 ⑯

Paris 720 - Bayonne 63 - Castets 9 - Dax 30 - Mimizan 44 - Soustons 23

40550 Landes - 161 h. alt. 23

Fontaine St-Antoine « Cadre sauvage », 05 58 48 78 50, Fax 05 58 48 71 90, sur D 142, sortie Ouest de St-Michel, à 200 m d'un ruisseau
11 ha/6 campables (233 empl.) vallonné, accidenté, sablonneux, herbeux pinède - - - Location :
mars-sept. - **R** *conseillée 15 juil.-20 août - 2 pers. 57, pers. suppl. 14,50 12 (5A) 13 (10A) 16 (15A)*

ST-NAZAIRE-EN-ROYANS

12 - 77 ③ **G. Alpes du Nord**

Paris 575 - Grenoble 64 - Pont-en-Royans 9 - Romans-sur-Isère 17 - St-Marcellin 15 - Valence 35

26190 Drôme - 531 h. alt. 172

Municipal « Entrée fleurie », 04 75 48 41 18, SE : 0,7 km rte de St-Jean-en-Royans, bord de la Bourne (plan d'eau)
1,5 ha (75 empl.) plat et peu incliné, herbeux - - -
mai-sept. - *- Tarif 97 : 2 pers. 43, pers. suppl. 17 16 (3A) 21 (6A)*

ST-NAZAIRE-LE-DÉSERT

11 - 77 ⑬

Paris 629 - Die 38 - Nyons 41 - Valence 70

26340 Drôme - 168 h. alt. 552

Municipal , 04 75 27 50 03, SE : 1 km par D 135 rte de Volvent et à gauche
0,85 ha (43 empl.) en terrasses et peu incliné, pierreux, herbeux -
snack -

ST-NAZAIRE-SUR-CHARENTE

9 - 71 ⑬

Paris 478 - Fouras 23 - Rochefort 9 - La Rochelle 46 - Saintes 41

17780 Char.-Mar. - 834 h. alt. 14

L'Abri-Cotier , 05 46 84 81 65, SO : 1,1 km par D125^{E}, rte de St-Froult et à droite
1,8 ha (90 empl.) plat, peu incliné, herbeux (1,2 ha) - - - Location :
15 avril-15 oct. - **R** *conseillée juil.-août* - GB - - *piscine comprise 2 pers. 59 17 (6A)*

ST-NECTAIRE

11 - 73 ⑭ **G. Auvergne**

Paris 448 - Clermont-Ferrand 37 - Issoire 26 - Le Mont-Dore 25

63710 P.-de-D. - 664 h. alt. 700 - (7 avril-11 oct.).
Office de Tourisme, Les Grands-Thermes
04 73 88 50 86, Fax 04 73 88 54 42

Municipal le Viginet , 04 73 88 53 80, sortie Sud-Est par D 996 puis 0,6 km par chemin à gauche (face au garage Ford)
2 ha (90 empl.) plat, peu incliné et incliné, herbeux, pierreux - - - Location : huttes
juin-sept. - **R** *conseillée août - 18 9,50 18 21 (8A)*

La Clé des Champs, 04 73 88 52 33, sortie Sud-Est par D 996 et D 146^{E} rte des Granges, bord d'un ruisseau et à 200 m de la Couze de Chambon
1 ha (84 empl.) plat, peu incliné et en terrasses, herbeux - - -
avril-sept. - **R** *conseillée - - Tarif 97 : 17 8 15 ou 17,50 14 (2A) 16 (3A) 22 (6A)*

ST-NICOLAS-DE-LA-GRAVE

14 - 79 ⑯

Paris 651 - Agen 37 - Castelsarrasin 11 - Lavit-de-Lamagne 17 - Moissac 9 - Montauban 32

82210 T.-et-G. - 2 024 h. alt. 73

Intercommunal du Plan d'Eau, 05 63 95 50 02, N : 2,5 km par D 15 rte de Moissac, à 100 m du plan d'eau du Tarn et de la Garonne (Base de Loisirs)
1,6 ha (42 empl.) plat, herbeux - - - A proximité :
15 juin-15 sept. - **R** *conseillée 15 juil.-15 août - - Tarif 97 : piscine comprise 1 ou 2 pers. 54, 3 pers. 75, pers. suppl. 20 15 (6A)*

ST-OMER

1 - 51 ③ **G. Flandres Artois Picardie**

Paris 257 - Arras 78 - Béthune 51 - Boulogne-sur-Mer 50 - Calais 41 - Dunkerque 45 - Ieper 52 - Lille 64

62500 P.-de-C. - 14 434 h. alt. 23.
Office de Tourisme, bd P.-Guillain
03 21 98 08 51, Fax 03 21 88 42 54

Château du Ganspette « Parc boisé », 03 21 93 43 93, Fax 03 21 95 74 98 62910 Moulle, **à Eperlecques-Ganspette,** NO : 11,5 km par N 43 et D 207 rte de Watten
11 ha/2 campables (127 empl.) peu incliné, herbeux - - grill -
avril-sept. - **Location longue durée** - *Places disponibles pour le passage* - **R** *conseillée juil.-août* - GB - - *piscine et tennis compris 2 pers. 100, pers. suppl. 25 20 (6A)*

ST-PAIR-SUR-MER

4 - 59 ⑦ G. Normandie Cotentin

Paris 338 – Avranches 23 – Granville 4 – Villedieu-les-Poêles 28

50380 Manche – 3 114 h. alt. 30.
Office de Tourisme, r. Charles-Mathurin, 02 33 50 52 77

Schéma à Jullouville

L'Ecutot, 02 33 50 26 29, Fax 02 33 50 64 94, E : 1,3 km par D 309 et D 151, rte de St-Planchers
3,5 ha (174 empl.) plat et peu incliné, herbeux (6 sanitaires individuels : wc) snack – Location : studios et appartements
avril-sept. – **R** – *25 piscine comprise 21 10 (2A) 14 (4A) 26 (10A)*

Angomesnil, 02 33 51 64 33, SE : 4,9 km par D 21 rte de St-Michel-des-Loups et D 154 à gauche, rte de St-Aubin-des-Préaux
1,2 ha (45 empl.) plat, herbeux
20 juin-10 sept. – *15,80 8,50 11*

La Gicquelière, 02 33 50 62 27, SE : 3 km par D 21 et rte à droite
1,5 ha (50 empl.) peu incliné et plat, herbeux
15 juin-15 sept. – **R** *août – 14,50 7 7 11 (3A)*

Voir aussi à ***Granville***

ST-PALAIS-SUR-MER

9 - 71 ⑮ G. Poitou Vendée Charentes

Paris 510 – La Rochelle 81 – Royan 6

17420 Char.-Mar. – 2 736 h. alt. 5.
Office de Tourisme, 1 av. de la République 05 46 23 22 58, Fax 05 46 23 36 73

Schéma à Royan

Le Puits de l'Auture « Cadre agréable », 05 46 23 20 31, Fax 05 46 23 26 38, NO : 2,5 km, à 50 m de la mer –
7 ha (400 empl.) plat, herbeux – Location :
mai-sept. – **R** *conseillée juil.-15 août* – *piscine comprise 3 pers. 160 (180 avec élect. 6A)*

Les Ormeaux, 05 46 39 02 07, Fax 05 46 38 56 66, NE : avenue de Bernezac
3 ha (189 empl.) plat, terrasses, herbeux – A proximité : – Location *(avril-sept.)* :
mai-15 sept. – **R** *conseillée* – *piscine comprise 3 pers. 142, pers. suppl. 30 25 (6A) 30 (10A)*

Côte de Beauté « Entrée fleurie », 05 46 23 20 59, Fax 05 46 23 37 32, NO : 2,5 km, à 50 m de la mer
1,7 ha (115 empl.) plat, herbeux – A proximité :
juin-10 sept. – **R** *conseillée – Tarif 97 : 1 à 3 pers. 92, pers. suppl. 18 20 (3A)*

ST-PAL-DE-CHALENCON

11 - 76 ⑦ G. Vallée du Rhône

Paris 537 – Ambert 39 – Craponne-sur-Arzon 13 – Montbrison 43 – St-Bonnet-le-Château 15 – St-Étienne 47

43500 H.-Loire – 1 029 h. alt. 870

Municipal Sainte-Reine ←, 04 71 61 33 87, sortie Est par D 12 rte de Bas-en-Basset et à droite, à la piscine
0,45 ha (26 empl.) (juil.-août) plat, terrasses, herbeux
avril-oct. – **R** *conseillée juil.-août – 10 12 11 (2 ou 4A) 15 (6A)*

ST-PANTALÉON

14 - 79 ⑰

Paris 602 – Cahors 21 – Castelnau-Montratier 16 – Montaigu-de-Quercy 30 – Montcuq 6 – Tournon-d'Agenais 27

46800 Lot – 160 h. alt. 269

Les Arcades « Belle restauration d'un moulin », 05 65 22 92 27, Fax 05 65 31 98 89, E : 4,5 km sur D 653 rte de Cahors, au lieu-dit St-Martial, bord de la Barguelonnette
12 ha/2,6 campables (80 empl.) plat, herbeux, pierreux, petit étang
mai-sept. – **R** *conseillée 14 juil.-15 août – 20 piscine comprise 45 16 (6A)*

ST-PANTALÉON-DE-LAPLEAU

10 - 76 ①

Paris 479 – Égletons 26 – Mauriac 24 – Meymac 42 – Neuvic 12 – Ussel 33

19160 Corrèze – 65 h. alt. 600

Municipal les Combes, 05 55 27 56 90, sortie Nord par D 55, rte de Lamazière-Basse
0,7 ha (30 empl.) peu incliné, herbeux – A l'entrée :
Permanent – **R** *conseillée juil.-août – 11 11 11 (16A)*

ST-PARDOUX

10 - 72 ⑦

Paris 366 – Bellac 24 – Limoges 35 – St-Junien 39 – La Souterraine 30

87250 H.-Vienne – 482 h. alt. 370

Le Freaudour ← « Situation agréable », 05 55 76 57 22, S : 1,2 km, bord du lac de St-Pardoux, à la Base de Loisirs – dans locations
5 ha/3,5 campables (200 empl.) peu incliné, herbeux (0,3 ha) – A proximité : (plage) – Location *(permanent)* : gîtes
6 juin-14 sept. – **R** *conseillée* – *piscine comprise 2 pers. 101, pers. suppl. 26 14 (6A)*

ST-PARDOUX-CORBIER

10 - 75 ⑧

Paris 447 - Arnac-Pompadour 8 - Brive-la-Gaillarde 43 - St-Yrieix-la-Perche 26 - Tulle 42 - Uzerche 12

19210 Corrèze - 374 h. alt. 404

Municipal du Plan d'Eau, 05 55 73 69 49, sortie Est par D 50, rte de Vigeois et chemin à droite, près d'un étang
1 ha (40 empl.) en terrasses, pierreux, gravillons, herbeux - A l'entrée :
juin-sept. - *8* *9/13* *8*

ST-PAUL

17 - 81 ⑧ G. Alpes du Sud

Paris 746 - Barcelonnette 23 - Briançon 66 - Guillestre 29

04530 Alpes-de-H.-Pr. - 198 h. alt. 1 470

Municipal Bel Iscle « Situation agréable », 04 92 84 32 05, au Nord-Est du bourg, par D 25 et chemin à droite, bord de l'Ubaye
1 ha (70 empl.) plat, peu accidenté, pierreux, herbeux, - - A proximité : snack
15 juin-15 sept. - **R** *conseillée 1er au 15 août* - - *Tarif 97 : 18 17 17 15 (3A) 25 (6A)*

ST-PAUL-DE-VARAX

12 - 74 ② G. Vallée du Rhône

Paris 437 - Bourg-en-Bresse 17 - Châtillon-sur-Chalaronne 17 - Pont-d'Ain 26 - Villars-les-Dombes 15

01240 Ain - 1 081 h. alt. 240

Municipal Étang du Moulin « Dans un site agréable », 04 74 42 53 30, à la Base de Plein Air, SE : 2 km par D 70B rte de St-Nizier-le-Désert puis 1,5 km par rte à gauche, près d'un étang
34 ha/4 campables (182 empl.) plat, herbeux, bois attenant - - (beau plan d'eau avec toboggan aquatique) - Location :
mai-15 sept. - **R** *conseillée* - - *22,10* *47,20 avec élect. (5A)*

ST-PAUL-DE-VÉZELIN

11 - 73 ⑦

Paris 500 - Boën 19 - Feurs 29 - Roanne 27 - St-Just-en-Chevalet 29 - Tarare 42

42590 Loire - 308 h. alt. 431

Arpheuilles « Belle situation dans les gorges de la Loire », 04 77 63 43 43, N : 4 km, à Port Piset, près du fleuve (plan d'eau) - Croisement peu facile pour caravanes
3,5 ha (68 empl.) peu incliné, en terrasses, herbeux - -

ST-PAUL-EN-BORN

13 - 78 ④ ⑭

Paris 677 - Castets 53 - Mimizan 7 - Mont-de-Marsan 73 - Parentis-en-Born 18

40200 Landes - 597 h. alt. 12

Lou Talucat, 05 58 07 44 16, vers sortie Est rte de Pontenx-les-Forges et 1 km par chemin à gauche, bord d'un ruisseau
3,3 ha (142 empl.) plat, herbeux, sablonneux (1,5 ha) - - (bassin) - Location :
15 avril-sept. - **R** *conseillée* - - *2 pers. 78* *15 (5 à 10A)*

ST-PAUL-EN-FORÊT

17 - 84 ⑦ ⑧

Paris 887 - Cannes 44 - Draguignan 30 - Fayence 10 - Fréjus 24 - Grasse 31

83440 Var - 812 h. alt. 310

Le Parc « Cadre agréable », 04 94 76 15 35, Fax 04 94 84 71 84, N : 3 km par D 4 rte de Fayence puis chemin à droite
3 ha (114 empl.) accidenté et en terrasses, pierreux, herbeux - snack - - Location :
avril-oct. - **R** *conseillée saison* - - *26 piscine comprise* *33* *16 (10A)*

ST-PAULIEN

11 - 76 ⑦

Paris 535 - La Chaise-Dieu 28 - Craponne-sur-Arzon 25 - Le Puy-en-Velay 14 - St-Étienne 90 - Saugues 44

43350 H.-Loire - 1 872 h. alt. 795.
Office de Tourisme, 34 av. de Ruéssium
04 71 00 50 01

La Rochelambert, 04 71 00 44 43, Fax 04 71 00 52 00, SO : 2,7 km par D 13, rte d'Allègre et D 25 à gauche, rte de Lourdes, près de la Borne (accès direct) - alt. 800
3 ha (100 empl.) plat, herbeux - snack - - A proximité : - Location *(permanent)* : , huttes
avril-oct. - **R** - GB - - *piscine comprise 2 pers. 59, pers. suppl. 16* *15 (4A) 20 (6A) 30 (10A)*

ST-PAUL-TROIS-CHÂTEAUX

16 - 81 ① G. Vallée du Rhône

Paris 629 - Montélimar 27 - Nyons 38 - Orange 32 - Vaison-la-Romaine 34 - Valence 71

26130 Drôme - 6 789 h. alt. 90.
Office de Tourisme, r. République
04 75 96 61 29, Fax 04 75 96 74 61

Municipal de Bellevue, 04 75 04 90 13, O : 1,2 km par D 59, rte de Pierrelatte et à gauche
1 ha (88 empl.) plat, herbeux - - - A proximité :
15 mai-sept. - **R** - *8* *6* *6* *10 (5A) 20 (10A) 30 (15A)*

ST-PÉE-SUR-NIVELLE

13 - 78 ⑫ ⑱ G. Pyrénées Aquitaine

Paris 789 – Bayonne 21 – Biarritz 17 – Cambo-les-Bains 17 – Pau 131 – St-Jean-de-Luz 13

64310 Pyr.-Atl. – 3 463 h. alt. 30.

Office de Tourisme, près de la Poste ✆ 05 59 54 11 69

à Ibarron O : 2 km par D 918 rte de St-Jean-de-Luz – ✉ 64310 Ascain :

Goyetchea « Cadre agréable », ✆ 05 59 54 19 59, N : 0,8 km rte d'Ahetze et à droite
1,7 ha (140 empl.) plat et peu incliné, herbeux
juin-21 sept. – **R** *conseillée* – *piscine comprise 2 pers. 92, pers. suppl. 20* *20 (6A)*

ST-PÈRE

4 - 59 ⑥

Paris 407 – Cancale 14 – Dinard 15 – Dol-de-Bretagne 17 – Rennes 62 – St-Malo 15

35430 I.-et-V. – 1 516 h. alt. 50

Bel Évent, ✆ 02 99 58 83 79, SE : 1,5 km par D 74 rte de Châteauneuf et chemin à droite – dans locations
2,5 ha (96 empl.) plat, herbeux – Location :
mars-nov. – **R** *conseillée* – *piscine comprise 2 pers. 70, pers. suppl. 20* *16 (10A)*

ST-PÈRE-EN-RETZ

9 - 67 ① ②

Paris 431 – Challans 53 – Nantes 45 – Pornic 13 – St-Nazaire 25

44320 Loire-Atl. – 3 250 h. alt. 14

Le Grand Fay, ✆ 02 40 21 77 57, sortie Est par D 78 rte de Frossay puis 0,5 km par rue à droite, près de la salle des sports
1,2 ha (91 empl.) (juil.-août) plat et peu incliné, herbeux – A proximité :
mai-15 sept. – **R** *conseillée 15 juil.-15 août* – *2 pers. 55, pers. suppl. 15* *15*

ST-PÈRE-SUR-LOIRE

6 - 65 ①

Paris 137 – Aubigny-sur-Nère 37 – Châteauneuf-sur-Loire 40 – Gien 25 – Montargis 39 – Orléans 47 – Sully-sur-Loire 1

45600 Loiret – 1 043 h. alt. 115

Caravaning St-Père, ✆ 02 38 36 35 94, à l'Ouest du bourg, sur D 60 rte de Châteauneuf-sur-Loire, près du fleuve
2,7 ha (80 empl.) plat, herbeux, pierreux, gravier
avril-oct. – **R** *conseillée juil.-août* – *13,80* *6,40* *13,20* *9 (3A) 16,90 (6A) 21,30 (10A)*

ST-PÉREUSE

11 - 69 ⑥

Paris 265 – Autun 54 – Château-Chinon 14 – Clamecy 57 – Nevers 56

58110 Nièvre – 260 h. alt. 355

Manoir de Bezolle « Parc », ✆ 03 86 84 42 55, Fax 03 86 84 43 77, SE : sur D 11, à 300 m de la D 978 rte de Château-Chinon
8 ha/5 campables (140 empl.) en terrasses, plat, peu incliné, herbeux, petits étangs (2 ha) – Location :
15 mars-15 oct. – **R** *conseillée juil.-août* – GB – *piscine comprise 2 pers. 118* *25 (6A) et 12 pour 4 ampères supplémentaires*

ST-PHILIBERT

3 - 63 ⑫

Paris 487 – Auray 11 – Locmariaquer 7 – Quiberon 27 – La Trinité-sur-Mer 5

56470 Morbihan – 1 187 h. alt. 15

Schéma à Carnac

Le Chat Noir « Entrée fleurie », ✆ 02 97 55 04 90, N : 1 km
1,7 ha (98 empl.) plat et peu incliné, herbeux – Location :
19 mai-sept. – **R** *conseillée* – GB – *24 piscine comprise* *40* *15 (4 à 10A)*

Au Vieux Logis « Ancienne ferme restaurée et fleurie », ✆ 02 97 55 01 17, Fax 02 97 30 03 91, O : 2 km, à 500 m de la Rivière de Crach (mer) – dans locations
2 ha (92 empl.) plat et peu incliné, herbeux – A proximité : – Location :
4 avril-27 sept. – **R** *conseillée juil.-août* – GB – *2 pers. 82, pers. suppl. 22* *15 (6A)*

Municipal Ker-Arno, ✆ 02 97 55 08 90, S : 0,5 km
3 ha (206 empl.) (saison) plat, herbeux – A proximité :
avril-sept. – **R** – *Tarif 97 :* *16 et 3 pour eau chaude* *14* *13*

ST-PIERRE

8 - 62 ⑨

Paris 495 – Barr 3 – Erstein 19 – Obernai 12 – Sélestat 14 – Strasbourg 39

67140 B.-Rhin – 460 h. alt. 179

Municipal Beau Séjour, ✆ 03 88 08 52 24, au bourg, derrière l'église, bord du Muttlbach
0,6 ha (47 empl.) plat, herbeux –
15 mai-1er oct. – **R** – GB – *tennis compris 2 pers. 58, pers. suppl. 13* *15 (6A)*

ST-PIERRE-D'ALBIGNY

12 - 74 ⑯

Paris 592 - Aix-les-Bains 46 - Albertville 27 - Annecy 51 - Chambéry 29 - Montmélian 13

73250 Savoie - 3 151 h. alt. 410.

Syndicat d'Initiative, Mairie
04 79 28 50 23

C.C.D.F. Le Carouge <, 04 79 28 58 16, S : 2,8 km par D 911 et chemin à gauche, à 300 m de la N 6, bord d'un plan d'eau
1,6 ha (80 empl.) plat, herbeux, pierreux - - A proximité :
13 juin-15 sept. - **R** *conseillée juil.-août - Adhésion obligatoire - - 2 pers. 58, pers. suppl. 14,50 15,50 (6A)*

ST-PIERRE-DE-BOEUF

11 - 77 ①

Paris 509 - Annonay 23 - Lyon 52 - St-Étienne 54 - Tournon-sur-Rhône 45 - Vienne 23

42410 Loire - 1 174 h. alt. 142

Municipal la Lône, 04 74 87 14 24, sortie Nord par N 88, rte de Chavanay et avenue du Rhône, à droite, bord d'un canal et à proximité de la Base Nautique -
1,5 ha (100 empl.) plat, herbeux, pierreux - - (bassin) - A proximité :
Location longue durée - *Places disponibles pour le passage*

ST-PIERRE-DE-CHARTREUSE

12 - 77 ⑤ G. Alpes du Nord

Paris 573 - Belley 63 - Chambéry 38 - Grenoble 27 - La Tour-du-Pin 52 - Voiron 25

38380 Isère - 650 h. alt. 885 -
Sports d'hiver : 900/1 800 m 1 12

Office de Tourisme,
04 76 88 62 08, Fax 04 76 88 68 78

Martinière < « Site agréable », 04 76 88 60 36, Fax 04 76 88 69 10, SO : 3 km par D 512, rte de Grenoble
1,5 ha (100 empl.) non clos, plat et peu incliné, herbeux - - - A proximité :
nov.-avril, 15 mai-20 sept. - **R** *conseillée juil.-août* - GB - - *piscine comprise 2 pers. 72 13 (2A) 17 (3A) 26,50 (6A)*

ST-PIERRE-DE-MAILLÉ

10 - 68 ⑮

Paris 335 - Le Blanc 21 - Châtellerault 32 - Chauvigny 21 - Poitiers 46 - St-Savin 17

86260 Vienne - 959 h. alt. 79

Municipal, 05 49 48 64 11, sortie Nord-Ouest par D 11 rte de Vicq, bord de la Gartempe
1 ha (93 empl.) (saison) plat et peu incliné, herbeux - -
15 avril-15 oct. - *Tarif 97 : 8,50 4,75 7,50 8,50*

ST-PIERRE-DE-TRIVISY

15 - 83 ②

Paris 737 - Albi 37 - Castres 38 - Montredon-Labessonnié 16 - St-Sernin-sur-Rance 36 - Vabre 13

81330 Tarn - 668 h. alt. 650

Municipal la Forêt , 05 63 50 48 69, au bourg
1 ha (48 empl.) peu incliné, en terrasses, herbeux - - - A proximité : - Location : , bungalows toilés
avril-sept. - **R** *conseillée juil.-août* - - *12 12 12 (6A)*

ST-PIERRE-D'OLÉRON 17 Char.-Mar. - 71 ⑬ - voir à Oléron (Ile d')

ST-PIERRE-DU-VAUVRAY

5 - 55 ⑰ G. Normandie Vallée de la Seine

Paris 103 - Les Andelys 17 - Bernay 57 - Lisieux 80 - Mantes-la-Jolie 50 - Rouen 33

27430 Eure - 1 113 h. alt. 20

Le Saint-Pierre, 02 32 61 01 55, au Sud-Est de la localité par rue du Château, à 50 m de la Seine
3 ha (54 empl.) plat, herbeux - - -
Permanent - **R** *conseillée juil., indispensable août - 18 32 14 (5A) 20 (10A)*

ST-PIERRE-LAFEUILLE

14 - 79 ⑧

Paris 570 - Cahors 10 - Catus 14 - Labastide-Murat 23 - St-Cirq-Lapopie 35

46090 Lot - 217 h. alt. 350

Quercy-Vacances , 05 65 36 87 15, NE : 1,5 km par N 20, rte de Brive et chemin à gauche
3 ha (80 empl.) peu incliné et plat, herbeux - -
mai-sept. - **R** *juil.-août* - GB - - *piscine comprise 2 pers. 95, pers. suppl. 26 16 (6A) 26 (10A)*

Les Graves <, 05 65 36 83 12, sortie Nord-Est par N 20, rte de Brive
1 ha (20 empl.) peu incliné à incliné, herbeux - -
avril-15 oct. - **R** - - *20 piscine comprise 25 10 (3A) 15 (5A)*

ST-PIERRE-QUIBERON 56 Morbihan - 63 ⑪ ⑫ - voir à Quiberon (Presqu'île de)

ST-POINT-LAC

12 - 70 ⑥ G. Jura

Paris 454 - Champagnole 39 - Pontarlier 12 - St-Laurent-en-Grandvaux 44 - Salins-les-Bains 46 - Yverdon-les-Bains 43

25160 Doubs - 134 h. alt. 860

Municipal ≤, ✆ 03 81 69 61 64, au bourg, près du lac
1 ha (84 empl.) plat, herbeux, gravillons - A proximité :
mai-sept. - **R** *indispensable 15 juil.-15 août* - GB - *Tarif 97 : 1 ou 2 pers. 50 (80 avec élect. 10A), pers. suppl. 15*

ST-POL-DE-LÉON

8 - 58 ⑥ G. Bretagne

Paris 556 - Brest 60 - Brignogan-Plages 30 - Morlaix 19 - Roscoff 5

29250 Finistère - 7 261 h. alt. 60.
Office de Tourisme, pl. de l'Évêché
✆ 02 98 69 05 69, Fax 02 98 69 01 20

Ar Kleguer ≤ « Situation agréable », ✆ 02 98 69 18 81, Fax 02 98 29 12 84, à l'Est de la ville, rte de Ste-Anne, près de la plage
3 ha (110 empl.) (juil.-août) plat, peu incliné, accidenté, herbeux, rochers - toboggan aquatique, terrain omnisports - Location : - Garage pour caravanes
avril-sept. - **R** *conseillée 15 juil.-15 août* - *24 piscine comprise 10 35 17 (5A)*

Le Trologot, ✆ 02 98 69 06 26, Fax 02 98 29 18 30, à l'Est de la ville, rte de l'îlot St-Anne, près de la plage
2 ha (100 empl.) plat, herbeux - A proximité : - Location *(Pâques-fin sept.)* :
15 mai-sept. - **R** *conseillée* - *19 8 20 14 (6A)*

ST-PONS-DE-THOMIÈRES

15 - 83 ⑬ G. Gorges du Tarn

Paris 755 - Béziers 53 - Carcassonne 65 - Castres 53 - Lodève 73 - Narbonne 52

34220 Hérault - 2 566 h. alt. 301

Aire Naturelle la Borio de Roque ≤ « Dans un site agréable », ✆ 04 67 97 10 97, Fax 04 67 97 21 61, NO : 3,9 km par D 907, rte de la Salvetat-sur-Agout, puis à droite, 1,2 km par chemin empierré, bord d'un ruisseau
1,5 ha (25 empl.) en terrasses, herbeux - Location *(permanent)* : gîtes
15 mai-sept. - **R** *indispensable 20 juin-15 août* - *17 piscine comprise 8 34 12 (10A)*

ST-PONS-LES-MÛRES **83** Var - 84 ⑰ - rattaché à Grimaud

ST-POURÇAIN-SUR-SIOULE

11 - 69 ⑭ G. Auvergne

Paris 322 - Montluçon 63 - Moulins 32 - Riom 51 - Roanne 79 - Vichy 28

03500 Allier - 5 159 h. alt. 234.
Office de Tourisme, 35 bd L.-Rollin
✆ 04 70 45 32 73, Fax 04 70 45 60 27

Municipal de l'Ile de la Ronde « Cadre agréable », ✆ 04 70 45 45 43, quai de la Ronde, bord de la Sioule -
1,5 ha (50 empl.) plat, herbeux -
juin-15 sept. - **R** *conseillée juil.-août* - *Tarif 97 : 11 7 11/21 13*

ST-PRIEST-DES-CHAMPS

11 - 73 ③

Paris 383 - Clermont-Ferrand 48 - Pionsat 19 - Pontgibaud 32 - Riom 45 - St-Gervais-d'Auvergne 9

63640 P.-de-D. - 662 h. alt. 650

Municipal, au bourg, face à la mairie
0,2 ha (12 empl.) plat, peu incliné, herbeux -
15 juin-15 sept. - **R** - *6,30 7,60 8,40 (5A)*

ST-PRIM

11 - 74 ⑪

Paris 504 - Annonay 33 - Givors 29 - Grenoble 93 - Rive-de-Gier 27 - Valence 64 - Vienne 16

38370 Isère - 733 h. alt. 235

Le Bois des Sources « Cadre boisé », ✆ 04 74 84 95 11, SE : 2,5 km par D 37 rte d'Auberives et chemin à droite - Accès conseillé par N 7 et D 37
4,5 ha (100 empl.) plat, herbeux, pierreux - pizzeria, snack -
avril-oct. - **R** *conseillée* - GB - *17 piscine comprise 40/50 avec élect. (3A) 10 (6A) 15 (10A)*

ST-PRIVAT **07** Ardèche - 76 ⑲ - rattaché à Aubenas

ST-PRIVAT-D'ALLIER

11 - 76 ⑯

Paris 538 - Brioude 54 - Cayres 21 - Langogne 51 - Le Puy-en-Velay 23 - St-Chély-d'Apcher 63

43580 H.-Loire - 430 h. alt. 875

Municipal ≤, au Nord du bourg
0,5 ha (19 empl.) peu incliné et en terrasses, herbeux, pierreux - A proximité :
mai-oct. - **R** - *15 5 7 (10A)*

ST-QUENTIN-EN-TOURMONT

1 - 51 ⑪

Paris 214 – Abbeville 29 – Amiens 80 – Berck-sur-Mer 24 – Le Crotoy 9 – Hesdin 41

80120 Somme – 309 h.

Les Crocs, ✆ 03 22 25 73 33, S : 1 km par D 204, rte de Rue et à droite
1,4 ha (100 empl.) plat, herbeux – avril-Toussaint – Location longue durée – *Places limitées pour le passage –* **R** *conseillée – – 13 6 14 12 (3A) 14 (5A) 15 (6A)*

ST-RAPHAËL

17 - 84 ⑧ G. Côte d'Azur

Paris 872 – Aix-en-Provence 120 – Cannes 40 – Fréjus 3 – Toulon 96

83700 Var – 26 616 h. alt. 6.
Office de Tourisme, r. W.-Rousseau
✆ 04 94 19 52 52, Fax 04 94 83 85 40

Schéma à Fréjus

Douce Quiétude, réservé aux caravanes « Cadre agréable », ✆ 04 94 44 30 00, Fax 04 94 44 30 30, sortie Nord-Est vers Valescure puis 3 km par bd Jacques-Baudino
10 ha (400 empl.) plat, peu incliné, en terrasses, herbeux, pierreux – pizzeria – salle de musculation, discothèque – Location *(28 mars-26 sept.)* :
4 avril-sept. – **R** *conseillée* – GB – – *élect. (6A) et piscine comprises 3 pers. 205, pers. suppl. 35*

ST-REMÈZE

07 Ardèche – 80 ⑨ – voir à Ardèche (Gorges de l')

ST-RÉMY

9 - 75 ⑬

Paris 545 – Bergerac 32 – Libourne 48 – Montpon-Ménestérol 10 – Ste-Foy-la-Grande 16

24700 Dordogne – 358 h. alt. 80

La Tuilière, ✆ 05 53 82 47 29, NO : 2,7 km par D 708, rte de Montpon-Ménesterol, bord d'un étang
8 ha (66 empl.) (saison) peu incliné, plat, herbeux – – Location :
15 avril-15 sept. – **R** *conseillée juil.-août* – GB – – *20 piscine et tennis compris 26 12,50 (3A) 15 (5A) 20 (10A)*

ST-RÉMY-DE-PROVENCE

16 - 81 ⑫ G. Provence

Paris 703 – Arles 25 – Avignon 19 – Marseille 91 – Nîmes 43 – Salon-de-Provence 39

13210 B.-du-R. – 9 340 h. alt. 59.
Office de Tourisme, pl. J.-Jaurès
✆ 04 90 92 05 22, Fax 04 90 92 38 52

Municipal Mas de Nicolas ≤, ✆ 04 90 92 27 05, Fax 04 90 92 36 83, sortie Nord rte d'Avignon puis 1 km par D 99 (déviation) rte de Cavaillon, à droite et rue Théodore Aubanel à gauche
4 ha (140 empl.) plat, peu incliné, herbeux, pierreux – – – A l'entrée : salle de musculation
15 mars-15 oct. – **R** *conseillée* – GB – *Tarif 97 : piscine comprise 2 pers. 85 19 (6A)*

Pégomas, ✆ 04 90 92 01 21, Fax 04 90 92 56 17, sortie Est par D 99^A rte de Cavaillon et à gauche, à l'intersection du chemin de Pégomas et av. Jean-Moulin (vers D 30, rte de Noves)
2 ha (105 empl.) plat, herbeux – cases réfrigérées – – A proximité : – Location :
mars-oct. – **R** – – *30 piscine comprise 30 17 (5A)*

Monplaisir , ✆ 04 90 92 22 70, Fax 04 90 92 18 57, NO : 0,8 km par D 5 rte de Maillane et chemin à gauche
2,8 ha (130 empl.) plat, herbeux, pierreux – – – A proximité :
mars-15 nov. – **R** *conseillée* – GB – – *Tarif 97 : 2 pers. 57 13,50 (6A)*

ST-RÉMY-SUR-AVRE

5 - 60 ⑦

Paris 91 – Dreux 12 – Évreux 32 – Verneuil-sur-Avre 25

28380 E.-et-L. – 3 568 h. alt. 98

Municipal du Pré de l'Église, ✆ 02 37 48 93 87, au bourg, bord de l'Avre
0,7 ha (45 empl.) plat, herbeux – – – A proximité :

ST-RÉMY-SUR-DUROLLE

11 - 73 ⑥ G. Auvergne

Paris 457 – Chabreloche 13 – Clermont-Ferrand 49 – Thiers 7

63550 P.-de-D. – 2 033 h. alt. 620

Municipal les Chanterelles ≤ « Situation agréable », ✆ 04 73 94 31 71, NE : 3 km par D 201 et chemin à droite, à proximité d'un plan d'eau
5 ha (150 empl.) incliné et en terrasses, herbeux – – – – A proximité : au plan d'eau : squash
mai-sept. – **R** *conseillée* – – *Tarif 97 : 15 7,50 7,50/9,50 17 (5A)*

ST-RENAN

3 - 58 ③

Paris 603 – Brest 13 – Brignogan-Plages 42 – Ploudalmézeau 13

29290 Finistère – 6 576 h. alt. 50.
Office de Tourisme, 22 r. Saint-Yves
✆ et Fax 02 98 84 23 78

Municipal de Lokournan , ✆ 02 98 84 37 67, sortie Nord-Ouest par D 27 et chemin à droite, près du stade et d'un petit lac
0,8 ha (36 empl.) plat, sablonneux, herbeux – – – A proximité :
juin-15 sept. – **R** *conseillée* – – *Tarif 97 : 12,85 10 13,90 (6A)*

ST-RÉVÉREND

9 - 67 ⑫

Paris 459 - Aizenay 20 - Challans 20 - La Roche-sur-Yon 37 - Les Sables-d'Olonne 27 - St-Gilles-Croix-de-Vie 10

85220 Vendée - 812 h. alt. 19

Municipal du Pont Rouge, ✆ 02 51 54 68 50, sortie Sud par D 94, bord d'un ruisseau
2,2 ha (25 empl.) plat et peu incliné, herbeux
juil.-août - **R** - *Tarif 97 : élect. et piscine comprises 3 pers. 85, pers. suppl. 20*

ST-ROMAIN-DE-BENET

9 - 71 ⑮ **G. Poitou Vendée Charentes**

Paris 485 - Bordeaux 132 - Marennes 28 - Rochefort 37 - La Rochelle 74 - Royan 18 - Saintes 18

17600 Char.-Mar. - 1 244 h. alt. 34

Aire Naturelle les Baslilles, ✆ 05 46 02 01 09, au bourg, près de l'église
1 ha (17 empl.) peu incliné et plat, herbeux
30 juin-sept. - *1 à 3 pers. 40, pers. suppl. 10* *15*

ST-ROME-DE-TARN

15 - 80 ⑬

Paris 661 - Millau 19 - Pont-de-Salars 41 - Rodez 66 - St-Affrique 15 - St-Beauzély 19

12490 Aveyron - 676 h. alt. 360

La Cascade <, ✆ 05 65 62 56 59, Fax 05 65 62 58 62, N : 0,3 km par D 993, rte de Rodez, bord du Tarn
3 ha (59 empl.) en terrasses, peu incliné, herbeux (1 ha) - salle d'animation - Location : bungalows toilés
avril-sept. - **R** *conseillée juil.-août* - *Tarif 97 : piscine et tennis compris 2 pers. 95/115 avec élect., pers. suppl. 26*

ST-SALVADOUR

10 - 75 ⑨

Paris 468 - Aubusson 90 - Brive-la-Gaillarde 39 - Limoges 79 - Tulle 19 - Uzerche 22

19700 Corrèze - 292 h. alt. 460

Municipal, S : 0,7 km par D 173E, rte de Vimbelle et chemin à droite, bord d'un plan d'eau
0,6 ha (25 empl.) plat et terrasse, herbeux
mai-sept. - **R** - *8* *8/12* *10*

ST-SAMSON-SUR-RANCE **22** C.-d'Armor - 59 ⑤ ⑥ - rattaché à Dinan

ST-SARDOS

14 - 82 ⑦

Paris 665 - Beaumont-de-Lomagne 13 - Castelsarrasin 20 - Grisolles 21 - Montauban 25 - Verdun-sur-Garonne 12

82600 T.-et-G. - 563 h. alt. 148

Municipal la Tonere, ✆ 05 63 02 63 78, sortie Nord-Est par D 55ter, rte de Bourret, à 100 m du lac de Boulet et de la Base de Loisirs (accès direct)
2 ha (65 empl.) en terrasses, plat, pierreux - A proximité : toboggan aquatique, snack
15 juin-15 sept. - **R** - *10* *12* *8 (3A) 12 (6A)*

ST-SAUD-LACOUSSIÈRE

10 - 72 ⑯

Paris 444 - Brive-la-Gaillarde 100 - Châlus 22 - Limoges 54 - Nontron 15 - Périgueux 57

24470 Dordogne - 951 h. alt. 370

Château Le Verdoyer < « Cadre et site agréables », ✆ 05 53 56 94 64, Fax 05 53 56 38 70 ✉ 24470 Champs-Romain, NO : 2,5 km par D 79, rte de Nontron et D 96, rte d'Abjat-sur-Bandiat, près d'étangs - dans locations
15 ha/5 campables (150 empl.) peu incliné et en terrasses, herbeux, pierreux (dîner seulement) cases réfrigérées - A proximité : - Location :
mai-sept. - **R** *conseillée juil.-août* - GB - *34 piscine comprise* *49* *16 (5A) 28 (10A)*

ST-SAUVEUR-DE-CRUZIÈRES

16 - 80 ⑧

Paris 676 - Alès 29 - Barjac 9 - Privas 79 - St-Ambroix 9 - Vallon-Pont-d'Arc 22

07460 Ardèche - 441 h. alt. 150

La Claysse, ✆ 04 75 39 30 61, au Nord-Ouest du bourg, bord de la rivière - juil.-août dans locations
5 ha/1 campable (60 empl.) (juil.-août) plat et terrasses, herbeux - Location :
Pâques-fin sept. - **R** *indispensable juil.-août* - *piscine comprise 2 pers. 65* *15 (6A)*

ST-SAUVEUR-DE-MONTAGUT

16 - 76 ⑲

Paris 599 - Le Cheylard 24 - Lamastre 34 - Privas 23 - Valence 38

07190 Ardèche - 1 396 h. alt. 218

L'Ardéchois <, ✆ 04 75 66 61 87, Fax 04 75 66 63 67, O : 8,5 km par D102, rte d'Albon, bord de la Glueyre
37 ha/5 campables (107 empl.) en terrasses, herbeux mur d'escalade - Location :
11 avril-20 sept. - **R** *conseillée juil.-août* - GB - *piscine comprise 2 pers. 106, pers. suppl. 20* *18 (6A)*

ST-SAUVEUR-EN-RUE

11 - 76 ⑨

Paris 542 - Annonay 22 - Condrieu 39 - Montfaucon-en-Velay 24 - St-Étienne 27 - Vienne 51

42220 Loire - 1 053 h. alt. 780

Municipal des Régnières ≤, ☎ 04 77 39 24 71, SO : 0,8 km par D 503 rte de Monfaucon, près de la Deôme
1 ha (40 empl.) (saison) en terrasses, plat, herbeux, pierreux - (bassin) - A proximité :
avril-oct. - Location longue durée - *Places disponibles pour le passage* - **R** - - *Tarif 97 : 14,50 15/17,50 10*

ST-SAUVEUR-LE-VICOMTE

4 - 54 ② G. Normandie Cotentin

Paris 332 - Barneville-Carteret 19 - Cherbourg 36 - St-Lô 57 - Valognes 15

50390 Manche - 2 257 h. alt. 30

Municipal du Vieux Château, ☎ 02 33 41 72 04, au bourg, entre le château et le pont, bord de la Douve
1 ha (57 empl.) (juil.-août) plat, herbeux - -
A proximité :
juin-15 sept. - **R** - - *17 23 11 (6A)*

ST-SAUVEUR-SUR-TINÉE

17 - 81 ⑩ ⑳ G. Alpes du Sud

Paris 822 - Auron 30 - Guillaumes 43 - Isola 2000 28 - Puget-Théniers 52 - St-Étienne-de-Tinée 29

06420 Alpes-Mar. - 337 h. alt. 500

Municipal ≤, ☎ 04 93 02 03 20, N : 0,8 km sur D 30 rte de Roubion, avant le pont, bord de la Tinée - Chemin piétons direct pour rejoindre le village - (tentes)
0,37 ha (20 empl.) plat et terrasses, pierreux, gravillons - -
15 juin-15 sept. - **R** *conseillée* - *1 pers. 30/34, pers. suppl. 16 18*

ST-SAVIN

10 - 68 ⑮ G. Poitou Vendée Charentes

Paris 346 - Le Blanc 18 - Poitiers 43

86310 Vienne - 1 089 h. alt. 76

Municipal du Moulin de la Gassotte, ☎ 05 49 48 18 02, vers sortie Nord par D 11, rte de St-Pierre-de-Maillé, bord de la Gartempe
1,5 ha (50 empl.) plat, herbeux - - - A proximité :
- Location *(permanent)* : (gîte d'étape)
20 mai-15 sept. - - - *Tarif 97 : 8,75 6 5,30/7,45 12,05*

ST-SAVINIEN

9 - 71 ④ G. Poitou Vendée Charentes

Paris 457 - Rochefort 28 - La Rochelle 62 - St-Jean-d'Angély 15 - Saintes 16 - Surgères 30

17350 Char.-Mar. - 2 340 h. alt. 18

La Grenouillette, ☎ 05 46 90 35 11, O : 0,5 km par D 18 rte de Pont-l'Abbé-d'Arnoult, entre la Charente et le canal, à 200 m d'un plan d'eau
1,8 ha (67 empl.) plat, herbeux - - parcours sportif -
A l'entrée : - A proximité : toboggan aquatique
juin-15 sept. - **R** *conseillée* - - *Tarif 97 : 2 pers. 48, pers. suppl. 15*

ST-SERNIN

14 - 75 ⑬ ⑭

Paris 576 - Agen 97 - Bergerac 31 - Duras 8 - Marmande 30 - Ste-Foy-la-Grande 17

47120 L.-et-G. - 340 h. alt. 120

Lac de Castelgaillard ≤ « Site agréable », ☎ 05 53 94 78 74, Fax 05 53 94 77 63, SO : 2,5 km par D 311 et rte à gauche, à la Base de Loisirs, bord du lac
55 ha/2 campables (83 empl.) peu incliné et en terrasses, herbeux, pierreux - snack - toboggans aquatiques, parcours de santé
avril-sept. - **R** *conseillée* - - *17 19,90 16 (10A)*

Aire Naturelle le Moulin de la Borie Neuve, ☎ 05 53 94 76 57, à 2,5 km au Nord du bourg, accès conseillé par D 708, rte de Ste-Foy-la-Grande et D 244 à droite, bord de la Dourdèze
1 ha (25 empl.) plat, herbeux -
15 avril-15 oct. - **R** - - *13 15 12 (8A)*

ST-SEURIN-DE-PRATS

9 - 75 ⑬

Paris 552 - Bergerac 36 - Duras 22 - Libourne 29 - Montpon-Ménestérol 27

24230 Dordogne - 491 h. alt. 20

La Plage, ☎ 05 53 58 61 07, Fax 05 53 58 62 67, S : 0,7 km par D 11, bord de la Dordogne (rive droite)
5 ha (70 empl.) plat et peu incliné, herbeux - snack - - Location : , studios
mai-27 sept. - **R** *saison* - - *20 piscine comprise 60 20 (6A)*

ST-SEURIN D'UZET

9 - 71 ⑯

Paris 512 - Blaye 60 - La Rochelle 98 - Royan 24 - Saintes 38

17 Char.-Mar. - ✉ 17120 Cozes

Municipal, ☎ 05 46 90 67 23, au bourg, près de l'église, bord d'un chenal
1 ha (55 empl.) (juil.-août) plat, herbeux -
juin-sept. - **R** *conseillée* - - *Tarif 97 : 2 pers. 31, pers. suppl. 10 12*

ST-SEVER

Paris 727 – Aire-sur-l'Adour 32 – Dax 50 – Mont-de-Marsan 17 – Orthez 36 – Pau 67

40500 Landes – 4 536 h. alt. 102.
Office de Tourisme, pl. Tour-du-Sol 05 58 76 34 64,
Fax (Mairie) 05 58 76 00 10

Municipal les Rives de l'Adour, 05 [illegible] D 933, rte de Mont-de-Marsan et chemin à droite, [illegible] l'Adour
2 ha (100 empl.) plat, herbeux – [illegible]
juil.-août – **R** – *9,50 tennis compris 5,10 4,70* [illegible]

ST-SORNIN

9 – 71 ⑭ **G. Poitou Vendée Charentes**

Paris 495 – Marennes 12 – Rochefort 25 – La Rochelle 62 – Royan 20 – Saintes 28

17600 Char.-Mar. – 322 h. alt. 16

Le Valerick, 05 46 85 15 95, NE : 1,3 km par D 118, rte de Pont-l'Abbé
1,5 ha (50 empl.) plat, incliné, herbeux –
avril-sept. – **R** *conseillée juil.-août* – – *3 pers. 53, pers. suppl. 15* *13 (4A) 16 (6A)*

ST-SORNIN-LAVOLPS

10 – 75 ⑧

Paris 451 – Arnac-Pompadour 3 – Brive-la-Gaillarde 42 – St-Yrieix-la-Perche 24 – Tulle 48 – Uzerche 25

19230 Corrèze – 946 h. alt. 400

Municipal, 05 55 73 38 95, au bourg, derrière l'église et près d'un étang
1 ha (45 empl.) en terrasses, plat, herbeux – – A proximité : – Location : huttes
mai-oct. – **R** – *12 tennis compris et 7,50 pour eau chaude* *9,50/20 avec élect.*

ST-SULPICE

15 – 79 ⑨ **G. Périgord Quercy**

Paris 568 – Cajare 15 – Cahors 50 – Figeac 30 – Livernon 11

46160 Lot – 126 h. alt. 300

Municipal, au Sud du bourg, bord du Célé
1 ha (80 empl.) (juil.-août) plat, herbeux –
15 mars-15 oct. – **R** – – *Tarif 97 : 12 12 11 (4A)*

ST-SULPICE-LES-FEUILLES

10 – 68 ⑰

Paris 336 – Argenton-sur-Creuse 37 – Limoges 61 – Magnac-Laval 23 – Montmorillon 43

87160 H.-Vienne – 1 422 h. alt. 289

Municipal du Mondelet, 05 55 76 77 45, sortie Sud, par D 84, rte d'Arnac-la-Poste
0,6 ha (30 empl.) plat, peu incliné, herbeux –
avril-oct. – **R** – – *9 tennis compris* *11* *15 (15A)*

ST-SYLVESTRE-SUR-LOT

14 – 79 ⑤ ⑥

Paris 601 – Agen 36 – Bergerac 66 – Bordeaux 152 – Cahors 65

47140 L.-et-G. – 2 040 h. alt. 65

Aire Naturelle le Sablon, 05 53 41 37 74, sortie Ouest par D 911, rte de Villeneuve-sur-Lot et 0,8 km par chemin à gauche, bord d'un étang
1,5 ha (25 empl.) plat, herbeux (0,7 ha) –
Permanent – **R** *conseillée* – – *10* *10* *10 (6A) 14 (10A)*

Municipal les Berges du Lot, 05 53 41 22 23, dans le bourg, derrière la mairie, près du Lot
0,4 ha (24 empl.) plat, herbeux – – (bassin) – A proximité :
juin-sept. – **R** *conseillée* – – *12* *16* *10 (16A)*

ST-SYMPHORIEN-DE-THÉNIÈRES

15 – 76 ⑬

Paris 588 – Chaudes-Aigues 42 – Entraygues-sur-Truyère 26 – Espalion 33 – Laguiole 15 – Rodez 64

12460 Aveyron – 251 h. alt. 800

Municipal St-Gervais, 05 65 44 82 43, **à St-Gervais,** O : 5 km par D 504, près d'un plan d'eau et à proximité d'un lac
1 ha (41 empl.) peu incliné et en terrasses, plat, herbeux – – – A proximité : snack
avril-1er nov. – **R** *conseillée* – – *Tarif 97 : élect. comprise 1 ou 2 pers. 65, pers. suppl. 20*

ST-SYMPHORIEN-LE-VALOIS

4 – 54 ⑫

Paris 331 – Barneville-Carteret 19 – Carentan 24 – Cherbourg 47 – Coutances 31 – St-Lô 46

50250 Manche – 600 h. alt. 35

L'Étang des Haizes, 02 33 46 01 16, Fax 02 33 47 23 80, au Nord du bourg par D 900 et chemin à gauche, bord d'un étang
3,5 ha (98 empl.) plat, herbeux – snack – (bassin) toboggan aquatique – Location :
avril-oct. – **R** – – *30* *45* *25 (6A)*

…RIEN-SUR-COISE

11 - 73 ⑲ G. Vallée du Rhône

… - Andrézieux-Bouthéon 28 - L'Arbresle 37 - Feurs 30 - Lyon 42 - St-Étienne 34

…9590 Rhône - 3 211 h. alt. 558

Intercommunal Centre de Loisirs de Hurongues « Cadre agréable », 04 78 48 44 29, O : 3,5 km par D 2 rte de Chazelles-sur-Lyon, à 400 m d'un plan d'eau
3,6 ha (120 empl.) peu incliné et en terrasses, pierreux - - A proximité : parcours sportif (découverte l'été)
4 avril-4 oct. - **R** *conseillée* - *Tarif 97 : 18 18 18 (8A)*

ST-THÉOFFREY

12 - 77 ⑤

Paris 597 - Le Bourg-d'Oisans 43 - Grenoble 32 - La Mure 34 - Villars-de-Lans 59

38119 Isère - 279 h. alt. 936

Les Mouettes <, 04 76 83 02 49, SE : 2,8 km par N 85, rte de la Mure et D 115 à gauche, au lieu-dit les Théneaux, près du lac Petichet - alt. 1 000
1,5 ha (50 empl.) plat, peu incliné à incliné, herbeux -
juil.-25 août - **R** *conseillée* - *2 pers. 53, pers. suppl. 16,50 13 (4A) 15 (6A)*

ST-THOMÉ

16 - 80 ⑩ G. Vallée du Rhône

Paris 621 - Montélimar 19 - Nyons 54 - Pont-St-Esprit 37 - Privas 44 - Vallon-Pont-d'Arc 32

07220 Ardèche - 285 h. alt. 140

Le Médiéval <, 04 75 52 64 26, N : 1,7 km par D 210, D 107, rte d'Alba-la-Romaine et chemin à gauche, bord de l'Escoutay - Accès difficile en venant d'Alba-la-Romaine, faire demi-tour sur le parking des Crottes
3,3 ha (119 empl.) plat, peu incliné, herbeux - snack - - Location : , studios
Pâques-15 sept. - - *2 pers. 65 16 (3 ou 10A)*

ST-TROJAN-LES-BAINS 17 Char.-Mar. - 71 ⑭ - voir à Oléron (Ile d')

ST-VAAST-LA-HOUGUE

4 - 54 ③ G. Normandie Cotentin

Paris 346 - Carentan 42 - Cherbourg 31 - St-Lô 70 - Valognes 18

50550 Manche - 2 134 h. alt. 4.
Office de Tourisme, quai Vauban
et Fax 02 33 54 41 37

La Gallouette, 02 33 54 20 57, Fax 02 33 54 16 71, au Sud du bourg, à 500 m de la plage
2,3 ha (170 empl.) plat, herbeux - - parcours de santé - Location :
avril-15 oct. - **R** - GB - - *18 22 14 (4A) 21 (6A)*

à Réville N : 3 km - 1 205 h. alt. 12 - 50760 Réville :

Jonville, 02 33 54 48 41, Fax 02 33 54 12 44, SE : 2 km par D 328, à la Pointe de Saire, accès direct à la plage
8 ha (127 empl.) plat, herbeux, sablonneux - - - Location :
avril-sept. - **R** *indispensable août* - GB - - *17 25 16 (6A)*

ST-VALERY-EN-CAUX

1 - 52 ③ G. Normandie Vallée de la Seine

Paris 190 - Bolbec 44 - Dieppe 35 - Fécamp 32 - Rouen 59 - Yvetot 30

76460 S.-Mar. - 4 595 h. alt. 5.
Office de Tourisme,
Maison Henri-IV
02 35 97 00 63, Fax 02 35 97 32 65

Municipal Etennemare, 02 35 97 15 79, au Sud-Ouest de la ville, vers le hameau du bois d'Entennemare
4 ha (116 empl.) plat, peu incliné, herbeux - - - A proximité : parcours sportif - Location :
Permanent - Location longue durée - *Places disponibles pour le passage* - **R** - GB - - *élect. (6A) comprise 2 pers. 73, pers. suppl. 14 10 (10A)*

ST-VALERY-SUR-SOMME

1 - 52 ⑥ G. Flandres Artois Picardie

Paris 202 - Abbeville 18 - Amiens 67 - Blangy-sur-Bresle 37 - Le Tréport 24

80230 Somme - 2 769 h. alt. 27

Domaine du Château de Drancourt « Cadre agréable », 03 22 26 93 45, Fax 03 22 26 85 87, S : 3,5 km par D 48 et rte à gauche après avoir traversé le CD 940
5 ha (225 empl.) plat et peu incliné, herbeux - - practice de golf, poneys
avril-sept. - **R** *conseillée juil.-août* - *30 piscine comprise 14 48 16 (6A)*

Le Picardy, 03 22 60 85 59, Fax 03 22 60 48 44, SE : 2,5 km par D 3, à Pinchefalise
2 ha (90 empl.) plat et peu incliné, herbeux (1 ha) - -
15 mars-oct. - Location longue durée - *Places disponibles pour le passage* - **R** *indispensable juil.-août* - *24 10 17 11 (3A) 22 (6A)*

ST-VALLIER

12 - 77 ① G. Vallée du Rhône

Paris 528 - Annonay 21 - St-Étienne 59 - Tournon-sur-Rhône 16 - Valence 34 - Vienne 40

26240 Drôme - 4 115 h. alt. 135.
Office de Tourisme, Pays Valloire Galaure
04 75 31 27 27

Municipal ⩽, 04 75 23 22 17, Nord par av. de Québec (N7) et chemin à gauche, près du Rhône
1,35 ha (92 empl.) plat, herbeux - A proximité : parcours de santé
15 mars-15 nov. - R - *12* *15* *12 (6A)*

ST-VARENT

9 - 67 ⑱

Paris 339 - Bressuire 24 - Châtellerault 69 - Parthenay 29 - Thouars 12

79330 Deux-Sèvres - 2 557 h. alt. 110

Municipal, NO : 1 km par D 28, près de la piscine
0,5 ha (25 empl.) plat, herbeux - - A proximité :
15 mars-sept. - **R** - *8* *4* *6* *10*

ST-VAURY

10 - 72 ⑨ G. Berry Limousin

Paris 353 - Aigurande 33 - Le Grand-Bourg 18 - Guéret 11 - La Souterraine 26

23320 Creuse - 2 059 h. alt. 450

Municipal la Valette, 05 55 80 29 82, N : 2 km par D 22, rte de Bussière-Dunoise, bord de l'étang
1,6 ha (16 empl.) non clos, plat et terrasses, herbeux -
15 juin-15 sept. - R - *11* *8* *7/8* *10 (6A)*

ST-VICTOR-DE-MALCAP

16 - 80 ⑧

Paris 682 - Alès 25 - Barjac 15 - La Grand-Combe 27 - Lussan 21 - St-Ambroix 5

30500 Gard - 506 h. alt. 140

Domaine de l'Abeiller « Cadre agréable », 04 66 24 15 27, Fax 04 66 24 14 08, SE : 1 km, accès par D 51, rte de St-Jean-de-Maruéjols et chemin à gauche
3 ha (80 empl.) en terrasses, plat, pierreux, herbeux chênaie - snack - toboggan aquatique - A proximité : - Location :
mai-sept. - **R** *conseillée saison* - - *piscine comprise 2 pers. 103, pers. suppl. 19* *18 (6A)*

ST-VINCENT-DE-BARRÈS

16 - 76 ⑳ G. Vallée du Rhône

Paris 595 - Aubenas 47 - Montélimar 18 - Pont-St-Esprit 54 - Privas 16 - Valence 37

07210 Ardèche - 524 h. alt. 200

Le Rieutord , 04 75 65 07 73, SO : 1,6 km par D 322, rte de St-Bauzile et chemin à gauche
1,4 ha (62 empl.) plat et peu incliné, herbeux, pierreux - snack - toboggan aquatique
mai-sept. - **R** *conseillée* - - *piscine et tennis compris 2 pers. 65* *15 (6 ou 10A)*

ST-VINCENT-DE-COSSE

13 - 75 ⑰

Paris 541 - Bergerac 60 - Brive-la-Gaillarde 64 - Fumel 60 - Gourdon 29 - Périgueux 64 - Sarlat-la-Canéda 13

24220 Dordogne - 302 h. alt. 80

Schéma à la Roque-Gageac

Le Tiradou, 05 53 30 30 73, à 0,5 km au Sud-Ouest du bourg, bord d'un ruisseau
2 ha (80 empl.) plat, herbeux (1ha) - -
mai-oct. - **R** *conseillée juil., indispensable août* - - *25 piscine comprise* *30* *12 (3A) 15 (6A)*

ST-VINCENT-LES-FORTS

17 - 81 ⑦

Paris 714 - Barcelonnette 32 - Gap 45 - Le Lauzet-Ubaye 11 - Savines-le-Lac 32 - Seyne 14

04340 Alpes-de-H.-Pr. - 168 h. alt. 1 300

Lou Pibou ⩽ lac de Serre-Ponçon et montagnes, 04 92 85 51 58, NO : 7 km par D 900 et 900B à gauche, rte de Gap puis 2,6 km par D 7 à droite, à proximité du lac - alt. 810
2 ha (60 empl.) non clos, peu incliné à incliné, plat, terrasses, herbeux - pizzeria -
juil.-août - **R** - *12* *5* *12* *11 (3A) 16 (6A)*

ST-VINCENT-SUR-JARD

9 - 67 ⑪ G. Poitou Vendée Charentes

Paris 449 - Challans 64 - Luçon 33 - La Rochelle 68 - La Roche-sur-Yon 34 - Les Sables-d'Olonne 24

85520 Vendée - 658 h. alt. 10
Office de Tourisme, le Bourg
02 51 33 62 06, Fax 02 51 33 01 23

Schéma à Jard-sur-Mer

La Bolée d'Air, 02 51 90 36 05, E : 2 km par D 21 et à droite
5,7 ha (280 empl.) plat, herbeux - - toboggan aquatique - Location : , bungalows toilés
5 avril-25 sept. - **R** *conseillée juil.-août* - GB - - *piscine comprise 2 pers. 125* *20 (6 à 10A)*

ST-VINCENT-SUR-OUST

4 - 63 ⑤

Paris 418 - Ploërmel 42 - Redon 8 - La Roche-Bernard 34 - Vannes 52

56350 Morbihan - 1 112 h. alt. 54

Municipal de Painfaut-Île-aux-Pies, ✆ 02 99 91 37 77, NE : 2,2 km par rte de l'Ile-aux-Pies et chemin à gauche, à 250 m de l'Oust (canal)
1,5 ha (30 empl.) (juil.-août) peu incliné, herbeux, bois attenant
Pâques-Toussaint - **R** - *2 pers. 22 (35 avec élect.), pers. suppl. 8*

ST-YORRE

11 - 73 ⑤ G. Auvergne

Paris 416 - Clermont-Ferrand 52 - Montluçon 104 - Moulins 65 - Roanne 71

03270 Allier - 3 003 h. alt. 275

Municipal la Gravière, ✆ 04 70 59 21 00, sortie Sud-Ouest par D 55E rte de Randan, près de l'Allier avec accès direct (rive gauche)
1,5 ha (80 empl.) plat, herbeux - A proximité :
avril-sept. - **R** *conseillée juil.-août - Tarif 97 : 12,80 15 11,20 (5A)*

ST-YRIEIX-LA-PERCHE

10 - 72 ⑰ G. Berry Limousin

Paris 430 - Brive-la-Gaillarde 63 - Limoges 41 - Périgueux 62 - Rochechouart 51 - Tulle 70

87500 H.-Vienne - 7 558 h. alt. 360.
Office de Tourisme,
58 bd de l'Hôtel-de-Ville
✆ 05 55 08 20 72, Fax 05 55 08 10 05

Municipal d'Arfeuille « Cadre et situation agréables », ✆ 05 55 75 08 75, N : 2,5 km par rte de Limoges et chemin à gauche, bord d'un étang
2 ha (100 empl.) en terrasses, pierreux, herbeux (0,8 ha) - (plage) - A proximité :
juin-15 sept. - **R** *conseillée - Tarif 97 : 17,50 27,50 avec élect.*

ST-YVI

8 - 58 ⑮ G. Bretagne

Paris 553 - Carhaix-Plouguer 55 - Concarneau 12 - Quimper 14 - Rosporden 8

29140 Finistère - 2 386 h. alt. 105

Municipal du Bois de Pleuven « Cadre agréable en forêt », ✆ 02 98 94 70 47, Fax 02 98 94 78 99, SO : 4 km par rte de la Forêt-Fouesnant
12 ha (280 empl.) plat, herbeux, gravier - (avril-sept.) - Location :
Permanent - **R** *conseillée - Tarif 97 : 13 piscine comprise 6 20 14 (10A)*

STE-ANNE-D'AURAY

8 - 63 ② G. Bretagne

Paris 476 - Auray 6 - Hennebont 31 - Locminé 26 - Lorient 41 - Quimperlé 56 - Vannes 16

56400 Morbihan - 1 630 h. alt. 42

Municipal du Motten, ✆ 02 97 57 60 27, SO : 1 km par D 17 rte d'Auray et r. du Parc à droite
1 ha (115 empl.) plat, herbeux -
juin-sept. - **R** *conseillée juil.-août - 9,70 5,20 7,20 12 (6A)*

STE-ANNE-LA-PALUD **29** Finistère - 58 ⑭ - rattaché à Plonévez-Porzay

STE-CATHERINE

11 - 73 ⑲

Paris 489 - Andrézieux-Bouthéon 41 - L'Arbresle 42 - Feurs 43 - Lyon 36 - St-Étienne 39

69440 Rhône - 770 h. alt. 700

Municipal du Châtelard Mont Pilat, ✆ 04 78 81 80 60, S : 2 km - alt. 800
4 ha (61 empl.) en terrasses, herbeux, gravier -
mars-nov. - **R** *conseillée - 11 13 11,50 ou 14*

STE-CATHERINE-DE-FIERBOIS

10 - 64 ⑮ G. Châteaux de la Loire

Paris 263 - Azay-le-Rideau 25 - Chinon 37 - Ligueil 21 - Tours 30

37800 I.-et-L. - 539 h. alt. 114

Parc de Fierbois « Cadre agréable, bois, lac », ✆ 02 47 65 43 35, Fax 02 47 65 53 75, S : 1,2 km
30 ha/12 campables (320 empl.) plat et terrasses, prairie (3 ha) - (dîner seulement) pizzeria cases réfrigérées - (plage) toboggan aquatique, poneys - Location : gîtes
15 mai-14 sept. - **R** *conseillée juil.-août* - GB - *Tarif 97 : piscine comprise 2 pers. 135, 3 pers. 155, pers. suppl. 19 17*

STE-CROIX-DE-VERDON

17 - 81 ⑯

Paris 783 - Brignoles 59 - Castellane 58 - Digne-les-Bains 51 - Draguignan 54 - Manosque 44

04500 Alpes de H.-Pr. - 87 h. alt. 530.
Syndicat d'Initiative, Mairie
✆ 04 92 77 85 29, Fax 04 92 77 76 23

Municipal les Roches « Cadre agréable », ✆ 04 92 77 78 99, 1 km au Nord-Est du bourg, à 50 m du lac de Ste-Croix - Pour les caravanes, le passage par le village est interdit
6 ha (233 empl.) plat et en terrasses, vallonné, accidenté, herbeux, gravillons - cases réfrigérées - A proximité :
avril-15 oct. - **R** *conseillée juil.-août* - GB - *2 pers. 68, pers. suppl. 15 10 (6A), 15 (10 à 16A)*

STE-CROIX-EN-PLAINE

8 - 87 ⑦

Paris 485 – Belfort 76 – Colmar 9 – Freiburg-im-Breisgau 47 – Guebwiller 21 – Mulhouse 36

68127 H.-Rhin – 1 895 h. alt. 192

Clair Vacances M « Entrée fleurie », ✆ 03 89 49 27 28, Fax 03 89 49 21 55, NO : 2,7 km par D 1, rte d'Herrlisheim
4 ha (60 empl.) plat, herbeux – –
9 avril-oct. – **R** – GB – *2 pers. 68 13 (4A) 17 (8A) 25 (13A)*

STE-ÉNIMIE

15 - 80 ⑤ G. Gorges du Tarn

Paris 619 – Florac 27 – Mende 28 – Meyrueis 29 – Millau 58 – Sévérac-le-Château 47 – Le Vigan 78

48210 Lozère – 473 h. alt. 470.
Office de Tourisme, à la Mairie
✆ 04 66 48 53 44, Fax 04 66 48 52 28

Couderc, ✆ 04 66 48 50 53, Fax 04 66 48 58 59, SO : 2 km par D 907 bis, rte de Millau, bord du Tarn
1,5 ha (80 empl.) en terrasses, pierreux, herbeux – –
avril-sept. – **R** *conseillée* – – *20 piscine comprise 16 20 12 (6A)*

Les Fayards, ✆ 04 66 48 57 36, SO : 3 km par D 907 bis, rte de Millau, bord du Tarn
2 ha (90 empl.) (juil.-août) plat, herbeux, pierreux – –
mai-sept. – **R** *conseillée juil.-août* – – *2 pers. 76, pers. suppl. 20 13 (5A)*

Le Site de Castelbouc « Site agréable », ✆ 04 66 48 58 08, SE : 7 km par D 907B, rte d'Ispagnac puis 0,5 km par rte de Castelbouc à droite, bord du Tarn
1 ha (60 empl.) (juil.-août) non clos, plat, peu incliné, herbeux – –
avril-sept. – **R** *conseillée juil.-août* – GB – – *2 pers. 53, pers. suppl. 16 12 (5A)*

STE-EULALIE-EN-BORN

13 - 78 ⑭

Paris 674 – Arcachon 56 – Biscarrosse 94 – Mimizan 11 – Parentis-en-Born 15

40200 Landes – 773 h. alt. 26

Les Bruyères, ✆ 05 58 09 73 36, Fax 05 58 09 75 58, N : 2,5 km par D 652 et rte de Lafont
2,8 ha (145 empl.) plat, sablonneux, herbeux – – – Location :
Pâques-sept. – **R** *conseillée* – GB – – *élect. (6A) et piscine comprises 2 pers. 96, pers. suppl. 20*

Domaine de Labadan, ✆ 05 58 09 71 98, Fax 05 58 09 77 34, S : 2,7 km par D 652 rte de St-Paul-en-Born et rte à droite
3 ha (160 empl.) plat, herbeux, sablonneux (1,5 ha) – snack – – Location , bungalows toilés

STE-LUCE-SUR-LOIRE 44 Loire-Atl. – 67 ③ – rattaché à Nantes

STE-LUCIE-DE-PORTO-VECCHIO 2A Corse-du-Sud – 90 ⑧ – voir à Corse

STE-MARIE

15 - 86 ⑳

Paris 852 – Argelès-sur-Mer 25 – Le Boulou 33 – Perpignan 14 – Rivesaltes 17 – St-Laurent-de-la-Salanque 6

66470 Pyr.-Or. – 2 171 h. alt. 4

Le Lamparo, ✆ 04 68 73 83 87, Fax 04 68 80 69 77, sortie Est vers Ste-Marie-Plage et à droite
2,5 ha (171 empl.) plat, sablonneux, herbeux – snack – half-court – Location : , bungalows toilés
2 mai-13 sept. – **R** *conseillée juil.-août* – GB – – *29 piscine et tennis compris 50 15 (10A)*

à la Plage E : 2 km – ✉ 66470 Ste-Marie :

Municipal de la Plage, ✆ 04 68 80 68 59, Fax 04 68 73 14 70, à 600 m au Nord de la station, à 150 m de la plage, (accès direct)
7 ha (378 empl.) plat, sablonneux – snack – – Location :
mars-oct. – **R** *indispensable juil.-25 août* – GB – – *piscine comprise 2 pers. 98, pers. suppl. 32 16 (6A)*

Le Palais de la Mer, ✆ 04 68 73 07 94, Fax 04 68 73 57 83, à 600 m au Nord de la station, à 150 m de la plage (accès direct)
2,6 ha (181 empl.) plat, sablonneux, herbeux – snack – salle de musculation half-court – Location : , bungalows toilés
20 mai-22 sept. – **R** *conseillée juil.-août* – – *piscine comprise 2 pers. 122, pers. suppl. 31 20 (6A)*

La Pergola, ✆ 04 68 73 03 07, Fax 04 68 73 04 67, av. Frédéric-Mistral, en deux camps distincts, à 500 m de la plage
3,5 ha (181 empl.) plat, herbeux – snack, pizzeria – – A proximité : – Location :
15 mai-sept. – **R** *conseillée août* – GB – – *Tarif 97 : 2 pers. 105 (125 avec élect. 10A), pers. suppl. 28*

STE-MARIE-AUX-MINES

8 - 87 ⑯ G. Alsace Lorraine

Paris 415 - Colmar 32 - St-Dié 24 - Sélestat 22

68160 H.-Rhin - 5 767 h. alt. 350.
Office de Tourisme, 03 89 58 80 50, Fax 03 89 58 67 92

Les Reflets du Val d'Argent ≤, 03 89 58 64 83, SO : 0,8 km par D 48, rte du Col du Bonhomme et chemin à gauche, bord de la Liepvrette - dans locations
3 ha (120 empl.) plat et peu incliné, herbeux, gravier - snack - (bassin) - Location :
Permanent - **R** *conseillée juil.-août* - GB - *28* *25* *20 (5A) 40 (10A) 60 (15A)*

STE-MARIE-DE-CAMPAN

14 - 85 ⑲

Paris 827 - Arreau 25 - Bagnères-de-Bigorre 12 - Luz-St-Sauveur 35 - Pau 74 - Tarbes 32

65 H.-Pyr. - 65710 Campan

L'Orée des Monts ≤, 05 62 91 83 98, SE : 3 km par D 918, rte du col d'Aspin, bord de l'Adour de Payolle - alt. 950
1,8 ha (88 empl.) plat et peu incliné, herbeux - - Location :
Permanent - **R** *conseillée* - - *piscine comprise 1 à 3 pers. 94, pers. suppl. 23,50* *12 (2A) 24 (4A) 36 (6A)*

Les Rives de l'Adour ≤, 05 62 91 83 08, S : 1 km par D 918, rte de la Mongie, accès direct à la rivière - alt. 898
1 ha (50 empl.) incliné, en terrasses, plat, herbeux -
15 déc.-avril, 15 juin-15 sept. - **R** *conseillée* - *16* *15* *6,50 par ampère*

STE-MARIE-DU-MONT

4 - 54 ③ G. Normandie Cotentin

Paris 314 - Barfleur 38 - Carentan 10 - Cherbourg 49 - St-Lô 38 - Valognes 27

50480 Manche - 779 h. alt. 31

Utah-Beach, 02 33 71 53 69, Fax 02 33 71 07 11, NE : 6 km par D 913 et D 421, à 150 m de la plage
4,2 ha (100 empl.) plat et peu incliné, herbeux - snack - salle d'animation - A proximité : -
Location :
avril-sept. - **R** - GB - - *21* *27* *21 (6A)*

La Baie des Veys, 02 33 71 56 90, SE : 5 km par D 913 et D 115 à droite, au Grand Vey, près de la mer - dans locations
0,5 ha (53 empl.) plat, herbeux - - - A proximité : - Location :
avril-15 sept. - **R** *conseillée juil.-août* - - *13,50* *20* *13 (4A) 16 (6A)*

STE-MARINE **29** Finistère - 58 ⑮ - rattaché à Bénodet

STE-MAURE-DE-TOURAINE

10 - 68 ④ G. Châteaux de la Loire

Paris 272 - Le Blanc 68 - Châtellerault 37 - Chinon 30 - Loches 32 - Thouars 72 - Tours 39

37800 I.-et-L. - 3 983 h. alt. 85.
Office de Tourisme, pl. du Château 02 47 65 66 20, Fax 02 47 31 04 28

Municipal de Marans, 02 47 65 44 93, SE : 1,5 km par D 760, rte de Loches, et à gauche, r. de Toizelet, à 150 m d'un plan d'eau
1 ha (66 empl.) plat et peu incliné, herbeux, pierreux - -
15 avril-15 sept. - **R** - - *13,50* *11,50* *11,50* *13,50 (10A)*

STE-MÈRE-ÉGLISE

4 - 54 ③ G. Normandie Cotentin

Paris 318 - Bayeux 56 - Cherbourg 38 - St-Lô 42

50480 Manche - 1 556 h. alt. 28

Municipal, 02 33 41 35 22, sortie Est par D 17 et à droite, près du terrain de sports
1,3 ha (70 empl.) plat, herbeux, verger - - salle omnisports

STE-MONTAINE

6 - 64 ⑳

Paris 198 - Bourges 52 - Cosne-sur-Loire 49 - Gien 33 - Orléans 61 - Salbris 26 - Vierzon 41

18700 Cher - 206 h. alt. 162

Municipal, au bourg, par D 79, rte de Ménétréol-sur-Sauldre
0,6 ha (33 empl.) plat, herbeux - -
mai-oct. - - *Tarif 97 :* *7,50* *4* *13,80 (hors saison 27,55)*

STE-REINE-DE-BRETAGNE

4 - 63 ⑮

Paris 436 - La Baule 29 - Pontchâteau 8 - La Roche-Bernard 13 - Redon 35 - St-Nazaire 25

44160 Loire-Atl. - 1 779 h. alt. 12

Château du Deffay « Parc boisé près d'un étang », 02 40 88 00 57, Fax 02 40 01 66 55, E : 3 km par D 33 rte de Pontchâteau et à gauche
60 ha/2 campables (120 empl.) plat, peu incliné, en terrasses, herbeux (1 ha) - - poneys - Location *(avril-oct.)* : , appartements
2 mai-25 sept. - **R** *conseillée juil.-août* - GB - - *23 piscine et tennis compris* *55* *21 (6A)*

SAINTES

9 - 71 ④ G. Poitou Vendée Charentes

Paris 470 - Bordeaux 117 - Niort 73 - Poitiers 138 - Rochefort 45 - Royan 36

17100 Char.-Mar. - 25 874 h. alt. 15.

Office de Tourisme, Villa Musso, 62 cours National ✆ 05 46 74 23 82, Fax 05 46 92 17 01

Au Fil de l'Eau, ✆ 05 46 93 08 00, Fax 05 46 93 61 88, N : 1 km par D 128, rte de Courbiac, bord de la Charente
4,7 ha (214 empl.) plat, herbeux (2 ha) - snack - A l'entrée :
8 mai-15 sept. - **R** *conseillée 14 juil.-15 août* - GB - *22 piscine comprise* *23* *17 (5A)*

STE-SIGOLÈNE

11 - 76 ⑧

Paris 553 - Annonay 53 - Monistrol-sur-Loire 8 - Montfaucon-en-Velay 14 - Le Puy-en-Velay 56 - St-Étienne 38

43600 H.-Loire - 5 236 h. alt. 808

Camping de Vaubarlet « Site agréable », ✆ 04 71 66 64 95, Fax 04 71 75 04 04, SO : 6 km par D 43, rte de Grazac, bord de la Dunière - alt. 600
15 ha/3 campables (131 empl.) plat, herbeux - - Location : bungalows toilés
mai-sept. - **R** *conseillée* - *piscine comprise 1 ou 2 pers. 75, pers. suppl. 20* *15 (6A)*

STE-TULLE

17 - 84 ④

Paris 776 - Aix-en-Provence 48 - Forcalquier 28 - Gréoux-les-Bains 92 - Manosque 5 - Reillanne 19

04220 Alpes-de-H.-Pr. - 2 855 h. alt. 300

Municipal le Chaffère « Cadre agréable », ✆ 04 92 78 22 75, sortie Ouest, près du Chaffère - P
0,8 ha (54 empl.) plat en terrasses, herbeux - - A proximité :
juin-sept. - **R** - *11* *15* *9,70 (3A) 19,15 (6A) 28,80 (9A)*

STES-MARIES-DE-LA-MER

16 - 83 ⑲ G. Provence

Paris 761 - Aigues-Mortes 33 - Arles 39 - Marseille 132 - Montpellier 64 - Nîmes 54 - St-Gilles 34

13460 B.-du-R. - 2 232 h. alt. 1.

Office de Tourisme, av. Van-Gogh ✆ 04 90 97 82 55, Fax 04 90 97 71 15

Le Clos du Rhône, ✆ 04 90 97 85 99, Fax 04 90 97 78 85 BP 74 13460 Stes-Maries-de-la-Mer, O : 2 km par D 38 et à gauche, près du Petit Rhône et de la plage
7 ha (448 empl.) plat, sablonneux - cases réfrigérées - - A proximité :
avril-sept. - **R** *conseillée juil.-août* - GB - *Tarif 97 : piscine comprise 2 pers. 100, pers. suppl. 36* *23 (6A) 28 (10A)*

La Brise, ✆ 04 90 97 84 67, Fax 04 90 97 72 01 BP 74 13460 Stes-Maries-de-la-Mer, sortie Nord-Est par D 85A et à droite, près de la plage Est
25 ha (1 200 empl.) plat, sablonneux - cases réfrigérées - salle d'animation - A proximité : - Location :
Permanent - **R** *conseillée juil.-août* - GB - *Tarif 97 : piscine comprise 2 pers. 95, pers. suppl. 35* *23 (6A) 28 (18A)*

SAISSAC

15 - 83 ⑪ G. Gorges du Tarn

Paris 778 - Carcassonne 25 - Castelnaudary 24 - Foix 83 - Mazamet 36 - Revel 21

11310 Aude - 867 h. alt. 467

Val , ✆ 04 68 24 44 89, sortie Nord-Ouest par D 629, rte de Revel et à gauche
1,9 ha (90 empl.) plat et peu incliné, herbeux - - A proximité :
27 juin-août - **R** *conseillée 14 juil.-15 août - Adhésion association V.A.L obligatoire pour séjour supérieur à 4 nuits* - GB - *piscine comprise 4 pers. 128, pers. suppl. 20* *16 (6A)*

SALAVAS

SALAVAS **07** Ardèche - 80 ⑨ - voir à Ardèche (Gorges de l') - Vallon-Pont-d'Arc

SALBRIS

6 - 64 ⑲ G. Châteaux de la Loire

Paris 188 - Aubigny-sur-Nère 32 - Blois 65 - Lamotte-Beuvron 21 - Romorantin-Lanthenay 27 - Vierzon 23

41300 L.-et-Ch. - 6 083 h. alt. 104.

Office de Tourisme, bd de la République ✆ et Fax 02 54 96 15 52

Le Sologne, ✆ 02 54 97 06 38, N : par N 20 et rte de Pierrefitte-sur-Sauldre, à droite après le pont, bord d'un plan d'eau et près de la Sauldre - accès au centre ville par chemin piétons
2 ha (81 empl.) plat, herbeux - - A proximité : - Location :

SALERNES

17 - 84 ⑥ G. Côte d'Azur

Paris 833 - Aix-en-Provence 81 - Brignoles 33 - Draguignan 23 - Manosque 66

83690 Var - 3 012 h. alt. 209.

Office de Tourisme, r. Victor-Hugo ✆ 04 94 70 69 02, Fax 04 94 70 73 34 et Mairie ✆ 04 94 60 40 00

Municipal des Arnauds, ✆ 04 94 67 51 95, Fax 04 94 70 75 57, sortie Nord-Ouest par D 560 rte de Sillans-la-Cascade et à gauche, près de la Bresque - Accès au village par chemin piéton longeant la rivière
0,8 ha (52 empl.) plat, herbeux - cases réfrigérées - - A proximité : (plan d'eau aménagé) - Location *(permanent)* : studios, gîtes
mai-sept. - **R** *conseillée* - *Tarif 97 : 25* *28/45 avec élect.*

SALERS

10 – 76 ② G. Auvergne

Paris 512 – Aurillac 45 – Brive-la-Gaillarde 109 – Mauriac 19 – Murat 44

15140 Cantal – 439 h. alt. 950

Municipal le Mouriol, 04 71 40 73 09, NE : 1 km par D 680 rte du Puy Mary
1 ha (100 empl.) plat, peu incliné, herbeux
15 mai-15 oct. – R – *12* *4,50* *4,50* *13,50 (3A)*

SALIES-DE-BÉARN

13 – 78 ⑧ G. Pyrénées Aquitaine

Paris 780 – Bayonne 59 – Dax 38 – Orthez 17 – Pau 65 – Peyrehorade 18

64270 Pyr.-Atl. – 4 974 h. alt. 50 –
Office de Tourisme, r. des Bains
05 59 38 00 33, Fax 05 59 38 02 95

Municipal de Mosqueros, 05 59 32 12 94, sortie Ouest par D 17, rte de Bayonne, à la Base de Plein Air
0,7 ha (55 empl.) en terrasses, plat, herbeux
– A proximité :
avril-oct. – R *conseillée juil.-août* – *15,50* *15,50/32* *15,50*

SALIGNAC-EYVIGUES

13 – 75 ⑰ G. Périgord Quercy

Paris 511 – Brive-la-Gaillarde 34 – Cahors 82 – Périgueux 68 – Sarlat-la-Canéda 18

24590 Dordogne – 964 h. alt. 297

Le Temps de Vivre, 05 53 28 93 21, S : 1,5 km par D 61, rte de Carlux et chemin à droite
1 ha (50 empl.) en terrasses et peu incliné, pierreux, herbeux, bois attenant
– Location :
Pâques-sept. – R *conseillée saison* – *20 piscine comprise* *18* *14,50 (3A)*

SALINS-LES-BAINS

12 – 70 ⑤ G. Jura

Paris 403 – Besançon 42 – Dole 44 – Lons-le-Saunier 51 – Poligny 24 – Pontarlier 45

39110 Jura – 3 629 h. alt. 340 –
Office de Tourisme, pl. des Salines
03 84 73 01 34, Fax 03 84 37 92 85

Municipal, 03 84 37 92 70, sortie Nord rte de Besançon, près de l'ancienne gare
1 ha (40 empl.) plat, herbeux, gravillons
mai-sept. – R – *Tarif 97 :* *12,50* *6,50* *9* *12 (6A)*

SALLANCHES

12 – 74 ⑧ G. Alpes du Nord

Paris 586 – Annecy 70 – Bonneville 30 – Chamonix-Mont-Blanc 27 – Megève 14 – Morzine 45

74700 H.-Savoie – 12 767 h. alt. 550.
Office de Tourisme, 31 quai Hôtel-de-Ville
04 50 58 04 25, Fax 04 50 58 38 47

Mont-Blanc-Village « Cadre agréable », 04 50 58 43 67 74702 Sallanches Cedex, SE : 2 km
6,5 ha (130 empl.) (saison) plat, herbeux, pierreux, petit plan d'eau
– Location : huttes
mai-sept. – R *conseillée* – GB – *25* *20* *20* *15 (10A)*

Municipal des Îles « Cadre agréable », 04 50 58 45 36, Fax 04 50 58 16 28 74190 Passy, SE : 2 km, bord d'un ruisseau et à 250 m d'un plan d'eau
4,6 ha (260 empl.) plat, herbeux, pierreux
– A proximité :
Pentecôte-15 sept. – R – GB – *23* *9* *21* *13,50 (8A)*

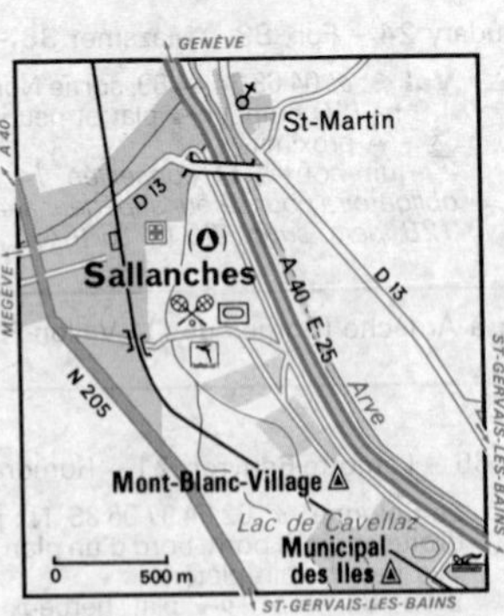

La SALLE-EN-BEAUMONT

12 – 77 ⑮

Paris 617 – Le Bourg-d'Oisans 46 – Gap 52 – Grenoble 52

38350 Isère – 278 h. alt. 756

Le Champ Long Vallée du Drac et lac de St-Pierre « Cadre sauvage », 04 76 30 41 81, SO : 2,7 km par N 85, rte de la Mure et chemin du Bas-Beaumont à gauche – Accès difficile aux emplacements, mise en place et sortie des caravanes à la demande
3,5 ha (50 empl.) en terrasses, plat, vallonné, accidenté, herbeux, pierreux (pinède) – snack – – Location :
mai-15 oct. – R *conseillée* – *Tarif 97 :* *piscine comprise 1 à 4 pers. 35 à 115* *20 (10A)*

SALLÈLES-D'AUDE

15 – 83 ⑭ G. Pyrénées Roussillon

Paris 800 – Béziers 30 – Carcassonne 59 – Narbonne 13 – St-Chinian 25

11590 Aude – 1 659 h. alt. 18.
Syndicat d'initiative, 15 r. Jean-Clavel
04 68 46 81 46, Fax 04 68 46 91 00

Municipal, sortie Est vers Ouveillan par D 418 et chemin à droite, à 500 m du canal du Midi
0,5 ha (30 empl.) plat, herbeux – A proximité :
juin-sept. – R – *15* *15* *12 (3 ou 4A)*

SALLERTAINE

9 – 67 ⑫

Paris 443 – Challans 8 – Noirmoutier-en-l'Ile 37 – La Roche-sur-Yon 51 – St-Jean-de-Monts 12

85300 Vendée – 2 245 h. alt. 8

Municipal de Bel Air, 02 51 35 30 00, à 0,5 km à l'Est du bourg
0,7 ha (69 empl.) plat, herbeux –
15 juin-15 sept. – R – – *10,10* *8* *10,60 (6A)*

SALLES

13 – 78 ②

Paris 633 – Arcachon 34 – Belin-Béliet 11 – Biscarrosse 121 – Bordeaux 56

33770 Gironde – 3 957 h. alt. 23

Le Val de l'Eyre, 05 56 88 47 03, Fax 05 56 88 47 27, sortie Sud-Ouest par D 108ES, rte de Lugos, bord de l'Eyre et d'un étang - par A 63 : sortie 21
13 ha/4 campables (150 empl.) plat, vallonné, sablonneux, herbeux – – A proximité : – Location :
Permanent – R *conseillée* – GB – – *piscine comprise 1 pers. 86* *16 (6A)*

Le Bilos, 05 56 88 45 14, SO : 4 km par D 108, rte de Lugos et rte à droite
1,5 ha (85 empl.) plat, herbeux, sablonneux –
Permanent – R *juil.-août* – – *13,50* *12* *9,50 à 32 (3 à 10A)*

SALLES

14 – 79 ⑥

Paris 576 – Agen 57 – Fumel 12 – Monflanquin 10 – Villeneuve-sur-Lot 27 – Villeréal 23

47150 L.-et-G. – 289 h. alt. 120

Des Bastides « Cadre agréable », 05 53 40 83 09, Fax 05 53 40 81 76, NE : 1 km rte de Fumel, au croisement des D 150 et D 162
6 ha (80 empl.) en terrasses, herbeux – snack –
mai-sept. – R *conseillée juil.-août* – *28 piscine comprise* *10* *30* *12 (4A)*

SALLES-CURAN

15 – 80 ⑬

Paris 651 – Albi 77 – Millau 38 – Rodez 40 – St-Affrique 41

12410 Aveyron – 1 277 h. alt. 887

Les Genêts, 05 65 46 35 34, Fax 05 65 78 00 72, O : 5 km par D 993 et D 577, rte d'Arvieu, à gauche puis 2 km par chemin à droite, bord du lac de Pareloup
3 ha (163 empl.) peu incliné, en terrasses, herbeux (1,5 ha) – snack, pizzeria – discothèque – Location *(mai-15 sept.)* : bungalows toilés
juin-15 sept. – R *conseillée* – GB – – *élect. et piscine comprises 2 ou 3 pers. 129 à 179, pers. suppl. 26*

Parc du Charrouzech, 05 65 46 01 11, Fax 05 65 46 02 80, NO : 5 km par D 993 et D 577 à gauche, rte d'Arvieu, puis 3,4 km par chemin à droite, bord du Lac de Pareloup
3 ha (104 empl.) en terrasses, plat, peu incliné, herbeux – snack – (plage) – Location : bungalows toilés
juin-15 sept. – R *conseillée 12 juil.-15 août* – GB – – *piscine comprise 2 pers. 80 ou 100, pers. suppl. 20* *20 (6A)*

Beau Rivage « Situation agréable au bord du lac de Pareloup », 05 65 46 33 32, Fax 05 65 46 01 64, N : 3,5 km par D 993, rte de Pont-de-Salars et D 243 à gauche, rte des Vernhes
2 ha (80 empl.) en terrasses, herbeux – – A proximité :
juin-15 sept. – R *conseillée juil.-août* – – *Tarif 97 :* *piscine comprise 3 pers. 125* *22 (6A)*

SALLES-ET-PRATVIEL 31 H.-Gar. – 85 ⑳ – rattaché à Bagnères-de-Luchon

► *If in a given area you are looking for*
a pleasant camping site (...),
*one that is open all year (*Permanent*)*
or simply a place to stay or break your journey,
consult the table of localities in the explanatory chapter.

Les SALLES-SUR-VERDON

17 – 81 ⑰ G. Alpes du Sud

Paris 790 – Brignoles 56 – Digne-les-Bains 58 – Draguignan 48 – Manosque 60 – Moustiers-Ste-Marie 13

83630 Var – 154 h. alt. 440

Les Pins <, ✆ 04 94 70 20 80, Fax 04 94 84 23 27, sortie Sud par D 71 puis 1,2 km par chemin à droite, à 100 m du **lac de Ste-Croix** – Accès direct pour piétons du centre bourg
2 ha (100 empl.) plat et en terrasses, gravier, pierreux, herbeux cases réfrigérées – A proximité : parcours de santé
avril-25 oct. – **R** *conseillée juin et sept., indispensable juil.-août* – GB – *25 25/55 avec élect.*

La Source, ✆ 04 94 70 20 40, Fax 04 94 70 20 74, sortie Sud par D 71 puis 1 km par chemin à droite, à 100 m du **lac de Ste-Croix** – Accès direct pour piétons du centre bourg
2 ha (89 empl.) plat et en terrasses, gravier, pierreux, herbeux cases réfrigérées – A proximité : parcours de santé
avril-oct. – **R** *conseillée juil.-août* – GB – *25 24 17 (6A)*

SALORNAY-SUR-GUYE

11 – 69 ⑱

Paris 374 – Chalon-sur-Saône 47 – Cluny 13 – Paray-le-Monial 43 – Tournus 28

71250 S.-et-L. – 663 h. alt. 210

Municipal de la Clochette, ✆ 03 85 59 90 11, au bourg, accès par chemin devant la poste, bord du Guye
2 ha (60 empl.) plat et terrasse, herbeux (0,3 ha) – A proximité :
21 mai-20 sept. – **R** – *Tarif 97 : 8 9 10 (8A) 15 (plus de 8A)*

La SALVETAT-SUR-AGOUT

15 – 83 ③ G. Gorges du Tarn

Paris 734 – Anglès 17 – Brassac 25 – Lacaune 20 – Olargues 27 – St-Pons-de-Thomières 22

34330 Hérault – 1 153 h. alt. 700

La Blaquière, ✆ 04 67 97 61 29, sortie Nord rte de Lacaune, bord de l'Agout
0,8 ha (60 empl.) plat, herbeux – A proximité :
mai-août – **R** – *Tarif 97 : 2 pers. 42, pers. suppl. 14 15 (10A)*

SAMOËNS

12 – 74 ⑧ G. Alpes du Nord

Paris 583 – Annecy 71 – Bonneville 31 – Chamonix-Mont-Blanc 62 – Cluses 21 – Genève 53 – Megève 51 – Morzine 29

74340 H.-Savoie – 2 148 h. alt. 710
– Sports d'hiver : 720/2 480 m
7 69
Office de Tourisme, Gare Routière
✆ 04 50 34 40 28, Fax 04 50 34 95 82

Municipal le Giffre < « Site agréable », ✆ 04 50 34 41 92, SO : 1 km sur D 4 rte de Morillon, bord du Giffre et près d'un lac
6,9 ha (405 empl.) plat, herbeux, pierreux – A proximité : crêperie, parcours sportif, patinoire toboggan aquatique – Location : studios
Permanent – **R** *conseillée juil.-août* – *2 pers. 50 (hiver 52) 11,50 (5A) 21,30 (10A)*

SAMPZON 07 Ardèche – 80 ⑧ ⑨ – voir à Ardèche (Gorges de l') - Ruoms

SANARY-SUR-MER

17 – 84 ⑭ G. Côte d'Azur

Paris 825 – Aix-en-Provence 73 – La Ciotat 30 – Marseille 54 – Toulon 13

83110 Var – 14 730 h. alt. 1.
Office de Tourisme, Jardins de la Ville
✆ 04 94 74 01 04, Fax 04 94 74 58 04

Le Mas de Pierredon, ✆ 04 94 74 25 02, Fax 04 94 74 61 42, N : 3 km par rte d'Ollioules et à gauche après le pont de l'autoroute (quartier Pierredon)
3,8 ha (130 empl.) plat et en terrasses, pierreux, herbeux -18 sanitaires individuels (wc) – Location : bungalows toilés
avril-sept. – **R** *conseillée saison* – GB – *26 piscine comprise 51 19 (6A) 24 (10A)*

SANCHEY 88 Vosges – 62 ⑮ – rattaché à Épinal

SANGUINET

13 – 78 ③ G. Pyrénées Aquitaine

Paris 644 – Arcachon 26 – Belin-Béliet 26 – Biscarrosse 113 – Bordeaux 67

40460 Landes – 1 695 h. alt. 24

Municipal Lou Broustaricq « Cadre agréable », ✆ 05 58 78 62 62, Fax 05 58 82 10 74, NO : 2,8 km par rte de Bordeaux et chemin de Langeot, à 300 m de l'étang de Cazaux
18,8 ha (555 empl.) plat, sablonneux (juin-sept.) snack – – A proximité : – Location :
Permanent – **R** *conseillée* – GB – *élect. (6 ou 10A) et piscine comprises 2 pers. 113*

Les Grands Pins, ✆ 05 58 78 61 74, Fax 05 58 78 69 15, O : 1,4 km rte du lac, près de l'étang de Cazaux
9 ha (260 empl.) plat, sablonneux, herbeux pinède – snack – – A proximité : – Location :
Permanent – **R** *conseillée* – GB – *piscine et tennis compris 1 ou 2 pers. 139 (157 avec élect. 6A), pers. suppl. 15*

SANTEC

3 - 58 ⑤

Paris 561 - Brest 62 - Landivisiau 24 - Morlaix 24 - Plouescat 14 - Roscoff 5 - St-Pol-de-Léon 3

29250 Finistère - 2 208 h. alt. 10

Municipal du Dossen « Cadre sauvage », 02 98 29 75 34, O : 2,6 km près de la plage du Dossen
4 ha (100 empl.) plat, peu incliné, vallonné, herbeux, sablonneux, dunes, bois attenant
27 juin-août - *Tarif 97 : 8,50 4,50 7 11 (16A)*

SANTENAY

11 - 70 ①

Paris 328 - Autun 39 - Beaune 18 - Chalon-sur-Saône 23 - Le Creusot 28 - Dijon 62 - Dole 82

21590 S.-et-L. - 1 008 h. alt. 225.
Office de Tourisme, av. des Sources
03 80 20 63 15, Fax 03 80 20 63 08

Les Sources, 03 80 20 66 55, Fax 03 80 20 67 36, SO : 1 km par rte de Cheilly-les-Maranges, près du centre thermal
2,5 ha (130 empl.) peu incliné et plat, herbeux - snack - A proximité :
avril-oct. - R *conseillée juil.-août* - *23 piscine comprise 13,50 25,50 19,50 (6A)*

SANXAY

9 - 68 ⑫ G. Poitou Vendée Charentes

Paris 368 - Lezay 32 - Lusignan 14 - Niort 48 - Poitiers 33 - St-Maixent-l'École 22

86600 Vienne - 630 h. alt. 120

Municipal du Pont des Bergers, 05 49 53 06 49, sortie Ouest par D 3, rte de Ménigoute, près de la Vonne
0,6 ha (30 empl.) plat, herbeux - A proximité :
15 mai-15 oct. - R *14 juil.-15 août* - *8 5 10 11*

SARBAZAN

13 - 79 ⑪

Paris 687 - Barbotan-les-Thermes 29 - Captieux 31 - Labrit 22 - Mont-de-Marsan 25

40120 Landes - 940 h. alt. 90

Municipal, à l'Est du bourg, près d'un plan d'eau
1 ha (50 empl.) non clos, plat, herbeux, sablonneux pinède - A proximité :
avril-oct. - *9 tennis compris 4 12 10 (5A) 20 (10A)*

SARE

13 - 85 ② G. Pyrénées Aquitaine

Paris 798 - Biarritz 26 - Cambo-les-Bains 19 - Pau 135 - St-Jean-de-Luz 14 - St-Pée-sur-Nivelle 9

64310 Pyr.-Atl. - 2 054 h. alt. 70

La Petite Rhune, 05 59 54 23 97, Fax 05 59 54 23 42, S : 2 km sur rte reliant D 406 et D 306
1,5 ha (56 empl.) peu incliné, herbeux - A proximité : - Location *(permanent)* : gîte d'étape
15 avril-sept. - R *conseillée juil.-août* - *2 pers. 63, pers. suppl. 17 14 (3A) 18 (6A)*

Goyenetche, 05 59 54 21 71, S : 3,5 km par D 306 rte des grottes, bord d'un ruisseau
1 ha (70 empl.) plat, herbeux
15 juin-15 sept. - R *conseillée 1er au 15 août* - *13 7 12 12 (16A)*

SARLAT-LA-CANÉDA

13 - 75 ⑰ G. Périgord Quercy

Paris 528 - Bergerac 73 - Brive-la-Gaillarde 51 - Cahors 62 - Périgueux 67

24200 Dordogne - 9 909 h. alt. 145.
Office de Tourisme, pl. Liberté
05 53 59 27 67, Fax 05 53 59 19 44
et (juil.-août) av. Gén.-de-Gaulle
05 53 59 18 87

La Palombière, 05 53 59 42 34, Fax 05 53 28 45 40 24200 Ste-Nathalène, NE : 9 km
7 ha (170 empl.) peu incliné et en terrasses, pierreux, herbeux
mai-15 sept. - R *conseillée juil.-août* - *35 piscine comprise 50,30 16,50 (4 à 6A)*

Les Grottes de Roffy « Cadre agréable », 05 53 59 15 61, Fax 05 53 31 09 11 24200 Ste-Nathalène, E : 8 km
5 ha (166 empl.) en terrasses, herbeux
25 avril-23 sept. - R *conseillée juil.-août* - *36,25 piscine comprise 46,85 17 (6A)*

Aqua Viva « Cadre agréable », 05 53 31 46 00, Fax 05 53 29 36 37 24200 Carsac-Aillac, SE : 7 km, bord de l'Enéa et d'un petit étang
10 ha (186 empl.) plat, accidenté et en terrasses, herbeux snack mini-tennis, piste de bi-cross - Location :
Pâques-sept. - R *conseillée juil.-août* - *33 piscine comprise 47 12 (3A) 18 (6A) 24 (10A)*

La Châtaigneraie « Cadre agréable », 05 53 59 03 61, Fax 05 53 29 86 16 24370 Prats-de-Carlux, E : 10 km
6 ha (140 empl.) en terrasses, plat, herbeux, sablonneux (2 ha) - snack piste de bi-cross, parcours sportif - Location :
mai-15 sept. - R *conseillée 4 juil.-22 août* - *30 piscine comprise 38 16 (6A)*

Le Moulin du Roch « Cadre agréable », ✆ 05 53 59 20 27, Fax 05 53 29 44 65 ✉ 24200 St-André-d'Allas, NO : 10 km par D 47, rte des Eyzies-de-Tayac, bord d'un ruisseau (hors schéma) – dans les locations et juil.-août sur le camping
7 ha/5 campables (195 empl.) plat, peu incliné et en terrasses, herbeux, petit étang – snack – – Location : , bungalows toilés
25 avril-13 sept. – **R** *conseillée juil.-août* – – *piscine comprise 2 pers. 121* *18 (6A)*

Les Périères « Cadre agréable, belle entrée fleurie », ✆ 05 53 59 05 84, Fax 05 53 28 57 51 ✉ 24203 Sarlat-la-Canéda Cedex, NE : 1 km
11 ha/4 campables (100 empl.) en terrasses, herbeux – snack – parcours sportif – Location : villas
avril-sept. – **R** *conseillée juil.-août* – – *élect. et piscine comprises 2 pers. 160,50, 3 pers. 174*

Maillac , ✆ 05 53 59 22 12, Fax 05 53 29 60 17 ✉ 24200 Ste-Nathalène, NE : 7 km
4 ha (160 empl.) plat, peu incliné, herbeux, sablonneux – snack –
15 mai-sept. – **R** *conseillée* – – *24 piscine comprise 30 17 (6A)*

Le Montant « Cadre agréable », ✆ 05 53 59 18 50, Fax 05 53 59 37 73, SE : 2 km par D 57, rte de Bergerac puis 2,3 km par chemin à droite
5 ha (70 empl.) en terrasses, herbeux – – Location *(permanent)* :
mi-mai-mi-sept. – **R** *conseillée juil.-août* – – *23 piscine comprise 30 14 (3A) 18 (6A) 22 (10A)*

Les Chênes Verts « Cadre agréable », ✆ 05 53 59 21 07, Fax 05 53 31 05 51 ✉ 24370 Calviac-en-Périgord, SE : 8,5 km
8 ha (123 empl.) plat, peu incliné, en terrasses, herbeux – –
mai-sept. – **R** *conseillée juil.-août* – – *25 piscine comprise 42 18 (6A)*

Les Terrasses du Périgord , ✆ 05 53 59 02 25, Fax 05 53 59 16 48 ✉ 24200 Proissans, NE : 2,8 km
3,5 ha (61 empl.) en terrasses, plat, herbeux – – – Location :
avril-sept. – **R** *conseillée 14 juil.-15 août* – GB – – *25 piscine comprise 36 17,50 (6A)*

Les Charmes , ✆ 05 53 31 02 89 ✉ 24200 St-André d'Allas, O : 12 km par D 47, rte des Eyzies-de-Tayac et rte à gauche (hors schéma)
1,8 ha (85 empl.) plat et peu incliné, en terrasses, herbeux (1 ha) – –
vacances de printemps-15 oct. – **R** *conseillée 1er-20 août* – – *20 piscine comprise 21,50 13,50 (4A)*

Rivaux , ✆ 05 53 59 04 41, NO : 3,5 km par D 47, rte des Eyzies-de-Tayac
4 ha (100 empl.) plat, peu incliné et accidenté, herbeux (1 ha) – –
avril-1er oct. – – *18 20 9 (2A) 14 (6A)*

Villeneuve , ✆ 05 53 30 30 90, Fax 05 53 30 24 44 ✉ 24200 St-André-d'Allas, NO : 8 km par D 47, rte des Eyzies-de-Tayac et rte à gauche
2,5 ha (100 empl.) en terrasses, incliné, herbeux (0,5 ha) – – – Location :
20 avril-15 oct. – **R** *conseillée juil.-août* – – *22 piscine comprise 20 13 (6A)*

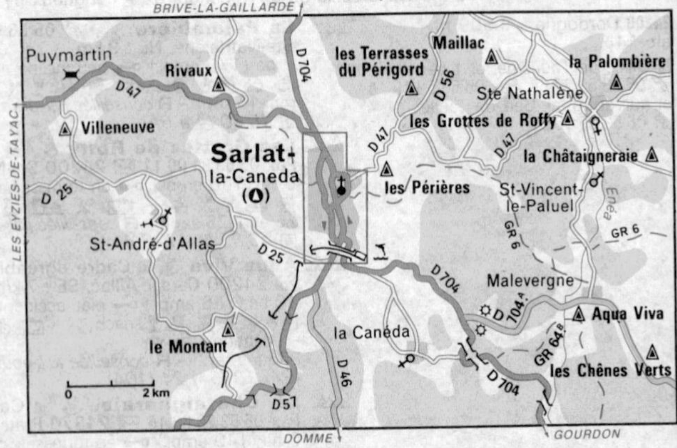

▶ *Benutzen Sie die Grünen MICHELIN-Reiseführer, wenn Sie eine Stadt oder Region kennenlernen wollen.*

SARZEAU

Paris 479 – Nantes 114 – Redon 62 – Vannes 22

3 – 63 ⑬ G. Bretagne

56370 Morbihan – 4 972 h. alt. 30.
Office de Tourisme, Centre Bourg, Bâtiment des Trinitaires
02 97 41 82 37, Fax 02 97 41 74 95

Le Bohat, 02 97 41 78 68, Fax 02 97 41 70 97, O : 2,8 km – 4,5 ha (225 empl.) plat, herbeux verger (2 ha) – crêperie – parc animalier
15 mai-15 sept. – **R** *conseillée juil.-août* – GB – *28 piscine comprise* *54* *16 (10A)*

Le Treste « Entrée fleurie », 02 97 41 79 60, Fax 02 97 41 36 21, S : 2,5 km, rte du Roaliguen
2,5 ha (185 empl.) plat, herbeux – – Location :
30 avril-13 sept. – **R** *indispensable saison* – GB – *24 piscine comprise* *49* *13 à 28 (4 à 20A)*

La Madone « Manoir du 13ème siècle », 02 97 67 33 30, SE : 8,5 km par D 198, rte de la Pointe de Penvins
7 ha (350 empl.) plat, herbeux –
juin-15 sept. – **R** *conseillée* – *19* *47* *16 (6 ou 10A)*

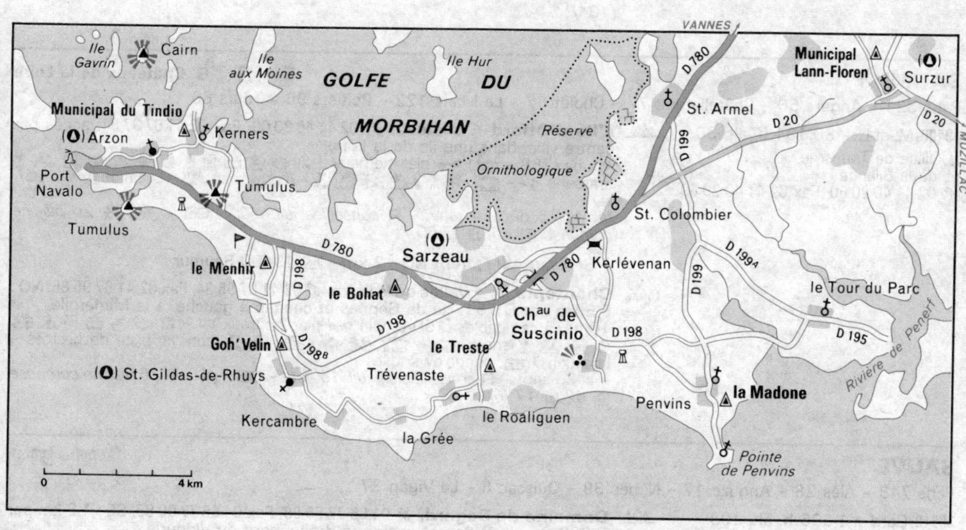

Voir aussi à *Arzon, St-Gildas-de-Rhuys, Surzur*

SATILLIEU

11 – 76 ⑨

Paris 545 – Annonay 13 – Lamastre 36 – Privas 87 – St-Vallier 20 – Tournon-sur-Rhône 30 – Valence 49 – Yssingeaux 54

07290 Ardèche – 1 818 h. alt. 485

Le Grangeon, 04 75 34 96 41, SO : 1,1 km par D 578A, rte de Lalouvesc et à gauche, bord de l'Ay
1 ha (76 empl.) en terrasses, herbeux – snack – – A proximité : (plan d'eau aménagé) – Location :

SAUGUES

11 – 76 ⑯ G. Auvergne

Paris 534 – Brioude 50 – Mende 72 – Le Puy-en-Velay 43 – St-Chély-d'Apcher 43 – St-Flour 55

43170 H.-Loire – 2 089 h. alt. 960

Sporting de la Seuge, 04 71 77 80 62, sortie Ouest par D 589, rte du Malzieu-Ville et à droite, bord de la Seuge et près de deux plans d'eau et d'une pinède
3 ha (112 empl.) plat, herbeux, pierreux – – A proximité : parcours sportif – Location : gîte d'étape

SAULIEU

7 – 65 ⑰ G. Bourgogne

Paris 247 – Autun 41 – Avallon 38 – Beaune 63 – Clamecy 76 – Dijon 75

21210 Côte-d'Or – 2 917 h. alt. 535.
Office de Tourisme, 24 r. d'Argentine
03 80 64 00 21, Fax 03 80 64 21 96

Municipal le Perron, 03 80 64 16 19, NO : 1 km par N 6, rte de Paris, près d'un étang
8 ha (157 empl.) plat et peu incliné, herbeux – – Location : huttes
avril-mi-oct. – **R** *conseillée* – *Tarif 97 :* *12 piscine et tennis compris* *20/25* *11 (10A)*

SAULT

16 - 81 ⑭ G. Alpes du Sud

Paris 720 - Aix-en-Provence 81 - Apt 31 - Avignon 67 - Carpentras 42 - Digne-les-Bains 93 - Gap 99

84390 Vaucluse - 1 206 h. alt. 765.
Office de Tourisme, av. Promenade
04 90 64 01 21, Fax 04 90 64 15 03

Municipal du Deffends, 04 90 64 07 18, NE : 1,7 km par D 950, rte de St-Trinit, au stade
9 ha (100 empl.) (juil.-août) plat et peu incliné, pierreux - A proximité :
2 mai-sept. - R - 14 12 10 (3A)

SAULXURES-SUR-MOSELOTTE

8 - 62 ⑰

Paris 429 - Épinal 45 - Gérardmer 26 - Luxeuil-les-Bains 45 - Remiremont 19 - Vesoul 74

88290 Vosges - 3 211 h. alt. 464.
Office de Tourisme, r. Jeanne-d'Arc
03 29 24 52 13, Fax 03 29 24 56 66

Lac de la Moselotte M ≤, 03 29 24 56 56, Fax 03 29 24 58 31, O : 1,5 km à la Base de Loisirs, sur ancienne D 43, bord du lac et à proximité de la rivière
23 ha/3 campables (75 empl.) plat, herbeux, pierreux - salle d'animation - A proximité : (plage) - Location : , huttes
Permanent - **R** *conseillée juil.-août* - GB - *Tarif 97 : 22 22 22 (10A)*

SAUMUR

5 - 64 ⑫ G. Châteaux de la Loire

Paris 321 - Angers 50 - Châtellerault 77 - Cholet 67 - Le Mans 122 - Poitiers 96 - Tours 66

49400 M.-et-L. - 30 131 h. alt. 30.
Office de Tourisme, pl. de la Bilange
02 41 40 20 60, Fax 02 41 40 20 69

L'Ile d'Offard ≤ château, 02 41 40 30 00, Fax 02 41 67 37 81, accès par centre ville, dans une île de la Loire
4,5 ha (258 empl.) plat, herbeux - brasserie - A proximité : - Location *(mai-sept.)* :
fermé 16 déc.-14 janv. - **R** *conseillée juil.-août* - GB - *26 piscine comprise 46 17,50*

à St-Hilaire-St-Florent NO : 2 km - 49400 Saumur :

Chantepie ≤ vallée de la Loire, 02 41 67 95 34, Fax 02 41 67 95 85, NO : 5,5 km par D 751, rte de Gennes et chemin à gauche, à la Mimerolle
10 ha/5 campables (150 empl.) plat, herbeux - snack - poneys, piste de bi-cross - Location : , bungalows toilés
mai-20 sept. - **R** *conseillée 15 juil.-15 août* - GB - *26 piscine comprise 62 17 (6A)*

SAUVE

16 - 80 ⑰

Paris 748 - Alès 28 - Anduze 17 - Nîmes 39 - Quissac 6 - Le Vigan 37

30610 Gard - 1 606 h. alt. 103

Domaine de Bagard, 04 66 77 55 99, Fax 04 66 77 00 88, SE : 1,2 km par D 999, rte de Nîmes et chemin à droite, bord du Vidourle
12 ha/6 campables (153 empl.) plat, herbeux, pierreux - Location *(mars-oct.)* : gîtes
avril-sept. - **R** *conseillée* - GB - *élect. (6A) comprise 3 pers. 117*

SAUVESSANGES

11 - 76 ⑦

Paris 530 - Ambert 32 - La Chaise-Dieu 28 - Craponne-sur-Arzon 8 - Montbrison 44 - St-Étienne 56

63840 P.-de-D. - 601 h. alt. 910

Municipal le Bandier , SE : 2 km par D 251, rte d'Usson-en-Forez, près du stade et à 100 m de l'Ance
1,5 ha (23 empl.) (saison) plat, herbeux -
avril-oct. - **R** *conseillée* - *8 3,50 10 7 (10A)*

SAUVETERRE-DE-BÉARN

13 - 85 ④ G. Pyrénées Aquitaine

Paris 782 - Bayonne 57 - Mauléon-Licharre 25 - Oloron-Ste-Marie 40 - Orthez 20 - Peyrehorade 26

64390 Pyr.-Atl. - 1 366 h. alt. 69.
Office de Tourisme, Mairie
05 59 38 50 17

Municipal le Gave , 05 59 38 53 30, sortie Sud par D 933, rte de St-Palais puis chemin à gauche avant le pont, bord du Gave d'Oloron
1,3 ha (55 empl.) plat, herbeux -
juin-sept. - **R** *conseillée juil.-15 août* - *9,80 13,80 6,90/10,40 12,40 (6A)*

SAUVETERRE DE GUYENNE

14 - 75 ⑫

Paris 609 - Bergerac 59 - Langon 23 - Libourne 31 - La Réole 21

33540 Gironde - 1 715 h. alt. 91

Municipal, 05 56 71 56 95, au Sud du bourg par bd du 11-novembre (en sens giratoire), à l'ancienne gare
0,5 ha (25 empl.) non clos, plat, pierreux, herbeux - - A proximité :

SAUVETERRE-LA-LÉMANCE

14 - 79 ⑥

Paris 569 - Agen 68 - Fumel 16 - Monflanquin 29 - Puy-l'Évêque 17 - Villefranche-du-Périgord 9

47500 L.-et-G. - 685 h. alt. 100

Moulin du Périé, 05 53 40 67 26, Fax 05 53 40 62 46, E : 3 km par rte de Loubejac, bord d'un ruisseau - dans locations
4 ha (125 empl.) plat, herbeux peupleraie - (petit étang) - Location : tentes
4 avril-sept. - **R** *conseillée juil.-août* - GB - *34 piscine comprise 47,50 20,50 (6A)*

SAUVIAN

15 - 83 ⑮

Paris 773 - Agde 23 - Béziers 9 - Narbonne 30 - Valras-Plage 6

34410 Hérault - 3 178 h. alt. 4

La Gabinelle, 04 67 39 50 87, au Sud-Est du bourg, rte de Sérignan
3 ha (193 empl.) plat, herbeux, pierreux (1 ha) - - A proximité :
15 juin-15 sept. - **R** *conseillée* - *piscine comprise 3 pers. 96, pers. suppl. 16,60 15,30 (5A)*

Municipal, 04 67 32 33 16, sortie Ouest, av. du Stade
1 ha (70 empl.) plat, herbeux -
15 avril-15 sept. - **R** *conseillée août* - *20 20 16 (6A)*

SAUXILLANGES

11 - 73 ⑮ G. Auvergne

Paris 463 - Ambert 47 - Clermont-Ferrand 49 - Issoire 12 - Thiers 46 - Vic-le-Comte 20

63490 P.-de-D. - 1 109 h. alt. 460

Municipal les Prairies, 04 73 96 86 26, sortie Ouest rte d'Issoire et à gauche, bord de l'Eau Mère et à 100 m d'un étang
1,5 ha (72 empl.) plat, herbeux - - A proximité : poneys
15 juin-15 sept. - **R** *conseillée* - *13 15 12,50 (4 ou 6A)*

SAVENAY

4 - 63 ⑮

Paris 415 - La Baule 40 - Nantes 42 - Redon 43 - St-Nazaire 26

44260 Loire-Atl. - 5 314 h. alt. 49

Municipal du Lac « Site agréable », 02 40 58 31 76, E : 1,8 km par rte de Malville, au lac
1 ha (91 empl.) en terrasses, herbeux - -
A l'entrée : - A proximité : golf crêperie
mai-sept. - **R** - *8,80 4,40 8,80 17,70 (5A)*

SAVERNE

8 - 57 ⑱ G. Alsace Lorraine

Paris 445 - Lunéville 83 - St-Avold 83 - Sarreguemines 63 - Strasbourg 38

67700 B.-Rhin - 10 278 h. alt. 200.
Office de Tourisme, Château des Rohan
03 88 91 80 47, Fax 03 88 71 02 90

Municipal « Entrée fleurie », 03 88 91 35 65, SO : 1,3 km par D 171, rte du Haut-Barr et r. Knoepffler à gauche
2,1 ha (144 empl.) peu incliné, plat, herbeux (1 ha) - - - A proximité :
avril-sept. - **R** *conseillée juil.-août* - GB - *Tarif 97 : 13 13/18 11 (2A) 19 (4A) 24 (6A)*

SAVIGNY-LÈS-BEAUNE 21 Côte-d'Or - 69 ⑨ - rattaché à Beaune

SAVINES-LE-LAC

17 - 77 ⑰ G. Alpes du Sud

Paris 691 - Barcelonnette 46 - Briançon 61 - Digne-les-Bains 83 - Gap 29 - Guillestre 33 - Sisteron 74

05160 H.-Alpes - 759 h. alt. 810.
Office de Tourisme, av. Combe d'Or
04 92 44 31 00, Fax 04 92 44 30 19

Le Nautic lac et montagnes, 04 92 50 62 49, Fax 04 92 54 30 67 ✉ 05230 Prunières, O : 4,5 km par N 94, rte de Gap, bord du lac de Serre-Ponçon
2,6 ha (100 empl.) en terrasses, pierreux, gravillons (1 ha) - -
10 juin-15 sept. - **R** *conseillée* - *piscine comprise 3 pers. 128 19 (5A)*

SAZERET

11 - 69 ⑬

Paris 352 - Gannat 42 - Montluçon 33 - Montmarault 3 - Moulins 48 - St-Pourçain-sur-Sioule 30

03390 Allier - 153 h. alt. 370

La Petite Vallette, 04 70 07 64 57, Fax 04 70 07 25 48, NE : 3,6 km par D 243, rte de St-Marcel et rte des Deux-Chaises puis 1,8 km par rte à gauche et chemin à droite
4 ha (50 empl.) plat, peu incliné, herbeux, étang - - (bassin)
avril-oct. - **R** *conseillée juil.-août* - *19,50 35 15 (6A)*

SCAËR

3 - 58 ⑯

Paris 548 – Carhaix-Plouguer 37 – Concarneau 27 – Quimper 34 – Quimperlé 25 – Rosporden 14

29390 Finistère – 5 555 h. alt. 190.
Syndicat d'Initiative, Centre Brizeux 6 r. Emile Zola
02 98 59 49 37 et (hors saison) Mairie 02 98 59 42 10

Municipal, 02 98 57 60 91, sortie Est par rte du Faouët
2,3 ha (83 empl.) plat, peu incliné, herbeux – parcours de santé – A proximité :
15 juin-15 sept. – **R** – *10,30 6,20 11,30 11 (10A)*

SCIEZ

12 - 70 ⑰

Paris 564 – Abondance 37 – Annecy 69 – Annemasse 25 – Genève 25 – Thonon-les-Bains 9

74140 H.-Savoie – 3 371 h. alt. 406.
Office de Tourisme, Capitainerie Port de Sciez
04 50 72 64 57

Le Grand Foc « Cadre agréable », 04 50 72 62 70, NE : 3 km par N 5, rte de Thonon-les-Bains et rte du port de Sciez-Plage à gauche, à 300 m de la plage
1,3 ha (65 empl.) peu incliné, plat, herbeux, pierreux – – A proximité : – Location :
25 mars-sept. – **R** *conseillée* – GB – *16 20 12 (2A) 14 (3A) 17,50 (5A)*

Le Chatelet , 04 50 72 52 60, NE : 3 km par N 5, rte de Thonon-les-Bains et rte du port de Sciez-Plage à gauche, à 300 m de la plage
2,5 ha (121 empl.) plat, herbeux, pierreux – – A proximité :
avril-oct. – Location longue durée – *Places limitées pour le passage* – **R** *conseillée juil.-août* – GB – – *2 pers. 65, pers. suppl. 24 13 (4A) 17 (6A)*

SECONDIGNY

9 - 67 ⑰

Paris 390 – Bressuire 27 – Champdeniers 15 – Coulonges-sur-l'Autize 22 – Niort 37 – Parthenay 14

79130 Deux-Sèvres – 1 907 h. alt. 177

Municipal du Moulin des Effres, sortie Sud par D 748, rte de Niort et chemin à gauche, près d'un plan d'eau
2 ha (60 empl.) peu incliné et plat, herbeux – – A proximité :
12 avril-15 oct. – **R** – *Tarif 97 : 13,50 10 10 16 (12A)*

SEDAN

2 - 53 ⑲ G. Champagne

Paris 248 – Châlons-en-Champagne 118 – Charleville-Mézières 24 – Luxembourg 106 – Reims 102 – Verdun 80

08200 Ardennes – 21 667 h. alt. 154.
Office de Tourisme, parking du Château
03 24 27 73 73, Fax 03 24 29 03 28

Municipal, 03 24 27 13 05, à la prairie de Torcy, bd Fabert, bord de la Meuse
1,5 ha (130 empl.) plat, herbeux (0,5 ha) –
Pâques-14 oct. – – *Tarif 97 : 15 13 (17 ou 25 avec élect. 5 ou 10A)*

SÉEZ

12 - 74 ⑱

Paris 641 – Albertville 58 – Bourg-St-Maurice 4 – Moûtiers 31

73700 Savoie – 1 662 h. alt. 904

Le Reclus , 04 79 41 01 05, Fax 04 79 41 04 79, sortie Nord-Ouest par N 90, rte de Bourg-St-Maurice, bord du Reclus
1,5 ha (108 empl.) peu incliné et en terrasses, herbeux, pierreux – –
Permanent – **R** *conseillée été et hiver* – – *20 19 - hiver : 2 pers. 62 15 (4A) 17 (6A) 19 (8A) - hiver : 17 (4A) 24 (6A) 42 (10A)*

SEICHES-SUR-LE-LOIR

5 - 64 ①

Paris 276 – Angers 21 – Château-Gontier 41 – Château-la-Vallière 54 – La Flèche 33 – Saumur 54

49140 M.-et-L. – 2 248 h. alt. 22

Municipal de la Vallée du Loir , 02 41 76 63 44, NO : par D 74, rte de Tiercé puis à droite, rte de l'église, bord de la rivière
1 ha (84 empl.) (saison) plat, terrasse, herbeux (0,5 ha) –

SEIGNOSSE

13 - 78 ⑰

Paris 747 – Biarritz 35 – Dax 29 – Mont-de-Marsan 81 – Soustons 12

40510 Landes – 1 630 h. alt. 15.
Office de Tourisme, av. des Lacs
05 58 43 32 15, Fax 05 58 43 32 66

La Pomme de Pin, 05 58 77 00 71, Fax 05 58 77 11 47 40230 Saubion, SE : 2 km par D 652 et D 337, rte de Saubion
5 ha (160 empl.) plat, sablonneux pinède – –
avril-oct. – **R** *conseillée juil.-août* – – *2 pers. 57 14 (5A)*

au Penon O : 5 km – 40510 Seignosse :

Les Chevreuils, 05 58 43 32 80, N : 3,5 km, sur D 79, rte de Vieux-Boucau-les-Bains
8 ha (240 empl.) plat, sablonneux pinède – – – Location :
juin-15 sept. – **R** *indispensable 20 juil.-20 août* – – *piscine et tennis compris 2 pers. 100, pers. suppl. 27 21 (3A) 31,50 (6A) 42 (10A)*

Municipal Hourn Naou, 05 58 43 30 30, Fax 05 58 41 64 21, sur D 79E
20 ha (450 empl.) plat, accidenté, sablonneux pinède – – – A proximité :
15 mai-sept. – **R** *conseillée*

SEILHAC

10 - 75 ⑨

Paris 462 - Aubusson 99 - Brive-la-Gaillarde 33 - Limoges 72 - Tulle 14 - Uzerche 16

19700 Corrèze - 1 540 h. alt. 500

Municipal lac de Bournazel ≤, ✆ 05 55 27 05 65, NO : 1,5 km par N 120, rte d'Uzerche puis 1 km à droite, à 100 m du lac
4 ha (155 empl.) en terrasses, pierreux, herbeux - A proximité : snack, discothèque
avril-29 sept. - **R** *conseillée* - *17,50* *16,50/21,70* *14,50 (6 à 10A)*

SEIX

14 - 86 ③ **G. Pyrénées Aquitaine**

Paris 802 - Ax-les-Thermes 76 - Foix 61 - St-Girons 18

09140 Ariège - 806 h. alt. 523

Le Haut Salat ≤ « Cadre et site agréables », ✆ 05 61 66 81 78, Fax 05 61 66 94 17, NE : 0,8 km par D 3, rte de St-Girons, bord du Salat
2,5 ha (127 empl.) plat, herbeux - Location :
Permanent - **R** *juil-août* - GB - *22* *22* *16,50 (5A) 36 (8A)*

SÉLESTAT

8 - 62 ⑲ **G. Alsace Lorraine**

Paris 435 - Colmar 23 - Gérardmer 65 - St-Dié 44 - Strasbourg 51

67600 B.-Rhin - 15 538 h. alt. 170.
Office de Tourisme, Commanderie St-Jean, bd Gén.-Leclerc
✆ 03 88 58 87 20, Fax 03 88 92 88 63

Municipal les Cigognes, ✆ 03 88 92 03 98, rue de la 1re D.F.L.
0,7 ha (48 empl.) plat, herbeux (0,3 ha) - - A proximité :
mai-15 oct. - **R** - *Tarif 97 :* *15,30* *15,30* *10,20 (6 à 10A)*

La SELLE-CRAONNAISE

4 - 63 ⑨

Paris 316 - Angers 67 - Châteaubriant 31 - Château-Gontier 30 - Laval 37 - Segré 26

53800 Mayenne - 904 h. alt. 71

Base de Loisirs de la Rincerie ≤, ✆ 02 43 06 17 52, Fax 02 43 07 50 20, NO : 4 km par D 111, D 150, rte de Ballob et chemin à gauche, près d'un plan d'eau
120 ha/5 campables (50 empl.) plat, herbeux - swin-golf - Location : gîtes
Permanent - **R** - *Tarif 97 :* *2 pers. 50, pers. suppl. 12* *13*

La SELLE-GUERCHAISE

4 - 63 ⑧

Paris 326 - Châteaubriant 36 - Craon 23 - La Guerche-de-Bretagne 6 - Laval 36 - Rennes 55

35130 I.-et-V. - 121 h. alt. 80

Municipal, au bourg, derrière la mairie, près d'un petit étang
0,4 ha (15 empl.) plat, herbeux - A proximité :
Permanent - **R** - *10* *12* *5A : 7 (hiver 10)*

SELONGEY

7 - 66 ②

Paris 322 - Châtillon-sur-Seine 74 - Dijon 40 - Langres 37 - Gray 40

21260 Côte-d'Or - 2 386 h. alt. 295

Municipal les Courvelles, ✆ 03 80 75 52 38, au Sud du bourg par rte de l'Is-sur-Tille, près du stade, rue Henri-Jevain
0,6 ha (22 empl.) peu incliné, herbeux - - A proximité :
mai-sept. - - *Tarif 97 :* *7* *6* *6/7* *7 (16A)*

SEMBADEL-GARE

11 - 76 ⑥

Paris 514 - Ambert 35 - Brioude 40 - La Chaise-Dieu 6 - Craponne-sur-Arzon 14 - Le Puy-en-Velay 54

43160 H.-Loire

Municipal les Casses, O : 1 km par D 22, rte de Paulhaguet
1 ha (24 empl.) plat et peu incliné, pierreux, herbeux - - A proximité :
15 juin-sept. - - *Tarif 97 :* *13* *17/20* *10 (6A)*

SEMUR-EN-AUXOIS

7 – 65 ⑰ ⑱ G. Bourgogne

Paris 246 – Auxerre 86 – Avallon 41 – Beaune 82 – Dijon 81 – Montbard 20

21140 Côte-d'Or – 4 545 h. alt. 286.

Office de Tourisme, 2 pl. Gaveau
03 80 97 05 96, Fax 03 80 97 08 85

à Allerey S : 8 km par D 103B et D 103F – 198 h. alt. 403
✉ 21230 Allerey :

Camp V.V.F, 03 80 97 12 99, à 0,6 km à l'Est du hameau, à 250 m du lac de Pont (accès direct)
1 ha (20 empl.) peu incliné et incliné, gravier, herbeux – Sanitaires individuels (wc) – (bassin)
16 juin-15 sept. – **R** *conseillée juil.-août – Adhésion V.V.F obligatoire* – –
2 pers. 63 20 (3A)

à Pont-et-Massène SE : 3,5 km par D 103B – 137 h. alt. 265
✉ 21140 Pont-et-Massène :

Municipal du Lac de Pont, 03 80 97 01 26, au bourg, à 50 m du lac, accès par le pont, sur D 103Z en direction de Précy-sous-Thil
2 ha (150 empl.) plat, peu incliné, herbeux – – – A proximité :
mai-15 sept. – – – *Tarif 97 : 15 et 4 pour eau chaude 8 9 12 (6A)*

SEMUSSAC

9 – 71 ⑮

Paris 502 – Marennes 36 – Mirambeau 40 – Pons 31 – Royan 12 – Saintes 35

17120 Char.-Mar. – 1 208 h. alt. 36

Le Bois de la Chasse « Agréable sous-bois », 05 46 05 18 01, Fax 05 46 06 92 06, SE : 0,8 km par rte de Bardécille et rte de Fontenille à gauche
2,5 ha (150 empl.) plat, herbeux chênaie –
juin-15 sept. – **R** *conseillée juil.-août* – – *17,50 15,50 17,50 (3A)*

SÉNAILLAC-LATRONQUIÈRE

10 – 75 ⑳

Paris 550 – Aurillac 49 – Cahors 88 – Figeac 31 – Lacapelle-Marival 26 – St-Céré 19 – Sousceyrac 9

46210 Lot – 169 h. alt. 557

Tolerme, 05 65 40 21 23, à 1 km à l'Ouest du bourg par chemin, à 100 m du lac de Tolerme
0,8 ha (37 empl.) (juil.-août) peu incliné et plat, herbeux – – – A proximité :
15 mai-sept. – **R** *conseillée* – – *18 20 10 (6A)*

SÉNÉ **56** Morbihan – 63 ③ – rattaché à Vannes

SÉNERGUES

15 – 80 ②

Paris 630 – Conques 11 – Entraygues-sur-Truyère 15 – Marcillac-Vallon 27 – Rodez 38

12320 Aveyron – 608 h. alt. 525

Intercommunal l'Étang du Camp, 05 65 79 62 25, SO : 6 km par D 242, rte de St-Cyprien-sur-Dourdou, bord d'un étang
3 ha (60 empl.) (juil.-août) plat, peu incliné, herbeux (0,4 ha) – – Location : bungalows toilés
juin-15 oct. – **R** *conseillée juil.-août* – – *élect. (6A) comprise 2 pers. 70, pers. suppl. 20*

SENONCHES

5 – 60 ⑥

Paris 117 – Chartres 37 – Dreux 37 – Mortagne-au-Perche 42 – Nogent-le-Rotrou 35

28250 E.-et-L. – 3 171 h. alt. 223.

Syndicat d'Initiative,
34 pl. de l'Hôtel-de-Ville
02 37 37 80 11, Mairie
02 37 37 76 76

Municipal du Lac, 02 37 37 94 63, sortie Sud vers Belhomert-Guéhouville, r. de la Tourbière, bord d'un étang
0,8 ha (50 empl.) plat, herbeux – – A proximité :
mai-sept. – **R** – *7 8,50 8,50 13 (14A)*

SENONES

8 – 62 ⑦ G. Alsace Lorraine

Paris 386 – Épinal 55 – Lunéville 50 – St-Dié 22 – Strasbourg 81

88210 Vosges – 3 157 h. alt. 340.

Office de Tourisme,
6 pl. Clemenceau
03 29 57 91 03, Fax 03 29 57 83 95

Municipal Jean-Jaurès, 03 29 57 94 47, E : 1 km par D 49B, rte de Vieux-Moulin et chemin du Plateau St-Maurice à droite
0,5 ha (30 empl.) plat et peu incliné, herbeux –
15 juin-15 sept. – – – *8,60 4,80 6,30 13 (6A)*

SENS-DE-BRETAGNE

4 – 59 ⑰

Paris 348 – Combourg 20 – Dinan 44 – Dol-de-Bretagne 36 – Rennes 35

35490 I.-et-V. – 1 393 h. alt. 85

Municipal, sortie Est par D 794 et à droite avant le carrefour de la N 175, près d'un étang
0,25 ha (20 empl.) peu incliné, herbeux – – – A proximité
mai-sept. – – *10 7 7 15 (4A)*

SEPPOIS-LE-BAS

8 - 66 ⑨

Paris 452 - Altkirch 13 - Basel 38 - Belfort 36 - Montbéliard 34

68580 H.-Rhin - 836 h. alt. 390

Municipal les Lupins, 03 89 25 65 37, sortie Nord-Est par D 17ᴵᴵ rte d'Altkirch et r. de la gare à droite
3,5 ha (158 empl.) plat, terrasses, herbeux - A proximité :
avril-oct. - Location longue durée - *Places disponibles pour le passage -* **R** *conseillée juil.-août* - GB - *Tarif 97 : 21 piscine comprise 21 19 (6A)*

SERAUCOURT-LE-GRAND

2 - 53 ⑭

Paris 134 - Chauny 23 - Ham 15 - Péronne 28 - St-Quentin 10 - Soissons 56

02790 Aisne - 738 h. alt. 102

Le Vivier aux Carpes, 03 23 60 50 10, Fax 03 23 60 51 69, au Nord du bourg, sur D 321, près de la poste, bord de deux étangs et à 200 m de la Somme
2 ha (59 empl.) plat, herbeux -
A proximité :
5 janv.-22 déc. - **R** *conseillée juil.-août* - - *élect. (3 ou 6A) comprise 2 pers. 90, pers. suppl. 15*

SÉRENT

4 - 63 ④

Paris 432 - Josselin 16 - Locminé 30 - Ploërmel 19 - Redon 44 - Vannes 31

56460 Morbihan - 2 686 h. alt. 80

Municipal du Pont Salmon « Entrée fleurie », 02 97 75 91 98, au bourg, vers rte de Ploërmel, au stade
1 ha (40 empl.) plat, herbeux - - A proximité :
Permanent - **R** - - *7 5,70 5,70 10A : 11,60 (hiver 48)*

SÉRIGNAC-PÉBOUDOU

14 - 79 ⑤

Paris 569 - Agen 63 - Bergerac 34 - Marmande 39 - Périgueux 82

47410 L.-et-G. - 190 h. alt. 139.
Syndicat d'Initiative, au Bourg
05 53 95 30 36

La Vallée de Gardeleau « Cadre boisé », 05 53 36 96 96, O : 2,2 km par rte de St-Nazaire et chemin à gauche - croisement difficile pour caravanes - dans locations
2 ha (33 empl.) plat, peu incliné, herbeux - brasserie - - Location :
mai-sept. - **R** *conseillée juil.-août* - - *19 piscine comprise 29 14 (5A)*

SÉRIGNAN

15 - 83 ⑮ **G. Gorges du Tarn**

Paris 772 - Agde 21 - Béziers 11 - Narbonne 32 - Valras-Plage 4

34410 Hérault - 5 173 h. alt. 7.
Office de Tourisme, pl. de la Libération
04 67 32 42 21, Fax 04 67 32 37 97

Le Paradis, 04 67 32 24 03, S : 1,5 km par rte de Valras-Plage - dans locations
2,2 ha (131 empl.) plat, herbeux - -
A proximité : - Location :
15 avril-15 sept. - **R** *conseillée juil.-août* - GB - - *piscine comprise 2 pers. 92, 3 pers. 102, pers. suppl. 18 13 (4A)*

L'Hermitage, 04 67 32 61 81, Fax 04 67 32 61 80, S : 2,4 km, rte de Valras-Plage - prendre la contre-allée derrière le garage Citroën
1,8 ha (100 empl.) plat, herbeux, gravillons - - Location :
Permanent - **R** *conseillée juil.-août* - - *élect. et piscine comprises 2 pers. 99*

à Sérignan-Plage SE : 5 km par D 37ᴱ - 34410 Sérignan :

Le Grand Large, 04 67 39 71 30, Fax 04 67 32 58 15, en deux camps distincts, bord de plage
9,5 ha (470 empl.) plat, herbeux, sablonneux (6 ha) - pizzeria salle d'animation - toboggan aquatique - Location : , bungalows toilés
mai-13 sept. - **R** *conseillée juil.-août* - GB - - *élect. et piscine comprises 2 pers. 165*

Le Clos Virgile, 04 67 32 20 64, Fax 04 67 32 05 42, à 500 m de la plage
5 ha (300 empl.) plat, sablonneux, herbeux - - toboggan aquatique - A proximité : - Location :
mai-15 sept. - **R** *conseillée juil.-août* - GB - - *piscine comprise 2 pers. 130 (150 avec élect.), pers. suppl. 25*

La Camargue, 04 67 32 19 64, Fax 04 67 39 78 20, bord de la Grande Maïre et près de la plage
2,6 ha (162 empl.) plat, sablonneux, gravillons - self - - A proximité : poneys - Location :
avril-sept. - **R** - - *élect. (10A) et piscine comprises 2 pers. 135*

SERRA-DI-FERRO **2A** Corse-du-Sud - 90 ⑬ - voir à Corse

SERRES

16 - 81 ⑤ G. Alpes du Sud

Paris 672 - Die 66 - Gap 40 - Manosque 85 - La Mure 77 - Nyons 64

05700 H.-Alpes - 1 106 h. alt. 670.
Office de Tourisme, pl. du Lac
04 92 67 00 67, Fax 04 92 67 16 16

Domaine des Deux Soleils « Belle situation montagnes et vallée du Buëch, site agréable », 04 92 67 01 33, Fax 04 92 67 08 02, SE : 0,8 km par N 75, rte de Sisteron puis 1 km par rte à gauche, à Super-Serres - alt. 800
26 ha/12 campables (72 empl.) en terrasses, pierreux, herbeux - snack - - Location :
mai-sept. - R *conseillée juil.-août* - - *piscine comprise 2 pers. 108,95 à 121,95, pers. suppl. 22,95 21,90 (5 ou 6A)*

SERRIÈRES-DE-BRIORD

12 - 74 ⑬

Paris 482 - Belley 30 - Bourg-en-Bresse 56 - Crémieu 29 - Nantua 66 - La Tour-du-Pin 34

01470 Ain - 834 h. alt. 218

Le Point Vert, 04 74 36 13 45, O : 2,5 km, à la Base de Loisirs, bord d'un plan d'eau et d'un petit canal
1,9 ha (137 empl.) plat, herbeux - - A proximité : (plage)
11 avril-sept. - Location longue durée - *Places disponibles pour le passage* - R *conseillée juil.-août* - GB - - *22 10 23 15 (5A)*

SERVERETTE

15 - 76 ⑮

Paris 563 - Aumont-Aubrac 12 - Marvejols 27 - Mende 29 - St-Chély-d'Apcher 18 - St-Flour 53

48700 Lozère - 324 h. alt. 975

Municipal, S : 0,4 km par rte d'Aumont-Aubrac, bord de la Truyère
0,9 ha (30 empl.) plat et en terrasses, pierreux, herbeux, gravillons -
juil.-15 sept. - R - - *11 10 11 (6A)*

SERVIÈS

15 - 82 ⑩

Paris 704 - Albi 45 - Castres 21 - Lavaur 20 - Puylaurens 15 - Toulouse 64

81220 Tarn - 431 h. alt. 165

St-Pierre-de-Rouzieux, 05 63 50 04 43, Fax 05 63 70 52 84, NE : 3,3 km par D 49, rte de Cuq et rte à gauche
3 ha (48 empl.) plat, peu incliné, terrasses, herbeux - - Location : bungalows toilés
juin-sept. - R *conseillée* - - *élect. et piscine comprises 2 pers. 60/80*

SERVON

4 - 59 ⑧

Paris 347 - Avranches 15 - Cherbourg 141 - Fougères 37 - Granville 40 - Le Mont-St-Michel 10 - St-Lô 73

50170 Manche - 202 h. alt. 25

Campasun St-Grégoire, 02 33 60 68 65, SE : 0,6 km par D 107, rte de Crollon
2 ha (83 empl.) plat, herbeux - - (bassin)
20 juin-10 sept. - R *15 juil.-15 août* - GB - - *25 19 19 (6A)*

SERVOZ

12 - 74 ⑧ G. Alpes du Nord

Paris 600 - Annecy 83 - Bonneville 43 - Chamonix-Mont-Blanc 14 - Megève 25 - St-Gervais-les-Bains 13

74310 H.-Savoie - 619 h. alt. 816.
Office de Tourisme, Maison de L'Alpage
04 50 47 21 68, Fax 04 50 47 27 06

La Plaine St-Jean, 04 50 47 21 87, Fax 04 50 47 25 80, sortie Est par D 13, rte de Chamonix-Mont-Blanc, au confluent de l'Arve et de la Diosaz
5,5 ha (250 empl.) plat, herbeux, étang - - Location *(15 juin-15 sept.)* :
15 mai-10 sept. - R *conseillée* - GB - - *26 30 18 (4A) 24 (6A)*

SÈTE

15 - 83 ⑯ G. Gorges du Tarn

Paris 787 - Béziers 55 - Lodève 62 - Montpellier 29

34200 Hérault - 41 510 h. alt. 4.
Office de Tourisme, 60 Grand'Rue Mario-Roustan
04 67 74 71 71, Fax 04 67 46 17 54

Le Castellas, 04 67 51 63 00, Fax 04 67 51 63 01, SO : 11 km par N 112, rte d'Agde, près de la plage
23 ha (989 empl.) plat, sablonneux, gravillons (8 ha) - cafétéria, pizzeria cases réfrigérées - - Location :
16 mai-26 sept. - R *conseillée* - GB - - *piscine comprise 2 pers. 140, pers. suppl. 21 22 (6A)*

Les SETTONS

11 - 65 ⑯ ⑰ G. Bourgogne

Paris 257 - Autun 41 - Avallon 44 - Château-Chinon 26 - Clamecy 60 - Nevers 88 - Saulieu 27

58 Nièvre
58230 Montsauche-les-Settons

Les Mésanges, 03 86 84 55 77, S : 4 km par D193, D 520, rte de Planchez et rte de Chevigny à gauche, à 200 m du lac
5 ha (100 empl.) peu incliné et en terrasses, herbeux, étang - - A proximité :
mai-15 sept. - *Tarif 97 : 22 12 15 18 (4A) et 3 par ampère supplémentaire*

Plage du Midi « Situation agréable », 03 86 84 51 97 Fax 03 86 84 57 31, SE : 2,5 km par D 193 et rte à droite, bord du lac
4 ha (160 empl.) peu incliné, herbeux (0,5 ha) - - - A proximité :
Pâques-sept. - R *conseillée* - GB - - *23 14 15 20 (10A)*

La Plage des Settons ⑤ ≤, ☎ 03 86 84 51 99, Fax 03 86 84 54 81, à 300 m au Sud du barrage, bord du lac
2,6 ha (68 empl.) en terrasses – A proximité :
mai-21 sept. – **R** *conseillée juil.-août – GB – 🐕 – 20 🚗 12 ▣ 15 ⚡ 15 (3A) 19 (5A) 27 (10A)*

La Cabane Verte ⑤, ☎ 03 86 76 02 25 ✉ 58230 Moux-en-Morvan, S : 8 km par D 193, D 520, rte de Planchez puis à gauche, par Chevigny, rte de Gien-sur-Cure et D 501 à gauche, près du lac
3,8 ha (107 empl.) en terrasses, peu incliné, herbeux – – A proximité :
20 mai-20 sept. – **R** *conseillée juil.-août – 20 🚗 14 ▣ 15 ⚡ 15 (6 ou 10A)*

SÉVÉRAC-L'ÉGLISE

15 – 80 ③ **G. Gorges du Tarn**

Paris 630 – Espalion 26 – Mende 83 – Millau 58 – Rodez 30 – Sévérac-le-Château 22

12310 Aveyron – 415 h. alt. 630

La Grange de Monteillac ≤, ☎ 05 65 70 21 00, Fax 05 65 70 21 01, au Nord-Est du bourg par D 28, à droite, avant le pont
4,5 ha (60 empl.) en terrasses, plat, herbeux – snack, pizzeria – – A proximité : – Location *(permanent)* :
avril-sept. – **R** *conseillée – GB – 🐕 – ▣ élect. (6A) et piscine comprises 1 ou 2 pers. 103*

SÉVRIER **74** H.-Savoie – 74 ⑥ – voir à Annecy (Lac d')

SEYNE

17 – 81 ⑦ **G. Alpes du Sud**

Paris 714 – Barcelonnette 42 – Digne-les-Bains 41 – Gap 46 – Guillestre 75

04 Alpes-de-H.-Pr. – 1 222 h. alt. 1 200
✉ 04140 Seyne-les-Alpes.
Office de Tourisme, pl. Armes
☎ 04 92 35 11 00, Fax 04 92 35 28 84

Les Prairies ⑤ ≤, ☎ 04 92 35 10 21, Fax 04 92 35 26 96, S : 1 km par D 7, rte d'Auzet et chemin à gauche, bord de la Blanche
3,6 ha (100 empl.) plat, pierreux, herbeux – – A proximité : – Location *(permanent)* :
avril-15 sept. – **R** *conseillée juil.-août – 🐕 – ▣ piscine comprise 2 pers. 69 ou 79 ⚡ 13 (2A) 17 (3A) 20 (6A)*

La SEYNE-SUR-MER

17 – 84 ⑮ **G. Côte d'Azur**

Paris 831 – Aix-en-Provence 79 – La Ciotat 36 – Marseille 60 – Toulon 7

83500 Var – 59 968 h. alt. 3.
Office de Tourisme, pl. L.-Rollin
☎ 04 94 94 73 09, Fax 04 94 30 84 62
et esplanade des Sablettes

Schéma à Six-Fours-les-Plages

International des Fontanettes, ☎ 04 94 94 75 07, Fax 04 94 30 62 11, NO : 3 km par D 63, rte de Sanary-sur-Mer – Ⓟ tentes
1,1 ha (66 empl.) plat et en terrasses, herbeux, pierreux – pizzeria – – A proximité : – Location :
fermé oct. – **R** *indispensable – GB – 🐕 – ▣ piscine comprise 3 pers. 88 ⚡ 14 (3A) 17 (6A) 20 (10A)*

SEYSSEL

12 – 74 ⑤ **G. Jura**

Paris 518 – Aix-les-Bains 32 – Annecy 40

74910 H.-Savoie – 1 630 h. alt. 252.
Office de Tourisme, Maison du Pays
☎ 04 50 59 26 56, Fax 04 50 56 21 94

Le Nant-Matraz ≤, ☎ 04 50 59 03 68, sortie Nord par D 992, près du Rhône (accès direct)
1 ha (74 empl.) plat et peu incliné, herbeux – – A proximité :
15 mai-15 sept. – **R** *conseillée – 🐕 – ▣ 2 pers. 55, pers. suppl. 20 ⚡ 11 (3A) 16 (6A) 20 (10A)*

SEYSSEL

12 – 74 ⑤ **G. Jura**

Paris 519 – Aix-les-Bains 32 – Annecy 41 – Genève 51 – Nantua 47

01420 Ain – 817 h. alt. 258

International ⑤ ≤, ☎ 04 50 59 28 47, SO : 2,4 km par D 992, rte de Culoz et chemin à droite
1,5 ha (45 empl.) en terrasses, herbeux – snack –
15 juin-15 sept. – **R** *conseillée – 🐕 – ▣ piscine comprise 2 pers. 75 ⚡ 10 (2A) 15 (4A) 20 (6A)*

SÉZANNE

7 – 61 ⑤ **G. Champagne**

Paris 114 – Châlons-en-Champagne 59 – Meaux 76 – Melun 88 – Sens 79 – Troyes 61

51120 Marne – 5 829 h. alt. 137.
Office de Tourisme, pl. République
☎ 03 26 80 51 43, Fax 03 26 80 54 13

Municipal, ☎ 03 26 80 57 00, sortie Ouest par D 373, rte de Paris (près N 4) puis 0,7 km par chemin à gauche et rte de Launat à droite
1 ha (79 empl.) incliné, herbeux – – A proximité :
10 avril-10 oct. – **R** *conseillée saison – Tarif 97 : 11 🚗 8 ▣ 8 ⚡ 16 (10A)*

SIGEAN

15 – 86 ⑩ G. Pyrénées Roussillon

Paris 813 – Carcassonne 72 – Narbonne 22 – Perpignan 47

11130 Aude – 3 373 h. alt. 21.

Office de Tourisme, pl. de la Libération ✆ 04 68 48 14 81

La Grange Neuve, ✆ 04 68 48 58 70, Fax 04 68 48 01 97, NO : 6,5 km par N 9, rte de Narbonne, à 800 m de la "Réserve Africaine"
2,45 ha (78 empl.) accidenté, en terrasses, plat, pierreux, gravier – snack – (bassin) – A proximité : – Location : huttes
Permanent – **R** *conseillée juil.-août* – GB – – *2 pers. 80*

SIGNES

17 – 84 ⑮

Paris 817 – Aubagne 29 – Bandol 28 – Brignoles 32 – La Ciotat 27 – Marseille 46 – Toulon 34

83870 Var – 1 340 h. alt. 300

Les Promenades, ✆ 04 94 90 88 12, Fax 04 94 90 82 68, à l'Est du bourg, à la station Avia
2 ha (91 empl.) plat, peu incliné, pierreux, herbeux – – salle d'animation – Location :
Permanent – **R** *conseillée juil.-août* – – *20 piscine comprise 15 21* *16 (4A) 18 (6A) 27 (10A)*

SIGNY-L'ABBAYE

2 – 53 ⑰ G. Champagne

Paris 210 – Charleville-Mézières 29 – Hirson 38 – Laon 71 – Rethel 23 – Rocroi 30 – Sedan 51

08460 Ardennes – 1 422 h. alt. 240

Municipal l'Abbaye, ✆ 03 24 52 87 73, au Nord du bourg, près du stade, bord de la Vaux
1,2 ha (60 empl.) plat, herbeux – – A proximité :
mai-sept. – **R** – *8 5 6 15 (10 ou 16A)*

SIGOULÈS

14 – 75 ⑭

Paris 550 – Agen 83 – Bergerac 15 – Castillonnès 21 – Duras 25 – Ste-Foy-la-Grande 21

24240 Dordogne – 603 h. alt. 105

Intercommunal, ✆ 05 53 58 81 94, N : 1,4 km par D 17, rte de Pomport, bord de la Gardonnette et près d'un lac, à la Base de Loisirs
14 ha/3 campables (90 empl.) plat et peu incliné, herbeux, bois attenant – toboggan aquatique – Location *(Permanent)* :
mai-sept. – **R** – – *20 18 12 (20A)*

SILLANS-LA-CASCADE

17 – 84 ⑥ G. Côte d'Azur

Paris 827 – Aups 10 – Barjols 16 – Draguignan 30 – St-Maximin-la-Ste-Baume 37

83690 Var – 438 h. alt. 364

Le Relais de la Bresque , ✆ 04 94 04 64 89, N : 2 km par D 560 et D 22, rte d'Aups et r. de la Piscine à droite
1,3 ha (66 empl.) plat et peu accidenté, pierreux – snack, pizzeria – – A proximité : (découverte l'été) – Location : , gîte d'étape
Permanent – **R** *indispensable juil.-août* – *30 20 5A : 15 (hors saison 20) 10A : 18 (hors saison 30)*

SILLÉ-LE-GUILLAUME

5 – 60 ⑫ G. Normandie Cotentin

Paris 229 – Alençon 39 – Laval 56 – Le Mans 34 – Sablé-sur-Sarthe 42

72140 Sarthe – 2 583 h. alt. 161.

Office de Tourisme, 13 pl. du Marché ✆ 02 43 20 10 32, Fax 02 43 20 10 32 et Maison du Lac et de la Forêt ✆ 02 43 20 19 97 (saison) à Sillé-Plage

Le Landereau « Décoration arbustive », ✆ 02 43 20 12 69, NO : 2 km par D 304, rte de Mayenne
2 ha (75 empl.) plat, peu incliné et en terrasses, herbeux – – – Location :
Pâques-Toussaint – **R** – – *13 5 4/5 8,50 à 22 (3 à 10A)*

SILLÉ-LE-PHILIPPE

5 – 60 ⑭

Paris 194 – Beaumont-sur-Sarthe 24 – Bonnétable 11 – Connerré 14 – Mamers 33 – Le Mans 19

72460 Sarthe – 803 h. alt. 35

Château de Chanteloup , ✆ 02 43 27 51 07, SO : 2 km par D 301, rte du Mans
20 ha (90 empl.) plat, peu incliné, sablonneux, herbeux, étang, sous-bois (2 ha) – snack – – Location *(mai-sept.)*
30 mai-5 sept. – **R** *conseillée 10 juil.-15 août* – *30 piscine et tennis compris 50 19 (6A)*

SINGLES

10 – 73 ⑫

Paris 446 – Bort-les-Orgues 28 – La Bourboule 24 – Bourg-Lastic 20 – Clermont-Ferrand 66

63690 P.-de-D. – 214 h. alt. 737

Le Moulin de Serre , ✆ 04 73 21 16 06, Fax 04 73 21 12 56, à 1,7 km au Sud de la Guinguette, par D 73, rte de Bort-les-Orgues, bord de la Burande
2 ha (90 empl.) plat, herbeux – snack –
avril-oct. – **R** *conseillée juil.-août* – GB – – *piscine comprise 2 pers. 5.* *14 (3A) 22 (5A) 30 (10A)*

SION-SUR-L'OCÉAN 85 Vendée – 67 ⑫ – rattaché à St-Hilaire-de-Riez

SIORAC-EN-PÉRIGORD

13 – 75 ⑯ G. Périgord Quercy

Paris 540 – Bergerac 45 – Cahors 67 – Périgueux 59 – Sarlat-la-Canéda 28

24170 Dordogne – 904 h. alt. 77.

Syndicat d'Initiative, pl. de Siorac
05 53 31 63 51

Municipal le Port, 05 53 31 63 81, au Nord-Est du bourg, accès sur D 25, rtde Buisson-Cussac et chemin devant Intermarché, bord de la Dordogne et de la Nauze
1,5 ha (66 empl.) plat, herbeux – – parcours de santé – A proximité : cafétéria
juin-sept. – **R** – – *21* *16*

SIREUIL

Paris 461 – Angoulême 15 – Barbezieux 25 – Cognac 34 – Jarnac 22 – Rouillac 22

16440 Charente – 1 121 h. alt. 26

Nizour « Entrée fleurie », 05 45 90 56 27, au Sud du bourg par D 7, rte de Blanzac et à gauche avant le pont, près de la Charente (embarcadère pour départ croisières)
1,6 ha (40 empl.) plat, herbeux – – – A proximité : – Location :
mai-sept. – **R** *conseillée* – – *piscine comprise 2 pers. 71, pers. suppl. 19* *18 (6A)*

SISTERON

17 – 81 ⑥ G. Alpes du Sud

Paris 706 – Barcelonnette 99 – Digne-les-Bains 38 – Gap 50

04200 Alpes-de-H.-P. – 6 594 h. alt. 490.

Office de Tourisme, à l'Hôtel-de-Ville
04 92 61 12 03, Fax 04 92 61 19 57

Municipal des Prés-Hauts <, 04 92 61 19 69, N : 3 km par rte de Gap et D 951 à droite, rte de la Motte-du-Caire, près de la Durance
4 ha (120 empl.) plat et peu incliné, herbeux – –
mars-oct. – **R** *conseillée juil.-août – Tarif 97 : piscine comprise 2 pers. 65, pers. suppl. 17* *20 (6A)*

SIX-FOURS-LES-PLAGES

17 – 84 ⑭ G. Côte d'Azur

Paris 832 – Aix-en-Provence 80 – La Ciotat 37 – Marseille 61 – Toulon 12

83140 Var – 28 957 h. alt. 20.

Office de Tourisme, plage de Bonnegrâce
04 94 07 02 21, Fax 04 94 25 13 36
et (juil.-août) au Brusc Quai St-Pierre
04 94 34 15 06

La Pinède « Agréable cadre fleuri », 04 94 34 06 39, S : 3,5 km par D 16, rte de Notre-Dame du Mai, au Brusc (hors schéma)
10 ha/3,5 campables (200 empl.) plat, pierreux, herbeux –
15 juin-sept. – **R** *conseillée 25 juil.-15 août* – GB – – *25* *25* *15 (3A)*

Héliosports, 04 94 25 62 76, Fax 04 94 25 82 93, O : 1 km
0,5 ha (40 empl.) plat, herbeux, gravier – cases réfrigérées – A proximité :
25 mars-15 oct. – **R** – – *3 pers. 65 à 78, pers. suppl. 15* *14 (3A) 18 (5A) 20 (6A)*

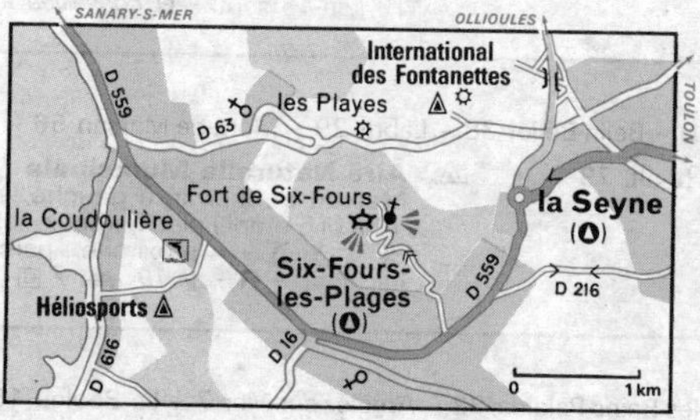

Voir aussi à *la Seyne-sur-Mer*

SIXT-FER-À-CHEVAL

12 – 74 ⑧ G. Alpes du Nord

Paris 590 – Annecy 78 – Cluses 28 – Genève 60 – Morzine 81 – Samoëns 7

74740 H.-Savoie – 715 h. alt. 760

Municipal du Fer à Cheval < Cirque du Fer à Cheval « Site agréable », 04 50 34 12 17, Fax 04 50 89 51 02, NE : 5,5 km par D 907, à 300 m du Giffre – alt. 915
2,7 ha (100 empl.) non clos, peu incliné, herbeux, pierreux –
juin-15 sept. – **R** – – *Tarif 97 : 12* *4,40* *5,60* *17,50 (5A) 35 (10A)*

SIZUN

8 - 58 ⑤ G. Bretagne

Paris 571 - Brest 36 - Carhaix-Plouguer 43 - Châteaulin 33 - Landerneau 17 - Morlaix 34 - Quimper 57

29450 Finistère - 1 728 h. alt. 112

Municipal du Gollen, 02 98 24 11 43, S : 1 km par D 30, rte de St-Cadou et à gauche, bord de l'Elorn - Passerelle piétons pour rejoindre le centre du bourg
0,6 ha (30 empl.) plat, herbeux - A proximité :
15 avril-sept. - R - *Tarif 97 : 13 6 10 12 (5A)*

SOCOA

64 Pyr.-Atl. - 85 ② - rattaché à St-Jean-de-Luz

SOINGS-EN-SOLOGNE

5 - 64 ⑱

Paris 207 - Blois 26 - Contres 9 - Romorantin-Lanthenay 19 - St-Aignan 26 - Selles-sur-Cher 18

41230 L.-et-C. - 1 289 h. alt. 106

Municipal le Petit Mont-en-Jonc, sortie Sud par D 119 puis 0,5 km par rte à gauche et chemin
0,35 ha (22 empl.) plat, herbeux - A proximité :
juin-sept. - - *6 6/8 15*

SOISSONS

6 - 56 ④ G. Flandres Artois Picardie

Paris 104 - Compiègne 38 - Laon 37 - Meaux 63 - Reims 55 - St-Quentin 61 - Senlis 61

02200 Aisne - 29 829 h. alt. 47.
Office de Tourisme, 16 pl. Fernand-Marquigny
03 23 53 17 37, Fax 03 23 59 67 72

Municipal, 03 23 74 52 69, N : av. du Mail, près de l'Aisne et de la piscine
1,7 ha (117 empl.) plat, herbeux - -
A proximité : parcours de santé
Permanent - **R** - *Tarif 97 : 14 10 10 5A : 17 (hiver 23)*

SOLESMES

2 - 53 ④

Paris 199 - Avesnes-sur-Helpe 35 - Cambrai 20 - Le Cateau-Cambrésis 10 - Lille 75 - Valenciennes 22

59730 Nord - 4 892 h. alt. 71

L'Étang des Peupliers, 03 27 37 32 08, S : 0,8 km par D 109 rte de Briastre, près de la Selle
0,57 ha (37 empl.) plat, herbeux, étangs - -
avril-oct. - **R** - *15 8 15 13 (3A) 17 (6A) 22 (10A)*

SOLLIÉRES-SARDIÈRES

12 - 77 ⑧

Paris 679 - Bessans 20 - Chambéry 117 - Lanslebourg-Mont-Cenis 8 - Modane 15 - Susa 44

73500 Savoie - 171 h. alt. 1 350

Le Chenantier, 04 79 20 52 34, Fax 04 79 20 53 43, à l'entrée de Sollières-Envers, à 50 m de l'Arc et de la N 6
1,5 ha (60 empl.) en terrasses, accidenté, herbeux, pierreux -

SORDE-L'ABBAYE

13 - 78 ⑦ G. Pyrénées Aquitaine

Paris 760 - Bayonne 45 - Dax 26 - Oloron-Ste-Marie 61 - Orthez 30

40300 Landes - 569 h. alt. 17

Municipal la Galupe, 05 58 73 18 13, O : 1,3 km par D 29, rte de Peyrehorade, D 123 à gauche et chemin avant le pont, près du Gave d'Oloron
0,6 ha (28 empl.) plat, herbeux, pierreux -
15 juin-15 sept. - **R** *conseillée* - *10 20 10 (6A)*

SORE

13 - 78 ④

Paris 653 - Bazas 40 - Belin-Béliet 38 - Labrit 29 - Mont-de-Marsan 56 - Pissos 99

40430 Landes - 883 h. alt. 73

Aire Naturelle Municipale, S : 1 km par D 651, rte de Mont-de-Marsan et chemin à gauche, à 50 m de la Petite Leyre
1 ha (16 empl.) plat, herbeux, sablonneux - - A l'entrée :
- A proximité : parcours sportif - Location : gîtes
juin-sept. - **R** - *19 7 17 avec élect.*

SORÈDE

15 - 86 ⑲

Paris 882 - Amélie-les-Bains-Palalda 32 - Argelès-sur-Mer 7 - Le Boulou 16 - Perpignan 24

66690 Pyr.-Or. - 2 160 h. alt. 20.
Office de Tourisme, pl. de la Mairie
04 68 89 31 17

Les Micocouliers, 04 68 89 20 27, Fax 04 68 95 45 25, au Nord-Est par D 11, rte de St-André
3 ha (221 empl.) plat, peu incliné, pierreux, herbeux -
crêperie, pizzeria - - Location *(avril-oct.)* :
juin-15 sept. - **R** *conseillée* - - *Tarif 97 : 21 piscine comprise 45 16 (4A) 19 (6A)*

SORÈZE

15 - 82 ⑳ G. Gorges du Tarn

Paris 748 - Castelnaudary 26 - Castres 27 - Puylaurens 19 - Toulouse 56

81540 Tarn - 1 954 h. alt. 272

Les Vigariès, 05 63 74 18 06, au Nord du bourg, accès par r. de la Mairie au stade
1 ha (47 empl.) plat, herbeux - -
juil.-août - **R** *conseillée* - *Tarif 97 : 11 5 11 10*

SORGEAT

15 - 86 ⑮

Paris 822 – Ax-les-Thermes 5 – Axat 49 – Belcaire 21 – Foix 46 – Font-Romeu-Odeillo-Via 61

09110 Ariège – 81 h. alt. 1 050

Municipal ≤ montagnes « Situation agréable », 05 61 64 36 34, N : 0,8 km
2 ha (40 empl.) en terrasses, plat, herbeux – Location : gîtes
Permanent – **R** *conseillée juil.-août – 17 16 12 (5A) 22 (10A)*

SOSPEL

17 - 84 ⑲ ⑳ G. Côte d'Azur

Paris 969 – Breil-sur-Roya 22 – L'Escarène 21 – Lantosque 37 – Menton 18 – Nice 41

06380 Alpes-Mar. – 2 592 h. alt. 360.
Office de Tourisme, bd de la 1ère D.F.L.
04 93 04 18 44, Fax 04 93 04 19 96
et Accueil, Le Vieux Pont
04 93 04 15 80

Domaine Ste-Madeleine ≤, 04 93 04 10 48, NO : 4,5 km par D 2566, rte du col de Turini
3 ha (90 empl.) en terrasses, herbeux, pierreux – Location :
28 mars-27 sept. – **R** *conseillée juil.-août – piscine comprise 2 pers. 80 12 (6A)*

SOTTA **2A** Corse-du-Sud – 90 ⑧ – voir à Corse

SOUBÈS **34** Hérault – 83 ⑤ – rattaché à Lodève

SOUILLAC

13 - 75 ⑱ G. Périgord Quercy

Paris 515 – Brive-la-Gaillarde 36 – Cahors 64 – Figeac 64 – Gourdon 29 – Sarlat-la-Canéda 29

46200 Lot – 3 459 h. alt. 104.
Office de Tourisme, bd L.-J.-Malvy
05 65 37 81 56, Fax 05 65 27 11 45

Domaine de la Paille Basse ≤ « Vaste domaine accidenté autour d'un vieux hameau restauré », 05 65 37 85 48, Fax 05 65 37 09 58, NO : 6,5 km par D 15, rte de Salignac-Eyvignes puis 2 km par chemin à droite
80 ha/12 campables (254 empl.) plat, accidenté et en terrasses, pierreux, herbeux – (dîner) crêperie – discothèque, salle de cinéma – tir à la carabine – Location :
15 mai-15 sept. – **R** *conseillée juil.-20 août* – GB – *32 piscine comprise 52/52 ou 64 19 (3A) 32 (6A)*

La Draille ≤, 05 53 28 90 31, Fax 05 65 37 06 20, NO : 6 km par D 15, à Bourzoles, bord de la Borrèze
26 ha/6 campables (150 empl.) plat, incliné et en terrasses, herbeux (3 ha) – discothèque – Location : , tentes
avril-sept. – **R** *conseillée 10 juil.-20 août* – GB – *26 piscine comprise 45*

Verte Rive « Cadre boisé », 05 65 37 85 96, sortie Sud par N 20, rte de Cahors puis 5 km par D 43, rte de Pinsac et à droite, bord de la Dordogne
1,4 ha (65 empl.) plat, herbeux – – Location :
Pâques-sept. – **R** *conseillée – 26 piscine comprise 28 16 (4A) 20 (6A) 28 (10A)*

Le Pit ≤ « Site et cadre agréables », 05 65 32 25 04 46200 Mayrac, E : 9 km par D 703, rte de Martel puis 3 km par D 33, rte de St-Sozy
3 ha (50 empl.) en terrasses, herbeux, bois attenant – – Location :
15 juin-15 sept. – **R** *conseillée juil.-août* – GB – *30 piscine comprise 10 35 10 (3A)*

Municipal les Ondines, 05 65 37 86 44, SO : 1 km par rte de Sarlat et chemin à gauche, près de la Dordogne
4 ha (242 empl.) (juil.-août) plat, herbeux – – A proximité : toboggan aquatique
mai-sept. – **R** *conseillée juil.-août – 14 13 10 (5A)*

SOULAC-SUR-MER

9 - 71 ⑮ ⑯ G. Pyrénées Aquitaine

Paris 513 – Bordeaux 95 – Lesparre-Médoc 30 – Royan 10

33780 Gironde – 2 790 h. alt. 7.
Office de Tourisme, 15 r. de la Plage
05 56 09 86 61, Fax 05 56 73 63 76

Palace « Cadre agréable », 05 56 09 80 22, Fax 05 56 09 84 23, SO : 1 km, rte de l'Amélie-sur-Mer, à 500 m de la plage – dans locations
16 ha/7 campables (530 empl.) plat et accidenté, sablonneux – – A proximité : – Location :

Les Sables d'Argent, 05 56 09 82 87, Fax 05 56 09 94 82, SO : 1,5 km par rte de l'Amélie-sur-Mer, accès direct à la plage
2,6 ha (152 empl.) (15 mai-15 sept.) accidenté et plat, sablonneux, dunes – snack – – A proximité : parcours sportif – Location :
Pâques-sept. – **R** *conseillée* – GB – *Tarif 97 : 2 pers. 87, pers. suppl. 18 21 (4A) 23 (6A) 25 (10A)*

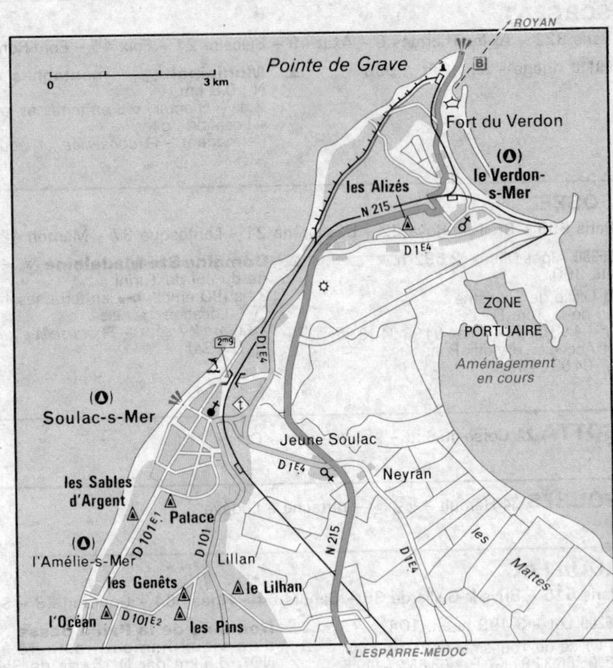

à l'Amélie-sur-Mer SO : 4,5 km – ✉ 33780 Soulac-sur-Mer :

L'Océan, ✆ 05 56 09 76 10, sortie Est par D 101^{E2} et D 101, à 300 m de la plage
6 ha (300 empl.) plat, sablonneux, herbeux pinède –
juin-15 sept. – **R** *conseillée juil.-août* – *1 pers. 70, pers. suppl. 19* *18 (3A) 20 (6A) 22 (10A)*

Le Lilhan, ✆ 05 56 09 77 63, E : 2,8 km par D 101^{E2} et D 101
4 ha (170 empl.) plat, sablonneux – snack –
juin-15 sept. – **R** *conseillée 5 juil.-25 août* – *Tarif 97 : 17 piscine comprise* *9* *42* *16 (2A) 18 (4A) 20 (10A)*

Les Genêts, ✆ 05 56 09 85 79, NE : 2 km sur D 101^{E2}
4 ha (250 empl.) plat, sablonneux, herbeux – snack – Location : bungalows toilés
avril-sept. – **R** *conseillée 5 juil.-24 août* – *Tarif 97 : piscine comprise 2 pers. 84, pers. suppl. 17* *18 (4A) 21 (6A) 24 (10A)*

Les Pins, ✆ 05 56 09 82 52, Fax 05 56 73 65 58, E : 1,5 km par D 101^{E2}
3,2 ha (150 empl.) plat, vallonné, sablonneux –
juin-sept. – **R** *conseillée* – *2 pers. 68, pers. suppl. 18* *17 (4A)*

Voir aussi *au Verdon-sur-Mer*

SOULAINES-DHUYS

7 – 61 ⑲

Paris 228 – Bar-sur-Aube 18 – Brienne-le-Château 17 – Chaumont 47 – Troyes 54

10200 Aube – 254 h. alt. 153

Municipal de la Croix Badeau, au Nord-Est du bourg, près de l'église
1 ha (39 empl.) peu incliné, herbeux, gravier, gravillons – – A proximité :
mai-sept. – *8* *20* *8*

SOULLANS

9 – 67 ⑫

Paris 444 – Challans 6 – Noirmoutier-en-l'Ile 46 – La Roche-sur-Yon 45 – Les Sables-d'Olonne 38 – St-Gilles-Croix-de-Vie 1

85300 Vendée – 3 045 h. alt. 12.
Office de Tourisme, Mairie
✆ 02 51 35 28 68, Fax 02 51 20 71 80

Municipal le Moulin Neuf, sortie Nord par rte de Challans et chemin à droite
1,2 ha (80 empl.) plat, herbeux – – A proximité
15 juin-15 sept. – **R** *conseillée* – *Tarif 97 : 2 pers. 32, pers. suppl.* *8 (4A)*

SOURAÏDE

13 - 85 ②

Paris 789 - Ainhoa 6 - Ascain 18 - Bayonne 20 - Cambo-les-Bains 8 - St-Jean-de-Luz 23

64250 Pyr.-Atl. - 937 h. alt. 63

Alegera « Cadre agréable », ✆ 05 59 93 91 80, sortie Est par D 918, rte de Cambo-les-Bains, bord d'un ruisseau
3 ha (222 empl.) plat et peu incliné, herbeux, gravier - A proximité : - Location *(fév.-nov.)* :
15 mars-oct. - *Tarif 97 : 17 piscine comprise 25 16,50 (4A) 21 (10A)*

Aire Naturelle Epherra, N : 2,1 km par rte à droite après l'église
1,5 ha (25 empl.) en terrasses et peu incliné, herbeux - A proximité : golf, practice de golf
juil.-15 sept. - *2 pers. 40 11*

SOURNIA

15 - 86 ⑱

Paris 902 - Perpignan 48 - Prades 24 - St-Paul-de-Fenouillet 23 - Vernet-les-Bains 35

66730 Pyr.-Or. - 376 h. alt. 525

La Source « Agréable sapinière », au bourg - Accès par rue étroite
0,8 ha (48 empl.) peu incliné, herbeux, pierreux - A proximité :
avril-oct. - *7 4 7 8 (4A)*

SOURSAC

10 - 76 ①

Paris 483 - Égletons 27 - Mauriac 19 - Neuvic 16 - Tulle 57 - Ussel 37

19550 Corrèze - 569 h. alt. 532

Municipal de la Plage « Site et cadre agréables », ✆ 05 55 27 55 43, NE : 1 km par D 16, rte de Mauriac et à gauche, bord d'un plan d'eau
2,5 ha (90 empl.) (juil.-août) peu incliné, en terrasses, herbeux - A proximité : (bassin) toboggan aquatique - Location : huttes, gîtes
15 juin-15 sept. - *13,20 12,15 12,15 (6A)*

SOUSTONS

13 - 78 ⑯ G. Pyrénées Aquitaine

Paris 733 - Biarritz 44 - Castets 24 - Dax 25 - Mont-de-Marsan 76 - St-Vincent-de-Tyrosse 13

40140 Landes - 5 283 h. alt. 9.
Office de Tourisme, "La Grange de Labouyrie"
✆ 05 58 41 52 62, Fax 05 58 41 30 63

Municipal l'Airial « Cadre agréable », ✆ 05 58 41 12 48, O : 2 km par D 652 rte de Vieux-Boucau-les-Bains, à 200 m de l'étang de Soustons
12 ha (400 empl.) (saison) plat, vallonné, sablonneux pinède -

La SOUTERRAINE

10 - 72 ⑧ G. Berry Limousin

Paris 341 - Bellac 40 - Châteauroux 74 - Guéret 34 - Limoges 56

23300 Creuse - 5 459 h. alt. 390.
Office de Tourisme, pl. Gare
✆ 05 55 63 10 06,
Fax (Mairie) 05 55 63 37 27

Suisse Océan « Situation agréable », ✆ 05 55 63 33 32, E : 1,8 km par D 912 rte de Guéret et chemin à gauche, près de l'étang de Cheix
2 ha (60 empl.) en terrasses, herbeux - snack - A proximité : (plage)
Permanent - R *conseillée - Tarif 97 : 15 10 15 (20A)*

SOUVIGNARGUES

16 - 80 ⑱

Paris 732 - Alès 42 - Montpellier 37 - Nîmes 23 - Le Vigan 62

30250 Gard - 545 h. alt. 98

Le Pré St-André, ✆ 04 66 80 95 85, sortie Nord-Est par D 22, rte de Montpezat
1,6 ha (72 empl.) plat, peu incliné, herbeux - pizzeria - - Location :
Pâques-sept. - R *conseillée* - GB - *piscine comprise 2 pers. 67, pers. suppl. 12 10 (3A) 14 (6A) 20 (10A)*

STRASBOURG P

8 - 62 ⑩ G. Alsace Lorraine

Paris 490 - Basel 147 - Bonn 313 - Karlsruhe 81

67000 B.-Rhin - 252 338 h.
alt. 143.
Office de Tourisme,
17 pl. de la Cathédrale
✆ 03 88 52 28 28, Fax 03 88 52 28 29,
pl. Gare ✆ 03 88 32 51 49
et Pont de l'Europe ✆ 03 88 61 39 23

La Montagne Verte, ✆ 03 88 30 25 46 ✉ 67200 Strasbourg, au Sud-Ouest de la ville par D 392, rte de Lingolsheim, 2 rue Robert-Forrer, bord d'un cours d'eau - Par A 34 et A 35, sortie Lingolsheim
3,25 ha (190 empl.) plat, herbeux, gravillons -
Permanent - R *conseillée mai-sept. - 20 26 15 (4A) 21 (6A)*

SUÈVRES

5 - 64 ⑦ G. Châteaux de la Loire

Paris 169 - Beaugency 18 - Blois 14 - Chambord 16 - Vendôme 46

41500 L.-et-Ch. - 1 360 h. alt. 83

Château de la Grenouillère « Parc boisé et verger agréable », ✆ 02 54 87 80 37, Fax 02 54 87 84 21, NE : 3 km sur rte d'Orléans
11 ha (250 empl.) plat, herbeux (6 ha) - snack, pizzeria, crêperie - squash
15 mai-10 sept. - R *indispensable 10 juil.-20 août* - GB - *Tarif 97 : piscine comprise 2 pers. 140, pers. suppl. 30 20 (5A)*

SURTAINVILLE 4 - 54 ①

Paris 360 – Barneville-Carteret 12 – Cherbourg 29 – St-Lô 41 – Valognes 31

50270 Manche – 977 h. alt. 12

Municipal les Mielles, ✆ 02 33 04 31 04, O : 1,5 km par D 66 et rte de la mer, à 80 m de la plage, accès direct
1,6 ha (129 empl.) plat, herbeux, sablonneux, gravillons – A proximité : – Location : gîtes
Permanent – **R** *été* – *14,20 14,20 14,60 (4A) et 3,70 par ampère supplémentaire*

SURZUR 4 - 63 ⑬

Paris 466 – Muzillac 13 – Redon 50 – La Roche-Bernard 29 – Sarzeau 13 – Vannes 17

56450 Morbihan – 2 081 h. alt. 15

Schéma à Sarzeau

Municipal Lann-Floren, ✆ 02 97 42 10 74, au Nord du bourg, au stade
2,5 ha (85 empl.) plat, herbeux (0,5 ha) – A proximité :
15 juin-15 sept. – **R** *conseillée* – *Tarif 97 : 11 11 11*

TADEN 22 C.-d'Armor – 59 ⑯ – rattaché à Dinan

TAIN-L'HERMITAGE 12 - 77 ②

Paris 546 – Grenoble 96 – Le Puy-en-Velay 106 – St-Étienne 74 – Valence 19 – Vienne 58

26600 Drôme – 5 003 h. alt. 124.

Office de Tourisme, 70 av. J.-Jaurès
✆ 04 75 08 06 81, Fax 04 75 08 34 59

Municipal les Lucs, ✆ 04 75 08 32 82, sortie Sud-Est par N 7, rte de Valence, près du Rhône
2 ha (98 empl.) plat, herbeux, pierreux (1 ha) – A l'entrée : snack – A proximité :
15 mars-oct. – **R** – *Tarif 97 : élect. (5A) et piscine comprises 2 pers. 90, pers. suppl. 12,50 5,50 (10A)*

TALLOIRES 74 H.-Savoie – 74 ⑥ – voir à Annecy (Lac d')

TALMONT-ST-HILAIRE 11 - 67 ⑪ G. Poitou Vendée Charentes

Paris 444 – Challans 55 – Luçon 37 – La Roche-sur-Yon 29 – Les Sables-d'Olonne 14

85440 Vendée – 4 409 h. alt. 35.

Office de Tourisme, pl. du Château
✆ 02 51 90 65 10, Fax 02 51 20 71 80

Le Littoral, ✆ 02 51 22 04 64, Fax 02 51 22 05 37, SO : 9,5 km par D 949, D 4^A et après Querry-Pigeon, à droite par D 129, rte côtière des Sables-d'Olonne, à 200 m de l'océan – dans locations
8 ha (484 empl.) plat, herbeux (4 ha) – crêperie, pizzeria – Location :
avril-sept. – **R** *conseillée juil.-août* – GB – *élect. (10A) et piscine comprises 2 pers. 155, pers. suppl. 30*

Le Bois Robert, ✆ 02 51 90 61 24, O : 1,3 km sur D 949, rte des Sables-d'Olonne
2,2 ha (138 empl.) plat et peu incliné, herbeux (0,8 ha) – – A proximité : self
15 juin-5 sept. – **R** – GB – *piscine comprise 2 pers. 72 12 (2A) 18 (6A) 25 (10A)*

Le Bouc Etou, ✆ 02 51 22 20 38, SO : 7 km par D 949, D 4^A et à gauche après Querry-Pigeon
1 ha (90 empl.) plat, herbeux – mini-tennis – Location
15 avril-15 sept. – **R** *conseillée juil.-août* – *2 pers. 50 10 (2A)*

TAMNIÈS 13 - 75 ⑰

Paris 507 – Brive-la-Gaillarde 54 – Les Eyzies-de-Tayac 12 – Périgueux 59 – Sarlat-la-Canéda 16

24620 Dordogne – 313 h. alt. 200

Le Pont de Mazerat, ✆ 05 53 29 14 95, Fax 05 53 31 15 90, E : 1,6 km par D 48, bord du Beune et à proximité d'un plan d'eau
2,8 ha (75 empl.) (juil.-août) plat et en terrasses, herbeux (1 ha) – – A proximité : – Location :
mai-sept. – **R** *conseillée* – *25 piscine comprise 28 12 (3A) 15 (6A)*

TANINGES 12 - 74 ⑦ G. Alpes du Nord

Paris 572 – Annecy 60 – Bonneville 20 – Chamonix-Mont-Blanc 51 – Cluses 10 – Genève 42 – Morzine 19

74440 H.-Savoie – 2 791 h. alt. 640

Municipal des Thézières ≤, ✆ 04 50 34 25 59, sortie Sud rte de Cluses, bord du Foron et à 150 m du Giffre
2 ha (113 empl.) plat, herbeux – A proximité :
Permanent – **R** *conseillée* – *Tarif 97 : 2 pers. 28,40, pers. suppl. 10,50 2A : 11,10 (hiver 20,40) 6A : 18,50 (hiver 24,80) 10A : 36 (hiver 47)*

TARASCON 16 - 81 ⑪ G. Provence

Paris 703 – Arles 17 – Avignon 22 – Marseille 94 – Nîmes 27

13150 B.-du-R. – 10 826 h. alt. 8.

Office de Tourisme, 59 r. Halles
✆ 04 90 91 03 52, Fax 04 90 91 22 96

St-Gabriel, ✆ 04 90 91 19 83, SE : 5 km par N 970, rte d'Arles et D 32 à gauche, rte de St-Rémy-de-Provence, près d'un canal
1 ha (75 empl.) plat, herbeux – (bassin)
avril-15 oct. – **R** *conseillée* – *19 20 14 (6A)*

TARASCON-SUR-ARIÈGE

14 - 86 ④ ⑤ G. Pyrénées Roussillon

Paris 790 - Ax-les-Thermes 27 - Foix 15 - Lavelanet 29

09400 Ariège - 3 533 h. alt. 474.
Office de Tourisme, av. des Pyrénées
05 61 05 94 94, Fax 05 61 05 57 79

Le Pré Lombard ≤, 05 61 05 61 94, Fax 05 61 05 78 93, SE : 1,5 km par D 23, rte d'Ussat, bord de l'Ariège
4 ha (180 empl.) plat, herbeux - (juin-sept.) snack - - Location : , bungalows toilés
31 janv.-oct. - **R** *conseillée juil.-août* - GB - - *piscine comprise 2 pers. 88* *15 (4A) 20 (6A) 25 (10A)*

Le Sédour ≤ « Agréable verger », 05 61 05 87 28 09400 Surba, NO : 1,8 km par D 618, rte de Massat et chemin à droite
1,5 ha (100 empl.) (juil.-août) peu incliné et plat, herbeux, pierreux verger - (juil.-août) -
mars-1er nov. et week-ends du 2 nov. au 28 fév. - **R** *conseillée juil.-août* - - *16* *16* *15 (10A)*

Les Grottes ≤, 05 61 05 88 21 09400 Alliat, sortie Sud par N 20, rte d'Ax-les-Thermes puis 3,5 km par D 8 à droite, rte de Vicdessos, à **Niaux**, près d'un torrent
4 ha (180 empl.) (juil.-août) plat, herbeux, étang - - toboggan aquatique - Location *(juil.-août)* :
juin-sept. - **R** - - *piscine comprise 2 pers. 70, pers. suppl. 20* *15 (5A) 25 (10A)*

TARNAC

10 - 72 ⑳ G. Berry Limousin

Paris 436 - Aubusson 47 - Bourganeuf 44 - Eymoutiers 22 - Limoges 66 - Tulle 61 - Ussel 46

19170 Corrèze - 403 h. alt. 700

Municipal de l'Enclose , 05 55 95 66 00, sortie Sud-Ouest par D 160, rte de Toy-Viam et chemin à droite, près d'un plan d'eau (accès direct)
1,5 ha (46 empl.) en terrasses, peu incliné, herbeux, pierreux - - A proximité :
15 mai-15 oct. - **R** *conseillée* - - *1 pers. 11* *10 (6A)*

TAUPONT

4 - 63 ④

Paris 413 - Josselin 15 - Ploërmel 4 - Rohan 40 - Vannes 52

56800 Morbihan - 1 853 h. alt. 81

La Vallée du Ninian « Entrée fleurie », 02 97 93 53 01, Fax 02 97 93 57 27, sortie Nord par D 8, rte de la Trinité-Phoët, puis 2,5 km par rte à gauche - Accès direct à la rivière et au village par passerelle
2,4 ha (48 empl.) plat, herbeux - - - Location :
mai-sept. - **R** *conseillée juil.-août* - - *piscine comprise 2 pers. 60, pers. suppl. 14* *6 (2A) 12 (4A) 15 (6A)*

TAURIAC

10 - 75 ⑲

Paris 522 - Brive-la-Gaillarde 40 - Cahors 80 - Rocamadour 26 - St-Céré 15 - Souillac 34

46130 Lot - 293 h. alt. 128

Le Mas de la Croux, 05 65 39 74 99, au Sud du bourg, bord d'un bras de la Dordogne et près d'un plan d'eau
1,5 ha (89 empl.) (saison) plat, herbeux - - A proximité : snack

TAUTAVEL

15 - 86 ⑨

Paris 864 - Millas 23 - Perpignan 31 - Port-Barcarès 36 - St-Paul-de-Fenouillet 23 - Tuchan 14

66720 Pyr.-Or. - 738 h. alt. 110

Le Priourat ≤, 04 68 29 41 45, sortie Ouest, rte d'Estagel, à 250 m du Verdouble
0,5 ha (24 empl.) (saison) plat, peu incliné, herbeux - -
avril-sept. - **R** *conseillée juil.-août* - *piscine comprise 2 pers. 72, pers. suppl. 31* *19 (6A)*

TAUVES

11 - 73 ⑫ G. Auvergne

Paris 476 - Bort-les-Orgues 28 - La Bourboule 13 - Bourg-Lastic 29 - Clermont-Ferrand 56

63690 P.-de-D. - 940 h. alt. 820

Municipal les Aurandeix, 04 73 21 14 06, à l'Est du bourg, au stade
2 ha (90 empl.) plat, en terrasses, incliné, herbeux - - - A l'entrée : - Location : huttes
juin-15 sept. - **R** *conseillée* - - *piscine comprise 2 pers. 60* *10 (4A)*

Le TEICH **33** Gironde - 71 - voir à Arcachon (Bassin d')

TEILLET

15 - 83 ①

Paris 738 - Albi 22 - Castres 44 - Lacaune 50 - St-Affrique 68

81120 Tarn - 606 h. alt. 475.
Syndicat d'Initiative,
05 63 55 70 08

L'Entre Deux Lacs « Agréable cadre boisé », 05 63 55 74 45, Fax 05 63 55 75 65, au Sud du bourg - dans locations
4 ha (54 empl.) en terrasses, herbeux, gravillons - - centre de documentation touristique - Location :
Permanent - **R** *conseillée juil.-août* - - *piscine comprise 2 pers. 74,50 (86 à 114,50 avec élect. 3 à 10A), pers. suppl. 24*

TELGRUC-SUR-MER
3 - 58 ⑭

Paris 572 – Châteaulin 25 – Douarnenez 33 – Quimper 41

29560 Finistère – 1 811 h. alt. 90

Le Panoramic « Situation et cadre agréables », 02 98 27 78 41, Fax 02 98 27 36 10, SO : 1,5 km par rte de Trez-Bellec Plage
4 ha (200 empl.) en terrasses, herbeux – A proximité : – Location *(15 avril-fin sept.)* : , gîte d'étape
15 mai-15 sept. – **R** *conseillée* – – *piscine et tennis compris 2 pers. 106, pers. suppl. 23 20 (6A) 28 (10A)*

Armorique, 02 98 27 77 33, Fax 02 98 27 38 38, SO : 1,2 km par rte de Trez-Bellec-Plage
2,5 ha (100 empl.) en terrasses, plat à peu incliné, herbeux – snack –
15 avril-14 sept. – **R** – GB – – *20* *8* *22* *12 (6A)*

Les Mimosas, 02 98 27 76 06, Fax 02 98 27 75 43, SO : 1 km rte de Trez-Bellec Plage
1,7 ha (94 empl.) (juil.-août) en terrasses, herbeux – – Location :
15 mars-15 oct. – **R** *conseillée juil.-août* – – *17* *5* *12* *11 (10A)*

TENNIE
5 - 60 ⑫

Paris 223 – Alençon 48 – Laval 69 – Le Mans 27 – Sablé-sur-Sarthe 41 – Sillé-le-Guillaume 10

72240 Sarthe – 850 h. alt. 100

Municipal de la Vègre, 02 43 20 59 44, sortie Ouest par D 38, rte de Ste-Suzanne, bord de rivière
1 ha (52 empl.) (juil.-août) plat, herbeux – – A l'entrée :
mai-oct. – **R** *conseillée* – – *9* *5* *5* *16 (6A)*

TERMIGNON
12 - 77 ⑧ G. Alpes du Nord

Paris 681 – Bessans 18 – Chambéry 119 – Lanslebourg-Mont-Cenis 6 – Modane 17 – Susa 42

73500 Savoie – 367 h. alt. 1 290

La Fennaz, 04 79 20 52 46, à 0,8 km au Nord de la commune
1 ha (83 empl.) peu incliné et en terrasses, incliné, herbeux, pierreux – – A l'entrée :
fin juin-fin août – – – *14,50* *11,50* *12 (3A) 20 (6A)*

TERRASSON-LA-VILLEDIEU
10 - 75 ⑦ G. Périgord Quercy

Paris 498 – Brive-la-Gaillarde 21 – Juillac 30 – Périgueux 53 – Sarlat-la-Canéda 37

24120 Dordogne – 6 004 h. alt. 90.
Office de Tourisme, pl. Voltaire
05 53 50 37 56

La Salvinie, 05 53 50 06 11, sortie Sud par D 63, rte de Chavagnac puis 3,4 km par rte de Condat, à droite après le pont
2,5 ha (70 empl.) plat, herbeux – –
juil.-août – **R** *conseillée* – – *20 piscine comprise* *18* *14 (6A)*

La TESSOUALLE
9 - 67 ⑥

Paris 356 – Ancenis 55 – Angers 67 – Nantes 65 – Niort 94 – La Roche-sur-Yon 63

49280 M.-et-L. – 2 781 h. alt. 117

Municipal du Verdon, 02 41 56 37 86, NE : 2,3 km par rte du barrage du Verdon, à 75 m du lac (accès direct)
1 ha (28 empl.) incliné à peu incliné, herbeux – – – A proximité :
15 juin-15 sept. – – – *3 pers. 51,50, pers. suppl. 12* *10 (3A) 15,50 (5A)*

La TESTE-DE-BUCH 33 Gironde – 71 ⑳ – voir à Arcachon (Bassin d')

THÉGRA
13 - 75 ⑲

Paris 537 – Brive-la-Gaillarde 57 – Cahors 63 – Rocamadour 15 – St-Céré 17 – Souillac 32

46500 Lot – 432 h. alt. 330

Le Ventoulou, 05 65 33 67 01, Fax 05 65 33 73 20, NE : 2,8 km par D 14, rte de Loubressac et D 60, rte de Mayrinhac-Lentour à droite, au lieu-dit le Ventoulou
2 ha (66 empl.) incliné à peu incliné, herbeux – – – Location :
mai-5 sept. – **R** *conseillée juil.-août* – GB – – *23 piscine comprise* *23* *15 (10A)*

▶ *The classification (1 to 5 tents, black or red) that we award to selected sites in this Guide is a system that is our own.*

It should not be confused with the classification (1 to 4 stars) of official organisations.

THEIX

4 - 63 ③

Paris 459 - Ploërmel 46 - Redon 51 - La Roche-Bernard 33 - Vannes 10

56450 Morbihan - 4 435 h. alt. 5

Rhuys, ✆ 02 97 54 14 77, Fax 02 97 75 98 54, à 3,5 km au Nord-Ouest du bourg - Par N 165, venant de Vannes : sortie Sarzeau
2 ha (60 empl.) peu incliné, herbeux - A proximité : - Location *(avril-Toussaint)* :
10 avril-sept. - **R** *conseillée 14 juil.-15 août - 22 piscine comprise 42 13 (5A) 18 (10A)*

La Peupleraie « Agréable cadre boisé », ✆ 02 97 43 09 46, N : 1,5 km par D 116, rte de Treffléan puis 1,2 km par chemin à gauche
3 ha (100 empl.) plat, herbeux - - Location :
15 avril-15 oct. - **R** *conseillée juil.-août - 16 5 15 12 (5A)*

THENON

10 - 75 ⑦

Paris 485 - Brive-la-Gaillarde 40 - Excideuil 36 - Les Eyzies-de-Tayac 32 - Périgueux 34

24210 Dordogne - 1 339 h. alt. 194

Jarry Carrey ≤, ✆ 05 53 05 20 78, SE : 4 km par D 67, rte de Montignac, bord d'un étang
9 ha/3 campables (67 empl.) peu incliné et en terrasses, incliné, herbeux - - - Location :
15 avril-15 sept. - **R** *juil.-août - 17 piscine comprise 16 13 (5 ou 10A)*

THÉRONDELS

11 - 76 ⑬

Paris 566 - Aurillac 46 - Chaudes-Aigues 48 - Espalion 67 - Murat 44 - Rodez 87 - St-Flour 48

12600 Aveyron - 505 h. alt. 965

La Source ≤ lac et collines boisées « Belle situation au bord du lac de Sarrans », ✆ 05 65 66 05 62, Fax 05 65 66 21 00, S : 8 km par D 139, D 98 et D 537, rte de la presqu'île de Laussac - alt. 647
4,5 ha (108 empl.) (juil.-août) en terrasses, peu incliné, herbeux, pierreux - snack, pizzeria - toboggan aquatique - Location *(vacances de printemps-mi-sept.)* : , studios, bungalows toilés
mi-juin-mi-sept. - **R** *conseillée* - GB - *piscine comprise 2 pers. 97 18 (6 à 10A)*

THEYS

12 - 77 ⑤ ⑥ G. Alpes du Nord

Paris 600 - Allevard 18 - Le Bourg-d'Oisans 74 - Chambéry 37 - Grenoble 29

38570 Isère - 1 321 h. alt. 615
Syndicat d'Initiative, Bureau d'Accueil ✆ 04 76 71 05 92 et (hors saison) ✆ 04 76 71 03 17

Les 7 Laux ≤, ✆ 04 76 71 02 69, Fax 04 76 71 08 85, S : 3,8 km, à 400 m du col des Ayes - alt. 920
1 ha (55 empl.) plat, peu incliné, en terrasses, herbeux, pierreux, bois attenant (0,5 ha) - -
15 juin-15 sept. - **R** *conseillée* - GB - *Tarif 97 : piscine comprise 2 pers. 73, pers. suppl. 24 14,50 (2A) 22,50 (4A) 30,50 (6A)*

THIERS

11 - 73 ⑯ G. Auvergne

Paris 450 - Clermont-Ferrand 42 - Roanne 60 - St-Étienne 110 - Vichy 36

63300 P.-de-D. - 14 832 h. alt. 420

Base de Loisirs Iloa, ✆ 04 73 80 14 90, O : 6,5 km par rte de Vichy, D 94 à gauche et D 44, rte de Dorat, à 350 m d'un plan d'eau (accès direct) - Par A 72 : sortie Thiers-Ouest
1 ha (49 empl.) plat, herbeux - - - A la Base de Loisirs : toboggan aquatique
15 avril-15 oct. - **R** - *piscine comprise 2 pers. 60/70 12 (3A) 13 (6A)*

à Orléat : O : 13 km par N 89 et D 224 - 1 569 h. alt. 380
✉ 63190 Orléat

Le Pont-Astier ≤, ✆ 04 73 53 64 40, E : 5 km par D 85, D 224 et chemin à gauche, à Pont-Astier, près de la Dore
2 ha (98 empl.) (juil.-août) plat, herbeux - cases réfrigérées - - A l'entrée : - Location :
15 avril-15 oct. - **R** - *21 piscine et tennis compris 6 11 16*

THIÉZAC

11 - 76 ⑫ ⑬ G. Auvergne

Paris 546 - Aurillac 29 - Murat 23 - Vic-sur-Cère 8

15800 Cantal - 693 h. alt. 805.
Office de Tourisme, Le Bourg ✆ 04 71 47 03 50 et (hors saison) à la Mairie ✆ 04 71 47 01 21, Fax 04 71 47 02 23

Municipal de la Bédisse ≤, ✆ 04 71 47 00 41, sortie Sud-Est par D 59, rte de Raulhac et à gauche, sur les deux rives de la Cère
1,5 ha (150 empl.) plat, herbeux - - - A proximité :
juin-15 sept. - **R** *conseillée juil.-août - 13,75 7,40 7,40 12,70 (6 ou 10A)*

Le THILLOT

8 – 66 ⑦ ⑧ G. Alsace Lorraine

Paris 433 – Belfort 45 – Colmar 73 – Épinal 49 – Mulhouse 57 – St-Dié 64 – Vesoul 65

88160 Vosges – 4 246 h. alt. 495.
Office de Tourisme, 11 av. de Verdun
03 29 25 28 61, Fax 03 29 25 38 39

Municipal l'Étang de Chaume, 03 29 25 10 30, NO : 1,3 km par N 66, rte de Remiremont et chemin à droite, bord d'un étang
1 ha (67 empl.) peu incliné et en terrasses, herbeux, pierreux – A proximité :

à Fresse-sur-Moselle E : 2 km par N 66 rte de Bussang – 2 242 h. alt. 515
88160 Fresse-sur-Moselle :

Municipal Bon Accueil, 03 29 25 08 98, sortie Nord-Ouest par N 66, rte du Thillot, à 800 m de la Moselle
0,6 ha (50 empl.) plat, herbeux – – A proximité :
avril-11 nov. – **R** – – *12,65* *6,95* *13,40 (5A)*

THIVIERS

10 – 75 ⑥ G. Périgord Quercy

Paris 449 – Brive-la-Gaillarde 82 – Limoges 60 – Nontron 33 – Périgueux 34 – St-Yrieix-la-Perche 31

24800 Dordogne – 3 590 h. alt. 273.
Syndicat d'Initiative, pl. Mar.-Foch
05 53 55 12 50

Municipal le Repaire, 05 53 52 69 75, SE : 2 km par D 707, rte de Lanouaille et chemin à droite, bord d'un petit étang
10 ha/4,5 campables (100 empl.) plat, peu incliné, terrasses, herbeux, bois attenants – – parcours sportif
mai-sept. – **R** *conseillée juil.-août* – – *25* *35* *17 (5A)*

Le THOLY

8 – 62 ⑰ G. Alsace-Lorraine

Paris 414 – Bruyères 21 – Épinal 29 – Gérardmer 11 – Remiremont 18 – St-Amé 12 – St-Dié 38

88530 Vosges – 1 541 h. alt. 628.
Syndicat d'Initiative, à la Mairie
03 29 61 81 82, Fax 03 29 61 18 83

Noirrupt « Cadre agréable », 03 29 61 81 27, Fax 03 29 61 83 05, NO : 1,3 km par D 11, rte d'Épinal et chemin à gauche – dans locations
2,9 ha (70 empl.) en terrasses, plat, herbeux, pierreux (0,5 ha) – – – Location *(permanent)* :
15 avril-15 oct. – **R** – – *27 piscine et tennis compris* *45* *18 (2A) 30 (6A)*

THONAC

13 – 75 ⑦

Paris 497 – Brive-la-Gaillarde 44 – Les Eyzies-de-Tayac 19 – Montignac 7 – Périgueux 54

24290 Dordogne – 257 h. alt. 72

La Castillanderie, 05 53 50 76 79, Fax 05 53 51 59 13, N : 2,5 km par rte de Fanlac puis chemin à droite, bord d'un petit étang
15 ha/2 campables (65 empl.) plat et peu incliné, herbeux – snack –
avril-oct. – **R** – – *29 piscine comprise* *29* *15 (4A)*

THÔNES

12 – 74 ⑦ G. Alpes du Nord

Paris 554 – Albertville 35 – Annecy 21 – Bonneville 30 – Faverges 19 – Megève 39

74230 H.-Savoie – 4 619 h. alt. 650.
Office de Tourisme, pl. Avet
04 50 02 00 26, Fax 04 50 02 11 87

Le Tréjeux, 04 50 02 06 90, O : 1,5 km rte de Bellossier, bord du Malnant
1,5 ha (99 empl.) plat, pierreux, gravillons – – –
juin-sept. – – *14,50* *10* *10* *10 (2A) 13 (4A) 15 (6A)*

THONNANCE-LES-MOULINS

7 – 62 ②

Paris 251 – Bar-le-Duc 61 – Chaumont 49 – Commercy 56 – Ligny-en-Barrois 37 – Neufchâteau 37 – St-Dizier 43

52230 H.-Marne – 114 h. alt. 282

La Forge de Sainte Marie « Cadre agréable », 03 25 94 42 00, Fax 03 25 94 41 43, O : 1,7 km par D 427, rte de Joinville, bord du Rongeant
32 ha (169 empl.) plat et en terrasses, herbeux, petit étang – snack – – Location : gîtes
mai-sept. – **R** – GB – – *30 piscine comprise* *75 avec élect. (6A)*

Le THOR

16 – 81 ⑫ G. Provence

Paris 689 – Avignon 17 – Carpentras 15 – Cavaillon 14 – L'Isle-sur-la-Sorgue 5 – Orange 35

84250 Vaucluse – 5 941 h. alt. 50.
Office de Tourisme, pl. du 11-Novembre
04 90 33 92 31

Le Jantou, 04 90 33 90 07, Fax 04 90 33 79 84, O : 1,2 km par sortie Nord vers Bédarrides, accès direct à la Sorgue – Accès conseillé par D 1 (contournement)
6 ha/4 campables (143 empl.) plat, herbeux – – – A proximité : – Location *(permanent)* :
28 mars-oct. – **R** *conseillée juil.-août* – GB – – *25 piscine comprise* *30,50* *15 (3A) 18 (6A) 26 (10A)*

THORÉ-LA-ROCHETTE

5 – 64 ⑥

Paris 177 – Blois 43 – Château-Renault 24 – La Ferté-Bernard 59 – Vendôme 10

41100 L.-et-Cher – 863 h. alt. 75.
Office de Tourisme, Mairie
02 54 72 80 82, Fax 02 54 72 73 38

Municipal la Bonne Aventure, 02 54 72 00 59, N : 1,7 km par D 82, rte de Lunay et rte à droite, au stade, bord du Loir
2 ha (60 empl.) plat, herbeux – – – A proximité :
juin-sept. – **R** – – *14* *11* *13 (5A)*

THOUARCÉ

5 - 67 ⑦

Paris 318 - Angers 29 - Cholet 42 - Saumur 37

49380 M.-et-L. - 1 546 h. alt. 35

Municipal de l'Écluse, au Sud-Ouest du bourg par av. des Trois-Epis, bord du Layon
0,5 ha (35 empl.) plat, herbeux - A proximité :
15 avril-15 oct. - *Tarif 97 : 7,60 3,30 3,30 9,40*

THOUX

14 - 82 ⑥

Paris 698 - Auch 38 - Cadours 12 - Gimont 15 - L'Isle-Jourdain 12 - Mauvezin 15

32430 Gers - 136 h. alt. 145

Le Lac « Cadre agréable », 05 62 65 71 29, Fax 05 62 65 74 81, NE : sur D 654, bord du lac
3,5 ha (130 empl.) plat, peu incliné, herbeux - - A proximité : - Location : , bungalows toilés
Pâques-fin oct. - **R** *conseillée juil.-août* - GB - - *2 pers. 75 (94 ou 108 avec élect.), pers. suppl. 29*

THURY-HARCOURT

5 - 55 ⑪ **G. Normandie Cotentin**

Paris 255 - Caen 28 - Condé-sur-Noireau 20 - Falaise 28 - Flers 32 - St-Lô 55 - Vire 40

14220 Calvados - 1 803 h. alt. 45

Vallée du Traspy « Entrée fleurie », 02 31 79 61 80, à l'Est du bourg par bd du 30-Juin-1944 et chemin à gauche, bord du Traspy et près d'un plan d'eau
1,5 ha (92 empl.) plat et terrasse, herbeux - - - A proximité : toboggan aquatique
16 avril-14 sept. - **R** *conseillée 14 juil.-15 août* - - *23 23 18 (6A) 21 (10A)*

TINTÉNIAC

4 - 59 ⑯ **G. Bretagne**

Paris 375 - Avranches 62 - Dinan 26 - Dol-de-Bretagne 29 - Fougères 53 - Rennes 31 - St-Malo 43

35190 I.-et-V. - 2 163 h. alt. 40

Les Peupliers « Agréable sapinière », 02 99 45 49 75, SE : 2 km par l'ancienne rte de Rennes, à la Besnelais, bord d'étangs - Par N 137, sortie Tinténiac Sud
4 ha (100 empl.) plat, herbeux - - Location :
mars-oct. - Location longue durée - *Places disponibles pour le passage* - **R** *conseillée* - - *19 piscine comprise 30 16 (5A) 30 (10A)*

TIUCCIA **2A** Corse-du-Sud - 90 ⑯ - voir à Corse

TOCANE-ST-APRE

10 - 75 ④ ⑤

Paris 499 - Brantôme 23 - Mussidan 36 - Périgueux 25 - Ribérac 14

24350 Dordogne - 1 377 h. alt. 95

Municipal le Pré Sec , 05 53 90 40 60, au Nord du bourg par D 103, rte de Montagrier, au stade, bord de la Dronne
1,8 ha (80 empl.) (juil.-août) plat, herbeux (0,5 ha) - - - Location *(vacances scolaires, mai-sept.)* :
mai-sept. - **R** *conseillée août* - - *9,20 23 9 (5A)*

TONNEINS

14 - 79 ④

Paris 598 - Agen 42 - Nérac 38 - Villeneuve-sur-Lot 35

47400 L.-et-G. - 9 334 h. alt. 26.
Office de Tourisme, 3 bd Charles-de-Gaulle
05 53 79 22 79, Fax 05 53 79 39 94

Municipal Robinson « Décoration florale et arbustive », 05 53 79 02 28, sortie Sud par N 113, rte d'Agen, à 100 m de la Garonne
0,6 ha (38 empl.) plat, herbeux - - -
juin-sept. - **R** - *2 pers. 42, pers. suppl. 12 16 (15A)*

TONNOY

8 - 62 ⑤

Paris 326 - Charmes 25 - Lunéville 23 - Nancy 21

54210 M.-et-M. - 607 h. alt. 240

Municipal le Grand Vanné, 03 83 26 62 36, O : par D 74, à 0,5 km de la D 570, bord de la Moselle
7 ha (200 empl.) plat, herbeux, sablonneux - - -
6 juin-1er sept., W.E. du 18/4 au 2 juin et du 5/9 au 6/10 - Location longue durée - *Places disponibles pour le passage* - **R** *conseillée* - - *Tarif 97 : 2 pers. 42 (une seule nuit 50), pers. suppl. 12 13,50 (3A)*

TORIGNI-SUR-VIRE

4 - 54 ⑭ **G. Normandie Cotentin**

Paris 287 - Caen 56 - St-Lô 15 - Villedieu-les-Poêles 34 - Vire 25

50160 Manche - 2 659 h. alt. 89

Municipal du Lac N°2, 02 33 56 91 74, SE : 0,8 km par N 174, rte de Vire, à proximité d'un étang et d'un parc boisé
0,5 ha (40 empl.) plat, herbeux - - - A proximité :
15 juin-15 sept. - **R** - - *10 7 8*

TORREILLES

15 - 86 ⑳

Paris 854 – Argelès-sur-Mer 30 – Le Boulou 43 – Perpignan 12 – Port-Barcarès 11 – Rivesaltes 13

66440 Pyr.-Or. – 1 775 h. alt. 4

à la Plage NE : 3 km par D 11E – ✉ 66440 Torreilles :

Les Dunes de Torreilles-Plage, ✆ 04 68 28 30 32, Fax 04 68 28 32 57, à 150 m de la plage
16 ha (615 empl.) plat, sablonneux – sanitaires individuels (wc) pizzeria – – A proximité : – Location :
15 mars-15 oct. – **R** *conseillée juil.-août* – GB – – *élect.(10A) et piscine comprises 2 pers. 153, 3 à 6 pers. 204*

Le Calypso, ✆ 04 68 28 09 47, Fax 04 68 28 24 76
6 ha (300 empl.) plat, sablonneux, herbeux (9 sanitaires individuels wc) pizzeria, crêperie cases réfrigérées – discothèque – A proximité : – Location :
avril-sept. – **R** *conseillée juil.-août* – GB – – *2 pers. 102 (120 avec élect.), pers. suppl. 31*

La Palmeraie « Décoration originale », ✆ 04 68 28 20 64, Fax 04 68 59 67 41
3,2 ha (170 empl.) plat, sablonneux, herbeux cases réfrigérées – – A proximité : – Location :

Le Trivoly « Entrée fleurie », ✆ 04 68 28 20 28, Fax 04 68 28 16 48
8 ha/3 campables (150 empl.) plat, sablonneux, herbeux (1 ha) – snack – – Location :
15 avril-15 sept. – **R** *conseillée juil.-août* – GB – – *piscine comprise 2 pers. 120 20 (6A)*

Les Tropiques, ✆ 04 68 28 05 09, Fax 04 68 28 48 90
7 ha (450 empl.) plat, sablonneux, herbeux – discothèque – A proximité : – Location :
15 mai-sept. – **R** *conseillée juil.-août* – GB – – *piscine comprise 2 pers. 115 (137 avec élect. 6A), pers. suppl. 29*

TORTEQUESNE

2 - 53 ③

Paris 182 – Arras 22 – Bapaume 27 – Douai 10 – Lens 27 – St-Quentin 63

62490 P.-de-C. – 719 h. alt. 42

Municipal de la Sablière , ✆ 03 21 24 14 94, sortie Nord-Est par D 956, rte de Férin et 0,5 km par chemin à droite, près de deux étangs
1,5 ha (81 empl.) plat, herbeux, pierreux – A proximité : brasserie
avril-sept. – **R** – – *11 tennis compris 8 14 13 (6A)*

TOUFFAILLES

14 - 79 ⑯

Paris 630 – Agen 45 – Cahors 49 – Moissac 24 – Montaigu-de-Quercy 10 – Valence 28

82190 T.-et-G. – 359 h. alt. 200

Municipal, sur D 41, face à la mairie
0,3 ha (11 empl.) plat, herbeux – A proximité :
mai-sept. – – *8 10*

TOUFFREVILLE-SUR-EU

1 - 52 ⑤

Paris 171 – Abbeville 45 – Amiens 95 – Blangy-sur-Nesle 35 – Le Tréport 10

76910 S.-Mar. – 175 h. alt. 45

Municipal les Acacias , ✆ 02 35 50 66 33, SE : 1 km par D 226 et D 454, rte de Guilmecourt
1 ha (50 empl.) plat, herbeux –
Pâques-oct. – **R** – *10 6,50 6,50 12 (6A)*

TOULON-SUR-ARROUX

11 - 69 ⑰

Paris 327 – Autun 40 – Bourbon-Lancy 38 – Gueugnon 12 – Montceau-les-Mines 22 – Paray-le-Monial 36

71320 S.-et-L. – 1 867 h. alt. 260

Municipal du Val d'Arroux, ✆ 03 85 79 51 22, à l'Ouest de la commune, rte d'Uxeau, bord de l'Arroux
1,3 ha (68 empl.) (saison) plat, herbeux –
avril-oct. – **Location longue durée** – *Places disponibles pour le passage* – **R** *juil.-août* – – *6,35 4,75 4,85 15,85 (6A)*

TOUQUES 14 Calvados – 54 ⑰ – rattaché à Deauville

TOUQUIN

6 - 61 ③

Paris 56 – Coulommiers 14 – Melun 36 – Montereau-Fault-Yonne 48 – Provins 31

77131 S.-et-M. – 872 h. alt. 112

Les Étangs Fleuris , ✆ 01 64 04 16 36, Fax 01 64 04 12 28, E : 3 km, rte de la Boisserotte
5,5 ha (150 empl.) plat, peu incliné, herbeux –
mars-oct. – **R** – – *piscine comprise 1 pers. 35/40 avec élect. (10A)*

La TOUR-D'AIGUES

16 - 84 ③ G. Provence

Paris 752 - Aix-en-Provence 27 - Apt 36 - Avignon 76 - Digne-les-Bains 90

84240 Vaucluse - 3 328 h. alt. 250

Municipal, sortie Nord-Est par D 956, rte de Forcalquier et chemin à droite, bord de l'Eze
1 ha (80 empl.) plat, herbeux - A proximité : terrain omnisports
juil.-août - **R** - *10 5 12 14*

La TOUR-D'AUVERGNE

11 - 73 ⑬ G. Auvergne

Paris 479 - Besse-en-Chandesse 30 - Bort-les-Orgues 28 - La Bourboule 14 - Clermont-Ferrand 59 - Le Mont-Dore 17

63680 P.-de-D. - 778 h. alt. 1 000 - Sports d'hiver : 1 220/1 373 m 3

Office de Tourisme, Sancy-Artense, r. de la Pavade 04 73 21 79 78, Fax 04 73 21 79 70

Municipal la Chauderie <, 04 73 21 55 01, SE : 1,3 km par D 203, rte de Besse-en-Chandesse, bord de la Burande
1,5 ha (90 empl.) plat et en terrasses, peu incliné, herbeux, pierreux -
15 juin-15 sept. - **R** *conseillée - Tarif 97 : 11 6 6*

La TOUR-DU-MEIX

12 - 70 ⑭

Paris 435 - Champagnole 44 - Lons-le-Saunier 23 - St-Claude 36 - St-Laurent-en-Grandvaux 39

39270 Jura - 167 h. alt. 470

Surchauffant <, 03 84 25 41 08, Fax 03 84 35 56 88, au Pont de la Pyle, Sud-Est : 1 km par D 470 et chemin à gauche, à 150 m du lac de Vouglans (accès direct)
2,5 ha (180 empl.) plat, herbeux, pierreux - A proximité :
mai-15 sept. - **R** *indispensable juil.-août* - GB - *2 pers. 72,50 16 (5A)*

TOURLAVILLE

4 - 54 ②

Paris 358 - Carentan 53 - Carteret 42 - Cherbourg 5 - Volognes 22

50110 Manche - 17 516 h. alt. 27

Le Collignon, 02 33 20 16 88, Fax 02 33 20 53 03, N : 2 km par D 116, rte de Bretteville, près de la plage
10 ha/2 campables (82 empl.) plat, herbeux, sablonneux - A proximité : centre nautique
avril-sept. - **R** *conseillée* - GB - *Tarif 97 : 18 29 19 (10A)*

TOURNEHEM-SUR-LA-HEM

1 - 51 ② ③

Paris 270 - Calais 25 - Cassel 39 - Dunkerque 44 - Lille 84 - St-Omer 18

62890 P.-de-C. - 1 069 h. alt. 39

Bal Caravaning, 03 21 35 65 90, Fax 03 21 35 18 57, sortie Est par D 218
2,5 ha (63 empl.) peu incliné, herbeux - A proximité : (parc d'attractions) - Location : (hôtel)
Permanent - **R** - GB - *18 tennis compris 32 10A : 16 (hiver 25)*

TOURNON-D'AGENAIS

14 - 79 ⑥ G. Pyrénées Aquitaine

Paris 609 - Agen 42 - Cahors 46 - Castelsarrasin 51 - Montauban 63 - Villeneuve-sur-Lot 26

47370 L.-et-G. - 839 h. alt. 156

Camp Beau <, 05 53 40 78 88, sortie Nord par D 102, rte de Fumel, près de la Base de Loisirs et d'un plan d'eau
2 ha (25 empl.) peu incliné, herbeux, gravillons - A proximité : - Location : gîtes

TOURNON-SUR-RHÔNE

11 - 76 ⑩ G. Vallée du Rhône

Paris 546 - Grenoble 97 - Le Puy-en-Velay 105 - St-Étienne 74 - Valence 19 - Vienne 58

07300 Ardèche - 9 546 h. alt. 125.

Office de Tourisme, Hôtel de la Tourette 04 75 08 10 23, Fax 04 75 08 41 28

Les Acacias, 04 75 08 83 90, O : 2,6 km par D 532, rte de Lamastre, accès direct au Doux
2,7 ha (80 empl.) plat, herbeux - mini-tennis - A proximité : - Location :
avril-sept. - **R** - *piscine comprise 2 pers. 81*

TOURNUS

12 - 69 ⑳ G. Bourgogne

Paris 360 - Bourg-en-Bresse 53 - Chalon-sur-Saône 28 - Lons-le-Saunier 57 - Louhans 30 - Mâcon 35 - Montceau-les-Mines 66

71700 S.-et-L. - 6 568 h. alt. 193

Municipal En Bagatelle, 03 85 51 16 58, à 1 km au Nord de la localité par rue St-Laurent, en face de la gare, attenant à la piscine et à 150 m de la Saône (accès direct)
2 ha (90 empl.) plat, herbeux - - A proximité :
mai-sept. - **R** - *12 12 12 12 (10A)*

TOURS P

5 – 64 ⑮ G. Châteaux de la Loire

Paris 236 – Angers 109 – Chartres 141 – Clermont-Ferrand 329 – Limoges 219 – Le Mans 83 – Orléans 115

37000 I.-et-L. – 129 509 h. alt. 60.

Office de Tourisme, 78 r. Bernard-Palissy ✆ 02 47 70 37 37, Fax 02 47 61 14 22

à la Membrolle-sur-Choisille NO : 7 km, rte du Mans – 2 644 h. alt. 60 ✉ 37390 la Membrolle-sur-Choisille :

Municipal, ✆ 02 47 41 20 40, rte de Fondettes, au stade, bord de la Choisille
1,2 ha (88 empl.) plat, herbeux
mai-sept. – *Tarif 97 : 11 11 15 (3A)*

Voir aussi à *Ballan-Miré*

TOURTOIRAC

10 – 75 ⑦ G. Périgord Quercy

Paris 465 – Brive-la-Gaillarde 56 – Lanouaille 19 – Limoges 76 – Périgueux 34 – Uzerche 60

24390 Dordogne – 654 h. alt. 140

Les Tourterelles « Cadre boisé », ✆ 05 53 51 11 17, Fax 05 53 50 53 44, NO : 1,5 km par D 73, rte de Coulaures
12 ha/ 3,5 campables (93 empl.) plat et peu incliné, en terrasses, herbeux – half-court – Location :
Pâques-15 oct. – **R** *conseillée juil.-août – 22 piscine comprise 55 22 (6A)*

TOUSSAINT

5 – 52 ⑫

Paris 194 – Bolbec 24 – Fécamp 5 – Rouen 68 – St-Valery-en-Caux 32 – Yvetot 30

76400 S.-Mar. – 741 h. alt. 105

Municipal du Canada, ✆ 02 35 29 78 34, NO : 0,5 km par D 926, rte de Fécamp et chemin à gauche
2,5 ha (100 empl.) plat et peu incliné, herbeux – A proximité :
15 mars-15 oct. – Location longue durée – *Places limitées pour le passage* – **R** *conseillée – Tarif 97 : 10 4,50 4,50 10 (4A) 11 (6A) 13 (10A)*

TOUTAINVILLE

5 – 55 ④

Paris 166 – Caen 69 – Évreux 72 – Le Havre 36 – Lisieux 40 – Rouen 55

27500 Eure – 960 h. alt. 10

Risle-Seine ≤, ✆ 02 32 42 46 65, E : 2,5 km, par rte des Etangs, à gauche sous le pont de l'autoroute, près de la Base Nautique
2 ha (61 empl.) plat, herbeux –
A proximité :
avril-oct. – **R** – *16 35 15 (5A) 25 (10A)*

TOUZAC

14 – 79 ⑥

Paris 593 – Cahors 38 – Gourdon 49 – Sarlat-la-Canéda 63 – Villeneuve-sur-Lot 34

46700 Lot – 412 h. alt. 75

Le Clos Bouyssac , ✆ 05 65 36 52 21, Fax 05 65 24 68 51, S : 2 km par D 65, bord du Lot
1,5 ha (85 empl.) plat et terrasses, herbeux, pierreux – Location :
mai-sept. – **R** *conseillée juil.-août* – GB – *23 piscine comprise 27 15 (4 à 10A)*

Le Ch'Timi, ✆ 05 65 36 52 36, E : 0,8 km par D 8
2,5 ha (70 empl.) peu incliné, plat, herbeux – Location :
15 mai-sept. – **R** *conseillée – 22 piscine comprise 32 15 (5A)*

La TRANCHE-SUR-MER

9 – 71 ⑪ G. Poitou Vendée Charentes

Paris 454 – Luçon 30 – Niort 91 – La Rochelle 62 – La Roche-sur-Yon 40 – Les Sables-d'Olonne 40

85360 Vendée – 2 065 h. alt. 4.

Office de Tourisme, pl. Liberté ✆ 02 51 30 33 96, Fax 02 51 27 78 71

Le Jard, ✆ 02 51 27 43 79, Fax 02 51 27 42 92, **à la Grière,** E : 3,8 km, rte de l'Aiguillon –
6 ha (350 empl.) plat, herbeux – toboggan aquatique – A proximité :
25 mai-15 sept. – **R** *conseillée* – GB – *Tarif 97 : piscine comprise 2 pers. 115 (130 avec élect. 6A)*

La Baie d'Aunis M, ✆ 02 51 27 47 36, Fax 02 51 27 44 54, sortie Est rte de l'Aiguillon, à 50 m de la plage – dans locations et juil.-août sur le camping
2,5 ha (155 empl.) plat, sablonneux – A proximité : – Location :
avril-sept. – **R** *conseillée* – GB – *piscine comprise 2 pers. 115, pers. suppl. 27 20 (10A)*

Les Préveils, ✆ 02 51 30 30 52, Fax 02 51 27 70 04, **à la Grière,** E : 3,5 km rte de l'Aiguillon et à droite, à 300 m de la plage (accès direct)
4 ha (180 empl.) vallonné, sablonneux pinède – snack – A proximité : – Location : appartements, bungalows toilés
Pâques-20 sept. – **R** *conseillée juil.-août – Adhésion familiale obligatoire* – GB – *élect. (10A) et piscine comprises 1 ou 2 pers. 150*

La Savinière, ✆ 02 51 27 42 70, Fax 02 51 27 40 48, NO : 1,5 km par D 105 rte des Sables-d'Olonne
2 ha (106 empl.) plat, peu accidenté, sablonneux pinède - self-service, crêperie - half-court - Location *(week-ends de mars et avril-sept.)* :
4 avril-sept. - **R** *indispensable 10 juil.-20 août* - *piscine comprise 2 pers. 95 (107 ou 119 avec élect. 10A), pers. suppl. 20*

Le Sable d'Or, ✆ 02 51 27 46 74, Fax 02 51 30 17 14, NO : 2,5 km par D105, rte des Sables-d'Olonne et à droite, près du D 105 bis - dans locations
4 ha (198 empl.) plat, sablonneux, herbeux - toboggan aquatique - Location *(Pâques-fin sept.)* :
25 mai-15 sept. - **R** *conseillée* - GB - *piscine comprise 2 pers. 112 (127 avec élect. 4A)*

Le Cottage Fleuri, ✆ 02 51 30 34 57, Fax 02 51 27 74 77, **à la Grière**, E : 2,5 km rte de l'Aiguillon, à 500 m de la plage - dans locations
5 ha (280 empl.) plat, sablonneux, herbeux, étang (1 ha) - snack - - A proximité : - Location :
avril-sept. - **R** *conseillée juil.-août* - GB - *Tarif 97 : piscine comprise 2 pers. 115 23 (3A) 29 (6A) 37 (10A)*

Les Blancs Chênes, ✆ 02 51 30 41 70, Fax 02 51 28 84 09, N : 2,8 km par D 747, rte d'Angles
5,5 ha (300 empl.) plat, herbeux - snack - toboggan aquatique, terrain omnisports - Location : bungalows toilés
avril-oct. - **R** *conseillée* - GB - *piscine comprise 2 pers. 105 25 (5A)*

Les Jonquilles, ✆ 02 51 30 47 37, Fax 02 51 27 70 00, **à la Grière**, E : 3 km rte de l'Aiguillon
3,5 ha (240 empl.) plat, herbeux -
avril-sept. - **R** *conseillée* - *piscine comprise 3 pers. 115 (141 avec élect. 10A)*

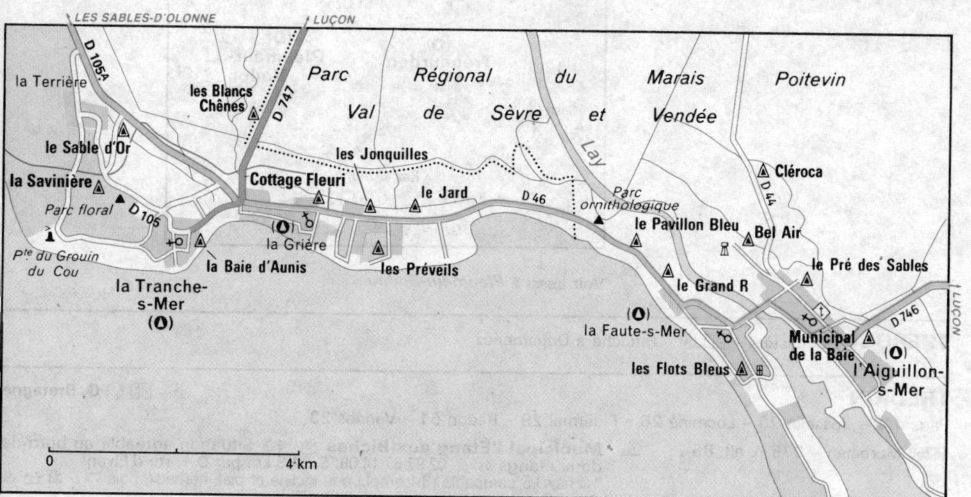

Voir aussi à *l'Aiguillon-sur-Mer, la Faute-sur-Mer*

TRÈBES

Paris 796 - Carcassonne 8 - Conques-sur-Orbiel 8 - Lézignan-Corbières 28 - Olonzac 28 - Lagrasse 31 — 15 - 83 ⑫

11800 Aude - 5 575 h. alt. 84.
Office de Tourisme, (avril-oct.) av. Pierre-Loti
✆ 04 68 78 89 50

Municipal, ✆ 04 68 78 61 75, chemin de la Lande, bord de l'Aude
1,5 ha (70 empl.) plat, herbeux - - A proximité :
Pâques-10 oct. - **R** *conseillée juil.-août* - *2 pers. 57 (72 avec élect.)*

Des vacances réussies sont des vacances bien préparées !

Ce guide est fait pour vous y aider... mais :
– N'attendez pas le dernier moment pour réserver
– Évitez la période critique du 14 juillet au 15 août
Pensez aux ressources de l'arrière-pays, à l'écart des lieux de grande fréquentation.

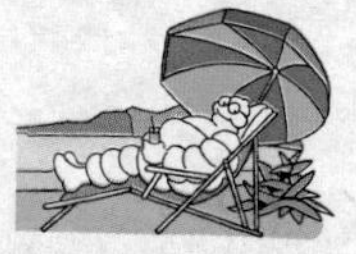

TRÉBEURDEN

3 - 59 ① G. Bretagne

Paris 523 - Lannion 9 - Perros-Guirec 14 - St-Brieuc 72

22560 C.-d'Armor - 3 094 h. alt. 81.

Office de Tourisme, pl. Crech'Héry ✆ 02 96 23 51 64, Fax 02 96 47 44 87

Roz ar Mor « Entrée fleurie », ✆ 02 96 23 58 12, S : 1,5 km, à 200 m de la plage de Porz Mabo - Accès peu facile pour caravanes - 0,8 ha (30 empl.) en terrasses, herbeux - Location : Pâques-15 sept. - **R** *conseillée* - *Tarif 97 : 23 12 24 15 (3A) 20 (6A)*

Kerdual ✆ 02 96 23 54 86, S : 1,5 km, à la plage de Porz Mabo (accès direct) - Accès peu facile pour caravanes 0,4 ha (26 empl.) en terrasses, herbeux mai-10 sept. - **R** *conseillée juil.-août* - *3 pers. 110, pers. suppl. 24 15 (3A) 20 (6A)*

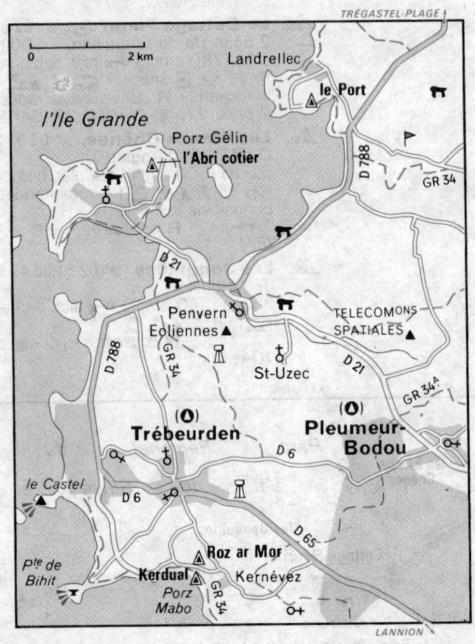

Voir aussi à *Pleumeur-Bodou*

TRÉBOUL **29** Finistère - 58 ⑭ - rattaché à Douarnenez

TRÉDION

4 - 63 ③ G. Bretagne

Paris 442 - Josselin 23 - Locminé 26 - Ploërmel 29 - Redon 51 - Vannes 23

56250 Morbihan - 875 h. alt. 85

Municipal l'Étang aux Biches « Situation agréable au bord de deux étangs », ✆ 02 97 67 14 06, S : 1,3 km par D 1, rte d'Elven 10 ha/0,5 campable (34 empl.) peu incliné et plat, herbeux, bois - - A proximité : parcours sportif juil.-août - - *8 6 6 12 (3A)*

TREFFIAGAT

3 - 58 ⑭

Paris 585 - Audierne 38 - Douarnenez 38 - Pont-l'Abbé 9 - Quimper 30

29730 Finistère - 2 333 h. alt. 20

Karreg Skividen ✆ 02 98 58 22 78, SE : 1,8 km par rte de Lesconil et à droite, à 400 m de la plage (accès direct) - en deux parties distinctes 1 ha (75 empl.) plat, herbeux - - A proximité : - Location *(juil.-15 sept.)* : - Garage pour caravanes 15 juin-15 sept. - **R** *conseillée* - *15 8 15 13 (3 à 6A)*

Les Ormes ✆ 02 98 58 21 27, S : 2 km, à Kerlay, à 400 m de la plage (accès direct) 2 ha (76 empl.) plat, herbeux - (juil.-sept.) - - A proximité mai-sept. - **R** *conseillée août* - *Tarif 97 : 13,50 8 14,50 11,50 (3A) 15 (6A) 18 (10A)*

Municipal le Merlot, ✆ 02 98 58 03 09, à 1 km au Sud-Est du bourg, au stade 3,5 ha (125 empl.) plat, herbeux - - 15 juin-15 sept. - **R** - *Tarif 97 : 10 6 15 10 (4A)*

TRÉGARVAN

3 – 58 ⑮ G. Bretagne

Paris 561 – Brest 56 – Châteaulin 14 – Crozon 22 – Douarnenez 33 – Quimper 41

29560 Finistère – 164 h. alt. 20

Ker Beuz, 02 98 26 08 08, Fax 02 98 26 08 00, S : 2 km à Kerbeuz, accès par D 60, rte de Châteaulin et chemin à droite
5 ha (40 empl.) plat, herbeux – snack – salle d'animation – Location :
Permanent – **R** *conseillée juil.-août* – *piscine et tennis compris 2 pers. 75 (87 avec élect.)*

TRÉGASTEL

3 – 59 ① G. Bretagne

Paris 524 – Lannion 10 – Perros-Guirec 9 – St-Brieuc 73 – Trébeurden 10 – Tréguier 27

22730 C.-d'Armor – 2 201 h. alt. 58.
Office de Tourisme, pl. Ste-Anne
02 96 23 88 67, Fax 02 96 23 85 97

Tourony-Camping, 02 96 23 86 61, E : 1,8 km par D 788, rte de Perros-Guirec, près de la mer et d'un étang, à 500 m de la plage
2 ha (100 empl.) plat, herbeux – – A proximité : crêperie – Location :
11 avril-sept. – **R** *conseillée 14 juil.-15 août* – GB – *22 11 25 16 (6A)*

TRÉGOUREZ

3 – 58 ⑯

Paris 538 – Carhaix-Plouguer 32 – Concarneau 30 – Quimper 24 – Rosporden 17

29970 Finistère – 939 h. alt. 127

Municipal, au bourg, par chemin à gauche de la mairie, au stade
0,6 ha (32 empl.) plat, herbeux –
15 juin-15 sept. – – *2 pers. 30, pers. suppl. 8 8*

TRÉGUENNEC

3 – 58 ⑭

Paris 583 – Audierne 28 – Douarnenez 28 – Pont-l'Abbé 11 – Quimper 28

29720 Finistère – 303 h. alt. 31

Kerlaz, 02 98 87 76 79, au bourg, par D 156
1,25 ha (80 empl.) (saison) plat, herbeux – – A proximité : crêperie – Location :
avril-sept. – **R** *conseillée juil.-août* – *piscine comprise 2 pers. 70, pers. suppl. 20 11 (3A) 13 (6A) 15 (10A)*

TRÉGUNC

3 – 58 ⑪ ⑯

Paris 544 – Concarneau 7 – Pont-Aven 9 – Quimper 28 – Quimperlé 28

29910 Finistère – 6 130 h. alt. 45.
Office de Tourisme, 16 r. de Pont-Aven
02 98 50 22 05, Fax 02 98 97 77 60

La Pommeraie, 02 98 50 02 73, Fax 02 98 50 07 91, S : 6 km par D 1, rte de la Pointe de Trévignon et à gauche rte de St-Philibert
5 ha (150 empl.) plat, herbeux, verger – crêperie – – Location :
avril-15 sept. – **R** *conseillée* – GB – *23 piscine comprise 37 13 (3A) 19 (6A)*

Le Pendruc, 02 98 97 66 28, Fax 02 98 97 65 11, SO : 2,8 km rte de Pendruc et à gauche
3,6 ha (170 empl.) plat, herbeux – – – Location *(permanent)* :
avril-oct. – **R** *conseillée 15 juil.-15 août* – GB – *22 piscine comprise 10 32 18 (6A)*

Les Étangs <, 02 98 50 00 41, sortie Sud-Ouest par rte de Pendruc puis à gauche 5 km par rte de Trévignon, à Kerviniec
3 ha (172 empl.) plat, herbeux – – toboggan aquatique – Location : , bungalows toilés
juin-15 sept. – **R** *conseillée* – GB – *27 piscine comprise 7 29 16 (6A)*

Loc'h-Ven « Cadre agréable », 02 98 50 26 20, SO : 4 km, à Pendruc-Plage, à 100 m de la mer
2,8 ha (199 empl.) (saison) plat et peu incliné, herbeux – –
avril-sept. – **R** *conseillée 20 juil.-15 août* – *19 24 13,50 (4A) 19 (6A)*

TREIGNAC

10 – 72 ⑲ G. Berry Limousin

Paris 456 – Égletons 33 – Eymoutiers 32 – Limoges 66 – Tulle 40 – Uzerche 28

19260 Corrèze – 1 520 h. alt. 500

La Plage <, 05 55 98 08 54, N : 4,5 km par rte d'Eymoutiers, à 50 m du lac des Barriousses
3,5 ha (130 empl.) en terrasses et peu incliné, pierreux, herbeux – – A proximité : (plage)
avril-sept. – **R** *conseillée* – GB – *16 16 15 (8A)*

TREIGNAT

10 – 69 ⑪

Paris 344 – Boussac 10 – Culan 27 – Gouzon 24 – Montluçon 25

03380 Allier – 531 h. alt. 450

Municipal de l'Etang d'Herculat, 04 70 07 03 89, NE : 2,3 km, accès par chemin à gauche, après l'église, bord de l'étang
1,6 ha (35 empl.) incliné à peu incliné, plat, herbeux – – – Location : huttes
Pâques-sept. – **R** *juil.-août* – *1 pers. 33, pers. suppl. 10 9 (8A) 12 (10A)*

Le TREIN-D'USTOU

14 - 86 ③

Paris 814 – Aulus-les-Bains 13 – Foix 73 – St-Girons 30 – Tarascon-sur-Ariège 63

09140 Ariège – 351 h. alt. 739

Le Montagnou ≤, ✆ 05 61 66 94 97, Fax 05 61 66 91 20, sortie Nord-Ouest par D 8, rte de Seix, près de l'Alet
1,2 ha (57 empl.) plat, herbeux – A proximité :
Permanent – **R** *conseillée juil.-août* – *élect. (6 ou 10A) comprise 2 pers. 80 ou 90 - hiver : élect. (6 à 16A) 2 pers. 90 à 110, pers. suppl. 24*

TRÉLÉVERN

3 - 59 ①

Paris 514 – Lannion 12 – Perros-Guirec 10 – St-Brieuc 66 – Trébeurden 19 – Tréguier 15

22660 C.-d'Armor – 1 254 h. alt. 76

Port-l'Épine ≤, ✆ 02 96 23 71 94, Fax 02 96 23 77 83, NO : 1,5 km puis chemin à gauche, à Port-l'Épine, bord de mer
2,5 ha (160 empl.) plat, peu incliné, herbeux – crêperie, snack – – Location :
mai-15 sept. – **R** *conseillée juil.-août* – GB – *piscine comprise 2 pers. 95, pers. suppl. 32 20 (5A)*

Le TRÉPORT

1 - 52 ⑤ G. Normandie Vallée de la Seine

Paris 176 – Abbeville 36 – Amiens 86 – Blangy-sur-Bresle 25 – Dieppe 31 – Rouen 94

76470 S.-Mar. – 6 227 h. alt. 12.
Office de Tourisme, quai Sadi-Carnot
✆ 02 35 86 05 69, Fax 02 35 50 18 73

Municipal les Boucaniers, ✆ 02 35 86 35 47, av. des Canadiens, près du stade
5,5 ha (340 empl.) plat, herbeux – – – A proximité :
avril-sept. – R – *13,75 13,75 13,75 (33,25 avec élect. 6A)*

TREPT

12 - 74 ⑬

Paris 499 – Belley 41 – Bourgoin-Jallieu 15 – Lyon 47 – Pérouges 36 – La Tour-du-Pin 20

38460 Isère – 1 164 h. alt. 275

Les 3 lacs , ✆ 04 74 92 92 06, Fax 04 74 92 93 35, E : 2,7 km par D 517, rte de Morestel et chemin à droite, près de deux plans d'eau
25 ha/3 campables (160 empl.) plat, herbeux – – – A proximité : (plage) toboggan aquatique – Location *(permanent)* :
mai-10 sept. – **R** *conseillée* – GB – *30 40 18 (6A)*

TRÉVIÈRES

4 - 54 ⑭

Paris 278 – Bayeux 16 – Caen 46 – Carentan 31 – St-Lô 32

14710 Calvados – 889 h. alt. 14

Municipal, ✆ 02 31 92 89 24, sortie Nord par D 30, rte de Formigny, près d'un ruisseau
1,2 ha (73 empl.) (juil.-août) plat, herbeux – – A proximité :
Pâques-15 sept. – **R** *juil.-août* – *Tarif 97 : 14,50 6,50 11,50 14 (10A)*

TRÉVOU-TRÉGUIGNEC

3 - 59 ①

Paris 513 – Guingamp 36 – Lannion 14 – Paimpol 29 – Perros-Guirec 11 – St-Brieuc 65 – Tréguier 14

22660 C.-d'Armor – 1 210 h. alt. 56

Port le Goff, ✆ 02 96 23 71 45, sortie Nord rte de Port Blanc et à gauche, à 500 m de la mer
1 ha (45 empl.) plat, herbeux – – A proximité : discothèque
Pâques-sept. – **R** *conseillée juil.-août* – *14 7 8,50/11*

TRIAIZE

9 - 71 ⑪

Paris 444 – Fontenay-le-Comte 40 – Luçon 8 – Niort 69 – La Rochelle 37 – La Roche-sur-Yon 40

85580 Vendée – 1 027 h. alt. 3

Municipal , ✆ 02 51 56 12 76, au bourg, par r. du stade – dans locations
2,7 ha (70 empl.) plat, pierreux, herbeux, petit étang – – – Location *(mai-sept.)* :
juil.-août – **R** – – *11,30 6,50 8,70 10,80*

La TRINITÉ-PORHOËT

4 - 58 ⑳

Paris 425 – Josselin 17 – Lorient 91 – Loudéac 19 – Ploërmel 24

56490 Morbihan – 901 h. alt. 90

Municipal St-Yves , sortie Nord-Est par D 175, rte de Gomené et à gauche, près d'un plan d'eau
0,6 ha (60 empl.) plat, herbeux – – (plage), – A proximité parcours sportif
15 juin-15 sept. – **R** – – *5,40 et 3,20 pour eau chaude 3,20 3,20 14*

La TRINITÉ-SUR-MER

8 – 63 ⑫ G. Bretagne

Paris 489 – Auray 12 – Carnac 4 – Lorient 50 – Quiberon 22 – Quimperlé 65 – Vannes 30

56470 Morbihan – 1 433 h. alt. 20.
Office de Tourisme, Môle L.-Caradec
02 97 55 72 21, Fax 02 97 55 78 07
Schéma à Carnac

Kervilor « Entrée fleurie », 02 97 55 76 75, Fax 02 97 55 87 26, N : 1,6 km
4,7 ha/3,5 campables (230 empl.) plat et peu incliné, herbeux – toboggan aquatique – Location :
10 mai-13 sept. – **R** *conseillée juil.-août – – 25 piscine comprise 15*
60 13 (3A) 16 (6A)

La Plage « Cadre et site agréables », 02 97 55 73 28, Fax 02 97 55 88 31, S : 1 km, accès direct à la plage de Kervilen
3 ha (200 empl.) plat, herbeux, sablonneux – toboggan aquatique – A proximité : crêperie – Location :
8 mai-15 sept. – **R** *conseillée saison* – GB – – *23,50 piscine comprise*
109 14 (6A) 17 (10A)

La Baie « Entrée fleurie », 02 97 55 73 42, Fax 02 97 55 88 81, S : 1,5 km, à 100 m de la plage de Kervilen
2,2 ha (170 empl.) plat, herbeux, sablonneux – toboggan aquatique – A proximité : crêperie – Location :
16 mai-15 sept. – **R** *conseillée* – GB – – *Tarif 97 : 27 piscine comprise*
115 15 (6A) 18 (10A)

Park-Plijadur, 02 97 55 72 05, NO : 1,3 km sur D 781, rte de Carnac, bord d'un petit plan d'eau
5 ha/3,5 campables (198 empl.) plat, herbeux, sablonneux –
juin-sept. – **R** *conseillée juil.-août* – GB – – *24 piscine comprise 8,50*
46/59 avec élect. (6A)

TRIZAC

10 – 76 ② G. Auvergne

Paris 523 – Aurillac 69 – Mauriac 23 – Murat 50

15400 Cantal – 754 h. alt. 960

Municipal le Pioulat ≤, 04 71 78 64 20, sortie Sud rte de Mauriac, bord d'un petit lac
1,5 ha (60 empl.) plat, peu incliné et en terrasses, herbeux – – Location *(avril-1er nov.)* : huttes
13 juin-13 sept. – – – *10 7 8 13 (2 à 10A)*

TROGUES

10 – 68 ④

Paris 277 – Azay-le-Rideau 23 – Châtellerault 42 – Chinon 21 – Loches 42 – Tours 44

37220 I.-et-L. – 292 h. alt. 60

Chlorophylle Parc , 02 47 58 60 60, Fax 02 47 95 24 04, SE : 2,4 km par D 109. rte de Pouzay et chemin à droite, bord d'un étang et près de la Vienne
17 ha/7,8 campables (157 empl.) plat, peu incliné, herbeux – toboggan aquatique, half-court – Location *(fév.-nov.)* :
mars-oct. – **R** *conseillée* – GB – – *29 piscine comprise 65 20 (10A)*

TROYES P

7 – 61 ⑯ ⑰ G. Champagne

Paris 171 – Dijon 183 – Nancy 186

10000 Aube – 59 255 h. alt. 113.
Office de Tourisme, 16 bd Carnot
03 25 82 62 70, Fax 03 25 73 06 81

Municipal, 03 25 81 02 64 10150 Pont-Ste-Marie, NE : 2 km par rte de Nancy
3,8 ha (100 empl.) plat, herbeux –

Le TRUEL

15 – 80 ⑬

Paris 679 – Millau 38 – Pont-de-Salars 39 – Rodez 58 – St-Affrique 23 – Salles-Curan 24

12430 Aveyron – 384 h. alt. 290

Municipal la Prade ≤ « Situation agréable », 05 65 46 41 46, à l'Est du bourg par D 31, à gauche après le pont, bord du Tarn (plan d'eau)
0,6 ha (28 empl.) plat, pierreux, herbeux – –
– A proximité :

TULETTE

16 – 81 ②

Paris 650 – Avignon 53 – Bollène 15 – Nyons 20 – Orange 22 – Vaison-la-Romaine 16

26790 Drôme – 1 575 h. alt. 147

Les Rives de l'Aygues « Cadre agréable », 04 75 98 37 50, Fax 04 75 98 36 70, S : 3 km par D 193, rte de Cairanne et chemin à gauche
3,6 ha (50 empl.) plat, pierreux, herbeux – pizzeria – – Location :
Pâques-oct. – **R** *conseillée juil.-août* – – *piscine comprise 3 pers. 110, pers. suppl. 20 15 (4A)*

TULLE P

10 – 75 ⑨ G. Berry Limousin

Paris 476 – Aurillac 83 – Brive-la-Gaillarde 28 – Clermont-Ferrand 143 – Guéret 128 – Limoges 87 – Périgueux 103

19000 Corrèze – 17 164 h. alt. 210.
Office de Tourisme, 2 pl. Emile-Zola
05 55 26 59 61, Fax 05 55 20 72 93

Municipal Bourbacoup, 05 55 26 75 97, NE : 2,5 km par D 23, bord de la Corrèze
1 ha (50 empl.) plat et terrasse, herbeux (0,5 ha) – A proximité :
2 mai-sept. – **R** – *12 12/16,50 9,50*

à Laguenne SE : 4,2 km par N 120, rte d'Aurillac – 1 467 h. alt. 205
19150 Laguenne :

Le Pré du Moulin « Agréable situation », 05 55 26 21 96, Fax 05 55 20 18 60, sortie Nord-Ouest rte de Tulle puis 1,3 km par chemin à droite avant le pont, bord de la St-Bonnette –
0,8 ha (28 empl.) plat, peu incliné, herbeux –
15 mai-sept. – **R** *conseillée 14 juil.-15 août – 22 piscine comprise 20 10 (3A) 15 (6A)*

La TURBALLE

4 – 63 ⑭ G. Bretagne

Paris 462 – La Baule 13 – Guérande 7 – Nantes 89 – La Roche-Bernard 30 – St-Nazaire 28

44420 Loire-Atl. – 3 587 h. alt. 6.
Office de Tourisme, pl. de Gaulle
et Fax 02 40 23 32 01

Parc Ste-Brigitte « Agréable domaine boisé », 02 40 24 88 91, Fax 02 40 23 30 42, SE : 3 km rte de Guérande
10 ha/4 campables (150 empl.) plat, herbeux –
avril-sept. – **R** *conseillée juil.-août – – 26,50 piscine comprise 15 28,50/57 avec élect. (6A)*

Municipal des Chardons Bleus, 02 40 62 80 60, S : 2,5 km, bd de la Grande Falaise, bord de plage
5 ha (300 empl.) (juil.-août) plat, sablonneux, herbeux – pizzeria – – A proximité : parcours sportif
Pâques-sept. – **R** – – *1 pers. 52, pers. suppl. 19,50 15,60 (6A) 22,50 (10A)*

Le Panorama, 02 40 24 79 41, SE : 3 km rte de Guérande
1,2 ha (70 empl.) plat et peu incliné, herbeux –
avril-oct. – **R** *conseillée – – 19 9 18 13 (10A) 18 (16A)*

TURCKHEIM

8 – 62 ⑱ ⑲ G. Alsace Lorraine

Paris 470 – Colmar 6 – Gérardmer 46 – Munster 13 – St-Dié 54 – Le Thillot 67

68230 H.-Rhin – 3 567 h. alt. 225.
Office de Tourisme, pl. Turenne
03 89 27 38 44, Fax 03 89 80 83 22

Municipal les Cigognes, 03 89 27 02 00, Fax 03 89 80 86 93, à l'Ouest du bourg, derrière le stade, bord d'un petit canal et près de la Fecht - Accès par chemin entre le passage à niveau et le pont
2,5 ha (117 empl.) plat, herbeux – – A proximité :
15 mars-oct. – **R** – GB – – *Tarif 97 : 2 pers. 39,50, pers. suppl. 17,50 15,80 (5A) 26,80 (10A)*

TURSAC

TURSAC 24 Dordogne – 75 ⑯ – rattaché aux Eyzies-de-Tayac

UCEL

16 – 76 ⑲ G. Vallée du Rhône

Paris 628 – Aubenas 5 – Montélimar 44 – Privas 30 – Vals-les-Bains 3 – Villeneuve-de-Berg 19

07200 Ardèche – 1 677 h. alt. 270

Domaine de Gil « Entrée fleurie », 04 75 94 63 63, Fax 04 75 94 01 95, sortie Nord-Ouest par D 578B, rte de Vals-les-Bains, bord de l'Ardèche
4,8 ha/2 campables (80 empl.) plat, herbeux, pierreux – – Location :
mai-15 sept. – **R** *conseillée juil.-août – – piscine et tennis compris 2 pers. 109 20 (3 à 10A)*

Les Pins , 04 75 37 49 20, NE : 1,5 km par rte devant l'église – croisement difficile pour caravanes à certains endroits – accès aux emplacements par pente à 10%
1 ha (25 empl.) en terrasses, plat, herbeux – – (bassin) – Location :
juin-sept. – **R** *conseillée – – 2 pers. 56, pers. suppl. 16 15 (4 à 6A)*

URDOS

13 – 85 ⑯ G. Pyrénées Aquitaine

Paris 860 – Jaca 44 – Oloron-Ste-Marie 40 – Pau 74

64490 Pyr.-Atl. – 162 h. alt. 780

Municipal , 05 59 34 88 26, NO : 1,5 km par N 134 et chemin devant l'ancienne gare, bord du Gave d'Aspe
1,5 ha (80 empl.) plat et peu incliné, terrasse, herbeux, pierreux (0,5 ha) – – – A proximité :
15 juin-15 sept. – **R** – – *12 6 11/15 12*

URRUGNE

13 – 85 ② G. Pyrénées Aquitaine

Paris 794 – Bayonne 28 – Biarritz 22 – Hendaye 9 – San Sebastiàn 31

64122 Pyr.-Atl. – 6 098 h. alt. 34

Col d'Ibardin « Entrée fleurie et cadre agréable », ✆ 05 59 54 31 21, Fax 05 59 54 62 28, S : 4 km par D 4, rte d'Ascain, bord d'un ruisseau
4,5 ha (191 empl.) peu incliné, herbeux chênaie –
mai-sept. – **R** *conseillée juil.-août* – *piscine comprise 2 pers. 100, pers. suppl. 22* *18 (4A) 22 (6A)*

USSEL

10 – 73 ⑪ G. Berry Limousin

Paris 446 – Aurillac 102 – Clermont-Ferrand 84 – Guéret 102 – Tulle 59

19200 Corrèze – 11 448 h. alt. 631.
Office de Tourisme, pl. Voltaire
✆ 05 55 72 11 50

Municipal de Ponty « Site agréable », ✆ 05 55 72 30 05, O : 2,7 km par rte de Tulle et D 157 à droite, près d'un plan d'eau
3,5 ha (140 empl.) plat et peu incliné, herbeux, pierreux pinède – – A proximité : parcours sportif – Location : gîtes
mars-oct. – **R** *conseillée* – *13,80* *13,80/23,10* *9,30 (10A)*

UZERCHE

10 – 75 ⑧ G. Berry Limousin

Paris 444 – Aubusson 96 – Bourganeuf 76 – Brive-la-Gaillarde 37 – Limoges 54 – Périgueux 88 – Tulle 30

19140 Corrèze – 2 813 h. alt. 380.
Office de Tourisme, (avril-oct.) pl. de la Lunade
✆ 05 55 73 15 71

Municipal la Minoterie, ✆ 05 55 73 12 75, au Sud-Ouest du centre bourg, accès quai Julian-Grimau, entre la N 20 et le pont Turgot (D 3), bord de la Vézère (rive gauche)
0,8 ha (55 empl.) plat, terrasse, herbeux, pierreux – – Location : huttes
15 juin-sept. – **R** – – *14* *20*

UZÈS

16 – 80 ⑲ G. Provence

Paris 683 – Alès 34 – Arles 50 – Avignon 38 – Montélimar 77 – Montpellier 81 – Nîmes 25

30700 Gard – 7 649 h. alt. 138.
Office de Tourisme, av. Libération
✆ 04 66 22 68 88, Fax 04 66 22 95 19

Le Moulin Neuf « Cadre agréable », ✆ 04 66 22 17 21, Fax 04 66 22 91 82 ✉ 30700 St-Quentin-la-Poterie, NE : 4,5 km par D 982, rte de Bagnols-sur-Cèze et D 5 à gauche
4 ha (100 empl.) plat, herbeux – snack – – Location *(permanent)* :
Pâques-sept. – **R** *conseillée 10 juil.-15 août* – GB – – *piscine comprise 2 pers. 87, pers. suppl. 20* *15 (2,5A) 18 (5A)*

Le Mas de Rey , ✆ 04 66 22 18 27 ✉ 30700 Arpaillargues, SO : 3 km par D 982, rte d'Arpaillargues puis chemin à gauche
2,5 ha (60 empl.) plat, herbeux – – Location :
avril-15 oct. – **R** *conseillée saison* – – *piscine comprise 2 pers. 80* *16 (10A)*

VAGNAS 07 Ardèche – 80 ⑨ – voir à Ardèche (Gorges de l')

VAGNEY

8 – 62 ⑰

Paris 420 – Cornimont 14 – Épinal 36 – Gérardmer 17 – Le Thillot 21

88120 Vosges – 3 772 h. alt. 412.
Syndicat d'Initiative, pl. Caritey
✆ 03 29 24 88 69, Fax 03 29 24 86 50

Municipal du Mettey « Cadre boisé », E : 1,3 km par D 23, rte de Gérardmer et rue à droite
2 ha (100 empl.) en terrasses, plat et peu incliné, herbeux, pierreux – –
15 juin-15 sept. – **R** – *2 pers. 43, pers. suppl. 15* *9 (6A)*

VAIRÉ

9 – 67 ⑫

Paris 441 – Challans 31 – La Mothe-Achard 9 – La Roche-sur-Yon 27 – Les Sables-d'Olonne 12

85150 Vendée – 942 h. alt. 49

Le Roc, ✆ 02 51 33 71 89, NE : 1,5 km par D 32, rte de Landevieille et rte de Brem-sur-Mer à gauche
1,4 ha (24 empl.) peu incliné, herbeux – –
mai-sept. – **R** *conseillée* – – *élect. (6A) comprise 2 pers. 63, 3 pers. 69, pers. suppl. 12*

VAISON-LA-ROMAINE

16 – 81 ② ③ G. Provence

Paris 665 – Avignon 49 – Carpentras 27 – Montélimar 65 – Pont-St-Esprit 41

84110 Vaucluse – 5 663 h. alt. 193.
Office de Tourisme, pl. Chanoine-Sautel
✆ 04 90 36 02 11, Fax 04 90 28 76 04

Carpe Diem , ✆ 04 90 36 02 02, Fax 04 90 36 36 90, SE : 2 km à l'intersection du D 938, rte de Malaucène et du D 151, rte de St-Marcellin
10 ha/6,5 campables (140 empl.) en terrasses, plat et peu incliné, herbeux – cases réfrigérées – – Location :
15 mars-15 nov. – **R** *conseillée juil.-août* – GB – – *25 piscine comprise* *49* *18 (6A) 25 (10A)*

Le Soleil de Provence , ✆ 04 90 46 46 00, Fax 04 90 46 40 37 ✉ 84110 St-Romain-en-Viennois, NE : 3,5 km par D 938, rte de Nyons puis rte de St-Romain à droite et chemin à gauche
4 ha (80 empl.) plat et en terrasses, peu incliné – –
avril-oct. – **R** *conseillée* – – *26 piscine comprise* *16* *16* *16 (10A)*

L'Ayguette « Cadre sauvage », 04 90 46 40 35, Fax 04 90 46 46 17 ✉ 84110 Faucon, sortie Est par D 938, rte de Nyons et 4,1 km par D 71 à droite, rte de St-Romains-Viennois puis D 86, rte de Faucon
2,8 ha (100 empl.) plat, accidenté et en terrasses, herbeux, pierreux pinède – avril-sept. – **R** *conseillée juil.-août* – GB – – *piscine comprise 2 pers. 90, pers. suppl. 26* *16 (6A)*

Théâtre Romain, 04 90 28 78 66, au Nord-Est de la ville, quartier des Arts, chemin du Brusquet – accès conseillé par rocade
1 ha (55 empl.) plat, herbeux – (bassin) – A proximité :
15 mars-oct. – **R** *juil.-août* – *20* *40* *15 (5A) 19 (10A)*

VAL-D'AJOL

8 – 62 ⑯ G. Alsace Lorraine

Paris 383 – Épinal 45 – Luxeuil-les-Bains 17 – Plombières-les-Bains 10 – St-Dié 72 – Vittel 70

88340 Vosges – 4 877 h. alt. 380.
Office de Tourisme, 93 Grande-Rue
et Fax 03 29 30 61 55

Municipal ≤, 03 29 66 55 17, sortie Nord-Ouest par D 20, rte de Plombières-les-Bains et rue des Oeuvres à gauche
1 ha (50 empl.) (juil.-août) plat, herbeux – – A proximité :
15 avril-sept. – **R** *conseillée juil.-août* – – *10* *16* *10 (3 ou 6A)*

VAL-D'ISÈRE

12 – 74 ⑲ G. Alpes du Nord

Paris 669 – Albertville 86 – Briançon 138 – Chambéry 133

73150 Savoie – 1 701 h. alt. 1 850 – Sports d'hiver : 1 850/3 550 m 12 90 .
Office de Tourisme, Maison de Val-d'Isère
04 79 06 06 60, Fax 04 79 06 04 56

Les Richardes ≤, 04 79 06 26 60, sortie Est par D 902, rte du col de l'Iseran, bord de l'Isère
1 ha (75 empl.) plat et peu incliné, herbeux, pierreux – – A l'entrée : – A proximité :
15 juin-15 sept. – – *Tarif 97 :* *13* *8* *8,50* *11,50 (3A) 19,50 (5A)*

VALENÇAY

10 – 64 ⑱ G. Châteaux de la Loire

Paris 230 – Blois 57 – Bourges 73 – Châteauroux 41 – Loches 49 – Vierzon 50

36600 Indre – 2 912 h. alt. 140.
Office de Tourisme, av. de la Résistance
et Fax 02 54 00 04 42 (hors saison)
Mairie 02 54 00 32 32

Municipal les Chênes Ⓜ, 02 54 00 03 92, O : 1 km sur D 960, rte de Luçay-le-Mâle
4 ha (50 empl.) plat et peu incliné, herbeux, étang – –
mai-27 sept. – **R** *conseillée juil.-août* – – *16* *17* *10 (4A) 15 (6A) 20 (10A)*

VALEUIL

10 – 75 ⑤

Paris 482 – Brantôme 7 – Mareuil 28 – Mussidan 50 – Périgueux 24 – Ribérac 30

24310 Dordogne – 283 h. alt. 101

Le Bas Meygnaud « Cadre boisé », 05 53 05 58 44, E : 2,3 km par chemin de Lassère – accès par D 939
1,7 ha (50 empl.) peu incliné, herbeux – –
avril-sept. – **R** *conseillée juil.-août* – – *15 piscine comprise* *9* *23/24* *12 (6A)*

VALLABRÈGUES

16 – 80 ⑳

Paris 699 – Arles 23 – Avignon 20 – Beaucaire 8 – Nîmes 32 – Pont-du-Gard 24

30300 Gard – 1 016 h. alt. 8

Lou Vincen , 04 66 59 21 29, Fax 04 66 59 07 41, à l'Ouest du bourg, à 100 m du Rhône et d'un petit lac
1,4 ha (75 empl.) plat, herbeux – – – A proximité :
29 mars-10 oct. – **R** *conseillée juil.-août* – GB – – *22 piscine comprise* *24* *16 (6A) 30 (10A)*

VALLERAUGUE

15 – 80 ⑯ G. Gorges du Tarn

Paris 690 – Mende 99 – Millau 75 – Nîmes 84 – Le Vigan 22

30570 Gard – 1 091 h. alt. 346

Le Pied de l'Aigoual ≤, 04 67 82 24 40, Fax 04 67 82 24 23, O : 2,2 km par D 986, rte de l'Espérou, à 60 m de l'Hérault
2,7 ha (80 empl.) plat, herbeux verger – –
Location *(Pâques-début nov.)* : gîtes
6 juin-21 sept. – **R** – – *piscine comprise 2 pers. 62, pers. suppl. 19* *16 (3A) 19 (6A)*

VALLET

9 – 67 ④ G. Poitou Vendée Charentes

Paris 374 – Ancenis 27 – Cholet 34 – Clisson 10 – Nantes 26

44330 Loire-Atl. – 6 116 h. alt. 54.
Office de Tourisme,
02 40 36 35 87

Municipal les Dorices, 02 40 33 95 03, N : 2 km par D 763, rte d'Ancenis et chemin à droite
0,9 ha (50 empl.) (juil.-août) plat, herbeux – – A l'entrée :
15 mai-sept. – **R** – *Tarif 97 :* *8,70* *4,30* *7* *7,50 (6A)*

VALLOIRE

12 - 77 ⑦ G. Alpes du Nord

Paris 664 - Albertville 91 - Briançon 53 - Chambéry 102 - Lanslebourg-Mont-Cenis 57 - Col du Lautaret 25

73450 Savoie - 1 012 h. alt. 1 430 - Sports d'hiver : 1 430/2 600 m 1 20.

Office de Tourisme, 04 79 59 03 96, Fax 04 79 59 09 66

Ste Thècle, 04 79 83 30 11, Fax 04 79 83 35 13, au Nord de la localité, au confluent de deux torrents
1,5 ha (81 empl.) (été) peu incliné et plat, pierreux, herbeux - - A proximité : patinoire, toboggan aquatique
déc.-1er mai, 15 juin-15 sept. - **R** *conseillée* - GB - *Tarif 97 : 27 11 (10A)*

VALLON-EN-SULLY

11 - 69 ⑫ G. Auvergne

Paris 314 - La Châtre 54 - Cosne-d'Allier 24 - Montluçon 24 - Moulins 67 - St-Amand-Montrond 27

03190 Allier - 1 809 h. alt. 192

Municipal les Soupirs, 04 70 06 50 96, SE : 1,2 km par D 11, entre le Cher et le Canal du Berry, au stade
2 ha (50 empl.) plat, herbeux, étang - - A proximité :
15 juin-15 sept. - **R** - *8,90 4,50 4,50 12,20 (6A)*

VALLON-PONT-D'ARC **07** Ardèche - 80 ⑨ - voir à Ardèche (Gorges de l')

VALLORCINE

12 - 74 ⑨ G. Alpes du Nord

Paris 629 - Annecy 112 - Chamonix-Mont-Blanc 17 - Thonon-les-Bains 96

74660 H.-Savoie - 329 h. alt. 1 260 - Sports d'hiver : 1 360/1 605 m 3

Les Montets, 04 50 54 60 45, SO : 2,8 km par N 506, rte de Chamonix-Mont-Blanc, au lieu-dit le Buet, bord d'un ruisseau et près de l'Eau Noire - accès par chemin de la gare - alt. 1 300
1,7 ha (75 empl.) non clos, plat, terrasse, peu accidenté, herbeux, pierreux - - A l'entrée :
juin-sept. - **R** *conseillée juil.-août pour caravanes* - *pour tentes* - *Tarif 97 : 21 5 15/25 13 (3A) 18 (6A)*

VALLOUISE

12 - 77 ⑰

Paris 701 - Briançon 21 - Gap 84 - Guillestre 31

05290 H.-Alpes - 623 h. alt. 1 123.

Office de Tourisme, pl. de l'Église 04 92 23 36 12, Fax 04 92 23 41 44

Les Chambonnettes Parc National des Ecrins, 04 92 23 30 26, au bourg, au confluent du Gyr et de l'Onde
6 ha (210 empl.) plat, herbeux, pierreux - -
déc.-sept. - **R** *hiver, juil.-août* - GB - - *2 pers. 50/62 (hiver 64), pers. suppl. 20 10 (3A) 13 (6A) - hiver : 24 (6A) 32 (10A)*

VALRAS-PLAGE

15 - 83 ⑮ G. Gorges du Tarn

Paris 775 - Agde 24 - Béziers 15 - Montpellier 73

34350 Hérault - 3 043 h. alt. 1.

Office de Tourisme, pl. R.-Cassin 04 67 32 36 04, Fax 04 67 32 33 41

La Yole, 04 67 37 33 87, Fax 04 67 37 44 89, SO : 2 km, à 500 m de la plage
20 ha (1 007 empl.) plat et peu incliné, herbeux, sablonneux (12 ha) - brasserie, pizzeria - half-court - A proximité : - Location :
mai-19 sept. - **R** *conseillée juil.-août* - GB - - *élect. (5A) et piscine comprises 2 pers. 162*

Les Foulègues « Cadre agréable », 04 67 37 33 65, Fax 04 67 37 54 75, à **Grau-de-Vendres**, SO : 5 km, à 400 m de la plage
5,3 ha (339 empl.) plat, herbeux, sablonneux - - - A proximité : - Location :
juin-sept. - **R** *conseillée juil.-20 août* - GB - - *élect., piscine et tennis compris 2 pers. 150, pers. suppl. 25*

Lou Village, 04 67 37 33 79, Fax 04 67 37 53 56, SO : 2 km, à 100 m de la plage (accès direct) - dans locations
8 ha (600 empl.) plat, sablonneux, herbeux, étangs (6 ha) - - (étang) - Location :
25 avril-13 sept. - **R** *conseillée juil.-août* - GB - *élect. (10A) comprise 2 pers. 148, pers. suppl. 22*

La Plage et du Bord de Mer « Entrée fleurie », 04 67 37 34 38, SO : 1,5 km, bord de plage -
13 ha (655 empl.) plat, herbeux, sablonneux - -
juin-9 sept. - **R** *conseillée 10 juil.-15 août* - - *2 pers. 122, pers. suppl. 21 14 (4A) 16 (6A)*

L'Occitanie « Cadre fleuri », 04 67 39 59 06, Fax 04 67 32 58 20, par bd du Cdt-l'Herminier
6 ha (400 empl.) plat, herbeux - pizzeria - - Location : , bungalows toilés
16 mai-12 sept. - **R** *conseillée juil.-août* - GB - - *élect. et piscine comprises 2 pers. 115, pers. suppl. 15*

Les Sables, 04 67 32 33 86, Fax 04 67 39 51 51, par bd du Cdt-l'Herminier
6 ha (380 empl.) plat, sablonneux, herbeux - pizzeria - toboggan aquatique - Location : , bungalows toilés
mai-15 sept. - **R** *conseillée* - - *Tarif 97 : piscine comprise 2 pers. 115, 3 pers. 136, pers. suppl. 21 17*

Monplaisir, ☎ 04 67 37 35 92, Fax 04 67 37 54 64, **à Grau-de-Vendres,** SO : 2,5 km, à 400 m de la plage (accès direct)
3,4 ha (254 empl.) plat, sablonneux, herbeux – snack – toboggan aquatique – Location :
mai-15 sept. – **R** *conseillée* – *Tarif 97 : 2 pers. 128, pers. suppl. 22* *16 (6A)*

Blue-Bayou, ☎ 04 67 37 41 97, Fax 04 67 37 53 00, **à Grau-de-Vendres** SO : 5 km, à 400 m de la plage
4,5 ha (256 empl.) plat, herbeux, sablonneux – – A proximité : – Location *(Pâques-sept.)* :
21 mai-11 sept. – **R** *conseillée juil.-août* – – *élect. (6A) et piscine comprises 2 pers. 150* *17 (10A)*

Le Méditerranée, ☎ 04 67 37 34 29, Fax 04 67 37 58 47, SO : 1,5 km rte de Vendres, à 200 m de la plage
4,5 ha (367 empl.) plat, sablonneux, herbeux – snack, pizzeria – toboggan aquatique, terrain omnisports – A proximité : – Location :
juin-15 sept. – **R** *conseillée juil.-août* – – – *1 ou 2 pers. 130, pers. suppl. 20* *18 (5A)*

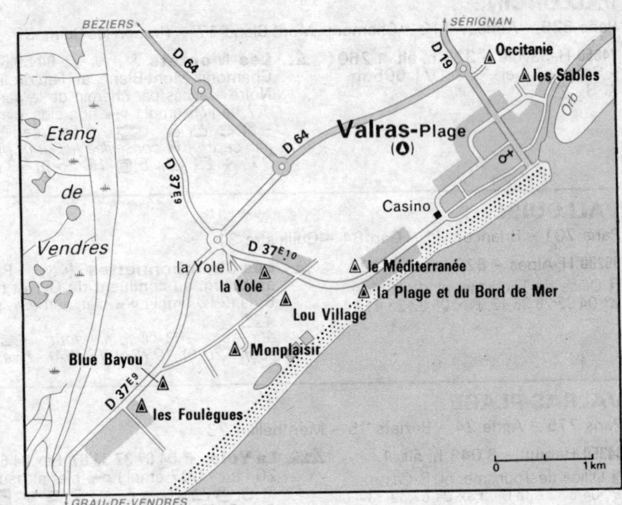

VALRÉAS

16 – 81 ② G. Provence

Paris 640 – Avignon 67 – Crest 53 – Montélimar 33 – Nyons 14 – Orange 36 – Pont-St-Esprit 39

84600 Vaucluse – 9 069 h. alt. 250.
Office de Tourisme, pl. A.-Briand ☎ et Fax 04 90 35 04 71

La Coronne « Cadre agréable », ☎ 04 90 35 03 78, Fax 04 90 28 11 80, N : 1 km par D 10 et D 196 à droite, rte du Pègue, bord de la Coronne
1,8 ha (92 empl.) plat, herbeux, pierreux – – – Location :
mars-sept. – **R** *conseillée* – – *piscine comprise 2 pers. 60, pers. suppl. 18* *8 (3A) 14 (6A) 16 (10A)*

VANDENESSE-EN-AUXOIS

11 – 65 ⑱

Paris 275 – Arnay-le-Duc 15 – Autun 42 – Châteauneuf 3 – Dijon 43

21320 Côte-d'Or – 220 h. alt. 360

Le Lac de Panthier « Site agréable », ☎ 03 80 49 21 94, Fax 03 80 49 25 80, NE : 2,5 km par D 977 bis, rte de Commarin et rte à gauche, près du lac
1,7 ha (100 empl.) plat et peu incliné, herbeux – pizzeria – – A proximité :
15 avril-sept. – **R** *conseillée 7 juil.-10 août* – – – *26 piscine comprise* *30* *17 (4A)*

Les Voiliers « Site agréable », ☎ 03 80 49 21 94, Fax 03 80 49 25 80, NE : 2,7 km par D 977 bis, rte de Commarin et rte à gauche, près du lac
3,5 ha (130 empl.) en terrasses, plat et peu incliné, herbeux – – – – A proximité : pizzeria – Location :
15 avril-sept. – Location longue durée – *Places disponibles pour le passage* – **R** *conseillée 7 juil.-10 août* – – – *30 piscine comprise* *40* *20 (6A)*

VANNES

Paris 460 – Quimper 119 – Rennes 113 – St-Brieuc 108 – St-Nazaire 76

3 – 63 ③ G. Bretagne

56000 Morbihan – 45 644 h. alt. 20.

Office de Tourisme, 1 r. Thiers
02 97 47 24 34, Fax 02 97 47 29 49

Municipal de Conleau « Site agréable », 02 97 63 13 88, S : direction Parc du Golfe par l'avenue du Mar.-Juin, à la pointe de Conleau
5 ha (247 empl.) incliné à peu incliné, herbeux – brasserie cases réfrigérées – – A proximité :
avril-sept. – **R** *conseillée juil.-août* – GB – – *Tarif 97 : 23 45/50 15 (4A) 17 (6A) 30 (10A)*

à Séné S : 5 km par D 199 – 6 180 h. alt. 16 – 56860 Séné :

Moulin de Cantizac, 02 97 66 90 26, N : 1 km par D 199, rte de Vannes, bord de rivière – dans locations
2,8 ha (100 empl.) plat, herbeux – – – Location :
mai-15 oct. – **R** *conseillée juil.-août* – *22 30 15 (6A)*

Les VANS

Paris 664 – Alès 44 – Aubenas 37 – Pont-St-Esprit 66 – Privas 67 – Villefort 24

16 – 80 ⑧ G. Gorges du Tarn

07140 Ardèche – 2 668 h. alt. 170.

Office de Tourisme, pl. Ollier (fermé après-midi hors saison)
04 75 37 24 48, Fax 04 75 37 27 46

Le Pradal, 04 75 37 25 16, O : 1,5 km par D 901, rte de Villefort
1 ha (25 empl.) en terrasses, peu incliné, herbeux, pierreux – – – Location :
avril-sept. – **R** *conseillée 14 juil.-20 août* – – *piscine comprise 2 pers. 60, pers. suppl. 30 15 (6A)*

à Chassagnes E : 4 km par D 104A rte d'Aubenas et D 295 à droite – 07140 les Vans :

Les Chênes 04 75 37 34 35
2,5 ha (100 empl.) en terrasses, herbeux, pierreux – pizzeria, – – Location :
Pâques-oct. – **R** *conseillée juil.-août* – GB – – *piscine comprise 2 pers. 90 16 (6A)*

Lou Rouchétou 04 75 37 33 13, Fax 04 75 37 23 84, bord du Chassezac
1,5 ha (100 empl.) plat et peu incliné, herbeux, pierreux – pizzeria – – Location :
Pâques-15 oct. – **R** *conseillée juil.-août* – *2 pers. 76 14 (6A)*

à Gravières NO : 4,5 km par D 901 rte de Villefort et D 113 à droite – 369 h. alt. 220 – 07140 Gravières :

Le Mas du Serre 04 75 37 33 84, SE : 1,3 km par D 113 et chemin à gauche, à 300 m du Chassezac
1,5 ha (75 empl.) plat, peu incliné, terrasses, herbeux – – A proximité :
Permanent – **R** *conseillée* – – *2 pers. 65 15 (5A)*

La VARENNE

Paris 360 – Ancenis 14 – Clisson 29 – Nantes 23

4 – 63 ⑱

49270 M.-et-L. – 1 278 h. alt. 65

Municipal des Grenettes 02 40 98 58 92, sortie Est rte de Champtoceaux puis à gauche 2 km par rte du bord de Loire
0,7 ha (38 empl.) plat et peu incliné, herbeux – – –
A proximité :
juin-15 sept. – **R** – *Tarif 97 : 8,70 11,20/20,40 9,20*

VARENNES-SUR-ALLIER

Paris 321 – Digoin 58 – Lapalisse 19 – Moulins 31 – St-Pourçain-sur-Sioule 11 – Vichy 24

11 – 69 ⑭

03150 Allier – 4 413 h. alt. 245.

Office de Tourisme,
04 70 45 84 37

Château de Chazeuil « Agréable parc boisé », 04 70 45 00 10, NO : 2 km rte de Moulins, carrefour N 7 et D 46
12 ha/1,5 campable (60 empl.) plat, herbeux – – parcours sportif
15 avril-sept. – **R** – GB – – *28 piscine comprise 18 25 18*

VARENNES-SUR-LOIRE

Paris 294 – Bourgueil 15 – Chinon 22 – Loudun 30 – Saumur 11

9 – 64 ⑬

49730 M.-et-L. – 1 847 h. alt. 27

L'Étang de la Brèche 02 41 51 22 92, Fax 02 41 51 27 24, O : 6 km par N 152, rte de Saumur, bord d'un étang
14 ha/7 campables (200 empl.) plat, herbeux, sablonneux – pizzeria – toboggan aquatique
15 mai-17 sept. – **R** *conseillée juil.-août* – GB – – *piscine comprise 2 pers. 135, 3 pers. 150, pers. suppl. 27 16 (10A)*

VARZY

6 – 65 ⑭ G. Bourgogne

Paris 211 – La Charité-sur-Loire 37 – Clamecy 17 – Cosne-sur-Loire 42 – Nevers 52

58210 Nièvre – 1 455 h. alt. 249

Municipal du Moulin Naudin, 03 86 29 43 12, N : 1,5 km par D 977, près d'un plan d'eau
3 ha (50 empl.) plat, peu incliné et terrasse, herbeux – A proximité :
mai-sept. – **R** – *13* *8* *8* *12 (5A)*

VASSIEUX-EN-VERCORS

12 – 77 ⑬

Paris 613 – Die 31 – Grenoble 72 – Romans-sur-Isère 56 – Valence 73

26420 Drôme – 283 h. alt. 1 040

Aire Naturelle les Pins <, 04 75 48 28 82, SE : 2 km par D 615, rte du Col de Vassieux et rte à gauche
2,5 ha (25 empl.) plat, peu incliné, herbeux pinède – –
15 juin-15 sept. – **R** – – *1 pers. 35, 2 pers. 45* *10*

VAUVERT

16 – 83 ⑧

Paris 726 – Aigues-Mortes 19 – Arles 34 – Beaucaire 41 – Montpellier 41 – Nîmes 22

30600 Gard – 10 296 h. alt. 20.
Office de Tourisme, pl. E.-Renan
04 66 88 28 52, Fax 04 66 88 71 25

Les Tourrades, 04 66 88 80 20, Fax 04 66 88 33 80, O : 3 km par N 572 et D 135 à droite, rte de Nîmes – dans locations
7,5 ha (180 empl.) plat, herbeux, pierreux – – – Location :
Permanent – **R** *conseillée* – **GB** – – *piscine comprise 1 ou 2 pers. 80/90* *6A : 13 (hiver 22)*

Les Mourgues, 04 66 73 30 88, SE : 5 km par N 572, rte de St-Gilles, à Gallician
2 ha (80 empl.) plat, pierreux, herbeux – – – Location :
avril-15 sept. – **R** *conseillée juil.-août* – – *piscine comprise 2 pers. 67* *13 (2A) 16 (6A)*

VAUX-SUR-MER 17 Char.-Mar. – 71 ⑮ – rattaché à Royan

VAYRAC

13 – 75 ⑲

Paris 514 – Beaulieu-sur-Dordogne 14 – Brive-la-Gaillarde 32 – Cahors 84 – St-Céré 21 – Souillac 26

46110 Lot – 1 166 h. alt. 139

Municipal la Palanquière, 05 65 32 43 67, S : 1 km par D 116, en direction de la Base de Loisirs
1 ha (33 empl.) plat, herbeux – – – Location *(avril-oct.)* : huttes
mai-sept. – **R** – – *12* *13* *15*

VEDÈNE

16 – 81 ⑫

Paris 678 – Avignon 11 – Carpentras 16 – Cavaillon 28 – Orange 23 – Roquemaure 20

84270 Vaucluse – 6 675 h. alt. 34

Flory, 04 90 31 00 51, NE : 1,5 km par D 53, rte d'Entraigues
6 ha (136 empl.) (juil.-août) plat, peu incliné, accidenté, herbeux, sablonneux, rocheux (3 ha) – –
15 mars-15 oct. – **R** *conseillée juil.-août* – – *20,50 piscine comprise* *20,50* *18 (10A)*

VEIGNE

10 – 64 ⑮

Paris 248 – Amboise 29 – Ligueil 30 – Ste-Maure-de-Touraine 23 – Tours 15

37250 I.-et-L. – 4 520 h. alt. 58.
Office de Tourisme, Moulin-de-Veigne
02 47 26 98 37

La Plage, 02 47 26 23 00, sortie Nord par D 50, rte de Tours, bord de l'Indre
2 ha (121 empl.) plat, herbeux – – – A proximité : – Location : , bungalows toilés
29 avril-10 sept. – **R** *conseillée juil.-19 août* – **GB** – – *18 piscine comprise* *7* *18* *13 (3A) 18 (6A)*

VENAREY-LES-LAUMES

7 – 65 ⑱ G. Bourgogne

Paris 258 – Avallon 53 – Dijon 66 – Montbard 14 – Saulieu 42 – Semur-en-Auxois 13 – Vitteaux 20

21150 Côte-d'Or – 3 544 h. alt. 235.
Office de Tourisme, pl. de Bingerbrück
et Fax 03 80 96 89 13

Municipal Alésia, 03 80 96 07 76, sortie Ouest par D 954, rte de Semur-en-Auxois et rue à droite, avant le pont près de la Brenne et d'un plan d'eau
1,5 ha (67 empl.) plat, herbeux, gravillons – – – A proximité : (plage)
Permanent – **R** – **GB** – – *10* *4* *11 avec élect. comprise*

▶ *Nos **guides hôteliers,** nos **guides touristiques** et nos **cartes routières** sont complémentaires. Utilisez-les ensemble.*

VENCE

17 – 84 ⑨ G. Côte d'Azur

Paris 925 – Antibes 19 – Cannes 29 – Grasse 26 – Nice 23

06140 Alpes-Mar. – 15 330 h. alt. 325.
Office de Tourisme, pl. Grand-Jardin
04 93 58 06 38, Fax 04 93 58 91 81

Domaine de la Bergerie, 04 93 58 09 36, O : 4 km par D 2210, rte de Grasse et chemin à gauche
30 ha/13 campables (450 empl.) plat et accidenté, rocailleux, herbeux – A proximité : parcours sportif
25 mars-15 oct. – R – GB – *Tarif 97 : piscine comprise 3 pers. 92 (110 ou 128,50 avec élect. 1 à 5A)*

VENDAYS-MONTALIVET

9 – 71 ⑯

Paris 535 – Bordeaux 79 – Lesparre-Médoc 13 – Soulac-sur-Mer 24

33930 Gironde – 1 681 h. alt. 9

Le Mérin, 05 56 41 78 64, NO : 3,7 km par D 102, rte de Montalivet et chemin à gauche
3,5 ha (165 empl.) plat, herbeux, sablonneux (1 ha)
Pâques-Toussaint – **R** *conseillée juil.-août – 11,10 22,30 12,90 (6A) 15 (10A)*

VENDOEUVRES

10 – 68 ⑦

Paris 293 – Argenton-sur-Creuse 30 – Le Blanc 34 – Châteauroux 29 – Mézières-en-Brenne 11

36500 Indre – 1 042 h. alt. 100

Base de Loisirs de Bellebouche « Site agréable », 02 54 38 32 36, Fax 02 54 38 32 96, O : 4 km par D 925 rte de Mézières-en-Brenne et chemin à gauche, à 80 m de l'étang
1,8 ha (100 empl.) plat et peu incliné, herbeux – A proximité : parcours sportif brasserie (plage) – Location : huttes

VENDÔME

5 – 64 ⑥ G. Châteaux de la Loire

Paris 169 – Blois 34 – Le Mans 78 – Orléans 77 – Tours 57

41100 L.-et-Ch. – 17 525 h. alt. 82.
Office de Tourisme, Hôtel Le Saillant 47-49 r. Poterie
02 54 77 05 07, Fax 02 54 73 20 81

Les Grands Prés, 02 54 77 00 27, E : à 600 m du centre ville, bord du Loir – accès conseillé par la déviation
3,5 ha (200 empl.) plat, herbeux – A l'entrée :
Pâques-sept. – **R** *conseillée 15 juil.-15 août – Tarif 97 : piscine comprise 2 pers. 43, pers. suppl. 12 17 (6A) 25 (10A)*

VENEUX-LES-SABLONS

6 – 61 ⑫

Paris 72 – Fontainebleau 8 – Melun 25 – Montereau-Fault-Yonne 14 – Nemours 20 – Sens 45

77250 S.-et-M. – 4 298 h. alt. 76

Les Courtilles du Lido, 01 60 70 46 05, Fax 01 64 70 62 65, NE : 1,5 km, chemin du Passeur
4,5 ha (80 empl.) plat, herbeux – half-court
15 avril-15 sept. – Location longue durée – *Places disponibles pour le passage* – **R** – *23 piscine comprise 16 20/22 17 (6A)*

VENSAC

9 – 71 ⑯

Paris 526 – Bordeaux 79 – Lesparre-Médoc 14 – Soulac-sur-Mer 16

33590 Gironde – 658 h. alt. 5

Les Acacias, 05 56 09 58 81, Fax 05 56 09 50 67, NE : 1,5 km par N 215, rte de Verdon-sur-Mer et chemin à droite
3,5 ha (175 empl.) plat, herbeux, sablonneux – snack – Location :
15 juin-15 sept. – **R** *conseillée août – piscine comprise 2 pers. 78 (90 avec élect. 4A)*

Tastesoule, 05 56 09 54 50, à 5 km à l'Ouest de la commune – Accès conseillé par D 101
3 ha (100 empl.) plat, sablonneux, herbeux – pizzeria – (bassin) – Location :
22 juin-7 sept. – **R** *conseillée – 2 pers. 76, pers. suppl. 17 20 (5A)*

VENTHON 73 Savoie – 74 ⑰ – rattaché à Albertville

VERCHAIX

12 – 74 ⑧

Paris 581 – Annecy 69 – Chamonix-Mont-Blanc 60 – Genève 51 – Megève 48 – Thonon-les-Bains 56

74440 H.-Savoie – 391 h. alt. 800

Municipal Lac et Montagne, 04 50 90 10 12, S : 1,8 km sur D 907, à Verchaix-Gare, bord du Giffre – alt. 660
2 ha (111 empl.) non clos, plat, herbeux, pierreux – A proximité :
Permanent – **R** *conseillée juil.-août – 12 5 10 5A : 12 (hiver 17) 10A : 24 (hiver 34)*

VERCHENY

16 - 77 ⑬

Paris 614 - Crest 24 - Die 18 - Dieulefit 51 - Valence 54

26340 Drôme - 427 h. alt. 400

Du Gap <, ✆ 04 75 21 72 62, Fax 04 75 21 76 40, NE : 1,2 km par D 93, rte de Die, accès direct à la Drôme
4 ha (90 empl.) plat, herbeux - A proximité :
mai-sept. - **R** *conseillée* - *20 piscine comprise* *24* *17 (6A)*

Les Acacias « Cadre et site agréables », ✆ 04 75 21 72 51, Fax 04 75 21 73 98, SO : 2 km sur D 93, rte de Crest, bord de la Drôme
3 ha (100 empl.) plat, en terrasses, pierreux, herbeux - Location :
10 avril-sept. - **R** *conseillée juil.-août* - *1 ou 2 pers. 60, pers. suppl. 18* *14 (3 ou 6A)*

VERDELOT

6 - 56 ⑭ **G. Champagne**

Paris 90 - Melun 73 - Reims 79 - Troyes 103

77510 S.-et-M. - 613 h. alt. 115

Ferme de la Fée <, ✆ 01 64 04 80 19, Fax 01 64 01 81 84, S : 0,5 km par rte de St-Barthélémy et à droite, bord du Petit Morin et d'un petit étang
5,8 ha (100 empl.) peu incliné, herbeux verger - A proximité :
15 fév.-15 déc. - **Location longue durée** - *Places limitées pour le passage* - **R** *conseillée été* - *30* *40 avec élect. (3A)*

Le VERDON-SUR-MER

9 - 71 ⑮ **G. Pyrénées Aquitaine**

Paris 506 - Bordeaux 99 - Lesparre-Médoc 34 - Royan 4

33123 Gironde - 1 344 h. alt. 3.
Bac : pour Royan : renseignements
✆ 05 56 09 60 84, Fax 05 56 09 68 43
Office de Tourisme, (Pâques, juin-sept.) r. Lebreton
✆ 05 56 09 61 78 et (juil.-août) à la Pointe de Grave ✆ 05 56 73 70 04

Schéma à Soulac-sur-Mer

Les Alizés , ✆ 05 56 09 67 54, Fax 05 56 09 64 65, SO : 1,6 km par l'ancienne rte de Soulac-sur-Mer puis 0,7 km par rue à droite, chemin de Grayan
1,8 ha (75 empl.) plat, sablonneux - Location :
Permanent - **R** *conseillée* - *2 pers. 68, pers. suppl. 21* *17 (3A) 22 (6A) 33 (10A)*

VERDUN

14 - 86 ⑤

Paris 803 - Ax-les-Thermes 18 - Foix 28 - Lavelanet 43 - Vicdessos 25

09310 Ariège - 154 h. alt. 548

Aire Naturelle <, ✆ 05 61 64 77 48, à l'Est du bourg
1 ha (17 empl.) plat et peu incliné, herbeux -
15 juin-oct. - **R** - *1 pers. 22* *12 (5A)*

VERDUN

7 - 57 ⑪ **G. Alsace Lorraine**

Paris 261 - Bar-le-Duc 56 - Châlons-en-Champagne 87 - Metz 79 - Nancy 94

55100 Meuse - 20 753 h. alt. 198.
Office de Tourisme, pl. Nation
✆ 03 29 86 14 18, Fax 03 29 84 22 42

Les Breuils, ✆ 03 29 86 15 31, Fax 03 29 86 75 76, sortie Sud-Ouest par rocade D S1 vers rte de Paris et chemin à gauche bord d'un étang et d'un ruisseau
5,5 ha (120 empl.) plat, peu incliné et en terrasses, herbeux - snack - toboggan aquatique
avril-15 oct. - **R** - **GB** - *Tarif 97 :* *20 piscine comprise* *15/18* *16 (5A)*

VÉRETZ

5 - 64 ⑮ **G. Châteaux de la Loire**

Paris 239 - Bléré 16 - Blois 52 - Chinon 51 - Montrichard 32 - Tours 12

37270 I.-et-L. - 2 709 h. alt. 50

Municipal, ✆ 02 47 50 50 48, par N 76, rte de Bléré, près du Cher
1 ha (64 empl.) plat, herbeux, pierreux - bureau de documentation touristique
juin-sept. - - *Tarif 97 :* *11* *10* *10* *12 (6A) 18 (plus de 6A)*

VERGEROUX

9 - 71 ⑬

Paris 471 - Fouras 12 - Rochefort 3 - La Rochelle 35 - Saintes 45

17300 Char.-Mar. - 551 h. alt. 4

Municipal les Sablons, ✆ 05 46 99 72 58, au Nord du bourg, près de la N 137 et à 200 m d'un étang
2,7 ha (130 empl.) (saison) plat, herbeux - -
A proximité :
avril-oct. - **R** *conseillée 14 juil.-15 août* - *1 à 4 pers. 39,50 à 69,50, pers. suppl. 9,50* *12 (4A) 14 (10A)*

VERMENTON

7 - 65 ⑤ **G. Bourgogne**

Paris 189 - Auxerre 24 - Avallon 28 - Vézelay 28

89270 Yonne - 1 105 h. alt. 125

Municipal les Coullemières « Cadre agréable », ✆ 03 86 81 53 02, au Sud-Ouest de la localité, derrière la gare, près de la Cure
1 ha (50 empl.) plat, herbeux - -
- A proximité : parcours sportif
10 avril-10 oct. - **R** - - *16* *9* *9* *14 (6A)*

Le VERNET

17 - 81 ⑦

Paris 726 - Digne-les-Bains 30 - La Javie 16 - Seyne 11

04140 Alpes-de-H.-Pr. - 110 h. alt. 1 200

Lou Passavous <, 04 92 35 14 67, N : 0,8 km par rte de Roussimat, bord du Bès
1,5 ha (80 empl.) peu incliné et plat, pierreux - pizzeria - A proximité :
Permanent - **R** *conseillée juil.-août* - *élect. (3A) comprise 2 pers. 75, pers. suppl. 20 20 (6A) 25 (10A)*

VERNET-LES-BAINS

15 - 86 ⑰ **G. Pyrénées Roussillon**

Paris 910 - Mont-Louis 36 - Perpignan 56 - Prades 11

66820 Pyr.-Or. - 1 489 h. alt. 650 - (14 mars/ 7 déc.).
Office de Tourisme, pl. Mairie
04 68 05 55 35, Fax 04 68 05 60 33

L'Eau Vive < « Site agréable », 04 68 05 54 14, sortie vers Sahorre puis, après le pont, 1,3 km par av. St-Saturnin à droite, près du Cady
1,2 ha (57 empl.) plat et peu incliné, herbeux - - (petit plan d'eau) - Location :
fermé du 13 nov. au 15 janv. - **R** *conseillée juil.-août* - *élect. (3A) comprise 3 pers. 130, pers. suppl. 20 15 (10A)*

Del Bosc « Cadre sauvage », 04 68 05 54 54, sortie Nord, rte de Villefranche-de-Conflent, bord d'un torrent
2,5 ha (90 empl.) accidenté et en terrasses, pierreux, rochers - - A proximité :
avril-10 oct. - **R** *indispensable juil.-août* - GB - *17 20 11 (3A) 14 (10A)*

à Casteil S : 2,5 km par D 116 - 102 h. alt. 780 - 66820 Casteil

Domaine St-Martin « Parc », au Sud-Est du bourg, près d'une cascade - Prendre la rte à gauche à l'entrée du village - pente à 10%, mise en place et sortie des caravanes à la demande
4,5 ha (45 empl.) en terrasses, plat, peu incliné, herbeux, pierreux, accidenté, rochers - pizzeria - - A proximité : - Location :
avril-sept. - **R** *conseillée* - GB - *21 piscine comprise 26 17 (6A)*

à Corneilla-de-Conflent N : 2,5 km par D 116 - 417 h. alt. 548
66820 Corneilla-de-Conflent :

Las Closes <, 04 68 05 64 60, E : 0,5 km par D 47, rte de Fillols - alt. 600
2,2 ha (90 empl.) peu incliné et en terrasses, herbeux verger - - - Location :
avril-sept. - **R** *conseillée* - *16 piscine comprise 15 13 (10A)*

VERNEUIL-SUR-AVRE

5 - 60 ⑥ **G. Normandie Vallée de la Seine**

Paris 116 - Alençon 77 - Argentan 78 - Chartres 57 - Dreux 37 - Évreux 42

27130 Eure - 6 446 h. alt. 155.
Office de Tourisme, 129 pl. de la Madeleine
02 32 32 17 17, Fax 02 32 60 30 79

Le Vert Bocage, 02 32 32 26 79, O : 1 km par N 26, rte d'Argentan
3,5 ha (103 empl.) plat, herbeux - - - Location :
Permanent - **R** *conseillée juil.-août - Tarif 97 : 28 24 29 (12 à 20A)*

VERNIOZ

12 - 74 ⑫

Paris 502 - Annonay 35 - Givors 27 - Le Péage-de-Roussillon 11 - Rive-de-Gier 42 - Vienne 14

38150 Isère - 798 h. alt. 250

Bontemps , Fax 04 74 57 83 70, 04 74 57 83 52, E : 4,5 km par D 37 et chemin à droite, bord de la Varèze
6 ha (100 empl.) plat, herbeux - crêperie - parc ornithologique
avril-sept. - **R** - *25 piscine comprise 10 35 15 (6A)*

VERNOU-EN-SOLOGNE

6 - 64 ⑱

Paris 184 - Beaugency 32 - Blois 30 - Contres 25 - Romorantin-Lanthenay 16 - Salbris 35

41230 L.-et-Ch. - 543 h. alt. 94

Aire Naturelle Municipale, au Nord du bourg, carrefour D 13 et D 63, à 100 m de la Bonneure et d'un petit étang
1 ha (25 empl.) plat, herbeux - - A proximité :

VERNOUX-EN-VIVARAIS

11 - 76 ⑳ **G. Vallée du Rhône**

Paris 590 - Le Cheylard 26 - Lamastre 14 - Privas 41 - Valence 31 - La Voulte-sur-Rhône 21

07240 Ardèche - 2 037 h. alt. 585

Bois de Pra <, 04 75 58 14 54, sortie Nord-Est par D 14, rte de Valence
2 ha (83 empl.) peu incliné, plat, herbeux - - -
A l'entrée : (découverte l'été), toboggan aquatique - A proximité :
- Location *(permanent)* :
avril-oct. - **R** *conseillée saison* - *1 ou 2 pers. 90 16 (16A)*

VERS
14 - 79 ⑧

Paris 577 – Cahors 14 – Villefranche-de-Rouergue 53

46090 Lot – 390 h. alt. 132

La Chêneraie « Cadre agréable », 05 65 31 40 29, Fax 05 65 31 41 70, SO : 2,5 km par D 653, rte de Cahors et chemin à droite après le passage à niveau
2,6 ha/0,4 campable (24 empl.) plat, herbeux – grill – – Location :
mai-20 sept. – **R** *conseillée* – – *Tarif 97 : piscine et tennis compris 2 pers. 72 (89 avec élect.)*

Le VERT
9 - 72 ① ②

Paris 425 – Beauvoir-sur-Niort 19 – Niort 34 – St-Jean-d'Angély 24 – Surgères 31

79170 Deux-Sèvres – 148 h. alt. 40

Municipal « Situation agréable au bord de la Boutonne », au bourg, devant la mairie
0,26 ha (20 empl.) plat, herbeux –
15 mai-15 sept. – – *8,25* *5,15* *5,15*

VERTEILLAC
10 - 75 ④

Paris 493 – Angoulême 46 – Brantôme 31 – Chalais 32 – Périgueux 49 – Ribérac 12

24320 Dordogne – 706 h. alt. 185

Municipal Pontis Sud-Est , 05 53 91 37 74, à 0,6 km au Nord-Est du bourg, près du stade
1 ha (24 empl.) peu incliné, herbeux – – A l'entrée : – A proximité :
15 mai.-sept. – **R** – *9* *4,50* *4,50* *10*

VERTOU 44 Loire-Atl. – **67** ③ – rattaché à Nantes

VESOUL
8 - 66 ⑤ ⑥ **G. Jura**

Paris 360 – Belfort 64 – Besançon 49 – Épinal 88 – Langres 78 – Vittel 88

70000 H.-Saône – 17 614 h. alt. 221.
Office de Tourisme, r. des Bains
03 84 75 43 66, Fax 03 84 76 54 31

International du Lac , 03 84 76 22 86, Fax 03 84 75 74 93, O : 2,5 km, près du lac
3 ha (160 empl.) plat, herbeux – –
A l'entrée : snack – A proximité :
mars-oct. – **R** – – *18* *13* *19 (32 avec élect. 10A)*

VEULES-LES-ROSES
1 - 52 ③ **G. Normandie Vallée de la Seine**

Paris 188 – Dieppe 27 – Fontaine-le-Dun 8 – Rouen 57 – St-Valery-en-Caux 8

76980 S.-Mar. – 753 h. alt. 15

Municipal des Mouettes , 02 35 97 61 98, sortie Est sur D 68, rte de Sotteville-sur-Mer
1,5 ha (100 empl.) plat, herbeux – –
juin-15 nov. – **R** *conseillée* – – *Tarif 97 : 15* *9* *9* *14*

VEYNES
16 - 81 ⑤

Paris 663 – Aspres-sur-Buëch 9 – Gap 25 – Sisteron 50

05400 H.-Alpes – 3 148 h. alt. 827.
Office de Tourisme, av. du Cdt-Dumont
04 92 57 27 43, Fax 04 92 58 16 18

Les Prés , 04 92 57 26 22, NE : 3,4 km par D 994, rte de Gap puis 5,5 km par D 937 rte du col de Festre et chemin à gauche, au lieu-dit le Petit Vaux, près de la Béoux – alt. 960
0,35 ha (25 empl.) plat et peu incliné, herbeux – – (bassin enfants) – Location :
4 avril-4 oct. – **R** *conseillée 10 juil.-20 août* – – *2 pers. 56, pers. suppl. 14* *12 (4A) 14 (6A)*

VEYRINES-DE-DOMME
13 - 75 ⑰

Paris 547 – Cahors 57 – Fumel 48 – Gourdon 26 – Périgueux 69 – Sarlat-la-Canéda 19

24250 Dordogne – 219 h. alt. 180

Les Pastourels , 05 53 29 52 49, à 2,7 km au Nord du bourg, au lieu-dit le Brouillet
2,3 ha (55 empl.) plat et peu incliné, en terrasses, herbeux, pierreux (1,5 ha) – –
15 mars-1er nov. – **R** *conseillée juil.-août* – – *20* *18* *12 (4A) 15 (6A)*

ATTENTION : these facilities are not necessarily available throughout the entire period that the camp is open – some are only available in the summer season.

VÉZAC

13 - 75 ⑰

Paris 537 - Bergerac 64 - Brive-la-Gaillarde 60 - Fumel 57 - Gourdon 27 - Périgueux 68 - Sarlat-la-Canéda 9

24220 Dordogne - 620 h. alt. 90

Schéma à la Roque-Gageac

Les Deux Vallées, 05 53 29 53 55, Fax 05 53 28 59 75, O : derrière l'ancienne gare, bord d'un petit étang
2,5 ha (100 empl.) plat, herbeux - snack - - Location :
Permanent - **R** *conseillée juil.-août* - - *26 piscine comprise* *36* *16 (6A) 20 (10A)*

La Cabane, 05 53 29 52 28, Fax 05 53 59 09 15, SO : 1,5 km, bord de la Dordogne et d'un étang
2,25 ha (98 empl.) non clos, plat, herbeux, sablonneux - - (couverte hors saison) - Location : , gîte d'étape
avril-15 oct. - **R** *conseillée juil.-25 août* - - *17 piscine comprise* *16* *10 (3A) 13 (4A) 17 (6A)*

VIAM

10 - 72 ⑲

Paris 457 - Bugeat 4 - Eymoutiers 24 - Guéret 86 - Limoges 68 - Treignac 17

19170 Corrèze - 133 h. alt. 680

Municipal Puy de Veix « Situation agréable », au Sud du bourg, près d'un plan d'eau (accès direct) - alt. 696
2 ha (50 empl.) (juil.-août) en terrasses et plat, herbeux, pierreux - - A proximité :
15 juin-15 sept. - **R** *conseillée juil.-août* - - *10* *4* *6* *9 (10A)*

VIAS

15 - 83 ⑮ G. Gorges du Tarn

Paris 759 - Agde 4 - Béziers 19 - Narbonne 44 - Sète 30 - Valras-Plage 19

34450 Hérault - 3 517 h. alt. 10.

Office de Tourisme, av. de la Méditerranée
04 67 21 76 25, Fax 04 67 21 55 46

à la Plage S : 2,5 km par D 137 - 34450 Vias

La Carabasse « Cadre agréable », 04 67 21 64 01, Fax 04 67 21 76 87 - dans locations
20 ha (995 empl.) plat, herbeux (12 ha) - - 116 sanitaires individuels (wc) snack, pizzeria cases réfrigérées - - A proximité : - Location :
16 mai-19 sept. - **R** *conseillée juil.-août* - GB - - *élect. (6A) et piscine comprises 2 pers. 170*

Farret et la Plage « Agréable cadre fleuri », 04 67 21 64 45, Fax 04 67 21 70 49, en deux camps distincts, bord de plage - dans locations
7 ha (437 empl.) plat, sablonneux, herbeux - - salle de musculation, salle de spectacle et d'animation - A proximité : - Location :
28 mars-sept. - **R** - GB - - *élect. (5A) et piscine comprises 2 pers. 165*

Californie Plage, 04 67 21 64 69, Fax 04 67 21 70 66, au Sud-Ouest par D 137^{E} et chemin à gauche, bord de plage
5,8 ha (371 empl.) plat, herbeux, sablonneux (4 ha) - cases réfrigérées - - Location :
20 mars-15 oct. - - *Tarif 97 :* *élect. (3A) et piscine comprises 2 pers. 135*

Le Napoléon, 04 67 01 07 80, Fax 04 67 01 07 85, à 250 m de la plage
3 ha (200 empl.) plat, herbeux, sablonneux - pizzeria cases réfrigérées - half-court - A l'entrée : discothèque - Location : , appartements
Pâques-fin sept. - **R** *conseillée* - - *élect. (6A) et piscine comprises 2 pers. 145*

Méditerranée-Plage, 04 67 90 99 07, Fax 04 67 90 99 17, SO : 6 km par D 137^{E2}, bord de plage (hors schéma)
9,6 ha (490 empl.) plat, herbeux, sablonneux - pizzeria, crêperie - - Location : , appartements
15 mai-15 sept. - **R** - - *Tarif 97 :* *1 ou 2 pers. 120, 3 ou 4 pers. 141, pers. suppl. 25* *14*

Gai Soleil, 04 67 21 64 77, Fax 04 67 21 70 66, à 600 m de la plage
4,5 ha (288 empl.) plat, herbeux - pizzeria, snack garderie, cases réfrigérées - - A proximité : - Location *(15 avril-15 sept.)* : , studios, tentes
Permanent - **R** *juil.-20 août* - - *2 pers. 95, pers. suppl. 17* *15 (3A) 20 (6A) 25 (10A)*

L'Air Marin, 04 67 21 64 90, Fax 04 67 21 76 79, près du canal du Midi
8 ha (306 empl.) plat, herbeux - snack, pizzeria - toboggan aquatique - A proximité : parcours sportif - Location *(mi-avril-26 sept.)* :
15 mai-26 sept. - **Location longue durée** - *Places disponibles pour le passage* - **R** *conseillée* - - *élect. (4A) et piscine comprises 1 ou 2 pers. 130, pers. suppl. 29*

Hélios, 04 67 21 63 66, près du Libron et à 250 m de la plage
2,5 ha (190 empl.) plat, sablonneux, herbeux - snack - - Location :
15 mai-sept. - **R** *conseillée* - - *2 à 5 pers. 90 à 141, pers. suppl. 18* *12 (2A) 16 (3A) 20 (4A)*

Les Ondines ⚓, ✆ 04 67 21 63 59, Fax 04 67 21 76 07
4,4 ha (302 ha) plat, herbeux 99 - snack, pizzeria - Location :
15 avril-15 sept. - **R** *conseillée* - GB - *Tarif 97 : élect. (6A) et piscine comprises 1 ou 2 pers. 116, 3 pers. 127, 4 pers. 137, pers. suppl. 15*

Pleine Mer, ✆ 04 67 21 63 83, à 120 m de la plage, accès direct
1 ha (78 empl.) plat, sablonneux, herbeux -
20 mars-15 oct. - **R** *conseillée* - *élect. (6A) comprise 2 pers. 125*

Ste Cécile ⚓, ✆ 04 67 21 63 70, près du Libron, à 500 m de la plage
2 ha (105 empl.) plat, herbeux 99 (1 ha) - - Location : gîtes - Garage pour caravanes
7 mai-15 sept. - **R** *conseillée* - *élect. et tennis compris 2 pers. 96*

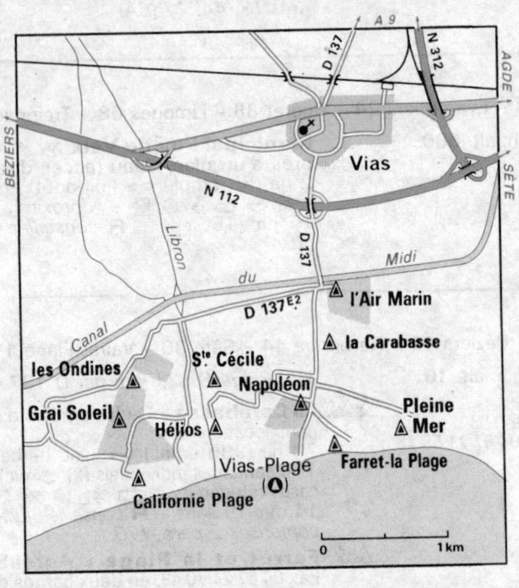

à l'Ouest 4,5 km par N 112, rte de Béziers - ✉ 34450 Vias

Domaine de la Dragonnière et de l'Espagnac, ✆ 04 67 01 03 10, Fax 04 67 21 73 39, (hors schéma) - accès à la plage par navettes gratuites
21 ha (732 empl.) plat, herbeux, sablonneux - cases réfrigérées - salle de musculation, discothèque - A proximité : - Location : , bungalows toilés
avril-sept. - **R** *conseillée juil.-août* - GB - *élect., piscine et tennis compris 2 pers. 130, pers. suppl. 25*

VICDESSOS

14 - 86 ⑭ G. Pyrénées Roussillon

Paris 805 - Ax-les-Thermes 39 - Aulus-les-Bains 31 - Foix 30 - Tarascon-sur-Ariège 15

09220 Ariège - 483 h. alt. 715

Municipal la Bexanelle ⚓ ←, ✆ 05 61 64 82 22, au Sud du bourg, par rte d'Olbier, rive droite du Vicdessos - Passerelle pour piétons reliant le camp au bourg
5 ha (200 empl.) plat, peu incliné, terrasse, pierreux, herbeux 9 (0,8 ha) - - Location : , bungalows toilés
Permanent - **R** *conseillée juil.-août* - GB - *16 piscine comprise 18 11 (6A) 18 (10A)*

VICHY

11 - 73 ⑤ G. Auvergne

Paris 406 - Clermont-Ferrand 54 - Montluçon 95 - Moulins 56 - Roanne 68

03200 Allier - 27 714 h. alt. 340 - (10 fév.-13 déc.).

Office de Tourisme, 19 r. du Parc ✆ 04 70 98 71 94, Fax 04 70 31 06 00

à Bellerive-sur-Allier SO par D 984 - 8 543 h. alt. 340
✉ 03700 Bellerive-sur-Allier :

Les Acacias « Cadre agréable, décoration arbustive », ✆ 04 70 32 36 22, Fax 04 70 59 88 52, r. Claude-Decloître, près de l'Allier
2 ha (94 empl.) plat, herbeux 99 - - A proximité : - Location :
avril-10 oct. - **R** *conseillée juil.-août* - GB - *28 piscine comprise 30 14 (6A)*

Beau-Rivage, ✆ 04 70 32 26 85, rue Claude-Decloître, bord de l'Allier
1,5 ha (80 empl.) plat, herbeux 99 - snack - toboggan aquatique - A proximité : - Location :
mai-sept. - **R** *conseillée* - GB - *26 piscine et tennis compris 26 15 (4A) 20 (10A)*

VIC-LA-GARDIOLE

16 - 83 ⑰

Paris 774 - Frontignan 7 - La Grande-Motte 30 - Montpellier 17 - Sète 14

34110 Hérault - 1 607 h. alt. 10

L'Europe, 04 67 78 11 50, Fax 04 67 78 48 59, O : 1,5 km par D 114E
5 ha (324 empl.) plat, herbeux, pierreux - snack cases réfrigérées - toboggan aquatique
- Location :
mai-sept. - **R** *conseillée* - GB - - *piscine comprise 2 pers. 130, pers. suppl. 40* *25*

VIC-SUR-CÈRE

11 - 76 ⑫ G. Auvergne

Paris 554 - Aurillac 21 - Murat 31

15800 Cantal - 1 968 h. alt. 678.
Office de Tourisme, av. Mercier
04 71 47 50 68, Fax 04 71 49 60 63

La Pommeraie les monts, la vallée et la ville « **Belle situation dominante, cadre agréable** », 04 71 47 54 18, Fax 04 71 49 63 30, SE : 2,5 km par D 54, D 154 et chemin à droite - alt. 750
2,8 ha (100 empl.) en terrasses, herbeux, pierreux - - Location : studios
avril-sept. - **R** *conseillée juil.-août* - GB - - *piscine et tennis compris 1 ou 2 pers. 105* *15 (5A)*

Municipal du Carladez, 04 71 47 51 04, rte de Salvanhac, bord de la Cère
3 ha (250 empl.) plat, herbeux - -
A proximité :
avril-sept. - **R** *juil.-août* - - *15* *8* *8* *14 (6A)*

VIDAUBAN

17 - 84 ⑦

Paris 842 - Cannes 62 - Draguignan 19 - Fréjus 30 - Toulon 63

83550 Var - 5 460 h. alt. 60.
Syndicat d'Initiative, (juin-sept.) pl. F.-Maurel
04 94 73 10 28, Fax 04 94 73 07 82

Municipal, 04 94 73 61 02, au Nord-Ouest de la localité, bord de l'Argens - Accès conseillé par sortie Nord-Est, rte du Muy et chemin à gauche, avant le pont SNCF
1 ha (60 empl.) plat, herbeux, pierreux -
juin-sept. - **R** *conseillée* - - *14* *7* *20 avec élect.*

VIELLE-AURE

14 - 85 ⑲

Paris 848 - Arreau 10 - Bagnères-de-Luchon 43 - La Mongie 48 - Lannemezan 37

65 H.-Pyr. - 285 h. alt. 800
65170 St-Lary-Soulan

Le Lustou , 05 62 39 40 64, Fax 05 62 39 40 72, NE : 2 km sur D 19, à **Agos, près de la Neste d'Aure et d'un étang**
2,8 ha (65 empl.) plat, gravier, herbeux (1 ha) - - - Location : (gîtes)
Permanent - **R** *conseillée été*

VIELLE-ST-GIRONS

13 - 78 ⑯

Paris 722 - Castets 16 - Dax 38 - Mimizan 32 - Soustons 27

40560 Landes

Le Col Vert « **Site agréable** », 05 58 42 94 06, Fax 05 58 42 91 88, SO : 1,5 km, bord de l'étang de Léon
24 ha (800 empl.) plat, sablonneux pinède - - - A proximité : - Location : , bungalows toilés
Pâques-sept. - **R** *conseillée 15 juil.-15 août* - GB - - *24 piscine comprise* *13* *50/87* *20 (3A) 22,50 (6A) 32 (10A)*

VIERVILLE-SUR-MER

4 - 54 ④ G. Normandie Cotentin

Paris 284 - Bayeux 22 - Caen 51 - Carentan 31 - St-Lô 42

14710 Calvados - 256 h. alt. 41

Omaha-Beach , 02 31 22 41 73, sortie Nord-Ouest rte de Grandcamp-Maisy et chemin à droite, accès direct à la plage
4 ha (293 empl.) plat, en terrasses, herbeux - snack - - A proximité :
10 avril-13 sept. - - GB - - *18* *18* *18 (6A) 30 (10A)*

VIERZON

10 - 64 ⑲ ⑳ G. Berry Limousin

Paris 209 - Auxerre 140 - Blois 74 - Bourges 34 - Châteauroux 58 - Orléans 86 - Tours 113

18100 Cher - 32 235 h. alt. 122.
Office de Tourisme, 26 pl. Vaillant-Couturier
02 48 52 65 24, Fax 02 48 71 62 21

Municipal de Bellon, 02 48 75 49 10, au Sud-Est de la ville par rte d'Issoudun et à gauche, quartier de Bellon, près du Cher
1,8 ha (95 empl.) plat et peu incliné, herbeux (0,4 ha) - -
mai-sept. - **R** *conseillée juil.-août* - - *Tarif 97 :* *15,50* *16/21,50* *13,50 (6A)*

VIEURE

11 - 69 ⑬

Paris 339 - Bourbon-l'Archambault 17 - Cérilly 18 - Cosne-d'Allier 5 - Montluçon 32 - Moulins 41

03430 Allier - 287 h. alt. 240

Centre Bocage, ✆ 04 70 07 20 82, E : 0,5 km par D 94, rte de Bourbon-l'Archambault, puis 2,4 km par chemin à droite, à 150 m d'un plan d'eau
1 ha (50 empl.) peu incliné et plat, herbeux - A proximité : - Location : huttes, gîte d'étape

VIEUX-BOUCAU-LES-BAINS

13 - 78 ⑯ G. Pyrénées Aquitaine

Paris 738 - Bayonne 36 - Biarritz 44 - Castets 28 - Dax 35 - Mimizan 55 - Mont-de-Marsan 86

40480 Landes - 1 210 h. alt. 5

Municipal les Sablères, ✆ 05 58 48 12 29, Fax 05 58 48 20 70, au Nord-Ouest de la localité par bd du Marensin, à 250 m de la plage (accès direct)
11 ha (591 empl.) (juil.-août) plat et accidenté, sablonneux, herbeux (4 ha) - - A proximité :
avril-15 oct. - GB - *Tarif 97 : 11,50 58 (70 ou 80 avec élect. 5 ou 10A)*

Le VIGAN

16 - 80 ⑯ G. Gorges du Tarn

Paris 712 - Alès 63 - Lodève 50 - Mende 101 - Millau 71 - Montpellier 63 - Nîmes 76

30120 Gard - 4 523 h. alt. 221.
Office de Tourisme,
(en saison : fermé dim. après-midi)
pl. du Marché
✆ 04 67 81 01 72, Fax 04 67 81 86 79

Le Val de l'Arre, ✆ 04 67 81 02 77, Fax 04 67 81 71 23, E : 2,5 km par D 999 rte de Ganges et chemin à droite, bord de l'Arre
4 ha (180 empl.) plat, peu incliné et en terrasses, herbeux - - - Location :
avril-sept. - **R** *conseillée* - GB - - *piscine comprise 2 pers. 74 14 (4A) 18 (6A)*

Le VIGAN

13 - 79 ⑧ G. Périgord Quercy

Paris 539 - Cahors 41 - Gourdon 5 - Labastide-Murat 19 - Payrac 8 - Rocamadour 27

46300 Lot - 922 h. alt. 224

Le Rêve, ✆ 05 65 41 25 20, Fax 05 65 41 68 52, N : 3,2 km par D 673, rte de Souillac puis 2,8 km par chemin à gauche
2,5 ha (60 empl.) en terrasses, peu incliné et plat, bois attenant - - Location :
25 avril-23 sept. - **R** *conseillée 7 juil.-19 août* - - *21 piscine comprise 25 12 (6A)*

VIGEOIS

10 - 75 ⑧ G. Berry Limousin

Paris 455 - Aubusson 105 - Bourganeuf 85 - Brive-la-Gaillarde 33 - Limoges 65 - Périgueux 81 - Tulle 32

19410 Corrèze - 1 210 h. alt. 390

Municipal du Lac de Pontcharal « Site agréable », ✆ 05 55 98 90 86, SE : 2 km par D 7, rte de Brive, près du lac de Pontcharal
1,7 ha (88 empl.) (juil.-août) incliné à peu incliné et en terrasses, herbeux - - - A proximité : (plage)
juin-15 sept. - **R** *conseillée 15 juil.-15 août* - - *Tarif 97 : 10 12 12,50 (15A)*

Aire Naturelle le Bois Coutal, ✆ 05 55 73 19 33 ✉ 19410 Estivaux, S : 5,5 km par D 156, rte de Perpezac-le-Noir et à droite rte de la Barrière
1 ha (30 empl.) (juil.-août) peu incliné, herbeux - (juil.-août)
avril-oct. - **R** *conseillée* - - *10 4,80 6,80 11 (3A) 20 (6A)*

VIGNEC

14 - 85 ⑲

Paris 849 - Arreau 11 - Bagnères-de-Luchon 44 - La Mongie 49 - Lannemezan 38

65170 H.-Pyr. - 135 h. alt. 820

Artiguette-St-Jacques, ✆ 05 62 39 52 24, sortie Nord par D 123, près d'une chapelle, bord d'un ruisseau
1 ha (68 empl.) (juil.-août) plat, peu incliné, herbeux (0,5 ha) -
Permanent - **R** *conseillée juil.-août* - *16,50 17,50 13,60 (2A) 20,40 (3A) 27,20 (4A)*

Les VIGNES

15 - 80 ⑤ G. Gorges du Tarn

Paris 619 - Mende 53 - Meyrueis 32 - Le Rozier 10 - Ste-Enimie 25 - Sévérac-le-Château 21

48210 Lozère - 103 h. alt. 410

Beldoire « Site agréable », ✆ 04 66 48 82 79, N : 0,8 km par D 907Bis, rte de Florac, bord du Tarn - Quelques empl. d'accès difficile aux caravanes
4 ha (141 empl.) plat, en terrasses, herbeux, pierreux (2ha) - - - Location : bungalows toilés
avril-sept. - **R** *conseillée* - GB - - *Tarif 97 : piscine comprise 2 pers. 70, pers. suppl. 19 15 (6A)*

La Blaquière, ✆ 04 66 48 54 93, NE : 6 km par D 907Bis, rte de Florac, bord du Tarn
1 ha (72 empl.) plat et terrasse, herbeux, pierreux - - - Location :
mai-15 sept. - **R** *conseillée 10 juil.-20 août* - - *2 pers. 58, pers. suppl. 15 12 (4A)*

VIGNOLES 21 Côte-d'Or – 69 ⑨ – rattaché à Beaune

VIHIERS

Paris 334 – Angers 45 – Cholet 28 – Saumur 40 — 9 – 67 ⑦

49310 M.-et-L. – 4 131 h. alt. 100

Municipal de la Vallée du Lys, 02 41 75 00 14, sortie Ouest par D 960, rte de Cholet puis D 54 à droite rte de Valanjou, bord du Lys
0,4 ha (30 empl.) plat, herbeux
20 mai-13 sept. – **R** *conseillée 15 juil.-15 août – Tarif 97 : 1 pers. 23, 2 pers. 34, pers. suppl. 6,70 11,50 (5A)*

VILLAMBLARD

Paris 515 – Bergerac 26 – Mussidan 16 – Périgueux 32 — 10 – 75 ⑤

24140 Dordogne – 813 h. alt. 120

Municipal, 05 53 81 91 87, E : 0,8 km par D 39, rte de Douville et chemin à droite
1 ha (40 empl.) peu incliné, plat, herbeux
15 juin-15 sept. – **R** – *10 10 8 (5A) 11 (plus de 5A)*

VILLARD-DE-LANS

Paris 587 – Die 69 – Grenoble 34 – Lyon 125 – Valence 68 – Voiron 46 — 12 – 77 ④ **G. Alpes du Nord**

38250 Isère – 3 346 h. alt. 1 040 – Sports d'hiver : 1 050/2 170 m 2 28.
Office de Tourisme, pl. Mure-Ravaud
04 76 95 10 38, Fax 04 76 95 98 39

L'Oursière, 04 76 95 14 77, Fax 04 76 95 58 11, sortie Nord par D 531, rte de Grenoble – chemin pour piétons reliant le camp au village
3,8 ha (200 empl.) plat, peu incliné, pierreux, herbeux – A proximité : toboggan aquatique, patinoire
fermé 1er au 24 oct. – **R** *conseillée été* – GB – *18 36 6 (2A) 17 (6A) 28 (10A)*

▶ *De categorie (1 tot 5 tenten, in **zwart** of rood) die wij aan de geselekteerde terreinen in deze gids toekennen, is onze eigen indeling.*

Niet te verwarren met de door officiële instanties gebruikte classificatie (1 tot 4 sterren).

VILLAREMBERT

Paris 648 – Aiguebelle 48 – Chambéry 85 – St-Jean-de-Maurienne 13 – La Toussuire 7 — 12 – 77 ⑦

73300 Savoie – 209 h. alt. 1 296

Municipal la Tigny, 04 79 83 02 51, sortie Sud par D 78 et chemin à gauche, près d'un ruisseau
0,3 ha (27 empl.) plat et peu incliné, terrasses, gravier, herbeux
juil.-août – **R** – *Tarif 97 : 15 8 10 10*

VILLAR-LOUBIÈRE

Paris 651 – La Chapelle-en-Valgaudémar 5 – Corps 22 – Gap 43 – La Mure 47 — 12 – 77 ⑯

05800 H.-Alpes – 59 h. alt. 1 026

Municipal les Gravières, 04 92 55 27 72, E : 0,7 km par rte de la Chapelle-en-Valgaudémar et chemin à droite, bord de la Séveraisse
2 ha (50 empl.) plat, pierreux, herbeux, sous-bois
25 juin-10 sept. – **R** – *9 11 7 (2A) 12 (5A)*

VILLARS-COLMARS

Paris 780 – Annot 33 – Barcelonnette 47 – Colmars 3 – St-André-les-Alpes 25 — 17 – 81 ⑧

04370 Alpes-de-H.-Pr. – 203 h. alt. 1 225

Le Haut-Verdon, 04 92 83 40 09, Fax 04 92 83 56 61, par D 908, bord du Verdon
3,5 ha (130 empl.) plat, pierreux pinède
27 juin-29 août – **R** *conseillée* – GB – *25 piscine comprise 55 15 (6 ou 10A)*

VILLARS-LES-DOMBES

Paris 433 – Bourg-en-Bresse 32 – Lyon 36 – Villefranche-sur-Saône 26 — 12 – 74 ② **G. Vallée du Rhône**

01330 Ain – 3 415 h. alt. 281

Municipal les Autières « Entrée fleurie et cadre agréable », 04 74 98 00 21, sortie Sud-Ouest, rte de Lyon et à gauche, avenue des Nations, près de la piscine, bord de la Chalaronne
5 ha (252 empl.) plat, peu incliné, herbeux snack – A proximité :
début avril-fin sept. – **Location longue durée** – *Places limitées pour le passage* – **R** – *Tarif 97 : 17,50 12 23 16 (6A)*

VILLECROZE

17 - 84 ⑥ G. Côte d'Azur

Paris 827 - Aups 8 - Brignoles 38 - Draguignan 21 - St-Maximin-la-Ste-Baume 49

83690 Var - 1 029 h. alt. 300.
Syndicat d'Initiative, r. A.-Croizat
04 94 67 50 00,
Fax (Mairie) 04 94 67 53 29

Le Ruou, 04 94 70 67 70, Fax 04 94 70 64 65, SE : 5,4 km par D 251, rte de Barbebelle et D 560, rte de Flayosc, bord de rivière - Accès conseillé par D 560
4,3 ha (100 empl.) en terrasses, plat, herbeux snack, pizzeria - - Location : bungalows toilés
avril-sept. - **R** *conseillée* - GB - - *piscine comprise 1 pers. 55, pers. suppl. 15 10 (3A) 15 (6A) 20 (10A)*

Cadenières, 04 94 67 58 30, SE : 4,4 km par D 251, rte de Barbebelle, D 560, rte de Flayosc et chemin à droite - Accès conseillé par D 560
12 ha/1 campable (90 empl.) en terrasses, plat, peu incliné, pierreux, herbeux snack, pizzeria - - Location :
Permanent - **R** *conseillée* - - *Tarif 97 : 25 piscine et tennis compris 30/40 20*

VILLEDIEU-LES-POÊLES

4 - 59 ⑧ G. Normandie Cotentin

Paris 310 - Alençon 122 - Avranches 22 - Caen 79 - Flers 58 - St-Lô 35

50800 Manche - 4 356 h. alt. 105.
Office de Tourisme, pl. des Costils
02 33 61 05 69,
(hors saison) Mairie 02 33 61 00 16

Municipal le Pré de la Rose, 02 33 61 02 44, accès par centre ville, r. des Costils à gauche de la poste, bord de la Sienne
1,2 ha (100 empl.) plat, herbeux, gravillons - - A proximité :
Pâques-sept. - **R** *juil.-août* - - *Tarif 97 : 15 4 15 15 (5A)*

VILLEFORT

16 - 80 ⑦ G. Gorges du Tarn

Paris 624 - Alès 54 - Aubenas 61 - Florac 65 - Mende 57 - Pont-St-Esprit 90 - Le Puy-en-Velay 87

48800 Lozère - 700 h. alt. 600.
Office de Tourisme, r. de l'Église
04 66 46 87 30, Fax 04 66 46 85 83

La Palhère <, 04 66 46 80 63, SO : 4 km par D 66, rte du Mas-de-la-Barque, bord d'un torrent - alt. 750
1,8 ha (45 empl.) en terrasses, herbeux, pierreux -
mai-sept. - **R** *conseillée juil.-août* - - *piscine comprise 2 pers. 52 (65 avec élect. 5A), pers. suppl. 19*

Le Lac <, 04 66 46 81 27, N : 3,2 km par D 906, rte de Prévenchères et rte de Pourcharesses à gauche, près du lac (accès direct)
4 ha (75 empl.) (saison) en terrasses, plat, gravillons, herbeux - - - A proximité : - Location :

VILLEFORT

15 - 86 ⑥

Paris 798 - Belcaire 26 - Carcassonne 54 - Lavelanet 23 - Mirepoix 25 - Quillan 21

11230 Aude - 80 h. alt. 420

L'Eden II <, 04 68 69 26 33, Fax 04 68 69 29 95, S : 1 km par D 12, rte de Puivert, bord du Bleau
50 ha/4 campables (75 empl.) plat, terrasses, herbeux (8 sanitaires individuels : wc) snack - practice de golf - Location : bungalows toilés
mi-mars-mi-oct. - **R** *conseillée juil.-août* - GB - - *Tarif 97 : 1 ou 2 pers. 91 ou 98 (avec élect. 119 ou 127, 145 ou 156 avec sanitaires individuels), pers. suppl. 17*

VILLEFRANCHE-DE-LONCHAT

9 - 75 ⑬

Paris 537 - Bergerac 38 - Castillon-la-Bataille 15 - Libourne 29 - Montpon-Ménestérol 11 - Ste-Foy-la-Grande 22

24610 Dordogne - 735 h. alt. 70

Intercommunal de Gurson, 05 53 80 77 57, SE : 2 km, près du lac - dans locations
2 ha (80 empl.) peu incliné et plat, sablonneux - - -
A proximité : avec toboggan aquatique, poneys
Location *(permanent)* : gîtes
avril-oct. - **R** *conseillée août* - - *16,90 14,80 17,95 (6A)*

VILLEFRANCHE-DE-ROUERGUE

15 - 79 ⑳ G. Gorges du Tarn

Paris 605 - Albi 68 - Cahors 60 - Montauban 74 - Rodez 57

12200 Aveyron - 12 291 h. alt. 230.
Office de Tourisme, Prom. Guiraudet
05 65 45 13 18, Fax 05 65 45 55 58

Municipal le Teulel < « Cadre agréable », 05 65 45 16 24, SO : 1,5 km par D 47, rte de Monteils
1,8 ha (70 empl.) plat, herbeux - - - A proximité :
11 avril-sept. - **R** - - *2 pers. 50 10 (3A)*

VILLEFRANCHE-DU-QUEYRAN

14 - 79 ⑬ G. Pyrénées Aquitaine

Paris 682 - Agen 45 - Aiguillon 14 - Casteljaloux 9 - Marmande 27 - Nérac 30

47160 L.-et-G. - 366 h. alt. 58

Le Moulin du Campech, 05 53 88 72 43, Fax 05 53 88 06 52, S : 4 km sur D 11, bord de l'Ourbise et près d'un étang - Pour caravanes, accès conseillé par D 120 et D 11 à gauche rte de Damazan
5 ha/1 campable (60 empl.) plat, herbeux - snack -
Rameaux-oct. - **R** *conseillée* - GB - *24 piscine comprise 47 15 (2A) 20 (6A)*

VILLEFRANCHE-SUR-SAÔNE

11 - 74 ① G. Vallée du Rhône

Paris 432 - Bourg-en-Bresse 54 - Lyon 34 - Mâcon 38 - Roanne 73

69400 Rhône - 29 542 h. alt. 190.
Office de Tourisme, 290 r. de Thizy
04 74 68 05 18, Fax 04 74 68 44 91

Municipal, 04 74 65 33 48, SE : 3,5 km, près de la Saône et d'un plan d'eau
2 ha (127 empl.) plat, herbeux - (plage)

VILLELONGUE-DELS-MONTS

15 - 86 ⑲

Paris 885 - Argelès-sur-Mer 11 - Le Boulou 11 - Collioure 18 - La Jonquera 23 - Perpignan 27

66740 Pyr.-Or. - 831 h. alt. 150

Le Soleil d'Or, 04 68 89 72 11, sortie Nord, rte de St-Génis-des-Fontaines
0,6 ha (44 empl.) plat, pierreux, herbeux verger -
A proximité :
15 mai-15 oct. - **R** *conseillée juil.-août* - - *2 pers. 59, pers. suppl. 17 15 (10A)*

VILLEMOUSTAUSSOU

11 Aude - 83 ⑪ - rattaché à Carcassonne

VILLENEUVE-DE-LA-RAHO

15 - 86 ⑲

Paris 869 - Argelès-sur-Mer 15 - Céret 29 - Perpignan 14 - Port-Vendres 26 - Prades 51

66200 Pyr.-Or. - 3 189 h. alt. 60

Municipal les Rives du Lac, 04 68 55 83 51, O : 2,5 km par D 39, rte de Pallestres et chemin à gauche, bord du lac
3 ha (158 empl.) plat, herbeux - snack - - Location :
mars-nov. - **R** *conseillée* - GB - - *2 pers. 65/80 16 (6A)*

VILLENEUVE-DES-ESCALDES

15 - 86 ⑯

Paris 861 - Ax-les-Thermes 44 - Bourg-Madame 6 - Font-Romeu-Odeillo-Via 13 - Perpignan 101 - Prades 56

66760 Pyr.-Or. - 457 h. alt. 1 350

Municipal Sol y Neu, 04 68 04 66 83, sortie Nord-Est par D 618, rte de Font-Romeu à 100 m de l'Angoustrine
2,5 ha (90 empl.) plat et en terrasses, herbeux - -
Permanent - **R** *conseillée* - - *18 15 18 15 (3A) 20 (5 ou 6A)*

VILLENEUVE-LÈS-AVIGNON

16 - 81 ⑪ ⑫ G. Provence

Paris 680 - Avignon 4 - Nîmes 45 - Orange 22 - Pont-St-Esprit 41

30400 Gard - 10 730 h. alt. 23.
Office de Tourisme, 1 pl. Ch.-David
04 90 25 61 33, Fax 04 90 25 91 55

L'Île des Papes, 04 90 15 15 90, Fax 04 90 15 15 91, NE : 4,5 km par D 980, rte de Roquemaure et D 780 à droite, rte du barrage de Villeneuve, entre le Rhône et le canal
20 ha (407 empl.) plat, gravillons, herbeux, plan d'eau - - - Location : , bungalows toilés
10 avril-2 nov. - **R** - GB - - *piscine comprise 2 pers. 140, pers. suppl. 20 15 (6A)*

Municipal de la Laune « Plantations décoratives », 04 90 25 76 06, au Nord-Est de la ville, chemin St-Honoré, accès par D 980, près du stade et des piscines
2,3 ha (123 empl.) plat, herbeux - snack -
A proximité :
24 mars-29 sept. - **R** - GB - *19 11 13/17 15 (6A)*

VILLENEUVE-LES-BÉZIERS

15 - 83 ⑮

Paris 768 - Agde 18 - Béziers 8 - Narbonne 35 - Sète 42

34420 Hérault - 2 972 h. alt. 6

Les Berges du Canal, 04 67 39 36 09, Fax 04 67 39 82 07, NE : bord du canal du Midi
1,6 ha (75 empl.) plat, herbeux - - - Location :
15 avril-15 sept. - **R** *conseillée juil.-août* - GB - - *piscine comprise 2 pers. 100 15 (6A)*

VILLENEUVE-LES-GENÊTS

6 - 65 ③

Paris 160 - Auxerre 43 - Bléneau 13 - Joigny 42 - Montargis 47 - St-Fargeau 11

89350 Yonne - 230 h. alt. 186

Le Bois Guillaume « Agréable cadre boisé », 03 86 45 45 41, Fax 03 86 45 49 20, NE : 2,7 km
8 ha/3 campables (80 empl.) plat, sous-bois, petit étang - - - Location :
Permanent - **R** *conseillée* - GB - - *18 piscine comprise 11 11 15 (5A) - hiver : 24 ou 30 (10A)*

VILLENEUVE-LOUBET

17 - 84 ⑨ G. Côte d'Azur

Paris 915 - Antibes 10 - Cagnes-sur-Mer 3 - Cannes 20 - Grasse 23 - Nice 16 - Vence 12

06270 Alpes-Mar. - 11 539 h. alt. 10.

Office de Tourisme, 16 av. de la Mer, 04 93 20 49 14, Fax 04 93 20 40 23

à Villeneuve-Loubet-Plage S : 5 km - 06270 Villeneuve-Loubet :

Parc des Maurettes, 04 93 20 91 91, Fax 04 93 73 77 20, 730 av. du Dr.-Lefebvre par N 7 - (tentes)
2 ha (140 empl.) en terrasses, pierreux, gravier - snack - - A proximité : - Location :
10 janv.-15 nov. - **R** *conseillée* - GB - *2 pers. 60 à 110/72 à 120* *13 (3A) 18 (6A) 21 (10A)*

L'Orée de Vaugrenier, réservé aux caravanes « Cadre agréable », 04 93 33 57 30, S : 2 km, près du Parc
0,9 ha (51 empl.) plat, herbeux, gravier -
15 mars-15 oct. - **R** *conseillée Pâques, juil.-août - Tarif 97 : 3 pers. 103, 4 pers. 128 ou 140, pers. suppl. 20 10,50 à 18,50 (2 à 10A)*

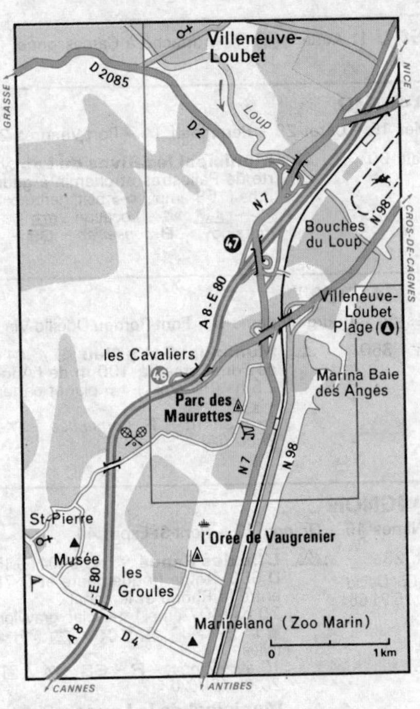

VILLEPINTE

15 - 82 ⑳

Paris 764 - Carcassonne 25 - Castelnaudary 12 - Montréal 13 - Revel 32

11150 Aude - 1 017 h. alt. 130

Municipal Champ de la Rize « Parc », 04 68 94 30 13, sortie Nord-Est
1 ha (50 empl.) plat, herbeux - - A proximité :
juin-sept. - **R** - *11* *15/20* *10*

VILLERÉAL

14 - 79 ⑤ G. Pyrénées Aquitaine

Paris 566 - Agen 60 - Bergerac 35 - Cahors 75 - Marmande 57 - Sarlat-la-Canéda 64 - Villeneuve-sur-Lot 30

47210 L.-et-G. - 1 195 h. alt. 103

Château de Fonrives « Agréable domaine boisé autour d'un étang », 05 53 36 63 38, Fax 05 53 36 09 98, NO : 2,2 km par D 207, rte d'Issigeac et à gauche, au château
20 ha/6 campables (200 empl.) plat, peu incliné, terrasses, herbeux, pierreux (2 ha) - - parcours sportif - Location : , bungalows toilés
9 mai-19 sept. - **R** *conseillée* - GB - *31 piscine comprise* *48* *18 (4A) 20 (6A) 25 (10A)*

Fontaine du Roc , 05 53 36 08 16, SE : 7,3 km par D 104, rte de Monpazier et à droite par rte d'Estrade
2 ha (30 empl.) plat, herbeux (0,8 ha) - -
15 avril-sept. - **R** - - *18 piscine comprise* *28/30* *12 (5A) 1*[illegible] *(10A)*

à St-Étienne-de-Villeréal SE : 3 km par D 255 et à droite – 233 h. alt. 130
✉ 47210 St-Étienne-de-Villeréal :

Les Ormes, ☎ 05 53 36 60 26, à 0,9 km au Sud du bourg
24 ha/8 campables (140 empl.) plat et peu incliné, terrasses, herbeux, bois, étang (1,5 ha) – – Location *(permanent)* :
avril-sept. – **R** *conseillée 10 juil.-15 août – – 25 piscine comprise 36 15 (4A) 20 (6A)*

VILLERS-BRÛLIN

1 – 53 ①

Paris 199 – Abbeville 73 – Arras 20 – Béthune 26 – Boulogne-sur-Mer 99 – Calais 99 – Doullens 33

62690 P.-de-C. – 315 h. alt. 116

La Hulotte, ☎ 03 21 59 00 68, Fax 03 21 48 02 77, NO : 2 km, à Guestreville
2 ha (48 empl.) plat et peu incliné, herbeux – – Location :
31 mars-1er nov. – **Location longue durée** – *Places disponibles pour le passage* – GB – – *20 10 10 18 (10A)*

VILLERSEXEL

8 – 66 ⑦

Paris 386 – Belfort 41 – Besançon 65 – Lure 18 – Montbéliard 35 – Vesoul 28

70110 H.-Saône – 1 460 h. alt. 287

Le Chapeau Chinois, ☎ 03 84 63 40 60, N : 1 km par D 486, rte de Lure et chemin à droite après le pont, bord de l'Ognon
1 ha (64 empl.) plat, herbeux – – A proximité : half-court – Location : (gîte d'étape)
avril-15 oct. – **R** *conseillée 15 juil.-15 août* – GB – – *Tarif 97 : 10 10 26 14 (7A)*

VILLERS-SUR-AUTHIE

1 – 51 ⑪

Paris 209 – Abbeville 29 – Amiens 74 – Berck-sur-Mer 16 – Le Crotoy 15 – Hesdin 31

80120 Somme – 354 h. alt. 5

Le Val d'Authie, ☎ 03 22 29 92 47, Fax 03 22 29 94 05, sortie Sud, rte de Vercourt
3,5 ha (117 empl.) plat et peu incliné, herbeux – –
avril-oct. – **Location longue durée** – *Places limitées pour le passage* – **R** *conseillée – – Tarif 97 : 18 20 14 (3A)*

VILLES-SUR-AUZON

16 – 81 ⑬ **G. Alpes du Sud**

Paris 696 – Avignon 43 – Carpentras 18 – Malaucène 25 – Orange 40 – Sault 24

84570 Vaucluse – 915 h. alt. 255

Les Verguettes < Mont Ventoux « Cadre agréable », ☎ 04 90 61 88 18, Fax 04 90 61 97 87, sortie Ouest par D 942, rte de Carpentras
1 ha (80 empl.) plat, peu incliné et terrasses, herbeux, pierreux – grill (dîner seulement) cases réfrigérées –
mai-fin sept. – **R** *conseillée juil.-août – 25 piscine comprise 13 22 13 (5A)*

VILLIERS-CHARLEMAGNE

4 – 63 ⑩

Paris 278 – Angers 60 – Châteaubriant 61 – Château-Gontier 12 – Laval 20 – Sablé-sur-Sarthe 31

53170 Mayenne – 761 h. alt. 105

Village Vacances « Site agréable », ☎ 02 43 07 71 68, Fax 02 43 07 72 77, O : 0,6 km par D 20, rte de Houssay et rte à gauche près du stade, bord d'un plan d'eau
9 ha/1 campable (32 empl.) plat, herbeux – 20 empl. avec sanitaires individuels (wc) – – Location *(fermé janv.)* : gîtes
mai-sept. – **R** – – *élect. comprise 1 pers. 40*

VIMOUTIERS

5 – 55 ⑬ **G. Normandie Vallée de la Seine**

Paris 191 – L'Aigle 45 – Alençon 67 – Argentan 31 – Bernay 38 – Caen 59 – Falaise 35 – Lisieux 28

61120 Orne – 4 723 h. alt. 95.
Office de Tourisme, 10 av. Gén.-de-Gaulle
☎ 02 33 39 30 29, Fax 02 33 67 66 11

Municipal la Campière « Entrée fleurie », ☎ 02 33 39 18 86, N : 0,7 km vers rte de Lisieux, au stade, bord de la Vie
1 ha (40 empl.) plat, herbeux – – –
A proximité :
Permanent – **R** – *15,45 tennis compris 8,60 10,80 5 à 10A : 10,80 (hors saison estivale 15,45)*

VINON-SUR-VERDON

17 – 84 ④

Paris 777 – Aix-en-Provence 46 – Brignoles 56 – Castellane 86 – Cavaillon 79 – Digne-les-Bains 67 – Draguignan 73

83560 Var – 2 752 h. alt. 280

Municipal du Verdon, ☎ 04 92 78 81 51, sortie Nord par D 952, rte de Gréoux-les-Bains et à droite après le pont, près du Verdon (plan d'eau)
1 ha (50 empl.) plat, pierreux, gravier – – A proximité :
mai-sept. – **R** *conseillée juil.-août*

VINSOBRES

16 - 81 ②

Paris 652 - Bollène 30 - Grignan 22 - Nyons 9 - Vaison-la-Romaine 15 - Valence 94

26110 Drôme - 1 062 h. alt. 247

Sagittaire < « Cadre agréable », ✆ 04 75 27 00 00, Fax 04 75 27 00 39, **au Pont-de-Mirabel,** angle des D 94 et D 4, près de l'Eygues (accès direct)
14 ha/8 campables (270 empl.) plat, herbeux, gravillons – snack – toboggan aquatique, (plan d'eau avec plage) – Location :
Permanent – **R** *conseillée saison* – GB – *piscine et tennis compris 3 pers. 115* *10 (3A) 17 (6A)*

Municipal <, ✆ 04 75 27 61 65, au Sud du bourg par D 190, au stade
1,9 ha (70 empl.) (juil.-août) plat, pierreux, herbeux (1 ha) –
avril-oct. – **R** *conseillée juil.-août* – *11* *6* *6*

VIOLÈS

16 - 81 ②

Paris 661 - Avignon 33 - Carpentras 18 - Nyons 32 - Orange 13 - Vaison-la-Romaine 17

84150 Vaucluse - 1 360 h. alt. 94

Aire Naturelle Domaine des Favards <, ✆ 04 90 70 90 93, Fax 04 90 70 97 28, O : 1,2 km par D 67, rte d'Orange
20 ha/0,5 campable (25 empl.) plat, herbeux –
mai-sept. – **R** *conseillée* – *20 piscine comprise* *30* *15 (10A)*

VION

12 - 76 ⑩ G. Vallée du Rhône

Paris 538 - Annonay 29 - Lamastre 35 - Tournon-sur-Rhône 7 - Valence 26

07610 Ardèche - 701 h. alt. 128

L'Iserand <, ✆ 04 75 08 01 73, N : 1 km par N 86, rte de Lyon – dans locations
1,3 ha (70 empl.) en terrasses, pierreux, herbeux – – Location :
avril-sept. – **R** *conseillée* – *22 piscine comprise* *22* *14 (10A)*

VIRIEU-LE-GRAND

12 - 74 ④

Paris 501 - Aix-les-Bains 39 - Ambérieu-en-Bugey 42 - Belley 12 - Bourg-en-Bresse 72 - Nantua 52

01510 Ain - 922 h. alt. 267

Municipal du Lac <, ✆ 04 79 87 82 02, S : 2,5 km par D 904, rte d'Ambérieu-en-Bugey et chemin à gauche, bord du lac
1 ha (80 empl.) plat et en terrasses, pierreux, gravier, herbeux – – A proximité :
juin-15 sept. – **R** *conseillée juil.-15 août* – *16* *19* *14 (6A)*

VIRONCHAUX

1 - 51 ⑫

Paris 198 - Abbeville 26 - Amiens 63 - Berck-sur-Mer 25 - Hesdin 23 - Montreuil 25

80150 Somme - 427 h. alt. 45

Les Peupliers , ✆ 03 22 23 54 27, au bourg, 221 r. du Cornet
0,9 ha (50 empl.) plat, herbeux – –
avril-oct. – **R** *conseillée août* – *11,50* *11* *11 (3A) 13 (5A)*

VISAN

16 - 81 ②

Paris 653 - Avignon 57 - Bollène 18 - Nyons 20 - Orange 26 - Vaison-la-Romaine 16

84820 Vaucluse - 1 514 h. alt. 218

L'Hérein , ✆ 04 90 41 95 99, Fax 04 90 41 91 72, O : 1 km par D 161, rte de Bouchet, près d'un ruisseau
3,3 ha (75 empl.) plat, herbeux, pierreux (2 ha) – – Location :
avril-sept. – **R** *conseillée juil.-août* – – *piscine comprise 2 pers. 60* *15 (6A) 18 (10A)*

VITRAC

13 - 75 ⑰ G. Périgord Quercy

Paris 536 - Brive-la-Gaillarde 59 - Cahors 54 - Gourdon 23 - Lalinde 50 - Périgueux 76 - Sarlat-la-Canéda 8

24200 Dordogne - 743 h. alt. 150.

Pour les usagers venant de Beynac, prendre la direction Vitrac-Port

Schéma à la Roque-Gageac

Soleil Plage < « Cadre agréable », ✆ 05 53 28 33 33, Fax 05 53 29 36 87, E : 2,5 km, bord de la Dordogne
5 ha (199 empl.) plat, herbeux – – Location :
avril-sept. – **R** *conseillée juil.-août* – GB – *32 piscine comprise* *50* *20 (10A)*

La Bouysse de Caudon <, ✆ 05 53 28 33 05, Fax 05 53 30 38 52, E : 2,5 km, près de la Dordogne
3 ha (150 empl.) plat, peu incliné, herbeux – – Location : appartements
Pâques-sept. – **R** *conseillée juil.-août* – GB – *26,50 piscine comprise* *32* *15 (6A) 18 (10A)*

Le Perpetuum <, ✆ 05 53 28 35 18, Fax 05 53 29 63 64 ✉ Domme 24250, S : 2 km, bord de la Dordogne
4,5 ha (120 empl.) plat, herbeux – – Location :
Pâques-oct. – **R** *conseillée* – GB – *28 piscine comprise* *30* *18 (10A)*

Clos Bernard, ✆ 05 53 28 33 44, NE : 1 km par D 703 – dans locations
1,7 ha (95 empl.) plat, peu incliné et en terrasses, herbeux – A proximité : – Location : appartements
Pâques-20 sept. – **R** *conseillée juil.-août – Tarif 97 : 19 19 13 (3A) 16 (5A)*

Le Bosquet ✆ 05 53 28 37 39 24250 Domme, S : 0,9 km de Vitrac-Port
1,5 ha (60 empl.) plat, herbeux
avril-15 oct. – **R** *conseillée juil.-août – 16 14 13 (6A)*

La Rivière ✆ 05 53 28 33 46 24250 Domme, S : 1,6 km, à 300 m de la Dordogne
1,5 ha (50 empl.) plat et peu incliné, herbeux – A proximité :
mai-sept. – **R** *conseillée juil.-août – 17 piscine comprise 17 14 (10A)*

VITRY-AUX-LOGES

6 – 64 ⑩

Paris 111 – Bellegarde 17 – Châteauneuf-sur-Loire 11 – Malesherbes 47 – Orléans 34 – Pithiviers 29

45530 Loiret – 1 622 h. alt. 120

Étang de la Vallée « Cadre boisé », ✆ 02 38 59 35 77, NE : 3,5 km par rte de l'Étang de la Vallée, près d'un plan d'eau
3,7 ha (180 empl.) plat, herbeux – A proximité : snack (plage)
avril-1er nov. – **R** *conseillée – Tarif 97 : 12 24 19 (10A)*

VITTEFLEUR

1 – 52 ⑬

Paris 190 – Bolbec 36 – Dieppe 42 – Fécamp 25 – Rouen 59 – Yvetot 26

76450 S.-Mar. – 678 h. alt. 9

Municipal les Grands Prés, ✆ 02 35 97 53 82, N : 0,7 km par D 10, rte de Veulettes-sur-Mer, bord de la Durdent
2,6 ha (100 empl.) plat, herbeux
avril-sept. – **Location longue durée** – *Places disponibles pour le passage –* **R** *conseillée – 14,80 14,80 10,60 (6A)*

VIVARIO 2B H.-Corse – 90 ⑨ – voir à Corse

VIVEROLS

11 – 76 ⑦

Paris 523 – Ambert 25 – Clermont-Ferrand 103 – Montbrison 37 – St-Étienne 57

63840 P.-de-D. – 437 h. alt. 860.
Syndicat d'Initiative, Mairie
✆ 04 73 95 31 33

Municipal le Pradoux, sortie Ouest du bourg par D 111, rte de Medeyrolles
1,2 ha (51 empl.) plat, herbeux, gravillons – A l'entrée : – A proximité :
11 avril-1er nov. – **R** *conseillée – 10 6 13/14 12*

VIVIERS

16 – 80 ⑩ **G. Vallée du Rhône**

Paris 618 – Montélimar 11 – Nyons 47 – Pont-St-Esprit 29 – Privas 40 – Vallon-Pont-d'Arc 37

07220 Ardèche – 3 407 h. alt. 65.
Office de Tourisme, pl. Riquet
✆ et Fax 04 75 52 77 00

Rochecondrie, ✆ 04 75 52 74 66, NO : 1,5 km par N 86, rte de Lyon, accès direct à l'Escoutay
1,5 ha (80 empl.) plat, herbeux – Location :
avril-oct. – **R** *conseillée juil.-août – GB – piscine comprise 2 pers. 94 16 (6A) 24 (10A)*

Municipal de Valpeyrouse ✆ 04 75 52 82 95, à l'Ouest du bourg, à proximité du centre culturel
1 ha (30 empl.) plat, gravillons, herbeux – A l'entrée :
juin-15 sept. – **R** – *15 10 10 15 (6A)*

VIX

9 – 71 ①

Paris 449 – Fontenay-le-Comte 14 – Luçon 31 – Niort 43 – Marans 15 – La Rochelle 38

85770 Vendée – 1 670 h. alt. 6

La Rivière ✆ 02 51 00 65 96, S : 4,5 km, bord de la Sèvre Niortaise
0,5 ha (25 empl.) plat, herbeux – A proximité :
mars-oct. – **R** *conseillée juil.-août – 11 6/6,50 10 (10A)*

VIZILLE

12 – 77 ⑤ **G. Alpes du Nord**

Paris 583 – Le Bourg-d'Oisans 32 – Grenoble 18 – La Mure 23 – Villard-de-Lans 45

38220 Isère – 7 094 h. alt. 270.
Office de Tourisme,
✆ 04 76 68 15 16
Mairie ✆ 04 76 68 08 22

Municipal du Bois de Cornage ✆ 04 76 68 12 39, sortie Nord vers N 85, rte de Grenoble et av. de Venaria à droite
2,3 ha (128 empl.) peu incliné, en terrasses, herbeux
mai-15 oct. – **R** *conseillée juil.-août – 2 pers. 48 18 (6A) 22 (10A)*

VOGÜÉ

16 - 80 ⑨ G. Vallée du Rhône

Paris 638 - Aubenas 10 - Largentière 16 - Privas 40 - Vallon-Pont-d'Arc 25 - Viviers 34

07200 Ardèche - 631 h. alt. 150

Domaine du Cros d'Auzon « Site et cadre agréables », 04 75 37 75 86, Fax 04 75 37 01 02 07200 St-Maurice-d'Ardèche, S : 2,5 km par D 579 et chemin à droite à Vogüé-Gare, bord de l'Ardèche
18 ha/3 campables (170 empl.) plat, pierreux, sablonneux, herbeux - snack - parcours sportif, half-court - Location : (hôtel, motel)
vacances de printemps-15 sept. - **R** *indispensable* - GB - - *piscine comprise 2 pers. 98 20 (4 à 6A) 24 (10A)*

Les Peupliers, 04 75 37 71 47, Fax 04 75 37 70 83, S : 2 km par D 579 et chemin à droite, à Vogüé-Gare, bord de l'Ardèche
3 ha (100 empl.) plat, herbeux, sablonneux, pierreux - pizzeria -
avril-sept. - **R** *conseillée* - - *piscine comprise 2 pers. 92, pers. suppl. 20 17 (6A)*

Les Roches « Cadre sauvage », 04 75 37 70 45, S : 1,5 km par D 579, à Vogüé-Gare, à 200 m de l'Auzon et de l'Ardèche
2,5 ha (120 empl.) accidenté, plat, herbeux, rocheux - - - A proximité :
avril-sept. - **R** *conseillée juil.-août* - - *piscine comprise 2 pers. 91 17 (6A)*

Les Chênes Verts « Cadre agréable », 04 75 37 71 54, SE : 1,7 km par D 103, rte de St-Germain - certains emplacements difficiles d'accès (forte pente) - mise en place et sortie des caravanes à la demande
2,5 ha (42 empl.) en terrasses, pierreux, herbeux - snack - - A proximité : - Location :
avril-15 nov. - **R** *conseillée juil.-août* - - *piscine comprise 2 pers. 100 20 (6A)*

VOLESVRES

11 - 69 ⑰

Paris 360 - Charolles 14 - Digoin 18 - Gueugnon 22 - Montceau-les-Mines 34 - Paray-le-Monial 8

71600 S.-et-L. - 536 h. alt. 270

Municipal les Eglantines, au bourg, par rte de St-Léger-les-Paray
0,4 ha (21 empl.) plat, herbeux - - A proximité :
juin-sept. - **R** - *13 13 13 11 (10A)*

VOLONNE

17 - 81 ⑯ G. Alpes du Sud

Paris 719 - Château-Arnoux-St-Aubin 3 - Digne-les-Bains 28 - Forcalquier 33 - Les Mées 12 - Sisteron 13

04290 Alpes-de-H.-Pr. - 1 387 h. alt. 450

L'Hippocampe « Cadre agréable », 04 92 33 50 00, Fax 04 92 33 50 49, SE : 0,5 km par D 4, bord du lac
8 ha (447 empl.) (juil.-août) plat, herbeux, verger - pizzeria, self bureau d'informations touristiques - Discothèque - Location : , bungalows toilés
28 mars-sept. - **R** *conseillée* - GB - - *Tarif 97 : piscine comprise 2 pers. 99 ou 115 25 (6A)*

VOLX

17 - 81 ⑮

Paris 748 - Digne-les-Bains 50 - Forcalquier 15 - Gréoux-les-Bains 22 - Manosque 9 - Reillanne 22

04130 Alpes-de-H.-Pr. - 2 516 h. alt. 350

Municipal la Vandelle, 04 92 79 35 85, à 1,3 km au Sud-Ouest du bourg
1 ha (50 empl.) plat, peu incliné et terrasses, herbeux - - (bassin)
27 juin-2 sept. - **R** *conseillée* - - *15 7 17 16,50 (3A)*

VOREY

11 - 76 ⑦

Paris 537 - Ambert 53 - Craponne-sur-Arzon 19 - Le Puy-en-Velay 36 - St-Étienne 68 - Yssingeaux 28

43800 H.-Loire - 1 315 h. alt. 540

Les Moulettes, 04 71 03 70 48, à l'Ouest du centre bourg, bord de l'Arzon
1 ha (40 empl.) plat, herbeux - - - A proximité : toboggan aquatique
mai-sept. - **R** *conseillée* - - *17 9 18 16 (10A)*

VOUILLÉ

9 - 68 ⑬

Paris 345 - Châtellerault 45 - Parthenay 32 - Poitiers 17 - Saumur 90 - Thouars 54

86190 Vienne - 2 574 h. alt. 118

Municipal, 05 49 51 90 10, au bourg, bord d'un ruisseau
0,5 ha (47 empl.) plat, herbeux - - - A proximité :
mai-14 sept. - **R** *conseillée juil.-août - Tarif 97 : 9,50 6 7 11,70 (jusqu'à 16A)*

► *Deze gids is geen overzicht van alle kampeerterreinen maar een selektie van de beste terreinen in iedere categorie.*

VOUNEUIL-SUR-VIENNE

10 - 68 ④

Paris 317 - Châtellerault 12 - Chauvigny 20 - Poitiers 26 - La Roche-Posay 33

86210 Vienne - 1 606 h. alt. 58

Les Chalets de Moulières, ✆ 05 49 85 84 40, Fax 05 49 85 84 69, sortie Est par D 15, rte de Monthoiron, près de la Vienne (accès direct)
1,5 ha (30 empl.) plat, herbeux - Location *(15 fév.-oct.)* :
15 juin-15 sept. - **R** - - *Adhésion obligatoire* - - *16 piscine comprise* *27* *15 (4A)*

VOUVRAY

5 - 64 ⑮ G. Châteaux de la Loire

Paris 239 - Amboise 17 - Château-Renault 26 - Chenonceaux 28 - Tours 9

37210 I.-et-L. - 2 933 h. alt. 55

Bec de Cisse, ✆ 02 47 52 68 81, au Sud du bourg, bord de la Cisse
2 ha (33 empl.) plat, herbeux - - A proximité :
mai-26 sept. - **R** - *16* *23* *15 (10A)*

VUILLAFANS

12 - 70 ⑥ G. Jura

Paris 437 - Besançon 32 - Morteau 40 - Pontarlier 27 - Salins-les-Bains 39

25840 Doubs - 649 h. alt. 354

Municipal le Pré Bailly ≤, au bourg, rive gauche de la Loue
0,8 ha (36 empl.) plat et terrasse, herbeux, gravier - -
- Location : gîte d'étape
15 mars-sept. - **R** *juil.-20 août* - - *Tarif 97 :* *12* *8* *10 (4A)*

WACQUINGHEN **62** P.-de-C. - 51 ① - rattaché à Boulogne-sur-Mer

WARHEM

1 - 51 ④

Paris 288 - Calais 55 - Dunkerque 14 - Hazebrouck 39 - Ieper 37 - St-Omer 35

59380 Nord - 1 916 h. alt. 4

La Becque , ✆ 03 28 62 00 40, Fax 03 28 62 05 65, E : 0,8 km et chemin à gauche
3,2 ha (87 empl.) plat, herbeux - -
Permanent - Location longue durée - *Places disponibles pour le passage* - **R** -
- *2 pers. 71 (86 avec élect. 5 à 10A), pers. suppl. 16*

WARLINCOURT-LÈS-PAS

1 - 52 ⑨

Paris 188 - Albert 28 - Amiens 38 - Arras 25 - Béthune 46 - Doullens 17

62760 P.-de-C. - 136 h. alt. 131

La Kilienne , ✆ 03 21 48 21 74, Fax 03 21 22 64 14, au bourg, sur D 25^E, bord de rivière
7 ha (250 empl.) (juil.-août) plat et en terrasses, herbeux - -
avril-oct. - Location longue durée - *Places limitées pour le passage* - **R** - GB
- - *élect. (4A) et piscine comprises 2 pers. 80*

WASSELONNE

8 - 62 ⑨ G. Alsace Lorraine

Paris 462 - Haguenau 41 - Molsheim 15 - Saverne 14 - Sélestat 48 - Strasbourg 26

67310 B.-Rhin - 4 916 h. alt. 220.
Office de Tourisme, (15 juin-15 sept.) pl. du Gén.-Leclerc ✆ 03 88 59 12 00

Municipal ≤, ✆ 03 88 87 00 08, O : 1 km par D 224 rte de Wangenbourg
1,5 ha (100 empl.) en terrasses, herbeux - -
(découverte l'été) - A proximité :
mai-oct. - **R** - - *Tarif 97 :* *15,50* *9,35* *12,20 (5A) 21,85 (10A)*

WATTEN

1 - 51 ③ G. Flandres Artois Picardie

Paris 268 - Calais 36 - Cassel 21 - Dunkerque 34 - Lille 72 - St-Omer 13

59143 Nord - 3 030 h. alt. 8

Le Val Joly, ✆ 03 21 88 23 26, à l'Ouest du bourg, près de l'Aa (canal)
2,4 ha (136 empl.) plat, herbeux - (saison)
avril-oct. - Location longue durée - *Places disponibles pour le passage* - *15*
15 *13 (3A)*

WATTWILLER

8 - 66 ⑨

Paris 463 - Belfort 41 - Bussang 35 - Colmar 33 - Mulhouse 20 - Thann 8

68700 H.-Rhin - 1 506 h. alt. 356

Les Sources « Agréable cadre boisé », ✆ 03 89 75 44 94, Fax 03 89 75 71 98, O : 1,7 km par D 5 III, vers la rte des Crêtes
12 ha (220 empl.) en terrasses, pierreux, gravillons - - et poneys (centre équestre)
- Location :
avril-15 oct. - **R** *conseillée* - GB - - *piscine comprise 2 pers. 101, pers. suppl. 29* *18 (5A)*

XONRUPT-LONGEMER

8 - 62 ⑰ G. Alsace Lorraine

Paris 429 - Épinal 45 - Gérardmer 4 - Remiremont 32 - St-Dié 26

88400 Vosges - 1 415 h. alt. 714 - Sports d'hiver : 820/1 213 m 2

Les Jonquilles lac et montagnes boisées, 03 29 63 34 01, SE : 2,5 km, bord du lac
3 ha (267 empl.) peu incliné, herbeux -
avril-15 oct. - **R** *conseillée juil.-août* - GB - *2 pers. 54* *15 (6A)*

La Vologne, 03 29 60 87 23, SE : 4,5 km, bord de la rivière
2,5 ha (100 empl.) (juil.-août) plat, herbeux -
15 mai-15 sept. - **R** *conseillée 14 juil.-15 août* - *15* *8* *15* *13 (2A) 17 (5A)*

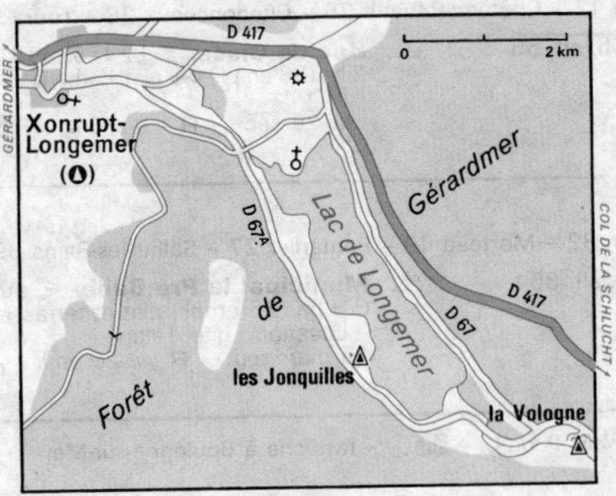

YPORT

1 - 52 ⑫

Paris 205 - Bolbec 26 - Étretat 11 - Fécamp 7 - Le Havre 40 - Rouen 80

76111 S.-Mar. - 1 141 h. alt. 20

Municipal la Chênaie, 02 35 27 33 56, sortie Sud-Est, sur D 104, rte d'Épreville
1,3 ha (65 empl.) plat et accidenté, herbeux (0,5 ha) - - A proximité :
15 mars-15 nov. - - *Tarif 97 : 10,10* *4,20* *4,40* *9,75 (4A) 14,75 (6A)*

YZEURES-SUR-CREUSE

10 - 68 ⑤

Paris 317 - Châteauroux 73 - Châtellerault 28 - Poitiers 66 - Tours 83

37290 I.-et-L. - 1 747 h. alt. 74

Municipal Bords de Creuse, 02 47 94 48 32, sortie Sud par D 104 rte de Vicq-sur-Gartempe, près de la Creuse
1,7 ha (130 empl.) plat et peu incliné, herbeux - - A proximité :
15 juin-15 sept. - - GB - - *9,20* *9,20* *15,20*

Lexique

Lexicon – Lexikon – Woordenlijst

Français	English	Deutsch	Nederlands
accès difficile	difficult approach	schwierige Zufahrt	moeilijke toegang
accès direct à	direct access to...	Zufahrt zu ...	rechtstreekse toegang tot...
accidenté	uneven, hilly	uneben	heuvelachtig
adhésion	membership	Beitritt	lidmaatschap
août	August	August	augustus
après	after	nach	na
Ascension	Ascension Day	Himmelfahrt	Hemelvaartsdag
assurance obligatoire	insurance cover compulsory	Versicherungspflicht	verzekering verplicht
automne	autumn	Herbst	herfst
avant	before	vor	voor
avenue (av.)	avenue	Avenue	laan
avril	April	April	april
baie	bay	Bucht	baai
bois, boisé	wood, wooded	Wald, bewaldet	bebost
bord de...	shore	Ufer, Rand	aan de oever van...
boulevard (bd)	boulevard	Boulevard	boulevard
au bourg	in the town	im Ort	in het dorp
«Cadre agréable»	pleasant setting	angenehme Umgebung	aangename omgeving
«Cadre sauvage»	wild setting	ursprüngliche Umgebung	woeste omgeving
carrefour	crossroads	Kreuzung	kruispunt
cases réfrigérées	refrigerated food storage facilities	Kühlboxen	Koelvakken
centre équestre	horseriding stables	Reitzentrum	manege
château	castle	Schloß, Burg	kasteel
chemin	path	Weg	weg
conseillé	advisable	empfohlen	aanbevolen
cotisation obligatoire	membership charge obligatory	ein Mitgliedsbeitrag wird verlangt	verplichte bijdrage
croisement difficile	difficult access	Schwierige Überquerung	gevaarlijk Kruispunt
en cours d'aménagement, de transformations	work in progress, rebuilding	wird angelegt, wird umgebaut	in aanbouw, wordt verbouwd
crêperie	pancake restaurant, stall	Pfannkuchen-Restaurant	pannekoekenhuis
décembre (déc.)	December	Dezember	december
«Décoration florale»	floral decoration	Blumenschmuck	bloemversiering
derrière	behind	hinter	achter
discothèque	disco	Diskothek	discotheek
à droite	to the right	nach rechts	naar rechts
église	church	Kirche	kerk
électricité (élect.)	electricity	Elektrizität	elektriciteit
entrée	way in, entrance	Eingang	ingang
«Entrée fleurie»	flowered entrance	blumengeschmückter Eingang	door bloemen omgeven ingang
étang	pond, pool	Teich	vijver
été	summer	Sommer	zomer
exclusivement	exclusively	ausschließlich	uitsluitend

falaise	cliff	Steilküste	steile kust
famille	family	Familie	gezin
fermé	closed	geschlossen	gesloten
février (fév.)	February	Februar	februari
forêt	forest, wood	Wald	bos
garage	parking facilities	überdachter Abstellplatz	parkeergelegenheid
garage pour caravanes	garage for caravans	unterstellmöglichkeit für Wohnwagen	garage voor caravans
garderie (d'enfants)	children's crèche	Kindergarten	kinderdagverblijf
gare (S.N.C.F.)	railway station	Bahnhof	station
à gauche	to the left	nach links	naar links
gorges	gorges	Schlucht	bergengten
goudronné	surfaced road	geteert	geasfalteerd
gratuit	free, no charge made	kostenlos	kosteloos
gravier	gravel	Kies	grint
gravillons	fine gravel	Rollsplitt	steenslag
herbeux	grassy	mit Gras bewachsen	grasland
hiver	winter	Winter	winter
hors saison	out of season	Vor- und Nachsaison	buiten het seizoen
île	island	Insel	eiland
incliné	sloping	abfallend	hellend
indispensable	essential	unbedingt erforderlich	noodzakelijk, onmisbaar
intersection	crossroads	Kreuzung	kruispunt
janvier (janv.)	January	Januar	januari
juillet (juil.)	July	Juli	juli
juin	June	Juni	juni
lac	lake	(Binnen) See	meer
lande	heath	Heide	hei
licence obligatoire	camping licence or international camping carnet	Lizenz wird verlangt	vergunning verplicht
lieu-dit	spot, site	Flurname, Weiler	oord
location longue durée	weekend and residential site	langfristige Miete	lange termijn verhuur
mai	May	Mai	mei
mairie	town hall	Bürgermeisteramt	stadhuis
mars	March	März	maart
matin	morning	Morgen	morgen
mer	sea	Meer	zee
mineurs non accompagnés non admis	people under 18 must be accompanied by an adult	Minderjährige ohne Begleitung werden nicht zugelassen	minderjarigen zonder geleide niet toegelaten
montagne	mountain	Gebirge	gebergte
Noël	Christmas	Weihnachten	Kerstmis
non clos	open site	nicht eingefriedet	niet omheind
novembre (nov.)	November	November	november
océan	ocean	Ozean	oceaan
octobre (oct.)	October	Oktober	oktober
ouverture prévue	opening scheduled	Eröffnung vorgesehen	vermoedelijke opening
Pâques	Easter	Ostern	Pasen
parcours de santé	fitness trail	Fitneßparcours	trimbaan
passage non admis	no touring pitches	kein kurzer Aufenthalt	niet toegankelijk voor kampeerders op doorreis
pente	slope	Steigung, Gefälle	helling
Pentecôte	Whitsun	Pfingsten	Pinksteren

personne (pers.)	person	Person	persoon
pierreux	stony	steinig	steenachtig
pinède	pine grove	Kiefernwäldchen	dennenbos
place (pl.)	square	Platz	plein
places disponibles pour le passage	touring pitches available	Plätze für kurzen Aufenthalt vorhanden	plaatsen beschikbaar voor kampeerders op doorreis
places limitées pour le passage	limited number of touring pitches	Plätze für kurzen Aufenthalt in begrenzter Zahl vorhanden	beperkt aantal plaatsen voor kampeerders op doorreis
plage	beach	Strand	strand
plan d'eau	stretch of water	Wasserfläche	watervlakte
plat	flat	eben	vlak
poneys	ponies	Ponys	pony's
pont	bridge	Brücke	brug
port	port, harbour	Hafen	haven
prairie	grassland	Wiese	weide
près de...	near	nahe bei ...	bij...
presqu'île	peninsula	Halbinsel	schiereiland
prévu	projected	geplant	verwacht, gepland
printemps	spring	Frühjahr	voorjaar
en priorité	giving priority to...	mit Vorrang	voorrangs...
à proximité	nearby	in der Nähe von	in de nabijheid
quartier	(town) quarter	Stadtteil	wijk
Rameaux	Palm Sunday	Palmsonntag	Palmzondag
réservé	reserved	reserviert	gereserveerd
rive droite, gauche	right, left bank	rechtes, linkes Ufer	rechter, linker oever
rivière	river	Fluß	rivier
rocailleux	stony	steinig	vol kleine steentjes
rocheux	rocky	felsig	rotsachtig
route (rte)	road	Landstraße	weg
rue (r.)	street	Straße	straat
ruisseau	stream	Bach	beek
sablonneux	sandy	sandig	zanderig
saison	(tourist) season	Reisesaison	seizoen
salle de musculation	weight-training gym	Fitnessraum	fitnessruimte
avec sanitaires individuels	with individual sanitary arrangements	mit sanitären Anlagen für jeden Standplatz	met eigen sanitair
schéma	local map	Kartenskizze	schema
semaine	week	Woche	week
septembre (sept.)	September	September	september
site	site	Lage	landschap
situation	situation	Lage	ligging
sortie	way out, exit	Ausgang	uitgang
sous-bois	underwood	Unterholz	geboomte
à la station	at the filling station	an der Tankstelle	bij het benzinestation
supplémentaire (suppl.)	additional	zuzüglich	extra
en terrasses	terraced	in Terrassen	terrasvormig
toboggan aquatique	water slide	Rutschbahn in Wasser	waterglijbaan
torrent	torrent	Wildbach	bergstroom
Toussaint	All Saints' Day	Allerheiligen	Allerheiligen
tout compris	everything included	alles inbegriffen	alles inbegrepen
vacances scolaires	school holidays	Ferientermine	schoolvakanties
vallonné	undulating	hügelig	heuvelachtig
verger	orchard	Obstgarten	boomgaard
vers	in the direction of	nach (Richtung)	naar (richting)
voir	see	sehen, siehe	zien, zie

Calendrier des vacances scolaires

Ferientermine

School holidays calendar

Kalender van de schoolvakanties

1998 FÉVRIER

1	**D**	s^e Ella
2	L	Prés. Seigneur
3	M	s Blaise
4	M	s^e Véronique
5	J	s^e Agathe
6	V	s Gaston
7	S	s^e Eugénie
8	**D**	s^e Jacqueline
9	L	s^e Apolline
10	M	s Arnaud
11	M	N.D. de Lourde
12	J	s Félix
13	V	s^e Béatrice
14	S	s Valentin
15	**D**	s Claude
16	L	s^e Julienne
17	M	s Alexis
18	M	s^e Bernadette
19	J	s Gabin
20	V	s^e Aimée
21	S	s P. Damien
22	**D**	s^e Isabelle
23	L	s Lazare
24	M	**Mardi-Gras**
25	M	**Cendres**
26	J	s Nestor
27	V	s^e Honorine
28	S	s Romain

MARS

1	**D**	**Carême**
2	L	s Charles le B.
3	M	s Guénolé
4	M	s Casimir
5	J	s Olive
6	V	s^e Colette
7	S	s^e Félicité
8	**D**	s Jean de D.
9	L	s^e Françoise
10	M	s Vivien
11	M	s^e Rosine
12	J	s^e Justine
13	V	s Rodrigue
14	S	s^e Mathilde
15	**D**	s^e Louise
16	L	s^e Bénédicte
17	M	s Patrice
18	M	s Cyrille
19	J	**Mi-Carême**
20	V	Herbert
21	S	s^e Clémence
22	**D**	s^e Léa
23	L	s Victorien
24	M	s^e Cath. de Su.
25	M	Annonciation
26	J	s^e Larissa
27	V	s Habib
28	S	s Gontran
29	**D**	s^e Gwladys
30	L	s Amédée
31	M	s Benjamin

AVRIL

1	M	s Hugues
2	J	s^e Sandrine
3	V	s Richard
4	S	s Isidore
5	**D**	**Rameaux**
6	L	s Marcellin
7	M	s J.-B. de la S.
8	M	s^e Julie
9	J	s Gautier
10	V	s Fulbert
11	S	s Stanislas
12	**D**	**PAQUES**
13	**L**	s^e Ida
14	M	s Maxime
15	M	s Paterne
16	J	s Benoît-J.
17	V	s Étienne H.
18	S	s Parfait
19	**D**	s^e Emma
20	L	s^e Odette
21	M	s Anselme
22	M	s Alexandre
23	J	s Georges
24	V	s Fidèle
25	S	s Marc
26	**D**	**Jour du Souv.**
27	L	s^e Zita
28	M	s^e Valérie
29	M	s^e Cath. de Si.
30	J	s Robert

MAI

1	**V**	**FÊTE DU TR.**
2	S	s Boris
3	**D**	ss Phil., Jacq.
4	L	s Sylvain
5	M	s^e Judith
6	M	s^e Prudence
7	J	s^e Gisèle
8	**V**	**VICTOIRE 45**
9	S	s Pacôme
10	**D**	**F. Jeanne d'Arc**
11	L	s^e Estelle
12	M	s s Achille
13	M	s^e Rolande
14	J	s Matthias
15	V	s^e Denise
16	S	s Honoré
17	**D**	s Pascal
18	L	s Éric
19	M	s Yves
20	M	s Bernardin
21	**J**	**ASCENSION**
22	V	s Émile
23	S	s Didier
24	**D**	s Donatien
25	L	s^e Sophie
26	M	s Bérenger
27	M	s Augustin
28	J	s Germain
29	V	s Aymard
30	S	s Ferdinand
31	**D**	**PENTECÔTE**

JUIN

1	**L**	s Justin
2	M	s^e Blandine
3	M	s Kévin
4	J	s^e Clotilde
5	V	s Igor
6	S	s Norbert
7	**D**	Trinité/F. mères
8	L	s Médard
9	M	s^e Diane
10	M	s Landry
11	J	s Barnabé
12	V	s Guy
13	S	s Antoire de P.
14	**D**	**fête-Dieu**
15	L	s^e Germaine
16	M	s J.-F. Régis
17	M	s Hervé
18	J	s Léonce
19	V	Sacré-Cœur
20	S	s Silvère
21	**D**	**Fête des Pères**
22	L	s Alban
23	M	s^e Audrey
24	M	s Jean-Bapt.
25	J	s Prosper
26	V	s Anthelme
27	S	s Fernand
28	**D**	s^e Irénée
29	L	ss Pierre, Paul
30	M	s Martial

JUILLET

1	M	s Thierry
2	J	s Martinien
3	V	s Thomas
4	S	s Florent
5	**D**	s Antoine
6	L	s^e Marietta G.
7	M	s Raoul
8	M	s Thibaut
9	J	s^e Amandine
10	V	s Ulrich
11	S	s Benoît
12	**D**	s Olivier
13	L	ss Henri, Joël
14	**M**	**FÊTE NAT.**
15	M	s Donald
16	J	N.-D. Mt-Carmel
17	V	s^e Charlotte
18	S	s Frédéric
19	**D**	s Arsène
20	L	s^e Marina
21	M	s Victor
22	M	s^e Marie-Mad.
23	J	s^e Brigitte
24	V	s^e Christine
25	S	s Jacques
26	**D**	s Anne
27	L	s^e Nathalie
28	M	s Samson
29	M	s^e Marthe
30	J	s^e Juliette
31	V	s Ignace de L.

AOÛT

1	S	s Alphonse
2	**D**	s Julien-Eym.
3	L	s^e Lydie
4	M	s J.-M. Vianney
5	M	s Abel
6	J	Transfiguration
7	V	s Gaëtan
8	S	s Dominique
9	**D**	s Amour
10	L	s Laurent
11	M	s^e Claire
12	M	s^e Clarisse
13	J	s Hippolyte
14	V	s Evrard
15	**S**	**ASSOMPTION**
16	**D**	s Armel
17	L	s Hyacinthe
18	M	s^e Hélène
19	M	s Jean-Eudes
20	J	s Bernard
21	V	s Christophe
22	S	s Fabrice
23	**D**	s^e Rose.
24	L	s Barthélemy
25	M	s Louis de F.
26	M	s^e Natacha
27	J	s^e Monique
28	V	s Augustin
29	S	s^e Sabine
30	**D**	s Fiacre
31	L	s Aristide

1998 SEPTEMBRE

1	M	s Gilles
2	M	s^e Ingrid
3	J	s Grégoire
4	V	s^e Rosalie
5	S	s^e Raissa
6	**D**	s Bertrand
7	L	s^e Reine
8	M	Nativité N.-D.
9	M	s Alain
10	J	s^e Inès
11	V	s Adelphe
12	S	s Apollinaire
13	**D**	s Aimé
14	L	La S^e Croix
15	M	s Roland
16	M	s^e Édith
17	J	s Renaud
18	V	s^e Nadège
19	S	s^e Émilie
20	**D**	s Davy
21	L	s Matthieu
22	M	s Maurice
23	M	s Constant
24	J	s^e Thècle
25	V	s Hermann
26	S	ss Côme, Dam.
27	**D**	s Vinc. de Paul
28	L	s Venceslas
29	M	s Michel
30	M	s Jérôme

OCTOBRE

1	J	s^e Th. de l'E.-J.
2	V	s Léger
3	S	s Gérard
4	**D**	s Fr. d'Assise
5	L	s^e Fleur
6	M	s Bruno
7	M	s Serge
8	J	s^e Pélagie
9	V	s Denis
10	S	s Ghislain
11	**D**	s Firmin
12	L	s Wilfried
13	M	s Géraud
14	M	s Juste
15	J	s^e Térésa
16	V	s^e Edwige
17	S	s Baudouin
18	**D**	s Luc
19	L	s René
20	M	s^e Adeline
21	M	s^e Céline
22	J	s^e Élodie
23	V	s Jean de C.
24	S	s Florentin
25	**D**	s^e Doria
26	L	s Dimitri
27	M	s^e Emeline
28	M	ss Simon, Jude
29	J	s Narcisse
30	V	s^e Bienvenue
31	S	s Wolfgang

NOVEMBRE

1	**D**	**TOUSSAINT**
2	L	Défunts
3	M	s Hubert
4	M	s Charles
5	J	s^e Sylvie
6	V	s^e Bertille
7	S	s^e Carine
8	**D**	s Geoffroy
9	L	s Théodore
10	M	s Léon
11	**M**	**ARMIST. 1918**
12	J	s Christian
13	V	s Brice
14	S	s Sidoine
15	**D**	s Albert
16	L	s^e Marguerite
17	M	s^e Élisabeth
18	M	s^e Aude
19	J	s Tanguy
20	V	s Edmond
21	S	Prés. de Marie
22	**D**	Christ-Roi
23	L	s Clément
24	M	s^e Flora
25	M	s^e Catherine L.
26	J	s^e Delphine
27	V	s Séverin
28	S	s Jacq. de la M.
29	**D**	**Avent**
30	L	André

DÉCEMBRE

1	M	s^e Florence
2	M	s^e Viviane
3	J	s Franç.-Xavier
4	V	s^e Barbara
5	S	s Gérald
6	**D**	s Nicolas
7	L	s Ambroise
8	M	Im. Conception
9	M	s P. Fourier
10	J	s Romaric
11	V	s Daniel
12	S	s^e Chantal
13	**D**	s^e Lucie
14	L	s^e Odile
15	M	s^e Ninon
16	M	s^e Alice
17	J	s Judicaël
18	V	s Gatien
19	S	s Urbain
20	**D**	s Théophile
21	L	s Pierre Canis.
22	M	s^e Franç.-Xavière
23	M	s Armand
24	J	s^e Adèle
25	**V**	**NOËL**
26	S	s Étienne
27	**D**	Sainte Famille
28	L	ss Innocents
29	M	s David
30	M	s Roger
31	J	s Sylvestre

1999 JANVIER

1	**V**	**J. DE L'AN**
2	S	s Basile
3	**D**	**Épiphanie**
4	L	s Odilon
5	M	s Édouard
6	M	s Mélaine
7	J	s Raymond
8	V	s Lucien
9	S	s Alix de Ch.
10	**D**	s Guillaume
11	L	s Paulin
12	M	s^e Tatiana
13	M	s^e Yvette
14	J	s^e Nina
15	V	s Rémi
16	S	s Marcel
17	**D**	s^e Roseline
18	L	s^e Prisca
19	M	s Marius
20	M	s Sébastien
21	J	s^e Agnès
22	V	s Vincent
23	S	s Barnard
24	**D**	s Fr. de Sales
25	L	Conv. s Paul
26	M	s^e Paule
27	M	s^e Angèle
28	J	s Th. d'Aquin
29	V	s Gildas
30	S	s^e Martine
31	**D**	s^e Marcelle

FÉVRIER

1	L	s^e Ella
2	M	Prés. Seigneur
3	M	s Blaise
4	J	s^e Véronique
5	V	s^e Agathe
6	S	s Gaston
7	**D**	s^e Eugénie
8	L	s^e Jacqueline
9	M	s^e Apolline
10	M	s Arnaud
11	J	N.-D. Lourdes
12	V	s Félix
13	S	s^e Béatrice
14	**D**	s Valentin
15	L	s Claude
16	M	**Mardi-Gras**
17	M	**Cendres**
18	J	s^e Bernadette
19	V	s Gabin
20	S	s^e Aimée
21	**D**	**Carême**
22	L	s^e Isabelle
23	M	s Lazare
24	M	s Modeste
25	J	s Nestor
26	V	s Roméo
27	S	s^e Honorine
28	**D**	s Romain

Parution de votre nouveau Guide 1999.

Issue of your new Guide 1999.

Ihr neuer Campingführer erscheint 1999.

Uw pas verschenen Gids 1999

Zone A

Caen (14-50-61), Clermont-Ferrand (03-15-43-63), Grenoble (07-26-38-73-74), Lyon (01-42-69), Montpellier (11-30-34-48-66), Nancy-Metz (54-55-57-88), Nantes (44-49-53-72-85), Rennes (22-29-35-56), Toulouse (09-12-31-32-46-65-81-82).

Zone B

Aix-Marseille (04-05-13-84), Amiens (02-60-80), Besançon (25-39-70-90), Dijon (21-58-71-89), Lille (59-62), Limoges (19-23-87), Nice (06-83), Orléans-Tours (18-28-36-37-41-45), Poitiers (16-17-79-86), Reims (08-10-51-52), Rouen (27-76), Strasbourg (67-68).

Zone C

Bordeaux (24-33-40-47-64), Créteil (77-93-94), Paris-Versailles (75-78-91-92-95).

Nota : La Corse bénéficie d'un statut particulier.

Notes

Notizen

Notities

MANUFACTURE FRANÇAISE DES PNEUMATIQUES MICHELIN

Société en commandite par actions au capital de 2 000 000 000 de francs.

Place des Carmes-Déchaux - 63 Clermont-Ferrand (France)

R.C.S. Clermont-Fd B 855 200 507

Dépôt légal : Février 98 - ISBN 2-06-061089-3

Printed in the EU - 1-98

Photocomposition : MAURY Imprimeur S.A., Malesherbes

Impression et brochage : CASTERMAN Imprimeur, Tournai (Belgique)

Illustrations : Nathalie Benavides/MICHELIN pages 4, 11, 14, 21, 24, 31 et 34.
Patricia Haubert/MICHELIN couverture, pages 8, 18, 28 et 38.